ZHONG GUO ZHI SHI CHAN QUAN SI FA BAO HU NIAN JIAN

中国知识产权司法保护年鉴

2011年

中国知识产权司法保护年鉴编辑委员会

法律出版社
LAW PRESS·CHINA

2011年4月21日，最高人民法院举行“中国知识产权裁判文书网”重新开通仪式，最高人民法院常务副院长沈德咏出席仪式并开通新网站。

2011年4月，最高人民法院知识产权审判庭与中国互联网协会签署《关于合作建立互联网知识产权纠纷调解机制备忘录》。

2011年4月21日,中央媒体“知识产权司法保护江苏行”采访团在常州采访。

2011年4月23日，最高人民法院在苏州举行最高人民法院知识产权司法保护理论研究基地、调研基地和基层示范法院授牌仪式。

2011年4月24日，最高人民法院在苏州召开新闻发布会，公布2010年中国法院知识产权司法保护十大案件和五十个典型案例。

2011年11月28日，全国法院知识产权审判工作座谈会在杭州召开，最高人民法院副院长奚晓明出席会议并作重要讲话。

2011 年 2 月，公安部召开全国公安机关打击侵犯知识产权和制售伪劣商品犯罪"亮剑"专项行动工作会议，部署、推进全国公安机关纵深开展"亮剑"活动。

2011年3月31日，最高人民检察院侦查监督厅在浙江召开全国检察机关"两个专项"工作经验交流会，对全国检察机关开展"两个专项"工作情况进行阶段性总结。

2011年7月25日，北京市高级人民法院与北京市知识产权局举行知识产权纠纷司法委托调解合作协议签约仪式。

2011年4月12日，山东省高级人民法院与山东省科学技术协会举行知识产权司法保护合作备忘录签署仪式。

序　言

中国的知识产权司法保护事业是伴随着改革开放的进程产生和发展起来的。自20世纪70年代末80年代初起步，由弱到强，不断发展，基本建立了适应国情需要、适应履行国际条约义务需要、体系比较完整的中国知识产权司法保护制度。各级人民法院依法履行知识产权司法保护职责，全面加强知识产权司法保护工作，切实保护权利人合法权益，为开创我国知识产权司法保护事业新局面做出了积极努力。30多年来，我国知识产权司法保护职能不断强化，司法保护领域不断拓宽，司法保护水平不断提高，赢得了人民群众的信任和国际社会的认可，为推动我国科技创新和文化繁荣、为规范市场秩序和实现公平竞争、为营造平等公正、开放自由的贸易和投资环境做出了重要贡献。

当今世界已进入知识经济时代，知识在经济社会发展中的作用愈加突出，科技创新对经济增长的支撑作用日益明显，知识产权日益成为国家发展的战略性资源和国际竞争力的核心要素，成为建设创新型国家和掌握发展主动权的关键。许多国家把知识产权提升到国家战略高度，更加注重知识产权在经济发展战略中的核心地位和作用。当前，我国已经进入全面建设小康社会的关键时期和深化改革开放、加快转变经济发展方式的攻坚时期，依法保护知识产权，保障创新活力竞相迸发，推动经济发展走向创新驱动、内生增长的轨道，已经成为国家发展战略。知识产权保护问题越来越受到全社会的普遍重视和高度关注。2008年6月5日，国务院颁布《国家知识产权战略纲要》，对人民法院知识产权司法保护工作进行了全新定位，要求"加强司法保护体系建设"，"发挥司法保护知识产权的主导作用"。这是着眼国家经济社会发展全局对知识产权司法保护工作提出的新要求。各级人民法院在贯彻实施国家知识产权战略、充分发挥司法保护主导作用方面任重道远。

为适应新形势新要求，充分展示知识产权司法保护成就，向社会各界及时、准确、全面地提供中国知识产权司法保护情况，最高人民法院与最高人民检察院、公安部决定合作编辑出版《中国知识产权司法保护年鉴》。

《中国知识产权司法保护年鉴》是反映过去一年中国知识产权司法保护工作全貌的综合性文献。它不仅提供了一个便于公众查找资料、及时了解中国知识产权司法保护现状的渠道，也忠实记录了中国知识产权司法保护工作的发展历程，有利于扩大知识产权司法保护工作的影响，有利于营造保护知识产权的良好氛围。《中国知识产权司法保护年鉴》本身也是一面镜子，通过对过去一年中国知识产权司法保护工作的回顾和总结，从中分析、归纳、吸取经验与教训,可以起到“当年之积,来年之鉴”的作用,有利于促进提高知识产权司法保护工作水平。希望编辑工作委员会本着“特色鲜明、真实准确、实事求是”的原则,确保资料的权威性、内容的准确性和编排的合理性,努力把《中国知识产权司法保护年鉴》办成权威发布中国知识产权司法保护工作、传播知识产权司法保护信息的重要平台,为进一步做好知识产权司法保护工作提供重要参考依据。

是为序。

最高人民法院院长 王胜俊

总 目 录

分类目录

第一部分 领导讲话

第二部分 司法解释及规范性文件

第三部分 概　　况

中国法院知识产权司法保护状况

工 作 综 述

大 事 记

统 计 数 字

第四部分 调 研 成 果

司法保护　工作探讨

调 研 报 告

地 方 经 验

域 外 动 态

第五部分 典型案例

十大案件

知识产权民事案件

知识产权行政案件

知识产权刑事案件

五十典型案件

第一部分 领 导 讲 话

最高人民法院院长王胜俊对全国法院知识产权审判工作座谈会所作的重要批示

（2011年11月25日）

晓明同志的讲话很好，对过去工作的总结实事求是，对今后工作提出的意见有针对性、指导性。请与会同志认真讨论学习，回去后传达好、贯彻好、落实好。随着经济社会的发展，知识产权审判工作的地位和作用越来越重要。近年来，各级人民法院高度重视这项工作，坚持能动司法，围绕中心，服务大局，坚持开拓创新，大胆探索，坚持队伍业务两手抓，为我国经济社会发展和建设创新型国家作出了重大贡献。当前知识产权保护工作出现了许多新情况新问题，知识产权审判工作为保护知识产权承担着繁重的任务，希望工作在知识产权审判岗位上的同志进一步增强责任意识和大局意识，深刻认识知识产权审判工作的重要性；进一步加强调查研究，坚持能动司法，更加有效地推进知识产权审判制度机制创新，取得更好的法律效果和社会效果；进一步加强与有关执法部门的配合，切实加大对侵犯知识产权犯罪的打击力度，维护公平竞争的良好市场经济秩序；进一步加强自身建设，大力弘扬司法核心价值观，不断提高司法能力，为开创知识产权审判工作新局面作出新的更大的贡献！

充分发挥知识产权审判职能作用
为推进社会主义文化大发展大繁荣和加快
转变经济发展方式提供有力司法保障

——在全国法院知识产权审判工作座谈会上的讲话

最高人民法院副院长　奚晓明

(2011年11月28日)

这次全国法院知识产权审判工作座谈会的主要任务是:深入学习贯彻十七大、十七届六中全会精神,牢固树立社会主义法治理念,准确把握人民法院知识产权审判工作面临的机遇与挑战,进一步明确知识产权审判工作所担负的历史使命,回顾总结今年知识产权审判工作,深入分析当前面临的形势任务,研究部署今后一个时期的知识产权审判工作。

最高人民法院党组对这次会议非常重视。会前,王胜俊院长专门作出重要批示,对近年来全国法院知识产权审判工作取得的成绩给予了充分肯定,对知识产权审判工作应当坚持的基本理念、今后的努力方向提出了原则要求和殷切希望;沈德咏常务副院长也对这次会议的召开作出重要批示。这对我们开好会议,推动全国法院知识产权审判工作进一步发展具有重要指导意义。大家一定要认真学习,深刻领会,切实贯彻。

下面,我讲三个问题:

一、一年来知识产权审判工作的回顾和总结

今年是国家实施“十二五”规划的开局之年。一年来,全国法院以邓小平理论和“三个代表”重要思想为指导,牢牢抓住科学发展这个主题,紧紧围绕加快转变经济发展方式这条主线,突出执法办案这个重点,强化队伍建设这个根本,继续深入推进三项重点工作,充分发挥司法保护知识产权的主导作用,知识产权司法保护各项工作都取得了新进展,成效显著。

(一)依法公正高效审理案件,知识产权司法公信力得到进一步提升

全国各级人民法院始终坚持以执法办案为第一要务,切实担负起保护知识产权的神圣职责。民事审判在知识产权司法保护中的主渠道作用得到进一步发挥。今年1月至10月,全国法院共新收和审结知识产权民事一审案件52,708件和38,682件,同比分别增长

42.2%和39.79%。共审结涉外知识产权民事一审案件973件,同比增长6.69%;审结涉港澳台知识产权民事一审案件251件,同比增长130.28%。共审结知识产权民事二审案件5195件,同比增长32.66%;再审案件115件,同比增长88.52%。依法慎重稳妥地裁定采取临时措施,全国地方法院共受理诉前临时禁令申请案件126件,诉前证据保全申请案件184件,诉前财产保全申请案件18件。坚持法律效果与社会效果的统一,努力实现诉讼调解工作的制度化和规范化。全国知识产权民事案件一审调撤率达到72.72%,同比上升4.13个百分点。上海、天津等地高级人民法院出台了进一步加强知识产权民事纠纷调解的指导性意见。广东、河北、四川、河南、江西、广西、贵州等地高级人民法院探索和总结出一套规范化的调解方法。知识产权行政和刑事审判职能得到有效发挥。1月至10月,全国法院审结知识产权行政一审案件1452件,同比上升20.7%。其中,审结涉外知识产权行政一审案件589件,涉港澳台知识产权行政一审案件147件。知识产权刑事一审案件增幅较大,全国法院新收知识产权刑事一审案件4544件,同比上升38.33%。

(二)强化制度创新和能动司法,服务党和国家工作大局的能力得到进一步增强

全国各级人民法院结合知识产权审判工作实际,找准积极服务科学发展的切入点,为党和国家大局提供公正高效的知识产权司法服务。继续贯彻落实国家知识产权战略,坚持知识产权审判领域的改革创新,推动建立更为科学的知识产权审判体制和工作机制。知识产权审判业务庭集中审理知识产权民事、行政和刑事案件的试点工作得到进一步推广,基层、中级人民法院知识产权案件管辖布局得到进一步优化。截至2011年10月底,全国已有5个高级人民法院、50个中级人民法院和52个基层人民法院开展了相关试点。江苏、浙江、内蒙古等地高级人民法院加强与检察院、公安厅的协调,就"三审合一"试点工作中刑事保护问题出台指导性意见。始终着眼于服务科技进步和自主创新,以加大惩处力度和降低维权成本为重点,加强知识产权司法保护,积极参与打击侵犯知识产权和制售假冒伪劣商品的专项治理活动,组织开展"加强知识产权司法保护,促进经济发展方式加快转变"年度主题活动,为加快转变经济发展方式提供坚强知识产权司法保障。始终坚持"阳光司法",通过新闻发布会制度、法院开放日活动、网络直播等多种方式提高审判工作透明度,提升司法公信力。上海市高级人民法院开通了"上海法院知识产权司法保护网";湖南省法院系统建立了人大代表旁听庭审和庭审网络直播长效机制;辽宁省法院系统普遍配备了信息化、智能化程度较高的知识产权审判法庭,对庭审网络直播进行常态化管理。最高人民法院采取一系列措施积极推进司法公开,发布《中国法院知识产权司法保护状况(2010年)》白皮书(中英文),举办全国法院知识产权司法公开座谈会,培训全国法院知识产权裁判文书上网工作信息员,开通升级改版的"中国知识产权裁判文书网"。天津、重庆、山东、广西、四川、甘肃、河北、江苏等地高级人民法院发布2009年度知识产权司法保护白皮书或者蓝皮书。始终注重知识产权审判制度创新,最高人民法院知识产权审判庭与中国互联网协会签署《互联网知识产权纠纷调解机制备忘录》,创新和发

展诉讼与非诉讼相衔接的纠纷解决机制;上海、江苏、青海、河北、浙江、广西、山西等地高级人民法院积极探索建立和完善案件技术事实查明机制,建立技术专家咨询库,试行专家陪审员和专家证人制度,不断提高案件审判质量。周密部署"4·26"全国知识产权宣传周活动,加大知识产权司法保护宣传力度。最高人民法院组织中央新闻媒体"知识产权司法保护江苏行"活动,充分展示地方法院知识产权司法保护成果。不断扩大知识产权司法保护国际交流与合作,努力提升中国知识产权司法保护的负责任大国形象。组织知识产权法官前往国外进行交流学习,派员参加中外知识产权谈判活动。注重两岸知识产权司法交流和沟通,组成中国法官协会代表团赴台访问。

(三)注重审判监督和业务指导,知识产权司法水平得到进一步提高

全国各级人民法院始终注重对知识产权审判工作的监督和指导,努力统一知识产权司法理念、法律适用和裁判尺度。不断拓宽知识产权审判业务指导途径,通过制定司法解释、发布司法文件、发布指导性案例、出台指导性意见、开展专项调研等多种形式,切实担负起对下级法院进行业务指导的职责。全国各级人民法院创新和加强审判管理,突出强调知识产权审判管理的规范化、科学化,把知识产权审判管理覆盖到每个审判人员和审判工作全过程,不断提高知识产权审判质效。充分发挥司法政策在促进知识产权司法统一上的特殊重要作用,系统总结和细化知识产权司法政策,通过各种方式保障知识产权司法政策的贯彻落实,推进知识产权审判工作的规范化和统一性。发挥典型案例在知识产权审判中的示范作用,将典型案例的评选和发布作为一项长期工作,推进知识产权案例指导工作的规范化、制度化和长效化。最高人民法院进一步加大提级管辖、异地管辖的力度,防止地方保护,确保公正司法。最高人民法院发布《最高人民法院知识产权案件年度报告(2010)》,公布2010年中国法院知识产权司法保护十大案件和五十个典型案例。天津、重庆、山东、安徽、福建、湖南、四川、黑龙江等地高级人民法院公布当地的十大典型案例,广西壮族自治区高级人民法院建立了典型案例指导制度。全国各级法院牢固树立"以调研促审判"理念,高度重视知识产权审判调研工作,不断提高调研水平,注重成果转化。

(四)狠抓基层基础和法官队伍建设,知识产权司法基础得到进一步夯实

全国各级人民法院结合知识产权审判工作实际,深入开展创先争优活动和"发扬传统、坚定信念、执法为民"主题教育实践活动,广泛开展群众观点大讨论,着力解决宗旨意识、司法作风等方面存在的突出问题,知识产权法官队伍的政治和业务素质进一步提高。最高人民法院不断加强知识产权审判基层基础建设,创新对基层工作指导方式,实施加强知识产权审判基层基础建设"三五工程",即在北京大学、中国人民大学、华东政法大学、西南政法大学、深圳大学设立知识产权司法保护理论研究基地;在已设立中国知识产权司法保护(苏州)调研基地的基础上,增设青岛、深圳、长沙、成都四个调研基地;决定北京市朝阳区、上海市浦东新区、江苏省苏州市虎丘区、浙江省义乌市、湖北省武汉市江岸区人民法院为知识产权审判基层示范法院。最高

人民法院知识产权审判庭与苏州高新区管委会签署合作备忘录，将苏州高新区作为中国知识产权司法保护典型案例评选发布基地。最高人民法院和高级人民法院举办各种形式的培训，进一步增强了知识产权法官的司法能力。

一年来，全国法院知识产权法官和其他工作人员努力拼搏，开拓进取，无私奉献，为人民法院知识产权审判事业做出了突出贡献。在此，我代表最高人民法院，向全国法院知识产权法官和其他工作人员致以亲切的问候和崇高的敬意！

在充分肯定成绩的同时，我们必须清醒地认识到，我国知识产权审判工作还存在不少薄弱环节，还不能完全适应新形势新任务的要求，离党的要求和人民的期待还有距离。知识产权审判服务大局、为民司法的能动司法能力还有待进一步增强；中国特色社会主义法律体系形成后知识产权法律的司法实施还有待进一步加强；文化改革发展给知识产权审判工作带来的新情况新问题还有待进一步研究；知识产权审判体制和工作机制还有待进一步改革和完善；知识产权法官队伍的整体素质还有待进一步提高。我们一定要继续努力，切实应对好、解决好这些制约知识产权审判工作向前发展的矛盾和问题。

二、当前知识产权审判工作面临的新形势和新挑战

当前的国际国内形势总体上有利于知识产权审判工作的发展，但也存在各种复杂因素。我们一定要高度关注当前形势发展变化的新情况、新特点，科学判断知识产权审判工作发展新态势，充分利用有利条件，积极应对各种挑战，努力做好各项工作，充分发挥司法保护知识产权的主导作用，不断开创知识产权审判工作新局面。

一要准确把握知识产权国际形势对人民法院知识产权司法保护的深刻影响。当前，经济全球化深入发展，各国经济相互依存不断加深。同时，世界经济形势复杂多变，经济复苏的不稳定性和不确定性上升。世界各国为了实现经济增长，纷纷调整创新和发展战略，更加注重知识产权在经济发展战略中的核心地位和作用，加紧国际知识产权布局，抢占知识产权制高点，知识产权国际竞争更加激烈。发达国家更是将知识产权视为其核心利益所在，把知识产权问题作为其长期的关注重点。部分发达国家一方面联合推动设立超越 TRIPs 的知识产权保护标准，另一方面又积极利用世贸组织争端解决机制强化现有知识产权保护制度的落实。一些发达国家利用各种手段，不断增强对中国等发展中国家的知识产权高压态势，其关注重点已经由个案维权、分散抗议逐渐转入政策制定、制度落实等体制机制安排，力图从根源上植入其利益点。知识产权保护全球化趋势越来越明显，知识产权争端日趋深化和复杂，世界各国高度关注自己在国际知识产权保护领域的参与权、话语权和主动权。我们高兴地看到，随着我国知识产权司法保护水平的提高和司法公信力的增强，我国在国际知识产权司法舞台上的参与权、话语权、主动权不断增加，营造外部环境的能力不断增强，成绩受到国际社会的普遍关注，正面评价不断增加。与此同时，我们也应注意到，随着发达国家对我国知识产权司法保护持续施压，人民法院知识产权司法保护面临的挑战和压力越来越大，在促进对外交往、营造良好贸易投资环境和树立负责任大国形象中的任务越来越艰巨,责任越来越重大。

二要准确把握深化文化体制改革推动社会主义文化大发展大繁荣对人民法院知识产权司法保护的深刻影响。党的十七届六中全会通过了《中共中央关于深化文化体制改革推动社会主义文化大发展大繁荣若干重大问题的决定》,确定了中国特色社会主义文化发展道路,确立了建设社会主义文化强国的战略目标。文化的繁荣和发展与知识产权审判工作关系极其紧密。人民法院要充分认识知识产权审判工作在文化建设中的重要地位和作用,不断增强为文化建设提供知识产权司法保障的责任感和使命感。要坚持立足执法办案,找准知识产权审判工作与文化建设的结合点和着力点,为文化大发展大繁荣提供知识产权司法服务。要充分运用司法手段妥善处理并有效化解文化建设中出现的知识产权矛盾纠纷,为文化建设创造更加有利的发展机遇和环境。要充分发挥知识产权审判能动司法作用,未雨绸缪,积极应对,更好地为推进社会主义核心价值体系建设、保障人民基本文化权益、推动文化产业成为国民经济支柱性产业、加快构建有利于文化繁荣发展的体制机制提供服务和保障。

三要准确把握我国经济社会发展和国家知识产权战略深入实施对人民法院知识产权司法保护的深刻影响。当代中国进入了全面建设小康社会的关键时期和深化改革开放、加快转变经济发展方式的攻坚时期,知识产权事业的地位和作用更加突出。国民经济与社会发展"十二五"规划纲要已经明确,未来五年,我国各项工作必须以科学发展为主题,以加快转变经济发展方式为主线;坚持把经济结构战略性调整作为主攻方向,把科技进步和创新作为重要支撑;强调要发展现代产业体系、提高产业核心竞争力,改造提升制造业,培育发展战略性新兴产业。为了实现这些奋斗目标,我们比以往任何时候都更加需要有力的知识产权支撑和强有力的知识产权司法保护。加快转变经济发展方式需要运用知识产权破解诸多难题和制约因素,传统产业的转型升级需要自主知识产权提升核心竞争力,培育战略性新兴产业需要知识产权战略的超前部署和引领,和谐社会建设需要完善知识产权制度不断改善民生福祉。当前,国家知识产权战略进入深化实施阶段,要求进一步完善知识产权审判体制机制,完善司法解释和司法政策,充分发挥司法保护主导作用。这些都对加强知识产权司法保护提出新的更高的要求。

四要准确把握中国特色社会主义法律体系形成对人民法院知识产权司法保护的深刻影响。中国特色社会主义法律体系形成标志着我国社会管理已经进入全面有法可依的历史发展阶段,必将对知识产权审判事业产生深远历史影响。目前,我国在知识产权领域已经制定了4部专门法律,颁布了19部行政法规,形成了涵盖专利、商标、著作权等各个领域,与国际通行规则相协调,比较完善的知识产权法律体系,知识产权司法有法可依的局面已经形成。法律的生命力在于实施。知识产权法律体系基本完备后,人民法院实施法律的任务更加繁重。广大知识产权法官不仅要熟练运用知识产权法律条文,全面掌握法律规定,还要深刻理解立法的目的、原则和精神;不仅要熟知知识产权法律,还要熟悉与知识产权相关的法律。知识产权法官严格依法办案，确保知识产权司法统一的责任将更加重大。随着知识产权法律的完备和规则的具体化，社会公众对知识产权法官正确适用法律、公正司法的标准、期待和要求越来越高，知识产权法官在司法能力和综合素质方面将面临更加严峻的考验。

三、当前和今后一个时期需要重点做好的几项工作

2012年将召开党的十八大，也是加快转变经济发展方式、深入实施国家知识产权战略的关键之年。在刚刚闭幕的亚太经合组织（APEC）工商领导人峰会期间，胡锦涛总书记深刻指出，“中国加强知识产权保护的决心坚定不移，已建立了比较完善的知识产权法律体系，今后工作的重点是加强执法”；“中国将加强知识产权保护，推进创新型国家建设”，“加大知识产权执法力度、司法保护力度”。根据形势任务的要求，当前和今后一个时期全国法院知识产权审判工作的总体要求是：以邓小平理论和“三个代表”重要思想为指导，深入贯彻落实科学发展观，准确把握国内外形势的新变化，牢牢抓住科学发展这个主题，紧紧围绕加快转变经济发展方式这条主线，深入推进三项重点工作，进一步加大知识产权司法保护力度，为迎接党的十八大的顺利召开，为建设创新型国家和全面建设小康社会，为建设社会主义文化强国提供公正高效的知识产权司法保障。按照这个总体要求，要注重抓好以下四方面的工作：

（一）进一步加大知识产权司法保护力度

加强保护是当前知识产权司法保护的主要矛盾、基本定位和政策取向。要充分认识加强保护的深刻内涵，加强保护是一项动态的系统工程，需要针对知识产权保护中的突出问题，采取一系列行之有效的措施，切实将加强保护落到实处。在加强保护中要注意分门别类和宽严适度，注意适应各类知识产权的属性和特点，符合各类不同知识产权的功能和保护需求，使知识产权司法保护更加适应我国所处的国际国内发展环境，更加符合我国经济社会文化发展的阶段性特征，更加符合我国文化发展和科技创新的要求。在加强保护中要强化利益平衡观念，把利益平衡作为知识产权司法保护的重要基点，统筹兼顾智力创造者、商业利用者和社会公众的利益，协调好激励创造、促进产业发展和保障社会公众权益之间的关系，使利益各方共同受益、均衡发展。要继续深入落实国家知识产权战略的部署和要求，充分发挥司法保护知识产权的主导作用。

一是要加强涉文化领域知识产权保护力度，促进社会主义文化大发展大繁荣。我国已形成以著作权法、非物质文化遗产法、计算机软件保护条例、信息网络传播权保护条例等法律、行政法规为主干的文化法律体系，涉文化类知识产权案件的审判已成为知识产权审判的重要方面。要认真贯彻落实中央关于大力发展公益性文化事业、加快发展文化产业的政策措施，制定和完善有关司法解释和司法政策，高度重视涉文化类知识产权案件审判工作，充分发挥知识产权审判对文化建设的规范、引导、促进和保障作用。要高度重视涉文化产业的新类型知识产权保护，积极推动文化产业发展成为国民经济支柱性产业。特别要依法加强出版发行、影视制作、广告、演艺、娱乐、设计等产业领域的著作权保护，推动传统文化产业发展壮大；深入研究和大力加强文化创意、数字出版、移动多媒体、动漫游戏、软件、数据库等战略性新兴文化产业的著作权保护,培育新型文化业态,培育国民经济的新的增长点,提升我国整体文化实力和竞争力。密切关注电信网、广电网、互联网“三网融合”等信息技术发展带来的新问题,在保护著作权益的同时,注重促进新兴产业的发展和我国信息化水平的提高。在审理涉及技术创新的著作权案件时,要准确把握技术中立的精神,既有利于促进科技和商业创新,又防止以技术中立为名行侵权之实。要综合利用各种法律手段,推动我国传统文化优势资源的保护、传承和商业利用,把传统文化优势转换为现实的生产力和竞争优势,提高中华文化影响力。当前尤其要重视研究和探索民间文学艺术、传统知识、遗传资源等非物质文化遗产的法律保护,凡是能够纳入现行知识产权法律体系的内容,都要依法予以保护,不能因其在权利主体、保护期限、保护范围等方面存在特殊性而拒绝保护。

要加强网络环境下的著作权保护,妥善处理保护著作权与促进信息网络产业发展和保障信息传播的关系。随着网络传播技术的日新月异和商业模式的不断创新,网络著作权保护中的新情况新问题层出不穷,需要加强研究探索,不断统一认识和统一法律适用标准。要准确把握法律、行政法规和司法解释有关网络环境下著作权保护的精神实质,特别要准确把握权利人、网络服务提供者和社会公众之间的利益平衡,既要加强网络环境下著作权保护,又要注意促进信息网络技术创新和商业模式发展,确保社会公众利益。正确把握作品、表演、录音录像制品提供行为与网络服务提供行为的划分,妥善处理有关网络服务提供者免责与归责、“通知与移除”规则与过错归责、网络服务提供者侵权过错与一般侵权过错的差别等关系。凡网络服务提供行为符合法定免责条件的,网络服务提供者不承担侵权赔偿责任;虽然不完全符合法定的免责条件,但网络服务提供者不具有过错的,仍不承担侵权赔偿责任。要根据信息网络环境的特点和实际,准确把握网络服务提供行为的侵权过错认定,既要根据侵权事实明显的过错标准认定过错,不使网络服务提供者承担一般性的事先审查义务和较高的注意义务,又要适当地调动网络服务提供者主动防止侵权和与权利人合作防止侵权的积极性。要维护“通知与移除”规则的基本价值,除根据明显的侵权事实能够认定网络服务提供者具有明知或者应知的情形外,追究网络服务提供者的侵权赔偿责任应当以首先适用“通知与移除”规则为前提,既要防止降低网络服务提供者的过错认定标准,使“通知与移除”规则形同虚设;又要防止网络服务提供者对于第三方利用其网络服务侵权消极懈怠,滥用“通知与移除”规则。

要增强政治和政策敏感性,妥善处理保障民事权益与维护国家文化安全和公共道德的关系。文化安全是国家安全的重要组成部分,在审理具有政治和政策敏感性的涉文化类知识产权案件时,要增强政治意识,在依法保护著作权的同时,注意维护我国社会主义主流文化。未经行政审批进入我国境内的境外影视作品,若涉及反动、淫秽、暴力等违反公共秩序的内容,要通过行政查处或者刑事处罚解决;对于其他境外影视作品,要依法保护其民事权益。要更加重视知识产权裁判的引领和导向功能,在裁判中重视弘扬社会主义核心价值体系,注意把法律评价与道德评价有机结合起来,引领社会主流价值观,把维护公共道德作为司法保护的重要价值追求,提升全社会尊重知识、崇尚创新、诚信守法的知识产权法治文化。

二是要加强专利权保护,积极促进科技创新和经济发展方式加快转变。要以加大专利权保护力度为基础,促进我国科技创新能力的提高。要根据专利创新程度、所属技术领域特点和产业政策等,妥善运用权利要求解释、等同侵权等法律标准,依法加大专利权保护强度,推动技术突破和技术创新。要加大对关键核心技术、基础前沿领域和战略性新兴产业的专利权保护,积极推动我国产业结构的战略性调整。对于创新程度高、研发投入大、对经济增长具有突破和带动作用的首创发明,要给予更高的保护强度和更宽的等同保护范围。在加大保护力度的同时,也要注意适应不同技术领域专利权的特点和创新需求,实现宽严适度。

要正确运用专利侵权判定和证据规则,依法认定专利侵权行为。要从尊重权利要求的公示作用和保护社会公众对专利申请文件的合理信赖出发,准确把握全部技术特征对比、禁止反悔、捐献等专利侵权判断规则,实现专利权人利益与社会公共利益的统一。要坚持专利权利范围的折中解释原则,准确界定专利权的保护范围。专利权利要求的解释应符合发明目的,不应把具有专利所要克服的现有技术缺陷或者不足的技术方案纳入保护范围;要探索完善等同侵权适用条件,坚持以手段、功能和效果基本相同并且对所属领域普通技术人员显而易见为必要条件,防止因等同原则适用过宽而妨碍创新。对创新程度相对较低的改进发明,一般要适当限制其等同保护范围。要妥善审理好产品制造方法发明专利侵权案件,既要考虑方法专利权利人维权的实际困难,又要兼顾被诉侵权人保护其商业秘密的合法权益。使用专利方法获得的产品不属于新产品,专利权人能够证明被诉侵权人制造了同样产品,经合理努力仍无法证明被诉侵权人确实使用了该专利方法,但根据案件具体情况,结合已知事实以及日常生活经验,能够认定该同样产品经由专利方法制造的可能性很大的,可以根据民事诉讼证据司法解释有关规定,不再要求专利权人提供进一步的证据,而由被诉侵权人提供其制造方法不同于专利方法的证据。被诉侵权人提供了其制造方法不同于专利方法的证据,涉及商业秘密的,在审查判断时应注意采取有效措施保护其商业秘密。

要兼顾公平和效率,妥善处理好专利侵权与专利确权的关系。既要依法保障专利权人的民事权益,又要注意提高民事侵权案件审理效率,尽快明确当事人之间的法律关系状态,积极促进市场活动的顺畅和安全。在专利侵权诉讼中,被告在答辩期内对原告的专利权提出无效宣告请求的,应考虑涉案专利权的稳定性程度及案件具体情况等因素,决定是否应当中止审理。民事裁判作出前,专利复审委员会作出宣告涉案专利无效的决定的,可以根据案件具体情况裁定驳回专利权人的起诉。宣告专利权无效的决定在随后的行政诉讼程序中被判决撤销的,专利权人可以在判决生效后重新起诉。

三是要加强商标权保护,积极提升我国经济的综合竞争力。要通过审理好商标侵权和商标授权确权案件,加大商标权保护力度,推动我国从制造大国向品牌强国加快转变。要本着划清商业标识之间的边界、鼓励正当竞争的精神,依法加大商标权保护力度。要根据商标的知名度、显著程度等,恰当运用商标近似、商品类似、在先使用并有一定影响的商标、以欺骗或者其他不正当手段取得商标注册等裁量性法律标准,妥善把握商标注册申请人或者注册人是否有真实使用意图以及商标使用过程中“傍名牌”行为的主观恶意等,用好用足商标法有关规定,加大遏制恶意抢注、“傍名牌”等不正当行为的力度,充分体现商标权保护的法律导向。

要依法规范驰名商标的认定和保护,切实加强驰名商标保护。要统筹兼顾加强驰名商标保护与防止滥用驰名商标保护制度,防止一种倾向掩盖另一种倾向。一方面,驰名商标保护的目的在于适当扩张具有较高知名度的商标的保护范围和保护强度,不是评定或者授予荣誉称号,要准确把握驰名商标保护的立法本意,通过正确裁判,有效引导当事人正当运用驰名商标保护制度,防止当事人在驰名商标保护中片面追求获取驰名商标认定的制度异化现象。另一方面,对于当事人主张驰名商标保护且符合保护条件的,应当依法予以认定和保护,防止对驰名商标的保护设置不适当的障碍。对于一般公众广泛知晓的驰名商标,要结合众所周知的驰名事实,减轻商标权人对于商标驰名情况的举证责任。认定驰名商标并不要求具有等同划一的知名程度,但驰名商标的保护范围和强度要与其显著性和知名度相适应,对于显著性越强和知名度越高的驰名商标,要给予其更宽的跨类保护范围和更强的保护力度。要认真执行司法解释的规定,准确把握驰名商标的保护范围,加强对驰名商标事实认定的严格把关,坚持判前审核制度,坚决防止当事人为骗取驰名商标认定而弄虚作假,进行虚假诉讼。

要积极探索网络环境下的商标权保护。网络交易的繁荣给商标权的保护提出了新课题,与网络交易平台、搜索引擎关键词广告及竞价排名服务有关的商标权案件逐渐增多。要依据侵权责任法有关规定妥善处理网络环境下的商标侵权案件,并可以根据案件具体情况,适当参考借鉴审理网络著作权案件的有关规定和基本共识,合理界定网络服务提供者的注意义务,正确认定侵权行为,在依法保护商标权的同时,注重促进网络产业发展和商业模式创新。有关典型案例和经验材料要及时层报上级法院和最高人民法院。

四是要依法审理好竞争案件,创造公平有序、充满活力的市场环境。要依法规制不正当竞争行为,维护商业诚信和公平竞争。正确理解反不正当竞争法上的竞争关系,凡是参与市场经济活动、受到他人不正当竞争行为影响的竞争者,均可认定存在竞争关系,不以直接竞争关系为限。适用反不正当竞争法的一般条款认定新类型不正当竞争行为时,要正确把握诚实信用原则和公认的商业道德的评判标准,以特定商业领域普遍认同和接受的经济人伦理标准为尺度,避免把诚实信用原则和公认的商业道德简单等同于个人道德或者社会公德,不适当地扩张不正当竞争行为的范围。要加强商业秘密的保护,根据案件具体情况,合理把握秘密性和不正当手段的证明标准,适度减轻商业秘密权利人的维权困难。要注意总结垄断民事案件的审判经验,依法公正审理好垄断民事案件,促进市场结构的完善和市场经济的健康发展。最高人民法院正在抓紧制定审理垄断民事案件的司法解释，该司法解释公布后，有关法院要认真学习和领会解释精神，不断提高垄断民事案件的审判质量和水平。

五是要依法加大制裁力度，便利权利人维权。赔偿数额低、取证困难等，均是制约加大制裁侵权行为力度、降低权利人维权困难的重要因素。各级人民法院要积极探索有利于确定赔偿的途径，采取各种有效措施，完善损害赔偿计算方法，加大损害赔偿力度。要适当减轻权利人的举证负担，酌情适用优势证据标准确定损害赔偿数额，发挥举证妨碍制度在推定损害赔偿数额中的作用，保证权利人获得充分赔偿。对于权利人难以取得的维权证据，凡符合调取证据或者证据保全条件的，应当及时采取调取或者保全措施，不能因为办案压力大等原因，对当事人的申请推三阻四或者无理拒绝。要继续完善境外证据的举证和认证制度，尽可能减少境外证据的举证和认证困难，提高举证认证效率。司法解释中有关境外形成的证据需办理公证认证手续规定的本意主要在于便利对证据真实性的审查认定，并不排斥以其他方式认定相关事实的真实性。除按照有关规定必须办理公证认证的特殊事项外，凡有其他合理方式足以认定境外证据真实性的，可以采取其他方式予以认定，防止因未办理公证认证或者其他证明手续而简单否定境外证据效力。

要适度从严把握法律条件，慎重适用诉前停止侵权措施。诉前停止侵权措施是一把"双刃剑"，适用时既要依法满足权利人迅速保护权利的正当需求，又要防止滥用诉前停止侵权制度不正当地损害竞争对手。要把事实比较清楚、侵权易于判断作为采取诉前停止侵权措施的前提条件。对于需要进行比较复杂的技术对比才能作出侵权可能性判断的行为，不宜裁定采取责令诉前停止侵权措施。对于已经作出宣告专利权无效决定的，不再裁定采取诉前停止侵害专利权措施。要规范审查程序，确保程序公正，尽可能通过听取申请人与被申请人意见的方式对侵权可能性作出准确判断。

（二）进一步加强业务指导和审判监督

要加大业务指导力度，切实增强业务指导的针对性和有效性。要适应提高审判水平和维护法制统一的需要，积极创新业务指导方式，拓宽业务指导途径。要进一步完善和规范业务指导方式，可采取发布指导性文件、公布参考性案例、召开审判业务会议、组织法官培训等多种形式开展指导工作。各高级人民法院特别要注重总结新鲜审判经验，研究新情况新问题，加强对辖区内法院的业务指导，但应当注意指导方式，今后不宜再通过发布类似司法解释性规范性文件的方式进行指导。最高人民法院将根据审判工作需要，在适当加强报请全国人大常委会进行立法解释的同时，加强制定司法解释和司法政策，促进法律适用统一。各级人民法院要积极探索司法实践中的新情况新问题，为制定司法解释和司法政策提供素材和积累经验。

要加强审判监督和完善案件管辖制度。要加大审判监督力度，严肃审判监督纪律，有效发挥审判监督机制纠正错误、统一法律适用的功能。对于原审判决确有错误的，要依法予以纠正，防止迁就错误和文过饰非，对司法公正造成二次伤害。对于指令再审的案件，下级法院要认真对待，依法改正错误；对于指定异地法院再审的案件，被指定法院要认真负责地搞好再审,原审法院要做好配合工作。对于无视再审指令,拖延再审或者无正当理由不执行再审指令的,要严肃纪律,情节严重的给予通报批评。各级人民法院要在审判管理中进一步完善考核机制,适当考虑知识产权案件中行政与民事程序经常交织、技术问题复杂、新难案件多等特点和实际,考虑知识产权案件在改判原因、中止诉讼等方面的特殊性和复杂性,科学设置考核指标,防止一刀切,避免脱离实际和挫伤知识产权法官的工作积极性。适当发挥管辖制度的监督制约作用,必要时采取提级管辖、异地指定管辖等措施,有效遏制地方保护和部门保护现象。对于争抢管辖、推诿管辖或者原审裁判存在地方保护现象的案件,最高人民法院近年来采取了指定异地法院管辖的方法,收到了较好效果。要进一步研究案件管辖中的新情况新问题,遏制滥用管辖制度等行为。

要加强调研和理论研究,积极探索新情况和解决新问题。知识产权审判面临的新情况、新问题和新领域较多,需要通过加强调研和理论研究,及时进行应对。要全面加强调研工作,及时总结审判经验和转化调研成果,推动理论升华和理论创新,指导审判实践。要充分发挥各调研基地和理论研究基地的作用,充分利用中国审判理论研究会知识产权审判专业委员会这个平台,推动理论研究和培养研究人才。各调研基地要充分发挥示范带头作用,利用自身优势,向全国法院贡献高质量的司法经验和调研成果。

(三)继续完善知识产权审判体制和工作机制,进一步夯实知识产权审判基础

要进一步优化知识产权案件管辖法院的布局。根据新形势和新任务的要求,在严格控制新增专利等技术类知识产权案件管辖法院的同时,继续推进知识产权案件管辖布局的合理化和科学化。在经济、科技和文化相对发达的地区,适当增加批准管辖一般知识产权案件的基层法院。当然,各高级人民法院要对报请管辖知识产权案件的基层法院认真把关,确保这些法院能够有相应的案件数量和确有必要行使管辖权,避免使这些法院的知识产权案件管辖权成为摆设。鼓励中级和基层人民法院根据工作需要开展跨地区划片集中管辖,在方便当事人诉讼的同时,促进审判资源优化配置。

要推进和规范知识产权民事、行政和刑事案件的集中审理试点。推进由知识产权审判庭集中审理知识产权民事、行政和刑事案件的试点工作,是实施国家知识产权战略的要求。试点法院要加强对试点工作的总结,不断推动试点工作规范化,及时发现试点中的新情况和解决新问题。要建立知识产权民事、行政和刑事审判协调机制,提高司法效率,统一司法标准,发挥整体保护效能,努力构建资源优化、科学运行、高效权威的知识产权审判体系。要加强与公安机关、检察机关以及行政执法机关的协调配合,形成保护合力。

要进一步加强基层基础建设。要结合知识产权审判实际,认真贯彻全国人大常委会关于加强人民法院基层建设的要求,不断加强知识产权基层基础建设。要进一步完善基层法院知识产权审判业务机构设置,加强人员配备;有针对性地加强基层法院法官培训,加强基层法院知识产权法官到上级法院或兄弟法院的挂职交流,尽快提升基层法院知识产权审判能力和水平。要支持基层法院在知识产权审判体制和工作机制方面的改革和探

索，及时总结和推广其经验。要充分发挥基层示范法院的模范带头作用，使各基层示范法院在提高知识产权审判工作质效、创新审判体制和工作机制、加强审判规范化建设和队伍建设等方面，发挥示范和引领作用。

（四）继续加强队伍建设，不断造就高素质的知识产权法官队伍

要加强思想政治建设。结合知识产权审判工作的特点和实际，继续扎实开展“发扬传统、坚定信念、执法为民”主题教育实践活动、“人民法官为人民”主题实践活动以及社会主义法治理念再学习再教育活动，牢固树立和践行“公正、廉洁、为民”的司法核心价值观，确保审判工作的正确政治方向。要切实增强大局意识、国情意识、责任意识，自觉把知识产权审判工作置于党和国家的工作大局之下，努力实现社会效果和法律效果的统一。

要加强司法能力建设。既要强化正确适用法律公正裁判的能力，又要强化做群众工作、化解社会矛盾的能力；既要强化处理具体案件的能力，又要强化服务大局的能力。要加强教育培训，科学设置培训内容，根据知识产权审判工作的需求，注重理论和实践相结合、知识与能力相结合，提高培训的针对性和有效性。要注意保持知识产权法官队伍的相对稳定性，关心法官生活，解决其实际困难，减轻压力，确保法官身心健康。

要加强司法文化和司法廉洁建设。知识产权法官要带头加强学习，积极进取，不断提高理论和文化素养。要强化为民意识，培养务实作风，认认真真处理好每一起案件，切实为群众排忧解难。要加强反腐倡廉教育，坚持不懈，警钟长鸣，切实增强廉洁自律的自觉性。要严格执行“五个严禁”、“四个一律”等各项反腐倡廉制度，加强外部监督和制约。要继续加大知识产权司法公开力度，增强源头防腐的有效性。

同志们，艰辛成就伟业，奋斗创造辉煌。面临新形势、新任务、新使命，让我们以昂扬向上的精神、百折不挠的意志、尽职尽责的态度，按照王胜俊院长提出的“四个进一步”的要求，努力开创人民法院知识产权司法保护事业的新局面，为建设创新型国家、社会主义文化强国和夺取全面建设小康社会新胜利做出新的更大的贡献，以更加优异的成绩迎接中国共产党第十八次代表大会的胜利召开！

在全国法院知识产权司法公开座谈会上的讲话

最高人民法院副院长　奚晓明

（2011年4月15日）

同志们：

我们召开的这次全国法院知识产权司法公开座谈会的主要任务是以邓小平理论和“三个代表”重要思想为指导，贯彻落实全国

政法工作会议和全国高级法院院长会议精神以及实施国家知识产权战略的要求,紧紧围绕加快转变经济发展方式这条主线,紧紧围绕“社会矛盾化解、社会管理创新、公正廉洁执法”三项重点工作,总结近年来人民法院知识产权司法公开工作的经验,进一步明确知识产权司法公开工作的制度措施,全面推进知识产权司法公开工作,全面提高知识产权司法保护水平。

一、人民法院始终高度重视知识产权司法公开工作

知识产权司法具有很强的外向性和社会关注度,自我国加入世界贸易组织以来,根据TRIPs的要求,为履行国际承诺,全国各级法院始终高度重视知识产权司法公开工作,在知识产权司法公开方面做了大量开创性的工作。在各级人民法院尤其是知识产权审判业务部门和广大知识产权法官的不懈努力下,人民法院知识产权司法公开工作取得了明显成效,知识产权司法公开工作质量不断提高,成为人民法院工作的一个亮点。主要体现以下几个方面:

(一)知识产权司法公开力度不断加大

人民法院知识产权司法公开工作已经实现了从单纯的裁判文书公开向审判工作全面公开的转变,知识产权司法透明度不断提高。人民法院知识产权司法公开举措刚一开始主要集中在裁判文书公开上,但随着知识产权审判工作的发展以及司法公开制度的不断完善,尤其是在《最高人民法院关于司法公开的六项规定》发布以来,知识产权司法在立案、庭审、执行、听证、文书、审务等六个环节都已经实现了向社会公开,在公开的内容、程序和方法上也已经建立了比较完善的制度。除了通过上网公布知识产权裁判文书以外,人民法院还通过完善新闻发布会制度、开展法院开放日活动、开展案件网络直播等多种方式,不断加大知识产权司法公开的力度。

(二)知识产权司法公开的形式不断创新

知识产权司法公开工作一直走在人民法院司法公开工作的前沿,很多司法公开的举措和方式都是在知识产权司法领域先行先试,然后才在其他审判领域逐渐铺开的。2006年开通的“中国知识产权裁判文书网”是较早向社会公开裁判文书的网站;2008年开始发布的《最高人民法院知识产权年度报告》首创了以年度报告的形式向社会公布经典案例的做法;2009年开始发布的“中国法院知识产权司法保护状况”也首开了以书面形式向社会公众全面介绍人民法院当年的知识产权司法保护工作情况的先河。

(三)知识产权裁判文书上网工作成效显著

从2003年开始,北京法院系统就已经开始将其审结的生效知识产权裁判文书上网。为了给全国法院知识产权裁判文书上网提供一个统一的平台,2006年3月,最高人民法院知识产权庭与中国法院网联合主办开通了“中国知识产权裁判文书网”,截至2010年年底,已经有41,696份生效知识产权裁判文书通过“中国知识产权裁判文书网”公开,该网站已经成为展示我国知识产权司法保护成果的重要窗口。为了进一步办好“中国知识产权裁判文书网”,充分发挥其作用,从2010年年底起,“中国知识产权裁判文书网”移至最高人民法院政务网站统一管理,目前知识产权庭正对其页面和功能进行改版升级,并将于4月25日正式开通,这是人民法院知识产

权司法公开工作中的一件大事。同时,为了及时发布人民法院司法保护知识产权成果的权威信息和资讯,2010 年 4 月 26 日,最高人民法院知识产权庭在最高人民法院官方网站上正式开通了“知识产权司法保护子网站”,这是第一个由最高人民法院审判业务庭主办的网站,也是人民法院宣扬知识产权司法保护成果的第一个官方网站。截至 2011 年 3 月底,点击量已经达到 437,363 人次,页面浏览量达到 302,281 人次。

二、进一步提高对知识产权司法公开工作重要性的认识

知识产权司法公开工作不是某一特定时期的权宜之计,而是一项长期的、重要的日常工作,要不断提高对知识产权司法公开工作重要性的认识,明确指导思想,把这项工作做好。

(一)知识产权司法公开工作是服务国际国内两个大局的需要

知识产权司法作为人民法院司法工作的新课题和新领域,不仅事关我国创新性国家建设,也事关我国国际形象。人民法院知识产权司法要始终自觉服务于国内和国际两个大局,这是保证正确的审判方向和良好的审判效果的重要保障。知识产权司法对于推动科技进步,增强自主创新能力,推动产业结构优化升级具有重大的引导和激励作用,在促进经济发展方式加快转变方面可以发挥不可替代的独特作用。同时,随着经济全球化和我国对外开放的深化,知识产权日益成为参与国际竞争和博弈的重要领域和基本手段,知识产权司法保护问题已经成为我国对外交往中的持续性战略话题。因此,知识产权司法公开不仅是人民群众的期待和要求,也是人民法院应当履行的一项职责;不仅是促进自主创新能力和提高国家核心竞争力的需要,也是促进经济发展方式转变的需要;不仅是适应对外关系发展的需要,也是服从和服务于国内和国际两个工作大局的需要。推进知识产权司法公开,有利于展示人民法院知识产权司法的丰硕成果,有利于消除国外对我国知识产权司法保护的偏见和误解,优化投资环境,有利于树立我国的良好国际形象,为发展对外关系创造良好的条件。

(二)知识产权司法公开是实现司法公正的必备条件

以公开促公正,通过知识产权司法公开措施充分保障当事人各项诉讼权利的行使,最大限度地保障人民群众对司法活动的知情权、参与权、表达权和监督权。通过知识产权司法公开,促进人民法院审判管理模式的转变,提高人民法院知识产权司法能力和水平。通过知识产权司法公开,提高社会监督和舆论监督的能力和水平,促进司法公正的实现。

(三)知识产权司法公开是树立司法权威的重要手段

司法公信是司法权威的重要基础,要实现司法公信就必须实现司法公开。通过知识产权司法公开保证当事人享有的诉讼权利,增强人民群众对人民法院的认同,有助于树立司法权威。

(四)知识产权司法公开是司法为民的重大举措

知识产权司法公开是社会主义法治和司法为民的必然要求,是人民群众的殷切期盼。加大知识产权司法公开力度,拓展知识产权司法公开的广度和深度,增加人民群众对司法的参与度,建立透明、便民的司法机制,可以有效地提高人民群众的法律意识,方便当事人参与诉讼,提高诉讼能力和水平,增进人民群众对司法工作的理解和支持。

(五)知识产权司法公开是保障队伍廉洁的有效手段

阳光是最好的防腐剂。通过知识产权司法公开,将人民法院的知识产权司法活动置于人民群众的监督之下,自觉接受社会评判,可以有效地确保司法廉洁,预防司法腐败。

三、大力推进知识产权司法公开工作

2010 年 12 月 20 日,王胜俊院长在“全国高级法院院长会议”上提出“要胸怀坦荡地推进司法公开,勇于向社会公开一切依法应当公开、能够公开、可以公开的内容”,并对人民法院司法公开工作提出了具体要求。在今后一个时期,各级人民法院要不断提高知识产权司法公开工作积极性、主动性和创造性,不断完善知识产权司法公开工作机制,健全知识产权司法公开制度,不断提高知识产权司法公开工作的质量和效率。

(一)要不断深化对知识产权司法公开内涵的认识

要不断挖掘知识产权司法公开的内涵,不断创新和丰富知识产权司法公开的形式和内容,加大知识产权司法公开的力度,实现知识产权司法的透明。要不断提高裁判文书的质量和水平,加强知识产权裁判文书裁判理由的说理力度,从裁判文书的形式公开向实质公开转变。要在坚持落实已有公开举措的基础上,根据人民群众的期待和需要,根据对外宣传的需要,不断探索新的知识产权司法公开举措,实现知识产权司法公开工作良性发展。

(二)进一步深入贯彻落实各项司法公开制度

根据最高人民法院的部署和要求,结合人民法院知识产权司法工作的形势和任务,各级人民法院知识产权审判庭要认真落实《最高人民法院关于司法公开的六项规定》、《关于人民法院在互联网公布裁判文书的规定》等的要求,严格做到立案公开、庭审公开、执行公开、听证公开、文书公开和审务公开,大力推进知识产权司法公开工作。

(三)高度重视知识产权裁判文书上网工作

要重点做好“中国知识产权裁判文书网文书”上网工作,充分发挥其平台和窗口作用。各高级人民法院知识产权庭要高度重视文书上网工作,切实负起辖区内人民法院生效裁判文书上网的监督指导职责,调动辖区内各级法院的工作积极性,不断完善裁判文书上网的工作机制,提高裁判文书上网数量和已生效裁判文书的上网比例,尽量做到已生效裁判文书即时全部上网。各高、中级人民法院知识产权审判庭和具有一般知识产权案件管辖权的基层人民法院都要设立专职信息员专门负责裁判文书上网工作,不断加强信息员队伍建设,保持信息员队伍稳定,保证文书上网工作的正常开展。

同志们,知识产权司法公开工作事关人民法院知识产权审判工作全局,事关我国知识产权司法保护的国际形象,任重而道远。让我们以邓小平理论和“三个代表”重要思想为指导,牢牢抓住科学发展这个主题,以高度的历史使命感和职业责任感,齐心协力把这项工作抓实抓好,抓出成效,为建设公正高效的知识产权审判制度做出应有的贡献。

凝聚多元合力　化解矛盾纠纷　促进社会和谐稳定

——在互联网知识产权纠纷调解机制备忘录签订仪式上的讲话

最高人民法院副院长　奚晓明

（2011 年 4 月 18 日）

各位来宾、同志们：

今天，最高人民法院知识产权审判庭与中国互联网协会在这里共同举行“合作建立互联网知识产权纠纷调解机制备忘录”签署仪式，共议网络环境下知识产权法律保护和矛盾纠纷解决方面的问题，这是非诉讼纠纷解决机制的一大创新，是最高人民法院落实三项重点工作的重要举措，确有必要，很有意义。在此，我代表最高人民法院对合作备忘录的签署表示祝贺！对有关方面对人民法院知识产权司法保护事业的大力支持表示感谢！

在信息技术和网络技术的推动下，以著作权为核心内容的文化创意产业，把文化、技术、产品和市场有机结合起来，成为促进传统产业创新、推动经济发展方式转变、增强国家软实力的重要推动力量。十多年来，人民法院著作权审判工作不断取得重大进展，为促进文化产业和互联网产业的发展，为社会的和谐稳定发挥了重要作用。**一是审理的案件数量持续大幅增长。**以 2009 年为例，全国地方法院新收的知识产权民事一审案件中，有一半为著作权纠纷案件，可谓占据知识产权案件的半壁江山；涉及网络著作权纠纷的案件数量近年来占著作权案件的 50% 左右，网络已经成为版权保护的主战场；串案和关联案件较多；与网络技术开发和应用有关的版权纠纷受到业界的高度关注，加强版权保护与促进新商业模式发展的利益平衡空前重要，版权保护已经超出传统的文化意义而更多地向经济意义拓展。**二是审判制度建设成绩显著。**为适应网络技术发展引发的新类型网络著作权案件的审判需求，在 2001 年修订的著作权法增加信息网络传播权保护之前，最高人民法院即于 2000 年 12 月颁布了《关于审理涉及计算机网络著作权纠纷案件适用法律若干问题的解释》，基本解决了当时网络著作权纠纷案件的重大法律适用问题，规范和促进了网络信息法制环境的形成，引起国内外广泛关注，受到高度评价。著作权法 2001 年修订之后，最高人民法院又相继制定了《关于审理涉及著作权民事纠纷案件适用法律若干问题的解释》等相关规范性文件。此外，自 2004 年以来，最高人民法院和最高人民检察院还就知识产权的刑事保护问题，制定了一系列的刑事司法解释，基本解决了包括著作权在内的知识产权犯罪的定罪量刑标准问题,为各级人民法院加大刑事打击力度提供了更加明确的依据。**三是不断进行理论创新**。随着数字时代的来临和新技术的发展,著作权审判的领域不断拓宽,新情况、新问题层出不穷。特别是,信息网络传播、P2P传输、搜索引擎技术等引发的许多新的法律适用问题,给著作权纠纷案件的审理带来很多新课题。各级法院认真总结审判经验,及时研究新情况和解决新问题,卓有成效地开展了一系列调研,总结出了不少有益的工作方法、司法经验和解决问题的对策建议,形成了一批较高质量的研究成果,为审判工作提供了重要的理论支持,不少研究成果受到了学术界的高度重视。

近年来,随着我国社会经济快速发展,社会利益格局不断调整,人民法院受理的知识产权纠纷案件呈现出利益诉求复杂化、纠纷主体多元化、矛盾交织复合化等特点。加快构建和完善多元化的纠纷解决机制,整合多种社会资源,综合运用和解、调解、诉讼等多种方式,形成功能互补、程序衔接的矛盾纠纷有效化解体系,促使纠纷更加便捷、经济、高效地得到解决,对于维护社会和谐稳定具有十分重要的现实意义。最高人民法院曾于2009年7月发布《关于建立健全诉讼与非诉讼相衔接的矛盾纠纷解决机制的若干意见》,鼓励各种非诉讼纠纷解决机制的创新,通过适当方式参与各种非诉讼纠纷解决机制的建设,理顺诉讼与非诉讼相衔接过程中出现的各种关系,积极推动各种非诉讼纠纷解决机制的建立和完善。各级人民法院高度重视在知识产权审判领域不断发展非诉讼纠纷解决机制。北京法院通过与中国互联网协会调解中心建立知识产权纠纷解决诉调对接机制,有效地促进"案结、事了、人和",受到了社会各界的普遍认可。浙江、四川、广西等地高级人民法院相继出台了有关知识产权案件调解的指导意见和工作措施,取得了很好的效果。此次最高人民法院知识产权庭与中国互联网协会签署"合作备忘录",主要目的是充分发挥行业协会在知识产权纠纷中的调解作用,促进诉讼调解与行业调解相互配合、相互协调和相互衔接,为当事人提供更多可供选择的纠纷解决方式,维护社会和谐稳定,促进经济社会又好又快发展。这是最高人民法院对非诉讼纠纷解决机制的创新与发展,也是知识产权审判领域推进三项重点工作的重大举措。

中国互联网协会作为互联网从业者的社团组织,具有技术和资源方面的优势,掌握互联网行业技术发展的最新动态。协会下设的"调解中心",通过不断的摸索与尝试,目前已初步建立了较为规范的纠纷调解服务体系。"调解中心"的居中调解具有公益性质,可以避免增加当事人的经济负担,也有利于取得当事人的信任,及时有效地化解当事人之间的矛盾。建立和完善互联网纠纷诉调对接机制,是一项需要多方协作、不断完善的系统工程。"合作备忘录"是一个框架性的协议,是一个基础,需要在今后的工作中不断完善相关制度和措施:一是要不断完善组织和程序制度,针对调解机制运行中遇到的突出问题,努力探索有利于调解人参与法院工作的有效途径和方法,使互联网协会参与诉讼调解制度化、程序化、规范化。二是要充分发挥审判权的规范、引导和监督作用,完善诉讼与行业调解之间的衔接机制,定期沟通情况,听取工作意见，有效保证诉调对接渠道的畅通。三是要不断拓宽合作领域，整合各种资源，寻求优势互补，最大限度地发挥互联网协会在纠纷化解、网络技术等多方面的特殊作用，逐步形成开放型、多元化的工作体系。

各位来宾、同志们，建立和完善以诉讼调解为主导、行业调解为支撑、司法审判为保障的知识产权多元纠纷解决机制，有利于把民间调解发扬光大，把法院调解贯彻始终，最大限度地将各种消极因素转化为积极因素，实现调解的良好社会效果。希望大家同心协力，积极工作，促使互联网知识产权纠纷解决机制更加便捷、灵活、高效，为互联网事业稳定繁荣和发展提供有力的司法保障。

进一步加强理论研究、司法调研和基层基础工作 不断提高知识产权司法保护能力和水平

——在知识产权司法保护理论研究基地、调研基地、基层示范法院授牌仪式上的讲话

最高人民法院副院长　奚晓明

（2011 年 4 月 23 日）

各位领导、各位来宾、同志们：

今天，最高人民法院举行隆重仪式，宣布正式成立五个中国知识产权司法保护理论研究基地、五个中国知识产权司法保护调研基地以及五个中国知识产权司法保护基层示范法院，并授牌。在此，我代表最高人民法院对被授牌的各单位表示热烈的祝贺！对各有关方面的大力支持表示感谢！

今天，最高人民法院知识产权庭与苏州高新区管委会签署了合作备忘录，将苏州高新区作为中国知识产权司法保护典型案例评选发布的基地，明天将在这里举行 2010 年度全国知识产权审判十大案例和五十个典型案例的新闻发布会，这是知识产权典型案例新闻发布的制度化、规范化建设的有益尝试，我在此也预祝双方的合作及明天的新闻发布会取得圆满成功！

加快转变经济发展方式，提高自主创新能力，调整经济产业结构，提升国际竞争力，已经成为我国的根本发展战略。知识产权保护在建设创新型国家、调整经济结构和转变发展方式中具有重要支撑作用，知识产权司法保护工作与党和国家大局的关系更加紧密。不断提高知识产权司法保护能力和水平，不仅是我国进一步对外开放和参与国际竞争与合作的需要，更是我国国家发展的内

在需求。当前,国际国内大环境发生了深刻变化,对知识产权司法保护提出了更新更高的要求,知识产权审判面临许多新挑战,面临许多亟待解决的新课题,加强知识产权司法保护的理论研究、司法调研和基层基础建设,对于搞好新时期知识产权审判工作具有基础性、先导性和战略性的重大意义。设立这些理论研究基地、司法调研基地和基层示范法院,是最高人民法院在理论研究、司法调研和基层基础建设方面的制度创新,是新时期新阶段加强知识产权司法保护的重要举措。下面,我讲三点意见:

一、高度重视知识产权司法保护理论研究工作

理论是实践的先导和支撑,没有科学理论指导的实践是盲目的实践。加强知识产权司法保护的理论研究,对于推动人民法院知识产权审判工作的科学发展,具有重要意义。最高人民法院和各级地方法院一直高度重视知识产权司法保护的理论研究工作,高度重视与法学理论研究机构的交流合作,高度重视以科学的理论指导审判实践,高度重视理论研讨和理论成果的实践转化。此次在科研力量雄厚的五个高校设立理论研究基地,可以更加密切人民法院与各理论研究机构的合作,可以更好地打造理论与实践相结合的平台,可以实现理论与实践的互利双赢,可以共同推进我国知识产权司法保护事业又好又快发展。

加强知识产权司法理论研究既是加强司法保护的重要内容,同时也是新时期人民法院的一项重要的基础性工作。知识产权法学是应用性很强的法学学科,知识产权审判实践对知识产权理论研究有特殊需求,知识产权理论研究必须与实践紧密结合,才有旺盛的生命力,才更有价值。知识产权理论研究必须坚持正确的政治方向,坚持以社会主义法治理念为指导;必须从我国国情和实际出发,必须适合我国国情和实际的需要,重视研究我国司法实践中提出的重要课题,绝不能脱离我国国情和实际。同时,知识产权法律制度的国际化程度和司法制度的国际关注程度都非常高,知识产权法律制度在国际上发展变化非常快,新情况、新问题层出不穷,理论研究必须以开放的姿态,跟踪研究国际知识产权保护理论和实务发展的最新动态及发展趋势,研究和借鉴国外知识产权保护的有益经验。

要注意创新理论联系实际的方式。最高人民法院和地方各级人民法院要加强与各理论研究基地在知识产权重大理论课题攻关、信息资料交流、研讨培训等方面的合作,邀请专家学者为知识产权审判建言献策,为专家学者开展研究提供便利条件。具备条件的地方可以探索人民法院与各理论研究基地专家学者之间的人员交流机制,可以依照法定程序选择有关专家学者担任人民陪审员,专家学者也可以到知识产权审判部门交流挂职。也希望专家学者与人民法院密切联系,多关心人民法院知识产权审判工作,积极主动研究知识产权审判的新课题,使理论研究与司法实践良性互动和互利双赢。知识产权审判要通过不断吸收新的理论研究成果,不断将科学的理论成果转化为实践的动力,用科学的理论指导审判实践,全面提高审判的质量和效率,不断推动知识产权司法保护水平和能力的提高。

二、高度重视知识产权司法调研工作

最高人民法院和地方各级人民法院始终注重知识产权司法保护的调查研究,注重调研成果的有效转化。人民法院的调研工作始终是知识产权审判工作的一个亮点，加强调研始终是人民法院知识产权审判工作的优良传统。各级法院通过开展多种形式的调研，总结升华了审判经验，及时解决了各种疑难复杂问题，为知识产权审判工作提供了重要支撑。无论司法解释和司法政策的出台，还是重大审判问题的解决，无不凝聚着各级法院和广大知识产权法官开展调研工作的心血和汗水。通过调研工作，还为各级法院培养了知识产权审判人才，锻炼了知识产权审判队伍，提高了知识产权司法保护能力和水平。

当前，各级法院受理的知识产权案件迅猛增长，知识产权审判领域不断拓宽，新类型和复杂疑难知识产权案件日益增多，案件审理难度逐渐加大，知识产权审判的影响力和辐射力迅速增强；与此同时，各级法院知识产权审判案多人少的矛盾日益突出，工作压力日益增大。这对知识产权司法保护的能力和水平提出了重大挑战，这就要求我们根据新形势和新任务的要求，更加重视司法调研工作，加大调研工作力度，坚持和发扬调研的优良传统，紧紧围绕党和国家工作大局，紧扣人民法院的工作主题，不断创新调研工作机制，不断拓宽调研工作视野，不断总结调研工作经验，不断推出新的调研成果，不断提高调研能力和水平。

知识产权司法保护调研基地的设立，是最高人民法院在新形势下创新调研工作方式的新尝试。希望各调研基地充分发挥调研优势和特长，加强与其他法院的交流合作，解放思想，开拓创新，切实做好司法各项调研工作，特别要做好知识产权司法理念、司法政策、体制和机制等方面的调研工作，充分发挥在知识产权司法调研方面的示范作用，为全国法院贡献高质量的司法经验和调研成果。

三、高度重视加强知识产权审判基层基础工作

设立全国法院知识产权司法保护基层示范法院，是最高人民法院加强知识产权审判基层基础建设的重要举措。当前知识产权审判面临的新形势和新任务，对于加强知识产权审判基层基础建设提出了新要求，加强基层基础建设应当列入人民法院知识产权审判工作的重要议事日程，必须抓紧、抓实、抓好。

前些年，由于知识产权案件数量不多，加上为便于统一司法标准和提高审判水平，知识产权案件的级别管辖基本上以中级法院为起点，在知识产权领域加强基层法院的基础建设问题并不突出。近年来，随着经济社会和文化的迅速发展，知识产权案件数量迅猛增长，根据新形势和新任务的要求，最高人民法院迄今已批准了100多个基层法院管辖部分知识产权民事纠纷案件。2010年年初，最高人民法院发出通知，全面调整和统一明确了各级法院知识产权民事案件级别管辖标准，在严格控制新增专利和植物新品种案件管辖权法院的同时，鼓励中、基层法院根据工作需要开展跨地区划片集中管辖，积极把纠纷解决在基层、矛盾化解在基层。相当数量的基层法院知识产权审判业务部门自成立伊始，即创新审判体制和工作机制，开展集中审理知识产权民事、行政和刑事案件的试点。基层法院已成为人民法院知识产权审判的有生力量，大量的知识产权案件已解决在基层法院，大量的知识产权审判及体制机制改革经验出在基层法院。但是，大多数基层法院审理知识产权案件的时间还不长，审判经验还不够丰富，审判力量还较为薄弱，与形势任务的要求还有一定差距。因此，各级法院要根据基层法院知识产权审判实际,针对基层基础建设的薄弱环节,切实抓好基层基础建设。

加强知识产权审判基层基础建设,需要有针对性地采取有效措施。最高人民法院将根据经济社会和文化的发展要求,抓好管辖知识产权案件的基层法院的合理布局,在经济、科技和文化相对发达的地区,继续增加批准管辖知识产权案件的基层法院,进一步实现知识产权审判资源的优化配置。上级法院要根据基层法院知识产权审判实际,加强对基层法院知识产权审判工作的审判监督和业务指导,加强对基层法院知识产权法官的业务培训,尽快提升基层法院知识产权审判队伍的能力和水平,尽快提高基层法院知识产权审判水平;加强对基层法院知识产权审判体制和工作机制改革的指导,及时总结和推广其经验。

要充分发挥五个知识产权司法保护基层示范法院的典型示范作用。这次被列入全国知识产权司法保护示范法院的基层法院,都是在案件审判、体制机制改革和队伍建设等方面取得突出成绩的法院。希望这些法院珍惜荣誉,不辱使命,再接再厉,继续在案件审判、体制机制改革和队伍建设等方面不断探索新做法,不断积累新经验,不断取得新成绩,切实发挥示范带头作用,成为基层基础建设的标杆和榜样。

同志们,今年是"十二五"规划的开局之年和加快转变经济发展方式的关键一年,国家知识产权战略实施将进入更为关键的时期。知识产权审判责任重大,使命光荣,任重道远。我们一定要以加强理论研究、司法调研和基层基础为重要抓手,全面加强各项知识产权审判工作,进一步加大知识产权司法保护力度,为提高自主创新能力、建设创新型国家和加快转变经济发展方式提供更加有力的司法保障!

大力加强知识产权审判理论研究
积极推动知识产权司法保护事业新发展

——在中国审判理论研究会知识产权专业委员会2011年年会上的讲话

最高人民法院副院长
中国审判理论研究会副会长
奚晓明

各位代表、同志们:

今天我们相聚在美丽的山城重庆,隆重召开中国审判理论研究会知识产权专业委员会2011年会暨"加大知识产权司法保护力度与降低维权成本"研讨会。我谨代表最高人民法院和中国审判理论研究会,对本次会议的召开表示热烈的祝贺！向关心支持和积极参与知识产权审判理论研究工作的同志们表示诚挚谢意！

刚才大会按照中国审判理论研究会的规定，表决通过了《关于调整中国审判理论研究会知识产权专业委员会主要成员的决定》。同时，审判理论研究会还依据相关程序确定了新一届专委会的组成人员。这次专委会的换届，充实了专委会的领导力量和工作机构，加强和壮大了研究队伍。在此，我向他们表示祝贺！也相信新一届专委会将继续积极推进知识产权审判理论研究的深入开展，并取得新的更大的成绩。

知识产权专委会成立三年来，依托重庆市高级人民法院，在中国审判理论研究会的领导下和最高人民法院知识产权审判庭的支持指导下，以邓小平理论和“三个代表”重要思想为指导，认真贯彻落实科学发展观，紧紧围绕大局，突出研究重点，积极有序地开展知识产权审判理论研究，做了大量的富有成效的工作，充分发挥了知识产权审判专业学术组织和学术交流平台的作用，为推进全国法院知识产权审判事业的发展提供了重要的理论支持，做出了重要贡献。刚才，钱峰主任对于专委会三年来的主要工作及取得的丰富成果进行了总结，这些总结是全面、客观和实事求是的。在此，我代表最高人民法院和中国审判理论研究会，对于知识产权专委会取得的突出成绩表示祝贺！

下面，我就知识产权审判理论研究工作讲三点意见：

一、进一步提高认识，更加重视知识产权审判理论研究工作

当前，随着经济全球化的逐步加深和我国经济社会文化的迅速发展，知识产权保护面临的形势发生了深刻的变化，知识产权审判积极统筹国际国内两个大局、服务科学发展和经济发展方式加快转变以及推动社会主义文化大发展大繁荣的任务更加艰巨。为更好地搞好知识产权审判工作，需要进一步提高认识，更加重视知识产权审判理论研究，进一步加大研究力度，多出快出高质量的研究成果。

*加强知识产权审判理论研究，是积极服务推动社会主义文化大发展大繁荣和加快转变经济发展方式大局的客观需要。*刚刚闭幕的十七届六中全会通过的《中共中央关于深化文化体制改革推动社会主义文化大发展大繁荣若干重大问题的决定》，确定了中国特色社会主义文化发展道路，确立了建设社会主义文化强国的战略目标，提出了新形势下推动文化改革发展的指导思想、目标任务、重要方针、重大举措，是当前和今后一个时期指导我国社会主义文化建设的纲领性文件。国民经济和社会发展“十二五”规划纲要明确，未来五年我国各项工作必须以科学发展为主题，以加快转变经济发展方式为主线；坚持把经济结构战略性调整作为主攻方面，把科技进步和创新作为重要支撑，把建设资源节约型、环境友好型社会作为重要着力点。文化发展、科技进步和知识创新，是推动经济发展方式转变的根本动力。知识产权保护与促进文化发展繁荣和经济发展方式加快转变密切相关，知识产权审判必须找准服务推动社会主义文化大发展大繁荣和转变经济发展方式的着力点和切入点。推动社会主义文化大发展大繁荣和转变经济发展方式为知识产权审判理论研究提供了新空间，提出了新的更高

的要求。

加强知识产权审判理论研究,是适应中国特色社会主义法律体系形成后法律适用新形势的客观需要。中国特色社会主义法律体系形成是我国社会主义民主法制建设进程中具有里程碑意义的重大事件,它标志着我国已经进入全面有法可依的历史发展阶段,必将对我国政治经济社会生活产生深远的影响,必将对人民法院司法事业产生深远的历史影响。随着中国特色社会主义法律体系的形成,我国已建立适应国内发展需求、符合国际规则和对外交往需要的比较完备的知识产权法律体系,知识产权法律已全面覆盖专利、商标、著作权等知识产权各领域。法律的生命在于施行,知识产权法律体系的形成对于知识产权法律适用提出了更高的要求,人民群众对于知识产权审判也将有更高的期待。同时,法律适用始终是动态的与时俱进的过程,必须不断地面对新情况和解决新问题。知识产权审判全面实施知识产权法律的新形势新任务,不断为知识产权审判理论提出新课题,需要全面加强中国特色社会主义法律体系形成后的知识产权法律具体应用问题的研究,及时总结审判经验,加强法律实施和促进法治统一。

加强知识产权审判理论研究,是积极应对日益加深的经济全球化对于知识产权保护提出的新要求的客观需要。当前经济全球化日益加深,伴随而来的知识产权保护受到国际社会持续关注,知识产权保护的国际化程度逐步加深,知识产权保护领域的国际合作逐步增加。发达国家对于发展中国家的知识产权保护持续施压,欧美等发达国家也不再满足于TRIPs等知识产权国际条约确立的知识产权实体和执法程序标准,正在谋求通过新的知识产权条约提高知识产权保护标准,加大知识产权执法力度。例如,欧美等知识产权强国发起签署的《反假冒协定》,就旨在加强国际贸易中的知识产权保护,全面提升民事、刑事等执法标准,并开始谋求其他国家参加。我国与欧美等国家在知识产权领域的双边交流、对话和合作持续增加,外国政府、行业组织和权利人对于我国知识产权保护更加关注,一些国家对于我国知识产权保护继续施压。当然,我国保护知识产权的突出成绩也得到了国际社会的肯定,知识产权司法保护也不断赢得国际声誉。知识产权保护的国际新动态,以及国际贸易中涉及的知识产权保护新问题,为知识产权审判理论研究提出了新课题,需要我们加强理论研究和政策应对,不断增强世界眼光和国际思维。

二、围绕大局和中心工作,大力开展新形势下的知识产权审判理论研究

开展知识产权审判理论研究,必须始终坚持为执法办案第一要务服务,为人民法院科学决策服务,为人民法院知识产权司法保护事业科学发展服务。当前和今后一个时期,知识产权审判理论研究必须以邓小平理论和"三个代表"重要思想为指导,深入贯彻社会主义法治理念,紧紧围绕推动社会主义文化大发展大繁荣,紧紧围绕科学发展的主题和加快转变经济发展方式的主线,紧紧围绕全面加强知识产权保护的工作要求,着力研究知识产权审判面临的新形势、新任务和新课题,丰富知识产权审判理论体系,为人民法院履行知识产权司法保护提供有力的理论支撑。

一要紧紧围绕推动社会主义文化大发展大繁荣开展知识产权审判理论研究。我国已形成以著作权法、非物质遗产保护法、计算机软件著作权保护条例、信息网络传播权保护条例等法律、行政法规为主干的文化法律体系,涉文化类知识产权案件的审判已成为知识产权审判的重要方面。加强涉文化类知识产权审判,确保文化法律法规的有效实施,是推动社会主义文化大发展大繁荣的重要途径。知识产权审判必须站在深化文化体制改革和推动社会主义文化大发展大繁荣的高度,充分发挥职能作用。知识产权审判理论研究必须适应深化文化体制改革和推动社会主义文化大发展大繁荣的新要求,深入研究推动文化体制改革和社会主义文化大发展大繁荣中的知识产权审判理论问题。

二要紧紧围绕促进自主创新和加快转变经济发展方式,开展知识产权审判理论研究。根据科技进步的新趋势和经济发展的新需求,加强专利、植物新品种、集成电路布图设计等科技类知识产权侵权判定问题研究,重点研究加强对关键核心技术、基础前沿领域和战略性新兴产业的知识产权保护,推动技术突破和技术创新,推进传统产业优化升级,加快培育和发展战略性新兴产业,加快形成先导性、支柱性产业,增强企业和国家核心竞争力。要加强反不正当竞争法和反垄断法适用新问题的研究,依法规范竞争秩序,培育自由公平、诚信守法的竞争文化,创造公平有序、充满活力的市场环境。

三要紧紧围绕中国特色社会主义法律体系形成的新要求开展知识产权审判理论研究。中国特色社会主义法律体系形成以后,确保各项知识产权法律的正确实施更加成为知识产权审判的重心。知识产权审判理论研究应当以确保各项知识产权法律的正确适用为重点,尤其要注重研究和解决法律适用中的新情况新问题。要加强"加大惩罚力度,降低维权成本"问题的研究。我们这次研讨会就是以此选定作为主题,具有很重要的理论和实践的意义。《国家知识产权战略纲要》明确将"降低维权成本,提高侵权代价,有效遏制侵权行为"作为一项"战略重点",最高人民法院一直强调要加大保护惩处力度和降低维权成本。加大惩处力度和降低维权成本是一项系统性工程和较为长期的任务,是知识产权审判工作的难点和重点。要围绕这一问题加大研究力度,从加大损害赔偿力度、完善诉讼制度等多方面寻求对策。要加强维护知识产权法治统一问题的研究,重点研究妨碍知识产权法治统一的突出问题,寻求解决对策。加强知识产权案件裁判方法的研究,尤其是注重法律解释和漏洞填补等问题的研究,确保法律适用的妥当性。加大知识产权审判经验的研究和总结力度,为各类知识产权法律的修改完善提供实践素材。

四要紧紧围绕服务对外交往需要开展知识产权审判理论研究。知识产权审判外向性强,与国际条约和对外交往关系密切。知识产权审判理论研究要始终关注国外动态,积极服务国家对外交往的大局。当前要特别关注《反假冒协定》等国际知识产权缔约和国际保护新动态,研究这些新动向对于我国知识产权审判工作可能产生的影响,未雨绸缪,增强服务国外大局的自觉性和主动性。

三、坚持正确方向,把握好科学方法

开展知识产权审判理论研究必须坚持正确的政治方向,把握科学的研究方法,以更宽的视野、更高的境界和更大的气魄开展各项研究工作。

一要坚持以中国特色社会主义理论体系和社会主义法治理念为指导。知识产权审判必须以中国特色社会主义理论体系和社会主义法治理念为指导,紧紧抓住事关人民法院知识产权审判事业长远发展的重大理论课题和急需解决的重大实践问题,深入开展开拓性、前瞻性和可操作性研究,努力构建中国特色知识产权审判理论体系,为不断丰富中国特色社会主义审判理论体系作出应有贡献。

二要坚持从国情和实际出发,理论联系实际。知识产权司法保护必须从我国国情和实际出发,符合我国所处的国际国内发展环境,符合我国经济社会文化发展新的阶段性特征,符合我国文化发展和科技创新的新要求,符合人民群众对精神文化生活和物质文化生活的新期待。知识产权审判理论研究要准确把握社会主义初级阶段基本国情,深入研究我国发展的阶段性特征,及时总结知识产权审判工作的新鲜经验,重点抓住知识产权审判中的重大问题,作出新的理论论证和概括,为司法解释、司法政策和案件裁判提供科学的理论依据。特别是,要按照王胜俊院长的要求,"把司法智慧的增长扎根于广大法官的创造性实践之中,把理论研究工作做得更加扎实,更有成效"。

三要坚持与时俱进和开拓创新。理论上的成熟是实践上的坚定的基础,理论上的与时俱进是行动上的锐意进取的前提。实践发展的永无止境,认识活动永无止境,理论创新永无止境。知识产权审判面临的新情况新问题较多,疑难、复杂和新类型案件多,审判实践非常活跃,实践素材丰富多彩。知识产权审判的实践是不断前进的,指导这种实践的审判理论也要不断前进。知识产权审判理论研究必须研究新情况和解决新问题,始终保持与时俱进和开拓创新,不断为开创知识产权审判工作新局面提供理论服务。

四要坚持吸收与借鉴。知识产权审判工作外向性强,需要解决的新情况新问题多。这些新情况新问题往往是与国际同步的,我们与发达国家经常站在解决知识产权新法律问题的同一起跑线上,当然也有许多问题是发达国家走在前面的。知识产权的特殊性也决定了与国外交流较多,知识产权法官也需要具有较宽的国际视野。知识产权审判理论研究要适应知识产权审判的要求,在立足国情的基础上,拓展国际视野和富有全球眼界,注意研究国外的知识产权法律、法理和判例,吸收借鉴国外的有益司法经验,不断丰富我国知识产权审判理论,推动实践发展。

五要坚持理论研究与队伍建设相结合。知识产权法官一直有好学深思、勤于研究、善于研究的传统和习惯,长于和重于理论研究,这些都为培养造就一大批高素质的知识产权法官提供了重要的基础和条件,也为知识产权审判工作和队伍建设赢得了良好声誉。希望各级法院和广大知识产权法官继续发扬优良传统,保持优势,特别是要按照王胜俊院长的要求,在加强理论研究的同时,"以理论研究促进队伍建设,努力培养造就一批高素质的审判理论研究人才,为实现审判理论研究的可持续发展提供有力的组织保障"。

六要坚持完善研究工作机制,做好组织保障。进一步加强知识产权审判专委会工作的统筹协调,加大各项研究工作的组织协调力度。要坚持和完善年会制度、专题会议制度、重大审判理论课题制度、激励机制和经费保障机制，切实加强工作保障。要加强与各有关研究团体、研究机构和专家学者的理论研究交流机制，广泛调动知识产权专家学者参与知识产权审判理论研究，促进形成理论共识。继续完善理论成果的展示机制和转化机制，加强理论成果的宣传工作。

同志们，知识产权审判专委会和知识产权审判理论研究工作使命光荣，责任重大，任务艰巨。各级法院和广大知识产权法官要以加强知识产权审判理论研究为动力，确保知识产权法律的正确实施，努力实现人民法院知识产权审判事业的新发展和新跨越。同时，我们热忱希望广大专家学者和有关方面一如既往支持并积极参与知识产权审判理论研究，为构建中国特色社会主义审判理论体系，努力推动人民法院知识产权司法保护事业新发展而共同努力奋斗！

在全国公安机关严打假种子、假农药、假化肥行动电视电话会议上的讲话

公安部副部长　刘金国

（2011 年 1 月 7 日）

同志们：

这次会议的主要任务是，贯彻落实中央领导关于严厉打击制售假冒种子等违法犯罪的重要批示精神，部署严厉打击制售假种子、假农药、假化肥犯罪行动，维护农民切身权益，推进“亮剑”行动向纵深发展。我讲两点意见：

一、充分认识制售假种子、假农药、假化肥犯罪的严重性和危害性

“亮剑”行动开展以来，各地公安机关周密部署，连续奋战，成功侦破了一大批侵犯知识产权和制售伪劣商品案件，社会反响良好，得到了人民群众的充分肯定。其中，破获制售“三假”犯罪案件 38 起，涉及北京、内蒙古、辽宁、黑龙江、江苏、安徽、山东、河南、甘肃、新疆及兵团等多个省、区、市，现场缴获假农资 410 吨，涉案金额 1483 万元，远远超过往年同期水平。

从各地查破的案件情况看，受经营门槛低、犯罪收益大、侵害对象防范意识差等诸多因素影响，“三假”犯罪形势依然严峻，一些地方泛滥成灾，严重损害农民利益。2009 年，全国农业、质检、工商等部门查处“三假”违法案件 9.56 万起，捣毁制假售假窝点 318 个，取缔无照经营户 8362 户，挽回直接经济损失 10.3 亿元。2010 年严重加剧。

种子、农药、化肥等农资是农民的基本生产资料，假冒伪劣农资不仅会造成减产和绝

收,而且极易造成环境污染,直接威胁群众的生命健康安全。农民收入本来就不高,有的家庭因此陷入困境、返贫,极易诱发各类不稳定问题。2010年10月,新疆兵团公安机关破获的刘兰新制售假冒甜菜种子案,造成100多户职工6000亩土地减产、绝收,经济损失400多万元,形成多次群体性上访。黑龙江齐齐哈尔公安机关破获的杨树文销售伪劣种子案,造成37户农民507亩土地绝收;内蒙古乌兰察布公安机关破获的焦叙重制售伪劣葵花种子案,造成220亩土地减产,13户农民损失330万元;安徽宿州公安机关破获的武克建特大制售假冒农药案,生产销售"地虫宁"等假农药380吨,而且在生产中造成5名民工中毒,其中1名仍在抢救当中。

中央领导同志对打击此类犯罪高度重视,近日,王岐山同志专门作出批示,要求在全国专项行动中严打假种子等涉农犯罪,"维护农民利益,体现法律的严肃性和执行力"。孟建柱同志批示要求"抓住典型案件予以打击"。为此,公安部决定,从即日起至3月底,在"亮剑"行动中,集中力量,重点打击制售假冒伪劣种子、农药、化肥等犯罪。通过严打,破获一大批有影响的重大案件,捣毁一大批制假售假的犯罪窝点,打掉一大批坑农害农的犯罪团伙,使"三假"犯罪受到毁灭性打击。

二、立即行动起来,迅速形成对制售"三假"犯罪的高压态势

第一,要怀着对群众的深厚感情严打犯罪。"三假"犯罪,虽然不像其他经济犯罪那样案值高,但坑农害农,伤天害理,危害极大,已经成为一些地方影响民生的突出社会问题。对这类犯罪,我们不能简单以案值大小来衡量,要重点看它的社会危害性。昨天,孟建柱部长在深入开展"大走访"开门评警电视电话会上明确指出,要坚持以民意为导向,着力解决群众反映强烈的治安突出问题,让人民群众得实惠。全国公安机关要认真贯彻落实孟部长的重要讲话精神,牢牢抓住这类农民最痛恨、反映最强烈的违法犯罪,怀着深厚的爱民之心,坚决打好这一仗,坚决遏制犯罪分子的嚣张气焰,最大限度地维护好农民群众的切身利益。在行动中,**各地对群众反映的线索,要有案必接,有案必查,绝不能因为案值小而不予理睬;对行政执法部门移送的案件,要快速受理,迅速出动,绝不允许出现拖延推诿现象;对每起案件,都要组织专门力量,全力侦办,一查到底,让群众切实感受到公安机关的坚定决心,看到严打行动实实在在的效果。**

第二,广泛搜集案件线索。要发挥派出所的优势,广泛收集农村、集镇和相关农资销售交易场所情况信息,强化汇总研判。要对制售"三假"犯罪高危人员、前科人员和嫌疑人员进行全面梳理排查,建立黑名单库,强化案件线索的串并。要加强与农业、质检、工商以及农业科研单位的线索移交会商工作,扩大案源基础。要畅通举报渠道,全面深入发动农民群众举报,最大限度地调动农民群众参与打击犯罪的积极性。凡是举报制售"三假"犯罪,经查证属实的,一律给予1000元以上奖励。奖励资金全部由公安部负责。

第三,集中开展侦查破案。各地公安机关要坚持大案、小案一起抓,突出打击破案主业,在短期内突破一批案件,打窝点、断网络、追逃犯,迅速形成强大打击声势。要充分履行侦查职能,抓住重要线索,细致排查,紧密跟踪,适时收网,及时端掉窝点,收缴制假设备,抓获组织者和技术人员。要加强对物流行业的监控,切断假劣农资的销售运输渠道。对涉及面广、危害严重、群众反映强烈的案件,要组成强有力的专案组,全力侦查,限期破案。对流入市场的“三假”产品,要及时通报有关部门,全部收缴追回,坚决防止危害社会。要采取有效措施,对已上网尚未归案的逃犯,坚决予以抓获;对严打行动中产生的新逃犯,要力争全部缉捕归案。公安部将确定一批重点案件挂牌督办,并拿出1000万元资金,专项用于打击“三假”犯罪。各地也要这样做。

第四,加强部门协作配合。要主动加强与商务、农业、工商、质检等行政执法部门的协作配合,发挥好行政执法和刑事执法的综合优势。要针对本地犯罪情况和犯罪特点,联合行政主管部门,对生产、运输、销售“三假”的重点区域和场所开展集中清查整治,做到打击与整治并举,多管齐下,形成整体作战的强大威力。要加强与法、检机关的沟通协调,依法从重从快惩处犯罪分子。

第五,全力做好舆论宣传。各地公安机关要按照公安部的部署,利用多种形式,广泛宣传,深入动员、发动农民群众积极参与严打“三假”犯罪。要加强与新闻媒体的联系沟通,广泛宣传识假、辨假常识,第一时间宣传报道严打行动的措施、目标、进展和成效,牢牢把握舆论宣传主动权。要及时曝光一批典型案件,警示不法分子,增强震慑,形成严打“三假”犯罪的强大声势。

第六,切实加强组织领导。各地公安机关要把严打“三假”犯罪与“大走访”开门评警活动结合起来,作为构建和谐警民关系的具体行动,切实摆上重要位置。党委要召开专门会议,认真分析本地犯罪形势,研究深化打击的具体措施。分管领导要亲历亲为,靠前指挥,及时解决行动中遇到的困难和问题。警种之间、地区之间要加强协作,形成打击合力。对于跨区域的案件和线索,要及时上报。必要时,公安部“亮剑”办将统一协调,直接组织侦办。要建立和落实责任追究制度,对于工作不力、消极应付的,要坚决予以通报,对问题严重或造成不良影响的,依照有关规定严肃追究责任。要加强考核奖励。公安部将根据“亮剑”行动绩效考核办法,对专项打击的绩效实行单独考核,除对个案及时奖励外,列为前十名的要给予通报表扬和专门奖励。

同志们,严打“三假”犯罪,今冬明春是关键,时间紧,任务重,领导高度重视,群众渴望,社会广泛关注。我们要立即行动起来,用我们的智慧和勇气、辛劳和汗水,坚决打赢这场硬仗。

在全国公安机关"亮剑"行动推进会上的讲话

公安部副部长　刘金国

(2011 年 4 月 12 日)

同志们:

"亮剑"行动开展以来,全国公安机关强力推进,共破案 8585 起,案值 68 亿元,抓获犯罪嫌疑人 14,000 名,捣毁窝点 5166 个,打掉团伙 2011 个,5 个月的战果已超过前两年的总和,违法犯罪分子受到有力震慑,树立了公安机关执法为民的良好形象。中央领导给予充分肯定,广大人民群众和社会各界给予广泛赞誉。在此,我代表孟建柱部长和部党委,对广大参战民警表示亲切慰问和崇高敬意!对给予"亮剑"行动关心支持的各级党委、政府和有关部门表示衷心感谢!下面,讲两个问题。

第一个问题:形势依然严峻,任务异常艰巨

随着打击的深入,我们越来越清醒地看到,制售假冒伪劣犯罪仍处于高发多发态势,危害极其严重,根治难度很大。

一是犯罪侵害对象全领域、全种类覆盖。在危害地域上,犯罪活动从东部地区,迅速向中西部地区蔓延,部分地区已由假冒伪劣商品流入地变成源头地,全国几乎无一块净土。在商品种类上,犯罪活动已覆盖经济活动的各个方面,从生产资料到生活资料,从物质产品到精神产品,无所不有。

二是犯罪链条全流程、多环节衔接。不法分子生产假冒包装材料,不法企业提供原料,物流公司负责运输,批发网络进行销售,零售商家消化货源,形成层层获利的犯罪产业链条。不法分子制假售假,已从"点对点联络、一对一销售"方式,发展成相互交叉、环环相扣、交织成网的连接模式。尤其是利用互联网制假售假,使犯罪活动的立体衔接成为现实,犯罪的隐蔽性更强。仅浙江破获的"1·14"假酒案,就涉及 126 个包装材料生产窝点,146 个假酒生产窝点,批发商、销售商多达 2000 多家,遍及 29 个省、区、市。

三是犯罪组织形式职业化、地域化突出。不法分子以制假售假作为生存手段,以地缘、血缘为纽带,实施常态、持续、大规模的制售假冒伪劣犯罪活动。有的盘踞一方,连续作案;有的成批流窜;有的相互策应,共牟暴利。有的地方已出现公司化管理、股份制经营、企业化运作的职业制假集团。另外,地域化特征十分突出。全国已出现若干专业分工明确、制假犯罪突出的地区。有的专门印制批发商标包装材料,有的集中制造假鞋假烟,有的成为假冒手机集散地。

四是犯罪影响涉外化、国际化趋势扩大。国内外不法分子相互勾结,向国外出口假冒伪劣商品，使国内部分地方成为假货出口源头地，导致“中国制造”在一些国家成为假冒伪劣的代名词。跨国侵权问题严重，世界知名品牌商品一直是假货的主要侵害目标，不但影响我国投资环境，而且成为我对外关系的热点问题。

五是犯罪危害复合化、恶性化程度加剧。多种犯罪交织，严重败坏社会风气。有的地方假冒伪劣犯罪与抢劫、非法持有枪支等暴力犯罪相交织，有的和偷税、商业贿赂等经济犯罪相伴随，有的团伙豢养打手，恐吓殴打维权人员，气焰极为嚣张。有的不法分子靠制假成为暴发户，将周围群众和地方经济发展引向邪路。有的制假团伙腐蚀拉拢行业主管部门人员充当保护伞，广大群众反映强烈。制假手段恶劣，社会危害加剧。不法分子制假手段无所不用其极。“毒奶粉”、“瘦肉精”、“地沟油”等屡打不绝，群众身心健康受到极大危害。

第二个问题：下大决心，坚决打赢“亮剑”行动这场硬仗

3月10日，国务院办公厅发出通知，要求将全国专项行动结束时间由3月底调整为6月底。根据斗争需要，公安部决定，将“亮剑”行动延长至年底。各级公安机关要以“打大、打多、打深”为主战目标，以展开专业化定向打击和发起专案集群战役为主战模式，以制售假冒伪劣犯罪猖獗泛滥的重点地方为主战区域，以集中优势警力，运用大兵团合成围剿为主战力量，对制售假冒伪劣犯罪发起持续、猛烈、不间断打击，直至取得决定性胜利。为此，要做到“六个务必”：

第一，务必为民打假，为国打假。对制售假冒伪劣犯罪打还是不打，真打还是假打、面上打还是纵深打，不是一般的执法办案问题，而是事关党和政府执政根基、事关国家形象、事关社会创新发展、事关国计民生的重大政治问题。各部门、各警种要以强烈的使命感、责任感，带着对群众的深厚感情，坚决、彻底地打击制售假冒伪劣犯罪。

第二，务必突出重点，统筹兼顾。在纵深推进“亮剑”行动中，组织开展打击制售假农资、假药、假酒假食品、假名牌四大战役。当务之急，要集中优势警力，严厉打击制售假冒伪劣种子、农药、化肥、农膜等涉农违法犯罪活动。同时，各地要深入分析本地区形势，什么犯罪突出打什么，重点突破，整体推进，在全国形成一轮接一轮的打击高潮。

第三，务必创新方法，深度经营。严峻的犯罪形势表明，仅靠传统打击方式，难以取得预期效果，必须在创新方法、提升效能上狠下工夫。要大力发挥情报功能，不断延伸信息触角，扩大线索情报来源。要总结应用新的技战术，提升专业化作战水平。要紧紧围绕“货物、人员、技术、资金”信息，实施合成、靠前、准确、深度、延伸打击，彻底摧毁产业链条。今后，各地对于办案中发现的涉及外地的重大线索，必须扩线深挖，查清源头和流向，通报有关地方。必要时，专报部“亮剑”办，绝不能局限一地。

第四，务必区域联动，合成作战。在集中破案战役中，要以专业化侦查打击职业犯罪，以合成作战摧毁产业链条。“四大战役”涉及的犯罪类型相对集中的地区，要担负起策动全国战役的任务。其中，河北、内蒙古、黑龙江、山东、甘肃以假农资为重点；山西、江苏、浙江、四川、贵州以假酒为重点；安徽、河南、湖北、湖南、广东以假药为重点；北京、上海、福建、广东、重庆以假名牌为重点。上述地区要在做好本地工作的同时，深挖重点犯罪线索，及时通报外地公安机关，并上报部"亮剑"办。对于跨区域的犯罪，部"亮剑"办要组成指挥部，统一协调部署各地开展联动，分进合击，实施围剿，坚决打垮犯罪网络。经侦、治安、网安部门要充分发挥好主力军作用，技侦、装财、宣传等部门要密切协同，联合作战。经侦局三个直属总队，要组建战区前线指挥部，切实承担起经侦系统重点区域、重点战役的指挥、协调职能。会后，各地要立即着手梳理线索，深入开展侦查经营，强化案件串并，尽快发起连续会战的凌厉攻势。

第五，务必再造声势，再掀高潮。各地要结合"大走访"开门评警活动，深入企业、市场、社区、群众进行宣传发动。要利用"4·26"知识产权保护宣传周、"5·15"打击和防范经济犯罪宣传日，集中开展宣传活动。"5·15"宣传日当天，各地要开展一次假冒伪劣商品集中销毁活动，展示"亮剑"行动成效，彰显执法为民的决心。要特别强调，制售假冒伪劣犯罪严重，是实实在在的客观事实，不是因为打了才造成案件增多，而是打了才知道问题严重。因此，除特别敏感案件外，都要大力宣传，揭露犯罪伎俩，震慑违法犯罪。要发布通告，讲明政策，敦促违法犯罪分子主动自首。要广泛发动群众举报，凡举报查实的，一律给予 500 元以上的奖励，并为举报人保密。

第六，务必加强领导，全力保障。各级公安机关要把"亮剑"行动作为贯穿全年的重点工作，强化组织领导，一把手要亲自抓，在经费、警力上予以保障。公安部决定，再拿出 2000 万元经费，专门用于"亮剑"行动。各成员部门要加强对口指导，及时解决问题，为向大纵深推进"亮剑"行动，提供坚强有力的支持。"亮剑"行动结束后，公安部将统一组织全国的总结表彰。

同志们，制售假冒伪劣商品犯罪祸国殃民，广大群众深受其害。我们要高举正义之剑，不断向犯罪分子发起最猛烈进攻，坚决打出一片新天地！

在全国公安机关"亮剑"行动电视电话会议上的讲话

公安部副部长　刘金国

(2011 年 7 月 26 日)

同志们：

这次会议既是"亮剑"行动阶段总结会，又是纵深推进专项行动的再动员、再部署会。

"亮剑"行动战果卓著，令人鼓舞。全国已破案 15,854 起，抓获犯罪嫌疑人 29,494 名，摧毁制假窝点 13,019 处，打掉犯罪团伙 4904 个，涉案总价值 131 亿元，各项战果超过以往三年的总和。追逃工作形势喜人，截至目前，抓获逃犯5395名，抓获率76%，既提高了打击效能，又有力地策应了“清网行动”。假冒伪劣犯罪势头得到明显遏制，制假售假网络受到重创，市场经济秩序得到有效规范，“亮剑”行动取得阶段性重大胜利，公安机关打击假冒伪劣犯罪的执法形象得到充分展示。

8个多月的艰辛奋斗，创造、积累了应该倍加珍惜、继续坚持、不断发展的成就和经验。一是坚决贯彻中央部署，超强力度推动落实。国务院行动部署后，建柱同志多次作出重要批示，公安部成立经侦、治安、网安、技侦等多警种参加的领导小组，组织开展专项行动。各地贯彻行动的重视程度前所未有、组织力度前所未有、协同配合前所未有、警力投入前所未有。31个省、自治区、直辖市及兵团公安机关都成立了专项行动领导机构，相关警种共同参战，普遍采取挂牌督办案件、严明考核奖惩、加强督导指挥、强化专门机构等强有力的措施，大力推进。广东提请省政府拿出750万元用于举报奖励，新疆财政补助300万元办案、奖励经费，山西、山东也分别拿出600万元、200万元专项经费。北京、湖北、广东、河南、四川等地还积极争取党委政府支持，推进综合考评、办案保障、专业队伍、重大问题会商等机制建设。二是坚定不移突出重点，全力履行打击职能。“亮剑”行动坚持民生立场，突出民意导向，在全面出击的同时，实施重点打击，锋芒直指假农资、假药、假食品、假名牌等事关国计民生的犯罪活动，形成重点省发起、相关省乃至全国策应的专案集群战役态势。截至目前，假农资领域在春耕时节成功发起集群战役，破案665起，内蒙古、吉林、甘肃、兵团等破获一大批典型案件；假药领域破获案件1092起，组织实施“猎鹰”系列战役3轮，浙江、河南、广东等地发起，14个省市参战，缴获假药逾7亿粒；假食品领域破案3047起，组织实施“猎手”系列战役2轮，天津、浙江、四川等地发起，26个省市参战，缴获假酒、包装等近3000万件(套)；假名牌领域破获案件1085起，江苏、山东、广东等地发起，实施“猎鲨”系列战役2轮，缴获假冒伪劣汽配、机电产品和名表、名包、名牌手机等，数量巨大。三是与时俱进创新战法，提高协同作战水平。针对犯罪职业化、产业化、跨区域化特点，各地以展开专业化定向打击和发起专案集群战役为主战模式，以犯罪猖獗泛滥的重点地方为主战区域，以集中优势警力，运用大兵团合成围剿为主战力量，对制售假冒伪劣犯罪发起持续、猛烈打击，开创了公安机关打击规模性犯罪的新模式、新战法，取得良好成效。四是大张旗鼓宣传教育，营造专项打击声势。各地将对内教育、对外宣传，作为“亮剑”行动的另一主战场。中央电视台“新闻联播”等栏目播发“亮剑”行动节目34次(期)，其他中央、地方媒体宣传达数万次。120余个城市集中销毁假冒伪劣商品620万件。各地普遍采取手机短信、网络宣传、电台广告、新闻发布等多种措施，积极宣传打击成效，密集发起舆论攻势，彰显公安机关严打犯罪、保护民生的决心和力度。特别是在公安部举办的“亮剑”行动成果展，岐山、建柱同志亲自观展并作重要指示，各部委和各界代表高度赞誉。五是百般锤炼铸就铁军，“亮剑”精神荡气回肠。各地以超常措施和超常力度抓落实，广大公安民警以超常奉献和毅力，投入“亮剑”斗争，各级领导靠前指挥，一线民警浴血奋战，涌现出一大批先进集体和先进个人,特别是江苏5名民警英勇牺牲,各地多名民警光荣负伤,用鲜血和汗水铸就了"矢志攻坚、锐意创新、锲而不舍、敢打必胜"的"亮剑"精神,成为公安工作长期坚持和发展的宝贵财富。

"亮剑"行动在深度、广度、高度、力度和精度上实现了新突破,引领专项打击治理进入了新阶段,为今后组织专项行动开创了高标准的新起点,成为公安机关服务经济社会发展大局,打击突出犯罪活动的一次标志性经典战役,赢得了中央领导肯定、各相关行政执法部门支持、人民群众拥护和国际社会认可。家宝总理和克强、岐山、建柱同志对"亮剑"行动多次批示,给予充分肯定。人大代表、政协委员和广大人民群众反映"得民心、顺民意"。境外执法部门和媒体表示"钦佩中国警方的专业精神",评论"中国公安部以更多实际行动履行了承诺"。"亮剑"行动的阶段性胜利,凝结着广大参战民警、各地区、各部门的辛勤汗水和鲜血,在此,我代表建柱部长和部党委,对大家表示亲切慰问和崇高敬意!对给予"亮剑"行动关心支持的各级党委、政府和有关部门表示衷心感谢!

专项行动取得的成绩,也反映出假冒伪劣犯罪的严峻性、复杂性、长期性。一是制假售假犯罪无孔不入,形势十分严峻。犯罪侵害对象全领域、全种类覆盖,从物质产品到精神产品,从生活资料到生产资料,从实体经济到虚拟经济,几乎到了无处不有、无处不假的程度。"瘦肉精"、"地沟油"、塑化剂等食品领域案件屡打不绝。电梯、汽车配件、问题汽油案件连续冒头,威胁社会安全。当前,网络、展会等融入假冒伪劣利益链条,成为犯罪"加速器"和"集散地"。二是制假售假犯罪坐大成势,危害程度惊人。制假售假已从传统犯罪模式,发展成相互交叉、环环相扣、交织成网的产业化模式。仅从"猎手"、"猎鹰"专案集群战役看,假酒、假食品、假药品犯罪已基本形成覆盖全国的地下网络,以假为业的家族式、地域性、国际化团伙比比皆是,案子越打越大,人越抓越多,线索越挖越广!"猎鹰三号"专案集群战役中,光河南、辽宁就打了6亿片假药,令人触目惊心!制假售假与商业贿赂结合,假货由地下转入地上,进入正常流通渠道,与腐败问题紧密相连。三是制假售假犯罪背景复杂,短期难以根除。假冒伪劣问题,由来已久。既有体制机制性问题,又有市场经济活动无序的问题;既有非法利润畸高诱人的问题,又有违法成本过低的问题;既有行政监管松懈的问题,又有打击惩处不力的问题,还有行政执法与刑事司法衔接的问题。在这种大背景下,不法分子深受诱惑,假冒伪劣犯罪具有顽固再生力,保持严打高压态势将是一项长期而艰巨的任务。

胡锦涛总书记在"七一"讲话中指出,"要以保障和改善民生为重点,着力解决好人民最关心最直接最现实的利益问题"。假冒伪劣犯罪破坏创新能力,妨碍经济转型,败坏社会风气,既危害国家经济建设大局,又是重大民生问题,归根结底危害的是人民群众的根本利益。近期,建柱同志专门批示,"'亮剑'行动力度大,成效已显现",并就结合当前其他公安工作,深入推进"亮剑"行动做出了具体指示。各级公安机关"必须始终把人民利益放在第一位",务必增强紧迫感和责任心,再凝军心,再鼓士气,全力一搏,把决心下到底,把力量和智慧发挥到极致,把专项行动推向新高潮,一定要让"亮剑"行动下半年效果好于上半年,一定要打出保障创新、保护民生的新天地。下面,我就贯彻落实孟部长重要指示精神,进一步推动"亮剑"行动深入开展,提几点要求:

一、坚决树立必胜信念,确保行动取得全胜

要穷尽一切办法、调动一切资源,再破一批大要案件,每个地方都务必确保专项行动各项战果超过往年4倍以上;要紧密结合"清网行动",强力推进"亮剑"行动追逃工作,行动结束时逃犯抓获率要超过90%;要坚定不移地强力推进打击假农资、假药、假食品、假名牌"四大战役",特别要把假药品、假食品等中央领导和社会各界广泛关注的案件,放在首要位置,集中优势兵力,坚决予以打击;要在强力打击同时,盯紧制假售假犯罪中的商业贿赂犯罪,揭露制假售假深层利益链条,揭开假冒伪劣犯罪与相关行业的腐败关联。

二、强力推进"四大战役",确保持续猛烈打击

要以"四大战役"为抓手,不断优化打击模式。在指挥机制上,强化部、省两级实战职能,下沉基层,实现扁平化指挥,减少环节。在侦查战术上,运用各种侦查手段,围绕"货物、人员、技术、资金"流向,发现和打击团伙首犯。在力量组织上,发挥区域合作和上级指挥优势,实施地区间、警种间合成作战,发起组织专案集群战役,铲除产供销犯罪产业链条。对于假药、假食品、假名牌领域犯罪,每个省(区、市)都要根据当地特点,选择重点领域,组织发动3次以上集群作战。以此为基础,每个领域要再发起3次以上全国性集群作战。对于假农资犯罪,也要根据农业生产特点,适时组织发动集群作战。

三、继续强化组织领导,确保协调保障有力

各地要把"亮剑"行动作为贯穿全年的重点工作,继续加大组织领导力度,一把手要更加重视,组织本地区全身心投入"亮剑"斗争。要在"亮剑"行动领导小组的指挥协调下,实施多条战线协同作战,坚决做好与"清网行动"和整治社会治安专项行动的有机结合。各警种要以大局为重,着眼整体,认真履职,发挥整体功能。对其中涉及打击经济类犯罪的,统一到"亮剑"行动中来,统一协调,加强协作,合力攻坚;要注重开展好督导推动,"亮剑"办在8月份一开始就要组织专项督导,盯住重点地区、重点领域、重点案件不放,保证专项行动自始至终斗志昂扬、战果不断;要进一步加强和落实保障,部里下半年再增加2000万元经费,如果不够,"亮剑"办再向财政部门申请追加。各地也必须做好配套,重点地区的经费保障不得低于公安部的10%,要直接落实到单位和个人,绝不允许中间截留,绝不能因经费对行动有任何影响。

四、不断发起宣传攻势,确保声势持续升温

各地要紧密结合本地实际,继续加大宣传教育的力度、密度,再掀起至少两次集中宣传高潮,采取举办新闻发布会、进行集中销毁等多种形式,充分利用网站、微博等新型媒体,贴近群众生活,务求宣传实效。行动结束时,要策划举办大型展览,分别标明各地战果,向中央、人民群众展示、汇报行动成果和公安机关的艰辛付出,并将成果展示作为公安机关网站的常设栏目。

五、着力构建长效机制,确保巩固行动成果

各地、各部门都要结合打击,抢抓机遇,

准确分析,认真谋划,研究把“亮剑”行动常态化、长期化,对假冒伪劣犯罪实施遏制战略。每个地区都要结合本地实际,深入分析犯罪形势,写出专门报告,行动结束时向党委、政府专题汇报,就建设完善打击假冒伪劣的专业机构和队伍、完善绩效考评体系、推动将知识产权保护工作纳入社会治安综合治理考评等提出对策建议。要注意总结技战法,探索和优化工作模式,强化部、省两级实战能力,加快情报技术建设,形成常态工作机制,固化并扩大行动成果。要注意搜集工作中遇到的法律适用问题,及时整理上报,推动完善立法。加强与行政部门沟通协作,加快建立商标快速认定机制、假冒食品药品鉴定机制等,进一步畅通行政执法和刑事司法的衔接配合。

六、提高规格表彰奖励,确保士气高昂旺盛

近期要对公安机关参与全国专项行动涌现的先进集体和个人进行表彰奖励。全年行动结束后,还要对“亮剑”行动先进集体和个人进行记功表彰,予以重奖。鉴于“亮剑”行动的影响,表彰的力度、幅度和广度都要超过“09行动”和“深入行动”。同时,当前和行动结束时要分别组织评选经典案例、经典战役,提炼和推广先进经验。

同志们,公安机关“亮剑”行动已进入纵深推进的关键阶段,各地一定要牢牢把握工作主线,下大力气,下真工夫,奋力夺取“亮剑”行动的全面胜利,为“十二五”时期建设创新型国家、和谐科学发展做出新的更大贡献!

在全国法院知识产权审判工作座谈会上的总结讲话

最高人民法院知识产权审判庭庭长　孔祥俊

(2011年11月29日)

同志们:

在各位代表共同努力下,全国法院知识产权审判工作座谈会顺利完成了各项议程,马上就要结束了。这次会议时间虽然不长,但是安排非常紧凑、内容非常丰富,达到了预期目的,取得了很好效果。下面,我从三个方面对会议作个总结。

一、关于会议的总体评价

针对本次会议,最高人民法院王胜俊院长和沈德咏常务副院长专门作出重要批示,奚晓明副院长发表了重要讲话。与会代表围绕王院长的批示和奚副院长的讲话进行了热烈讨论;对最高人民法院知识产权庭起草的《关于审理侵犯信息网络传播权民事纠纷案件适用法律若干问题的规定》、《关于审理专利授权确权行政案件若干问题的意见》和《关于审理侵犯专利权纠纷案件若干问题的意见》三个规范性文件会议讨论稿进行了专题讨论;有关法院代表还进行了经验交流。概括起来讲,本次会议有三个突出特点:一是时代特征鲜明。本次会议是在全党深入学习贯彻十七届六中全会会议精神和深入实施国民经济和社会发展"十二五"规划纲要的背景下召开的,是在新的历史条件下承前启后,继往开来的一次会议。会议紧扣推进社会主义文化大发展大繁荣和经济发展方式加快转变这一主题,具有鲜明的时代特色。二是能动司法和服务大局的特征非常突出。奚副院长的讲话围绕推进社会主义文化大发展大繁荣和经济发展方式加快转变这一主题,明确了知识产权审判服务大局的结合点和着力点,并提出了具体的方法和措施。无论是会上讨论的三个规范性文件会议讨论稿,还是有关法院代表介绍的典型经验,无不体现了能动司法、服务大局的理念。这一点,大家都有深刻体会。三是求真务实的特点非常明显。会议明确了当前知识产权审判的重要司法政策,讨论了审判中的热点难点问题,具有明显的审判业务交流性和指导性。

会议的收获和成效,可以概括为如下四点:一是振奋人心、鼓舞士气。本次会议上,王胜俊院长的重要批示不仅对知识产权审判工作给予了高度评价,还对未来的工作提出了殷切期望,令我们深受鼓舞。大家确实感到知识产权审判工作倍受重视,工作热情高涨。二是认清了形势,统一了认识。奚晓明副院长的讲话深刻分析了当前国际国内形势的新变化和新特点,深入阐述了知识产权审判在营造良好贸易投资环境、推动社会主义文化大发展大繁荣、促进经济发展方式加快转变和确保知识产权法律实施方面所面临的新问题和新挑战,我们对知识产权司法保护工作的形势和任务的认识更加明确和统一。大家深刻感受到,知识产权司法保护工作的要求越来越高,责任越来越重大,大局意识、责任意识和机遇意识进一步增强。三是指明了方向,明确了措施。王胜俊院长的重要批示对今后知识产权审判工作提出了原则要求,明确了努力方向;奚晓明副院长的讲话针对知识产权审判工作的新形势和新任务提出了具体的司法政策和工作措施。奚副院长不仅指明了加强保护是当前知识产权司法保护的基本定位和政策取向,还深刻阐述了加强保护的丰富内涵,并对知识产权司法保护的各个领域提出了具体而明确的司法理念、裁判标准和方法措施,对我们进一步做好知识产权审判工作具有十分重要的指导意义。四是启发思维,提高能力。应邀参加会议的相关中央国家机关的代表、知名专家学者对人民法院知识产权审判工作提出了很好的意见和建议,给我们很多启示;针对三个规范性文件会议讨论稿的分组讨论启发了我们的思维,深化了对具体裁判标准的认识和把握;有关法院的经验交流不仅沟通了情况和信息,也起到了兄弟法院之间相互激励、相互学习、共同提高的作用。

代表们普遍认为,通过这次会议,大家对当前知识产权司法保护国际国内形势的把握更加准确,对知识产权司法政策的理解更加深刻,对各项裁判标准的运用更加妥当,收获颇多。

二、对当前知识产权审判工作的几点认识

当前,我国知识产权司法保护工作处在一个崭新的历史起点上。王胜俊院长在批示中深刻指出,"随着经济社会的发展,知识产权审判工作的地位和作用越来越重要"。奚晓明副院长在讲话中指出,知识产权国际形

势对知识产权司法保护提出了新挑战，国民经济和社会发展"十二五"规划纲要对知识产权司法保护提出了新任务，党的十七届六中全会对知识产权司法保护提出了新课题，社会主义法律体系的形成对知识产权司法保护提出了新要求。大家确实感到知识产权审判工作为党和国家工作大局服务的任务更重、责任更大、要求更高。我们一定要充分认清形势，抓住和用好可以大有作为的这一重要战略机遇，勇挑重担，能动司法，找准结合点和着力点，不辱使命地做好各项工作，不断开创知识产权司法保护工作新局面。

在会议期间，许多代表针对奚副院长的讲话以及三个规范性文件会议讨论稿提出了许多建议和意见，因时间关系，在这里不可能一一回应。我们在会后将逐个讨论和研究，并通过适当的方式予以回应和吸纳。下面我结合代表们比较关心的问题谈几点初步认识，供大家参考。

（一）加强保护与区别对待的关系

奚副院长在讲话中指出，"加强保护是当前知识产权司法保护的主要矛盾、基本定位和政策取向"，同时又指出加强保护有深刻内涵，要区别对待、分门别类和宽严适度。这就要求我们深刻把握加强保护与区别对待的关系。

加强保护以区别对待为前提，区别对待是加强保护的应有之义。加强保护是基于我国知识产权司法保护现状和经济社会发展的要求提出的，是知识产权司法保护的基本导向。同时，加强保护不是抽象和盲目的，不是绝对的和无条件的，不是一味简单地提高保护水平，而是有其深刻内涵和丰富内容，有其针对性和适应性，以分门别类、区别对待为前提和基础。这是因为，知识产权本身就具有种类多样性和差异性，并非"铁板一块"。各类知识产权具有不同的特质和保护要求。例如，专利权保护创新性内容，著作权保护独创性表达，商标权保护区别性标识，反不正当竞争法则对于知识产权专门法调整的智力成果或者区别性标识进行有限的补充保护。不同知识产权各有其特殊的保护政策、保护标准和保护思路，在加强保护时要注意适应不同知识产权的功能和特点，分门别类，区别对待，不能搞"一刀切"。

既要区别对待，又要注意利用不同知识产权之间的共通性和互补性来加强保护。不同知识产权从不同角度对智力成果和商业标识提供保护，各司其职，各负其责，具有个性和排斥性，需要区别对待。同时，不同知识产权之间又存在共通性和互补性，可以相互配合、相互借鉴。在加强保护时，既要尊重知识产权的个性，区别对待，又要利用其共通性和互补性，充分发挥协调保护的效应，满足保护需求。例如，不同类型专利的保护对象不同，发明专利和实用新型专利保护功能性内容，其相互之间在保护客体上存在交叉；外观设计专利则是保护美感的，但也可能是具有功能性的美感。专利保护思想，而版权保护表达，但思想和表达的区分又有关联性和相对性；在涉及技术创新和产业发展的领域，版权保护又有促进技术创新和产业发展的功能或者目的。要以不同知识产权法律之间的立法精神或者立法政策是否相抵触为根本依据，准确把各类知识产权之间的排斥性和互补性。对于涉及立法目的相抵触的保护领域，要注意不同知识产权之间的界限和法律适用的差别，不能随意叠加保护和补充保护。在法律调整的功能和目的上可以兼容或者互补的领域，要注意其法律适用的相互借鉴性或者互补性，实现协调保护。例如，现代社会中版权的商业气息越来越浓，美国法院曾经在1984年的索尼版权侵权案中借鉴了专利法上的技术中立原则。去年最高人民法院曾经在“晨光笔”案件中判决认定保护期已经届满的外观设计，如果构成知名商品的特有装潢，可以适用反不正当竞争法保护，就恰当地运用了这种互补性，达到了协调保护的效果。

加强保护、区别对待的目标是实现各类知识产权保护的宽严适度。知识产权保护具有政策性，在一定意义上是一种创新和发展的政策性手段。知识产权既不像物权那样具有天然的物理边界，又不像债权那样具有清晰的法律边界，其边界具有一定的弹性和模糊性。无论是知识产权的保护范围还是保护强度，都有政策上的考虑和利益上的衡平，都存在弹性的法律空间。这也是我们特别强调知识产权司法政策的一个重要原因。加强保护、区别对待一方面要符合各类知识产权的属性和特点，另一方面要适应我国的发展阶段和发展需求，实现宽严适度。例如，在专利领域，既要根据专利创新程度、所属技术领域特点和产业政策加大保护力度，又要适应不同技术领域专利权的特点，实现力度和适度的统一；在商标领域，要尽量划清商标之间的界限，为知名品牌的发展留足空间，要根据商标的知名度和显著性，合理确定其禁止权的范围和强度，但在非常特殊的情况下，还需要考虑历史、现状和公平因素，允许商标的善意共存；在著作权领域，既要加强保护，也要注意实现著作权人利益、产业利益和社会公众利益的和谐发展。

（二）保护权利与维护国家文化安全和公共道德的关系

奚副院长在讲话中强调，要增强政治和政策敏感性，妥善处理保障民事权益与维护国家文化安全和公共道德的关系。一方面，权利应受保护，无保护即无权利。另一方面，权利的背后是利益，必然涉及不同利益之间的冲突、衡平、取舍和较量，因而权利的行使和保护要受到国家利益、公共利益和他人利益的影响和制约。因此，在保护知识产权，维护民事权益的同时，也要注意维护作为公共利益的国家文化安全和社会公共道德，注意弘扬社会主义核心价值体系和主流文化。

要增强政治和政策敏感性。政治和政策是法律的灵魂，对法律适用起着导向和指引作用。要把法律标准与政策标准结合起来，通过法律标准实现政治效果。在著作权案件审判中，经常遇到政治性或政策性较强的著作权保护问题，需要妥善处理法律与政治、政策的关系。例如，在张五常诉社会科学出版社等侵犯著作权纠纷案中，广东高院就很好地处理了保护权利与处理敏感问题的关系。广东高院在二审裁判中利用合同解释的方法，认为根据合同可以推定社会科学出版社有权修改、删除张五常的《随意集》中违反我国法律和社会公共利益的部分，进而认定社科出版社的修改没有侵犯张五常对作品的修改权和保持完整权，利用法律方法很好地解决了敏感问题。

要把公法评价和私法评价有机结合起来。公法评价以公法所保护的公共利益为依归，着重对行为人的行为进行管理与处罚。私法评价以私人利益为标准，侧重于对私人利益的救济和补偿。两者既各有侧重，又相互关联。要根据公法评价的性质和目的,合理地确定公法上的否定性评价对私法上的权利保护带来的限制和影响,防止私法评价与公法评价严重背离。例如,关于未经行政审批的境外作品的保护问题。近年来许多法官对于此类作品是否保护、如何保护认识不一,各地的裁判结果不一。这一问题不简单是法律适用问题,更是各方面达成共识的结果。我们听取了各相关部门的意见,形成了如下共识:如果仅仅是未经行政审批,违反的是境外作品进口行政管理秩序,在民事上仍然可以给予保护;至于保护的强度,则可以根据案件情况灵活选择,个案探索。如果境外作品除未经审批外,还涉及反动、淫秽、暴力等内容,则严重违反了我国的法律和公共秩序,违背了国家利益和社会公共利益。在这种情况下,如果仍然给予民事保护,就会造成私法评价与公法上严厉的否定性评价不相协调。此时,可以对权利人的民事保护请求不予支持。当然,具体适用中还有不少问题,例如,作品仅部分内容涉及反动、淫秽或者暴力内容如何处理,是否赔偿以及赔偿多少等,这些还需要根据案件具体情况进行探索。

要把法律评价与道德评价有机结合起来。法律和道德是社会调控的两大主要手段,共同发挥着维护社会秩序稳定,促进人际关系和谐的社会功能。法律是最低限度的道德。法律评价与道德评价既有一致性,在特定情况下又会出现冲突。要妥善解决这种冲突,实现道德评价与法律评价的和谐统一,使裁判既合乎法律,又合乎道德情理。在知识产权审判中,既要注意发挥裁判对社会道德的保护和引导作用,以法律评价的强制性引导当事人树立和践行社会主义道德观和荣辱观,弘扬社会主义主流道德观;又要注意把维护公共道德作为裁判的重要价值追求,以道德评价对法律评价进行校正和检验,提高公众对裁判的认同感和信赖感,提升司法的公信力。

(三)立足国情与重视全球化思维的关系

立足国情、适应国情需要是知识产权保护独立性、地域性和政策性的要求。一种特定的知识产权通常只能在一国境内具有效力。各国知识产权法本质上是基于本国国情和发展阶段而作出的选择。各国知识产权法的保护强度和保护范围都是适应本国经济发展水平、发展目标和发展阶段的产物,具有强烈的公共政策性。同时,当今时代是一个全球化的时代,知识产权保护深受全球化的推动和影响,我们必须在知识产权保护中强化全球化思维,适应全球化发展的需要。随着知识产权问题全球化趋势日益明显,知识产权司法保护更需要全球思维和国际视野,更需要注重树立我国负责任大国的良好国际形象。要一只眼睛向内,一只眼睛向外,具有对国际问题的敏锐性和判断力,始终注意服务国际国内两个大局。

在涉外知识产权保护中要考虑全球化因素。知识产权问题的全球化给我们带来了新的研究课题,需要我们具有更多的世界眼光和进行更多的全球化考量。在坚持知识产权保护地域性这一基本原则的前提下,要考虑经济全球化的实际,根据具体案情把国际和国外的情况直接纳入考量范围,作为裁量因素。例如,最高法院近年来在认定商标、商号的知名度上考虑了国外因素,降低了保护门槛,加大了对外国知名商标、商号的保护,一定程度上遏制了恶意抢注、“傍名牌”等不正当行为;在裁判商标侵权等案件时,根据案件情况适当考虑相关商标在其他国家注册和使用的情况,如鳄鱼案、费列罗巧克力案等。当然,考虑国外的事实或者因素不能与我国法律规定的基本精神相抵触,需要符合我们的司法政策导向。

在适用国内法时对国内法的解释要与国际条约相一致。我国的知识产权法与国际条约有着密切的联系,有的法律是对国际条约的转化,有的法律借鉴和参考了国际条约,有的国际条约还有优先适用的效力。因此,在适用和解释国内法时,要注意与国际条约保持协调和一致。

(四)审判实践与理论创新的关系

审判理论和审判实践交互作用、互为表里和水乳交融。审判实践既需要对既有理论进行实践检验和创造性适用,又需要在审判理论上进行新的概括和创新。审判实践要受审判理论的指导,以减少盲目性,同时,审判实践又为审判理论提供经验素材和对审判理论进行验证,能动地引领和推进审判理论创新和发展。

从我国知识产权审判的发展史上看,知识产权审判实践发展的每一步都是理论创新推动的;而每一次的理论创新也都来源于审判实践的需求。无论是知识产权司法政策和理念的确定,法律适用标准的把握,还是裁判方法的创造,都是理论创新的结果。例如我们通过对我国知识产权保护阶段性特征、国内外需求、法律裁量空间、价值和效果取向的理论论证,确立了“加强保护、分门别类和宽严适度”的知识产权司法保护政策,对审判实践起到了重要的指导作用,也进一步统一了我们对许多复杂问题的认识。在商标权审判中,通过创设区分商标近似与商标构成要素近似、混淆性近似等理论,解决了因复杂历史因素等导致的商标共存问题;通过创设商标客观区分的判断标准理论(即已有较大规模的使用、客观已经能够区分的商标,不宜轻率地予以撤销),解决了已有较大规模使用的商标的去留问题;通过提出商标不完全区分或者商标区分缺陷理论以及包容性增长理论,解决了商标在特殊情况下的善意共存问题;通过将关联商品引入类似商品的判断,一定程度上遏制了恶意抢注和不正当模仿搭车行为;为合理确定商标权保护范围,创设了商标意义上的使用或者商标侵权意义上的近似理论。在反不正当竞争案件审理中,提出了广义竞争关系理论,解决了因狭义理解竞争关系对认定不正当竞争行为造成的瓶颈。在网络著作权审判中,引入了直接侵权与间接侵权理论,更科学合理地明确了网络服务提供者的侵权责任,也使我们对相关法律以及网络服务提供者侵权责任的认识更加统一。通过总结“历史、现实和公平”的裁判方法,解决了一些涉及复杂历史因素的商业标识冲突、著作权侵权等案件,如张小泉剪刀、金华火腿、《乌苏里船歌》案等。这样的例子还有很多。

(五)司法政策导向与个案探索的关系

司法政策是特定时期国家宏观政策、内政外交政策和社会经济文化需求在司法中的凝聚和体现,是政治与法律交互作用的产物,是司法的政治性和法律适用的裁量性的必然产物。司法政策作为一种宏观指导和导向,不能简单地作为个案的是非评判标准,只能紧密结合个案具体情况在法律标准的基础上发挥补充、调试和指引作用。奚副院长在讲话中谈到了知识产权各个司法领域的司法政策,其重要意义就在于为审判工作和法律具体应用提供导向。司法政策**首先**是一种对审判工作的方向指引。例如驰名商标保护问题,奚副院长在讲话中阐述的相关司法政策发出了加强保护的信号,当事人主张驰名商标保护且符合保护条件的,应当坚决依法予以认定和保护;同时,还要求遏制恶意抢注、"傍名牌"等不正当行为,这都是对商标司法保护的新的导向和指引。学习贯彻奚副院长讲话时既要注意领会看待和分析问题的两点论,又要注意体味其中蕴涵的重点论,感悟其中的新精神。**其次**,司法政策是关于法律适用的一种指导性精神,在法律有两种以上解释或者有两种以上裁判可能性时,要按照符合司法政策的方式进行裁判。**最后**,司法政策具有一定的灵活性和弹性,在符合司法政策导向的前提下,可以在个案中根据法律原则、精神进行探索。**例如,关于专利侵权与确权的关系问题**,奚副院长讲话中首次提出专利复审委员会作出宣告专利权无效的决定后,可以根据案件具体情况裁定驳回专利权人的起诉,指出了一条新的司法选择方式。裁定驳回后可能涉及此前采取的诉前停止侵权措施、财产保全措施、担保措施等问题的处理,以及解除诉前停止侵权措施后是否需要对被控侵权人予以赔偿等,这些都可以根据个案情况进行探索。**再如,涉网吧类著作权案件的审理问题**。去年我们下发了关于做好涉及网吧著作权纠纷案件审判工作的通知,提出了具体的司法政策。有的代表认为尽管这个通知很管用,但由于不是司法解释,不能在裁判中援引,建议上升为司法解释。这个通知本身是一种政策选择和导向,是共识的结论,不是纯粹法律逻辑和法律解释的产物,具有某种暂时性,难以上升到司法解释。在具体适用时,要依这个通知的精神为指引,根据案件具体情况选择适用法律,最终还要落脚到法律条文上。**此外,关于损害赔偿问题**。奚副院长在讲话中提出要积极探索有利于确定赔偿的路径,完善损害赔偿计算方法,加大损害赔偿力度。在贯彻这一司法政策时,需要立足于法律和结合案件具体情况。但是,法律往往并非只有一条路,此路不通,就需要智慧地转寻他途。例如,在专利侵权案件审理中,尽管法律规定了一万元的最低法定赔偿数额,如果确有证据表明权利人的损失不足一万元,当然可以在一万元以下公平合理地酌定赔偿数额。这种根据实际损失确定赔偿数额的方式是一种运用自由裁量权的酌定赔偿,不是法定赔偿。如果硬要将其纳入法定赔偿范畴,那就会与法律规定相抵触。

三、关于几项具体工作及贯彻落实会议精神的几点要求

关于几项具体工作,我也借此机会作个提示和说明:

一是关于明年的几项调研重点。首先,要加强服务大局课题的调研。例如,根据推动社会主义文化大发展大繁荣的大局要求,最高法院将把民间文学艺术、传统知识等非物质文化遗产的法律保护作为调研重点之一。在上述领域具有较多案件审理经验的法院可以早作准备,提前安排部署,及时协助开展调研活动并随时报告调研成果。**其次**,要加强热点难点和新问题的调研。例如,关于知识产权案件管辖及滥用管辖制度问题,我们也将之作为调研的重点之一。对此问题,许多法院曾经开展过相关调研并形成了一些调研成果,可以及时向最高法院提供。再如,对于有关法院反映的著作权和商标权领域的商业维权现象,尤其是涉及音乐作品和音像制品的商业维权问题,也是我们的调研重点。这里需要说明的是,商业维权涉及各方利益,要正确对待,客观分析,不要盲目抵制。从背景上看,商业维权现象的发生,其原因首先是侵权行为的存在和保护权利的需要,具有天然的正当性基因。从效果上看,商业维权节省了权利人的维权成本,并在著作权领域形成了与集体管理组织的竞争,客观上有利于权利保护和增强权利意识。当然,商业维权也导致了大量关联案件的产生,可能造成不同法院在裁判标准方面出现差异,尤其是可能导致损害赔偿标准不一。对此,要重点调研,加强研究,确保裁判标准统一。**最后,**要加强对核心审判业务的调研。对于网络著作权保护、专利侵权判定和商标专利授权确权案件审理标准问题,最高法院也将开展进一步的调研工作。尤其是关于网络著作权保护问题,我们将进一步加大调研力度,并将于明年适当时候出台相关司法解释,以满足当前国际国内大局的迫切需要。这里需要特别强调的是,这次会上的三个规范性文件会议讨论稿都是初步的调研成果,尚未经过全庭讨论,并不代表最高法院的倾向性意见,更不是最终意见,仅供会议讨论参考和抛砖引玉,请不要误解误读,更不要援用。我们将在调研的基础上进一步研究修改,并选择适当的时候在系统内征求意见。有关法院可以将自己的调研成果或者意见及时向我们提供,供我们研究参考。

二是关于知识产权裁判文书质量问题。由于知识产权案件数量的迅猛增加、审判队伍的不断扩大以及干部交流和人员调整导致的知识产权审判新手增加,部分法院的知识产权裁判文书质量出现下降的迹象。对此,各级法院都要高度重视,采取有效措施,严格把关,提高文书质量。最高法院将在明年适当时候开展第三次全国法院优秀知识产权裁判文书评选活动,通过这种方式推动文书质量的提高。

三是关于加大培训力度问题。最高法院近年来加大了培训力度,尤其是针对中西部法院和法官的培训。但是客观上由于我们人力、财力有限,没有能够满足下级法院要求培训的强烈需求。因此,有关高院和中院也要负起责任,通过各种方式和途径,加大教育和培训力度。上下级法院之间的法官挂职交流、东西部法院法官之间的挂职交流,都是很好的教育和培训方式。此外,我们也要充分发挥五个基层示范法院的示范作用,它们可以作为教育培训基地,与中西部法院之间开展人员交流,有条件的法院可以积极主动地做好相关工作。

关于贯彻落实会议精神,我提两点要求:

一是要认真做好传达学习。要把王院长的重要批示和奚副院长的讲话精神和要求及时向院党组汇报,向全体知识产权法官传达,组织好讨论学习,统一思想认识,明确工作方向和任务。同时,各地法院要根据自己的工作实际,研究提出贯彻落实会议精神的具体措施,切实把会议的各项要求和工作部署贯彻到实际工作中。

二是要及早安排部署明年的工作。新形势和新任务给知识产权审判提出了更高要求。各级法院要根据本次会议精神,根据知识产权司法保护的新要求,结合本地的特点和实际,及早确定工作思路和措施,有针对性地安排工作,努力实现知识产权审判工作的新提升和新跨越。

同志们,本次会议的成功举办,离不开各位代表的积极参与和共同努力,离不开中央有关部门、专家学者、各新闻媒体的大力支持,离不开浙江省高级人民法院和杭州市中级人民法院的倾力协助。尤其需要说明的是,浙江高院在时间紧张、代表人数较多、会议场地紧张的情况下,克服困难,全院动员,在人力、物力、财力上给予了全方位的保障。浙江高院知识产权庭和行装处的同志们更是不辞辛劳,以周密的安排和热情的服务保证会议取得了圆满成功。在此,我代表奚副院长、代表最高人民法院知识产权庭、代表全体与会人员,向浙江高院、杭州中院的各位院领导以及为会务辛勤奔波的同志们表示衷心感谢!同时,我也对各位代表、特邀嘉宾、新闻记者的支持和参与表示诚挚的谢意!

现在,我宣布,全国法院知识产权审判工作座谈会圆满结束。

谢谢大家。

第二部分　司法解释及规范性文件

最高人民法院　最高人民检察院　公安部
印发《关于办理侵犯知识产权刑事案件适用法律若干问题的意见》的通知

法发［2011］3号

各省、自治区、直辖市高级人民法院、人民检察院、公安厅(局),解放军军事法院、军事检察院,总政治部保卫部,新疆维吾尔自治区高级人民法院生产建设兵团分院,新疆生产建设兵团人民检察院、公安局:

为解决近年来公安机关、人民检察院、人民法院在办理侵犯知识产权刑事案件中遇到的新情况、新问题,依法惩治侵犯知识产权犯罪活动,维护社会主义市场经济秩序,最高人民法院、最高人民检察院、公安部在深入调查研究、广泛征求各方意见的基础上,制定了《关于办理侵犯知识产权刑事案件适用法律若干问题的意见》。现印发给你们,请认真组织学习,切实贯彻执行。执行中遇到的重要问题,请及时层报最高人民法院、最高人民检察院、公安部。

最高人民法院

最高人民检察院

公安部

二○一一年一月十日

最高人民法院　最高人民检察院　公安部
关于办理侵犯知识产权刑事案件适用法律若干问题的意见

为解决近年来公安机关、人民检察院、人民法院在办理侵犯知识产权刑事案件中遇到的新情况、新问题,依法惩治侵犯知识产权犯罪活动,维护社会主义市场经济秩序,根据刑法、刑事诉讼法及有关司法解释的规定,结合侦查、起诉、审判实践,制定本意见。

一、关于侵犯知识产权犯罪案件的管辖问题

侵犯知识产权犯罪案件由犯罪地公安机关立案侦查。必要时,可以由犯罪嫌疑人居住地公安机关立案侦查。侵犯知识产权犯罪案件的犯罪地,包括侵权产品制造地、储存地、运输地、销售地,传播侵权作品、销售侵权产品的网站服务器所在地、网络接入地、网站建立者或者管理者所在地,侵权作品上传者所在地,权利人受到实际侵害的犯罪结果发生地。对有多个侵犯知识产权犯罪地的,由最初受理的公安机关或者主要犯罪地公安机关管辖。多个侵犯知识产权犯罪地的公安机关对管辖有争议的,由共同的上级公安机关指定管辖,需要提请批准逮捕、移送审查起诉、提起公诉的,由该公安机关所在地的同级人民检察院、人民法院受理。

对于不同犯罪嫌疑人、犯罪团伙跨地区实施的涉及同一批侵权产品的制造、储存、运输、销售等侵犯知识产权犯罪行为,符合并案处理要求的,有关公安机关可以一并立案侦查,需要提请批准逮捕、移送审查起诉、提起公诉的,由该公安机关所在地的同级人民检察院、人民法院受理。

二、关于办理侵犯知识产权刑事案件中行政执法部门收集、调取证据的效力问题

行政执法部门依法收集、调取、制作的物证、书证、视听资料、检验报告、鉴定结论、勘验笔录、现场笔录,经公安机关、人民检察院审查,人民法院庭审质证确认,可以作为刑事证据使用。

行政执法部门制作的证人证言、当事人陈述等调查笔录,公安机关认为有必要作为刑事证据使用的,应当依法重新收集、制作。

三、关于办理侵犯知识产权刑事案件的抽样取证问题和委托鉴定问题

公安机关在办理侵犯知识产权刑事案件时,可以根据工作需要抽样取证,或者商请同级行政执法部门、有关检验机构协助抽样取证。法律、法规对抽样机构或者抽样方法有规定的,应当委托规定的机构并按照规定方法抽取样品。

公安机关、人民检察院、人民法院在办理侵犯知识产权刑事案件时,对于需要鉴定的事项,应当委托国家认可的有鉴定资质的鉴定机构进行鉴定。

公安机关、人民检察院、人民法院应当对鉴定结论进行审查,听取权利人、犯罪嫌疑人、被告人对鉴定结论的意见,可以要求鉴定机构作出相应说明。

四、关于侵犯知识产权犯罪自诉案件的证据收集问题

人民法院依法受理侵犯知识产权刑事自诉案件,对于当事人因客观原因不能取得的证据,在提起自诉时能够提供有关线索,申请人民法院调取的,人民法院应当依法调取。

五、关于刑法第二百一十三条规定的"同一种商品"的认定问题

名称相同的商品以及名称不同但指同一事物的商品,可以认定为"同一种商品"。"名称"是指国家工商行政管理总局商标局在商标注册工作中对商品使用的名称,通常即《商标注册用商品和服务国际分类》中规定的商品名称。"名称不同但指同一事物的商品"是指在功能、用途、主要原料、消费对象、销售渠道等方面相同或者基本相同,相关公众一般认为是同一种事物的商品。

认定"同一种商品",应当在权利人注册

商标核定使用的商品和行为人实际生产销售的商品之间进行比较。

六、关于刑法第二百一十三条规定的“与其注册商标相同的商标”的认定问题

具有下列情形之一，可以认定为“与其注册商标相同的商标”：

（一）改变注册商标的字体、字母大小写或者文字横竖排列，与注册商标之间仅有细微差别的；

（二）改变注册商标的文字、字母、数字等之间的间距，不影响体现注册商标显著特征的；

（三）改变注册商标颜色的；

（四）其他与注册商标在视觉上基本无差别、足以对公众产生误导的商标。

七、关于尚未附着或者尚未全部附着假冒注册商标标识的侵权产品价值是否计入非法经营数额的问题

在计算制造、储存、运输和未销售的假冒注册商标侵权产品价值时，对于已经制作完成但尚未附着（含加贴）或者尚未全部附着（含加贴）假冒注册商标标识的产品，如果有确实、充分证据证明该产品将假冒他人注册商标，其价值计入非法经营数额。

八、关于销售假冒注册商标的商品犯罪案件中尚未销售或者部分销售情形的定罪量刑问题

销售明知是假冒注册商标的商品，具有下列情形之一的，依照刑法第二百一十四条的规定，以销售假冒注册商标的商品罪（未遂）定罪处罚：

（一）假冒注册商标的商品尚未销售，货值金额在十五万元以上的；

（二）假冒注册商标的商品部分销售，已销售金额不满五万元，但与尚未销售的假冒注册商标的商品的货值金额合计在十五万元以上的。

假冒注册商标的商品尚未销售，货值金额分别达到十五万元以上不满二十五万元、二十五万元以上的，分别依照刑法第二百一十四条规定的各法定刑幅度定罪处罚。

销售金额和未销售货值金额分别达到不同的法定刑幅度或者均达到同一法定刑幅度的，在处罚较重的法定刑或者同一法定刑幅度内酌情从重处罚。

九、关于销售他人非法制造的注册商标标识犯罪案件中尚未销售或者部分销售情形的定罪问题

销售他人伪造、擅自制造的注册商标标识，具有下列情形之一的，依照刑法第二百一十五条的规定，以销售非法制造的注册商标标识罪（未遂）定罪处罚：

（一）尚未销售他人伪造、擅自制造的注册商标标识数量在六万件以上的；

（二）尚未销售他人伪造、擅自制造的两种以上注册商标标识数量在三万件以上的；

（三）部分销售他人伪造、擅自制造的注册商标标识，已销售标识数量不满二万件，但与尚未销售标识数量合计在六万件以上的；

（四）部分销售他人伪造、擅自制造的两种以上注册商标标识，已销售标识数量不满一万件，但与尚未销售标识数量合计在三万件以上的。

十、关于侵犯著作权犯罪案件“以营利为目的”的认定问题

除销售外，具有下列情形之一的，可以认定为“以营利为目的”：

（一）以在他人作品中刊登收费广告、捆

绑第三方作品等方式直接或者间接收取费用的；

（二）通过信息网络传播他人作品，或者利用他人上传的侵权作品，在网站或者网页上提供刊登收费广告服务，直接或者间接收取费用的；

（三）以会员制方式通过信息网络传播他人作品，收取会员注册费或者其他费用的；

（四）其他利用他人作品牟利的情形。

十一、关于侵犯著作权犯罪案件"未经著作权人许可"的认定问题

"未经著作权人许可"一般应当依据著作权人或者其授权的代理人、著作权集体管理组织、国家著作权行政管理部门指定的著作权认证机构出具的涉案作品版权认证文书，或者证明出版者、复制发行者伪造、涂改授权许可文件或者超出授权许可范围的证据，结合其他证据综合予以认定。

在涉案作品种类众多且权利人分散的案件中，上述证据确实难以一一取得，但有证据证明涉案复制品系非法出版、复制发行的，且出版者、复制发行者不能提供获得著作权人许可的相关证明材料的，可以认定为"未经著作权人许可"。但是，有证据证明权利人放弃权利、涉案作品的著作权不受我国著作权法保护，或者著作权保护期限已经届满的除外。

十二、关于刑法第二百一十七条规定的"发行"的认定及相关问题

"发行"，包括总发行、批发、零售、通过信息网络传播以及出租、展销等活动。

非法出版、复制、发行他人作品，侵犯著作权构成犯罪的，按照侵犯著作权罪定罪处罚，不认定为非法经营罪等其他犯罪。

十三、关于通过信息网络传播侵权作品行为的定罪处罚标准问题

以营利为目的，未经著作权人许可，通过信息网络向公众传播他人文字作品、音乐、电影、电视、美术、摄影、录像作品、录音录像制品、计算机软件及其他作品，具有下列情形之一的，属于刑法第二百一十七条规定的"其他严重情节"：

（一）非法经营数额在五万元以上的；

（二）传播他人作品的数量合计在五百件（部）以上的；

（三）传播他人作品的实际被点击数达到五万次以上的；

（四）以会员制方式传播他人作品，注册会员达到一千人以上的；

（五）数额或者数量虽未达到第（一）项至第（四）项规定标准，但分别达到其中两项以上标准一半以上的；

（六）其他严重情节的情形。

实施前款规定的行为，数额或者数量达到前款第（一）项至第（五）项规定标准五倍以上的，属于刑法第二百一十七条规定的"其他特别严重情节"。

十四、关于多次实施侵犯知识产权行为累计计算数额问题

依照《最高人民法院、最高人民检察院关于办理侵犯知识产权刑事案件具体应用法律若干问题的解释》第十二条第二款的规定，多次实施侵犯知识产权行为，未经行政处理或者刑事处罚的，非法经营数额、违法所得数额或者销售金额累计计算。

二年内多次实施侵犯知识产权违法行为，未经行政处理，累计数额构成犯罪的，应当依法定罪处罚。实施侵犯知识产权犯罪行为的追诉期限，适用刑法的有关规定，不受前述二年的限制。

十五、关于为他人实施侵犯知识产权犯罪提供原材料、机械设备等行为的定性问题

明知他人实施侵犯知识产权犯罪，而为其提供生产、制造侵权产品的主要原材料、辅助材料、半成品、包装材料、机械设备、标签标识、生产技术、配方等帮助，或者提供互联网接入、服务器托管、网络存储空间、通讯传输通道、代收费、费用结算等服务的，以侵犯知识产权犯罪的共犯论处。

十六、关于侵犯知识产权犯罪竞合的处理问题

行为人实施侵犯知识产权犯罪，同时构成生产、销售伪劣商品犯罪的，依照侵犯知识产权犯罪与生产、销售伪劣商品犯罪中处罚较重的规定定罪处罚。

最高人民法院关于充分发挥知识产权审判职能作用推动社会主义文化大发展大繁荣和促进经济自主协调发展若干问题的意见

法发[2011]18号

为深入贯彻十七届六中全会、中央经济工作会议精神和“十二五”规划纲要要求，充分发挥知识产权审判在推动社会主义文化大发展大繁荣及促进经济发展方式加快转变和经济自主协调发展中的职能作用，现就有关问题提出如下意见：

一、解放思想，能动司法，切实增强提供知识产权司法保障的责任感和使命感

1. 提高认识，切实增强推动社会主义文化大发展大繁荣和促进经济自主协调发展的积极性和主动性。十七届六中全会通过的《中共中央关于深化文化体制改革推动社会主义文化大发展大繁荣若干重大问题的决定》，确定了中国特色社会主义文化发展道路，确立了建设社会主义文化强国的战略目标，提出了新形势下推动文化改革发展的指导思想、目标任务、重要方针、重大举措，是当前和今后一个时期指导我国社会主义文化建设的纲领性文件。国民经济和社会发展“十二五”规划纲要明确，未来五年我国各项工作必须以科学发展为主题，以加快转变经济发展方式为主线；坚持把经济结构战略性调整作为主攻方向，把科技进步和创新作为重要支撑。中央经济工作会议要求，要牢牢把握发展实体经济这一坚实基础，努力营造鼓励脚踏实地、勤劳创业、实业致富的社会氛围；

牢牢把握加快改革创新这一强大动力,抓住时机尽快在一些重点领域和关键环节取得突破,着力提高原始创新能力,不断增强集成创新、引进消化吸收再创新能力;坚持创新驱动,强化知识产权保护;培育发展战略性新兴产业,注重推动重大技术突破,注重增强核心竞争力;加快壮大文化产业,推动文化事业蓬勃发展。文化发展、科技进步和知识创新,是推动经济发展方式转变和经济自主协调发展的根本动力。知识产权保护与促进文化发展繁荣和经济自主协调发展密切相关。各级法院和广大知识产权法官要充分认清形势,切实增强大局意识和责任意识,坚持能动司法,找准结合点和着力点,在知识产权司法保护中,更加注重激励文化发展和科技进步,更加注重推进文化创新和发展新型文化业态,更加注重推动知识产权文化的发展和繁荣;更加注重发挥知识产权对实体经济的促进和引领作用,更加注重培育发展战略性新兴产业和推动经济结构战略性调整,更加注重提高我国的综合国力和国际竞争力,在推动社会主义文化大发展大繁荣和经济自主协调发展中充分发挥建设者和保障者的作用。

2. 更新观念,切实增强服务社会主义文化大发展大繁荣和经济自主协调发展的针对性和有效性。要强化加强保护观念,充分认识加强保护是当前知识产权司法保护的主要矛盾、基本定位和政策取向,统筹好国际国内两个大局,用足用好知识产权法律,加强各类知识产权司法保护,切实降低维权成本和加大制裁力度。要强化分门别类和宽严适度观念,在知识产权司法保护中注意适应各类知识产权的属性和特点,符合各类不同知识产权的功能和保护需求,使知识产权司法保护更加适应我国所处的国际国内发展环境,更加符合我国经济社会文化发展新的阶段性特征,更加符合我国文化发展和科技创新的新要求。要强化利益平衡观念,把利益平衡作为知识产权司法保护的重要基点,统筹兼顾智力创造者、商业利用者和社会公众的利益,协调好激励创造、促进产业发展和保障基本文化权益之间的关系,使利益各方共同受益、均衡发展。要强化初次裁判正确观念,高度重视提高第一审初次裁判的正确率,使当事人及早获得司法公正,提高服判息诉率和减少上诉率,促进社会和谐稳定。

3. 发挥优势,进一步增强司法保护知识产权的主导性。继续深入落实发挥司法保护知识产权主导作用的国家知识产权战略构想和目标,增强贯彻这一战略目标的坚定性和自觉性,确保贯彻落实的科学性和准确性。要适应中国特色社会主义法律体系形成后的新形势新要求,更加重视司法保护知识产权,确保知识产权法律的贯彻实施,弘扬社会主义法治理念。要更加重视知识产权法律适用的稳定性和可预期性,重视程序保障和过程透明,重视在先典型案例示范作用,最大限度地为利益攸关方提供稳定和可期待的预期,最大限度地使其避免受司法标准不统一的困扰,积极营造良好的法律环境、投资环境和市场环境。要更加重视长效保护机制,重视一以贯之的法律执行,重视营造一种持之以恒的长效保护机制,避免为一时一事改变甚至损害法律的长效执行。要更加重视平等保护,重视知识产权法律的一体执行,坚决遏制地方保护。要更加重视裁判的引领和导向功能,在裁判中重视弘扬社会主义核心价值体系,注意把法律评价与道德评价有机结合起来，引领社会主流价值观，把维护公共道德作为司法保护的重要价值追求，提升全社会尊重知识、崇尚创新、诚信守法的知识产权法治文化。

二、加强涉文化类知识产权案件的审判，促进文化创新和培育新型文化业态，积极推动社会主义文化大发展大繁荣

4. 高度重视涉文化类知识产权案件的审判，依法加强文化类知识产权的保护。我国已形成以著作权法、非物质文化遗产法、计算机软件保护条例、信息网络传播权保护条例等法律、行政法规为主干的文化法律体系，涉文化类知识产权案件的审判已成为知识产权审判的重要方面。要认真贯彻落实中央关于大力发展公益性文化事业、加快发展文化产业的政策措施，制定和完善有关司法解释和司法政策，高度重视涉文化类审判工作，充分发挥知识产权审判对文化建设的规范、引导、促进和保障作用，激励全民族文化创造活力持续迸发，丰富人民社会文化生活，保障人民基本文化权益，推动文化产业跨越式发展，提升我国整体文化实力和国际竞争力。要高度重视涉及文化产业的新类型知识产权保护，积极推动文化产业发展成为国民经济支柱性产业。特别是依法加强出版发行、影视制作、广告、演艺、娱乐、设计等产业领域的著作权保护，推动传统文化产业发展壮大。深入研究和大力加强文化创意、数字出版、移动多媒体、动漫游戏、软件、数据库等战略性新兴文化产业的著作权保护，培育新型文化业态，扩展文化产业发展新领域，培育国民经济新的增长点，提升我国整体文化实力和竞争力。密切关注电信网、广电网、互联网“三网融合”等信息技术发展带来的新问题，在保护著作权益的同时，注重促进新兴产业的发展，促进我国信息化水平的提高。

5. 加大文化创造者权益保护，保障文化创造源泉充分涌流。要妥善处理作品的独创性与独创高度的关系，既维护给予作品著作权保护的基本标准的统一性，又注意把握各类作品的特点和适应相关保护领域的特殊需求，使保护强度与独创高度相协调。要妥善适用著作权法有关著作权的概括性规定，及时保护创作者的新权益。妥善处理个人作品、职务作品和法人作品的关系，既最大限度保护作者权益和鼓励创作积极性，又依法保护法人或者其他组织的合法权益。妥善运用思想和表达两分法，注意思想与表达区分的相对性，合理界定作品保护范围。高度重视传播者权益保护，充分保护出版者、表演者、录音录像制作者、广播电台、电视台的合法权益，促进作品的传播和利用。积极探索对综艺晚会、体育节目等所涉权益的法律保护，合理平衡相关各方利益。

6. 加强网络环境下的著作权保护，妥善处理保护著作权与促进信息网络产业发展和保障信息传播的关系。要准确把握法律、行政法规和司法解释有关网络环境下著作权保护的精神实质，特别要准确把握权利人、网络服务提供者和社会公众之间的利益平衡，既要加强网络环境下著作权保护，又要注意促进信息网络技术创新和商业模式发展，确保社会公众利益。正确把握作品、表演、录音录像制品提供行为与网络服务提供行为的划分，妥善处理有关网络服务提供者免责与归责、“通知与移除”规则与过错归责、网络服务提供者侵权过错与一般侵权过错的差别等关系。凡网络服务提供行为符合法定免责条件的,网络服务提供者不承担侵权赔偿责任;虽然不完全符合法定的免责条件,但网络服务提供者不具有过错的,也不承担侵权赔偿责任。要根据信息网络环境的特点和实际,准确把握网络服务提供行为的侵权过错认定,既要根据侵权事实明显的过错标准认定过错,不使网络服务提供者承担一般性的事先审查义务和较高的注意义务,又要适当地调动网络服务提供者主动防止侵权和与权利人合作防止侵权的积极性。要维护"通知与移除"规则的基本价值,除根据明显的侵权事实能够认定网络服务提供者具有明知或者应知的情形外,追究网络服务提供者的侵权赔偿责任应当以首先适用"通知与移除"规则为前提,既要防止降低网络服务提供者的过错认定标准,使"通知与移除"规则形同虚设;又要防止网络服务提供者对于第三方利用其网络服务侵权消极懈怠,滥用"通知与移除"规则。

7. 妥善处理好技术中立与侵权行为认定的关系,实现有效保护著作权与促进技术创新、产业发展的和谐统一。既要准确把握技术作为工具手段所具有的价值中立性和多用途性,又要充分认识技术所反映和体现的技术提供者的行为与目的。既不能把技术所带来的侵权后果无条件地归责于技术提供者,窒息技术创新和发展;也不能将技术中立绝对化,简单地把技术中立作为不适当免除侵权责任的挡箭牌。对于具有实质性非侵权商业用途的技术,严格把握技术提供者承担连带责任的条件,不能推定技术提供者应知具体的直接侵权行为的存在,其只在具备其他帮助或者教唆行为的条件下才与直接侵权人承担连带责任;对于除主要用于侵犯著作权外不具有其他实质性商业用途的技术,可以推定技术提供者应知具体的直接侵权行为的存在,其应与直接侵权人承担连带责任。在审理涉及网络著作权、"三网融合"等新兴产业著作权案件时,尤其要准确把握技术中立的精神,既有利于促进科技和商业创新,又防止以技术中立为名行侵权之实。

8. 妥当运用著作权的限制和例外规定,正确判定被诉侵权行为的合法性,促进商业和技术创新,充分保障人民基本文化权益。正确认定合理使用和法定许可行为,依法保护作品的正当利用和传播。在促进技术创新和商业发展确有必要的特殊情形下,考虑作品使用行为的性质和目的、被使用作品的性质、被使用部分的数量和质量、使用对作品潜在市场或价值的影响等因素,如果该使用行为既不与作品的正常使用相冲突,也不至于不合理地损害作者的正当利益,可以认定为合理使用。对设置或者陈列在室外社会公共场所的艺术作品进行临摹、绘画、摄影或者录像,并对其成果以合理的方式和范围再行使用,无论该使用行为是否具有商业目的,均可认定为合理使用。

9. 综合运用多种法律手段,积极推动非物质文化遗产的保护、传承和开发利用,促进我国丰富的文化资源转化为强大的文化竞争力。非物质文化遗产是凝聚民族精神、传承民族文化、维护文化多样性、促进社会和谐和可持续发展的重要基础和纽带,是文化创新的重要源泉。本着传承与创新、保护和利用并重的原则,根据现有法律和立法精神,积极保护民间文学艺术、传统知识、遗传资源等非物质文化遗产,公平合理地协调和平衡在发掘、整理、传承、保护、开发和利用过程中各方主体的利益关系。坚持尊重原则,利用非物质文化遗产应尊重其形式和内涵，不得以歪曲、贬损等方式使用非物质文化遗产。坚持来源披露原则，利用非物质文化遗产应以适当方式说明信息来源。鼓励知情同意和惠益分享，非物质文化遗产利用者应尽可能取得保存者、提供者、持有者或者相关保护部门的知情同意，并以适当方式与其分享使用利益。综合运用著作权法、商标法、专利法、反不正当竞争法等多种手段，积极保护非物质文化遗产的传承和商业开发利用。

10. 充分利用著作权保护手段，依法保护民间文学艺术作品。民间文学艺术作品的著作权保护，既要有利于民间文学艺术的传承，发挥其凝聚民族精神和维系民族精神家园的作用，又要有利于创新和利用，提高中华文化影响力。民间文学艺术作品可由产生和传承该作品的特定民族或者区域群体共同享有著作权，该特定民族或者区域的相关政府部门有权代表行使保护权利。对于民间文学艺术作品的保存人和整理人，应尊重其以适当方式署名的权利。利用民间文学艺术的元素或者素材进行后续创作，无须取得许可或者支付费用；形成具有独创性作品的，作者可依法获得完整的著作权保护，但应说明其作品的素材来源。不当利用民间文学艺术作品给特定民族或者区域群体精神权益造成损害的，人民法院可以判令不当利用人承担相应的民事责任。

11. 有效利用商标法、专利法等法律手段，保护非物质文化遗产的商业价值，促进具有地方特色的自然、人文资源优势转化为现实生产力。将非物质文化遗产的名称、标志等申请商标注册，构成对非物质文化遗产的歪曲、贬损、误导等不正当利用行为，损害特定民族或者区域群体的精神权益的，可以认定为具有其他不良影响，禁止作为商标使用；已经使用并造成不良影响的，人民法院可以根据具体案情，判决使用人承担停止使用、赔礼道歉，消除影响等民事责任。非物质文化遗产的名称、标志等构成地理标志的，可以视具体情况作为在先权利予以保护。非物质文化遗产中的传统知识和遗传资源构成商业秘密的，禁止他人窃取、非法披露和使用。违反法律、法规的规定获取或者利用遗传资源，依赖该遗传资源完成发明创造并获得专利授权，专利权人指控他人侵犯其专利权的，可以不予支持。

三、加大科技成果权保护力度，推动科技进步与创新，提高自主创新能力

12. 依法加强专利、植物新品种、集成电路布图设计等科技类知识产权保护，积极推动科技进步和创新。根据科技进步的新趋势和经济发展的新需求，以提高我国原始创新能力和增强集成创新、引进消化吸收再创新能力为重要目标，准确贯彻专利法立法精神和正确进行侵权判定，加强对关键核心技术、基础前沿领域和战略性新兴产业的知识产权保护，推动技术突破和技术创新，推进传统产业优化升级，加快培育和发展战略性新兴产业，加快形成先导性、支柱性产业，增强企业和国家核心竞争力。加大涉文化领域科技类知识产权保护力度，发挥科技创新对文化发展的引擎作用，推动提高文化产业技术装备水平，增强文化产业核心竞争力，推动中华文化走向世界。

13. 正确把握专利权保护宽严适度的司法政策，大力提高自主创新能力。确定专利权的具体保护范围和强度时要适当考虑不同技术领域专利权的特点和创新实际,符合不同技术领域的创新需求、创新特点和发展实际。坚持发明和实用新型专利权利范围的折衷解释原则,准确界定专利权的保护范围。重视专利的发明目的对专利权保护范围的限定作用,不应把具有专利所要克服的现有技术缺陷或者不足的技术方案纳入保护范围。对于创新程度高、研发投入大、对经济增长具有突破和带动作用的首创发明,应给予相对较高的保护强度和较宽的等同保护范围;对于创新程度相对较低的改进发明,应适当限制其等同保护范围。

14. 正确运用专利侵权判定方法,加大对专利侵权行为的遏制力度。准确把握发明和实用新型专利侵权判定的全部技术特征对比、禁止反悔、捐献等判断规则,继续探索完善等同侵权适用条件。等同侵权应以手段、功能和效果基本相同并且对所属领域普通技术人员显而易见为必要条件,防止简单机械适用等同侵权或者不适当扩展其适用范围。现有技术抗辩规则在等同侵权和相同侵权中均可适用。准确把握外观设计专利侵权判定的整体观察设计特征、综合判断整体视觉效果的判定方法,以外观设计产品的一般消费者为判断主体,以外观设计的区别设计特征为核心,以产品外观设计整体视觉效果的相同或者近似作为判断侵权成立的根本标准。正确适用现有技术和设计抗辩,被诉侵权人以一份对比文献中记载的一项现有技术方案或者一项现有设计与公知常识或者惯常设计的显而易见组合主张现有技术或者现有设计抗辩的,应当予以支持。被诉侵权人以实施抵触申请中的技术方案或者外观设计主张其不构成专利侵权的,可以参照现有技术或者现有设计抗辩的审查判断标准予以评判。

15. 妥善审理产品制造方法发明专利侵权案件,依法保护方法发明专利权。在适当考虑方法专利权利人维权的实际困难的同时,兼顾被诉侵权人保护其商业秘密的合法权益。依法适用新产品制造方法专利的举证责任倒置规则,使用专利方法获得的产品以及制造该产品的技术方案在专利申请日前不为公众所知的,制造相同产品的被诉侵权人应当承担其产品制造方法不同于专利方法的举证责任。使用专利方法获得的产品不属于新产品,专利权人能够证明被诉侵权人制造了同样产品,经合理努力仍无法证明被诉侵权人确实使用了该专利方法,但根据案件具体情况,结合已知事实以及日常生活经验,能够认定该同样产品经由专利方法制造的可能性很大的,可以根据民事诉讼证据司法解释有关规定,不再要求专利权人提供进一步的证据,而由被诉侵权人提供其制造方法不同于专利方法的证据。要针对方法专利侵权举证困难的实际,依法采取证据保全措施,适当减轻方法专利权利人的举证负担。要注意保护被申请人的利益,防止当事人滥用证据保全制度非法获取他人商业秘密。被诉侵权人提供了其制造方法不同于专利方法的证据,涉及商业秘密的,在审查判断时应注意采取措施予以保护。

16. 妥善处理保护专利权与防止权利滥用的关系,依法规制滥用专利权及滥用诉前禁令制度。在依法保护专利权和保障当事人诉权的同时,注意防止专利权人明显违背法律目的的行使权利,不正当地损害竞争对手,妨碍公平竞争和扰乱市场秩序。对于明知其专利权属于现有技术或者现有设计，仍然恶意向正当实施者及其交易对象滥发侵权警告或者滥用诉权，构成侵权的，可以视情支持受害人的损害赔偿请求。适度从严把握法律条件，加强程序保障，依法慎重采取诉前停止侵犯专利权措施。坚持把事实比较清楚、侵权易于判断作为采取诉前停止侵权措施的前提条件。对于需要进行比较复杂的技术对比才能作出侵权可能性判断的行为，不宜裁定采取责令诉前停止侵权措施。在条件允许的情况下，尽可能通过听取申请人与被申请人意见的方式对侵权可能性作出准确判断。宣告涉案专利权无效的无效请求审查决定已经作出的，一般不得裁定采取诉前停止侵害专利权措施。

17. 加强植物新品种权保护，推进农业科技创新，促进农业发展方式加快转变。加大对具有自主知识产权的重大农业科技成果和植物新品种的保护力度，促进提高自主创新能力，推进农业科技进步，提高农业综合生产能力、抗风险能力和市场竞争力。依法严格保障品种权人的利益，大力促进品种的培育和创新成果的转化，发展现代农业。加大对侵犯植物新品种行为的打击力度，对于为商业目的生产、销售或者重复使用授权品种繁殖材料等侵权行为，要及时依法予以制止；对于假冒他人授权品种的行为，也应以侵犯植物新品种权纠纷论处。依法审查品种权人的证据保全申请，积极采取证据保全措施，保障品种权人及时获得司法救济。对被诉侵权繁殖材料采取证据保全措施，应尽量遵守相应的技术规程，保证取样的客观性和代表性，但不得以未邀请有关专业技术人员协助取样为由简单否定证据保全的效力。注意依法保护农民的合法权益，维护农业和农村稳定。正确区分作为品种生产者、管理者的制种大户与以种植为业的普通个人、农村承包经营户，既要依法免除以种植为业的普通个人、农村承包经营户自繁自用授权品种繁殖材料的侵权责任，又要防止实质上成为品种生产者和管理者的制种大户逃避法律制裁。

四、加强商标权保护，培育和维护知名品牌，积极促进社会主义市场经济的竞争性、创新性和包容性增长

18. 依法加强商标权保护。商标权的保护，必须有利于鼓励正当竞争，有利于划清商业标识之间的边界，有利于遏制恶意抢注他人知名商业标识及“傍名牌”行为，有利于为知名品牌的创立和发展提供和谐宽松的法律环境，为培育知名品牌和提升企业综合竞争力提供助力，推动我国从制造大国向品牌强国加快转变。要根据商标的知名度、显著程度等，恰当运用商标近似、商品类似、在先使用并且有一定影响的商标、以欺骗或者其他不正当手段取得商标注册等裁量性法律标准，妥善把握商标注册申请人或者注册人是否有真实使用意图，以及结合商标使用过程中的“傍名牌”行为认定主观恶意等，用足用好商标法有关规定，加大遏制恶意抢注、“傍名牌”等不正当行为的力度，充分体现商标权保护的法律导向。

19. 妥善处理商标近似与商标构成要素近似的关系，准确把握认定商标近似的法律尺度。认定是否构成近似商标，要根据案件的具体情况。通常情况下，相关商标的构成要素整体上构成近似的，可以认定为近似商标。相关商标构成要素整体上不近似，但主张权利的商标的知名度远高于被诉侵权商标的,可以采取比较主要部分决定其近似与否。要妥善处理最大限度划清商业标识之间的边界与特殊情况下允许构成要素近似商标之间适当共存的关系。相关商标均具有较高知名度,或者相关商标的共存是特殊条件下形成时,认定商标近似还应根据两者的实际使用状况、使用历史、相关公众的认知状态、使用者的主观状态等因素综合判定,注意尊重已经客观形成的市场格局,防止简单地把商标构成要素近似等同于商标近似,实现经营者之间的包容性发展。

20. 充分考虑商标所使用商品的关联性,准确把握商品类似的认定标准。认定商品类似可以参考类似商品区分表,但更应当尊重市场实际。要以相关公众的一般认识为标准,结合商品的功能、用途、生产部门、销售渠道、消费对象等因素,正确认定商标法意义上的商品类似。主张权利的商标已实际使用并具有一定知名度的,认定商品类似要充分考虑商品之间的关联性。相关公众基于对商品的通常认知和一般交易观念认为存在特定关联性的商品,可视情纳入类似商品范围。

21. 规范驰名商标的认定和保护,切实加强驰名商标保护。驰名商标保护的目的在于适当扩张具有较高知名程度的商标的保护范围和保护强度,不是评定或者授予荣誉称号。凡当事人主张驰名商标保护且符合保护条件和确有必要的,应当依法予以认定和保护。对于一般公众广泛知晓的驰名商标,要结合众所周知的驰名事实,减轻商标权人对于商标驰名情况的举证责任。认定驰名商标并不要求具有等同划一的知名程度,但驰名商标的保护范围和强度要与其显著性和知名度相适应,对于显著性越强和知名度越高的驰名商标,要给予其更宽的跨类保护范围和更强的保护力度。要认真执行司法解释的规定,准确把握驰名商标的保护范围,加强对驰名商标事实认定的严格把关,坚持判前审核制度,防止当事人弄虚作假,为骗取驰名商标的认定而进行虚假诉讼。

22. 妥善认定商标侵权抗辩,维护正当经营者的合法权益。商标侵权行为应以在商业标识意义上使用相同或者近似商标为条件,被诉侵权人为描述或者说明其产品或者服务的特点而善意合理地使用相同或者近似标识的,可以依法认定为正当使用。注册商标权人的注册商标属于复制、摹仿或者翻译他人未在中国注册的驰名商标、抢注被代理人或者被代表人的商标或者以不正当手段抢注他人已经使用并有一定影响的商标,被诉侵权的在先商标使用人以此为由提出抗辩的,应当予以支持。

23、妥善处理实体与程序的关系,强化商标授权确权争议的实质性解决。程序既有其独立的法律价值,又必须以实体问题的解决和实体公正的实现为取向和终极目标。实体公正既是程序运行的目标和指向,又需要以程序公正为支撑和保障。既要高度重视程序公正,防止忽视程序公正片面追求实体公正,又要以实体公正为依归,防止机械司法。当事人因行使程序权利的瑕疵而可能影响其重大实体权益,甚至可能导致其丧失救济机会且没有其他救济途径的,可以根据案件具体情况给予补救机会。要注重商标授权确权争议的实质性解决,避免陷入不必要的程序重复,搁置实体问题和回避矛盾。对于商标是否应予注册、是否应当撤销等能够做出实体性判断的,可以在裁判理由中作出明确的判断，为被诉行政机关重作决定作出明确指引。

五、依法规范竞争秩序，培育自由公平、诚信守法的竞争文化，创造公平有序、充满活力的市场环境

24. 加强不正当竞争案件的审判，维护市场公平竞争。妥善处理好知识产权专门法与反不正当竞争法的关系，在激励创新的同时，又要鼓励公平竞争。反不正当竞争法补充保护作用的发挥不得抵触知识产权专门法的立法政策，凡是知识产权专门法已作穷尽性规定的领域，反不正当竞争法原则上不再提供附加保护，允许自由利用和自由竞争，但在与知识产权专门法的立法政策相兼容的范围内，仍可以从制止不正当竞争的角度给予保护。妥善处理好反不正当竞争法的原则规定与特别规定之间的关系，既要充分利用原则规定的灵活性和适应性，有效制止各种花样翻新、层出不穷的不正当竞争行为，又要防止原则规定适用的随意性，避免妨碍市场自由公平竞争。严格把握反不正当竞争法原则规定的适用条件，凡属反不正当竞争法特别规定已作明文禁止的行为领域，只能依照特别规定规制同类不正当竞争行为，原则上不宜再适用原则规定扩张适用范围。反不正当竞争法未作特别规定予以禁止的行为，如果给其他经营者的合法权益造成损害，确属违反诚实信用原则和公认的商业道德而具有不正当性，不制止不足以维护公平竞争秩序的，可以适用原则规定予以规制。正确把握诚实信用原则和公认的商业道德的评判标准，以特定商业领域普遍认同和接受的经济人伦理标准为尺度，避免把诚实信用原则和公认的商业道德简单等同于个人道德或者社会公德。

25. 依法加强商业秘密保护，有效制止侵犯商业秘密的行为，为企业的创新和投资创造安全和可信赖的法律环境。根据案件具体情况，合理把握秘密性和不正当手段的证明标准，适度减轻商业秘密权利人的维权困难。权利人提供了证明秘密性的优势证据或者对其主张的商业秘密信息与公有领域信息的区别点作出充分合理的解释或者说明的，可以认定秘密性成立。商业秘密权利人提供证据证明被诉当事人的信息与其商业秘密相同或者实质相同且被诉当事人具有接触或者非法获取该商业秘密的条件，根据案件具体情况或者已知事实以及日常生活经验，能够认定被诉当事人具有采取不正当手段的较大可能性，可以推定被诉当事人采取不正当手段获取商业秘密的事实成立，但被诉当事人能够证明其通过合法手段获得该信息的除外。以符合法定条件的商业秘密信息为依据，准确界定商业秘密的保护范围，每个单独的商业秘密信息单元均构成独立的保护对象。完善商业秘密案件的审理和质证方式，对于涉及商业秘密的证据，要尝试采取仅向代理人展示、分阶段展示、具结保密承诺等措施限制商业秘密的知悉范围和传播渠道，防止在审理过程中二次泄密。妥善处理商业秘密民事侵权诉讼程序与刑事诉讼程序的关系，既注意两种程序的关联性，又注意其相互独立性，在依法保护商业秘密的同时，也要防止经营者恶意启动刑事诉讼程序干扰和打压竞争对手。

26. 妥善处理保护商业秘密与自由择业、涉密者竞业限制和人才合理流动的关系，维护劳动者正当就业、创业的合法权益，依法促进劳动力的合理流动。职工在工作中掌握和积累的知识、经验和技能，除属于单位的商业秘密的情形外，构成其人格的组成部分，职工离职后有自主利用的自由。在既没有违反竞业限制义务，又没有侵犯商业秘密的情况下，劳动者运用自己在原用人单位学习的知识、经验与技能为其他与原单位存在竞争关系的单位服务的，不宜简单地以反不正当竞争法的原则规定认定构成不正当竞争。妥善处理商业秘密保护和竞业限制协议的关系，竞业限制协议以可保护的商业秘密存在为前提，但两者具有不同的法律依据和行为表现，违反竞业限制义务不等于侵犯商业秘密，竞业限制的期限也不等于保密期限。原告以侵犯商业秘密为由提起侵权之诉，不受已存在竞业限制约定的限制。

27. 加强垄断案件的审理工作，及时有效制止垄断行为，增强市场活力，促进市场结构的完善和市场经济的健康发展。要强化反垄断法的效果思维，全面考虑各种相关因素，综合评估涉嫌垄断行为的反竞争和促进竞争的效果，依法认定垄断行为。注意发挥经济学专家和专业机构的作用，探索引进经济分析方法的途径和方式。要根据不同的垄断行为类型，合理分配垄断民事纠纷案件中当事人的证明责任。对于明显具有严重排除、限制竞争效果的垄断协议，可以不再要求受害人举证证明该协议具有排除、限制竞争的效果；对于公用企业以及其他具有独占经营资格的经营者滥用市场支配地位的，可以根据案件具体情况适当减轻受害人的举证责任。

六、加强知识产权诉讼制度建设，完善审判体制和工作机制

28. 深刻把握知识产权案件的特点与规律，建立健全适合知识产权案件特点的纠纷解决机制。正确把握“调解优先、调判结合”的工作原则。要根据知识产权案件专业技术性强的特点，积极引导当事人选择委托调解、专家调解、行业调解等方式解决纠纷。坚持依法自愿调解原则，不得违背当事人意愿强调硬调和以拖促调。对于当事人或者相关行业对判明是非的期待高，或者对明确规则的要求强烈，或者对判决的接受程度高的案件，尽可能选择以判决方式解决纠纷，充分发挥司法裁判的指引和导向功能。要发挥科技专家在解决纠纷中的作用，完善知识产权案件专业技术问题解决机制。

29. 继续完善知识产权审判体制机制，充分发挥知识产权司法保护的综合效能。按照国家知识产权战略的要求，积极推进由知识产权审判庭集中审理知识产权民事、行政和刑事案件的试点工作，建立知识产权民事、行政和刑事审判协调机制，提高司法效率，统一司法标准，发挥整体保护效能，努力构建资源优化、科学运行、高效权威的知识产权审判体系。要加强与公安机关、检察机关以及知识产权行政执法机关的协调配合，形成保护合力。优化知识产权案件管辖布局，适当增加管辖一般知识产权案件的基层法院，鼓励中、基层法院根据工作需要开展跨地区划片集中管辖，合理配置审判资源。

30. 维护法治统一，促进市场统一开放。完善案件管辖制度，加强监督制约，适当采取提级管辖、异地指定管辖等措施，有效遏制地方保护和部门保护现象，保障案件公正审理。决定提级管辖或者异地指定管辖的，原管辖法院要正确对待，及时移交案件。切实加强审判监督，发挥二审和再审的纠错功能，防止为顾及审判绩效考核指标而迁就错误裁判。对于指令再审的案件，有关再审法院要正确理解和认真对待再审指令，依法改正错误。对于无视再审指令，拖延再审或者无正当理由不执行再审指令的，要严肃纪律，情节严重的给予通报批评。进一步完善工作机制，适当加大知识产权关联案件的协调和指导力度，维护裁判标准的统一。

第三部分　概　　况

中国法院知识产权司法保护状况

中国法院知识产权司法保护状况（2010 年）

前　言

2010 年，人民法院在党的坚强领导和人大有力监督下，高举中国特色社会主义伟大旗帜，以邓小平理论和“三个代表”重要思想为指导，深入贯彻落实科学发展观，严格履行宪法和法律赋予的知识产权审判职责，大力推进社会矛盾化解、社会管理创新、公正廉洁执法三项重点工作，积极主动服务大局，深入贯彻实施国家知识产权战略，充分发挥司法保护知识产权的主导作用，不断加强知识产权司法保护，较好地完成了各项知识产权审判任务，为加快经济发展方式转变、建设创新型国家和全面建设小康社会提供了有力的知识产权司法保障。

2010 年，中国法院知识产权审判事业又迈上了一个新台阶。

一、依法履行宪法和法律职责，知识产权案件审判工作有新进展

2010 年，人民法院严格依法履行知识产权审判职责，始终坚持以执法办案为第一要务，重视研究知识产权案件呈现的新特点，突出审判重心，创新审判方式，加强监督指导，集中精力审理案件，不断提高知识产权案件审判水平，公正高效审理好各类知识产权案件，司法保护知识产权的主导作用得到进一步发挥。

一年来，人民法院审理的案件覆盖所有的知识产权法律领域，民事审判、行政审判及刑事审判的职能得到全面发挥。知识产权案件总体呈现出以下特点：案件数量不断增多，新类型案件不断增多，重大复杂疑难案件不断增多，涉外案件不断增多，案件审理难度不断加大，社会关注度不断提高等。

知识产权民事审判在知识产权司法保护中的主渠道作用继续发挥。2010 年，人民法院以贯彻实施侵权责任法、新修订的专利法及其司法解释、新修订的著作权法、反垄断法等法律为契机，围绕促进自主创新能力和核心竞争力的提高，加强专利保护；围绕促进自主品牌的形成和品牌经济的发展，加强商标权益保护；围绕促进新商业模式的发展和文化创意产业的繁荣，加强著作权的保护；围绕完善市场结构和维护公平竞争，加强竞争案件的审判；围绕营造良好的贸易和投资环境，加强平等保护。人民法院受理的知识产权民事案件继续迅猛增长，司法解决知识产权纠纷的主渠道作用更加明显。全国地方法院共新收和审结知识产权民事一审案件 42,931 件和 41,718 件,比上年增长 40.18% 和 36.74%,新收一审案件诉讼标的总金额达到 794,801.33 万元。其中,新收专利案件 5785 件,比上年增长 30.82%;商标案件 8460 件,比上年增长 22.50%;著作权案件 24,719 件,比上年增长 61.54%;技术合同案件 670 件,比上年下降 10.31%;竞争案件 1131 件(其中垄断民事一审案件 33 件),比上年下降 11.78%;其他知识产权案件 1966 件,比上年增长 14.17%。全年共审结涉外知识产权民事一审案件 1369 件,比上年增长 0.59%;审结涉港澳台知识产权民事一审案件 278 件,同比上年下降 21.25%;审结垄断民事一审案件 23 件。全年共新收和审结知识产权民事二审案件 6522 件和 6481 件,分别比上年增长 22.13% 和 18.01%;再审案件 111 件和 109 件,分别比上年增长 11% 和 1.87%。最高人民法院新收和审结知识产权民事案件 313 件和 317 件,其中新收申请再审案件 198 件,审结 206 件(含旧存),切实维护了全国知识产权司法的统一。

知识产权民事案件的审判质量和效率不断提高。全国地方法院知识产权民事案件一审结案率从 2009 年的 85.04% 上升到 2010 年的 86.39%;上诉率从 2009 年的 48.82% 上升到 2010 年的 49.65%;再审率从 2009 年的 0.33% 下降到 2010 年的 0.27%;上诉案件改判发回重审率从 2009 年的 6.00% 下降到 2010 年的 4.57%。全国地方法院知识产权一审民事案件审限内结案率由 2009 年的 97.38% 上升到 2010 年的 97.93%。

有效发挥诉前临时措施保护知识产权的独特作用。2010 年,人民法院准确把握诉前停止侵权和诉前财产保全的适用条件,依法稳妥地裁定采取措施。全国地方法院依法慎重受理与知识产权有关的诉前临时禁令申请案件,共计 55 件,裁定支持率 89.74%;受理诉前证据保全申请案件 294 件,裁定支持率 97.46%。注意依法积极采取证据保全措施,切实减轻当事人的举证负担。受理诉前财产保全申请案件 126 件,裁定支持率 97.41%。如福建省福州市中级人民法院在涉台知识产权审判中慎用诉前禁令等措施,帮助台湾企业实现“软着陆”,做到“不影响生产、不影响形象、不影响稳定”,产生了良好的社会效果。

人民法院审理的不少案件,不仅涉及错综复杂的具体法律适用问题,还涉及相关经济、社会和文化领域的价值判断和司法导向问题。这些案件较为典型地反映了当前知识产权案件影响力大、审理难度大、法律适用争议大、社会关注度高等特点。如伊莱利利公司诉江苏豪森药业股份有限公司侵犯发明专利权纠纷案、王群诉上海世博会法国馆侵犯发明专利权纠纷案、程润昌诉龚举东等侵犯实用新型专利权纠纷案、陈建诉富顺万普印务有限公司著作权纠纷案、微软公司诉大众保险股份有限公司侵犯著作财产权纠纷案、(法国)拉科斯特股份有限公司诉(新加坡)鳄鱼国际机构私人有限公司等侵犯商标专用权纠纷案、中国天府可乐集团公司(重庆)诉重庆百事天府饮料有限公司等侵犯技术秘密纠纷案、北京百度网讯科技有限公司诉中国联合网络通信有限公司青岛市分公司等不正当竞争纠纷案、林金山诉福建省农业科学院果树所等植物新品种权属纠纷、华润矽威科技公司诉南京源之峰科技公司侵犯集成电路布图设计专有权纠纷案等。

知识产权行政审判支持和监督依法行政的功能得到进一步强化。2010年,知识产权行政一审收结案数大幅上升,主要集中在商标行政案件。全国地方法院新收一审知识产权行政案件2590件,同比上升25%;审结2391件,同比上升21.31%。其中,新收专利案件551件,同比下降17.51%;商标案件2026件,同比上升47.23%;著作权案件2件,同比下降50%;其他案件11件。最高人民法院新收和审结知识产权行政案件60件和56件。商标行政案件上升的主要原因是申请商标评审委员会评审案件大幅上升、评审案件起诉率升高以及商标评审委员会集中清理积压案件等。在审结的案件中,维持1776件,占74.28%;撤销330件,占13.80%;撤诉162件,占6.78%;驳回诉讼请求87件,占3.64%;驳回起诉30件;移送4件,以其他方式结案1件。

一审涉外、涉港澳台知识产权行政案件大幅上升,共计1004件,占知识产权行政一审结案的41.99%。其中,审结涉外知识产权行政一审案件815件,涉港案件98件,涉澳案件11件,涉台案件80件。

二审知识产权行政案件数量增幅较大。全国法院新收知识产权行政二审案件394件,审结240件,其中维持原裁判206件,改判20件,发回重审1件,撤诉9件,驳回4件。产生较大社会影响的案件有日本本田技研株式会社与国家知识产权局专利复审委员会、石家庄双环汽车股份有限公司等外观设计专利权无效行政纠纷案、山西杏花村汾酒厂股份有限公司与国家工商行政管理总局商标评审委员会、第三人安徽杏花村集团有限公司"杏花村"商标异议复审行政纠纷案等。

知识产权刑事审判惩治和震慑犯罪的功能得到进一步发挥。2010年,一审知识产权刑事案件增幅较大,全国法院新收一审案件3992件,同比上升9.58%。其中侵犯知识产权罪1294件(假冒注册商标等侵犯注册商标案件1153件),同比上升26.99%;生产、销售伪劣商品罪案件中涉及侵犯知识产权的596件,同比下降6.73%;非法经营罪案件中涉及侵犯知识产权的2078件,同比上升6.62%;其他案件24件。

全国法院共审结涉及知识产权侵权的一审刑事案件3942件,同比上升7.7%;判决发生法律效力6001人,其中有罪判决6000人。在审结案件中,以侵犯知识产权犯罪判决的案件1254件,生效判决人数1966人,同比分别上升24.53%和22.49%;以生产、销售伪劣商品犯罪(涉及侵犯知识产权)判处案件609件,生效判决人数926人;以非法经营罪(涉及侵犯知识产权)判处的案件2054件,生效判决人数3068人;以其他犯罪判处的涉及侵犯知识产权的案件25件,生效判决人数41人。在以侵犯知识产权犯罪判决的案件中,以假冒注册商标罪判决的案件585件,生效判决人数1028人;以销售假冒注册商标的商品罪判决的案件345件,生效判决人数459人;以非法制造、销售非法制造的注册商标标识罪判决的案件182件,生效判决人数253人;以假冒专利罪判决的案件2件,生效判决人数3人;以侵犯著作权罪判决的案件85件,生效判决人数142人;以销售侵权复制品罪判决的案件5件,生效判决人数10人;以侵犯商业秘密罪判决的案件50件,生效判决人数71人。其中刘兆龙假冒注册商标罪等案件引起社会的普遍关注。

强化案件调解,注重矛盾化解。人民法院认真执行最高人民法院下发的《关于进一步贯彻“调解优先、调判结合”工作原则的若干意见》。在案件审理中,坚持合法自愿原则,对依照法律可以调解、根据案情能够调解、调解处理效果更好的案件,首先选择调解方式解决纠纷。注重规范调解工作,正确处理调判关系,对不宜调解以及调解不成的,及时依法作出裁判。坚持在拓展调解领域、规范司法调解程序、注重调解质量和提高调解效率上下工夫。

2010 年,人民法院知识产权诉讼调解工作朝制度化、规范化、理性化方向发展,诉讼调解工作上了一个新的水平。全国知识产权民事一审案件平均调解撤诉率达到 66.76%,同比上升 5.68 个百分点。最高人民法院成功调撤知识产权疑难案件 24 起。如法国拜尔农科股份公司诉安徽华星化工股份有限公司涉外专利侵权案、西安强生公司与上海强生公司商标侵权纠纷案等,这些案件的成功调解不仅使当事人满意,而且在社会上产生了非常好的反响。上海、天津等地高级人民法院出台了进一步加强知识产权民事纠纷调解的指导性意见。广东、河北、四川、河南、广西、贵州等地省高级人民法院以及北京市第二中级人民法院、福建省福州市中级人民法院等不断探索和总结出了一整套规范化的调解方法。

以公开促公正,以公正赢公信。人民法院坚持“阳光司法”,通过公开确保公正。进一步明确立案、庭审、执行、听证、文书、审务六个方面必须公开的内容、程序和方法,创造性地通过新闻发布会制度、法院开放日活动、网络直播等多种方式提高知识产权审判的透明度,促进了知识产权审判的公正,规范了知识产权司法自由裁量权的行使,赢得了知识产权司法的公信力,真正做到“阳光司法”。最高人民法院在“12 · 4”公众开放日首次选定旁听知识产权案件庭审。湖南省法院系统建立人大代表旁听庭审和庭审网络直播长效机制,定期邀请人大代表旁听知识产权案件庭审。辽宁省法院系统普遍配备了信息化、智能化程度较高的知识产权审判法庭,将庭审互联网直播进行常态化管理。福建、云南等地高级人民法院以及福州、昆明等地中级人民法院通过网络直播让更广泛的民众能够及时了解知识产权案件的庭审情况。

推出知识产权保护白皮书制度,全面展示人民法院知识产权司法审判工作。2010 年 4 月,最高人民法院首度发布《中国法院知识产权司法保护状况(2009 年)》白皮书(中英文),在对改革开放 30 年以来的知识产权司法保护工作进行简要介绍的同时,全面回顾总结了人民法院 2009 年的知识产权司法保护工作,充分展示了中国法院知识产权司法保护所取得的成就,彰显了中国对知识产权进行保护的决心和信心。这是最高人民法院首次以白皮书的形式向国内外全面公开介绍人民法院知识产权司法保护状况,是人民法院进一步贯彻落实国家知识产权战略和加强知识产权司法保护工作的重要举措。天津、重庆、山东、广西、四川、甘肃、河北等地高级人民法院发布 2009 年度知识产权保护白皮书,江苏省高级人民法院发布 2009 年度知识产权司法保护蓝皮书,这些白皮书(蓝皮书)的公布对当地的知识产权审判情况进行了全面系统的介绍,让全社会了解知识产权审判,接受社会的检验和监督,确保知识产权司法的公平正义。

最高人民法院在继续办好"中国知识产权裁判文书网"的同时,"知识产权司法保护子网站"在最高人民法院官方网站上正式开通,这两个网站成为人民法院司法保护知识产权成果的权威信息发布平台。通过这两个网站,社会公众可以及时了解和掌握人民法院知识产权司法保护的动态和信息。截至2010年年底,已经有41,696份生效知识产权裁判文书通过"中国知识产权裁判文书网"公开。各地法院继续通过地方法院网及时公开各类知识产权审判工作信息。

二、关注经济社会发展的知识产权司法需求,贯彻实施国家知识产权战略有新突破

2010年,人民法院始终坚持能动司法理念,找准知识产权审判工作服务经济社会发展大局的切入点,紧紧围绕国家关于加快经济发展方式转变和保持经济平稳较快发展的战略部署,继续深入贯彻实施国家知识产权战略,为促进经济社会又好又快发展提供坚强有力的知识产权司法保障。

始终坚持知识产权能动司法理念,积极服务国际国内大局。党的十七大提出加快经济发展方式转变的重大战略任务之后,2010年7月,最高人民法院发布《关于为加快经济发展方式转变提供司法保障和服务的若干意见》。该《意见》明确提出要妥善审理各类知识产权案件,保障和服务推动自主创新,加强对重点领域知识产权的司法保护,促进战略性产业发展,促进自主品牌的形成和品牌经济的发展,维护企业的核心竞争力,维护公平竞争的市场秩序,促进文化创新,繁荣文化市场等。

2010年2月,为积极应对后国际金融危机时期知识产权审判出现的新情况、新挑战,最高人民法院组织召开"后国际金融危机时期知识产权司法保护研讨会",深入研究如何充分发挥知识产权审判职能,减弱和化解国际金融危机给我国经济社会带来的不利影响。4月,为贯彻落实党中央关于深入推进三项重点工作的决策部署和全国高级法院院长会议精神,最高人民法院在河南洛阳召开全国法院知识产权审判工作座谈会,认真研究部署新形势下的知识产权审判工作,明确新形势下知识产权审判的主要任务和工作措施。会后,全国各高级人民法院结合当地工作实际,迅速召开会议部署贯彻落实会议精神。

为确保上海世博会、广州亚运会和亚残运会等国家重大活动的顺利开展,人民法院积极主动为这些重大活动提供知识产权司法保障和服务。最高人民法院组成专门调研组,赴上海市高级人民法院和上海世博会事务协调局就世博知识产权司法保护问题进行调研,指导相关地方法院妥善审理相关知识产权案件。上海市高级人民法院出台了专门的关于审理涉世博知识产权案件适用法律的指导意见,明确涉世博知识产权纠纷的法律适用标准,制定了知识产权审判服务保障世博工作方案。广州市中级人民法院与亚组委及其法律顾问单位举办"加强亚运会知识产权保护座谈会",全面了解亚运会知识产权保护的司法需求,并就加强亚运会知识产权保护提出司法建议。

人民法院积极响应国务院组织的"打击侵犯知识产权和制售假冒伪劣商品"专项行动,加大打击侵犯知识产权犯罪的力度。加强与检察、公安、工商、版权、海关等部门的合作,形成合力,共同促进中国知识产权事业又好又快发展。积极开展知识产权司法建议工作,为其他部门更好地落实国家知识产权战略提供参考。如山东、湖南等地高级人民法院针对网络环境下公证保全证据的司法建议。广东省高级人民法院在审判中发现一些外国企业有将知识产权作为遏制竞争的商业工具,打压、遏制中国同业竞争者的现象,向相关单位发出司法建议,提出应加强知识产权预警机制建设,建立知识产权涉外应对和维权援助机制。山东省高级人民法院就知识产权审判工作如何保障和服务经济发展方式转变提出了具体意见,明确知识产权司法保护的定位及重点领域。四川省高级人民法院出台专门意见,指导全省知识产权司法工作紧密围绕加快经济发展方式转变开展。

积极推动知识产权领域的司法改革,知识产权审判体制和工作机制进一步完善。人民法院不断强化知识产权司法改革意识,继续抓好国家知识产权战略关于人民法院工作的贯彻落实,积极推动知识产权审判体制和工作机制的改革和完善,知识产权审判体系进一步优化。

稳步推进由人民法院的知识产权审判庭统一受理知识产权民事、行政和刑事案件(即“三审合一”)的试点工作。2010 年 7 月,最高人民法院在江苏省昆山市召开“知识产权审判庭集中审理知识产权民事、行政和刑事案件试点工作座谈会”,来自中央有关部门和部分开展“三审合一”试点法院的代表参加了会议。最高人民法院新增批准福州市中级人民法院、厦门市中级人民法院、深圳市、佛山市、中山市两级人民法院以及福州市鼓楼区人民法院、厦门市思明区人民法院开展“三审合一”试点工作。截至 2010 年 12 月底,全国已有 5 个高级法院、49 个中级法院和 42 个基层法院开展了相关试点。

继续完善知识产权案件管辖布局,进一步优化审判资源配置。2010 年 1 月,最高人民法院发布《关于调整地方各级人民法院管辖第一审知识产权民事案件标准的通知》和《关于印发基层人民法院管辖第一审知识产权民事案件标准的通知》,全面调整和统一明确了各级法院知识产权民事案件级别管辖标准。在严格控制技术类案件和驰名商标案件管辖权法院的同时,适当增加管辖一般知识产权案件的基层法院,鼓励中、基层法院开展跨地区划片集中管辖,探索指定部分基层法院管辖部分专利案件。最高人民法院批复同意江苏省昆山市人民法院开展试点审理实用新型和外观设计专利纠纷案件。至此,已有两个基层人民法院开展了审理实用新型和外观设计专利纠纷案件的试点工作。截至 2010 年 12 月底,具有专利、植物新品种、集成电路布图设计案件和涉及驰名商标认定案件管辖权的中级人民法院分别为 76 个、44 个、46 个和 41 个,具有一般知识产权案件管辖权的基层法院达到 101 个。

相关地方法院根据司法改革的精神,结合当地的实际,制定细化方案,切实抓好民事、行政、刑事案件“三审合一”试点工作以及审判工作。如浙江、内蒙古等地高级人民法院加强与检察院、公安厅协调,就知识产权审判“三审合一”试点工作中刑事司法保护问题出台相关指导性意见,确保试点工作顺利进行。

加强知识产权审判制度创新,努力提高知识产权司法水平。针对知识产权案件技术性、专业性强的特点,最高人民法院始终重视建立和完善司法鉴定、专家证人、技术调查等相关诉讼制度,同时鼓励与指导有条件的法院在专利等技术性案件审判中积极探索开展技术调查的有效方式和具体做法。

2010年4月,最高人民法院与中国科学技术协会联合签署知识产权司法保护合作备忘录,为最高人民法院和中国科学技术协会在知识产权司法保护领域加强合作提供了长期稳定的操作平台,建立最高人民法院特邀科学技术咨询专家库,袁隆平、钟南山等11位两院院士受聘担任最高人民法院科学技术咨询专家。最高人民法院注重发挥科技专家在提供知识产权司法保护宏观政策咨询、提供案件科技专业问题的智力支持和协调解决知识产权纠纷的作用。该项措施作为大力推进知识产权审判改革的一项重大举措,标志着人民法院在完善知识产权纠纷解决机制、提高知识产权司法保护水平方面又上了一个新台阶。上海、江苏、青海、河北、浙江、广西、山西等地高级人民法院积极探索建立和完善案件技术事实查明机制,建立技术专家咨询库,试行专家陪审员和专家证人制度,这些机制和制度的建立在解决专业技术难题方面发挥了重要作用,提高了知识产权案件的审判质量。厦门市中级人民法院尝试建立知识产权审判的保密令制度,较好地解决了诉讼中商业秘密保护问题,解除当事人维权的后顾之忧。

加大知识产权司法保护宣传力度,打造"4·26"世界知识产权日宣传周平台。人民法院以"4·26"世界知识产权日为契机,努力打造"4·26"世界知识产权日宣传周平台,采取切实可行的方式,立体、多视角地广泛宣传我国知识产权司法保护所取得的成就,充分展示知识产权法官的风采,努力树立中国知识产权司法保护的良好形象。2010年"4·26"世界知识产权日宣传周期间,最高人民法院召开了新闻发布会,首度发布了《中国法院知识产权司法保护状况(2009年)》白皮书(中英文),发布了2009年中国法院知识产权司法保护10大案例和50件典型案例、《最高人民法院知识产权案件年度报告(2009)》、《最高人民法院关于审理商标授权确权行政案件若干问题的意见》等重要知识产权司法文件,与中国科学技术协会联合签署知识产权司法保护合作备忘录等。全国地方法院也都根据最高人民法院的要求,在宣传的广度和深度上狠下功夫,既注重宣传的内容,又注重宣传的形式,既重视发挥传统宣传方式的作用,又注意新型宣传方式的利用,既发挥中央媒体的作用,也发挥地方和国外媒体的作用,充分利用报纸、电视台、电台、广播、网站、书刊、标语等载体,组织法官大力宣传知识产权司法保护的重大意义、司法政策和所取得的新成就,对于社会公众提高知识产权意识起到了积极的作用。江苏省法院系统成功举办了江苏知识产权专业化审判十五周年纪念大会暨知识产权保护与利益平衡研讨会,出版《创新与发展——江苏法院知识产权审判十五年成果集》、《辉煌的历程美好的未来纪念画册》。浙江省高级人民法院召开知识产权新闻发布会,回答了来自40家境内外新闻媒体中外记者的提问。湖北省高级人民法院与《科技与法律》媒体合作,开辟宣传司法保护知识产权专栏。新疆生产建设兵团分院在活动期间,发放知识产权知识问答卷6000份,展出展板60多块。海南、西藏等地法院也都采取各种方式,广泛宣传人民法院知识产权保护的成就。

加强知识产权国际交流与合作,提升中国知识产权司法保护的国际影响力。2010年,在国际经济一体化、国际知识产权保护制度国际化进程不断加快的大背景下,人民法院牢固树立国际眼光,加强知识产权国际交流与合作,不断提高知识产权审判水平,注重提升中国知识产权司法保护的良好国际形象。通过外事活动,积极回应外方的关注,澄清有关误解,宣传我国知识产权保护成就,维护国际形象。最高人民法院派员参加中欧知识产权工作组会议、中美商贸联委会知识产权工作组会议、中瑞知识产权工作组会议,积极参加中欧知识产权项目二期的有关活动,全面展示我国保护知识产权取得的成果,表明中国对知识产权司法保护的立场和决心,维护国家利益。人民法院继续通过中美、中欧、中瑞(士)、中俄、中日、中巴等之间的对话及专门的知识产权工作组机制和日本知识产权官民联合访华团等渠道,加强经贸领域的知识产权交流与合作。最高人民法院知识产权法官共接待日本、美国等高层代表团近百人来访,同时在全国法院系统范围内根据工作需要组织优秀法官对美国、日本、欧洲等国进行考察访问,选派法官前往这些国家进行培训和交流。浙江省高级人民法院接待了美国知识产权法律协会成员和美国联邦巡回上诉法院法官,与他们就感兴趣的知识产权司法保护进行了深入交流。

三、统一知识产权法律适用尺度,审判监督和业务指导有新推进

法律适用统一是法律面前人人平等的内在要求,是司法公正和权威的必然体现,是法治国家的根本特征。2010年,人民法院始终高度重视知识产权法律适用的统一,抓准影响裁判公正和司法标准统一的突出问题,不断创新和加强审判管理,进一步健全审判监督和业务指导的工作机制和制度,切实维护知识产权司法公正和统一。

加强知识产权司法政策调控,规范知识产权审判裁量权行使。最高人民法院根据各类知识产权的不同特点和保护需求,明确了分门别类、区别对待和宽严适度的宏观司法政策,进一步明晰和细化知识产权案件的司法政策并通过各种方式保障知识产权案件司法政策的贯彻和落实,有效地发挥了司法政策的宏观调控作用,推进了知识产权审判工作的规范化和统一性。

2010年4月,最高人民法院发布《最高人民法院关于审理商标授权确权行政案件若干问题的意见》。这是最高人民法院首次以规范性文件的方式,对商标授权确权行政案件的若干司法审查标准提出指导性意见。该意见明确了相关法律界限,统一了司法标准,对于人民法院正确履行司法审查职责和规范商标授权确权行为,具有重要意义。同年11月,最高人民法院发布《关于做好涉及网吧著作权纠纷案件审判工作的通知》。该通知针对涉及网吧著作权纠纷案件中存在的突出问题,及时明确了该类案件的审理原则和具体标准,对依法保护当事人的著作权,有效制止侵权行为,促进信息传播和规范传播秩序,推动相关互联网文化产业健康发展发挥了重要作用。

积极探索知识产权案例指导制度,及时发布知识产权典型案例。人民法院始终高度重视典型案例在知识产权审判中的重要示范作用，将典型案例的挑选和推广作为一项重要工作，努力加强案例指导工作的规范化、制度化和长效化建设。2010年4月，最高人民法院发布《最高人民法院知识产权案件年度报告(2009)》。在对2009年最高人民法院审结的已有最终结论性意见的典型知识产权案件进行系统梳理的基础上，挑选出其中的37件典型案例，总结出典型案例裁判文书中已经明确的44个典型法律适用问题，以年度报告的形式向社会集中公布。发布年度报告，是最高人民法院对自身审理的典型案件的集中展示，是创新审判指导方式的探索和尝试，也是推进司法公开、接受各界监督的重大举措。发布2009年度全国法院知识产权司法保护10大案件和50个典型案例，充分发挥案例示范效应。10大案件和50件典型案例覆盖了知识产权民事、行政和刑事三大诉讼领域，包含了专利权、植物新品种权、著作权、商标权及不正当竞争等几乎全部知识产权案件类型。这些典型案件生动地向社会展现了人民法院加大知识产权司法保护力度、维护权利人合法利益、合理确定权利界限的职能作用，有助于社会公众提高知识产权法治观念，推动了自主创新和诚信守法的竞争文化的形成。全国各地法院通过不同形式评选出当地的知识产权典型案例和优秀案例，天津、重庆、山东、安徽、福建、湖南、四川、黑龙江等地省高级人民法院公布当地的十大典型案例。广西壮族自治区高级人民法院建立了典型案例指导制度。陕西省西安市中级人民法院发布了知识产权司法保护经典案例。

加强知识产权审判专题调研，注重提高知识产权司法解释和司法解释性文件的质量。人民法院牢固树立“以调研促审判”理念，高度重视知识产权审判调研工作，为出台高质量的司法解释和司法解释性文件奠定坚实基础。通过召开专题研讨会、请专家讲课、举办法官论坛、实地考察、撰写调研报告、出版书籍等形式不断提高调研的水平，注重成果转换。2010年，最高人民法院组织全国相关法院有针对性地开展了广泛的专题调研活动，及时有效地研究解决了司法实践出现的突出问题，加强了对新类型案件适用法律问题的调查研究。重点开展了网络环境下著作权司法保护、专利授权确权案件审理标准、商标授权确权案件的调研、未经行政许可的境外作品的著作权保护问题、网吧的著作权侵权问题、商业秘密司法保护、“十二五”期间知识产权司法保护制度研究、审理垄断民事纠纷案件适用法律问题、知识产权行政审判中的法律适用问题、探索建立知识产权上诉法院相关问题等多项调研，通过调研活动充分了解和掌握了知识产权领域的司法现状和动态，形成了丰富的调研成果，在调研充分成熟的基础上适时出台知识产权司法解释和司法解释性文件。其中对未经行政许可的境外作品的著作权保护问题、网吧的著作权侵权问题以及商标授权确权案件审理标准在调研的基础上及时提出了专门性的审判指导意见。各地法院也形成了一批有审判指导价值的调研成果。经过多年的养成，注重研究和加强学习已经成为知识产权法官的职业素养。知识产权审判理论专业委员会与其他部门共同主办“纪念《著作权法》颁布20周年暨著作权保护基础理论研讨会”，编辑出版《中国知识产权审判理论研究》(第2辑)。北京市高级人民法院出版《知识产权经典案例》(第5、6卷)及《网络著作权经典案例》三部专著。

拓宽知识产权审判业务指导途径,切实履行知识产权审判业务指导职责。2010年,上级人民法院不断拓宽知识产权审判业务指导途径,通过制定司法解释、发布司法文件、出台指导性意见、开展专项调研、召开专业会议、进行专题培训、创办内部刊物、发布指导性案例等多种形式,切实担负起了对下级人民法院进行知识产权审判业务指导的职责,统一了知识产权司法裁判尺度,规范了知识产权自由裁量权的行使,确保了知识产权司法公正。最高人民法院总结申请再审案件的审判经验,归纳全国法院在审判中出现的问题,就重点问题有针对性地加强对下指导。对类似案件进行研究协调,指导相关法院正确适用法律。对驰名商标司法认定进行专项规范,深入开展认定驰名商标案件的评查,驰名商标司法保护步入规范化轨道。上海市高级人民法院制定知识产权侵权纠纷中适用法定赔偿方法确定赔偿数额的指导性司法文件,明确适用法定赔偿方法的若干基本原则。吉林省高级人民法院组织优秀知识产权审判法官到全省各中级人民法院举办巡回讲座。湖南、宁夏等地高级人民法院建立系列案件协调解决机制。山西省高级人民法院建立和完善上下级法院的联系报告制度。天津市高级人民法院编辑《2005—2009年天津知识产权审判大事记》以及《天津法院知识产权审判》。黑龙江、山西、甘肃等地高级人民法院编写了知识产权审判指导等方面的书籍。

四、加强知识产权法官队伍建设,知识产权法官队伍整体素质有新提高

队伍建设始终是人民法院工作的根本。2010年,人民法院紧密结合知识产权审判工作实际,创新和加强审判管理,加强知识产权法官队伍建设,深入开展"人民法官为人民"主题实践活动,大力培养广大知识产权法官"公正、廉洁、为民"的司法核心价值观,努力建设一支政治坚定、业务过硬、一心为民、公正廉洁的高素质知识产权法官队伍。

始终注重在提升知识产权司法能力上下功夫。不断提高法官队伍的司法能力是保障社会公平正义的必然要求。2010年,人民法院一如既往地将业务学习和培训作为提升知识产权法官队伍司法能力的重要工作抓紧抓好,注重对法官专业知识和审判技巧的提升,深入开展学习型审判庭建设,加强审判管理,完善健全学习和培训制度,注重培养一批专业型、专家型法官。切实将基层基础建设尤其是基层法院的知识产权审判基础建设作为一项紧迫的工作任务抓紧抓好,在业务培训中,除了最高人民法院采取举办会议研讨和培训班等措施以外,高、中级人民法院也担负起了业务培训的责任,创新专业法官培养方式,增强业务培训的针对性和实效性,采取集中培训、上下对口交流、庭审观摩、案件评查等各种形式加强审判指导工作。知识产权法官不断加强自我学习,不仅注重学习知识产权法律新知识,上级法院的司法文件和典型案件裁判,还注重学习科技基础知识。不少法院特别是案件压力较大的法院,注意将具有理工专业知识背景的人员充实到知识产权审判队伍中。最高人民法院在国家法官学院举办了两期全国法院知识产权审判实务培训班,近200名知识产权法官参加了培训。不少法院组织开展各种形式的岗位标兵、办案能手评选活动。江西、青海等中西部地区法院组织法官到东部发达地区观摩学习、跟班学习。上海、湖南、广东等地高级人民法院与国家知识产权局专利复审委员会等知识产权专门机构建立人员长期交流机制。重庆、山东、广东、河北、新疆、内蒙古、广西、辽宁等地省高级人民法院通过各种形式加强对法官的培训。

始终注重在改进知识产权司法作风上下功夫。作风就是形象,作风就是公信力。2010 年,人民法院继续深入推进司法作风建设,开展群众观点教育,树立司法为民宗旨,增强知识产权法官的群众观念和意识,保持优良作风。组织开展知识产权法官进社区、进企业、进学校、进团体等活动,充分听取知识界、新兴产业界、企业界、社会团体以及人民群众关于改进知识产权司法保护工作的意见和建议,密切同人民群众的联系。山东、江苏、辽宁、四川、内蒙古、贵州、黑龙江等地省高级人民法院加强与企业联系,了解行业发展的情况,提高企业保护自身知识产权的意识。江西省萍乡市中级人民法院成立知识产权援助中心,为企事业单位和个人提供免费的咨询、建议等服务。天津市和平区人民法院在和平区六号院文化创意产业园区内创建巡回法庭。广大知识产权法官努力树立公正、廉洁、为民的司法核心价值观,不断提高自身的职业道德水平,切实履行好最高人民法院公布的《法官职业道德基本准则》、《法官行为规范》、《人民法院文明用语基本规范》。充分发挥先进典型示范作用,深入学习“群众信服的好法官”陈燕萍、“时代先锋”全国优秀法官龙进品等先进典型。北京市高级人民法院知识产权庭被世界知识产权组织授予“世界知识产权组织版权金奖”。上海市高级人民法院知识产权审判庭荣获“世博会知识产权保护专项行动先进集体”称号。

始终注重在促进知识产权司法廉洁上下功夫。司法廉洁是司法公正的职业道德保障,事关人民司法事业兴衰成败。2010 年,人民法院继续强化知识产权法官队伍的廉政建设,制度监督和道德约束并重。进一步强化司法廉洁教育,采取更加有效的形式,避免机械说教,集中开展警示教育,增强拒腐防变意识。严格落实“五个严禁”及各项反腐倡廉制度,铲除滋生腐败的土壤。最高人民法院指导地方各级人民法院进一步增强自觉接受监督的意识,强化监督制约,积极完善监督制约机制,努力促进司法公正廉洁,不断提高司法公信力。

结 束 语

2011 年是国家实施“十二五”规划的开局之年,人民法院将在迎接挑战中紧紧抓住知识产权司法保护事业的重要战略发展机遇。人民法院将始终以邓小平理论和“三个代表”重要思想为指导,牢牢抓住科学发展这个主题,紧紧围绕加快转变经济发展方式这条主线,突出执法办案这个重点,强化队伍建设这个根本,继续深入推进三项重点工作,依法独立公正行使知识产权审判权,深入开展“发扬传统、坚定信念、执法为民”主题教育实践活动,努力推动知识产权审判事业再上新台阶,为促进自主创新能力和国家核心竞争力的提高提供更加有力的知识产权司法保障!

工作综述

2011年人民法院知识产权司法保护工作综述

2011年,最高人民法院及全国各级人民法院紧紧围绕党和国家工作大局,牢牢抓住科学发展这个主题,紧紧围绕加快转变经济发展方式这条主线,深入贯彻实施国家知识产权战略,充分发挥司法保护知识产权的主导作用,坚持能动司法,服务大局,开拓创新,为我国经济社会发展和创新型国家建设提供了坚强有力的司法保障。

一、依法公正高效审理案件,知识产权司法的权威性和公信力得到进一步提升

全国各级法院始终坚持以执法办案为第一要务,切实担负起司法保护知识产权的神圣职责,司法保护知识产权的主导作用日益凸显。知识产权民事案件增幅较大,民事审判在知识产权司法保护中的主渠道作用得到进一步发挥。2011年,全国法院共新收和审结知识产权民事一审案件59882件和58201件,同比分别增长39.48%和39.51%。其中,新收专利案件7819件,比上年增长35.16%;商标案件12991件,比上年增长53.56%;著作权案件35185件,比上年增长42.34%;技术合同案件557件,比上年下降16.87%;不正当竞争案件1137件(其中垄断民事一审案件18件),比上年上升0.53%;其他知识产权案件2193件,比上年增长11.55%。共审结涉外知识产权民事一审案件1321件,同比下降3.51%;审结涉港澳台知识产权民事一审案件635件,同比增长128.42%。共新收和审结知识产权民事二审案件7642件和7659件(含旧存),同比分别增长17.17%和18.18%;共新收和审结再审案件294件和224件,同比分别增长164.86%和105.50%。2011年,最高人民法院新收和审结知识产权民事案件305件和311件(含旧存),其中新收申请再审案件291件,审结295件(含旧存)。坚持法律效果与社会效果的统一,努力实现知识产权诉讼调解工作的制度化和规范化。全国知识产权民事案件一审调撤率达到71.32%,同比上升4.56个百分点。知识产权行政审判对行政执法行为的监督和支持作用进一步发挥。全国法院共新收和审结知识产权行政一审案件2433件和2470件(含旧存)。其中,审结涉外知识产权行政一审案件986件,涉港澳台知识产权行政一审案件251件。共新收和审结知识产权行政二审案件1333件和1266件;再审案件3件和1件。知识产权刑事司法保护力度进一步加大，人民法院积极参与打击侵犯知识产权和制售假冒伪劣商品专项行动，知识产权刑事审判惩治和震慑侵犯知识产权犯罪的功能得到有效发挥。全国法院共审结知识产权刑事一审案件5504件，同比上升39.62%，生效判决人数7950人，其中给予刑事处罚7892人。

二、坚持能动司法，服务党和国家工作大局的能力得到进一步增强

人民法院高度重视发挥司法的能动作用，积极采取各种措施，进一步发挥知识产权审判服务科技进步、知识创新和文化发展的保障和服务功能。最高人民法院发布《关于充分发挥知识产权审判职能作用推动社会主义文化大发展大繁荣和促进经济自主协调发展若干问题的意见》，要求各级法院切实增强大局意识和责任意识，大力加强知识产权司法保护，更加注重激励文化发展和科技进步，培育发展战略性新兴产业和推动经济结构战略性调整，发挥知识产权对实体经济的促进和引领作用。组织全国法院开展“加强知识产权司法保护，促进经济发展方式转变”年度主题活动，结合知识产权国际竞争的新趋势和国内经济形势对知识产权司法保护的新需求，在知识产权司法保护领域深入推进三项重点工作，积极促进科技进步和自主创新。主动延伸知识产权审判职能，积极参与社会治理。人民法院在审理知识产权案件的同时，注重加强对日常审判工作的研判，密切关注审判中反映出的知识产权侵权动向、知识产权诉讼风险、管理漏洞等，及时向有关企业和部门提出司法建议。江苏、浙江等地法院还根据地区知识产权保护的特点和实际，开展特色审判，因地制宜地提出工作措施，通过依法保护知识产权引导、规范、促进和保障地方特色经济发展。

三、强化制度创新，知识产权审判体制和工作机制进一步优化

坚持知识产权审判领域的改革创新，推动建立更为科学的知识产权审判体制和工作机制。深入贯彻落实国家知识产权战略，进一步积极推进由知识产权审判庭集中审理知识产权民事、行政和刑事案件的试点工作。加强对试点工作的总结，推动试点工作规范化，知识产权民事、行政和刑事审判协调机制逐步完善，整体保护效能不断提高。截至2011年12月底，全国已有5个高级法院、50个中级法院和52个基层法院开展了相关试点。江苏、浙江、内蒙古等地法院加强与公安、检察部门的协调，就“三审合一”试点工作中刑事保护问题出台指导性意见。进一步优化全国法院知识产权审理格局。在严格控制技术类案件和驰名商标案件管辖权法院的同时，根据工作需要，适当增加了管辖一般知识产权案件的基层法院，鼓励中、基层法院开展跨地区划片集中管辖，探索指定部分基层法院管辖部分专利案件，提高知识产权案件管辖的均衡性和合理性。截至2011年12月底，全国共有82个具有专利案件管辖权的中级法院、45个具有植物新品种案件管辖权的中级法院、46个具有集成电路布图设计案件管辖权的中级法院、43个具有驰名商标案件管辖权的中级法院，119个具有一般知识产权案件管辖权的基层法院，3个试点审理实用新型和外观设计专利纠纷案件的基层法院。创新和发展诉讼与非诉讼相衔接的知识产权纠纷解决机制。最高人民法院知识产权审判庭与中国互联网协会签署《互联网知识产权纠纷调解机制备忘录》,充分发挥行业协会在知识产权纠纷中的调解作用,为当事人提供更多可供选择的纠纷解决方式。积极探索建立和完善案件技术事实查明机制,北京、上海、河北、广西、山西等地法院建立技术专家咨询库,完善专家陪审员和专家证人制度,不断提高技术类案件审判质量。

四、注重审判监督和业务指导,知识产权司法水平得到进一步提高

全国各级法院始终注重对知识产权审判工作的监督和指导,努力统一知识产权司法理念、法律适用和裁判尺度,不断提高知识产权审判水平。不断拓宽知识产权审判业务指导途径,规范业务指导方式,采取发布指导性文件、公布参考性案例、召开审判业务会议、组织法官培训等多种形式,切实担负起对下级法院进行业务指导的职责。全国各级法院创新和加强审判管理,突出强调知识产权审判管理的规范化、科学化,把知识产权审判管理覆盖到每个审判人员和审判工作全过程,不断提高知识产权审判质效。充分发挥司法政策在促进知识产权司法统一上的特殊重要作用,系统总结和细化知识产权司法政策,通过各种方式保障知识产权司法政策的贯彻落实,推进知识产权审判工作的规范化和统一性。充分发挥典型案例的引导和示范作用,发布《最高人民法院知识产权案件年度报告(2010)》、2010 年中国法院知识产权司法保护十大案件和五十个典型案例,进一步明确一系列新型、复杂、疑难案件的裁判规则。创新司法公开途径,加大知识产权司法公开力度,以公开促公正。通过新闻发布会制度、法院开放日活动、网络直播等多种方式提高审判工作透明度;发布《中国法院知识产权司法保护状况(2010 年)》白皮书(中英文),开通升级改版的"中国知识产权裁判文书网",及时向社会发布知识产权审判工作进展和裁判信息;周密部署"4·26"全国知识产权宣传周活动,取得良好的社会效果;召开全国法院知识产权司法公开座谈会,培训全国法院知识产权裁判文书上网工作信息员,全面落实各项司法公开措施。

五、狠抓基层基础和法官队伍建设,知识产权司法基础得到进一步夯实

最高人民法院不断加强知识产权审判基层基础建设,实施加强知识产权审判基层基础建设"三五工程"。在北京大学、中国人民大学、华东政法大学、西南政法大学、深圳大学设立知识产权司法保护理论研究基地;在已设立中国知识产权司法保护(苏州)调研基地的基础上,增设青岛、深圳、长沙、成都四个调研基地;决定北京市朝阳区、上海市浦东新区、江苏省苏州市虎丘区、浙江省义乌市、湖北省武汉市江岸区人民法院为知识产权审判基层示范法院。最高人民法院知识产权审判庭与苏州高新区管委会签署合作备忘录,将苏州高新区作为中国知识产权司法保护典型案例评选发布基地。最高人民法院和高级法院举办各种形式的培训,有针对性地加强基层法院法官培训,加强基层法院知识产权法官到上级法院或兄弟法院的挂职交流,进一步提升了基层法院知识产权审判能力和水平。

2011年人民法院知识产权刑事保护工作综述

侵犯知识产权犯罪活动，直接危害权利人的合法权益，干扰正常的生产经营秩序，假冒伪劣的侵权商品还直接威胁人民群众的生命财产安全，严重损害国家形象。打击侵犯知识产权犯罪，保护知识产权，是人民法院的职责所在，也是人民法院落实《国家知识产权战略纲要》，建设创新型国家的重要组成部分。在最高人民法院和全国各级人民法院的共同努力下，2011年以来，全国知识产权刑事保护工作又迈上一个新台阶。

一、依法履行职能，严惩侵犯知识产权犯罪

2011年，全国法院依法发挥审判职能作用，严肃惩处了一批犯罪分子，有力地打击了侵犯知识产权犯罪，有效维护了权利人的合法权益和正常的市场秩序。全国法院新收一审案件5707件，同比上升42.96%。其中侵犯知识产权罪3134件，同比上升142.19%；生产、销售伪劣商品罪案件中涉及侵犯知识产权的774件，同比上升29.87%；非法经营罪案件中涉及侵犯知识产权的1747件，同比下降15.93%；其他案件52件，同比上升116.67%。

全国法院共审结涉及知识产权侵权的一审刑事案件5504件，同比上升39.62%；判决生效人数7950人，其中有罪判决7946人，同比分别上升32.48%和32.43%。在审结的案件中，以侵犯知识产权犯罪判决的案件2967件，生效判决人数4024人；同比分别上升136.6%和104.68%；以生产、销售伪劣商品犯罪（涉及侵犯知识产权）判处案件750件，生效判决人数1287人，同比分别上升23.15%和38.98%；以非法经营罪（涉及侵犯知识产权）判处的案件1735件，生效判决人数2491人，同比分别下降15.53%和18.81%；以其他犯罪判处的涉及侵犯知识产权的案件52件，生效判决人数148人，同比分别上升108%和260.98%。在以侵犯知识产权犯罪判决的案件中，以假冒注册商标罪判决的案件1060件，生效判决人数1626人；以销售假冒注册商标的商品罪判决的案件863件，生效判决人数1150人；以非法制作、销售非法制造的注册商标标识罪判决的案件370件，生效判决人数504人；以假冒专利罪判决的案件1件；以侵犯著作权罪判决的案件594件，生效判决人数635人；以销售侵权复制品罪判决的案件30件，生效判决人数45人；以侵犯商业秘密罪判决的案件49件，生效判决人数64人。

二、发挥司法优势，积极参与专项工作

2010年10月至2011年6月，国务院开展为期9个月的打击侵犯知识产权和制售假冒伪劣商品专项行动（以下简称专项行动），最高人民法院积极部署，狠抓落实，根据人民法院的工作性质和特点，制定相应的工作方案和工作计划，下发文件对下级法院审理侵犯知识产

权和制售假冒伪劣商品刑事案件提出具体要求。继2010年11月下发通知后,2011年4月,又下发了《关于进一步做好打击侵犯知识产权和制售假冒伪劣商品专项行动的通知》,对人民法院开展专项行动以及专项行动结束后的工作一并作了部署,确保刑事司法对知识产权的保护发挥长期效应。专项行动期间,最高人民法院加大案件督办力度,突出重点,督办了一批影响重大的侵犯知识产权案件,地方法院在确保案件质量的前提下快审快结,从严从快打击犯罪分子,取得了良好的法律效果和社会效果,巩固了专项行动的成果。

2011年11月,全国打击侵犯知识产权和制售假冒伪劣商品工作领导小组成立,标志着知识产权保护从专项行动转化为长效机制。最高人民法院作为领导小组成员之一,在依法履行知识产权司法保护职责的同时,继续加强与领导小组各成员之间的合作,发挥司法优势,严把知识产权保护的最后一道关卡。

三、深入调查研究,强化审判监督指导

面对侵犯知识产权刑事案件的逐年上升以及不断涌现的新型侵犯知识产权犯罪案件,最高人民法院加强调查研究,着力解决实践中存在的突出问题。在深入调研和论证的基础上,2011年1月,最高人民法院会同最高人民检察院、公安部下发《关于办理侵犯知识产权刑事案件适用法律若干问题的意见》,对公安机关、人民检察院、人民法院在办理侵犯知识产权犯罪案件中遇到的疑难问题作出了明确的规定,解决了影响知识产权案件侦查、起诉、审判工作的重大疑难问题,为更有力打击侵犯知识产权犯罪提供了又一法律武器。2011年11月,最高人民法院与最高人民检察院、公安部就知识产权的刑事司法保护范围、各类侵犯知识产权罪的入罪门槛、刑期和财产刑的幅度等问题展开调研,对影响打击侵犯知识产权犯罪的问题进行了深入的研究,并初步形成了刑法相应条文的修改初稿。

四、强化能动司法,加大知识产权保护力度

在依法审判侵犯知识产权犯罪的同时,人民法院坚持能动司法理念,通过积极开展各项工作,加大对知识产权的保护力度。2011年最高人民法院先后发布两批侵犯知识产权犯罪典型案例,就《关于办理侵犯知识产权刑事案件适用法律若干问题的意见》召开新闻发布会,通过全国打击侵犯知识产权和制售假冒伪劣商品专项行动网络成果展示刑事司法对知识产权的保护,取得了良好的社会反响。各地人民法院也通过各种形式大力宣传国家保护知识产权的法律法规,提高全社会的知识产权保护意识,营造社会各界共同抵制、打击侵犯知识产权犯罪的强大舆论声势,有力促进了知识产权刑事保护工作的顺利开展。

2011年,最高人民法院继续加强知识产权的国际交流与合作,参加了中欧、中瑞、中日等多边、双边知识产权保护对话,积极回应外方的关切,澄清有关误解,展示我国积极打击侵犯知识产权犯罪的立场,维护良好国际形象。

2011年检察机关知识产权保护工作综述

一、认真履行批捕、起诉等法律监督职能，重点打击侵犯知识产权犯罪

1. 审查批捕。2011年1～10月，全国检察机关共受理提请批准逮捕涉及侵犯知识产权犯罪案件3640件6512人，同比分别上升127.9%和129.1%。经审查，批准逮捕2966件5005人，同比分别上升121.7%和124.2%。其中，假冒注册商标案件1047件，占30.6%，同比增长3.1个百分点；销售假冒注册商标的商品案件1197件，占30.2%，同比增长4.6个百分点；侵犯著作权案件317件，占10.7%，同比增长7.9个百分点；非法制造、销售非法制造的注册商标标识案件270件，占9.1%，同比减少0.3个百分点；侵犯商业秘密案件43件，占1.45%，同比减少1.2个百分点；销售侵权复制品案件20件，占0.67%，同比增长0.1个百分点；假冒专利案件5件，占0.17%，实现零的突破。

2. 审查起诉。2011年1～10月，全国检察机关受理公安机关移送审查起诉涉及侵犯知识产权犯罪案件4376件8790人，同比分别上升147.2%和162.7%；经审查，提起公诉2880件5152人，同比分别上升114.4%和116%。其中，假冒注册商标案件876件，占30.4%，同比减少3.2个百分点；销售假冒注册商标的商品案件729件，占25.3%，同比增长3.6个百分点；侵犯著作权案件497件，占17.3%，同比增长13.5个百分点；非法制造、销售非法制造的注册商标标识案件305件，占10.6%，同比减少0.3个百分点；侵犯商业秘密案件37件，占1.28%，同比减少1.8个百分点；销售侵权复制品案件23件，占0.8%，同比增长0.5个百分点；假冒专利案件5件，占0.17%，同比增长0.02个百分点。

3. 刑事立案监督。2011年1～10月，全国检察机关受理公安机关应当立案侦查而不立案侦查涉及侵犯知识产权犯罪案件线索30件，同比上升42.9%。要求公安机关说明不立案理由32件，同比上升45.5%；公安机关主动立案19件，同比下降9.5%；检察机关通知公安机关立案4件，公安机关接通知后立案4件。监督公安机关立案的侵犯知识产权类案件中，假冒注册商标案件10件，占43.5%，同比减少23.2个百分点；销售假冒注册商标的商品案件6件，占26.1%，同比增长1.1个百分点；非法制造、销售非法制造的注册商标标识案件3件，占13%，同比增长4.7个百分点；侵犯著作权案件3件，占13%，实现零的突破。

二、积极参与国务院部署的"打击侵犯知识产权和制售假冒伪劣商品专项行动"，确保了专项行动的顺利开展

1. 加强组织领导。专项行动伊始，最高人民检察院就下发通知要求全国检察机关积极参与；成立专项行动领导小组，制定工作方案；先后召开两次电视电话会议进行部署；组

建专门负责知识产权工作的“知识产权处”，从全国抽调人员，加强工作力量。专项行动期间，高检院两次派员参加国务院的督查组，到有关省市进行督查，促进了专项行动的深入开展。

2. 批捕起诉一批案件。专项行动期间，全国检察机关共批捕涉嫌侵犯知识产权和制售假冒伪劣商品犯罪案件4006件7307人，起诉2986件5740人。其中批捕侵犯知识产权犯罪案件2374件4103人，同比分别上升了108.4%和121.3%，起诉1712件3093人，同比分别上升36.3%和42.8%；批捕制售假冒伪劣商品犯罪案件1632件3206人，同比分别上升46.5%和41.8%，起诉1274件2647人，同比分别上升14.9%和17%。

3. 强化诉讼监督。检察机关通过履行诉讼监督职能，对有案不移、有案不立、有罪不究的依法提出监督纠正意见。最高人民检察院与相关部门联合开展“对行政执法机关移送涉嫌犯罪案件专项监督活动”，并与专项行动紧密结合，检察机关共建议行政执法机关移送涉嫌犯罪的侵犯知识产权和制售假冒伪劣商品犯罪案件1197件1627人，监督公安机关立案侵犯知识产权案件86件111人，制售假冒伪劣商品案件152件224人，危害食品安全案件20件25人。

4. 严肃查办职务犯罪。针对侵权假冒犯罪严重，与某些国家机关工作人员徇私舞弊、失职渎职有关的问题，检察机关特别重视对职务犯罪的查处。专项行动期间，检察机关立案侦查国家机关工作人员涉嫌徇私舞弊不移交刑事案件的案件40件73人，放纵制售伪劣商品的案件9件15人，帮助犯罪分子逃避处罚的案件86件124人，三类案件已移送审查起诉115件195人。

5. 挂牌督办一批重大案件。最高人民检察院会同有关部门对6批205件重大案件进行挂牌督办。督办的案件中，侵犯知识产权案件已批捕88件218人，起诉65件173人；制售假冒伪劣商品案件已批捕83件286人，起诉64件216人。北京市检察院挂牌督办的“7·16”生产、销售假药案，犯罪嫌疑人在互联网、报刊上刊登虚假广告，销售非法生产的糖尿乐胶囊等300多种假中药，涉案人员有100多人，涉案金额有3000余万元，在全国各地有5000多名受害人，社会影响很大。北京市检察院及时组成精干力量介入侦查、引导取证，现在已批捕了犯罪嫌疑人89人，起诉4件4人，还有9件89人正在审查起诉过程中。

6. 出台相关法律文件，加强对专项行动的指导。最高人民检察院会同最高人民法院、公安部在今年1月制定下发了《关于办理侵犯知识产权刑事案件适用法律若干问题的意见》，有效解决了执法实践中遇到的突出问题，为依法打击侵犯知识产权犯罪提供了有力的法律武器，确保了专项行动取得成效。

7. 积极推动机制建设。年初，中央办公厅、国务院办公厅转发了国务院法制办起草的《关于加强行政执法与刑事司法衔接工作的意见》后，最高人民检察院也下发了贯彻实施意见，积极推动“行政执法与刑事司法衔接机制”。在检察机关的推动下，“网上衔接、信息共享”机制建设也有较快发展，并在专项行动中发挥了重要作用。

全国检察机关“打击侵犯知识产权和制售假冒伪劣商品专项行动”工作总结

2010年10月国务院在全国部署开展了“打击侵犯知识产权和制售假冒伪劣商品专项行动”(以下简称“专项行动”),全国各级检察机关高度重视,周密部署,在各级党委、政府的领导组织下,认真履行审查逮捕、审查起诉、诉讼监督和查办职务犯罪等法律监督职能,加强与公安机关、人民法院和其他行政执法机关的协调、配合,扎实工作,“专项行动”取得了明显成效,有力地整顿和规范了社会主义市场经济秩序,促进了经济社会科学发展和社会的和谐稳定。主要工作情况如下:

一、工作基本情况

(一)高度重视,精心部署,加强督导

最高人民检察院党组对开展“专项行动”高度重视,曹建明检察长多次作出批示,要求全国检察机关积极参与,务求实效。2010年11月11日,最高人民检察院下发了《关于积极参与“打击侵犯知识产权和制售假冒伪劣商品专项行动”的通知》,对全国检察机关开展“专项行动”进行部署。为了确保工作顺利开展,最高人民检察院成立了以院领导为正、副组长,相关厅、室、局负责人为成员的领导小组,并两次召开电视电话会议进行动员和部署,要求全国检察机关充分认识开展“专项行动”的重大意义,认真履行法律监督职责,依法严厉打击侵犯知识产权和制售假冒伪劣商品犯罪活动及相关的职务犯罪,推动保护知识产权和维护社会主义市场经济秩序长效机制建设。根据最高人民检察院的要求,各省级检察院均成立了“专项行动”领导小组,并迅速向党委、人大、政府报告,制定工作方案,积极开展工作。

为深入推动“专项行动”和“对行政执法机关移送涉嫌犯罪案件专项监督活动”(以下简称“两个专项”)工作的开展,2011年3月底,最高人民检察院侦查监督厅在浙江省召开全国检察机关“两个专项”工作经验交流会,对全国检察机关开展“两个专项”工作情况进行了阶段性总结,与会检察机关和公安机关的代表交流了开展“两个专项”工作的经验,万春厅长对各省侦查监督部门深入开展“两个专项”工作提出了明确要求。

为加强对各地工作的督促、检查,2011年1月最高人民检察院派员参加了国务院组织的联合督查组,赴有关省市开展督查工作。

各级检察机关结合本地实际,积极开展了各种形式的督查活动。河南省检察院由院办公室、侦监处、公诉一处、反贪局、反渎局、研究室等部门组成六个督查组,对18个市检察院和19个县区检察院共37个单位的“专项行动”开展情况进行了督查。

(二)突出打击重点,充分发挥审查批捕、起诉和诉讼监督等各项法律监督职能,依法从快从严打击犯罪

按照"专项行动"方案的要求,重点打击在新闻出版、文化娱乐、高新技术和农业领域侵犯著作权、商标权、专利权以及植物新品种权的犯罪活动;突出打击印刷复制盗版图书、影像制品、软件以及假冒伪劣国际国内知名品牌和制售假冒伪劣药品、食品、农资等侵害民生民利的犯罪;严厉打击互联网侵权盗版和利用互联网、通信网络、电视网络销售假冒伪劣商品的侵权犯罪活动。在"专项行动"中,各级检察机关坚决排除地方保护主义等干扰,加强与公安机关、人民法院的联系与配合,加大打击力度,对重大案件适时介入公安机关侦查活动,积极引导取证,从快从严依法批捕、起诉了一批侵犯知识产权和制售假冒伪劣商品犯罪案件,保持对犯罪的高压态势,有力地震慑了犯罪分子,取得了较好的法律效果和社会效果。2010 年 10 月 ~ 2011 年 6 月,全国检察机关批准逮捕涉嫌侵犯知识产权和制售假冒伪劣商品犯罪案件 4006 件 7309 人,提起公诉 2986 件 5740 人。其中批捕侵犯知识产权犯罪案件 2374 件 4103 人,同比分别上升 108.4% 和 121.3%,起诉 1712 件 3093 人,同比分别上升 36.3% 和 42.8%;批捕制售假冒伪劣商品犯罪案件 1632 件 3206 人,同比分别上升 46.5% 和 41.8%,起诉 1274 件 2647 人,同比分别上升 14.9% 和 17%。

针对侵犯知识产权和制售假冒伪劣商品犯罪活动在一些地区和领域比较严重的情况,检察机关积极会同相关职能部门,集中力量督办严重破坏市场经济秩序、危害群众切身利益的重大案件,切实解决社会反映强烈的重点问题。从 2010 年 11 月到 2011 年 6 月,最高人民检察院分别会同全国"扫黄打非"办公室、新闻出版总署、公安部、最高人民法院等部门对重大案件进行挂牌督办 6 批 205 件,其他各级检察院共督办 185 件。督办的案件中,侵犯知识产权案件已批准逮捕 88 件 218 人,提起公诉 65 件 173 人,法院已判决 37 件 85 人;制售假冒伪劣商品案件已批准逮捕 83 件 286 人,提起公诉 64 件 216 人,法院已判决 13 件 21 人。北京市人民检察院挂牌督办的"7 · 16"生产、销售假药案,被告人在互联网、报刊等媒介上刊登虚假广告,销售非法生产的糖尿乐胶囊等 300 余种假中药,涉案人员 100 余人,涉案金额 3000 余万元,清缴制贩窝点 60 余个,其中收缴灌装机、粉碎机、包装机 10 余台,电脑 75 台,涉案车辆 18 辆,各种假药 1000 余箱,并起获伪造正规医药公司的印章数枚。涉及全国各地 5000 多名受害人,社会影响大。北京市人民检察院及时督促办案单位加大力度,并组成精干力量介入侦查、引导取证,目前已批准逮捕犯罪嫌疑人 89 名,已有 3 件 3 人被判决,1 件 1 人起诉到法院,9 件 89 人在审查起诉中。在"专项行动"中,重庆市检察机关突出对危害食品药品安全犯罪的打击,在市委政法委领导下,市政法系统实行 10 天一汇报的工作措施,市检察院与高法、市公安局密切配合,及时讨论协商案件办理中出现的法律适用、司法鉴定等问题。做到与市公安局每周核对案件办理情况,确保"专项行动"数据准确、信息翔实、指导有力。

针对危害食品安全犯罪频发、社会高度关注的情况,最高人民检察院及时下发了关

于严厉打击危害食品安全犯罪的通知，要求各级检察院结合正在开展的“两个专项”行动把打击危害食品安全犯罪活动放在突出位置，从严打击。各级检察机关不断强化批捕、起诉工作，建立快速反应机制，对公安机关正在侦查的重大危害食品安全犯罪案件，第一时间组织强有力的办案力量提前介入，积极引导公安机关收集、固定证据；对公安机关提请批捕、移送起诉的案件，组织精干力量优先办理，打击食品安全犯罪取得一定成效。2010年9月~2011年4月，全国检察机关共批准逮捕涉嫌生产、销售不符合卫生标准的食品犯罪和生产、销售有毒、有害食品犯罪260件464人，提起公诉123件232人。各级检察院督办的185件案件中，危害食品安全案件批准逮捕14件39人，提起公诉9件14人；建议行政执法机关移送危害食品安全犯罪案件64件94人，公安机关立案侦查54件87人；监督公安机关对危害食品安全案件立案20件25人。中央电视台曝光河南“瘦肉精”事件后，检察机关依法批准逮捕该事件涉及的“瘦肉精”生产者、销售者、生猪经纪人、饲料经营者、生猪养殖户等犯罪嫌疑人58人。辽宁省锦州市王平利、高艳军、杨铁刚、毕凤英生产、销售有毒、有害食品案，前述四人长时间非法用工业级亚硝酸盐（纳）加工猪下货，并在锦州市古塔区西安街批发市场、南街早市等处批发、零售，造成一人食用后中毒死亡、一人受伤的严重后果。一审法院以生产、销售有毒、有害食品罪分别判处前述四被告人有期徒刑10年至无期徒刑及并处罚金3万元至10万元不等。

同时，各级人民检察院在审查逮捕、审查起诉工作中，还充分发挥追捕、追诉、立案监督、审判监督等各项诉讼监督职能，强化对侦查机关和审判机关的监督，对有案不立、有罪不究、重罪轻判的依法提出监督纠正意见，有力打击了犯罪，推动了“专项行动”的深入开展。据统计，从2010年11月到2011年6月，全国检察机关监督公安机关立案258件360人，其中侵犯知识产权案件86件111人，制售假冒伪劣商品案件152件224人。

（三）深入开展专项监督活动，“两个专项”工作相互依托、相互促进

2010年10月12日，最高人民检察院会同公安部、监察部、商务部联合下发了《关于开展对行政执法机关移送涉嫌犯罪案件专项监督活动（以下简称“专项监督活动”）的工作方案》。各地检察机关在深入开展“专项监督活动”中，充分发挥法律监督职能，加大对相关行政执法机关移送涉嫌侵犯知识产权和制售假冒伪劣商品犯罪案件的监督力度，将“两个专项”工作紧密结合，对涉嫌犯罪案件不依法移送或者有案不立、有罪不究、以罚代刑，依法予以监督纠正。各地检察机关与公安机关、监察机关、商务主管部门以及其他行政执法机关加强协作配合，通过召开联席会议、情况通报、重点检查、积极走访行政执法机关查阅执法台账和案卷材料等方式，以侵犯知识产权和制售假冒伪劣商品犯罪案件为重点，迅速摸排出一批涉嫌犯罪而未移送公安机关立案侦查的案件线索，及时督促行政执法机关向公安机关移送了一批涉嫌犯罪的重大案件，实现了“两个专项”相互依托、相互促进的工作局面。2010年10月~2011年6月，全国检察机关建议行政执法机关移送侵犯知识产权案件345件436人，公安机关立案侦查288件379人；建议移送制售假冒伪劣商品案件852

件 1191 人,公安机关立案侦查 729 件 1070 人。

江苏省南京市秦淮区检察院质量技术监督局在执法过程中发现一起销售假冒 LV 国际品牌箱包、手表案件,涉案金额高达 600 余万元,邀请秦淮区检察院进行会商,经检察机关建议后移送公安机关立案。秦淮区检察院及时介入侦查,引导取证,依法快捕快诉了 4 名犯罪嫌疑人。吉林省四平市人民检察院会同四平市铁西区人民检察院共同调取了 2008 年以来四平市铁西区工商分局办理的行政案件卷宗,并组织骨干力量对卷宗进行审查。检察机关经审查发现郝常龙涉嫌假冒注册商标罪一案,遂建议四平市铁西区工商分局向公安机关移送该案,工商部门很快向四平市公安局移送了该案,现公安机关已立案侦查。四川省南充市仪陇县人民检察院依托与行政执法机关的联系机制,建议盐政稽查所向公安机关移送李兴虎、余江等人贩卖伪劣食盐大案。目前李某等已被仪陇县人民检察院依法批准逮捕,该案正在审查起诉中。

(四)严肃查办侵犯知识、制假售假背后的"职务犯罪",推动"专项行动"的深入开展

侵犯知识产权和制售假冒伪劣商品违法犯罪活动之所以屡禁不止、屡打不绝,往往与负有监管、查处职责的国家工作人员滥用职权、失职渎职、贪赃枉法密切相关。在严厉打击侵犯知识产权和制售假冒伪劣商品犯罪的同时,严肃查处与其相关的徇私舞弊、贪赃枉法、滥用职权、玩忽职守等职务犯罪,打掉其背后的"保护伞",对于深化"专项行动",确保取得实效具有重要意义。因此,各级检察机关在开展专项工作的同时,侦查监督、公诉、反贪、渎检等各部门之间加强联系与沟通,形成监督合力,加大对职务犯罪的查处力度,深挖犯罪活动背后隐藏的职务犯罪线索。2010 年 10 月 ~2011 年 5 月,全国检察机关对国家机关工作人员涉嫌徇私舞弊不移交刑事案件的立案侦查 40 件 73 人,对放纵制售伪劣商品犯罪行为的立案侦查 9 件 15 人,对帮助犯罪分子逃避处罚的立案侦查 86 件 124 人。其中移送审查起诉 115 件 195 人。四川省检察院在审查逮捕省公安厅提请批捕的宁振铜等 7 人涉嫌销售"莱克多巴胺"案件中,发现省质监局工作人员涉嫌渎职犯罪,目前已移送省检察院反渎局查办。福建省漳州市漳浦县检察院对公安干警陈吉云、林捷明在查处假烟过程中,收受贿赂、故意包庇犯罪分子、放纵违法犯罪行为依法予以立案侦查,漳州市检察院已于 2011 年 3 月 7 日以涉嫌徇私枉法罪对上述两名犯罪嫌疑人作出逮捕决定。

(五)加强宣传和调研工作,保证信息渠道畅通,营造良好的舆论氛围

为进一步推进"专项行动",不断扩大"专项行动"的社会影响力,最高人民检察院根据党中央、国务院的统一部署,高度重视对检察机关开展"专项行动"的宣传报道,明确部署,广泛动员,积极开展各项宣传工作,努力形成良好的舆论氛围。一是专门下发通知,做好周密部署。最高人民检察院政治部于 2011 年 1 月 19 日专门下发《关于积极做好检察机关打击侵犯知识产权和制售假冒伪劣商品"专项行动"宣传工作的通知》,要求全国各地检察机关加大宣传力度,把"专项行动"作为当前检察新闻宣传工作的重点切实抓紧抓好,突出重点,有序推进,确保宣传效果。二是及时掌握工作情况,编发工作简报和专刊。我院"专项行动"领导小组办公室确定专人,

及时掌握全国各级检察机关开展“专项行动”情况,特别是挂牌督办案件的办理进度,及时编发工作简报和专刊,反映专项活动成果,推广好的经验做法。“两个专项”开展以来,最高人民检察院共编发工作简报和专刊50期。另外,最高人民检察院《检察情况反映》新增设了“专项行动”专刊,已编发了32期。各地检察院也积极编发相关信息,通报工作部署和办案情况,转发经验做法和典型案例。三是充分利用报刊、广播电视、网络等媒体进行宣传报道。根据开展“专项行动”情况,积极联系新华社、人民日报、中央电视台、中央人民广播电台、法制日报等中央主要新闻媒体进行新闻报道,集中宣传检察机关开展“专项行动”情况。最高人民检察院会同最高人民法院、公安部出台《关于办理侵犯知识产权刑事案件适用法律若干问题的意见》后,孙谦副检察长应邀出席了国务院新闻办2011年1月11日召开的新闻发布会,朱孝清副检察长2011年1月18日接受中央电视台专访,就检察机关办理侵犯知识产权犯罪案件情况,回答了记者提问,取得了很好的宣传效果。此外,检察日报及所属“正义网”开设了“专项行动”专栏,连续刊发检察机关批捕、起诉侵犯知识产权和制售假冒伪劣商品犯罪案件的情况和战果,同时,在最高人民检察院门户网和各地检察机关所属媒体上及时刊载相关报道,形成宣传合力,营造宣传声势。

各地检察机关也结合实际,开展了形式多样的宣传活动。北京市检察院发布《知识产权刑事保护状况》白皮书,公布检察机关立足检察职能开展知识产权刑事保护的情况,增强全民知识产权保护意识。海淀区人民检察院在中关村海龙大厦大屏幕播放全国首个知识产权保护公益广告,加大检察职能宣传。2011年1月16日,山西省检察院分管专项工作的副检察长参加了“山西省政府门户网站”和“山西新闻网”联合举办的在线访谈,就检察机关在“专项行动”中应履行的工作职责对社会作了进一步的宣传。重庆市人民检察院在今年“3·15”期间推出检察机关“专项行动”专题报道,当地各大媒体都刊发了新闻,收到了良好的宣传效果。在今年4月举行的“世界知识产权日”期间,各地检察机关认真准备宣传材料,全面宣传和展现检察机关在“专项行动”中的工作,鼓励人民群众坚决抵制制假售假违法犯罪活动。同时设置举报电话,充分发动群众举报有案不移、有罪不究、以罚代刑的案件线索,努力营造全社会参与打击侵犯知识产权和制售假冒伪劣商品犯罪的浓厚氛围。在政策宣传的影响下,2011年1月24日,内蒙古兴安盟地区一名涉嫌销售伪劣产品罪的犯罪嫌疑人在逃两年后,主动向司法机关投案自首。

二、关于下一步工作的几点建议

(一)进一步深化认识,继续抓好打击侵权假冒犯罪工作

打击侵犯知识产权和制售假冒伪劣商品犯罪对于规范社会主义市场经济秩序,加快转变经济发展方式,推动创新型国家建设,促进社会和谐稳定具有重要意义。按照国务院的统一部署,“专项行动”至6月底结束,“专项行动”虽然取得了一定的成绩,但我们必须清醒的看到,打击侵犯知识产权和制售假冒伪劣商品犯罪仍然任重道远。各级检察机关要继续强化对打击侵犯知识产权和制售假冒伪劣商品犯罪重要性的认识,进一步加大知识产权保护力度,进一步树立大局意识和责

任意识,坚持执法为民,扎实开展工作,继续巩固和扩大“专项行动”的成果。

各级检察机关尤其是工作开展不够的地方应当认真组织开展“回头看”活动,对存在的问题进行分析研究,采取相应的工作措施。要进一步加强组织领导,加强督促检查,狠抓任务落实。对于工作开展不力、办案数量少、监督力度不大的地方,要认真查找原因,明确目标,落实责任,确保办案实效。

(二)充分发挥法律监督职能,保持对侵权假冒犯罪的高压态势

充分发挥审查逮捕、起诉、诉讼监督、查办职务犯罪等各项法律监督职能,加大对侵犯知识产权和制售假冒伪劣商品犯罪的打击力度。对侵犯知识产权和制售假冒伪劣商品犯罪案件,坚持优先办理,从严从快批捕、起诉,加大追捕、追诉和抗诉工作力度,防止轻纵犯罪分子。继续把打击危害食品安全犯罪放到突出重要的位置,将此项工作作为重点工作常抓不懈,通过强化批捕、起诉和诉讼监督工作,严厉打击危害食品安全的犯罪,切实保障人民群众的生命健康安全,维护社会和谐稳定。

进一步加强与侦查机关、人民法院的协调配合,及时引导侦查机关侦查取证,确保案件质量。积极排查涉嫌犯罪案件线索,继续加强对行政执法机关移送涉嫌犯罪案件的监督,坚决防止有案不移、有案不立、以罚代刑的现象,保持打击犯罪的高压态势。各级检察机关要提高警惕性,增强查办职务犯罪的敏锐性,整合资源,加强工作衔接,形成法律监督合力,坚决深挖和严肃查办与侵犯知识产权和制售假冒伪劣商品违法犯罪相关联的职务犯罪。特别要重点查办与食品安全监管有关的职务犯罪案件。同时,把重点行业的职务犯罪预防工作作为一项重点工作来抓,坚持惩防并举,最大可能地减少犯罪的发生。

(三)继续深入开展“专项监督活动”,认真贯彻落实中办8号文件,大力推进行政执法与刑事司法相衔接长效机制建设

2011年2月9日,中共中央办公厅、国务院办公厅转发了国务院法制办等部门《关于加强行政执法与刑事司法衔接工作的意见》(中办发[2011]8号,以下简称《意见》)。《意见》进一步明确了行政执法机关、公安机关、监察机关和人民检察院在行政执法与刑事司法衔接中的职责和工作程序,对完善衔接工作机制、加强组织领导和监督制约等提出了具体要求。2月18日,最高人民检察院下发通知,要求全国各级检察机关把学习贯彻《意见》作为一项重要任务,及时组织学习培训,全面领会《意见》精神,积极推进“两法衔接”长效机制建设。中央办公厅、国务院办公厅《意见》的下发,为推进“两法衔接”机制建设提供了十分有利的契机。各级党委、政府和行政执法机关对加强行政执法与刑事司法的衔接,建立、完善保护知识产权,维护社会主义市场经济秩序的长效工作机制空前重视。我们一定要抓住这一契机,认真总结“两个专项”的经验做法,研究提出落实《意见》的具体措施和建议,及时向党委、政府汇报,在党委、政府的统一领导下,加强与各部门之间的协作配合,加快“两法衔接”信息共享平台建设,确保执法、司法信息畅通,形成打击违法犯罪的合力,使“两法衔接”工作取得新的进展。

2011 年公安部知识产权刑事保护工作综述

2011 年,公安部按照国务院部署要求,纵深推进打击侵犯知识产权和制售伪劣商品犯罪"亮剑"行动,猛烈打击各类制假售假犯罪,全面提升执法能力,探索建立长效机制,积极推进知识产权刑事保护工作的科学发展,取得显著成效。

(一)打击成果前所未有

"亮剑"行动以来,全国公安机关共破获侵犯知识产权和制售伪劣商品犯罪案件 43,550 起,涉案总价值达 241.5 亿元,按正品价格计算超过 5000 亿元,抓获犯罪嫌疑人 54,658 名,已逮捕 19,131 名,捣毁制、售假犯罪窝点 32,573 个,打掉批发、销售侵权伪劣商品犯罪团伙 7731 个,总体战果超过往年同期的 9 倍。

(二)战法创新与时俱进

以"打大、打多、打深、打精"为主战目标,实施科技战、信息战、合成战,不断提高主动发现、进攻能力。一是实施"专案集群战役",开创案侦新模式。针对当前制假售假犯罪链条化、产业化的趋势,由发起地提交线索,产供销涉案地协同经营,公安部统一指挥,运用大兵团合成围剿,对制售假冒伪劣犯罪发起持续、猛烈打击,斩断制假售假全链条,开创了公安机关打击规模性犯罪的新模式、新战法。行动期间,针对假农资、假食品、假药品、假名牌先后发起跨省专案集群战役 110 次,极大震慑了制假售假的嚣张气焰,打出了"亮剑"行动打大仗的宏伟气势。二是坚持实战导向,提升组织指挥效能。进一步强化部、省两级实战职能,下沉基层,实现扁平化指挥。尤其在"7·20"系列特大制售假药案等重大专案集群战役组织指挥过程中,借助视频系统,建立起公安部、战区前指、各省级指挥部紧密联动的三级指挥网络,集约调集各地警力,同时采取收网行动,实施多点精确打击,是公安信息化高端应用、深度应用的有效实践,实现公安指挥模式的新创举。

(三)长效建设有力有效

一是结合专项打击工作和重大案件揭示的深层次问题,积极向国务院建言献策,提出打击侵权伪劣工作建议,推动建立工作长效机制、实施社会综合整治。二是执法能力和规范化水平提升。向全国印发"打击侵权犯罪 16 种技战法";主办、协办培训班、交流会等 4 次;开展食品、药品等专题调研 5 次,坚持典型案件一案一分析,总结侦办经验,提出打防对策。三是法律完善进程加快推进。会同法、检出台《关于办理侵犯知识产权刑事案件适用法律若干问题的意见》,系统解决了案件管辖、性质认定等困扰执法实践的难题。针对商标认定、假药犯罪认定鉴定等问题,与工商总局、食品药品监管局进行沟通、征询法律意见。现正按照国务院长效机制部署,牵头研究刑法修正案建议。四是"两法衔接"更加紧密。会同国家质检总局、工商总局、食品药品监管局等部门建立起以即时通报犯罪线索、相互提供专家意见为核心的新型协作机制,逐步形成行政执法与刑事司法的“信息共享、优势互补”的工作格局。

(四)宣传教育绘声绘色

一是大力开展主题宣传。通过电视专题、新闻专访、报刊专版、新华社通稿、腾讯网专栏等多种形式,持续发起深度、密集的宣传攻势。二是组织集中销毁活动。“5·15”经侦宣传日和11月6日,两次组织集中销毁活动,全国近200个城市共同参加,销毁假冒伪劣商品3120余万件,央视现场直播,媒体连续报道,社会反响巨大。三是筹办专项行动成果展。全国专项行动领导小组成员单位、境外驻华机构以及部机关干部观展后给予高度评价。积极参与全国专项行动成果网络展览,“亮剑”行动展厅访问量占总访问量的25%。四是及时公布“亮剑”进展和重点案例。举行新闻发布会4次;分批次公布“亮剑”行动十大典型案例、十大之最案例、“7·20”系列特大制售假药案等重大典型案件,国内外、人民群众广泛关注。五是继续加大对外宣传。5次组织召开外商企业座谈会,7次应邀赴国外开展国际执法交流,争取外部舆论支持。

(五)行动获得广泛好评

社会各界对“亮剑”行动给予广泛好评,许多群众反映“得民心、顺民意”。有关国际组织授予公安部经侦局“最高嘉勉奖”,全球反假冒和盗版大会对“亮剑”行动“认同和赞赏”,美国执法部门表示“钦佩中国警方的专业精神”,国外媒体评论“中国公安部以更多实际行动履行了承诺”,一些外资公司认为行动改善了市场和法制环境。此外,数十家中外企业向我部送来表扬信和牌匾。

2011年地方法院知识产权工作概况

北京法院2011年度知识产权司法保护工作总结

2011年,北京市法院在最高人民法院的监督指导下,深入推进三项重点工作,充分发挥知识产权审判职能,知识产权司法保护工作取得了新进展。

一、面对挑战,公正、高效完成案件审判任务

北京市三级法院知识产权庭2011年共新收一审知识产权民事案件7350件,比上年增长14.88%;审结7294件,比上年增长10.65%。其中新收专利案件284件,商标案件489件,著作权案件6105件,技术合同案件105件,不正当竞争案件128件,其他案件239件。市高、中级法院知识产权庭共新收二审知识产权民事案件1098件,审结1129件。

市一中院知识产权庭2011年共新收一审知识产权行政案件2303件,其中专利案件596件,商标案件1707件;审结2346件。市高院知识产权庭共新收二审知识产权行政案件1289件,其中专利案件293件,商标案件996件;审结1214件。全市法院知识产权庭在案件审理中,注重法律效果与社会效果的统一,终审审结了一批社会广泛关注的复杂、疑难案件。如"开心网"商标侵权及不正当竞争案、首例非遗保护的"安顺地戏"署名权案等。面对知识产权授权确权行政案件的迅速增长,市高院按照最高人民法院奚晓明副院长来京调研时的重要指示精神,努力提高行政案件的审判质量和效率,进一步加强与专利复审委员会和商标评审委员会沟通,注重执法的统一;同时,不断充实审判力量,缓解案多人少的压力,行政案件审判工作迈上新台阶。

全市三级法院刑事审判庭2011年共审结一审知识产权刑事案件138件,涉案被告人数239人。其中以侵犯知识产权犯罪判处的案件99件181人,同比上升15.1%和29.3%;以生产销售伪劣产品罪(涉及知识产权)判处的案件14件20人;以非法经营罪(涉及知识产权)判处的案件25件38人。在以侵犯知识产权犯罪判决的案件中,以假冒注册商标罪判处的案件25件57人;以销售假冒注册商标的商品罪判处的案件42件69人;以非法制造、销售非法制造的注册商标标识罪判决的案件5件6人;以侵犯著作权罪判决的案件24件46人;以侵犯商业秘密罪判决的案件3件3人。依法审结了全国"扫黄打非"办挂牌督办案件,审结了备受社会关注的徐爱娇非法经营、侵犯著作权案以及李龙泉侵犯著作权案等。

二、完善审判组织机制,强化能动司法

为落实国家知识产权战略纲要,经最高人民法院批准,海淀区法院有权受理部分一审专利民事案件,这是北京市法院第一家可以审理专利案件的基层法院,是知识产权审判服务首都经济发展、服务中关村自主创新示范区核心区建设的一项重要举措。经最高法院批准,顺义区、大兴区两个基层法院知识产权庭先后正式挂牌成立。至此,全市已有10个基层法院建立知识产权庭,形成了"一高两中十基层"的审判格局,使司法保护力度进一步加强。

在推进国务院打击侵犯知识产权和制售假冒伪劣商品专项行动中,全市法院积极部署,加强与知识产权行政执法部门的协作,强化知识产权庭与刑庭的工作配合,建立了密切的工作交流机制,公正及时审理了一批侵犯知识产权的大案要案,充分发挥了知识产权司法保护的主导作用。

积极探索知识产权案件诉讼与非诉讼相衔接的纠纷解决机制,不断深化与中国互联网协会调解中心、中国作家协会建立的纠纷化解机制。7月又与北京市知识产权局签订知识产权纠纷司法委托调解合作协议,制定了司法调解与行政调解相配合的指导意见。全市法院知识产权庭不断摸索总结知识产权案件调解新模式,如市一中院的"3210"调解机制、市二中院构建的"五梯次"调解法等,通过灵活多样的调解模式,使知识产权民事案件的调撤率大幅提升,取得了良好的社会效果。

三、加强督导调研,确保司法标准统一

2011年,市高院重点对涉及网吧和戏剧作品的相关案件进行督导,邀请最高法院资深法官莅临指导,最后以参考问答形式向全

市法院发布相关意见,及时有效地统一了司法标准。通过对奥运开幕式烟花表演、博客删除、鸟巢建筑作品、方正字库等重大敏感、社会广泛关注的知识产权案件的督导,确保了案件审理的法律效果和社会效果有机统一。

7月27日,市高院举办了第三届知识产权"精品案件"交流会,使之成为知识产权审判的"品牌活动",并受到与会人大代表的充分肯定。全市法院在知识产权司法保护中,注重横向联动、搭建平台,加强合作,探索建立区域知识产权保护体系。如石景山区法院与该区知识产权局、司法局等共同成立"中关村科技园石景山园法律服务平台";朝阳区法院与该区有关单位联合主办了"保护知识产权,促进创新发展"主题活动;东城区法院与该区知识产权局、雍和园管委会等单位联合主办了第三届"知产雍和行"活动;怀柔区法院与北京电子商会等7家行业协会建立联络机制。

围绕审判实践中出现的普遍性问题,在市高院的组织下,完成了《关于特许经营合同案件审理情况的调研报告》,制定了相关指导意见;深入开展涉及著作权集体管理、涉及网络视频侵权法律适用调研;两次召开大规模专家论证会研讨《关于专利侵权判定若干问题的意见(试行)》(征求意见稿)。

市高院积极搭建平台,与《中国知识产权报·商标周刊》、《科技与法律》杂志、12330中国知识产权司法保护网等栏目合作,发布法官撰写的调研文章、案例。开展的"北京品牌知识产权高级研修班",针对首都知名品牌企业在知识产权保护上的各类问题进行专题研修,并提出解决策略,增强了企业的商业品牌保护意识,促进了首都经济发展。

市高院在年初制作并发放了2011年北京市法院知识产权裁判文书电子版光盘。利用"4·26"世界知识产权日和"12·4"法制宣传日,积极做好知识产权宣传工作。发布了《北京市法院知识产权司法审判年度报告》以及知识产权十大典型案例;加强与电视台、网络媒体的合作,开辟知识产权法治栏目,向社会公众展示首都法院在知识产权司法保护方面的成绩。

四、加强培训力度,努力建设专家型法官队伍

北京市法院始终高度重视廉政建设,严格执行《五个严禁》等廉政规定,不断提高知识产权法官的职业道德水平、树立良好审判作风。通过举办审判实务专题培训、精品案件交流、专家志愿者服务、与北京几所大学建立知识产权实践基地等形式,提高法官的综合素质,培养了一批知识产权业务骨干,为知识产权审判工作可持续发展打下了坚实基础。

2011年,市高院知识产权庭陈锦川庭长当选为2010年度"全国知识产权保护最具影响力人物"。市一中院知识产权庭姜颖副庭长获评"第四届北京市政法系统优秀人才奖"。朝阳区法院知识产权庭林子英庭长被最高人民法院授予"全国审判业务专家"称号。朝阳区法院还被列为全国知识产权司法保护示范法院基层法院。

天津法院2011年度知识产权司法保护工作总结

2011年,天津法院知识产权审判充分发挥知识产权司法保护主导作用,以执法办案为重心,不断创新审判理念和工作方法,精心审好每一件知识产权案件,努力提高审判水平和司法保护能力,较好地履行审判职责,工作成效显著。

一、充分发挥知识产权司法保护主导作用

2011年天津法院知识产权案件呈现如下特点:一是收案数量保持平稳,全年收受案件580件,与去年基本持平,其中,一审收案469件,二审收案111件;二是司法保护领域不断拓展,涉及的案件类型比较宽泛;三是涉外案件比重较大,大多集中于专利权、商标权和不正当竞争领域;四是一些案件的影响较大,裁判结果的社会关注度高,对知产审判工作水平提出更高的要求。

1. 依法公正高效审判。天津法院全年审结知识产权案件606件,同比上升2.5%,结案率为89.4%。其中,一审504件,二审100件,再审2件。在知识产权审判工作中,我们树立“精品案”意识,通过抓庭审质量和裁判文书质量,以及建立大要案报告制度、关联案件协调制度、法律适用疑难问题研讨制度等,不断提高知识产权审判水平和司法能力,实现知识产权审判工作规范高效运行,社会效果良好。天津法院在知识产权审判工作中,始终注重依法平等保护中外当事人的合法权益。

2. 强化诉讼调解。天津法院结合知识产权案件特点,遵循有利于自主创新和科技进步,有利于智力成果转化和应用,有利于协调利益关系和促进文化繁荣的调解思路,不断创新调解方法,与天津市知识产权局、行业协会等开展联合调解尝试,取得了良好的效果。2011年,知产案件一审调撤率为66.5%,高院二审案件调撤率为40.6%。通过调解,一些有较大影响的案件得到妥善解决,双方当事人对法院工作均表示满意,真正实现了法律效果与社会效果的统一,树立了人民法院公正司法、平等保护合法权益的良好司法形象。

3. 加强司法公开。天津法院不断增强知识产权审判工作透明度,充分保障人民群众对知识产权审判的知情权、参与权和监督权,我们组织了全市知识产权审判庭审观摩和庭审专题讲座活动。我们主动邀请全国和天津市人大代表、政协委员观摩一些有较大影响的知识产权案件庭审,也欢迎新闻媒体记者旁听和报道知识产权案件的庭审活动。召开了“人大代表、政协委员庭审观摩座谈会”,听取代表委员们对庭审活动的意见和建议。制定了天津法院的知识产权裁判文书上网规范,生效判决书及时上网公开,并由专人负责收集汇总社会各界提出的合理意见和建议,及时整改,回应社会关切。

4. 充分发挥人民陪审员积极作用。如审理某侵犯发明专利权纠纷案件时,发挥人民陪审员在专业知识、经验阅历、社会关系等方

面的优势,邀请天津医科大学教授作为该案的人民陪审员参与案件审理,提高了法官知识产权案件审判水平和司法能力,增强了知识产权案件裁判的科学性和公信力。

5. 筹建知识产权审判咨询专家库。高院与天津市科委共同筹建知识产权审判咨询专家库,从天津市技术专家库中遴选出20个专业的60名专家,为审判工作提供更好的专业技术方面的决策咨询、智力支持和技术帮助。

二、积极服务科技创新和经济社会文化发展

天津法院从知识产权审判工作实际出发,能动司法,服务大局,为天津的科技进步、自主创新和文化发展提供了优质高效的知识产权司法保障和服务。在服务经济社会发展方面,天津法院实现了"三个转变",即被动司法向服务型司法转变,事后救济向诉前预警转变,司法保护向多方联动转变。

2011年年初,高院研究制定了《关于开展"加强知识产权司法保护促进经济发展方式加快转变"年度主题活动的实施意见》,有重点地加大知识产权司法保护力度,提高审判质量和效率,充分发挥知识产权司法保护在服务科技进步、激励自主创新和促进加快转变经济发展方式中的重要作用。

为了加强天津传统文化资源的保护,提升"老字号"企业的核心竞争力,高院召开了有近20家"老字号"企业参加的座谈会,为"老字号"企业加强知识产权运用、管理和保护,积极发挥品牌效应,争取广阔的经济价值空间提出了建议。高院撰写的《天津市"老字号"企业知识产权司法保护报告》,及时报送天津市领导机关。

为了保护天津市的知名品牌,推进实施商标战略,高院在天津市的"国家级商标战略实施示范区"——北辰区开展了商业标识类知识产权保护调研活动,发放调查问卷,组织座谈,走访企业,提出了及时有效运用法律手段,培育自主品牌,增强知名企业的国内国际市场竞争力的对策性建议。通过调研活动,高院还完成了天津市重点调研课题《关于充分运用司法手段推进实施天津市商标战略的调研报告》。

天津法院还加强了知识产权审判司法建议工作。高院专门制定了《关于加强知识产权审判司法建议工作的意见》。高院在审结一件侵害商标专用权纠纷后,及时向涉诉民营企业发出司法建议,建议企业提高企业名称、商号、商标等知识产权的保护意识,合法经营,培育自主品牌。天津市和平区法院在审结网吧侵犯网络著作权系列案件后,逐一走访了所辖区的文化管理部门,提出加强网吧管理的司法建议,受到行政管理部门的好评。

认真履行天津市知识产权战略领导小组成员职责,加强与知识产权行政执法部门的协作与配合。落实与市知识产权局的工作协作机制,共同开展知识产权培训、宣传活动,相互提供咨询帮助,共同组织典型案例研讨会。《天津市知识产权战略工作信息》第7期刊载了"市高级法院发挥知识产权司法保护主导作用贯彻实施知识产权战略纲要",天津市副市长王治平做出批示,对天津高院在知识产权保护方面所做的贡献表示感谢。

三、努力提高知识产权司法水平

一年来,天津法院及时组织开展了各类

知识产权审判业务疑难问题研讨会,先后研讨了信息网络传播权保护、垄断民事纠纷案件适用法律、商业秘密保护、专利和商标侵权、知识产权诉讼证据、卡拉OK经营者侵害著作权、驰名商标保护等法律问题。通过开展各种研讨活动,最终形成的研究成果或研讨纪要,在统一审判理念,达成司法共识,推进知识产权审判规范化和统一性方面发挥了积极作用。

建立了知识产权典型案例参考制度,以发布年度十大典型案例的方式,或者以《天津知识产权审判》为载体,发挥参考案例对于审判工作的指导示范作用。

四、加强知识产权司法保护宣传工作

天津法院注重加强对知识产权审判工作的宣传和展示,积极通过各种平台,宣传知识产权法律,展示司法保护工作取得的成绩。一是每年召开"知识产权司法保护新闻发布会",发布《天津法院知识产权司法保护状况》白皮书和《天津法院知识产权司法保护典型案例》。二是加强"4·26"知识产权宣传周期间的宣传工作,采取灵活多样的方式,如庭审观摩、案例宣讲、法律培训等,宣传知识产权保护理念,营造尊重知识,保护智力成果的良好社会氛围。三是在天津法院网开通了"知识产权司法保护"专栏,及时公开已生效的知识产权裁判文书、典型案例等,反映知识产权审判工作动态,展示知识产权司法保护成果,不断扩大知识产权司法保护的影响力。

河北法院2011年度知识产权司法保护工作总结

2011年,河北省法院知识产权审判法官深入学习科学发展观,始终坚持"为大局服务、为人民司法"的工作主题,努力践行"人民法院为人民、人民法官为人民"的司法理念,充分发挥知识产权审判的职能作用,不断加大知识产权司法保护力度,为促进河北省经济又好又快发展做出了积极的贡献。

一、知识产权审判工作的基本情况

2011年,河北省各中级法院共分别受理和审结一审知识产权民事案件1085件和922件。在受理的1085件案件中,涉及专利权122件,商标权313件,著作权630件,植物新品种案件9件,不正当竞争和侵犯商业秘密案件11件。省高院受理一审知识产权民事案件1件;受理二审知识产权民事案件121件,其中,涉及专利权28件,商标权44件,著作权41件,不正当竞争和侵犯商业秘密案件8件。

二、知识产权司法保护的主要特点

(一)知识产权案件数量增长明显

2011年,法院知识产权案件数量呈明显增长态势。省高院共受理一、二审知识产权案件122件,比2010年的62件上升96.8%。11个市中级法院共受理一审知识产权案件1085件,比2010年增长21%。其中,以前知识产权审判比较薄弱的廊坊市、张家口中院案件增长尤其明显,2011年分别受理220件、67件。

(二)知识产权审判各地发展不均衡

石家庄中院作为省会所在地中院,知识产权案件明显较多。2011 年,该院共受理知识产权案件 466 件,占全省各中院受理案件总数的 40%之多。其他案件较多的中院如廊坊、保定等中院分别受理 220 件、122 件,其他如唐山、承德中院受理的知识产权案件仅 14 件、7 件,案件数量明显较少。

(三)有较大影响的知识产权案件逐渐增多

2011 年,相继受理了一些案件,或者争议标的较大,或者涉及巨大市场利益,法律关系复杂,审理难度加大。

三、知识产权司法保护的主要经验和做法

(一)不断加大知识产权案件审理力度,知识产权审判的职能作用得到较好发挥

2011 年,全省法院公正高效地审理了大量知识产权民事案件,案件质量得到进一步提高,一大批具有较大社会影响的典型案件及一系列影响较广的关联案件得到较好处理。上述案件的公正审理赢得了社会各界的广泛认可,对于鼓励技术创新、促进创新成果交流、优化我省经济环境,创建公平、透明的市场竞争秩序起到了重要作用。

(二)加强与有关部门的密切联系,不断强化知识产权司法保护在促进自主创新方面的职能作用

2011 年,我省法院除继续邀请人大代表、政协委员等旁听案件审理,走访相关企业外,还注意加强与其他相关部门的合作联系,不断强化知识产权司法保护在促进自主创新方面的职能作用。11 月 16 日,省高院、石家庄中院知识产权庭法官与部分省人大代表就“企业知识产权保护”有关问题进行座谈,与会的人大代表对两级法院知识产权司法保护工作给予了充分肯定。3 月 18 日,省高院知识产权庭与省农业厅联合举办了“全省品种权执法培训暨种业科企合作经验交流会议”,派员就植物新品种权司法保护中的若干法律问题进行了专题讲座,加强了与其他部门在植物品种权保护领域的沟通与交流。

(三)积极探索知识产权司法保护新机制,为优化自主创新司法环境提供良好的体制保障

2011 年,按照《国家知识产权战略纲要》对知识产权司法保护机制提出的新要求,积极研究探索高效的司法保护新机制。在知识产权民事案件审理中,继续积极探索专利等技术性案件审判中的专业技术调查方式,通过人民陪审员、专家证人、专家咨询、技术鉴定等手段,认真解决专业技术事实的认定难题。同时,全省法院还结合打击侵犯知识产权专项行动,切实做好侵犯知识产权犯罪刑事审判工作。在世界知识产权日和《国家知识产权战略纲要》发布实施三周年之际,省高院于 4 月 20 日至 26 日组织开展了知识产权宣传周系列活动,扩大了办案的社会效果。

(四)坚持调解优先原则,努力构建和谐诉讼

2011 年,在知识产权民事案件审判中,继续强化调解意识,坚持“调解优先”,努力实现案结事了。省高院在审理某侵犯气象科技成果权纠纷一案中,多方面加大调解力度,最终使这起长达 5 年之久,在全国范围有一定影响的疑难案件,得到妥善处理,收到了良好

的社会效果。2011年,邯郸、衡水中院调撤率达到了90%以上,省高院审理的二审案件调撤率达到了21.3%。

(五)加强审判指导和监督,进一步提高全省法院知识产权案件审判水平

注意不定期召开审判工作总结和改判、发还案件研讨会,剖析原因,提出指导意见;对社会影响较大的关联案件,加强工作协调,统一审判标准;严把驰名商标认定关,坚决禁止石家庄中院之外的其他中院受理该类案件,对石家庄中院报请审核的涉及驰名商标认定案件严格把关;进一步抓好裁判文书上网工作,2011年,省高院共在中国知识产权裁判文书网上网公布裁判文书89件。

2012年,要认真传达贯彻全国法院知识产权审判工作座谈会精神,充分发挥司法保护在文化建设领域的重要作用,进一步加大知识产权案件审判力度,继续加强调查研究和对下指导,深入贯彻调解优先原则,努力提高办案质量和效率,继续完善知识产权审判体制,进一步加强队伍建设,努力提高知识产权司法保护力度。

山西法院2011年度知识产权司法保护工作总结

2011年,山西省两级法院知识产权审判庭在最高人民法院的正确指导下,全省法院知识产权审判法官认真践行科学发展观,紧紧围绕加快转变经济发展方式这条主线,继续贯彻实施国家知识产权战略纲要,以执法办案为第一要务,坚持能动司法,为知识产权提供全面的司法保护,有效地维护了权利人的合法权益和社会公共利益,促进了科技进步、品牌创新和文化繁荣,为建设创新型国家和实现全省的转型跨越发展提供了强有力的司法保障。

一、立足本职,依法公正高效审理案件,圆满完成全年知识产权审判工作任务

全省法院始终坚持以执法办案为第一要务,切实担负起依法审判的神圣职责,严格遵守审判程序,认真落实审判制度,公正高效地审结了各类知识产权案件,促进了经济发展,维护了人民权益。

2011年,全省新收一审知识产权案件282件(包括著作权类案件187件,商标权类案件30件,专利权类案件64件,其他类案件1件),审结281件,审结率为99.6%。一审调撤结案228件,调撤率为81.3%,高于2010年25.1个百分点,创历史新高。在审结的281件一审案件中,不服裁决提起上诉的有20件,上诉率为7%。

二审新受理知识产权案件20件(包括著作权类案件7件,专利权类案件11件,商标权类案件2件),审结20件,审结率为100%。其中维持7件,改判4件,调撤9件,调撤率45%。

2011年的知识产权案件呈现出较明显的诉讼商业化倾向,主要表现在受理知识产权案件相对较多的太原、大同、长治、晋城四个中院,案由都集中在著作权类案件中,主要涉及网吧经营行业和卡拉OK行业,多表现为作

为权利人的原告起诉多家网吧或卡拉OK厅等侵权人的系列关联案件。在专利权类案件中,作为权利人的原告起诉的是多家经营侵权产品的经营者,权利人的专利多为实用新型和外观设计,技术含量不高,本身的盈利空间也很小。此类案件在我省法院的集中受理,引起了两级法院领导和知识产权审判法官的高度重视。

省法院及时进行调查研究,统一审判理念和裁判标准,进行专门的业务指导,强调认真研究政策精神,广泛了解各种情况,在准确适用法律的基础上,科学决策。全省法院在审理此类案件时,特别注重把诉讼调解和促使当事人双方和解作为重要的结案方式,我省长治中院审结的17件涉网吧经营行业的著作权侵权案件,调撤结案17件;晋城中院审结的22件涉网吧经营行业的著作权侵权案件,调撤结案21件;太原中院审结的73件涉卡拉OK经营行业的著作权侵权案件,调撤结案58件。通过调撤结案的方式从根本上化解了此类案件的社会矛盾,也大大地节约了诉讼资源。为有效地处理诉讼商业化和保护权利人合法权益之间的矛盾,全省法院在平等保护和合理维权上下功夫,在赔偿数额上,以个案的实际情况为基础,重点考量所保护知识产权的盈利空间,做出了符合案件实际的赔偿额。太原中院受理的62件专利侵权案件,因涉及的实用新型专利和外观设计专利技术含量不高,产品本身价格也不高,有的产品售价仅几元钱,在判决赔偿时就充分考虑了侵权人的获利情况。但对于多次侵权或恶意侵权的侵权人还是加大处罚力度,判决较高的赔偿额。全年审结的知识产权案件,均较合理地平衡了权利人和社会公众的利益。

二、强化监督指导,增强工作的针对性和有效性,全省知识产权司法水平进一步提高

(一)组织在全省开展"加强知识产权司法保护,促进经济发展方式加快转变"年度主题活动,充分发挥司法保护知识产权的主导作用

主题活动紧紧围绕科学发展这一主题和加快转变经济发展方式这条主线,结合知识产权国际竞争的新趋势、国内经济形势和我省资源型经济转型综合配套改革试验区发展对知识产权司法保护的新需求,采取切实有效的措施,加大全省知识产权司法保护力度。全省各中院通过制作电视专访节目、送法到企业、人大代表参加旁听、公布典型案例、开展法律咨询、提供司法建议等形式,为全省各地经济的自主创新和文化大繁荣提供知识产权司法服务,太原、长治、临汾等中院和省院组织的"4·26"知识产权宣传周活动形式多样,内容丰富,在社会上引起了强烈反响,得到政府相关部门和社会民众的高度评价,进一步增加了知识产权司法保护在全省的社会认同度和影响力,为保障全省各项综合配套改革试验的顺利实施和促进全省经济平稳较快发展提供了强有力的司法保障。

(二)组织编写《山西省高级人民法院知识产权审判实用手册(二)》,建立案例指导制度,增强全省知识产权审判业务指导的针对性和有效性

为进一步统一司法理念和裁判尺度,进一步规范司法行为和自由裁量权,公正高效地处理案件,提高知识产权领域的整体司法水平,在分管院领导精心指导和全庭干警的周密策划下,经过充分的筹备酝酿,我庭4个

专业研究组从全省近年来所审结的500余件生效判决中筛选出20件知识产权典型案例,并根据审判实践中类型案件经常遇到、不易把握的情况和问题进行有针对性的评析,汇编成册。这是对全省知识产权审判工作的一次重要总结,是对全省知识产权审判队伍的一次整体检验,也是以案例指导方式对全省知识产权审判工作进行全面深入业务指导的一次有益尝试,受到了全省法院的称赞,得到了全国兄弟法院和相关行政部门的好评,对提高全省知识产权法官的司法能力也起了较大的促进作用。

(三)认真执行"两个意见"和大要案、关联案件报告等制度,统一裁判尺度,全省知识产权案件质量显著提高

全省两级法院在贯彻国家知识产权战略,准确适用知识产权相关法律的同时,结合我省知识产权案件审理的特点,认真执行省法院2010年10月出台的两个规范性指导文件(即《关于在知识产权审判工作中准确把握宽严适度司法政策的指导意见(试行)》、《关于确定知识产权侵权损害赔偿数额若干问题的指导意见(试行)》)和大要案、关联案件报告等制度。由于认真履行指导职责和执行相关制度,2011年全省审结的一审知识产权案件调撤率为81.3%,审结的二审知识产权案件调撤率为45%。均创历史新高。省法院审结的一起侵犯著作财产权案件还接受了山西电视台的专访,得到了较好的社会评价。省法院还积极协助最高法院促成某公司一系列商标侵权案件的和解,得到了最高法院和山西省政府的充分肯定。通过两级法院高质效的审判活动,为全省经济转型跨越发展,为全省文化大发展大繁荣提供了有力的知识产权司法服务。

内蒙古法院2011年度知识产权司法保护工作总结

2011年,内蒙古法院深入开展"三项活动",坚持为大局服务、为人民司法,强化能动司法,狠抓执法办案第一要务,建立健全适应知识产权审判规律的审判管理机制,规范法官自由裁量权、统一裁判尺度,树立公正、高效、清廉的司法形象,以持续、稳定的知识产权审判业绩赢得社会和人民群众的认可与信任为努力方向,经共同协作和积极努力,为知识产权助推经济转型以及全区经济的快速发展提供了更加有力的司法保障,顺利完成了全年各项任务。

一、2011年收结案情况

1. 全区法院受理知识产权一、二审民事案件456件,审结313件,结案率68.64%;受理知识产权一、二审刑事案件19件,审结17件,知识产权一、二审刑事案件结案率89.47%。

2. 本庭全年受理知识产权二审案件74件,审结知识产权二审案件74件,结案率100%,审限内结案率100%。其中:

受理知识产权二审民事案件71件,案件类型为专利侵权纠纷2件,著作权侵权纠纷

38件,商标权转让合同纠纷26件,商标权侵权纠纷3件,不正当竞争纠纷2件;审结71件,知识产权二审民事案件结案率为100%;受理知识产权二审刑事案件3件(假冒注册商标罪、销售假冒注册商标的商品罪),审结3件,知识产权二审刑事案件结案率为100%。

二、其他与审判有关工作的完成情况

(一)为全面落实国家知识产权战略,为促进我区经济长期平稳较快发展和社会和谐稳定提供强有力的司法保障,在全区法院开展"知识产权助推经济转型"年度主题活动

通过开展这项活动,全区两级法院结合我区经济形势对知识产权司法保护的新需求,采取切实有效的措施,进一步完善知识产权司法保护制度,加大知识产权司法保护力度,充分发挥和展示了知识产权司法保护在服务科技进步、激励自主创新和促进经济发展方式转变中的重要作用。

(二)配合开展打击侵犯知识产权和制售假冒伪劣商品专项行动

高院民三庭指导各中级法院知识产权审判庭及时制定相应的"专项行动方案",认真组织实施,充分发挥审判职能作用,加大力度依法审理侵犯知识产权刑事案件,有力的打击了侵犯知识产权犯罪行为。在"专项行动"期间,高院民三庭指导各中级法院知识产权审判庭以"三审合一"审判模式审结了侵犯注册商标一审刑事案件19件,二审案件3件。审理侵犯知识产权案件中,加大罚金刑的适用与执行力度,并注意通过采取追缴违法所得、追缴犯罪工具、销毁侵权产品等措施,从经济上剥夺犯罪分子再次犯罪的能力和条件,有力的打击了侵犯知识产权犯罪行为,并受到商务厅的高度肯定,被评为全国开展打击侵犯知识产权和制售假冒伪劣商品专项行动先进集体。

(三)组织召开了我区企业知识产权司法保护工作座谈会,主动为企业知识产权保护提供司法服务

在座谈会上,通过深入分析企业知识产权保护状况并提出改进建议,充分回应企业知识产权司法保护需求,对企业提出的在专利、商标、企业名称以及商业秘密保护等问题,进行了深入的探讨和交流,并在去年深入企业调研的基础上形成《关于强化企业知识产权司法保护工作的若干意见》,并为企业印发了"知识产权案件诉讼指南"。

(四)司法改革

1. 加强与检察、公安机关的协调和配合,进一步理顺了知识产权刑事诉讼程序的衔接,健全知识产权民事、行政、刑事案件"三审合一"审判机制。2011年高院民三庭着力推动全区法院知识产权案件"三审合一"试点工作,进一步与检察、公安协调理顺移送起诉工作,全区法院知识产权审判庭以"三审合一"的审判方式审理各类侵犯知识产权刑事一审案件19件,二审案件3件。其中呼和浩特市中级人民法院审理的某假冒注册商标罪一案,入选最高人民法院发布的2010年中国法院知识产权司法保护50件典型案例,并于2011年1月15日在中央电视台新闻联播节目中向全社会公布,从而充分肯定了我区两级法院开展由知识产权审判庭统一受理知识产权民事、行政、刑事案件试点工作的经验。

2. 建立和落实裁判文书上网公开制度,积极接受社会监督。为进一步加大知识产权案件审判工作的透明度,统一全区法院知识产权案件的裁判尺度,依法保障人民群众对

知识产权审判工作的监督权，高院民三庭制定《全区高、中两级法院知识产权案件裁判文书上网公布实施办法》印发各中级法院，在全区法院率先实施在互联网公布裁判文书工作，有效地落实司法公开制度。截至2011年12月底全区法院共在中国知识产权裁判文书网上公布裁判文书107份。开展在互联网公布知识产权和涉外民商事案件裁判文书工作以来，高院民三庭指导各中级法院知识产权庭将裁判文书上网公布工作列入重要议事日程加以落实，加强了在互联网公布知识产权案件裁判文书工作的监督管理，从而有效地提高了知识产权案件裁判文书的质量。

3. 加强与行政执法部门的沟通和协作，不断优化我区自主创新司法环境，积极探索建立知识产权专家咨询和专家证人制度。根据全区法院审理的知识产权案件中存在的问题及审理知识产权案件中的专业技术要求，提出聘请技术专家担任诉讼辅助人参与案件审理的意见，制定了《内蒙古高级人民法院关于知识产权审判技术专家管理办法》，规范全区法院知识产权审判技术专家选任、使用和管理工作。

（五）司法调研

根据我区知识产权审判中反映出来的一些苗头性、预警性动态，深入各盟市进行相关问题调研，在对调研情况进行认真细致、深入剖析的基础上撰写调研报告2篇，指导性文件3篇，管理办法1篇。

1. 2011年针对全区法院受理知识产权关联案件数量急增的情况，高院民三庭专门成立调研组，深入呼伦贝尔市、兴安盟、通辽市、赤峰市，鄂尔多斯市等地针对我区法院在审理关联案件中出现的原告主体的审查、公证证据的采信、赔偿标准不统一等问题进行调研的基础上，形成《关于全区法院审理知识产权案件中存在的问题及解决对策》调研报告，着重分析审理侵犯著作权关联案件中存在的问题及其形成原因，提出解决对策。该调研报告在《内蒙古审判》2011年第4期发表。

2. 针对近年来法院审理的知识产权案件中反映我区企业在知识产权保护方面存在的突出问题，高院民三庭深入我区科技名牌企业和知识产权试点企业进行调研的基础上，形成《全区企业知识产权保护面临的问题及对策与建议》调研报告，并组织召开“企业知识产权司法保护工作研讨会”，对我区企业健全制度、加强管理、堵塞漏洞，提高知识产权维权意识和能力方面提出改进建议，并形成共识，强化了企业知识产权司法保护工作。该调研报告在《内蒙古审判》杂志2011年第5期发表。

3. 将《全区企业知识产权保护面临的问题及对策与建议》转化为指导意见，制定《内蒙古自治区高级人民法院关于强化企业知识产权司法保护的若干意见》印发全区各中级法院，进一步强化企业知识产权司法保护工作。

（六）成功组织了2011年“4·26世界知识产权日”宣传周系列宣传活动

在“4·26知识产权宣传周”期间，深入科技名牌企业，以“知识产权助推经济转型”为主题，与科研人员座谈并进行展板宣传，采取在高校开庭审理知识产权案件，接受新闻媒体采访，通过内蒙古广播电台直播节目的互动话题，与听众进行直接交流、公开宣判知识产权案件等多种形式，开展知识产权司法宣传工作，并指导全区各中级法院同步开展“2011年知识产权宣传周”活动，受到知识产权行政执法部门以及社会各界的一致好评，取得了良好的社会效果。

三、主要措施

(一)狠抓执法办案第一要务，最大限度地化解社会矛盾，维护和谐稳定

1. 强化审判人员对社会矛盾的预测防控能力，针对具体案件的特点采取具体措施，防止矛盾激化，从源头上预防和减少社会矛盾。如高院民三庭审理的一起专利侵权纠纷案件，原告年老多病且缺乏必要的专利保护方面的知识，庭审中情绪激动并有过激言语。针对此情况，组织合议庭成员认真分析研究后认为虽然该案事实清楚，但不宜轻易下判，应当先做好当事人的服判息诉工作。为此，主审法官前往锡盟蓝旗原告住地，向其深入讲解法律知识，分析原告在诉讼中存在的问题等，使其深受感动。

2. 狠抓重大疑难案件的审理，严把案件质量关。始终牢固树立审判质量是审判工作灵魂的意识，真正做到了严把每一案件的程序关、事实关、证据关、适用法律关，力争将每一件案件都办成精品案件。

3. 坚持“调解优先、调判结合”原则，加大调解力度，注重调解质量，做到能动司法。针对知识产权案件的特点，不断创新调解方法，努力从根本上化解矛盾，促进社会和谐。例如，高院民三庭审理的某侵犯企业名称权、不正当竞争纠纷案，双方当事人(是亲叔侄关系)从2006年就开始诉讼，因案件中止等原因至今年8月未审结。为了清理这起积案，法官到双方当事人所在地赤峰市元宝山区开展调解工作。我们首先在元宝山区法院召开座谈会，深入细致地了解元宝山区法院审理该行政诉讼案件和赤峰市中级法院一审该案件的详细情况及双方当事人的诉求、理由，参与诉讼中的态度以及两家医院目前的经营情况等有关细节的基础上，制定周密的调解方案。在全面掌握大量真实情况的基础上，我们对双方当事人讲事实，讲法律，讲亲情关系，深刻分析双方当事人产生矛盾的因果关系，从思想深处解决双方当事人对法律、对事实的认识，几经反复做耐心细致的思想工作，叔侄俩终于握手言和，对本案民事纠纷达成了和解协议，同时当事人又撤销了行政诉讼，一并解决了两起案件，并对营业执照核发中存在的问题提出司法建议，收到了良好的社会效果和法律效果。

(二)强化对下级法院知识产权审判工作的监督和指导

1. 建立健全了办案质量定期分析通报制度。强化了审判业务指导的针对性，增进了上下级法院业务部门之间的互信和共识，进一步统一全区法院审理知识产权关联案件的司法尺度，提高了审判质量。

2. 积极收集整理、编写审判实务指导性文件，有效地开展全区法院知识产权审判业务指导工作。为了加强对全区法院知识产权审判业务指导，正确理解与适用知识产权法律及司法解释，统一裁判标准，高院民三庭切实做好知识产权审判工作，2011年收集整理、编写了《关于全区法院知识产权关联案件审判实务指导》，印发给各中级法院对口业务庭，规范全区法院知识产权审判管理，统一了我区法院知识产权审判裁判尺度，取得了阶段性成果。

(三)狠抓队伍建设全面提升知识产权审判法官的素质

1. 强化法官综合素质。针对知识产权审

判工作特点，加强法官对经济、金融、民商法律以及知识产权法律方面的学习，重点培养了知识产权法官综合适用中外法律、驾驭庭审、诉讼调解、裁判说理的能力，使每位法官在熟练掌握法律的同时也能深入了解社情民意，深刻认识社会矛盾演变的规律特点。

2. 强化法官业务培训。组织全区法院知识产权法官采取利用内蒙古知识产权司法保护网（高院民三庭主办的互联网）参加中国知识产权培训中心远程教育培训等方式，进行网上培训，审判人员均取得了四门课程结业证书，并已报名参加2012年一季度举办的全区法院知识产权法官网上培训班，中国知识产权培训中心把网上培训经验向全国知识产权法律培训领域推广。同时组织全区各中级法院知识产权法官到鄂尔多斯市中院观摩知识产权刑事案件的开庭，并采取法官之间的“传、帮、带”方式，努力提高法官化解矛盾纠纷的能力。

3. 强化司法作风建设，以“内炼素质，外树形象”为着力点，组织审判人员认真学习《法官职业道德基本规范》、《法官行为规范》和《人民法院文明用语基本规范》，狠抓贯彻落实，并围绕学习贯彻文件精神开展了讨论交流等活动，认真查找审判人员在道德修养、司法理念、司法行为等方面不符合“三个规范”要求的问题，进行了有针对性地整改，规范了审判人员司法礼仪行为，在开庭审理案件或接待当事人时做到着装整齐、言行规范，养成自觉遵守职业道德和行为规范的氛围。

辽宁法院2011年度知识产权司法保护工作总结

2011年，辽宁法院深入贯彻落实科学发展观，按照国家实施知识产权战略的要求和最高人民法院知识产权司法保护工作的总体部署，紧密结合本地实际，坚持为大局服务，为人民司法，坚持能动司法，突出工作重点，创新工作方式，不断提高知识产权司法能力和司法保护水平，实现了知识产权审判工作的新发展、新突破，为提升地区自主创新能力和经济核心竞争力，提供了有力的司法保障。

一、充分发挥审判职能，依法公正高效审理知识产权案件

2011年，全省法院知识产权审判工作继续保持上诉率与申诉率低，结案率与调撤率高的良好态势。共受理一、二审知识产权案件1068件，审结919件，结案率为86%。其中，受理著作权纠纷案件501件，商标权纠纷案件277件，专利权纠纷案件148件，技术合同纠纷案件28件，植物新品种纠纷1件，其他知识产权纠纷案件113件。审结的919件案件中，调解、撤诉的有690件，调撤率为75%。

从受理的知识产权案件情况看，专业性、区域性特点突出：案件数量基本保持稳定，收案区域特征明显，受地区经济社会水平的影响，沈阳、大连两中级法院审理的知识产权案件在全省占较大比重。审判范围全面拓展，新类型案件增多，疑难案件增多，审理难度加大，案件纠纷更加趋向技术性和复杂性。随着计算机及新信息技术的发展和应用，涉及

网络环境下知识产权纠纷案件成为审判重点和难点。

二、服务改革发展稳定大局，营造激励自主创新的司法环境

为提升地区自主创新能力和经济核心竞争力，更好地为加快转变经济发展方式服务，辽宁法院深入开展“万名法官进百企、走千村、访万户”调研服务活动，广大知识产权法官结合本地区经济社会发展及知识产权审判实际情况，认真贯彻最高人民法院“优化自主创新司法环境”主题内容，以调研服务活动为载体，将为大局服务与满足人民群众现实的司法需求相结合，变被动审理案件为主动提供咨询，促进了相关产业部门及单位对知识产权司法保护工作的了解，形成了良好互动。如沈阳中院开展的“进企业服务，帮企业解困”专项行动，通过走访区域内大中型重点等企业，就“加强知识产权司法保护、推动品牌经济健康发展”与企业座谈互动，为企业在如何保护注册商标、实现品牌战略，如何应用专利、实现产业化经营以及企业非常关注又亟待解决的商业秘密保护问题等多方面提供了建议，促进知识产权的市场价值和竞争优势转化为现实生产力和市场竞争力。

三、加强队伍建设，不断提高知识产权司法能力和水平

面对知识产权审判的新发展和新要求，辽宁法院通过强调“以调研促审判”的工作方针，逐步形成了审判推动调研，调研促进审判的良性循环机制。在实际工作中，全省知识产权法官注重摸索总结审判经验，珍惜率先探索和创新实践的机会。对新的司法解释和指导原则以及实践中遇到的疑难复杂问题，积极通过专家授课、法官讲堂、外出考察学习和撰写专业论文等形式，提高全省知识产权法官正确理解并适用法律的理论水平和司法能力，统一知识产权司法保护的原则和标准。

随着辽宁经济、社会和文化的迅速发展，知识产权司法保护领域的新情况、新问题不断涌现，人民法院知识产权司法保护面临更多新课题和新挑战，对知识产权司法保护理论研究提出了更高的要求。为提高辽宁省知识产权司法保护理论研究水平，我院和大连海事大学合作，联合创设了“辽宁知识产权司法保护研究基地”，并于2011年4月27日在大连海事大学举行了隆重的签字揭牌仪式。研究基地的设立是辽宁法院与高校开展深层次合作的一次有益尝试，是夯实基层基础、提高审判理论水平的一项重要举措，对深化辽宁知识产权司法保护研究和必将起到积极的推动作用。

为进一步统一法律适用，提高法官审理知识产权案件的业务能力，解答两级法院知识产权审判工作的疑问，我院组织了全省知识产权法官业务培训暨网络环境下著作权侵权纠纷审判业务座谈。

2011年8月，最高法院民三庭专利侵权审判调研组到我院开展工作调研。本次调研旨在总结专利审判工作的成功经验和主要问题，及时掌握新专利法及其司法解释施行以来的新情况和新问题。我院及沈阳、大连、葫芦岛中院根据最高院的调研提纲精心准备了汇报材料，向调研组汇报了辽宁专利侵权案件审判工作取得的主要成绩，反馈了专利审判工作遇到的新情况、新问题，针对具体问题提供了典型案例，并对最高法院专利审判工作提出了意见和建议。

四、积极探索调解工作的方式方法，促进科技成果的转化实施和社会的和谐发展

随着经济的快速发展和权利保护意识的不断增强，全省知识产权案件的受理量逐年递增，审判领域不断拓宽，案件中矛盾冲突也愈发激烈和复杂，对知识产权审判工作提出了新挑战和新要求。为此，法院针对知识产权案件特点，从有利于科技成果的转化实施和知识产权的充分运用出发，着眼于当事人市场利益的合理协调和长远发展，追求当事人诉讼利益最大化，努力促成当事人双方和解。全省知识产权法官在审判中进一步明确了“调解与裁判同等重要”的价值观念，通过辨法析理、多方联动、因势利导、找准时机、逐级调解等多种方式，卓有成效地开展了以“强化庭前调解、立足当庭调解、重视庭后调解”为内容的全方位诉讼调解工作。此外，还充分利用多元调解机制，通过邀请地方党委、政府参与调解，与版权局、专利局、工商局等部门建立委托调解机制等方式，通过开展庭前调解与庭后调解相结合的方式，建立知识产权司法与行政保护相结合的新机制，形成调解助力，增加调解成功的概率，为多角度、多方位、多途径化解知识产权纠纷提供新的结合点。

五、全面贯彻“阳光审判”战略，不断增强知识产权审判工作的公开性和透明度

全省法院高度重视知识产权审判的信息化建设，依托现代科技手段，不断拓展“审判公开”的深度和广度，让广大群众通过看得见、听得懂、信得过的程序和方式参与阳光审判，自觉维护生效裁决的既判力。全省各相关法院普遍配备了信息化、智能化程度较高的知识产权审判法庭，将庭审互联网直播进行常态化管理和规范，通过最大限度地接受社会公众的监督，促进了庭审规范和审判质量的提高。近年来，全省法院一直坚持将生效知识产权裁判文书全部上网发布，有效保证了知识产权裁判的公开、透明，加深了国际对我国知识产权司法保护的客观了解。

六、大力加强司法宣传，提高社会公众的知识产权保护意识

为保证知识产权审判工作充分得到社会的了解与支持，全省相关法院积极利用各种方式开展宣传，注重与地方人大、政协及政府部门的联络沟通，使知识产权审判工作始终保持了较高的社会关注和认可。在今年的“4·26知识产权保护宣传周”活动期间，辽宁高院召开了新闻发布会，发布了《辽宁省法院知识产权司法保护状况（2010）白皮书》和2010年知识产权司法保护十大典型案例，这是辽宁高院首次以白皮书的形式向社会公众展示全省知识产权司法保护的已有成绩和现实状况。此外，还通过集中开庭、集中宣判具有重要社会影响的知识产权案件以及开展专题讲座等多种活动形式，全面展示了全省知识产权司法保护工作的主要成绩，进一步推动提高全社会知识产权保护意识，扩大了知识产权审判的社会影响力。

吉林法院2011年度知识产权司法保护工作总结

2011年，吉林省各级人民法院知识产权司法保护工作紧紧围绕“为大局服务，为人民司法”的工作主题，以三项重点工作为重心，坚持贯彻党的十七届六中全会精神和实施国家知识产权战略要求，深入落实科学发展观，求真务实、努力创新，取得了丰硕的成果，为保护知识产权发展、促进科技成果转化、为服务地方经济发展方式转变作出了积极的贡献。

一、严抓审判质效，加大知识产权司法保护力度

2011年，全省各中级人民法院共受理各类一审知识产权案件551件，审结484件，审结率88%，收案数、结案数均已超过2010年全年水平。在已结案件中，包括著作权纠纷案件325件、商标权纠纷案件107件、专利权纠纷案件48件、其他知识产权案件4件，涉案标的近亿元。2011年，省高院共受理各类二审知识产权纠纷案件66件，与去年同期基本持平，现已全部审结，其中专利权纠纷案件4件，著作权纠纷案件46件，商标权纠纷案件16件，其中，调撤22件，调撤率为33%。在全部生效判决中，对权利人的保护率达94%。

2011年，我省知识产权案件的突出特点是系列案件的大量出现。为此，我院组织各中级法院，对系列案件的定性和赔偿进行研讨，并要求具体办案人对每个个案按照既定标准逐一分析评判，严禁套用判决的情况发生，同时，注意借鉴、参考其他地区法院的审判案例，保证判决的赔偿数额既符合法律规定和客观案情，又不脱离全省的地方经济发展水平，公平合理地维护当事人合法权益，达到了法律效果和社会效果的统一。

二、加强审判监督，多措并举规范知识产权司法保护

2011年时吉林高院在全省法院系统开展了“审判监督年”工作，为此，吉林高院民三庭坚持阳光司法，内外结合、多措并举，在加强保护力度的同时，也通过审判工作规范了知识产权司法保护的司法和执法行为，客观上，起到了向社会宣传和普及知识产权司法保护知识的积极效果。

在内部监督方面，省高院民三庭通过在全省开展巡回调研活动，与各中院相关业务庭室建立起了顺畅的双向沟通、双向监督的机制。省高院在知识产权审判中充分发挥审级监督职能，对于上诉案件保证100%开庭审理，严格审查案件事实和法律适用，在尊重下级法院法官自由裁量权的同时，对于案件程序违法、定性错误、适用法定赔偿数额畸高或畸低的案件，坚决依法发回重审或直接改判。2011年，在已结二审案件中，共维持原判9件，改判9件，发回重审19件，发改率为42.4%。

在外部监督方面，吉林省各级人民法院在审理知识产权纠纷案件中，严格按照最高人民法院《关于司法公开的六项规定》、《关于人民法院接受新闻媒体舆论监督的若干规定》和《关于加强人民法院审判公开工作的若干意见》的要求，除当事人主动调撤案件外，对依法应当公开审理的案件全部公开开庭进行了审理，并对部分事实清楚、法律关系明晰的案件进行了当庭宣判，同时，全省各级人民法院按照吉林高院《全省法院裁判文书上网公布实施办法（试行）》的规定，对于应当上网公布的涉及知识产权案件的裁判文书大部分进行了公布，其中，吉林高院对符合公布要求的二审知识产权案件裁判文书全部上网公布，公布率达100%，为引导下级法院司法公开起到了表率作用。

为保证“阳光司法”，接受社会监督，吉林高院在2011年与教科文卫界省人大代表、省政协委员、省高院监督与咨询委员会委员的座谈会中，着重介绍了吉林省各级人民法院近年来知识产权司法保护的各项工作，认真听取了各位代表和委员的建议，并通过各位代表和委员向社会昭示了吉林省各级法院保护知识产权发展、维护有序竞争的能力和决心。

三、加强队伍建设，着力提高法官业务素质和政治素质

科学发展观的核心是“以人为本”，人员的素质是决定我们事业成败的关键因素。知识产权审判是审判业务中相对特殊的一个类型，要求审判人员在具备扎实的法律功底的同时，还要具备一定的理工科知识背景，甚至一定的外语知识。为此，在吉林高院的统一指导下，吉林省各级法院从人员选录和培训两方面下功夫，着力提高知识产权审判法官的业务素质。一方面，对新任命的具备理工科知识背景的法官优先选派到知识产权审判岗位上去；另一方面，组织各行业专家对于从事知识产权审判工作的法官进行培训，从科技进步、文化发展上进行“补课”，使从业法官的思维保持与时俱进，为应对新类型的知识产权纠纷案件做好充足的知识储备。2011年，吉林高院共组织优秀知识产权审判法官到各中院举办巡回讲座16次，通过对法律条文的解读和既判案例的分析讲解知识产权审判对事实认定和法律适用的特殊要求，并就确定知识产权侵权案件的赔偿标准所应参考的因素与各中院的审判人员交换了意见。

在加强业务素质的同时，吉林省各级法院对知识产权审判法官的政治素质和反腐倡廉教育常抓不懈，确保从业法官保持清醒的思想和坚定的政治立场。以“人民法官为人民”主题实践活动和“公正高效办案、和谐司法为民”为载体，深入学习社会主义法治理念，使从业法官在转变司法理念、提高司法能力、改进司法作风方面取得了长足的进步。同时，针对无确切证据证明损失数额的知识产权侵权纠纷案件中法官自由裁量权较大的情况，各级法院在提高法官素质，依法裁判的同时，更加强了对法官的廉政教育，牢固树立法官拒腐防变的思想防线，避免发生因自由裁量权滥用导致损害司法权威的情况发生。

2011年12月，在党的十七届六中全会提出《中共中央关于深化文化体制改革推动社会主义文化大发展大繁荣若干重大问题的决定》后，高院民三庭及时组织全体法官结合知识产权审判实践，深入学习和领会了中央决议精神，在我院与吉林报业集团、省司法厅联合举办的“文化产业发展的法律支撑”专题研讨会上，张文显院长就我院以及全省法院的知识产权服务文化事业发展工作进行了主旨发言，深刻总结了我省知识产权司法保护工作的现状,并为未来工作指明了方向。

黑龙江法院2011年度知识产权司法保护工作总结

2011年,黑龙江省法院系统全面贯彻落实最高法院关于加强知识产权司法保护工作的各项要求和部署,以强化制度建设、队伍建设、文化建设三个建设为保障,以开展"深化管理年"、"访企业、提建议、促发展"、"全员调研促审判"、"裁判文书零差错"四项活动为着手,全力做好执法办案中心工作,大力加强对下指导,较好的完成了全年各项工作任务,有力地推动了全省法院知识产权司法保护工作进一步向前发展。

一、围绕妥善审理各类知识产权案件,充分发挥知识产权审判职能作用

2011年,黑龙江省两级法院新收知识产权案件数量有所下降,但技术合作开发合同、侵犯商业秘密等新类型案件和敏感复杂案件增加,案件审理难度不断加大。全年两级法院共受理各类型知识产权民事一审案件197件,其中新收193件,与去年同期相比下降38.14%,审结192件,结案率97.46%,与去年相比基本持平;对难以调解和不适合调解的案件,两级法院注重发挥司法判决的导向作用,共判决结案116件,占结案总数的48.95%。在新收一审案件中,著作权侵权纠纷案件数量明显减少,共计71件,占36.04%,同比去年下降66.98%;商标权侵权纠纷案件67件,占34.01%,同比去年上升52.27%;专利权侵权纠纷案件26件,占13.2%,同比去年下降23.53%;其他知识产权权属、侵权纠纷案件13件,占6.6 %;知识产权合同纠纷案件14件,占全部案件7.1%;不正当竞争纠纷案件6件,占全部案件3.05%。省法院民三庭共受理各类型知识产权民事二审案件46件,其中新收42件,同比去年下降14.29%,审结45件,结案率为97.83%。2011年,全省法院共受理假冒注册商标、销售假冒注册商标的商品、侵犯著作权等侵犯知识产权犯罪案件23件43人,其中有19件案件涉及36人的判决已审结生效。审结生产销售假冒伪劣商品犯罪案件54件133人,判决生效36件84人。

通过优质高效的审判工作,充分发挥了人民法院在国家整体知识产权执法保护体系中的基础地位和主导作用。

二、围绕提高审判质效,精心抓好执法办案

在审判工作中,着重做好以下三项工作:**一是抓均衡结案**。在深入研究结案不均衡成因的基础上,通过采取加快分案、送达等审判辅助工作运转节奏,科学合理排期开庭,严格庭后及时合议制度,加快文书审核等管理措施,圆满实现了每月既定目标,有效地提高了工作效率。**二是抓清理积案**。高度重视未结案件清理,从2010年开始即制定了未结案件进展表,逐案逐人登记工作进展,研究下步措施,确定完成时限,落实责任到人。采取庭长牵头、召开法官联席会议共同商讨等措施,加

大清理积案工作力度,95%的积案得以审结。**三是抓案件质量。**严格执行主审人不同时担任审判长制度,充分发挥调动合议庭成员集体力量。深入开展“裁判文书零差错”活动,按照省法院裁判文书制作规范要求,加强撰写、审核、校对等工作,切实杜绝校对、排版、印刷等技术错误。目前制发的裁判文书均较统一规范,裁判文书质量有了整体提高。

三、围绕统一司法标准,切实加强调研指导

一是积极开展对下指导工作。2011年,黑龙江高院全面贯彻最高法院的要求和部署,进一步加大系统业务指导力度。首先,坚持采取全面通报和个别指导相结合的做法,汇总分析了2008年以来二审案件情况,以院文件形式通报了发改案件情况,分析原因,提出建议。其次,连续编发4期《黑龙江知识产权、涉外商事审判参考》,及时传达司法政策、交流审判经验,解决审判实务疑难问题,切实为全省知识产权审判人员储备专业知识和判例经验提供保障。再次,修改完善《关于确定知识产权赔偿数额若干问题的指导意见》,进一步细化裁判尺度,规范法官自由裁量行为。最后,在全省两级法院认真组织开展了首届“优秀知识产权、涉外商事裁判文书评选活动”,逐级评出优秀文书17份,并汇编《优秀文书》专刊,切实规范文书制作,提高写作水平。

二是积极开展“全员调研促审判活动”。黑龙江高院知识产权庭包括书记员在内的每名同志都结合实际确定了调研题目,经庭里审核指导,连同推进时间列表公示。目前,“知识产权案件自由裁量权行使”、“边贸纠纷案件指导意见”两个重点调研课题已经完成,干警个人的调研文章也已全部提交,拟于近期择优推荐发表,并汇编成册进行交流。

三是积极筹建咨询专家库。针对知识产权案件专业科技问题愈发凸显的实际,在省科研院所及政府主管部门中,聘请了18名咨询专家,成立了黑龙江省知识产权审判科学技术咨询专家库,为知识产权审判工作提供坚实的科技支持。

四、围绕服从服务大局,积极扩展审判效果

一是积极开展法制宣传。省法院会同省知识产权局等部门,认真筹备并开展了“4·26”世界知识产权日活动,积极宣传知识产权司法保护成果,评选全省知识产权诉讼十大典型案例,并在《黑龙江日报》、《黑龙江法制报》上进行了专题报道,扩大法院知识产权审判工作影响力。

二是深入开展“访提促”活动。省法院在全省法院组织开展“访企业、提建议、促发展”活动,结合世界知识产权日宣传活动,向企业分发法制宣传手册,解答企业在发展过程中的法律问题,积极为企业提供法律建议。积极组织开展“知识产权维权援助咨询论证”工作,开展法律援助,努力增强为大局服务效果。

三是积极发挥司法裁判引导作用。省法院积极与《人民法院报》、《黑龙江日报》、《黑龙江法院网》、《东北网》等新闻媒体合作,及时提供各类新闻素材,宣传黑龙江省知识产权司法保护成果。同时,黑龙江高院知识产权庭高度重视文书上网工作,将已审结的生效知识产权裁判文书通过黑龙江法院网公开,并将2011年省法院评选的全省首届优秀知识产权裁判文书刊登于黑龙江法院网,积极发挥司法裁判的引导作用,扩大黑龙江知识产权审判的影响力,提高知识产权司法保护宣传力度。

上海法院2011年度知识产权司法保护工作总结

2011年,上海市法院知识产权审判工作深入贯彻落实科学发展观,努力加大知识产权保护力度,在审判质效、审判机制、调研指导、司法宣传等方面取得了较大进展,上海法院知识产权审判工作的影响力与权威性进一步提高。

一、狠抓执法办案第一要务,公正高效审理案件

一是依法妥善审理大量知识产权案件。2011年全市法院受理一、二审知识产权民事案件分别为2485件、490件;审结一、二审知识产权民事案件2505件、482件。受理一审知识产权刑事案件266件,审结274件。受理一审知识产权行政案件2件,审结2件。

二是精心审理一批新类型案件。如首例涉及技术转码行为的××侵犯著作财产权纠纷案;淘宝公司在同类案件中首次被认定应承担商标侵权责任的××商标侵权纠纷案;本市法院首例涉及认定版权登记法律性质认定的××侵害著作人身权纠纷案;上海首例通过信息网络传播作品构成侵犯著作权罪的××侵犯著作权罪一案。此外,还受理审结一批涉及剪纸艺术作品能否适用著作权法保护、作品主编的法律地位、互联网电视设备生产者与销售者是否承担侵权责任、援引抵触申请的专利侵权抗辩等问题的新类型案件。

三是妥善审结一批有重大社会影响的案件。如广受中外媒体关注的上述首例涉及技术转码行为的××侵犯著作财产权纠纷案;涉及著名网络游戏"冒险岛"并且作为2010年国家五部委挂牌督办的首批15个侵权盗版重点案件之一的××侵犯著作权罪、销售侵权复制品罪案。此外,涉及"JOHNNIE WALKER"、"Levi's"、"卡地亚"、"米其林"、"派克"、"拉科斯特"等世界知名品牌的商标案件也广受关注。

四是有效开展"双打行动"。2010年10月至2011年6月,在全国集中开展"打击侵犯知识产权和制售假冒伪劣商品专项行动"期间,上海法院切实履行审判职能,高效审结一审知产刑事案件131件245人,有效打击了侵犯知识产权和制售假冒伪劣商品犯罪活动。在商务部、公安部、最高法院等六部委联合对"双打行动"进行的总结表彰中,高级法院获先进集体表彰,陈杰华、严骏两位知产法官获先进个人表彰。

二、强化机构队伍与审判机制,夯实知识产权专业化审判基础

增设审判机构,优化知识产权案件管辖。在"世界知识产权日"前夕,普陀、徐汇、闵行三家区法院成立知识产权庭,同时调整跨区划片集中指定管辖,以符合知识产权审判形势发展的需要。各法院加强内部立案与审判部门协调,加强与辖区对口的检察院、公安机关的沟通协调,保障跨区划片集中指定管辖顺利实施。

强化知识产权刑事审判,深化知识产权“三合一”综合审判。针对多数法院知产庭刑事审判的薄弱环节,高院知产庭与刑二庭密切配合,顺利开展跨条线的审判指导,不定期召开知产刑事审判工作会议,确保中基层法院在知产刑事审判实践中遇到的问题能够得到及时解决。

强化队伍建设,提高司法能力。高院去年针对新进知产审判人员进行了专项培训,中基层法院也采取各种方式加强业务培训,队伍业务素质进一步提高。浦东法院被最高法院确定为“知识产权审判基层示范法院”,陈惠珍同志被最高法院授予“全国审判业务专家”称号。

三、强化能动司法,倾力服务发展稳定大局

拓展调解渠道,完善知识产权纠纷多元解决机制。2011 年一审知产民事案件调撤率为 66.3%,同比基本持平。全市法院充分利用上海版权纠纷调解中心、中国互联网协会等平台成功调解知产案件 120 余起。普陀法院首次委托上海版权纠纷调解中心成功调解 68 件。全市法院调处一批有较大社会影响的案件,如涉及 QQ 与 360 纷争的垄断纠纷案。

积极建言献策,推动社会管理创新。“4·26”期间,高院、二中院发布知识产权审判白皮书,全市法院开展了内容丰富、形式多样的宣传活动,起到了良好社会效果。全市法院知识产权审判部门共发出司法建议 19 份,得到有关单位的采纳和积极评价。浦东法院编写《商业秘密诉讼风险提示手册》,引导企业加强商业秘密保护。黄浦法院创设了“黄浦知产讲堂”,深入辖区基层企事业单位,通过“以案说法”回应社会需求。

打造信息平台,推进司法公开。高院于 2011 年 4 月开通“上海法院知识产权司法保护网”,提供包括审判信息、裁判文书、典型案例等在内的信息资源与相关服务,打造了一个具有司法公开、形象展示、专业交流多重功能的信息平台与宣传窗口。积极推广知识产权案件裁判文书后附注册商标标识与被控侵权标识、外观设计专利与被控侵权产品的图样,让当事人“看得明白”。坚持实行裁判文书上网公开制度,全市法院知识产权裁判文书上网率达到 85.47%。

加强对外交流,扩大社会影响。全市法院知产审判部门召开 4 次律师座谈会,听取律师界对知产审判工作的意见和建议;高院民三庭与上海律协联合召开了“创新型城市建设与知识产权司法保护研讨会”。各法院先后赴辖区内高新技术园区,就企业知识产权发展现状和司法保护需求进行专题调研。高院就职务发明人的报酬问题与中国外商投资企业协会优质品牌保护委员会开展合作课题研究;接待美、德专利商标行政机构等来访;继续与国家知识产权局专利复审委互派人员开展工作交流。

江苏法院2011年度知识产权司法保护工作总结

2011年，江苏法院深入推进三项重点工作，积极实施创新驱动战略，全面加强知识产权审判工作，取得了较好的审判工作业绩。

1. 收结案情况。

2011年，共审理知识产权民事案件274件（一审案件6件，二审案件264件，再审案件2件，申诉复查案件2件）；其中新收知识产权案件229件（一审案件1件，二审案件224件，申诉复查案件2件，再审案件2件），同比增加44件，增幅为23.8%，旧存案件45件。共审结知识产权案件227（二审案件225件，申诉复查案件2件），同比增加49件，增幅为27.5%，结案率为82.8%，结收案比为99.1%。其中判决结案123件，判决率为54.2%，同比下降3.1个百分点；调解结案33件，经调解撤诉结案69件，调解、撤诉案件两项合计102件，调撤率为44.9%，同比上升了5.6个百分点。共审理"三审合一"试点知识产权刑事案件5件，审结4件，判决3件，撤诉1件；行政案件4件，审结3件，判决3件，以上均为二审案件。

2. 重要工作。

（1）圆满完成省人大常委会专题审议全省法院知识产权审判工作，省人大领导及代表对全省法院知识产权审判工作给予充分肯定。

（2）会同省检察院、省公安厅，在全国率先出台《关于办理知识产权刑事案件若干程序问题的意见》，"三审合一"改革试点工作取得新突破。

（3）圆满完成国务院打击侵犯知识产权和制售假冒伪劣商品专项行动，受到国务院督察组及省领导高度肯定。

（4）制定《江苏省高级人民法院关于为实施创新驱动战略推进科技创新工程加快创新型省份建设提供司法保障的意见》，采取有效措施推动创新驱动战略实施。

（5）与省台办联合在全国率先制定出台《关于加强涉台商事案件调处工作的意见》，选任56名台商调解员，构建涉台商事案件诉调对接机制，被国台办向各地台办转发。

（6）发布《2010年江苏法院知识产权司法保护蓝皮书》（并首次同时发布蓝皮书英文版），公布2010年全省十大知识产权典型案例。

（7）与宣传处共同成功组织12家中央主流新闻媒体在我省集中开展"知识产权司法保护江苏行"新闻采访活动，共形成70余篇报道。最高法院奚晓明副院长、李学勇省长接受中央媒体专访，对江苏法院知识产权司法保护工作给予充分肯定。

（8）积极向最高法院申报知识产权管辖法院，新增连云港、徐州、泰州、扬州中院等四个专利案件管辖法院，以及南京雨花台区法院等6个基层知识产权管辖法院。

（9）组织全省法院知识产权审判工作业务培训班。

3. 司法调研。

（1）在全国地方法院率先发布《江苏法院

2010年知识产权年度报告》，指导全省法院审判工作。

(2)制定发布《侵犯商标权纠纷案件审理指南》、《知识产权诉讼证据保全工作指南》，有效指导审判实践。

(3)出台《关于知识产权审判技术专家的管理办法(试行)》。

(4)开展专利案件审理专题调研，形成调研报告上报最高法院。

(5)开展关于加强戏剧作品著作权保护专题调研，形成调研报告上报最高法院。

(6)对知识产权刑事案件办理司法解释进行专题调研，形成专题报告上报最高法院。

(7)对全省企业当前存在的知识产权问题进行专题调研，形成《江苏省企业知识产权状况分析》，向全省发布。

(8)镇江唐老一正斋药业有限公司与吉林一正药业集团有限公司等不正当竞争纠纷案被《最高人民法院公报》2011年第12期刊用，另有三篇案例被《江苏省高级人民法院公报》刊用。

(9)知识产权宣传周期间向最高法院组织报送12篇案例，其中2篇入选2009年中国知识产权司法保护10大案件，5篇入选全国50件知识产权典型案例；1篇入选为“2010—2011年度中国知识产权保护十佳案例”，1件案件入选为全国法院专项行动典型案例。

(10)积极参加最高法院组织的“知识产权法律应用征文大赛”，组织全省法院50余篇论文参赛。

4. 荣誉表彰。

(1)因案例指导工作突出，被授予集体三等功，并被评为2010年度全省法院案例指导工作先进集体。

(2)在全国法院知识产权审判工作座谈会中，作大会专题经验介绍。

(3)被评为学习型党支部，通过全省法院廉洁司法示范庭复核。

一、坚持能动司法，依法服务大局和创新经济发展

一是圆满完成省人大常委会专题审议全省法院知识产权审判工作。制定具体实施方案，指导各地法院复查案件，全面总结审判工作和司法改革工作，有条不紊地开展审议准备工作。先后安排省人大领导、常委、人大代表以及省法院咨询委员会委员等赴南京、苏州、南通、无锡、常州、连云港、盐城、淮安等地视察，集中展示全省法院知识产权审判工作业绩。在省十一届人大常委会二十五次会议上，公丕祥院长所做的《关于全省法院知识产权审判工作情况的报告》获全体代表的高度评价，省委书记罗志军书记对全省法院知识产权审判工作给予充分肯定，并提出殷切希望。

二是制定规范性文件，促进创新驱动核心战略实施。根据省委、省政府创新驱动战略部署和全省经济社会发展新需求，结合最高法院“加强知识产权司法保护促进经济发展方式加快转变”年度主题活动，制定出台《关于为实施创新驱动战略推进科技创新工程加快创新型省份提供司法保障的意见》，为切实保障全省创新驱动战略实施，推动高新技术攀登计划和高新技术产业“双提升”、推动创新型领军企业培育计划和创新型园区建设等“六大计划”实施提供司法保障。

三是深入推进三项重点工作，拓展涉诉矛盾化解工作新领域。与省台办共同出台《关于加强涉台商事案件调处工作的意见》，选任30名台办工作人员和26名台商代表担任调解员,确定法院涉台商事案件调解工作联系人,与省台办共同组织了首次台商调解员法律培训班。该项工作受到国台办充分肯定,并专门向各地台办转发。与中国互联网协会调解中心、江苏省互联网协会联合完成《关于互联网协会组织和特邀调解员协助调解涉互联网知识产权民事纠纷案件的意见(初稿)》的起草工作。

二、强化审判管理,推进审判精品战略

一是大胆探索疑难复杂和新类型案件裁判尺度。今年"4·26世界知识产权日"期间,省法院民三庭自身共有1篇案例入选2010年度中国知识产权司法保护10大案件,3篇入选全国50件知识产权典型案例,1篇案例被评选为"2010—2011年度中国知识产权保护十佳案例"。全年共有一篇案例被《最高人民法院公报》录用,三篇案例被《江苏省高级人民法院公报》录用,民三庭被评为全省法院案例指导工作先进集体,并荣立三等功。

二是强调"调判结合",充分发挥诉讼调解对知识产权成果转化的促进作用。通过上下级法院联动、法院与行政机关联动、与行业协会联动,加强对关联案件的调解力度。全年调解案件45件,经调解撤诉85件,调解撤诉率为43.8%,同比上升8.1个百分点。今年上半年省法院民三庭一次性成功调解××公司与苏州地区网吧的11起侵犯信息网络传播权纠纷,同时一并化解该公司已准备起诉的涉及48家网吧共计109起纠纷,促进网吧行业协会加强管理,较好地贯彻了案结事了,化解社会矛盾,促进社会管理创新的要求。

三是加强审判管理,提高审判质效。对影响行业发展、当事人争议激烈的重大案件建立登记制度;专门制定《督办案件办理流程管理规定》,进一步加强对人大代表、政协委员关注督办案件的办理工作,规范督办案件的办理流程;加强审判电子台账动态管理,坚持案件审理进度每月通报和集中排查制度,定期跟踪案件审理情况全面掌握每个案件的审判进展情况和结案进度;统筹安排案件审理进度,按月制定结案计划,保证均衡结案;进一步完善定案机制,适时扩大审判长联席会议规模,对具有典型意义的案件进行全庭讨论,确保案件质量。在全年案件质评中再次被评为零瑕疵,得分100.8分。

三、重视司法调研和对下指导,破解司法难题

一是加强专题调研,及时总结审判经验。借鉴最高法院经验,在全国地方法院率先发布《江苏法院2010年知识产权年度报告》,指导全省法院审判工作;制定完成《侵犯商标权纠纷案件审理指南》、《知识产权证据保全工作指南》,进一步修订《商业秘密案件审理指南》,统一类案审理思路;完成《全省法院专利案件审判调研报告》、《全省法院商标侵权案件审判调研报告》、《关于加强戏剧作品著作权保护问题的调研报告》等专题报告,有效指导审判实践。积极参加最高法院组织的"知识产权法律应用征文大赛",要求全庭每一位审判人员均需提交一篇论文,共组织全省法院50余篇论文参赛。

二是加强对下指导,促进全省条线审判水平均衡发展。拓宽指导渠道,通过案件反馈、对口交流、集中培训等多种方式对下级法院进行业务指导;坚持条线培训全员制,丰富"菜单选学"内容,为专利管辖法院、中级法院、基层法院开设不同课程,区分需求层次,突出培训重点;邀请国家知识产权局专利复审委员会审查员在全省专利管辖法院开展巡回指导,与当地法官进行面对面交流;邀请技术专家就与案件审判密切相关问题举办科学讲座,提高法官的科学素养。

三是加强关联案件研讨。针对关联案件呈多发态势,部分商业维权集中于城乡结合部的小型经营者,导致当事人之间矛盾尖锐的客观情况,指导各地法院根据创新经济发展新要求和案件实际情况,细化个案裁判时的酌定因素,探索既相对统一又存在合理区别的科学裁判标准,确保关联案件裁判尺度与各地经济发展水平相适应。

四、深化司法改革,充分发挥知识产权司法保护整体效能

一是"三审合一"改革试点工作取得新突破。充分发挥知识产权审判专业优势,与省检察院、省公安厅在全国率先出台《关于办理知识产权刑事案件若干程序问题的意见》,就权利审查、证据收集固定以及技术秘密鉴定等,全面规范知识产权刑事案件办理工作。其中根据刑事案件的特点,在商业秘密犯罪案件中引入公知技术抗辩制度具有创新意义。高度重视知识产权刑事、行政案件审判工作,认真开展国务院打击侵犯知识产权和制售假冒伪劣商品专项行动,指导审判条线充分发挥刑事审判惩治和预防犯罪功能,依法从严打击各类知识产权违法犯罪行为。在19件督办案件中,国务院督办的6件案件全部审结,受到国务院督查组的充分肯定。

二是积极探索技术专家参与知识产权审判的新途径。在建立全省法院知识产权审判技术专家库的基础上,在若干案件审理中,积极推动并大胆探索当事人及法庭专家证人出庭的方式,减少技术鉴定启动,有效解决技术事实查明难的问题。

三是完善知识产权管辖体系,规范级别管辖秩序。经报请最高法院批准,2011年新增专利管辖法院4个,具有部分知识产权案件管辖权基层法院6个。目前全省有11个中院具有专利案件管辖权,1个基层法院具有审理部分专利案件管辖权,23个基层法院具有部分知识产权民事案件管辖权;专门下发《关于进一步明确全省知识产权案件级别管辖标准的通知》,进一步规范全省知识产权案件级别管辖秩序。

五、加强法制宣传,不断扩大知识产权司法保护的社会影响力

一是与宣传处共同精心筹划组织中央主流媒体"知识产权司法保护江苏行"新闻采访活动。今年"4·26"期间,组织中央电视台、人民日报、新华社、新华网等12家中央媒体对全省知识产权司法保护工作进行了系列采访,完成李学勇省长、最高法院奚晓明副院长以及省法院领导讲话材料以及相应案例、宣传素材的起草收集工作。李学勇省长接受了中央及省市媒体记者集体采访,对全省法院知识产权司法保护工作给予了充分肯定。中央媒体同时从服务创新型经济建设和地方特色经济、审判工作水平、司法改革和司法公开等各方面对全省法院知识产权审判工作进行了深入采访,形成70余篇报道,较为全面地展示了"十一五"期间江苏法院知识产权司法保护工作的整体状况和水平。

二是继续推行"知识产权审判蓝皮书及企业知识产权信息通报制度"。连续第三年发布江苏法院知识产权司法保护蓝皮书,包括2010年度全省法院知识产权司法保护工作状况、十大典型案件、大事记以及江苏省企业知识产权保护状况分析,并首次发布知识产权司法保护状况的英文版,进一步提升了江苏法院司法保护工作的国际影响力。

三是推进司法公开。推行网络庭审直播,选择具有典型代表意义的案件进行直播,全年共网络直播案件4件;继续坚持上网公布生效裁判文书,安排专人负责文书上网工作。截至目前,共上网公布知识产权裁判文书4936篇,数量位居全国前列;加强对书记员的培训,落实庭审同步录音录像、同步记录、同步显示庭审记录"三同步"工作。

六、加强队伍建设,推进廉洁司法

一是强化学习理念,创新学习机制。建立专题学习报告制度。强化"知识共享才更有力量"的学习理念,将学习任务分解到全庭每一位审判人员,除特殊情况外,每周一由全体法官分别承担专题讲授任务,系统学习讨论最高法院知识产权年度报告,全省典型及发改案件分析,戏剧作品、音乐音像作品与制品案件审理、字库案件等,深化对法律法规、司法解释和最新裁判尺度的理解,全年共举办专题学习报告20余次;强调结合案件学习科技知识,专门邀请技术专家就司法化学鉴定、医药监管、专利授权等专题进行授课,提升法官科学素养,熟悉产业发展和最新商业模式的形成。

二是加强工作交流。坚持与国家知识产权局专利复审委员会的工作交流机制,继续接受审查员到省法院并派法官赴专利复审委员会进行双向工作交流。接受两名中级法院法官到省法院挂职交流。

三是加强思想政治建设,强化反腐倡廉教育。以公正廉洁司法为中心,深入开展社会主义法治理念再学习再教育、集中警示教育活动等系列主题教育活动,扎实推进公正廉洁司法建设,确保公正执法;巩固"廉洁司法示范庭"的建设成果,以责任制形式倡导廉政文化,以"群众观点大讨论"为平台,教育全庭干警坚守法官职业道德准则,在全省法院"群众观点大讨论"总结大会上作大会交流发言;认真准备,精心筹划,顺利通过廉洁司法示范庭复核工作,并被评为学习型党支部。

浙江法院2011年度知识产权司法保护工作总结

2011年,全省法院知识产权审判工作在案件审理、调查研究、业务指导和队伍建设等方面均取得了明显成效。省高院先后被世界知识产权组织与国家工商行政管理总局联合授予"商标保护奖"(全国法院系统唯一获奖单位),被中国科学技术法学会授予"科技与法律"(1999~2011)最佳实践奖(全国法院系统仅5家获奖)。省人大常委会在听取和审议省高院关于知识产权审判工作情况的报告后,对我省的知识产权司法保护工作给予了高度评价和肯定。义乌法院还被最高法院评为首批5个中国知识产权司法保护基层示范法院,成为展示浙江省、我国知识产权司法保护水平的窗口示范法院。

一、依法公正高效稳妥审理案件

今年全省法院知识产权民事案件继续保持大幅增长态势。新收一审民事知识产权案件7597件，上升53.82%。其中，著作权纠纷案件在去年剧增141.9%的基础上继续上升70.43%，共收案4651件；商标权纠纷案件、专利案件也分别上升43.21%和30.39%，收案分别达到1402件和1330件；技术合同纠纷案件46件，仅为上年同期的二分之一；不正当竞争纠纷案件38件，同比减少9件；其他知识产权案件130件，上升60.49%。共受理一审、二审、再审刑事知识产权案件763件，上升265.07%。受理行政知识产权纠纷案件1件。在知识产权案件受理量大幅增长的同时，以个体零售商、中小超市、宾馆、KTV经营者、网吧等为被告的系列案件呈高发态势，裁判结果不仅影响当事人的切身利益，而且影响到整个行业发展。为依法妥善处理好此类案件，省高院民三庭及时出台了《关于做好涉KTV著作权案件审判工作的通知》等文件，解决了案件审理中存在的疑难问题，有效统一了各地法院的裁判标准。此外，各级法院针对各类案件尤其是系列案件审理中发现的突出问题，共向有关部门和企业发出知识产权司法建议20余份，取得了良好的社会效果。如杭州中院在成功调解某著作权系列案件后，向杭州市委宣传部、杭州市文广新局发出司法建议，督促报社提高知识产权意识，加强管理，并得到了上述部门和相关报社的积极回应。

同时，全省法院以"调解优先、调判结合"为原则，不断创新纠纷解决模式，诉讼调解效果显著。2011年，全省法院一审知识产权民事案件调解撤诉率达81.39%，远高于同期全省普通民商事案件58.18%的调撤率。知识产权民事审判呈现了"调解多，上诉少，信访少，申诉少，进入强制执行案件少"的"一多四少"良好局面。省高院还与中国互联网协会签署了为期5年的委托调解协议，并决定在杭州两级法院先行试点；温州中院、余杭法院和绍兴县法院分别与中国（温州）知识产权维权援助中心、当地家纺协会和当地工商联建立委托调解机制，为涉诉企业提供知识产权维权援助。

二、认真配合省人大常委会专题审议工作

今年5月，省人大常委会在听取和审议省高院齐奇院长所作的《全省法院知识产权审判工作情况报告》后，高度肯定了2008年以来全省法院在依法公正审理案件、能动司法服务大局、探索完善保护机制、大力提升队伍素质等方面取得的显著成绩，同时也指出了目前知识产权审判中存在的问题，提出要大力提升全社会知识产权司法保护意识、妥善运用知识产权司法保护方式、积极探索知识产权审判工作创新发展、继续完善知识产权审判工作机制及不断强化知识产权审判队伍建设。各级法院对省人大常委会的审议意见高度重视，根据审议工作要求认真开展了自查自纠，制定了切实有效的整改措施，并在工作中加以贯彻落实。

三、扎实开展"知识产权特色审判"主题活动

为充分发挥司法能动作用，积极延伸知识产权审判职能，省高院在全省法院开展了"知识产权特色审判"主题活动。各级法院在省高院指导下，根据地方经济发展情况和产业发展特点，结合知识产权审判工作实际，扎

实认真开展此项活动,成效明显。省高院两次赴淘宝网就网络交易中的法律问题进行专题调研;杭州中院针对辖区各区县经济发展特定,实施了以"三贴近"(贴近需求、贴近生产、贴近生活)、"四联动"(设立知识产权司法保护联系点,实现"点对点联动";整合法院内部审判资源,实现"条与块联动";加强与行政机关沟通交流,实现"面对面联动";强化与媒体互动,实现"网格化联动")、"五走进"(走进网络、走进学校、走进乡镇、走进车间、走进市场)为内容的"三四五"工程;宁波中院以家电制造企业为重点,通过走访、座谈等形式帮助解决企业维权困难,并编发法律知识手册;金华中院与水晶协会建立对接机制,引导水晶产业健康发展;义乌法院出台了关于加强知识产权审判,服务国际贸易综合改革试点的20条意见。

四、大力加强调研和业务指导工作

今年,全省法院克服案多人少矛盾,积极调动审判人员的调研积极性,在调研工作上取得了显著进步。省高院民三庭在牵头完成全省法院重点调研课题——《商标侵权抗辩事由审查》的同时,完成了专利侵权审判疑难问题调研、著作权法修改疑难问题等10余项专题调研。杭州、绍兴、丽水、温州、宁波和金华等中级法院以及滨江、义乌等基层法院也开展了大量的调研工作。如杭州中院完成了《电子商务中的知识产权司法保护问题》的调研报告;绍兴中院完成了"绍兴黄酒产业知识产权司法保护"和"关于为战略性新兴产业提供司法保障"的调研工作;丽水中院完成了《关于传统文化产业知识产权保护的调研》;滨江法院完成了《动漫产业知识产权保护的现状及对策建议》;义乌法院完成了《关于义乌市场知识产权侵权诉讼案件的调查和思考》,等等。

此外,省高院民三庭在坚持和完善案例指导、二审改判分析研讨和案件质量评查、二审知识产权审判流程管理等制度的基础上,起草了《一审知识产权民事案件审判流程管理》、《关于加强知识产权民事诉讼物证管理的若干规定》、《关于知识产权民事诉讼证据保全若干问题的意见》等多个规范性文件,并参与开发"办案助手"系统,组织编写《知识产权审判实务技能要领》一书。各地中院也加强了对基层法院的指导力度。

五、不断完善工作机制

一是推进阳光司法机制建设。今年4月15日召开的全省法院知识产权审判工作会议,省高院第三次邀请境内外新闻媒体列席,体现了我省法院坚持推进审务公开,营造良好知识产权司法保护环境的决心。同时,全省各级法院结合公众开放日、知识产权保护宣传周等活动,大力普及知识产权法律知识,宣传人民法院加强知识产权司法保护的措施和成效。**二是完善审判管辖机制。**在省高院的积极争取下,最高法院指定衢州和丽水中院为审理专利纠纷案件的第一审法院,杭州下城、绍兴诸暨、嘉兴秀洲及金华东阳等4个基层法院为审理一般知识产权民事纠纷案件的第一审法院。**三是稳妥适度推进"三审合一"试点工作。**在义乌法院知识产权审判"三审合一"试点工作取得成效的基础上,省高院根据金华中院、台州中院和玉环法院的申请,在调研考评的基础上,同意上述法院开展"三审合一"工作。**四是完善专业型人民陪审员制度。**自省高院在全国率先开展在知识产权行政管理部门中选任专业型人民陪审员参与知识产权审判的工作以来，至今共有116名行政执法人员成为专业型人民陪审员，并取得了良好的效果。为进一步做好专业型人民陪审员的管理工作，省高院于今年出台了《关于知识产权审判专业型人民陪审员管理的若干意见》，对专业型人民陪审员的选拔任命、权力责任、日常管理、培训考核、奖惩补助等作了具体规定。**五是协助最高法院成功举办全国法院知识产权审判工作座谈会。**今年11月28～29日，最高法院在杭州召开全国法院知识产权审判工作座谈会。省高院在杭州中院的协助配合下，配合最高法院做好各项会务工作，得到了最高法院和参会代表的充分肯定。

六、切实加强队伍建设，提升知识产权司法保护能力

针对知识产权审判中容易滋生不廉不公的环节，积极推进廉洁司法风险防控机制建设，对知识产权审判中的风险环节进行排查梳理，制定有针对性的廉政风险防范措施，确保公正廉洁司法。同时，为进一步加强知识产权审判队伍业务素质建设，省高院继2月举行了专业型人民陪审员及新进审判人员培训班后，又于5月举行了全省法院知识产权审判业务培训班，还先后10余次派员参加最高法院等单位组织的培训、研讨活动。杭州、宁波等中院也举办了知识产权审判业务培训班。省高院还多次派员参加最高法院、北京、上海等法院举办的培训班或研讨会，通过学习交流提高审判人员的办案水平。此外，在与专利复审委员会建立学习交流机制的同时，还3次接收杭州市知识产权局执法人员进行为期三个月的交流学习。

安徽法院2011年度知识产权司法保护工作总结

2011年是“十二五”时期开局之年，全省法院知识产权审判庭在最高人民法院的正确指导下，始终坚持以科学发展观为统领，认真践行“三个至上”指导思想，畅响“为大局服务、为人民司法”主旋律，紧紧围绕三项重点工作和全面转型、加速崛起、兴皖富民主线，立足执法办案，聚焦中心工作，找准服务大局的切入点，盯牢提升质效的着力点，培育自身发展的闪光点，知识产权司法保护工作呈现整体推进、协调发展的良好态势，各项工作取得了新的成绩。全年共受理一审知识产权民事案件1390件，受理二审知识产权民事案件179件。

分析全省法院2011年受理知识产权纠纷案件情况，归纳起来主要呈现以下几个特点：1. 知识产权案件数量增长幅度较大。案件增幅数量与近年来我省经济社会快速发展相适应，一审案件数量与去年全年收案987件相比增长41%，二审案件数量与去年全年收案78件相比增长129.5%。2. 权利人只起诉销售商、视频网站和网吧侵权的系列案件增长明显，关联案件数量占著作权纠纷案件总数的65.3%。3. 著作权、商标权侵权纠纷案件所占比例较高，案件处理与民生关系密切。在受理的上述案件中,各种类型的知识产权案件均有涉及,案件类型较为全面。其中著作权、商标权侵权案件所占比重较大。一审著作权、商标权纠纷案件分别占收案总数的58.1%和32.1%;二审著作权、商标权纠纷案件分别占收案总数的44.7%和27.4%。著作权案件集中在视频网站和网吧侵权,商标案件多发领域集中在日用消费品售假环节,这两类案件多以商业化维权为主导,分布较广,网吧、小商品等个体经营业主被诉成为普遍现象,案件能否得到妥善处理直接关系到群体性利益,社会关注度高。4. 案件质量和效率均有较大幅度提高,一审案件实现当庭宣判零的突破。表现为一审案件上诉率低,只有16.4%;二审改判率为2.5%,且没有发回案件;一审案件结案率为97.8%,二审案件结案率为99.4%,审限内结案率为100%。一审案件当庭宣判148件,切实加大知识产权司法公开力度,取得了良好的社会效果。5. 案件调撤率稳步上升。一审案件平均调撤率达67.9%%,二审案件平均调撤率达64.6%,实现了法律效果和社会效果的统一。6. 涉外知识产权纠纷案件有较大幅度增长。涉外知识产权纠纷案件比去年增长31.6%,诉讼主体主要涉及法国、德国等欧盟国家。

一、强化能动司法意识,在服务大局中彰显司法担当

全省法院始终服从服务于国内国际两个大局,着眼于优化投资发展环境,服务经济结构战略性调整以及科技进步和自主创新,在依法公正高效稳妥审理各类知识产权案件的同时,牢固树立并准确把握与经济社会和科技文化发展阶段相适应的司法裁判理念,不断强化政治意识、国情意识和大局意识,准确理解和适用知识产权法律法规,准确理解和把握我国知识产权司法保护政策。一是以执法办案为第一要务,充分发挥司法保护知识产权的主导作用。专利案件的审判,体现重点加大对地方经济增长具有重大突破性带动作用、具有自主知识产权关键核心技术的保护力度。著作权案件审判,重点体现促进文化创造和传播,促进文化创意产业发展的导向。商业标识类及竞争类案件的审理,重点加大对著名商标、知名商品名称(商号)等显著性强、知名度高的商业标识类权利的保护力度,体现制止混淆和不当攀附他人品牌声誉,规范市场竞争秩序,支持和引导企业实施品牌战略的导向。二是积极配合参与打击侵犯知识产权和制售假冒伪劣商品专项行动。为贯彻落实国务院、最高法院、省政府的决定,省高院成立了全省法院专项行动领导小组,制定了《安徽省高级人民法院打击侵犯知识产权和制售假冒伪劣商品专项行动方案》。在此次"双打"活动中,省高院受到省"双打"专项行动领导小组通报表彰,并被授予全省打击侵犯知识产权和制售假冒伪劣商品专项行动先进集体的荣誉称号。三是坚持和谐司法,有效化解社会矛盾。始终坚持"调解优先、调判结合"原则,在调判结合中实现案结事了。对系列案件,庭前集中调解,减少审判环节,通过以点带面的办法,促系列案件连贯高效解决;加大证据保全、财产保全力度,固定侵权事实,以此促进调解;送达时现场调解,减少诉讼成本,降低调解门槛;充分发挥诉讼调解对知识产权成果转化的促进作用,敦促当事人签订许可使用合同,消除侵权诉因,化非法为合法,实现双赢。如省高院民三庭在成功调解一起双方当事人对抗激烈,且重大、疑难、复杂的侵犯发明专利权纠纷案件的同时，一揽子将当事人之间尚存的正在合肥中院审理的另10起同类案件一并调解结案，取得了良好的法律效果和社会效果，获得了双方当事人的一致赞许。双方当事人不约而同地送来了锦旗，称赞法官"怀爱民之心，办利民之事"，"青天有鉴，彰显法律威严"，"司法为民，创建和谐楷模"。四是注重能动司法，延伸审判职能。紧紧围绕加快转变经济发展方式和国家技术创新工程试点省、合芜蚌自主创新综合配套改革实验区、皖江城市带承接产业转移示范区的重大决策部署开展工作，注意研究"两区一省"建设中知识产权司法保护问题，增强服务大局的针对性、有效性和主动性，为我省转型发展、开放发展、创新发展提供法律服务。如省高院组织开展皖江城市带示范区企业知识产权保护专题调研活动，形成相关调研分析报告，出台《关于为皖江城市带承接产业转移示范区建设提供司法保障和服务的指导意见》，积极开展专利、商业秘密司法保护等专题调研，形成了《安徽法院关于专利侵权案件审判工作情况的报告》、《关于商业秘密司法保护情况的调研报告》。合肥、芜湖、淮北、蚌埠等中院组织开展了知识产权法官进企业、进学校、进社区、进机关、进园区的"五进"活动。合肥高新区法院针对网吧案件激增的新情况，召开"加强知识产权保护、促进网络文化发展"座谈会，邀请司法机关、公证机构、维权公司和网吧经营者及新闻媒体参加座谈，就网络信息传播权案件处理过程存在的焦点问题交换意见，探讨网吧规范经营模式，推动规范信息网络传播行为，促进网吧群体产业的良性发展。省高院、合肥中院与省农委联合举办全省种业知识产权保护工作座谈会，围绕企业和科研单位在种子知识产权的创造、管理、运用、保护等问题展开探讨，提高种业知识产权的保护意识、保护能力和保护水平。

二、强化机制创新意识，在提升质效中树立司法公信

全省法院不断强化工作机制创新意识，不断完善审判机制，办案质效和司法公信力稳步提升。一是优化知识产权案件管辖布局。2011年经报请最高人民法院批准，先后指定蚌埠市禹会区、芜湖经开区法院作为第一审法院，审理发生在其辖区内的标的额50万元以下的一般知识产权民事案件。二是完善知识产权专家咨询员制度。省高院在建立知识产权专家咨询员制度的基础上，进一步完善知识产权专家咨询员制度，于"4·26"世界知识产权日举行知识产权专家咨询员聘请仪式，新聘请了10名专家咨询员。这10名专家咨询员是由省人大、省政协和省知识产权行政管理部门精心挑选推荐的，所研究的专业涵盖面广，涉及物理、化学化工、生物医药、计算机网络、环境科学与工程、机械及成套设备、工程设计、作物栽培与遗传育种、美术创作、艺术摄影等领域。其中有些同志是省人大代表、省政协委员，有些同志是大学教授、博士生导师。三是完善裁判文书上网工作机制。省高院召开全省法院知识产权司法公开座谈会，建立信息员制度，确定专人负责；实施上网情况定期通报制度，加强上网工作的监督和管理，提高文书的上网数量、上网比率。四是大力推行"精品案例工程"。全省法院知识产权案件在数量上与发达地区有较大差距，要实现知识产权审判跨越发展，无法采取常规的发展模式，不能以量取胜，只能以质取胜,以精取胜。针对近年来涉及视频网站、网吧等网络著作权侵权案件的大幅上升,为规范网络著作权侵权案件的审理,统一执法标准,省高院就此类案件难点、热点及存在的问题进行专题调研,并采取多种形式加强业务指导。

三、强化司法公开意识,在延伸职能中扩大办案效果

全省法院高度重视司法公开工作,丰富拓展司法公开的载体和途径,大力推进阳光司法,注重延伸审判职能,不断创新服务举措,切实弘扬司法民主,更好的满足人民群众的知情权、参与权和监督权。一是利用“4·26世界知识产权日”这个平台加强宣传,注重以司法案例这一生动的“活法”引导社会公众提高知识产权司法保护意识,通过“网、电、会、展、刊、报”等多种渠道和载体,建立起立体化知识产权司法保护宣传模式。在每年的知识产权宣传周期间与知识产权行政执法部门联合举行新闻发布会,发布年度全省十大知识产权民事审判案件等。二是按照最高法院的统一部署和要求,积极组织开展“加强知识产权司法保护、促进经济发展方式转变”年度主题活动。三是健全完善知识产权案件司法公开机制,不定期选择有影响的知识产权案件,邀请人大代表、政协委员、专家咨询员等代表性人士和组织高校学生等旁听案件庭审或网络直播案件庭审,自觉接受社会监督,增强司法公开性与公信力。四是编印《安徽知识产权审判》交流资料,及时反映全省知识产权审判动态,并以此为载体,加强与兄弟法院和省知识产权行政执法部门的交流。

四、强化以人为本意识,在创先争优中激发队伍活力

全省法院以开展创先争优活动为主线,以提审队伍素质为根本,以推进公正廉洁司法为重点,以提高司法能力、转变司法作风为目标,从严抓好队伍教育和管理,进一步激发知识产权法官开拓奋进、干事创业的精神气,提升“为大局服务、为人民司法”的能力和水平。一是大力加强思想政治建设。深入开展“发扬传统、坚定信念、执法为民”主题教育实践活动,积极探索贴近干警思想、工作、生活实际的教育方法,确保队伍的正确政治方向。二是扎实推进反腐倡廉建设。认真开展“以人为本、执政为民”主题教育活动,加强示范教育、警示教育和岗位廉政教育,开展廉政谈话,着力营造廉荣贪耻、风清气正的司法氛围;认真落实党风廉政建设责任制,严格执行“四个一律”、“五个严禁”和“五条禁令”等规定,构建廉政风险防控机制,对审判各个环节可能存在的廉政风险点进行全面排查,提出有针对性的防控措施,增强反腐倡廉实际成效。三是着力提升法官专业素养。把基础性学习、应用性学习和前瞻性学习有机结合起来,把学习理论、学习业务和学习各种新知识结合起来,努力拓展学习领域、丰富学习内容,实现学习知识、推进工作和促进法官全面发展的有机统一。

福建法院2011年度知识产权司法保护工作总结

一、审判工作基本情况

2011年，全省法院共受理各类一、二审知识产权民事案件2262件，审结2144件。受理知识产权行政案件18件，审结18件。受理各类知识产权刑事案件136件191人，审结101件130人。“双打”专项行动期间（2010年10月至2011年6月），全省法院共受理专项案件221件321人，涉案金额22,583.50874万元；已开庭审理专项案件185件258人，涉案金额17,266,264,14万元；判决生效案件151件221人，其中被处五年以上有期徒刑的有28人，重刑率为12.67%。

二、工作亮点

（一）全面探索调解工作的新机制

一是对群体性和系列案件采取全员参与、全程调解。如福州中院在审理某网吧侵犯著作财产权纠纷系列案件中，针对案件当事人多涉及面广、部分被告抵触情绪强烈、社会影响大的特点，法院在庭前、庭中、庭后结合案情发展做好稳控，及时疏导当事人情绪，并适时、深入地开展矛盾化解工作，最终促成这一系列案件的成功调解。二是充分发挥专家调解员、人民陪审员、行业协会、诉讼代理人等社会资源参与调解的作用，构筑大调解格局。福州中院在审理××软件著作权纠纷侵权系列案件时，为避免法官计算机软件专业知识的缺乏导致调解工作缺乏说服力，特别邀请福州大学精通计算机软件和法学知识的教授参与调解，通过专家调解员对技术问题和侵权事实的准确分析和耐心解释，消除侵权人的疑惑，取得了良好的社会效果，并最终促成了双方和解。三是注重发挥诉讼调解对知识产权成果转化的促进作用。在依法保护权利人合法权益的同时，注重结合具体案情，促使权利人与被控侵权人就涉案知识产权成果的使用达成合作协议，最大限度地促进知识产权成果的转化、传播和利用，实现知识产权社会效益的最大化。2011年，全省知识产权民事案件一审调解、撤诉率达55.85%，二审调解、撤诉率达36%。

（二）健全知识产权案件专家辅助人制度

为建立一个全省适用的知识产权审判技术专家库，为知识产权案件专业技术问题提供长期稳定的智力支持，提升知识产权审判质量。省法院在1999年建立的知识产权特聘专家库的基础上进行完善和补充。经过严格挑选，聘用了来自机械、计算机、通讯、化工、医药等11个专业领域的42名专家。并为了规范技术咨询专家选任、使用和管理工作，在充分考虑我省知识产权审判工作的实际特点并听取多方面的意见后，制定了《关于知识产权审判技术咨询专家管理办法（试行）》。

（三）建立知识产权司法保护与行政保护良性互动长效机制

2010年厦门中院与该市六行政机关联合制定了《关于建立知识产权司法保护和行政保护良性互动机制实施意见》，实施以来取得了良好成效。一是定期召开联席会议，实现了信息沟通交流的常态化。通过联席会议对知识产权司法审判和行政执法工作的成效进行总结交流，对互动机制具体实施中的问题以及司法审判和行政执法中知识产权保护的共性问题进行研究探讨，以及时作出应对。二是司法建议出成效。该院曾就案件审理过程中发现厦门星级酒店购物场所普遍存在销售假冒知名品牌商品的现象，向工商部门发出加大行政执法力度，促使经营者整改的司法建议。全市工商局根据该司法建议开展了“全市星级酒店宾馆购物场所售卖假冒名牌商品行为”专项整治行动，切实维护了厦门城市形象。

(四)充分发挥人民陪审员的作用，提高参审率

为进一步提高人民陪审员的审判能力，全省法院十分注重对人民陪审员的培训工作，通过发放学习资料、以案析法剖析实务问题等方式，不断提高陪审员的审判水平。如福州中院民三庭人民陪审员 2011 年参与审理案件 220 件，占案件总数的 45.6%，大大超过上级法院要求的 20% 的参审率。审结一审知识产权案件 205 件，调撤 174 件，人民陪审员参与达成调解的占总调撤数的 59.2%，均为历史同期最高水平，充分体现了审判的人民性。

(五)坚持服务型司法、主动性司法，树立关口前移、源头治理的理念

全省法院坚持大力推进审判延伸工作，深入开展“司法大走访”活动。一是选择典型案件进行巡回审判，既方便了当事人诉讼，又起到了普法作用。二是走访我省高新技术重点企业，听取企业的知识产权保护情况，了解企业需求，要求企业进一步树立知识产权保护意识和规则意识，提高竞争力。三是召开企业座谈会，认真听取企业对知识产权司法保护的需求。通过召开座谈会，及时发现企业对知识产权保护存在漏洞，及时提出司法建议，提高了企业对知识产权创造管理运用和保护意识。通过开展巡回审判、企业座谈会和司法大走访活动，最大限度满足人民群众日益增长的司法服务需求和化解矛盾、定分止争的目标。

(六)加强法制宣传活动，提高知识产权审判社会影响力

全省法院切实加强知识产权司法宣传，扩大审判影响，增强公众认同感，增强全社会知识产权保护意识。一是搞好知识产权宣传周活动。充分利用“4 · 26 知识产权宣传周”这个平台，开展主题鲜明、内容丰富、声势较大的纪念活动。如选择典型案例通过校园公开审理、网络庭审直播、报刊登载等方式进行以案析法，加强普通民众和在校学生对知识产权相关法律法规的了解。与知识产权行政执法机关联合开展义务法律咨询活动，设置现场法制服务点，向社会公众宣传知识产权保护，发放宣传手册，并为现场群众答疑解惑。二是扎实做好裁判文书和审判信息上网工作，所有已结案件的法律文书均及时在“中国知识产权裁判文书网”上公开，方便公众查阅，接受社会监督，增进司法透明。积极向“福建法院网”提供典型案例和重要审判信息，引导社会公众对知识产权审判的关注和认同。及时将与知识产权司法保护有关的规范性指导意见等，通过网络、新闻发布会以及其他媒体向社会公开，让公众充分了解司法裁判尺度，增强司法的可预见性。省法院在“双打”期间向最高法院报送的福州金伏宋假

冒注册商标案被最高法院选取作为首批六起侵犯知识产权和制售假冒伪劣商品的典型案例之一予以公布，有效地震慑了犯罪分子，教育了人民群众。

江西法院2011年度知识产权司法保护工作总结

2011年，全省法院知识产权庭认真贯彻最高人民法院的工作部署，以开展“审判管理年”活动和“人民法官为人民”、“发扬传统、坚定信念、执法为民”等主题教育实践活动为契机，深入推进“三项重点工作”，着重加强知识产权案件的审判管理，提高案件审理质效，妥善化解民事纠纷，为全省经济社会科学发展作出了积极贡献。

一、履行审判职能，努力实现公正高效司法

2011年全省各级法院知识产权庭共新收和审结知识产权民事一审案件429件和387件（含旧存），全年共新收和审结知识产权民事二审案件56件和57件（含旧存）。在案件数量显著增加的同时，全省法院坚持质量和效率并重，做到均衡结案、程序规范，坚持“调解优先、调判结合”，注重辨法析理，努力实现案结事了。

采取措施解决技术事实认定难题。省法院知识产权庭针对知识产权案件技术问题较多且专业性较强的情况，确立了技术事实查证走访制度，就案件涉及的专业技术问题向相关单位进行咨询了解。南昌高新技术产业开发区法院邀聘专家型特约陪审员参与一审知识产权案件的审理，既充分发挥专家的技术专长，弥补法官专门知识的不足，解决了技术事实认定的难题，又满足了社会公众作为陪审员参与知识产权案件审判的司法需求。南昌市知识产权局副局长魏运宇作为该院聘任的首位专家型陪审员，自受聘以来，充分发挥专业优势，共参与审理知识产权类案件13件。该院拟聘任更多领域的专家学者参与知识产权审判，建立专家型人才储备库。

加大对陶瓷特色产业的司法保护。陶瓷是景德镇立市之本，称都之源。景德镇中院注重加强陶瓷著作权司法保护，提升陶瓷文化软实力，促使陶瓷文化在知识产权机制保护下获得保存、使用、创新和发展。通过对“景德镇”、“龙珠阁”等驰名商标案件的审判，加强商标权司法保护，维护商标信誉，有力促进自主品牌的形成和品牌经济的发展。

二、强化职能延伸，服务经济社会发展大局

我省自2009年年底建设鄱阳湖生态经济区上升为国家战略之后，它在当前和今后很长一段时间内成为全省工作的重点。全省法院知识产权庭通过对企业进行走访座谈延伸审判职能，服务大局，为全省经济社会发展提供更为优质的司法保障。

召开企业座谈会开门纳谏。10月28日，省法院、南昌中院、南昌高新法院、南昌经开法院三级法院的知识产权法官与企业代表共46人进行了座谈，并认真听取了与会企业代表就加强知识产权司法保护提出的意见和建议以及存在的困难,并对全省法院知识产权法官提出要依法公正办理每个案件,切实肩负起严厉惩处侵权者、充分保护权利人的重任,认真发挥司法保护知识产权的主导作用的要求。

主动走访企业提出建设性方案。为帮助企业加强知识产权的保护与利用意识,积极应对知识产权纠纷,同时也让企业更加了解和支持知识产权审判工作,省法院知识产权庭先后到公司进行走访,对企业加强自身知识产权的运用、管理,积极发挥品牌效应,争取广阔经济价值空间,以及面对侵权行为时,如何更好地进行保护,如何充分运用自我救济途径和司法保护途径,提出了一些建议。萍乡中院针对该市企业知识产权意识滞后,维权、侵权概念模糊不清的状况,充分发挥司法能动作用,走访了该市多家最具代表性的企事业单位、行业协会及相关行政管理部门,形成了《萍乡市知识产权司法保护状况》,从企事业单位、行政管理和司法保护及发挥政府的引导和协调作用等方面,提出了促进萍乡知识产权保护及发展的建设性意见。

三、加强调查研究,提高理论与实务水平

大力开展调研工作,获得较好的调研成果。省法院知识产权庭针对全省知识产权审判队伍建设状况开展调研,形成并发表了"关于加强全省法院知识产权审判队伍专业化建设的调研报告"的调研文章,撰写《两岸知识产权审判体制改革的比较研究》,参加福建高院主办的海峡两岸知识产权座谈会。萍乡中院注重加强专业审判的调研工作,撰写并已发表的知识产权方面的国家级、省级和市级调研文章15篇,其中"加强知识产权保护,探求萍乡优势产业机制创新之路"一文荣获全市法院2011年度论文大赛第一名。新余中院知识产权庭为充分发挥司法职能,加强知识产权司法保护水平,进一步深化该市"国家知识产权示范城市"创建工作,对近年来该市知识产权司法保护的情况进行了调研,通过实地考察、走访和座谈的形式,了解到该市知识产权拥有情况、知识产权司法保护过程中遇到的主要困难等,并就如何紧密结合知识产权审判职能,为企业自主创新、服务经济发展提供有力的司法保障展开了积极的探索,形成了《关于我市知识产权司法保护的调研报告》,得到有关方面的充分肯定。

四、加大宣传力度,提升知识产权保护的社会影响

积极开展系列宣传活动。3月,景德镇中院知识产权庭与市电视台就知识产权保护情况、知识产权保护基本知识,维权方式和技巧等问题联合录制了一期节目,播出后获得了很好的社会反响。"4·26世界知识产权日",全省法院知识产权庭开展各种宣传活动。省法院知识产权庭与南昌中院、南昌高新、经开区法院三级法院共20多名从事知识产权审判工作的法官,与省工商局等部门联合开展了知识产权法律宣传和法律咨询活动,解答群众法律咨询80多人次,发放宣传资料200余份,并在江西政法网、中国保护知识产权网和光明网上同时登载《江西三级法院开展知识产权法律宣传活动》通稿,收到了良好的社会效果。《新法制报》等媒体对此进行了大篇幅的报道。省法院知识产权庭喻德红庭长还就我省知识产权司法保护的情况接受了南昌电视台的采访。景德镇中院知识产权庭走进国贸大市场、中国陶瓷城等陶瓷经营市场,向陶瓷经营者及过往群众提供知识产权问题法律咨询服务，发放由法院编撰的《知识产权维权指南》，有效地提升了社会公众对知识产权保护的认识度和维权意识。这些宣传活动积极推动了尊重知识、崇尚创新、诚信守法的知识产权文化建设，努力营造了鼓励知识创新和保护知识产权的良好司法环境。

在各主流媒体上发表新闻报道。省法院知识产权庭在各大媒体发表多篇新闻报道，如2011年2月11日在大江网上登载"花2万元获'沼气'变'找气'受"；2011年3月22日《新法制报》上的"紫禁城影业取证两年方起诉"；2011年6月1日在《新法制报》上刊登文章"都是'王婆'为啥不准我卖瓜子?"；2011年7月25日《新法制报》上的"'江西开心人'状告'宜春开心'败诉"等，扩大江西知识产权司法影响力。充分发挥网络信息员的作用，及时将知识产权裁判文书上网公布，增加司法透明度和司法公信力。

公布知识产权典型案例。以4·26第11个"世界知识产权日"为契机，省法院知识产权庭通过《新法制报》、大江网等各类媒体发布了八大知识产权典型案例，并借助精彩的案例点评向广大群众生动讲解了相关法律知识。此次发布的八大案例，是从近年来各级法院审结的知识产权民事、刑事案件中挑拣选出来的一些品牌知名度高、影响力大的案件，分别为5件商标侵权及不正当竞争纠纷案件、2件著作权侵权纠纷案件和1件侵犯著作权罪刑事案件，案件涉及面广，涵盖到知识产权审判的各个领域，具有典型的代表意义。案例的公布充分体现了人民法院依法平等保护当事人权益的司法原则，进一步明确了一系列新型、复杂、疑难案件的裁判规则，是向社会展现人民法院加大知识产权司法保护力度、维护权利人合法利益的生动实践，形象地传播了知识权司法理念。

五、强化业务指导和培训，全面提升司法能力

做好发改案件研判工作。对于程序或者法律适用方面确有错误的上诉案件，坚决履行二审纠错职能，保障知识产权审判的公平公正，维护法律的权威。对发改案件进行分析研究，总结证据认定和法律适用方面的审判经验。

指导开展"三审合一"试点工作。为贯彻国家知识产权战略，响应国家加大对知识产权侵权惩处力度的号召，省法院拟在景德镇中院开展知识产权审判"三审合一"试点工作，指导景德镇中院对此充分调研，并对其制定的《关于在景德镇中院开展民事、刑事、行政"三审合一"的实施方案》进行指导并提出具体的修改意见。

加强学习培训。针对现在专利案件和新类型案件不断增多的情况，加强理论研究，创新学习方法，定期开展多种形式的业务学习、培训和研讨，及时更新知识产权法学理论知识。针对知识产权审判中的难点和重点问题，积极研究和探讨，不断丰富和总结知识产权审判经验。省法院民三庭派员赴北京参加全国法院知识产权审判培训班，就知识产权司法前沿理论问题开展研讨和交流。通过自学、个别讨论、庭务会集体学习等多种方式加强学习，不断提升专业素养和理论水平，不断巩固和更新自身法学理论知识结构，丰富和总结审判工作经验。全省各级法院知识产权庭也积极参与最高院及省法院组织的各项培训，业务培训成效显著，学习交流活动持续推进，知识产权司法能力有了大幅提高。

山东法院2011年度知识产权司法保护工作总结

2011年是全省法院知识产权专业化审判十周年。山东法院知识产权审判工作在总量不断加大的情况下,全面向好,良性发展,为经济社会又好又快发展提供了有力的知识产权司法保障,得到有关方面的充分肯定和高度评价。

一、突出抓好执法办案,审判工作有新进展

一年来,全省法院坚持以执法办案为第一要务,依法履行审判职责,知识产权案件受案数量在多年高位运行的基础上持续增长,结案率、调撤率和案件质量均创下历史新高,司法保护知识产权的主导作用得到进一步发挥。

一是审理案件数量多。2011年,全省法院新收一审知识产权案件3927件,审结3767件,同比分别增长52%和45.3%,其中,新收专利案件518件,比上年增长61.87%;商标案件2024件,比上年增长96.7%;著作权案件1165件,比上年增长11%;技术合同案件59件,与上年持平,竞争案件75件,比上年下降17%。受理各类诉前临时措施案件112件,全部审结,受理涉外一审知识产权案件455件,审结432件,同比分别上升258%和257%,增长迅猛。省法院受理二审知识产权案件236件,审结253件。全省法院知识产权审判工作效率进一步提高,一审案件结案率达到96%,同比提高5个百分点,调撤率达到72.3%,同比提高0.7个百分点,均创历史新高。

二是审理案件效果好。今年以来,全省法院妥善处理了一批在全国范围内有重大影响的案件,受到社会广泛关注。全省法院在审理这些案件过程中,注重法律效果,努力将疑难复杂案件办成和谐案。如省法院受理的山东省首例反垄断纠纷案件,涉案标的额2亿元人民币,经法院主持调解后原告撤诉;东营中院受理的某发明专利侵权系列案,涉案标的1300余万元人民币,当事人双方在诉讼中达成"一揽子"调解协议。省法院民三庭坚持"加强保护、注重利益平衡,引导各方共赢"的审判理念,二审调撤率达到52.4%,同比提高了18个百分点。2011年8月,《山东法制报》以"法槌敲出和谐音"为题,报道了省法院在知识产权审判调解工作中取得的突出成绩。这些案件的成功调解不仅解决了当事人的诉累,而且在社会上产生了非常好的反响,使知识产权审判工作日益赢得社会公众认同。

三是审理案件质量高。2011年,山东法院审理的北京百度与联通青岛公司不正当竞争一案入选"2010中国法院知识产权司法保护10大案件";株式会社京滨与福建友力公司"K星"著作权纠纷等三起案件入选2011年"中国法院知识产权司法保护50件典型案例"。以上案例均入选全省法院《案例参阅与指导》，成为知识产权精品案典范。

二、突出抓好审判管理，司法水平有新提升

省法院民三庭强调以制度为保障，向管理要绩效，多措并举，不断提升知识产权司法水平，成为今年的工作亮点之一。

一是加强政策指引，指明发展方向。省法院民三庭注重研究解读最高法院有关知识产权审判的最新司法政策，并及时传达到各中级法院。同时，根据领导的批示，出台了《关于贯彻落实领导批示精神进一步加强知识产权审判工作的指导意见》，为全省法院的知识产权审判工作指明了方向。

二是完善研判分析制度，加强案件态势分析和调度。省法院民三庭坚持每半年对全省法院一审案件收结案运行态势和二审发改案件进行分析，增强对全省法院知识产权审判工作监督指导的针对性和有效性。

三是强化调度职能，加强大案要案的协调机制。全省法院实行知识产权重大案件和关联案件协调制度，及时掌握审判动态，统一裁判标准，维护法院司法的权威性。

四是建立专家咨询制度。今年4月，省法院与省科协签署了知识产权司法保护合作备忘录，并聘请了11名以两院院士为主的首批特邀科学技术咨询专家，制订了《山东省高级人民法院特邀科学技术咨询专家工作办法》，以充分发挥专家们在技术指导、促进调解和决策参考等方面的作用。

五是完善知识产权考核机制。充分考虑知识产权案件特点，及在改判原因、中止诉讼等方面的特殊性，科学设置考核指标，合理制定考核办法，调动和保护全省知识产权法官的工作积极性。

六是发布《知识产权审判要情》，开辟网站专栏。今年，根据工作需要，省法院民三庭共编辑发布三期《知识产权审判要情》，在第一时间公布了全年工作要点、半年态势分析、二审发改分析、知识产权白皮书、知识产权十大案件、关联案件审理等多个工作文件和各种审判信息，在省法院网站主页上开辟专栏，便于领导同志和全省各级法院及时掌握审判工作动态。

七是推行裁判文书上网和公开庭审制度，促进司法公开。山东法院因知识产权裁判文书上网工作开展较好，今年4月，在全国法院知识产权司法公开座谈会上做了典型经验介绍。全省法院还定期邀请人大代表、政协委员和社会各界人士旁听知识产权案件庭审，增强司法的公开性和透明度，不断促进司法公开。省法院民三庭始终坚持以“精细化管理、精品案审判”为主线，全面提升办案的质量、效率和效果。

三、突出抓好调研宣传，切实促进社会管理创新

省法院民三庭既注重通过开展调研把握工作规律、提升工作水平，又注重通过宣传扩大影响、争取支持，积极寻找司法保护促进经济社会发展的结合点，加强和创新社会管理。

一是司法建议工作取得实效。去年，省法院民三庭针对网络著作权审理中发现的公证问题，向省司法厅和公证协会提出司法建议，今年3月，省司法厅邀请省法院在“第九届齐鲁公证论坛”上授课，并在充分听取建议的基础上，下发专门意见进行规范。该司法建议在山东省法院系统首届司法建议评选中荣获一等奖。

二是密切关注各类可能危及经济社会发

展的法律风险,有针对性地开展调研工作。今年省法院民三庭承办了关于“商业秘密保护与人才流动”的全省重点调研课题,深入企业进行座谈,就企业如何在保护商业秘密和促进人才流动之间寻求平衡与共赢进行了调研,形成了高质量的调研报告。

三是注重发挥知识产权司法保护的教育引导功能。通过依法保护社会创新行为,打击制裁违法侵权行为,向市场主体和社会各界宣传法律、确立规则、树立导向,特别是依托“4·26”世界知识产权日宣传周、知识产权互联网站等平台,借助传统媒体和新兴媒体,充分展示全省法院知识产权司法保护成果,大力宣传知识产权司法保护的意义、司法政策和工作成绩,使知识产权意识深入人心。

四是积极参加知识产权行政主管部门的活动,扩大社会管理创新维度。今年省法院参加了省版权局举办的“纪念著作权法实施20周年座谈会”,省工商局举办的“全省加强企业字号(商号)管理和保护座谈会”,省知识产权局召开的全省纪念《山东省知识产权促进条例》实施一周年座谈会等活动,宣传了全省知识产权司法保护工作,拓展了参与社会管理创新的渠道和维度。

五是多角度、全方位做好宣传工作,营造知识产权司法保护良好氛围。今年,为纪念山东法院知识产权专业化审判十周年,省法院精心制作了《奋斗的足迹　辉煌的历程》纪念画册,并精选出有代表性的50篇精品案例编撰了《创新与保护——山东法院知识产权专业化审判十周年案例精选》一书,充分展示山东省知识产权司法保护成果。

2011年,全省法院充分认识法院工作与加强社会管理创新的密切关系,遵循社会管理的基本原则,不断更新司法理念,注重调研成果转化,为加强和创新社会管理提供了良好的司法保障。具体包括有:济南中院的《加强知识产权审判促进商标战略实施的工作意见》,莱芜中院的《为高新技术自主创新行动提供司法保障和法律服务的意见》,枣庄中院的《关于强化精品意识,提升知识产权审判为城市转型服务水平的调研报告》,济宁中院的《能动司法、多措并举、促进济宁创新经济发展》。青岛中院还被最高法院设立为全国5个“中国知识产权司法保护调研基地”之一。

四、突出抓好队伍建设,确保队伍素质良好

知识产权审判工作具有很强的政策性、法律性和外向性,建设一支专业化的法官队伍至关重要。

一是加强政治思想建设和司法文化建设。按照最高院和省法院的部署,深入开展“为大局服务、为人民司法”主题实践活动和“发扬传统、坚守信念、执法为民”的教育实践活动,加强社会主义法治理念教育,引导全庭人员树立“公正、廉洁、为民”的司法核心价值观。

二是建设学习型庭室。省法院民三庭在每周一对全庭工作进行总结调度的基础上,针对知识产权审判中的难点重点问题,结合新出台的司法解释等,开展学习沙龙活动,不断提高全庭人员的业务素质。

三是强化队伍廉政建设。认真落实“五个严禁”和全国政法工作会议提出的“四个一律”,增强反腐倡廉的自觉性,加强和完善庭内监督制度,树立和维护知识产权法官的良好形象。

今年以来,民三庭在省法院2011年绩效考评中,在四个民庭中名列第一,连续五年被评为先进集体。《人民法院报》和《山东法制报》分别以“山东知识产权专业化审判呈现‘两高两低’——省长姜大明要求为建设经济文化强省提供有力司法保障”和“法槌敲出和谐音”为题报道山东知识产权司审判工作。民三庭荣获省直机关“三八红旗集体”荣誉称号。《法制日报》、《大众日报》、《审判周刊》、山东电视台,齐鲁电视台等20余家新闻媒体多次正面宣传山东知识产权司法保护的新成就。

2011年是山东法院知识产权审判极为重要的一年,12月,省法院成功召开全省法院知识产权专业化审判十周年纪念大会暨知识产权审判工作座谈会,印制了《山东法院知识产权专业化审判十周年纪念画册》、编纂了《山东法院知识产权专业化审判十周年案例精选》、发布了《山东法院知识产权专业化审判十周年巡礼》等。

河南法院2011年度知识产权司法保护工作总结

2011年,河南省两级法院在最高人民法院的监督指导下,紧密围绕国家工作大局、中原崛起和河南振兴的总体战略,不断增强大局意识、责任意识,认真履行知识产权审判职责,各项工作都取得了一定进展。

一、全年受理案件基本情况

1. 案件办理情况

	受理	审结	调撤	调撤率
一审	1681	1450	1130	78%
二审	104	99	31	31%
合计	1785	1549	1161	75%

2. 案件特点

一是案件数量持续增长。全省法院共新收和审结知识产权民事一审案件1453件和1450件,比上年增长21.39%和22.99%。其中,新收专利案件238件,比上年增长73.72%;商标案件384件,比上年增长32.87%;著作权案件665件,比上年增长7.61%;技术合同案件19件,比上年增长5.56%;其他知识产权案件147件,比上年增长8.89%。全年共新收和审结知识产权民事二审案件105件和99件,分别比上年增长52.17%和20.73%。

二是随着创新型国家建设进程的加快,对自主创新成果的保护需求日益增强,专利、植物新品种等涉及技术纠纷数量大幅上升。涉案技术的含金量越来越大,对审判进程和裁判结果的关注度越来越高。

三是随着企业创造和保护自主品牌意识的明显增强,涉及商业标志的争议越来越多。涉及知名企业的重要品牌的案件明显增多;商业标志类权利冲突纠纷持续增多,案情复杂,社会关注程度极高。

四是全省著作权案件总数从前几年的大幅增加改为近两年的基本稳定,但网络成为版权保护的主战场,加强版权保护与促进新商业模式发展的利益平衡空前重要。由于互联网以及网络技术的发展,行为人经营方式的改进,新情况、新问题层出不穷。

五是民、刑交叉案件有所增多。这些案件一般是刑事判决生效后,权利人再提起民事诉讼。

六是全省法院积极贯彻国务院《关于支持河南省加快建设中原经济区的指导意见》,加强涉文化领域知识产权保护力度,为中原文化影响力的提升,地方剧种、传统手工艺大发展提供强有力的司法保障。

二、知识产权审判工作的主要做法

(一)认真履行宪法和法律赋予的审判职责,充分发挥司法保护知识产权的主导作用,坚持执法办案为第一要务,精心审理各类知识产权案件

知识产权民事案件的审判质量不断提高。全省中院法院知识产权民事案件一审上诉率从 2010 年的 5.85% 上升到 2011 年的 7.24%,但上诉案件改判发回重审率从 2010 年的 13.04% 大幅下降到 2011 年的 7.62%。

我们将部分植物新品种案件放在种子批发市场开庭,进行宣传教育;涉及网吧、卡拉OK 经营者著作权案件中,我们酌定赔偿数额注意公平合理,平衡当事人的利益,起到规范经济行为的作用。

调解力度不断加大,努力尝试新的调解思路和方式。如在审理某著作权纠纷案时,我们利用现代网络通讯技术,使洛阳、北京、上海的三方当事人在未直接见面的情况下达成并签署和解协议,纠纷得到圆满解决。

司法保护透明度不断提高。全省法院在坚持依法公开开庭审理的同时,还通过媒体、网络等形式及时向社会公开生效裁判和发布审判信息,发挥司法保护的导向作用。一是选择典型案件,深入到大学校园、工厂车间等地开庭,宣传法律,提高全社会知识产权保护意识;二是不定期邀请人大代表、政协委员以及廉政监督员等旁听案件审理,认真听取他们的意见和建议,主动接受监督;三是根据最高法院和省法院的要求,将知识产权裁判文书全部上传到“中国知识产权裁判文书网”和河南法院网。

(二)贯彻落实国家知识产权战略和国务院《关于支持河南省加快建设中原经济区的指导意见》,坚持知识产权审判领域的改革创新,服务党和国家工作大局

全省法院在审理案件过程中,切实增强服务大局的使命感,全面落实中央、省委关于加强知识产权保护、加快建设中原经济区的部署和要求,为我省建设全国小麦、玉米育种创新基地、全国重要油料和果蔬花卉生产基地提供司法保障。河南法院近年来审理的植物新品种纠纷案件总数居全国第一,占全国的近三分之一。

积极探索“三审合一”的审判模式。目前,省法院、省检察院、公安厅已会签《关于我省开展知识产权“三审合一”试点工作中刑事司法保护若干问题的意见(试行稿)》。省法院已同意《关于在河南法院开展知识产权民事、行政和刑事审判工作“三审合一”试点工作有关情况的报告》。2011 年元月,洛阳中院出台《洛阳市中级人民法院关于知识产权民事、行政和刑事审判“三审合一”工作的实施意见》,洛阳中院率先起动试点工作,目前已受理 1 件知识产权行政非诉执行案件。

建立与知识产权有关部门的沟通、协调机制。省法院注意加强与版权、工商、知识产权等管理部门的联系,形成知识产权保护的合力。主动加强同各知识产权保护部门的沟通合作和信息交流,积极配合有关单位开展

"4·26知识产权保护专项行动"等活动。

（三）统一知识产权案件处理尺度，加强相关业务指导

出台指导意见，统一执法尺度。省法院根据审判工作需要，不断加强知识产权疑难问题的调查研究，及时出台一系列指导意见，使全省法院对某一类案件的审理有了具体明确的依据。2011年7月21日，我们召开全省法院知识产权审判工作新问题研讨会。通过会议讨论交流，各中院就著作权侵权纠纷案件审理中遇到的新情况新问题进行了充分的交流和沟通，对以后审理同类案件特别是系列案件有了全面的了解，对目前较集中的几类案件的诉讼主体、侵权行为认定和侵权赔偿标准等形成了共识，省法院会后印发了《全省法院知识产权审判工作新问题研讨会纪要》。

（四）加强知识产权法官队伍建设，知识产权法官队伍整体素质有新提高

省法院积极组织参加最高人民法院举办的会议研讨和培训班，郑州中院与国家知识产权局专利复审委员会等知识产权专门机构建立人员长期交流机制，全省法官不断加强自我学习，知识产权司法能力有所提升。丁运长诉常照荣侵犯著作署名权纠纷案件被最高人民法院选定为全国50个典型案例之一，另有2个案例被最高人民法院编入《人民法院案例选编》。

坚持开展巡回办案，注重在改进知识产权司法作风上下功夫。为方便当事人诉讼，便于社会各界直观了解知识产权司法审判活动，河南法院知识产权法官根据知识产权审判专业技术性强、一般群众接触少的特点，继承和发扬"马锡五审判方式"，特别强调知识产权案件巡回审理，阳光审判，就地进行调解，强化社会及有关方面对知识产权司法保护的认知和认同，激发全社会的自主创新、和谐发展。

湖北法院2011年度知识产权司法保护工作总结

2011年，湖北法院紧紧围绕人民法院"三项重点工作"，认真贯彻落实《国家知识产权战略纲要》，充分发挥司法保护知识产权的主导作用，为建设创新型社会提供有力的司法保障。

一、依法公正高效审理案件，深入推进社会矛盾化解

2011年，湖北法院依法公正高效审理知识产权案件，继续加大知识产权保护力度，实现了案件受理数量的大幅增长。全省共受理知识产权民事一审案件2196件，案件受理数量同比2010年上升110.75%，结案率为94.0%；受理知识产权民事二审案件212件，同比上升143.7%，结案率为98.6%。2011年，湖北法院审理了一系列受到社会广泛关注的新颖、疑难、重大案件，其中，两起案件作为湖北法院依法保护知识产权的典型案件写入了2011年度湖北省高级人民法院的年度工作报告，受到了湖北省人大代表和社会各界的高度评价。湖北高院知识产权庭以创

"精品案件"为导向,多措并举加强审判管理,着力提高审判水平,"周黑鸭"一案被评为省高院"2011年度十大精品案件"之一,"手机通销售软件"技术合同纠纷一案的判决书被评为省高院"2011年度十大精品文书"之一。湖北法院坚持将"调解优先,调判结合"的原则贯穿到知识产权案件的审理全过程中,针对不同类型案件的特点,因案制宜地采取携卷下乡现场调解等调解方法,力争从源头上化解社会矛盾,全省法院取得了一审案件调解、撤诉率74.1%,二审案件调、撤率52.5%的好成绩。为提高调解效率、减轻当事人诉累,湖北高院知识产权庭多次赴孝感、黄石、宜昌等地区现场调解案件,得到了各方当事人的一致好评和大力支持,调解了数批群体性诉讼。武汉中院知产庭成功处理了41家网吧业主被诉网络侵权的群体性纠纷案件,武汉市网吧业主、网吧协会的代表将一面镶嵌着"公平正义、执法如山"八个大字的锦旗赠送给知识产权庭。

二、加强调查研究工作,为审判实践提供理论支撑

2011年,湖北法院知识产权庭在《人民法院报》、《知识产权报》、《科技与法律》等报刊上发表科研成果30余篇,有效地指导了全省知识产权审判实践。为切实发挥司法保护知识产权的主渠道作用,湖北高院知识产权庭课题组通过走访湖北省知识产权局、湖北省新闻出版局、湖北省工商行政管理局、湖北省公安厅等司法机关和行政主管机关,掌握了第一手的知识产权行政保护基本状况的材料,完成了《发挥司法保护主导作用完善知识产权审判工作——湖北省司法与行政"双轨制"保护知识产权状况的调研报告》,提出了加强知识产权司法保护的意见,指导全省法院加强知识产权司法保护工作。为加大保护力度,打击侵权行为,湖北法院在一些案件中,不仅判令侵权人停止侵权、赔偿经济损失,还根据具体案情,或判令侵权人变更企业名称,或判令侵权人销毁生产侵权产品的模具等专用设备,有效地从根源上剥夺侵权人再次实施侵权行为的能力。

三、积极开展法制宣传,唱响司法护权主旋律

在2011年4月26日国际知识产权日和"知识产权宣传周"来临之前,湖北高院集中宣判了一批具有重大影响的知识产权案件。宜昌中院连续三年召开4·26世界知识产权日座谈会暨报告会,2011年有15家知识产权行政执法部门、48家企事业单位和宜昌市法学会,三峡大学法学院,知识产权维权中心与服务机构等单位的代表200多人参加了座谈会。7月18日,湖北高院在中南财经政法大学模拟法庭公开开庭审理了"前列康"药品商标专用权案,该校200多名师生旁听了庭审,起到了良好的知识产权法制宣传效果。湖北法院注重发挥知识产权典型案例的示范效应,积极配合全国、全省各大新闻媒体和网站,对重大热点案件进行了广泛的宣传报道,以司法案例引导知识产权保护意识,规范与知识产权相关的市场交易行为。

四、积极创新审判机制,推进"三审合一"试点工作

针对湖北省经济发展地域差别大、知识产权审判发展不平衡的特点,湖北法院采取了因地制宜的试点模式,即在武汉地区由武汉中院下辖的江岸区人民法院集中受理全武汉市的知识产权一审刑事案件、行政案件和江岸区辖区内的一般知识产权一审民事案件，在宜昌等地区将全市的一审知识产权刑事和行政案件提级到中院集中审理。2011年，湖北高院知识产权庭公开开庭审理了某假冒注册商标罪刑事附带民事诉讼一案，该案的审理受到了《人民法院报》等新闻媒体广泛关注和报道。经过湖北三级法院的试点，知识产权“三审合一”审判模式体现出了资源配置的合理性、法律适用的专业性、级别管辖的稳妥性和裁判结果的一致性等优势，具备了进一步推广实施的条件。

湖南法院2011年度知识产权司法保护工作总结

2011年是国家实施“十二五”规划的开局之年。一年来，全省法院在知识产权审判中深入贯彻落实科学发展观，紧紧围绕党和国家工作大局，将执法办案作为第一要务，突出审判重心，依法审理各类知识产权案件；强化审判监督和业务指导，积极妥善应对知识产权审判工作中面临的新情况、新问题，努力维护知识产权法律适用的统一；加强诉讼调解，实现案结事了，较好地完成了各项知识产权审判任务，司法保护知识产权的主导作用得到进一步发挥，为促进经济社会又好又快发展提供了有力的司法保障。

一、依法公正高效审理案件，民事审判在知识产权司法保护中的主渠道作用得到有效发挥

2011年，全省法院在知识产权案件增幅显著，新类型案件增多，事实认定和法律适用疑难问题不断出现，案件审理难度大的情况下，坚持以执法办案为第一要务，充分发挥知识产权审判职能作用，**公正高效审理了各类知识产权案件**。一年来，全省法院新收和审结知识产权民事一审案件1059件和1000件，同比分别增长了80.4%和83.2%，知识产权民事一审案件首次突破了千件。共新收和审结知识产权民事二审案件122件和102件，同比增长了76.8%和47.8%。新收的一审案件中，专利权案件108件，商标权及不正当竞争案件229件，著作权案件699件，植物新品种案件2件，商业秘密案件2件，技术合同案件12件，其他知识产权案件7件。实行知识产权刑事、民事、行政案件统一由知识产权庭审理的试点法院长沙中院受理知识产权行政案件18件，案件增长幅度大。重大、疑难、影响面广的专利案件和涉及网络的著作权侵权案件数量仍然不断增加，审理了包括侵犯“拉菲”葡萄酒商标专用权及不正当竞争案在内的一批社会关注度高的案件，民事审判在知识产权司法保护中的主渠道作用得到进一步发挥。坚持调解优先、调判结合的原则，努力实现法律效果和社会效果的统一。全省知识产权民事案件一审调撤率达到了73.4%，同比上升了19.9个百分点。**审判质量和效率有所较高**。审结的1000件一审案件中，上诉的案件为122件，上诉率与去年基本持平；上诉的案件中，改判或发回的案件只占了上诉案件的7%。为了提高案件审判效率，对权利人给予及时保护,法院对原告相同、侵权方式类似、大部分被告代理人相同的案件,在征得当事人同意的情况下,将关联案或系列案合并进行庭前证据交换、开庭审理,并按作品种类确定个案审理顺序,统筹安排,使案件审理紧凑有序,实现了案件的快审快结。

二、强化制度创新和能动司法,服务党和国家工作大局成效明显

全省法院以知识产权审判工作为基础,找准积极服务科学发展、服务党和国家工作大局的切入点,能动司法的能力有了明显提高。**继续创新符合知识产权司法审判规律的工作机制。**知识产权审判庭集中审理知识产权民事、行政和刑事案件的试点工作有效推进,在长沙中院实行了知识产权刑事、民事和行政案件统一由知识产权庭审理的试点工作的基础上,长沙市岳麓区法院知识产权庭审理了第一起知识产权刑事案件,为进一步规范知识产权刑事、民事和行政案件的裁判标准,适应知识产权司法保护的专业化积累了更多的实践经验。不断探索并完善技术鉴定、专家证人、专家陪审员等诉讼模式,解决知识产权审判中的技术问题,取得了较好的效果。今年,省高院与省科协签署了知识产权司法保护合作备忘录,在省科协的支持下,从材料、农业、机械、药理、信息通讯、计算机、建筑等领域聘请了13位科学技术咨询专家,为知识产权案件的技术事实查明提供智力支持,这为我省法院解决知识产权司法审判中的技术问题开辟了更广的渠道。**继续开展知识产权保护专项行动,推动服务科技进步和自主创新。**从2010年10月到2011年6月,积极参与打击侵犯知识产权和制售假冒伪劣商品专项行动,专项行动期间,全省法院共受理各类知识产权案件720件。其中,受理知识产权刑事案件24件,审结21件,生效判决中,有42人被判处刑罚;受理各类知识产权民事案件696件,审结537件,专项行动取得了较好成效,省高院被省政府评为专项行动先进集体,全省法院多人被评为专项行动先进个人。根据最高法院安排部署,开展了"加强知识产权司法保护,促进经济发展方式加快转变"年度主题活动,根据我省实际,特别加大了文化创意产业、出版业等省内支柱产业的知识产权保护和引导工作;通过加大对侵犯知识产权行为的惩罚力度,降低维权成本,加强对自主创新品牌、基础前沿领域、核心关键技术等知识产权的司法保护,为推动经济发展方式的转变起到了较好的促进作用。**积极参与立法建议和行政决策建议工作。**在总结知识产权审判经验的基础上,积极参与省内地方性法规立法的建议工作。在《湖南省专利条例》的起草和征求意见的过程中发挥了重要作用,特别是对专利行政调解的司法确认问题、专利侵权的帮助行为认定等问题进行了研究探讨。**加强知识产权保护环境评估工作。**今年,我省法院将外商投资司法保护环境评估作为今年重点调研课题,将知识产权司法保护工作作为课题的重要内容,在调研的基础上,向政府部门提出了建设性意见,为优化我省外商投资环境的行政决策提供参考。指导长沙市经开区成立包括知识产权纠纷在内的民事纠纷ADR中心,为园区现有纠纷解决渠道提供更符合企业要求的处理方法和手段。目前,已有45家企业向长沙市经济技术开发区递交了加入《长沙经济技术开发区企业非诉讼纠纷解决公约》的文本。同时,在省法院的指导和协调下，长沙县法院、长沙市（县）仲裁委建立了与长沙经济技术开发区非诉讼纠纷解决（ADR）制度对接的机制，即当事人达成的和解协议，可以申请司法确认，法院在审查和解协议后以出具司法确认书的方式，及时赋予和解协议以司法强制力，有效实现仲裁、诉讼与非诉讼纠纷解决的对接。

三、注重审判监督和业务指导，全省法院知识产权司法水平有明显提升

省高院始终注重对我省知识产权审判工作的监督和指导，努力统一知识产权司法理念、法律适用和裁判尺度，知识产权司法水平有了进一提高。**不断完善案件动态信息报送和分析制度。**今年，继续发挥《知识产权审判动态》的指导作用，充实指导内容，增加典型案例、审判动态分析、下级法院审判信息、外省法院同类案件审理情况或相关工作开展情况、指导性文件汇编等栏目，共编印下发了四期《知识产权审判动态》，使其成为具有较强时效性和针对性的业务指导专刊，更好地实现了上下级法院的信息互通。建立发改案件质效分析和案件发回重审沟通机制，明确上级法院在发改案件后及时与下级法院开展质效分析会，对案件审理中存在的突出问题，及时组织全省范围的沟通与交流，及时就审判实践中亟须解决的问题予以规范。**知识产权审判专题调研成果显著。**既围绕最高人民法院的调研课题开展有针对性的调研活动，也根据我省法院审判工作实践，明确调研工作重点。2011 年，在全省法院的配合下，省高院开展了商标权案件审判、驰名商标案件的审判、专利侵权案件等专题调研，形成了调研报告向最高人民法院报送。同时注重将调研报告通过指导性文件和工作措施等形式实现成果转化，发布了《湖南省高级人民法院关于审理网络著作权侵权案件的指导意见》，丰富了著作权案件审理经验，并在一定程度上解决了著作权案件在权利主体、诉讼证据和判赔数额认定方面的实践难题。为规范我省公证机构办理知识产权案件电子信息保全证据公证行为以及人民法院在审理知识产权民事案件中对电子信息公证证据的审查和认定，省法院在与省司法厅召开了相关座谈会，制作了会议纪要，对知识产权电子信息公证证据保全和认定中的 20 余个问题统一了意见。联合通知下发后，涉及网络的电子信息证据公证保全问题基本得到解决。**积极发挥知识产权典型案例的示范效应。**继续加强案例指导，在 2011 年 4·26 知识产权宣传周期间，发布了 2010 年度知识产权司法保护十大案例，对于统一和完善知识产权司法标准起到了积极作用。

四、拓展司法保护延伸渠道，促进营造良好的知识产权保护氛围

进一步落实公开审判制度。全省法院进一步落实公开审判制度，拓宽司法公开渠道，扩大司法公开范围，强化和规范依法告知义务，切实保障当事人在知识产权案件立案、审判等各个环节的知情权、表达权；建立人大代表旁听庭审和庭审网络直播长效机制，自觉接受社会监督；充分发挥“中国知识产权裁判文书网”和湖南法院网公开知识产权裁判文书的平台作用，完善文书上网管理机制，加大知识产权裁判文书上网的公开力度，知识产权生效裁判文书已基本按要求在中国知识产权裁判文书网公布。**精心部署司法保护专项行动的宣传工作。**4·26 期间组织开展“知识产权保护宣传周”专项行动,制定全省联动宣传方案,选取有代表性的案件进行了庭审在线直播,共组织了 7 件案件进行庭审网络直播和高校开庭,进一步扩大了司法宣传效应,营造了知识产权司法保护良好氛围。省高院以新闻发布会的形式,向社会发布了全省法院 2007 年以来知识产权司法保护状况,向社会宣示我省法院司法保护知识产权的决心。**有效开展司法建议工作。**全省法院将司法建议工作作为人民法院服务大局、能动司法的主要内容,在审判实践中敏锐发现问题,向行政管理部门、企业和行业协会提出司法建议。

五、狠抓队伍和基层建设,知识产审判工作基础进一步得到夯实

进一步优化知识产权审判、调研格局。积极落实最高法院关于加强知识产权基层基础建设的相关指导性意见,推荐长沙中院入围最高人民法院首批中国知识产权司法保护调研基地,进一步带动省法院知识产权司法保护调研工作的开展。根据我省知识产权审判需要,向最高人民法院申请长沙市长沙县法院、常德市津市法院一审知识产权案件管辖权,优化我省知识产权管辖格局。**加强队伍的专业化建设。**积极组织法官参加专业培训,开辟法官学习和交流新途径,参与全国性的专题研讨会,全年共派出 30 余人次参与全国性的培训和研讨。加强应用法学理论研究,针对法律规定不明确,审判实践中普遍存在的问题,定期开展多种形式的业务学习,对系列案件中突出的法律适用问题组织专业研讨,扩大研讨参与面,带动全省法院知识产权审判专业法官业务素质的整体提升。**鼓励基层法院选拔任命专业技术人民陪审员,夯实基层审判基础。**全省法院进一步加强与知识产权行政管理部门、科学技术行政管理部门、行业协会和高校的沟通与联系,争取在案件调解、技术咨询、专业人员培训等方面获得支持,特别是任命了多名技术专家和知识产权法律专家为人民陪审员,借力专家智慧,提高法官的办案水平和办案质量。岳麓区人民法院发挥地源优势,与辖区高校建立知识产权专家库,聘请专家共同组成合议庭,审理了我省基层法院第一起归口知识产权庭的刑事案件。

广东法院 2011 年知识产权司法保护工作总结

一、严格履行知识产权审判职责,优质高效完成审判任务

2011 年全省法院不断提高知识产权审判管理水平,审判工作呈现出良好发展态势:全省新收知识产权民事一审案件 15,112 件,同比上升 62.69%;新收二审案件 2054 件,同比上升 19.07%。在收案数大幅增加的形势下,全省知识产权审判工作取得了**一审收案数、结案数、调撤数、服判息诉率,二审收案数、结案数大幅上升,二审发改率、审理周期明显下降**的较好成绩。全省法院 1 ~ 11 月共结一审案件 12,173 件,同比增长 68.14%,结案率为 73.13%;调撤 7910 件,同比增长 26.40%,调撤率高达 64.98%;一审服判息诉率达

83.13%，比去年同期上升6.96个百分点，有效缓解了二审收案压力。全省1～11月审结二审案件1710件，同比上升17.69%，结案率为77.73%；二审发改案件77件，发改率为4.50%，同比下降6.37个百分点。

（一）遵循规律调动优势，审判指标亮丽突出

2011年广东高院民三庭新收知识产权案件566件，同比上升8.22%。面对新收案件再创历史新高的态势，我庭在2010年二审案件“零存案”的良好基础上，瞄准排头兵达标竞赛目标，快马加鞭，乘胜追击，取得审判指标**“五高两低一短”**的好成绩：**一是结案数和结案率高**。全庭共审结知识产权案件563件（其中含再审案件4件），结案率为98.6%，结案数和结案率均居本院民事审判庭之首。**二是调撤数和调撤率较高**。全庭调撤知识产权案件172件，调撤率为30.77%，与去年基本持平，在本院业务庭中名列前茅。**三是均衡结案度提高**。四个季度结案率分别为71.97%、70.78%、55.40%、96.06%，实现稳中有升，全年均衡结案度为43%，在本院民事审判庭中居前。**四是存案数低**。全庭仅存案件8件，为明年审判工作打下了良好基础。**五是审理期短，无超期积压案件**。今年新收案件审限内结案率达93.74%，平均结案周期为39.65天，同比进一步缩短2.38天，全部案件审限内结案率达93.57%，督办案件100%妥善审结，无一超期积压案件。**六是二审发改率显著降低**。全庭审结的二审案件中，发改案件42件，发改率为7.51%，同比下降11.75个百分点。今年我庭审判工作各项指标取得好成绩，是全庭上下凝心聚力、锐意进取、奋力拼搏的结果，也是全庭干警团结共进、互帮互助的写照，再次展示队伍的凝聚力、向心力、战斗力。

（二）确保案件质量和效果，有效化解社会矛盾

秉持“打造精品案”理念，依法公正高效地审理了一批疑难复杂、社会影响大的案件。例如，成功审结国内两大知名家电企业侵害发明专利权纠纷案件，正确界定双方的专利权利边界与市场划分。积极探索委托调解、协助调解和诉前调解等诉调联动机制，加强与陶瓷、动漫、网吧、家具、家电等行业协会和知识产权协会的合作，充分利用广东民营经济和行业协会组织发达的特点，全力促成矛盾化解。不断调整调解思路和方式，针对知识产权侵权诉讼中权利人与被控侵权人的利益格局，积极探索形成以合作促和解，由和解到合作的调解思路，促成当事人从对立走向合作，促使知识产权向现实生产力转化。

二、服务促进经济发展方式转变大局，充分展现知识产权审判生命力

（一）创新审判体制，探索建立知识产权司法保护的长效机制

一是深化“三审合一”审判机制改革。在省法院的指导下，深圳、佛山、中山两级法院开展“三审合一”审判机制改革取得良好进展，各试点中院将进一步加强与同级检察机关、公安机关以及相关行政部门的协调配合。全省“三审合一”法院今年1～11月共受理知识产权刑事案件334件，审结230件；受理行政案件18件，审结15件。深圳市两级法院全面推进“三审合一”改革，首次在全国范围内实现了完整意义上的两审程序“三审合一”，率先迈出改革步伐，探索积累了许多有益经验。深圳市两级法院的“三审合一”改革推进

深入、彻底,收结案件数量位居全国前列,审判实践经验丰富,取得了实实在在的成效,《人民法院报》2011年11月24日在主要版面上对此进行了整版专题报道,2011年,深圳市两级法院共受理知识产权刑事案件257件,同比增长458.7%,审结232件,同比增长452.4%;受理知识产权民事案件5990件,同比增长37.0%,审结5757件,同比增长35.0%;受理知识产权行政案件7件,审结7件。此外,我庭对珠海中院高新区知识产权法庭推行改革的必要性和可行性进行了专项研究并上报最高人民法院后,最高人民法院批复同意该法庭统一受理知识产权民事、行政和刑事案件试点工作。**二是合理扩大基层法院审判范围**。我庭报请最高院同意后,新增佛山市三水区法院受理部分知识产权案件,将管辖部分知识产权案件的基层法院数量增加至22个,审判格局进一步扩大和优化,在知识产权案件基层审判工作方面走在全国前列,适应了我省一审知识产权案件大幅增长的形势需求。**三是协调指导下级法院进行知识产权审判的制度创新**。例如,协调指导深圳中院获得最高人民法院首批"中国知识产权司法保护调研基地",并以此为龙头,带动全省知识产权审判理论研究;协调指导中山中院在"中国灯饰之都——古镇"建立中山灯饰知识产权快速维权机制和中山法院知识产权巡回审判庭;指导深圳龙岗区法院推行电子证据固化系统建设,等等。

(二)依托"4·26知识产权宣传周"平台,加速推进司法公开工作

知识产权主题备受国内、国际社会双重关注,知识产权司法保护肩负着在知识产权保护中发挥主导作用的重任,必须让国内、国际社会目睹知识产权审判的公开、公正、权威,在司法公开活动中争当排头兵。我庭通过**一本规章、一次示范庭、一场"双百"活动、一个宣传周、一个信息平台的"五个一"载体**,推进知识产权司法公开。"一本规章",即制定《民三庭关于进一步推进司法公开工作的实施意见》,全面落实院党组关于司法公开工作的部署。"一次示范庭",即公开开庭审理一宗涉外商标及不正当竞争纠纷案件,邀请20余位全国全省人大代表、政协委员旁听庭审、合议和当庭宣判全过程,展示审判的公正、权威。"一场'双百'活动",即与来自企业界、行业协会、高校的人大代表、政协委员座谈交流,介绍审判工作,讲解具体案例,征询代表意见。"一个宣传周",即在"4·26世界知识产权日"活动期间,召开新闻发布会,公布《广东知识产权司法保护状况》白皮书及"2010年度全省法院十大知识产权案例"。《人民法院报》等几十家全国或省级报刊、著名互联网站等各种媒体予以报道,广东省委书记汪洋同志还将《南方日报》对此的专版报道赠予日本代表团。"一个信息平台",即将裁判文书上载互联网作为司法公开工作的重要内容来抓,以"广东知识产权司法保护网"、"中国知识产权裁判文书网"为平台,依法公布全省知识产权生效裁判文书,使任何一个社会公众在判决宣判后一个月内,均能在互联网上查询到广东高院知识产权裁判文书电子版。

在我庭的组织指导下,全省法院进一步全面落实知识产权审判司法公开的各项部署和要求,广州、深圳、珠海、汕头、东莞地区法院均发布《2011年知识产权司法保护白皮书》,以主动走访企业、举办研讨会、公布十大

典型案例、建立企业信用档案等多种方式加强宣传，并通过提高全省知识产权审判取证、庭审、听证、裁判文书、审务信息等多个环节的透明度，提升知识产权审判质量，树立知识产权审判公信力。

（三）积极开展交流与合作，扩大广东知识产权审判工作影响力

一是通过双方互派人员交流，继续巩固与国家知识产权局专利复审委的合作。专利复审委审查员每年定期来我庭交流工作，为专利及技术秘密等类型案件的审理提供了有力的技术支持。我庭还组织下级法院分批派出业务骨干前往复审委交流，交流同志重点研究和实践了专利复审和无效案件的审查工作，专利审判业务能力和水平进一步提高。**二是积极参与全国法院的交流探讨活动，输出广东审判经验，学习借鉴同行的优秀成果。**例如欧修平副庭长两次应邀参加北京高院举办的“专利侵权判定专家研讨会”，就专利侵权判定中存在的问题进行研讨；张学军副庭长、岳利浩审判长应邀参加最高院在上海举办的“涉及戏剧类网络著作权纠纷案件研讨会”。**三是加强与知识产权行政管理部门、行业协会、学术机构等的交流协作。**例如，为省委政策研究室《关于加快建设知识产权强省的决定》、《广东省自主创新条例》等提供修改意见；张学军副庭长应邀参加中华律师协会“首届中国律师版权实务论坛”；派出法官为广东省对外贸易经济合作厅举办的“加工贸易知识产权培训班”授课，参加国家知识产权局在珠海举办的实用新型专利研讨会，与武汉大学教授座谈交流涉外知识产权民事案件审判法律适用问题，等等。**四是积极参加各种中外知识产权合作项目，回应外方的关注，澄清相关误解，树立和维护广东知识产权司法保护的国际形象。**例如，我庭领导陪同徐春建副院长接见了来访的美国专利商标局新任副局长特里萨女士一行，这是广东高院第三次接待来访的美国专利商标局官员，双方在信息分享、知识产权专业人才培养、举办模拟法庭等事宜上进行了深入交流。张学军副庭长应美国国务院教育与文化事务局邀请，参加“国际访问者计划知识产权”项目，对美国国务院知识产权执法办公室、司法部、商业部等单位进行访问，向受访部门宣传和介绍了广东知识产权司法保护的现状和成果。

三、建立健全知识产权“三项工作机制”，实现业务指导与调研工作新跨越

（一）建立健全审判情况分析通报、分类指导和沟通协调三项工作机制

一是建立和完善审判情况分析通报机制。执行月统计报告、季度统计报告、全省审判情况通报制度，运用总量分析、比例分析、走势分析、地域分析等方法，定期分析全省各地区法院、各类型案件的情况，并在此基础上，加强分析研究、提早谋划、积极应对。例如在对珠三角地区、粤东西两翼知识产权审判情况进行统计分析后，根据珠三角地区收案数占全省97.14%、结案数占全省97.41%，案件高度集中的特点，以珠三角地区法院进行重点调研督导。按照季度印发《2011年各季度月部分地区法院审理知识产权民事案件情况通报》，促使各地法院对照改进提高自身的排头兵达标工作。**二是建立和完善分类指导机制。**首先根据地区之间发展不平衡的现实状况，通过抓重点法院和重点工作，解决突出问题和主要矛盾，带动全省知识产权审判水平的提高。今年8月召开“全省部分地区

中院知识产权审判工作会议”,研究与会法院工作进度、相关成绩及存在问题,督促重点中院完成审判工作。其次根据部门法的不同,加强对不同类型知识产权案件分类指导,总结提炼审判原则,适时出台指导性意见,公布典型案例,解决同类型疑难问题。例如,对四类主要知识产权案件的二审发改情况进行研究总结,将其中存在的问题分类提炼后通报全省。**三是建立和完善沟通协调机制**。通过加强上下级法院的沟通协调,加强整体工作和专项工作的沟通,达到资源共享、协调步骤、整合力量。如先后赴珠三角、粤东、西两翼的重点中院和基层法院进行片区式走访调研,协调相关法院的审判管理、司法建议、诉调联动机制、“三审合一”改革以及审判队伍建设等各项工作。

(二)加强专题调研,以调研成果促指导水平提高

今年我庭开展了**“三大审判领域、一个难题、一项司法工作”**的系列调研,成果丰硕。“三大审判领域”,即顺利完成著作权、商标、专利审判领域的“戏剧著作权纠纷的若干实务问题”、“商标案件审判实践有关问题”、“专利审判十年来有关法律问题”的调研,分别形成调研成果并上报最高人民法院民三庭,全面总结分析了审判实践中的疑难问题,为同类案件的处理提供了指导和参考。“一个难题”,即由徐春建副院长牵头开展了“在知识产权司法保护中加大惩罚力度和降低维权成本”的调研,深入研究长期困扰知识产权审判的赔偿难问题,并撰写“以制度创新破解知识产权赔偿难问题”一文,该文成为中国法学会审判理论研究会知识产权专业委员会年会指定发言交流论文。“一项司法工作”,即为贯彻落实中央“三项重点工作”,充分发挥审判职能,促进社会管理创新,由徐春建副院长担任课题组组长,开展“关于加强和改进我省司法建议工作”专项调研,形成万余字的调研报告,并在此基础上起草《广东省高级人民法院关于加强和规范全省法院司法建议工作的若干意见(讨论稿)》。同时,我庭还向相关部门提出两项司法建议,一项是向省委省政府提出《关于加强知识产权保护推动文化强省建设的司法建议》,另一项是向省司法厅提出《关于规范公证行为的司法建议》。我庭还组织珠三角地区法院知识产权庭结合实际工作,分析现实需求,选定数个社会关注而行政管理上存在问题或管理薄弱的环节,作为司法建议主题,着手起草一批对具体问题的司法建议。在今年我院开展的“2010 年度全省法院优秀调研成果”评选中,**我庭网络著作权专题调研荣获三等奖**;上半年最高院公布的《全国知识产权案件年度报告(2010)》中,**我庭有三个典型案例入选**。

四、加强队伍建设,打造政治坚定、业务精湛的知识产权审判队伍

(一)加强党风廉政建设,树立司法核心价值观

我庭深入开展“群众观点大讨论”、“创先争优”等主题实践活动,积极探索开展各主题实践活动的新思路、新办法、新举措,树立“忠诚、为民、公正、廉洁”的司法核心价值观。坚持“以党建带队建、以队建促审判”,充分发挥党支部战斗堡垒作用,注重依靠和支持廉政监察员,健全内部监督约束体制,从制度上保证全庭各项工作的全面、健康发展。今年,**我庭荣获“省直机关先进基层党组织”和省级“巾帼文明岗”称号**。岳利浩审判长撰写的

“抓好党建工作是广东法院争当全国法院排头兵的重要保障”一文**荣获全省法院党建理论研讨论文优秀奖**。

（二）加强业务培训，努力打造一流队伍

为提高全省法官业务水平，培养和造就一支政治坚定、业务精湛的知识产权审判队伍，我庭于9月举办“全省法院知识产权审判业务培训班”。培训班针对目前全省知识产权审判中遇到的疑难问题、审判实务问题进行授课并解答学员的提问，力求贴近第一线办案法官的业务知识需求，有效解决实际问题。全省21个中院及22个有知识产权案件管辖权的基层法院共计150余名法官参加了培训。我庭还大力支持下级法院知识产权审判专项培训，派出副庭长、审判长以及资深法官为其授课。如指派邓燕辉和岳利浩审判长，为“深圳市法院知识产权审判业务专项培训班”讲授商标权和著作权审判中的疑难问题。

（三）自觉加强学习研究，提高司法能力

全庭同志刻苦钻研，利用业余时间，加强自我学习和钻研。目前攻读法学硕士学位的有3人，攻读法学博士学位的有2人。法官个人善于总结、勤于写作，在《知识产权审判指导》、《人民司法》、《法律适用》、《科技与法律》等权威专业期刊发表文章40余篇，向专家型法官积极迈进。

广西法院2011年知识产权司法保护工作总结

2011年，民三庭坚持以中国特色社会主义理论为指导，深入贯彻落实全国、全区政法工作会议、全国高级法院院长会议精神，坚持正确的政治方向，以创新管理机制为抓手，大力开展“阳光司法”工程，深入开展“发扬传统、坚定信念、执法为民”主题实践活动，审判质量效率进一步提升、司法宣传不断加强、调研工作成效明显、指导基层工作扎实推进、各项工作全面发展。

一、基本情况

1. 审判工作取得新成绩。2011年，民三庭在实际在岗人数不足6人，审判人员不足5人的情况下，充分调动年轻干部的积极性，坚持“多办案、快办案、办好案”，审判工作在去年的基础上，取得了更好的成绩。全年共受理案件175件（其中旧存3件，新收172件），结案168件，结案率96%，收案和结案是历年来最多的1年。其中，受理二审知识产权案件33件，结案32件，结案率97.1%，调撤11件，调撤率34.4%；受理申诉复查案件142件，结案136件，结案率95.8%，经调解和解、履行后撤诉12件，调撤率8.8%。无论是知识产权案件还是申诉复查案件，当事人都服判息诉，实现了法律效果、社会效果的有机统一，例如，某不正当竞争及垄断纠纷案，是广西首例涉及垄断纠纷案件，社会关注度很高。该案立案后，合议庭成员深入当地企业了解当事人的实际情况，行业发展情况，了解政府及主管部门意见，在此基础上，认真细致地做当事人的调解工作，最后达成协议，圆满解决了纠纷,从立案到调解结案仅用了18天,最大限度地保护了各方当事人的利益,得到最高人民法院的充分肯定。2011年11月28日,在全国法院知识产权审判工作座谈会上,我院民三庭在座谈会上做了交流发言,是8个作交流发言法院中的唯一西部地区法院。2011年4月,最高法院向世界以中英文发布的《中国法院知识产权司法保护状况(2010)》,从5个方面肯定了广西法院的知识产权司法保护工作,是受肯定最多的省区之一。2011年8月,作为审理戏剧音乐及传统民间文学著作权案件比较好的7个高级法院之一,受最高法院邀请派代表参加了最高法院与中国戏剧家协会共同举办的研讨会。

2. 党建工作取得新成就。一方面加强政治理论学习,全庭人员政治理论素质进一步提高。2011年民三庭按照院党组和机关党委的部署,积极开展政治理论学习,共组织12次全庭集中学习,学习中做到五点:一是周密部署。每次集中学习提前通知主要发言人和参会人员,要求准备书面发言材料。二是内容充实丰富。集中学习包括五个理论专题、胡锦涛总书记在庆祝建党90周年上的重要讲话、十七届六中全会精神、自治区第十次党代会精神等。三是制度健全。支部和个人都有学习制度、有学习计划、有学习笔记、有学习心得、有学习档案。四是坚持集体学习和自学相结合的制度,坚持理论联系实际,做好集中讨论和中心发言,谈深谈透学习内容。支部全年集体学习时间达到12天,个人自学达到25天。五是理论与实践相结合。按照院党组的部署,组织全体党员赴龙州开展"重走红军路"活动,向历史学习,进一步发扬传统、坚定信念,增强执法为民的责任感和使命感。另一方面三级法院知识产权庭党支部党建联建,以此带动全区法院知识产权庭党建工作再上新台阶。2011年,民三庭创新党建工作新方法,与南宁市中院民三庭、青秀区法院民三庭以及其他一些中院民三庭开展党建联建,三级法院的知识产权法官共同听党课、共同开展案件评查、共同深入企业调研并回访当事人、共同观摩庭审网络直播并进行庭审点评,通过三级法院知识产权法官党建联建,共同推动我区知识产权审判发展。2011年7月,民三庭党支部连续第五年被广西区直机关工委评为"年度最佳主题实践活动奖党支部",同时还被评为"年度先进基层党组织"、"学习型党支部"。民三庭党支部还荣获院机关先进党支部、学习型党支部,全区法院先进集体,并荣获集体三等功。4人10次获得区直或院里的荣誉称号并立功受奖。

3. 理论调研工作取得新进展。加强理论研究和调研,深入研究知识产权审判新形势新问题,是民三庭加强审判的中心任务,是促进广西知识产权案件质量和效率提升的关键。一是调研课题稳步推进。今年以来,民三庭继续高度重视调研工作,确立了两个调研课题——《广西知识产权侵权损害赔偿问题研究》和《广西特色农产品知识产权保护》。其中广西知识产权侵权损害赔偿问题的课题已完成1万多字的初稿,广西特色农产品知识产权保护的调研课题也已在柳州、贺州专门召开了有关部门参加的座谈会,进行了基础性调研,另外还完成了10年来广西专利司法保护基本情况的调研,撰写报告近2万字。2011年召开的调研年会上,我庭完成的特许经营的调研报告获优秀奖。二是理论研究有新突破。民三庭结合知识产权审判工作实际，总结审判工作经验，完成了一批高质量有力度的论文和案例，有一篇论文获全区法院优秀论文奖，其中有4篇论文在《人民司法》、《社会法评论》、《创新》等核心期刊发表，4个典型案例评析被最高人民法院采用，并出版在《中国知识产权审判研究》、《中国知识产权指导案例评注》、《法官评述100个影响中国的知识产权经典案例》等著作中，此外，还完成党建论文和廉政论文多篇，其中李成渝撰写的论文“关于创建先进党组织长效机制的探索”获得自治区机关党建研究会论文一等奖。

4. 阳光司法取得新成效。2011年，民三庭认真落实关于司法公开的各项规定和要求，着力打造阳光司法。一是坚持庭审公开。除当事人申请不公开审理的涉及商业秘密的案件外，所有二审知识产权案件都公开开庭，公开宣判，允许新闻媒体公开报道。在具体做法上注意加强庭前证据交换和庭前释明，民三庭的知识产权案件的庭前证据交换率达到100%，并做到将释明贯穿于诉讼的全过程，确保当事人及时正确地完成举证任务并充分行使自己的诉讼权利；对于专业技术问题，除了传统的委托鉴定外，注意引入专家证人制度和召开专家咨询会，积极探索解决专业技术方面的新方法；在2010年积极开展邀请人大代表、政协委员旁听案件庭审的基础上，2011年继续开展邀请人大代表、政协委员旁听案件庭审活动，并组织在南宁市中院开展了有人大代表、政协委员以及三级法院知识产权法官旁听庭审、网络直播并当庭宣判的庭审活动，受到人大代表、政协委员以及当事人的充分肯定。二是坚持裁判文书公开。民三庭专门制定了裁判文书上网的规定，除涉及当事人的商业秘密或者当事人在调解时明确要求不上网的调解书外，民三庭生效的裁判文书都上传至“中国知识产权裁判文书网”和“广西法院网”向社会公开。民三庭专门指定专人负责文书上网并指导全区法院知识产权裁判文书的上网工作，广西法院的知识产权裁判文书上网工作得到最高法院的肯定和表扬。三是典型案例公开。知识产权庭成立以来，民三庭每年都通过各种形式将当年的知识产权典型案例向社会发布。2011年“4·26”知识产权宣传周期间，民三庭向社会公布了2010年广西法院十大知识产权典型案例，《广西日报》、《法治快报》、《南宁晚报》、新华网广西频道、人民网广西频道、广西新闻网等广西主流媒体都作了宣传报道。四是整个知识产权审判工作公开。除了年度工作计划、工作总结、审判动态及重要活动在广西法院网公开外，还通过知识产权白皮书形式向社会公开。一方面，将广西的年度知识产权司法保护工作形成报告，通过年度中国知识产权司法保护白皮书向全世界公布；另一方面也通过广西知识产权保护白皮书向社会发布。2011年4月，《广西日报》也用专版报道了广西的知识产权审判工作。

5. 业务指导工作有了新突破。一是常规指导方法继续得到加强。2011年，民三庭编辑了4期广西知识产权审判信息、2010年广西知识产权裁判文书集等下发全区各级法院供知识产权法官学习参考。二是通过编辑广西高级人民法院知识产权案件审理有关问题的解答的方式进行指导。针对案件审理中发现的一些突出问题，既无法通过开会解决，又不能用司法解释性的规范性文件予以解决的情况下，为加强执法的统一、提高案件的质量，民三庭创新地通过编辑广西高级人民法院知识产权案件审理有关问题的解答的方式进行指导，全年共编辑3期，达到了很好的指导效果。三是通过开展联合案件评查和座谈提问的形式进行指导。南宁市青秀区法院和桂林市叠彩区法院是经最高法院批准有知识产权民事案件管辖权的两个基层法院，由于受理知识产权案件的时间不长，经验不是很丰富，且存在案多人少的情况，为确保两院审理的知识产权案件的质量，2011年，高院民三庭牵头联合南宁市中院、桂林市中院分别组成专门工作组对青秀区法院、桂林市叠彩区法院审结的知识产权案件质量进行了评查，并在评查后与两院的知识产权法官召开了座谈会，指出了两院在审理知识产权案件中存在的问题，提出改进意见，并面对面地解答了两院知识产权法官提出的一些案件审理中的问题，收到很好的效果。四是组织三级法院知识产权法官共同观摩庭审，并进行现场评点活动，交流案件审理经验，共同提高审判技术和艺术。

二、主要做法

1. 坚持抓管理机制创新。一是坚持网上办案，提高办案效率。2011年民三庭虽然不是院里指定的网上办案定点庭室，但全庭每个人都认识到，利用先进的信息技术，开展网上办案有利于提高办案的质量和效率，自觉开展网上办案，全庭所结168件案件从裁判文书的制作到签发都在网上完成。二是坚持抓骨干带队伍。2011年，民三庭碰到前所未有的困难，一个庭领导到党校学习近半年，一个庭领导到柳州中院挂职，除庭领导外，庭里也没有其他审判员。面对困难，经主管院长的批准，大胆指令一位助理审判员担任部分案件的审判长并协助庭长管理部分庭务工作，收到良好效果。民三庭每一个年轻的审判人员及书记员工作积极主动，尽职尽责，形成了一个你追我赶的良好工作氛围，个个都超额完成工作任务。三是坚持工作的计划性和目的性。在学习中不是照本宣科，而是把学习课题提前分解到个人，通过每个人谈学习感受的方式提高学习质量；在办案中，根据案件的类型以及每一个审判人员的特长、发展方向确定案件的主办人及合议庭组成人员，充分发挥所长。坚持每个周一开碰头会，检查上一周工作的完成情况，布置协调新一周的工作，提高计划的有效性。四是坚持以制度管人管事。按照院里管理机制创新年的要求，民三庭进一步完善了原来制定的质量管理制度、审限管理制度、合议庭及时评议制度、调解和判后答疑制度、改判和发回重审分析制度、裁判文书上网制度等十项管理制度，并狠抓落实。五是坚持分工与协作相结合，牢固树立一盘棋思想。在庭里庭领导、审判人员、书记员、内勤既各有分工又相互协作，如年底案件多，书记员装订案卷忙不过来，庭里就开展全庭集体装订案卷活动，全庭协助书记员装订案卷；在院里，民三庭虽然只有不到5个审判人员，但在协助其他庭室办案、参加案件评审、庭审评审、论文评审、裁判文书评审、干部考核、会议接待、社区服务等方面均给予大力支持，全年总计时间不少于60天。

2. 坚持抓党建带队建促审判。民三庭创新党建工作模式、找准党建载体、搭建党建平台，实施“结对共建工程”，努力建设一支政治坚定、业务过硬、一心为民、公正廉洁的知识产权审判队伍，以此推动知识产权队伍建设，增强知识产权法官的凝聚力、向心力、战斗力。2011年以来，民三庭在全区法院开展结对共建工程，实行三级法院党建联建，以此带动全区法院知识产权庭党建工作再上新台阶。8月5日，广西高级法院知识产权庭、南宁市中级法院知识产权庭、南宁市青秀区知识产权庭党建结对共建活动启动仪式在南宁市中级法院举行，并向全区知识产权法官发出倡议书，并请自治区高级法院党组成员、纪检组长罗诗汉为三级法院知识产权庭法官讲党课。8月5日下午，三级法院知识产权法官又深入报社传媒集团开展送法进企业活动，得到了传媒集团的高度肯定。9月23日，民三庭联合贺州中级法院、富川法院开展了三级法院知识产权庭结对共建活动，共同深入富川开展广西特色农产品调研活动，为知识产权保护提出了很多具有可操作性、针对性的建议，此次活动提高了政府部门、企业、农户的商标保护意识、法律运用能力。民三庭多次联合三级法院知识产权庭开展主题实践活动，有力地推动了党建工作共同发展。在共建基础上，三级法院知识产权党支部联合开展“阳光司法，网络直播知识产权案件庭审并进行现场评点”活动、案件质量评查和企业知识产权调研等活动。

3. 坚持能动司法，延伸司法服务。知识产权作为保护创新、引领科技发展的司法制度，对当前我国转变经济发展方式影响深远、意义重大，主动提供司法服务，深入企业一线，提高企业、公众的知识产权意识，从源头减少和预防知识产权纠纷的发生，加强社会对知识产权司法需求的研究，加强对系列案件发生规律的研究，提高知识产权司法审判能力和审判质量。4月26日，民三庭深入企业，召开“知识产权保护与净化市场环境”座谈会，了解和指导企业知识产权保护的相关工作。8月22日至25日，民三庭深入当地公司调研，送法进企业，了解企业的知识产权司法需求，为增强企业核心竞争力提供司法建议。

4. 坚持为民司法，积极参与社会管理创新。坚持群众路线，积极回应群众的司法需求，做到司法为民。想群众之所想，急群众之所急，针对群众在知识产权事务中存在的突出问题，特别是系列案件中反映的普遍性问题提出综合性、前瞻性的司法建议，避免陷入知识产权纠纷，从源头上减少纠纷的发生，当好社会管理创新的参与者和推动者。8月8日，民三庭结合审判工作实际，认真梳理涉及某传媒集团的案件，向该集团提出了司法建议，得到了采纳，取得了良好的社会效果。收到司法建议书后，该传媒集团给予了积极评价，认为高院民三庭的司法建议很好，内容丰富，针对性强。

充分利用社会力量化解矛盾纠纷，加强与行业组织、相关行政机关和仲裁机构的协调配合，充分发挥非诉调解在解决争端中的重要作用，加强非诉调解与司法调解的衔接，从源头上减少矛盾、消解冲突，是我们参与社会管理创新又一重要形式。民三庭总结提出了多种调解方式方法，注重从知识产权法律的立法宗旨出发、从知识产权案件当事人多为“经济人”的特点出发、从知识产权权利的归属和管理的特点出发、从知识产权权利人对行业协会、专业代理律师比较依赖、比较信任的特点出发、从知识产权权利人的权利和知识产权案件的证据往往存在一定的瑕疵的特点出发、从知识产权民事案件判决书必须全部上网的特点出发，充分发挥院、庭领导在调解中的重要作用，做当事人的调解工作，有效化解了一大批影响大的知识产权案件。

海南法院2011年度知识产权司法保护工作总结

2011年度全省法院认真贯彻落实全国“两会”精神,坚持“三个至上”工作指导思想和“为大局服务,为人民司法”工作主题,充分发挥司法保护知识产权的主导作用,切实抓好执法办案第一要务,着力提升知识产权审判的良好形象,为推进海南国际旅游岛建设创造和谐稳定的社会环境、公平正义的法治环境、优质高效的服务环境。

一、知识产权司法保护工作概况

全省法院在知识产权司法保护工作中,立足国家大局,围绕中心工作,忠实履行职责,依法公正高效审结了一批知识产权案件,充分发挥了知识产权司法保护的主导作用。据统计,2011年度,海南全省法院共受理知识产权案件248件,审结236件,结案率为95.16%;调解、撤诉121件,调撤率为51.27%。其中,著作权纠纷199件,商标权纠纷29件,专利权纠纷12件,特许经营合同纠纷1件,技术转让合同纠纷4件,网络域名合同纠纷3件。

与2010年度相比,2011年度全省法院知识产权案件受理数量剧增,由30件剧增至248件。

二、知识产权司法保护工作的主要做法

在审判实践中,着重注意处理好以下几个方面的关系:一是处理好执行法律与服务大局的关系,既要坚持宪法法律至上,维护法律权威,严格依法办案,又要强化大局意识和宏观思维,正确处理局部利益与全局利益的关系;二是处理好保护私权与维护公益的关系,既要强化保护私权,实现激励创新的知识产权制度目标,又要合理界定知识产权的界限,有利于促进知识的传播和运用,确保私权与公益的平衡;三是处理好保护权利与防止权利滥用的关系,既要加大知识产权司法保护力度,又要防止权利滥用实施垄断行为。具体做法:

(一)严格依法审判,认真抓好审判服务大局工作

全省法院知识产权审判庭在审理案件过程中,注意从宏观上观察、认识和处理问题,增强处理问题的敏感性和鉴别力,及时发现和消除可能危害社会稳定的各种因素,努力解决当事人的合法合理诉求,切实做到“化解矛盾,理顺关系,安定人心,维护秩序”。2011年,省高院多次召开了全省法院知识产权审判工作研讨会,及时研讨妥善处理海口中院、三亚中院受理的网吧侵犯著作财产权纠纷系列案,统一司法尺度,并研讨特许经营权纠纷等新类型案件。

(二)坚持调解优先,树立良好的司法作风

落实“调解优先,调判结合”的审判原则,强调“情、理、法”并重,加大案件调解力度,取得了良好的社会效果和法律效果。例如省法院在审理某损害(竞争对手)商业信誉、商品声誉纠纷一案中,双方当事人均系海南特产的著

名商家,承办法官经过一个多月的辛劳工作,终于成功地调解了此案。三亚中院在审判中落实"调解优先,调判结合"的原则,推行庭前、庭中、庭后三段式调解方式,从情、理、法三方面做当事人的工作,取得良好的审判效果,如在审理某侵犯商标专用权纠纷中,承办人经过耐心细致的调解工作促使当事人达成调解协议,以撤诉方式审结了该11宗案件。

(三)强化调研先行,着力提升知识产权司法水平

为服务国际旅游岛建设大局,省法院主持了《国际旅游岛背景下的知识产权审判研究》的调研课题,以研究在建设国际旅游岛的背景下,知识产权审判如何促进知识产权经济发展。2011年,知识产权案件审判面临的难点主要集中反映在某公司起诉的百余宗侵犯影视作品信息网络传播权案件上。该批案件虽为系列案件,但因各案被告向用户提供的网络链接方式不同,需要合议庭逐一甄别判断被告提供的是内网链接抑或外网链接,加之该类案件涉及的法律适用问题与技术问题交织,审判实务中分歧较大,因此弄懂技术问题,判断被告的行为,进而适用法律,成为审理该批案件而又不具有计算机网络专业知识的法官必须面对的难题。为弥补专业知识的不足,增强办案法官对网络链接方式的判断能力,海口中院民三庭举办了一期互联网链接知识讲座,由该院信息技术管理服务中心的专业人员结合案件实例进行授课,从而使全庭同志加深了对互联网链接知识的认识并基本掌握网链链接方式的判断方法,为正确审理该批系列案件奠定了基础。三亚中院在审理某网吧侵权案中,学习各有关法院的审判案例,对侵权行为进行认定,并根据作品类型、知名度、侵权行为人侵权的主观过错、侵权方式、传播途径范围和本地的经济情况,确定赔偿数额,力求公平合理,发挥知识产权审判对侵权行为人的教育和警戒作用。

此外,全省法院还积极开展网络直播庭审研究,拓展知识产权司法公开的广度和深度,取得了积极的进展。

(四)努力能动司法,积极营造尊重和保护知识产权的良好社会氛围

在做好审判工作的同时,省法院也十分重视配合政府的相关专项活动和宣传工作。2011年4月,省高院召开了新闻发布会以配合"海南省打击侵犯知识产权和制售假冒伪劣商品专项行动"。上述活动的目的是通过一系列的知识产权保护及宣传活动、示范规则、规范行为,遏制知识产权违法犯罪,为我省知识经济的健康发展提供更良好的司法保障。在网吧案件审理中,我们发现被诉的80多家网吧中不少网吧经营者对与其经营活动相关的著作权法等法律法规缺乏必要的了解,知识产权意识淡薄,经营中未经合法授权而随意将著作权人的影视作品上传或者以其他方式置于网吧服务器中供用户点播,甚至有的网吧经营者将其被诉归咎于权利人,认为是权利人没有保护好自己的权利,还有部分网吧经营者不仅拒绝签收法院送达的诉讼文书也拒不到庭。针对案件审理中发现的问题,经研究认为,在现今网络化的生活中,网吧作为一种新生的文化产业形态,已经成为经济社会的一个重要组成部分,合法经营的网吧行业对社会产生的积极影响和作用不容忽视,因此在案件审理中如何引导网吧合法经营,使之避免成为侵犯著作权的"大户",有效消除当前普遍存在的网吧侵权现象,实现

著作权人和作品使用人利益双赢,是我们在审判中应当考虑的问题。由于该批案件涉及海口市80多家网吧,而且案件反映出的问题对海口市网吧行业的生存和发展影响甚大,为营造海口市良好的网络文化环境,促进海口市网吧产业长远健康规范的发展,2011年9月中旬向海口市全市240多家网吧经营者发出《海口市中级人民法院致全市网吧经营者的一封信》,在信中向广大网吧经营者介绍了著作权法所规定的侵犯著作权人信息网络传播权的情形以及侵权的法律后果等内容,期望借此使广大网吧经营者了解与其经营活动相关的著作权法律常识,树立起知识产权法律意识,依法经营,合法谋利,减少侵犯著作权行为的发生,营造良好的网络文化环境,促进网吧产业的健康发展。

四川高院2011年度知识产权司法保护工作总结

2011年,四川法院始终坚持"三个至上"指导思想和"为大局服务,为人民司法"工作主题,紧紧围绕四川省经济发展方式转型、新一轮西部大开发和西部经济高地建设工作大局,充分发挥知识产权审判在保护创新成果,激励创新行为,促进创新过程中的职能作用,为加快转变经济发展方式、改善和保障民生提供了有力的司法服务和保障。

一、抓好办案第一要务,充分发挥司法保护知识产权的主导作用

2011年,四川法院共受理各类知识产权案件1806件,审结1612件,妥善审理了一大批社会关注度高、影响范围广的知识产权案件。正确引导了知识产权领域的价值判断和司法导向,有力维护了创新主体的合法权益,有效维护了公平竞争的市场秩序。2011年,因保护知识产权成绩突出,成都市被评为首个全国版权示范城市。

二、探索知识产权巡回法庭机制,不断完善知识产权保护体系

为进一步完善我省知识产权保护体系,方便当事人参与知识产权诉讼活动,及时有效地保护知识产权人的合法权益,四川法院积极探索建立知识产权巡回法庭机制,决定在知识产权服务中心、会展中心、食品、药品、酒类批发市场、汽配城、鞋城等知识产权纠纷高发区设立知识产权巡回法庭,将知识产权司法保护的触角延伸到最前沿。例如,成都市中级人民法院在市知识产权服务中心设立了"知识产权巡回法庭";绵阳市中级人民法院根据绵阳市系植物新品种培育基地、植物新品种权侵权案件数量较多的特点,在绵阳市农业局内设立了"知识产权巡回法庭",一方面方便了植物新品种权人参与诉讼,同时也便于农业行政部门与法院相互配合开展调解工作,及时化解纠纷,建立起高效、便利、快捷的知识产权司法保护新模式。

三、延伸司法服务,不断提升审判工作服务大局的能力水平

四川法院在发挥自身审判职能的同时,努力找准知识产权审判服务大局的结合点和着力点,通过延伸审判职能,从源头上防范和化解知识产权矛盾纠纷，有效促进全省文化发展繁荣和经济自主协调发展。

（一）建立健全人民法院联系企业的常态机制

四川各级法院积极建立健全联系企业的常态机制，通过定期或不定期走访企业、召开座谈会、研讨会等方式，积极与企业联系沟通，了解企业对司法保护的内在需求，认真回答企业在保护企业知识产权中遇到的法律问题，并对企业如何积极应对挑战、提高创新能力、加强自我防范意识、有效降低经营风险提出了建议，赢得了众多企业的广泛好评。

（二）建立知识产权司法预警制度

针对知识产权审判中发现的政府机构、企事业单位、科研机构等在知识产权保护中存在的薄弱环节和管理漏洞，四川法院通过发送司法建议、召开座谈会等方式，及时向行政主管部门、行业协会和企事业单位、科研机构等发出预警，帮助其健全制度、加强管理、堵塞漏洞，以促进全省技术创新和品牌培育，推动文化繁荣发展和经济自主协调发展。如成都市锦江区法院针对在审理摄影图片作者起诉报社的著作权侵权案件中发现的报社对扩版版面存在管理缺位的问题，向部分新闻媒体发出司法建议书，引起新闻媒体的高度重视和积极回应。新闻媒体立即启动了对图片侵权问题的调研，在认真研究的基础上进行全面整改，并与专业图片机构签订了长期合作协议，有效避免了类似纠纷的再次发生。

（三）深入开展调研工作

四川法院将审判工作与全省经济、社会、科技、文化发展紧密结合，及时调查研究知识产权司法保护遇到的新情况、新问题，为全省加快经济发展方式转变发挥了重要作用。例如，四川素有“名酒之乡”的美称，其中五粮液、泸州老窖特曲、剑南春等“六朵金花”饮誉海内外，目前，四川省委省政府正在倾力打造“中国白酒金三角”这一白酒区域品牌。为全面保护四川酒类企业的知识产权，四川法院多次开展调研，准确掌握酒类企业在知识产权法律风险防范方面遇到的新问题，并及时向酒类企业建言献策，促进驰名商标、知名字号的培育和发展，极大增强了全省酒类企业的国内和国际竞争力。2011 年，成都中院被最高人民法院确定为“知识产权司法保护调研基地”。

四、积极构建“大调解”工作体系，全力促进经济社会和谐稳定发展

为从根本上化解各类知识产权纠纷，四川法院积极构建司法调解、人民调解与行政调解“三位一体”的大调解格局，整合各方力量共同化解知识产权纠纷。2010 年，四川高院制定下发了《关于加强知识产权民事案件诉讼调解工作 推进构建“大调解”体系的指导意见》，为促进知识产权纠纷人民调解、行政调解与司法调解的有效衔接提供了制度保障。2011 年，四川高院与四川省知识产权局、四川省工商行政管理局、四川省版权局联合出台《关于构建知识产权纠纷“大调解”工作体系的实施意见》，切实加强人民法院与行政机关在化解知识产权纠纷中的衔接配合，充分发挥知识产权行政执法机关在化解知识产权纠纷中的独特作用，取得了良好效果。2011 年，四川法院共审结知识产权民事案件 1431 件，其中调解、撤诉共计 952 件，调撤率达到 66.52%，有力促进了四川经济社会和谐稳定发展。

五、大力开展知识产权文化宣传活动,努力营造激励自主创新的司法环境

为提高社会公众的知识产权意识,努力营造激励自主创新的司法环境,四川法院依托审判工作,大力开展知识产权文化宣传工作,通过发布案件年度报告、公布典型案例、举办法制讲座、开展法律咨询等多种方式,开展丰富多彩的宣传活动。2011 年,全省法院以“4 · 26”世界知识产权日为契机,积极开展“知识产权宣传周”活动,通过一系列丰富多彩的宣传活动,促进形成尊重知识产权、保护知识产权的浓厚法治氛围。**一是**参加四川省知识产权宣传周启动仪式和四川省知识产权保护成就展,通过图文并茂的展板,充分展示我省知识产权司法保护的主要成果;**二是**组织召开新闻发布会,向社会发布《2010 年四川法院知识产权司法保护状况》(白皮书)、《2010 年四川法院知识产权司法保护十大典型案例》;**三是**开展“知识产权审判进高新科技园区”活动,四川高院精选有典型意义的知识产权案件到龙泉区国家经济开发区进行了公开审理,国家、省、市三级知识产权试点示范企业、龙泉区高新技术企业共计30 余家、近60 名企业代表参加旁听了案件庭审,取得了良好的法制宣传效果;**四是**开展知识产权案件集中宣判活动,在“知识产权宣传周”活动期间,集中宣判了一批知识产权案件,进一步扩大知识产权司法保护的影响。

贵州法院 2011 年度知识产权审判工作总结

2011 年,全省法院认真贯彻《国家知识产权战略纲要》,根据经济社会发展的形势和审判工作的实际,不断深化认识,自觉服务大局,积极探索知识产权审判新思路,审判质量和效率不断提高,依法全面履行了知识产权审判任务,为维护公平竞争的市场秩序和环境提供了及时有效的司法保障。

一、坚持执法办案第一要务,不断增加知识产权审判服务大局的针对性

今年,全省共收知识产权一审案件 381 件(包括 19 件旧存),其中著作权案件 300 件、专利案件41 件、商标案件30 件、其他案件10 件。与去年同期收案 153 件(包括22 件旧存)相比,增长了 149.02%。已审结案件 350 件,其中判决 195 件,调撤 148 件,调撤率为 38.85%。共收知识产权二审案件 23 件(包括3 件旧存),其中著作权案件 9 件、专利案件 7 件、商标案件 5 件、其他案件 2 件。

以上数据显示:第一,随着目前知识产权战略的实施,知识产权审判的地位和作用更加凸显,经济发展、科技创新,文化繁荣都更加需要有力的知识产权支撑和强有力的知识产权司法保护。第二,今年知识产权一审案件数成倍增长。增长的原因是涉及影视、图片、信息网络传播权等侵犯著作财产权纠纷案件较多,与去年相比明显上升。第三,由于我省法院在案件审理中,注重执法的统一,及时研究解决案件中出现的新问题,使得我省知识产权一审案件的服判率有所提高。主要表现在今年上诉率为7.14%，与去年同期22.89%相比，下降了15.75%。

二、坚持创新意识，不断提高知识产权审判效率

为了实现既依法保护又激励创新，我们采取合理配备审判资源的方式，做到抓住重点，有的放矢，努力提高审判效率，取得事半功倍的效果。

1. 把握知识产权案件在法院受理的案件类型中技术含量较高，案件类型更新较快的特点，公正审理案件。我省法院在审理案件中，努力提高自己业务水平，克服自己的知识缺陷，端正知识产权制度“维护权利人智慧成果与促进社会进步和有序竞争相结合”的核心价值取向，全力做好案件的审判工作。如面对侵犯网络信息传播权纠纷的“套案”现象，采取将“套案”分给几个合议庭审理的方法，由各合议庭将审理过程中的问题、焦点集中起来，再采取集中合议的方式，认真分析案件侵权认定要点及赔偿计算方法，统一认识，形成示范案例，供各合议庭审理该类案件时参照执行。这种审理方法既注意了区分个案的特殊性，又避免了“一刀切”的情况发生。由于措施得当，今年的知识产权案件既缩短了审判周期，提高了审判效率，又统一了裁判标准，避免同案不同判的现象，还注意了个案的公平性，更加充分地维护和规范了合法的市场秩序，保护了权利人的合法权利，取得了良好的审判效果和社会效果。

2. 积极探索有效解决纠纷的途径，认真贯彻“调解优先，调判结合”的工作原则。坚持构造和谐的民事诉讼环境理念，树立对待当事人的诉讼要更多地站在当事人的立场上考虑的观念，以实际解决问题为根本，以寻找各方当事人利益平衡为原则，不断创新调解工作机制和方法。如省法院调解的一起涉外技术转让合同纠纷，该案于2004年9月在贵阳中院受理，经原审法院一审、省法院二审以及最高人民法院提审，历经8年。2010年9月上诉人依据最高人民法院的再审判决向贵阳中院起诉，要求被上诉人支付技术转让费。为了使当事人能够和平解决矛盾，实现法律效果与社会效果的统一，合议庭反复耐心地向双方当事人辨法析理，最终双方当事人在法院主持的调解中达成了调解协议，双方握手言和，并在一个星期后完全履行，真正作到案结事了，构建和谐司法，受到了省委政法委书记的高度肯定。

三、坚持质量意识，不断提高知识产权司法能力

一是围绕提高审判质量和效率的目标，加强调查研究和业务指导。针对今年来我省著作权案件持续大幅增长，信息网络著作权串案和关联案件数量多，新情况新问题多的实际，及时召开专题研讨会，统一全省法院该类案件的裁判标准和尺度。二是围绕公正廉洁司法，推行精品战略的目标，全面开展案件评查活动和专项检查活动。开展每季度对一个中院知识产权案件进行质量评查，坚持生效知识产权判决月报和季报制度，确保案件质量和裁判文书制作水平。

四、坚持服务大局，不断提升知识产权审判地位

一是通过依法审理专利、商业秘密等案件，加大对具有自主知识产权的关键核心技术和科技成果的保护力度；通过依法审理商标、企业名称等案件，维护知名品牌，营造公平竞争诚信有序的市场环境,通过依法审理信息网络著作权纠纷等案件,保障文化权益,保护文化创意,积极推动社会主义文化大发展、大繁荣。二是切实贯彻全面赔偿原则,对知识产权进行全方位的有效保护,加重恶意侵权、重复侵权和以侵权为业的行为人的赔偿责任,保障当事人合法权益的实现。

五、坚持统筹协调,积极配合省政府开展知识产权宣传周活动

为切实贯彻实施国家和我省知识产权战略,充分发挥司法保护知识产权的主导作用,切实加大知识产权司法保护的宣传力度,我院根据贵州省人民政府知识产权办公会议制度办公室的要求,结合我省知识产权审判工作实际,制定了《贵州省高级人民法院关于开展2011年知识产权宣传周活动的实施方案》。指导贵阳中院精选12起典型案件印刷成册向群众宣传,并在《贵州日报》上连续刊登,营造了自主创新、诚实守法的良好社会氛围。

云南法院2011年度知识产权司法保护工作总结

一、案件审理情况

2011年,全省法院共受理知识产权案件一、二审819件(含旧存308件),审结521件(一审审结432件,二审审结89件)其中,著作权案件323件,商标权案件55件,专利权案件91件,技术合同案件12件,植物新品种案件3件,其他35件。与2010年相比,收案下降9.23%,结案上升38.93%。2011年,全省89.7%的知识产权案件集中在昆明中院,仅昆明中院即受理案件735件,审结392件。此外,省高院受理案件84件,审结79件,与2010年相比,收案上升31.25%,结案上升36.21%。

二、工作亮点

一年来,在最高人民法院知识产权审判庭强有力的监督指导下,云南省知识产权司法保护工作有了长足的进步和发展,取得了令人满意的工作成效。

(一)找准知识产权审判与云南省"两强一堡"建设的结合点,有针对性地提出规范性意见

为充分发挥人民法院的审判职能作用,加大对云南特色产业、优势产业的知识产权司法保护,为云南建设绿色经济强省、民族文化强省和中国面向西南开放的桥头堡战略目标提供优质高效的司法服务,高院民三庭2011年将"云南品牌企业知识产权保护问题"确定为重点调研课题,年初即开展了走访企业、问卷调查、召开座谈会等多种形式的调研活动。在调研的基础上,拟定了《云南省高级人民法院关于进一步加强全省特色和优势产业知识产权司法保护的意见》,该意见于2011年5月6日下发全省法院执行。该意见公布后,云南省委办公厅专门编发信息予以通报,社会反响很好。

(二)加大司法宣传力度,提升人民法院形象

1. 通过知识产权专项行动进行宣传。在“2011 年全国知识产权宣传周”期间,为增强全社会的知识产权保护意识,推动自主创新和诚信守法的竞争文化的形成,省高院与相关行政部门联合召开新闻发布会,公布了云南省“十一五”知识产权司法保护情况、2010 年知识产权司法保护典型案例 10 件、侵犯知识产权和制售假冒伪劣商品典型案例 5 件,取得了良好的社会效果。

2. 通过法院宣传阵地进行宣传。今年,高院民三庭供稿两篇,即《云南高院出台〈关于进一步加强云南特色和优势产业知识产权司法保护的意见〉》和《云南法院建立知识产权审判信息公开制度提升知识产权司法公信力》,这两篇文章分别载于省高院《情况反映》和《云南法院信息》,对于全省的知识产权审判工作起到了推动作用。

3. 通过新闻媒体进行宣传。今年,高院民三庭与新闻中心合作,撰写了《知识产权的司法守护者》、《云南省知识产权司法保护五年状况》、《充分发挥司法保护主导作用,统一知识产权司法尺度》等文章,在人民网、光明网、中国网、国家知识产权局网站、搜狐网、《云南经济日报》、《云南信息报》等媒体进行宣传报道,全国近百家主流媒体转载,进一步树立云南法院保护知识产权、激励自主创新的良好形象,取得了良好的宣传效果。

(三)积极探索专利系列案件的处理方式,实现社会效果和法律效果的统一

2009 年至今,昆明中院受理了 60 余件某公司侵犯实用新型专利权纠纷。在这些案件的审理中,法院认定侵权成立比较容易,但因原告不能提供证据证明其因侵权行为遭受的实际损失,法院难以在判决时确定赔偿数额。为了妥善处理这些案件,既保护权利人的合法权益,也较好地平衡诉讼各方当事人的利益,昆明中院全面统计了原告在 20 余件调解和撤诉案件中许可他人使用的费用标准,取其平均值作为判决确定赔偿数额的参考。判决后原被告对赔偿数额均未提出异议,实现了社会效果和法律效果的统一。

(四)重视培训学习,知识产权审判队伍建设进一步加强

1. 努力提高审判人员的业务素质。近年来,最高法院特别强调法官教法官的培训方式,为了落实这种共同学习提高的培训方式,全省法院的知识产权庭采用个别辅导方式、集中研讨方式提高人员素质,庭领导带头认真研究问题,以此达成对审判理念、审判思路和审判水平的同步发展。此外,依托最高法院和相关机关团体的培训渠道,积极参与业务培训,抓住一切机遇尽快提高人员的业务素质。经过一年的努力,全省知识产权审判人员的业务素质有了不同程度的提高。

2. 加强党风廉政建设。一年来,全省各级法院组织全庭干警和党员学习领会最高人民法院在党风廉政建设相关会议和专题中提出的要求,特别加强对《法官职业道德准则》的学习,并结合各级法院机关党委的要求,加强党支部建设,以支部工作促进全庭工作,以党员的榜样带动其他干警,使知识产权审判庭成为团结拼搏、吃苦耐劳的战斗集体。通过长期抓办案纪律和工作纪律,干警们进一步树立了正确的价值观、人生观和世界观,不断增强了公正、高效、廉洁、文明的执法意识。一年来,全省知识产权审判庭没有出现过当

事人对法官审判作风、工作作风以及党风廉政方面的不良反映和投诉。

西藏法院2011年度知识产权司法保护工作总结

2011年,民三庭贯彻落实全区法院工作会议精神,始终坚持知识产权审判服务全国、全区工作大局,坚持"以科学发展为中心,以加快转变经济发展方式为主线"的指导思想,坚持"公开、公正、司法为民"的指导方针,认真贯彻落实全国法院知识产权审判工作座谈会精神,积极开展知识产权裁判文书上网工作,健全和完善知识产权裁判文书网络发布平台,提高了全区法院知识产权审判工作的透明度,拓宽了接受社会监督的途径和渠道,为实施国家知识产权战略、建设创新型国家和构建和谐社会提供坚强有力的司法保障。

一、案件审理情况

执法办案为法院工作的第一要务。从2010年至目前,全区法院共审理知识产权案件15件(含旧存10件),其中一审案件13件(含旧存10件),二审案件2件;15件案件全部审结。一审案件中拉萨市中院审理11件,日喀则地区中院审理2件;二审2件案件为本院审理。案件类型分别为:专利侵权纠纷案件12件,商标侵权纠纷案件3件,结案方式为:撤诉(含调解撤诉)4件,判决11件。

2010年12月25日至2011年11月25日,全区法院新收一审侵犯商标专用权纠纷案件2件,为日喀则地区中院受理,现已审结,结案方式为判决。新收二审外观设计专利侵权纠纷案件1件,为本院受理,已于10月12日审结,结案方式为经法院调解撤诉。

2011年8月18日,民三庭受理了一件侵害外观设计专利权纠纷权案件,因本案的主要被上诉人住址不明,只能通过公告送达的方式通知其参加诉讼,一审时就是因此人未参加诉讼而缺席判决的。二审时扣除公告送达和留给被上诉人答辩的时间,开庭时间定在10月26日。上诉人在规定举证时间内未能提供足以支持其上诉理由的新证据,再者主要被上诉人不能到庭参加诉讼,无法承担判决后的法律后果,经主审法官反复、多次做上诉人的撤诉服判工作,上诉人终于同意撤诉,以实际行动切实做到了"调解优先、调判结合、案结事了"。

二、政治理论学习

认真参加各项教育活动和政治理论学习,提高自身的政治理论素养,认真扎实地开展"发扬传统、坚定信念、执法为民"即"忠诚与亲民"主题教育实践活动,在审判工作中紧紧抓住"为大局服务、为人民司法"法院工作主题,以审判工作为中心,努力践行"能动司法"、"调解优先、调判结合、案结事了"的民事审判工作要求,进一步落实"公正司法、一心为民"的各项便民措施提供坚强有力的司法保障。

三、积极开展法制宣传

为配合《国家知识产权战略纲要》的深入贯彻,根据最高人民法院与其他20家单位联合制定的2011年全国知识产权宣传周活动方案以及西藏自治区保护知识产权领导小组办公室下发的《西藏自治区 2011 年"知识产权宣传周"活动方案》,4 月 26 日上午,高院民三庭抽调本院各业务部门的 10 名法官,并联合拉萨市中级人民法院民三庭进行了以"知识产权司法保护、促进经济发展方式加快转变"为主题的"4 · 26"知识产权法制宣传活动,这次法律宣传活动共发放宣传资料八百余份,对近一百多人次进行解答。因为全区广大群众对知识产权法律的认知度仍然不高,用知识产权法律维护自己合法权益的意识更有待大力提高。因此,高院民三庭将进一步发挥主观能动性,积极创造机会加强对知识产权法律的宣传力度,通过以案释法,发放单行本等宣传资料的方式,使全区广大群众对知识产权法律有一个全面直观的认识。组织知识产权宣传活动,安排相关知识产权案件的咨询解答,同时征求他们对人民法院知识产权审判工作的意见或建议,通过活动的深入开展,进一步增强知识产权司法保护的社会认同度。

四、其他工作开展情况

1. 高院民三庭巴桑杰布同志参加全区"百万案件"清理结案和执法业绩答案检查工作组。

2. 高院民三庭何育玲法官参加有自治区宣传部、文明办为"庆祝西藏和平解放 60 周年"和"中国共产党成立 90 周年"主办的"太极拳"比赛活动,并为法官学院开设的全区法院第二期预备法官培训班授课,内容为"知识产权审判规范性问题"。

3. 大力推进知识产权司法公开,认真执行全国法院知识产权司法公开座谈会会议精神,高院民三庭庭长李从仁、副庭长巴桑杰布和拉萨中院民三庭审判员参加了在 2011 年 4 月中旬在湖北武汉举行的"全国法院知识产权司法公开座谈会"。

4. 认真参加全区法院主题教育活动的各项活动。自 2011 年 3 月 31 日全区法院开展"发扬传统、坚定信念、执法为民"暨"忠诚与亲民"主题教育实践活动以来,高院民三庭严格按照实施方案的要求,做好了各项规定学习内容及活动,认真开展了与群众的结对活动。

5. 认真做好年鉴供稿工作和其他材料的上报工作。4 月撰写了反映 2010 年全区知识产权审判情况的年鉴供稿,于规定时间内上报至最高人民法院民三庭;撰写了近几年内我区法院知识产权审判概况的总结材料,与拉萨中院提供的一篇有关专利审判案件的情况分析材料一起按时上报至最高人民法院民三庭。

6. 积极参加争先创优强基础惠民生活动。2011 年 10 月,区党委决定在全区开展争先创优强基础惠民生活动,从区、地(市)、县(市、区)、乡(镇)四级党政机关、国有企事业单位及驻藏中直单位选派干部组成工作队,从 2011 年 10 月起进驻所有村(居)委会,开展三年的驻村工作。民三庭除庭长外,其他所有人员积极响应区党委的号召,自愿报名要求参加这次驻村工作,巴桑杰布副庭长被选入第一批驻村工作队,成为驻村工作队成员,现已开展驻村工作。

重庆法院2011年度知识产权司法保护工作总结

2011年,重庆法院知识产权司法保护工作以邓小平理论和"三个代表"重要思想为指导,深入实践科学发展观,坚持"三个至上",围绕"314"总体部署和"五个重庆"建设大局,遵照"用创新的方法保护创新"的要求,求实创新,锐意进取,认真履行审判职责,深入推进三项重点工作,圆满完成了审判任务和其他各项工作任务,为建设创新型国家和重庆知识产权保护模范城市、促进文化大发展大繁荣提供了有力的司法保障。

一、认真履行审判职责,推进社会矛盾化解

一年来,全市法院知识产权审判庭始终坚持以执法办案为第一要务,认真履行审判职责,有效化解社会矛盾,充分发挥了司法保护知识产权主导作用。

全年新收知识产权案件1438件(一审案件1230件,二审案件208件),同比增长79.75%(一审案件同比增长72.75%,二审案件同比增长139.08%),旧存91件,审结1327件(一审案件1117件,二审案件210件),同比增长55.39%(审结一审同比增长45.25%,二审案件同比增长150%),结案率为86.79%,其中渝中区法院和沙坪坝区法院知识产权庭审理知识产权刑事案件12件。

案件审理有以下特点:一是新收、审结知识产权案件增长迅猛;其中五中院、渝中区法院的知识产权收案量增长尤为突出,五中院今年新收知识产权案件581件,与去年相比增幅达134.27%,渝中区法院新收知识产权案件262件,增幅达95.52%(2010年五中院新收知识产权案件248件,渝中区法院新收134件);二是知识产权案件结案率下降,由2010年的90.37%下降至86.79%;三是知识产权案件调撤率上升,由2010年的50.47%上升至67.60%;四是著作权案件仍然占较大比重,2011年新收著作权案件1022件,占新收知识产权案件的71.07%,较2010年的63.25%上升7.82个百分点(2010年新收著作权案件506件);五是商标权案件数量增幅明显,2011年新收商标权案件128件,是上年新收商标权案件67件的近两倍;六是知识产权案件二审改判率下降,2010年知识产权案件二审改判数为4件,二审改判率为4.76%,2011年知识产权案件二审改判数为3件,二审改判率为1.43%,二审改判率下降3.33个百分点。

二、着力强化审判管理,促进审判质效提高

一年来,全市法院着力强化审判管理,重点落实审判公开,努力实现网上办案,大力推行精品战略,有力地推进案件质效提高。

(一)以公开促公正

一是坚持"阳光司法"。严格执行"两公开"规定,除法律规定不应公开审理的案件外,一律公开开庭审理并允许旁听;凡是生效裁判文书,一律在网上公开。通过落实庭审公开和裁判文书公开,提高审判工作透明度,

以公开促公正，推动案件审理质效提高，提升司法公信力。二是通过发布《重庆法院知识产权司法保护状况（2010）》白皮书，充分展示我市法院知识产权司法保护成果，提升我市知识产权司法保护形象。三是落实判后答疑。做好判后答疑工作，进一步公开法官裁判依据及理由，为当事人解惑释疑，使当事人信赖裁判的公正性。四是加大人民陪审力度，拓宽司法公开渠道。一中院一审案件陪审162件，陪审率为47.8%，同比增长27个百分点；五中院一审案件陪审96件，陪审率为23.13%，超出全市法院考核要求的3.13个百分点。

（二）向网上办案要效率

一中院和五中院率先在我市法院试行司法文书电子送达，创建文书电子送达平台，科学利用技术进步服务审判工作，实现高效率送达，有效缩短了办案周期。同时，有效利用网上办案优势，科学分析网上办案生成的各项数据，并将其作为评定审判工作开展情况的重要依据，通过定期对比研究各项数据，分析当前审判工作存在的问题，为研究部署下一步工作提供科学依据，进而有效地推动我市审判工作良性运行。

（三）大力推行精品战略

坚持引导树立精品意识，要求做精英法官，办精品案件。开展了全市法院优秀知识产权裁判文书评选活动，通过评选"精品"，发挥"精品"的示范带头作用。

三、积极创新监督指导，实现裁判尺度统一

注重对知识产权审判工作的监督和指导，积极创新监督和指导途径，努力统一司法理念、法律适用和裁判尺度，提高审判质效。

（一）落实定期督促指导制度

坚持每季度一次对中基层法院知识产权审判工作情况进行分析研究，通过走访、座谈、数据分析等，科学评价中基层法院一段时间审判工作的开展情况，总结经验，发现不足，提出改进建议，有效地推动了工作。如针对全市知识产权审判质效中结案均衡度等八个重要指标相对薄弱的问题，高院民三庭在充分调研基础上草拟了《关于提升2011年二季度审判质量薄弱指标的情况分析和落实措施》，对各项指标进行逐一分析，及时与中基层法院交换意见、督促落实，有效促进了工作，审判管理相关指标进一步优化。

（二）发布典型案例，指导审判实践

坚持以发布知识产权司法保护白皮书为载体公布典型案例，推进知识产权案例指导工作的规范化、制度化和长效化，充分发挥典型案例的示范作用和引导功能。

（三）开展专项调研，统一裁判尺度

针对审判实践中的热点、难点问题，结合审判实际的需要，开展专项调研工作，用调研成果指导审判实践，有效统一了裁判尺度。如针对网吧侵犯影视作品信息网络传播权案件在著作权侵权案件中比重大，各中基层法院在审理这类案件中把握的证据、对司法政策的理解、支持赔偿的标准不一致的情况，高院民三庭重点开展了网吧侵权类案调研，并起草了《重庆市高级人民法院关于审理网吧侵犯影视作品信息网络传播权纠纷案件的指导意见（草案）》，确立了全市法院在审理侵犯信息网络传播权系列案件中的侵权认定标准、赔偿原则等，为最高法院出台《关于做好涉及网吧著作权纠纷案件审判工作的通知》

提供了部分素材。同时,该通知下发后,高院民三庭立即组织一、五中院就该通知的具体适用进行座谈,形成了审查网吧著作权纠纷案件中关于合法来源举证标准的四个非正式指导意见,统一了该类案件的裁判标准和裁量尺度。

四、发挥能动司法作用,推进社会管理创新

在开展审判工作的同时积极参与司法服务社会活动,创制社会规则、引导社会行为、规范社会活动,发挥能动司法作用,不断推动社会管理政策完善、管理方式创新、管理水平提高。

(一)服务大局,能动司法

围绕全市经济、政治、文化、社会发展中心任务,积极发挥司法能动作用,为我市大政方针的贯彻,和谐社会的建设提供高效的司法保障。参与制订了市高院《为加快转变经济发展方式提供司法保障十条措施》,负责草拟了"发挥司法保护知识产权主导作用"和"平等保护各类投资主体"两部分内容;还参与制订了《关于依法从严审理食品药品安全案件的意见》,负责草拟了"依法保障诚信生产经营者的合法权益"及加强知识产权保护部分内容。

(二)支持行政机关,创新管理

2011年以来,重庆法院加强与市法制办、市知识产权局、市工商局、市版权局等相关机构的广泛合作,参与重庆市知识产权、涉外商事等地方法规、司法政策的制定和修改十余次,在推动行政机关社会管理政策完善、管理方式创新上做出了突出成绩。如参与了市知识产权局牵头的重庆市"十二五"知识产权发展战略规划的制订与修改;参加了市政府法制办和市工商局组织的《重庆市著名商标认定与保护条例》的制订与修改,在著名商标的特殊保护和著名商标的管理制度等方面提出的系统的修改建议得到市政府法制办的充分肯定。为促进特许经营行业的健康发展,五中院民三庭向重庆市商委发出了司法建议,2011年11月9日,中国法院网以"重庆:让司法建议之花倾情绽放"为题进行了专题报道。

(三)加强宣传,扩大影响

发挥审判工作社会引导功能,宣传是重要手段。重庆法院采取多种方式,加强知识产权司法保护宣传,扩大知识产权司法保护影响。如开展"4·26世界知识产权日"宣传活动,通过展板介绍、法律咨询等活动增强社会主体尊重知识产权的意识,展现重庆知识产权司法保护水平;在媒体上发布2010年重庆法院知识产权司法保护十大典型案例,反映我市知识产权司法保护状况,引导权利人依法维权,给行为人以法律后果预期,有利于减少侵权,建立良性市场秩序;一、五中院及渝中区、沙坪坝区人民法院开展了审判进校园、进企业、进社区的"审务进园区"活动;一中院开展以法官说法等方式通过《法制日报》、《人民法院报》、《重庆日报》、重庆电视台等主流媒体宣传知识产权司法保护;五中院通过媒体适时公布重大案件进展情况,一中院还编印了《知识产权民事案件诉讼指南》,扩大宣传,便利群众诉讼。

五、有效依托平台资源,推动调研工作上台阶

始终将审判理论研究工作作为推动审判实践工作跨越发展的重要抓手,充分依托"知识产权审判理论研究专业委员会"平台,创造性开展调研工作,取得了较多较好成果。

一是以专项课题为研究对象。年初确定了以"加大知识产权司法保护力度与降低维权成本"作为年度重点调研课题。6 月,组织一、五中院及沙坪坝区法院召开了课题开题会,讨论了本课题的研究对象、研究目的、研究方法、内容结构等,并安排布置了各自承担的研究任务。

二是以举办研讨会为推进手段。11 月,组织召开了中国审判理论研究会知识产权审判理论专业委员会第二届年会暨"加大知识产权司法保护力度与降低维权成本"研讨会,来自全国各级法院法官、专家以及部分院校学者 100 余人齐聚一堂,就该课题交流各自的研究成果,通过思想的碰撞、观点的交融,课题研究进一步向纵深推进。

三是以成果展现促进实践运用。《中国知识产权审判理论研究》是专委会会刊,是展现全国知识产权审判理论研究成果、扩大成果影响、促进成果运用、推动审判实践的重要载体。2011 年出版了第三辑,登载了各地知识产权法官们对"加大知识产权司法保护与降低维权成本"课题的最新研究成果。此外,重庆市法院知识产权法官们在中文核心期刊"人民司法·应用"、"人民司法·案例"、"科技与法"、"电子知识产权"以及"民事法律文件解读"等其他期刊上也发表了论文、案例分析等共 25 篇,"知识产权民事审判中的法官造法——司法能动的可能及限度"一文获全国法院第 23 届学术研讨会二等奖。

六、坚持提升队伍素质,确保公正廉洁司法

坚持加强队伍建设不放松,提升法官素质无止境的原则,努力培养造就一支政治坚定、业务精通、作风优良、公正廉洁的法官队伍。

一是将思想政治建设放在首位。结合我市知识产权审判工作实际,深入开展创先争优活动和"发扬传统、坚定信念、执法为民"、"人民法官为人民"、"社会主义法治理念再教育"、"重走革命路"等主题教育实践活动,进一步坚定了坚持党的领导的政治立场,进一步树立了为民司法、能动司法的意识,在履行审判职责中进一步增强了公正司法、高效司法、为民司法、廉洁司法的自觉性和坚定性。

二是突出抓好业务能力和专业水平的提高。尽可能地提供和创造参加各类多层次业务培训、专题研讨的机会,一年来,先后派出 50 余人次参加各类培训及研讨活动,同志们通过学习及研讨更新了知识、开阔了眼界、了解了动态、提高了能力。

三是以活动为载体建设和谐。充分发挥支部及工会小组、妇女小组的作用,通过开展丰富多彩的活动,增强凝聚力和战斗力。如"三进三同"活动、继续捐助地震孤儿、重走革命路活动等。

四是廉政建设常抓不懈。严格贯彻"五个严禁",做到"四个一律",加强风险高案件和环节的监督和管理,有效预防腐败,确保公正廉洁。

陕西法院2011年度知识产权司法保护工作总结

2011年,全省法院以党的十七大和十七届五中全会精神为指导,深入学习实践科学发展观,紧紧围绕三项重点工作,进一步改进司法作风,加强司法管理,提高司法水平和司法公信力。认真学习、深入调研、转变作风、扎实工作,着力开展知识产权审判工作,并取得了较为明显的成效。

一、工作成效

(一)案件数量略有下降,审判任务圆满完成

2011年1~12月,全省各级法院共受理知识产权民事纠纷一审案件273件(含旧存28件),比上年下降57.3%。其中著作权案件141件,专利案件33件,商标权案件21件,技术合同案件10件,植物新品种纠纷2件,其他知识产权案66件。全年共审结案件270件,其中调解、撤诉的案件186件,调撤率为68.9%。受理知识产权民事纠纷二审案件44件,比上年下降20%。其中著作权案件16件,商标权案件3件,专利权案件12件,技术合同案件5件,其他知识产权案件7件,植物新品种纠纷1件。共审结43件,其中调解、撤诉的案件16件,调撤率为37.2%。

(二)调研工作不断深入,取得较为明显的成效

面对新形势、新问题,陕西省各级法院不断加大对新类型知识产权案件调查与研究。针对知识产权审判工作的特点,一方面我们要求审判人员学习相关知识并借鉴兄弟法院经验,另一方面对于既无法律明确规定又无先例可循的案件,在实践的基础上大胆进行有益的探索。在调研为审判服务的方针指导下,为了适应审判工作需要,省法院民三庭多次派员参加最高法院举办的知识产权审判工作座谈会、农业植物新品种保护、加大知识产权司法保护力度与降低维权成本等研讨会。通过学习和调研,为审判经验交流和疑难法律问题研究提供了平台,有力地促进了审判水平的提高。2011年,省法院民三庭先后有"杨凌新西北种业有限公司诉陕西省泾阳县现代种业有限责任公司侵犯植物新品种权纠纷案"、"论案例指导制度对民间文学艺术传承人的保护"、"加大知识产权司法保护力度的一些做法"、"陕西省法院商业秘密案件基本情况及审理中应注意的问题"和"原告长康堂有限公司与被告李子善、李志谦权属纠纷案"等6篇文章先后在《中国知识产权指导案例评注》、《参阅案例》、《三秦审判》和陕西法院网等刊物、网络上发表。超额完成了院考核办规定的3篇调研任务。另外,"张恒诉陕西攀峰实业有限公司、王建军侵犯著作权纠纷上诉案"被最高法院评为2010年中国法院知识产权司法保护50件典型案例。

(三)审判程序更加规范,文书质量明显提高

为保证案件审理的程序和实体公正,各级法院进一步规范庭审程序,充分听取各方当事人诉辩主张,准确确定案件争议焦点。

我们进一步强化了当事人举证、质证责任，合理分配举证义务，切实提高庭审的效果。我们始终将裁判文书的说理透彻性和辨法析理性作为考核案件质量的重要指标。今年，省法院民三庭在总结去年“法官教法官”活动的基础上，不断完善相关制度，通过老法官带新法官参与庭审、探讨疑难法律问题和法律文书写作等多种形式，进一步提高全庭法官法律文书的写作能力，有效提升了全庭法官的整体素质和司法审判能力。总之，通过一年的努力，全省知识产权审判程序基本实现了规范化，审判工作人员驾驭庭审能力明显增强，审判文书质量显著提高。

（四）大力开展全省法院“下基层、访民意、听民声”活动，效果明显

今年，省法院民三庭先后开展“五进”活动17件次，邀请公民代表旁听58人次（其中人大代表5人），公民参与调解50余人次。在开展“下基层、访民意、听民声”活动中，共走访47次（走访人大代表3人，群众1101人），征询群众意见建议55条（梳理后为43条），开展法制宣传教育6场。通过上述活动，提高了公民的法律意识，增进了人民群众对法院工作的了解和理解，取得了良好的社会效果。

二、工作特点及亮点

随着全球知识经济的发展，世界知识产权制度呈现“一体化”和司法保护力度不断强化等趋势，受此影响，全省受理的知识产权案件也出现以下两个显著特点：

1. 严肃执法，审判质量不断提高。2011年11月，省法院民三庭承办了“全省知识产权审判工作座谈会”，对我省2011年知识产权案件审判情况进行了交流总结，并对2012年的相关工作进行了安排部署。紧紧围绕“公正与效率”主题，牢固树立精品意识，高度重视疑难复杂案件的审理和新类型案件的研究。通过不断努力，案件审理质量有了明显提高。一批社会关注度高的新型疑难和重大典型案件的裁判，取得了良好的社会效果和法律效果。

2. 注重调解，实现法律效果和社会效果的统一。省法院民三庭法官始终将调解工作贯穿于审判程序的全过程，在立足案件事实的基础上，耐心细致地做好当事人的工作，及时化解和疏导矛盾，争取做到案结事了。2011年，全省各级法院全年共审结一审知识产权案件270件，调撤率为68.9%。省法院民三庭共审结二审知识产权案件43件，调撤率为37.2%，超过了院考核办规定的调撤率不低于15%的规定。一、二审调撤率均较上一年有所提高。

甘肃法院2011年度知识产权司法保护工作总结

2011年，民三庭坚持“三个至上”指导思想，贯彻落实《国家知识产权战略纲要》和甘肃省知识产权战略推进计划，继续深入推进三项重点工作，积极开展“加强知识产权司法保护，促进经济发展方式加快转变”年度主题活动，审慎处理各类知识产权案件和其他民

事案件,加强了审判管理和对下指导工作,较好地发挥司法保护知识产权的主导作用。

一、抓好执法办案第一要务,严格审慎地审理好知识产权案件和其他民事纠纷案件

2011年省法院民三庭共受理和审结一、二审知识产权案件及其他民事案件108件(含旧存1件),结案率100%,收结案数较去年增长132.6%,是民三庭成立以来审结案件最多的一年。在案件审理中,法官们仔细甄别证据,严格依照《民事诉讼法》和《民事诉讼证据规则》审慎地认定事实,精准地适用法律,反复斟酌裁量结果,充分行使释明权,确保弱势群体的诉讼权利,尽一切可能做当事人的调解工作,尽量使每一起案件的法律效果和社会效果相统一,尤其是审理的嘉峪关市法院上诉的二审民事案件,由于案件标的相对较小,且当事人大多在当地,为减轻其诉累,两个合议庭的成员不避寒暑,一年内轮番五次赴当地集中开庭,为此法官们付出了加倍的辛苦。法官亲民、爱民、文明司法的行为,获得了众多当事人理解和赞誉。2011年,高院民三庭审理的兰州腾达液压气动成套有限责任公司与兰州石油机械研究所专利侵权纠纷一案入选"2011年度全省法院十大案件"。

二、加大调解,千方百计地化解矛盾,力促案结事了人和

我们始终将调解工作贯穿于案件审理的全过程。注重法、理、情的融合,注重平衡当事人双方的利益,使当事人从对立到沟通及谅解,再到合作共赢。某侵犯著作权纠纷一案,历时十年,案件几上几下,双方积怨很深。主办法官、合议庭乃至庭长连续两个星期做双方的调解工作,正之以法、辅以情理、晓以利弊,最终促使双方达成调解协议,社会各界对该案的处理给予了较多的赞誉,各新闻媒体都进行了正面报道。2011年我庭调解、撤诉案件28件,调撤率达30.1%,有效地化解了一批涉及公民人身权利和民生的案件,取得了很好的社会效果。

三、树立司法权威,坚持审判公开,加强知识产权审判工作的透明度

2011年,我庭率先在全院公开审理了某技术开发合同纠纷案,邀请省人大代表、政协委员、省法官学院学员、群众代表和新闻媒体近百人庭审观摩,拉开了省法院庭审观摩的序幕。庭审结束后,人大代表、政协委员对案件的审理给予了充分的肯定,兰州晚报、甘肃日报、甘肃卫视等媒体进行了现场报道,社会反响热烈。

民三庭不仅通过"中国法院网"甘肃频道、"甘肃法院网"门户网站将已生效的裁判文书进行刊登,早在2006年就通过"中国知识产权裁判文书网"将全省法院已生效知识产权裁判文书刊登上网,现已建立健全了两级法院知识产权裁判文书报送审批制度和信息员制度,设立了裁判文书专用邮箱。我们力求通过各种形式和窗口向社会展示人民法院知识产权审判的全过程,公开开庭率达到了100%。

2011年我庭从各中级法院审结的案件中,评选出了"甘肃省法院2011年知识产权十大案例",将在今年的4·26知识产权宣传周上予以发布。以展示我省知识产权审判工作"为大局服务、为人民司法"的工作风采,进一步增强知识产权审判的公开性和透明度。

四、加强审判管理工作和对下指导

一是下大力气抓好案件审理的质量与效

率。一方面，建立健全审判工作的各项规章制度，狠抓落实，使案件的审理更趋规范化、精细化。另一方面，强化自身业务培训和岗位练兵，通过积极参加最高法院组织的培训、研讨等，努力提高法官查明事实、分析证据、驾驭庭审、化解纠纷、制作文书的能力，确保了案件质量关。

二是加强对下级法院司法认定驰名商标的指导和监督。坚持驰名商标认定集中管辖、判前审核、案件备案等工作制度。

三是针对知识产权审判专业性强的特点，邀请专家学者对疑难问题座谈交流。结合审判实际，编辑印发了《甘肃知识产权审判》期刊3期，对专门问题进行应对性研究，为全省知识产权审判人员创造了学习和交流的平台。

五、积极宣传知识产权法律，强化全省法院三级联动宣传效应

去年是贯彻实施《甘肃省知识产权战略纲要》的关键一年，我们充分抓住世界知识产权日这个机会，结合"发扬传统、坚定信念、执法为民"主题教育实践活动，与甘肃省知识产权战略实施领导小组的24个成员单位一起，在定西市开展了"实施知识产权战略、助推甘肃经济转型"为主题的知识产权宣传周活动启动仪式。省法院、定西中院和安定区三级法院分别设立知识产权法律咨询服务台，民三庭现场发放了《知识产权法律宣传册》、《知识产权法规问答》等宣传材料2000余份。杨丽萍副院长亲临主会场，代表省法院向部分专利申请人发放了专利申请补助金，与省、市有关部门负责人一同参与"保护创新、抵制盗版"签名活动，与民三庭全体接受群众的咨询。

六、狠抓职业道德，树立廉政风气，着力塑造知识产权法官良好形象

我庭把知识产权法官职业道德和廉政建设当做一件大事来抓，认真履行一岗双责。对每一起案件送达《廉洁办案登记卡》，接受当事人的监督，并随卷宗归档，得到院内外的一致好评。同时要求两级法院知识产权庭的法官廉洁公正办案，清白踏实做人，严格遵守"五个严禁"，拒礼拒贿拒吃请，保持为民、公正、清廉的良好形象，年内未发现司法不廉洁及违反廉政规定的情形。

青海法院2011年度知识产权司法保护工作总结

2011年，青海省法院知识产权审判工作认真落实全国知识产权审判工作座谈会、全国法院知识产权司法公开座谈会以及《2011年青海省高级法院工作要点及任务分工》的要求，以执法办案为第一要务，坚持调解优先、调判结合；坚持服务大局，制度创新：加强办公办案信息化建设，努力推进审判管理；树立学习就是工作的理念，不断推进"五型法院"建设；坚定不移落实整改措施。进一步明确全国法院知识产权审判的政治方向、指导思想、工作思路和司法政策，在新的历史起点上充分发挥司法保护知识产权的主导作用,为实践科学发展观和建设创新型青海提供坚强有力的司法保障,为青海经济社会发展做出了积极努力。

一、案件审理情况

2011年全省两级法院共审结一、二审知识产权民事纠纷案件58件,其中一审29件、二审29件。案件类型中著作权纠纷案件51件、专利侵权纠纷6件、技术服务合同纠纷1件。审结的案件呈现以下特点:一是案件数量及类型不平衡、类型化案件较多,案件当事人分布不匀,身份多样。从当事人为企业法人的地域分布看,知识产权案件中当事人分布呈“外热内冷”。企业法人为原告的案件中,90%的均为外地企业,由此可见,在知识产权案件当中,我省企业成为被告的比例较大,这种被动应诉的局面说明我省企业在知识产权的利用和保护方面存在一定的问题,在生产经营活动中的不规范行为还有很多,对知识产权的认识和重视程度还不够。二是案件类型呈多样化、新型化、地域化。我省是一个文化、经济欠发达的少数民族内陆省份,我省的知识产权案件总体数量少,但案件类型存在多样化、地域化,从收案类型上反映出知识产权从传统的文字、图片著作权纠纷开始逐步转移到经济、科技价值含量较高的商业竞争、信息网络传播权纠纷和商标权纠纷。三是结案方式以调解撤诉为主。近年来,我院知识产权案件调撤率稳步提升,知识产权案件调解撤诉率达8 0%以上,2011年受理的19件涉及摄影作品的著作权侵权案,全部以达成和解协议撤诉方式结案。四是知识产权案件专业性越来越强,审理难度加大。五是当事人的争议标的越来越大,以往我省受理的知识产权案件标的不超过10万元,2011年案件标的达到480余万元。六是当事人对生效裁判文书申请再审和申诉的情况没有发生,已审结的案件中未出现申请再审和申诉的情况。

二、以执法办案为第一要务,坚持“调解优先,调判结合”的司法原则,严格审判管理,加强调研,严守案件质量关

我省法院在审判工作中坚持当判则判、当调则调,调判结合的原则,从建设和谐社会角度出发,调解了多起知识产权纠纷案件。同时调解结案的案件呈现审理周期短以及高履行率的特点,当事人均当场或达成协议后迅速、主动履行,最大限度地实现了维护当事人实体权益和维护社会和谐的统一。

三、审判管理更加科学规范

为进一步强化审判管理职责,在2010年制定《岗位责任制》的基础上,我庭依托法院综合信息管理系统,制定了《审判信息录入管理规范》,要求全庭人员严格按照庭长、审判员、书记员的岗位要求,及时、全面、准确完成案件信息录入工作。目前,所有案件均通过审判管理系统录入相关信息,比如预定法庭,通过网上查询,对法庭使用情况一目了然,在审判管理年活动中,我们切实加强审务各环节管理,着力均衡结案的落实。进一步提高规范化、精细化和数据化管理程度,着力提高案件质量和效率。根据《青海省高级人民法院法官审判绩效考评办法(试行)》,细化指标,制定了《民三庭法官案件审判绩效考评综合信息台账》,努力做到数据准确,评定有据。

四、利用知识产权宣传周,开展司法保护宣传活动

为增强公民知识产权保护意识,高院与省委宣传部、省科技厅等十六家成员单位,于

4月20日至26日开展保护知识产权宣传周活动。4月20日，高院民三庭组织西宁市中级法院民三庭法官一起上街宣讲，通过文字宣传、图片展示、法律咨询等形式积极向公众宣讲知识产权法律，重点介绍了全省法院在审理知识产权案件、打击侵犯知识产权等方面的情况，共接待群众法律咨询100余人次。宣传活动得到了本院新闻办的配合和支持，主管副院长李建青同志检查指导宣传工作。高云龙副省长在莅临检查此项工作时对法院的宣传工作给予的充分的肯定。

五、着力提高审判质效，规范审判行为

鉴于全省知识产权案件相对集中，审判队伍素质与形势要求有相当差距，专业化水平相对不高的情况，法院召开案件质量分析通报会，就今年审理的案件与原审法院同志一起，就审理程序、证据认定、法律适用、法律文书规范等方面的问题进行了综合分析，对进一步提高案件质量起到了积极的促进作用。

六、坚持裁判文书上网，加强知识产权审判宣传工作，保证案件公开、公正

高院民三庭按照最高人民法院司法公开的要求，继续坚持裁判文书上网工作，审结的全部知识产权案件裁判文书公布到中国知识产权裁判文书网。通过裁判文书上网公开，使社会公众对知识产权司法保护工作有了进一步的了解，进一步树立了司法权威，实现了司法为民，保证了队伍廉洁。

法院还通过科学发展关简报、情况反映等文件，及时向省委、省政府通报知识产权审判工作中的情况，全年共编写上述各类材料8篇，有力地拓展了审判空间，延伸了司法功能，为青海省知识产权战略的实施提供了优质的服务。

宁夏法院2011年度知识产权司法保护工作总结

2011年，宁夏高院民三庭在院领导的正确领导下，继续认真贯彻最高人民法院《关于当前经济形势下知识产权审判服务大局若干问题的意见》，认真履行职责，在新类型案件增多、重大疑难案件增多、案件审理难度加大的情况下，在全庭同志的共同努力下，重视研究知识产权审判工作面临的新情况、新问题，突出工作重点，创新工作方式，集中力量办案，坚持统筹兼顾，加强监督指导，实现了本区知识产权审判工作的新发展、新突破。

一、公正高效审结知识产权纠纷案件，切实维护权利人的合法权益

2011年，全区两级法院共受理一、二审知识产权民事案件89件，其中，一审案件80件，二审案件9件。受案总数同去年相比有较大上升。在2010年所受理的知识产权民事案件中，侵犯商标专用权案件上升幅度最大。在高院受理的15件知识产权民事案件中，侵犯商标专用权案件7件，占受理案件总数的47%。

2011年我区所审结的知识产权案件呈

以下特点:一是受理知识产权案件的数量有较大上升,诉讼标的金额亦呈大幅增加的趋势。2010 年以前在所受理的案件中,诉讼标的金额均未超过 200 万元。2011 年已有诉讼标的超千万的案件。二是当事人对生效裁判文书申请再审和申诉的情况很少发生。三是地区间的经济发展水平不平衡反映出知识产权案件受案不平衡。

二、创新工作方法,营造司法和谐

创新工作方法,加强业务指导,使亮点工作亮起来。年初,根据院党组的要求,我庭将发、改案件逐案分析座谈会,典型案例指导确立为今年我庭的亮点工作。6 月 13 日高院民三庭邀请全区五个中院民三庭庭长在我院召开了以"加强知识产权司法保护,促进经济发展方式加快转变"为主题的座谈会,效果良好。

同时,就音像制品著作权侵权纠纷赔偿、专利侵权纠纷赔偿、医疗纠纷赔偿等问题,带领全庭审判人员多次到各中院就发、改案件进行座谈讨论,指出案件中存在的问题以及今后处理类似案件应注意的问题,统一案件裁判尺度,维护司法权威。注重加强调解,化解纠纷。

通过上述举措,一是使上级法院业务指导的职能得到有效发挥。加强了上下级法院的沟通和联系,增进了上下级法院法官之间的理解。二是杜绝了当事人虚假诉讼、选择法院起诉的问题,使一审知识产权案件受案步入良性循环。三是统一了全区各中院同类型案件以及关联案件裁判标准,有效防止了不同法院之间,对同案不同判情况的发生,确保了裁判的公平,维护了司法的统一。

三、调查研究情况

积极参加自治区知识产权研究会、知识产权局、版权局、商标局和自治区法学会举办的相关会议座谈介绍法院知识产权司法保护的情况,并深入到自治区知名企业进行调研。根据国家"西部大开发战略"的总体要求,结合我区"十二五"经济发展总体规划,选择我区经济发展中的重点产业代表企业进行实地调研,加强企业保护知识产权的维权意识,激励企业自主创新,促进经济发展方式优化升级。

把调查研究作为审判工作的重要组成部分,努力做到调研和审判两手抓、两手硬、两结合、两促进,在依法公正高效办好案件的同时,认真开展调查研究,通过调研,深化了对相关问题的认识,使审判经验得以升华和发展。

四、知识产权裁判文书上网工作

高度重视知识产权裁判文书上网工作。将高院民三庭及各中级法院所有生效知识产权裁判文书全部上传至中国知识产权裁判文书网,让各方了解知识产权司法保护情况,接受各方面的监督。

新疆法院 2011 年度知识产权司法保护工作总结

2011 年,新疆法院系统全面贯彻落实党的十七届六中全会、中央新疆工作会议精神,紧紧围绕政法“四项重点工作”，积极开展“人民法官为人民”、“创先争优”、“发扬传统、坚定信念、执法为民”等主题实践活动，牢固树立“三个至上”的指导思想和“公正、廉洁、为民”司法核心价值观，巩固学习、实践科学发展观的成果，以“为大局服务、为人民司法”为主题，坚持“说话和气，办事认真，公平正义，人民满意”的工作方针，以增强司法能力，提高司法水平为重点，以提高审判的质量和效率为落脚点，以人民满意为目标，依法全面履行知识产权审判职责，知识产权司法保护领域不断拓宽，司法保护水平不断提高，司法保护力度不断加大，知识产权司法保护工作取得了长足的进步与发展，不断满足人民群众对知识产权保护的新要求，为建设创新型新疆提供更加有力的司法保障。

一、充分发挥知识产权审判职能，依法受理和审结知识产权案件

2011 年全区法院共新收知识产权民事案件 442 件，从审级上看，一审案件 332 件，二审案件 59 件，再审案件 42 件；从案件类型上看，专利纠纷案件 178 件、商标纠纷案件 129 件、著作权纠纷案件 112 件，技术合同纠纷案件 12 件，其他知识产权纠纷案件 11 件。全年共审理 496 件（含旧存 54 件），审结 424 件，结案率较 2010 年相比上升 54.74%。其中审结一审案件 320 件，审结案件中调解及经调解撤诉案件 209 件，一审调撤率 65.31%，审结二审案件 70 件，审结案件中调解及经调解撤诉案件 38 件，二审调撤率 54.29%，审结再审案件 42 件。

我区知识产权案件呈现出如下特点：

1. 知识产权案件数量呈明显增长态势，增长幅度高于其他民商事案件增长幅度。中央新疆工作会议召开后，全国 19 个省市陆续开展了对口援疆工作，新疆经济渐趋活跃，与经济及科技发展水平密切相关的知识产权案件数量在 2011 年迅猛上升，与 2010 年相比新收知识产权案件上升 56.74%。具体看，专利权纠纷、商标权纠纷、著作权权纠纷等三大传统知识产权纠纷仍然占绝大多数，都有很大程度的增长。同时反映出随着几年来全区知识产权司法保护宣传力度的不断加大，宣传叠加效应显现，人民群众、企事业单位利用知识产权法律武器保护自身合法权益的意识不断增强。

2. 案件相对集中在乌鲁木齐市地区。全区知识产权案件分布不均衡，乌鲁木齐市地区的案件占到全区案件的 70% 以上。

3. 知识产权纠纷案件的法律关系越来越复杂，审理难度越来越大。法律关系复杂性呈现“三多”，即涉及“多个领域，多个部门，多层权利”。“多层权利”，如外观设计专利权与著作权竞合、商标权与外观设计专利权或著作权竞合、商标权与不正当竞争纠纷竞合等。

4. 审理难度大呈现“专”、“难”特点。知识产权纠纷案件专业性强，往往或涉及一些较为复杂的专业技术问题，或涉及权利冲突，或民事诉讼、刑事诉讼、行政执法、行政诉讼交叉。适用法律跨度大，除适用法律法规和司法解释外，其他如民法通则、合同法、公司法、合伙企业法等法律、法规也常被适用。

二、加强知识产权法官队伍职业化建设，保持知识产权审判力量的稳定

截至 2011 年年底，全疆法院系统（兵团除外）中有自治区高级人民法院及伊犁哈萨克自治州分院、乌鲁木齐市中级人民法院、昌吉回族自治州中级人民法院、克拉玛依市中级人民法院、吐鲁番地区中级人民法院、哈密地区中级人民法院等7家法院设立了民事审判第三庭(专门审理知识产权案件)。其他中级人民法院虽然没有单独设立知识产权庭,但也设立了审理知识产权案件的合议庭或指定专人从事知识产权审判工作。目前全疆法院共有专门审理知识产权案件的审判人员45人,其中人员结构为:审判员36人、助理审判员9人。学历结构为:硕士12人、本科33人。机构的设立和人员的相对固定为知识产权案件的审判工作提供了组织保障。

三、严格知识产权审判管理,提高知识产权案件质量

为保证知识产权案件质量,全疆法院在审理知识产权案件的庭审、合议、文书制作等各个环节狠下功夫,加强管理。庭审是审判活动的中心环节,是法官作风建设和工作能力的集中展示。庭审中审判长牢固树立程序意识,充分保证当事人在庭审中行使诉讼权利,规范庭审,合议庭每位成员全身心地投入,相互配合,为保证案件质量奠定了基础。抓好合议制度这一保证案件质量的关键环节,严格贯彻案件合议制度,按照承办法官、参加合议法官、审判长的顺序,就案件事实、处理意见及理由充分发表意见,发扬民主,帮助承办法官开拓思路,完善裁判理由。裁判文书是案件审理的最终成果,是知识产权裁判水平的集中展示,知识产权审判人员牢固树立裁判文书质量意识。加强裁判文书的说理性,在说理时将认定事实的理由和适用法律的理由紧密结合,客观、详细地论述裁判理由,从正反两个方面全面进行阐释,充分体现裁判的公平、公开、公正,作出具有逻辑性、合理性、公正性的裁判。

四、注重调解工作,不断加大调解力度,努力构建和谐司法,做到"案结、事了、人和"

全区知识产权审判工作严格贯彻"调解优先、调判结合"的工作方针,在明晰知识产权法律规则的前提下,将调解贯穿案件审理的各个环节。知识产权法官坚持嘴勤、手勤、腿勤、眼勤,把握好恰当的调解时机,情、理、法并用,采取"面对面"、"背靠背"、电话调解等多种灵活的调解方式,耐心细致地给当事人摆事实、讲道理,帮助当事人理解法律,为当事人提出切实可行、公平合理的调解方案,帮助当事人找到各方均能接受的平衡点。根据案件的具体情况积极引入专家调解、行业调解,邀请知识产权局等行政机关协助调解,在推进社会矛盾化解方面,狠下功夫。2011年全区法院审结知识产权案件中,一审调撤率65.31%,二审调撤率54.29%,在维护知识产权权利人合法权益的同时,积极化解矛盾,做到了"案结、事了、人和"。

五、加强调查研究,总结审判经验

1.2011年4月15日,最高人民法院在武汉召开了全国知识产权司法公开座谈会。会议总结了近年来人民法院知识产权司法公开工作的经验,进一步明确知识产权司法公开工作的制度措施。会后,高级人民法院民三庭对我区知识产权裁判文书上网工作进行了认真总结,形成《新疆法院知识产权裁判文书上网工作情况报告》,并在总结经验的基础上,制定了《新疆法院知识产权裁判文书上网的实施办法》,要求全疆各分、中院高度重视文书上网工作,切实负起辖区内人民法院生效裁判文书上网的监督指导职责，不断完善裁判文书上网的工作机制，提高裁判文书上网数量和已生效裁判文书的上网比例，做到已生效裁判文书及时全部上网。

2. 对高级人民法院及乌鲁木齐市中级人民法院2002年以来审理专利纠纷案件进行全面总结。分析案件的概况和特点，审判方法和工作机制、存在的问题，并形成专题调研报告，对今后的专利案件审判工作起到很好指导作用。

3. 全面总结2010年全区法院知识产权审判工作情况，形成《新疆知识产权司法保护白皮书2010》、《2010年度新疆知识产权审判年鉴》上报最高人民法院和自治区知识产权战略领导小组。

六、坚持能动司法，强化大局意识，延伸审判职能

（一）注重服务地方特色产业发展，积极帮助企业解决知识产权难题

新疆法院树立司法服务意识，坚持能动司法，紧紧围绕促进全区自主品牌的形成和品牌经济的发展，注重服务地方特色产业发展，积极帮助企业解决知识产权难题，积极加强同企业之间的沟通联系，帮助企业树立品牌意识，借助知识产权将企业做大做强，为新疆企业自主创新能力的提升及新疆经济的踊跃式发展提供强有力的法制环境。高级人民法院组织知识产权法官深入企业进行知识产权司法保护工作座谈，及时了解企业对知识产权司法保护的需求，宣传知识产权法律制度与司法政策，积极为企业提供能动司法服务，引导企业正确认识和使用知识产权，强化企业的自我保护意识，鼓励企业在创新中发展，在发展中不断创新，帮助企业建立完善的知识产权体系。扩大知识产权司法保护的影响，为企业提高自主创新能力创造良好的法治环境，取得了很好的效果。

（二）抓好典型知识产权案件的媒体宣传

在全区法院审理的案件中，有涉及“楼兰”、“古城”等在新疆具有广泛知名度的商标侵权案件，有电视台、网吧等侵犯著作权人广播权，信息网络传播权案件，这些案件引起了社会的广泛关注，通过审判，保护了权利人的合法权益，取得了很好的法律效果、社会效果。对这些审判实践中出现的知识产权侵权典型案例，法院积极向新闻媒体投稿，大力宣传，让广大群众了解发生在身边的知识产权侵权事例，借此起到积极的法制宣传作用，让法人、公民树立起知识产权保护的意识。同时，在“4·26”知识产权宣传周期间，精心组织庭审观摩，邀请社会各界人士及人大代表、政协委员参加庭审观摩。通过庭审观摩形式、发布典型案例形式，大力宣传知识产权司法保护，增进全社会对人民法院知识产权司法保护工作的认可，营造更贴近民生的知识产权保护氛围。

（三）加强与政府部门的联系，建立横向沟通渠道

高级人民法院2010年审理了22起涉及网吧侵害影视作品著作权人信息网络传播权的案件，2011年1～5月底又审理了12起类似案件。此类案件最终均是法院判决网吧赔偿权利人损失。被诉网吧业主对立情绪较大，对权利人维权行为存在片面认识，同时，认为法院判赔数额高，而权利人认为法院维权力度不强。从此类案件可以看出，乌鲁木齐市诸多网吧存在侵犯影视作品著作权人信息网络传播权的事实，严重缺乏合法使用影视作

品的法律意识。鉴于在审判中发现的这种情况,为帮助网吧行业树立知识产权意识,我们积极向乌鲁木齐市文化局发出司法建议,建议文化主管单位加强网吧行业管理,向网吧业主通报侵权案件的基本情况,起到警示作用,培养网吧业主树立合法使用影视作品的法律意识。

(四)积极与相关行政执法部门沟通,聘请专家陪审案件

知识产权案件专业性较强,案件类型比较疑难。针对这一特点,我们加强与自治区知识产权局、自治区工商局、商标局以及自治区版权局多方面的沟通与联系,一方面在专业知识上与这些部门常联系,通过电话、座谈等方式对专业性问题进行分析、讨论,保证案件公正审理,另一方面在乌鲁木齐市中级人民法院开展专家陪审员的试点,在相关部门选聘专家担任人民陪审员,积极发挥各部门陪审员的作用,在案件审理、合议、判决等环节,征求、听取陪审员意见,真正发挥陪审员的陪审作用,采取技术问题与非技术问题分离审理的方式。这一审判模式提高了知识产权案件技术问题认定的准确性,进而提高了此类案件的审判质量。

2011 年是我国第十二个五年规划的开局之年,也是新疆迎来跨越式发展的关键一年。全区人民法院克服了知识产权案件大幅上升带来的工作压力,紧紧围绕国家和自治区工作大局,始终坚持以执法办案为第一要务,提高知识产权审判水平,加强和谐司法、能动司法,努力延伸知识产权审判职能,加大知识产权司法保护力度。继续深入贯彻落实《自治区知识产权战略纲要》,进一步完善知识产权审判机制,加强与知识产权行政执法机关的密切配合,为新疆的长治久安和跨越式发展提供了良好的知识产权法治环境。

兵团法院 2011 年度知识产权司法保护工作总结

为全面贯彻落实国家知识产权战略,使知识产权审判更好地服务党和国家工作大局,为"十二五"时期经济发展提供更加有力的司法保障,根据最高人民法院在全国法院开展"加强知识产权司法保护促进经济发展方式"年度主题活动的通知精神,兵团法院系统在 2011 年紧紧围绕这一主题,切实履行岗位职责,高度重视兵团知识产权的司法保护工作,使司法保护知识产权的主导作用得到进一步发挥。

一、认真贯彻最高人民法院在全国法院开展"加强知识产权司法保护促进经济发展方式"年度主题活动的通知精神,为审理好知识产权案件打牢思想基础

根据最高人民法院在全国法院开展"加强知识产权司法保护促进经济发展方式"年度主题活动的通知精神,迅速向系统法院下达了通知并提出相关要求,各级法院通过对文件的学习和讨论,使审判人员进一步统一了思想,并增强国家知识产权战略意识,提高

对知识产权司法保护重要性的认识。对全面加强兵团知识产权审判工作，充分发挥司法保护知识产权作用，正确掌握和适用好相关司法政策，更好地为大局服务、为人民司法奠定了思想基础。

二、充分发挥知识产权审判职能，积极促进经济发展方式加快转变

2011年，兵团法院系统共受理知识产权类纠纷案件50余起，结案率100%。调解结案达到80%。在办理案件中，各级法院通过邀请新闻界、知识产权局、群众代表、在校学生等旁听审判，提高司法公信力，扩大知识产权保护的影响力，很好地延伸了司法审判的社会教育职能。

从办理的这些案件来看，由于兵团地出西部属经济欠发达区域，兵团法院受理知识产权案件较少，案件类型单一，不具有典型性。

三、延伸审判职能，积极配合行政机关营造激励自主创新的良好司法环境

在2011年开展的"知识产权宣传周"活动中，兵团法院系统以审判为中心，积极和兵团知识产权局联系，围绕弘扬"尊重知识、崇尚创新、诚信守法"为核心的知识产权活动，不断加大知识产权司法保护的宣传力度。自2011年4月20日至4月26日，兵团各级法院与兵团和各师相关部门共同开展了为期一周的兵团知识产权宣传周活动。在活动期间通过，发放知识产权知识问答卷，派发法律书籍，提供法律咨询，展出具有知识产权内容的展板，涉及兵团知识产权战略的制定、知识产权宣传及试点示范、行政执法、司法保护等方面内容。重点介绍了兵团专利、商标（品牌）、版权工作典型单位、典型人物和典型事迹，展示了兵团知识产权工作取得的成就。使参展人员进一步了解了法律对知识产权保护的重要性。

另外，兵团法院系统紧紧围绕"知识产权助推经济转型"主题，组织法官深入企业开展"送法上门"服务活动，了解企业对知识产权司法保护的需求，宣传知识产权法律制度与司法政策，扩大知识产权司法保护的影响，帮助企业解决在知识产权保护等方面遇到的法律问题，增强知识产权自我保护能力，支持和引导企业实施各项知识产权保护战略，了解企业对知识产权司法保护的诉求，提出司法保护对策。

四、加强审判监督，进一步完善审判机制

由于受诉法院审理知识产权案件的机构和人员编制不健全，审判人员大都没有经过专业的培训和学习，在审理知识产权案件的能力和经验等方面还存在诸多问题。我庭已建议在知识产权案件相对较多的师中级法院选调和培养这方面的人才，积极筹建独立的知识产权审判机构。

另外，根据前几年兵团法院审理驰名商标司法认定案件所出现的问题，按照院领导的工作指示，进行了全面的专项检查，并及时了解、督促、指导了该项工作的开展。各中级法院根据评查的情况，对错误认定的驰名商标案件给予了纠正。

五、着力开展调研，提升知识产权司法保护的能力

为提高知识产权的审判能力和水平，今年着重就知识产权将专家智慧引入审判工作问题进行调研，对遇到知识产权技术上的难题，经常性与他们采取电话或座谈的形式进行学习交流,提倡“学有所长、术有专攻”,对审判中的热点、难点问题进行研究;针对知识产权方面新修改法律、新出台司法解释较多的情形,组织大家结合审判实践,有针对性地学习讨论。上述措施的实施将从整体上提升了法官的理论素养和业务水平。

中国审判理论研究会知识产权审判理论专业委员会工作总结

中国审判理论研究会知识产权审判理论专业委员会自2008年11月29日依托重庆市高级人民法院成立以来,认真贯彻奚晓明副会长“认真践行科学发展观,积极推动应用理论创新”的重要指示,在中国审判理论研究会的领导下,在最高人民法院民三庭的指导下,在全国各兄弟法院的大力支持下,按照《中国法学会审判理论研究会知识产权审判理论专业委员会规则》,认真开展各项工作,切实担负起“加强组织协调、促进信息共享、扩大交流合作、创造优秀成果、提高司法水平”的职责,充分发挥委员们的能动性、积极性和创造性,促进了知识产权应用理论创新、司法水平提高和法院学术繁荣。

在2010年11月初和2011年11月初举行的中国审判理论研究会年会上,最高人民法院张军常务副会长、奚晓明副会长在工作报告中,分别对知识产权专委会开展的“后国际金融危机时期知识产权司法保护”理论研讨活动、知识产权专委会会刊《中国知识产权审判研究》、知识产权专委会在重庆市沙坪坝区法院设立知识产权审判研究(沙坪坝)基地、知识产权专委会与西南政法大学开展经常性的互动与合作研究、知识产权专委会及重庆高院探索建立跨区域管辖制度、申请专项财政支持等举措给予高度赞扬。

一、有条不紊,辛勤工作,形成了“十有”的良好工作局面

三年来知识产权专委会有条不紊,辛勤工作,主要表现在以下几方面:

(一)建立规则,完善制度

知识产权专委会在成立之初就制定并通过了《中国法学会审判理论研究会知识产权审判理论专业委员会规则》,这是专委会工作的纲领性文件,它对专委会的性质、指导思想、基本职责、主要任务、组织机构以及经费来源等基本问题进行了规定,在制度上为专委会形成有章可循、富有实效、运转顺畅的工作机制创造了条件。同时,专委会秘书处根据上述规则和工作实践形成了一套具体的工作机制和配套措施,为专委会工作有效、有序、有为、有位提供了制度保障。

(二)总结经验,谋划发展

知识产权专委会成立以来,每年都对全年工作和主要经验做出书面总结,并在深入贯彻中国审判理论研究会年会、全国高级法

院院长会议、知识产权审判工作座谈会等重要会议精神的基础上，积极思考、精心谋划，制定新年的工作计划，报送审判理论研究会和最高法院民三庭。确保了专委会工作有计划、有目标、有措施、有成效地开展。

（三）组织研讨，创新理论

知识产权专委会成立三年来，先后组织召开了“确认不侵权之诉研讨会”、“知识产权战略实施与商标法修改国际论坛”、“后金融危机时期知识产权司法保护”研讨会、“全国部分法院著作权司法保护座谈会”、“全国部分法院知识产权裁判文书上网工作调研座谈会”、“纪念《著作权法》颁布20周年暨著作权保护基础理论研讨会”等研讨会。最高人民法院奚晓明副院长、孔祥俊庭长等领导先后莅临重庆指导专委会工作；国务院法制办、国家版权局、国家知识产权局、国家工商总局等中央国家机关，中国社科院、中国科技法学会、中国人民大学、北京大学、中南财经政法大学、西南政法大学、华东政法大学等高等院校、科研单位给予专委会大力支持；刘春田教授、吴汉东教授、李明德教授等专家、学者为专委会建言献策，全国30个高级法院、50余个中级法院和部分基层法院的数百位法官参加了专委会组织的各种研讨活动。三年来，依托知识产权专委会搭建的学术研讨和信息交流平台，山城重庆精英汇聚、成果丰硕，正在逐步成为全国法院知识产权审判理论研究的重要基地。

（四）编辑会刊，转化成果

为了整合优秀研究成果，加强成果转化，促进理论创新，提高司法水平，知识产权专委会潜心致力于知识产权审判研究成果的汇集与转化。在人民法院出版社的大力支持下，以书代刊的专委会会刊《中国知识产权审判研究》每年出版一辑，连续出版了三辑，收录了一大批符合知识产权司法保护实际需要的理论成果，一百余位法官和学者在《中国知识产权审判研究》发表了论文，在丰富和发展知识产权审判理论的同时，有力地推动了知识产权审判实践的不断创新和发展。《中国知识产权审判研究》作为专委会研究成果转化的主要平台，正在逐步成为我国知识产权审判研究领域比较有影响力的专业书刊。

（五）建立基地，服务实践

2009年4月19日，知识产权专委会率先在重庆市沙坪坝区法院成立了知识产权审判研究（沙坪坝）基地，最高人民法院民三庭孔祥俊庭长出席了揭牌仪式，这是各个专委会设立的首个审判研究基地。该基地在提高知识产权案件审理质量、加强知识产权审判理论研究、为知识产权立法完善提供实践素材方面发挥着重要作用，同时也在检验知识产权审判理论研究成果效果方面做出了积极贡献。基地模式的成功为探索审判理论研究与司法实践的良性互动机制提供了一种切实可行的新模式。

（六）争取经费，提供保障

知识产权专委会成立初期，主要依靠重庆高院的办公经费提供物质保障，但是单一的经费渠道难以适应专委会工作全面展开后日益增长的经费需求。为了给专委会工作的提档升级提供更有力的保障，重庆高院积极与重庆市财政局协调，促成财政局对专委会工作经费开展了专项调研。经过努力争取，重庆市财政局于今年上半年同意为专委会划拨专项经费，用于支持专委会的软、硬件建设和研究活动开支。专项经费的取得,有效缓解了专委会的经费紧张问题,既是对专委会积极作用的充分肯定,也为专委会工作的规范化、精品化和高端化奠定了坚实的物质基础。

(七)加强联系、拓宽视野

为了以开放的思维、宏观的视野、发展的眼光履行好各项职能,知识产权专委会非常重视对外联络工作。一是与中国审判理论研究会和最高人民法院知识产权庭保持紧密联系,及时汇报工作、提出建议、征求意见。二是与全国各兄弟法院保持紧密联系,畅通知识产权审判研究信息和成果的沟通与共享渠道。三是与各兄弟专委会建立联系,请进来,走出去,考察、观摩、借鉴兄弟专委会的研讨活动和工作机制,在博采众长的基础上提升专委会工作水平。四是与知识产权行政保护机关保持紧密联系,联办和参与知识产权立法、修法等研讨活动,发挥审判研究在促进司法保护与行政保护协调方面的独特作用。五是与高等院校和科研机构保持紧密联系,加强司法界与学术界的互动,不断提升审判研究活动的理论水平和学术影响力。

经过三年努力,知识产权专委会已经初步形成了有规章制度、有工作人员、有物质保障、有智力支持、有研讨交流活动、有信息沟通渠道、有成果转化载体、有调研实践基地、有理论水平、有社会影响的"十有"工作局面,取得了良好开局和阶段性成果。

二、开拓创新,统筹协调,继续加强知识产权审判理论研究

随着中国特色社会主义法律体系宣告形成,加强审判理论研究确保法律正确实施的责任更加重大,任务更加艰巨。同时,中国审判理论研究会的13个专业委员会全面建立和开展工作后,我国审判理论研究事业迎来了百花齐放、百舸争流的新时代,尤其是审判理论研究会重新登记为全国性一级法学社团法人后,工作空间进一步拓展,工作机制进一步规范,专委会之间的比较与竞争也必将日益加强。在这样的新形势下,知识产权专委会正面临着全新的发展机遇和工作任务,没有创新与发展,就会掉队、落伍。因此专委会下一步的工作与自己纵向比较,应当有传承、有创新、有突破;与兄弟专委会横向比较,应当有特色、有亮点、有影响。

今后一段时期,知识产权专委会将紧密围绕刚刚举行的中国审判理论研究会第一次会员代表大会精神,着力贯彻"高、新、实、深、广、特"六字工作方针,即以高端的视野、创新的思维,紧密依托审判实践、服务审判实践,开展深度的研讨、广泛的交流,形成特色鲜明的研究机制和成果。我们的奋斗目标是用3~5年时间把知识产权专委会建设成一流的审判理论研究专委会,并逐步跻身国内知识产权研究领域最具特色的机构之一。为此目标,专委会还需在以下几个方面加强工作:

(一)以设立专项课题为载体,全面加强专委会知识产权审判理论研讨活动

审判理论课题制度是审判理论研究的重要制度,对于增强研究针对性,提高成果转化率、提升理论成果的指导价值具有重大意义,但是却是专委会以往工作的薄弱环节。按照《最高人民法院关于统筹人民法院理论研究工作的规定(试行)》精神,今后专委会要以设立专项课题为载体,使专项课题的调研工作成为全面加强审判理论研讨活动的重要抓手。

课题选题在宏观上要从树立社会主义法

治理念、把握人民司法工作规律、完善中国特色社会主义审判理论体系等重大理论和实践问题着眼，从微观上要从知识产权法律规范、司法政策、审判机制、审判实践等方面的突出问题和迫切需求着手，充分体现宏观与微观结合、理论与实践并重、共性与特色兼容、针对性与前瞻性俱备。力求小题大做、小而不囿、大题实做、大而不空、以大带小、以小见大。

课题组的组织和选拔要充分体现法官与学者的结合、审判实务与理论研究的互动、上下级法院的联动、东西部法院的交流等特点，大力整合与发掘知识产权审判研究的人才资源，积极探索跨行业、跨专业、跨学科、跨区域合作调研的科学路径。

同时，专委会的理论研讨活动的重心也将向专项课题倾斜。除了继续办好最高人民法院和中国审判理论研究会交办的专项会议和大型研讨活动外，专题性或区域性小型研讨活动将主要围绕专项课题开展，以课题调研带动研讨活动，以研讨活动促进课题调研，积极为专项课题调研提供长期性、经常性、及时性和动态化的理论研讨、信息交流和成果汇集平台。

（二）加强知识产权法官审判业务培训，有针对性地开展各项培训活动

以理论研究促进队伍建设，培养造就一批高素质的审判理论研究人才是审判理论研究的一项重要使命。为此，需要对法官进行经常性的业务培训，在培训中提升理论水平，了解研究动态，交流审判经验，研讨专业问题。然而，目前最高法院的培训机会名额还非常有限，难以完全满足广大知识产权法官，尤其是中、西部地区和中、基层法院法官的学习需求。今后，专委会将逐步谋划在最高法院和审判理论研究会的指导下，承办或主办一些审判业务专题培训班，努力实现审判理论研究凝聚司法智慧，服务审判实践的宗旨。

第一，建立全国优秀知识产权法官与学者的讲师库。为了给审判业务培训提供优质的师资资源，专委会将尽快筹备建立全国优秀知识产权法官与学者的讲师库。讲师库将考虑按照三三制原则组建，即理论功底深厚的知名法学家、对知识产权前沿问题有所专长的青年学者、审判经验丰富的专家型法官各占三分之一。讲师库主要承担专委会的培训任务，兼为专委会的理论研讨活动等相关工作提供专家意见。

第二，准确定位，精心组织，提供优质服务，开展特色培训。专委会的培训定位为最高人民法院和国家法官学院培训的辅助和补充，同时还要体现互动式学习和研究型培训的特色，因此绝不会是简单地重复培训。专委会培训的重点确定为中、西部法院及基层人民法院的知识产权法官，尤其是有志于知识产权审判理论研究的审判业务骨干。培训内容点面兼顾，既包括司法理念的更新和司法政策的宣讲，也包括审判实践中热点、难点问题的辨析，还包括审判理论最新研究成果的交流。培训方式以集中授课为主，辅以形式多样的互动交流、专题研讨、论文指导、社会实践等活动。培训班学员的调研论文还将择优收录在专委会会刊中。

（三）继续办好专委会会刊，把《中国知识产权审判研究》办成知识产权专委会的品牌

前三辑《中国知识产权审判研究》的成功出版已经奠定了比较好的工作基础，但是也存在一些问题，主要集中在来稿范围仍相对

比较集中,部分地区法院的参与程度不够,审判理论研究成果的覆盖面还不够广泛,对热点问题的研究还不够及时,对难点问题的研究还不够深入等。

针对这些问题,我们准备采取以下措施加以改进:一是加强宣传动员力度,争取与从事知识产权审判的法院全部建立工作联系,并与各地高院保持经常性联系,尤其是对从未投稿的省区高院要进行专门的沟通和约稿。二是参考投稿数量和质量按片区在部分高院选聘一些特约通讯员,负责为会刊提供信息、征集稿件。三是把握审判研究动态,对一些热点、难点问题及时开辟专栏,向对相关问题关注较多、研究较深的法官和学者主动约稿,并大力选登完善自己观点、辨析他人观点的二次研究、深度研究论文。四是尝试建立激励机制,对长期大力支持会刊,组织工作得力的法院致以谢意,予以表彰。

大 事 记

2011年知识产权司法保护大事记

1. 2011年1月7日，公安部召开全国公安机关严打假种子、假农药、假化肥行动电视电话会议，部署全国公安机关开展严打假种子、假农药、假化肥行动。

2. 1月10日，最高人民法院、最高人民检察院、公安部印发《关于办理侵犯知识产权刑事案件适用法律若干问题的意见》的通知。

3. 1月11日，国务院新闻办公室举行新闻发布会，邀请最高人民法院、最高人民检察院和公安部有关负责人介绍《关于办理侵犯知识产权刑事案件适用法院若干问题的意见》的有关情况，并答记者问。

4. 1月13日，最高人民法院副院长奚晓明在最高人民法院民三庭2010年工作总结上批示："请德咏并胜俊院长阅示。一年来，民三庭积极应对案件新、难、多的挑战，注重案结事了，审结了大量的案件，同时，加强对新类型案件的研究和指导，探索和创新知识产权审判工作机制和方式，提升社会对知识产权保护意识，树立我国知识产权司法保护的良好形象，为推动创新性国家建设做出了积极贡献。"1月14日，沈德咏常务副院长批示："过去的一年，在院党组及晓明同志的领导下，民三庭全体同志团结奋斗，开拓创新，执法办案和自身建设等各项工作取得了新的成效，为发挥司法保护知识产权主导作用做出了积极贡献，应予充分肯定。"同日，王胜俊院长批示："总体上看，知识产权审判还是一个新课题。民三庭立足党和国家大局，着眼于促进创新性国家建设，坚持能动司法，积极探索，创造性地开展工作，知识产权司法保护取得突破性进展，成为法院工作中的一个亮点。望进一步判断形势，把握规律，不断把这项工作向广度和深度推进，更好地为经济社会科学发展服务。"

5. 1月14日，最高人民法院副院长南英出席外商知识产权保护座谈会并发言，介绍人民法院知识产权刑事司法保护有关情况。

6. 1月15日，中央电视台"新闻联播"播发最高人民法院公布的五起侵犯知识产权和制售假冒伪劣商品案例。

7. 1月18日，最高人民法院刑二庭庭长裴显鼎接受中央电视台"焦点访谈"采访，就知识产权刑事保护有关问题回答记者提问。

8. 1月25日至26日，最高人民法院知识产权审判庭与农业部科技教育司在安徽省合肥市共同召开全国农业植物新品种保护工作研讨会。与会代表围绕我国植物新品种的司法保护实践以及存在的问题、植物新品种技术鉴定、植物新品种保护制度完善等议题进行了研讨。最高人民法院知识产权审判庭部分法官、农业行政主管机关有关领导、代表以及来自相关法院的代表共计60余人参加了此次会议。

9. 1月27日至2月27日,最高人民法院知识产权审判庭庭长孔祥俊作为访问学者赴美进行专业交流访问。2月3日,孔祥俊庭长应邀参加了由国际商标协会、世界知识产权组织举办的商标国际研讨会,并作主题发言。2月24日,他在美国华盛顿大学进行了演讲。

10. 2月18日,最高人民法院发布通知,在全国法院开展"加强知识产权司法保护 促进经济发展方式加快转变"年度主题活动。

11. 3月1日,最高人民法院在人民法院报发布第三批共五件侵犯知识产权和制售假冒伪劣商品的典型案例。

12. 3月21日,最高人民法院知识产权审判庭副庭长金克胜会见了美国联邦贸易委员会法律总顾问Willard Tom一行,介绍了中国反垄断法的实施情况,分析了反垄断民事纠纷案件的特点,并就最高人民法院正在负责起草的反垄断民事诉讼司法解释的进展情况向客人做了介绍。双方还对下一步的交流和合作活动的具体安排进行了磋商。

13. 3月23日,最高人民法院副院长奚晓明带领知识产权审判庭赴北京市第一中级人民法院,就北京法院商标专利授权确权案件进行专题调研。北京市高级人民法院知识产权审判庭和北京市一中院知识产权审判庭分别汇报了《最高人民法院关于专利商标等授权确权类知识产权行政案件审理分工的规定》(法发[2009]39号)实施后商标专利授权确权案件的审理情况、工作措施、存在的问题和解决对策,同时提出商标专利授权确权案件审理中若干法律适用疑难问题。北京市高级人民法院、北京市第一中级人民法院院领导和相关庭室负责人、法官参加了调研活动。

14. 3月31日,最高人民法院知识产权审判庭与美国专利商标局共同在上海主办互联网共同侵权责任研讨会。会议代表听取了技术专家就P2P技术及其商业运用的讲解,共同就中美两国关于互联网共同侵权方面的法律规定进行了探讨,并讨论了在两国不同的法律体制下对假设案例的处理方法。本次会议邀请了来自美国的两位联邦法院法官以及来自最高人民法院和地方法院法官代表约40人参加。

15. 4月15日,全国法院知识产权司法公开座谈会在湖北省武汉市召开,最高人民法院副院长奚晓明出席并讲话。会议上,最高人民法院办公厅网络办、司法体制和工作机制改革领导小组办公室对人民法院司法公开政策制度进行了解读。会议展示了"中国知识产权裁判文书网"网页并对全国法院知识产权裁判文书上网工作信息员进行了培训。最高人民法院知识产权审判庭及相关部门、各高级人民法院和部分中级人民法院知识产权审判庭法官100余人参加了会议。

16. 4月18日,最高人民法院知识产权审判庭与中国互联网协会签署《关于合作建立互联网知识产权纠纷调解机制备忘录》。签署仪式前,最高人民法院知识产权审判庭与中国互联网协会联合召开了"共建互联网知识产权纠纷调解机制研讨会"。来自最高人民法院、工业和信息化部、北京市高级人民法院、互联网企业、权利人和网络媒体的70

余名代表参加了会议。

17. 4月19日，最高人民法院召开新闻发布会，向社会发布《中国法院知识产权司法保护状况(2010年)》白皮书。

18. 4月20日至22日，最高人民法院组织《人民日报》、人民网、新华社、《光明日报》、中央广播电台、《中国知识产权报》、《法制日报》、《人民法院报》等中央媒体开展了“知识产权司法保护江苏行”活动。4月20日，江苏省省长李学勇接受中央媒体采访团集中采访，对江苏法院在加强知识产权司法保护工作，全面提升司法保护水平，为江苏实施创新驱动战略、加快转变经济发展方式作出的贡献表示赞赏。4月20日至22日，中央新闻媒体深入江苏南京、苏州、常州和无锡进行采访，实地了解江苏法院在司法体制和工作机制改革、知识产权司法公开、知识产权纠纷调处机制、知识产权司法保护制度建设和队伍建设等方面的实际情况，并进行了深入报道。

19. 4月20日，最高人民法院发布《知识产权案件年度报告(2010)》，向社会集中展示相关司法意见。

20. 4月21日，最高人民法院举行“中国知识产权裁判文书网”重新开通仪式，新域名为“ipr. court. gov. cn”。最高人民法院常务副院长沈德咏出席了仪式，并开通新网站。仪式由最高人民法院副院长奚晓明主持。

21. 4月21日，最高人民法院发布《关于进一步做好打击侵犯知识产权和制售假冒伪劣商品专项行动的通知》，对人民法院深入开展打击侵犯知识产权和制售假冒伪劣商品专项行动进行再动员、再部署。

22. 4月23日，最高人民法院在江苏省苏州市举行仪式，决定北京市朝阳区人民法院、上海市浦东新区人民法院、江苏省苏州市虎丘区人民法院、浙江省义乌市人民法院、湖北省武汉市江岸区人民法院为知识产权审判基层示范法院；决定在已设立苏州市中级人民法院调研基地的基础上，增设山东省青岛市中级人民法院、广东省深圳市中级人民法院、湖南省长沙市中级人民法院、四川省成都市中级人民法院为中国知识产权司法保护调研基地；决定在北京大学、中国人民大学、华东政法大学、西南政法大学、深圳大学设立知识产权司法保护理论研究基地。最高人民法院知识产权审判庭还与苏州高新区管委会签署了合作备忘录，将苏州高新区作为中国知识产权司法保护典型案例评选发布的基地。

23. 4月24日，最高人民法院在江苏省苏州市召开新闻发布会，公布2010年中国法院知识产权司法保护十大案件和五十个典型案例，积极发挥典型案例的示范效应和指导作用。

24. 4月25日，最高人民法院全文公布了《关于审理垄断民事纠纷案件适用法律若干问题的规定(征求意见稿)》，向社会各界广泛征求意见。

25. 4月29日，最高人民法院原副院长熊选国、最高人民法院刑二庭副庭长苗有水出席在山东青岛召开的全国打击侵犯知识产权和制售假冒伪劣商品专项行动工作会议。

26. 5月7日至28日，最高人民法院组成代表团赴美国就反垄断法及知识产权法进行了为期三周的访问和交流活动。期间，代表团与来自美国政府部门、法院、学术界以及私营部门的专家进行了广泛交流。

27. 5月15日，公安部组织全国公安机关开展了声势浩大的“亮剑”行动假冒伪劣商品集中销毁活动,全国共有120余个地级市举行集中销毁活动,出动警力1.5万名,销毁各类假冒伪劣商品620余万件。

28. 5月17日至6月5日,全国公安机关打击侵犯知识产权和制售伪劣商品犯罪"亮剑"行动成果展在公安部机关举办。展览受到中央领导、全国打击侵犯知识产权和制售假冒伪劣商品专项行动领导小组成员单位负责同志、境外驻华机构代表等的广泛关注和高度评价。

29. 6月2日,最高人民法院知识产权审判庭庭长孔祥俊会见了美国联邦贸易委员会法律总顾问 Willard Tom 一行,美方对最高人民法院公开征求意见的反垄断司法解释稿予以了充分肯定,表示美国联邦贸易委员会将认真研究、提出意见。双方还就共同关心的反垄断法问题,尤其是反垄断法中与私人实施相关的问题进行了探讨。

30. 6月2日,最高人民法院知识产权审判庭庭长孔祥俊会见了欧盟委员会竞争总司副司长 Madero 一行。双方就共同关心的问题,尤其是知识产权案件、反垄断案件的集中管辖问题,以及反垄断法中与私人实施相关的问题进行了探讨。

31. 6月11日至18日,应台湾方面邀请,最高人民法院副院长、中国法官协会名誉副会长奚晓明率中国法官协会代表团一行12人赴台湾重点就知识产权司法保护制度进行了考察访问。在台访问期间,代表团与台司法界人士就两岸司法制度、知识产权司法保护及其他审判制度等问题进行了广泛和深入的交流。在台湾大学举办了两岸智慧财产保护研讨会;参访了地方法院,并与各有关法院院长和法官进行了座谈。来自最高人民法院知识产权审判庭、刑二庭、研究室和上海、江西、重庆等地的知识产权法官随同赴台。

32. 6月13日,最高人民法院知识产权审判庭副庭长金克胜会见了美国联邦巡回上诉法院首席法官 Rader 一行。双方就未来合作的形式与内容进行了初步沟通。

33. 6月16日,最高人民法院知识产权审判庭副庭长金克胜会见了由中国美国商会知识产权论坛主席柯恒、副会长王晓峰率领的中国美国商会代表团。双方就未来的合作事宜进行了初步沟通。

34. 6月20日至26日,最高人民法院在国家法官学院举办全国法院知识产权审判实务培训班。培训班邀请最高人民法院知识产权审判庭、国家知识产权局、华东政法大学等单位的法官、专家和教授就专利、商标、著作权等知识产权领域的相关法律问题进行了讲授。来自全国部分法院的知识产权法官参加了培训。

35. 7月,最高人民法院参加"中国打击侵犯知识产权和制售假冒伪劣商品专项行动成果展",展示人民法院开展专项行动以来取得的成果。

36. 7月8日,最高人民法院知识产权审判庭庭长孔祥俊、审判长王永昌获中国科学技术法学会"科技与法律"(1991~2011)最佳人物奖;北京、上海、江苏、浙江四省市高级人民法院和深圳市中级人民法院获中国科学技术法学会"科技与法律"(1991~2011)最佳实践奖。

37. 7月8日,国家质量监督检验检疫总局、公安部出台《关于在打击制售假冒伪劣商品违法犯罪中加强行政执法与刑事司法衔接工作的通知》。

38. 7月13日，英国《知识产权管理》（Managing Intellectual Property）杂志以“塑造知识产权的未来”为题，公布了2010年度全球最具影响力的50个知识产权人物，最高人民法院知识产权庭庭长孔祥俊再度入选。本期《知识产权管理》对我国法院加强知识产权司法解释、积极应对知识产权案件迅速增长、加大网络著作权司法保护等给予积极评价。

39. 8月26日，最高人民法院知识产权审判庭与中国文联维权办共同举办“戏剧作品著作权研讨会”。此次会议邀请了10余名戏剧界和法律界的著名专家学者及部分地方法院的法官参加，就戏剧作品的界定、戏剧作品中文字与音乐部分的独创性要求、戏剧作品表演者权的归属以及侵权纠纷中的举证责任等问题进行了深入的探讨。

40. 8月22日至26日，最高人民法院知识产权审判庭副庭长金克胜带领部分法官，赴江苏徐州、泰州、南京等地实地走访，就专利侵权认定法律适用中的难点、热点问题以及医药知识产权司法保护中出现的新问题进行调研。

41. 9月1日～11月31日，公安部部署全国公安机关开展决战“亮剑”行动。

42. 9月6日，首届“中国商标金奖”颁奖典礼在四川省成都市举行。浙江省高级人民法院被世界知识产权组织和国家工商行政管理总局联合授予“商标保护奖”。

43. 9月7日，最高人民法院刑二庭荣获2010年度查处侵权盗版案件有功单位一等奖。

44. 10月20日，全国法院著作权法修订研究小组第一次会议召开，与会人员研讨了目前著作权法需要修订的相关内容，并围绕网络著作权司法解释（草拟稿）进行了讨论。最高人民法院知识产权审判庭庭长孔祥俊及部分法官参加了会议。

45. 11月4日，最高人民法院授予朝阳区人民法院林子英、天津市高级人民法院钱海玲、上海市浦东新区人民法院陈惠珍和东莞市中级人民法院程春华等知识产权法官“全国审判业务专家”称号。

46. 11月6日，公安部组织全国公安机关在182个城市同时开展决战“亮剑”行动假冒伪劣商品集中销毁活动，2500多万件假农资、假食品、假药品、假服装等假冒伪劣商品被集中销毁。

47. 11月17日，中国审判理论研究会知识产权专业委员会2011年会暨“加大知识产权司法保护力度与降低维权成本”研讨会在重庆市召开。最高人民法院副院长、中国审判理论研究会副会长奚晓明出席会议并作重要讲话。会上宣读了《中国审判理论研究会关于调整知识产权审判理论专业委员会领导机构组成人员的决定》；重庆市高级人民法院副院长、知识产权审判理论专业委员会主任钱锋，向大会作2009～2011年专委会工作报告。最高人民法院知识产权审判庭庭长、知识产权审判理论专业委员会副主任孔祥俊，在大会上作了题为“以创新的理论推动创新的实践——关于知识产权审判理论创新的反思”的主旨发言。部分地方人民法院和专家学者的代表，在会议上就“加大知识产权司法保护力度与降低维权成本”作了专题发言并进行了交流讨论。

48. 11月17日，公安部组织指挥浙江等29个省区、市公安机关统一开展“7·20”系列特大制售假药案件集群战役，一举破案

1355起,抓获犯罪嫌疑人1858名,缴获假药3.08亿余片(粒、支),包材4.56亿余件(套),涉案金额超20亿元。

49. 11月28日,全国法院知识产权审判工作座谈会在杭州召开。会前,最高人民法院院长王胜俊就知识产权审判工作作出重要批示指出:“晓明同志的讲话很好,对过去工作的总结实事求是,对今后工作提出的意见有针对性、指导性。请与会同志认真讨论学习,回去后传达好、贯彻好、落实好。随着经济社会的发展,知识产权审判工作的地位和作用越来越重要。近年来,各级人民法院高度重视这项工作,坚持能动司法,围绕中心,服务大局,坚持开拓创新,大胆探索,坚持队伍业务两手抓,为我国经济社会发展和建设创新型国家作出了重大贡献。当前知识产权保护工作出现了许多新情况新问题,知识产权审判工作为保护知识产权承担着繁重的任务,希望工作在知识产权审判岗位上的同志进一步增强责任意识和大局意识,深刻认识知识产权审判工作的重要性;进一步加强调查研究,坚持能动司法,更加有效地推进知识产权审判制度机制创新,取得更好的法律效果和社会效果;进一步加强与有关执法部门的配合,切实加大对侵犯知识产权犯罪的打击力度,维护公平竞争的良好市场经济秩序;进一步加强自身建设,大力弘扬司法核心价值观,不断提高司法能力,为开创知识产权审判工作新局面作出新的更大的贡献。”最高人民法院常务副院长沈德咏也就会议的召开作出重要批示,副院长奚晓明出席会议并讲话,浙江省副省长毛光烈和浙江省高级人民法院院长齐奇出席会议并致辞。与会代表分组讨论了王院长批示、奚副院长的讲话,并讨论了《最高人民法院关于审理专利侵权案件的若干问题的意见》、《最高人民法院关于审理专利授权确权行政案件若干问题的意见》、《最高人民法院关于审理侵犯网络传播权民事纠纷案件适用法律若干问题的规定》等3个规范性文件。山东、浙江等8个高院的代表作了大会典型发言。最高人民法院知识产权审判庭庭长孔祥俊作了总结讲话。来自最高人民法院有关庭室、全国各高级人民法院、部分中基层人民法院、全国人大常委会法工委、国务院法制办的代表,最高人民法院特约监督员、特邀科学技术咨询专家以及相关知名学者共200多人参加会议。

50. 12月5日,公安部部署全国公安机关严厉打击制售假冒伪劣消防产品犯罪集中行动。

51. 12月20日,最高人民法院举行新闻发布会,公开发布《最高人民法院关于充分发挥知识产权审判职能作用推动社会主义文化大发展大繁荣和促进经济自主协调发展若干问题的意见》,孔祥俊庭长出席新闻发布会并回答了记者的提问。

52. 12月31日,公安部成立打击侵犯知识产权和制售伪劣商品犯罪领导小组。

统计数字

2011年人民法院知识产权案件审理工作情况

知识产权民事案件增幅较大,民事审判在知识产权司法保护中的主渠道作用得到进一步发挥。2011年,全国法院共新收和审结知识产权民事一审案件59,882件和58,201件,同比分别增长39.48%和39.51%。其中,新收专利案件7819件,比上年增长35.16%;商标案件12,991件,比上年增长53.56%;著作权案件35,185件,比上年增长42.34%;技术合同案件557件,比上年下降16.87%;不正当竞争案件1137件(其中垄断民事一审案件18件),比上年上升0.53%;其他知识产权案件2193件,比上年增长11.55%。共审结涉外知识产权民事一审案件1321件,同比下降3.51%;审结涉港澳台知识产权民事一审案件635件,同比增长128.42%。共新收和审结知识产权民事二审案件7642件和7659件(含旧存),同比分别增长17.17%和18.18%;共新收和审结再审案件294件和224件,同比分别增长164.86%和105.50%。2011年,最高人民法院新收和审结知识产权民事案件305件和311件(含旧存),其中新收申请再审案件291件,审结295件(含旧存)。坚持法律效果与社会效果的统一,努力实现知识产权诉讼调解工作的制度化和规范化。全国知识产权民事案件一审调撤率达到71.32%,同比上升4.56个百分点。

知识产权行政审判对行政执法行为的监督和支持作用进一步发挥。全国法院共新收和审结知识产权行政一审案件2433件和2470件(含旧存)。其中,审结涉外知识产权行政一审案件986件,涉港澳台知识产权行政一审案件251件。共新收和审结知识产权行政二审案件1333件和1266件;再审案件3件和1件。

知识产权刑事司法保护力度进一步加大,人民法院积极参与打击侵犯知识产权和制售假冒伪劣商品专项行动,知识产权刑事审判惩治和震慑侵犯知识产权犯罪的功能得到有效发挥。全国法院共审结知识产权刑事一审案件5504件,同比上升39.62%,生效判决人数7950人,其中给予刑事处罚7892人。

第四部分　调 研 成 果

司法保护 工作探讨

论网络著作权保护中利益平衡的新机制

最高人民法院审判委员会委员 知识产权庭庭长 孔祥俊

网络环境和网上传播的特殊性和复杂性,使得网络著作权(下文将根据语境的不同将著作权与版权混用)保护涉及的利益平衡更复杂、更特殊、更敏感和更突出。准确地认识网络著作权保护中的利益平衡、恰当地进行制度设计并通过正确的法律适用确保其实现,都是网络著作权保护中最重要和最基本的问题。本文对这种利益平衡机制试作初步的探讨。

一、网络著作权保护中利益平衡的新转向

利益平衡是著作权保护中的永恒话题,平衡的中心点是如何激励创作和创新。[①] 但是,激励创新和创造的中心点并非一成不变,而是随着时代的发展而不断发展变化着。网络技术和互联网产业的发展,催生了网络环境下著作权保护的新机制。

就传统著作权保护中的利益平衡而言,其基本立足点在于如何激励创作;就现代著作权而言,如何激励商业发展和科技创新又成为其重要关注点。保护著作权的重要意图是鼓励创造和创新,但对于著作权的过分保护则又会走向它的反面,即限制创造和创新。这是一个悖论,恰恰又是需要利益平衡的根本原因,也是利益平衡的基点和轴心。

就传统著作权而言,其基本上关注于促进文学、科学和艺术作品的繁荣,保护著作权是为了激励作者的创作积极性,而适当地限制著作权,又是为了创作者有更好的可资利用的创作空间、基础和源泉。**诚如英国作家卢瑟福所说,“科学家不是依赖于个人的思想,而是综合了几千人的智慧”。[②] 其他创作亦然。**

但是,在现代社会,著作权与商业的联系

---

① 如美国最高法院 Breyer 大法官在 Grokster 案判决附带撰写的意见中所指出的,“宪法本身就强调了版权在促进‘有用艺术’中的关键性作用。没有人会对‘奖励作者或艺术家起着鼓励向公众释放其创造性天才产品的作用’持有异议。” METRO - GOLDWYN - MAYER STUDIOS INC. *v.* GROKSTER, LTD. 545 U. S. 913(2005).

② 贺年主编:《世界经典名著妙语》,内蒙古人民出版社 2003 年版,第 269 页。

更加紧密,[①]它与经济和科技密切相关,既成为塑造新的商业模式和促进科技创新的重要纽带,又成为其重要约束和激励力量,对于著作权的保护已超越了传统意义上的文学、艺术和科学作品的创作,而直接与经济发展和科技创新相关联,与此相适应,利益平衡的重要支点转换成如何促进商业发展和科技创新,商业发展和科技创新成为利益平衡的热议话题和重要考量意图。诸如计算机软件、数据库、网络环境下的著作权保护等,都是充分展现这些新型利益平衡的新领域。与传统著作权保护与生俱来的“阳春白雪”、“温文尔雅”、“象牙塔”之类的“书卷气”相比,这一新领域的利益平衡充满了市场气息和商业杀机,再次显示了经济发展需求的催动力、杀伤力和不可抗拒性,也充分展现了著作权法功利性或者实用主义的一面。如在索尼(Sony)案中,美国最高法院认为法律从未预料到这种“利益交织”的情况。因为在廉价和高质量的家用复制设备出现之前,个人消费者复制作品的能力极其有限,不太可能严重威胁版权人利益,所以版权人在以往的诉讼中都是针对商业性复制,很少将矛头指向为个人使用目的进行少量复制的个人消费者,更不曾起诉印刷机、复印机、照相机之类的复制设备的制造商和销售商。但是,录像机的出现,使得个人消费者可以轻松地在家中复制自己喜欢的电影,由此触动了原有的利益格局,如可能影响电影公司的出租市场,还可能因为消费者使用“暂停”、“快进”功能跳过广告而影响广告商对电视台的赞助,由此减少版权人的收入。这使得版权人感到有必要控制消费者复制作品的行为,但起诉个人消费者有客观上的困难,因而试图通过追究索尼公司的间接侵权责任而获得救济。可见,这场诉讼背后的利益关系错综复杂,是复制设备家庭化的高科技时代引发的试图重新调整利益格局的法律纷争。[②]

在这些新的著作权保护领域,传统的著作权保护理论和法律标准有了与时俱进的新突破,如在计算机软件、数据库等著作权保护中,对作品的创造性(原创性)标准和可版权性或许有新解读,计算机软件被作为文字作品保护,而未必符合传统原创标准的数据库或者被作为作品进行保护,或者比照保护著作权的方式进行保护;原本在立法意图和制度设计上泾渭分明的著作权与专利权等其他知识产权,在其相互界限和立法政策等方面有了新的交叉和模糊,一些著作权裁判将促进科技创新这种原本属于专利权的固有元素纳入了新型著作权保护中的利益衡量,一些专利法原则被用于著作权领域(如通用产品原则等)。网络著作权保护就是代表这种新机制和新动向的新领域,促进技术创新和商业模式发展成为其利益平衡的重要支点。

例如,美国最高法院判决的索尼案和Grokster案都是在当代新的技术背景下平衡版权保护与技术创新之间的利益关系的经典判例,这些判例均昭示了平衡此类利益关系的新转向,不仅成为美国版权法领域中的里

① “版权原本意在保护诸如图书、绘画和音乐作品之类的文化创作物。但是,过去二十余年来,在录制娱乐(音乐、电影、电视)、图像游戏和软件行业,版权已经具有像最经常用的保护创新的手段那样的重要性。商业活动日益增强的全球化,伴随着数字化日益广泛的影响,对于版权产业提出了新的挑战和提供了新的机会。” Lee Davis, “Globalisation, Digitisation and the Changing Role of Copyright”,载“New Directions in Copyright Law”, Volume2, Edwar Elgar, p. 79。

② “‘索尼案’实际上是在复制设备走向家庭的高科技时代,版权人试图限制个人消费者的复制行为,以及与设备制造商和销售商分享利益的第一场法律诉讼。”王迁:《网络环境中的著作权保护研究》,法律出版社2011年版,第161页。

程碑式的判例，而且产生了广泛的国际影响。特别是，美国最高法院在索尼案中率先将技术问题的考量纳入版权保护领域，为技术发展开辟避风港，所确立的规则被广泛地称为技术时代的“大宪章”。索尼案规则是一项使革新者豁免非其控制事项的责任的大承诺。[①] Grokster 案则是在数字技术环境下对索尼案规则进行了再诠释，建立起新的利益平衡机制。

美国最高法院在 Grokster 案的判决中开宗明义地指出，“通过版权保护支持创造与通过限制侵权责任促进技术革新，这两种相互竞争的价值之间的紧张关系是本案的主题”。“两种价值之间存在的紧张关系是本案的主题，对版权材料的数字传播从未像今天这样威胁着版权人，因为每一份复制件都与原件一模一样，复制很容易，而且许多人（尤其是年轻人）使用文件分享软件下载版权作品。对此类软件使用的程度可能使公众直接进入对版权政策的辩论。有迹象表明使用诸如 Grokster 的软件复制音乐和电影的便捷性助长了对版权保护的蔑视。当本案呈送到我们面前时，有人认为这些担忧被其他不同的疑虑所抵消了，即不仅对侵权者，而且基于软件的非法用途潜能对软件的散发者施加责任会限制有益技术的进一步发展。”[②]而该案“（原告）米高梅公司和许多法庭之友都指出上诉法院判决的错误在于：打破了在通过版权保护支持创造追求与通过限制承担版权侵权责任而在新通讯技术发展中促进技术创新这两种价值之间的合理平衡。对于文艺的保护越多，技术创新越可能被压抑；对版权法的实施就是在维持平衡中（对版权法的）运用”。[③]

在索尼案中，美国最高法院借用专利法上的“通用产品规则”，解决了涉科技创新领域的版权保护利益平衡。该案判决认为，“通用产品原则”适用于版权法时，“必须在版权所有人有效而非仅为象征性的法定垄断权保护的合法需求与其他人在实质性非相关领域自由从事商业活动的权利之间达成平衡”。因此，“销售复制设备，就像销售其他商业产品一样，如果该产品广泛地用于合法的、不受反对的目的，就不构成间接侵权”。在 Grokster 案中，Breyer 大法官在其撰写的意见中对于 Sony 案规则进行了如下阐述，“索尼案的规则，正如我所解释的那样，向企业家们提供了他们所需要的不会因为给市场带来了有价值的新技术而承担版权（侵权）责任的保障”。“索尼案的规则是清楚的。这种清晰度允许那些能够具有实质性非侵权用途的新产品开发者事先知道，提供他们的产品将不会导致巨额经济责任。”“索尼规则强烈地保护着新技术。这一规则有意使法院难以在涉及新技术的情形中认定间接责任。它确定法律将不会对提供具有双重用途技术的人施加版权（侵权）责任（他们本身并没有从事未经许可的复制），除非所涉产品将几乎只能被用于侵犯版权（或除非他们积极地引诱侵权行

① Lital Helman, “Pull too hard and the ope may break: on the secondary liability of technology providers copyright infringement”, Texas Intellectual Property Law Journal (Summer 2010).

② 该案判决在此处的注释指出：“但这些价值相互之间的排斥性不应被夸大。一方面技术创新者，包括那些编写文件分享计算机程序的人，可能希望（获得）对其作品的有效版权保护。另一方面创造性作品通过改进后技术的广泛传播也可能产生新作品或为刚刚起步的艺术家带来观众。” METRO - GOLDWYN - MAYER - STUDIOS - INC. *v.* GROKSTER, LTD. 545 U.S. 913 (2005)，注释 8。

③ “The tension between the competing values of supporting creativity through copyright protection and promoting technological innovation by limiting infringement liability is the subject of this case.” METRO - GOLDWYN - MAYER STUDIOS INC. *v.* GROKSTER, LTD. 545 U.S. 913 (2005).

为)。索尼案因此承认版权法并不意图压制或者控制新技术的产生,包括(也许特别是)那些有助于更有效地和更广范围地传播信息和思想的人。因此索尼案规则保护了录像机、打字机、磁带录音机、复印机、计算机、磁带播放机、光盘刻录机,数字视频录像机、MP3 播放机、因特网搜索引擎,以及 P2P 软件。""索尼案规则注意到了在面对涉及的技术问题时,法官(的能力)是有局限的。法官没有特定的技术能力去回答有关目前或未来技术可能性或商业前景的问题,而专业技术人员、工程师和风险投资者自己之间可能存在极端严重的分歧,不同的答案还可能取决于关注的对象是开发阶段的产品还是销售阶段的产品。例如,考虑是否可以在 Grokster 软件中附加一种可以过滤掉侵权文件的设备的问题。米高梅公司告诉我们这是非常容易做的事,几家制造和销售过滤技术(的公司)提交的法庭之友也是这么说。Grokster 公司说这样做根本不是容易的事,而且在任何情况下都没有一种有效的解决方案,几名明显没有利益关系的计算机科学教授也同意。法官应该相信哪一种观点?索尼案说法官无须进行判断"。①

美国最高法院判决不厌其烦和小心翼翼地界定所涉侵权的构成要素,字里行间均充分体现了划清认定侵权与不妨碍商业发展和科技创新的界限和意图,用心可谓良苦,这些判决是在当代社会背景下平衡相关利益的裁判范例。

新的利益平衡考量都是在传统利益平衡格局中破土而出的,它既可能带有传统利益平衡的气息,又可能是脱胎换骨的。就网络著作权保护中促进科技创新和经济发展的利益考量而言,在传统的合理使用等之外突出强调这种利益平衡,显然更多地具有脱胎换骨的成分和色彩。这种新型的利益平衡一方面产生了革命性效果,赢得了技术时代"大宪章"之类的赞誉,另一方面也难免有与传统利益衡量有关的异议和反对。正如对于索尼案适用的技术中立规则(通用商品规则),在美国国内也有少数学者对此持批评态度。一项主要的批评意见认为,最高法院不应基于专利法与版权法之间的"历史亲缘关系"(均源于美国宪法的规定),而根据专利法的原则解决版权问题。根据版权法上的合理使用、缺乏对原告造成商业损害的证据等,也可以解决同样的问题。援引专利法上的通用商品原则,忽视了专利法与版权法的关键差异,包括其立法目的、立法史上的差异,以及该原则对各自法律的广泛的产业影响。"专利法寻求促进技术革新……而版权法寻求促进文化和社会进步,对于技术性的传播应持更为谨慎的态度,特别是在技术有促进广泛的作品盗版的威胁时。""通用商品原则在 1976 年制定版权法时并未被引进到该法之中,这暗示着故意忽视了该原则。"也有人批评最高法院判决的措辞宽泛,使该原则的适用范围仍然模糊不清,即将"实质性非侵权用途"简单地界定为"商业上重要",及对于合理使用的拙劣界定,使得技术避风港作用微弱。同时,该判决交叉使用"间接责任"和"替代责任",导致了将索尼案规则适用于替代责任时的混淆。其结果,第七巡回上诉法院认为索尼案规则既适用于间接责任,又适用于替代责任,而第

---

① METRO – GOLDWYN – MAYER – STUDIOS INC. *v.* GROKSTER, LTD. 545 U. S. 913(2005).

九巡回上诉法院认为其仅适用于间接责任。[①]其实,就与版权密切相关的科技创新和商业发展领域而言,版权对于科技创新和商业发展具有重大的促进和制约作用,甚至成为相关科技创新和商业模式的基础,界定版权保护的强度和政策直接关乎科技创新和商业发展,因此,在利益衡量中将促进科技创新和商业发展纳入考量范围也就是顺理成章和势所必然了,是绕不过去的,这是版权保护本身引发的问题,是专利法鞭长莫及的。但是,此类问题与专利解决的问题具有类似性,借用专利法中的相应规则有其恰当性,符合类似问题用类似规则解决的原则。因此,不论索尼案规则在具体运用中有多少局限和问题,但其宣示的原则精神在版权的新领域则是革命性的。

对于新的科技经济背景下出现的新的著作权保护利益平衡,我国相关著作权立法有所体现。例如,《信息网络传播保护条例》较为明显地借鉴了美国等网络著作权保护立法经验,在有关避风港等规则中引入了这种利益平衡。我国法院在适用这些规则时,尤其是在处理法律界限不清或者模棱两可的问题时,更需要依靠这种利益平衡的指引,确保相关问题的妥善解决。只有在司法决策和判案中站在这种利益平衡的新角度、新高度和新层次上进行把握,以价值衡量的本质去认定眼花缭乱的现象,透过现象看本质及通过本质为现象定性,这样才能确保法律适用和司法决策的效果,避免头痛医头脚痛医脚而使规则的适用流于浅层化、机械化和简单化,才能够消除迷茫和困惑,做到心中有数和处乱不惊。倘若平衡不恰当,要么使版权保护受到不应有的伤害,要么会妨碍正当商业发展和科技创新。

可见,在现代社会,促进产业发展和科技创新或许不是所有版权问题的重要立足点,但在与商业化息息相关的版权领域,却是利益平衡的一个重要支点和中心话题,成为研究相关规则、制度的理念和精神。

二、网络著作权保护中利益平衡的新格局

(一)三种利益架构的平衡机制

传统著作权保护主要涉及著作权人与社会公众之间的利益平衡,而网络著作权保护则涉及著作权人、网络服务提供者及社会公众三者利益之间的平衡,网络服务提供者成为利益衡量的重要环节。其中,就后两者而言,对于网络服务提供者的利益考量涉及互联网产业的发展,对于社会公众利益的考量涉及网络资源的公共使用、公共创新空间、言论自由等公共利益。当然,这些利益格局的构造直接涉及著作权保护的边界(或者说应予保护的“度”)、互联网产业的发展空间及公共利益的保障。这些利益的具体架构及其相互之间边界的划定应当通过法律规则的设定和适用而实现的。只有具有清晰明白的法律架构和权益边界,才能够使著作权人有合理的权利预期,使网络服务提供者避免动辄得咎,使社会公众有享受公共信息资源的充分自由,从而使三方各得其所和避免纷争。

在网络环境下,网络服务提供者是信息网络传播的中枢,是连接版权人、用户及公众的桥梁和媒介,在网络传输中具有举足轻重的作用。这一新的经营主体和法律主体成为

---

① Lital Helman,“Pull too hard and the ope may break:on the secondary liability of technology providers copyright infringement”, Texas Intellectual Property Law Journal(Summer 2010).

相关权利义务关系的连结点。数字传播技术的运用和发达大大提升了单个用户传播侵权复制品的能力,且用户的行为具有隐蔽性,是版权侵权行为的重要推手和始作俑者,但又容易溜掉或者没有赔偿能力,如美国最高法院在Grokster案的判决中所说,“通过向所有的直接侵权人行使版权来有效地保护版权人的作品几乎是不可能的”;而网络服务提供者客观上为大量分散的用户的网络传播行为提供了便利条件,在许多情况下难辞其咎,成为被追究责任的对象。权利人提起诉讼更多的是针对网络服务提供者而不是用户,而网络服务提供者承担的基本上是间接侵权责任。而且,之所以将间接责任视为一种有效的执法机制,其原因主要有三个:首先,以起诉网络服务提供者的方式替代起诉无数未知的直接侵权行为人,是一种更为有效节约成本的诉讼机制(a more cost – effective mechanism for litigation),即起诉一个间接侵权人比向直接侵权人提起大量诉讼更为有效,至少从理论上说,起诉这样一个间接侵权人可使起诉无数未知的用户不再有必要性,可起到一石击杀无数侵权之鸟的作用。其次,它可以从间接侵权人的深袋中获取有效的补偿。再次,它可以将潜在的间接侵权人用作防护侵权人的“守门人”。“守门人”或者通过完善技术以阻止侵权(如过滤版权内容),或者用从用户那里收取的费用补偿侵权人和阻止侵权。[①] 这种特殊的网络环境造就了网络著作权保护的特殊利益平衡机制。

无论是世界知识产权组织的互联网公约[即《世界知识产权组织版权条约》(WCT)及《世界知识产权组织表演和录音制品条约》(WPPT)],还是各国关于网络著作权保护的国内立法,在将著作权保护引入互联网领域的同时,又对于网络著作权的保护进行了一定的限制。诸如,WCT序言在强调加强版权保护的同时,指出“有必要按《伯尔尼公约》所反映的保持作者的权利与广大公众的利益尤其是教育、研究和获得信息的利益之间的平衡”。[②] 其中,平衡的核心和枢纽是如何对待网络服务提供者及其背后的互联网产业的发展。这就出现了一种独特的现象,即有关立法均缘起于如何在网络环境下有效保护著作权,但却往往立足在如何划定网络服务提供者的责任界限,从而为互联网产业的发展营造一个相对宽松的空间。基本的利益平衡态度是,不能不在网络环境下加强著作权保护,但同样不能不适当地限制互联网产业的创新和发展。

于是乎,尽管世界知识产权组织互联网条约(WCT和WPPT)着重强调了著作权的保护,但美国以贯彻这些条约为名制定的数字千禧年版权法(DMCA)却通过“避风港”等

---

① Lital Helman,“Pull too hard and the ope may break:on the secondary liability of technology providers copyright infringement”, Texas Intellectual Property Law Journal(Summer 2010).“为什么权利人选择对于侵权行为不负直接责任的因特网中间商而不是实施侵权行为的最终用户提起诉讼?权利人基于多种原因而主张间接侵权。他们之所以起诉中间商,是因为中间商对于这些行为起着信息进入的门户的作用,对他们提起诉讼比起诉个人用户在成本上更划算。他们起诉中间商未能防止或者付出足够的努力阻止利用其设施和服务实施侵权活动洪流。他们起诉是因为中间商从‘侵权活动’中赚钱和以侵犯他们的权利为代价谋利。正如欧盟版权指令解释的,‘在数字环境的许多情况下,中间商的服务可能越来越多地被第三人用来实施侵权活动,这些中间商处于终结这些侵权活动的最佳位置’。”见 Daniel Seng,“CONPARATIVE ANALYSIS OF THE NATIONAL APPROACHES TO THE LIABILITY OF INTERNET INTERMEDIARIES”,p.5。

② 条约的制定者(外交会议)是先通过条约的实质性条款,再通过序言的。因此,更应将序言视为各代表团在外交会议的最后发表的具有总结性质的宣言,是对各代表团此前“讨论、谈判以及取得共识的内容进行‘反向工程’的结果”。序言是条约约文的组成部分,同时也是解释条约的基础。参见[匈]米哈依·菲彻尔:《版权法与因特网》(下册),中国大百科全书出版社2009年版,第599~600页。

制度的精心设计，为互联网产业的创新和发展拓出了一片空间。避风港之类的规定就是按照网络环境下版权保护的新需求，所进行的平衡相关利益的一项重要制度设计。如《美国版权法》第512条确立的几个避风港，“目的在于平衡版权所有人在互联网上的广泛侵权中需要获取有效救济的需求与服务提供者无须以付出高昂成本进行审查而进行主要为非侵权活动的需求”。[①] 这种立法理念和模式迅速产生了世界性影响，以至于在该领域大多数国家的立法大同小异，甚至如出一辙，尽管在执行中仍然难以避免差异。

DMCA立法史清楚地表明，美国网络著作权保护中互联网产业的发展受到了高度关注，摆在了突出位置。诸如，美国参议院司法委员会报告指出：“由于数字作品可以轻而易举地在全球瞬间复制和传播，如果没有防止大量盗版的合理保障，版权所有人在互联网上提供作品就会心存顾忌。为实施条约而进行的立法提供这种保护，为版权作品进行全球在线市场交易创设法律平台。它将促进快捷和便利地通过互联网提供作为美国创造性天才的产物的电影、音乐、软件和文学作品。通过确立强有力的国际版权标准，它也将鼓励现有版权作品以数字形式在非在线全球市场上的继续增长。”“与此同时，不澄清其责任，服务提供者将在为扩展因特网的速度和能力进行必要的投资上心存顾忌。在其通常的经营过程中，服务提供者必须从事可能使其承担责任的各种行为。例如，服务提供者仅在互联网上传播信息中，就必须进行无数的电子复制。”“1998年，国会确立了几项额外的版权豁免，这是确保因特网继续运转和增长所必需的。”

在1998年DMCA中，国会确立了几项“责任限制”（limitations of liability），根据现行法律原则应当认定网络服务提供者承担责任时，可以适用这些限制予以豁免。正如作为DMCA的关键推动者的一位参议员所言：“因特网作为信息高速公路和市场的潜力，取决于其速度和能力。不澄清其责任，服务提供者在为此进行的必要投资上就会望而却步。在其通常的运转过程中，服务提供者必须从事各种使其可能承担版权侵权责任的行为。例如，为在互联网上简单地传输信息，服务提供者必须进行无可计数的电子复制。进行某些电子复制是为了加速信息向用户的传送。”

网络环境下著作权保护涉及的利益平衡，反映了技术发展对于责任体系（格局）的影响。随着技术的进步，通过技术手段实施的侵权行为越来越普遍，如何确定技术提供者的责任变得越来越突出，成为利益平衡的重要领域。法律为从根本上遏制侵权行为，让网络服务提供者对于用户不正当利用其服务进行的侵权承担间接责任，也就成为一项重要的制度选择。[②] 对于网络服务提供者的行为加以控制，是为了更加有效地保护著作权，但这种控制又是适可而止的，其目的是为互联网产业的发展留下空间。因此，既让网络服务提供者承担相应的责任，又避免使其过重地承担责任，这是网络环境下著作权保护中平衡著作权人与网络服务提供者之间的利益的基本精神。

我国著作权法对于网络著作权的保护仅

---

① Paul Goldstein On Copyright，2007 Supplement，8；32.

② Lital Helman，“Pull too hard and the ope may break：on the secondary liability of technology providers copyright infringement”，Texas Intellectual Property Law Journal（Summer 2010）.

做出了宣示性的规定,缺乏更为具体明确的法律规则,而授权国务院制定专门的保护办法。《信息网络传播权保护条例》在明确信息网络传播权保护规则的同时,较多地立足于信息网络传播权的限制,如以大量的条文规定合理使用、法定许可以及网络服务提供者免责情形。这些限制性规定恰恰体现或者承载了网络环境下著作权人、网络服务提供者及社会公众之间的利益平衡。凡著作权权利限制之处,均是网络服务提供者和社会公众的自由空间。特别是,《条例》关于网络服务提供者责任限制的规定,体现了划清网络服务提供者的法律责任界限、促进互联网产业发展和创新的立法意图。对此我们应当通过准确的法律适用,实现这种立法意图。

(二)利益平衡的双向性

在新的利益平衡格局中,促进科技创新和产业发展固然是一项重要的出发点和立足点,但我们之所以突出这一平衡的支点,首先是因为这是著作权保护新领域的新变化和新特点,而不是强调其高高在上和凌驾于其他支点之上,不是要求抓住此点不及其余,不是因为要促进技术创新和商业发展,就对网络服务提供者的行为听之任之,对于著作权保护放松要求。这种利益平衡从来都是双向的,而不是单向的。这种双向的利益平衡既要为科技创新和产业发展留下空间与提供有效保护,同时又要促进利用技术创新避免侵犯著作权及有效保护著作权,使创新和发展的成果同样由著作权人分享,而不是一味地对于网络服务提供者的行为包容纵容,一味地让著作权人让渡和限缩权利,甚至因因特网的发展和作品传播的便利而给著作权人带来灾难。因此,在网络著作权保护的利益平衡中,我们应当以发展的和动态的眼光看待已有的法律规则,根据科技和经济发展的新需求,在法律适用中不断引入新的考量因素,实现新的平衡。

例如,按照网络著作权保护立法的通例,网络服务提供者对于所传播的作品是否侵权不负一般性的主动审查义务。但是,如果网络服务提供者积极主动地进行审查,或者主动采取过滤等保护著作权的措施,却有助于其免责。Grokster 案将是否采取过滤措施等纳入认定侵权行为的考量因素,就反映了这种新的平衡动向。美国最高法院在该案判决中认定 Grokster 公司侵权意图时,考虑了特别值得注意的被告行为的三个特征,在其第二个特征中指出,"米高梅(本案原告——引注)证明了两家均没有试图开发过滤工具或其他机制以减少使用其软件进行的侵权行为,这显著增强了对(两公司具有)非法目的的证明力。虽然第九巡回上诉法院将被告未能开发这种工具的事实视为是无关紧要的,理由是被上诉人并没有独立的义务去监督其用户的行为,但我们认为该证据凸显了 Grokster 和 StreamCast 公司协助其用户进行侵权的故意"。① 这种不简单和机械地运用不负审查义务的规则的做法,显然有利于鼓励网络服务提供者积极采取预防措施阻止侵权行为。这种做法可以为我国司法实践借鉴。

再如,在适用"通知与移除"规则时,我国法院在坚持有效的通知需要符合法定条件的同时,也根据案件具体情况实事求是地对待不符合条件的移除通知,倘若此类通知虽然

---

① 该判决在此处的注解(注释12)中指出:"在缺乏其他证明意图证据的情况下,如果设备能够具有实质性的非侵权用途,法院将无法仅仅基于未能采取积极措施阻止侵权的事实认定帮助侵权责任。这一结论与索尼案安全港十分接近。"

因不具体而不符合法律要求,但结合网络服务提供者的技术能力及案件的具体情况,仍然可以将此类通知作为认定构成"应知"侵权的考量依据。司法实践中,一些法院以区分"通知"与"告知"的方式,另辟蹊径地根据告知等因素认定构成"应知",不失为一种具体平衡利益的智慧性做法。如在环球国际唱片股份有限公司诉北京阿里巴巴信息技术有限公司歌曲著作权纠纷案中,一审判决指出:"原告曾于2006年4月10日和7月4日分别向被告发函,告知其侵权事实的存在,提供了有关权利人录音制品信息的网址、含有涉案9首歌曲的音乐专辑及演唱者的名称,同时提供了《beautiful Day》等7首涉案歌曲的具体URL地址各一个作为示例,要求被告删除与涉案专辑有关的所有侵权链接。被告收到上述函件后,即可以获取原告享有录音制作者权的相关信息及被控侵权的相关歌曲的信息,应知其网站音乐搜索服务产生的搜索链接结果含有侵犯原告录音制作者权的内容。但被告仅删除了原告提供了具体URL地址的7个侵权搜索链接,怠于行使删除与涉案歌曲有关的其他搜索链接的义务,放任涉案侵权结果的发生,其主观上具有过错,属于通过网络帮助他人实施侵权的行为,应当承担相应的侵权责任。"二审判决指出:"阿里巴巴公司是按照自己的意志,在搜集、整理、分类的基础上,对相关的音乐信息按不同标准制作了相应的分类信息。阿里巴巴公司作为搜索引擎服务商,经营包括音乐搜索服务在内的业务,向用户提供专业的音乐搜索服务并从中赢利,属于专业性音乐网站。综合上述因素,依照过错的判断标准,阿里巴巴公司应当知道也能够知道其搜索、链接的录音制品的合法性。尤其是在环球公司几次书面告知阿里巴巴公司,其雅虎中国网站上提供的各种形式音乐搜索服务得到的涉案歌曲录音制品均为侵权,并要求阿里巴巴公司予以删除后,阿里巴巴公司更应注意涉案9首歌曲录音制品的合法性并采取相应的措施,但阿里巴巴公司仅将环球公司提供了具体URL地址的7个搜索链接予以删除,而未删除与涉案歌曲录音制品有关的其他搜索链接,阿里巴巴公司怠于尽到注意义务,放任涉案侵权结果的发生的状态是显而易见的,应当认定阿里巴巴公司主观上具有过错。"[①]根据网络服务提供者删除被诉侵权作品的实际能力等具体情况,将不完全合格的通知作为认定网络服务提供者应知侵权事实的重要考量因素,而不是简单地否定这种通知,显然有利于保护著作权和遏制侵权行为,是一种公平合理地平衡相关利益的具体实例。

还如,在技术中立原则的运用中,对于运用具有多种用途的技术的行为,不因此承担责任,但如果利用技术进行侵权或者鼓励侵权,则可能丧失其中立性,需要承担责任。换言之,技术本身的开发和运用并非违法,但利用技术从事违法则是另一回事。要从技术中立的一面看到与此关联的另一面,透过现象看本质,不能为技术的外表所惑。同样,如果商业模式的主要意图是侵权,或者主要建基于侵权活动之上,则不能以技术中立为由免除责任。正如美国最高法院对于Grokster案的判决所说,"发布某种工具的人如果有意地强调该工具的版权侵权用途,并有明确地鼓励他人侵权的意思表示或者采取了其他现实

① 北京市高级人民法院(2007)高民终字第1190号民事判决书。

步骤鼓励他人侵权,则应对第三人的侵权行为承担法律责任”。技术中立这种以保护技术创新和商业发展为取向的原则,在具体运用中不能绝对化和简单化,而同样需要兼顾网络服务提供者与著作权人的利益。美国的索尼案确立了所谓“实质性非侵权用途”的技术中立规则,但这一规则在以后的判例中有时被简单化地运用,一些网络服务提供者也总是以此作为护身符,甚至在开发新技术中为试图免责而刻意设计技术上不能控制的系统(如下文提及的 Aimster 案涉及的被诉网络服务系统中的加密技术),但美国主导性的判例显然未被技术问题所左右,在认定是否构成侵权行为时仍然立足于被诉行为的法律特征的评价。尤其是,在 Grokster 案中,美国最高法院指出,下级法院将索尼案规则看成具有排他的效力是错误的,“索尼案规则是从所提供的产品的使用或者特征中来确定法律上的恶意。但是,如果已有的证据证明有这样的意图存在,那么索尼案从没有要求法院忽略这些证据,该案从不意味着放弃了从普通法中产生出来的过错责任原则”。该案引进了引诱侵权,美国最高法院在澄清何为引诱侵权时指出,“仅仅知道潜在的侵权行为或者仅仅知道实际的侵权使用还不足以承担责任,提供产品的一般行为,例如为消费者提供技术支持或者产品升级,也不足以承担侵权责任。引诱规则是将责任基于有目的、恶意的表示或者行为上,并且因此与提供合法的商业活动无关或者不是阻止有合法前景的创新”。该案被评价为使美国法院脱离被技术牵着鼻子走的被动局面,而又回到了对行为人行为的判断上,即根据主观状态和行为特征进行侵权判断。如果主观上有引诱侵权的故意,客观上其行为对于侵权行为有实质性贡献,那么就按照间接侵权认定其构成侵权。[①] 我国司法实践中也有在侵权判断中过于依赖技术的倾向,有时甚至忽视或者忽略了被诉侵权行为自身的法律特征,而一些网络服务提供者也动辄以技术中立、不能给技术创新造成毁灭性打击等为由进行抗辩,此时需要透过现象看本质,不为“技术”遮望眼,不能为危言耸听的话语所惑,真正回到法律标准上进行判断,避免技术中立规则被过于宽泛地利用。

网络环境下的著作权保护的历史,在很大程度上就是促进技术创新和商业发展与加强著作权保护之间相互博弈的历史,其间一些经典性判例见证、记载和展现了在著作权人与网络服务提供者之间进行的此种博弈。科技和经济发展总是迅速的,大体上说,每一种新技术和新商业模式的产生,通常都会带来一些新的版权争议,出现一些法律上的新模糊,案件随即会送到法院,法院会作出一些定分止争的里程碑式裁判。总体上说,法院裁判不可能阻挡新技术和新商业模式的滚滚向前,这既有法院审时度势的原因,又有新技术和新商业模式的发展具有不可阻挡性的品格,但良好的司法裁判既会为新技术和新商业模式拓展出法律空间,又会为著作权保护争得一席之地,因而既是著作权的守护神,又是科技经济发展的清道人。在法院的居中裁判中,充满了这种利益平衡双向性的纠结和争论,也不乏妥善处理这种利益平衡的杰作。

例如,索尼案涉及的是电磁介质的模拟录像技术,虽不是数字技术,但已是数字技术

① 吴伟光:《数字技术环境下的版权法危机与对策》,知识产权出版社 2008 年版,第 133 页。

的前奏,并由此拉开了内容与技术之间纷争的序幕,以至于由于问题和原理的相同性,索尼案经常为网络环境下版权保护的判例所引用,成为这一领域中里程碑式的先例。在2001年由联邦第九巡回上诉法院裁判的Napster案中,利用P2P传输技术实现MP3文件在用户之间进行交换的Napster(该交换系统的名称),可以帮助用户进行下列行为:(1)允许其他用户复制自己电脑上的MP3文件;(2)搜索其他用户电脑上的MP3文件;(3)通过互联网传输不同用户电脑上的MP3文件的复件。此外,还为用户索引、搜索MP3的功能及其他功能(包括讨论音乐的"聊天室"、提供艺术家音乐信息的目录)提供技术支持,构成间接侵权(帮助侵权和替代侵权),法院发出禁令要求其停止服务,而在法院禁令的压力下,Napster宣告破产。但该案版权人的胜利意味着所涉新技术和新信息传播模式的失败,引起了轩然大波,以至于版权制度再次成为众矢之的。[①] Napster案以后,为接受Napster文件交换系统的教训,其他的P2P网络服务提供者开始尝试设计新的系统以避免承担帮助侵权和替代责任,Aimster就是这样的一家公司。该公司利用美国在线即时传讯系统的文件分享软件,帮助用户通过即时通讯服务进行文件交换。该公司运用加密技术,阻止其用户之外的任何人包括它自己的监控,其目的是使自己确实不知也不应知用户的行为。用户的文件以附件形式传输给即时通讯,该公司的服务器从未托管或者传输过这些音乐文件。在2003年Aimster案中,第七巡回上诉法院判决认为对交换文件加密是"故意装瞎",在版权法中等于知道,故仍构成间接侵权。这种掩耳盗铃的做法,终究未逃脱法院要保护著作权的法眼。2005年由美国最高法院裁判的Grokster案通过引进引诱侵权规则,在索尼案"实质性非侵权用途"规则之上,在技术与版权之间达成了新平衡。该案避开了"实质性非侵权用途"这一避风港,至少在对等传输系统(P2P)环境中再次将系统提供者或者设计者的责任模式的大门打开。特别是,根据引诱侵权规则,不对侵权行为进行限制可能证明有非法目的,这实际上暗示了有开发遏制侵权行为发生的工具的义务,即在一定条件下,网络服务提供者也许有义务采取禁止措施。美国其他一些判例对此也表示认可,如在Aimster案中,波斯纳法官在讨论网络服务提供者责任时认为,"即使有互联网络文件分享系统的非侵权使用者存在时,但如果侵权使用是大量存在的,那么作为共同侵权人的服务提供者为了避免其责任,必须表明去消除或者至少减少大量侵权使用对他来说将是不合理的高成本的"。[②] 索尼案之后的上述判例也表明,在互联网技术发展的同时,法院始终在与时俱进地保护版权,也即对于版权的保护并未放松,反而通过各种法理为保护版权提供依据。

我国司法实践中也不乏进行双向性的利益平衡的杰作,当然也始终伴随着促进科技经济发展与保护权利之间的纠结和争议。这种双向性的利益平衡仍将始终是动态的,且技术创新和商业发展仍将不断地带来利益平衡的新课题,因而要求我们不能凝固僵化地固守已有的平衡标准,既要根据新情况新形势不断反思和修正已有标准,又要及时考虑

---

① 吴伟光:《数字技术环境下的版权法危机与对策》,知识产权出版社2008年版,第127页。

② In re Aimster,334 F. 3d 643(7th Cir. 2003).

新要素。利益平衡的基本态度是著作权人与网络服务提供者之间的利益的统筹兼顾、相互协调和相互平衡,主要体现为以下方面:(1)技术的发展需与著作权保护水平相协调,技术水平越高和商业越发达,对于著作权的保护水平也应当越高,网络服务提供者相应地也应在著作权保护中付出更多的成本或者代价,达到"水涨船高"的效果。(2)网络服务提供者在追求技术创新和商业发展的同时,要善尽保护他人著作权的注意,在技术允许而又不会过多增加网络服务提供者负担的情况下,要适当加重网络服务提供者保护著作权的注意义务,尤其是在侵权行为较为多发的领域,更应如此。要使网络服务提供者成为保护权利的积极参与者,而不是消极的袖手旁观者、对于侵权行为的视而不见者。(3)网络服务提供者在技术创新和商业发展中具有侵权的意图或者行为的,应当承担侵权责任;网络服务提供者纯粹中立的技术创新和商业发展,应当不受侵权责任的困扰。

在双向性的利益平衡中,保护权利与促进创新究竟孰轻孰重,也是一个颇有争议的问题。例如,在美国 Charter 案中,法官们对此进行了讨论和争论,多数意见法官与异议法官意见对立。多数意见法官将网络服务提供者的避风港理解为是一种社会契约的结果,是一方面促进电子商务的发展,免除网络服务提供者对于用户违法行为的责任的需要;另一方面是保护知识产权,减少在线盗版行为的需要,达到两者之间的平衡。异议法官则认为 DMCA 的主要目的是打击网络盗版行为,免除网络服务提供者为其承担责任的条件是帮助版权人实施版权法,网络服务提供者的义务和责任对于保护版权、消除侵权更为重要,甚至是保护版权权利的唯一可行途径。避风港的目的是鼓励和激励网络服务提供者与版权人相互合作,以此发现和处理网络环境下发生的侵权行为。① 其实,两种观点可以结合起来。保护权利与鼓励发展并重,这与要求网络服务提供者善尽保护义务、促进相互合作是并行不悖的。避风港制度的诞生就是这种利益平衡的结果,网络服务提供者免除责任从来都是有条件的,而根据经济科技发展情况适当加重网络服务提供者的责任,也在一些判例中有所体现,所有这些都是调和这些目标的例证。利益平衡所追求的重要目标则是著作权保护与科技经济发展的互利共赢。我国法院在促进这种互利共赢中已很有收获。2011 年 7 月 19 日,北京百度网讯科技有限公司与国际三大唱片公司(索尼音乐、华纳唱片、环球音乐)在华合资企业签署为期两年的许可协议,国内用户将有望免费下载或在线播放逾 50 万首音乐。三家唱片公司授权百度上传其所有正版歌曲至"百度 Ting"音乐平台,供用户下载和收听,百度将根据在线播放及下载次数,向音乐版权人支付相应报酬。② 双方约定共同致力于互联网音乐作品的运营模式创新,以及互联网音乐作品著作权保护模式创新,并就此展开合作;百度公司同意投入一笔款项,用作支持国

① Inre Charter Communications, 393 F.3d 771 (8th Cir. 2005). 参见吴伟光:《数字技术环境下的版权法危机与对策》,知识产权出版社 2008 年版,第 123 页。

② 参见王康:"百度为正版音乐'埋单'获认可",载《中国知识产权报》2011 年 7 月 29 日版。该文指出:"与国际三大唱片公司签署授权协议,通过中国音乐著作权协会向词曲权利人支付费用。近段时间,百度在网络音乐正版化方面动作频频,一直以来为人所诟病的版权问题取得了突破性的进展,也有望为国内网络音乐发展长期面临的版权问题寻求一个有效地解决途径。"

际唱片业协会(IFPI)的反盗版基金。[①] 但是,这仅仅是开始,我们更希望在这方面将大有作为和硕果累累。未来还必将充满著作权人与网络服务提供者之间的利益博弈,我们不奢望一劳永逸,但我们希望并相信这种博弈能够不断取得好的结果,在互利共赢上再入新境界。

(三)立法与司法的利益平衡

就法律格局而言,网络著作权保护中的利益平衡涉及立法与司法两个层面。立法进行了一般性的利益平衡,设定了利益平衡的基本法律框架,但并未终结利益平衡,司法仍负利益平衡之责,既需要在裁判案件中进行具体的个别的利益平衡,又需要在法律的总体把握(如制定司法解释和司法政策)中进行一般性的利益平衡。

首先,司法的利益平衡总要保持与时俱进。立法进行的利益平衡具有静态性和凝固性,其利益平衡的格局已经固定在法律条文之中,而司法中的利益平衡则是动态的和发展的,在法律保持相对稳定性的前提下,司法必须不断地适应利益格局调整变化的需要,不断地调整利益平衡标准。例如,网络技术和产业发展迅速,对于新出现的技术和商业模式的法律调整,要么在现有规定中设法对号入座,要么需要另起炉灶。无论哪一种情形,都涉及新的利益平衡。法院在处理涉及P2P、网页快照等新类型纠纷中,都在利益平衡上进行了很好的探索。

其次,司法的利益平衡需要立法的一般调整与案件中的个别调整相结合。立法中的利益平衡具有优位性,在法律明确规定的情况下,司法必须服从,但立法毕竟不可能事无巨细、完美无缺和随时而变,在立法中的利益平衡不能满足实践发展的需求时,需要司法发挥能动性和创造性,弥补法律的不足,使法律与时俱进。在具体案件的裁判中,主要是那些涉及法律界限不清的疑难复杂和新类型案件的裁判中,利益平衡是裁判的中心问题,决定着裁判的方向和结果。这种利益平衡既需要依据立法目的和法律精神,又需要结合网络环境的新发展和新变化。

(四)利益平衡的局限性

衡量政策与规则好坏的标准是其成本与收益比较。尽管法律已通过具体规则达成利益平衡的意图,但这些规则究竟能够达到多大的满意程度,仍然是很难评估和断定的问题。而且,总体上说,著作权保护中的利益平衡就是一个很难量化的问题,很难用确切的利益与成本比较的方式确定。如果对于著作权保护较弱,我们很难确切地说出会对创作影响到何种程度;如果加强保护,我们同样很难说网络服务提供者能够得到明显的发展促进,以及公众的言论自由等公共利益受到多大影响。当然,虽然我们以量化的方式确定利益平衡方式及其利弊,但我们在确定利益平衡规则时还是有依据的,如实践和经验可以检验规则的效用,各方利益的妥协也是平衡利益的重要途径。特别是,在规则的适用中经常调适,也是确保利益平衡适当的重要保障。

三、利益平衡中理念与规则的关系

(一)理念与规则的一般关系

网络著作权保护中的利益平衡涉及理念和规则两个层面。当然,理念、理论、立法目的等大体上是同一层面的东西,为行文上的

① 参见北京市高级人民法院(2010)高民终字第1699号民事调解书。

便利,本文对于这些词语有时是交叉使用的,但主要以理念一词代表这一层次的概念。总体上说,理念是规则的指引和向导,规则是理念的体现和落实。

理念具有统领作用。曹禺先生曾说过:"一个剧作家应该是一个思想家才好。一个写作的人,对人,对人类,对社会,对世界,对种种大问题,要有一个看法。作为一个大作家,要有自己的看法,自己的思想,有自己的独立见解。不然,尽管掌握了很多的、很丰富的生活积累,但他没有一个独立见解,没有一个头脑来运用这些东西,从中悟出一个道理,悟出一个主题来,那还是写不出深刻的作品。"资料或者材料只有用一个思路作为统领,才具有创造性意义。材料本身不一定新鲜,但在此基础上得出一个新思想,或者用来说明、论证一个新思想,这些材料的运用也就会具有脱胎换骨的创造性意义。如果没有一个新鲜的思想作为主导,就只能是一种资料的堆积,就没有创造性。就网络著作权保护及其涉及的利益平衡规则而言,已经存在的规则需要按照特定的思想和理念来驾驭和把握,需要创设的规则(如填补法律漏洞和空白)也需要以特定的思想和理念作为指引,无论是运用规则还是创设规则,首先都必须澄清思想和理念。对于相同的规则,如果以不同的思想和理念作为指引,其运用结果就会大相径庭。这些规则就像曹禺先生所说的素材和生活积累,而理念和思想是统领这些规则、决定这些规则的适用方向和效果的主导和灵魂。我们或许都明了已经确定的法律规则,但如果不能准确地把握规则背后的理念和思想,在规则的具体运用中,尤其是遇到模棱两可的情况时,就可能不能准确地理解和把握这些规则,不能确保这些规则的正确适用。因此,在网络著作权保护中,要注意从思想和理念的角度研究和把握相关制度和规则。

理念是靠规则落实的,规则是落实理念的工具和桥梁。如果不能选择恰当的规则来落实,再好的理念也只是空中楼阁和幻影。下文将要研究的"避风港"等规则,都是落实网络著作权保护利益平衡理念的具体规则。在这些规则的具体运用中,还会出现各种纷繁复杂的现象,这些现象都是在理念的指导下纳入规则来衡量,然后做出法律属性的判断。

如在 Grokster 案中,美国最高法院对于所涉行为侵权属性的认定,典型地体现了利益平衡中理念与规则关系的具体运用。该判决指出,"米高梅公司主张的观点是:考虑到通过 Grokster 和 StreamCast 公司网络获得的作品中 90% 都被证明是享有版权的,就两公司目前的行为做出有利于两公司的简易判决过分重视了创新性技术的价值,而过分忽略了被两公司软件用户侵犯的版权。假设(下载)剩余 10% 的作品是(软件的)非侵权用途,米高梅公司认为这不能成为'实质性的',而且本院应当将索尼案规则加以量化,以认定一种'主要'被用于侵权的产品并不能享受(索尼案规则)。Grokster 和 StreamCast 公司在答辩中引用了他们的软件被用于复制公共领域作品的证据,并指明了那些实际鼓励复制的版权人。他们认为即便使用他们的软件侵权在今天是主要用途,非侵权用途也是显著的,而且还会增长。"美国最高法院同意"米高梅公司的观点,即上诉法院错误地适用了索尼案规则,上诉法院解读的用于限制间接责任的索尼案规则远远超出了索尼案规则(本应)适用的范围”。[①] 该案直接涉及相关利益的平衡点放在何处,即上诉法院更多地关注技术创新,对于被告公司的行为过于宽容;而最高法院把平衡点调整到适当加强保护版权人利益方面,认为“当清楚的(语言)表述或采取的其他促使侵权行为的积极措施证明一个人是为了达到促进版权侵权用途的目的而提供设备的,此人应当为由第三方使用该设备导致的侵权行为承担责任”。此处是以间接侵权责任的方式约束被告行为的,而适用间接责任所附加的这些条件,恰恰是为了平衡两种价值所设定的“度”,这些条件是一种调节器,决定着鼓励技术创新与保护版权之间的法律界限。可见,价值之间的平衡是靠法律因素的具体把握来实现的。

索尼案是限制间接侵权责任适用的,它禁止基于以下情况认定间接侵权,即设计或销售的产品能够用于实质性合法用途,但仅从销售者知道其事实上用于侵权就推定或者归咎其引起侵权行为的意图。在 Grokster 案中,第九巡回上诉法院将索尼案的解读限定于,只要产品能够用于实质性合法用途,就绝不能认定生产者对于第三方的侵权性使用承担间接责任。按照这种宽泛的解读,即使设计和销售以外的证据证明促成侵权性使用的实际意图,(也认为销售者不承担责任),除非销售者“在促成侵权时具体知道侵权行为(specific knowledge of infringement),且未根据该信息采取行动”。该法院就是据此认定被告两公司不承担侵权责任,即不能证明两公司在缺乏中心服务器的情况下,其软件能够使其知晓特定的非法使用。

但是,如果另有足以认定侵权的行为,则仍可根据行为人的意图和行为特征认定构成侵权。正如美国最高法院在 Grokster 案的判决中所说,“我们采纳这一原则(即引诱侵权规则),认定那些以促使用于侵犯版权为目的而销售设备的人,应当为由此导致的第三方侵权行为承担责任,只要其目的被清楚地表述或者鼓励侵权的其他积极措施所证明。我们当然没有忘记不能扰乱商业秩序或者抑制兼具合法和非法的可能用途的技术的发展。因此,正如尽管录像机制造者知晓其设备可用于侵权,索尼案也没有认定其故意引诱(侵权),仅仅知晓可能的或者实际的侵权用途在此并不足以使销售者承担责任。产品销售所附带的常规行为,如向消费者提供技术支持或产品更新,本身也不会导致责任。相反引诱(侵权)规则将责任建立在故意的、有过错的(语言)表达和行为之上,因此并没有损害合法的商业或者抑制具有合法前景的创新。”[②]“本案与索尼案有显著的不同,依据索尼案做出有利于 Grokster 和 StreamCast 公司的判决是错误的。索尼案针对的诉讼请求是:(只要)在销售一种可具有合法和非法用途的产品时知晓一些用户非法使用产品,就应承担责任。该案通过认定产品能够具有的实质性合法用途可阻止对过错的推定和由此对他人非法行为的间接责任,在(版权)保护和创新的利益之间达到了一种平衡。”[③]在此,法院基于“故意的、有过错的(语言)表达和行为”,认定不适用技术中立,而构成侵权,显然

① METRO - GOLDWYN - MAYER - STUDIOS INC. *v.* GROKSTER, LTD. 545 U. S. 913(2005).

② METRO - GOLDWYN - MAYER - STUDIOS INC. *v.* GROKSTER, LTD. 545 U. S. 913(2005).

③ METRO - GOLDWYN - MAYER STUDIOS INC. *v.* GROKSTER, LTD. 545 U. S. 913(2005).

强化了对行为的法律评价,由此树立了利益平衡的新标准(引诱侵权标准),体现了司法对于相关利益关系所进行的审时度势和与时俱进的调整。

可见,理念和目的是靠制度和规则支撑的,只有设计恰当的制度和规则,才可以确保理念和目的落到实处。理念是灵魂,制度和规则是框架和躯壳。为特定理念和目的而设计的制度和规则,必须按照符合理念和目的的精神来理解、判断和把握,确保其恰如其分地付诸实施。脱离开理念和目的,尤其是在遇到疑难复杂和新出现的情况时,对于制度和规则的实施就可能会茫然无措。

例如,对于深层链接涉及直接侵权还是间接侵权(又说是否构成信息网络传播行为),有所谓的服务器标准与用户感知标准之分。论者多从技术层次解读该问题,如以是否在服务提供者的服务器上存储涉案作品,作为认定其是否构成信息网络传播行为的依据;或者认为只有将作品上传到向公众开放的服务器,才能使作品处于"能够为公众获得的状态",而包括深层链接在内的链接只是扩大了作品传播范围,并非新的传播行为。其实,无论是服务器标准还是用户感知标准,本质上还是利益衡量和政策考量的结果,即加重还是减轻网络服务提供者的责任。如果试图强化著作权保护,采取用户感知标准并无不可;如果试图减轻服务提供者的责任或者使服务提供者的责任界限更加清晰,便利和促进搜索链接技术及互联网产业的发展,采取服务器标准更为合适。至于是否存储在被告(服务提供者)的服务器上,或者是原始传播还是继发传播,这并不是根本的判断标准,是为根本的判断标准即利益衡量服务的,无非是实现这些利益平衡的工具和手段,其背后还是要考量如何更利于实现权利保护与促进经济发展之间的平衡。前者为本,后者为末。

再如,在以直接获利作为判断是否构成侵权行为的一项要件的情况下,涉及何谓直接获利的标准的宽与严的问题。实践中网络服务提供者获利的方式主要有两种:一种是网络服务提供者向用户收费,如按照时间、流量、内容等标准进行收费,这是一种直接获利的方式;另一种是网络服务提供者免费向用户提供网络服务,但在网站页面或者在线播放的窗口上存在公告,这是一种间接获利的方式。早期互联网服务直接向用户收费的情况较为常见,现在通常是采取后一种方式。如果将网站为他人做广告当做直接获利的方式,会产生两个问题:一是在立法上承认直接获利和间接获利的区别,但司法实践中基本上(甚至全部)是直接获利,立法上的区分在实际中变成形同虚设;二是现实中的相关网络服务提供者基本上(甚至全部)不能进入避风港。① 究竟如何认定获利标准,是从宽还是从严把握,归根结底还是要考虑要达到什么样的法律效果和目的。如果从加强权利保护的角度考虑,可以放宽获利标准,让网络服务提供者更多地承担责任;如果从促进网络产业发展的角度,可以从严把握获利标准,如将间接获利的方式排除出去。在这种基本理念和目标确定之后,再在此基础上确定一些兼顾性的规则。例如,如果采取严格的直接获利标准,不妨将那些主要以提供侵权作品为

---

① 冯刚(北京市第二中级人民法院知识产权审判庭):"网络服务提供者请求损害赔偿责任的构成要件和免责条件",载北京市高级人民法院编:《网络著作权审判实务研讨会发言材料》(2009 年 11 月 17 ~ 18 日),第 11 页。

主要内容或者主要获利途径的网络服务提供者的广告获利，纳入直接获利之列，否则，不作为直接获利对待。

总之，网络著作权的保护是在利益平衡的机制之下实现的，而利益平衡的理念和精神是依靠具体化为法律标准的法律制度设计及法律标准具体适用中的准确把握来实现的。这些制度设计和法律标准的把握必然体现特定的利益平衡理念、意图、精神和原则，而该制度设计的有效实施和法律标准的准确把握必须以这些理念、意图、精神和原则为指引，如法律标准把握的高与低、宽与严等必须以此为指导，特别是在侵权与否的认定难以决断时，最终起决断作用的往往就是这些理念等。诚如卡多佐所说，这些理念等层面的东西，会“指导法律思维，左右法官意志，在平衡产生动摇时决定疑难案件的结果”；这些东西“尽管非常隐蔽，实际却是最终的裁决者。它会接受一套主张，修正另一套主张，否决其他主张，甚至被作为终审法庭留意待用”。[①] 实践中我们或许对于一些法律标准或者规则耳熟能详或者经常适用，但如果不能从理念等高度把握它们，在适用中可能会失去准确的方向，就可能导致法律适用的支离破碎和杂乱无章，把握不了法律规则及其涵摄具体案件中的有机联系，做不到法律适用和案件裁判的浑然一体，或者在层出不穷的新情况新问题面前陷入不知所措的境地。相反，如果能够从理念等高度进行把握，就能够在一些新情况新问题的判断中做到万变不离其宗，确保法律适用上的逻辑严密和一以贯之，并能够从容应对新情况新问题。因此，我们必须从法律理念、精神等高度认识和把握具体的法律规则，使法律规则为特定的目的服务，把法律规则用足用活，用出精彩和创意，而不能孤立地、简单地和机械地看待规则。

（二）落实平衡理念的规则体系

为实现网络著作权保护中的利益平衡，有关立法设定了一系列特殊规则。这些规则主要有以下几项：

一是“避风港”规则，即网络著作权保护立法对于免除网络服务提供者赔偿责任的行为和条件做出了专门规定，符合这些情形和条件时即受“避风港”保护，不承担赔偿责任。这是在著作权法有关合理使用、法定许可之类的传统免责事由之外，根据网络著作权保护实际确立的新的免责事由，是对于传统免责事由的拓展，是保护互联网产业发展的重要制度设计。“避风港”规则体现了技术中立原则，其最重要的功能是明确在哪些情况或者条件下网络服务提供者可以不承担责任，从而增强了互联网经营活动的可预见性，使网络服务提供者可以放心大胆地从事技术创新和经济活动，在侵权指控上避免遭受突如其来的打击。

二是间接侵权的定位。不符合“避风港”规则的免责条件并不意味着当然要承担责任。在不能进入避风港进行保护时，网络服务提供者是否及如何承担责任，需要根据其行为性质和相应的侵权规则确定。网络服务提供者除擅自提供作品而构成直接侵权、承担严格责任外，若只是提供网络技术服务的，充其量构成教唆、帮助之类的辅助性侵权行为，适用过错归责，只对其过错行为承担责任。特别是在法律明文规定“避风港”规则适用范围的情况下，法定范围以外的网络技术

① ［美］本杰明·内森·卡多佐：《法律的成长法律科学的悖论》，董炯等译，中国法制出版社2002年版，第17页。

服务提供行为(如 P2P 服务)是否承担责任,则更应按照教唆、帮助等一般侵权行为规则进行认定,并按照合理使用的规则衡量是否有责任豁免事由。这些责任只是因他人侵权行为而涉及的间接侵权责任,因间接侵权在主观过错和行为特征(如教唆、帮助等)上有特殊要求,而限制了追究网络服务提供者责任的范围和条件,实际上对于网络服务提供者又增加了一层保障,减轻了其相应的责任。

三是降低了注意义务和过错要求。有关立法和司法对于网络服务提供者承担间接侵权责任的过错又有特殊规定或者要求。首先,要求网络服务提供者对于特定的侵权行为有具体的知情("具体知情"),而不是一般性地知道相关侵权状况,如不能根据相关领域的侵权行为较为严重即认定其知道或者应当知道。当然,在特殊情况下也可能将一般侵权状况作为认定是否知情的考虑因素之一。其次,认定"应知"或者"有合理理由应当知道"时,采取"红旗标准",即只有侵权事实或者情形非常明显,才可以如此认定。该标准大体上相当于重过失。最后,网络服务提供者对于作品是否侵权不负事先审查义务。

四是采取"通知与移除"规则。该规则是网络服务提供者与著作权人利益妥协的结果,是平衡两者之间的利益关系的重要规则,当然也体现了促进两者之间进行合作的精神。网络服务提供者原则上只有在著作权人通知有第三方侵权行为而不及时删除时,才承担责任,除此之外的过错归责只是该规则的补充。

五是强调权利人的自我保护。对于权利人为保护权利采取的技术措施,法律给予保护。但是,如果权利人对其在网络上提供的作品,未通过技术措施给予保护,则进入互联互通的领域,网络服务提供者可以搜索和链接等。这是平衡权利、网络产业发展和公众利益的规则。

这些体现网络著作权保护中的利益平衡的特殊规则,在我国网络著作权保护立法中均有所体现,在适用有关规定时,尤其是在有关行为的定性模棱两可时,应当立足于上述利益平衡的理念和精神,做更为符合这些平衡理念和精神的认定。

(三)理想与现实的差距

理想与现实总会有这样那样的差距,中国如此,外国也不例外。我们经常会以理想的眼光看待我们不熟悉的法律制度,往往会简单化地给它们下结论。特别是,我们有时有个非此即彼式的看事物的习惯,对于国外的法律、判例和法理有时就是这么看待的。其实,任何事物都有其复杂性和多面性。例如,国外的法律看起来很严格,如严格保护版权,但实际适用中可能会有所缓和。相反的情况也有。我与美国的一些专家学者交流时,他们说,即使法律受利益集团的推动,对于版权保护的规定看起来很严格,但法院在适用时也可以予以缓和。外国的判例也是如此。如我国学界介绍"索尼案"及其阐述的技术中立规则时,往往很看重技术中立规则,认为这一规则也是清晰的,但在美国,一些学者对该规则持批评态度,该规则本身也有许多问题需要澄清,各个法院在适用该规则时也会有分歧。网络服务提供者责任问题事实上的不清晰,已经在美国社会导致两种截然不同的反应。一种是过于注重保护版权(保护过度),即使在没有必要的情况下也要从版权人那里获得许可，而只要侵权性质不确定或者不清晰，就把用户上传的内容移除。另一种是逃避方式，主要是在P2P领域，继续我行我素地擅自使用他人有版权的材料，而使权利人主张权利或者提起诉讼复杂化或者增加成本，其通常的手段是分散化或者移往国外操作等。前一种情形扭曲了版权人与用户之间的传统的平衡，而后一种情形减弱了遏制侵权行为的制度的实效。[①]因此，即使看起来很好的制度设计或者立法目的，在实际适用中很可能打折扣或者不理想。

当然，在认清事物的复杂性和多面性的同时，更重要的是看清其主流价值、基本方向和主导方面。对于版权保护中的利益平衡及利益平衡的规则，我们首先是分清其基本精神和价值；在贯彻基本精神和价值时，还要结合具体情况，最大限度地实现其精神和价值。例如，在网络著作权保护的利益平衡中，我们可以赞同技术中立规则，但对于该原则的适用不能机械和简单化，而更多的是从原则精神上进行考量，在具体适用中应根据具体情况进行具体分析。实践中有人想当然地认为这样的原则是非常清晰的，可以简单地套用。实际上，这些原则可以作为宏观指引，但具体适用不能单纯化和简单化，不能作为教条。

总之，我们虽然不能把法律精神、法律价值和法律规则的付诸实施理想化，但至少通常应当将承载理想的这些精神、价值和规则作为理想来追求，我们应当坚持不懈地追求这些能够促进进步的理想。在网络著作权保护的利益平衡中，对于主导利益平衡的精神、价值和规则，我们应当持这种态度。

以创新的理论推动创新的实践

——关于知识产权审判理论创新的反思[②]

最高人民法院审委会委员
知识产权庭庭长 孔祥俊

胡锦涛同志在《在庆祝中国共产党成立90周年大会上的讲话》中指出："理论上的成熟是政治上坚定的基础，理论上的与时俱进是行动上锐意进取的前提，思想上的统一是全党步调一致的重要保证。"大到党的事业如此，具体到一项专门的事业或者工作也是如此。就知识产权审判而言，理论上的成熟可以确保行动上的坚定，确保锐意进取，确保思想上的统一和司法上的步调一致。

2011年11月12日胡锦涛主席在亚太经合组织（APEC）工商领导人峰会期间指出，

① Lital Helman, "Pull too hard and the ope may break: on the secondary liability of technology providers copyright infringement", Texas Intellectual Property Law Journal (Summer 2010).

②为参加2011年11月27日在重庆召开的中国审判理论研究会知识产权审判专业委员会年会，急就了这篇文章。因写作匆忙，内容和文字未及从容斟酌，敬请同志们指正。

“中国加强知识产权保护的决心坚定不移,已建立了比较完善的知识产权法律体系,今后工作的重点是加强执法”;“中国将加强知识产权保护,推进创新型国家建设”,“加大知识产权执法力度、司法保护力度”①。加强审判理论研究是加强知识产权司法保护的重要方面。审判理论和审判实践是交互作用、互为表里和水乳交融的。随着知识产权审判面临形势的日益复杂、承担职责的日益重大和成长速度的日益加快,知识产权审判实践对于审判理论有了更多更高的渴求,审判理论创新对于审判实践具有更大的推动作用。审判实践既需要对于既有理论进行实践检验和创造性适用,又需要在审判理论上进行新的概括和创新。审判实践受审判理论的指导,以减少盲目性;审判实践又为审判理论提供经验素材和对审判理论进行验证,能动地引领和推进审判理论创新和发展。审判理论创新是各有关方面和有关主体共同努力的结果,尤其,各级法院和广大法官既是审判理论的接受者和践行者,又是创造者。下面我结合自身的亲历和感受,试对知识产权审判实践与审判理论的互动关系进行一些总结、探索和思考。

一、以创新的审判理论推动审判实践的科学发展

我国知识产权审判的历史还算不上久远,但从来都是重视理论创新的,理论创新与审判实践始终相伴随,已成为审判实践的有机组成部分,且理论创新已硕果累累,有力地推进了审判实践的发展。知识产权审判理论创新是全方位和多层面的,既有理念和政策层面的,又有法律适用标准和裁判方法层面的。可以说,“看到的是一片片辛勤耕耘的土地,品尝它们的果实即可感到它们的价值”。②

(一)知识产权司法理念和司法政策层面的理论创新

司法理念是司法的灵魂,司法政策是法律适用的宏观指引。司法理念和司法政策往往是理论提炼和概括的结论,也必须依靠理论进行支撑。知识产权审判一直高度重视司法理念和司法政策的指引和调控,以此促进法律的正确适用。尤其是近几年来,最高人民法院系统全面地梳理了知识产权各领域的司法政策,全面加强了司法政策调控,这些司法政策的总结和归纳主要是依靠审判理论及其创新实现的。

例如,我们根据各类知识产权以及知识产权审判的特点和实际,根据我国发展的阶段性特征和需求,提出了“加强保护、分门别类和宽严适度”的知识产权司法理念和司法政策,作为知识产权审判的宏观指导。明确这一基本司法政策的背景是,知识产权保护既要依法,又具有很强的政策性,如何把握知识产权保护的“度”,一直是知识产权审判过程中始终受关注的问题和话题,也有较多的争议。所谓“度”,就是“掌握分寸,恰到好处”③。对于是否应该强调加强保护以及究竟怎样才算得上加强保护,社会各界仍有不同认识和声音。为回应该问题,我们曾经提出过依法保护就是“度”之类的说法,但这种说

---

① 《人民日报》2011年11月12日,11月14日,第1版。

② [美]本杰明·内森·卡多佐:《法律的成长》,刘培峰等译,贵州人民出版社2003年版,第17页。

③ “什么是‘度’?‘度’就是‘掌握分寸,恰到好处’。为什么?因为这样才能达到目的。人类(以及个人)首先是以生存(族类及个人)为目的。为达到生存目的,一般来说,做事做人就必须掌握分寸,恰到好处。”李泽厚:《哲学纲要》,北京大学出版社2011年版,第129页。

法毕竟过于笼统。而且，“度”与所要达到的目的是相对应和适应的，具有很强的合目的性色彩，而如哲学家所言，“度”具有“恒动性”、“含混性”和“张力性”①，达到目的必须有弹性的空间和导向性，仅仅表达为依法保护，显然不能准确表达“度”的意蕴。为此，我们认为，“度”的表达首先要体现基本的导向性。当前加强保护是主要矛盾、主题和主要导向，必须坚定不移地加强保护，“加强保护”应当成为基本导向。但由于知识产权种类的多样性和知识产权保护的政策性，加强保护的内涵极为丰富，它是以“分门别类，宽严适度”为前提和基础的。因此，我们根据各类知识产权具有不同的特质和保护要求，提出要“分门别类”和“区别对待”，不搞“一刀切”。例如，专利权保护创新性内容，著作权保护独创性表达，商标权保护区别性标识，反不正当竞争法则对于知识产权专门法调整的智力成果或者区别性标识进行有限的补充保护。这些知识产权领域各有其特殊的保护政策、保护标准和保护思路，既相互区别，又相互交叉和协同发挥作用。为体现知识产权保护“度”的特性，我们还提出要“宽严适度”，即除依照法律标准进行保护外，知识产权保护强度要符合各类知识产权的不同情况，而且要符合我国国情和实际，符合我国发展的阶段性特征，而不是等同划一的保护和保护标准。

知识产权审判之所以需要司法政策调控和有足够的政策空间，一个重要的原因或者理论依据是其权利边界具有不确定性或者弹性，即其权利边界是靠法律文件划定和表述出来的，不像物权那样有明确的物理边界，也不像债权那样有清晰的法律边界。即使特定知识产权的核心边界很清晰，如专利权相同侵权、注册商标在核定商品上使用核准商标的专用权等边界是清晰的，但在此基础上的延伸边界是不完全清晰的，如注册商标在类似商品上或者对于近似商标的排斥权，以及专利侵权中的等同侵权等，都有相应的伸缩空间。等同原则的适用、商标近似与商品类似把握，网络著作权保护中权利保护与产业发展空间的关系等，均受司法政策的指引。这些弹性空间为政策选择提供了基础和条件。这就涉及保护范围上的宽与窄以及强度上的强与弱，既有宏观把握上的不同取向和选项，又有个案具体把握中的弹性和差异。作为最高法院，我们需要制定科学合理的司法政策进行指导；作为各个法官，需要准确把握司法政策，进行恰如其分的保护。正如奚晓明副院长所指出的：“在知识产权保护中，要将经济技术领域的特点、发展的阶段性特征和发展需求作为重要考量因素，立足于促进我国经济技术的赶超和国家竞争力的提高，善于利用司法政策、自由裁量权和法律适用技术，妥善处理依法保护和适度保护的关系，避免抽象地或者盲目地讲保护，使司法保护既合法，又适度；既能激励科技创新和经济发展，又利于促进知识传播和运用，增进企业利用和创新新技术的能力，拓展发

---

① “你看见那《周易》阴阳图的中线吗？那是曲线而不是直线，这即是‘度’的图像化。它不仅表明阴阳未可截然二分，不仅表明二者不仅相互依靠相互补足，而且也表明这二者总是在变动不居的行程中。这正好是对‘度’的本体性所做的并扩及整个生活、人生、自然、宇宙的图式化。那曲折的中线也就是‘度’：阴阳（即动静）在浮沉、变化、对应以致对抗中造成生命的存在和张力。”李泽厚：《哲学纲要》，北京大学出版社 2011 年版，第 134 页。

展空间。”①

司法政策与审判理论是互动的关系。司法政策依靠理论上的归纳和论证,必须以理论为基础。司法政策的形成必须基于对于我国知识产权保护的阶段性特征、国内外的需求、知识产权法律规定的裁量空间、价值和效果取向等进行的理论论证。例如,我国是经济科技的后发展国家,正在以自主创新、重点跨越为核心,大力提高科技创新能力②,根据我国科技创新的实际和需要,我们近几年提出在加大专利权保护力度的同时,限制等同侵权的适用,以及“确定专利权的具体保护范围和强度时要适当考虑不同技术领域专利权的特点和创新实际,符合不同技术领域的创新需求、创新特点和发展实际”等专利司法政策。

(二)实现知识产权法律适用标准层面的理论创新

知识产权法律适用标准上的创新更是俯拾即是。一些新的法律标准的确立和适用,往往都是以进行理论创新或者通过克服理论障碍实现的,理论创新总会开辟一片法律适用的新空间。这里以一些著名的例子加以说明。

为应对审理商标侵权及授权确权案件中的一些复杂问题,实践中进行了一系列理论创新,确立了一系列审理标准。例如,为解决因复杂历史因素等导致的商标共存问题,司法实践逐步创设了区分商标近似与商标构成要素近似、混淆性近似等理论。为解决已有较大规模使用的商标的去留问题,我们明确了商标客观区分的判断标准,即已有较大规模的使用、客观已经能够区分的商标,不宜轻率地予以撤销③。我们还提出了商标不完全区分或者商标区分缺陷理论,即在商标已客观上善意共存的情况下,我们已不是在一张白纸上画最新最美的图画,而是基于事实,从事实和实际出发,甚至迁就现实,允许其共存,在防止市场混淆上不作理想化处理或者追求理想化状态,甚至适当容忍一些无法避免的混淆。对于这样的商标,如果作完全泾渭分明的切割,可能使一方当事人欣喜若狂,但会使另一方当事人遭受灭顶之灾;有限度地切割可能使一方或者双方均不尽满意,但总体上总比彻底切割公平一些,这是一种相对的公平(如最高人民法院裁判的鳄鱼商标侵权案、散列通商标行政案)。

商标权保护的总体司法政策是尽量划清商标之间的界限,为创立品牌留足法律空

① 奚晓明:《充分发挥司法保护知识产权主导作用为实践科学发展观和建设创新型国家提供坚强有力的司法保障——在全国法院知识产权审判工作座谈会暨知识产权审判工作先进集体和先进个人表彰大会上的讲话》(2008年11月28日)。

② 胡锦涛于2011年11月12日在亚太经合组织(APEC)工商领导人峰会上指出,加强知识产权保护,推进创新型国家建设。中国将以知识产权保护为基础,以自主创新、重点跨越为核心,大力提高科技创新能力,加快建立以企业为主体的技术创新体系。中国将积极推进创新型国家建设,引进海外高层次创新人才,努力实现从中国制造向中国创造的转变。

③ 《最高人民法院关于审理商标授权确权行政案件若干问题的意见》(2010年4月20日发布)第1条指出:“对于使用时间较长、已建立较高市场声誉和形成相关公众群体的讼争商标,应当准确把握商标法有关保护在先商业标识权益与维护市场秩序相协调的立法精神,充分尊重相关公众已在客观上将相关商业标识区分开来的市场实际,注重维护已经形成和稳定的市场秩序。”

间[①],但特殊情况下的商标共存又是必不可少的。要尽量划清界限与共存之间的关系,避免商标去留处理上的任意性或者避免给人产生法院任意处置的印象,需要以有说服力的理论和可操作的法律标准为支撑,妥善处理最大限度划清商业标识之间的边界与特殊情况下允许构成要素近似商标之间适当共存的关系。尤其是,针对一些近似商标系非主观恶意原因形成,但其权利人往往有一心打掉对方商标的你死我活心态,我们以包容性增长理论,解决善意使用商标之间的共存问题,即如果相关争议商标均具有较高知名度,或者相关商标的共存是特殊条件下形成时,认定商标近似还应根据两者的实际使用状况、使用历史、相关公众的认知状态、使用者的主观状态等因素综合判定,注意尊重已经客观形成的市场格局,防止简单地把商标构成要素近似等同于商标近似,实现经营者之间的包容性增长。

为合理确定商标权保护范围,创设了商标意义上的使用或者商标侵权意义上的近似(最高人民法院裁判的红河红商标侵权案、伟哥商标侵权案)。为遏制恶意抢注或者不正当搭车模仿行为,将关联商品标准引入类似商品判断的范畴(如最高人民法院裁定的啄木鸟商标行政案)。

对于企业名称与在先注册商标之间的权利冲突纠纷,法院大体上经历了不予受理、有条件受理和全面受理三个阶段。期间是以不同的理论依据为支撑的。如不予受理阶段的理由主要是,经合法注册的企业名称,不经行政程序撤销即不得通过民事诉讼认定侵权。全面受理阶段的理论依据是经行政注册程序产生的民事权利仍然是民事权利,直接认定使用行为构成侵权无法理上的障碍,即为追求实体公平而采取的"揭开企业名称注册的面纱"。如"有工商登记等的合法形式,但实体上构成商标侵权或者不正当竞争的,依法认定构成商标侵权或者不正当竞争,既不需要以行政处理为前置条件,也不应当因行政处理而中止诉讼。"[②]可见,理论与认识紧密联系,理论认识的转变和深化,使实践发生了根本性转变。

为更加科学地明确作品、表演和录音录像制品的提供行为与网络服务提供行为的侵权责任定位,更利于平衡网络环境下著作权保护涉及的利益关系,我们在司法实践中引进了直接侵权与间接侵权理论。如"侵权责任法第三十六条明确区分了网络服务提供者的直接侵权责任和间接侵权责任,有关规定也适用于信息网络传播权保护。"[③]这种理论上的明确,有利于准确把握相关立法精神和正确适用法律。

为克服不正当竞争行为认定中竞争关系的瓶颈,我们提出了广义竞争关系理论。如"竞争关系一般是指经营者经营同类商品或服务,经营业务虽不相同,但其行为违背了反

---

① 《最高人民法院关于当前经济形势下知识产权审判服务大局若干问题的意见》(2009年4月21日)第6条关于"完善商标司法政策,加强商标权保护,促进自主品牌的培育"部分指出:"既以核定使用的商品和核准使用的商标为基础,加强商标专用权核心领域的保护,又以市场混淆为指针,合理划定商标权的排斥范围,确保经营者之间在商标的使用上保持清晰的边界,使自主品牌的创立和发展具有足够的法律空间。"奚晓明副院长在2009年全国法院知识产权审判工作座谈会上的讲话中指出:"要以制止混淆为核心,以为自主品牌的形成和企业品牌做大做强创造足够的法律空间为导向,准确把握商业标志授权确权的条件和侵权行为的认定标准,正确界定商业标志保护范围,使商业标志之间具有充分的可区别性,有效遏制不正当搭车模仿行为。"

② 曹建明副院长在第二次全国法院知识产权审判工作会议上的讲话(2008年2月29日)。

③ 引自奚晓明副院长在全国法院知识产权审判工作座谈会上的讲话(2010年4月28日)。

不正当竞争法第二条规定的竞争原则,也可以认定具有竞争关系。”[①]为妥善处理自由竞争与公平竞争的关系,正确把握诚实信用原则和公认的商业道德的评判标准,我们在山东食品公司与马达庆等不正当竞争案件中引入了经济人伦理标准,以特定商业领域普遍认识和接受的伦理标准,认定是否违反公认的商业道德,防止将商业道德简单等同于个人道德或者社会公德,不适当地扩张不正当竞争行为的范围。因为,市场竞争本来具有谋取私利甚至“损人利己”的属性,反不正当竞争法制止的是以不正当手段进行的竞争,认定不正当手段的商业道德标准显然是商业“职场”的是与非、对与错的标准,即商业伦理标准,而不可能是日常生活意义上的高尚道德标准。

(三)知识产权裁判方法层面的理论创新

裁判方法是正确裁判的桥梁和路径,一些精彩的或者经典的裁判往往是通过创造性运用裁判方法完成的。例如,我们有时以效果方法,使法律适用中的逻辑演绎(三段论)与裁判效果评估相互印证,或者以效果“验算”逻辑结论,确保裁判的妥当性;通过客观解释法律,实现法律适用的与时俱进,妥当处理新类型案件。

在总结审判经验的基础上,我们还总结归纳出一些裁判模式。例如,为解决一些涉及复杂历史因素的商业标识冲突、著作权侵权等知识产权案件,我们总结出“历史、现实和公平”的裁判模式。例如,“北京、上海等地法院在审理涉及《乌苏里船歌》、张小泉剪刀、金华火腿等案件中,既遵照法律原则和精神,又考虑历史和现状,对案件作出了公平合理的裁量,较好地实现了两个效果的统一”。[②]“对于因历史原因造成的注册商标与企业名称的权利冲突,当事人不具有恶意的,应当视案件具体情况,在考虑历史因素和使用现状的基础上,公平合理地解决冲突,不宜简单地认定构成商标侵权或者不正当竞争。”[③]最高人民法院裁判的散列通和散利痛商标行政案件、上海市高级人民法院裁判的张小泉剪刀案件等,都是从历史和现状出发,考虑了纠纷成因的历史性和复杂性,进行公平合理的裁量。

二、审判实践中法律适用矛盾的辩证解决

裁判中充满了法律适用上的矛盾,这些矛盾的解决需要借助理论的力量,需求理论的支持。矛盾解决的过程,通常也是理论支持、推动和升华的过程。

(一)无所不在的矛盾与裁判中的纠结

在知识产权审判中,尤其是面对疑难复杂和新类型案件时,我们经常在不同的选项之间纠结不已,甚至充满痛楚,但这又使司法充满了思考之乐,充满了精神上的“魔力”诱惑,充满了成就感。裁判令人纠结不已的复杂案件,常常好似经历一次难忘的旅程。

裁判中的事实认定和法律适用都可能存在模糊性,都可能有难以取舍的利益平衡,法官经常需要在旗鼓相当的不同选项之间进行取舍和选择。这种职业上的选择性甚至影响到法官们的个性。卡多佐形象地指出:“法官也可能成为类似皮特首相的人物,他总是思

---

① 曹建明副院长在全国法院知识产权审判工作座谈会上的讲话(2004年11月11日)。

② 曹建明:《全面加强知识产权审判工作为建设创新型国家和构建和谐社会提供强有力的司法保障——在全国法院知识产权审判工作座谈会上的讲话》(2007年1月18日)。

③ 曹建明在第二次全国法院知识产权审判工作会议上的讲话(2008年2月19日)。

前想后、犹疑不决,即便娱乐时也常常姗姗来迟,因为他不能及时拿定主意是出门还是待在家里。实际上,每一个含糊不清的判决都涉及在两个旗鼓相当的选项之间作出选择,我们无论争论多久,斟酌得多么仔细,都永远不可能确定不疑。”[①]在这些案件中,道理并不是完全倾向于一方,所涉及的价值有时也是冲突的,无论怎样选择,都是左右为难和踌躇难决的。法院有时虽可以视情况折中调和,但最终总需要一锤定音。我们在犹豫不决中敲下这一定音之锤时,经常“心事重重”甚至不无痛苦。诚如卡多佐所说,“它带着犹豫不决的痛楚,带着摇摆不定与失意彷徨”。[②] 这确实是我们在裁判一些疑难复杂时的矛盾心态的生动写照。就我任职最高法院法官的经历而言,这种选择尤其是家常便饭。

这种选择的例子俯拾即是。例如,在我们裁判涉及适用一事不再理原则的采乐商标行政再审案件时,因此案交织着新旧商标法的适用关系,涉及新的事实和理由的界定,我们在裁判结论的确定和裁判理由的阐释上反复斟酌和权衡,判决书即改写数月。在裁判鳄鱼头部朝向左右不同的新加坡鳄鱼商标与法国鳄鱼商标是否近似时,支持与否定构成商标近似的理由在比较优势上还达不到如此确定无疑的清晰明朗,或者说否定两条独立鳄鱼图形商标之间的近似性不可能做到确定无疑。我们曾经颇有困惑,为此曾经反复讨论和思考,甚至在较大范围内征求专家学者意见,绝大多数人主张支持原审判决而认定不构成商标近似,我们拟写的终审判决在认定不构成混淆性近似的说理上确实算得上头头是道,但反过来罗列出一系列认定其构成近似的理由,也未必是难事。那么,究竟是什么支配着我们敲下这一锤子?我想,归根结底还是公平合理上的最终考量,即考虑到新加坡鳄鱼公司使用单条鳄鱼图形商标的独特历史及双方之间的相关共存过程,以及其并无不正当搭车模仿的意图,如果禁止其使用,感到很不公平。当然,即便决心让其使用单条鳄鱼图形商标,但仍对其使用状态心中无底,究竟能否无条件单独使用?还是对其使用施加一些限制,如维持现状态?该问题也使我们很纠结。我们犹豫彷徨,历经多次讨论研究,最后关头决定施加适当的限制,即让其维持能够区分的使用环境和状态,作为一种法律上的负担。因为,毕竟诉争商标之间有很大的近似性,如非考量历史和现状等个案特殊要素,像这样的诉争商标通常都会被认定为近似商标。既然有如此特殊的个案考虑,就需要施加特殊的限制,以平衡诉争商标权利人之间的利益。在最后,我们在二审判决中加上了限制使用状态的一段话。诸如此类的案件,常常使我们陷于“带着犹豫不决的痛楚,带着摇摆不定与失意彷徨”的境地。

不论选择如何困难,法官在裁判时必须作出选择。对于两难问题,总要以这样那样的方式解决,而且要使实际问题得到即时的解决,至少不能久拖不决和不了了之。当然,“我们也许会尽我们之所愿努力客观地理解事物,即使如此,我们却永远不可能用任何他人的眼镜来理解这些事物。”[③]我曾在法国巴黎奥赛宫参观过画家 Pissarro(但愿名字没记

---

① ［美］本杰明·N. 卡多佐:《法律的成长法律科学的悖论》,中国法制出版社 2002 年版,第 77 页。

② ［美］本杰明·N. 卡多佐:《演讲录　法律与文学》,董炯等译,中国法制出版社 2005 年版,第 54 页。

③ ［美］本杰明·卡多佐:《司法过程的性质》,苏力译,商务印书馆 1998 年版,第 3 页。

错)的一幅人物画,其背景和色调等是模糊的,但脸部及其表情是清晰的。导游说这体现的是“迷茫中的准确(精确)”。我当时曾为此颇为感慨。法官在处理疑案时的处境就是如此。面对难以取舍的案件,开始时可能茫然无措、彷徨无计,但在综合考量各种因素之后可能豁然开朗,或者在必须做出选择时,只能断然作出可能并非没有疑惑的选择。即便这种选择并非确信无疑,但只要没有更好的选择,哪怕是利弊参半,也只能一往无前,这是因为我们责无旁贷。

在疑难案件的裁判中之所以会如此纠结和难断,重要的原因是这些案件的裁判中充满了矛盾,有价值和理念、法律标准选择等方面的对立和统一。这些案件的裁决,往往折射了法律适用中的诸多矛盾关系。对这些矛盾关系,要进行辩证地看待和解决。

(二)以辩证的方法解决矛盾

对于知识产权案件裁判中的矛盾,我们既要看到其对立性,从对立性中看清其区别,找到清晰明白的法律界限;又要看到其统一性,看到其相同性、联系性和转化性。我们要通过辩证的认识和方法,妥善地解决这些矛盾,进行妥当的裁判。

关于法律标准的绝对性与相对性之间的矛盾。法律规则有其确定性的一面,也有其不确定性的另一面。法律是追求确定性的,所以法律规则应尽可能清晰明白,司法中应尽可能明晰法律,尽可能追求法律适用的统一性。这是法律标准绝对性的一面。但是,法律适用的对象是复杂的,客观情况是发展变化的,法律不可能随时为可能出现的任何具体情况提供确定无疑的答案,所以法律适用具有探索性和尝试性,允许在探索和尝试中总结归纳,最终达成一致。例如,在涉及字库保护的案件中,对于通过软件保护、字库整体的版权保护及单个字体的保护,当前法院之间有不同的裁判见解,学术界和产业界有激烈的争论。这些案件的裁判显然不仅要考量法律规则的解释和适用,还要考量如何更好地平衡创造者、相关产业和社会公众之间的利益关系,在此基础上确定是否保护、保护哪些及保护到何种程度。此外,有些具体法律标准是通过有关方面达成共识确定的,很有些“共识即真理”的味道。我们处理敏感性问题,常常是在寻求共识的基础上确定法律标准。这种尝试性、探索性和共识性,体现了法律标准相对性的另一面。我们需要尽量追求法律标准的确定性,但也不能回避或者无视其相对性,并注意把握好二者的相互转化。

关于各类知识产权保护之间的排斥与互补的关系。同类和不同类知识产权之间都存在排斥与互补的关系。如果不存在排斥关系,其相互之间的界限和功能就不清晰,会出现法律调整上的混乱和浪费;如果不存在互补,就可能出现法律调整的不周延,不能充分发挥协调保护的效应,不符合保护需要。例如,不同类型专利的保护对象不同,发明专利和实用新型专利保护功能性内容,其相互之间在保护客体上有交叉,而外观设计专利则是保护美感的,但可能是具有功能性的美感。专利保护思想,而版权保护表达,但思想和表达的区分又有关联性和相对性;在涉及技术创新和产业发展的领域,版权保护又有促进技术创新和产业发展的功能或者目的。我们要准确把握知识产权之间的对立与排斥关系,对于涉及立法目的抵触的保护领域,要注意不同知识产权之间的界限和适用法律的差别,但在法律调整的功能和目的上可以兼容或者互补的领域,要注意其法律适用的相互借鉴性或者互补性。如在新技术条件下的版权保护中,美国最高法院判决曾经借鉴专利法上的非实质性侵权用途以及引诱侵权原则;我国最高人民法院的判决曾经认定保护期已经届满的外观设计,如果构成知名商品的特有装潢,可以适用反不正当竞争法保护,从而解决了在该问题上的争议。是否具有互补性,关键是以立法精神或者立法政策是否抵触为依据进行衡量。

关于知识产权保护的地域性与全球化的矛盾。地域性是知识产权的基本特性,知识产权的保护受主权或者司法管辖权的约束,在本国司法区域内只能保护自己的知识产权,自己的知识产权也只能在本国司法区域内受保护。这也是保护工业产权巴黎公约等确立的原则。但是,经济全球化的加深,为一些涉外知识产权保护带来了新课题,需要我们具有更多的世界眼光和进行更多的全球化考量。例如,认定商标、商号等知名度是否考虑在他国或者国际知名的情况;制造、销售等环节在不同国家完成时,认定侵权时如何考虑在本国及他国市场中造成的损害等(如果涉及定牌加工的商标侵权纠纷和商标主要用于出口的国内企业之间的商标权纠纷)。总的考虑是,地域性仍然是基本原则,也应当考虑经济全球化的实际,但考虑国外的事实或者因素不能与我国法律规定的基本精神相抵触,符合政策导向。近年来,我们在认定商标、商号的知名度上考虑了国外因素,降低了保护门槛,加大了对外国知名商标、商号的保护;在裁判商标侵权等案件上,有时也考虑相关商标在其他国家注册和使用的情况。如鳄鱼案、费列罗巧克力案等。

关于历史与现实的矛盾。有些案件中的争议有复杂的或者久远的历史原因,争议本身则是现实的或者需要进行现实地解决,这就需要考量相关事实的历史形成和发展过程,以及争议的现状,在此基础上进行公平合理的裁判。上文提到的"历史、现状、公平"的裁判模式,就是此类案件的基本裁判方法。这些案件涉及的事实认定和法律适用需要历史地看待,不能割断历史,否则就会脱离实际。如我国改革开放初期,抢注商标或者搭车模仿行为较为多发和突出,这是我国市场经济发展初期的产物,对于这一段历史我们要客观地和实事求是地看待。我们现在要为品牌发展创造较大空间,要营造良好贸易投资环境和树立负责任大国形象,需要加大遏制商标抢注和制止商标侵权的力度。但是,对于改革开放初期造成的商标注册状况,我们不能简单地以今天的眼光来衡量,不能以今天的严格标准"秋后算账";对于今天的抢注或者不正当搭车模仿行为,也不能以改革开放初期的标准进行放纵。如在一起涉及"苹果"文字及图形的商标行政案件中,境外公司在服装类商品上的相关商标注册和使用时间长,已达到驰名商标程度,它以该驰名商标为依据主张撤销一家境内公司在皮具商品上的相关商标,但境内公司在皮具商品上使用相关商标已有较长时间和较大规模,在皮具商品上还有其他类似的在先商标。客观地说,境内公司有搭车模仿境外公司商标的历史和行为。对于是否撤销境内公司的争议商标,不能不考量我国改革开放初期的历史;如果不考虑那一段历史,仅仅考虑其境内公司的搭车模仿成长历史,撤销其争议商标不无道理,但割裂历史而去“秋后算账”,不是实事求是的态度,也不符合双方共存的现实状态。因此,我们还是采取了尊重历史的思路(最高人民法院判决的苹果商标行政案)。

关于客观与主观的矛盾。一些法律标准的适用,往往既依据客观因素,又依据主观判断。例如,在适用商标侵权判定的混淆性近似标准时,认定市场混淆采取足以产生混淆的主观判断标准,但有客观因素支撑主观判断时,通常要更加重视客观因素。如已经形成足以区分市场的市场格局,则可以认定不构成混淆(如最高人民法院裁判的采乐商标行政等案件)。认定是否具有恶意往往可以通过进行意图分析而进行,但有表明恶意的行为时,要重视行为在恶意认定中的重要性。

以上列举了知识产权保护中的常见矛盾,而其他各种矛盾仍不胜枚举,随处可见。妥善地解决矛盾,需要准确把握和考量立法目的、法律文义、价值取向和政策导向、法律方法等,需要运用好司法智慧。

三、以鲜活的审判实践验证和丰富审判理论

理论的源泉是实践,发展依据是实践,检验标准是实践。理论固然对于实践有指导作用,但实践具有能动性,同样反作用于理论。审判实践可以能动地验证和丰富审判理论。逼人的审判实践需求,催动着审判理论创新和发展。脱离实践的理论必然没有生命力。

(一)有思考地接受理论

理论可以影响或者塑造实践,但实践也可以改造理论,理论要适应甚至有时要迁就现实。孟子曾说:“尽信《书》,则不如无《书》。吾于《武成》,取二三策而已矣。仁人无敌于天下。以至仁伐至不仁,而何其血之流杵也?”(《尽心篇下》)这是说,完全相信《尚书》所说,还不如没有这本书。“我对于其中的《武成》一篇,只取其两三篇竹简罢了。以最仁德的周武王去讨伐最无仁德的商纣,怎么会使血流得把舂米的木棍都漂浮起来了呢?”“尽信书不如无书”后来演化成一句成语,是说如果完全相信书上所讲的,还不如没有书更好。就法学理论而言,同样如此。如果把理论当成教条,就会误入歧途。“任何固守本本、漠视实践、超越或落后于实际生活的做法都不会得到成功”。[①]

要有思考地服从和接受既有理论。如叔本华所说:“确定前提,而不是从前提中得出结论,才是真正的困难所在,也是易于出错的地方。从前提中得出结论是一个必然的、自发的过程。然而困难在于发现前提,在这里逻辑是不起作用的。”[②]实践是理论的来源和渊薮,理论是实践的总结和升华。理论不能僵化,要接受实践检验,我们在审判中首先需要对审判理论保持适当的怀疑主义,要善于作有思考的接受,而不能简单地固守理论前提或者盲从理论,要防止本本主义和教条主义。如果对于现有的理论不加甄别地予以接受,则会使实践误入歧途。

理论可以指导审判,但审判不能受僵化理论的拘束。如美国实用主义哲学代表人物威廉·詹姆斯所说:“理论不是谜语的答案,而是成为我们可以依赖的工具。我们不是躺在这些工具上就足够了,而是向前进;有时候,我们又得借助这些工具来改造自然。实用主义使我们所有的理论都变得柔和,并使

① 胡锦涛:《在庆祝中国共产党成立90周年大会上的讲话》(2011年7月1日)。

② [德]齐佩利乌斯:《法学方法论》,金振豹译,法律出版社2009年版,第125页。

每一种理论活跃起来并发挥作用。”[①]杜威指出:“思想和信念就像手一样:是应付环境的工具。比方说,一种思想并不比一个叉子具有更高的哲学境界。当你的叉子不能用来喝汤时,谈论叉子是否具有某些内在属性或者汤是否具有不能喝的内在特点是没有意义的。你应该去拿勺子。”[②]当然,指导实践的理论具有很强的实用主义的工具性,但同样具有价值性、科学性、预见性和说服力,我们在发挥其工具性作用的同时,不能忽视其价值性和科学性的指导约束,否则可能变成随心所欲的纯粹工具。我们丝毫不否定理论的指导性和推动力,但也绝不能把理论教条化和神圣化,而必须看到其相对真理性和变动性。我们丝毫不否认理论的科学性和前瞻性,但也绝不能否定其现实性、实践性和实用性。我们既要重视理论指导价值,又要防止成为理论的奴隶。这需要准确判断理论和实践的方位,具有敏锐的鉴别力,甚至在必要时自行革新和创造理论。

(二)创造和丰富理论

“实践发展永无止境,认识真理永无止境,理论创新永无止境。”[③]我们不但要善于检验理论,更要善于在实践中创造理论。理论是灰色的,实践之树长青。我们应当根据审判实践的新需要,抓住审判实践需要解决的重大问题,及时总结审判实践的新鲜经验,作出新的理论概括,永葆科学理论的旺盛生命力。

需求是理论创新之母,实践是理论创新的不竭动力。实践出真知绝不是一句空话和大话。何况,我们的审判理论还没有富足到能够为所有实践问题提供答案和说明的程度,也只能接近而永远不可能达到这一点。在没有可以援用的现成理论时,法官需要自创理论。如卡多佐所说,“当法官突然面对案子中的紧急事态,他常常会即兴创造这样一种理论、这样一种哲学。他常常四处摸索,在朦朦胧胧中感到存在着某个这样的问题,但又找不到能够使他以一条原则作为指导加快作出裁决的普遍因素。如果他缺乏一种适当的哲学,他就会迷失方向,或至多也不会表现得比那种主张按特殊情况判决的经验主义更高明。我们必须认识到,所有的方法不能被视为偶像,它们只能被视为工具。我们必须用另一些方法来检验其中的一种方法,弥补和克服它的弱点,使我们在需要之时能够随时利用其中那些最强大最出色的因素。以这种方式看待它们,我们就会经常发现它们不是敌人,而是盟友。”[④]有些案件能够感受到其应当如何处理才公平,但可能有些或者稍微背离惯常的认识和做法,一时又找不到合适的或者成熟的理论支撑,这就出现了卡多佐所谓的“四处摸索,在朦朦胧胧中感到存在着某个这样的问题,但又找不到能够使他以一条原则作为指导加快作出裁决的普遍因素”,而“突然面对案子中的紧急事态”,“常常会即兴创造这样一种理论、这样一种哲学”。

当然,理论创新不是天马行空,需要来源于实践,总结审判实践的鲜活经验,特别要注意把握和体现立法本意、社会需求、核心价值

① 约翰·杜威等:《实用主义》,世界知识出版社2007年版,第63页。

② [美]路易斯·梅南德:《美国观念的故事——哲学俱乐部》,凤凰出版传媒集团、江苏人民出版社2006年版,第301页。

③ 胡锦涛:《在庆祝中国共产党成立90周年大会上的讲话》(2011年7月1日)。

④ [美]本杰明·内森·卡多佐:《法律的生长》,刘培峰等译,贵州人民出版社2003年版,第55页。

观以及其他政治、经济和社会的政策目标。

(三)理论与理由

理论在很大程度上就是一种理由,尤其是一种逻辑严密的合理理由。理论并不神秘,也并非高不可攀。我们需要这种创造性或者原创性,我们有原创的能力,当然也要有创造新理论的智慧和勇气。何况,实践情况复杂多变,并不以完美的或者典型的法理标准为转移。例如,对于涉及复杂历史因素的商业标志权利冲突,如果简单地以保护在先权利等典型的法理和规则处置,就会不符合历史和现状,不能实现公平合理,于是司法实践另辟蹊径,创造了综合考虑历史和现状而进行公平裁量的裁判模式,这种模式不是从那个单纯的理论和法条出发,而是从客观实际和公平正义的终极目标出发。

四、审判理论与审判实践的交互作用

理论与实践可能是一致的,也可能是冲突的;可能是同步的,也可能是滞后或者超前的;可能是起推进作用的,也可能是起阻碍作用的。因此,对于审判理论与审判实践的关系要辩证看待,妥善处理。

(一)理论上的清醒与实践上的坚定

法律理论应用性强,审判实务问题是法律理论的重要研究对象,持续受到较多关注。法律理论研究的发达为司法提供了重要的支撑和引领。即便是对于审判实践的一些批评性研究,也促使司法不断地深思、改进和完善,法官经常从中受益匪浅。法官本身当然也是法律理论研究的重要力量,法官始终需要高度关注法律理论研究的状况和前沿动态,准确把握各种理论流派,尤其是在众说纷纭的理论说法中,必须能够始终保持清醒的头脑和敏锐的鉴别力,不为事物的纷繁复杂所困,不为歧见纷纭所惑,不为众口难调所扰。只有理论上的清醒,才能够确保实践上的坚定。**理论上的清醒使司法的决策和行动果敢坚定。**

实践中一些法官一遇到他人对于司法观点或者裁判的评论或者批评,就感到心中无数、不敢坚持或者易于自我否定,就会犹豫不决,以至于影响了正常的判断和行动。在这种情况下,只有法官在理论上保持清醒,在面对各种歧见、异议甚至非难时,才能够做到波澜不惊和从容应对,才不会人云亦云、无所适从、心中无数或者底气不足,才能够对于深思熟虑的观点或者裁判坚定不移和坚信不疑,才不会对于已经形成的结论性观点或者司法裁判自我动摇或者自我否定,更不会妄自菲薄,从而使知识产权审判每一步都走得安稳、平和、自信而又活力四射。

例如,最高法院有关驰名商标的司法解释对于《商标法》第 13 条第 2 款规定的“误导公众,致使该驰名商标注册人的利益可能受到损害”的界定,有限度地引入了理论上所说的淡化理论,有学者赞同这种解释,甚至认为这是一大进步,但又认为这应该通过立法解决。事情究竟是怎样呢?从司法解释的职权看,这种解释针对的是审判中具体应用法律问题,旨在澄清法律规定的具体含义,属于司法解释的范畴;从解释的方法看,我们综合运用了文义、体系、比较等方法,认真深入地研读了法律措辞、立法精神、实践中的需要以及国外立法例等,确保解释内容的正当和合理;从解释的过程看,我们广泛征求了方方面面的意见,穷尽了各种征求意见途径,对于各方面的意见进行了认真评估和吸收,充分考虑了共识程度。正是由于有如此清晰的理论认识，才有了行动上的果敢和坚决。

理论上的清醒使法官们能够坦然面对各种评论、批评和责难。明末清初大儒顾炎武故居的一副对联写得好："精神到处文章老，学问深时意气平"。**掌握深厚的法学理论或者做到理论上的清醒，就能达到"学问深时意气平"的境界，而不会迷失方向。**

（二）认清理论与实践的差异

知识产权审判是一项具有浓厚创新色彩的事业，随时都在走前人没有走过的道路。这种前沿性和动态性决定了，无论司法解释、司法裁判还是其他司法活动，都可能成为学者们评头品足的对象。但是，学术毕竟不同于司法，司法也不同于学术。

学术理论可以追求完美，可以追求理论上的自圆其说和自成一体，学者可以信马由缰地追求个性化和标新立异，但审判实践需要以案件实际为转移，注重的是效果，以结果为重要取向，需要追求良好的效果，具有天然的实用色彩，且司法看重社会共识和学术主流观点，注重稳妥性而非激进性。[①] 对于新难问题，如果其具有两种以上的合理解释，法官需要权衡各种必要因素，如裁判的导向、社会的一般认识、权利的救济程度等，然后作出积极稳妥的选择。[②]

学者们在提出很有见地的学术观点的同时，偶尔也如一位外国学者所说的那样，"学术渊博者总是与众不同"，"法学家们喜欢发表异议，这也常让法官和当事人摸不着头脑"。[③] 学术观点有时偏好走极端，以增强其影响力、引导力和冲击力。特别是在反对一些重要的制度和方法时，学说往往达到颠覆的程度上说，乐于形成摇旗呐喊之势，以便使人认清流弊、觉醒和觉悟。但是，理论的逻辑与实践的逻辑是不尽相同的，生活和实践不能人为割裂，通常要渐进性改变和发展，否则会引起动荡和混乱，因此实践多注重折衷和妥协。例如，在20世纪初期欧陆国家兴起的反形式主义、教义主义的思潮中，荷兰的亨利·海曼斯教授猛烈地抨击当时流行的教义主义法律方法，如反对精密的法律推理、反对法律建构、鼓吹从成文法中和语言强制中解放出来以及鼓吹称为"真正的活法"的新现实主义法律方法。德国的自由法学也提出了对于形式主义的颠覆性意见。这些思潮无疑推动了欧陆国家的法律现实主义运动，但实践中的变化则是渐进式的，且是在维持形式主义、教义主义和实证主义基础上的妥协性接

---

① "语言、思想内容有深刻的片面，行动、实践却重把握的中庸。""语言必须使用概念（语词），概念本身就是使经验、感知、想象固定化、僵硬化的产物。语言只有在具体使用中，亦即词语只有在句子中，句子在上下文中，上下文在整个文本中，文本在特定社会（时空条件）语境中，才能了解或才具有其'意义'。语言是为了使用，它服从于人们日常生活。所谓'服从'，就是说它的使用、变化、生成和消失在根本上依靠于人们的日常生活后者是本源的，前者是派生的。"这段话很契合法律的解释和适用，而理论，尤其是极端的、片面的或者僵化的理论，有些像这里所说的语言的特性。李泽厚：《哲学纲要》，北京大学出版社2011年版，第135页。

② 例如，甲的注册商标图案被乙拿去申请了外观设计专利，但尚未实际实施（使用）该专利，甲能否通过民事诉讼救济？获得何种救济？实践中至少有三种不同认识。一种意见认为，该注册商标与外观设计专利发生了权利冲突，但尚不构成民事侵权行为，甲只宜通过专利无效程序寻求救济。另一种意见认为，甲的行为虽然尚未构成实际侵害，但已有侵害的危险，应当给予排除妨碍、消除危险之类的民事救济，判决其不得实施该专利。还一种意见认为，甲的行为已构成实际损害，应当判决停止侵权等。三种不同意见显然各有其一定的合理性，那么法官应当如何选择？此时除作法理上的合理性考量外，还要考虑哪一种救济既充分又适当、民事和行政程序的关系、有关方面可接受的程度等。在民事救济与行政程序没有根本冲突的情况下，给予权利人更多的救济途径选择显然有利于权利保护。本此导向，可以在后两种方案之间进行选择。第二种方案类似于制止即发侵权，且给予的救济也较为充分，在目前对此问题尚有较大争议的情况下，选择这种方案也更为稳妥。当然，如果确有必要给予更大强度的救济，采取第三种方案也无不妥。司法选择的艰难由此可见一斑。

③ ［比］R. C. 范·卡内冈：《法官、立法者与法学教授》，北京大学出版社2006年版，第126页。

受,而不是彻底的改头换面。[1]

(三)审判实践未必固守哪一种理论

理论不具有唯一性,而实践也具有多样性。立法者制定法律之时通常不会简单地从某种特定的或者唯一的理论出发,纯粹以某一特定的理论为基础和依据。即便立法受到某种当时流行或者主导的理论影响,通常也不会直接将该理论嵌入法条,且也不能确保该理论一定要一成不变。古今中外,恐怕概莫例外。如美国法治上著名的洛克纳诉纽约案(Lochner v. New York,该案系美国宪政史上整整一个时代的代名词)中,霍姆斯大法官在其著名的异议中指出:"本案的判决涉及一项我国大部分人都不认可的经济理论。如果问题仅仅是我是否赞同这种理论,我情愿多花时间进一步研究之后,再做出自己的决定。但我认为,这并非我的职责,因为我坚信,我赞成也好,不赞成也罢,都与多数人的权利无关,他们有权利将自己的意见写进法律。""宪法第十四修正案并没有将赫伯特·斯宾塞(Herbert Spencer)先生的《社会静力学》变成法律。……一部宪法不是为了体现某种经济理论,无论是家长式的作风、公民与州的有机联系,还是自由放任主义。宪法是为持有各种根本不同观点的人们制定的,尽管偶尔会发现某些观点天然熟知、新奇甚至令人震惊,也不应先判断体现这类观点的法律是否与美国宪法相冲突,然后得出我们的判决。"在洛克纳时期,美国最高法院实际上将类似自由放任主义的学说当做宪法执行,据此废止了此期旨在改善工人状况的许多立法。[2] 霍姆斯的这个异议明确地反对宪法以某个经济理论为根据,不是为了体现某种经济理论,而是多数人行使立法权利的结果。法院在适用法律时即使受某种理论的影响,这种理论也不是恒定地植入法律之内的。

理论固然有自身的品格和规定性,但更主要的是指导和适应实践的需求。而且,司法裁判从来都因为顺应实践的需要而具有多样化的取向,为此曾形成了强调或者代表不同取向的法律理论。例如,"形式主义法学理论强调司法裁判的逻辑连贯;功利主义法学理论强调司法裁判的社会影响;历史法学理论认为司法裁判是对其产生影响的环境的反映"。[3] 作为法律的现实适用,我们却不能抓住一点不及其余,而必须兼收并蓄和符合实际。

在法律适用中,不能简单地以某种特定理论为圭臬,而必须适应实际情况和发展变化。如商标侵权认定中的市场混淆理论,法经济学推崇这种理论基础,认为保护商标权是为了提高市场信息的质量,降低交易成本,因而认为保护商标权是为了防止市场混淆,以保护消费者为目标,商标侵权认定应当以混淆为标准或者唯一标准。但是,商标权毕竟是商业成果权,从法律的角度而言,或许首先应当受到保护的是商标权人,混淆标准的引进更主要的是为了为商标侵权认定设定一种门槛和外在标准,通常在其达到混淆程度时才认定对于商标权产生了损害,故有保护的必要。而且,实践情况复杂,有些情况下因历史等原因形成的纠纷,即便维持一些商标的共存难以避免一定程度的混淆,也只能如

---

① 参见[荷兰]马丁·W. 海塞林克:《新的欧洲法律文化》,魏磊杰译,中国法制出版社2010年版,第三章。

② [美]马克·图什内特编:《美国最高法院历史上的著名异议》,山东人民出版社2010年版,第71~73页。

③ [美]路易斯·梅南德:《美国观念的故事——哲学俱乐部》,江苏人民出版社、凤凰出版传媒集团2006年版,第280~281页。

此选择,因为惟有如此处理才能符合公平要求,这也是不得已而为之,没有更好的替代方式。

五、理论、理性与对裁判权力的敬畏

知识产权审判具有很强的敏感性,有时会牵一发而动全身;一些裁判关系到当事人的生死存亡。无论是司法解释、司法政策的制定,还是案件裁判的作出,我们常有战战兢兢、如履薄冰、如临深渊之感。我们对于手中的裁判权力常怀敬畏之心,也不能不常怀敬畏。

这种感觉和心态不是我们独有的,我们的外国同行同样有这样的情形。他们说:"今天,我们阅读精通古典传统的法官关于司法过程的著作时,会不由自主地感觉到这些法官中最优秀的人接受审判工作过程中都曾心怀恐惧、如履薄冰,都曾敏锐地意识到他们自己的局限性以及所掌握的决定别人的生命、自由和财产的令人敬畏的权力。他们理所当然地认为,具有旺盛学术生命力的人将会随着知识的增长以及性格的完善而修正甚至扬弃一些早期的观点。他们会苦思冥想——不是在判决公开宣布之前,而是在作出判决之前,有时还会在作出判决之后的很长时间。当勒尼德·汉德被问及他的司法哲学时,他总喜欢说都已被总结在奥利弗·克伦威尔对苏格兰教会的告诫之中:'我怀着耶稣的心情规劝你们,我认为你们可能错了'。汉德说,这些话都应当隽刻在美国每个法院的门口。"①

对于这种心境,卡多佐法官有一段绘声绘色的精彩描述,我对此感同身受:"我常常绞尽脑汁,希望具备一个贤达、精干法官所应有的品质,只为了让自己满意,更不用说让他人满意。这是一个艰涩的话题。当一个人检视自己的工作并试图公正地评价它时,他会有一时的幻灭,困惑不已:不知自己踏上的是正轨还是错误之路,甚或根本还未上路。一个人应当更自由些还是更保守些,或者更持之以恒地寻求一条中间路线?某项工作,一个人在完成它时,自认为已做得最好、最为理智,但在许多其他正直、能干之士看来,却似乎是一种显而易见的错误,某项他最不看好的工作,却获得了岁月的认可,智慧、明理的岁月,比短暂的时光要公正得多。"②当然,让时光或者历史去检验,那只是后话。问题在于,裁判选择上的困惑不已,足以警醒我们慎用和敬畏裁判权力。

在敬畏之中,我们从理论和理性中获得了慰藉。作为负责任的法官,仅仅是敬畏还是不够的,还要有"旺盛的学术生命力",从理论和理性中获得力量,以理性的方式去质疑、求证并导出合乎逻辑的结论,尽量智慧地解决问题,圆满地履行职责。理性常常源于对理论的把握,理论增强了我们的理性,理论和理性有助于我们克服知识和能力上的局限性,健全我们的性格和完善我们的观点,以更高的智慧和水平克服障碍和困难,使疑惑的问题豁然开朗,以最大限度地履行好职责,行使好"决定别人的生命、自由和财产的令人敬畏的权力"。

---

① [美]玛丽·安·格伦顿:《法律人统治下的国度》,沈国琴等译,中国政法大学出版社2010年版,第130页。

② [美]本杰明·N. 卡多佐:《演讲录　法律与文学》,董炯等译,中国法制出版社2005年版,第100~101页。

《关于办理侵犯知识产权刑事案件适用法律若干问题的意见》的理解与适用

逄锦温　刘福谦　王志广　丛媛

2011年1月10日,最高人民法院、最高人民检察院、公安部联合发布了《关于办理侵犯知识产权刑事案件适用法律若干问题的意见》(以下简称《意见》),进一步明确了近年来公安机关、人民检察院、人民法院在办理侵犯知识产权刑事案件中遇到的法律适用疑难问题,对于依法惩治侵犯知识产权犯罪,充分发挥司法保护知识产权主导作用,提高中国知识产权刑事司法保护水平,维护公平有序的市场环境具有十分重要的意义。为准确理解和掌握《意见》的主要内容和基本精神,现就《意见》制定过程中的相关问题作一介绍和说明。

一、《意见》的制定背景

保护知识产权是尊重创造性劳动和激励创新的一项基本制度,是建设法治国家和诚信社会的重要内容。建设创新型国家,完善社会主义市场经济体制,必须坚定不移地保护知识产权。近年来,公安机关、人民检察院、人民法院充分发挥职能作用,依法从严打击侵犯知识产权犯罪活动,查处了一批大案要案,遏制了群体性侵权行为。为了准确适用法律,依法惩治侵犯知识产权犯罪活动,切实维护社会主义市场经济秩序,最高人民法院、最高人民检察院、公安部不断加强刑事司法规范建设,先后发布了《关于审理非法出版物刑事案件具体应用法律若干问题的解释》、《关于办理侵犯知识产权刑事案件具体应用法律若干问题的解释》、《关于办理侵犯著作权刑事案件中涉及录音录像制品有关问题的批复》、《关于办理侵犯知识产权刑事案件具体应用法律若干问题的解释(二)》、《关于公安机关管辖的刑事案件立案追诉标准的规定(二)》等司法解释和其他规范性文件,进一步明确了有关知识产权犯罪的定罪量刑标准,完善了知识产权刑事司法保护规范体系,为公安机关、人民检察院、人民法院依法办理侵犯知识产权刑事案件提供了重要规范保障。

但必须看到,盗版、制售假冒伪劣产品在一些地区和领域还比较严重,侵犯知识产权犯罪活动还很猖狂,并日益呈现出新的变化和特点:网络犯罪突出,作案手段多样,组织化、专业化趋势明显,隐蔽性强,查处难度大等。对于形形色色的侵犯知识产权犯罪活动,实践中普遍反映知识产权保护的相关法律及司法解释规定还不够明确具体,政策法律界限不易把握,法律适用疑难问题较多。这些问题在一定程度上影响了对侵犯知识产权犯罪及时有效的打击。为此，最高人民法院会同最高人民检察院、公安部，经过长期深入细致调研，广泛征求全国人大法工委、国家版权局、国家知识产权局、国家工商行政管理总局、商务部等有关单位、部分专家学者、权利人代表等的意见和建议，制定出台了本《意见》。

《意见》共16条，主要针对近年来公安机关、人民检察院、人民法院在办理侵犯知识产权刑事案件中遇到的新情况、新问题，进一步明确了以下主要法律适用问题：一是进一步明确了侵犯知识产权刑事案件的管辖问题，对犯罪地认定、管辖争议、并案管辖等作了明确规定；二是明确了在办理侵犯知识产权刑事案件中行政执法部门收集、调取证据的效力问题；三是对办理侵犯知识产权刑事案件的抽样取证和委托鉴定问题作了规定；四是进一步明确了人民法院根据自诉人申请依法调取证据问题；五是进一步明确了商标犯罪中"同一种商品"、"与其注册商标相同的商标"的认定，非法经营数额的计算，犯罪未遂的认定等定罪量刑问题；六是进一步明确了侵犯著作权罪中"以营利为目的"、"未经著作权人许可"、"发行"等犯罪构成要件的认定问题，并对通过信息网络传播侵权作品行为的定罪处罚标准作了规定；七是对侵犯知识产权犯罪的处罚问题，如多次实施侵犯知识产权行为累计计算数额问题、共犯问题、犯罪竞合问题等作了进一步规定。

《意见》经过长期调研，从公安机关、人民检察院、人民法院办理侵犯知识产权刑事案件的全过程着眼，对其中涉及的实体、程序和证据等多项问题进行了系统的研究和解决，是一次有意义的探索和创新。《意见》的发布实施，顺应了社会发展要求，适应了司法实践的迫切需要，对于充分发挥司法保护知识产权主导作用，提高中国知识产权刑事司法保护水平，推动全国打击侵犯知识产权和制售假冒伪劣商品专项行动深入开展，维护公平有序的市场环境，具有十分重要的意义。

二、《意见》的主要内容

（一）关于侵犯知识产权犯罪案件的管辖问题

《意见》第1条共2款，对侵犯知识产权犯罪案件管辖的有关问题进行了明确。其中，第1款结合此类案件的特点对案件中"犯罪地"作了进一步明确，规定"犯罪地"包括侵权产品制造地、储存地、运输地、销售地，传播侵权作品、销售侵权产品的网站服务器所在地、网络接入地、网站建立者或者管理者所在地，侵权作品上传者所在地，权利人受到实际侵害的犯罪结果发生地。需要说明的有三点，一是侵权产品的制造、储存、运输、销售地都属于"犯罪地"，上述地方的公安机关均可依法立案侦查。《意见》起草时，有一种意见认为，应当参照《最高人民法院关于审理商标民事纠纷案件适用法律若干问题的解释》中的规定，将侵权产品被行政执法部门依法查封扣押地明确为"犯罪地"之一。经研究讨论认为，上述查封扣押地可以涵盖到侵权产品的储存地、运输地当中，不需单独另行规定。二是当前互联网上侵犯知识产权犯罪案件多发，互联网已经成为不法分子沟通联络、销售侵权产品或是提供盗版作品下载、在线观看的主要平台之一。对于此类案件，基层多次反映难以在立案侦查之前就发现全部犯罪行为和准确界定案件管辖地。《意见》参照《关于办理网络犯罪案件适用法律若干问题的意见》等相关规定,对此问题进行了明确,即不法分子传播侵权作品、销售侵权产品的网站服务器所在地、网络接入地、网站建立者或者管理者所在地,侵权作品上传者所在地的公安机关都可依法立案侦查。三是权利人受到实际侵害的犯罪结果发生地公安机关有权管辖案件立案侦查。司法实践中,侵犯知识产权刑事案件常涉及侵权产品生产、销售、储存等多个不同地方,一地公安机关很难及时发现全部线索,不同地区公安机关又难以自发形成合力,造成犯罪地公安机关往往各管一段,难以彻查整个犯罪链条。《意见》明确权利人受到实际侵害的犯罪结果发生地公安机关具有案件管辖权,对于依法彻底查明整个犯罪网络和链条有着重要意义。权利人受到实际侵害的犯罪结果发生地,一般即指权利人所在地。此外,按照《意见》的规定,对于实践中可能出现多个地方公安机关具有权管辖案件的情况,可依法由其共同的上级公安机关指定管辖。

第2款对并案管辖问题进行了明确。同一批侵权产品的制造、储存、运输、销售,为侵权产品印制假冒注册商标标识等侵犯知识产权犯罪行为,不论是否是同一团伙、在同一地区所实施,犯罪地公安机关可依法并案处理,一并侦查。同时,为保障刑事诉讼顺利进行,后续需要提请批准逮捕、移送审查起诉、提起公诉的,由该公安机关所在地同级人民检察院、人民法院受理。

(二)关于办理侵犯知识产权刑事案件中行政执法部门收集、调取证据的效力问题

《意见》第2条规定了关于办理侵犯知识产权刑事案件中行政执法部门收集、调取证据的效力问题。制定该条的背景在于我国对于惩治侵犯知识产权的违法犯罪行为实行的是行政执法与刑事司法双轨并行的体制,实践中对于侵犯知识产权的违法犯罪行为,一些情况下由行政执法部门(包括工商行政管理部门、版权执法部门等)发现并予以查处,对于涉嫌构成犯罪的,依据《行政执法机关移送涉嫌犯罪案件的规定》(国务院令第310号)等有关规定,行政执法机关应当将案件有关材料连同有关证据移送公安机关立案侦查。但对于行政执法机关收集的证据能否采用以及如何采用等问题,一直未有明确规定,一定程度上影响了对侵权犯罪的打击,影响到行政执法与刑事司法的有效衔接。如果不解决行政执法证据的法律地位及转化为刑事证据的规则等问题,大量的行政执法案件就无法进入司法程序。为了解决这一问题,并统一规范执法,在认真研究、反复征求意见的基础上,《意见》首次在规范性文件中对行政执法部门收集、调取的证据在刑事诉讼中的效力问题做出规定,这一规定对于强化行政执法部门的证据意识、统一规范公、检、法机关对证据的使用、促进行政执法与刑事司法的有效衔接、依法严厉打击侵犯知识产权犯罪都具有重要意义。

《意见》第2条共有2款,其中第1款规定:"行政执法部门依法收集、调取、制作的物证、书证、视听资料、检验报告、鉴定结论、勘验笔录、现场笔录,经公安机关、人民检察院审查,人民法院庭审质证确认,可以作为刑事证据使用"。第2款规定:"行政执法部门制作的证人证言、当事人陈述等调查笔录,公安机关认为有必要作为刑事证据使用的,应当依法重新收集、制作"。之所以对行政执法机关收集、调取的证据做出上述区别对待,主要

是因为证据的性质不同。行政执法部门依法收集、调取、制作的物证、书证、视听资料、检验报告、鉴定结论、勘验笔录、现场笔录,具有较强的客观性。具体来说,书证、物证和视听资料,其本身属于一种客观存在的原始资料,并以其存在形式、外部特征、内部属性或所在内容证明案件事实;检验报告、鉴定结论是专业人员依据其专业知识或特殊技能对案件中某些特定事项形成的意见和结论;勘验笔录、现场笔录是行政执法人员对勘验过程、执法现场的客观记录,以其记载的内容证明案件的部分事实,并具有一定的不可复制性。对于这些证据,公安机关、人民检察院在办理侵犯知识产权犯罪案件中,经过审查,认为符合证据的三个基本属性,即客观性、关联性、合法性(行政执法主体合法、取证程序合法),就可以作为刑事证据使用,而不需要再重新予以收集、调取;在审判阶段经过人民法院庭审质证确认,可以作为定罪量刑的依据。而对于行政执法部门制作的证人证言、当事人陈述等调查笔录,由于取证的主体是行政执法部门,且属言词证据,可变性较强,在办案中,公安机关认为有必要作为刑事证据使用的,则必须依法重新收集、制作。

(三)关于办理侵犯知识产权刑事案件的抽样取证问题和委托鉴定问题

《意见》第3条对办理侵犯知识产权刑事案件的抽样取证和鉴定问题进行了明确。

1. 关于抽样取证。在办理侵犯知识产权刑事案件中,证明涉案产品是否构成侵权盗版是案件办理的重要环节。但实践中,公安机关查扣的侵权、盗版产品往往数量巨大。鉴于我国行政法规中已对抽样取证及具体程序有了明确规定,公安机关在办理知识产权刑事案件中可以根据案侦工作需要进行抽样取证,或委托相关行政执法部门进行抽样。法律、法规对抽样机构或者抽样方法有规定的,应当委托规定的机构并按照规定方法抽取样品。需要说明的是,部分行政法规中对抽样程序有着明确规定,例如要求当人在场等。但在公安机关办理刑事案件过程中,为了保障侦查工作的顺利进行,不便按照此类程序规定进行,实践中不要求当事人到场才能进行抽样取证。抽样取得的证据可用于认定涉案物品是否侵权,或请有关部门给予检验、鉴定以取得检验报告、鉴定结论等证据。采取抽样取证在提升执法效率的同时,也可避免执法人员因无法一一辨别大量的涉案物品而主观臆断,确保公正、严格执法。

2. 关于鉴定。侵犯知识产权刑事案件大多涉及经济、技术领域内的专业知识,公安、司法机关办案人员难以仅凭自身知识水平作出科学结论,需要委托国家认可的有资质的鉴定部门等对有关专业问题进行鉴定。目前,我国法律对侵犯知识产权刑事案件中的鉴定并无明确规定,最高人民法院和省级司法行政部门分别建立了鉴定人(机构)名册制度。公安机关、人民检察院、人民法院在办案过程中可以从最高人民法院、省级司法行政部门公告的鉴定人名册中选择鉴定机构委托鉴定,以保障鉴定的质量和鉴定结论的证据效力。

同时,鉴于案件当事人往往是该技术领域的专业人员,十分了解鉴定中涉及的相关专业性问题,为充分保障当事人的诉讼权利,保证公安、司法机关对鉴定结论的审查更科学、准确,《意见》第3条第3款规定,公安机关、人民检察院、人民法院应当听取权利人、犯罪嫌疑人、被告人对鉴定结论的意见。需要说明的是,《意见》对公安机关听取权利人、犯罪嫌疑人意见的时间并无硬性规定,公安机关可以根据需要,在不影响侦查工作的情况下,于案件正式移送审查起诉前适时听取意见。

(四)关于侵犯知识产权犯罪自诉案件的证据收集问题

根据《最高人民法院关于执行〈中华人民共和国刑事诉讼法〉若干问题的解释》的规定,人民检察院没有提起公诉、被害人有证据证明的轻微侵犯知识产权犯罪案件,属于人民法院可以直接受理的自诉案件。然而,从司法实践反映的情况看,侵犯知识产权犯罪自诉案件的数量非常少,其中一个重要原因就是知识产权权利人在自行取证方面存在相当难度,通常难以达到法律规定的证据要求,人民法院也难以受理此类自诉案件。为了切实维护自诉人的合法权益,解决自诉人在取证方面的现实困难,最高人民法院在《关于执行〈中华人民共和国刑事诉讼法〉若干问题的解释》、《全国法院维护农村稳定刑事审判工作座谈会纪要》等规范性司法文件中都明确了自诉人在一定条件下可申请人民法院调取证据。为更好地保护知识产权权利人的合法权益,《意见》第4条在现有规定的基础上,进一步突出了自诉人享有的诉讼权利,强化了人民法院依申请调取证据的职能作用,明确了人民法院依法受理侵犯知识产权刑事自诉案件,对于当事人因客观原因不能取得的证据,在提起自诉时能够提供有关线索,申请人民法院调取的,人民法院应当依法调取。

(五)关于《刑法》第213条规定的“同一种商品”的认定问题

针对《刑法》第213条中的“同一种商品”概念不甚明确,在实践中容易引起分歧等情况,《意见》第5条对此作出了明确,名称相同的商品以及名称不同但指同一事物的商品,都属于“同一种商品”。主要是考虑国家工商行政管理总局商标局和商标评审委员会在《商标审查标准》中已明确《商标法》中的“同一种商品”包括名称相同和名称不同但指同一事物的商品。《刑法》和《商标法》对于假冒注册商标行为的规定是一致的,对其中相同的法律概念应作相同的理解,这也有利于实践中行政执法与刑事司法的有效衔接。

需要说明的是,“名称不同但指同一事物的商品”,是指在功能、用途、主要原料、消费对象、销售渠道等方面相同或基本相同,相关公众一般认为是同一种事物的商品。具体包括两种情形:一种情形是,虽然权利人和行为人对各自生产的商品起了不同的商品名,但商标部门在商标注册工作中对这两件商品使用的名称是相同的,或者说两件商品实际对应的是《商标注册用商品和服务国际分类》中同一个商品名称。例如,权利人对其生产的商品起名为“电吹风”,行为人对其生产的商品起名为“插电式风力干发器”,但二者在《类似商品和服务区分表》中对应的商品名称均为“电吹风(C110020)”,应判定为“同一种商品”。另一种情形是,权利人和行为人各自生产的商品在《商标注册用商品和服务国际分类》中对应不同的商品名称,但商品的功能、用途、主要原料、消费对象、销售渠道等方面相同,相关公众一般认为其实质上是同一种事物的商品。例如,“人用药(050328)”与“打虫药(人用)(050154)”,“象棋(C280025)”与“国际象棋(C280026)”,“汽车转向指示灯(110255)”与“汽车灯

(110256)”,虽然它们在《商标注册用商品和服务国际分类》中的确是不同的商品名称,甚至分属不同的商品类别,但商品的功能、用途、主要原料、消费对象、销售渠道等方面相同,从相关公众的角度看,其实质为同一事物,无法区分其不同,实践中应判定为“同一种商品”。按照上述要素判断“同一种商品”时,并不要求两商品的各个要素全部相同。例如,两商品的功能、用途和主要原料等相同,相关公众也认为其实质是指同一事物时,就可判定为“同一种商品”。相反,如果两商品的功能、用途和主要原料等相同,但相关公众能够将二者区分开来,就不应判定为相同。

此外,在认定同一种商品时,应在权利人注册商标核定使用的商品和行为人实际生产销售的商品之间进行比较。对于权利人超出核定使用商品范围的情况,如权利人核定使用的商品为牛奶,但其在实际生产经营中,将注册商标使用在了白酒上,此时即使行为人也在白酒上使用了与权利人相同的商标,也不予刑事处罚。

(六)关于《刑法》第213条规定的“与其注册商标相同的商标”的认定问题

根据我国《刑法》第213条的规定,未经注册商标所有人许可,在同一种商品上使用与其注册商标相同的商标,情节严重的,构成假冒注册商标罪。因此正确理解和把握“相同的商标”就成了认定是否构成假冒注册商标罪的关键。为解决这一问题,2004年《最高人民法院、最高人民检察院关于办理侵犯知识产权刑事案件具体应用法律若干问题的解释》第8条规定,《刑法》第213条规定的“相同的商标”,是指与被假冒的注册商标完全相同,或者与被假冒的注册商标在视觉上基本无差别、足以对公众产生误导的商标。由此可以看出,“相同的商标”包含两种情况,一种是指与被假冒的注册商标完全相同;另一种是指虽然与注册商标不完全相同,但与被假冒的注册商标在视觉上基本无差别、足以对公众产生误导的商标。但在司法实践中如何把握“与被假冒的注册商标在视觉上基本无差别、足以对公众产生误导”这一问题在具体案件中仍有分歧意见,影响了对侵犯知识产权犯罪行为的打击。结合司法实践,以及目前假冒注册商标犯罪的主要情况,《意见》第6条明确规定了具有下列情形之一的,可以认定为《刑法》第213条规定的“与其注册商标相同的商标”:(一)改变注册商标的字体、字母大小写或者文字横竖排列,与注册商标之间仅有细微差别的;(二)改变注册商标的文字、字母、数字等之间的间距,不影响体现注册商标显著特征的;(三)改变注册商标颜色的;(四)其他与注册商标在视觉上基本无差别、足以对公众产生误导的商标。本条规定的前三种情形,是一种列举,之所以把这三种情形规定为可以认定为“与其注册商标相同的商标”,是因为这三种情形完全符合“与被假冒的注册商标在视觉上基本无差别、足以对公众产生误导”这一判断标准。并且,从国际范围来看,也把这种行为视为侵权行为,《保护工业产权巴黎公约》规定“商标注册人使用的商标,与其在本公约成员国之一所注册的商标的形式只有细节不同而并未改变其显著特征者,不应导致其注册无效,也不应减少对该商标所给予的保护。”因此,我们认为,《意见》把上述情形规定为犯罪行为是完全正当的,把这些行为作为假冒注册商标罪予以惩治的目的,一方面在于保护注册商标权利人的利益,另一方面在于保护广大消费者的利益,维护市场经济秩序。但我们应当认识到,“法有限而情无穷”,再完善的司法解释也不可能把日益花样翻新的假冒注册商标的行为全部规定下来,所以在明确列举三种情形的同时,仍使用了一个兜底条款作为第四种情形,即“其他与注册商标在视觉上基本无差别、足以对公众产生误导的商标。”这才是审查判断是否属于假冒注册商标行为的关键,公、检、法机关的办案人员应当在客观对比的基础上综合认定。

(七)关于尚未附着或者尚未全部附着假冒注册商标标识的侵权产品价值是否计入非法经营数额的问题

非法经营数额是认定商标犯罪的重要情节。司法实践中,由于犯罪情形复杂多样,对于非法经营数额的计算面临许多争议,一定程度上影响了案件的正确处理和对犯罪的打击力度。为此,《意见》第7条规定,在计算制造、储存、运输和未销售的假冒注册商标侵权产品价值时,对于已经制作完成但尚未附着(含加贴)或者尚未全部附着(含加贴)假冒注册商标标识的产品,如果有确实、充分证据证明该产品将假冒他人注册商标,其价值计入非法经营数额。这一规定主要基于以下考虑:一是实践中大量存在产品与假冒注册商标标识分离的情况。例如,有些不法分子为逃避打击,将未附着商标标识的产品与假冒注册商标标识分开存储,仅在买家求购时才按照买家要求附着商标标识;有些不法分子将产品与商标标识分开运输给买家;还有些不法分子在被侦查机关或者行政执法机关查处时,尚有大量产品未来得及附着或者全部附着假冒注册商标标识。上述行为的社会危害性是客观存在的,如果对上述行为中情节严重的情形不定罪处罚,将会使大多数假冒他人注册商标的不法分子逃避法律的制裁。二是侦查机关和行政执法部门反映,通常情况下查获的尚未附着或者尚未全部附着假冒注册商标标识的侵权产品数量与假冒注册商标标识数量不是一一对应关系,对此种情形如何计算非法经营数额认识不一。有的主张按照数量最小者来计算非法经营数额。我们认为,如果有确实、充分证据证明查获的产品将假冒他人注册商标,就应当将其价值计入非法经营数额,而不是简单地依据查获的产品数量或者假冒注册商标标识数量之最小者来计算非法经营数额。例如,查获1000件未附着或者未全部附着假冒注册商标标识的侵权产品和800套假冒注册商标标识,如果有确实、充分证据证明1000件产品都是要假冒他人注册商标的,则此1000件产品的价值均应计入非法经营数额。

需要说明的是,《意见》制定过程中,有意见提出“加贴”仅是使用商标标识的一种常见形式,不能涵盖所有使用商标标识的情形,相比较而言,“附着”更能全面涵盖使用商标标识的方式。经研究,采纳了此意见。

(八)关于销售假冒注册商标的商品犯罪案件中尚未销售或者部分销售情形的定罪量刑问题

《意见》第8条共分3款,规定了尚未销售或者部分销售假冒注册商标的商品的定罪量刑标准。第1款明确了应当追究销售假冒注册商标的商品罪(未遂)的刑事责任,并进一步明确了其定罪标准:一是假冒注册商标的商品尚未销售,货值金额在15万元以上的；二是假冒注册商标的商品部分销售，已销售金额不满5万元，但与尚未销售的假冒注册商标的商品的货值金额合计在15万元以上的。从司法实践中类似犯罪掌握的标准看，将未遂的犯罪金额确定为销售金额的3倍是妥当的。

第2款实际上规定了销售假冒注册商标的商品罪（未遂）“数额巨大”的标准。根据这一规定，假冒注册商标的商品尚未销售，货值金额达到15万元仅是入罪标准，在适用《刑法》第214条规定的各个量刑档次时，并不要求货值金额达到各个量刑档次规定数额的3倍以上，即“假冒注册商标的商品尚未销售，货值金额分别达到十五万元以上不满二十五万元、二十五万元以上的，分别依照刑法第二百一十四条规定的各法定刑幅度定罪处罚”。之所以做此规定，主要是考虑在构成犯罪未遂的情况下，“数额巨大”的未遂标准采用和既遂相同的标准，体现了从严惩处此类犯罪的精神，同时，也与司法实践中类似犯罪的处理原则保持了一致。如《最高人民法院、最高人民检察院、公安部、国家烟草专卖局关于办理假冒伪劣烟草制品等刑事案件适用法律问题座谈会纪要》明确规定：“伪劣烟草制品尚未销售，货值金额分别达到十五万元以上不满二十万元、二十万元以上不满五十万元、五十万元以上不满二百万元、二百万元以上的，分别依照刑法第一百四十条规定的各量刑档次定罪处罚。”

第3款明确了销售金额与未销售货值金额分别达到不同法定刑幅度或者均达到同一法定刑幅度的处罚原则。实践中存在两种情形，一种情形是既遂和未遂的标准均已达到，但是分别处于不同的法定刑幅度，例如，销售金额在5万元以上不满25万元，达到了销售假冒注册商标的商品罪第一个法定刑幅度，而已经查清的未销售货值金额在25万元以上，达到了该罪第二个法定刑幅度，这种情况应当按照销售假冒注册商标的商品罪（未遂），在第二个法定刑幅度内酌情从重处罚，同时考虑刑法总则中对犯罪未遂的处罚原则。另一种情形是既遂和未遂的标准均已达到，且处于同一法定刑幅度，由于此种情形的社会危害性比单纯达到犯罪既遂或者未遂之一的危害性更大，故规定在所达到的同一法定刑幅度内酌情从重处罚。此类情形的处理原则已被司法实践所认可。如《最高人民法院、最高人民检察院关于办理非法生产、销售烟草专卖品等刑事案件具体应用法律若干问题的解释》第2条第2款即为适例。

（九）关于销售他人非法制造的注册商标标识犯罪案件中尚未销售或者部分销售情形的定罪问题

《意见》第9条规定了尚未销售或者部分销售他人非法制造的注册商标标识的定罪标准。由于非法制造的注册商标标识本身的成本和销售价格均非常低廉，虽然销售他人非法制造的注册商标标识罪的发案率高、涉及面广，但涉案金额往往很小，此类案件的社会危害性主要通过销售数量得以反映。司法实践中，大部分行为人为逃避打击，通常不设立账本，也没有销售记录，导致侦查机关难以查清甚至无法查清已销售部分的数量，能够查清的仅是尚未销售的非法制造的注册商标标识数量。如果不考虑尚未销售部分的数量，仅以已销售部分数量或者金额作为定罪处罚依据，则难以追究行为人的刑事责任，不利于有效遏制犯罪。为严密刑事法网，依法严厉打击此类犯罪,《意见》将销售非法制造的注册商标标识罪(未遂)纳入惩治范围,并将其入罪标准掌握为该罪既遂入罪标准的3倍,进一步明确了构成销售非法制造的注册商标标识罪(未遂)的四种情形:一是尚未销售他人伪造、擅自制造的注册商标标识数量在六万件以上的;二是尚未销售他人伪造、擅自制造的两种以上注册商标标识数量在三万件以上的;三是部分销售他人伪造、擅自制造的注册商标标识,已销售标识数量不满二万件,但与尚未销售标识数量合计在六万件以上的;四是部分销售他人伪造、擅自制造的两种以上注册商标标识,已销售标识数量不满一万件,但与尚未销售标识数量合计在三万件以上的。

(十)关于侵犯著作权犯罪案件"以营利为目的"的认定问题

"以营利为目的"是侵犯著作权罪的主观方面要件,要求行为人主观上具有营利目的,至于行为人营利的方式以及实际营利与否,则在所不问。司法实践中,对于通过销售侵权复制品牟取利益属于"以营利为目的"的认定标准,已经形成共识。但是,随着侵犯著作权犯罪的手段不断翻新,行为人的营利方式也日益多样化。例如,行为人免费提供侵权复制品供他人使用,表面上没有通过销售方式营利,但是行为人在侵权复制品上刊登收费广告或者捆绑第三方作品,通过向广告主或者第三方收取费用的方式营利,就应当认定为"以营利为目的"。《意见》在过去司法解释规定的基础上,综合考虑实践中已出现的各种侵犯著作权犯罪行为方式,包括在线侵权和线下侵权,进一步细化了"以刊登收费广告等方式直接或者间接收取费用的情形",明确下列几种情形属于"以营利为目的":(1)以在他人作品中刊登收费广告、捆绑第三方作品等方式直接或者间接收取费用的;(2)通过信息网络传播他人作品,或者利用他人上传的侵权作品,在网站或者网页上提供刊登收费广告服务,直接或者间接收取费用的;(3)以会员制方式通过信息网络传播他人作品,收取会员注册费或者其他费用的;(4)其他利用他人作品牟利的情形。

需要说明的是,本条规定仅针对行为人主观方面的认定,至于行为人是否应当被依法追究刑事责任,则应当依照刑法规定的犯罪构成要件以及相关司法解释规定的定罪量刑标准进行认定。

(十一)关于侵犯著作权犯罪案件"未经著作权人许可"的认定问题

根据我国《刑法》第217条的规定,"未经著作权人许可"是构成侵犯著作权罪的构成要件之一。因此,正确认定"未经著作权人许可",对于认定侵犯著作权罪具有重要意义。为了解决对"未经著作权人许可"的认定问题,《意见》第11条根据当前办理侵犯著作权犯罪的实际情况,共分两款对这一问题做了规定。第1款规定:"认定'未经著作权人许可',一般应当依据著作权人或者其授权的代理人、著作权集体管理组织、国家著作权行政管理部门指定的著作权认证机构出具的涉案作品版权认证文书,或者证明出版者、复制发行者伪造、涂改授权许可文件或者超出授权许可范围的证据,结合其他证据综合予以认定。"这就要求公安机关一般要收集到上述证据,并结合本案的其他证据,予以认定。但在有些案件中,由于涉案侵权作品的种类较多,且被侵权作品的权利人较为分散,有的甚至是身居国外，公安机关难以取得这些著作权人或者其授权的代理人、著作权集体管理组织、国家著作权行政管理部门指定的著作权认证机构出具的涉案作品版权认证文书，或者本案中公安机关未能收集到证明出版者、复制发行者伪造、涂改授权许可文件或者超出授权许可范围的证据，在此情况下，如果仍然机械地要依据上述证据才能认定“未经著作权人许可”，无疑会导致许多案件无法处理，从而放纵犯罪。鉴此，《意见》第 11 条第 2 款作了灵活规定，在涉案作品种类众多且权利人分散的案件中，上述证据确实难以一一取得，但有证据证明涉案复制品系非法出版、复制发行的，且出版者、复制发行者不能提供获得著作权人许可的相关证明材料的，可以认定为“未经著作权人许可”。但是，有证据证明权利人放弃权利、涉案作品的著作权不受我国著作权法保护，或者著作权保护期限已经届满的除外。理解和掌握本款应当重点把握三点：第一，本款只适用于涉案作品种类众多且权利人分散的案件。第二，涉案作品有的已有证据证明“未经著作权人许可”，但全部查证认定难度较大。第三，有证据证明涉案复制品系非法出版、复制发行的，且出版者、复制发行者不能提供获得著作权人许可的相关证明材料。这里的有证据证明涉案复制品系非法出版、复制发行，就是指已有证据证明涉案复制品未遵守《出版管理条例》、《音像制品管理条例》等有关法律法规的规定，系非法出版、复制发行。第四，有证据证明权利人放弃权利、涉案作品的著作权不受我国著作权法保护，或者著作权保护期限已经届满的除外。这里的有证据证明既可以是犯罪嫌疑人（被告人）或其他有关人员提供的经查证属实的证据，也可以是公安机关依法收集、调取的证据。

（十二）关于《刑法》第 217 条规定的“发行”的认定及相关问题

《意见》第 12 条共分 2 款，明确了侵犯著作权罪“发行”的认定及非法出版、复制、发行他人作品行为的处理。司法实践中，对于“发行”的含义存在不同理解和认识。在《意见》制定过程中，一种意见认为“发行”仅指复制者自身实施的销售行为，不包括他人实施的销售行为；另一种意见认为根据《办理侵犯知识产权刑事案件具体应用法律若干问题的解释（二）》第 2 条的规定，侵权产品的持有人通过广告、征订等方式推销侵权产品的属于“发行”，表明“发行”的主体并不局限于复制者本人。经研究，《意见》采纳了第二种观点，并根据司法解释和《出版物市场管理规定》，列举了“发行”行为的六种表现形式：总发行、批发、零售、通过信息网络传播、出租、展销等。

第 2 款明确了非法出版、复制、发行他人作品，侵犯著作权构成犯罪的，按照侵犯著作权罪定罪处罚，不认定为非法经营罪等其他犯罪。这样规定主要基于以下考虑：一是保持了司法适用的连续性。1998 年最高人民法院《关于审理非法出版物刑事案件具体应用法律若干问题的解释》对此已有规定。根据该解释第 1 条至第 11 条的规定：“违反国家规定，出版、印刷、复制、发行具有反动性政治内容出版物、侵权复制品、淫秽物品等以外的其他严重危害社会秩序和扰乱市场秩序的非法出版物，情节严重的，以非法经营罪定罪处罚。”这表明对于“非法出版、印刷、复制、发行侵权复制品”的行为，不能以非法经营罪定罪处罚，而应以侵犯著作权罪定罪处罚。二是符合该类犯罪的本质特征。非法经营罪打击的是“违反国家规定,扰乱市场秩序,情节严重”的扰乱市场秩序的行为,重在行为的经营性、非法性;而侵犯著作权罪,顾名思义,打击的是侵犯著作权人权利的犯罪行为,该罪设立的宗旨在于保护著作权人的各项合法权利免受不法侵害。因此,对“非法出版、复制、发行他人作品,侵犯著作权构成犯罪的”,理应按照侵犯著作权罪定罪处罚。

(十三)关于通过信息网络传播侵权作品行为的定罪处罚标准问题

随着互联网时代的到来,侵犯知识产权犯罪的手段不断翻新,不再局限于借助有形载体实施犯罪行为,通过信息网络实施侵犯知识产权犯罪案件的数量日益增多。为有力打击通过信息网络侵犯知识产权的犯罪行为,有关司法解释明确了通过信息网络向公众传播他人作品行为的定性问题。然而,行为人通过信息网络传播侵权作品行为构成犯罪缺乏明确的定罪量刑标准,不利于司法适用的操作。有鉴于此,同时考虑到互联网具有传播速度快、传播范围广、内容存储容量大、侵权作品与非侵权作品共网并存等特点,《意见》第13条分2款规定了通过信息网络传播侵权作品行为的定罪处罚标准。第1款从非法经营数额、传播他人作品数量、作品被点击次数、注册会员人数等方面,进一步明确了通过信息网络传播侵权作品行为的入罪标准。第1款第1、2项分别沿用现行司法解释规定的5万元以上、500件以上的标准;第3项以传播他人作品的实际被点击数为基准,构成侵犯著作权罪的起刑点为实际被点击数达到5万次以上;第4项以注册会员人数为基准,即以会员制方式传播他人作品,构成侵犯著作权罪的起刑点为注册会员达到1000人以上;第5项规定在数额或者数量未达到第1项至第4项规定标准的情况下,构成侵犯著作权罪的起刑点为数额或者数量分别达到第1项至第4项其中2项以上标准一半以上;第6项是关于兜底条款的规定。

第2款明确了通过信息网络传播侵权作品行为“其他特别严重情节”的认定标准,掌握为“其他严重情节”的5倍。

(十四)关于多次实施侵犯知识产权行为累计计算数额问题

《意见》第14条对《关于办理侵犯知识产权刑事案件适用法律若干问题的解释》第12条第2款中有关多次实施侵犯知识产权行为的数额累计计算问题进行了补充规定。主要考虑是,《行政处罚法》规定违法行为在二年内未被发现就不再给予行政处罚,与《刑法》规定的犯罪追诉期限不同。对于二年内多次实施的侵犯知识产权违法行为,每次均未达到定罪量刑标准的,如果未经行政处理,且累计数额构成犯罪的,依法定罪处罚。

需要说明的是,根据国务院《行政执法机关移送涉嫌犯罪案件的规定》第11条之规定,对于某一侵犯知识产权行为,达到定罪量刑标准的,即使已经过行政处理,仍应移送公安机关立案追究刑事责任,其追诉期间适用《刑法》有关规定,不受前述二年的限制。

(十五)关于为他人实施侵犯知识产权犯罪提供原材料、机械设备等行为的定性问题

《意见》第15条对《关于办理侵犯知识产权刑事案件适用法律若干问题的解释》第16条中侵犯知识产权犯罪共犯问题进行了补充规定。一是参照《关于办理非法生产、销售烟草专卖品等刑事案件具体应用法律若干问题

的解释》等文件的规定，对近年来司法实践中发现行为人明知他人实施侵犯知识产权犯罪行为，而为其提供主要原材料、辅助材料、半成品、包装材料、机械设备、标签标识、生产技术、配方等行为的性质进行了明确。二是参照《关于办理利用互联网、移动通讯终端、声讯台制作、复制、出版、贩卖、传播淫秽电子信息刑事案件具体应用法律若干问题的解释(二)》、《关于办理网络赌博犯罪案件适用法律若干问题的意见》的相关规定，对信息网络环境下侵犯知识产权犯罪共犯行为进行了明确，即明知他人实施侵犯知识产权犯罪，而为其提供互联网接入、服务器托管、网络存储空间、通讯传输通道、代收费、费用结算等服务的，以侵犯知识产权犯罪的共犯论处。

(十六)关于侵犯知识产权犯罪竞合的处理问题

侵犯知识产权犯罪与生产、销售伪劣商品犯罪往往存在一定的交叉或者竞合关系。譬如，行为人生产的是假冒他人注册商标的商品，而该商品经过鉴定又属于伪劣商品，在符合这两罪其他构成要件的情况下，行为人的行为既构成了侵犯知识产权犯罪，又构成了生产、销售伪劣商品犯罪，根据我国的刑法原理，对此应当从一重处断。因此，《意见》第16条规定："行为人实施侵犯知识产权犯罪，同时构成生产、销售伪劣商品犯罪的，依照侵犯知识产权犯罪与生产、销售伪劣商品犯罪中处罚较重的规定定罪处罚。"这与2001年《最高人民法院、最高人民检察院关于办理生产、销售伪劣商品刑事案件具体应用法律若干问题的解释》第10条"实施生产、销售伪劣商品犯罪，同时构成侵犯知识产权、非法经营等其他犯罪的，依照处罚较重的规定定罪处罚"的规定相一致。但稍有不同的是，由于《意见》第12条第2款已经明确规定，非法出版、复制、发行他人作品，侵犯著作权构成犯罪的，按照侵犯著作权罪定罪处罚，不认定为非法经营罪等其他犯罪，《意见》第16条就将非法经营罪排除在外。

调 研 报 告

商业秘密司法保护的基本情况、特点与难点

最高人民法院知识产权审判庭课题组*

人民法院为商业秘密提供司法保护,是通过具体案件的审理和裁判进行的,这里的案件是指最高人民法院发布的相关民事案件案由规定中与商业秘密有关的案由。案件的裁判应"以事实为依据,以法律为准绳"。本报告在对审判实践进行调研的基础上,总结并介绍了商业秘密案件审判工作的概况和难点。

一、商业秘密案件的案由规定

案由是对案件进行科学的分类管理,以便于当事人进行诉讼,便于法院确定案件诉讼争点和正确适用法律,也便于法院总结审判经验、进行司法统计和决策的一种手段。本书是在紧密结合商业秘密案件审判工作的基础上对商业秘密的司法保护问题进行的研究,许多统计数据的提供和裁判文书的搜索均是以商业秘密案件的具体案由为线索,故在此对有关商业秘密案件的具体案由作一介绍。

根据最高人民法院于2000年10月30日发布的《民事案件案由规定(试行)》,与商业秘密有关的案由主要有两类:第一类是"第二部分权属、侵权及不当得利、无因管理纠纷案由"(一级案由)中的"六、不正当竞争纠纷"(二级案由)项下的三级案由"196. 侵害商业秘密纠纷",其下包括两项四级案由,即"(1)侵害商业技术秘密纠纷"和"(2)侵害商业经营秘密纠纷";第二类是"第一部分合同纠纷案由"(一级案由)中的"十五技术合同纠纷"(二级案由)项下的所有三级案由,包括"48. 技术委托开发合同纠纷"、"49. 技术合作开发合同纠纷"、"50. 技术进口合同纠纷"、"51. 技术出口合同纠纷"、"52. 技术咨询合同纠纷"、"53. 技术服务合同纠纷"、"54. 技术培训合同纠纷"、"55. 技术中介合同纠纷"、"56. 技术秘密转让合同纠纷"、"57. 科技成果转化合同纠纷"。其中,"技术合同纠纷"中的"技术",从整个规定和技术合同纠纷的具体案由来看,并不限于技术秘密。

最高人民法院于2008年3月发布、自2008年4月1日起施行的《民事案件案由规

---

* 主持人:孔祥俊;执笔人:郎贵梅。

定》中与商业秘密有关的案由可分为两类:第一类是三级案由"135. 商业秘密合同纠纷"项下的四项四级案由,即"(1)技术秘密让与合同纠纷"、"(2)技术秘密许可使用合同纠纷"、"(3)经营秘密让与合同纠纷"、"(4)经营秘密许可使用合同纠纷";第二类是三级案由"156. 侵犯商业秘密纠纷"项下的三项四级案由,即"(1)侵犯技术秘密纠纷"、"(2)侵犯经营秘密纠纷"、"(3)侵犯商业秘密竞业限制纠纷"。理解《民事案件案由规定》关于商业秘密案件案由的规定需要注意如下两点:1. 该规定对商业秘密案由的分类遵循了如下层次,第一层次是合同纠纷与侵权纠纷,第二层次是技术秘密与经营秘密,其中合同纠纷又按让与合同与许可使用合同进行了分类;2. 该规定将涉及竞业限制的侵犯商业秘密纠纷单独作为三级案由"侵犯商业秘密纠纷"项下的一项四级案由。与之相反,虽然劳动合同法对竞业限制作出了规定,但《民事案件案由规定》有关劳动人事争议部分并没有单独规定竞业限制的相关案由。

最高人民法院于2011年修改了上述《民事案件案由规定》并予以印发。与2008年《民事案件案由规定》相比,该规定删除了"侵犯商业秘密纠纷"之下的四级案由"侵犯商业秘密竞业限制纠纷",有关纠纷案由应当确定为侵害技术秘密纠纷或者侵害经营秘密纠纷。

上述规定均是根据双方当事人争议的法律关系的性质确定具体案由的,从关于商业秘密具体案由的规定可以看出,2008年和2011年的《民事案件案由规定》对商业秘密性质的理解更为科学准确。

二、商业秘密案件的数量、结案方式和地区、案由分布

(一)从收案数量来看,商业秘密案件总量不大,但在不正当竞争纠纷中所点比重较大

从表1全国法院近年来相关民事一审案件的收案情况来看,侵害商业秘密案件相对于知识产权纠纷来说绝对数量不多。[①] 此外,在2009年全国法院受理的1282件不正当竞争纠纷案件中,具体的三级案由分布如下,垄断12件、虚假广告112件,侵害商业秘密253件,伪造、冒用产品质量标志81件,仿冒、伪造知名商品特有名称、包装、装潢178件,伪造产地纠纷12件,倾销4件,损害商业信誉、商品声誉55件,其他575件,可见,侵害商业秘密案件属于不正当竞争纠纷中所占比重最大的具体案由,达到19.7%。据统计,江苏省法院近年来侵犯商业秘密纠纷案件数量约占不正当竞争纠纷案件43%。[②]

---

① 本章中使用的全国法院的相关统计数据由最高人民法院研究室提供。

② 为充分了解和深入研究商业秘密案件审判工作中存在的疑难问题,最高人民法院知识产权审判庭于2010年2月20日向各高级人民法院印发了《关于协助开展商业秘密司法保护问题调研的通知》,请各高级人民法院知识产权审判庭协助开展相关调研,并按通知要求提供本地受理的商业秘密案件基本情况、审判实践中需要予以明确和规范的相关法律适用问题等。本章是在各高级人民法院根据该通知提交的调研报告的基础上完成的,其中涉及的各地商业秘密案件统计数据,均来自各高级人民法院提交的调研报告。

表1 全国法院近年来相关民事一审案件收案情况表

单位(件)

	侵害商业秘密	不正当竞争纠纷	知识产权纠纷
2008 年全年	200	1185	20,939
2009 年全年	253	1282	29,344
2010 年上半年	110	563	19,794

注:此处的知识产权纠纷不包括不正当竞争纠纷。

(二)从地区分布来看,商业秘密案件集中在经济发达地区,很多经济欠发达的内陆省份尚未受理商业秘密案件

根据各高级人民法院的调研统计,2006~2009 年三年间审结商业秘密案件超过 100 件的地区有北京、上海、江苏、山东、广东,超过 50 件未达 100 件的地区有浙江,未受理商业秘密案件的有海南、吉林、贵州等。其中,2006~2009 年,北京市法院审结商业秘密一审民事案件 100 件,二审民事案件 35 件,一、二审刑事案件 23 件;上海市法院审结商业秘密一审民事案件 127 件;江苏省法院审结商业秘密一、二审民事案件 132 件;山东省法院审结商业秘密一、二审民事案件 117 件;2007~2009 年广东法院审结商业秘密一审民事案件 144 件。

在省级行政区划内,商业秘密案件也相对集中在经济发达地区。如 2006 年以来,湖南省法院共受理商业秘密一审民事案件 15 件,分布较为集中,其中长沙受理 8 件,株洲 4 件,湘潭、岳阳、张家界各 1 件,其他 9 个地区未受理过此类案件;福建省的商业秘密案件高度集中在经济较为发达的沿海地区如福州、厦门和泉州,三地收案量占全省商业秘密纠纷案件的 85% 以上。2007~2009 年广东省法院新收的商业秘密案件主要集中在珠三角地区,诸如广州、深圳、佛山、东莞、珠海、中山等地,其中以深圳最多,为 48 件,占全省收案的 33.34%。

(三)从结案方式来看,商业秘密案件撤诉率较高、调解率较低

从表 2 全国法院 2009 年相关民事一审案件的结案方式情况来看,侵害商业秘密民事一审案件的撤诉率为 41.4%,高于不正当竞争纠纷民事一审案件的撤诉率,低于知识产权纠纷民事一审案件的撤诉率;此外,侵害商业秘密民事一审案件的调解率低于不正当竞争纠纷民事一审案件和知识产权纠纷民事一审案件。

从各省级行政区划范围来看,根据各高级人民法院的调研,商业秘密案件撤诉率高也是普遍表现。如 2006~2009 年,北京市法院审结 100 件商业秘密民事一审案件,撤诉 42 件,占 42%;上海市法院审结 127 件商业秘密民事一审案件中,撤诉 74 件,占 58.26%;江苏省法院审结 132 件商业秘密民事一、二案件,经调解后撤诉 38 件,占 27.9%;山东省法院审结一、二审商业秘密民事案件 115 件,撤诉 51 件,占 44.3%。2006 年 1 月 1 日至 2010 年 3 月 31 日,浙江省法院审结 61 件商业秘密民事一审案件,撤诉 18 件,占 29.5%。

表 2　全国法院 2009 年相关民事一审案件结案方式情况表

单位(件)

	结案	判决	裁定撤诉	撤诉率	调解	调解率
侵害商业秘密	249	99	103	41.4%	31	12.4%
不正当竞争纠纷	1287	521	406	31.5%	243	18.9%
知识产权纠纷	29,222	9695	13,623	46.6%	4363	14.9%

注:此处的知识产权纠纷不包括不正当竞争纠纷。

在商业秘密案件结案数量较少的地区,调解撤诉率相对较低。如据黑龙江省高级人民法院统计,该省法院 2006 ~ 2009 年审结 13 件商业秘密案件,判决 9 件,调解和撤诉各 2 件,调解撤诉率占 31%,低于 2009 年全省知识产权案件 55.2% 的调解撤诉率。

根据上海市高级人民法院的调研,上海市法院商业秘密案件撤诉率高的影响因素主要有:(1)原告对商业秘密法律保护的意识不强,能力不足。很多案件中原告不能明确何为商业秘密,无法证明商业秘密权利的存在,经过法官释明之后选择撤回起诉;(2)在实体审理中,原告必须披露商业秘密内容,以便认定被告是否侵犯其商业秘密,原告担心因此而二次泄露,故以判决方式保护商业秘密的诉求不是很强烈;(3)进入实体审理的商业秘密案件涉及鉴定等诸多技术性问题,法官对此很难控制而容易导致案件超期审理,法官因此以撤诉方式结案的积极性更高。

(四)从案由分布来看,主要为侵犯商业秘密纠纷,且侵犯经营秘密较多

据北京市海淀区人民法院统计,2002 ~ 2009 年该院审结商业秘密案件 55 件,其中只有 8 件技术秘密案件。

2006 ~ 2009 年,江苏省法院共新收侵犯商业秘密纠纷案件 136 件(一审案件 111 件、二审案件 25 件),其中,侵犯技术秘密纠纷 57 件,占 41.9%;客户名单纠纷 53 件,占 39%,其他经营信息秘密纠纷 26 件,占 19.1%。2006 ~ 2009 年,浙江省法院共受理商业秘密一审案件 64 件,其中技术秘密案件 25 件,客户名单案件 23 件,其他经营秘密案件 16 件,经营秘密案件占 60.9%。

据浙江省高级人民法院调研,该省法院经营秘密案件数多于技术秘密案件数且经营秘密案件中有一半以上为客户名单案件的原因主要有:一是经营秘密案件中,原告的举证门槛低于技术秘密案件;二是浙江民营外贸小企业较多,企业之间人才流动比较频繁,部分“跳槽”者将原用人单位的客户名单等经营秘密作为自己“跳槽”的资本。

(五)刑事案件中判处缓刑的占一定比例

据统计,全国法院 2009 年审结侵犯商业秘密罪刑事一审案件 46 件,生效判决人数 73 人,其中 17 人被判处缓刑;全国法院 2010 年上半年审结侵犯商业秘密罪一审案件 17 人,生效判决人数 37 人,其中 15 人被判处缓刑。2006 ~ 2009 年,湖南省法院审结侵犯商业秘密罪刑事案件 5 件 23 人,其中有 19 人被判处缓刑。

三、商业秘密案件双方当事人争议及攻防的特点

从纠纷起因来看,商业秘密诉讼一般因职工跳槽而引发。权利人多将其离职职工及该离职职工的新设单位或者接收单位作为共同被告诉至法院,而该离职职工通常是掌控或者接触权利人商业秘密的技术人员或管理人员;单独起诉离职职工或者其他有关单位的案件较少。如据北京市海淀区人民法院统计,该院2002~2009年审结商业秘密案件55件,其中,同时起诉自然人和法人的案件有38件,占69.1%;单独起诉自然人的有12件,占21.8%;单独起诉法人的有5件,占9.1%。据广西壮族自治区高级人民法院知识产权审判庭统计,2002~2009年,广西各级法院共审结商业秘密侵权纠纷一审民事案件21件,其中被告为个人的有2件,为公司的有2件,以个人和公司为共同被告的有17件,被告为个人的除1件为共同合作者外,其余均为原告的离职职工。上海市高级人民法院经调研也认为,“商业秘密案件的被告几乎全部集中在企业的内部雇员,企业外部人员通常是作为共同被告被提起诉讼,外部人员作为单独被告的商业秘密案件并不常见。既无身份关系、也不存在违反保密义务的情形而引发的商业秘密纠纷案件更为罕见。”①

从原被告之间的法律关系来看,主张权利的前单位与离职职工一般签订有竞业限制协议或者通过单位规章制度、员工手册等提出过保密要求,或者二者兼俱。

从被控侵权行为的表现来看,离职职工一般被指控非法披露、自己使用或者允许他人使用权利人的商业秘密,而离职职工的新设单位或者接收单位作为被告一般是被指控非法获取、使用权利人的商业秘密或者明知他人以不正当手段获取权利人的商业秘密而予以使用。

从权利主张的证明来看,原告举证难度大。一方面,商业秘密是依赖权利人自我保护存在的权利,而非经过公权力机构事先认定并公示其内容的权利,因此,商业秘密案件的裁判需要首先进行确权,原告需要明确诉请保护的商业秘密的内容、载体,并证明符合法定构成要件,这是一件既烦琐又有难度的工作。另一方面,侵犯商业秘密的行为,往往是侵权人在内部实施的行为,具有很强的隐蔽性。权利人对侵权人实施侵权行为、侵权获利的证据往往难以全面掌握。在这种情况下,权利人多申请法院调查收集证据或者进行证据保全。② 另外一个重要表现就是,权利人先通过刑事诉讼程序认定被告构成侵犯商业秘密罪后,再以生效的刑事裁判文书和刑事侦查程序中取得的材料作为证据提起侵犯商业秘密的民事赔偿诉讼。

从抗辩理由来看,作为被告的离职职工或者其接收单位或者新设单位的共同抗辩理由通常包括权利人主张的商业秘密不具备秘密性、保密性,被告使用的信息有合法来源等;离职职工作为被告的单独抗辩理由有:其

---

① 上海市高级人民法院知识产权审判庭《关于商业秘密司法保护的调研材料》。

② 在这里需要注意的是,调查取证和证据保全的法律依据和适用条件并不一致,前者的法律依据是《民事诉讼法》第64条,适用条件是“当事人及其诉讼代理人因客观原因不能自行收集的证据,或者人民法院认为审理案件需要的证据”;后者的法律依据是《民事诉讼法》第74条,适用条件是“证据可能灭失或者以后难以取得”。《最高人民法院关于民事诉讼证据的若干规定》将上述两种方式均规定在第二部分“人民法院调查收集证据”中,实践和研究中也有人将证据保全作为广义的调查取证的一种方式。在知识产权侵权诉讼中,被告侵权行为和获利的很多证据均为被告所持有,原告因此常常申请法院进行证据保全。

作为个人不构成反不正当竞争法规定的经营者;离职职工的接收单位或者新设单位作为被告的抗辩理由有,其主观上不具有过错。

四、商业秘密案件裁判工作的特点

(一)商业秘密案件审理难度大,审理周期相对较长

虽然商业秘密案件总体数量不多,但是审理难度较大、周期较长,这是受理商业秘密案件法院的普遍反映。造成这种情况的原因在于:(1)商业秘密案件首先有一个确权过程,即确定原告主张的商业秘密内容,并判断其是否具备法定构成要件,该项工作涉及繁重复杂的技术事实认定,其中包括大量的容易遭受被告抵触情绪的证据保全和调查取证工作。(2)商业秘密案件审理中的疑难问题较多。相对于其他类型知识产权案件,商业秘密案件的审理中存在很多疑难且争议较大的法律适用问题。现行有关商业秘密的立法比较原则,相关司法解释在一定程度上解决了部分操作难题,但因案件千差万别,法院在适用法律中面临不少疑难且有争议的问题。如秘密点的查明、不为公众所知悉的证明责任、相关联的刑事案件中的证据在民事案件诉讼程序中的采纳、刑事案件中的损失认定等问题。(3)商业秘密的保护需要平衡商业秘密权利人的利益与跳槽职工的劳动权和择业自由权的保护,以及自由竞争的社会秩序。(4)当事人通过诉讼程序保护商业秘密的能力有限,经常会因为证据的补强、当事人申请鉴定、多次开庭、鉴定时间等因素,导致审理期限较长。

(二)在损害赔偿数额的确定方面,适用法定赔偿者居多

这是知识产权侵权案件的共性,商业秘密侵权案件也不例外。在商业秘密侵权案件审判工作中,存在这样的情况:侵权人使用权利人的商业秘密生产出了产品,但尚未销售;侵权期间,权利人的相应销售收入并没有下降,而侵权人又以没有账册为由不提供相关证据致使无法查明其获利;等等。上述情况致使法院无法确定权利人的实际损失或者侵权人的获利,故在审判实践中往往适用法定赔偿确定侵权人应承担的损害赔偿数额。

(三)法院对于商业秘密的保护发挥着重要作用

商业秘密与专利、商标等权利不同,专利和商标在纠纷发生前均有一个统一的机构负责审查批准或者注册,而权利人诉请保护的信息是否属于商业秘密,需要各个法院在每一个具体案件中分别认定;此外,商业秘密的保护,不仅法律制度本身复杂难懂,而且不同时期、不同地区有不同的政策。商业秘密保护的很多疑难问题往往是通过诉讼案件反映出来的,这些问题由于人们对相关法律和政策的理解不同而难以把握。因此,法院的裁判对于商业秘密的保护发挥着重要作用,主要体现在法院根据法律规定和法理等对于商业秘密保护规则的明确和发展上。[①] 这是世界各国的普遍表现。美国的《侵权法重述》和《反不正当竞争法重述》作为商业秘密的重要法律文献,本身就是对商业秘密判例中的裁判规则的梳理和总结,《统一商业秘密法》作为重要的商业秘密示范法,也是建立在判例法的基础上的。

---

① 张玉瑞:《商业秘密法学》,中国法制出版社1999年版,第18页。

五、商业秘密案件具体裁判工作中的疑难问题

在商业秘密案件的具体审理和裁判工作中存在很多疑难问题,有些问题经过探索,基本达成了一致意见,但有些问题仍然存在较大争议。

(一)商业秘密内容的查明和表述

审理商业秘密案件的第一步是固定商业秘密的内容。这需要权利人明确陈述其主张的商业秘密的内容。审判实践中,有些权利人把设计图纸、交易合同等一堆材料作为证据提交法院,并笼统提出保护商业秘密的请求。法院需要下大功夫引导当事人概括出商业秘密的保护范围,但由于当事人对法律的理解不够或者对希望保护的商业秘密尤其是技术秘密的内容把握不准,致使商业秘密内容的查明难度较大。此外,与商业秘密内容有关的问题还有:(1)商业秘密内容是否在裁判文书中表述及如何表述?一般认为,除非判决时商业秘密已经被完全公开,不应在裁判文书中披露商业秘密的内容,但应载明商业秘密的名称,并在裁判文书的附件中列明或者界定受到侵犯的商业秘密的具体范围和内容。裁判文书和附件一并送达给当事人,但附件应归入副卷。[①] 在这种情况下,向社会公开的只能是裁判文书,而不包括载有商业秘密内容的附件;或者为保护当事人的商业秘密,裁判文书也不向社会公开。此外,在执行该裁判文书时,相关执行案件的卷宗也应当属于秘密卷宗。(2)若原告不能说明商业秘密的具体内容,法院应当判决驳回还是裁定驳回?实践中有的法院采取的是判决驳回的做法,也有的法院提出,采取裁定驳回的做法更好,若将来原告能举证说明其商业秘密的具体内容,仍可起诉。[②]

(二)商业秘密法定构成要件的认定

根据《反不正当竞争法》第10条第3款规定,商业秘密是指不为公众所知悉、能为权利人带来经济利益、具有实用性并经权利人采取保密措施的技术信息和经营信息。《最高人民法院关于审理不正当竞争民事案件应用法律若干问题的解释》(以下简称《不正当竞争民事案件解释》)第9条至第11条分别对反不正当竞争法第10条所规定的商业秘密的构成要件进行了解释。审理和裁判商业秘密案件需要根据上述规定判断原告诉请作为商业秘密保护的技术信息或者经营信息是否构成商业秘密,此项工作存在如下难点:

1. 关于“不为公众所知悉”的证明责任。

我国《反不正当竞争法》第10条第2款规定,商业秘密是指不为公众所知悉、能为权利人带来经济利益、具有实用性并经权利人采取保密措施的技术信息和经营信息。其中,“不为公众所知悉”就是通常所说的商业秘密的法定构成要件之一的秘密性。根据《不正当竞争民事案件解释》第9条规定,秘密性是指“有关信息不为其所属领域的相关人员普遍知悉和容易获得”。对于秘密性的内涵,审判实践中的认识比较一致。争议较大的是如何审查和认定原告请求保护的信息具有秘密性,特别是由谁对秘密性负担证明责任。一般来讲,商业秘密的成立(即具备商业秘密的法定构成要件)应由主张权利者负

---

① 山东省高级人民法院知识产权审判庭《关于商业秘密司法保护调研情况报告》;浙江省高级人民法院知识产权审判庭《关于商业秘密司法保护问题的调研报告》。

② 广西壮族自治区高级人民法院知识产权审判庭《关于商业秘密司法保护问题调研情况的报告》;湖南省高级人民法院知识产权审判庭《商业秘密案件审判调研报告》。

担证明责任。但对于由谁来证明“不为公众所知悉”(即“秘密性”)存在争议,有三种观点:(1)根据“谁主张、谁举证”的原则,应当由原告对诉请作为商业秘密保护的信息“不为公众所知悉”负有举证责任。(2)商业秘密“不为公众所知悉”为消极事实,原告难以举证,应由主张积极事实的一方进行举证,即如果被告提出该商业秘密已为公众所知悉,此时举证责任发生转移,应由被告对此举证证明。持此观点者还以《不正当竞争民事案件解释》第14条规定作为论据,因为该条在规定原告举证责任时未要求原告对“不为公众所知悉”进行举证。该观点存在的问题是,在被告消极抗辩或缺席审理的案件中,是否仍不要求原告对“不为公众所知悉”不负任何举证责任?(3)应由原告就诉请作为商业秘密保护的信息的“不为公众所知悉”要件负担证明责任。同时,鉴于这一要件属于消极事实,原告对此的举证难度较大,因此可以根据案情适当降低证明标准,如采取优势证据规则衡量原告举证是否满足。审判实践中,可通过司法鉴定、由被告就该信息已被公众所知悉进行举证等方式降低原告的举证难度。但需要注意的是,如果在穷尽所有的诉讼手段后,原告请求作为商业秘密保护的信息是否“不为公众所知悉”仍处于真伪不明的状态,则应由原告对此承担举证不能的法律后果。

在论述应当由谁对秘密性负担证明责任这一问题之前,首先需要明确的是,这里的证明责任是指结果意义上或者实质上的证明责任,即当某事实的存在与否处于真伪不明的状态时,负担证明责任的当事人应承担不利后果。根据证明责任分配理论学说中的通说法律要件分类说和《不正当竞争民事案件解释》第14条的规定,在商业秘密侵权案件的审理中,商业秘密的存在或者说原告诉请保护的信息符合商业秘密的法定构成要件,包括对原告诉请作为商业秘密保护的信息具有秘密性,应当由主张权利的人即原告负担证明责任。也就是说,原被告双方均有权利围绕秘密性提供证据,但如果最后秘密性仍然真伪不明时,应当由原告承担不利后果。最高人民法院于2011年12月16日发布的《最高人民法院关于充分发挥知识产权审判职能作用推动社会主义文化大发展大繁荣和促进经济自主协调发展若干问题的意见》中指出:“根据案件具体情况,合理把握秘密性和不正当手段的证明标准,适度减轻商业秘密权利人的维权困难。权利人提供了证明秘密性的优势证据或者对其主张的商业秘密信息与公有领域信息的区别点作出充分合理的解释或者说明的,可以认定秘密性成立。”该意见显然也是认为应当由商业秘密权利人即原告对秘密性负担证明责任。

但是,上述第二种观点以“不为公众所知悉”是消极事实为由主张应当由被告就秘密性承担证明责任。在此需要考虑一个问题,原告是否根本无法就“不为公众所知悉”进行举证?根据《不正当竞争民事案件解释》第9条的规定,不为公众所知悉是指“有关信息不为其所属领域的相关人员普遍知悉和容易获得”。该定义借鉴了TRIPs的相关规定。从上述秘密性的定义来看,不为其所属领域的相关人员普遍知悉的证明难度较大,但不为其所属领域的相关人员容易获得却是原告可以通过提交其请求保护的信息的开发情况及其成本予以证明的,此外,原告还可以通过技术鉴定或者专家证人来证明其诉请保护的信息不为公众所知悉。因此,原告在客观上对于秘密性还是能够予以证明的。以秘密性属于消极事实为由简单否定原告对秘密性的证明责任而主张由被告负担证明责任的观点,不仅与通行的法律要件分类说相违背,而且没有深入考虑秘密性本身的丰富内涵,与商业秘密的保护实质上是对权利人劳动的保护的立法宗旨不符。

2. 关于"保密措施"的认定。

企业在经营管理中采取的保密措施多种多样,能否符合保密性的要求需要进行具体判断。审判实践中,对于企业与职工保密合同中的一般性保密条款或者在企业保密规章中提出的一般性保密要求是否符合保密性的要求,争议较大。主要有两种观点:(1)企业与职工签定保密合同或者单方面发布保密规章制度,证明企业有将其所控制的信息作为商业秘密加以保护的主观愿望和采取了客观的保护措施,因此具备了"经权利人采取保密措施"这一构成要件。持这种观点的主要理由是,我国商业秘密法律保护立法时间不长,法律实践不多,企业的商业秘密保护意识和能力不强,与此相适应,法院在审判实践中应当将一般性保密条款和保密规章视作法律意义上的保密措施。(2)企业与职工签定保密合同或者单方面发布保密规章制度能否认定为具备保密性的法定构成要件,要根据具体情况进行判断。如果保密合同中的一般性保密条款或者保密规章制度中的一般性保密要求过于空泛笼统,如仅仅载明"员工应当保守公司的商业秘密",而未明确保密的具体内容及范围,在这种情况下,无法判断权利人主张的商业秘密是否属于一般性保密条款或者保密要求中的"商业秘密",也不足以认定员工已经通过保密措施知悉了企业希望保密的商业秘密范围,从而无法认定员工对其在工作中所掌握的相关信息的使用具有主观恶意,故单凭此类原则性规定并不足以认定企业采取了必要的保密措施。

根据《不正当竞争民事案件解释》第11条第1款的规定,权利人为防止信息泄漏所采取的与其商业价值等具体情况相适应的合理保护措施,应当认定为《反不正当竞争法》第10条第3款规定的"保密措施"。笔者认为,保密合同或者保密制度仅仅是保密措施的具体表现形式之一,法院在判断其是否构成反不正当竞争法规定的保密措施时,《不正当竞争民事案件解释》第11条提供了相对具体的判断规则和操作方法,关键是要判断保密措施是否达到以下两点要求:(1)该措施表明了权利人保密的主观愿望,并明确了作为商业秘密保护的信息的范围,使义务人能够知悉权利人的保密愿望及保密客体。如果企业仅仅与职工签订保密合同或者单方面发布保密规章制度,但在保密合同和保密规章制度中没有明确商业秘密的范围,对所期望保密的信息的载体也没有采取物理保密措施,则上述泛泛的保密约定或者要求不能认定是采取了保密措施。这里需要明确的是,并非要求权利人针对每一项商业秘密均订立一份保密协议,只要保密措施针对的保密客体是具体、明确的即可。(2)该措施在正常情况下足以防止涉密信息泄漏。如果单纯在有关资料上标明"保密"字样或者在资料室门口写有"闲杂人等、禁止入内",而任何人无任何障碍即可进入,不得认定为采取了合理的保密措施。[①]

3. 商业秘密案件的鉴定。

商业秘密案件,特别是其中的技术秘密案件,往往涉及非常复杂的专业技术问题,因此商业秘密案件审判工作中委托专家或者鉴定机构鉴定的情况较多。在商业秘密刑事案件的侦查和起诉方面,侦查机关、公诉机关委托专家或者鉴定机构鉴定更为多见,鉴定的事项不仅限于权利人的信息是否存在商业秘密,能否从被告人提供的文献资料获取权利人的技术,被告人使用的技术和权利人的技术是否相同或实质相同,权利人的技术价值和被控侵权行为造成的经济损失等问题,甚至包括应该由权利人提供账册、会计资料等证据予以证明的非技术事实问题。[②] 法院在审理商业秘密案件中,需要决定是否委托鉴定并明确鉴定事项,还需要对民事案件双方当事人自行委托的鉴定结论和刑事案件中侦查机关、公诉机关委托的鉴定结论进行审查,并作出是否采信的认定。审判实践中存在将应由司法判断的事项委托进行鉴定、过于依赖鉴定结论的情况。

为避免出现上述问题,在此需要清楚如下认识:(1)司法鉴定并不是对专业技术事实进行审查认定的首选或者必选方法。法官首先应当尽可能自行对事实问题作出判断,只有对于穷尽其他证据调查方法难以查明的涉案关键事实才需要委托鉴定。不必要的鉴定,不仅增加当事人的负担,进而因此影响当事人诉权的行使,而且往往降低审判效率,甚至有时造成失误,增加法官处理案件的难度。(2)司法鉴定的对象应当是当事人确有争议的具体技术问题,而不能是法律适用问题。法律适用是法官的职责,不能把法律适用交给法官以外的任何人去判断,包括不能把权利是否存在、是否构成侵权、是否构成商业秘密等法律问题交由鉴定机构去判断,鉴定结论不能代替法官对于法律问题的判断。(3)鉴定结论作为一种证据,必须经过质证和审查判断才能作为认定事实的依据。法官绝不能因为有鉴定结论和专业人员辅助就放弃事实认定职责,而是必须充分发挥开庭质证等审查判断证据的程序功能,认真审查并作出认定,包括在移交鉴定之前就应当组织当事人对提交鉴定的材料进行质证。

具体到商业秘密案件中的鉴定,需要注意以下几点:(1)明确可以委托鉴定的事项。仅技术信息可以成为鉴定对象,其中一般需要鉴定的内容是:原告主张的技术信息是否符合《不正当竞争民事案件解释》第9条第1款所规定的"不为公众所知悉"的六种情形,原、被告技术信息是否相同或者实质相同。客户名单等经营信息一般不具备鉴定的条件。(2)在技术秘密的鉴定过程中应采取必要措施避免二次泄密。(3)明确鉴定费交纳主体的规则。在双方当事人不主动申请技术鉴定,法院出于查明案情需要依职权主动启动司法鉴定程序,而双方当事人均拒绝交纳鉴定费时,一方面,法院要通过加强释明和协调,促使当事人就鉴定费负担协商达成一致;另一方面,法院应通过明确举证责任来确定鉴定费的负担,即由对鉴定事项负有举证责任的一方预先交纳鉴定费。在技术秘密案件中,通常原告应对技术秘密的成立、双方技术

---

① 四川省高级人民法院知识产权审判庭《关于审理商业秘密纠纷案件的情况报告》。

② 内蒙古自治区高级人民法院知识产权审判庭《关于商业秘密案件中的几个问题研究——以民刑事对比为视角》。

内容相同或实质性相同承担举证责任,因此,原告应就上述事项先行交纳鉴定费。[①]

(三)商业秘密侵权行为的认定

在对原告诉请保护的信息构成商业秘密及原告有权主张权利作出肯定判断之后,下一步工作就是审查和判断被控侵权行为是否构成侵犯商业秘密行为。根据《反不正当竞争法》第10条第1款、第2款的规定,侵犯商业秘密行为包括以下四类:不正当获取商业秘密的行为,披露或者使用以不正当手段获取的商业秘密的行为,违反保密义务披露或者使用商业秘密的行为,第三人视为侵犯商业秘密的行为。

根据侵权诉讼的基本规律,原告应当证明被告存在上述侵权行为。由于侵犯商业秘密行为本身所具有的秘密、隐蔽的特点,要求原告举出直接证据证明被告实施了侵权行为非常困难,因此在审判实践中,对于被控侵权行为是否构成侵犯商业秘密行为,一般采取"相同或者实质性相似+接触-合法来源"的认定方法。"相同或者实质性相似+接触-合法来源"的基本含义是:首先,原告需要证明其诉请保护的商业秘密信息与被控侵权信息的内容是相同或者实质性相似的;然后,原告还需要继续证明被控侵权人接触过或者可能接触到原告的商业秘密信息的事实;最后,若被告举证证明被控侵权信息有合法来源,原告还需要推翻该抗辩主张。只有在完成各个阶段的所有工作并能得出肯定结论后,才能认定商业秘密侵权行为的成立。当然,该认定方法并非适用一切商业秘密侵权案件。此外,上述各个步骤有其各自的具体要求,需要注意以下几点:(1)"相同或实质性相似"需要进行对比,且与专利侵权诉讼中的"被诉侵权技术方案包含与权利要求记载的全部技术特征相同或者等同的技术特征的,人民法院应当认定其落入专利权的保护范围"的判断原则不同,若被控侵权信息中包含部分商业秘密,也符合"相同或者实质性相似"的特征。(2)"接触"的认定比较复杂。"接触"既包括"实际接触",还包括"接触的可能";"接触"的客体则是指行为人与权利人商业秘密的接触,行为人在不接触权利人的条件下也可能接触到权利人的商业秘密,如通过接触知悉商业秘密的权利人的离职职工而获取商业秘密。(3)"合法来源"包括自行开发或研制获得、通过反向工程获得以及客户名单商业秘密中的客户信赖等。

在司法实践中,很多商业秘密侵权案件的原告并不熟悉上述认定方法,更不了解各个步骤的具体要求,法院在案件审理的各个阶段均需要加强诉讼指导。如在审判实践中,有的原告未就商业秘密形成时间进行举证,也未就被告有通过人员跳槽等方式接触到原告商业秘密的可能进行举证,导致法院很难作出侵权判断。

此外,在认定商业秘密侵权行为时还应注意如下问题:

1. 关于"不正当手段"的认定。公司被告通常会抗辩其不知道相关人员有保密约定,不构成共同侵权;或者,公司被告在聘用相关人员后,将其安排在与商业秘密无关的岗位工作等。在此情况之下,如何认定公司与相关人员之间构成共同侵权?

2. "反向工程"抗辩对商业秘密司法保护的影响。《不正当竞争民事案件解释》第12

---

① 江苏省高级人民法院知识产权审判庭《关于商业秘密知识产权案件审理情况的调研报告》。

条规定，当事人以不正当手段知悉了他人的商业秘密之后，又以反向工程为由主张获取行为合法的，不予支持。如何具体适用上述规定？特别是在被告雇用原告的离职职工后通过离职职工进行大量试验取得原告商业秘密信息的情况下，能否通过“相同或实质性相似+接触-合法来源”的原则推定被告反向工程抗辩不成立？

3. 被控侵权信息与商业秘密的比对。在两者信息量大的情况下，如何比对，抽样比对是否科学？认定有部分信息相同又该如何确定其侵权的范围从而确定侵权损失的计算范围？

4. 保密协议和竞业限制协议对侵犯商业秘密行为认定的影响。很多商业秘密侵权案件中，被告均是原告企业的离职职工，二者之间均曾经签定保密协议或者竞业限制协议。在认定被告是否侵犯原告的商业秘密时，需要明确两点：即便企业未与职工签订保密协议，职工也应当保守企业的商业秘密；即便企业未依竞业限制条款对职工给予补偿，职工也不得随意泄露企业的商业秘密。[①]

（四）商业秘密侵权责任的确定

在商业秘密侵权案件中，最主要的责任形式就是停止侵害与赔偿损失。

1. 停止侵害责任的确定。

《不正当竞争民事案件解释》第16条规定：“人民法院对于侵犯商业秘密行为判决停止侵害的民事责任时，停止侵害的时间一般持续到该项商业秘密已为公众知悉时为止。依据前款规定判决停止侵害的时间如果明显不合理的，可以在依法保护权利人该项商业秘密竞争优势的情况下，判决侵权人在一定期限或者范围内停止使用该项商业秘密。”除上述规定外，在确定商业秘密侵权人的停止侵害责任时，还需要注意如下几点：(1)从理论上讲，停止侵害商业秘密针对的是商业秘密侵权行为中的非法获取、非法披露和非法使用三种侵害形式，但实践中往往针对的是获取以后的非法披露和非法使用。停止侵害的请求既可以针对正在受到某种侵害形式的情形，如正在非法披露或者非法使用商业秘密的行为；又可以针对在已经受到某种侵害形式的基础上可能受到另一种侵害形式的情形，如非法获取商业秘密以后的可能披露和可能使用。在实践中，法院判决停止侵害一般包括不得披露（包括不得允许他人使用，因为允许他人使用的前提是向他人披露）和不得使用两种具体情况。在停止侵害的判决结果中使用“不得”字样相对于使用“停止”字样，其含义更为全面，包括了可能受到某种侵害形式的情况。只要权利人的商业秘密未因侵权进入公知领域，则均要判决侵权人不得非法披露的商业秘密。对于获取商业秘密以后非法使用的，应判决不得使用。对于已经停止使用的，且商业秘密本身也不再成立的，在事实部分查明认定并在说理部分说明，不再判决不得使用。(2)关于停止侵害的时间。判决不得披露和不得使用的期限根据上述司法解释的原则确定。审判实践中，对于技术秘密，一般是未附加期限或者确定至公众知悉时止，因为确定期限在操作上比较困难，既便确定到公众知悉时止，也是很难预测的。有观点认为停止侵害的期限可以留给当事人自己把握，如果当事人认为无须保密了而披露或者使用，权利人可以发生再次侵权而起

---

① 湖南省高级人民法院知识产权审判庭《商业秘密案件审判调研报告》。

诉,法院通过双方当事人举证就可以查明并认定是否还需要保护。[①] 对于简单的经营信息商业秘密,如客户名单和财务信息,一般根据商业秘密本身的竞争优势或者劳动付出,判决1年到3年不得使用。(3)停止使用的具体实现方式包括销毁用来制造侵权产品的设备。

2. 损害赔偿责任的确定。

法院在确定侵犯商业秘密损害赔偿责任时的具体依据是《不正当竞争民事案件解释》第17条规定,即"确定反不正当竞争法第十条规定的侵犯商业秘密行为的损害赔偿额,可以参照确定侵犯专利权的损害赔偿额的方法进行;确定反不正当竞争法第五条、第九条、第十四条规定的不正当竞争行为的损害赔偿额,可以参照确定侵犯注册商标专用权的损害赔偿额的方法进行。因侵权行为导致商业秘密已为公众所知悉的,应当根据该项商业秘密的商业价值确定损害赔偿额。商业秘密的商业价值,根据其研究开发成本、实施该项商业秘密的收益、可得利益、可保持竞争优势的时间等因素确定。"损害赔偿额的确定在知识产权侵权诉讼中始终是个难题,商业秘密侵权案件也面临同样的问题。上述规定提出的损害赔偿额的确定方法仍然具有较大的不确定性。在原告受损和被告获利均难以查明的情况下,在审判实践中采取法定赔偿的方式较多。与其他知识产权侵权案件相比,商业秘密侵权案件在确定损害赔偿额时需要注意的问题有:(1)可根据权利人与作为侵权人的职工约定的违约金确定损害赔偿数额。这样既可以解决商业秘密损害赔偿额难以确定的问题,也可以使职工畏于违约赔偿从而使商业秘密得到保护。(2)在商业秘密犯罪案件中,以侵权人的获利数额来认定侵犯商业秘密所造成的损失,仍然存在很大争议。

(五)商业秘密刑民交叉案件的审理

对于商业秘密侵权纠纷的处理,有的商业秘密权利人先通过刑事诉讼程序取得相关证据,再通过民事诉讼程序请求赔偿;有的商业秘密权利人在通过民事诉讼程序维权成功后,发现侵权人继续从事侵权行为,又启动了刑事诉讼程序。因此,在审理商业秘密侵权民事案件和刑事案件时,会存在在先的商业秘密刑事和民事判决,我们称为商业秘密刑民交叉案件。在现实中,商业秘密刑民交叉案件的刑民判决结果可能存在如下冲突或者不协调之处:(1)在先的刑事诉讼程序已经认定构成侵犯商业秘密罪,但在后的民事诉讼程序中,通过双方当事人充分的举证、质证和辩论,却发现原告请求保护的信息不构成商业秘密。(2)在先的刑事诉讼程序中,检察院以证据不足作出不起诉决定,而在后的民事程序中法院判决被告赔偿原告50万元以上的损失。

上述冲突或者不协调引发了关于商业秘密侵权案件的刑事程序与民事程序的孰先孰后的争论。对此,主要有三种意见,一是认为一般应先刑后民;二是先刑后民是处理刑民交叉案件的基本原则,但也不是唯一的原则,在保护"私权"并不妨碍"公权"行使的情况下,应让"私权"优先;三是认为应遵循先民后刑的原则。

在理论和实务研究中,之所以提出这个问题是由于涉及同一商业秘密的刑事与民事

① 广西壮族自治区高级人民法院知识产权审判庭《关于商业秘密司法保护问题调研情况的报告》。

案件之间存在冲突与不协调。为了从根本上消除冲突与不协调，有观点认为根据商业秘密的权利性质，商业秘密侵权案件应当民事程序先行。但是，在当前的法律框架下，刑事程序与民事程序无论哪个启动在先均有其法律依据。当然，这些冲突和不协调无疑应当是消除的。其可行办法是对诉讼程序的完善和控制。这就首先需要分析是什么原因造成了这些冲突与不协调。应当说，刑民两种诉讼程序的证据标准、程序要求或者刑事犯罪中"重大损失"与民事侵权的损害赔偿额的计算方法不尽一致是造成这些冲突与不协调的部分原因。我们需要分析商业秘密刑事与民事诉讼程序制度上和实践操作中的不同，并在工作机制的安排上最大限度地减少上述冲突与不协调。

（六）商业秘密刑事案件的审理

商业秘密侵权民事诉讼与商业秘密犯罪刑事诉讼的区别主要有二：一是两种程序中对商业秘密的成立及商业秘密侵权行为的认定的举证责任和证明标准不同，二是经济损失是否作为构成要件及其计算方法有区别。[①]前者因属于刑事诉讼与民事诉讼的普遍区别，此不赘述。对于后者，即商业秘密犯罪刑事诉讼中经济损失的认定，有的法院提出如下问题：研发成本是否可以纳入侵犯商业秘密罪中的重大损失的范围？研发成本纳入损失范围是否以《不正当竞争民事案件解释》第17条规定的"已为公众所知悉"为前提？如果可以的话，全部研发成本纳入损失范围是否合理？被控侵权产品未销售从而未造成损失不构成犯罪的抗辩理由是否成立？成立公司生产侵权产品所缴纳的出资是否应该依法予以没收？权利人支出的保密费是否应纳入侵权损失？对于成立公司进行侵犯商业秘密犯罪的，是否以单位犯罪论处？对于个人违反约定或者违反权利人有关保守商业秘密的要求，到其他公司任职，披露、使用其所掌握的商业秘密的，该公司是否应和个人作为共同犯罪主体或共同侵权主体？[②]

（七）法院调查取证和证据保全措施的采取

商业秘密与著作权、商标权和专利权相比，权利事先存在不确定性，在商业秘密侵权纠纷中，为防止当事人利用法院不正当地获取对方当事人的商业信息，法院应当事人申请进行调查取证和证据保全要特别慎重。

（八）临时禁令的适用

我国《专利法》第66条、《商标法》第57条和《著作权法》第49条均对诉前临时禁令作出了规定，我国反不正当竞争法和其他相关法律均没有对侵犯商业秘密行为能否适用临时禁令作出规定。审判实践中对此一般持否定态度，主要理由有：一是目前在审理商业秘密案件中适用临时禁令明显缺乏法律依据，人民法院不得援引、类推适用专利法、商标法、著作权法关于诉前责令停止侵权行为的规定。二是商业秘密不同于专利、著作权和商标权，其保护边界事先并不清晰，权利人的商业秘密内容及范围必须在纠纷发生后通过个案的审判才能最终确定，法院在判断权利人"胜诉可能"或者"难以弥补的损害"等方面相对较难。三是商业秘密的保护适用的是竞争法模式，如果给予侵犯商业秘密以临

① 内蒙古自治区高级人民法院《关于商业秘密案件中的几个问题研究——以民刑事对比为视角》。

② 湖南省高级人民法院知识产权审判庭《商业秘密案件审判调研报告》；湖南省长沙市中级人民法院知识产权审判庭《关于商业秘密案件的调研报告》。

时禁令保护,容易导致个别当事人利用临时禁令打击竞争对手,助长不正当竞争。①笔者也认为,我国目前的立法不支持为商业秘密提供临时禁令的救济手段。最高人民法院原副院长曹建明在全国法院知识产权审判工作座谈会上的讲话《加大知识产权司法保护力度依法规范市场竞争秩序》(2004年11月11日)中就此问题指出:"在有关法律法规没有修改或者司法解释予以明确之前,在不正当竞争和植物新品种侵权案件中不能采取诉前责令停止侵权行为和诉前证据保全的措施。"也有的法院建议通过立法建立健全商业秘密临时禁令制度,加大对商业秘密权利人的司法保护。②

关于特许经营合同案件审理情况的调研报告

北京市高级人民法院课题组***

2008年4月以来,我市各级法院知识产权庭陆续受理和审结了一批特许经营合同纠纷案件,积累了一些经验。但相对于其他知识产权纠纷案件来说,特许经营合同纠纷案件是知识产权庭审理的新类型案件,相应的法律规定尚不够完备,目前也缺乏配套的司法解释,如何在现有法律环境下开展特许经营合同纠纷案件的审判工作,已经成为当前特许经营合同纠纷案件审判工作面临的重要课题。近年来,我市部分法院针对特许经营合同纠纷案件审判中的某些热点、难点问题展开了调研工作,并已取得了较为丰硕的调研成果。尤其是北京市第二中级人民法院知识产权庭组织辖区法院对特许经营合同纠纷案件的审理进行了专题调研,在此基础上形成了相应的调研报告,同时针对审判实践中的具体问题提出了若干建设性意见。为总结我市法院审理特许经营合同纠纷案件的审判经验,切实解决审判实践中的疑难问题,统一全市法院审理特许经营合同纠纷案件的司法尺度,市高院知识产权庭决定就特许经营合同纠纷案件适用法律问题展开专项调研,多次召开由审判经验丰富的知识产权法官参加的调研会议,征求了来自商务部、北京市商务委员会、中国人民大学、中国连锁经营协会及我市部分优秀特许经营企业等政府机关、部分高校的专家学者及行业代表的意见,在此基础上完成了本调研报告。

现将有关情况报告如下:

一、特许经营合同纠纷案件审理的基本情况

(一)收案情况

2008年4月~2010年7月我市法院知识

---

① 湖南省高级人民法院知识产权审判庭《商业秘密案件审判调研报告》。

② 福建省高级人民法院知识产权审判庭《关于商业秘密司法保护问题的调研报告》。

*** 主持人:王振清;负责人:陈锦川;成员:张雪松、刘继祥、张冰、张晓果、刘晓军、彭文毅、葛红、元蕾、普翔、张炎等。

产权庭共受理特许经营合同纠纷案件637件,其中一审案件496件,二审案件141件。

在已受理的636件特许经营合同案件中,2008年受理83件,2009年受理343件,2010年1~7月受理211件。

在已受理的637件特许经营合同案件中,市高院知识产权庭受理13件,市第一、第二中院知识产权庭受理234件,基层法院知识产权庭受理390件。

(二)结案情况

2008年4月~2010年7月我市法院共审结特许经营合同纠纷案件570件,结案率为89.62%。其中一审案件439件,结案率为88.51%,二审案件131件,结案率为92.91%。

在已审结的570件特许经营合同纠纷案件中,2008年审结79件,结案率为95.18%;2009年审结331件,结案率为96.50%;2010年前7月审结160件;结案率为72.40%。

在已审结的570件特许经营合同纠纷案件中,市高院知识产权庭审结13件,市第一、第二中院知识产权庭审结190件,基层法院知识产权庭审结367件。

二、特许经营合同纠纷案件审理的主要特点

(一)案件数量增长迅猛

根据最高人民法院《民事案件案由规定》的规定,特许经营合同纠纷案件由知识产权庭审理。该规定自2008年4月实施以来,我市法院知识产权庭受理的特许经营合同纠纷案件从无到有,案件数量节节攀升。从案件增幅上看,全市法院2008年受理特许经营合同纠纷案件83件,2009年受理343件,增幅为313.25%;2010年1~7月已受理211件,同比也有较大幅度的增长。从特许经营合同纠纷案件占全部案件的比例来看,我市法院2008年共受理特许经营合同纠纷案件83件,占全市法院同年受理案件总量的1.27%;2009年共受理特许经营合同纠纷案件343件,占全市法院同年受理案件总量的4.45%;2010年1~7月受理特许经营合同纠纷案件211件,占全市法院同期受理案件总量的3.15%。

(二)涉及的社会行业较多

从我市法院受理的特许经营合同案件来看,特许经营合同涉及的社会行业极为广泛,包括服装、鞋帽、箱包、化妆品、珠宝、仪器、汽车、设备等各种产品销售,以及餐饮、教育、健身、美容美发、超市、不动产等诸多服务行业。这些案件的原告多为被特许人,其中绝大多数为遍及祖国大江南北的自然人,且以外地人居多,其社会构成复杂,多为下岗职工、低收入群体或无稳定职业者,经营风险的防范意识相对薄弱,在个案中与特许人诉讼实力相差悬殊。而作为这些案件被告方的特许人多为中、小型企业,多数尚不具备成熟的特许经营模式和系统的服务支持体系,其发展目标多注重短期效益而缺乏成熟的长远规划。因此,特许经营合同纠纷案件的审理不仅关系到特许经营行业的健康发展,还会对社会经济尤其是零售行业产生相当程度的影响,而且个案审理稍有不慎就可能酿成群体性事件,影响到社会的安定团结。

(三)调解及撤诉比例较高

我市法院在审理特许经营合同纠纷案件中,始终坚持"全程调解、全员调解、全心调解",努力做到多调少判,尤其是针对判决可

能造成当事人“两败俱伤”、对企业正常经营造成重大负面影响以及影响社会稳定的案件,力争以调解方式结案;对确无调解可能的案件及时作出判决,努力促进特许经营相关行业的健康发展,为首都社会的和谐稳定作出了有益贡献。据统计,截止到2010年7月,市高院知识产权庭审理特许经营合同纠纷案件的调撤率为36.15%;市一中院知识产权庭的调撤率为25.64%;市二中院的调撤率为38%;宣武区法院知识产权庭的调撤率为85%;朝阳区法院知识产权庭的调撤率为58.5%;石景山区法院知识产权庭的调撤率为75%。

(四)案件主要集中在基层法院

根据最高人民法院对知识产权民事案件级别管辖的要求及北京市高级人民法院有关知识产权民事案件级别管辖的规定,诉讼标的额在1000万元以下的特许经营合同纠纷案件原则上由基层法院审理,诉讼标的额在1000万元以上不满2亿元的特许经营合同纠纷案件原则上由中级法院作为一审法院。我市法院受理的特许经营合同纠纷案件的标的额都比较低,绝大多数特许经营合同纠纷案件的争议标的额不超过人民币50万元,至今尚无因争议标的额超过人民币1000万元故应由中级法院一审的特许经营合同纠纷案件。目前我市中级法院受理的一审特许经营合同纠纷案件主要是其所属基层法院知识产权庭无管辖权且不便于移送下级法院管辖的部分案件。据统计,截止到2010年7月,我市基层法院共受理的特许经营合同纠纷案件390件,占全部特许经营案件的61.22%。如果再加上中院审理的二审特许经营合同纠纷案件,则中级法院和基层法院受理的特许经营合同纠纷案件占我市法院全部特许经营合同纠纷案件的81%。

(五)特许人相同的关联案件数量较多

在我市法院受理的特许经营合同纠纷案件中,涉及同一特许人的案件相对集中,主要表现为当事人起诉的时段、诉讼请求及事实和理由、受诉法院基本一致,有时候甚至双方当事人委托的诉讼代理人也相同。以东城区法院受理的以特许人××公司为被告的特许经营合同系列纠纷案件为例,被告从2005年成立到2008年12月办理注销手续,期间共发展了300个左右的被特许人,其中发生纠纷的数量为100个左右,陆续起诉到法院的数量为20个左右,而且在法院先期审理相关案件过程中,该公司仍在持续发展被特许人。由于该公司与各被特许人签订的特许经营合同均是格式合同,合同主要内容基本一致,个案差异主要集中在当事人履行合同情况的不同,故这批案件在法律定性上基本一致,前案生效判决往往会对后案的审理产生影响。

(六)特许经营合同纠纷案件逐渐类型化

特许经营合同纠纷案件大致形成了五种类型:一是因特许经营合同的解除引发的纠纷,主要是基于被特许人的单方解除权及特许人因未尽到消息披露义务构成欺诈或其他事由而解除特许经营合同的纠纷,也有的是基于特许经营合同提前终止时对一次性收取的加盟费是否应当部分返还产生争议而引起的诉讼,少数是基于对合同终止后清算条款的实际履行,如剩余特许经营商品或设备如何处理等产生争议引发的纠纷;二是因特许经营合同的效力产生的纠纷,该类纠纷主要是由于被特许人在特许经营合同签订后发现特许人不具备相应主体资格、不具备“两店一年”条件或特许人授予使用的包括知识产权在内的经营资源存在瑕疵而提起合同无效之诉；三是因特许经营合同中的限制竞争条款产生的纠纷，该类纠纷主要是被特许人在合同履行期间对特许经营合同中的一些过于苛刻的限制竞争条款而提起的撤销、变更之诉；四是因特许经营费用产生的纠纷，除约定固定金额外，特许经营费用还可以通过约定以被特许人销售额的一定比例或其他方式确定，但由于特许人对被特许人的销售情况缺乏有效监控手段，难以确定使用费的金额，或者发生被特许人未按约定支付特许经营费用的其他事由而引起的纠纷；五是因商品质量和服务标准引发纠纷。在特许经营合同中，特许人通常要对被特许人提供设备和货源、培训以及后续的技术服务，同时被特许人也要保证销售的商品质量和服务水准不变。但在实际履行合同的过程中，特许人往往在收取加盟费后，怠于进行培训和后续服务，甚至向特许人提供存在质量瑕疵的设备和原料，从而引起解除合同、赔偿损失的纠纷。此外，也有的被特许人不注意保持商品质量和服务水准，甚至违反约定擅自从其他渠道进货销售，致使特许人提出解除合同之诉。

三、审理特许经营合同纠纷案件的主要问题

（一）特许经营合同的认定

按照《商业特许经营管理条例》第3条的规定，特许经营合同的本质特征在于特许人将其拥有的经营资源许可被特许人使用，被特许人按照约定在统一的经营模式下开展经营，并向特许人支付特许经营费用的合同。但如何认定特许经营合同在审判实践中仍存在较大分歧，如合同名称、合同性质条款对认定特许经营合同是否有及有什么影响？特许经营合同与产品经销合同如何区分？一般认为，在认定是否属于特许经营合同时，应当依照合同约定的权利义务是否符合特许经营合同的基本特征为判断标准，合同名称通常不是判断合同性质的主要依据。目前我市法院审理的案件中涉及特许经营合同的名称多为代理协议、授权经营合同书、经销合同等，合同名称中出现特许经营或者加盟字样的仅占两成左右。还应注意的是，除有相反证据外，合同内容一般应推定为当事人的真实意思表示，并可作为判定合同性质的依据。当事人实际履行与合同约定不一致且对方当事人也认可该履行的，则该实际履行应视为对合同约定的变更，并应替代合同的相应约定并与合同的其他内容共同构成判定合同性质的依据。合同中约定一方以另一方的分支机构、子公司或者控股公司进行注册并经营，当事人主张不属于特许经营合同性质的，应当结合该约定的具体履行情况判断合同性质。此外，有的合同中明确约定“本合同不是特许经营合同”或类似的合同性质条款，这种约定也不应影响对合同性质的判断。

（二）特许经营合同与其他合同的区分

特许经营的基本法律特征在于特许人与被特许人之间主体身份的独立性、法律关系的契约性、经营模式的统一性和被特许人使用经营资源的许可性。从审判实践来看，需要将特许经营合同与产品销售合同、知识产权许可使用合同区分开。产品销售合同是制造商或者批发商将销售某种产品的权利授予某一销售商，由其在约定的期限和地域范围内销售特定商品的合同。知识产权许可使用合同是指知识产权的权利人或利害关系人授

权他人使用其知识产权的合同,被许可人通常仅仅是取得按照约定的期限和地域使用他人知识产权的权利。产品销售合同或知识产权许可使用合同仅仅涉及特定产品销售或特定知识产权使用的许可,产品提供方仅为其产品质量负责,知识产权许可方仅担保其权利的有效性和完整性,此外并不享有更多的监督、管理、培训、技术支持等权利或义务。而特许经营合同虽然可能包含产品销售关系,但产品销售不是特许经营合同的全部,特许经营合同是由知识产权、经营模式以及特许双方的监督、管理、支持、服务等一系列关系和诸多要素构成的综合系统。如果合同双方只涉及商标或者专利的许可使用,不涉及统一经营模式等内容的,则应认定为知识产权许可使用合同;如果合同双方仅仅存在产品销售关系,不存在监督、管理等因素的,则应当认定为经销合同。如东城区法院审理的××合同纠纷一案中,虽然双方当事人合同约定的内容涉及商标经营资源的授权使用和经营模式的统一要求,但实际履行情况只是原告从被告以折扣购进砖雕产品并自行零售处理,双方发生纠纷的原因也仅是货物质量瑕疵以及发货时间违反约定,经释明后当事人亦明确双方就是买卖合同关系,故本案最后未按特许经营合同纠纷案件处理。

(三)特许经营资源的认定

特许经营合同的重要特征是特许人将其经营资源特许给被特许人使用,被特许人应当在统一的经营模式下使用特许人的经营资源。但如何认定特许人拥有的经营资源,在审判实践中存在较大的分歧。首先,《商业特许经营管理条例》第3条规定了注册商标、企业标志、专利、专有技术等经营资源,一般认为特许经营包括但不限于上述内容,但如何理解这里的“企业标志”? 企业名称、商号是不是“企业标志”? 如果企业名称、商号属于企业标志,则其当然属于经营资源;如果企业名称、商号不属于企业标志,则其是否属于经营资源? 其次,商业秘密是不是经营资源? 再次,非注册商标是不是经营资源? 一种观点认为,既然《商业特许经营管理条例》明确规定注册商标是经营资源,则排除了非注册商标成为经营资源的可能;另一种观点则完全相反,认为《商业特许经营管理条例》只是规定注册商标是一种经营资源,并未排除非注册商标成为一种经营资源。最后,经营模式是不是经营资源? 一种观点认为按照《商业特许经营管理条例》第3条的规定,经营模式不是经营资源,但另一种观点认为,经营模式也是一种经营资源,其法律依据是《商业特许经营信息披露管理办法》第5条有关特许人“以书面形式向被特许人说明能够提供的注册商标、企业标志、专利、专有技术、经营模式及其他经营资源情况”的规定。

(四)特许经营费用的判定

特许经营费用是被特许人使用特许人经营资源的对价,也是认定特许经营合同性质的一个要件。当事人在特许经营合同中明确约定了特许经营费用的,通常可以直接根据该约定认定特许经营费用。但从调研情况来看,一些当事人在实际订立的合同中要求被特许人支付的费用名目繁多,包括特许经营费、特许代理费、加盟费、品牌使用费、品牌权益金、品牌保证金、经营保证金、权益保证金、参股保险金、定金、订金、押金、货款、盈利提成等。虽然名称不统一,但是在约定“特许经营费、特许代理费、加盟费、品牌使用费、品牌权益金、品牌保证金”等费用名目的情况下，一般还是可以将该约定费用与特许经营费用对应起来。也有相当比例的特许经营合同并未约定带有上述字样的费用，而是仅约定了“保证金、保险金、定金、订金、押金、货款、盈利提成”等费用名目。在发生纠纷后，特许人经常提出的抗辩主张是，合同中未约定被特许人应支付特许经营费用，故不同意返还特许经营费用，甚至以此否定合同性质。我们认为，特许人收取特许经营费用的依据在于其对特许经营资源所享有的收益权，而被特许人支付特许经营费用是作为其使用特许人经营资源所支付的对价。收取特许经营费用是特许人的权利，支付特许经营费用是被特许人的义务。特许人可以行使权利，也可以选择放弃行使该权利。如果特许经营合同中未约定特许经营费用的相应条款，根据意思自治原则，应当视为特许人放弃收取特许经营费用的权利，而不能因为合同中未约定特许经营费用就否定其特许经营合同的性质。此外，特许人与被特许人虽然没有约定明确具体的特许经营费用，但约定了其他名目的费用，并且特许人通过其他名目的费用已经能够实现其许可他人使用其经营资源获得收益的经济目的，已经体现了特许经营合同的有偿性特征，则应将该费用认定为特许经营费用，而不能以合同中未约定特许经营费用就否定其特许经营合同性质。

（五）特许人未完成信息披露义务的认定

《商业特许经营管理条例》第三章专门规定了特许人的信息披露义务，包括特许人需要披露的信息及如何进行信息披露，并特别规定特许人隐瞒有关信息或者提供虚假信息的，被特许人享有法定的解除合同的权利。《商业特许经营管理条例》第四章规定了特许人违反信息披露义务应承担的法律责任。商务部随后制定的《商业特许经营信息披露管理办法》进一步细化了特许人的信息披露义务。由于特许经营资源大都具有无体性，某些经营资源如专利权、商标权随时都面临被宣告无效或被撤销的风险，故被特许人的市场预期具有较大的不确定性。此外，大多数被特许人都是刚刚进入特定市场的新手，对市场行情并不十分熟悉，欠缺与特许人均等的市场能力，缺乏了解、掌握特许人真实情况的手段和能力。为平衡特许人和被特许人的利益，矫正信息不对称给被特许人带来的巨大投资风险，建立并严格施行信息披露制度具有十分重要的意义。但如何督促特许人完成信息披露义务，如何认定特许人是否已完成信息披露义务，一直是审判实践中的难点问题。一般认为，《商业特许经营管理条例》第 22 条规定的特许人应当披露的信息有 12 项之多，其中有些规定原则性较强，如第 1 款规定特许人应当提供其“从事特许经营活动的基本情况”，第 2 款规定特许人应当提供其“经营模式的基本情况”等，但并未对“基本情况”的内涵和外延作进一步的界定。因此，在认定特许人是否完成了《商业特许经营管理条例》第 22 条规定的信息披露义务时，应当结合《合同法》等法律法规的相关规定，采取相对慎重的态度，就被特许人主张的特许人隐瞒的具体信息或者提供的虚假信息进行具体分析。只有当特许人隐瞒的信息或提供的虚假信息关系到特许经营的实质内容，对被特许人是否作出与特许人订立合同的意思表示或者对于合同主要目的的实现产生实质性影响时，才可以认定特许人未完成信息披露义务。如特许人未披露其在签订特许经营合同之前涉及的诉讼、仲裁或行政处罚情况，且该诉讼、仲裁或行政处罚的生效结果对特许人不利或可能不利，且对实现特许经营合同的主要目的产生实质性影响，或者对被特许人签订特许经营合同的真实意思表示产生实质性影响，就可以认定特许人未完成信息披露义务。

(六)特许人欺诈的认定

《商业特许经营管理条例》第12条第3款规定："特许人隐瞒有关信息或者提供虚假信息的，被特许人可以解除特许经营合同。"《合同法》第94条规定："有下列情形之一的，当事人可以解除合同:(一)因不可抗力致使不能实现合同目的;(二)在履行期限届满之前，当事人一方明确表示或者以自己的行为表明不履行主要债务;(三)当事人一方迟延履行主要债务，经催告后在合理期限内仍未履行;(四)当事人一方迟延履行债务或者有其他违约行为致使不能实现合同目的;(五)法律规定的其他情形。"据此可以认定，特许人未依法履行信息披露义务构成欺诈的，被特许人可以解除合同。在欺诈认定问题上，《最高人民法院关于贯彻执行〈中华人民共和国民法通则〉若干问题的意见(试行)》第68条规定："一方当事人故意告知对方虚假情况，或者故意隐瞒真实情况，诱使对方当事人作出错误意思表示的，可以认定为欺诈行为。"从审判实践来看，特许经营合同中的欺诈主要表现为如下情形:(1)就经营资源方面的欺诈，包括知识产权和经营模式的欺诈，如把非注册的商标谎称为注册商标，把非专利技术谎称为专利技术，把他人的经营资源谎称为自己的经营资源等;(2)就特许人基本情况及特许经营活动方面的欺诈，如把中资企业谎成为外资企业或者与国外企业具有关联关系，谎称该特许经营体系在国外得到巨大成功等;(3)就被特许人情况的欺诈，如虚构或者夸大被特许人数量、特许经营授权范围、分布地域和被特许人盈利情况等;(4)就产品或者服务质量的欺诈，如谎称系国家免检产品、荣获国际荣誉等，夸大产品或者服务的质量;(5)就特许经营费用的欺诈，如隐瞒拟收取的费用，或者不具体说明各项费用的用途及退还条件等;(6)隐瞒因特许经营违规行为已经受到处罚的事实等。在判定特许人是否构成欺诈时，应综合考虑所隐瞒信息或者所提供虚假信息的重要性、与真实信息相背离的程度以及对于特许经营合同的订立和履行的影响程度等因素，适当区分恶意欺诈和商业吹嘘，尽可能维护特许经营合同尤其是已经实际履行的特许经营合同的稳定性，防止被特许人一旦经营失败就把全部责任转嫁到特许人身上。此外，特许人在特许经营招商的过程中，往往在媒体上登载招商广告或者制作并散发宣传手册。一种意见认为特许人在推广宣传特许经营业务过程中使用的广告或者宣传手册等资料通常应视为要约邀请，但是特许人就特许经营所作的说明和允诺具体确定，并对特许经营合同的订立有重大影响的，亦应视为合同内容，当事人违反该说明和允诺的，应当承担违约责任。另一种意见认为，上述广告内容可以视为向不特定被特许人在订立合同前以书面方式进行的信息披露，如果被特许人能够证明特许人在推广宣传中进行了欺诈且该欺诈行为与其签订特许经营合同具有因果关系，则可以认定为合同欺诈。

（七）被特许人任意解除权的行使

《商业特许经营管理条例》第12条规定："特许人和被特许人应当在特许经营合同中约定，被特许人在特许经营合同订立后一定期限内，可以单方解除合同。"该规定赋予被特许人在一定期限内解除特许经营合同的权利，有的称为单方解除权，是因为其仅赋予被特许人解除权；有的称为任意解除权，是因为在一定期限内被特许人可以无理由行使该解除权。从调研情况来看，如何理解和适用该条规定中的"一定期限"是审判实践中的难点。其一，如果特许经营合同中未约定被特许人在"一定期限"内可以单方解除合同，被特许人能否依据该条款主张单方解除权？一种意见认为，当事人未在合同中约定单方解除权的，被特许人不能依据该条款主张单方解除权；另一种意见认为，当事人未在合同中约定单方解除权的，被特许人也可以依据该条款主张单方解除权。其二，如果特许经营合同虽然未约定被特许人在"一定期限"内可以解除合同，但被特许人仍可行使单方解除权，应如何确定该期限？有的观点认为，该期限应当截止于特许人正式履行合同时；有的观点认为，该期限应当截止于被特许人开始利用特许人的经营资源时；有的观点认为，该期限应当截止于双方正式履行合同后比较短的一段时间，例如两周；有的观点认为，该期限应当截止于双方正式履行合同后相当长的一段时间，以使得被特许人能够正确地评价特许经营合同的价值；有的观点认为，该期限应当掌握一个具体的时间，例如签订合同后7天；有的观点提出，适用该条款一般应把握以下几点：（1）起诉时间一般不能超过合同签订后两个月；（2）特许人对被特许人未开始使用特许经营资源不持异议，或者有明确的证据证明被特许人未实际开展经营活动；（3）特许人存在虚假宣传等欺诈行为，而被特许人具有善意。我们认为，单方解除权或任意解除权条款的主要目的是平衡当事人的缔约能力，督促特许人依法履行信息披露义务，赋予被特许人更多理解特许经营信息的机会，防止被特许人在过于冲动的情况下盲目订立特许经营合同，而不是为被特许人提供一个试营业的机会。《商业特许经营管理条例》第12条规定的单方解除权虽然体现了对被特许人利益的倾斜，但是这种倾斜应当有一定的限度，不应当不恰当地损害特许人的合法权益，尤其应防止被特许人不恰当转移其应当承担的商业风险。

（八）特许经营合同备案效力的认定

《商业特许经营条例》第8条第1款规定："特许人应当自首次订立特许经营合同之日起15日内，依照本条例的规定向商务主管部门备案。"对于未依法履行备案手续的特许经营合同，如何认定其合同效力，或者说如何认定备案手续对特许经营合同效力的影响，司法实践中仍存在分歧。有的观点认为，《合同法》第44条规定："依法成立的合同，自成立时生效。法律、行政法规规定应当办理批准、登记等手续生效的，依照其规定。"而《商业特许经营条例》明确规定特许经营合同应当履行备案手续，显然属于《合同法》第44条规定的"法律、行政法规规定应当办理批准、登记等手续生效的"情形，故应"依照其规定"认定为无效合同。有的观点认为，特许经营合同本质上属于合同纠纷，在认定合同效力时仍应尊重当事人的意思自治。备案制度是从行政机关的角度出发制定的行政管理制度,其目的是规范特许经营活动,方便行政管理职能实施。特许经营合同的备案并不具备行政许可性质,其主要作用在于:一是便于商务主管部门及时了解、掌握特许人的数量等情况,有针对性地对特许经营活动进行规范、监督;二是有助于潜在投资者了解特许人的基本情况,做出恰当的投资决策;三是有利于形成对被特许人的社会监督。因此,备案是一项管理性措施,不是特许人从事特许经营活动的前置条件,不能以特许经营合同未备案为由认定其为无效合同。有的观点认为,未履行备案手续的特许经营合同应属于未生效合同或者效力待定合同,其法律依据是根据《合同法》第44条的规定。该规定指出,依法成立的合同自成立时生效,法律、行政法规规定应当办理批准、登记等手续生效的,依照其规定。这里"依照其规定"应理解为如果按照法律、行政法规规定办理批准、登记等手续的,则合同生效,如果未按照法律、行政法规规定办理批准、登记等手续的,则合同不生效或者效力待定,待当事人是否履行法律、行政法规规定的批准、登记等手续生效而定。

(九)"两店一年"的认定及其对特许经营合同效力的影响

《商业特许经营管理条例》第7条第1款规定:"特许人从事特许经营活动应当拥有成熟的经营模式,并具备为被特许人持续提供经营指导、技术支持和业务培训等服务的能力";第2款(简称"两店一年"条款)规定:"特许人从事特许经营活动应当拥有至少2个直营店,并且经营时间超过1年"。如何理解"两店一年",尤其是"两店一年"条款是否影响特许经营合同的效力,一直是审判实践中的重点和难点问题。首先,关于"两店一年"的理解涉及:什么是直营店?怎样判定直营店?直营店是不是必须在国内或境内?特许人与直营店是什么关系?"经营时间超过1年"是指两个直营店的经营时间均时间超过1年还是其中一个直营店的经营时间超过1年?其次,"特许人从事特许经营活动应当拥有至少2个直营店"是特许人开展特许经营业务之前就应具备的条件吗?特许人在开展特许经营业务之后才具备"两店一年"的,能否视为符合该规定?最后,《合同法》第52条规定,"违反法律、行政法规的强制性规定"的合同无效,"两店一年"条款是否属于"法律、行政法规的强制性规定"?特许人不具备"两店一年"条件的,特许经营合同是否应无效?从调研情况看,有的观点认为"两店一年"条款不是"法律、行政法规的强制性规定",不宜以特许人不具备"两店一年"条件而判定特许经营合同无效。有的观点认为,"两店一年"条款属于"法律、行政法规的强制性规定",特别考虑到目前我国特许经营行业较为混乱的现实情况,为规范特许经营秩序,维护特许经营行业的健康持续发展,应严格适用"两店一年"条款,凡特许人不具备"两店一年"条件的,其签订的特许经营合同都可判定为无效合同。有的观点认为,可以将"两店一年"条款作为合同无效条款,但在"两店一年"的认定上应适当宽松,如放宽直营店的认定条件,对"两店一年"可以放宽到纠纷发生前,可以不要求两个直营店的经营时间均超过1年等。

(十)特许经营合同无效的认定

《合同法》第52条规定了合同无效的条件,是判定特许经营合同效力的重要法律据。从司法实践来看,首先,特许人只能是企业,非企业作为特许人签订的特许经营合同无效。如昌平区法院审理的郑丽红诉姜超特许经营合同纠纷一案中,被告姜超以个人名义与原告签订了特许经营合同,现原告主张该合同无效并获得了法院支持。其次,至于特许人不具备“两店一年”条件是否导致合同无效,如前所述存在较大分歧。再次,《商业特许经营条例》第 8 条第 3 款规定:“特许经营的产品或者服务,依法应当经批准方可经营的,特许人还应当提交有关批准文件。”据此,如果特许经营合同涉及到相关法律法规中的效力性强制性规范,或者构成以特许经营合同的形式掩盖非法目的的,或者符合法律规定的其他无效条件的,该特许经营合同应被认定为无效合同。如特许行业为医疗、教育等特殊行业,相关法律、行政法规对从事此类行业的主体进行了特殊的限制。如我国《医疗机构管理条例》规定,医疗机构执业必须进行登记并领取《医疗机构执业许可证》,未取得《医疗机构执业许可证》的任何单位和个人均不得开展诊疗活动;《医疗机构执业许可证》不得伪造、出卖、转让、出借。被特许人为了达到不单独办理《医疗机构执业许可证》的目的,以特许人分支机构的名义,使用特许人的《医疗机构执业许可证》进行经营的,属于《医疗机构管理条例》规定的“出借《医疗机构执业许可证》”的违法行为,相关特许经营合同应当被认定为以合法形式掩盖非法目的的无效合同。最后,尽管《商业特许经营管理条例》第 11 条规定特许人和被特许人应当采用书面形式订立特许经营合同,第 13 条规定特许经营合同约定的特许经营期限应当不少于 3 年,但如果特许经营合同不具备书面形式或者约定的特许经营期限少于 3 年的,一般不应被认定为无效合同。

(十一)特许经营合同纠纷案件适用法律责任的认定

特许经营合同本质上属于民事合同,应依据《民法通则》、《合同法》等法律法规及司法解释确定相关民事法律责任。也许正是因为看透了特许经营合同的民事属性,《商业特许经营条例》第四章规定法律责任时,以行政责任为主并兼顾刑事责任,而未涉及相关民事法律责任。我们认为,特许经营合同纠纷中的民事法律责任主要涉及合同未成立、未生效、无效、被撤销、被变更、被解除时的法律责任及违约责任,其中可能部分涉及缔约过失责任及后契约责任。首先,关于缔约过失责任,根据《合同法》第 42 条的规定,如果当事人在订立特许经营合同过程中有下列情形之一,给对方造成损失的,应当承担损害赔偿责任:1. 假借订立合同,恶意进行磋商;2. 故意隐瞒与订立合同有关的重要事实或者提供虚假情况;3. 有其他违背诚实信用原则的行为。其次,特许经营合同未成立、未生效或无效时,该合同自始不具有法律约束力;特许经营合同被撤销、被解除时,该特许经营合同可能自始不具有法律约束力,也可能自被撤销、被解除时不具有法律约束力;特许经营合同被变更时,变更后的合同内容在被变更前起不具有法律约束力。特许经营合同未成立、未生效、无效、被撤销、被变更、被解除时,一般都会涉及财产返还和赔偿损失两种责任形式。合同未成立、未生效、无效或者被撤销后,因该合同取得的财产应当予以返还,不能返还或者没有必要返还的,应当折价补偿,有过错的一方应当赔偿对方因此受到的损失,双方都有过错的,应各自承担相应的责任。合同解除后尚未履行的,终止履行;已经履行的,根据履行情况和合同性质,当事人可以要求恢复原状、采取其他补救措施,并有权要求赔偿损失。合同被变更后,按变更后的合同履行。再次,特许经营合同的当事人未恰当履行合同构成违约的,应当按照当事人约定及《合同法》的相关规定确定违约责任。最后,对关于后契约责任,根据《合同法》第43条的规定,特许经营合同的当事人在订立合同过程中知悉的商业秘密,无论合同是否成立,不得泄露或者不正当地使用,泄露或者不正当地使用该商业秘密给对方造成损失的,应当承担损害赔偿责任。此外,在纠纷处理过程中一方当事人违反诚实信用原则,未尽到合理保管对方财物的义务的,也可承担损害赔偿等法律责任。特别需要注意的是,为避免当事人的诉累并节约司法程序,在认定特许合同未成立、未生效、无效或被变更、被撤销、被解除时,应当合理确定双方当事人的法律责任。对于因坚持主张合同有效并应继续履行的当事人,应向其释明如果其主张未得到法院支持时,其是否主张对方应当承担的法律责任。

四、对策与建议

从商业特许经营在我国发展的经历来看,其在调整和改善商品及服务的流通结构、提高企业组织化程度、吸纳民间资本以促进中小企业发展、扩大就业等方面发挥了积极作用。但也应该看到,由于商业特许经营在我国起步和发展时间短,现有市场环境秩序化程度不高,法律规范化指引作用发挥不够,行业自律以及社会诚信体系尚待完善,所以目前我国企业的商业特许经营发展模式也凸显了大量社会问题。我们在审理特许经营合同纠纷案件时,既要正视已经出现的问题,也要及时总结审判经验,积极寻求解决问题的最佳方式,指导相关案件的审判工作,促进特许经营行业的健康发展。为此,我们提出如下对策与建议:

(一)加强相关法律法规的学习,不断提升审判人员相关业务水平

商业特许经营纠纷本质上属于合同纠纷,但它与传统合同纠纷存在一些不同的地方,如特许人的信息披露义务、被特许人的任意解除权,都体现了特许经营合同的特色。目前,除了《民法通则》、《合同法》及其司法解释外,能够体现特许经营合同特点并可作为规范特许经营活动和审理特许经营合同纠纷案件法律依据的就只有《商业特许经营条例》。我们一方面要学好民法通则、合同法等传统民事法律,另一方面也要学好《商业特许经营条例》,掌握特许经营合同纠纷案件自身的规律和特点,不断提升审理特许经营合同纠纷案件的业务水平,为正确审理特许经营合同纠纷案件做好专业知识的储备工作。

(二)加强诉讼调解工作,促进社会矛盾化解

在特许经营合同纠纷案件中,被特许人急于挽回其投资损失,轻易不肯作出让步,而特许人坚决维护其特许经营体系,担心一旦同意与被特许人和解会招致更多加盟商的效仿。因此,特许经营合同双方当事人利益严重对立,导致此类案件的调解难度较大。因此,在审理特许经营合同纠纷案件时,应当将理解与尊重、和谐与共融、双赢与多赢、民本与民生融入到调解过程之中,既要通过对特许双方进行法律规定的释明,促使双方增强法制意识,对各自行为的法律属性有清楚的认识;又要帮助双方当事人加强沟通和了解,

取得互谅互让;也要分析利弊,引导双方当事人进一步合作,努力实现双方当事人的共赢而不是俱损,积极促进社会矛盾的有效化解。

(三)及时总结审判经验,适时制定相应指导性意见

虽然我市法院知识产权庭审理特许经营合同案件的时间尚不足3年,但在审理特许经营合同纠纷案件时比较注意搜集和研究问题,有的法院还专门针对特许经营合同纠纷案件审理中的疑难复杂问题展开专项调研,形成了具有较高质量的调研成果,也为高院此次调研打下了扎实的基础。市高院也将结合审判实践中出现的新情况和疑难问题,不断开展调查研究工作,进一步加强督导力度,不断统一全市法院此类案件的司法裁判标准。

(四)加强同行政主管机关、行业协会的沟通,促进社会管理创新

通过调研发现,涉诉特许经营纠纷大多数特许企业从事特许经营并不是基于企业的成功,而是以获取短期经济利益为目的,利用特许经营扩散型发展加盟商的特点敛取钱财,充当了不负责任的商事主体。因此,处理涉诉特许经营纠纷在坚持严格依法审判原则的前提下,应着重考虑这类纠纷处理的社会效果,加强同行政机关、行业协会的沟通,通过司法建议等方式将案件审理中反映出来的问题及时反馈到行政主管部门和行业协会,促使他们更好地发挥自己的职能,促进相关部门管理职能的创新,减少和预防特许经营合同纠纷的发生。同时还应注意积极协调行政部门、行业协会建立联动机制,完善特许经营备案制度和特许企业信息披露制度,探索建立不良企业相关信息的强制披露制度和公开查询系统,坚决过滤不良特许企业,及时交流特许经营合同纠纷案件的处理经验,在法律框架内逐步摸索个案处理中实现法律效果和社会效果有机统一的最佳途径。

(五)积极发挥司法能动性,促进特许经营行业的可持续发展

通过调研发现,绝大多数特许经营合同纠纷起源于特许人和被特许人对于特许经营缺乏清晰的法律认识,对各自及对方当事人的权利义务缺乏足够的了解。特许人为了吸引更多的加盟商,往往采取夸大宣传许诺赢利甚至隐瞒相关信息诱使被特许人签订特许经营合同;被特许人则由于缺乏市场经验,未对特许人资质进行充分考察即听信特许人的宣传而盲目加盟,从而导致合同履行中出现诸多纠纷。因此,应当加大司法审判的宣传力度,充分发挥司法裁判的社会公示和引导作用,通过实际发生的案例引导特许人规范其特许经营行为,同时引导被特许人在选择加盟时提高法律意识,尽量减少特许经营行业的法律风险,为实现特许经营行业的可持续发展作出贡献。

创新型城市建设与知识产权司法保护

上海市高级人民法院课题组*

前　　言

当前,世界多极化、经济全球化深入发展,科技创新孕育新突破,世界经济围绕市场、资源、人才、技术、标准等的竞争更加激烈,知识产权在经济社会发展中的基础性作用和在国际竞争中的关键性作用日益凸显。随着国际国内形势变化,上海建设"四个中心"、实现"四个率先"任务日趋紧迫,创新驱动、转型发展成为上海科学发展的社会共识和必由之路,建设创新型城市成为上海最重要的发展目标之一。

2008年6月,国务院发布《国家知识产权战略纲要》,提出"充分发挥司法保护知识产权的主导作用"以来,上海各级法院发挥司法保护知识产权的主导作用,公正司法,依法平等保护中外当事人知识产权,对于激励自主创新、促进知识产权法制进步和培育知识产权文化发挥了积极作用。在上海进入创新驱动、转型发展的改革开放新阶段,在上海创新型城市建设中,上海法院担负着更重要的使命。本文从上海创新型城市建设的内涵与基本定位出发,分析思考上海创新型城市建设对知识产权司法保护的需求与挑战,研究上海法院知识产权司法保护的发展战略。

从内涵上讲,上海创新型城市建设是在"创新驱动 转型发展"总体战略下,以制度、人才、环境为依托,以提高知识竞争力为核心,全面激发城市的创新活力,以创新驱动推动城市发展,从根本上实现城市经济社会发展方式的转变。

从基本定位看,上海创新型城市建设正处于"要素导向"、"投资导向"阶段向"创新导向驱动"阶段的转变,创新活动覆盖城市工作各个方面,致力于建设科技、文化、工业、服务综合发展的复合型创新型城市,致力于最终将上海建设成为全球有影响力的创新型城市。

由上海建设创新型城市的实质内涵与目标定位出发,上海创新型城市建设对知识产权司法保护提出了新需求:上海应加强知识产权司法保护力度,打造"知识产权高地";应加强与政府机构知识产权公共服务协作,共建"知识产权公共服务平台";应充分发挥司法对相关机构人员的规范、引导作用,共建"知识产权法律服务中心"。

同时,在上海创新型城市建设中,知识产权司法保护工作还面临一系列新挑战。首

---

* 主持人:郑肇芳;成员:朱丹、丁文联、徐卓斌、唐震、徐飞等。

先，知识产权竞争日趋激烈，对知识产权司法保护需求不断提高；其次，技术与商业模式不断创新，对知识产权审判规则、审判方法提出新需求；再次，知识产权与经济社会需协调发展，对知识产权审判理念与审判思维提出新挑战；最后，知识产权司法保护的专业性要求进一步提高，对知识产权审判体制、审判机制提出新期待。

应对创新型城市建设对知识产权司法保护提出的新需求、新挑战，着眼于长远发展，上海法院知识产权司法保护在宏观战略上应坚持可持续发展战略、精品战略、创新战略与协同发展战略，在主要工作上，应进一步完善知识产权审判机构，大力加强知识产权专业化审判队伍建设，继续创新与完善知识产权审判工作机制，树立和坚持正确的知识产权审判理念，强化审判职能作用，不断加大知识产权保护力度，充分发挥信息平台作用，进一步延伸知识产权司法职能。

一、上海创新型城市建设的内涵与基本定位

（一）创新型城市的内涵与类型

党的十七大进一步确立了我国走建设创新型国家的发展道路。城市是国家的细胞，创新型城市建设是建设创新型国家的必由之路。

一般而言，创新型城市是指主要依靠科技、知识、人力、文化、体制等创新要素驱动发展的城市，对其他区域具有高端辐射与引领作用。创新型城市的内涵一般体现在思想观念创新、发展模式创新、机制体制创新、对外开放创新、企业管理创新和城市管理创新等方面。根据不同的分类标准，对创新型城市又可以作不同分类。

根据创新活动覆盖范围的宽窄，可以将创新型城市分为狭义与广义两类。狭义的创新型城市，是指在政府的组织和引导下，确立并推进以企业为主体要素的自主创新模式，大力培育高新技术产业集群和名牌企业、名牌产品，以技术创新或科学技术进步推动城市的经济、社会的快速发展。这种界定将城市近似地看作其属地范围内所有企业的集合，企业的发展状况、态势、水平成为整个城市发展状况、态势、水平的基本表征。而广义的创新型城市，是指在政府的引领和组织下，营造勤于学习、善于思考、鼓励创新、倡导竞争、包容梦想的文化氛围，居民具有崇尚创新、向往创新的强烈精神追求，各个社会实践实施自主创新战略，以各行各业的全面创新不断提升核心竞争力，走上跨越式的可持续发展轨道的城市。广义的创新型城市在重视企业以技术创新作为基本发展动力的基础上，将创新活动扩展到城市工作的方方面面。

根据创新产业与城市功能的不同，可以将当今世界上公认的主要创新型城市分为四类：一是文化创新型城市。这类城市，如法国巴黎、英国伦敦和芬兰赫尔辛基等，其城市创新发展的战略与内容，偏重于文化产业发展的突破，即依托经济繁荣发达和较强的人力、物力、财力支撑，大力推进文化创新，通过文化艺术领域创新，打造全新的城市发展形态。文化创新型城市，通常为一国的首都或重要城市。二是工业创新型城市。这类城市，如美国堪萨斯、英国哈德斯费尔德和韩国大田等，其城市创新发展的重点，是以工业创新作为突破口，即依托地处大都市周边，工业基础比较扎实，工业领域的人才、技术等优势比较

突出的支撑，大力推进工业技术创新，形成以工业产业创新带动城市发展创新的格局。三是服务创新型城市。这类城市，如美国纽约、德国柏林和日本东京等，其城市创新发展的战略与内容，是把现代服务业作为创新型城市的主攻方向，通过不断创新城市的服务，增强城市服务功能，着力发展服务型经济，不断满足本地城市居民各种需要，也不断为全球经济发展提供各种跨国服务，同时推动城市经济社会发展与世界经济发展的融合。服务创新型城市第三产业发达，社会综合服务能力较强，政府服务水平和社会福利水平较高。四是科技创新型城市。这类城市，如印度班加罗尔、美国硅谷、加拿大渥太华等，主要出现在20世纪末21世纪初，其城市创新发展的战略与内容，是突现科技集成和科技创新。科技创新型城市一般依托国际一流的大学和研究机构，形成雄厚的科技实力、较强的创新能力与明显的科技产业优势。其通过大力发展先进科技生产力，在协调推进城市经济、社会、文化、生态发展的同时，为世界各国经济社会发展提供大量的高新技术和高科技产品，成为推动全球科技进步的动力源。

（二）上海创新型城市建设的内涵与基本定位

考察上海创新型城市建设的目标设计与实践历程，以"十二五"规划制定为标志，上海创新型城市建设的内涵与定位在前后两个时间段存在一些差异。

从内涵上看，上海自2003年提出"科教兴市"战略到2007年提出建设创新型城市，主要是围绕"科教兴市"主战略，通过调整高校布局、建设科技园区、建设重点实验室、引进科技人才、建设公共信息平台等措施促进科技创新活动、促进高新技术产业发展，以科技进步引领创新型城市建设。2010年11月9日，上海市委第十三次全体会议通过的《中共上海市委关于制定上海市国民经济和社会发展第十二个五年规划的建议》，明确提出"十二五"的指导思想与工作主题是"创新驱动转型发展"，根据该规划建议制定的《上海市国民经济和社会发展第十二个五年规划纲要》（以下简称《上海十二五规划》）第五章"建设充满活力的创新型城市"明确提出：上海要在十二五期间要全面推进制度创新、管理创新和文化创新，充分激发经济社会发展的内在动力和活力，率先实现城市发展向创新驱动转变。[①]因此，从内涵上讲，上海创新型城市建设不再仅仅限于实施"科教兴市"战略，而是在"创新驱动 转型发展"总体战略目标下，以制度、人才、环境为依托，以提高知识竞争力[②]为核心，全面激发城市的创新活力，以创新驱动推动城市发展，从根本上实现城市经济社会发展方式的转变。

从基本定位来看，对照创新型城市的基本分类，从上海当前的时空背景出发，解读《上海十二五规划》，可以看到，目前上海创新型城市建设较之于"十一五"有了更丰富的定位：

1. 从城市发展阶段看，上海创新型城市建设是实现"要素导向"、"投资导向"阶段向"创新导向驱动"阶段的转变。按照美国著名经济学家迈克尔·波特的国家和地区竞争力

① 《上海市国民经济和社会发展第十二个五年规划纲要》第五章。

② 知识竞争力，指获取和配置知识资本、人力资本、金融资本等各类资本并将其转化为知识经济和社会财富的能力。根据英国罗伯特·哈金斯协会等国际权威机构提出的知识竞争力评价体系，知识竞争力的评价指标包括人力资本、知识资本、金融资本、知识支持、经济产出等方面，并由相关的具体指标组成。

理论，根据经济增长的驱动力不同，经济发展依次可以分为四个阶段，要素导向驱动阶段、投资导向驱动阶段、创新导向驱动阶段、财富导向驱动阶段。从实际经济发展轨迹看，每个国家的经济并不都是沿着直线发展的。但无一例外的是，一个国家或地区的经济如果跳跃创新驱动阶段过早进入财富驱动阶段，必然会给经济发展带来严重的负面影响（如，20世纪80年代的日本与90年代的香港）。上海经历了长期的“要素驱动”、“投资驱动”阶段，到了必须转向“创新导向驱动”的关头。①

2. 从创新活动覆盖范围看，上海建设创新型城市的目标是广义的创新型城市。主要表现在：第一，从创新主体来看，上海主张深化部市合作、院市合作，强调体制机制创新，既有政府机构的主导，又有科研部门的参与；既有企业自主的研发投入，又有社会中介组织的有效服务。第二，从创新内容来看，既关注生命健康、生态环境、高端制造、智慧城市等重点领域，又重视科技创新基础建设；既有高新产业技术的重点创新，又有哲学社会科学理论的发展。第三，从创新保障来看，既有创新投资融资平台的搭建，又有创新成果交易服务市场的设置；既有重点试验室、科技园区等硬件实施的完善，又有创新人才的培育、人才引进政策等软件环境的打造。②

3. 从创新产业与城市功能看，上海要建设成为复合型的创新型城市。与伦敦、纽约、大田、硅谷等各侧重于文化、服务、工业、科技中某一方面的创新型城市不同，上海致力于战略性新兴行业、先进制造业、现代服务业的全面发展，致力于建设亚洲乃至国际范围内科技文化重镇，因此上海定位于建设科技、文化、工业、服务全方位复合型发展的创新型城市。

4. 从城际交流与辐射影响看，上海定位于建设在全球有影响力的创新型城市。改革开放三十年，上海基本完成了由工商业城市到经济中心的转变，未来三十年，作为越来越国际化的特大城市，上海的城市辐射范围不止于长三角和全国，而应该建设成为全球有影响力的创新型城市。

把握上海创新型城市建设的内涵与定位，有助于分析思考创新型城市建设对知识产权司法保护的需求。

二、上海创新型城市建设对知识产权司法保护的需求

在创新型城市建设方面，依据纽约、东京、伦敦等世界主要创新型城市的经验，一个健全发达的城市创新体系是创新型城市建设的基础和关键，而城市创新体系应当包括创新主体、创新基础设施、创新人才、创新机制、创新制度、创新服务、创新环境（包括政策、行政管理、竞争环境与司法保护）等要素，这些要素之间应当形成高效运作的网络体系。在这个体系中，知识产权的司法保护是极为重要的创新环境因素，和人才、基础设施等要素

① 周全绍：“加快上海创新型城市建设”，载《党政论坛》2007年12月号。

② 《上海市国民经济和社会发展第十二个五年规划纲要》第五章第一节至第五节。其主要内容是：1. 增强科技创新能力。聚焦国家战略，通过开展重大科技攻关，加强科技创新基础建设，实施创新示范应用工程，为经济社会发展提供有力支撑。2. 激发企业创新活力。以体制创新为着力点，不断提升企业自主创新能力，加快形成以企业为主体、以市场为导向、产学研相结合的技术创新体系。3. 完善创新服务体系。以完善投融资机制为重点，加强创新载体和服务平台建设，加快形成政府推动、市场主导、社会参与的创新服务体系。4. 优化城市创新环境。深化科技管理体制机制改革，深入实施知识产权战略，推动哲学社会科学理论创新，培育创新文化氛围。5. 建设国际人才高地。完善人才发展政策，加强人才队伍建设，优化人才服务环境，充分发挥人才在创新驱动、转型发展中的保障和支撑作用。

一起构成城市创新体系中的支撑系统。

在"十二五"和中长期时间内,上海以"创新驱动 转型发展"为指导思想与工作主题,又"要素驱动"、"投资驱动"转向"创新导向驱动",致力于建设一个创新活动覆盖城市工作各方面,科技、文化、工业、服务全方位复合型发展,在全球具有影响力的创新型城市。由此,上海需在知识经济与经济全球化浪潮中不断增强知识竞争力,需要大大提高知识产权创造、管理、保护与运用的水平,需通过高水平的知识产权保护建设培育高度发达的知识产权文化,这无疑是在新阶段新起点上对知识产权司法保护提出了新要求。概括来说,上海创新型城市建设对知识产权司法保护工作提出以下三方面的新需求。

(一)加强知识产权保护,打造"知识产权高地"

1. 加强知识产权司法保护,遏制"循环侵权"的"劣币效应"。上海知识产权发展水平和知识竞争力虽然居于全国前列,但存在两大缺陷:一是企业自主创新能力不强;二是自主品牌发展不足。[①]经验表明,无论是鼓励企业自主创新,还是鼓励企业发展自主品牌,离开知识产权保护都是难以想象的。在调研中,我们发现很多中小企业处在一种可以名为"循环侵权"的尴尬状态中。企业最先的研发成果被其他企业侵权后,由于维权成本较高或者维权效果不理想,而放弃维权和继续研发,改而选择侵犯其他企业知识产权,因为侵权成本小、获利大,就如"劣币驱逐良币"一样,众多企业选择了侵权而不是研发,甚至有些大企业也加入侵权大军,结果形成你侵我权、我侵他权、他侵你权的"循环侵权"局面,自然就没有技术创新和品牌发展了。我们尚没有侵权现象与技术创新、品牌发展负相关的经验数据,但侵权现象蔓延对于技术创新、品牌发展的阻碍作用应当是不言自明的,应该反思如何通过加强知识产权司法保护,通过降低维权成本、提高侵权成本来遏制"循环侵权"的"劣币效应"。

2. 加强知识产权保护,促进知识产权质量提升。目前,知识产权质量不高既是全国知识产权状况的主要不足,也是上海知识产权发展的突出问题。2010 年上海申请专利 71,196 件,获得授权 48,215 件,居全国第五位,上海获得专利授权中仍以实用新型与外观设计为主,两项合计超过三分之二。截止到 2011 年 8 月,上海国内有效发明专利拥有量为 28,616 件,居全国第三位。[②] 但即使发明专利,由于技术价值普遍不是很高,所以也还有不少水分。在此背景下,上海急需提高知识产权的水平与质量。无论是专利法保护的专利技术、商标法保护的商标品牌还是著作权保护的作品,其质量与市场价值总是与资金、智力、时间等要素的投入成正比,因此在知识产权被侵权后,往往权利人损失很大、侵权人获利很大,知识产权的司法诉讼如果不能给予权利人足够保护,如果不能有效遏

① 英国著名咨询机构罗伯特·哈金斯协会自 2002 年起在全球选择经济实力强、经济增长速度快的 125 个地区,测定知识竞争力指数并排定位次,最近一次全球排名是《2008 年全球知识竞争力报告》。在《2008 年全球知识竞争力报告》各项指标综合排名中,上海超过首尔、香港和北京。但从单项指标看,在企业创新能力、知识的可持续性方面,上海的表现并不优秀,特别是人均企业研发支出排名 101 位,不仅远远落后于国外发达地区,也落后于珠江三角洲(排名 72 位)和北京(排名 90 位)。品牌发展方面,2008 年 1 月,中国品牌研究院公布《第三届中国最有价值商标 500 强》排行榜,500 强商标在各省的分布很不均匀,上海数量列第 7 位、品牌平均价值列第 10 位。而且,上海的优秀品牌主要集中于传统制造业、传统服务业,现代服务业、新兴产业较少,老字号优秀品牌多,而新发展品牌少。

② www.sipa.gov.cn/zscq/node1/node11/userobject1ai8960.html,上海市知识产权局网站,2011 年 10 月 2 日访问。

止侵权行为,自然会打击创新和降低创新与品牌发展投入。因此,要建成高端知识产权云集的"知识产权高地",必须先建成"知识产权保护高地"。

3. 继续保持积极保护知识产权形象,进一步扩大对外开放。上海在新一轮改革开放中,要继续扩大对外开放,增加技术与资金引进,这需要进一步改善法制环境。通过多年努力,上海法院知识产权审判以专业水准和高效工作为上海知识产权法制环境赢得声誉,①上海法院还须继续保持依法保护知识产权的良好形象,解除外资投入特别是外国技术引入在知识产权保护方面的后顾之忧。

(二)加强知识产权公共服务协作,共建"知识产权公共服务平台"

除通过案件审理加强知识产权保护之外,上海法院还需要通过司法职能的强化与延伸,积极发挥知识产权审判对于城市创新体系建设的促进作用,特别是应当加强与人大、政府相关部门的工作,共同建设"知识产权公共服务平台"。

1. 积极发挥知识产权审判对于知识产权相关规则的建设作用。由于知识创造活动最为活跃,知识产权领域发展也最为迅速,知识产权法律规则则盲点多、争议多,知识产权审判在一定程度上起着制定规则的作用。上海法院每年受理不少新类型案件,应通过精心审理总结审判经验与审判规则,并通过一定形式让企业和社会公众广为知晓,弥补立法相对抽象、滞后的缺陷,解决知识产权规则不够丰富和明确的问题。上海法院还应积极参与人大、政府相关立法调研,促进地方知识产权法律制度建设。

2. 积极发挥知识产权审判对于政府公共服务的推动作用。应当通过加强司法与行政的合作,积极参与调研,支持政府在重大项目法律化运作、官产学研合作、制定知识产权政策等方面的公共服务。

(三)加强规范、引导与协作,共建"知识产权法律服务中心"

知识产权的创造、管理、保护与运用是一个系统工程,科技中介、法律服务是其中相当重要的环节。发达国家相当重视对科技中介机构的支持,②重视提供律师、公证、仲裁等高水准的专业法律服务,以促进知识产权的扩散与交易。上海要大力提高知识产权水平,必须大力发展知识产权专业法律服务。上海在迈向全球有影响力的创新型城市远景目标过程中,实现要实现辐射长三角、影响全国的中期目标,当前尤要要在长三角地区发挥龙头作用。为此,上海必须大力发展包括法律服务业在内的现代服务业,必须成为长三角的创新中心与生产服务中心,因此就必须成为长三角的知识产权服务中心。在法律服务

① 美国贸易代表办公室《2008 年度"特别 301"报告》提到"上海被工商业界称赞为中国知识产权保护环境中的相对亮点。由于上海司法系统官员具有良好的专业素质与能力,越来越多的外商选择在上海提起知识产权诉讼","在上海,案件审理很有效率,90% 以上的一审案件能在六个月内审结",《2010 年度"特别 301"报告》提到"上海知识产权司法一直是业界认为中国知识产权司法保护中的亮点"。

② 以美国、日本等国最为典型,尽管这些国家市场化程度很高,但政府对知识产权领域内的中介机构仍给予相当大的支持。拿科技中介机构来说,美国的科技中介组织种类繁多,为技术创新和产业化提供信息咨询和技术支撑服务,主要类型包括技术咨询或经纪机构、大学和研究机构的技术转移办公室、孵化器、技术评估组织、技术测试与示范机构等。这些科技中介服务机构大部分依托于大学、研究机构、协(学)会、政府部门、咨询公司、风险投资公司和律师事务所,很少成为独立实体。政府资助设立国家层面的中介机构,同时制定规则规范普通中介机构,给予非营利性中介机构政策优惠。在日本,官方、地方公共团体以及民间的各种科技中介机构有千余个,主要有两类:一类是国立公立机构,另一类是民营私营机构,前者受政府委托与科研机构订立契约,下达科研任务并监督执行,后者主要从事技术转让等中介服务。

的角度,上海法院应当通过在以下方面加强司法监督,同时加强与相关机构的合作研究,共同提高上海知识产权法律服务的水平,共同建设长三角乃至全国的"知识产权法律服务中心"。主要包括:规范、引导知识产权律师法律服务;规范、引导知识产权公证法律服务;规范、引导知识产权仲裁法律服务;规范、引导知识产权司法审计、司法评估、司法鉴定等司法专业技术服务。

三、创新型城市建设中上海法院知识产权司法保护面临的新挑战

创新型城市建设给上海法院知识产权司法保护的进一步发展带来了新机遇,在新的起点上,上海法院知识产权司法保护工作具有良好的发展基础,比如:政府提供强有力的支持,政府主导下已初步建立比较完整的知识产权公共服务体系;[①]科技、文化、教育基础雄厚,提供充足的科技人文智力支持;法院开展知识产权专业审判较早,审判经验比较丰富,审判体制机制相对完备,审判队伍素质相对较高,社会对上海法院知识产权审判工作评价较高,并在国际上产生一定积极影响。[②]但在以"创新驱动 转型发展"为主题的经济社会发展中,上海在科技、经济、文化、社会各方面将发生一些深刻全面的变化,在上海从思想观念、发展模式、体制机制、企业管理到城市管理全方位创新的创新型城市建设中,知识产权司法保护工作也在总体任务、审判规则、审判方法、审判理念、审判思维、审判体制、审判机制各方面面临的全方位的新挑战。

(一)知识产权竞争日趋激烈,对知识产权司法保护需求不断提高

在转型发展中,知识产权的创造日趋活跃,知识产权对企业经营发展的重要意义日益凸显,知识产权诉讼成为企业保护知识产权、遏制竞争对手的重要手段,知识产权案件数量将继续保持增长势头。

——随着技术创新高潮的到来,专利技术研发应用不断拓展,专利纠纷数量将持续上升;涉案技术质量不断提高;争议金额和赔偿数额越来越高;涉及自主知识产权的专利纠纷逐渐增多,起诉外国公司和外国企业的案件将开始增多;涉外专利纠纷增多,对审判进程和裁判结果的国内外关注度越来越高。

——随着企业创造和保护自主品牌意识的明显增强,涉及商业标志的纠纷将越来越多;涉及商业标志权利冲突纠纷将持续增加;涉及知名企业的重要品牌的案件不断增多,涉及普通企业、普通品牌乃至未注册商业标识的案件也将明显增多。

——随着文化创意的蓬勃发展,版权保护已经超出传统的文化意义而更多地向经济意义拓展。著作权案件将持续大幅增长;互联网依旧是侵权行为与维权保护的主战场,与网络技术开发应用有关的版权纠纷继续受到业界关注,加强著作权保护与促进互联网产业发展、促进知识传播之间的利益平衡始终是网络著作权纠纷审理的关注焦点。

---

① 这一体系主要包括:政府制定了一系列鼓励创新和创新产业发展的政策,形成支持创新和知识产权发展的政策体系;建立并逐步完善整合政府多个部门、两级政府联动的管理与协调机制;建成"一网两库"等信息基础设施与信息公共平台;初步建立以企业为主体、市场为导向、产学研相结合的技术创新体系;建立以张江高科技园区为代表的多个高科技产业园区、创新企业园区、知识产权园区,并在园区搭建创新与知识产权公共服务平台;建立和初步完善行政执法和司法保护双重保护的知识产权保护体系等。

② 美国贸易代表办公室发布的《2010 年度"特别 301"报告》,认为上海是中国知识产权保护中的一个亮点。See 2010 *Special* 301 *Report*, the Office of the United States Trade Representative.

——随着市场竞争程度的日益激烈和商业行为模式的多样化，越来越多的市场行为引起法律争议而需要依法界定和规范。法律明文禁止的不正当竞争行为将减少，但涉及规避法律、挑战法律边界的不正当竞争行为的案件将不断出现；反垄断法制度功能进一步发挥，反垄断诉讼案件不断增多。[1]

同时，随知识产权价值的不断提高，权利人对加大惩处力度、加强知识产权司法保护的需求将进一步增加，增加损失赔偿数额、实行惩罚性赔偿的呼声会更强烈。

（二）技术与商业模式不断创新，对知识产权审判规则、审判方法提出新需求

在上海经济发展由“要素导向驱动阶段”、“投资导向驱动阶段”转入“创新导向驱动阶段”后，新技术、新商业模式、新产业以前所未有的更新速度不断出现，企业期待各种新类型的智力成果与商业利益得到知识产权司法保护。

——涉及高新技术产业的知识产权纠纷将进一步增加。先进制造业、战略性新兴产业等领域的技术竞争日趋激烈，掌握和控制关键领域和前沿技术中的知识产权成为国际国内竞争的焦点。在医药、生物工程、信息通信、大型工业装备、汽车制造、新能源、集成电路设计制造等领域，跨国企业已在国内申请并获得大量专利授权，国内企业在先进制造业、战略性新兴产业等领域必然会与跨国企业产生技术交锋，由此引发的专利、商业秘密纠纷不可避免。另外，本市外商投资主要领域正从生产向研发转移，多家知名跨国企业的研发机构落户上海，也可能由此增加涉及高新技术的知识产权纠纷。

——涉及技术标准的知识产权争议不断增多，技术标准的法律保护成为平衡各方利益的敏感领域。在电子、通信等知识密集的行业，“技术专利化—专利标准化—标准许可化”已成为跨国企业利用技术划分全球市场的标准路线。[2]新兴的国内企业与掌握技术标准的跨国企业之间在专利技术、技术标准问题上的摩擦冲突将趋于白热化，相关专利侵权诉讼增加，技术标准的反垄断争议也将在诉讼中出现。部分案件中，技术标准的著作权法保护还会成为专利保护之外的新诉求，技术标准问题由此更加复杂。

——智慧城市建设中，信息基础设施、信息技术的飞跃式发展，不仅带来的是信息产业的蓬勃发展和城市经济、城市管理、城市居民生活水平的全面提高，也会给社会生活各个方面的法律秩序带来新挑战。在高度信息化的社会环境下，如何在信息效率与信息安全之间保持平衡始终是立法、司法的重要任务。表现在知识产权领域，在实现信息网络“宽带”、“融合”、“泛在”的建设目标后，由于信息网络的信息传输量与覆盖率以乘数效应提高，侵犯知识产权的行为效应也会信息网络以乘数效应扩大（譬如通过三网传播侵权作品、通过三网的电子商务销售侵权商品），在信息网络保护知识产权的任务更加艰巨，利益平衡的矛盾更加突出。

——金融等现代服务业在创新与竞争

① 奚晓明：“能动司法 服务大局 努力实现知识产权审判工作新发展——在全国法院知识产权审判工作座谈会上的讲话”，载最高人民法院民事审判第三庭编：《知识产权审判指导》2010年第1辑，人民法院出版社2010年版，第8页。

② 业界有种流行的说法，“三流企业卖苦力，二流企业卖产品，一流企业卖技术，超一流企业卖标准”，生动地说明了在现代市场竞争中，标准是企业竞争力的主要体现。跨国公司常利用技术标准垄断市场，打压发展中国家新兴企业，我国前些年DVD行业遭受专利侵权诉讼就是显例。

中,将产生更多的知识产权保护需求。随着上海国际金融中心的加快建设,金融企业的金融创新日趋活跃,围绕金融服务、金融产品的著作权纠纷、商标权纠纷、域名纠纷、不正当竞争纠纷将可能增多;围绕知识产权质押融资、证券化的相关纠纷也将可能出现。随着现代服务业的发展,企业利用计算机和网络完成的商业方法,成为企业竞争的重要资源:一方面企业在立法上对商业方法纳入专利保护的呼声日渐高涨;另一方面企业在司法上可能会寻求对商业方法的反不正当竞争保护,形成一类新的诉讼。除商业方法外,技术中介、创意设计、活动策划、展会布置、教育培训等服务领域也将产生一些知识产权司法保护新需求。

新技术、新商业模式在催生各种新智力成果的同时,也调整改变着各种社会关系,在知识产权诉讼中,既有的审判规则、审判方法难以适用于快速变化、日趋复杂的智力成果与社会关系,必须在事实查明上寻找新方法,在法律适用上探索新规则。

(三)知识产权与经济社会需协调发展,对知识产权审判理念与审判思维提出新挑战

"十二五"及中长期时间内,上海经济社会结构处于一个转型期,在这个转型期,新兴产业发展尚未成型,落后产业逐步淘汰;知识经济迅猛发展,社会发展相对滞后;自主创新艰难起步,国际竞争压力重重。在这个转型期,各种利益需求与各种冲突矛盾围绕知识产权竞争展开,在知识产权诉讼中,如何平衡好各种利益关系,实现知识产权与经济社会协调发展,对知识产权审判理念、审判思维提出新挑战。

——知识产权保护水平与经济社会发展水平之间的冲突协调。知识产权保护对经济社会发展的"双刃剑"作用非常明显,适度保护可以鼓励创新与知识传播,促进经济社会发展,而脱离经济社会发展阶段和水平的过高或过低保护,都会妨碍经济社会发展。在上海知识经济迅猛发展而经济社会发展相对滞后的转型期,既要保护知识经济的发展需求,又要照顾经济社会发展的总体水平;既要保护技术创新,又要防止过度提高技术利用成本,阻碍后续技术创新和不适当地压缩企业发展空间;既要保护创作,又要鼓励知识传播。

——自由竞争与公平竞争的冲突协调。在经济社会发展的转型期,学习模仿依然是最基本的竞争手段。一方面要充分保护知识产权、维护竞争秩序,另一方面也要容忍合理的学习模仿,给企业留下足够的自由竞争空间。对商业秘密的保护也不得妨碍择业自由与竞争自由。

——保护权利与防止权利滥用的冲突协调。权利保护与防止权利滥用始终是知识产权制度的基本矛盾,这一矛盾在经济社会发展转型期尤其突出:一方面知识产权保护意识、文化、习惯的养成需要通过知识产权司法保护着力推进;另一方面滥用知识产权现象也很突出,需要在司法在保护权利与防止权利滥用两方面明确导向。

——保护自主创新与参与国际竞争的冲突协调。自主创新是上海创新型城市建设的基本路径和重要标志,在经济全球化、国际知识产权竞争日趋激烈的背景下,一方面必须依法支持自主创新,另一方面在遵守国际公约、维护知识产权司法保护国际形象上面临更大的压力。

（四）知识产权司法保护的专业性要求进一步提高，对知识产权审判体制、审判机制提出新期待

与上海经济社会的转型发展相适应，知识产权司法保护在经历了起步到初步发展的阶段后，目前也进入一个转型发展期：随着知识产权质量的提高，知识产权问题复杂程度的增加，对知识产权审判的专业性要求明显提高；知识产权司法保护的影响力不单单停留于保护知识产权的态度与行动效率，知识产权审判的专业水平、知识产权审判标准的稳定性逐步成为最受关注的因素。

与此相应，如何在已有专业化审判体制、审判机制的基础上，进一步改革完善知识产权审判体制、审判机制，优化审判资源配置，最大程度地提高审判水平的专业性、维持审判标准的稳定性，是上海法院知识产权司法保护工作面临的新课题。

四、上海法院知识产权司法保护的发展战略

在“十二五”及中长期时间内，为应对创新型城市建设对知识产权司法保护的新需求、新挑战，实现上海知识产权司法保护工作的科学发展，充分发挥知识产权司法保护对上海创新型城市建设的积极作用，必须为今后一段时期上海法院知识产权司法保护的发展确定科学的发展战略。

从宏观战略而言，上海法院知识产权司法保护工作应坚持以下发展战略：

——可持续发展战略。立足上海法院实际，科学规划，适时调整，综合发挥制度、人才各种资源优势，保证上海知识产权审判的持续发展。

——精品战略。发现、培育、涌现大量精品案，培养具有品牌效应的知名法官，建设具有品牌效应的知名法院，延续上海法院树精品、出人才的优良传统。

——创新发展战略。在审判管理、审判模式等方面不断革新改进，从创新中求效率。

——协同发展战略。有效协调知识产权司法与立法、行政等部门的关系，营造优良法治环境，促进上海知识产权各项工作共同发展。

从主要工作而言，上海法院应当坚持不懈在以下方面推进知识产权司法保护：

（一）进一步完善知识产权审判机构

1. 进一步健全基层法院知识产权审判机构。根据全市法院知识产权审判工作的发展形势，结合各区经济社会发展状况与审判工作进展情况，根据就近、便利、集中原则，适时增加设立基层法院的知识产权审判机构，力争五年内实现本市50%的基层法院设立知识产权审判庭。

2. 研究探索在中级法院层级建立知识产权上诉法院。根据《国家知识产权战略纲要》“探索建立知识产权上诉法院”[①]的远期设想，

---

① 知识产权上诉法院是某些国家为解决技术型知识产权案件审理困难问题而特别设置的法院，包括两种类型：(1)在普通法院体系中设立专门的知识产权上诉法院，审理全国知识产权上诉案件。比如，在美国，虽然管辖权分工上州法院对商标事务拥有审理权，专利、版权纠纷归联邦法院审理。但事实上，几乎所有的知识产权案件皆由联邦法院审理，而且事实上将所有的知识产权上诉案件集中到第13联邦巡回上诉法院统一审理，第13联邦巡回上诉法院也就成了实质意义上的知识产权上诉法院。李学辉：“知识产权上诉法院：借鉴与启示”，载《台声：新视角》2005年第9期。(2)由专利复审、商标评审机构转化而来的上诉法院，专门审理对专利、商标行政决定不服提起的上诉案件。1961年，德国设立联邦专利法院，专门受理当事人针对德国专利与商标局决定提起的有关专利、商标、外观设计、实用新型和集成电路布图设计的上诉，以及针对其他行政决定的上诉案件。这是一种为简化复杂的专利无效、商标异议等行政决定与行政诉讼程序而设计的审判体制，实际是用一个上诉审程序取代冗长的行政复议与行政诉讼初审、二审程序。郭寿康、李剑：“我国知识产权审判组织专门化问题研究——以德国联邦专利法院为视角”，载《法学家》2008年第3期。

先行先试,借上海成立第三中级人民法院的契机,在研究探索金融、知产、行政等专业审判领域实行上诉案件集中审理的基础上,探索在中级法院层级尝试建立知识产权上诉法院,统一受理不服全市基层法院判决的知识产权上诉案件,以及应当由中级法院受理的一审知识产权案件。

(二)大力加强知识产权专业化审判队伍建设

3. 充实知识产权审判队伍,保持队伍稳定。扩大招录知识产权法律专业人才,注重吸收具有理工技术背景的专业人才,充实各级法院知识产权审判队伍。采取有效措施保持审判队伍,各法院始终保持知识产权审判人员50%以上人员具有3年以上知识产权审判经验。

4. 加强专业培训。不断加强知识产权审判条线的专业培训,将知识产权审判内容纳入法官"菜单式培训",同时加强与知识产权局、商标局、专利商标事务代理机构等机构的培训合作,借助专利审查、专利代理、商标审查等培训项目,普遍提高知识产权法官专业水准。

5. 支持法官开展学术研究。鼓励法官开展学术研究、发表专业论文、出版个人专著,在各类法学、知识产权专业刊物发表专业论文。

6. 培养专家型的知名法官。制定培养计划,培养一批懂法律、懂科技、懂外语的专家型法官。五年内,争取有3~5名法官入选"全国法院审判业务专家"。培养在国际有影响的知名法官。

(三)继续创新与完善知识产权审判工作机制

7. 深化"三合一"综合审判机制。(1)在现有的设立知识产权审判庭的基层人民法院实行民事、刑事案件跨区划片集中指定管辖的基础上,探索实行知识产权行政案件的跨区划片集中指定管辖。(2)进一步完善"三合一"综合审判模式的相关工作制度,统一知识产权案件案号,统一知识产权民事、行政和刑事案件立案标准。(3)加强与公安、检察及其他行政执法机构的沟通协调,加强知识产权刑事司法。(4)在现有中级法院、基层法院已实行"三合一"综合审判模式的基础上,研究探索高级法院知识产权民事、行政和刑事案件的"三合一"综合审判。

8. 推广建设专项审判合议庭。基层法院普遍设置著作权案件合议庭与商标竞争案件合议庭;中、高院普遍设立专利案件合议庭、商标案件合议庭、著作权案件合议庭、反垄断与竞争案件合议庭。

9. 探索在部分基层法院开展外观设计与实用新型专利案件审判。

10. 推进知识产权纠纷委托调解,促进知识产权纠纷多元解决机制建设。充分发挥著作权纠纷委托调解机制作用,探索建立商标、专利等案件的委托调解机制。

11. 强化与国家知识产权行政机构合作。继续强化国家知识产权局专利复审委员会的合作交流机制,继续互派人员工作交流,拓展在人员培训、资料信息共享等方面的交流合作;探索建立与国家工商行政管理总局商标评审委员会的工作交流机制。

12. 继续建设完善"上海法院知识产权审判技术咨询专家库",支持技术专家担任人民陪审员，鼓励技术专家以技术调查官[①]、专家证人等多种形式参与审判活动，充分发挥技术专家作用，提高法官调查并确定法律事实的能力。

（四）树立与坚持正确的知识产权审判理念

13. 坚持能动司法，审判服务大局。立足于审判职能，立足于国情，积极发挥司法能动作用，加大专利权保护力度，着力培育科技创新能力和拓展创新空间，积极推进自主创新；加强商业标识保护，积极推动品牌经济发展，规范市场秩序和维护公平竞争；加强著作权保护，为文化创新与知识传播提供充分司法保障。

14. 统筹兼顾各种重大关系。（1）统筹兼顾保护私权与维护公共利益，既要强化私权保护意识和尊重私权保护规律，通过依法保护当事人的合法权益鼓励创新；又要合理界定知识产权的界限，确保私权与公共利益的平衡。（2）统筹兼顾知识产权与经济社会协调发展，从经济社会发展实际出发，善于利用司法政策、自由裁量权和法律适用技术，使司法保护既合法又适度。（3）统筹兼顾知识产权保护与防止权利滥用，既要加大知识产权司法保护力度，又要防止知识产权滥用。

（五）强化知识产权审判职能作用

15. 依法审理涉及专利、技术秘密、计算机软件、集成电路布图设计等技术性知识产权案件，合理适度保护创新成果，推动科技进步与创新，提高自主创新能力；根据国家战略导向，大力促进生物、医药、信息、新材料、先进制造、先进能源、海洋、资源环境、航空航天等领域核心专利的创新，大力促进高新技术产业与新兴产业发展。

16. 依法审理涉及商标、商号、地理标志等商业标识的商标侵权纠纷案件、不正当竞争案件，制止假冒、仿冒等混淆和误导公众行为，严格规范市场竞争秩序，创造公平有序、充满活力的市场环境。

17. 依法审理各类著作权纠纷和涉文化类知识产权案件，推动社会主义文化大发展大繁荣。加大对盗版行为的惩处力度，鼓励优秀文学、艺术、科学作品的创作与传播，促进文化、创意产业健康发展；依法审理侵犯信息网络传播权案件，规范互联网传播秩序，促进互联网产业健康发展。

18. 依法审理商业秘密纠纷案件，制裁窃取他人商业秘密的行为，妥善处理竞业限制纠纷案件中保护商业秘密与自由择业、涉密者竞业限制与人才合理流动的关系，规范和引导企业强化商业秘密管理，维护职工合法权益。

19. 依法审理知识产权合同纠纷案件，维护合同秩序，促进知识产权流转与利用。

20. 依法审理涉及遗传资源、传统知识、民间文艺的知识产权纠纷案件，保护持有者知情同意和惠益分享的权益，推动遗传资源、传统知识、民间文艺的保护、开发和利用。

21. 依法监督和支持知识产权行政执法，促进知识产权行政保护。依法审理知识产权行政案件，保护知识产权行政相对人的利益，支持行政机关制裁知识产权侵权行为，维护知识产权行政执法秩序。

22. 依法严惩侵犯知识产权犯罪，充分发挥刑罚惩治和预防侵犯知识产权犯罪的功

① 在德国、日本和我国台湾地区存在的由技术人员辅助法官审判的一种方式，由专利复审委派出人员作为技术审查官，或者由法院招录技术人员担任技术审查官，专门就技术型知识产权案件中的技术问题做出技术调查裁决或技术调查意见。

能。依法运用各种刑事制裁措施保护知识产权，重点打击假冒注册商标、销售假冒注册商标的商品、假冒专利、侵犯商业秘密等犯罪行为以及有组织的侵犯著作权犯罪行为。

23. 防止滥用知识产权。依法审查和支持在先权、先用权、现有技术、禁止反悔、合理使用等抗辩事由，制止垄断行为，依法受理和审查确认不侵权之诉和滥诉反赔之诉，规制滥用知识产权和诉讼程序打击竞争对手、排除和限制竞争、阻碍创新的行为，维护社会公众的合法权益。坚持驰名商标司法认定的必要认定原则、被动认定原则、个案认定原则、合理认定原则和严格认定原则，严格、谨慎地认定驰名商标。

（六）不断加大知识产权保护力度

24. 降低诉讼成本。采取缓交、减交、免交诉讼费措施，支持经济困难的个人权利人起诉维权，支持新兴行业的中、小企业起诉维权。充分利用网络技术，探索电子送达、视频作证、远程审判、远程调解等新型工作方式，减少当事人参与诉讼活动的支出。

25. 积极慎重采取临时司法措施。高度重视临时措施的时效性，准确把握采取临时措施的实质性条件，对于当事人诉前或诉中提出的临时禁令、先予执行、财产保全和证据保全申请，要积极受理、迅速审查、慎重裁定、立即执行。

26. 依法加大侵权赔偿和民事制裁力度。坚持贯彻全面赔偿原则，补偿权利人经济损失以及合理的维权成本。积极引导当事人举证，尽量依据权利人实际损失或侵权人非法获利判决赔偿数额，避免简单适用法定赔偿；加大恶意侵权、重复侵权、群体侵权、规模化侵权等侵权行为的赔偿责任；加强对法定赔偿措施适用前提、举证认证与损害赔偿标准的研究和协调，防止类似案件赔偿额出现过大差异；支持权利人为制止侵权而支出的律师费、公证费、交通费等合理费用。依法运用民事制裁措施，惩处侵权恶意大、侵权情节严重的侵权人。

27. 加大刑事处罚与打击力度。依法适用主刑，加大罚金刑的适用与执行力度；加大采用追缴违法所得、收缴犯罪工具、销毁侵权产品、责令赔偿损失等措施，从经济上剥夺侵权人的再犯罪能力与条件；在知识产权民事与行政案件审理中，发现犯罪嫌疑线索，符合刑事自诉条件的，告知当事人可提起刑事自诉，符合刑事公诉条件的，及时将涉嫌犯罪内容移送公安机关侦查处理。

28. 强化知识产权案件的强制执行。健全知识产权案件强制执行机制，在执行部门中指定专人负责知识产权案件执行；健全执行威慑机制，对拒不履行停止侵权的生效裁判和再次侵权的被执行人，支持权利人依法追究其民事责任，并视情节依法协调公安、检察机关追究其刑事责任。

（七）充分发挥知识产权司法保护信息平台作用

29. 继续建设维护“上海法院知识产权司法保护网”互联网站，将“上海法院知识产权司法保护网”建设成为国内具有较大影响力的知识产权专业网站。

30. 充分实现信息化条件下的司法公开。完善涉诉信息查询、裁判文书上网等审务公开措施；扩大网络庭审直播，扩大电子文书送达、电子证据交换、远程审判等便捷审判方式。

31. 强化互联网站信息化平台的交流功

能,加强信息更新,增强本市各法院与全国各法院间的信息交流,增强司法界与业界、与全社会的互动交流。

32. 加强法院内网建设,继续开发完善适应知识产权审判管理需要的应用软件,继续发挥内网在信息交流、调研指导等方面的重要作用。

(八)进一步延伸司法职能

33. 加强与行政机构协调与合作,支持上海重点行业、重点项目的知识产权创造、管理、保护与运用。

34. 协助最高人民法院在沪设立知识产权司法解释调研基地,协助最高人民法院在沪开展知识产权司法解释的立项调研,司法解释稿征求意见,根据最高人民法院委托起草司法解释稿的建议文本。

35. 积极开展司法建议,推进社会管理创新。针对知识产权审判中发现的本市政府机构、企事业单位、科研机构在知识产权创造、管理、保护与运用等方面存在的问题,及时向行政主管部门、行业协会和企事业单位、科研机构提出司法建议,为健全制度、加强管理提出意见。

36. 加强知识产权法制宣传,推进知识产权文化建设。(1)每年发布年度知识产权司法保护白皮书和年度十大知识产权案件,召开新闻发布会,通报本市法院加强知识产权司法保护的相关工作。(2)每年编写出版知识产权案例选,每两年出版英文案例选。(3)每年编辑出版《上海法院知识产权审判年鉴》,汇编年度重要案件、重要报告、重要论文等知识产权司法保护的重要文献资料。(4)公开利用公开开庭、集中宣判、法制讲座、专题报道、深度报道等多种形式以及报纸、电视、互联网等各种传播媒介,树立本市法院知识产权司法保护的良好形象,推动知识产权意识的宣传普及与知识产权文化建设。

37. 进一步扩大对外司法交流。支持参与国家和本市组织的海外知识产权专项交流,增强国际视野,提升专业水准,宣传中国知识产权司法保护;举办、协办知识产权司法保护国际会议,加强知识产权司法的信息交流;鼓励、接受境外机构旁听涉外知识产权案件庭审。

关于商标侵权诉讼抗辩事由的调研报告

浙江省高级人民法院课题组*

随着社会经济的不断发展,商标所蕴涵的经济价值和商业声誉越来越受到市场经营主体的关注和重视。与商标侵权诉讼日益增多相对应的是,被诉侵权行为人所主张的抗辩事由亦呈现多样化和复杂化趋势。人民法

* 主持人:徐杰;成员:徐杰、周根才、高毅龙、何琼、陈宇、侯洁、褚满尝、孙斌、余国英、顾宏斐。

院在审理商标侵权纠纷案件中如何正确审查抗辩事由成立与否,合理平衡商标权人依法享有的专用权与社会公共利益之间的关系,对于维护正常的市场竞争秩序和引导企业创立自主品牌都具有十分重要的意义。商标侵权抗辩依据其抗辩的法律属性和内容可区分为诉讼程序抗辩和诉讼实体抗辩。诉讼程序抗辩主要包括诉讼主体抗辩、诉讼管辖抗辩等,诉讼实体抗辩主要包括权利无效抗辩、不侵权抗辩、诉讼时效抗辩以及免责抗辩等。审判实践中大量遇到的疑难问题集中在诉讼实体抗辩中的不侵权抗辩和免责抗辩。为此,我们成立了课题组,对2008年以来全省法院审结的商标侵权纠纷案件进行了梳理和总结,对其中的不侵权抗辩事由所涉及的主要法律问题进行了专题调研。现将调研情况总结如下,并以此指导全省法院正确审理商标侵权纠纷案件。

据统计,自2008年1月至2010年12月,全省法院共受理一审商标侵权纠纷案件2057件,其中2008年421件,2009年657件,2010年979件;审结1875件,其中2008年361件,2009年634件,2010年880件,受理和审结一审商标侵权纠纷案件数量均以每年40%以上的速度递增。在审结案件中,共有353件以判决方式结案。在这353件案件中,被诉侵权行为人除提出商标不相同(或不相近似)以及产品不同类(或不类似)等理由外,还主要包括以下抗辩事由:正当使用抗辩32件,权利冲突抗辩20件,合法来源抗辩150件。另外,还有部分案件被告以其使用注册商标的行为已经权利人许可,以及原告注册商标未投入商业使用为由进行抗辩。①

一、正当使用抗辩

我国《商标法》对商标侵权诉讼中的正当使用抗辩并未作直接规定,只是在《商标法实施条例》第49条中规定,注册商标中含有的本商品的通用名称、图形、型号,或者直接表示商品的质量、主要原料、功能、用途、重量、数量及其他特点,或者含有地名,注册商标专用权人无权禁止他人正当使用。但由于上述规定较为原则,因此在不少商标侵权案件中,各方当事人以及不同法院、不同法官对被告主张的正当使用抗辩能否成立争议较大,直接影响到案件的审理结果和裁判标准的统一。从审判实践来看,正当使用抗辩主要涉及以下几个方面:

(一)通用名称的正当使用

相对于特有名称而言,通用名称是指在一定范围内被普遍使用的某一商品种类的名称。根据形成过程和原因,通用名称可分为二类。第一类是规范的商品名称,如在国家标准、行业标准以及专业工具书、辞典中载明的商品名称。第二类是约定俗成的商品名称、普遍使用的表示某类商品的通用名称或商品名称的简称。如在雅戈尔集团诉李春红不侵犯“DP”注册商标专用权纠纷案中,②法院审理后认定,“DP”为服装行业面料抗皱整理技术的约定俗成的通用缩写名称,故被告有权为描述自身产品的需要正当使用“DP”

---

① 从诉讼法角度而言,广义上的抗辩包括否认和狭义上的抗辩。“否认”是指被告对原告承担举证责任的事实表示不认可;“狭义上的抗辩”是指被告另外对原告的诉讼请求提出反驳,此时被告对该反驳承担举证责任,比如被告主张的违法阻却事由、举证责任倒置情况下的无过错事由等。本调研所指的抗辩仅包括后者,故被告否认其标识与注册商标相同(或近似)以及与注册商标核定使用商品相同(或类似)的案件,未纳入本次调研范围。

② 宁波市鄞州区人民法院(2008)甬鄞民一初字第2691号。

标识，该行为不侵犯原告对“DP”注册商标所享有的专用权。

在诉讼中，认定通用名称的难点在于通用名称是否以全国范围内相关公众的通常认识为判断标准。一种观点认为，只有在全国范围内通用才能认定为通用名称；另一种观点认为，需视所涉产品涵盖的区域作出判断，在某个特定区域内通用的产品名称，也可认定为通用名称。我们认为，一方面，《商标法》虽然明确规定禁止将通用名称作为商标申请注册，即使获得了注册，也属于可撤销的商标，但对于通用名称的具体法律含义未作出明确规定；另一方面，我国幅员辽阔，由于历史传统、风土人情以及历史环境等因素，某些商品（如土特产）的市场较为固定，其仅为特定区域范围内的相关公众所知晓和使用。因此，为维持执法标准的统一，是否属于通用名称，原则上应当以其在全国范围内是否为相关公众所通常认识为标准。个别情况下仅在特定区域内通用的商品名称也可以认定为通用名称。如在徐自强诉吴平江商标侵权案[①]中，原告为“杜搭”注册商标专用权人，但根据被告提供的浙江省非物质文化遗产普查成果汇编（嘉兴市桐乡市乌镇镇卷）、书籍《乌镇东西》、《乌镇掌故》、《书乡乌镇》等证据以及原告网站的宣传页面证据来看，在原、被告商品的主要销售地——桐乡乌镇，杜搭酒有其独特含义，系三白酒在当地的一种通用别称，其主要原料为白水、白米和白面，在乌镇民间有民谣“猫屎芋艿杜搭酒，客人吃了不肯走”，因此在被告的商品包装上对于厂家名称、商标和字号的使用均较为明显的情况下，被告使用“杜搭”并不侵犯原告的注册商标专用权。

（二）地名的正当使用

地名是指具有特定空间位置和地域范围的地理实体的专有名称，包括行政区划的地理名称、自然地理区域的名称等。由于地名是标示特定地理实体的词汇，属于公共资源，为社会公众所共享，故《商标法》规定，县级以上行政区划的地名以及为公众知晓的外国地名，不得作为商标注册，但地名具有其他含义或者作为集体商标、证明商标组成部分的除外。因此，以地名作为商标申请注册，受到严格的限制，以避免社会公共资源被独占，进而损害社会公共利益。但对于已注册为商标的具有第二含义的地名、县级以下行政区划地名以及自然地理名称等，由于其兼具商标法律属性和地名自然属性，两者相互交叉，因此在涉及地名商标的商标侵权诉讼中，双方争议较大。从我省审判实践看，涉及地名商标正当使用抗辩的案件主要有以下类型：

1. 景区地名的商标正当使用。

我省是旅游大省，有大量自然旅游资源，如瑶琳仙境、垂云通天河、灵栖胜境、神龙川。由于以这些自然旅游资源形成的景区名称并不属于县级以上行政区划地名，因此有不少景区名称被他人申请注册为商标。如在苗某诉新安江旅游公司等侵犯商标专用权纠纷系列案[②]中，苗某先后申请注册了上百件景区地名商标，并认为有关旅游服务公司使用与注册商标相同的景区名称为游客提供服务，构成对其注册商标权的侵犯。但一、二审法院审理后均认为，在苗某取得注册商标专用权以前，被告就一直使用“大慈岩”等景区名称

① 嘉兴市中级人民法院（2010）浙嘉知初字第86号。

② 浙江省高级人民法院（2010）浙知终字第32号、第33号、第42号。

宣传、介绍相应的旅游景点,其在景区门票、宣传资料等载体上使用被诉侵权标识是为了指示旅游景点而非区分服务来源,即被诉侵权行为并非商标法意义上的使用行为,而是对景点名称的正当使用,故不构成商标侵权。

2. 地理标志地名的正当使用。

根据《商标法》第16条第2款的规定,地理标志是指标示某商品来源于某地区,该商品的特定质量、信誉或者其他特征,主要由该地区的自然因素或者人文因素所决定的标志。根据国家质检总局制定并于2005年7月15日施行的《地理标志产品保护规定》的规定,地理标志产品应由当地县级以上人民政府指定的地理标志产品保护申请机构或人民政府认定的协会和企业提出申请,经国家质检总局批准后获得保护,该产地范围内符合条件的生产者经申请,即可在其产品上使用地理标志产品名称和专用标志。

在涉及地理标志和地名商标冲突的商标侵权纠纷案件中,被告通常的抗辩理由就是其对地名的使用属于对地理标志的使用,属于正当使用,并不构成商标侵权。如在浙江省食品公司诉永康火腿厂等侵犯"金华火腿"商标侵权纠纷案①中,法院审理后认为,虽然原告系"金华火腿"注册商标专用权人,但永康火腿厂经原国家质量技术监督局批准,有权使用"金华火腿"原产地域产品名称。② 永康火腿厂不但在其火腿外包装显著位置标明了自己的"真方宗"注册商标、企业名称、厂址、联系方式等信息,而且在火腿表皮上标注的"金华火腿"下端标明了"原产地管委会认定",上端亦标有"真方宗"字样。从上述使用方式可以认定,永康火腿厂标注"金华火腿"的目的是表明原产地域产品,该行为不构成对原告"金华火腿"注册商标专用权的侵害。

(三)正当使用的其他问题

1. 说明性正当使用。

《商标法实施条例》第49条仅仅规定了对商标中包含的描述性内容可进行正当使用,但从商业活动来看,商标的正当使用不仅包括对描述性内容的正当使用,还包括在特定条件下对商标的说明性合理使用。对商标的说明性使用,是指为了说明提供商品或服务的范围或特点,而用叙述性文字使用他人商标。如联想电脑标注"Intel Inside"在于说明其使用了英特尔公司中央处理器的事实;有的电池厂商在电池上注明"FOR NOKIA",是为了说明其系为诺基亚手机生产的配套电池。这种使用方式一般不会使消费者对商品或服务的来源产生误认或混淆,使用者可以此为由进行有效的正当使用抗辩。

但说明性正当使用的行为方式应当有一定的限度,即经营者必须是以直接使用叙述性文字的方式,说明经营的商品种类及提供服务的范围。如果经营者在企业名称、店铺名称以及店招中以单独或者突出标注的形式使用他人注册商标,如突出标注"茅台"、"五粮液"等字体,或者自称为"茅台专卖店"、"资生堂专柜"、"苹果授权零售商"等,由于这种使用方式和行为不但会使经营者不正当地获得竞争优势,而且向消费者传递的信息本身就是虚假的,因此不属于说明性正当使用。

2. 对包含商品其他特点词汇的正当

① (2003)沪二中民五(知)初字第239号。

② 1999年8月17日,原国家质量技术监督局《原产地域产品保护规定》开始施行,后被《地理标志产品保护规定》所取代。在我国行政体系内,"原产地域产品"的称谓亦逐步向"地理标志产品"过渡。地理标志与原产地名称在审判实践中一般认为系相同概念。

使用。

根据《商标法实施条例》第49条的规定，对注册商标中包含的商品的其他特点的词汇，商标权利人也不能禁止其他人进行正当使用。如对于香水产品的“芳香”、巧克力口感的“浓郁”、酒类产品的“醇厚”等涉及商品品质、味道的形容性词汇，若行为人在使用此类词汇时仅仅是为了表述该产品的特点，则可认定为正当使用。如在平分厂诉不凡帝范梅勒公司侵犯“浓浓”商标侵权纠纷案[①]中，法院审理后认为，“浓浓”一词本身的显著性不强，且在第一含义上，普通消费者容易将其理解为描述奶制品含奶量高、奶香浓郁的一个普遍使用的形容词，系对产品特点的一种描述，故被告在其糖果包装上系以合理的标注方式使用“浓浓”词汇，属于正当使用。

（四）认定正当使用需要考量的具体因素

从审判实践来看，认定被告的使用行为是否属于正当使用，应主要围绕使用意图、使用方式和使用效果等三方面进行审查。在有的案件中，还需结合历史传承等特定因素进行综合考量，并根据案件具体情况进行判断：

1. 使用意图。

行为人是出于描述、说明产品的目的而善意使用相关标识，还是出于攀附他人商誉的不正当竞争意图而使用他人商标，是判断是否构成正当使用的重要因素。但由于使用意图是行为人的主观心理活动，因此通常需要借助行为人的客观行为形态来作出判断。使用行为是否必要，是判断行为人是否善意的主要依据。经营者在向公众提供商品时，为了使消费者能够充分了解所购商品的信息，有必要描述说明所售商品各方面的性状、特点。对商品质量、原料、功能、来源地等的描述显然都是消费者在购买前需要获取的必要信息，因此，如果行为人系合理使用他人商标中的此类文字或图形对其商品进行真实的描述说明，则可认定为必要，从而推定其具有善意的使用意图。

2. 使用方式。

要构成正当使用，不但应为描述产品性状、特点所必要，而且在使用方式上应当正当合理。对于使用方式是否合理，可以参考商业、行业惯例等因素或专业协会的意见进行判断。审判实践中常见的不正当使用方式包括：将他人商标置于显著位置，以加大加粗等方式进行突出使用；不标注或未妥善标注自身的注册商标、企业名称等信息；采用与注册商标相同或相似的字体或行文布局等。如在龙泉市宝剑厂诉龙韵公司侵犯“龙泉宝剑”商标专用权纠纷案[②]中，被告在域名为“8j88. cn”的网站上销售的刀剑产品并非原告生产，其不但将网站命名为“龙泉宝剑网”，而且每幅宝剑图片上还有“龙泉宝剑网”的水印，不断强化所售产品与“龙泉宝剑”之间的关系；该水印中的“龙泉宝剑网”五个字与其下方的“www. 8j88. cn”和右上方的“龙韵”相比，字体更大，色彩更明显；此外，多数宝剑介绍图下未标注生产企业名称，在公证保全的实物上亦无任何生产厂家的记载。根据上述事实，法院认定被告使用“龙泉宝剑”的行为并非单纯出于标注商品产地的需要，已经超出了善意和必要的范围，不构成正当使用。

3. 使用效果。

有观点认为，正当使用制度的立法目的在于限制商标权人对描述性词汇的独占，平

① 浙江省高级人民法院（2007）浙民三终字第124号。
② 浙江省高级人民法院（2010）浙知终字第63号。

衡权利人和社会公众的利益,降低消费者获取信息的成本。因此在他人善意合理地使用描述性词汇的情况下,即使在客观上造成了一定程度的混淆误认,商标权人也应当予以容忍,故"不构成混淆"并非正当使用抗辩成立的要件。我们认为,一般而言,对描述性词汇的正当使用在客观上并不会造成混淆误认,但考虑到我国目前不规范使用商标标识的情况还大量存在,为尽可能减少市场混淆,在判断是否构成正当使用时,还是应当考虑混淆因素,将"不构成混淆"作为正当使用的一个成立要件,以此促使行为人更加规范谨慎地使用描述性词汇。

4. 影响正当使用认定的其他因素。

(1)注册商标的显著性和知名度。

商标的本质特征是标示商品及服务的来源。因此,商标所具有的标识经营者提供的商品或服务,并区别不同经营者提供的商品或服务之属性,就是商标显著性。[①] 组成商标的词汇是否为臆造词汇或通用词汇,决定了商标的显著性强弱。同时,商标通过不断地使用,在积累商誉和提升知名度的同时,也会增强商标的显著性,增强其区分商品或服务来源的功能。对于含有描述性词汇的商标,由于其本身显著性较弱,因此必须通过持续的使用,才能不断提升商标的知名度和显著性,产生区别于商标词汇原义的第二含义,从而起到有效区分商品或服务来源的作用。如在平阳县南麂岛公司诉温州南麂岛公司侵犯"南麂岛"商标专用权纠纷案[②]中,原告虽然享有"南麂岛"注册商标专用权,但由于"南麂岛"系地名,显著性不强,其作为商标本身的知名度也未使相关消费者将该商标与特定商家之间产生固定联系,因此虽然被告在其生产的大黄鱼产品上标注了"南麂岛"字样,但传达的是海产品的产地信息,属于正当使用该地名来表示商品与产地、地理位置等之间的联系,故被告的使用行为不构成商标侵权。

(2)注册商标的历史因素。

商标的产生和发展有其自身的历史沿革过程。在判断使用他人注册商标的行为是否构成正当使用时,应当充分考虑和尊重相关历史因素,不能机械片面地轻易认定侵权成立。但即使认定侵权不成立的情形,为规范被告的使用行为,可以根据个案情形,依照公平原则,对被诉的使用行为作出必要和适当的限制。如在狗不理集团诉天丰园饭店侵犯"狗不理"商标权纠纷案[③]中,法院认为,由于在原告注册"狗不理"服务商标之前,被告已持续使用"狗不理猪肉灌汤包"作为菜品名称。故在考虑上述历史因素的基础上,被告仍可保留该菜品名称,但根据公平原则,其不得作其他扩张性使用。

二、权利冲突抗辩

由于同一客体可衍生两项不同性质的知识产权,而知识产权权利范围本身亦具有模糊性,知识产权权利冲突难以避免。因此,在商标侵权案件中,被告也经常以享有独立于原告的知识产权作为不侵权的抗辩事由。从审判实践来看,被告主张的权利冲突抗辩主要有以下类型:

(一)商标权抗辩

1. 以核准注册的商标抗辩。

为维护商标全国集中授权制度,《最高人民法院关于审理注册商标、企业名称与在先

---

① 邓宏光:《商标法的理论基础——以商标显著性为中心》,法律出版社2008年版,第2页。

② 浙江省高级人民法院(2010)浙知终字第95号。

③ 最高人民法院(2008)民三监字第10-1号。

权利冲突的民事纠纷案件若干问题的规定》规定,对于原告以他人使用在核定商品上的注册商标与其在先的注册商标相同或近似为由提起诉讼的,人民法院应当告知原告向有关行政主管机关申请解决。因此,若被诉侵权行为系被告在核定商品上使用其注册商标,人民法院在立案阶段应不予受理,或者在受理后裁定驳回起诉,并告知原告向有关行政机关申请解决。但是,如果被告以改变显著特征、拆分、组合等方式使用其注册商标,或者超出了核定商品的范围,那么被告就此主张的商标权抗辩就不能成立,人民法院应根据商标侵权判定规则,认定被诉行为是否构成对原告注册商标权的侵犯。如在广州大明公司诉义乌市圣博公司等商标侵权纠纷案①中,被告抗辩称被诉侵权商品购自案外人鸿发公司,而该公司享有"澳妮圆 AONIYUAN加双椭圆外框图形"注册商标专用权,其中澳妮圆与 AONIYUAN 分上下两排,拼音部分为斜体。但被告在实际使用时,"澳妮圆"三字与 AONIYUAN 相分离呈纵向排列。法院认定被告的上述使用行为系将鸿发公司的注册商标进行拆分、变形使用,与原告的"AoNi"商标构成近似,属于侵权行为。

2. 以尚在注册程序中的商标抗辩。

针对原告的商标侵权指控,被告有时会以其使用的商标已向商标局提出注册申请,商标局已经受理,或者商标局已经初步审定后予以公告为由,请求驳回原告起诉,或者中止案件审理。对此,有观点认为,由于被告使用的标识已处于注册程序中,其能否获得注册不能确定,故人民法院应当采纳被告的意见,中止案件审理,待商标局甚至商评委有明确结论后,再恢复诉讼。我们认为,虽然被告抗辩认为其使用的商标已处于注册程序中,但由于该商标尚未获准注册,被告尚不享有注册商标专用权,原告对被告使用该商标的行为可提起民事诉讼,由人民法院根据商标侵权判定规则,判定被告的使用行为是否构成商标侵权。如在弓箭国际诉兰之韵玻璃工艺品厂侵犯商标专用权纠纷一案②中,法院认为,虽然被告已经向商标局提出了商标注册申请,但尚未得到字母组合"Lunnimarc"的注册商标专用权,故其在相同商品上使用与原告注册商标相近似的标识的行为构成侵权,应当承担停止侵权和赔偿损失责任。

3. 商标被撤销后,被告以行为时享有商标权抗辩。

有观点认为,即使被告的注册商标已被撤销,但若在被诉侵权行为发生时,被告尚享有该商标权,则其使用行为具有合法根据,被告的抗辩理由成立,不能认定构成侵权。但我们认为,根据《商标法》的相关规定,商标既可能因为使用管理不当而被撤销,也可能因为注册不当而被撤销。因自行改变注册事项、自行转让注册商标以及连续三年停止使用等使用管理不当原因而导致商标被撤销的,商标撤销决定不具有溯及力,即注册商标在被撤销前依然有效;因注册不当等原因,由商标局或商评委依照《商标法》第 41 条撤销注册商标的,商标撤销决定具有溯及力,即该注册商标专用权应视为自始即不存在。因此,被诉商标基于前一原因被撤销的,被告以

---

① 义乌市人民法院(2007)义民初字第 5807 号。另在温州市中级人民法院(2008)温民三初字第 249 号乐卡克公司诉金鸡公司侵犯商标专用权纠纷案中,被告将其注册商标使用在服装产品上,超越了该商标的核定使用范围——第 25 类之皮鞋、塑料鞋、健身鞋,属于在与原告注册商标相同的商品上使用近似商标的行为,构成侵权。

② 义乌市人民法院(2007)义民初字第 6732 号。

行为时享有注册商标权为由提出的不侵权抗辩应予支持；若被诉商标系依据《商标法》第 41 条被撤销的，则被告的相关抗辩不能成立。如在全圣公司诉李叔兴侵害商标专用权纠纷案[①]中，被告的“POSON PRINCE 保圣王子”商标在该案审理过程被商评委依照《商标法》第 41 条予以撤销，法院经审理认为，被撤销的商标专用权应视为自始即不存在，被告未经许可在类似商品上使用与原告注册商标“PROSUN 保圣”近似的标识，构成侵权。

4. 以在先使用的未注册商标抗辩。

我国实行商标注册取得制度，鼓励市场经营者积极申请注册商标。虽然这一制度具有权属明晰、交易安全的优点，但商标保护的根源并不在于注册，而是其通过使用所获得的商誉。为了平衡在先商标使用人与商标注册人之间的利益，《商标法》第 13 条和第 31 条分别对在先使用的驰名商标、在先使用并有一定影响的商标给予了保护。但是，这些规定都是立足于商标注册程序中的保护，对于被告能否在侵权诉讼中以在先使用进行抗辩未作规定。一种观点认为，商标一经核准注册即在全国范围内有效，商标权人有权禁止他人使用，且被告的使用行为容易导致相关公众的混淆误认，故被告的在先使用不足以成为不侵权的抗辩事由。另一种观点认为，恶意抢注他人有一定知名度商标的行为系违法行为，据此取得的注册商标专用权本来就应予撤销，被告可以善意在先使用为由进行有效抗辩。

我们认为，形式合法但实质违法的权利不应得到法律保护，诚实信用原则作为包括商标法在内的民法的帝王条款，应始终在实现利益平衡的过程中得到体现，在先使用人通过诚实经营获得的商业信誉在侵权诉讼中也应当得到一定程度的保护。因此，在符合下列条件的前提下，被告可以在先使用未注册商标进行有效抗辩：（1）在先使用行为合法。如在香烟上使用未经注册的商标，由于违反了《烟草专卖法》第 20 条第 1 款，属于法律禁止性行为，故在香烟上的在先使用行为不能产生受法律保护的在先权利。（2）在先使用的商标已具有一定知名度。对知名度的要求无须过高，并不要求在全国范围内知名，只要为一定区域的消费者认可即可。并且，对于具有特别人身信任关系的代理人或者代表人以及同一地区的同行业竞争者的抢注行为，即使在先商标未达到具有一定影响的要求，被告也可以此进行抗辩。（3）以不正当手段抢先注册。即商标注册人在申请注册时，已知道他人已经在使用相同的标识。如果商标注册人并不知晓上述事实，系善意注册，则即使被告使用在先，也无法成立有效的抗辩。这一要件实际上是与在先使用商标的知名度紧密相关的。一般而言，在先使用的商标知名度越大，就越容易推定商标注册人具有恶意。

（二）企业名称权（字号权）抗辩

1. 以在先登记的企业名称权抗辩。

在被告的企业名称登记时间先于原告注册商标专用权取得时间的情况下，如果被告规范使用其取得的企业名称权，或者根据行业惯例简化使用企业名称，[②]根据保护在先权利原则，被告以享有在先企业名称权进行抗

① 台州市中级人民法院（2010）浙台知初字第 157 号。

② 《企业名称登记管理规定》第 20 条规定：“从事商业、公共饮食、服务等行业的企业名称牌匾可适当简化，但应当报登记主管机关备案。”

辩的，一般都能成立。如在杭州中融投资管理有限公司诉中融基金管理有限公司等侵犯“中融”商标专用权纠纷案①中，原告的“中融”商标于2003年1月经核准注册；被告的企业名称于2002年6月经登记取得，并于2004年3月发行了名为“中融景气行业证券投资基金”。一审法院认为，被告将基金冠以“中融”字样的行为，已经超出对其企业字号的正当使用范畴，构成侵权。但二审法院认为，基金管理公司依据基金命名惯例，在其发行的基金中使用其企业字号作为构成区别于其他同类产品的特有名称时，应认定为对其企业字号的正当使用，并不构成对在后注册商标专用权的侵犯。

但是，对在先企业名称权的保护并不是绝对的：（1）被告虽然取得企业名称在先，但其是在原告注册商标已具备一定知名度的情况下，才开始在相同或类似商品上简化或突出使用其字号的，则主观恶意明显，在先企业名称权抗辩不能成立。（2）被告虽是依据惯例简化或突出使用字号，或者简化或突出使用该字号具有相当的历史因素，但若在原告取得商标权后，被告行为导致消费者混淆误认的，那么为了划清商标权与企业名称权的边界，避免市场混淆，法院可在认定不构成侵权的基础上，要求被告规范使用其企业名称。② 如在奥莱尔工业有限公司诉奉化奥莱尔公司侵犯“奥莱尔”商标专用权案③中，原告分别于1998年和2004年经核准注册“OLAER”和“奥莱尔”商标，而被告系成立于1996年的中外合资经营企业，后外方股东退出，公司股权也经多次转让。一审法院认为，由于被告的企业字号“奥莱尔”早于涉案注册商标专用权取得时间，故其使用该字号不构成对原告注册商标权的侵害。二审法院在此基础上进一步指出，为避免相关公众产生混淆误认，被告在判决之后不得再突出使用“奥莱尔”字样。

2. 以在后登记的企业名称权抗辩。

若被告在原告商标核准注册之后才取得企业名称权，且被告登记、使用企业名称本身具有不正当性，如将他人具有较高知名度的在先注册商标登记为字号并突出使用该字号的，应认定其构成商标侵权。如在上海红子鸡诉杭州红子鸡商标侵权纠纷案④中，法院认定杭州红子鸡突出使用在后登记的企业名称中的字号“红子鸡”，构成对原告注册商标“红子鸡”的侵犯。即使被告规范使用了登记在后的企业名称，但仍足以产生市场混淆的，还可能构成不正当竞争，法院可根据当事人的请求判决停止使用或者变更该企业名称。

如果原告注册商标的知名度在被告登记企业名称时较小，且被告系独立地获取和行使企业名称权，并无攀附原告商誉的主观故意；结合商标和字号的历史形成背景、实际使用情况等因素，从结果上看也不会导致相关公众混淆误认的，则被告登记和规范使用企业名称的行为，不应被认定构成商标侵权或

① 一审案号：杭州市中级人民法院（2004）杭民三初字第118号；二审案号：浙江省高级人民法院（2004）浙民三终字第153号。

② “在构成侵权的知识产权权利冲突中，规范使用可作为停止侵权的具体方式；不构成侵权的，规范使用可作为法律上的负担。”参见孔祥俊：《商标与不正当竞争法原理和判例》，中国法制出版社2009年版，第633页。

③ 一审案号：宁波市中级人民法院（2007）甬民四初字第226号；二审案号：浙江省高级人民法院（2008）浙民三终字第83号。

④ 一审案号：杭州市中级人民法院（2003）杭民三初字第278号；二审案号：浙江省高级人民法院（2004）浙民三终字第90号。

不正当竞争。[①] 但如果被告突出使用字号且造成混淆的可能性很大,则应认定构成商标侵权并判令其承担规范使用企业名称等民事责任;若明显不会造成混淆的,也可以在认定不构成商标侵权的前提下,要求被告进行规范使用。如在蓝天公司诉杭州百脑汇公司侵犯"百脑汇"商标专用权及不正当竞争纠纷案[②]中,"百脑汇"商标核准注册于1999年5月7日,而被告经营的"杭州百脑汇电脑市场"系于同年7月15日由原杭州硅谷电脑市场变更名称而来。由于"杭州百脑汇电脑市场"出现时,"百脑汇"商标在杭州地区尚无知名度,而被告企业名称虽登记于2004年6月,但系专门为接管杭州百脑汇电脑市场而设立,故该企业名称权的形成具有相应的历史原因;此外,被告还曾授权原告的全资子公司有偿使用"杭州百脑汇电脑市场"名称,说明原告对被告依靠自身行为所形成的商誉是认可的。基于上述原因,法院认为被告规范使用其企业名称的行为不构成侵权,但在网站和市场广告上突出使用"杭州百脑汇"字样构成侵权,应承担相应的侵权责任。而在张家港市红叶视听器材有限公司诉慈溪市红叶音像器材有限公司商标侵权及不正当竞争纠纷案[③]中,原告拥有"红叶 HONGYE"注册商标,被告在其合格证上突出显示了企业名称中"红叶"两字的字体和颜色,并在广告宣传和网页上省略了行政区划。二审法院认为,合格证置于产品包装内,消费者在购买时看不见;至于省略"慈溪市"的简化使用行为,结合原告商标知名度不高、显著性不强以及被告已经在显著位置标明自身商标和企业地址等因素,并不会导致消费者的混淆误认,因此不构成商标侵权。

3. 以在境外登记(注册)的企业名称权抗辩。

在审判实践中,往往存在将与他人注册商标相同或者相近似的文字作为字号在境外(特别是香港、意大利、美国、法国等)注册登记后,授权国内企业在相同或者类似商品上使用的情况。对于被告以其使用的标识属于在境外登记注册的企业名称权为由进行抗辩的,我们认为,在中国境外取得的企业名称等,即便其取得程序符合境外的法律规定,但在中国境内的使用行为违反我国法律和扰乱我国市场经济秩序的,按照知识产权独立性和地域性原则,其使用行为仍然构成侵权或者不正当竞争。[④] 如在报喜鸟集团诉香港报喜鸟公司、大东方公司等侵犯"报喜鸟"商标权及不正当竞争纠纷案[⑤]中,温州的两名自然人在香港注册了"香港报喜鸟股份有限公司",并授权大东方公司在服装产品上使用。法院认为,两被告注册且突出使用字号的行为在主观上具有攀附他人在先商誉的故意,在客观上造成了相关公众的混淆误认,分别构成不正当竞争和商标侵权行为。

---

① 对此,最高人民法院在《关于当前形势下知识产权审判服务经济发展大局若干问题的意见》中指出:对于因历史原因造成的注册商标与企业名称的权利冲突,当事人不具有恶意的,应当视案件具体情况,在考虑历史因素和使用现状的基础上,公平合理地解决冲突,不宜简单地认定构成商标侵权或者不正当竞争。

② 一审案号:杭州市中级人民法院(2009)浙杭知初字第139号;二审案号:浙江省高级人民法院(2010)浙知终字第150号。

③ 一审案号:杭州市中级人民法院(2004)杭民三初字第112号;二审案号:浙江省高级人民法院(2005)浙民三终字第50号。

④ 最高人民法院原副院长曹建明:《求真务实 锐意进取 努力建设公正高效权威的知识产权审判制度——在第二次全国法院知识产权审判工作会议上的讲话》(2008年2月19日)。

⑤ 一审案号:温州市中级人民法院(2001)温经初字第481号;浙江省高级人民法院(2002)浙经二终字第112号。

(三)以享有其他知识产权抗辩

1. 以享有著作权抗辩。

根据《最高人民法院关于审理注册商标、企业名称与在先权利冲突的民事纠纷案件若干问题的规定》第1条第1款的规定,原告以他人注册商标使用的文字、图形等侵犯其著作权等在先权利为由提起诉讼,符合《民事诉讼法》第108条规定的,人民法院应当受理。因此,我国允许著作权人对在后商标注册人提起侵权诉讼。但在商标权人起诉著作权人的案件中,被告能否直接以其享有在先著作权进行抗辩呢?一种观点认为,在他人已注册商标的情况下,被告虽然对作品享有复制、发行等权利,但却不能在相同或类似商品上对相关文字或图形进行商标意义上的使用,因为这种使用不是著作权法意义上的复制。我们认为,商标权人寻求侵权救济的,其权利本身应当没有瑕疵,形式合法而实质非法的权利不应受到法律保护。如果原告的注册商标确系剽窃、抄袭被告的在先作品,侵犯了被告的复制权,那么再以所谓的注册商标权来要求后者承担侵权责任,显然违背了诚实信用和公平原则。因此,在查明被告确实享有在先著作权的情况下,应当认定不侵权抗辩成立。例外的情形是,如果原告能够证明商标所涉的作品是其独创的,则其注册、使用商标的行为不仅不会侵犯被告的著作权,而且在其已享有注册商标专用权的情况下,有权禁止被告在相同或类似商品上就该作品作商标意义上的使用。

被告以对作品享有著作权进行抗辩的一种特殊情况,是其能否以作品中的角色名称来主张著作权并进行抗辩。有观点认为,作者对作品中的角色享有的权利属于"商品化权",他人未经许可,不得商业使用。我们认为,"商品化权"虽在国外司法实践中有所涉及,但还未得到普遍、广泛的认可,我国立法也尚未将其纳入法定权利的范围。在目前的法律框架下,由于作品中的角色名称通常很短,一般难以构成作品,因此被告的此类抗辩也很难成立。如在李光辉诉太子龙公司侵犯"龙太子"商标专用权纠纷案[①]中,被告对小说《龙族兄弟》和动漫片《龙脉传奇》享有著作权,原告的注册商标"龙太子"系上述作品中主人公的名字。虽然被告抗辩认为其使用"龙太子"系其对作品中角色名称的正当使用,但一审法院认为,两被告在童装上使用"龙太子"标识,易造成相关公众对商品来源的混淆,构成对原告注册商标专用权的侵犯,对被告的抗辩不予采信。

2. 以享有外观设计专利权抗辩。

在被告享有在先外观设计专利权的情况下,若原告在相同或类似商品上注册的商标(尤其是立体商标)确系对被告在先外观设计专利的恶意抄袭、模仿,对于被告在商标侵权诉讼中主张在先外观设计专利权抗辩的,应予支持。但若被告的外观设计专利申请在后,则其抗辩难以成立。在德尔福公司诉浙江博德公司侵犯商标专用权纠纷案[②]中,原告享有在先的"

"注册商标专用权,被告在后申请了名为"包装盒"的外观设计专利,该包装盒的前后左右四面中的三面及俯视面的外观效果均为"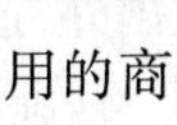

",被告将该包装用于涉案商标核定使用的商品。法院审理后认为,

① 杭州市滨江区人民法院(2009)杭滨知初字第29号。

② 温州市中级人民法院(2009)浙温知初字第1号。

原告商标被授予注册商标专用权的时间远远早于被告外观设计专利获得授权的时间,虽然“包装盒”外观设计专利未与特定商品相联系,其本身并不一定构成侵权,但被告将该其作为汽车机油滤清器的包装盒使用,易使相关公众对商品的来源产生混淆误认,如果不予制止,将严重损害商标权人和社会公众的利益,故被诉侵权行为侵害了原告的在先商标权。

三、经权利人许可的抗辩

(一)经境内权利人许可的抗辩

为《商标法》所禁止的商标侵权行为,是行为人在未经权利人许可的情况下擅自实施的生产、销售等行为,如果被告能够证明被诉侵权行为实际上已经获得商标权人许可,则被诉侵权行为就不具有违法性,不构成对他人商标权的侵害。对于被告主张其使用涉案商标的行为已经商标权人许可的抗辩,法院应当着重审查相关许可合同是否成立并生效、被诉侵权行为是否超出许可使用的期限和范围等。在有些案件中,被告虽然能够提供许可文件等证据,但由于其未认真审查许可方商标权的真实性和合法性,有可能出现许可方实际并非商标权人,或者根本无权许可他人使用商标的情形,在这种情况下,被告经权利人许可的抗辩就不能成立。

(二)经国外权利人许可的抗辩

在有些案件中,被告主张被诉生产行为已经权利人许可,但权利人并非国内注册商标的权利人,而是国外商标的权利人,并且其生产的所有产品均销往国外,这就涉及“贴牌加工”行为的定性问题。贴牌加工是指承揽方根据约定,为定作方生产加工使用特定商标的商品并将该商品交付给定作方,定作方根据约定向承揽方支付生产加工费的贸易方式。但如果贴牌加工的商品上附着的相同或近似商标已经在国内被他人在相同或类似商品上注册为商标,承揽方就会遭受国内注册商标权人提起的商标侵权指控。被告以其贴牌行为经国外权利人许可为由提出的抗辩能否成立,目前在我国的法律法规中尚无明确的规定,理论界和实务界对此也观点不一。

第一种观点认为,只要定作方对使用在贴牌加工商品上的商标在国内不享有商标权,承揽方未经国内商标权人的许可,在同类或类似商品或服务上使用与该国内注册商标相同或者近似的商标,符合《商标法》第 52 条第 1 项规定的侵权形态,被告的抗辩不能成立。第二种观点认为,对于在同类商品上使用与国内注册商标相同商标的贴牌加工,由于该行为侵入了注册商标专用权的核心领域,因此根据 TRIPs 协议第 16 条第 1 款的规定,应直接推定存在市场混淆,构成侵权;对于在类似商品上使用与国内注册商标相同商标、在同类商品上使用与国内注册商标近似商标以及在类似商品上使用与国内注册商标近似商标的贴牌加工行为,只要所涉产品全部出口,那么就不可能造成相关公众的混淆误认,故不构成侵权。第三种观点认为,只要对外贴牌加工的商品全部出口,承揽方就不构成侵害国内商标权的行为。因为对于国内市场而言,贴牌加工商品上的标识并不发挥识别商品来源的功能,因此贴牌行为不是商标意义上的使用,而国内商标权的效力仅及于中国境内,因而不能排斥这种贴牌加工中的商标使用。

我们认为,承揽方的贴牌加工行为实际上是外国定作方在中国的一个生产环节,其实质为劳务输出,承揽方与定作方之间的关系应当是《合同法》中的加工、定作关系。定作方指示承揽方完成贴牌加工任务后,接收所有产品在国外进行销售,这是一个连贯的、不可分割的过程,将这一完整过程割裂开来而仅讨论国内的生产加工行为,容易曲解行为的性质。商标法意义上的使用,应当是为了实现商标功能的使用,而商标最主要的功能就是识别,只有当商品进入流通领域时,商标的识别功能才得以彰显。贴牌加工产品系接受国外商标权人定作而生产并全部销往国外,因此只在销售国才具有商品来源的识别意义,在国内则无法发挥商标的识别功能,而商标权的地域性决定了国内商标权的效力仅及于中国境内,因此对于国内市场而言,贴牌行为不是商标意义上的使用,不构成侵权。但是如果出现了贴牌加工的非典型情形,例如对于定作方不是合法的国外商标权人的情形,则应当具体分析。我们认为,承揽方在接受贴牌加工订单时,应尽到必要的注意义务,即应当审查定作方是否为合法的商标权人。如其已尽必要的注意义务仍不能发现定作方没有合法商标权,则应认定承揽方构成侵权,但无须承担损害赔偿责任。此外,如果承揽方贴牌加工后还将部分产品内销,则因销售行为发生在境内,贴牌行为属于商标意义上的使用,故在符合其他侵权要件的情况下就应判定为侵权。

四、合法来源抗辩

近年来,商标侵权诉讼的新动向是商标权人不起诉侵权源头的生产者,而是直接起诉大量位于侵权链条末端的销售者。《商标法》第56条第3款规定,销售不知道是侵犯注册商标专用权的商品,能证明该商品是自己合法取得的并说明提供者的,不承担赔偿责任。司法实践中,销售者一般都会援引该条款作为抗辩事由。应该指出的是,合法来源抗辩有别于前文所述的不侵权抗辩,其不能阻却侵权行为的成立,但由于这类抗辩能够免除被告的损害赔偿责任,因此在性质上属于免责抗辩。

根据法律规定,销售者要免除侵权赔偿责任,不仅要举证证明被诉侵权商品具有合法来源,而且还应当不知道销售的产品是侵权产品。只有同时满足上述条件,销售者才能免除赔偿责任。从审判实践来看,合法来源抗辩主要存在以下争议问题:

(一)关于法院能否主动适用合法来源抗辩条款

在有的案件中,由于被告诉讼能力较弱,不清楚法律的规定,未明确主张合法来源抗辩,甚至放弃该抗辩,但根据人民法院查明的事实,被告的行为却符合合法来源抗辩的成立条件。在此情况下,人民法院能否主动适用合法来源抗辩条款,免除被告的侵权赔偿责任?如在万宝公司诉王为民侵犯“万宝”商标侵权纠纷案[①]中,王为民销售了标有“万宝”商标的电冰箱,且根据查明的事实,上述电冰箱来源于万事发公司,双方曾多次签订销售协议并实际履行,但是王为民并未主动、明确地提出合法来源抗辩。有观点认为,合法来源抗辩应当由被告明确主张,被告未明确主张,人民法院不能主动适用,故应当判令王为民承担损害赔偿责任。但法院最终认定,王为民销售的侵权产品系合法取得,并能说明提供者,且万宝公司又未提供证据证明其明

① 杭州市中级人民法院(2009)浙杭知初字第92号。

知是侵权产品仍然进行销售，故王为民无须承担损害赔偿责任。我们认为，合法来源抗辩原则上应由销售者主动提出，但根据查明的事实，如果所售商品确有合法来源，则在被告未提出合法来源抗辩的情况下，人民法院应当进行释明，对销售者的诉讼行为进行引导，以使案件的处理结果符合客观实际。

（二）“不知道销售的是侵权商品”的认定

1. 是否属于侵权商品的认定。

合法来源抗辩适用于被告销售的商品是侵权商品的情形。如果被告所售商品是商标权人自行生产或授权他人生产后出售的，那么即使被告的销售行为未取得商标权人同意，也应根据商标权权利用尽原则，认定被告不构成侵权，无须再适用合法来源抗辩。但在不少案件中，各方当事人就被告所售商品是否属于侵权商品存在争议，特别是被告所售商品与商标权人自行生产或授权生产的商品非常接近时，认定被告销售的是否属于侵权商品就成为案件审理的关键。

对于如何认定侵权商品的问题，一种观点认为，仅凭原告的陈述尚不能完全证明被告销售的是侵权商品，原告还必须提供相应的证据，如检测报告等予以证明。我们认为，权利人明知他人销售正品却仍起诉他人侵权的可能性不大，且权利人对自身所产商品具有较强的辨别能力，因此其主张的可信度较高。但为了防止商标权人恶意利用商标权打击竞争对手或谋取其他不正当利益，人民法院应当要求原告陈述被告所售商品是侵权商品的理由。如果原告提供了正品，并且陈述被诉商品与其正品在颜色、材料、大小、型号以及防伪码等方面存在不同，就可初步认定被告销售的是侵权商品，不必要求原告再提供检测报告等其他证据。但是如果原告不能说明两者之间的区别，或者被告提供了其所售产品不是侵权商品的反证时，原告就需要进一步提供证据。在汇众萨克斯公司诉中南公司商标侵权纠纷案①中，被告销售的汽车减震器与正品在外观上并无二致，但原告在庭审中认为其产品都有防伪标记，可通过拨打防伪标记上的电话予以查证，经法庭现场拨打防伪电话，确认并无被诉侵权产品的信息，法院认定被告销售的是侵权产品。

2. 销售者是否知道销售的是侵权商品的认定。

销售者只有在善意的情况下，即不知道销售的商品是侵权商品的情况下，合法来源抗辩才能成立。如果销售者知道或应当知道销售的是侵权商品，则不能免除其赔偿责任。认定销售者是否明知或应知，作为一种主观心理状态，难以被直接感知，只能通过外在的事实或行为来推定。如果销售者没有尽到合理的注意义务，则可认定其在主观上具有过错。在审判实践中，可以根据下列因素综合判断销售者是否尽到了注意义务：

（1）商品的进货价格。一种观点认为，只有销售者购入商品的价格与正品的市场价格存在重大差异时，才可认定销售者没有尽到合理注意义务。另一种观点认为，只要销售者购入的商品的价格与同类商品的正常价格

---

① 浙江省高级人民法院（2008）浙民三终字第247号。例如，在嘉兴市中级人民法院（2010）浙嘉知初字第96号瓦房店轴承集团有限公司诉嘉善天禾五金筛网轴承有限公司商标侵权案件中，虽然被控侵权产品上标示有涉案商标、产品合格证、产品外包装均与正品差异不大，但原告瓦房店公司认为，产品合格证无检验员印章，无防伪标识，产品字头、保持器不符合瓦轴工艺要求，非瓦轴产品。对瓦房店公司的上述意见，法院亦予以采纳。

存在重大差异，就可认定销售者没有尽到合理注意义务。我们认为，由于来源于不同生产者的同类商品数量众多，且受商标知名度、质量以及营销策略等多种因素影响，不同的同类商品的价格也可能存在着较大差异，且销售者并不一定销售过标有被控侵权商标的正品，故不能仅仅将销售者购入商品的价格与正品的市场价格相比，而应当与同类商品的正常价格相比。在被诉侵权商品的进货价格与同类商品的正常价格相比存在重大差异，即销售者购入被诉侵权商品的价格远远低于同类商品的通常价格时，一般可认定销售者未尽到合理注意义务。

(2)商标的知名程度。商标知名度越高的商品，在市场上的影响力越大，相关销售者知晓该商标及相关商品价格的可能性也越大，销售者抗辩其不知道销售的商品侵犯他人注册商标专用权的可信度就越低。如在霍尼韦尔国际公司诉瑞安市万里程滤清器有限公司、韩光春侵犯"FRAM"商标权纠纷案①中，法院认为，由于原告的"FRAM"品牌滤清器具有较高知名度，韩光春作为汽车配件滤清器行业的从业人员应当知道该品牌，故韩光春认为其销售的滤清器有合法来源、不应承担赔偿责任的抗辩理由不能成立。

(3)销售者的经营规模、层级和专业化程度。通常而言，经营规模大的销售商资金更为雄厚，人力更为充裕，掌握着更多的商品信息资源，其对销售商品是否侵犯他人注册商标专用权有更高的注意义务。同理，在销售中处于上游及中游位置的总经销商及一级、二级经销商相较于终端的零售商，也有更高注意义务。此外，专业经营某种或者某类商品的销售商也应比经营多种或多类的销售商有更高注意义务。

(4)区分普通商品和特殊商品。对于药品、保健食品以及烟花爆竹等涉及公众安全的产品，法律法规对从事这些特殊商品的生产者、销售者的行为有强制性的严格要求。比如，对于采购保健食品的，销售者在进货时不仅要向供货方索取销售凭证，还应当对相关资质进行审查，审查内容包括供货方的营业执照、生产经营许可执照、所涉商品的认证标志、检验报告和合格证书等。因此，若销售者未尽到上述义务，其在诉讼中主张的合法来源抗辩也较难成立。

(5)不存在其他可以推定为明知或应知的例外因素，如商品存在明显的侵权信息，未标明生产者信息、包装粗制滥造的；销售者收到过商标权人的侵权警告函后仍继续销售的；曾因销售相同商品被人民法院生效判决确认侵权或被行政部门处罚的。如在西林斯公司诉杭州自由电子公司商标侵权纠纷案②中，根据被告在网站中称其下载线"与价值数千元的原装 USB 下载线相比，性能上没有任何差别，所有操作可完全照原厂 XILINX DS300 datasheet 使用"等内容，法院认定其对所售下载线并非正品是明知的，对其合法来源抗辩不予支持。

(三)对具有合法来源的证据及证明力的认定

从案件审理情况来看，销售者为证明所售侵权产品具有合法来源通常会提供增值税专用发票、进货发票、购货合同、销售清单、收货清单、付款凭证、供货单位证明以及购货经办人证言等证据。在对上述证据进行审查

① 温州市中级人民法院(2009)浙温知初字第1号。
② 杭州市中级人民法院(2009)浙杭知初字第510号。

时,除进行真实性、合法性和关联性审查,要特别注意以下几点:

1. 审查证据是否形成完整的证据链。

对于销售者提供的证明被诉侵权商品具有合法来源的证据,由于证据形式、形成时间、来源并不相同,因此各证据的证明力和证明内容也各不相同,但只要销售者提供的证据能够形成完整的证据链,足以证明被诉侵权商品具有合法来源即可。有观点认为,如果销售者不能提供进货发票,或者付款凭证,就不能证明销售者从合法渠道购入商品,也不能证明购货行为真实存在,不能认定被诉侵权商品有合法来源。我们认为,是否开具发票,属于财务管理内容,并不直接影响销售行为的存在。同时,从日常交易习惯来看,大量中小零售者在进货时并不开具发票。因此,如果过分拘泥于这一形式要件,推定未开具发票的商品均不具有合法来源,可能不符合日常交易习惯。所以,在销售者提供的其他证据能够相互印证,形成完整证据链的情况下,即使不能提供进货发票,也可以认定侵权商品的来源。如在瓦房店轴承集团公司诉徐利丹商标侵权纠纷案中①,被告提供了进货单据、进货记录和销售记录、货运清单、汇款单据及电话录音等证据。在电话录音中,被告对上一级销售商有无销售被诉产品进行了核实,并再一次向其进货,后者予以确认并向被告发送了货物。法院认为,上述证据已形成完整的证据链,可以证明被告销售的商品具有合法来源。同样,销售者如何向商品提供者支付货款以及是否支付货款,是销售者与商品提供者之间买卖合同的履行情况。只要销售者提供的购货合同、进货清单等证据与被诉侵权商品之间能互相印证,即使销售者未提供付款证据,也能证明被控侵权商品系合法取得。

2. 审查证据的证明力强弱。

在有的案件中,销售者与商品提供者之间的交易极不规范,销售者能够提供商品有合法来源的证据要么是供货单位盖章的证明,要么是供货单位经办人证言。我们认为,由于没有其他证据相互印证,此类证据证明力较弱。但是,如果销售者不仅提供了供货单位或购货单位经办人的证言,而且也提供了供货单位的营业执照等主体材料,且供货单位本身承担损害赔偿责任的能力较强,除非原告有相反证据,也可认定被诉侵权商品有合法来源。

3. 审查被诉侵权商品提供者的真实性。

一种观点认为,销售者只需要提供合同、发票、购货清单等证据证明合法来源,不需要提供上述证据中记载的供货者的主体身份资料以证明供货者真实存在。我们认为,由于销售者要免除赔偿责任的条件不仅包括要举证证明被诉侵权商品有合法来源,而且还要指明被诉侵权商品的具体提供者,同时,鉴于审判实践中存在销售者虚构商品提供者逃避损害赔偿责任的情形,因此对于销售者指明的被诉侵权商品提供者是否真实存在,应从严掌握。如果销售者提供的合同、发票、购货清单等证据尚不能证明被诉侵权商品的提供者真实存在的,人民法院可要求销售者进一步提供供货者的主体身份材料。在西林斯公司诉杭州自由电子公司商标侵权纠纷案②中,虽然被告提供了收款收据、采购单、汇款凭证等证据拟证明其所售商品来源于郁宝股份有

① 温州市乐清市人民法院(2010)温乐知初字第18号。

② 杭州市中级人民法院(2009)浙杭知初字第510号。

限公司,但鉴于其未提供上述凭证上所体现的“郁宝股份有限公司”之主体身份资料,尚无法确认该公司作为市场经营主体的合法存在,故法院未支持其合法来源抗辩。

4. 审查被诉侵权商品与来源于供货者商品的一致性。

有的案件中,即使被告提供的证据能够证明其曾从供货者处购入过商品,但原告还是认为,被告所销商品并非来自供货者,而是掉包的侵权商品。对于原告的上述主张,我们认为,原则上应由其提供证据加以证明,如果原告无法提交相应的证据,则应当认定被告销售的商品有合法来源。但如果原告提供的证据能证明被告销售的产品与供货者商品存在明显区别,而被告无法对这些区别作出令人信服的解释时,不宜认定被诉侵权商品有合法来源。

(四)被告销售的商品不具有合法来源时如何承担责任

有观点认为,若被告提供的证据不能证明被诉侵权商品具有合法来源,则可直接推定被诉侵权商品系由被告生产、销售,从而由被告一并承担生产者和销售者所要承担的侵权责任。我们认为,对于被告生产被诉侵权产品的事实,应由原告承担举证责任,在被告有无生产行为处于真伪不明的状态时,应由原告承担举证不利的后果。因此,如果原告的证据只能证明被告存在销售行为,那么不能仅仅因为被告不能提供合法来源的证据就认定其为生产者。若销售者未与生产者构成共同侵权,也无须承担连带责任的,销售者仅就其销售行为承担相应责任。

2010年度全省法院一审知识产权案件运行态势分析及对策

山东省高级人民法院课题组*

2010年,全省法院共新收和审结知识产权民事一审案件2584件和2593件,同比分别增长23%和18%,新收和审结涉外涉港澳台案件127件和121件,同比分别增长67%和57%;共受理各类知识产权诉前案件174件,均已审结。与往年同期相比,2010年全省知识产权民事一审案件持续增长、审理难度加大、涉外案件初步形成一定规模,全省法院定分止争能力不断提高,绝大多数案件实现了案结事了。具体情况分析如下:

一、案件总量大幅增长,著作权纠纷拉动案件涨幅

2010年,全省法院受理的知识产权民事案件继续保持最近几年来的快速增长态势,与其他民商事案件相比,案件增幅明显,与往

* 主持人:于玉;成员:肖彬、刘晓梅。

年同期相比,提速增长,案件总量不断攀高。其中,受理专利案件320件,同比增长29%;著作权案件1050件,同比增长33%;商标案件1029件,同比增长18%;不正当竞争案件和技术合同案件分别为91件和53件;同比基本持平。案件构成呈现以下特点:

1. 专利等科技类知识产权纠纷快速增长。此类纠纷既涉及机电、机械、建筑等传统制造业、工业领域,也包括医药、化工、生物等高新产业,专业性强,技术问题复杂、争议金额高,特别是涉外案件往往关系到国内相关产业的生死存亡,社会关注度较高,案件审理难度不断加大。专利等科技类知识产权是自主创新能力和核心竞争力的集中体现,此类案件的快速增长,说明随着国家知识产权战略的深入实施和创新型国家建设进程的加快,对自主创新成果的保护需求明显增加。

2. 著作权纠纷比重直线上升。伴随着科技手段发展的日新月异和网络社会对现实生活的广泛渗透,此类纠纷从传统领域日益向新兴产业蔓延、辐射。与新技术应用、新型商业模式发展密切相关的著作权纠纷目前处于"集中爆发、高幅增长"的发展态势中,不仅增长幅度最为明显,达到33%,所占案件比例也进一步上升到40.6%,居全省各类知识产权案件之首。其作为主力军,不仅拉动了全省案件的整体走势,同时也引发了一些新型法律适用问题。此类纠纷涉案领域广泛新颖,所触及的法律边界模糊,立法处于相对滞后状态,同时,知识产权代理人趋利性诉讼的态势明显,规模化诉讼模式渐成常态。此外,导航电子地图著作权等纠纷案件,则体现了高科技时代知识产权案件的新特点。著作权纠纷以其新颖性、专业性和复杂性考验着知识产权法官们的司法智慧。

3. 商标等商业标识类纠纷持续增长。此类案件虽不及专利、著作权纠纷的增长势头,但也实现了历史上的高增长,这与最近几年来全省法院加大知识产权司法保护力度,有效保护商业成果,遏制不正当搭车模仿行为,确保权利人的合法权益,增强权利人的维权信心是分不开的。

二、案件地域分布平衡增长,中东部地区龙头带动

2010年,全省法院知识产权案件收案仍存在明显的地域差别。其中,案件数量最多的地区依次为济南、青岛、潍坊、烟台和临沂,收案总量达到1684件,所占案件比例为65%,上述地域处于全省经济较为发达活跃的中东部地区,地域优势较为明显,带动着全省知识产权案件的增长。此外,案件涨幅最高的地区依次为枣庄、德州、烟台、威海、青岛,涨幅分别达到67%、61%、53%、42%和39%。总体来看,各地法院案件增长幅度基本与当地经济文化发展水平相适应,呈现为良性增长态势,个别地区在案件总量尚未饱和的状态下增幅相对较高,大多数地区在案件达到一定数量的基础上保持平稳适度增长,极个别地区出现负增长。

2010年,全省法院知识产权一审民事案件结案率为91%,同比提高1个百分点,全省绝大多数法院实现了收结平衡。其中,青岛、泰安、威海、菏泽四个中院结案率达到100%,实现了零存案;济宁、淄博、枣庄、聊城、烟台、东营中院的结案率依次达到98.1%、96%、95%、93.8%、93.6%和92%。

三、案件调撤率保持高水平，定分止争能力凸显

2010 年，全省法院知识产权案件共调撤结案 1857 件，同比增长 31.3%，调撤率达到 71.6%，比去年同期高出 7.6 个百分点，在高水准的基础上再创历史新高。其中，全省有八个法院调撤率在 80% 以上，日照中院达到 97.1%，除 1 件判决，其余 33 件全部调撤；莱芜、威海、东营、枣庄中院在 90% 以上；济宁、德州、烟台中院在 80% 以上。

2010 年全省法院在知识产权调撤案件中，注重发挥司法能动性，在个案的处理中探索建立诉调对接机制，以司法与行政机关、行业协会的联动作用带动批案的调解。案件特点有：

1. 针对商业标识和著作权纠纷案件加大调解力度。此类案件中，原告多通过知识产权代理人针对市场销售终端和商业服务终端出现的侵权行为有计划地进行诉讼，因而他们手握法律利器、逐利目的明确。而被告多为个体小工商业主，知识产权意识淡薄，对侵权行为的危害性认识不够，对权利人的维权主张明显负有对抗性情绪。在正当维护权利人合法权益与保障小工商户生存经营、引导相关行业正常有序发展之间，各法院在利益平衡方面均做出了有益的探索。即通过个案的处理确立民间普遍认可的侵权损害赔偿尺度，使得侵权行为在双方当事人均可接受的适度范围内得以规范，力争“调撤一案，带动一片”，使权利人降低维权成本，得以快捷有效实现维权，并在此基础上归纳总结处理此类案件的裁判规律。同时，积极引导权利人将维权重心放在净化市场环境，发展自主创新上，防止当事人在知识产权诉讼中滥用权利，借维权之机生盈利之财，维护公平竞争的市场秩序。

2. 诉前诉中临时措施得以有效发挥作用。鉴于知识产权无形性的权利特性，知识产权侵权证据具有易更改、易变动的特质，知识产权诉讼中举证难问题普遍存在。对此，诉前禁令、诉前证据保全等诉前诉中临时措施在知识产权诉讼中具有特殊的积极作用，可以帮助当事人及时有效地界定侵权事实证据、减轻权利人的举证负担、防止损害的扩大，并促成当事人在诉讼程序中达成调解。通过诉前诉中临时措施，法院可以在侵权事实基本明确的情形下，庭前与双方当事人积极沟通，以促成知识产权成果的积极转化为导向，充分实现对知识产权的加大保护。

全省绝大多数知识产权案件的调处结案，最大限度地实现了案结事了人和，同时也极大地节省了审判资源。全省法院在结案总量同比增长 423 件的情形下，判决结案仅多出 7 件，上诉案件同比基本持平，稳定在 200 件左右。

四、收案标的参差不齐，高标的案件领域集中

2010 年，全省法院新收知识产权案件总标的额达到 9.1 亿元，但整体来看，全省案件收案标的存在分布不均、整体偏低的情形。其中，标的额为 30 万元以下的案件有 2376 件，占据了主要收案范围；30 万元到 50 万元、50 万元到 100 万元、100 万元到 500 万元的案件分别为 64 件、90 件和 43 件；1000 万元以上的案件有 10 件，标的额合计达到 5.37 亿元。由此可见，全省知识产权案件标的总额主要受少数几个高标的案件影响，大多数知识产权案件存在与权利价值不相匹配的异常现

象。究其原因,主要为以下两点:一是权利人主张的权利本身创新程度不高,商业附加值低,不具市场竞争优势;二是基于当事人举证能力的现实困难或者主观意愿,导致权利人选择的被控侵权主体多集中于商业销售或服务环节,属于产业链的最末端,侵权主体分散,侵权行为具有即时性,侵权获利不高。

上述10起高标的额案件中,案件标的额最高的达到2亿元人民币,为省法院受理的山东省首例垄断纠纷案件,也是目前我国标的额最大的反垄断案,其余案件则多发在发明专利侵权纠纷、技术合同或侵害商业秘密纠纷案件中,反映了高新技术和经营信息对于企业发展甚至生死存亡的核心产业价值。因此,知识产权案件要真正达到与权利价值相对应的高度,还有赖于全社会对知识产权保护意识的整体提高,强化对驰名商标、自主创新品牌、基础前沿领域、核心关键技术和文化创意产业知识产权的司法保护,促进自主创新能力和核心竞争力的提高。

此外,当前全省法院知识产权案件适用法定赔偿的现象较为普遍,这既有立法规定过于原则的背景因素,也存在司法粗糙的现实问题,但法定赔偿过于宽泛的使用,极易助长当事人的消极举证,从长远来看并不利于知识产权的保护。同时,如何在法定范围内选定酌定赔偿的标准,对知识产权法官的自由裁量权也提出了较高的要求。

五、关联案件现象较为突出,裁判尺度仍为审判督导重点

2010年,全省法院共受理各类知识产权关联案件1408件,占收案比例为54.5%,成为目前全省知识产权案件数量构成的重要支撑。关联案件作为知识产权审判的特色现象,伴随着知识产权规模化诉讼模式的形成,在最近几年发展迅速。2010年全省知识产权关联案件的新发展呈现为以下几点:

1. 关联地域和案件类型均有所突破。例如,某公司在全省八地提起了共计160起知识产权诉讼,案件类型囊括专利、商标和著作权纠纷,各项权利均附着在一件产品之上。此类案件中,权利人明显具有防御性保护意识,在产品上设置了全方位的知识产权,维权伊始往往通过试探性诉讼谋求知识产权保护的最大价值化,在个案中确立了一般性的赔偿标准后,继而进行批量诉讼。因此,此类案件在诉讼的最初,个案的裁判结果会对其他案件的处理和当事人的心理预期产生影响,全省法院有必要考虑到此类案件可能发生的诉讼规模,准确认定权利人要求保护的知识产权属性与产品价值之间的关联关系,在个案中把握好裁判尺度。同时,此类案件的妥善处理也是提升当地法院影响力的重要手段。

2. 著作权关联案件中网吧侵权案件集中。2010年全省著作权关联案件中,权利人主要就影视作品网络传播、纺织品印花图案、考试教材和图片主张相关权利。其中,权利人就影视作品针对网吧主张权利的案件数量较为集中。网吧作为社会文化服务业的一种,其经营模式主要是通过提供互联网接入服务,满足社会流动人口的文化消费需求为主营业务类型。因此,全省法院在裁判此类案件制止侵权行为的同时有必要考虑司法导向,分清网吧经营者的赢利与商业使用侵权作品行为之间的关联关系,合理平衡权利人、技术或服务提供者以及社会公众的利益,营造有利于新商业模式形成、发展的良好氛围。

3. 商标权关联案件中出现了新的维权主体。2010 年全省商标权关联案件中,除国际知名品牌,一大批国内知名企业也加入到知识产权维权队伍中,被控侵权行为多表现为制售假冒伪劣产品,产品类别多集中在日常消费品领域。

六、涉外知产案件直线上升,初步形成一定规模

2010 年,全省法院新收涉外知识产权一审案件(含港澳台地区)127 件,比去年同期增长 67%,增长速度较快,案件数量首次超越 100 件,占全省新收知识产权一审案件总数的 5%。涉外知识产权案件绝对数量和相对数量的持续攀升,标志着我省涉外知识产权审判工作的发展势头稳健,审判领域日趋多元化。

整体来看,全省涉外知识产权案件仍以外方权利人维权为主流现象,且多为世界知名企业。案件主要涉及跨国公司在商标、计算机软件著作权领域的争议,特别是商标侵权案件,同比增长达到 219%。除去地缘因素,外方权利人谋求知识产权司法保护的地域差异日渐缩小,特别是跨国公司“打包授权、全面出击、集中维权”的知识产权保护模式渐成体系。仅德国某公司,就在全省各地提起了共计 89 起商标侵权纠纷。2010 年,全省法院共审结涉外知识产权一审案件 121 件,比去年同期增长 57%,结案率达到 95%。其中,调解撤诉 88 件,调撤率达到 72.7%,创历史最高水平。已结案件中外方权利人胜诉 96 件,胜诉率达到 79%,无一因处理不当引起不良影响,在国际上维护了我国知识产权司法保护负责任大国的良好形象。

总体来看,2010 年全省法院在知识产权案件总量提速增长、新类型和疑难案件持续增多、审理难度不断加大的发展态势下,注重案结事了人和,结案率和调撤率分别达到 91% 和 71.6%,保持在较高水平,位于全国法院前列。2011 年,山东省法院知识产权专业化审判将步入第十个年头,为更好地为我省的经济社会发展提供有力的司法保障和服务,进一步加强全省知识产权审判工作,提出以下对策:

(一)服务大局,公正高效审理好各类知识产权案件

一是认真领会全国高级法院院长会议和全省中级法院院长会议精神,深入贯彻国家知识产权战略,充分发挥人民法院司法保护知识产权的主导作用,依法妥善审理在调结构、转方式、惠民生中发生的知识产权纠纷案件,主动服务于加快转变经济发展方式的工作大局;二是在最高院召开全国知识产权审判工作座谈会后,及时调整工作重心,根据分门别类、区别对待和宽严适度的司法政策要求,加大知识产权司法保护力度,制止各类知识产权侵权行为,保障知识产权权利人利益的充分实现,维护生机勃勃的创新机制;三是认真做好重大案件与各类疑难复杂案件的审理工作,对新类型案件注重提炼审判规则,多出精品案例。

(二)强化督导,以点带面加强审判管理提高审判绩效

一是加强审判运行态势分析,按月汇总全省法院收结案数据,每季度进行环比分析,每半年进行形势分析,及时掌握全省法院一审知识产权案件的发展动态,做好全局工作调度安排;二是完善审判质量考评制度,按月统计全省法院知识产权二审发改案件,每半

年对全省案件质量进行集中点评并纳入年终考核评分,指导解决全省法院知识产权审判中存在的共性和突出问题;三是根据类案的需要对相关行业和行政部门进行调研,召集涉案地域法院进行专题座谈,研究法律适用问题,统一司法裁判尺度。

(三)加大调解力度,诉调对接高快好省化解社会矛盾

一是强化调解意识,将"调解优先、调判结合"原则贯穿于知识产权审判的全过程,将调解作为处理知识产权民事纠纷的首选方式;二是创新和完善诉讼调解机制,以促进技术成果转化、知识传播和运用为导向,充分发挥诉前临时措施的特殊作用,积极创新调解方式,在和谐案中总结审判经验,指导类案调解工作;三是探索和建立诉调对接长效机制,通过与行业协会对接、与行政执法部门联动、积极探索构建诉讼调解与行政调解、行业调解相衔接的大调解格局,努力使审判的每一起案件做到案结事了人和,促进行业自律,规范良性竞争。

(四)坚持制度创新,能动司法推动审判工作机制改革

一是继续推进知识产权综合审判试点工作,总结已试点法院的经验做法,理顺内外部工作关系,加强与公安、检察机关的沟通协调和衔接配合,加强对知识产权刑事犯罪数额及犯罪形态认定,以及知识产权行政行为合法性审查等问题的调研力度,促进公、检、法三部门形成共识,共同推进试点工作取得新进展;二是继续推进科技专家参与知识产权案件审判工作,与省科学技术协会共同组建"山东省知识产权审判技术专家库",就技术问题邀请科技专家提供咨询意见并发挥专家调解人的积极作用,切实解决技术事实认定难问题;三是继续推进社会管理创新,提出司法建议,帮助确立市场经营者的行为规则和发展导向,预防诉讼的发生。

关于商业秘密司法保护问题的调研报告

山东省高级人民法院课题组*

前　言

进入知识经济时代以来,知识产权对企业的经营具有越来越重要的作用。有学者对世界500强企业的长期跟踪研究表明,在1982年,知识产权对价值创造的贡献率只有38%,1992年增长到62%,目前已达82%。美国可口可乐公司的产品遍布世界,它的主要投入就是品牌、技术以及管理,充分利用他人的市场、原材料、设备、厂房、劳动力,就地

* 主持人:李静;成员:于玉、肖彬、戴磊、于志涛、都伟、王加松、王守君、曲振涛、解乐范、任广科、矫玉增、于红。

灌装、就地销售、就地获利。这也是世界500强企业利用知识产权扩张的基本模式。

在我国，知识在经济社会发展中的作用越来越突出。随着我国知识产权战略的深入实施，我国经济逐步转向创新驱动、内生增长的发展轨道，保护知识产权已经成为企业竞争的基本动力和国家发展的内在需求。我国正站在新的历史起点上，大力开发和利用知识资源，对于转变经济发展方式，缓解资源环境约束，提升国家核心竞争力，满足人民群众日益增长的物质文化生活需要，具有重大战略意义。

企业是知识产权创造和运用的主体，商业秘密是企业知识产权中的重要部分，对于一些企业而言，商业秘密关系企业的生死存亡，正如美国可口可乐公司所说“保住了商业秘密即保住了市场”。

现阶段，企业人才流动引发的侵犯商业秘密纠纷日益增多，从我省十年商业秘密案件审判实践来看，涉诉的商业秘密侵权纠纷100%由职工跳槽引发。商业秘密保护与人才流动之间的矛盾越来越突出。为科学平衡这对矛盾，依法科学维护市场竞争秩序，最高人民法院出台的《关于当前经济形势下知识产权审判服务大局若干问题的意见》与山东省高级人民法院出台的《关于知识产权审判保障服务经济发展方式转变的若干意见》均提出了要妥善处理保护商业秘密与自由择业、涉密者竞业限制和人才合理流动的关系，既要保护商业秘密权利人的合法权益，积极营造良好的贸易投资环境，同时要维护劳动者正当就业、创业的合法权益。从立法来看，现行的相关法律存在原则性规定过多、规范不够具体、可操作性不强等问题。从审判实践看，商业秘密司法保护一直是我国知识产权审判实践中的热点和难点，存在裁判尺度不统一、认识模糊与意见分歧等多层次问题。为此，我们针对“关于商业秘密司法保护问题的调研”这一课题进行专门研究，目的在于：一是指导企业和职工更好地维护自身的合法权益；二是找到正确处理加强商业秘密司法保护与保障人才合理流动的路径，实现企业与职工的利益平衡，实现对二者的平等协调保护。

省法院民三庭、烟台中院高度重视此次调研，精心组织力量成立课题组，并制定了周密翔实的调研方案，从2011年6月份开始，历时5个月，分阶段按步骤开展调研工作。课题组先后深入到济南、烟台、威海等多个城市，通过召开法院系统座谈会、行政部门座谈会、企业座谈会、发放调查问卷、查阅卷宗、实地考察等多种行之有效的方式进行了大量的素材收集和调查分析工作，其中，举行法官座谈会2次，召集有关知识产权审判资深法官和骨干力量进行专题研讨；行政部门座谈1次，企业座谈4次，发放调查问卷160份，回收141份。通过调研，课题组对当前我省企业商业秘密保护与人才流动现状、我省商业秘密司法保护的全面情况及新形势下商业秘密司法保护与人才合理流动的司法对策形成初步意见，并在此基础上形成了调研报告。

第一部分　全省企业商业秘密保护与人才流动的现状及整体评价

企业是商业秘密的主要权利人，也是人

才的管理者和使用者,了解企业的商业秘密保护及人才流动情况,对于探寻加强商业秘密司法保护的方法及回应社会对人才合理流动的需求至为重要,这将是我们调整商业秘密司法保护政策的重要依据。

一、全省企业商业秘密保护及人才流动情况

商业秘密与商标、专利等其他知识产权有所不同,其没有专门机构进行审查授权,行政机关没有对全省企业拥有商业秘密的情况进行专门管理,这对我们掌握全省企业商业秘密的创造、管理和保护等总体情况带来一定困难。我们调研的方法是选取三个典型企业进行"解剖麻雀"式的调研,再辅以向全省各类型企业的调查问卷,最终对我省企业的商业秘密保护及人才流动的现状有了比较全面的掌握。这三个典型企业分别为烟台泰和新材料股份有限公司、东方电子股份有限公司、绿叶制药集团有限公司。上述三个企业在商业秘密保护的状况及遇到的问题上具有典型性。

(一)烟台泰和新材料股份有限公司(原烟台氨纶股份有限公司)基本情况

1. 公司简介。

烟台泰和新材料股份有限公司(原烟台氨纶股份有限公司)(以下简称泰和公司)是专业从事高科技特种纤维研发与生产的国家级高新技术企业,是我国第一家氨纶、间位芳纶和对位芳纶生产企业。该公司现有职工1436人,资产总额22.7亿元。该公司作为中国高性能纤维行业的龙头企业,自2005年起连续五年荣获"中国化纤行业竞争力前十强",并列2008~2009年度中国化纤行业竞争力第一位,是国内规模最大的高性能纤维研发和生产基地,是我国化纤行业参与全球高技术竞争的标杆企业。

2. 知识产权保护情况。

泰和公司作为科技创新型企业,知识产权在企业的生产经营中占据重要地位,为保护知识产权采取了许多措施。(1)商标方面,泰和公司在国内注册了20余件商标,其"纽士达"氨纶长丝、"纽士达"间位芳纶纤维产品分别于2005年、2007年被评为中国名牌产品。泰和公司在美、德、日等15个国家和地区也分别注册了2件商标。(2)专利方面,泰和公司自2006年起申请专利46项,已获8项发明专利和1项实用新型专利授权。其中的"原液着色间位芳纶短纤维及其制备方法"发明专利获得山东省专利奖一等奖和国家专利优秀奖各1项。(3)商业秘密方面,2003年2月,泰和公司制定并下发了《关于发布〈保密管理办法〉的通知》,加强公司商业秘密的保护。为了配合该制度的实施,人力资源部与负有保密义务的员工签订了《保密协议》。2008年1月1日,我国《劳动合同法》生效,公司修订了《保密管理办法》,以职工代表大会予以通过。并且组织了相关技术、管理等岗位200余人进行了培训,重新签订《保密协议》。泰和公司在重要岗位,还安装了摄像装置、电脑加密等保密措施。

3. 知识产权保护存在的问题。

(1)人才流动导致企业商业秘密流失。关键岗位的人才流动不可避免地造成商业秘密流失,而我国《劳动合同法》又规定了最长不超过两年的竞业限制期间,企业认为不利于其商业秘密的保护。(2)发生商业秘密侵权时,企业维权难。一是调查取证难。出现泄密事件后,企业作为被侵权方,自身进行调

查取证的途径有限。二是刑事立案难。现行刑事案件立案标准规定侵犯商业秘密须造成实际损失才能立案,并且还有50万元的最低要求,造成企业在商业秘密被盗窃后直至投产前的这段时间不能立案,而一旦生产出产品再立案对被侵权企业来说为时已晚。(3)侵权成本低。泰和公司认为,目前相关法律法规对侵犯他人知识产权的行为打击力度小,加之现阶段国民整体素质有待提高,不进行研发而专门通过不正当手段窃取他人知识产权等方式进行竞争的现象普遍存在。

(二)东方电子股份有限公司基本情况

1. 公司简介。

东方电子股份有限公司(以下简称东方电子)是一家集科研开发、生产经营、技术服务、系统集成于一体的大型高新技术企业集团,是中国能源管理系统解决方案的主要供应商之一,并将技术和服务输出到美国、俄罗斯、东南亚、中东等国家和地区,参加了IEC(国际电工委员会)国际标准的制定。其拥有包括一个上市公司在内的14个关联性企业、国爱认定企业技术中心和博士后科研工作站,始终位列"中国软件企业百强"前30位,连续十年以上在中国电子自动化行业国内市场占有率名列前茅,近三年出口额同行业排名第一。东方电子主营业务是给电厂、电网直到最终用电客户整个电能量传送过程提供自动化控制解决方案。东方电子的核心资产是占总人数70%的高科技人才及其知识和技能。企业的知识产权对企业的生存和发展有着重要作用。

2. 商业秘密保护情况。

东方电子的商业秘密涉及技术信息和经营信息两类。其中技术信息包括:各种企业产品内控技术标准、技术类图纸、各种软件、各种生产工艺操作规程、各种技术条件、各种企业级的技术规范和标准文件、各种技术方案和设计方案、企业自主开发的技术项目信息等。经营信息包括:原材料价格、供应商信息、销售及市场方面的情报、招投标中的报价标底及标书内容、合同登录信息及客户名单等。

为保护公司的商业秘密,东方电子采取了如下措施:(1)采取信息化管理手段。对于各类技术信息,尽量避免电子媒体的跨部门传递。研发部门采用配置管理工具、使用PDM研发信息化系统对各类技术文件进行管理,对外只交互目标代码或签字版的纸质文件。对供应商信息、原材料价格、招投标中的报价标底及标书内容、合同登录信息、客户信息等,安排单独部门管理,通过销产存信息化系统、财务信息系统、营销管理信息化系统、工程信息化系统的使用,对访问权限进行控制。对于各种精进管理体系文件,通过协同办公系统的使用,有效控制访问权限,可读不可下载。(2)综合运用行政管理及法律手段。一是在签订就业合同的同时与员工签订保密协议,工资中列示保密费。二是对列为商业秘密的技术信息和经营信息,不管是电子文档还是纸质文档,都由专门部门管理,通过专项审批流程后方可开放,严格控制权限。三是将每个研发项目拆分成不同的模块或工序,分配给不同的项目成员或项目小组来完成,加强配置、变更和文档管理。这样即使其中哪个成员离开,带走的只是他所负责(从事)部分的信息,对整个研发项目不会造成过大影响。四是对于发现有员工(主要是离职员工)泄露商业秘密的情况,主张通过法律渠道解决,但取证很难。

3. 知识产权管理方面存在的问题。

(1)虽然员工工资中约定了竞业限制经济补偿,并随每月的工资一起发放,但在产生法律纠纷时能否得到支持存在疑虑。(2)竞争对手通过猎头公司或以打电话、发邮件等方式直接到东方电子有针对性地诱使核心员工跳槽,有些竞争对手甚至在东方电子附近宾馆长期招聘其技术人员,东方电子对此没有有效应对措施。(3)受地域和行业地位、薪酬水平等影响,东方电子人员流动大。很多流动人员尤其是原属核心或骨干员工将与工作相关的商业秘密,既包括技术和产品研发等项目信息又包括从业经验和工作积累,带到竞争对手处,对东方电子造成或多或少的影响。(4)对一些关键环节的核心员工如项目经理等所接触到的商业秘密,除了签订合同时签订保密协议外,缺少其他有效的保护措施。

(三)绿叶制药集团有限公司基本情况

1. 公司简介。

绿叶制药集团公司(以下简称绿叶制药)是一家以研发为基础的药物公司,专注于天然药物、新型制剂和生物技术产品的研发、生产和销售。绿叶制药共有50多个产品在市场销售,其中具有自主知识产权的创新药物以及新制剂的销售额占90%以上,主要集中在抗肿瘤、心血管、骨科、消化、内分泌和中枢神经系统等领域。绿叶制药在北京、南京、泸州、烟台以及新加坡建有生产和研发基地。

绿叶制药发展战略明确未来持续将销售收入的10%投入到研发上。绿叶制药于1998年成立知识产权部,配备专职的知识产权管理人员。目前拥有知识产权工作人员21名,其中3名专利代理人,5人具有近十年的工作经验,90%以上专利工作人员具有药学专业背景,专利和药学技术紧密结合,有效避免了懂专利不懂技术、懂技术不懂专利的弊端。绿叶制药现拥有308件注册商标,“绿叶”商标被认定为“中国驰名商标”。截至2011年9月,绿叶制药在国内提起专利申请411项,已授权221项(其中发明专利申请330项,已授权167项),在国外提起专利申请21项,在港澳提起专利申请9项,已有13项在多个国家分别获得专利授权。绿叶制药是全国第一批企事业知识产权示范单位,全国第一批专利工作交流站,中国专利山东明星企业。

2. 知识产权保护情况。

绿叶制药注重知识产权保护和自主科技创新的密切结合,以“知识产权战略”为先导,以“自主科技创新”为前提,紧密围绕集团公司的发展战略,通过有效实施知识产权战略,实现知识产权价值的最大化,积累企业参与国际市场竞争的知识产权优势,保障企业战略目标的顺利完成,从而保证企业的可持续稳定发展。

(1)绿叶制药高度重视知识产权工作。知识产权部由集团副总裁直接管理,这种知识产权部直接隶属于决策层的组织定位,实现了知识产权工作的快速对接,有利于及时召集决策层、技术专家、法律专家及外聘专家共同制定或调整知识产权战略,迅速做出知识产权方面的决策,也体现了知识产权“一票否决”的重要作用。

(2)绿叶制药一直以来非常注重对知识产权文化的培育工作。树立企业知识产权战略思想,提高企业员工知识产权意识,形成知识产权文化氛围对促进创新型企业的发展是不可或缺的。在绿叶制药内部成立了知识产权沙龙，为全体员工提供了解和学习知识产权的平台，实现了公司内部知识产权相关资源的共享；定期或不定期邀请知名知识产权专家、审查员、知识产权管理部门领导、法官、大学教授等举办各种沙龙活动，内容广泛、丰富，使企业员工的知识产权保护意识进一步提升，体现了公司知识产权部引领的"专业"化的发展。此外，绿叶制药集团还建立了OA信息化平台，专门设立了知识产权OA网页，为全体员工打造了一片广袤的知识产权天地。

(3)绿叶制药的商业秘密保护情况。绿叶制药的每一项在研项目均以代号表示，并且该项目代号分为公司内部、外部两种命名方法，从而最大限度地保证项目信息不被披露。同时，绿叶制药投入较高费用建立了信息平台，并对登录平台的人员作出严格限制，对具有登录资格人员的信息查看权限、操作记录等也进行了严格控制，确保技术秘密的有效保护。绿叶制药还制定了论文发表审核制度，对发表论文作出规定，要求论文投稿前需由知识产权部及相关部门确认不会影响专利申请或不会构成商业秘密泄露方可对外发表。对于核心技术人员，绿叶制药在薪资方面实施倾斜政策，以有效降低人员流动率，严防商业秘密的流失。此外，员工入职时、离职时均需签订保密协议，对特殊人员作出竞业限制的规定。绿叶制药多年的实践表明其员工流动率非常低，特别是核心技术人员多年保持稳定，其商业秘密得到了较好的保护。

二、全省企业商业秘密保护及人才流动情况的整体评价

通过对上述典型企业的调研情况及面向全省各类型企业的调查问卷反馈回来的信息分析，我省企业在保护商业秘密与人才流动工作中取得了一定的效果，基本适应我省经济社会发展现状和需要。

(一)企业多能认识到商业秘密与人才的重要性，经营中注重商业秘密的创造与保护及对人才的管理与使用

1. 企业商业秘密保护意识较强。随着市场经济的发展，在一些高新技术产业，知识产权取代厂房、设备、资金等物质实体日益成为企业的核心竞争力。企业在市场竞争中，或由于自觉，或由于被侵权而遭受惨痛教训而被动地认识到商业秘密的重要性。从调查数据看，其中95%的企业认为商业秘密对企业的经营举足轻重，仅有5%的企业认为商业秘密对其生产经营没有影响。如东方电子股份有限公司表示其公司的核心资产是占总人数70%的高科技人才及其知识和技能。

2. 企业的商业秘密保护措施比较到位。大、中型企业一般均制定有专门的保密规章制度，并且与职工签订了保密协议；部分企业还在采取保密措施的同时，与职工约定竞业限制，作为创造、管理和保护商业秘密的基本手段；部分企业还有专门的知识产权管理部门，专门对企业的商业秘密等知识产权进行管理。从调查问卷的统计看，65%的企业设有专门从事商业秘密保护的部门或人员；93%的企业在日常经营中对商业秘密采取了具体保密措施；80%的企业与有关人员签订了保密协议。如绿叶制药集团有限公司系全国第一批企事业知识产权示范单位，从公司成立之初就设置了知识产权部，公司的每一个技术项目的研发都配有专业的知识产权管理人员全程监控，以科学界定技术成果的保护方式、模式，适合以商业秘密来保护的，设计符合商业秘密保护规律的总体保护方案，

从而能使技术成果的保护最优化,发挥技术成果的最大价值。

3. 企业能充分认识到人才的重要性,且对人才有着较为科学的管理与使用。(1)目前企业间的竞争已由产业技术含量的竞争演变成掌握技术的企业人才之间的竞争,企业人才成为应对国际、国内市场激烈竞争,实现企业战略目标和持续发展的首要资源。企业为了在竞争中占据优势地位,都意识到必须想方设法吸引人才、留住人才。(2)部分企业尤其是大型民营企业对人才的管理、使用较为科学。该类企业在管理、使用人才方面有一套行之有效的“组合拳”,不但能人尽其用,而且还能将人才流失的损失降到最低。据绿叶制药集团有限公司统计,其从1994年成立至2011年的人才流动率仅为2%,并且离开的职工从未与企业发生知识产权纠纷。究其原因,其不但制定了非常严格的规章制度并落到实处,还实施了非常完善的激励机制,充分调动职工的积极性,还给每个职工都进行了职业生涯设计,使职工感到在企业有很大的发展空间,可以实现其人生价值,还有一个重要的因素是企业大力培育“以人为本”的企业文化,使职工有归属感,愿意留在企业里奉献自己的聪明才智。

(二)职工多能认识到商业秘密对企业的重要作用,但就商业秘密对个人的影响有不同认识,对企业间的人才流动持赞成态度

1. 本次调研中高达97%的职工认为商业秘密对企业经营的意义重大。掌握商业秘密负有保密义务的部分职工认为掌握企业的商业秘密有利于自身在企业的发展,虽然承担了更重的责任,但也有利于其个人价值的提升和职业理想的实现。另一部分职工则对商业秘密持抵制态度,认为掌握企业的商业秘密将受到更多约束,不利于自主择业,而且还认为企业将不属于商业秘密的商业信息作为商业秘密进行保护,对职工设定种种限制措施,严重侵犯了职工的合法权益。

2. 与企业力图维持其人才的稳定性不同,职工希望拥有一个更加宽松的择业环境。因为个人择业更多是基于自身利益,考虑得比较多的往往是薪酬、职级待遇等因素。目前国家的人才政策是鼓励人才合理流动,但是本次调研发现,职工在择业时,如果有更好的机会,其很少考虑是否“合理”的因素,甚至不惜冒着可能承担法律责任的风险,将商业秘密带到有竞争关系的企业,损害原企业的利益。

(三)企业与职工在保障商业秘密安全与人才合理流动方面暴露出的问题

1. 企业和职工缺乏关于商业秘密的基本法律知识。对企业来讲,虽然通过多年来商业秘密创造、管理及保护的努力,企业的商业秘密法律意识和知识有了很大的提高,但是很多企业对其商业信息是否构成商业秘密存在模糊认识,有的企业甚至认为专利即为商业秘密,有的企业索性将其认为可能构成商业秘密的信息都作为商业秘密进行保护,这种情况不但浪费了大量的资源,增加企业的经营成本,还不适当地扩大保护而侵犯了职工的合法权益,在商业秘密诉讼中因无法明确自身商业秘密的具体内容而无法获得法律的支持。对职工来讲,职工作为个体相对企业处于弱势,其对商业秘密的重视程度也与企业不同,所以,其多不清楚所掌握的商业信息是否构成商业秘密。

2. 企业和职工的商业秘密保护意识有待进一步增强。对企业而言,一是应进一步完

善对需要保护的商业信息的保密措施，达到法律规定要求的标准。二是需防止侵犯他人商业秘密的行为发生。特别是某些中小企业出现了职工跳槽侵犯其商业秘密的情况后，不从自身找原因，加强管理，避免以后类似情况的发生，而是也采取不正当手段获取他人商业秘密，最终由受害者转变为侵权者，该类企业的行为对人才的不合理流动起到了推波助澜的作用。对职工而言应进一步提高严格执行法律及企业规章制度的自觉性，不为利益的不当驱使，杜绝通过不正当手段获取企业的商业秘密并进行披露使用。

3. 企业对商业秘密及人才的管理水平有待进一步提高。(1)虽然越来越多的企业意识到商业秘密保护的重要性，但是商业秘密的管理水平仍有待提高，特别是中小企业的商业秘密管理机制和水平还相对落后，制定的规章制度也流于形式，缺乏有效的监督落实。在本次调研中，82%的中小企业没有专门的商业秘密管理机构，而大企业虽然设置了专门机构，但是这些机构也未能采取管理商业秘密的有效措施。(2)虽然企业多将竞业限制协议作为管理人才的手段，但并未起到应用的作用。由于竞业限制协议直接影响到劳动者的生存权及择业权，竞业限制协议应当严格依法订立。我国《劳动合同法》规定，竞业限制的范围为企业负有保密义务的人员，且企业在竞业限制期内应支付劳动者经济补偿金。实践中，企业往往不加区分的与全体职工都签订竞业限制协议，也未约定经济补偿金。并且，企业将竞业限制条款设置在劳动合同中，在与职工签订劳动合同时就同时签订了竞业限制协议。而职工在就业时相对企业处于弱势，往往不得不接受劳动合同中的竞业限制条款。并且，企业对职工的管理重在物质层面，很少甚至没有考虑职工在精神层面的需求，如企业文化、组织生活等，导致企业与职工仅仅是纯粹的金钱关系。

4. 职工跳槽造成商业秘密流失的情况大量存在。全省法院十年来共审结商业秘密侵权案件200起，由于职工跳槽导致商业秘密诉讼的比例达到100%。从我们与企业座谈的情况来看，除个别商业秘密保护特别好的企业外，其他企业均存在职工跳槽带走商业秘密的现象，给企业造成了重大损失，甚至有的企业之间相互诱使对方职工跳槽，恶性竞争，现实地给企业发展造成极大困扰，严重破坏了公平竞争的市场经济秩序。

5. 司法途径解决纠纷意识仍待提高。在本次调研中，在被调查的70家企业中，对于商业秘密纠纷，首选协商处理的16家，首选行政手段处理的7家，首选司法途径的仅为6家，选择不处理的为41家；对职工调查的情况也大致相同。调查显示，妨碍当事人选择诉讼渠道的原因主要在于商业秘密案件的特殊性，如举证困难、胜诉率较低等，再加之其认为诉讼程序复杂，即使付出很大诉讼成本，最终的结果并不一定能维护其权益，相当多的企业及职工选择了协商处理甚至不处理。

第二部分 全省法院商业秘密司法保护概况及不足

商业秘密司法保护是人民法院知识产权司法保护工作的重要内容，是人民法院通过发挥审判职能保障商业秘密安全及人才合理流动的基本手段。十年来，全省各级法院通过对商业秘密纠纷案件的妥善审理，有力地维护了公平竞争的市场经济秩序。

一、十年来全省法院商业秘密纠纷案件审理概况

2001～2010 年,全省法院共受理商业秘密一审案件 216 件,审结 200 件,结案率为 92.6%。在审结的案件中,判决 69 件,判决率为 34.5%;调解 39 件,撤诉 80 件,调撤率为 60%;以其他方式结案 12 件。从案件类型看,侵犯技术秘密纠纷 109 件,占 54.5%;侵犯经营秘密纠纷 89 件,占 44.5%;其他商业秘密纠纷 2 件。

通过对十年来全省商业秘密案件收结案等数据的分析,我省商业秘密案件的审理主要呈现出以下特点:

(一)商业秘密案件绝对数量不大,但在不正当竞争纠纷中的相对数量不小

2001～2010 年,全省法院受理商业秘密一审案件总数为 216 件,绝对数量并不多。但十年来的不正当竞争案件为 1171 件,商业秘密案件占其 18.4%,比例较高。该类案件的妥善处理对构建自由公平竞争的市场秩序发挥了重要作用。

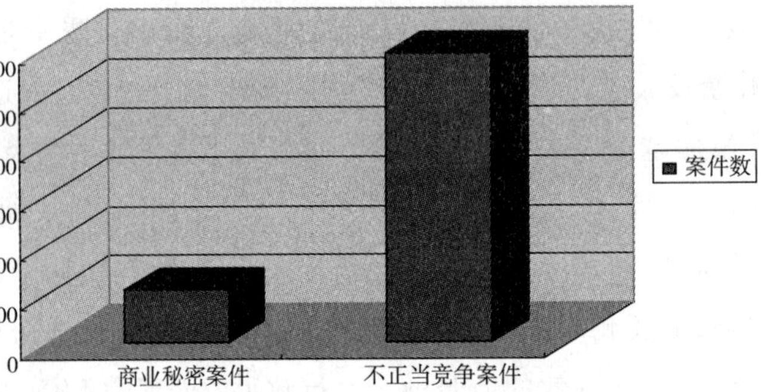

图 1　2001～2010 年商业秘密案件、不正当竞争案件对比图

(二)商业秘密案件数量呈先升后降的趋势

2001 年到 2006 年,商业秘密案件数量逐年上升,至 2006 年达到最高 52 件,但之后便呈逐年下降之势,与我省的经济社会发展状况不相适应。究其原因,2001～2006 年案件数量上升主要是由于我省的知识产权专业化审判正处于快速发展的初期,企业的维权积极性较高,各种类型的知识产权案件数量均呈上升态势;2006 年之后由于企业通过一段时期的商业秘密诉讼发现其对商业秘密的理解、保护与法律规定存在较大差异,商业秘密诉讼的胜诉率较低,导致企业对商业秘密诉讼产生了畏难情绪,不愿打官司,有的就直接放弃了通过诉讼进行维权。我们本次调研发现,目前现实经济社会中的商业秘密纠纷不是减少,而是增多了,但是企业出于种种考虑未将纠纷诉诸法律。

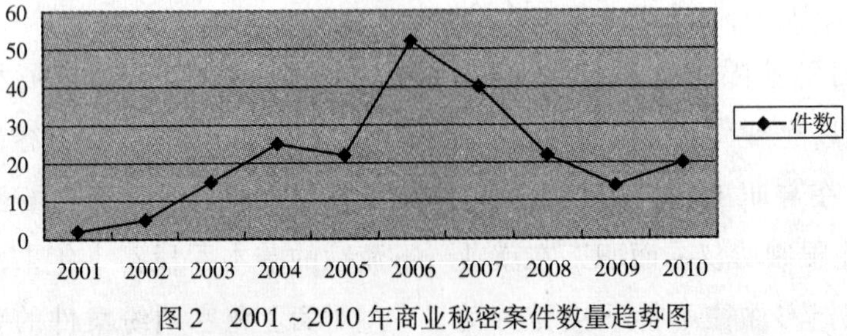

图 2　2001～2010 年商业秘密案件数量趋势图

(三)案件分布不均衡,多集中在沿海等经济发达地区

全省法院商业秘密案件分布存在明显的地域差别。济南、青岛、淄博、东营、烟台、潍坊、莱芜等7市的收案数合计达到176件,占全省收案总数的81.5%,而其他地市的商业秘密案件则很少甚至没有。通过调研发现,商业秘密案件与区域经济的发达程度密切相关,经济越发达、企业越多、高新技术企业越多,商业秘密案件也就多发。上述7市正是处于全省经济较为发达活跃的中东部地区,区位优势较为明显。

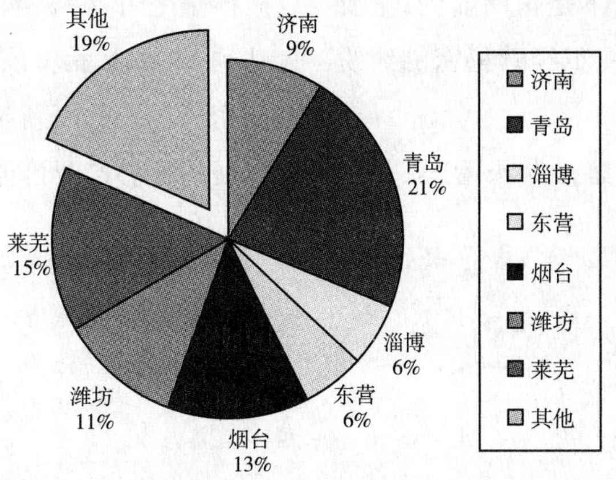

图3 2001~2010年全省各地法院商业秘密案件分布图

(四)从纠纷起因看,商业秘密诉讼一般因职工跳槽引发

从全省十年的统计来看,侵犯商业秘密形成的诉讼100%由职工跳槽引发。职工跳槽有两种具体的表现形式,一种为职工携带商业秘密离开原企业到其他企业工作,这是典型的职工跳槽侵犯商业秘密的行为;另一种是职工携带原企业商业秘密自行成立另外企业,有的观点认为该种行为不应是职工跳槽,应是职工自行使用行为,但是通说认为,第二种行为在广义上来讲也是一种跳槽行为,本调研报告统计数据时将第二种行为一并统计在跳槽行为之中。虽然商业秘密纠纷多为职工跳槽引起,但是我们应该理性的看待这一问题,从该类案件原告的胜诉率低也能说明这样一个问题,即该类纠纷的发生往往不单是职工的原因,企业将不构成商业秘密的信息作为商业秘密来保护,或者不适当的利用竞业限制协议限制职工自由择业的权利也是引发该类纠纷的重要因素。所以,虽然保护商业秘密很重要,而职工自由择业的权利同样不容忽视。

(五)从商业秘密案件类型上看,侵犯技术秘密纠纷所占比重略大

商业秘密分为技术秘密和经营秘密两类。技术秘密一般是指利用科学技术知识和经验获得的技术方案的信息,主要包括设计图样、软件程序、产品配方、技术诀窍等信息;经营秘密是有关经营和决策方面的信息,主张包括客户名单、标书标底等与市场经营相关的信息。我省审结的商业秘密案件全部为侵权纠纷,其中侵犯技术秘密纠纷为110件,占到55%;侵犯经营秘密纠纷为90件,占到45%。总体上看,我省的侵犯商业秘密案件类型较为均衡。技术信息类的商业秘密一直是侵权的主要目标,而近几年侵犯经营信息

类商业秘密的案件数量不断增长,反映出经营信息类商业秘密对企业发展的作用不断增强,也显示出企业在保护技术信息类商业秘密的同时,越来越重视对经营信息类商业秘密的保护。从调研的情况看,产品在行业内具有独占性的企业被侵犯技术秘密的纠纷较多,而产品在行业内特点不是很明显的,主要靠营销生存的企业则被侵犯经营秘密的纠纷较多。

(六)从原告诉求的赔偿额来看,商业秘密案件请求赔偿额较大,且呈上升之势

十年来,我省商业秘密案件的请求赔偿总额为 12,976.93 万元,请求赔偿数额从2001年的395万元跃升至2010年的5876.56万元,呈动态震荡式增长,明显高于其他不正当竞争纠纷。虽然个别年份有所下降,但是总体呈上升态势,个案的请求赔偿额最高已达到5300万元。该项指标集中体现了商业秘密所涵盖的高新技术和经营信息对于企业发展的核心产业价值日益突出。

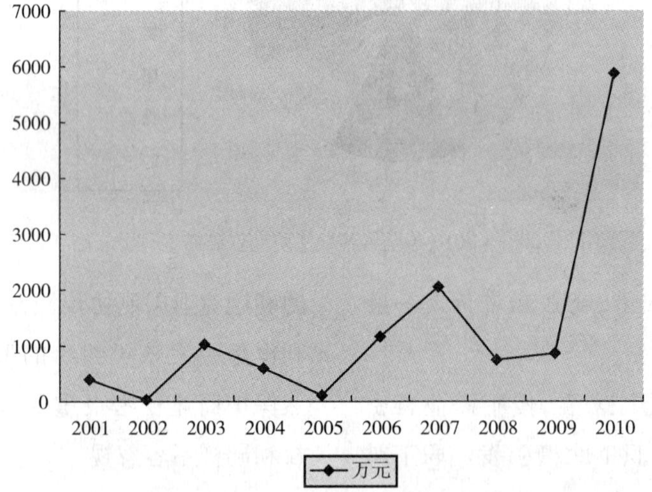

图4　2001～2010年商业秘密案件标的额趋势变化图

(七)从处理结果上看,商业秘密案件判决结案少,原告胜诉率低,调撤率较高

通过对十年来商业秘密案件裁判情况的数据分析看,商业秘密案件判决结案仅占34.5%,原告胜诉率仅有25%;而调撤率达到60%。上述数据正是以下几种因素综合作用的结果:一是原告举证难。《最高人民法院关于审理不正当竞争民事案件应用法律若干问题的解释》第14条规定,当事人指称他人侵犯其商业秘密的,应当对其拥有的商业秘密符合法定条件、对方当事人的信息与其商业秘密相同或者实质相同以及对方当事人采取不正当手段的事实负举证责任。原告对被控侵权人采取不正当手段的事实基本无法举证。二是企业在进行商业秘密诉讼时有“二次泄密”的顾虑,担心在对商业秘密的内容进行举证时会造成商业秘密内容的再一次披露而不愿举证。三是企业诉讼能力的欠缺。原告对有关信息是否构成商业秘密、是否存在侵犯商业秘密的行为等基本事实无力举证甚至认识不清而导致败诉,或在法院依法释明的基础上,考虑败诉风险,不得不撤诉和做出让步的调解。在原告青岛泰昌制帽有限公司与被告青岛长丰制帽有限公司、赵桂华等侵

犯经营秘密纠纷案中,法院认为原告主张的客户名单尚未上升到经营秘密的高度,不构成商业秘密,判决驳回了原告的诉讼请求。四是"调解优先、调判结合"的司法理念的影响。法院在解决纠纷的同时,为了最大限度化解矛盾,保障科学技术的运用,发挥知识产权的价值,努力促成案件协商解决。

二、商业秘密司法保护对保障全省商业秘密安全及人才合理流动的不足之处

目前全省的商业秘密司法保护水平和能力,在一定程度上满足了涉诉企业对商业秘密安全的需求,商业秘密审判工作为保障企业商业秘密安全、人才合理流动及公平竞争市场秩序的建立提供了良好的法治保障。但是该项工作仍然存在许多需要改进的方面。

(一)个别商业秘密案件的审理思路不够清晰,影响了商业秘密司法保护的公正性

思路是行动的先导。法官在审理任何案件时,必须按正确的思路审理,才能依法查清案件事实,才能正确适用法律,才能确保判决结果的公正。但是商业秘密权利本身的动态性和个案性决定了此类案件审理难度较其他知识产权案件更大,又由于此类案件数量相对较少,法官对此类案件的审理经验积累不多,导致了审判实践中对个别商业秘密案件的审理思路不够清晰,甚至南辕北辙。商业秘密权利与专利权、商标权等其他知识产权客体不同,其不需要行政审核确权程序,法院首先要独立判断商业秘密是否存在,在此基础上才能判断商业秘密权利是否受到侵犯。商业秘密案件客观上数量少,且地区分布不均衡,使得个别法院对此类案件的审理尚处于摸索阶段,没有一个成熟、清晰的审理思路,无法保证此类案件的审理质量,从统计情况来看,缺乏成熟的审理思路也是判决率较低的原因之一,这里面不排除部分法官不知如何审理该类案件而加大调解力度的因素。

(二)商业秘密司法保护的尺度不够统一,影响了商业秘密司法保护的公信力

由于商业秘密案件的特殊性,法官必须首先判断原告是否拥有商业秘密。而法官司法能力的高低不一,就影响了商业秘密司法保护尺度的统一。虽然法官基本上都知道按"秘密性、价值性、保密性"的要求来审查商业秘密,但是实际操作起来千差万别。如对几方同时拥有的商业秘密是否丧失秘密性,对失败的实验数据是否具有价值性,对保密措施要具体到何种程度才有效等问题,不同的法官会给出不同的答案。商业秘密案件的审理对法官要求非常高,对商业秘密的保护,既不能过度保护,也不能降低保护,要保持商业秘密保护与人才合理流动的平衡。法官对商业秘密保护的"度"掌握不好,导致裁判结果的不统一,必然在一定程度上损害商业秘密司法保护的权威性与公信力。

(三)商业秘密案件的审理周期过长,影响了商业秘密司法保护的效率

虽然商业秘密案件总体数量不多,但是审理难度大、周期长。通过调研情况来看,商业秘密诉讼效率偏低与企业诉讼期待较高之间的矛盾是当前反映较多的一类问题。商业秘密案件审判并不是单纯的法律适用过程,在案件事实的认定过程中,涉及对技术的认定、比对等工作,经常需要进行技术鉴定,这些工作都需要较长的时间。并且在商业秘密案件审判中,法官无时无刻不处于平衡商业秘密权利人的利益与跳槽职工的自由择业权的保护的博弈之中,往往不能速判速决。当

然,有的情况下,审理周期的过长也是由于法官对案件的掌控出现问题,如不当的鉴定、多次开庭等。无论是什么原因造成的,审判效率都是今后商业秘密司法保护工作急需改进的方面。

第三部分 新形势下保障商业秘密安全与人才合理流动的相关对策

国务院发布的《国家知识产权战略纲要》从国家战略和全局的高度,提出要"发挥司法保护知识产权的主导作用",进一步明确了司法工作在知识产权保护体系中的职能定位,提升了知识产权司法保护的法律地位。商业秘密司法保护作为国家知识产权战略的重要组成部分,法院在商业秘密保护中必然要充分发挥主渠道作用。而如何在加强商业秘密保护与促进人才合理流动的新形势下充分发挥法院的职能作用是摆在我们面前的重大课题。新形势下,法院审判职能的充分发挥需要在商业秘密司法保护的原则及法律适用等方面进行探索、完善,从而提出兼顾企业与人才两方利益的相关对策。

一、商业秘密司法保护与人才合理流动的正当性分析

根据法律保护的法益不同,法律各有其不同的价值目标,商业秘密保护的法律规定亦如此。法律之所以对商业秘密进行保护,在于通过保护商业秘密来实现其追求的价值目标。对于商业秘密保护法律所追求的价值目标,可以通过考查立法来探寻。《反不正当竞争法》第2条规定,"经营者在市场交易中,应当遵循自愿、平等、公平、诚实信用的原则,遵守公认的商业道德。本法所称的不正当竞争,是指经营者违反本法规定,损害其他经营者的合法权益,扰乱社会经济秩序的行为"。该条规定了《反不正当竞争法》的基本原则,保护商业秘密的规定也受该原则的约束。自愿、平等、公平、诚实信用实际上均属于商业道德的范畴,因此保护商业秘密的重要目的在于维护公认的商业道德。这也可以从《反不正当竞争法》中保护商业秘密的具体规定得出,《反不正当竞争法》第10条明确将"以盗窃、利诱、胁迫或者其他不正当手段获取权利人的商业秘密,披露、使用或者允许他人使用以前项手段获取的权利人的商业秘密,违反约定或者违反权利人有关保守商业秘密的要求,披露、使用或者允许他人使用其所掌握的商业秘密",认定为侵犯商业秘密的行为,上述行为无一不是违反公认的商业道德的行为。另外,保护商业秘密除了在于维护公认的商业道德之外,还在于激励创新。《反不正当竞争法》所保护的商业秘密须是不为公众所知悉的信息,只有具有创新的信息才是商业秘密保护的客体。因此,保护商业秘密的目的在于维护商业道德和激励创新。

人才是市场竞争的核心要素,市场竞争在某种程度上就是人才的竞争,人才流动是市场经济发展的必然结果,是市场竞争的基本特征和重要力量。在各种经济要素中,人才作为稀缺资源,必然成为企业争夺的对象。正如其他资源一样,人才合理流动,有利于人力资源的有效配置,提高人力资源的使用率,进而使整个社会利益达到最大化。

人才合理流动实质上是在遵循市场经济规律的前提下,人才的使用按照人才、岗位的具体情况以及其他客观环境的变化而不断进

行调整，从而达到人才资源配置的最大化，做到人尽其用。市场经济规律使人才（劳动力）的流动成为必然。新的就业机会的出现和人才对自己的重新定位，都能导致人才流动现象的出现，主要是受到薪酬待遇、环境差异、发展空间和对单位管理现状的满意度等社会因素、组织因素和个人因素的影响。正常合理的人才流动，有利于生产力的发展，但无序和没有法律规范的盲目流动，会给个人、组织和社会带来负面效应。在现代社会主义市场经济条件下，人才队伍的稳定是相对的，流动是绝对的，大力推进我国人才的合理流动，对促进我国经济的发展，优化人力资源配置等方面都具有积极的意义。首先，鼓励人才合理流动，能够促使人才资源流向目标趋向多元化，使人才按照国家主体功能区布局，推动人才向新兴产业，新兴经济区域流动，有助于我国加快转变经济发展方式、调整优化经济结构。其次，鼓励人才合理流动，有利于促使企业提升人才管理使用水平，提升企业竞争力。在市场经济条件下，企业间的人才流动已成为不可回避的发展趋势。一个寻求发展的企业不在于留住多少职工，而是要根据本企业的发展战略、生产目标，进行人才结构上的吐旧纳新，维持企业人才结构的动态平衡，这样才能维持企业可持续的竞争力。最后，鼓励人才合理流动，有利于促进人才自我价值和社会价值的提高。人的社会价值体现在人对社会的贡献上，人的自我价值体现在人才资源在市场交换过程中的工资福利待遇上。人才的合理流动，促使用人单位为吸引人才对人才高薪竞聘或纷纷制定优惠政策，人才的自我价值自然得到了提升；而人才的合理流动使人才流动到急需或更能发挥其作用的地方，就使人才的社会价值得到了提升。

二、利益平衡原则在处理商业秘密保护与人才流动之间的价值

随着市场经济的深入发展，如何保持在市场竞争中的优势地位成为企业生存和发展而考虑的重要问题。随着市场竞争的深入，企业越来越意识到企业间的竞争实质上是企业人才之间的竞争，这就导致各种人才成为企业争夺的对象，人才流动日趋频繁。从法院审理的侵犯商业秘密案件看，几乎全部案件都系由职工“跳槽”引发。

职工“跳槽”与商业秘密司法保护的关系是如何处理劳动力自由流动与维持企业竞争优势之间的关系。从职工角度来看，职工有就业的权利和择业的自由，这是劳动者最基本的自由和权利；劳动力需要优化配置，劳动力自由流动是其优化配置的基本途径，国家鼓励和保护劳动力的合理流动。从企业的角度来看，企业的生命力在于保持其竞争优势，创造并保持其商业秘密是保持其竞争优势的重要内容，创造和保护商业秘密能给企业带来经济效益。从商业秘密的来源和运用看，职工往往是企业商业秘密的创造者和实施者，企业的商业秘密又不可能不为职工掌握和知悉。由此在商业秘密司法保护上出现了悖论：劳动力的自由流动必然会增加侵犯商业秘密的机会和可能性，侵犯商业秘密又会使企业丧失竞争优势，而对商业秘密的过分保护又会妨碍劳动力的自由流动；职工是商业秘密的创造者和实施者，越是创造能力强和掌握的商业秘密多，其流动的自由余地就越大，其流动性就越强，越利于资源优化配置，但同时又对企业利用该职工创造和使用商业秘密的积极性的损害也就越大。

利益平衡原则是知识产权司法体系中的“帝王原则”,其贯穿知识产权司法始终。具体来讲,知识产权司法就是适应不同历史时期社会发展的需要,选择优势利益,兼顾其他利益,达到各种利益在某一历史阶段的平衡,并且每一阶段的优势利益是不同的,利益平衡始终都处在一个变化过程中,以达到随时保持社会各种利益的平衡和总体利益的最大化。

具体到因职工跳槽引发的商业秘密纠纷中,人才流动和保护商业秘密都有其保护价值,一个是企业的财产权,另一个是职工的择业权,这就形成了权利的冲突。利益平衡需要法官“认识所涉及的利益、评价这些利益各自的分量,在正义的天平上进行衡量,以便根据某种社会标准去确保其间最为重要的利益的优先地位,最终达到最为可欲的平衡”。①利益平衡要求在法律的实施中全面考虑裁决所调整的各方的利益,对利益进行充分的选择、评价和衡量,最终作出的决定是利益平衡、妥协的结果。在每一个具体案件中,法官实际是在寻求一个利益平衡点,在这个利益平衡点,各方的利益都得到充分的尊重和保护,并追求到社会整体的最大利益。

在个案中,法官进行利益平衡所要考量的要素包括:商业秘密现在的价值,商业秘密未来预期的价值,商业秘密可能存在的期限,职工侵犯商业秘密的可能性,职工不同状况下的工资收入,如果不对职工进行竞业限制商业秘密的泄露是否难以避免等。这种利益平衡,给法官以很大的自由裁量权,诉讼中的利益平衡需要借助于有效的制度安排。

三、涉及商业秘密保护与人才合理流动的相关审判实务问题研究

(一)商业秘密司法保护与竞业限制的关系

侵犯商业秘密往往与竞业限制联系在一起。竞业限制是指单位与知悉商业秘密的劳动者约定在终止或解除劳动关系后的一定期限内,劳动者不得在生产同类产品、经营同类业务或有其他竞争关系的用人单位任职,也不得自己生产与原单位有竞争关系的同类产品或经营同类业务。竞业限制是保护商业秘密的重要手段,竞业限制对商业秘密的保护体现在两个方面:一是在竞业限制协议中约定保密条款,可以作为企业对其商业秘密采取的保密措施,不但能够使职工知悉该商业信息是需要保密的,还在之后可能的侵权诉讼中能够确保其商业信息满足构成商业秘密的条件;二是在竞业限制的期限内,职工不得在与原企业有竞争关系的单位任职,职工自己也不能从事与原企业有竞争的经营,企业的商业秘密在上述期限内自然能够得到保护。因此竞业限制需针对特定的主体,而且是出于保护权利人商业秘密的需要,要方法得当、范围特定、期限适度、补偿合理。

1. 竞业限制合同的特点。

竞业限制合同属于民事合同范畴,但其具有自身的特点:

(1)竞业限制合同的主体具有特定性。竞业限制合同的主体是具有雇佣关系的雇主和雇员,两者之间存在劳动关系。

(2)竞业限制合同的主体之间存在不平等性。无论在劳动关系缔结时还是在劳动关

---

① [美]E. 博登海默:《法理学——法律哲学与法律方法》,邓正来译,中国政法大学出版社2004年版,第152页。

系终结时签订竞业限制合同,雇主总是处于强势地位,可以借助于其在缔约时的优势,与雇员签订雇主满意的合同。雇员之所以接受竞业限制,除了雇主给付了金钱补偿外,更在于雇主提供的就业机会。为了获得或保住雇主提供的就业机会,雇员即使对竞业限制合同并不满意,也会违背真实意志去签订。

(3)竞业限制合同的雇员的义务是不作为义务。雇主通过限制职工在离职时的择业,来达到保护其商业秘密的目的。雇员履行的是在一定期限内不到合同约定的相应企业工作的不作为义务。①

2. 司法实务中审查竞业限制时需要注意以下几点:

(1)有无受保护的商业秘密。

是否存在受保护的商业秘密是竞业限制合同有效的基础,企业在没有商业秘密的情况下,与职工签订竞业限制合同,限制了职工的就业权,使职工无法在最能发挥其潜力的领域工作,影响了自由竞争。如果这种没有受保护商业秘密的竞业限制合同泛滥于社会各行业,势必降低社会的整体利益。

(2)有无经济补偿、补偿是否合理。

签订合同时,当事人应当遵循公平原则确定各方的权利和义务,当职工受竞业限制合同的约束,无法在其最擅长的领域工作,必然影响其个人和家庭的生活。因此,企业必须给予职工经济补偿,但是职工不能在其擅长的领域工作,并不代表职工就无法再就业,如果在竞业限制期间,让企业按职工在岗工资全额补偿,也明显不合理,补偿的数额应以能填补职工因不在其擅长的领域工作而造成的工资差额为标准。在确定补偿是否合理时,应以职工的受教育背景、工作经历、离开原行业就业的能力、竞业限制的范围、当地平均工资水平、最低生活保障水平等来确定补偿是否合理。

但是对于补偿是否合理应灵活认定,一般情况下,对于补偿及补偿的数额应在合同中明确约定。对于一些特殊情况,比如,负有竞业限制义务职工的工资明显高于本行业相应岗位人员的收入,且其不按合同承担竞业限制义务明显不公平的,即使竞业限制合同中没有约定补偿,也不应否认合同的效力。

另外,无补偿或补偿过低,属于显失公平,按《合同法》规定,属于可撤销的合同。雇主可以请求人民法院或仲裁机构变更或者撤销。但我国法院有两种处理方式,一种是认定为可撤销的合同,另一种直接认定合同无效。如广东省高级人民法院在鹤山银雨灯饰有限公司与刘宇洋、南卫丰不正当竞争纠纷案②中,认定:“竞业限制合同的特殊性在于劳动者与用人单位于在职期间订立该类约定,而竞业限制纠纷则发生在劳动者辞职之后,此时,可变更或可撤销合同的一年除斥期间早已届满。故而将该类合同认定为可撤销或可变更合同根本无法实现合同法所赋予合同当事人的主张合同不公平请求变更或撤销的权利。综上,如果承认这种约定的效力,就等于承认用人单位可以随意损害劳动者利益这样一种行为模式,这无疑是违背基本的商业伦理道德及劳动力市场秩序的。因此,应认定该约定无效。”这种担心是有依据的,法院推理路径显然是将无补偿或补偿过低认为违背基本的商业伦理道德及劳动力市场秩序,

---

① 张耕等:《商业秘密法》,厦门大学出版社 2006 年版,第 203 页。

② 引自广东省高级人民法院(2006)粤高法民三终字第 435 号民事判决书。

从而是损害社会公共利益的情形,按《合同法》第52条认为合同无效。但如果一些劳动者本来就想离开原先从事的行业,对补偿数额并无异议,如果认定上述合同是无效的,却给企业提供了不履行合同的借口,反而损害了雇员的利益。因此认定是可撤销的合同更属合理,但需要对撤销的期限另行规定,不应从知道和应当知道之日起计算,而应从双方解除劳动合同之日起计算。

(3)补偿支付的时间。

根据《劳动合同法》第23条第2款的规定,对负有保密义务的劳动者,用人单位可以在劳动合同或者保密协议中与劳动者约定竞业限制条款,并约定在解除或者终止劳动合同后,在竞业限制期限内按月给予劳动者经济补偿。劳动者违反竞业限制约定的,应当按照约定向用人单位支付违约金。该条规定了劳动者承担违约金的条件之一是在"解除或者终止劳动合同后,在竞业限制期限内按月给予劳动者经济补偿"。

法院在司法实践中对补偿金应何时支付意见不一。有的认为事后补偿的约定无效,有的认为在劳动期间补偿不应认定为竞业限制补偿金。

补偿金的支付时间有可能影响合同的自愿、公平。比如,一些企业在劳动合同中约定竞业限制补偿金随雇员的工资发放,但实际在劳动合同加入该条款后,雇员的工资并无增长,只是在原工资数额中独立出一部分作为竞业限制补偿金,由于雇员在签约时,相对处于弱势地位,所以大多数也可能同意。我们认为,这种情况不应直接认定合同无效,而应赋予雇员以撤销权和变更权,法院在确定合同是否可撤销或应否变更时,应审查每月雇员的工资和补偿金是否合理,雇员在劳动合同终止前已取得的补偿金总额与其履行的竞业限制期间相比是否合理。

一些企业约定在竞业限制期限每年的年底前给付雇员补偿金,由于雇员履行竞业限制义务,势必影响其收入,如果发放补偿金过于延迟也会影响雇员在竞业限制期限的生活。这种情况下也不应直接认定合同无效,而是赋予雇员撤销权和变更权,由法院审查确定。

另外,一些企业随工资发放保密费,在诉讼中这些企业可能主张保密费即竞业限制补偿金。保密费是为企业履行保密义务而支付的费用,与竞业限制补偿金有本质的区别。因此这种主张不应支持,除非企业有证据证明双方将竞业限制补偿金约定为保密费。

(4)竞业限制期间的长短。

一方面,在市场经济中,由于企业之间的激烈竞争,随着第三人的自主研制或反向工程、替代技术的出现,大多数商业秘密的价值会逐渐降低;另一方面,竞业限制越长对职工的生活影响越大。所以竞业限制不应该是无限的。

《劳动合同法》第24条规定,在解除或者终止劳动合同后,前款规定的人员到与本单位生产或者经营同类产品、从事同类业务的有竞争关系的其他用人单位,或者自己开业生产或者经营同类产品、从事同类业务的竞业限制期限,不得超过二年。

关于超过二年是否无效的问题,有观点认为,竞业限制的期限应当取决于商业秘密在市场竞争中所具有的竞争优势持续时间、员工掌握该商业秘密的程度和技术水平的高低及国家对商业秘密保护水平的高低等因素，允许当事人双方约定限制期限。而不是一概适用《劳动合同法》第24条中竞业限制“不得超过二年”的规定。我们认为，不排除企业的商业秘密价值非常高，二年后仍处于行业绝对领先的情况，但是竞业限制毕竟只是保护商业秘密的手段，职工从事同类业务也不必然侵犯原企业的商业秘密，所以在《劳动合同法》有明确规定的情况下，还是应严格按《劳动合同法》的规定履行。另外需要注意的是如果约定时间超过二年，只对二年之后的期限认定无效，在二年内仍应认定是有效的。

(5)权利人提起商业秘密侵权之诉与违反竞业限制协议之诉是否构成请求权竞合。

一雇员在竞业限制期间到竞争企业工作，且同时向竞争企业泄露原企业的商业秘密，既违反了合同的约定，又侵犯了权利人的商业秘密。这种情况下，权利人可以提起违约之诉和侵权之诉，这两种诉讼构成请求权竞合吗？有观点认为：“双方存在保密和竞业禁止的约定……因此，华峰公司指控的周文杰等人的行为，属于违约责任和侵权责任发生竞合的行为，华峰公司有权选择侵犯商业秘密竞业限制法律关系提起侵权之诉。”[①]有观点认为：“在商业秘密纠纷案件中，根据华深达实公司的请求，法院审理的是路军和赛飞公司是否披露、使用华深达实公司商业秘密的行为；而本案则是根据华深达实公司的请求，审理路军是否违反双方签订的合同，有无从事合同禁止的行为。因此，尽管两个案件当事人相同，但案件的性质不同、诉讼请求不同、事实也不完全相同，原审法院受理该案没有违反‘一事不再理’的原则。路军的该上诉理由不能成立。”[②]有观点认为，用人单位与劳动者订立的劳动合同中有竞业限制条款，或者在劳动合同之外，用人单位与劳动者就竞业限制问题订立单独协议的情形下，双方因竞业限制产生纠纷，当事人对诉讼有选择的权利，既可提起违约诉讼，也可提起侵权诉讼，但只能择一行使。

所谓请求权竞合，是指一个事实，符合多个法律构成要件，从而产生多个请求权，而这些请求权的目的只有一个。在请求权竞合的情况下，同一给付目的的数个请求权并存，当事人得选择行使之，其中一个请求权因目的达到而消灭时，其他请求权亦因目的达到而消灭。[③] 而违反竞业限制合同义务和侵犯商业秘密，并不是基于同一个事实。违约是雇员违反竞业限制合同义务的约定，到与本单位生产或者经营同类产品、从事同类业务的有竞争关系的其他用人单位工作；侵犯商业秘密是指雇员向其他企业披露原企业的商业秘密。这是两个不同的行为，属于不同的事实，因此不构成请求权的竞合，企业可以分别或在一案中同时提起两个诉讼。

(6)竞业限制纠纷是否需要经过劳动争议前置程序的问题。

竞业限制作为保护商业秘密的重要措施，虽常见于劳动合同中，但双方当事人并不是因为劳动合同的期限、内容、劳动条件、劳动报酬、劳动纪律等引起的纠纷，而是因为企业为了禁止掌握商业秘密的雇员从事一定竞争活动而引起的纠纷，其属于反不正当竞争

---

① 引自浙江省杭州市中级人民法院(2010)浙杭知初字第8号民事判决书。

② 引自广东省高级人民法院(2004)粤高法民三终字第328号民事判决书。

③ 王泽鉴：《法律思维与民法实例》，中国政法大学出版社2001年版，第166页。

法的调整范畴,由此产生的法律关系仍属于平等主体之间的民事法律关系,我国法律以及相关的司法解释也无规定该类案件必须经过劳动仲裁,无须经过劳动争议前置程序。

(二)侵犯商业秘密案件中商业秘密的界定

商业秘密案件审判中,法官首先应当依法界定原告主张保护的商业秘密信息的范围,这个范围确定的正确与否,不但影响到案件审理结果是否公正,也影响到企业和职工之间利益的平衡。实际上,对商业秘密保护范围进行合理确定的过程,就是适用利益平衡原则的过程。其次,要依法认定原告主张保护的信息是否构成商业秘密。按照《反不正当竞争法》第10条的规定,商业秘密是指不为公众所知悉,能为权利人带来经济利益,具有实用性并经权利人采取保密措施的技术信息和经营信息。因此,界定商业秘密需要把握的基本要点是:

1.《最高人民法院关于审理不正当竞争民事案件应用法律若干问题的解释》(以下简称《解释》)第9条规定,“不为公众所知悉”主要是指有关信息不为其所属领域的相关人员普遍知悉和容易获得。“不为公众所知悉”包含了新颖性和秘密性两重含义:(1)新颖性是将商业秘密与公知信息相区分的要件,但是商业秘密的新颖性与专利法中的新颖性含义不同,其只要不是本行业内众所周知的信息即可,其可以说是一种最低限度的新颖性。正是这种区别使该信息的拥有者具有市场竞争优势。(2)商业秘密的秘密性是相对的,并不要求权利人之外的人均不知悉,只要在本行业内不是众所周知即可。因为商业秘密权利本身不具有排他的独占性,不同的权利人可以同时拥有相同或相似的商业秘密,而且一定范围内的遵守保密义务的人知悉了商业秘密也不导致秘密性的丧失。

《解释》第9条第2款从便于实务操作的角度作了如下规定,具有下列情形之一的,可以认定有关信息不构成不为公众所知悉:(1)该信息已经在公开出版物或者其他媒体上公开披露;(2)该信息已通过公开的报告会、展览等方式公开;(3)该信息为其所属技术或者经济领域的人的一般常识或者行业惯例;(4)该信息仅涉及产品的尺寸、结构、材料、部件的简单组合等内容,进入市场后相关公众通过观察产品即可直接获得;(5)该信息从其他公开渠道可以获得;(6)该信息无须付出一定的代价而容易获得。

2.《解释》第10条规定,“能为权利人带来经济利益,具有实用性”是指商业秘密的价值性,包括能给权利人带来现实的价值和潜在的价值。价值性是指商业秘密通过现在的或者将来的使用,能够给所有人带来现实的或潜在的经济利益。价值性最本质的体现是所有人因掌握商业秘密而保持竞争优势。[①]价值性包括现实的价值和潜在的价值,不管是现实的可直接使用的商业秘密,还是尚处在研究阶段的具有潜在价值的信息,都可以构成商业秘密。不管是积极信息还是消极信息,都可以构成商业秘密。积极信息是可以直接用于生产、经营的,能直接带来利益的信息,消极信息是指失败的技术方案、经营方案等,该类信息虽然没有直接带来利益,但是能够在之后的生产经营中少走弯路,节省时间与费用,该类信息也能够构成商业秘密。

① 孔祥俊:《商业秘密保护法原理》,中国法制出版社1999年版,第45页。

3.《解释》第11条规定，“经权利人采取保密措施”是指权利人为防止信息泄露所采取的与其商业价值等具体情况相适应的合理保护措施。保密措施包括订立保密协议、提出保密要求以及采取其他保密措施等。审查保密措施是否合理应主要考虑以下因素：(1)权利人在主观上是否有对有关信息予以保密的意愿；(2)保密措施应当具有有效性，他人不采取不正当手段或不违反约定就难以获得；(3)保密措施应当具有可识别性，能够使权利的相对人认识到某具体信息是需要保密的；(4)保密措施应当具有适当性，与所保密的信息相适应，并不要求做到万无一失。

《解释》第11条第3款从便于实务操作的角度规定，具有下列情形之一，在正常情况下足以防止涉密信息泄漏的，应当认定权利人采取了保密措施：(1)限定涉密信息的知悉范围，只对必须知悉的相关人员告知其内容；(2)对于涉密信息载体采取加锁等防范措施；(3)在涉密信息的载体上标有保密标志；(4)对于涉密信息采用密码或者代码等；(5)签订保密协议；(6)对于涉密的机器、厂房、车间等场所限制来访者或者提出保密要求；(7)确保信息秘密的其他合理措施。

（三）商业秘密侵权案件中的举证责任分配问题

我们在调研过程中发现，在商业秘密侵权案件中，很多企业因举证困难而放弃了通过法律途径寻求救济；在审理的案件中，也有相当一部分企业因无法完成举证责任，而承担败诉后果。商业秘密案件中原告举证难已成为共识，这一方面严重影响了企业维护其合法权益，另一方面又放纵了侵权人的侵权行为。商业秘密侵权案件举证的难点在于：(1)商业秘密权利的客体是信息，它是无形的，可为多人同时占有的，在侵权发生时，企业不容易察觉；(2)商业秘密侵权都是隐密进行的，企业很难对侵权人的侵权行为事实举证；(3)随着信息技术的发展，企业信息越来越多的储存在计算机等信息存储设备中，信息的数字化也让企业很难获取侵权人侵权的证据；(4)对于生产工艺等技术信息，即使产品相同，也无法判断被控侵权人是否使用了企业的技术信息。

在商业秘密侵权案件中，应合理考虑企业举证难问题，可以按以下原则划分当事人之间的举证责任：一是严格按照法律、法规和司法解释的规定；二是合理适用事实推定原则，以平衡当事人之间的举证责任。

商业秘密侵权案件中需要查明的事实分为三个部分：一是企业是否拥有商业秘密；二是被控侵权人是否存在侵权行为；三是被控侵权人应承担的责任。

关于商业秘密是否构成的问题。首先应令企业明确商业秘密的具体内容，再由双方当事人围绕原告所主张的商业秘密是否符合法定构成要件进行举证。企业应提供商业秘密的载体，并说明其秘密的具体内容，不可粗略表示某个设备或某个图纸就是商业秘密，法官应在这一阶段尽量令原告明确其商业秘密的具体内容，确定其秘密点。企业若举证不能，则需承担不利后果。判断商业信息是否不为公众知悉可适当减轻企业举证责任，由被控侵权方举证商业信息是公知的，若被控侵权方无法举证，则可初步确定商业信息不为公众所知悉。判断企业采取的保密措施是否合理应考虑以下要素：(1)企业在主观上有无保密的意愿。(2)采取的保密措施是有效的。(3)保密措施应是适当的,与所保密的信息相适当,并不要求做到万无一失。至于商业秘密的价值性,基于减轻企业举证责任的考虑,企业仅需作出相应说明即可。

关于被控侵权人是否存在侵权行为的举证责任问题。在实践中,原告要举证直接证明被告存在侵权行为非常困难,可以通过适用"实质性相同加接触排除合法来源"的原则,适度降低原告的举证难度。该原则要求原告承担如下事项的举证责任:(1)被控侵权人使用的商业信息与原告商业秘密相同或实质性相同;(2)被控侵权人接触了原告的商业秘密。原告证明上述事实后,若被控侵权人不能举证其技术有合法来源,则认定其存在侵权行为。

(四)商业秘密与一般知识、经验和技能的区分

作为具有学习能力的劳动者,职工在企业工作的过程中必然会掌握和积累与其所从事的工作有关的知识、经验和技能,而要胜任其工作,也必须学习和掌握一定的知识、经验和技能。职工在工作中所掌握的一般知识、经验和技能,是其人格的组成部分,构成其劳动能力和生存能力,不属于商业秘密。在一些职工跳槽纠纷中,企业有时以职工的知识、经验和技能来自企业,而认为属于企业的商业秘密,这种认识是错误的。当然,职工的知识、经验和技能有时与企业的商业秘密不易区分,这里需要注意的是"一般"知识、经验和技能,必须是一般的,也就是对某个工作的最基本的知识、经验和技能,否则的话就有可能构成企业的商业秘密。即便商业秘密可能是在这些一般知识、经验和技能的基础上发展而来的,企业也不能将这些一般知识、经验和技能垄断起来,以此来阻碍职工的自由择业。

(五)停止侵权与赔偿损失的责任承担问题

1. 停止侵权行为责任中的利益平衡。

在商业秘密案件中,当侵权人实施的侵害他人商业秘密的行为仍在持续时,权利人有权依法请求法院责令侵权人停止其侵权行为。停止侵权行为能及时制止侵权人的不法行为,防止损失的扩大,降低权利人因商业秘密公开而灭失的风险。我国《反不正当竞争法》在商业秘密侵权案件中没有具体规定停止侵权责任的适用条件。根据我国民法理论,停止侵权的适用要件一般应包括:(1)侵权人的行为侵犯了他人的民事权益;(2)侵害民事权益的状态处于持续性状态;(3)停止侵害不要求过错。[①]

商业秘密权与传统民事权益(如物权)相比有其特殊性,商业秘密权利的客体是信息,因而在适用停止侵权时也有其特殊性。在商业秘密侵权案件中,停止侵权的适用条件为:(1)权利存在且有效。若商业秘密因公开而丧失秘密性则不能再适用停止侵权的责任承担方式。商业秘密被公开有以下原因:一是商业秘密权利人主动公开或无意公开;二是商业秘密由侵权人公开;三是商业秘密由第三人自主研发或反向工程研发后公开;四是由于某种原因,政府要求权利人公开商业秘密。无论哪种原因,只要商业秘密已为公众所知悉,权利人的商业秘密已灭失,权利人不能要求侵权人承担停止侵权的责任。商业秘密公开后,社会公众如果利用商业秘密进行生产或经营,势必需要一定的时间进行生产

① 王利明:《侵权责任法研究》(上卷),中国人民大学出版社2010年版,第626页。

设备的准备,进行产品的小试、中试、大试,进行生产的协调,这必定延迟社会公众与原商业秘密权利人进行竞争的时间,这段时间是原商业秘密权利人的商业优势。但是,对于一些在商业秘密公开这前就存在的侵权行为,如果侵权人在商业秘密公开后,就可以自由使用,会导致原商业秘密权利人上述商业优势的丧失,相反侵权人获得了上述商业优势,但侵权人获得商业优势的手段是非法的,让侵权人享有这种商业优势是不公平的。《美国统一商业秘密法》第2章a规定“如果侵占将导致商业优势丧失,禁令应延长一附加的合理时间,以消除该优势”这种做法较为公平。法院可以判令侵权人在商业秘密灭失后,承担一定期限停止使用的责任,期限以消除侵权人非法获得的商业优势为必要。(2)尊重权利人的主张。法院只能在权利人的诉讼主张范围内进行裁决,如果权利人没有主张侵权人应承担停止侵权行为的责任,法院不能判决侵权人承担停止侵权行为的责任。(3)衡量各方利益。侵犯商业秘密,侵权人一般应承担停止侵权行为的民事责任。但有时适用停止侵权行为,可能会损害公共利益,或使侵权人承担重大损失,而这种损失比权利人的损失大的多。在这种情况下,适用停止侵权这一民事责任并不适合。《美国法律重述——反不正当竞争》第44节规定,是否适用禁令,“应比较、鉴别案件所有要素,决定禁令是否适当和禁令的范围,要素主要包括:(a)所保护利益的性质;(b)侵占的性质和程度;(c)禁令和其他救济,对原告的救济程度;(d)如果下达禁令,可能对被告合法利益造成的损害,和不下达禁令,可能对原告的合法利益造成的损害;(e)第三人和公众的利益;(f)原告在提起诉讼或主张权利的其他方面,有否不合理的拖延;(g)原告在本案中有否不当;以及(h)拟定和实施禁令的可行性”。我们在案件中适用停止侵权行为责任时应参考适用。

2. 确定赔偿数额应考虑的因素。

对于赔偿数额的确定,原告很难举证,法院一般是适用法定赔偿。《最高人民法院关于审理不正当竞争民事案件应用法律若干问题的解释》第17条规定,确定《反不正当竞争法》第10条规定的侵犯商业秘密行为的损害赔偿额,可以参照确定侵犯专利权的损害赔偿额的方法进行。《专利法》第65条规定,侵犯专利权的赔偿数额按照权利人因被侵权所受到的实际损失确定;实际损失难以确定的,可以按照侵权人因侵权所获得的利益确定。权利人的损失或者侵权人获得的利益难以确定的,参照该专利许可使用费的倍数合理确定。赔偿数额还应当包括权利人为制止侵权行为所支付的合理开支。权利人的损失、侵权人获得的利益和专利许可使用费均难以确定的,人民法院可以根据专利权的类型、侵权行为的性质和情节等因素,确定给予1万元以上100万元以下的赔偿。所以,在商业秘密纠纷案件中,在原告的损失、侵权人获得的利益和商业秘密许可使用费均难以确定的情况下,人民法院可以根据商业秘密的类型、侵权行为的性质和情节等因素,确定1万元以上100万元以下的赔偿。当然,如果有证据证明企业的损失在100万元以上,法院可以酌情突破100万元的限额,此时并非适用法定赔偿,而是根据实际损失酌定赔偿。如果因侵权行为导致商业秘密已为公众所知悉的,应当根据该项商业秘密的商业价值确定损害赔偿额。商业秘密的商业价值,根据其研究开发成本、实施该项商业秘密的收益、可得利益、可保持竞争优势的时间等因素确定,此时的赔偿数额应当比之前的赔偿数额要大得多。

四、企业加强商业秘密保护的对策

(一)对商业信息进行专门管理,区别保护,提高商业秘密保护的有效性

企业对其商业信息进行管理与保护时特别要注意区分商业秘密保护与专利保护。商业秘密保护制度与专利保护制度在功能上都是鼓励发明创造和刺激技术进步,但两者保护的手段是不同的。

专利保护制度的特点系以公开为代价换取一定期限的独占保护。其主要有以下特点:一是独占性,指专利权人对其发明创造所享有的独占权利,只要是专利保护范围内的技术,除专利权人外任何人均不得擅自实施。二是公开性,指申请人要想取得专利权,就不得不在专利申请文件中充分、清楚地将发明创造公开。一方面专利保护的范围只有公开了,社会公众才能清楚专利权利的边界是什么,才能不触犯专利权;另一方面专利技术的公开能够及时准确地传递科技成果,促进经济和科技的发展。三是授权性,指专利权不是基于发明创造的事实产生,而是基于专利申请人的申请和专利局的审查、批准授权而产生。四是期限性,专利权人对其发明创造所享有的专用权只在法律规定的时间内有效,期限界满后,该发明创造就进入公用领域,任何单位和个人都可以无偿使用。我国专利法规定发明专利权的保护期限自申请日起为20年,实用新型及外观设计专利权的保护期限自申请日起为10年。基于专利权的特点,企业在选择对技术信息申请专利保护时应考虑以下几点:(1)作为专利保护的优势。一是权利人可以独占的享有专利权,在市场竞争中可以保持他人所不具备的竞争优势。二是发生侵权纠纷时,权利人能够较为便利的维权。因为权利人享有较为明确具体的专利权,专利权是必须经过公开及专利局的审查、批准授权才能产生,专利权人及他人专利的保护范围是明确具体的,在发生侵权纠纷时,专利权人只要提交专利权证就能证明其权利人身份,审查是否侵权也只要比对被控侵权技术与专利权利要求书记载的技术特征即可。三是专利保护的成本较低。专利权被授予后由专利行政部门进行管理,权利人仅需在专利权期限界满前每年支付数额较小的年费。(2)作为专利保护的劣势。一是专利技术的公开特性导致公众均能知悉其技术信息,他人可以很容易的擅自实施其专利技术,易引发侵权纠纷。二是专利技术的期限性使权利人对专利技术的独占不是永久的,超过了专利保护期,权利人就丧失了这种独有的竞争优势。

商业秘密保护制度主要有以下特点:一是不具有排他的独占性。不同的权利人可以同时拥有相同或相似的商业秘密,基于商业秘密而获得的竞争优势,可能会由多个权利人共同享有。二是较低限度的新颖性与相对的秘密性。商业秘密对新颖性的要求较低,只要达到与公知信息区别的程度即可。而且权利人对其商业秘密要严格保密,保密程度越高,权利人因商业秘密获得的竞争优势就越大。但商业秘密的秘密性并不是绝对的,商业秘密不但可以由不同的权利人共同享有,而且一定范围内的遵守保密义务的人知

悉了商业秘密也不影响秘密性的丧失。三是商业秘密权利的不确定性。由于商业秘密没有专门机构进行管理,某种商业信息可能不构成商业秘密。四是保护期限的不确定性。如果其他的权利人或者没有法定的、约定的保密义务的知悉商业秘密的他人将该商业秘密公之与众,那权利人的商业秘密权就随之终结。但是如果没有上述情况,商业秘密权利可以获得无限期的保护。基于商业秘密的特点,企业在选择对技术信息作为商业秘密保护时应考虑以下几点:(1)作为商业秘密保护的优势。一是由于商业秘密的新颖性较低,致使某些技术信息虽然达不到专利保护的标准,但是仍然具有很高的商业价值,此时企业将其作为商业秘密保护可以获得较好的效果。二是由于商业秘密的非公开性,作为商业秘密保护的技术信息相比专利而言被他人知悉的可能性低得多,所以商业秘密侵权纠纷比专利侵权纠纷少得多。三是权利人对其商业秘密保护得当,其商业秘密就可能获得无限期的保护,获得持久的竞争优势。如美国的可口可乐公司,靠对技术配方的严格保密,一个多世纪以来在国际上保持独家经营的垄断地位。(2)作为商业秘密保护的劣势。一是由于商业秘密权利的非独占性,只要有一位权利人将商业秘密公开后,所有拥有该秘密的权利人的商业秘密权均告终结。二是出现商业秘密侵权时,维权较难。由于商业秘密权利没有专门的机构进行授权、管理,导致权利人拥有的商业信息可能不构成商业秘密或者权利人对被控侵权人的侵权事实无力举证导致权利人进行维权时得不到法律的支持。三是商业秘密保护成本较高。由于商业秘密完全靠权利人自身的力量进行保护,需要从法律上、物理上进行全方位的保护,稍有不慎就会造成其商业秘密权利的丧失。

通过以上分析,商业秘密保护与专利保护从某种程度上说是相对立的两种保护方式,企业在选择其商业信息保护方式时应考虑以下几点:(1)反向工程的难易程度。反向工程获得的技术是合法的。对于某项技术,如果其他企业很难通过反向工程获得该技术,则该技术宜作为商业秘密保护,反之则宜选择专利保护。(2)科研成果价值期限的长短。现代科技发展迅速,有的技术可能短时间内就会被超越。如果企业认为某项技术在很长时间内都不会被淘汰,则该技术就值得作为商业秘密保护。反之,则可能更适合用专利来保护。(3)某项技术获得专利可能性的高低。如果某项技术在申请专利公告后,因未达到专利的要求,而未被授予专利权,则该技术因为公开也无法作为商业秘密保护。所以,对于被授予专利权可能性较低的技术,宜作为商业秘密保护。

(二)采取有效保密措施,尽量避免经营风险

企业对其商业秘密采取的保密措施要切实有效。这里的有效包括两个含义:一是指保密措施确实能够起到保密作用,能有效防止他人通过不正当手段获取商业秘密;二是指在诉讼时,该保密措施能被法律认可,能成为某项信息构成商业秘密的有效要件。企业要想保密措施实现上述两个有效性,应当做到以下几点:(1)建立完善的商业秘密保护规章制度,并且要组织涉密职工进行系统学习,将制度落到实处。(2)对商业秘密进行有效物理隔离,确保无关的人无法获取或难以获

取。如在放置商业秘密的房间设置门禁或在存放商业秘密的电脑上设置密码等,防止因保密意识不强,任凭他人参观、拍照而遭受不必要的损失。(3)将完整的商业秘密,分割成不同的模块或工序,分配给不同的人员或小组来掌握,并且加强对该部分人员的管理,使不同的人员或小组相互之间不知情。即使其中哪个成员离开,带走的只是他所掌握的部分信息,对整个研发项目不会造成过大影响。(4)与涉密职工签订保密协议,且保密的内容必须明确具体,使职工知悉对什么信息具有保密义务。(5)与涉秘职工订立合法有效的竞业限制协议。虽然竞业限制协议也有其局限性,但是在商业秘密维权难度较大的现实情况下,用竞业限制协议来作为保护商业秘密的辅助手段也不失为一个有效的措施,至少可以在一定程度上降低企业的损失。

(三)多措并举,提升职工对企业的认同感和归属感

在司法实践中,绝大多数商业秘密纠纷都是由于职工携带商业秘密跳槽引发,所以,解决商业秘密纠纷的关键还应从职工身上入手。人才是企业最大的财富,是企业最大的竞争力所在。企业对人才的态度不应是防范,而是应当想尽一切办法来提升人才对企业的认同感和归属感,让人才感觉在这个企业里才能最好的实现其价值。(1)培育以人为本的企业文化。在人类历史上有三种管人的方式,人管人、制度管人和文化管人。事实证明,人管人和制度管人的方式,可能短时期内有效,但长此以往,会抹杀劳动者的积极性和创造性,而文化管人是以实现人的最大价值为本,以人的全面发展为本,长远来看,文化管人最有利于企业和人才的共同发展。(2)建立健全激励保障机制。对优秀的人才,要及时采取措施进行激励,如职务晋升、增加薪水都会提升人才对企业的认同感,有条件的可以进行股权激励,使人才成为企业的主人,更会提升对企业的归属感。(3)建立完善的培训和职业生涯发展体系。培训是企业给职工最好的奖励和福利,同时也是职工获得晋升与自我发展的重要途径。职工在一个企业工作,不仅希望获得物质回报,更希望得到可持续发展的机会,实现职业理想。企业通过采取措施使人才少跳槽甚至不跳槽,商业秘密的问题自然也就迎刃而解了。

(四)企业在商业秘密诉讼中应当注意的问题

通过调研发现,企业诉讼能力的高低是其商业秘密权益能否得到保护的关键。企业应对诉讼的能力主要体现在平时的日常经营管理是否到位及侵权诉讼过程中的诉讼技能是否掌握,企业要想成功应对商业秘密侵权诉讼也应在这两方面进行加强。(1)在日常经营管理中,一是加强对商业秘密法律法规的学习,特别是应当加强对商业秘密管理部门人员的培训力度,使其不但能够清楚法律规定,还能够正确运用法律规定对商业信息是否构成商业秘密进行辨别。二是加强对商业秘密的日常管理,只要是在之后可能的侵权诉讼中作为证据的材料,企业在平时都应当注意收集、保存。如有关技术成果的研发过程、投入等方面的原始记录和数据以及与职工签订的保密协议等材料。(2)在侵权诉讼过程中,一是明确企业自身的举证责任。企业作为原告应当承担的举证责任要千方百计进行举证,不可简单地将举证责任推给被控侵权方。商业秘密的内容、采取的保密措

施、被控侵权方接触过商业秘密及被控侵权信息与商业秘密是否相同或实质相同等必须由原告企业来举证。二是依法运用各种诉讼制度,维护企业合法权益。企业可以通过证据保全及时收集、固定侵权证据,商业秘密案件通常需要进行技术对比,对证据的固定尤为重要;通过财产保全来确保判决结果能够及时履行或者促成调解协议的达成。三是积极参与诉讼调解。在诉讼中以和解方式化解纠纷可以有效地节约诉讼成本和时间,也可以有效避免诉讼风险。企业在诉讼中,应本着积极的态度参与调解,争取能够达成合作,实现"双赢"。

(五)加强知识产权战略研究,谋取最大竞争优势

在知识经济时代,知识产权作为一种无形财产权与企业之间的关系日趋紧密,越来越成为现代企业竞争力的主要来源。如何创造、使用、保护企业的知识产权已成为企业能否保持竞争优势的关键所在。知识产权战略就是指企业为获取与保持市场竞争优势,运用知识产权制度进行确权、保护与运用从而谋取最佳经济效益的策略和手段。企业的知识产权战略与其经营策略密不可分,每个企业的知识产权战略都不相同。每个企业都要结合自身的实际情况开展有针对性的知识产权战略研究。企业的知识产权不仅只有商业秘密,一般来说还包括商号、专利技术、商标、商品包装装潢等,不同的企业可能拥有上述一种或几种知识产权,上述几种企业知识产权的创造、使用及保护方式都是不相同的,企业必须通过对其自身知识产权战略的研究,统筹规划自身所拥有的知识产权的多种使用、保护方式,从而使自身的知识产权形成合力,使知识产权最大限度地转化为竞争优势。

结 语

"雄关漫道真如铁,而今迈步从头越。"新形势下,提高商业秘密司法保护水平,依法保障商业秘密安全和人才合理流动,是历史赋予人民法院的光荣使命。虽然面临着诸多困难,但是我们将从容面对,攻坚克难,开拓进取,为加快转变经济发展方式、调整优化经济结构提供更加有力的司法保障。

“在知识产权司法保护中加大惩处力度，降低维权成本”专题调研报告

——以惩罚性赔偿原则的引入为视角

重庆市高级人民法院课题组*

引　　言

近年来，无论是在知识产权学术界还是实务界，都普遍在讨论一个热点话题，那就是如何在知识产权司法保护中加大惩处力度，降低维权成本。该问题的出现和热议，有知识产权无形性导致的不易执行的原因，有知识产权侵权成本低的原因，有知识产权侵权后果不易量化的原因，但是其中一个主要原因是法院判决的侵权损害赔偿数额往往与权利人实际受到的损失之间落差过大，甚至无法弥补权利人的维权成本，这样的损害赔偿根本不能起到补偿受害人损失，并有效遏制知识产权侵权行为的作用，导致维权过程中出现“赢了官司输了钱”的现象，日益凸显。近年来，我国对知识产权损害赔偿制度中是否应当引入惩罚性赔偿的争论一直没有停止，随着讨论的深入，认为应当引入惩罚性赔偿原则的观点逐渐成为主流。这种观点认为，鉴于知识产权侵权损害的特殊性，有必要引入惩罚性赔偿，提高侵权人能够遇见到的风险成本，从而遏制侵权行为的产生，威慑潜在侵权者，使其与补偿性赔偿相结合。但应当看到，惩罚性赔偿原则是一柄“双刃剑”，我们应该本着审慎的态度严格限制其适用条件、细化赔偿标准，在发挥其最佳效果的同时最大限度地减少其负面作用。

一、损害赔偿原则在损害赔偿制度中的地位

(一)损害赔偿原则的地位

知识产权客体的无形性以及其本身所蕴藏的经济价值，在给无数知识产权权利人带来丰厚回报的同时，也成为诸多不法分子觊觎的对象和侵害的目标。近年来，随着我国知识经济的迅猛发展，知识产权在社会经济生活中的地位愈发凸显，交易领域中知识产权成果的含金量因之水涨船高，因侵犯知识产权行为所引发的侵权诉讼开始呈现高发态势，广大权利人有关不断加强知识产权司法保护、遏制侵犯知识产权行为的呼声亦日趋高涨。知识产权侵权损害赔偿机制，作为一个国家知识产权司法保护体系的核心组成部

* 主持人：黄明耀；成员：蒙洪勇、李佳、黑小兵、李剑。

分，不仅仅与权利人的核心利益的维护息息相关，也是检验这个国家对待知识产权的态度，以及对权利人知识产权保护的意志与决心的“试金石”。根据知识产权侵权损害赔偿制度的理论，损害赔偿制度包括损害赔偿的构成要件、归责原则、赔偿方法、赔偿原则、赔偿范围以及损害赔偿额计算方法等。而在上述要素中，侵权损害赔偿原则显得尤其重要，因为损害赔偿原则不仅对其他要素具有指引和导向作用，并决定着对权利人的救济力度以及对侵权人的惩戒力度。因此，损害赔偿原则无论对法院、权利人、侵权人都具有十分重要的意义。

（二）对停止侵权和损害赔偿两种救济方式的比较

知识产权侵权诉讼中，知识产权法对权利人因侵权所受损害予以救济的方式主要有两种，即责令侵权人停止相关侵权、责令侵权人向权利人作出相应金钱赔偿。“停止侵权”主要立足于现在并着眼于未来，即通过责令侵权人停止侵犯知识产权的行为，使得侵权行为对权利人的侵权事实得以消除，挽回侵权行为对权利人的名声、信誉造成的不良影响，并阻止侵权行为对权利人的损害后果加剧和扩大。“损害赔偿”则主要偏重于保护权利人的现实利益，通过责令侵权人向权利人给予一定的金钱赔偿，将侵权人因侵权行为所获得的利益赔偿给权利人，使得权利人所遭受的损失得以有效弥补，使权利人与侵权人之间的利益失衡现象得以恢复原状。

“停止侵权”与“损害赔偿”两种救济方式，虽然对于保护权利人的合法权益都很重要、缺一不可，但就两者实际执行的可能性来说，“停止侵权”在执行当中往往因为各种各样的原因无法执行彻底，这源于知识产权客体具有无形性和易复制性的特点。虽然法院在知识产权侵权诉讼的执行阶段通常会销毁侵权人的侵权模具、相关生产作业线以及侵权成品，从而断绝侵权人再次实施侵权行为的可能性。但由于侵权人已经掌握了知识产权的核心部分，只要侵权人还有意愿，其就能在短时间内重新购买生产线、零部件并组织人员，很快形成新的生产规模，继续实施侵权行为，给权利人带来新的损失。但是由于知识产权属于私权，对私权的维护主要还是靠权利人自己，因此国家不会也不可能在对某个知识产权侵权诉讼案件执行完毕后，继续保持对该案的侵权人将来的行为进行严密监控。因此在案件执行完毕后，侵权行为是否会再次发生，更多地取决于侵权人对自己侵权行为的忏悔程度以及现实利益的诱惑大小，而权利的良好愿望在此时没有丝毫的作用。这也是为什么虽然“停止侵权”才执行完毕，而知识产权侵权行为又会“春风吹又生”的根源所在。

由此可见，从制止侵权行为的救济方式的实际效果看，给予权利人更全面、更充分、更现实的金钱赔偿，以弥补权利人因侵权所遭受的损失，要比一次无法执行彻底的“停止侵权”给权利人带来的利益更为突出与迫切。根据这个结论，我们有充足的理由认为，在我国现行知识产权法律体系中，如何确立正确的知识产权侵权损害赔偿原则，不仅关系权利人知识产权的实体权利的实现程度，也关系到我国知识产权司法保护体系和救济机制的科学性、合理性的评价问题。因此，有必要对我国现行补偿性赔偿原则进行认真的分析和反思。

二、补偿性赔偿原则的基本概念

(一)补偿性赔偿原则的含义

我国现行知识产权法律体系中,关于侵权损害赔偿的基本原则是补偿性赔偿原则。补偿性赔偿原则,亦称全面赔偿原则,是指对侵权人的侵权行为,不论行为人主观上是出于故意或者过失,也不论行为人是否受到刑事或行政制裁,均应按受害人财产损失的多少、精神损害的大小来确定损害赔偿的范围。换言之,侵权行为所造成的损失应当全部赔偿,同时赔偿应当以侵权行为所造成的损失为限。补偿性赔偿原则是大陆法系有关民事侵权损害赔偿的基本指导原则,按大陆法系民法上的主流观点,"损害赔偿之最高指导原则在于赔偿被害人所受之损害,俾于赔偿之结果,有如损害事故未曾发生者然"。[①] 需要指出的是,补偿性赔偿原则不单是现代民法有关侵权损害赔偿的基本原则,其亦是 TRIPs 协议所认可的一种赔偿原则,TRIPs 协议第 45 条规定:"对已知或有充分理由应知自己从事之活动系侵权的侵权人,司法当局应有权责令其向权利人支付足以弥补因侵犯知识产权而给权利人造成之损失的损害赔偿费。司法当局还有权责令侵权人向权利人支付其开支,其中可包括适当的律师费,在适当场合即使侵权人不知或无充分理由应知自己从事之活动系侵权,成员仍可以授权司法当局责令其返还所得利润或令其支付法定赔偿额,或二者并处。"

(二)我国关于补偿性赔偿原则的规定

我国现行法律体系深受大陆法系影响,诸多法律原则和制度都直接来源或者借鉴法国、德国等传统的大陆法系国家,其中就包括民法中的补偿性赔偿原则。同时我国又是 TRIPs 协议的成员国,对该协议规定的补偿性赔偿原则也被作为指导知识产权侵权损害赔偿的基本原则被知识产权法律所采纳和确认。我国现行著作权法、专利法及商标法都明确规定了赔偿原则为补偿性赔偿。2010 年修正的《著作权法》第 49 条第 1 款规定:"侵犯著作权或者与著作权有关的权利的,侵权人应当按照权利人的实际损失给予赔偿;实际损失难以计算的,可以按照侵权人的违法所得给予赔偿。赔偿数额还应当包括权利人为制止侵权行为所支付的合理开支。"2008 年修正的《专利法》第 65 条第 1 款规定:"侵犯专利权的赔偿数额按照权利人因被侵权所受到的实际损失确定;实际损失难以确定的,可以按照侵权人因侵权所获得的利益确定。权利人的损失或者侵权人获得的利益难以确定的,参照该专利许可使用费的倍数合理确定。赔偿数额还应当包括权利人为制止侵权行为所支付的合理开支。"2001 年修正的《商标法》第 56 条第 1 款规定:"侵犯商标专用权的赔偿数额,为侵权人在侵权期间因侵权所获得的利益,或者被侵权人在被侵权期间因被侵权所受到的损失,包括被侵权人为制止侵权行为所支付的合理开支。"此外,作为补偿性赔偿原则的配套与补充,我国现行的所有知识产权法律都规定了法定赔偿(酌定赔偿)制度,即在"权利人因侵权所受损失"或"侵权人因侵权所获利益"难以计算的情况下,允许权利人请求法院或法院依职权在参考相关因素的情况下,在某一数额幅度内确定侵权者

---

① 曾世雄:《损害赔偿法原理》,1996 年版,第 17 页;转引自王利明:"美国惩罚性赔偿制度研究",载《民商法研究》(第 6 辑),法律出版社 2004 年版,第 663 页。

应赔偿的数额。当然,对法定赔偿究竟是否属于一种单独的赔偿制度目前还存在争论,其中有观点就认为,法定赔偿并不是独立于补偿性赔偿原则的一种单独的赔偿原则,法定赔偿制度只是具体确定赔偿数额时的一种计算方法,而且是带有补充性的确定损害赔偿数额的方法。法定赔偿只是对补偿性赔偿原则的配套和补充,可以保证在无法确定损失时对权利人合法利益的保护,又可避免权利人能够就损害举证而疏于举证或者侵权人故意隐瞒、销毁证据而恶意适用法定赔偿。[①]

从上述规定可以看出,我国现行知识产权法律体系中对权利人因侵权所遭受损失的赔偿,原则上都以实际损失为限,该实际损失包括直接损失和间接损失两部分:直接损失主要指权利人因侵权行为而导致的销量减少、利润下降等;间接损失则包括权利人为制止侵权行为、防止损失扩大而支付的合理费用。

(三)补偿性赔偿原则的积极意义

应当讲,知识产权本身作为私权,因侵犯知识产权而引发的诉讼,诉讼标的在本质上仍然属民事法律关系,因此民事领域的损害赔偿原则对于知识产权侵权损害赔偿原则当然具有重要的参考、借鉴意义。有学者指出,在知识产权侵权损害赔偿机制中确立补偿性赔偿原则实乃逻辑上的必然,因为"对知识产权侵权损害赔偿的性质仍然首先是对受害人财产损失和精神损害的一种补偿。同时侵权人承担赔偿责任也是对其不法行为的一种法律制裁。补偿应当是赔偿损失的基本功能,制裁则是其辅助功能;补偿与制裁又相辅相成,共同起着规范和调整民事主体行为和知识产权关系的作用。这是由于受害人只有获得赔偿才能弥补自己的损失,权利才能得到保护,除去获得赔偿的途径就几乎没有其他同样功能的途径使受害人获得同样的救济。而对侵权的制裁功能,则还有停止侵害等民事责任的其他形式,以及罚款、收缴等民事制裁的具体形式,以至于行政责任、刑事责任。因此赔偿损失的功能主要是一种补偿、一种利益的弥补和填平;所以就要求以受害人的全部损失或损害为标准、为范围来赔偿。特别是对知识产权的损害,可得利益的损失对于权利人更具有重大意义,确立知识产权侵权损害赔偿的全部赔偿原则应当是理所当然的"[②]我国知识产权立法过程中将民事损害赔偿领域中的"补偿性赔偿原则"移植进来作为指导原则,通过"所受损失"、"侵权获利"、"合理开支"三项名目来界定损害赔偿的范围及相应计算方式,一方面从体系上维护了民事活动所奉行的公平等价、赔偿与损害相当的原则,另一方面也充分注意了知识产权不同于其他民事绝对性权利(如物权、人格权)的特殊性,并为法官在确定赔偿数额时提供了比较明晰的指引,应当认为补偿性赔偿原则作为知识产权损害赔偿的基本原则是有其合理之处与积极意义的。"入世"以来,我国各级人民法院通过综合适用补偿性赔偿原则并辅之以法定赔偿,公正、高效地审理了一大批知识产权侵权诉讼,使广大知识产权权利人因侵权所遭受的损失得以救济,并使诸多知识产权侵权行为人受到法律制裁。在这一过程中,补偿性赔偿原则所发挥的积极作用不容抹杀。

---

① 曾玉珊:"论知识产权侵权损害的法定赔偿",载《学术研究》2006 年第 12 期。

② 蒋志培:"论知识产权侵权损害的赔偿",载《民商法理论研究》1999 年第 1 期。

(四)补偿性赔偿原则的不足

与此同时,我们也应当承认,随着社会主义市场经济体系不断完善、公民法律素养不断提升,现行民法体系中所确立的补偿性赔偿原则逐渐暴露出操作上的单薄与局限。补偿性赔偿原则的立法本意并无不当,但该原则在司法实践过程中的适用却受到"知识产权侵权证据取证难"以及"缺乏科学的知识产权价值评估体系"这两大因素的掣肘。"取证难"所导致的后果是知识产权侵权诉讼中往往难以准确查明侵权人因侵权的具体获利;"缺乏科学的价值评估及损害评估体系"所导致的后果是知识产权侵权诉讼中难以准确界定权利人因侵权所遭受损失。由此带来的进一步后果便是相当一部分权利人最终只能无奈选择"法定赔偿"的方式来要求侵权行为人作出赔偿。现行法律体系中虽然在涉及适用"法定赔偿"时已经预先为法官规定了诸多参酌因素(如权利类型、侵权行为的性质、情节和后果),但同时也规定了赔偿数额幅度,无论是在侵犯专利权之诉、侵犯著作权之诉或是侵犯商标专用权之诉中,法律对法定赔偿的数额上限均设有明确规定(100 万元/50 万元),这一数额上限的设定不可避免与权利人对赔偿的主观预期形成一定的落差,而且不可否认的是虽然有赔偿幅度的预先设置,但法官在适用法定赔偿(定额赔偿)决定具体判赔数额时仍然具有很大的自由裁量空间。另外,各地、各级法院即便处理的是同一类型、同种情节的侵权纠纷案件,往往所参考、所侧重的标准也未必完全一致,以致各地同类知产侵权诉讼的审理结果特别是侵权赔偿数额不尽相同甚至差别很大,这些都对知识产权统一司法带来不小的挑战。尤其需要指出的是,因为"补偿性赔偿原则"在适用中的诸多不便以及由此衍生的"法定赔偿"在适用中的过于频繁,导致很多权利人往往"赢了官司赔了钱"或者"赢了面子输了里子"。现实中一项发明创造从被研发出来再到转化成现实生产力,权利人往往需要投入很大的研发成本,将发明创造向市场宣传推广又意味着另外一笔不菲的开支,这些前期成本投入往往在知识产权侵权损害赔偿中并不作为考量的因素;又以侵犯商标权为例,被侵犯的商标有可能系知名商标甚至是驰名商标,这些商标在由普通商标成长为驰名商标的过程中往往耗费了权利人的极大心血,权利人因为驰名商标遭贬损性侵权、淡化性侵权所受的损失绝非商标法上法定赔偿的最高赔偿额所能弥补的,进而基于驰名商标被贬损、被淡化所衍生的附带性损害(如权利人企业声誉受损、权利人无形资产大幅缩水等)甚至是"补偿性赔偿原则"所鞭长莫及的,这些毫无疑问都是权利人"心中难言的伤痛"。

由此可见,现实生活的复杂多样性与知识产权侵权诉讼的特殊性,要求我们有必要重视我国现行知识产权损害赔偿原则因过分单一所带来的弊端,可行之路当是结合知识产权自身特点,摆脱传统民事损害赔偿领域的思维定式,在合理借鉴世界上其他国家地区相关法律及司法实践的基础上引入新的损害赔偿原则,适时完善我国的知识产权损害赔偿机制,以便更好为加大知识产权司法惩处力度、降低权利人维权成本这一宗旨服务。

三、美国知识产权法律中的惩罚性赔偿原则

惩罚性赔偿原则被公认肇端于英美法系,这项制度又以在美国法律实务中广泛适用,以及美国在全球大力推行其制度体系而备受世人注目,而惩罚性赔偿原则已经逐步被越来越多的国家所接受。因此,将惩罚性赔偿原则引入我国知识产权侵权损害赔偿中,也日益成为我国知识产权学术界和实务界的普遍呼声。为了更好地论证惩罚性赔偿原则引入我国知识产权侵权损害赔偿机制的可行性,我们有必要对以美国为典型代表的惩罚性赔偿原则进行相关介绍。

(一)惩罚性赔偿原则的含义

惩罚性赔偿,又称惩戒性赔偿,这一制度起源于英美法系,是指在侵权案件中,侵权行为人恶意实施该行为,或对行为有重大过失时,以对行为人实施惩罚和追求一般抑制效果为目的,法院除了判决侵害人向受害人支付补偿性的损失赔偿之外,还判决侵害人向受害人支付一笔赔偿金,主要用以对侵害人进行惩罚和防止侵害人和其他人再犯类似的行为。

根据学术界的普遍共识,惩罚性赔偿最早是来源于1763年英国法官Lord Camden在Huckle v. Money一案中的判决。早期英国普通法对于非具体损害,如精神痛苦与情绪受挫,认为无法以金钱计算,因此不得请求损害赔偿。惩罚性赔偿制度即在于补其不足。[①] 1784年,美国法院在Genay v. Norris案中作出了体现惩罚性赔偿的判决。17~18世纪,英美法系的惩罚性赔偿主要适用于诽谤、诱奸、恶意攻击、诬告、不法侵占住宅、占有私人文件、非法拘禁等使受害人遭受名誉损失及精神痛苦的案件。到了19世纪中叶,该制度逐步在英美法系国家得到适用,尤其是美国,其产品责任法、知识产权法等领域都普遍适用惩罚性赔偿,加拿大、澳大利亚、新西兰、南非等国也开始将惩罚性赔偿纳入其法律体系。当时英美法系的法官们认为,惩罚性赔偿原则的主要功能是惩罚被告并对原告作出补偿。进入20世纪,由于大公司和大企业的蓬勃兴起,部分大公司和大企业的不合格产品也对消费者造成了严重的损害。尽管消费者可以通过一般损害赔偿而获得补救,但由于大公司财大气粗,补偿性的赔偿可能难以对其制造和销售不合格甚至危险商品的行为起到遏制作用,这就需要通过惩罚性损害赔偿的方式来保护广大消费者的利益,于是惩罚性损害赔偿开始逐渐适用于产品责任领域,同时赔偿的数额也在不断提高。应当说,美国知识产权法律中的惩罚性赔偿原则是最具有代表性的,而在过去20多年中,美国惩罚性赔偿发生的最大变化就是赔偿数额的不断增加。

(二)美国惩罚性赔偿原则的特点

从根本上而言,惩罚性赔偿是为了弥补补偿性赔偿原则适用的先天不足而产生的,两者之间具有密切联系。一方面,惩罚性赔偿是以补偿性赔偿的存在为前提的,只有符合补偿性赔偿的构成要件才能请求惩罚性赔偿。受害人原则上不能单独请求惩罚性损害赔偿,而必须以补偿性损害赔偿的成立为前提。另一方面,惩罚性赔偿的数额确定与补偿性赔偿也有一定的关联。美国法院的法官经常在判决中明确表示,任何惩罚性赔偿均应限制,使其与补偿性赔偿额具有某种合理的关联性,此即所谓的比例性原则。但与补偿性赔偿相比较,惩罚性赔偿制度又具有其自身的特点:

① 陈聪富:“美国法上之惩罚性赔偿金制度”,载《法学论丛》第31卷第5期。

1. 功能的多样性。一般损害赔偿主要以补偿为功能,而惩罚性赔偿还具有惩罚性功能。通过补偿和惩罚功能的结合,进而产生遏制不法行为等其他功能。惩罚性赔偿不仅在于弥补受害人的损害,而且在于惩罚和制裁严重过错行为,通过惩罚以达到遏制不法行为的目的。应该看到,现代侵权法中侵权责任有关惩戒的功能已逐渐呈现衰弱的趋势,这主要是因为侵权责任首重对受害人的补救,而不在于对行为人主观过错的制裁。尤其是责任保险损失分担制度的发展,使得侵权法惩戒的功能逐渐减弱。所以现代侵权法所采纳的补偿性赔偿原则虽然能够有效填补受害人所遭受的损害,但不足以形成对不法行为的制裁,从而难以起到预防损害发生的作用。相反,惩罚性赔偿通过责令不法行为人赔偿超出受害人所受损害大小的方式,促使行为人在行为之前考量成本效益,从利益机制上对其行为进行遏制,这就形成一种优化的遏制方式。

2. 注重行为人的主观状态。美国学者认为,惩罚性赔偿虽然要以实际损害的发生为适用的前提,但赔偿的数额不以实际损害为标准,而是要考虑加害人的主观过错程度,这与补偿性损害赔偿所考量的因素是不同的。通常,补偿性损害赔偿的适用并不需要区分行为人主观上是故意还是过失,换言之,行为人的主观恶性一般不会影响其赔偿的实际数额。按照"完全填平损害"的原则,即使行为人过错程度较低,也应当对其造成的损害承担赔偿责任。但是,一般的损害赔偿对不法行为有效遏制的功能是有限的。因为在特殊情况下,行为人主观上出于恶意或者故意但所造成的损害后果并不严重,如果按照补偿性赔偿原则,行为人仅仅需要赔偿少量的损失,明显不足以对行为人的行为形成遏制作用。因此,为了发挥侵权行为法的惩戒和预防作用,有必要针对行为人恶劣的主观状态来对行为人施加惩罚性赔偿。美国惩罚性赔偿的运用通常都注重行为人主观的恶意。例如,原告如果证明被告在实施侵权行为时具有恶意或被告具有恶劣的动机或被告完全不顾及原告的财产或人身安全,法官便可以考虑适用惩罚性赔偿。①

3. 赔偿数额通常设有法定最高额限制。惩罚性赔偿的数额大多是由法律直接规定,或者由法律对惩罚性赔偿的最高数额作出限制,以防止法官或陪审团任意确定惩罚性赔偿金的数额。惩罚性赔偿给予了法官和陪审团过大的自由裁量权,所以需要立法对其作出限制。美国联邦最高法院认为,在作出惩罚性赔偿的判决时,应当尽可能尊重立法者对不法行为课以惩罚的判断。②

(三)美国惩罚性赔偿原则的主要功能

大陆法系民法历来认为,损害赔偿的功能在于填补受害人的损害,"损害——补救"过程便是一个受损害的权利的恢复过程。由于大陆法系将损害赔偿的宗旨限定在补偿方面,因此自然排斥了惩罚性赔偿适用的余地。美国的惩罚性赔偿制度的产生和发展并没有否认传统的补偿性赔偿制度的合理性,只不过是在一般损害赔偿制度之外另行发展了一套例外的赔偿制度,也即惩罚性赔偿制度。一般认为惩罚性赔偿制度具有如下三方面的功能:

---

① 谢哲胜:《财产法专题研究》(第2卷),元照出版有限公司1999年版,第20页。

② 王利明:"美国惩罚性赔偿制度研究",载《民商法研究》(第6辑),中国政法大学出版社2004年版,第638页。

1. 补偿功能。惩罚性赔偿并非独立的请求权,而是必须依附于补偿性的损害赔偿。换言之,必须要符合补偿性赔偿的构成要件,才能够请求惩罚性赔偿。假如因不法行为人的行为并没有给受害人造成任何损害,则受害人不能请求惩罚性赔偿。惩罚性赔偿常常是在补偿性赔偿制度不能对受害人提供充分的补救的情况下而适用的,可见惩罚性赔偿也具有补偿功能。一般而言,在涉及精神损害赔偿中计算损害的非准确性和困难性、人身伤害赔偿中计算损害的困难性、费用赔偿的必要性等情形下,惩罚性赔偿会担当"补偿性赔偿"力有未逮的角色。

2. 惩戒功能。惩罚性赔偿主要针对那些具有较强不法性和道德上的应受责难的侵权行为。换言之,之所以适用惩罚性损害赔偿,是因为行为人具有严重的过错并应当受到惩罚。毫无疑问,过错是惩罚的重要根据,而惩罚性赔偿则是实现法律威慑的有效工具。尽管补偿性赔偿作为一种法律责任因给加害人强加了一定的经济负担从而具有一定的惩罚作用,但这种惩罚毕竟是极为有限的,其主要功能还是立足于补偿。而惩罚性赔偿则通过给不法行为人强加更重的经济负担,使其额外承担超过受害人实际损失以外的赔偿来实现法律的惩戒功能。补偿性赔偿要求赔偿受害人的全部经济损失,其背后的经济基础乃是一种利益上的交换或曰交易。造成多大的损害,赔偿多大的损害,等于以同样的财产交换损失,因此补偿性赔偿在惩戒不法行为人方面的作用是有限的。对不法行为人来说,补偿其故意行为所致的损害也如同一项交易,如果不法行为人是某位富人,则补偿性赔偿对其实难起到制裁作用。富人只要付出一定的补偿性赔偿即可为所欲为,这无疑是在挑战全体社会公众的道德底线,也无疑是法律的悲哀。这也正是美国学者所说的,"只有通过惩罚性赔偿才能使被告刻骨铭心,从而达到惩戒的效果"。①

3. 遏制功能。遏制是传统上对惩罚性赔偿合理性的解释。遏制可以分为一般遏制(general deterrence)和特别遏制(special deterrence)。所谓一般遏制,是指对社会一般人能够产生遏制作用;所谓特别遏制,是指对加害人本身的威吓作用。许多美国学者特别强调惩罚性赔偿所具有的一般遏制功能,正如美国著名法学家 Davia Partlett 指出的,遏制与单个人的责任没有联系,遏制是指确定一个样板,使他人从该样板中吸取教训而不再重蹈覆辙。② 也有学者认为惩罚性赔偿的目的在于惩罚过去的过错行为,并以此作为一个样板遏制未来的过错行为,因此"惩罚性"这个词有时也用"示范性"代替,这就概括了惩罚性赔偿的两项功能,即制裁和遏制。制裁只是手段,遏制才是最终的目的。由于惩罚性损害赔偿具有遏制作用,也能在一定程度上鼓励受害人提起损害赔偿的诉讼,从而减少私力救济,遏制不法行为的再次发生。

(四)美国知识产权侵权法律中关于惩罚性赔偿的规定

目前,惩罚性赔偿在美国知识产权法律中具有广泛的适用。美国《兰哈姆法》第 35

---

① M. Minzer&J. Nates&D. Axelord, Damages in Tort Actions39 -40(1994),转引自王利明:"美国惩罚性赔偿制度研究",载《民商法研究》(第 6 辑),中国政法大学出版社 2004 年版,第 646 页。

② Davia F. Partlett, Punitive Damages: Legal Hot Zones, 56 La. L. Rev. 781,797(1996),转引自王利明:"美国惩罚性赔偿制度研究",载《民商法研究》(第 6 辑)。中国政法大学出版社 2004 年出版,第 646 页。

条(a)款、《美国法典》第15篇第1117条规定,原告有权获得:1. 被告获得的利润;2. 已被原告证明的任何赔偿金;3. 诉讼费。评估利润时,原告只需要证明被告的销售额,被告必须证明所有支出或要求扣除的部分。评估赔偿金时,法院可以判决已认定的赔偿金的任何数量的总和,但不得超过该数量的三倍。美国《著作权法》规定:版权持有人最后可以获得"实际赔偿金"(定义为版权所有人的损失加侵权人获得的额外利润),或者对于善意侵权获得2万元以下的法定赔偿金;对于恶意侵权,获得10万元以下的法定赔偿金。有些案件的胜诉方可以要求诉讼费和律师费。美国《统一商业秘密法》第3条a款规定:"除了或者代替禁令救济,原告有权就侵占所造成的实际损失要求赔偿。原告还有权就没有计算在实际损失赔偿金中的因侵占导致被告获得的不当利益要求赔偿。"b款规定:"如果发生故意或恶意侵占,法院可责令被告支付不超过上款中任何赔偿2倍的惩罚性赔偿金。"上述规定充分体现了惩罚性赔偿责任在美国知识产权侵权领域的适用。[①]

惩罚性赔偿在美国知识产权侵权法中的适用,可以发现具有如下特点:惩罚性赔偿只适用于故意侵害知识产权并且情节严重的行为;需要由原告提出请求,法院才考虑适用惩罚性赔偿;惩罚性赔偿的数额确定遵循某一比例原则,即惩罚性赔偿数额与补偿性赔偿数额之间保持适当的比例关系,一般是补偿性赔偿数额的1~3倍,对惩罚性赔偿数额有一定的限制,或是不超过原告损失的三倍,或是规定一个最高赔偿限额。这些特点对于我国无疑都具有重要的参考借鉴意义。

(五)大陆法系国家对惩罚性赔偿原则的吸收

作为大陆法系代表性国家的德、法、意等国,曾经一直坚守侵权损害赔偿的补偿性赔偿原则,并常常以英美等国的惩罚性赔偿的判决违反公共秩序保留,而拒绝承认和执行这些判决。但近年来,随着美国法律原则和制度在全球范围内的推广,德国、法国、西班牙等国的态度产生了微妙的变化,开始考虑在一定限度内接受惩罚性赔偿。如法国在2005年提交给司法部的民法典修改建议稿中引入了惩罚性赔偿制度;德国的司法实践中,在涉及"痛苦和创伤"、知识产权及雇佣关系中性别歧视等方面的赔偿时,惩罚性赔偿已经成为法院判决的一项主要理由。而对英美国家法院作出的惩罚性赔偿的判决,这些国家也开始在一定范围内给予承认和执行。因此,可以这样认为,惩罚性赔偿在英美法系国家得到了广泛的运用,在大陆法系国家虽未得到广泛承认,但在立法和司法实践中都已出现了松动,表明大陆法系国家也开始吸收英美法系法律制度中的有益成分,从而完善其本国的法律制度。

四、我国知识产权法律引入惩罚性赔偿原则可能带来的相关问题分析

(一)关于我国是否存在知识产权侵权惩罚性赔偿的争论

在我国的学术界还是在实务界,一直都存在知识产权侵权损害赔偿中是否存在惩罚性赔偿的争论。认为存在知识产权侵权惩罚性赔偿的观点认为,我国实际上已经认可了知识产权惩罚性赔偿,如《最高人民法院关于

① 钱玉文、骆福林:"论我国知识产权法中的惩罚性赔偿",载《法学杂志》2009年第4期。

审理专利纠纷案件适用法律问题的若干规定》第20条第3款关于“侵权人因侵权所获得的利益可以根据该侵权产品在市场上销售的总数乘以每件侵权产品的合理利润所得之积计算。侵权人因侵权所获得的利益一般按照侵权人的营业利润计算，对于完全以侵权为业的侵权人，可以按照销售利润计算”的规定，以及第21条关于“参照该专利许可使用费的1至3倍合理确定赔偿数额”的规定，这些都体现了惩罚性赔偿的存在。在审判实践中，许多知识产权法官也认为，目前我国有关的知识产权法律规范，其中包含了惩罚性赔偿的相关制度。如在适用商标法、专利法、著作权法及其司法解释时，可能会出现被侵权人的经济损失无从查实，且侵权人尚无获利或获利很少的情况，但是法院通常都不会以其获利来认定赔偿数额，而是根据各种情节酌定赔偿数额，往往该数额远远大于其实际获利。再如，在侵犯专利权纠纷案件中，按照专利许可费的倍数确定的赔偿数额，往往会高于被侵权人的实际损失，也可能高于侵权人的非法获利。这些实践中的判决证明，法院在很多情况下已经在知识产权损害赔偿中适用了惩罚性赔偿。

认为不存在知识产权侵权惩罚性赔偿的观点认为，在知识产权侵权损害赔偿领域，我国尚未采纳惩罚性赔偿原则。他们认为，商标、专利、著作权三部法律所确定的损害赔偿计算方法是建立在损害客观存在的基础上，即首先有损害事实的存在，然后才能依据该计算方法确定赔偿数额。如果不存在损害，法律所确定的计算损害赔偿的方法也就没有用了。比如，专利侵权人还没有生产出侵权产品就被查获，或者还在为实施侵权行为准备工具，这种情况下，由于专利权人并未实际遭受损失，法院一般只会判决侵权人停止侵权销毁工具，而不会判决侵权人承担赔偿损失的责任。此外，依据商标法、专利法和著作权法有关损害赔偿的规定，在被侵权人的损失和侵权人的非法获利均难以确定的情况下，法院可以酌情确定赔偿数额。法律的这种规定同样仅仅是提供了一种确定赔偿数额所参照的标准，法院仍然需要认定损害事实的存在。当然，这种赔偿数额确定方法的适用可能导致与适用惩罚性赔偿相同的结果，即侵权人所作的赔偿远远大于其获利，或原告获得的赔偿高于其可能遭受的实际损失。尽管如此，也不能就此得出我国知识产权损害赔偿领域采纳了惩罚性赔偿的原则，因为根据法律的规定，法院适用这种损害赔偿确定方法的前提是损害和获利均难以计算，其言外之意是仍然必须先认定损害是客观存在的，只不过是难以计算而已，而且只有在这样的基础上，法院才能根据具体侵权行为的情节轻重来酌情确定赔偿数额。这种计算方法的理论基础仍然源于补偿性赔偿制度。因此，这种观点认为在知识产权侵权损害赔偿领域，我国尚未采纳惩罚性赔偿原则。

我们认为，前述两种观点从不同角度阐述了我国是否存在惩罚性赔偿的理由，可以说两种观点都有一定道理。但如果对该问题分别从两方面分析，可能会得出更客观的结论。

1. 从法律规定的角度分析，我国的知识产权法作为民法特别法，一直遵循民法通则和相关民事法律所确定的补偿性赔偿原则，即已赔偿权利人所遭受的实际损失为限。如

《著作权法》第 49 条“侵犯著作权或者与著作权有关的权利的，侵权人应当按照权利人的实际损失给予赔偿；实际损失难以计算的，可以按照侵权人的违法所得给予赔偿。赔偿数额还应当包括权利人为制止侵权行为所支付的合理开支”的规定就是该原则最直接的体现。至于知识产权法中关于“侵权人的非法获利”、参考“专利许可费”、“法定赔偿”等计算损失的方法，则都是在权利人的实际损失无法准确计算的情况下适用的，这些计算方式都是以补偿性赔偿原则为基础所作的补充性规定。因此，从现行立法的规定来看，知识产权损害赔偿制度中并未引进惩罚性赔偿。

2. 从司法实践的角度分析，最高人民法院的司法解释从严格意义上讲并不属于法律，因此制定司法解释不属于立法，而是属于对审判实践的总结，对法律规定的细化。如《最高人民法院关于审理专利纠纷案件适用法律问题的若干规定》第 20 条第 3 款“侵权人因侵权所获得的利益一般按照侵权人的营业利润计算，对于完全以侵权为业的侵权人，可以按照销售利润计算”的规定、第 21 条关于“参照该专利许可使用费的 1 倍至 3 倍合理确定赔偿数额”的规定，许多法官和学者认为该规定已经超越了补偿性赔偿原则的界限，体现了惩罚性赔偿。但是由于最高人民法院从未正式承认该规定运用了惩罚性赔偿，同时该规定在很大程度上是因为损害赔偿数额难以计算，司法解释的制定者以补偿性原则为作出该规定，而且司法实践中适用该规定进行判决的案件也属于个别现象，不具有普遍性，因此从司法实践的整体来讲，知识产权侵权损害赔偿并未引入惩罚性赔偿。

（二）我国知识产权法律引入惩罚性赔偿原则的必要性

传统民事侵权领域以绝对性权利作为保护对象，借以在个人权利与公众自由空间中划分边界。传统民法上受侵害的绝对性权利主要是物权与人格权，由于物权的客体以有体物为限且多具确定的经济价值，而人格权的客体主要关涉的是个人的生命、尊严与人格之健全，因此在侵犯物权、人格权的场合，补偿性赔偿原则已经可以基本实现救济的目的。但在知识产权侵权领域，补偿性赔偿原则却往往具有局限性。除了前述“补偿性赔偿原则”在我国适用中暴露的不足外，美国知识产权法学界论及惩罚性赔偿有在知识产权侵权法律适用的必要性，主要包括如下几点理由，这些理由无疑具有普适性：

1. 知识产权客体的易受侵犯和侵权的高度隐蔽性。无形性与易复制性是知识产权客体区别于其他民事权利客体的最显著特征，承载知识产权客体的物质多体现为公开流通的、可复制的产品、作品（如书籍、图纸）、商标标识、产品设备或数字化的信息资料。侵犯传统财产权（以物权为代表）主要体现在对物的非法占有与毁损，而侵犯知识产权则并不以对承载知识产权客体的物质载体的非法占有或破坏为必要，侵权人大可通过各种手段盗取权利人的智力成果而不被发现。侵害知识产权的过程中，承载知识产权的物质载体的变化没有相对于侵害有形财产那样易被感知。知识产权客体的无形性与易复制性特征意味着，即便承载知识产权客体的物质载体仍在权利人的掌控范围之内，但丝毫无法阻止侵权结果的发生与扩大，以篡改作品、假冒商标、仿造专利等侵权表现为例，通常权利人并未失去对承载知识产权的物质载体的占有，但是损害已通过批量复制、混淆误认、大肆制造销售侵权产品的形式而发生。特别是在信息网络高度发达的今天，知识产权侵权的方式已然发生更为复杂、精细的变化，侵权行为变得更加容易，侵权成本更加低廉，侵权的手段也更具有隐蔽性和扩散性。由于侵权手段的多样性以及成本的低廉化，社会生活中开始出现一批主要以侵犯知识产权为业的专业侵权个人或组织。身处信息时代，侵犯知识产权行为的"无孔不入"每每令权利人疲于奔命、不堪其扰。

2. 知识产权侵权的权利人"实际损失"难以认定。目前，知识产权法规定的认定实际损失的依据有：(1)被侵权人因侵权人的侵权行为所遭受的损失；(2)侵权人因侵权所获得的利润；(3)合理的许可使用费。但在实际审判实践中，绝大多数知产侵权案件往往无法准确界定权利人因侵权所遭受的实际损失。例如，侵权人甲在制造某产品时混合了几项专利技术，其中包括了被侵权人乙的一项专利技术，因此从甲获得的全部利润中很难分清因使用乙的专利技术而获得利润有多少，而乙的销售额的损失又可能不仅仅来源于甲的侵权；又如，某些潜在的可能发生于未来的损失确实存在却又无法确定；再者，这项技术有可能从未被许可使用过，而且与其他专利技术在任何方面都不具可比性。至于一些涉及网络的知识产权侵权行为，权利人的实际损失更是难以确定。通常这种案件中的侵权人的行为具有很强的隐蔽性，很可能侵权十次被发现并被起诉的可能性也只有三四次，如在网上以传播或赢利为目的随意上传或下载他人作品，惊人的扩散速度使权利人根本无法计算出自己的实际损失。最后，知识产权作为无形财产，考虑到其有地域性和时间性限制等特殊性，其内含的经济价值也是变动不居的，这也构成权利人因侵权遭受的实际损失无法确定的重要原因之一。

3. 知识产权侵权中有精神损害赔偿的内容。精神损害赔偿，系因侵权人的侵权行为致受害人精神上的创伤，而由侵权人给予受害人一定赔偿金的一种民事赔偿制度。精神损害赔偿的功能具有多元性，有填补的功能(调整的功能)，有抚慰的功能，也有惩罚的功能。在知识产权法上，精神损害赔偿多出现在侵犯著作人身权的纠纷当中，著作权中的人身权能通常包括发表权，署名权、修改权和保护作品完整权。大陆法系和英美法系虽然都承认著作权人对其作品享有精神上的权利，都赞成运用金钱赔偿来保护精神权利，但两者在对待精神损害赔偿的问题方面有所不同。大陆法系在立法中承认精神损害赔偿的存在，不过具体的数额和给予赔偿的条件因国而异，如德国、瑞士的精神赔偿的范围"以法律规定的情形为限"，而法国对于精神损害的赔偿，采概括主义(任意性原则)，作者的著作精神权利受到侵害时当可请求精神损害之赔偿。而英美法系更注重著作财产权的保护，在立法或判例中极少提及精神损害之赔偿，但如果当事人在诉讼中提出精神损害赔偿的要求，则法官会运用惩罚性赔偿的判决对受害人进行抚慰。精神损害赔偿具有惩罚性主要体现在：(1)精神损害赔偿与实际损害并没有一一对应的关系，对于具体数额的确定，没有任何立法者或法官可以作到绝对精确；(2)为了确定一个具体的数额，法官必须运用自由裁量权，考虑案件中的其他因素，如侵权人的过错程度、被侵权人的财产损失状况、作品的影响力、侵权对被侵权人的社会地位、知名程度和其他社会评价的影响等,同时还必须要考虑到适用惩罚性赔偿对受害人是否起到抚慰作用,对加害人是否起到制裁遏制的作用。因此,在知识产权纠纷中只要有精神损害赔偿,都或多或少带有某种惩罚性质。

另外,我们还要说明的是,最高人民法院近年来持续强调"加大损害赔偿力度"对于加强知识产权司法保护的必要性,这也为惩罚性赔偿纳入我国知识产权侵权损害赔偿机制暗示了某种政策上的方向指引。

首先,2007年1月18日于无锡市召开的全国法院知识产权审判工作座谈会上的《全面加强知识产权审判工作为建设创新型国家和构建和谐社会提供强有力的司法保障》一文强调:"要严格按照法律、法规和司法解释的规定,让权利人的损失得以全面弥补,合理的维权成本得到完全补偿。要用好损害赔偿确定规则,尽量避免简单地适用法定赔偿方法。要依法适当减轻权利人的赔偿举证责任,对于能够证明侵权产品数量或因侵权行为导致的权利人产品销售减少数量的,尽可能通过确定合理利润率来计算赔偿额。对于难以证明侵权受损或侵权获利的具体数额,但有证据证明前述数额明显超过法定赔偿最高限额的,不适用法定赔偿额的计算方法,应当综合全案的证据情况,在50万元以上合理确定赔偿额。在依据法定赔偿方法确定赔偿责任或依据其他方法确定赔偿责任需要酌定具体计算因素时,可以考虑当事人的主观过错大小确定相应的赔偿责任。对于故意侵权和假冒、盗版等情节严重的侵权行为,除依法判决侵权人承担民事责任外,还可视具体情况依法予以民事制裁,使侵权人依法受到严厉的惩处。"

其次,最高人民法院于2007年1月11日印发的《最高人民法院关于全面加强知识产权审判工作　为建设创新型国家提供司法保障的意见》将"依法加大侵权赔偿和民事制裁力度"作为专节加以强调:"有证据证明侵权人在不同时间多次实施侵权行为的,推定其存在持续侵权行为,相应确认其赔偿范围;作为自然人的原告因侵权行为受到精神损害的,可以根据其请求依法确定合理的精神损害抚慰金;当事人为诉讼支付的符合规定的律师费,应当根据当事人的请求,综合考虑其必要性、全部诉讼请求的支持程度、请求赔偿额和实际判赔额的比例等因素合理确定,并计入赔偿范围;考虑当事人的主观过错确定相应的赔偿责任;依法运用民事制裁惩处侵权人。"

最后,最高人民法院于2007年1月16日印发的《最高人民法院关于为构建社会主义和谐社会提供司法保障的若干意见》对类似问题亦有强调:"加大科技成果权和著作权的保护力度,制止盗版、侵犯专利权等侵权行为……依法加强对侵犯知识产权行为的刑事处罚和民事制裁,最大限度地保护权利人的合法权益。"

对上述三个由最高人民法院在间隔很短的时间段内连续出台的重要政策文件精神的解读可以清晰发现,"持续加大知识产权侵权损害赔偿力度"将是今后一个相当时期内"中国加强知识产权司法保护"这一主题工作的基调与主旋律。对文件作进一步解读,人们当可感知作为一国最高司法机关的最高人民法院对于各级法院在知识产权审判中过高比例适用定额赔偿的做法是持明显保留态度的,同时公众也可以强烈感受到最高人民法院对保护广大权利人合法权益矢志不渝与对待各类知识产权侵权行为毫不姑息的决心与意志。这些政策层面上的信号释放,无疑对于思考如何适时完善并丰富我国的知识产权侵权损害赔偿机制具有高度启示意义。

(三)我国知识产权法律引入惩罚性赔偿原则所产生的积极意义

英美衡平法谚有云:"任何人都不能从自己的错误行为中获利",而现代知识产权侵权行为所表现出来的一个显著特点则是侵权行为往往伴随经营行为,如当侵权人的非法获利大大超出给受害人造成的损害时,即使受害人按照"填平原则"获得全部赔偿,侵权人在扣除这部分侵权成本支出后仍然大获其利,这种情形下倘若继续坚持适用"补偿性赔偿原则",无异于对侵权者的纵容。基于上述考虑,国内相关学者指出应当借用"惩罚性赔偿原则"的适用来剥夺侵权者这部分"超额收益",并认为于知识产权侵权诉讼中适用"惩罚性赔偿原则"可以产生如下四方面积极意义:

1. 有效惩罚侵权人。一方面,由于侵权人侵权产品的成本较之权利人的产品成本往往更加低廉,所以侵权人所得的利益往往大于被侵权人的损失。另一方面,权利人在举证证明自己的损失或侵权人所得利益时,往往不能收集到所有的证据,能被法庭认定的赔偿额往往小于其损失,所以要达到遏制侵权行为的目的,侵权人支付的赔偿金应当大于其从侵权行为中所获得的利益,而惩罚性赔偿的适用可以实现这一目的。

2. 震慑潜在侵权人。补偿性赔偿对于社会上其他潜在侵权人的警戒是有限的,因为并非所有的侵权行为都必然被追究责任,在有些情况下,侵权行为不一定被发现。即使被发现,也不一定受到彻底的追究,因此在适用补偿性赔偿原则的情况下,潜在侵权者可能会基于被追究侵权责任的小概率诱惑而实施侵权,而如果对已经查明的侵权者适用惩罚性赔偿原则,则可以充分发挥侵权法中所谓的"一般遏制"功能。

3. 鼓励市场交易。在一些情况下,一项专利在市场自由交易的价格通常会高于该专利被侵害后权利人所能获得的补偿性损害赔偿金,对于已经发生的侵权行为,如果仅仅要求加害人支付补偿性赔偿金,则会鼓励潜在侵权人通过侵权而不是购买专利许可证的方式来使用知识产权人的权利。如果在补偿性赔偿金之外再要求侵权者支付惩罚性赔偿金,就会促使潜在侵权人购买专利权或寻求专利许可授权,同时这对促进知识产权正常交易的繁荣发展是有正面价值的。

4. 降低执法成本,激励守法行为。惩罚性赔偿是为克服和缓解"履行差错"而设计的,目的是使赔偿水平等于侵权行为导致的所有社会成本,让侵权者不能因其行为得到任何好处,进而为守法行为提供激励。此外,惩罚性赔偿金归于提起诉讼的受害人,这为民间执法活动提供了经济动因,能产生政府执法方式的替代,同时也在一定程度上缓解了政法执法资源的紧张,使执法活动以更低的成本开展,进而提高侵权行为的查处概率。

(四)引入惩罚性赔偿原则可能带来的问题

惩罚性赔偿原则是一柄"双刃剑",在发

挥积极作用的同时,肯定会带来一些令人忧虑的问题。我们认为,只要能够准确分析和把握惩罚性赔偿原则可能出现的问题,并采取相应措施,惩罚性赔偿原则就能够最大限度地发挥正面作用。

1. 惩罚性赔偿与罚金、行政罚款的协调。有的观点认为,引入惩罚性赔偿,将其与罚金或行政罚款适用于同一侵权人,可能会给侵权人造成沉重的负担,是不公平的。我们认为,罚金属于刑事责任、行政罚款属于行政责任,而惩罚性赔偿属于民事责任,三者都具有惩罚性功能,但在实际适用时可以根据案件具体情况灵活处理,以便维护侵权人及其家庭成员合法的权益不受到侵害。如当侵权人被处以罚金或罚款时,可考虑不再适用惩罚性赔偿;当侵权人没有被追究刑事责任与行政责任时,在规定的情况下可以适用惩罚性赔偿。

2. 惩罚性赔偿全部由权利人取得是否合理。有的观点认为,在权利的实际损失已得到弥补的情况下,如果因惩罚性赔偿使权利人获得了额外的利益,该利益不符合民法公平原则的精神。我们认为,对惩罚性赔偿的认识不能只关注权利人,还要关注惩罚性赔偿对侵权人的惩罚功能,以及通过惩罚达到遏制侵权的效果。而要达到遏制侵权的效果,就要让侵权人付出足够高的代价,同时激励权利人对知识产权保护和创造发挥更大的积极性和主动性。因此,惩罚性赔偿由权利人获得是符合民法精神的,也是合理的。

3. 引入惩罚性赔偿是否会引发权利人滥用诉权。惩罚性赔偿具有激励权利人积极维权的作用,但也很有可能产生另一个后果,即权利人为了获得高额的赔偿金,而滥用诉权,甚至将诉讼作为牟取不当利益的手段。曾经在全国引起巨大争议的“王海打假”事件,有可能在引入惩罚性赔偿后,在知识产权领域再度上演,这也是许多人反对引入惩罚性赔偿的主要理由。我们认为,如果在知识产权领域引入惩罚性赔偿,那么权利人滥用诉权的现象一定会出现,但是任何制度的引入都会产生一些负面影响,惩罚性赔偿也不例外。因此,只要立法和司法实践都对该负面影响给予足够的重视,并通过对惩罚性赔偿的适用范围、条件、最高限额以及对滥用诉权的认定及处罚都给予明确的界定,就可以将滥用诉权的发生降低到最低限度,从而充分发挥惩罚性赔偿惩罚侵权人、遏制侵权行为的作用。因此,引入惩罚性赔偿所引发的滥用诉权的现象是完全能够被控制的。

4. 引入惩罚性赔偿与制约法官自由裁量权。法官对案件的自由裁量权是法律所赋予的,是无法剥夺的。但是对法官自由裁量权的制约也是现代法治的要求。因此,引入惩罚性赔偿后就要对法官的自由裁量权进行必要的制约,以实现司法公正。如对适用惩罚性赔偿的情形、赔偿数额的限定条件以及惩罚性赔偿需要考虑的因素等方面进行明确规定,同时从审判程序上对法官的自由裁量权进行监督制约。

综合上述分析,我们认为,知识产权侵权案件与一般民事侵权案件相比存在一定的特殊性,单纯适用补偿性赔偿原则不利于遏制知识产权侵权行为的发生,即使刑事责任与行政责任的适用也有很大的局限性,虽然引入惩罚性赔偿可能会带来一些新问题,但是这些问题只有给予足够的重视,同时在制度上加以规范,那么,引入惩罚性赔偿所惩罚侵权人、遏制侵权行为的作用或是可以克服,或是可以接受。所以,应该在知识产权侵权案件中引入惩罚性赔偿制度。

(五)我国适用惩罚性赔偿原则判决的部分案例及类型化

近年来,我国陆续出现了一批涉及侵权赔偿数额认定并被社会公众高度认可的经典判例,对如何将惩罚性赔偿制度运用于中国知识产权审判实践具有参考价值。如杭州市中级人民法院审理的桐庐光华文化用品有限公司与桐庐佳禾制笔厂侵犯外观设计专利权纠纷案,法院一审审理认为,"佳禾制笔厂未经权利人许可,为生产经营目的,制造销售与涉案专利相同的被控侵权产品的行为,侵犯了光华公司的专利权,且该厂在前次侵权纠纷解决后再次发生新的被控侵权行为,应当承担停止侵害、赔偿损失等民事责任",遂判决被告赔偿原告经济损失人民币30万元。一审宣判后,被告不服提出上诉,浙江省高级人民法院二审审理认为,"综合考虑涉案各种因素,尤其是佳禾制笔厂涉案侵权行为系重复侵权,主观故意和过错明显,客观上给专利权人造成较大经济损失等情形后,一审法院确定赔偿数额300,000元亦属妥当"。最终,二审驳回被告佳禾制笔厂的上诉,维持原判。又如,上海市第二中级人民法院审理的黛尔吉奥品牌有限公司、帝亚吉欧(上海)洋酒有限公司诉蓝樽(上海)酒业有限公司不正当竞争纠纷案,法院经审理认为:"关于被告蓝樽公司应承担的赔偿数额。根据《反不正当竞争法》的规定,被告蓝樽公司除应承担两原告因被告蓝樽公司侵权行为所受经济损失外,还应当承担两原告因调查、制止被告蓝樽公司的侵权行为所支付的合理费用。因此,对于被告蓝樽公司在本案中所应承担的赔偿数额,法院除根据被告蓝樽公司销售侵权'宝路'威士忌酒的数量与威士忌酒一般销售利润乘积计算两原告经济损失外,还将酌情确定两原告为制止被告蓝樽公司侵权所支出的合理的相关费用。"最终,法院判决被告赔偿两原告包括合理费用在内的经济损失人民币125万元。一审宣判后,双方当事人均表示服判。再如,广东省高级人民法院审理的北京长地万方科技有限公司与深圳市凯立德计算机系统技术有限公司等侵犯著作权纠纷案,广东省高级人民法院二审审理认为:"本院确定凯立德公司和凯立德欣公司的赔偿数额,主要考虑下列因素:(1)本案作品属全国导航电子地图,制作投入的人力、物力巨大,市场利润率较高;(2)凯立德公司和凯立德欣公司不能提供创作被控侵权产品的任何证据,侵权性质恶劣、侵权时间为一年零五个月;(3)凯立德公司在答辩状中自称在2006~2007年连续5个季度在GPS装导航电子地图后市场销售占有率达到50.1%,其销售量已占据全国市场的一半以上;(4)在原审法院保全过程中,凯立德公司和凯立德欣公司拒不提供有关侵权产品的财务账册;(5)已生效的北京市第一中级人民法院(2008)一中民终字第6833号民事判决认定凯立德公司制作的《凯立德全国导航电子地图(335城市)》侵犯长地万方公司《'道道通'电子导航地图》第一、二、三版著作权,本院认定的事实系凯立德公司重复侵权,主观过错明显。"最终,广东省高级人民法院判决凯立德公司赔偿长地万方公司经济损失人民币100万元。

根据上述案例对惩罚性赔偿的适用,我们认为可以对适用惩罚性赔偿原则的参酌因素予以类型化总结，合理规制惩罚性赔偿的适用：

1. 请求保护的知识产权客体具有较高的独创性（作品）、创造性（发明专利）、显著性（知名商品名称、著名商标、驰名商标）或对于国计民生有重大影响（涉案知识产权客体被用于国防领域、科研高精尖领域或社会公众健康安全领域）。

2. 侵权者的主观故意至为明显，属恶意侵权。以下几种情况应认定属于“恶意侵权”：

（1）对他人的正版计算机软件进行盗版使用或对他人软件采取的技术加密措施予以破坏的；

（2）在非权利人的产品上假冒他人专利号的；

（3）对他人驰名商标进行贬损性使用或予以丑化的；

（4）网站经营者在接到权利人的警告函后仍然持续放任至为明显的侵害信息网络传播权行为，造成侵权后果的扩大的；

（5）窃取他人的商业秘密的；

（6）侵权者就同一知识产权客体实施重复侵权的；

（7）行为人以侵犯知识产权为业，具有一定经营规模的。

3. 侵权行为持续时间较长，涉及地域较广，造成权利人严重损害。

4. 侵权者对待法院采取的知识产权临时措施（证据保全、临时禁令）进行恶意阻挠，拒不向法院提供相关财务资料、提供的资料残缺不全或故意提供虚假资料。

5. 侵权人的侵权行为被追究行政责任、刑事责任。

（六）引入惩罚性赔偿原则的具体制度设计

我们认为，虽然在知识产权侵权中引入惩罚性赔偿是必要的，但是对惩罚性赔偿的制度设计则要保持高度的审慎态度，避免因制度设计不当，给适用惩罚性赔偿造成负面影响，甚至从根本上否定引入惩罚性赔偿。因此，我们对惩罚性赔偿做如下制度设计，希望能为我国引入惩罚性赔偿起到抛砖引玉的作用。

1. 惩罚性赔偿是例外原则而非基本原则。补偿性赔偿原则在近年司法审判适用的过程中尽管暴露出一定的不足，但这绝对不应成为抛弃甚至颠覆该原则的理由。应当看到，补偿性赔偿原则始终是知识产权侵权损害赔偿的主流。如果法律不允许“一个人从其错误中获利”，同样也不应允许“一个人从其损害中获利”。及时将惩罚性赔偿原则纳入我国未来知识产权侵权损害赔偿机制，也应当明确补偿性赔偿原则的适用始终是一般情形，惩罚性赔偿原则的适用只能作为一种例外。无论如何不能否认的一点，补偿性赔偿原则所倡导的“全面赔偿”、“填平损害”与我国民事活动所奉行的公平、等价原则是相契合的，也是与我国社会公众的朴素公平正义观相吻合的。在特定时期，基于“强化知识产权权利人的保护，加大惩治知识产权侵权行为力度”的法政策考量，我们适当借鉴美国法上的惩罚性赔偿原则，使之丰富并完善我国的知识产权侵权损害赔偿机制本无可厚非，但法官在适用“惩罚性赔偿原则”仍然必须有严格的条件限制（由权利人主动提出、侵权者主观过错为恶意、权利人所受损害比较严重等），不能随意任性，以避免从一种极端

（适用定额赔偿过分自由裁量）走向另外一种极端（适用惩罚性赔偿不分青红皂白）。

2. 惩罚性赔偿的适用条件。根据惩罚性赔偿相关理论和司法实践，在知识产权侵权案件中适用惩罚性赔偿时，应同时满足以下条件：一是侵权人主观上必须是直接的侵权故意，而主观上是重大过失或者一般过错的，均不得适用惩罚性赔偿。二是侵权人的侵权行为造成了权利人的实际损失，如果侵权行为还没有发生，或者虽然有侵权行为但是实际损失还没有产生，那么就不能适用惩罚性赔偿。三是由权利人在第一次开庭前提出。如果权利人没有第一次开庭前请求法院适用惩罚性赔偿的，法院不得主动适用惩罚性赔偿。四是惩罚性赔偿要有必要的限度。虽然惩罚性赔偿具有惩罚的性质，但是在适用时，仍然应当考虑必要的限度，如不能超过规定的最高限额，赔偿数额不能影响自然人及其家庭成员必要的生活条件，不能影响公司企业正常的经营活动和职工合法的就业、获得报酬等权利，不能影响社会稳定。

3. 惩罚性赔偿数额的确定。对惩罚性赔偿来说，核心是确定赔偿数额，我们认为应当做出以下规定：限定最高赔偿数额。目前限制惩罚性赔偿数额的方法主要有：以补偿性赔偿为基数，规定不得超过补偿性赔偿金的若干倍；直接规定具体的最高数额；既规定具体的最高数额，也规定不得超过补偿性赔偿金的若干倍三种方法。我们认为，由于我国幅员辽阔，各地区经济发展很不平衡，侵权人的支付能力相差巨大，如果规定一个具体的最高数额，将难以体现地区差异以及公平原则。因此，在知识产权侵权案件中确定最高惩罚性赔偿数额时，可以以实际损害为基础，确立一个合理的比例，建议以不超过实际损失的3倍为宜。需要说明的是，如果权利人的实际损失无法确定时，法院可以将被告所获利益作为实际损失，如果均无法查明，法院则可以在综合各种因素的情况下，确定一个基准数额作为实际损失，然后再按照一定比例来确定惩罚性赔偿的赔偿的数额。

4. 确定不同类型知识产权的惩罚性赔偿数额应当有所区别。知识产权的权利种类很多，各种权利都有独特的特点，在适用惩罚性赔偿时应当有所区别。如著作权具有人身权与财产权的双重属性，在适用惩罚性赔偿时，对侵犯精神权利所提出的精神损害赔偿只能适用补充性赔偿，对侵犯财产权提出的赔偿才能适用。同时，要将惩罚性赔偿与可能出现的精神损害赔偿加以协调，如考虑判处精神损害赔偿，就可以适当减少惩罚性赔偿的数额；侵犯商标权，除给权利人的财产造成损失外，侵权行为往往还会带来商誉方面的损失。虽然通过侵犯商誉获得赔偿的并不多，但是在适用惩罚性损害赔偿时，可以将商誉的损失作为一个参考因素，尤其对某些侵权数额巨大、持续时间长、范围广的商标权侵权案件，对商誉的损失就要作为一个重要方面加以考虑。

5. 确定惩罚性赔偿数额需要考虑的其他因素。这些因素主要包括：一是权利人的实际损害及侵权人的获利情况。二是侵权人主观故意的情况，侵权行为的方式、持续时间、范围、手段及社会影响。三是侵权人的财产状况或支付能力。对惩罚性赔偿来讲，考虑侵权人的财产状况或支付能力是非常必要的，如果侵权人客观上根本没有收入来源或者没有支付能力，即使判决其承担很高的赔偿数额,也没有任何实际意义,达不到惩罚、威慑的效果。因此在进行惩罚性赔偿时必须考虑这一因素,以便使判决能够得到执行,彰显法律的威信。四是判决的社会效果。补偿性赔偿的判决要体现社会效果和法律效果的有机统一,惩罚性赔偿也是如此。因此在确定赔偿数额时,要充分考虑判决可能对国家产业政策、企业生存和发展、个人及其家庭成员的生活、社会稳定等方面造成影响,以及对相关公司、企业、职工就业生活等方面带来的负面作用,使最终的确定的惩罚性赔偿数额既达到了保护权利人的目的,又能够惩罚和震慑侵权人,并且不会对社会生活的其他方面造成太多负面影响,这样才能够体现惩罚性赔偿所具有的法律效果和社会效果。

6. 惩罚性赔偿数额中不应包括"合理费用"。在确定惩罚性赔偿数额时,不应当将权利人为调查、取证、诉讼、律师费用等为制止侵权所支出"合理费用"考虑进去,而是将这些费用单独予以确定并进行判决,并且上述费用的支出应当是合理的、必要的。同时,律师费用作为"合理费用"的一部分也应当予以主张,律师收取的律师费用应当符合当地司法行政部门确定的收费标准,但包括专业知识产权代理人在内的非律师,以及受委托参加维权、诉讼活动的其他公民因维权和诉讼而收取的相关费用,法院不得将这些费用作为律师费用予以主张。

五、对我国知识产权刑事自诉制度的分析

我们之所以将知识产权刑事自诉与知识产权民事诉讼分开进行论述,主要是因为知识产权刑事自诉本身具有附属性,且提起的程序和确定赔偿数额考虑的因素等方面都与知识产权民事诉讼有很大区别,因此有必要对该制度进行单独分析,以便更好地发挥知识产权司法保护中加大惩处力度,降低维权成本的作用。

我国刑事追诉实行公诉为主,自诉为辅的二元格局。《刑事诉讼法》设有专门的章节对刑事自诉作出规定。知识产权刑事自诉是刑事自诉制度的一个组成部分,国家司法机关对于知识产权刑事自诉持支持和倡导态度。但是,司法实践中知识产权刑事自诉案件微乎其微,与司法当局的积极推动形成鲜明的反差,缘由可从自诉人和法院两个方面得以分析。对于自诉人而言,存在提供证据难、获得赔偿难及追索欲望低等因素;对于法院而言,存在证据调取难、法律适用难及按期审结难等因素。要推进知识产权刑事自诉,需要重点解决证据收集问题,并加强配套制度的完善。主要有以下措施:一是证据收集多元化。包括借用刑事侦查资源、调用行政执法证据及运用民事取证手段;二是强化诉讼代理制度;三是运用取保候审措施;四是落实刑事自诉调解;五是转换刑事追诉程序;六是收取自诉人担保金。2011 年 1 月,最高人民法院、最高人民检察院、公安部联合发布的《关于办理侵犯知识产权刑事案件适用法律若干问题的意见》(以下简称《适用意见》)明确:"人民法院依法受理侵犯知识产权刑事自诉案件,对于当事人因客观原因不能取得的证据,在提起自诉时能够提供有关线索,申请人民法院调取的,人民法院应当依法调取。"这是继 2007 年 4 月最高人民法院、最高人民检察院联合发布《关于办理侵犯知识产权刑事案件具体应用法律若干问题的解释(二)》之后,对知识产权刑事自诉案件受理问题的

再次强调,并在言辞之间反映出国家司法机关对于推动知识产权刑事自诉的积极态度。然而,在司法实践中,知识产权刑事自诉案件数量微乎其微。为什么在司法机关的积极推动下,知识产权刑事自诉案件还是如此之少呢?究竟是什么因素导致了这种结果?理想与现实之间的距离又当如何拉近呢?上述问题无疑需要我们对知识产权刑事自诉问题予以全面考察和深入反思。

(一)我国知识产权刑事自诉制度的基本状况

1. 刑事自诉法律规范的一般规定。刑事自诉的法律规范涉及《刑事诉讼法》、《最高人民法院关于执行〈中华人民共和国刑事诉讼法〉若干问题的解释》(以下简称《执行解释》)及《最高人民法院关于严格执行案件审理期限制度的若干规定》、《最高人民法院关于刑事自诉案件审查立案的规定》、《最高人民法院关于审理刑事案件程序的具体规定》。其中,《刑事诉讼法》第二节是对自诉案件的原则性规定,《执行解释》的相关条款是对自诉案件的管辖、审理期限、受理条件、审判程序、裁判方式等程序性内容的具体性规定,而后三项司法解释的相关内容则是对自诉案件的审理期限、立案要件及审理程序的特别性规定。作为刑事自诉制度的组成部分,知识产权刑事自诉对上述法律规范是一体适用的。

2. 知识产权刑事自诉案件的特性。首先,知识产权刑事自诉案件类型比较固定。根据《刑事诉讼法》第170条的规定,刑事自诉案件有三种类型:(1)告诉才处理的案件;(2)被害人有证据证明的轻微刑事案件;(3)被害人有证据证明对被告人侵犯自己人身、财产权利的行为应当依法追究刑事责任,而公安机关或者人民检察院不予追究被告人刑事责任的案件。由于告诉才处理的罪名由《刑法》作出规定,目前主要涉及侮辱罪、诽谤罪、暴力干涉婚姻自由罪、虐待罪、侵占罪五个罪名,故而侵犯知识产权的犯罪案件不属于第一种自诉案件;而第三类案件在立法方式上采用概括式,几乎可以涵盖了所有有被害人的刑事案件,因此,知识产权刑事自诉案件属于第二、三类自诉案件范围。其次,知识产权刑事自诉案件的受理条件也比较特殊。刑事自诉案件的受理有以下要求:(1)属于刑事自诉的受案范围;(2)属于受诉人民法院管辖的;(3)刑事案件的被害人告诉或其法定代理人、近亲属代为告诉的;(4)有明确的被告人、具体的诉讼请求和能证明被告人犯罪事实的证据;(5)提交符合内容要求的自诉状或告诉笔录。在受理条件中,较有争议的要求自诉人提供能证明被告人犯罪事实的证据。一般情况下,自诉人并不具有刑事侦查能力,难以提供被告人犯罪证据,故而,这种所谓"能够证明被告人犯罪事实的证据"只能理解是一种初步的证据。由于知识产权刑事犯罪素有隐蔽性强的特点,故《适用意见》要求法院根据自诉人提供的证据线索依法调取证据,从而进一步降低了知识产权刑事自诉人的证明要求。再次,知识产权刑事自诉案件的审理期限比较短。刑事自诉案件根据被告人是否羁押的情况,审理期限存在明显区别。其中,对于被告人未被羁押的,适用普通程序审理的第一审刑事自诉案件,审理期限为6个月;对于被告人被羁押的,适用普通程序审理的第一审刑事自诉案件,审理期限为一个半月;适用简易程序审理的第一审刑事自诉案件,审理期限为20日。第二审案件及报延长的条件与公诉案件并无二异。由于自诉案件本身就是公安、检察机关不予追诉的案件,公安、检察机关一般不会对被告人采取羁押措施,更何况,侵犯知识产权案件的被告人主要是市场经济活动中的主体,不同于暴力犯具有较强的人身危险性,因此,该类案件被告人通常不被羁押,审限可以长达6个月。最后,知识产权刑事自诉案件的裁判方式也与民事案件有区别。主要有以下结案方式:(1)犯罪事实清楚,有足够证据的案件,应当开庭审判,并作出被告人有罪或无罪的判决;(2)缺乏罪证的自诉案件,如果自诉人不能补充证据,则说服自诉人撤回自诉,或者裁定驳回;(3)经审查,被告人可能被判处3年以上刑罚的,移送公安机关立案侦查;(4)自诉人和被告人可以调解结案;(5)自诉人可以申请撤诉。由于知识产权主要表现为财产权,自诉人起诉的根本目的是维护财产权益,这种经济性的诉求为自诉人和被告人调解结案提供了较大的可能。

(二)知识产权刑事自诉制度的主要功能

知识产权刑事自诉的制度功能包容于刑事自诉制度功能之中。尽管我国刑事自诉制度面临存废之争,且从国际刑事司法趋势来看,刑事自诉制度日渐式微。然而,无论从我国刑事立法还是刑事司法来看,刑事自诉制度的功能不断得以强化,并集中表现在以下方面:

1. 体现刑事诉讼的民主性。我国没有实行完全的国家起诉垄断主义,将部分罪名案件的起诉权赋予自诉人,反映出了对公民行使权利意愿的尊重,是刑事诉讼民主性的表现。

2. 合理配置刑事司法资源。我国正处于刑事犯罪高发期,公安、检察机关担负着大量严重危害社会公共利益的犯罪案件的侦查和起诉工作,将情节轻微的刑事案件交由自诉人追诉,有利于减轻侦查和公诉机关的工作压力,集中力量处理重大案件。

3. 强化被害人权益的保障。(1)对于被害人有证据证明的侵害自身合法权益的部分刑事案件,即使检察机关不起诉或者公安机关、检察机关决定不予追究,也允许其向法院直接提起刑事诉讼;(2)赋予法院将自诉案件转为公诉案件的权利;[①](3)扩大自诉的主体范围,允许被害人法定代理人或近亲属代为告诉,有利于被害人维护权益。

4. 降低被害人的维权成本。公诉案件,即使是情节轻微的公诉案件,都需要经过立案、侦查、批捕、公诉等一系列刑事诉讼程序,案件周期长,被害人权益得不到及时救济,且在公诉程序中,被害人的权益得不到应有的重视;而自诉案件,被害人可以直接提起诉讼,并可以申请法院或由法院主动调取相关证据,在诉讼过程中又能进行调解或和解,有利于实现权益保障的有效性和及时性。

(三)知识产权刑事自诉面临的主要困境

法律规范学的分析表明,在国家主导对知识产权犯罪实行刑事打击的同时,刑事自诉制度能够为被害人加强权益保障提供辅助的救济渠道,并且,刑事自诉制度不收取任何费用,因此,在理论层面,刑事自诉对于知识产权权利人而言,是一条一本万利,有效维权的理想路径。然而,知识产权刑事自诉案件

① 根据《执行解释》第1条第2款的规定,对第二类自诉案件,如果其中有证据不足、可由公安机关受理的,或者对被告人可能判处三年有期徒刑以上刑罚的,法院应当移送公安机关立案侦查。

数量如此之少，究竟是什么因素让刑事自诉之路变得步履维艰呢？由于案件数量少，主要涉及自诉人“愿不愿诉”和法院“愿不愿意收”两个方面的问题，故对这一现实困境可以从这两个方面加以剖析：

1. 自诉人方面的因素。首先，提供证据难。根据自诉案件受理条件，自诉人应当向法院提供能证明被告人犯罪的证据。但一般情况下，权利人很难提供相关证据。原因在于：一是证明知识产权侵权规模的证据难获取。如销售假冒注册商标的商品案件中，权利人仅证明被告人销售假冒注册商标的商品行为还不能证明被告人涉嫌犯罪，只有证明假冒商品的销售金额在5万元以上才能认为被告人犯罪，而权利人基本不可能得到被告人销售发票、财务账册等证据材料；二是部分知识产权犯罪技术性强，隐蔽程度高。如侵犯计算机软件著作权案件中，被告人往往将权利人计算机软件的源代码部分复制，部分改编，不通过专业的技术比对，很难判断涉案软件是创新型改进还是实质性相同。其次，获得赔偿难。知识产权兼具人身权和财产权性质，但主要表现为财产权。权利人维权的主要目的是获得经济赔偿。自诉案件可以通过附带民事诉讼获得赔偿，但以下因素影响了权利人自诉的积极性：一是如果被告人被法院判决有罪，那么，无论是被告人或其近亲属，都会对经济赔偿怀有强烈的抵触情绪，一般不再有积极赔偿的动力；①二是如果被告人被法院判决无罪，刑事自诉还不如直接提起民事诉讼，因为法院的无罪判决往往会使权利人在与被告人相应的民事侵权诉讼中丧失主动地位；三是被害人精神损失并非附带民事诉讼的受案范围，权利人在人身权方面受到损害难以通过附带民事诉讼的方式取得赔偿。最后，追诉欲望低。知识产权包括专利权、商标权和著作权，在知识产权刑事犯罪中，以侵犯商标权案件居多。而被侵犯的商标往往系国际著名品牌，商标权的权利人是知名的跨国公司。该些公司在华拓展相关市场，关注的重心是具有一定经济实力的高级客户群体，而被告人销售假冒商品的市场大多在地下或城郊结合部的批发市场，客户群体属于“知假买假”的低收入人群，与跨国公司的目标客户并不在一个层面上，对公司的经营不产生实质性的影响，且自诉案件调查取证难，故该类侵权行为并不足以促使商标权利人投入成本自行追诉。更何况，通过刑事自诉无法获得公司期待的赔偿数额。

2. 法院方面的因素。首先，证据调取难。根据规定，自诉人可以提供相关证据线索，申请法院调取。然而，法院调查获取证据同样面临诸多障碍：一是职能分工受限。作为审判机关的法院显然不具备公安、检察等部门的刑事侦查手段。即使自诉人提供了相关证据线索，也难以像侦查机关一样对犯罪嫌疑人进行讯问或对证据进行搜查。二是司法成本高。非法经营数额是知识产权犯罪的定罪标准之一，而确定非法经营数额，一般要通过财务账册的审计，相关的审计费均由国家支出。三是证据分布地广。部分知识产权犯罪组织性强，犯罪环节多，有的涉案证据会在受案法院管辖地之外。且分布于不同地域，增加了法院查证的难度，并可能遭遇地方保护主义乃至暴力抗法的现象。其次，法律适用难。知识产权侵权行为产生的罪与非罪问题

① 陈瑞华：“刑事诉讼的私力合作模式”，载《中国法学》2006年第5期。

本身就是审判实践中的难点问题。根据我国《刑法》规定和犯罪构成理论,每一犯罪构成均由罪质要素和罪量要素构成。我国《刑法》有关知识产权犯罪的规定主要集中于罪量标准,而对罪质问题的把握略显不足,从而给司法实践中犯罪的认定带来较多困惑。知识产权公诉案件经过公安、检察两道前置程序的把关,为法院判断罪与非罪提供了重要的参考。而自诉案件直接要求法官自行判断,故对法官的法律适用能力提出较高的要求。最后,按期审结难。一是知识产权刑事自诉案件被告人通常不会被羁押,案件审限可以长达6个月,但如果被告人有意潜逃的话,案件必然中止,导致超长期限案件。而由法警强制传唤到庭的措施,对于在本地的被告人尚且可以使用,但对于潜逃至外地的被告人而言,因提押风险的问题几无适用的可能。二是被告人被羁押的自诉案件,审理期限最多只有一个半月。而知识产权刑事犯罪以知识产权民事侵权为前提,在民事侵权的判断中,都要遵循权属、侵权、损失三个步骤的举证和质证,证据审查时间较长,要求刑事自诉案件在较短的时间内认定被告人罪与非罪,①有违知识产权侵权的认知规律,迫使法官采用各种手段延长审限。

(四)知识产权刑事自诉制度的完善

上述分析表明,制约知识产权刑事自诉制度功能的最大障碍在于证据收集问题。不仅自诉人提供证据或证据线索相当困难,而且法院调取证据同样障碍重重。因此,解决刑事自诉的证据收集问题显然是推动知识产权刑事自诉的突破口,是实现现实到理想的桥梁。同时,要加强配套制度的完善,充分保障刑事自诉制度的正常运作。

1. 加强证据收集方式的综合运用。首先,借用刑事侦查资源。前文已述,知识产权刑事自诉案件属于《刑事诉讼法》第170条规定的第二类和第三类自诉案件范围。从文义表述来看,该两类案件都存在着公安机关侦查工作的前置性。因为,在第二类案件中,检察院没有提起公诉的案件不等于公安机关没有经过侦查,只是因证据不足或情节轻微等原因,检察院经审查后决定不提起公诉而已。在第三类案件中,因不予追究是侦查终结后作出的处理决定,故公安机关或检察院决定不予追究也必定以侦查事实的存在为前提。据此,当自诉人提起诉讼时,可以向人民法院申请调取公安机关在侦查阶段或检察院在审查起诉阶段所获取的证据。通过借用公安机关的刑事侦查资源,来弥补自诉人举证不力和人民法院刑事取证能力不足的缺陷。其次,调用行政执法证据。我国知识产权保护实行行政执法和司法保护双轨制。长期以来,行政机关积极参与知识产权执法行动,行政执法经验丰富;而且,随着行政程序正当性的日渐重视,行政执法程序更加规范,事实查证标准高。以工商机关处理商标侵权纠纷为例,根据《行政处罚法》的规定,工商机关调查侵权事实时要坚持全面、客观、公正的原则;而根据《商标法》的规定,工商机关在调查侵权事实时又可以行使多项行政职权,如询问当事人,查阅和复制涉案合同、发票、账簿,现场检查,查封、扣押侵权物品等。正是基于行政程序证据调查的规范性,《意见》对部分行政证据的采证也作了明确:“行政执法部门依

---

① 知识产权刑事公诉和自诉案件在犯罪构成要素上是一致的,只是情节不同而已。公诉案件可以在较短时限内结案,原因在于有公安侦查、检察审查两道前置程序,法院审查事实的基础较好,相对自诉案件而言,容易作出判断。

法收集、调取、制作的物证、书证、视听资料、检验报告、鉴定结论、勘验笔录、现场笔录，经公安机关、人民检察院审查，人民法院庭审质证确认，可以作为刑事证据使用。”根据这一规定的精神，在刑事自诉中，对于经过行政执法程序的案件，可以由自诉人向法院申请调取相关证据。必要时，也可以由法院通知行政执法人员出庭作证。最后，运用民事取证手段。从知识产权民事、行政和刑事三类案件的内在联系来讲，知识产权犯罪是知识产权侵权的高级形态，构成知识产权犯罪只是因为某一行为对知识产权更为严重的侵害，以致被认为具有了对社会公共利益的危害性，符合了刑事法律规定的侵害程度，才进入刑法规制的领域。因此，构成知识产权刑事犯罪的前提是存在知识产权民事侵权的事实。根据“举轻以明重”的当然解释方法，诸如证据保全、指定鉴定、勘验物证等取证手段既然在民事诉讼中可以使用，自然完全也可以运用于知识产权刑事自诉案件之中。如侵犯计算机软件著作权案件中，自诉人应当首先举证被告人的软件与其软件在源程序方面实质性相似，不过，一般情况下，自诉人要获得被告人软件的源程序几乎不可能。针对这种情况，如果自诉人能够举证证明被告人目标程序中含有其软件的特有内容，如LOGO、后台漏洞等或者双方软件运行界面相同，就可以认为自诉人完成了初步的举证责任。如果自诉人能够再提供被告人相关计算机的存放地等线索，法院可以对涉嫌侵权的软件程序进行证据保全，进而通过技术鉴定和司法审计来界定被告人罪与非罪的问题。

2. 强化诉讼代理人收集证据的力度。毋庸置疑，刑事自诉因为脱离了强大的国家公共权力的庇护，在证据收集上处于天然的弱势。律师作为职业的法律工作者，可以通过其专业技能来弥补自诉人诉讼能力的不足。在德国和我国台湾地区，都规定刑事自诉人必须有律师作为其代理人，实行强制代理制度。[①] 在知识产权刑事自诉案件中，这种强制代理的优越性主要表现在：(1)律师具有调查权，可以增强自诉人取证的能力；(2)律师的专业知识有助于法官对事实和法律问题的认识和理解，降低法律适用难度；(3)我国在刑事自诉方面实行的是任意代理制度，自诉人既可以委托律师，也可不委托律师。但是，鉴于律师参与知识产权刑事自诉的明显作用，对于未委托律师参与刑事自诉的当事人，法院在立案时要予以适度释明，说明诉讼的风险，督促当事人聘请律师。对于确实存在困难的，可以与法律援助机构的联系沟通，为自诉人提供法律援助，降低其维权成本。

3. 准确合理地运用取保候审的强制措施。自诉案件主要涉及情节轻微的刑事案件，被告人的人身危险性相对不大，但如果对被告人不采取一定的强制措施，又难以保证被告人按期到庭，直接影响法院的审判效率。《刑事诉讼法》第50条规定，人民法院可以根据案件情况，对犯罪嫌疑人、被告人可以拘传、取保候审或者监视居住。鉴于知识产权犯罪系经济犯罪，被告人的犯罪目的是非法获利。一般情况下，达到应予刑法处罚的被告人都具有一定的商业规模和经济实力，且被害人的诉讼目的也主要是获得经济赔偿，故对被告人采取取保候审是一种有效的强制

① 有学者也建议我国刑事自诉案件实行强制代理制度。于跃辉：“论刑事自诉强制代理制度”，载《法制与社会》2007年第3期。

措施。根据《执行解释》的相关规定,法院可以根据涉嫌犯罪的性质、情节、被告人的经济状况等因素,采取保证金或由保证人两种保证。建议在自诉案件立案之初,法院就可以责令被告人提供保证。一方面,可以约束被告人到庭参加诉讼;另一方面,一旦被告人潜逃,则没收相应的保证金,用以支付对自诉人的赔偿或由保证人对自诉人的赔偿请求承担连带赔偿责任。

4. 充分发挥调解在解决知识产权刑事自诉案件中的作用。最高人民法院在《关于进一步贯彻“调解优先、调判结合”工作原则的若干意见》中强调,要根据刑事诉讼法有关规定,积极开展刑事自诉案件调解工作,促进双方自行和解。对被告人认罪悔过,愿意赔偿被害人损失,取得被害人谅解,从而达成和解协议的,可以由自诉人撤回起诉,或者对被告人依法从轻或免予刑事处罚。正如前述,知识产权刑事自诉案件中,自诉人主要诉求经济赔偿,而被告人一般又具有一定经济实力,这为开展刑事自诉调解工作提供了良好的基础。法院在审理该类案件中,要注重贯彻最高人民法院相关意见的精神,加大调解力度,达成调解协议,制止侵权行为并全面赔偿权利人的经济损失,同时对被告人依法从轻或免予刑事处罚,以减少社会对立面,促进社会和谐。

5. 正确运用刑事追诉程序的转换。《刑事诉讼法》确立了公、检、法三机关在刑事诉讼,分工负责,互相配合,互相制约的原则。刑事自诉制度的设置某种程度上也体现了公、检、法三机关分工、配合、制约的刑事诉讼原则。一方面,法院可以直接受理检察机关不起诉或者公安机关、检察机关决定不予追究的刑事案件,即所谓公诉转自诉的案件;另一方面,对于被害人提起的自诉案件,如果法院经审查认为可由公安机关受理或被告人可能被判处三年以上刑罚的,法院又有将自诉案件转由公安机关侦查的权利,即自诉转公诉的案件。这种刑事追诉程序的转换不仅有利于实现三机关在刑事诉讼中的配合和制约,更为自诉人权利救济提供了全面的保障。事实上,自诉案件转由公安侦查之后,无论检察机关最终是否提起公诉,都可以减少自诉人维权成本,为自诉人自我维权提供便利。

6. 合理运用自诉人担保金。目前,大多数法治发达国家,如美国、日本、意大利、法国等都不存在刑事自诉制度,而中国与德国保留了适当的自诉制度。但与中国不同,德国刑事自诉人不仅要缴纳诉讼费用,还要对预计给被告人带来的诉讼费用提供但保,自诉人在法院确定的期限内没有预交诉讼费用,自诉将被驳回。此外,如果自诉人对被告提起的自诉被驳回,或被告胜诉的情况下,自诉人必须承担被告的必要支出。我国刑事自诉作为刑事诉讼的一种类型,并不收取诉讼费,且不用支付保证金;加之,《适用意见》降低了知识产权刑事自诉案件在立案时的证据审查标准,故而,知识产权刑事自诉将面临滥诉之可能。鉴于知识产权民事诉讼中,法院保全证据均会要求申请人提供担保金,因此,在刑事自诉中,法院根据自诉人申请保全证据也应当要求其提供保证金,以备保全错误或被告人被判无罪时赔偿对方损失。

7. 适当加大赔偿力度。由于知识产权刑事自诉的赔偿标准主要是赔偿权利人的直接损失,以至于间接损失和精神损害等方面的赔偿都无法在这类案件中得到支持,也使得刑事自诉赔偿制度饱受诟病。因此,应当在知识产权刑事自诉案件中适当加大赔偿力度,对权利人的全部直接损失,以及可以预期的间接损失应当判决由侵权人进行赔偿,对权利人的精神权利造成比较严重损害的,还要对权利人的精神损害赔偿请求予以支持。对于那种情节恶劣、主观故意明显、持续时间较长的知识产权自诉案件中,可以考虑引入惩罚性赔偿,使侵权人既得到刑法的强力制裁,有在经济上遭受巨额的惩罚,使其彻底丧失再次实施侵权行为的潜力,从而在思想上打消其再进行违反犯罪的企图。

结　　语

我国正致力于建设创新型国家,进一步加大对知识产权司法保护主导作用已经成为共识,而加大知识产权惩处力度,特别是加大赔偿力度已经成为一大趋势,因此引入惩罚性赔偿原则具有现实性和迫切性。虽然惩罚性赔偿原则是一种来源于英美法系的“舶来品”,但在我国有限的司法实践和运用中,并没有与我国现行相关制度和理念产生激烈的冲突和矛盾,相反还产生了良性的互动,并对现行制度起到了有意的补充。同时我国《消费者权益保护法》第49条以及最高人民法院颁布的《关于审理商品房买卖合同纠纷案件适用法律若干问题的解释》第8、9、14条中关于惩罚性赔偿的有益尝试已为知识产权侵权惩罚性赔偿原则的确立奠定了基础。但也应当看到,惩罚性赔偿原则毕竟存在一定的负面作用,而且目前并没有被立法所接受,因此我们要按照循序渐进的原则,逐步扩大惩罚性赔偿原则在知识产权侵权损害赔偿中的运用,同时应该本着审慎的态度严格地规范适用,明确其适用范围、条件和标准,以发挥其最佳效果。当然,惩罚性赔偿原则的引入从理论探讨到借鉴外国经验,再到逐步发展并适应我国国情和司法实践,是一个比较漫长和复杂的过程,需要我们不断总结成功经验和失败教训,才能在现实的法治土壤中茁壮成长。

地方经验

北京市高级人民法院关于审理商业特许经营合同纠纷案件适用法律若干问题的指导意见

京高法发〔2011〕49号

为妥善处理商业特许经营合同(简称特许经营合同)纠纷,统一审判标准和裁判尺度,根据《中华人民共和国民法通则》、《中华人民共和国合同法》及《商业特许经营管理条例》等法律、行政法规的相关规定,结合审判实践,特制订本意见。

第一条 商业特许经营(简称特许经营)是指拥有注册商标、企业标志、专利等经营资源的企业(以下称特许人),以合同形式将其拥有的经营资源许可其他经营者(以下称被特许人)使用,被特许人按照合同约定在统一的经营模式下开展经营,并向特许人支付特许经营费用的经营活动。

特许经营的基本特征在于:(一)特许人拥有注册商标、企业标志、专利等经营资源;(二)被特许人根据特许人的授权在特定经营模式下使用特许人的经营资源;(三)被特许人按照约定向特许人支付特许经营费用。

第二条 经营资源既包括注册商标、企业标志、专利,也包括字号、商业秘密、具有独特风格的整体营业形象,以及在先使用并具有一定影响的未注册商标等能够形成某种市场竞争优势的经营资源。

特许人原始取得或经受让取得经营资源,或者取得包括再许可权在内的经营资源独占使用权的,可以视为拥有经营资源。

第三条 特许经营合同性质的认定应当以双方当事人约定的合同内容为主要依据,合同名称及合同中有关“本合同不属于特许经营合同”等类似约定一般不影响对特许经营合同性质的认定。

合同的实际履行与合同中相应约定不一致的,该实际履行可以视为对合同相应约定的变更,并可与合同约定的其他内容一起作为认定特许经营合同性质的依据。

第四条 合同中约定一方以另一方的分支机构或者关联公司等名义进行注册并经营,当事人据此主张该合同不属于特许经营合同的,应结合合同约定及实际履行情况等因素综合认定该合同是否属于特许经营合同。

第五条 当事人可以在特许经营合同中

直接约定特许经营费用，也可以通过货款返点、盈利提成、培训费等形式约定特许经营费用。

特许经营合同既约定被特许人向特许人一次性交付经营资源特许使用费，又约定被特许人按照其经营收入的一定比例等方式向特许人定期交付经营资源特许使用费的，从其约定。

第六条 从事特许经营活动，特许人和被特许人应当订立书面特许经营合同。

特许人许可被特许人从事特许经营业务，但未采用书面形式的，一般不影响特许经营合同的效力。

第七条 特许人应当自首次订立特许经营合同之日起15日内依法向商务主管部门备案。

特许人未及时向商务主管部门备案的，一般不影响特许经营合同的效力。

第八条 特许人从事特许经营活动应当拥有至少两个直营店，并且经营时间均超过1年。特许经营合同不因特许人不具备前述条件而无效。

特许人拥有的直营店是指特许人利用其经营资源直接从事特许经营业务的直营机构。

第九条 企业以外的其他单位和个人不得作为特许人从事特许经营活动，其签订的特许经营合同无效。

第十条 法律、行政法规明确规定特许经营的产品或者服务应当经批准方可经营，或者从事特许经营的业务需要具备其他特定条件的，特许人或被特许人为规避上述规定签订的特许经营合同无效，但特许人或被特许人在特许经营纠纷发生前已具备相关特定条件的，可以不认定为无效合同。

第十一条 经营资源具有不可续展的法定期限，或者虽具有可续展的法定期限但未依法续展，当事人约定的特许经营合同期限超过该法定期限的，超过部分的约定无效。

第十二条 经营资源被依法撤销或者宣告无效的，特许人或被特许人可以依法解除该特许经营合同。

特许经营合同实际履行完毕后，当事人以相关经营资源已被依法撤销或者宣告无效为由请求解除该合同的，不予支持，但因特许人恶意造成被特许人损失的，应当承担损害赔偿等法律责任。

第十三条 特许经营合同的一方当事人未按约定履行合同致使合同根本目的难以实现的，对方当事人可以根据《中华人民共和国合同法》第九十四条、九十六条等规定解除合同。

特许经营合同的根本目的是指被特许人在特许人指导下使用特许人的相关经营资源，在特定经营模式下开展特许业务。

除当事人另有约定外，被特许人是否盈利不属于特许经营合同的根本目的。

第十四条 特许人在推广宣传特许经营业务过程中使用的广告或者宣传手册等资料通常应视为要约邀请，但特许人就特许经营所作的说明和承诺对特许经营合同的订立有重大影响的，亦可视为合同内容，当事人违反该说明和承诺的，应当承担违约责任。

第十五条 对特许人欺诈的认定应综合考虑特许人隐瞒的信息、提供的虚假信息或夸大的经营资源与合同目的的关联性、与真实信息的背离程度及其对特许经营合同订立和履行的影响程度等因素。

特许人在订立合同过程中隐瞒、提供或者夸大直接关系到特许经营实质内容的相关信息或经营资源，足以导致被特许人签订特许经营合同的，被特许人可以请求撤销或者依法解除该特许经营合同。

第十六条 特许人在签订特许经营合同后隐瞒重大变更信息或者提供虚假信息、夸大经营资源，给被特许人从事特许经营业务造成实质影响的，被特许人可以请求撤销或者依法解除该特许经营合同。

与特许人有关的诉讼、仲裁或行政处罚可能直接影响到被特许人是否签订特许经营合同，或者可能对被特许人实现特许经营合同目的产生重大影响，但特许人隐瞒该诉讼、仲裁或行政处罚情况，或者提供虚假诉讼、仲裁或行政处罚信息的，被特许人可以依法解除该特许经营合同。

第十七条 在特许经营合同的约定期限内，一方当事人被吊销营业执照，致使其无法按照合同约定履行相应义务的，当事人可以解除该特许经营合同。

特许经营合同的当事人被吊销营业执照致使其无法按照合同约定履行相应义务，该当事人隐瞒该信息给对方当事人造成损失的，应承担损害赔偿等法律责任。

第十八条 特许人和被特许人在特许经营合同中约定或者通过其他形式约定被特许人在特许经营合同订立后一定期限内可以单方解除合同的，从其约定。

特许人和被特许人未约定被特许人在特许经营合同订立后一定期限内可以单方解除合同的，被特许人在特许经营合同订立后的合理期限内仍可以单方解除合同，但被特许人已经实际利用经营资源的除外。

第十九条 特许经营合同因特许人的原因未成立、未生效、无效、解除或撤销，或者因被特许人的原因终止履行，被特许人请求返还已经支付的特许经营费用的，应当综合考虑合同的订立和履行情况、实际经营期限、双方当事人的过错程度等因素合理确定返还的数额、比例或方式。

第二十条 特许经营合同已经履行完毕，或者虽未履行完毕但合同约定的返还条件成就的，特许人应当及时向被特许人返还押金、保证金，但该押金、保证金已经充抵特许经营费用或被特许人其他债务的除外。

因特许人的原因致使合同未成立或无效、撤销或者解除的，或者被特许人对特许经营合同未成立、无效、撤销或者解除无过错的，特许人应当向被特许人返还押金、保证金。

特许人和被特许人明确约定押金、保证金系定金的，可以适用《中华人民共和国合同法》等相关法律、行政法规的规定。

第二十一条 特许经营合同未成立、未生效、无效、解除或撤销的，除当事人另有约定外，被特许人应停止使用特许人许可其使用的相关经营资源，特许人亦可请求被特许人返还或销毁与经营资源有关的授权书、特许使用证明、特许商业标志、技术资料、牌匾等文件或材料。

被特许人不能返还上述文件或材料的，应当赔偿特许人因此受到的损失，但属于被特许人从事特许经营业务过程中的正常消耗的材料的，可不予返还且不承担损害赔偿责任。

第二十二条 特许经营合同未成立、未生效、无效、解除或撤销的，除属于从事特许经营业务过程中的正常消耗外，特许人向被特许人提供的产品或者设备应当返还或折价返还。

第二十三条 特许经营合同未成立、未生效、无效、撤销或解除的，无过错的一方当事人可以请求过错方当事人赔偿其因订立及履行合同而产生的实际损失，对于无过错方遭受的丧失缔约机会或其他可得利益的损失，亦可酌情确定过错方予以赔偿。

第二十四条 特许经营合同未成立、无效、被撤销以及因解除等事由而终止，或者被认定为不属于特许经营合同的，当事人应按照合同约定履行相应的保密、保管等注意义务，任何一方违反该义务造成对方当事人损失的，应当承担损害赔偿等法律责任。

第二十五条 一方当事人主张特许经营合同未成立、未生效、无效或应被解除或撤销而对方当事人主张继续履行合同的，在认定该特许经营合同属于未成立、未生效、无效、应予解除或撤销的情形时，应告知当事人可就特许经营费用、产品设备、经营资源的处置等事由请求一并处理，但当事人坚持另行处理的除外。

天津市高级人民法院民三庭关于审理网络著作权纠纷案件的问题解答

为依法妥善审理网络著作权侵权纠纷案件，规范天津法院审理网络著作权侵权纠纷案件的司法标准，提高审判水平与效率，根据《中华人民共和国民法通则》、《中华人民共和国侵权责任法》、《中华人民共和国著作权法》、《信息网络传播权保护条例》等法律法规，以及《最高人民法院关于审理涉及计算机网络著作权纠纷案件适用法律若干问题的解释》的规定，结合天津法院知识产权民事审判工作实际，制定本指导意见。

一、信息网络传播行为的认定

1. 将作品及表演、录音录像制品上传至或以其他方式置于向公众开放的网络服务器中，使公众可以在其个人选定的时间和地点下载、浏览或以其他方式获得的，属于信息网络传播行为。

2. 将作品及表演、录音录像制品上传至或以其他方式置于向公众开放的局域网中，使公众可以在其个人选定的时间和地点下载、浏览或以其他方式获得的，属于信息网络传播行为。

3. 网络服务提供者在提供搜索服务时，以“快照”形式在服务器上生成作品及表演、录音录像制品的复制件，并通过网络向公众提供,使公众能够在选定的时间和地点获得作品的,属于信息网络传播行为。

4. 网络服务提供者通过网络按照事先安排的时间表向公众提供作品的在线播放,不属于信息网络传播行为,应适用著作权法第10条第1款第(17)项“应当由著作权人享有的其他权利”予以调整。

5. 通过网络服务器直接将作品传送至特定用户的行为,可认定是复制行为。

6. 网络服务提供者提供自动接入、自动传输、信息存储空间、搜索、链接、缓存等服务的,属于为服务对象在网络上传播信息提供技术、设施支持的帮助行为,一般不直接构成信息网络传播行为。

7. 提供信息存储空间服务的网络服务提供者,对网络用户提供的作品及表演、录音录像制品的主题、内容、质量等进行了审查,或者对作品及表演、录音录像制品进行了涉及内容的选择、编辑、整理,以决定是否在网络上发布的,其行为直接构成信息网络传播行为。但基于法律、法规和行政规章的相关规定对著作权状况之外的内容进行审查的除外。

8. 提供技术、设施服务的网络服务提供者与提供内容服务的网络服务提供者,在频道、栏目等方面存在合作关系的,可根据具体的合作情况认定其是否实施了信息网络传播行为。

9. 网络服务提供者主张其仅为作品及表演、录音录像制品提供信息存储空间、链接、搜索、缓存等服务的,应当举证证明。网络服务提供者不能证明作品及表演、录音录像制品是由他人提供并置于向公众开放的网络服务器中,可推定其实施了信息网络传播行为。

10. 提供搜索、链接服务的网络服务提供者提供服务的形式使网络用户误认为是其提供作品及表演、录音录像制品,被链接网站经营者主张其构成侵权的,可依据反不正当竞争法的相关规定予以调整。

二、网络服务提供者的行为性质、过错判断及免责事由

11. 网络服务提供者根据网络用户的指令,通过网络自动为作品及表演、录音录像制品提供信息存储空间、链接、搜索、缓存等服务,且未对作品及表演、录音录像制品的内容进行选择、编辑和修改的,除网络服务提供者知道或者有合理的理由知道侵犯著作权,或者经权利人提出确有证据的警告后仍不采取相应措施的,一般不认定网络服务提供者的行为直接侵犯信息网络传播权。

12. 网络服务提供者根据网络用户的指令提供自动接入服务,或者根据网络用户的指令向其指定的其他网络用户提供作品及表演、录音录像制品的自动传输服务,且未对作品及表演、录音录像制品的内容进行选择、编辑和修改的,一般不认定网络服务提供者的行为直接侵犯信息网络传播权。

13. 网络服务提供者为网络用户提供博客空间、虚拟主机、注册空间、电子公告板、论坛、聊天室、即时通讯、网络交易平台等服务的,对方当事人没有相反证据的,应当认定为是提供信息存储空间服务。

14. 网络服务提供者提供的服务符合下列条件,应认定为提供搜索服务:

(1)应网络用户的要求,按照网络用户的条件,自动提供服务。

(2)通过网页定位或文件定位的方式提供被查询信息在网络中的位置。

(3)搜集的信息来源于或主要来源于其他网络服务提供者。

网络服务提供者证明其在网络服务中使用了搜索技术的,应当按照前款规定的条件认定其提供服务的性质,不能仅以使用了搜索技术,认定为提供搜索服务。

15. 网络服务提供者之间因作品及表演、录音录像制品被搜索发生著作权纠纷时,网络服务提供者未按有关技术协议采取拒绝搜索措施的,应当认定为同意接受搜索。

16. 网络服务提供者主动设置与其他网络服务提供者的网络地址、名称、标识、网站首页、网页的链接,正确、完整、清楚显示被链接网页原貌的,应当认定为提供链接服务。

网络服务提供者证明其在网络服务中使用了链接技术的,应当按照前款规定的条件认定其提供服务的性质,不能仅以使用了链接技术,认定为提供链接服务。

17. 网络服务提供者提供搜索服务的同时又提供链接服务的,应当按照提供搜索服务认定。

18. 网络服务提供者在作品及表演、录音录像制品被传播、浏览、收看的过程中提供的缓冲服务,应当认定为缓存服务。

19. 网络服务提供者提供“网络快照”,符合下列条件的,属于缓存服务:

(1)基于行业内普遍认可的技术协议进行的。

(2)未起到代替原网站提供的效果。

(3)提供过程中未改变原网站提供作品及表演、录音录像制品需要具备的特殊条件,如注册、缴纳费用、输入密码等。

(4)原网站提供作品及表演、录音录像制品的行为已因侵权通知、侵权诉讼等原因停止,网络服务提供者知道或者有合理的理由知道后迅速删除的。

(5)不存在与原网站相冲突,或不合理地损害原网站利益的情形。

20. 网络服务提供者以提供“网络快照”的形式使用他人网站上传播的作品及表演、录音录像制品,未影响他人网站的正常使用,亦未不合理地损害他人网站的合法权益,从而未实质性代替网络用户对他人网站的访问,并符合法律法规规定的其他条件的,可以认定为不构成侵权。

21. 网络服务提供者主张其提供的“网络快照”服务属于缓存服务,并且主张不承担赔偿责任时,如果该“网络快照”服务提供者事先把被诉侵权的作品及表演、录音录像制品存储于网络服务器中,或者其行为不符合《信息网络传播权保护条例》第21条规定的三个免责条件的,不能援引该条款免责。

22. 一般情况下,提供信息存储空间、链接、搜索、缓存等服务的网络服务提供者构成侵权,应当以存在主观过错和网络用户直接实施侵犯信息网络传播权的行为作为前提,即网络用户利用信息存储空间、链接、搜索、缓存等服务实施侵权行为。

23. 提供信息存储空间、链接、搜索、缓存等服务时,网络服务提供者对网络用户利用其服务传播作品是否侵权一般不负事先主动审查、监控义务。法律法规和行政规章规定应当进行审查的,依照其规定。

24. 提供信息存储空间、链接、搜索、缓存等服务的网络服务提供者是否存在主观过错,应综合审查该网络服务提供者对存在侵权行为是否“知道”或者“有合理的理由知道”。

25.“知道”是指网络服务提供者实际知道存在侵权行为。网络服务提供者符合下列情形之一的,可以认定其“知道”存在侵权行为:

(1)权利人发出了符合法律法规规定的通知,网络服务提供者不采取断开链接、删除、屏蔽等措施而继续提供服务的。

(2)权利人有其他证据证明网络服务提供者原本知晓侵权事实存在的。

权利人认为网络用户存在侵权行为,向提供信息存储空间、链接、搜索、缓存等服务的网络服务提供者发出的“通知”中,虽未指明相关侵权内容的网络地址,但根据“通知”提供的信息,网络服务提供者足以有效确定侵权作品所在网页、侵权作品所属栏目、侵权作品名称、上传者名称及其他识别特征等信息的,网络服务提供者以“通知”不符合相关要求为由抗辩的,其抗辩理由不能成立。

26.“有合理的理由知道”是指因存在较为明显的侵权行为事实或情况,网络服务提供者应当意识到存在侵权行为。网络服务提供者存在下列情形之一的,可以认定其“有合理的理由知道”存在侵权行为:

(1)侵权作品及表演、录音录像制品位于网络服务提供者网站的首页或显著位置。

(2)网络服务提供者对侵权作品及表演、录音录像制品进行了介绍或推介。

(3)网络服务提供者对侵权作品及表演、录音录像制品进行了文字内容的整理。

(4)被诉侵权的作品、表演及录音录像制品或其权利人享有较高的知名度,或在网络用户侵权期间具有较高知名度或市场影响力的。

(5)网络用户侵权时,电影作品或者以类似摄制电影的方法创作的作品正处于热播、热映或首播期前后,且进行了较大规模宣传的。

(6)作品有明确的著作权人、创作人员、发表时间、著作权保护期限等信息,著作权人或被许可人通过网络传播该作品的可能性较小的。

(7)侵权作品及表演、录音录像制品的点击量、知名度在较短时间内大幅度上升的。

(8)同一网络用户提供大量侵权作品及表演、录音录像制品的。

三、证明责任及证据审查

27. 网络服务提供者主张其行为符合《信息网络传播权保护条例》第20、21、22、23条规定的不承担赔偿责任条件的,应对其主张负举证责任。

28. 对于当事人提交的网络侵权公证证据,应按照电子证据审查的真实性和完整性标准,审查公证证明的网络信息是否来源于网络而非本地电脑,并在此基础上确定该公证证据能否作为认定案件事实的依据。

29. 通过许可合同等方式取得作品著作权的,应当提供许可合同或其他证明材料,还应证明许可人系著作权人。

30. 在申请公证一方当事人及其代理人的居住或办公场所进行的网络侵权证据公证,对方当事人提出异议,且没有其他证据予以佐证的,该公证证据不具备证明力。

31. 对于公证行为是在公证处以外的场所进行,公证所用的电脑及移动硬盘在公证之前不为公证员控制,且公证书没有记载是否对该电脑及移动硬盘的清洁性进行检查的情况,此类公证书虽能证明在公证员面前发生了公证书所记载的行为,但不足以证明该行为发生于网络环境之中，一般不认可其证明力。

32. 对于异地公证证据存在公证程序瑕疵的，如果不是以侵害他人合法权益或违反法律法规禁止性规定的方法取得，或有相反的证据足以推翻的，可以作为认定案件事实的依据。

33. 当事人提供的境外网站公开出版物等证据材料，没有办理公证认证等证明手续，对于能够在境内登陆该境外网站获得的，可以认定其证明力。

四、侵权责任的认定与承担

34. 网络服务提供者违反法律法规的规定，未经许可，实施了属于权利人的信息网络传播行为，不符合权利限制或者免责事由的，承担侵犯信息网络传播权的相应责任。

35. 网络服务提供者为网络用户提供单纯的信息存储空间、链接、搜索、缓存等服务符合下列条件时，对网络用户的侵权行为不承担赔偿责任，是否承担其他责任，依据《民法通则》、《侵权责任法》、《著作权法》、《信息网络传播权保护条例》等法律法规予以确定。

(1)不知道也没有合理的理由知道网络用户存在侵权行为。

(2)在知道网络用户的侵权行为后，及时采取了删除、屏蔽、断开链接等措施。

(3)未改变作品内容。仅对具体作品进行格式转换、添加广告、加注标识等形式变化的，不属于对作品内容的改变。

(4)未从作品直接获得经济利益。仅向网络用户收取空间租赁费用，或仅在整体空间投放广告而未就具体作品收取广告费用的，不属于“直接获得经济利益”。

就具体作品收取广告费是指仅在具体作品页面或在具体作品内容中投放广告并收取费用。在文字作品的页眉页脚和内容中、电影作品和音乐作品的播放器中、电影作品和音乐作品的播放前和播放过程中插入广告的，属于在具体作品内容中投放广告。

36. 提供信息存储空间、链接、搜索、缓存等服务的网络服务提供者按照自己的意志，在搜集、整理、分类的基础上，对被诉侵权的作品及表演、录音录像制品制作相应的分类、列表，网络服务提供者知道或者有合理的理由知道被诉侵权作品及表演、录音录像制品构成侵权的，可以认定其存在主观过错。

37. 提供信息存储空间、链接、搜索、缓存等服务的网络服务提供者，通过网络教唆、帮助他人实施侵犯信息网络传播权行为的，应当与他人承担连带责任。

38. 网络服务提供者存在下列行为的，应当依照《侵权责任法》第9条承担侵权责任：

(1)知道或者有合理的理由知道他人实施侵犯信息网络传播权行为，并为其提供技术、设施帮助的。

(2)通过语言、行为引导或鼓励他人实施侵犯信息网络传播权的。

(3)虽未实施积极的引导行为，但对明显的侵权行为不采取必要措施；或虽未实施积极的引导行为，但知道其提供的服务明显被他人用于侵权的。

39. 网络服务提供者收到权利人的通知或确有证据的警告后未采取必要措施的，对损害的扩大部分与网络用户承担连带责任。

网络服务提供者知道网络用户利用其网络服务侵犯信息网络传播权，未采取必要措施的，与网络用户承担连带责任。

网络服务提供者因作品、表演、录音录像

制品的侵权行为曾经受过行政、司法处理,在其提供的网络服务中再次出现对同一作品、表演、录音录像制品的侵权行为,视为未采取必要措施。网络服务提供者证明其采取必要措施仍不能避免的除外。

40. 网络服务提供者提供的技术或设施只能用于实施侵权,或者基本上用于实施侵权的,推定网络服务提供者知道侵权后果,应与利用该技术或设施实施侵权的行为人承担共同侵权责任。

41. 提供信息存储空间、链接、搜索、缓存等服务的网络服务提供者,超出信息存储空间、链接、搜索、缓存等范围提供服务的,应对其超出服务范围的行为承担责任。

42. 根据网络环境的特点和案件具体情况,可判令侵权人采取删除侵权内容、断开与侵权内容的链接等方式承担停止侵权的民事责任。

43. 判令侵权人在网站公开赔礼道歉、消除影响的,应结合权利人的诉讼请求,在判决主文中明确刊登声明的相关网站主页、主要内容、声明持续的时间及不执行的后果。

44. 权利人为制止侵权行为所支付的合理费用一般包括调查取证费用和律师费。

调查取证费包括公证费、购买侵权产品费用、当事人及其委托代理人为调查取证而产生的必要的交通住宿费等。

律师费首先考虑收费是否符合《律师服务收费管理办法》的规定,其次考虑律师职业所在地价格管理部门确定的行业收费标准,此外还需考虑案件的复杂程度、工作量、判赔数额等具体因素。

45. 审理相关联案件时,对于权利人为制止侵权行为而共同支付的合理费用在其他案件中已获得赔偿的,不再重复赔偿。

46. 依照法律法规的规定,权利人可以先书面通知网络服务提供者存在侵权行为,权利人未书面通知网络服务提供者,直接向人民法院起诉的,调查取证费等不视为权利人的合理开支。

47. 在网络环境中侵犯文字、美术、摄影等作品著作权,权利人的实际损失或者侵权人的违法所得不能确定,需要人民法院根据侵权行为的情节判定具体赔偿数额时,可以综合考虑作品性质、作品(作者)知名度、独创程度、获奖情况、作品使用方式、使用性质、侵权的主观故意、侵权行为持续时间、侵权地域范围、侵权人的基本情况等确定。

48. 在网络环境中侵犯电影作品或者以类似摄制电影的方法创作的作品著作权,权利人的实际损失或者侵权人的违法所得不能确定,需要人民法院根据侵权行为的情节判定具体赔偿数额时,可以综合考虑作品的市场影响、知名度、播映期、合理的许可使用费、侵权行为的性质、持续的时间、点击或下载数、地域范围、侵权人的主观过错程度、侵权网站的影响、规模及广告收入情况,必要时还需考虑作品的投资成本、票房收益、侵权人的经济实力等因素。一般情况下,每部电影或整部电视剧可以在1000~10,000元的范围内酌情确定赔偿数额。

49. 在网络环境中侵犯音乐作品著作权,权利人的实际损失或者侵权人的违法所得不能确定,需要人民法院根据侵权行为的情节判定具体赔偿数额时,可以综合考虑侵权行为的持续时间、点击率、网站的性质和规模、侵权人的主观过错、音乐作品的流行程度、合理许可使用费等因素。一般情况下,每首音乐作品可以在500~2000元的范围内酌情确定赔偿数额。

五、有关网吧侵犯信息网络传播权的问题

50. 权利人许可第三人独自享有信息网络传播权，原告依据其又与第三人签订的信息网络传播权转让或许可协议主张网吧侵犯其信息网络传播权的，人民法院应当审查第三人与权利人之间的许可授权情况。除第三人与权利人另有约定外，第三人许可原告行使同一权利，必须征得权利人的同意。

51. 网吧经营者有证据证明提供的电影作品和以类似摄制电影的方法创作的作品是从有经营资质的作品提供者处合法取得，并请求追加作品提供者为共同被告的，人民法院应向权利人释明，询问权利人是否同意追加，经释明后权利人明确表示不同意追加的，人民法院依法裁判。

52. 网吧经营者存在下列情形之一的，可认定其侵犯信息网络传播权，应承担相应的侵权责任：

（1）未经权利人许可，网吧经营者将电影作品和以类似摄制电影的方法创作的作品上传至局域网服务器，使网络用户可以在终端计算机上浏览或以其他方式获得的；

（2）网吧经营者将从互联网上搜索获得的第三方网站在终端计算机上设立快捷方式，其知道或者有合理的理由知道第三方网站传播的电影作品和以类似摄制电影的方法创作的作品构成侵权而不删除该快捷方式的；

（3）网吧经营者通过协议等方式获得的第三方网站只能通过网吧的终端计算机访问的，第三方网站中的电影作品和以类似摄制电影的方法创作的作品构成侵权的。

53. 网吧经营者通过协议等方式获得的第三方网站，除了能通过网吧的终端计算机访问，还能在互联网上通过注册用户登陆，或者通过充值付费等方式进行访问的，即使第三方网站中的电影作品和以类似摄制电影的方法创作的作品构成侵权，如果网吧经营者已经尽到合理的注意义务，一般不承担赔偿责任。但网吧经营者经权利人通知后，未及时采取必要措施的，应对损害的扩大部分承担相应的赔偿责任。

54. 网吧经营者有下列情形之一的，可认定其“有合理的理由知道”第三方网站传播的电影作品和以类似摄制电影的方法创作的作品构成侵权：

（1）第三方网站未在显著位置标注ICP（网络内容服务提供商）经营许可证编号、信息网络传播视听节目许可证的，但网吧经营者能够举证证明第三方网站已取得上述许可证的除外。

（2）第三方网站虽已取得ICP（网络内容服务提供商）经营许可证编号、信息网络传播视听节目许可证，但其声明对电影作品和以类似摄制电影的方法创作的作品的著作权合法性不承担责任，且网吧经营者未尽到合理注意义务的。

（3）网吧经营者对第三方网站中传播的电影作品和以类似摄制电影的方法创作的作品有推荐、宣传等行为的。

（4）设置快捷方式直接指向侵权电影作品和以类似摄制电影的方法创作的作品的。

（5）其他能够证明网吧经营者有合理的理由知道的情形。

55. 网吧经营者因侵犯信息网络传播权

而承担赔偿责任，需要人民法院根据侵权行为的情节判定具体赔偿数额时，除应考虑电影作品和以类似摄制电影的方法创作的作品的市场影响、知名度、合理许可使用费等因素外，还应重点考虑网吧的规模、电脑数量、服务价格、主观过错程度以及侵权行为的性质、持续时间、被侵权作品的点击或下载数量等因素。

56. 网吧经营者通过协议等方式获得第三方网站中的电影作品和以类似摄制电影的方法创作的作品，如构成侵权且承担赔偿责任，可向网吧经营者释明，告知其可根据与第三方网站的协议约定向第三方网站追偿。

57. 权利人选择不起诉第三方网站而仅起诉网吧经营者，如网吧经营者能够证明其已尽到合理的注意义务，一般可不认定网吧经营者侵犯信息网络传播权。

58. 权利人已另案起诉第三方网站，人民法院已判令第三方网站承担了包含网吧侵权行为在内的侵权责任，权利人又起诉网吧经营者侵犯信息网络传播权的，如构成侵权，一般仅判令网吧经营者承担权利人为制止侵权行为的合理开支。

天津市高级人民法院民三庭
关于审理侵害商业秘密纠纷案件的试行意见

津高法民三字〔2011〕5 号

为规范侵害商业秘密纠纷案件的审理，根据《中华人民共和国反不正当竞争法》、《中华人民共和国民事诉讼法》和《最高人民法院关于审理不正当竞争民事案件应用法律若干问题的解释》，结合天津法院的审判实际，制定本试行意见。

一、商业秘密的界定

1. 商业秘密是智力活动及经营成果所形成的未公开的、有一定经济价值的特定保密信息。商业秘密的取得无须国家授权，其效力具有相对排他性，权利人不得禁止他人通过合法的形式或途径使用与其相同的商业秘密。

2. 权利人请求保护的商业秘密应当具有相应的信息载体，能够重复再现商业秘密的内容。仅凭人脑记忆，口头传授的“秘诀、秘方”及商业经验，除特殊情况外，一般不作为商业秘密予以保护。

3. 商业秘密的内容及保护范围包括但不限于设计、程序、产品配方、制作方法、制作工艺、客户名单、营销策略、管理诀窍、货源情报等。对于具有特定内容的商业信息，只要符合法律规定的商业秘密条件，应当予以保护。

二、商业秘密权利人及其权利义务

4. 能够证明自己合法拥有商业秘密的人是商业秘密权利人。合法使用他人商业秘密的，其使用权的范围、期限及权利义务由许可使用合同约定。合法获知他人商业秘密的，其保密责任及权利义务，依照法律和合同约定确定。

5. 合法使用商业秘密的人在其使用权受到侵害时，可以请求人民法院保护该商业秘密使用权，但其权利应受许可使用合同限制，不得行使属于权利人的处分权等项权利。

三、商业秘密案件的起诉

6. 企事业单位依法与员工单独订立的保密合同或劳动合同中的保密条款具有相对独立性，可视为企事业单位已采取保密措施。企事业单位员工离职后违反保密合同的约定，侵害原所在单位商业秘密的，企事业单位可以依据保密合同或劳动合同中的保密条款，单独提起侵害商业秘密诉讼。

7. 民事合同中有商业秘密保护条款约定的，当事人可以单独就保密条款纠纷提起诉讼，不受合同履行期限或合同解除的影响，但依法应确认无效的合同或当事人另有约定的除外。

8. 商业秘密侵权纠纷与合同纠纷竞合的，当事人选择以侵权诉讼的，可以起诉任何侵权人，选择以合同纠纷诉讼的，一般只能起诉合同相对人。

四、商业秘密案件的审理

9. 当事人选择商业秘密侵权诉讼的，按照侵权案件适用法律，不审理其中涉及的合同纠纷。

10. 审理侵害商业秘密纠纷案件，不适用知识产权专门法律中关于诉前临时强制措施和诉前证据保全的规定。

11. 商业秘密权利人有证据证明被告使用的商业信息与权利人的商业秘密无实质性差异，且被告此前具备掌握或接触该商业秘密条件的，被告应当举证证明其所使用的商业信息具有合法来源。

12. 对案件审理中涉及的专门技术或专业性较强的商业经营问题，当事人可申请具有专门知识的人员出庭就案件的专业技术问题进行说明。

13. 因涉及商业秘密依法不公开审理的，审判人员、书记员、鉴定人应当遵守保密规定。合议庭应严格控制接触案件所涉及商业秘密的人员范围，开庭审理和合议场所严禁录音录像，卷宗流转过程应当采取加密措施。但当事人不得以保密为由，拒绝提供证据材料，否则应承担对其不利的裁判后果。涉及商业秘密的证据需要出示、质证的，审判人员可以采取责令庭审参加人员保守秘密，或要求诉讼参加人订立保密协议、限制触密人数等方法。

14. 因侵权人的过错导致第三人善意使用他人商业秘密的，一般应判决第三人停止使用并承担保密义务。如果判决停止使用，对第三人生产经营确有重大影响，可以不判决停止使用或判决限期使用，并向权利人支付合理的使用费用。第三人可以向侵权人另行主张赔偿。

15. 审理侵害商业秘密案件时，发现侵权人涉嫌犯罪的事实或线索，符合刑事自诉案件条件的，应告知权利人可以同时提起刑事自诉。

内蒙古自治区高级人民法院
关于在互联网公布知识产权和裁判文书的实施办法

为进一步推进审判方式改革的深入发展,落实司法公开制度,扩大司法公开范围,拓宽司法公开渠道,依法保障人民群众对知识产权案件审判工作的知情权、参与权、表达权和监督权,方便当事人查阅裁判文书,加大知识产权审判工作的透明度,统一全区法院知识产权案件的裁判尺度,根据《最高人民法院关于人民法院在互联网公布裁判文书的规定》的要求,制定本办法。

一、基 本 规 定

第一条 本办法所称在互联网公布裁判文书,是指全区高、中两级人民法院知识产权审判庭(民三庭)作出的已发生法律效力的知识产权案件的各类裁判文书,依法公开上传至内蒙古知识产权司法保护网裁判文书栏目中。

第二条 在互联网公布知识产权案件和裁判文书应当坚持依法、及时、规范的原则;坚持保障人民群众知情权、参与权、表达权、监督权与保护公民、法人和其他组织合法权益相统一的原则;坚持逐级审查、各尽其职、各负其责的原则。

第三条 全区高、中两级人民法院知识产权审判庭(民三或民四庭)主审法官制作裁判文书应当按照统一要求和规范格式,充分准确地表述当事人的诉辩意见、认定的事实、证据的采信理由以及适用的法律依据,增强裁判文书说理性,提高知识产权案件和的裁判文书质量。

第四条 自治区高院知识产权审判庭(民三庭)负责在互联网公布知识产权案件和裁判文书工作的日常管理、督促指导、检查通报工作。

二、公 布 范 围

第五条 全区高、中两级人民法院知识产权审判庭(民三或民四庭)对2011年1月1日之后送达当事人并生效的下列案件的裁判文书,除本办法第六条、第七条、第八条所列情况外,应当全部在互联网公布:

(一)一审、二审、再审知识产权民事案件的生效判决书、裁定书;

(二)一审、二审、再审知识产权行政案件的生效判决书、裁定书;

(三)一审、二审、再审知识产权刑事案件的生效判决书、裁定书;

(四)一审、二审、再审、涉港澳台的生效判决书、裁定书。

(五)一审、二审知识产权案件和管辖权

异议、驳回起诉案件的生效裁定书；

第六条 有下列情形之一的裁判文书，不予在互联网公布：

（1）涉及国家秘密、商业秘密、个人隐私的知识产权案件和未成年人犯罪的知识产权刑事案件裁判文书；

（2）调解书、准许撤诉或按撤诉处理的知识产权案件的裁定书；

（3）当事人明确要求不在互联网公布并有正当理由，且不涉及公共利益的；

（4）其他不宜在互联网公布的知识产权案件和裁判文书。

第七条 涉港澳台的敏感性案件或其他社会影响较大、可能影响社会稳定的知识产权案件的裁判文书，各中级人民法院对口审判业务庭庭长认为有必要推迟上网公布或不上网公布的，报经分管院领导审核批准后，提出推迟上网或者不上网的具体意见和理由，报送自治区高院知识产权审判庭（民三庭）。

第八条 一方或双方当事人明确要求不在互联网公布其裁判文书的，应当书面提出意见。经主审法官审查认为理由正当的，报庭长审核后，经分管院领导审批决定是否在互联网公布。

三、形 式 要 求

第九条 为保护裁判文书所涉及到的公民、法人和其他组织的合法权利，主审法官应对拟在互联网公布的裁判文书中的下述相关信息进行必要的技术处理：

（一）应当删除电子文本中当事人、证人的相关涉密信息；

（二）当事人为自然人的，除保留当事人的姓名和性别外，删除其余信息；

（三）当事人为法人或其他组织的，除保留其名称、住所地、法定代表人或负责人的姓名外，删除其余信息。

（四）证人的姓名以“×××”、“×××”代替，删除其余信息。

第十条 全区各中级法院级人民法院知识产权审判庭（民三或民四庭）主审法官拟在互联网公布的裁判文书电子文本除按本办法第十条作出必要技术处理的内容外，应确保在互联网公布的裁判文书电子文本的其余内容与正本内容的完全一致性。

第十一条 为方便查阅检索，主审法官应将拟在互联网公布的裁判文书统一以案件名称命名，规范表述为“当事人+案由+审理程序+文书种类”。如商标转让合同案件一审民事判决书可表述为“××诉××商标转让合同纠纷一案”；销售假冒注册商标的商品罪案件刑事判决书可表述为“×××人民检察院诉×××销售假冒注册商标的商品案”等。

四、审 批 程 序

第十二条 在互联网公布知识产权案件和裁判文书实行审批制，主审法官应在收到生效裁判文书送达回证之日起三个工作日内，或者生效裁判文书送达公告期满之日起三个工作日内，对该裁判文书是否上网公布提出具体意见，并将裁判文书的正本层报本部门庭长、分管院领导审批。

第十三条 各中级人民法院负责审批的庭长、分管院领导应当严格依照本办法规定的在互联网公布裁判文书的条件和标准对裁判文书进行全面审查，决定是否同意其依法在互联网公布。对不同意在互联网公布的裁判文书，应注明不在互联网公布的原因，报送自治区高院知识产权审判庭(民三庭)。

第十四条 已在互联网公布的裁判文书出现差错的，应由原合议庭作出补正裁定，按前述审批程序重新审批后，报送自治区高院知识产权审判庭(民三庭)。

五、工 作 管 理

第十五条 各中级人民法院对口审判业务庭应当适时关注人民群众和社会各界对其上网公布的裁判文书及相关工作的评论，及时收集社会各界的意见和问题，并对涉及其裁判文书的意见和问题进行认真研究及时解决，将处理结果向人民群众和社会各界公布。

第十六条 全区高、中两级人民法院知识产权审判庭(民三或民四庭)实行在互联网公布知识产权案件和的裁判文书情况月报制度。在互联网公布裁判文书情况月报统计期间与《司法统计月报表》的统计期间一致。

第十七条 各中级人民法院对口审判业务庭应认真填写《在互联网公布裁判文书情况月报表》，并确保相关数据与司法统计数据一致，应于每月5日前将上月在互联网公布的知识产权案件和裁判文书统计表报送自治区高院知识产权审判庭(民三庭)。

第十八条 自治区高院知识产权审判庭(民三庭)应加强在互联网公布知识产权案件和裁判文书情况的督促检查工作，对全区两级法院的在互联网公布裁判文书情况每半年进行一次抽查。在互联网公布裁判文书工作检查主要以上网率、督促检查结果为指标，对不上网比率较高的法院对口审判业务庭进行重点检查。对不按时将裁判文书提交审批、审批不及时、未经审批擅自上网、审批把关不严、随意认定不上网、迟延上网、有意规避上网等法院和法官，进行通报批评。

第十九条 自治区高院知识产权审判庭(民三庭)将随机抽取一定比例的各中级人民法院对口审判业务庭在互联网公布的裁判文书进行质量评查，并选择优秀裁判文书推荐至中国知识产权裁判文书网和中国商事海事审判网裁判文书栏目予以公布。

第二十条 自治区高院知识产权审判庭(民三庭)结合在互联网公布知识产权案件和裁判文书活动开展典型案例指导工作，针对各中级人民法院对口审判业务庭审理的上述案件裁判文书进行评定，确定案件事实认定清楚、适用法律准确的优秀案例，将及时在“内蒙古知识产权司法保护网典型案例栏目”中公布，为全区两级法院知识产权审判庭(民三或民四庭)审理同类型案件提供指导，积极推进知识产权案件和裁判尺度的统一。

六、工 作 流 程

第二十一条 各中级人民法院对口审判业务庭依照本办法应在互联网公布的知识产权案件和裁判文书，应当自裁判文书生效之日起十个工作日内完成审批并报送自治区高院知识产权审判庭(民三庭)。

第二十二条 全区高、中两级人民法院知识产权审判庭(民三或民四庭)内勤负责在互联网公布知识产权案件和裁判文书的日常工作。各中级人民法院对口审判业务庭内勤应在裁判文书批准上网之后及时将裁判文书电子版与《在互联网公布裁判文书审批表》上传至自治区高院知识产权审判庭（民三庭）内勤，该内勤应在收到裁判文书电子版后十个工作日内上网公布。

第二十三条　全区高、中两级人民法院知识产权审判庭（民三或民四庭）应建立知识产权案件和裁判文书上网登记簿，由内勤按照案号顺序对每件案件裁判文书上网情况进行登记。

第二十四条　本办法自2011年1月1日起实施。

上海法院专利侵权纠纷审理指引（2011）

1. 产品权利要求中的方法特征对权利要求保护范围的界定具有限定作用。

产品权利要求通常应当用产品的结构特征来描述。但在产品权利要求中的一个或者多个技术特征无法用结构特征予以清楚地表征的情况下，允许借助方法特征表征。在确定含有方法特征的产品权利要求的保护范围时，权利要求中的方法特征对权利要求保护范围的界定具有限定作用。

2. 权利要求中用途特征对权利要求保护范围的界定具有限定作用。

权利要求中有限定技术方案用途或者应用领域记载的，在确定权利要求的保护范围时，权利要求中记载的用途或者应用领域对权利要求保护范围的界定具有限定作用。

3. 涉及封闭式组合物权利要求的专利侵权纠纷中，被控侵权产品中另含有其他组分的，侵权指控不成立。

封闭式组合物权利要求表示组合物中仅包括所指出的组分而排除所有其他的组分。根据国家知识产权局《审查指南》规定，封闭式常用的措词如“由……组成”、“组成为”、“余量为”等，这些都表示要求保护的组合物由所指出的组分组成，没有别的组分，可以带有通常含量的杂质。对于封闭式权利要求的组合物发明来说，被控侵权产品组分必须与权利要求中的组分完全相同，才可以认定侵权。例：如果权利要求为“由A、B、C组成的甲”组合物发明被授予专利权，被控侵权产品乙的组分亦恰好为A、B、C，侵权指控成立。如果被控侵权产品乙中除了组分A、B、C外，还包含有组合物甲所不包含的组分D，侵权指控就不成立。

4. 权利要求中功能性特征的内容，以说明书及附图描述的实现所述功能的具体实施方式及其等同实施方式为限。

《最高人民法院关于审理侵犯专利权纠纷案件应用法律若干问题的解释》第4条规定“对于权利要求中以功能或者效果表述的技术特征，人民法院应当结合说明书和附图描述的该功能或者效果的具体实施方式及其等同的实施方式，确定该技术特征的内容”。据此，权利要求中功能性特征的内容不是以权利要求中记载的该功能本身为准，而是以说明书及附图描述的实现所述功能的具体实施方式及其等同实施方式为限。

5. 权利要求中记载的某一特征只是记载了某一装置所要实现的功能而没有记载实现所述功能的装置的结构,或只是记载了某一步骤所要实现的功能而没有记载实现所述功能的步骤的工艺过程,则该特征为功能性特征。

如果权利要求中记载的某一特征只是记载了某一装置(或者称为设备、机器、仪器等)所要实现的功能,而没有记载实现所述功能的装置(或者被称为设备、机器、仪器等)的结构,则该特征为功能性特征。但是,并非只要权利要求中记载了某一装置所要实现的功能,就必然认定相应的特征是功能性特征。权利要求在记载某一装置所要实现功能的同时,还记载了实现所述功能的装置的结构,则相应的特征就不是功能性特征。

如果权利要求中记载的某一特征只是记载了某一步骤(或者被称为过程、方法、工艺等)所要实现的功能,而没有记载实现所述功能的步骤(或者被称为过程、方法、工艺等)的工艺过程,则该特征为功能性特征。但是,并非只要权利要求中记载了某一步骤所要实现的功能,就必然认定相应的特征是功能性特征。权利要求在记载了某一步骤所要实现的功能的同时,还记载了实现所述功能的步骤的工艺过程,则相应的特征就不是功能性特征。

6. 在所属技术领域的技术人员看来,权利要求所记载的装置结构(或工艺过程)足以实现权利要求中某项技术特征所述功能的,该特征不应当被认定为功能性特征。

为避免被认定为功能性特征,并不要求权利要求要记载某一装置结构(或者工艺过程)的每一个特定具体结构(或者特定具体过程),而只是要求,在所属技术领域的技术人员看来,所记载的装置结构(或者工艺过程)足以实现所述的功能即可。

在权利要求的撰写中,使用概括性的上位概念是常见的且是必要的,但上位概念如果上位到在所属技术领域的技术人员看来,所记载的装置结构(或者工艺过程)已不足以实现所述的功能,则用该种上位概念描述的技术特征就应当被认定为是功能性特征。

7. 权利要求中的某一项特征是否为一项功能性特征,其判断主体是所属技术领域的技术人员。

权利要求中的某一项特征是否是一项功能性特征的判断主体是所属技术领域的技术人员,法院应当从所属技术领域的技术人员的角度,去判断权利要求中记载该项特征是否描述了实现该特征所述功能的装置结构(或者工艺过程)。

8. 说明书及附图未描述权利要求中功能性特征所记载功能的具体实施方式时,可直接认定专利侵权指控不能成立。

说明书及附图没有记载实现权利要求中功能性特征所记载功能的具体实施方式时,依据《最高人民法院关于审理侵犯专利权纠纷案件应用法律若干问题的解释》第4条规定,不能确定权利要求中相应功能性特征的内容,进而也无法确定权利要求的保护范围。由于权利要求的保护范围不能确定,故可直接认定专利侵权指控不能成立。

9. 专利说明书描述的发明目的没有被其他证据推翻的,权利要求的解释应当符合说明书对发明目的的描述。

在专利侵权诉讼中，当用说明书及附图解释权利要求时，如果说明书描述的发明目的没有被其他证据推翻，则权利要求的解释应当符合说明书对发明目的的描述。如果说明书描述的发明目的被其他证据推翻，则需根据相应证据所重新认定的最接近的现有技术，重新确定发明目的，对权利要求的解释应当符合该重新确定的发明目的。

10. 新产品制造方法发明专利纠纷案件，由原告对涉案产品是否属于新产品进行充分说明，被告反驳应提交反证。

新产品制造方法发明专利纠纷案件中，对于涉案产品是否属于新产品，在原告进行说明后，人民法院可以认定涉案产品属于新产品。被告认为原告关于新产品的主张不能成立的，由被告举证予以反驳。

如果原告主张权利的新产品制造方法发明是如"产品及其制造方法"发明专利中的"制造方法"，则推定该制造方法制造的产品为新产品。被告不同意该推定的，由被告举证予以反驳。

11. 被控侵权技术方案中的等同技术特征是在专利授权或无效程序陈述中明确放弃的，不得再依据该等同技术特征认定等同侵权成立。

专利授权或者无效宣告程序中，根据专利申请人、专利权人的陈述，所属技术领域的技术人员认为被控侵权技术方案中的等同技术特征是专利权人在专利授权或无效程序陈述中明确放弃的，不得再依据该等同技术特征认定等同侵权成立。

12. 除非例外情况，不得以被控侵权技术方案中的技术特征与权利要求中被限制性修改的相应技术特征相等同为由，认定等同侵权成立。

专利授权或者无效宣告程序中，专利申请人、专利权人对权利要求进行限制性修改的，在专利侵权诉讼中，不得以被控侵权技术方案中的技术特征与权利要求中被限制性修改的相应技术特征相等同为由，认定等同侵权成立。但该等同技术特征在权利要求修改时是所属技术领域的技术人员不能预见的除外。

13. 现有技术抗辩规则在等同侵权和相同侵权中均可适用；被控侵权技术方案与一项现有技术方案中的相应技术特征相同或者等同的，或者该领域普通技术人员认为被控侵权技术方案是一项现有技术与所属领域公知常识的简单组合的，现有技术抗辩成立。

现有技术抗辩规则在等同侵权和相同侵权中均可适用。被诉落入专利权保护范围的全部技术特征，与一项现有技术方案中的相应技术特征相同或者等同的，或者该领域普通技术人员认为被控侵权技术方案是一项现有技术与所属领域公知常识的简单组合的，应当认定被诉侵权人实施的技术属于现有技术，现有技术抗辩能够成立。

14. 在相同侵权中，被控侵权技术方案与抵触申请中的技术方案相同时，可类推适用现有技术抗辩。

被诉侵权人以实施的技术是抵触申请中公开的技术方案主张不构成专利侵权的，在相同侵权中才可以类推适用现有技术抗辩，且被控侵权技术方案与抵触申请中公开的技术方案相同时，不侵权抗辩才能够成立。

15. 被控产品外观与专利外观设计在整体视觉效果上无实质性差异的，被控产品外观与专利外观设计相近似。

一般消费者在产品外观视觉效果上将被控侵权产品与外观设计专利产品相混淆，会误将被控侵权产品当作专利产品购买，则认定被控产品外观与专利外观设计在整体视觉效果上无实质性差异。如果在整体视觉效果上无实质性差异的，则认定两者相近似。

16. 外观设计专利侵权判定中的一般消费者应当是被控侵权产品的实际购买者。

外观设计专利侵权判定中的一般消费者应当是被控侵权产品的实际购买者。被控侵权产品的实际购买者在产品外观视觉效果上将被控侵权产品与外观设计专利产品相混淆，误将被控侵权产品当作专利产品购买，从而使外观设计专利权人的产品市场份额受到侵占，市场经济利益受到损害，由此才构成外观设计专利侵权。

17. 专利外观设计产品是中间产品的，外观设计专利侵权判定中的一般消费者应当是被控侵权的中间产品的实际购买者。

如果专利外观设计产品是中间产品而非最终产品，外观设计专利侵权判定中的一般消费者应当是被控侵犯该外观设计专利权的中间产品的实际购买者，而非组装了被控侵权中间产品的最终产品的实际购买者。因为，被控侵权中间产品的实际购买者在视觉效果上在中间产品与专利外观设计产品之间产生了混淆，才会导致被控侵权人侵占专利权人产品市场份额、损害专利权人的市场经济利益。

18. 外观设计侵权判定中一般消费者混淆与商标侵权判定中相关公众混淆的区别。

外观设计侵权判定中一般消费者混淆是指被控侵权产品的实际购买者在产品外观视觉效果上将被控侵权产品与外观设计专利产品相混淆，一般消费者发生混淆的时间点包括但不限于其购买被控侵权产品时。商标侵权判定中相关公众混淆是指相关公众对商品或者服务的来源产生混淆，误认为其所购买的商品或者服务是由商标权享有者提供的，或者误认为其所购买的商品或者服务的提供者与商标权人有特定的联系。外观设计侵权判定涉及的是产品外观整体视觉效果上的混淆，与对产品来源是否发生混淆无关；商标侵权判定涉及的是商品或者服务来源的混淆，与商品外观的视觉效果无关。

19. 现有设计抗辩可以援引一项现有外观设计及惯常设计；特定情况下，也可以援引抵触申请中公开的外观设计。

被诉侵权产品的外观设计与一项现有设计相同或者无实质性差异的，或者被诉侵权产品的外观设计是一项现有外观设计与所属设计领域惯常设计的简单组合的，被诉侵权产品的外观设计就属于现有设计，现有设计抗辩能够成立。

被诉侵权人以其产品中的外观设计属于抵触申请中公开的外观设计主张不构成侵权的，可以类推适用现有设计抗辩。但以被诉侵权产品的外观设计属于抵触申请中公开的外观设计与惯常设计的简单组合为由，抗辩不构成侵权的，抗辩不能成立。

20. 现有设计的内容不限于仅有的主视图披露的内容。

某一现有设计仅有一张主视图，该现有设计的内容不应仅限于该主视图披露的内容，还应包括依据一般的认知能够并结合该现有设计在使用时所处的环境与状态，可以直接地、明确地确定的设计内容。现有设计抗辩是否成立，应当依据现有设计的该主视图以及可以直接地、明确地确定的设计内容，根据现有设计抗辩的规则进行判断。

21. 不能仅以侵权产品的销售商不能证明其产品具体合法来源为由认定其为侵权产品的制造者。

除非有证据证明被控侵权人制造了侵权产品，否则不能仅以侵权产品的销售商不能证明其产品具体合法来源为由，认为被控侵权人为侵权产品的制造者。

22. 有产品合法来源的专利侵权产品销售商无须支付权利人合理的维权费用。

销售者能证明其产品合法来源的，不承担赔偿责任，也不承担权利人为了维权而支出的合理费用，但是应当承担停止侵害的法律责任。

23. 被告仅侵犯原告专利的许诺销售权不需要承担损害赔偿责任。

被告仅侵犯原告专利的许诺销售权，不需要承担损害赔偿责任；但应承担停止侵权的法律责任并应支付原告为制止许诺销售行为所支出的合理费用。

江苏省高级人民法院、江苏省人民检察院、江苏省公安厅关于办理知识产权刑事案件若干程序问题的意见

苏高法〔2011〕485 号

为深入开展知识产权“三审合一”改革试点工作，进一步提高知识产权刑事案件执法水平，根据《中华人民共和国刑法》、《中华人民共和国刑事诉讼法》等法律规定，以及《最高人民法院、最高人民检察院、公安部关于办理侵犯知识产权刑事案件适用法律若干问题的意见》规定，现就知识产权刑事案件办理过程中的有关程序问题提出以下意见：

第一条 侵犯知识产权犯罪案件由犯罪地公安机关立案侦查。必要时，可以由犯罪嫌疑人居住地公安机关立案侦查。侵犯知识产权案件的犯罪地，包括侵权产品制造地、储存地、运输地、销售地、传播侵权作品、销售侵权产品的网站服务器所在地、网络接入地、网站建立者或者管理者所在地，侵权作品上传者所在地，权利人受到实际侵害的犯罪结果发生地。对有多个侵犯知识产权犯罪的，由最初受理的公安机关或者主要犯罪地公安机关管辖。多个侵犯知识产权犯罪地的公安机关对管辖有争议的，由共同的上级公安机关指定管辖，需要提请批准逮捕、移送审查起诉、提起公诉的，由该公安机关所在地的同级人民检察院、人民法院受理。

对于不同犯罪嫌疑人、犯罪团伙跨区域实施的涉及同一批侵权产品的制造、储存、运输、销售等侵犯知识产权犯罪行为，符合并案

处理要求的,有关公安机关可以一并立案侦查,需要提请逮捕、移送审查起诉、提起公诉的,由该公安机关所在地的同级人民检察院、人民法院受理,无需再提请指定管辖。

第二条 办案机关应当按照江苏省高级人民法院、江苏省人民检察院、江苏省公安厅《关于知识产权审判“三审合一”改革试点工作中刑事司法保护若干问题的意见》(苏高法[2009]217号)第一、二、三、四条的规定确定案件的管辖及移送机关。

各省辖市中级法院、检察院、公安局可以共同会商,以方便起诉、方便审理为原则,以联合发文的方式,将本市辖区内知识产权刑事案件指定一家有知识产权案件管辖权的基层法院集中审理,或者在有知识产权案件管辖权的基层法院中实行划区域管辖。县级公安机关向同级检察院移送审查起诉案件后,受理检察院可以直接向指定的基层法院提起公诉。

第三条 办案机关应当要求权利人及时提供与案件有关的知识产权权属证明,并对权利的效力、归属等进行审查。

知识产权权属证明一般包括商标注册证,作品原件、原始创作材料及著作权登记证书,专利权证书及专利登记簿副本,知识产权许可合同等。涉嫌侵害商业秘密的,应当要求权利人提供能够证明存在商业秘密权利的相关证据。

权利人因客观原因无法及时出具权属证明或者无法联系权利人的,办案机关应当主动向国家工商行政管理总局商标局、国家知识产权局专利局、江苏省知识产权局、国家或者地方版权管理部门等相关权属登记机关调查取证。

第四条 办案机关扣押、调取物证的,应当有办案机关工作人员两人以上在场,通过拍照、录像、笔录、绘图等方法,对被扣押物品、工具以及商业标识等逐一取证、准确记录,并制作扣押清单,由办案机关工作人员、物品持有人、办案机关工作人员以外的其他在场证人分别签字确认。

涉嫌商标犯罪的,办案机关应当对侵权的商品、商标标识,以及商标标识附着于商品的状况分别取证,并准确全面地拍摄记录相关商标标识的具体细节和附着商标标识的商品全貌。

涉嫌利用计算机等电子设备以及利用网络犯罪的,办案机关应当扣押相关计算机服务器、主机、硬盘等存储介质,并及时通过复制、复原、摄像、截屏、数据恢复等方式固定证据。

第五条 办案机关移交物证的,要制作移交清单。办案机关应当确保庭审中具备核对物证的条件,在人民法院依法作出生效裁判前,一般不得采取销毁、拍卖、变卖等手段处置侵权物品。

确因客观原因不易保存的物证,在按照本意见第四条规定的方式固定物证后,可以对物证进行处置,但应当同时采取录像、拍照、书面记录等方式完整记录处置过程。

物证过多致使长期保存费用过高的,在按类别抽样留存样本后,可以对物证进行处置,但应当同时采取录像、拍照、书面记录等方式完整记录抽样及处置过程。

第六条 对于涉案商标、商品、专利产品、制品或作品是否属于假冒物品,或者是否未经知识产权权利人许可的,办案机关可以委托国家知识产权行政管理部门指定的知识产权认证机构、知识产权集体管理组织或者权利人出具意见。受委托机构或者权利人认为是假冒物品的，应当详细说明其与合法商标、商品、专利产品、出版物等存在的区别点，并提供相应证据，由办案机关结合犯罪嫌疑人陈述，以及案件其他证据进行严格审查后决定是否采信。

权利人委托他人出具认证意见的，应当依法出具授权委托书。外国权利人在我国境外出具的授权委托书，应当经所在国公证，并经我国驻该国使领馆认证，或者履行我国与该所在国订立的有关条约中规定的证明手续。外国权利人在我国办案机关的办案人员面前签署授权委托书，或者在我国境内签署授权委托书并经公证认证的，应当认定有效。对于港、澳、台权利人出具授权委托手续的审查参照上述规定办理。

第七条　非法经营数额难以确定的，办案机关可以委托价格事务所等评估机构进行估价鉴定。

第八条　办案机关可以就技术事实认定等问题组织司法鉴定。办案机关应当指定具备鉴定资质，具有主要检测设备，客观上具备鉴定能力的鉴定机构进行技术鉴定，在同等条件下优先选择具备司法鉴定资质的鉴定机构进行技术鉴定。

涉及特殊技术领域的司法鉴定，鉴定机构因缺乏专业检测设备，需要委托其他检测机构就鉴定事项中的部分内容进行技术检测的，应当审查被委托单位的资质、检测条件，并就委托过程作详细记载说明。

第九条　办案机关委托司法鉴定的，应当对鉴定机构及鉴定人员是否存在与案件审理有利害关系，可能影响公正鉴定的情形进行审查。鉴定机构具有上述情形的，不得委托其进行鉴定；鉴定人员具有上述情形的，应当要求鉴定机构更换鉴定人员。

办案机关应当及时将鉴定机构以及鉴定人员组成情况告知犯罪嫌疑人、权利人，并明确告知其申请回避的权利及期限。鉴定机构及鉴定人员情况应当包括鉴定机构名称，鉴定人员姓名、工作单位、职务、职称、学历、专业领域等基本情况。确因案件侦查等客观原因不能及时告知上述信息的，应当在侦查结束后及时告知。

犯罪嫌疑人、权利人提出回避申请的，由办案机关审查后决定。

第十条　涉及技术秘密的司法鉴定，办案机关在委托鉴定前，应当首先要求权利人明确技术秘密的具体内容。

办案机关在委托鉴定书中应当准确无误地表述委托鉴定的事项，并要求鉴定机构在充分收集相关技术资料的基础上做出鉴定结论。委托鉴定事项一般包括权利人所主张的技术信息是否不为公众所知悉；被控侵权技术与权利人主张的技术秘密是否相同或者实质性相同等。

第十一条　涉及计算机软件的司法鉴定，鉴定事项一般包括软件程序之间是否构成相同或者实质性相同。

进行计算机软件相同性对比的，应当首先对比软件源程序之间是否构成相同或者实质性相同；确因客观原因无法对比源程序的，可以对比软件目标程序之间是否构成相同或者实质性相同，并结合其他证据进行判断；确因客观原因既无法对比源程序，也无法对比目标程序的，可以对比软件运行过程中是否存在相同的缺陷性特征，并结合其他证据进行判断。

第十二条 办案机关可以当面或者书面听取权利人对鉴定事项的意见。当面听取意见的,应当制作详细笔录。对于权利人提出的意见,办案机关应当及时将意见转递至鉴定机构,要求其充分审查。

第十三条 办案机关应当面或者书面听取犯罪嫌疑人对鉴定事项的意见。当面听取意见的,应当制作详细笔录。办案机关同时应当告知犯罪嫌疑人有权就涉案技术信息是否为公众所知悉,以及被控侵权技术与权利人主张的技术秘密是否相同或者实质性相同等提出意见,并应当允许犯罪嫌疑人提供相应技术资料或线索证明其观点。对于犯罪嫌疑人提出的意见,办案机关应当及时转递至鉴定机构,并要求其充分审查。

第十四条 鉴定报告正式出具前,办案机关可以就鉴定过程记载是否清楚详细,鉴定结论是否符合委托鉴定事项要求,鉴定结论的表述是否清晰、是否容易产生歧义等方面进行预审查,并在不影响鉴定机构独立作出鉴定结论的前提下就上述问题提出意见。

第十五条 人民法院在开庭审理中,应当组织控辩双方就鉴定报告进行质证。被告人、辩护人对鉴定报告提出异议的,人民法院可以根据案件审理需要,要求鉴定人出庭接受询问,或者作出书面说明。

第十六条 各地人民法院、人民检察院、公安机关应当建立健全大要案通报及沟通协作机制,定期通报知识产权刑事案件办理情况,会商案件办理过程中出现的法律适用等相关问题。

第十七条 本规定适用于全省各级人民法院、人民检察院、公安机关。此前各地法院、检察院、公安机关出台的相关规定与本规定相抵触的,按本规定执行。

第十八条 本规定自公布之日起实行。如法律法规、司法解释有新规定的,执行新规定。

江苏省高级人民法院民三庭
侵犯商标权纠纷案件审理指南

第一部分 侵犯商标权纠纷案件审理思路概述

1.1 基本情况

侵犯商标权纠纷案件一般包括两大类,一类是商标标识侵权案件,即未经许可,在同一种或者类似商品或服务上使用与注册商标相同或者近似的商标等案件;另一类是注册商标与字号、域名、商品名称或者商品装潢等其他商业标识之间的权利冲突案件。诉讼中,原告的诉讼主张一般包括请求被告停止侵权、赔偿损失等。被告进行抗辩的理由一般包括其行为不构成侵权,其不需要承担赔偿责任或者原告主张的赔偿额缺乏依据等。

1.2 审理思路概述

第一步:应当审查商标权的有效性、商标权的范围和使用状态。主要包括:商标权是否处于有效状态,原告是否有权就涉案商标主张权利,商标权范围的具体内容。

第二步:应当审查被控侵权行为是否成立。

第三步:应当审查被告的抗辩是否成立。在诉讼中,被告提出的抗辩主要是正当使用商标标识、销售商具有合法来源等,对于被告的抗辩是否成立需要根据不同法律规定进行审查。

第四步:应当审查并确定民事责任的承担。在侵犯商标权纠纷案件中,主要的民事责任承担方式是停止侵害和赔偿损失。人民法院在确定损害赔偿额时,应当贯彻"填平原则",即便是适用法定赔偿的规定,也应当积极审查相关证据,综合考虑侵权行为的性质和情节等因素,合理确定赔偿额,做到赔偿与损害相平衡,与经济社会发展水平的阶段性相适应。对于恶意侵权、重复侵权、规模化侵权,应适当加大赔偿力度,以体现加大知识产权保护力度的精神。

1.3 主要援引的法律规定

《中华人民共和国民法通则》、《中华人民共和国合同法》、《中华人民共和国民事诉讼法》、《中华人民共和国商标法》、《中华人民共和国商标法实施条例》、《最高人民法院关于审理商标民事纠纷案件适用法律若干问题的解释》(法释[2002]32号)、《最高人民法院关于审理涉及驰名商标保护的民事纠纷案件应用法律若干问题的解释》(法释[2009]3号)、《最高人民法院关于审理注册商标、企业名称与在先权利冲突的民事纠纷案件若干问题的规定》(法释[2008]3号)、《最高人民法院关于诉前停止侵犯注册商标专用权行为和保全证据适用法律问题的解释》(法释[2002]2号)、《最高人民法院关于民事诉讼证据的若干规定》(法释[2001]33号)。

第二部分 商标权有效性、商标权的范围及使用状态的审查

2.1 注册商标

注册商标是指经国家商标局依法定程序核准注册的,能够区分不同商品生产者或服务提供者的可视性标志。

根据不同标准,注册商标可作如下分类:商品商标、服务商标;文字商标(包括语言、文字、字母和数字)、图形商标、文字和图形组合商标、三维标志商标、颜色组合商标等;集体商标、证明商标;联合商标、防御商标等。

2.2 商标有效性的审查

案件审理中,应当首先审查商标权是否处于有效状态,一般应要求权利人提供商标注册证、续展证明等。

2.3 商标权的范围

商标权的范围包括商标专用权和禁用权两个部分。

①专用权

是指注册商标专用权人只能在经国家商标局核定的商品或服务上使用自己的注册商标,即商标权人的商标专用权以核准注册的商标和核定使用的商品或服务为限。

②禁用权

是指注册商标专用权人有权禁止他人未经许可在同一种或者类似商品或服务上使用与其注册商标相同或者近似商标,有权禁止他人用其他不正当手段损害其注册商标的声誉。

注册商标是驰名商标的,注册商标专用权人有权禁止他人在不相同或者不类似的商品或服务上使用与注册商标相同或者近似的商标,误导公众,致使该注册商标专用权人利益可能受到损害的行为。

禁用权的范围大于专用权。

2.4 商品商标的使用

①将商标用于商品、商品包装或者容器以及商品交易文书上。

②将商标用于广告宣传、展览。

③使用在广播、电视、音像、电子媒体、网络等平面或者立体媒介上,或者在公开发行的出版物中发布,以及以广告牌、邮寄广告或者其他广告方式为商标进行的广告宣传中标明其商品商标。

2.5 服务商标的使用

①在服务场所内外标明其服务商标,包括服务场所招牌、店堂装饰装潢、服务人员的服装、鞋帽上。例如,提供裸露熟食的餐馆无法直接在商品上表示商标,故经营者一般是通过在装潢上标注字样、图案等标记的方式来标识食品的提供者和来源。

②在为提供服务所使用的物品上标明其服务商标。

③使用于和服务有联系的文件资料上,例如,在介绍手册、菜单、价目表、奖券、办公文具、信笺、名片、明信片、发票、财务账册、合同、维修维护证明等上标明其服务商标。

④使用在广播、电视、音像、电子媒体、网络等平面或者立体媒介上,或者在公开发行的出版物中发布,以及以广告牌、邮寄广告或者其他广告方式为商标或使用商标的服务进行的广告宣传中标明其服务商标。

⑤在展览会、博览会上使用,包括在展览会、博览会上提供的使用该商标的印刷品及其他资料。

第三部分 商标侵权诉讼的提起

3.1 侵犯注册商标专用权纠纷案件的诉讼主体

提起商标侵权诉讼的主体一般包括商标注册人、注册商标使用许可合同的被许可人、商标权转让合同的受让人、注册商标财产权利的合法继承人。

3.1.1 独占使用许可合同的被许可人

在发生注册商标专用权被侵害时,独占使用许可合同的被许可人可以向人民法院提起诉讼。

3.1.2 排他使用许可合同的被许可人

排他使用许可合同的被许可人可以和商标注册人共同起诉,也可以在商标注册人不起诉的情况下,自行提起诉讼。

商标注册人不起诉包括:

①商标注册人明示放弃起诉。

②被许可人有证据证明其已告知商标注册人或者商标注册人已知道有侵犯注册商标专用权行为发生而仍不起诉的情形。

3.1.3 普通使用许可合同的被许可人

普通使用许可合同的被许可人经商标注册人明确授权,可以提起诉讼。

明确授权,包括在许可合同中明确授权

和在合同之外另行出具授权书两种情况，不能仅以使用许可合同中没有明确授权即驳回被许可人的起诉。

如果使用许可合同对许可方式没有约定或者约定不明确,应视为普通使用许可。

3.1.4　商标权转让合同的受让人

注册商标转让合同没有特别约定的,合同自双方当事人签字或者盖章之日起成立并生效。自国家商标局核准公告之日起,受让人享有商标权。

被控侵权行为从转让前持续至转让后的,转让人与受让人都有权起诉,其中受让人有权主张商标转让后的侵权赔偿;转让人有权主张商标转让前的侵权赔偿。

转让合同对诉权有特别约定的,按照约定处理。

3.2　管辖

因侵犯注册商标专用权行为提起的民事诉讼,由侵权行为的实施地、侵权商品的储藏地或者查封扣押地、被告住所地人民法院管辖。

侵权商品的储藏地,是指大量或者经常性储存、隐匿侵权商品所在地;查封扣押地,是指海关、工商等行政机关依法查封、扣押侵权商品所在地。

对涉及不同侵权行为实施地的多个被告提起的共同诉讼,原告可以选择其中一个被告的侵权行为实施地人民法院管辖;仅对其中某一被告提起的诉讼,该被告侵权行为实施地的人民法院有管辖权。

对于原告一并起诉全国各地销售商的商标侵权诉讼,由于各地销售商之间不属于必要的共同诉讼,为节约司法资源,提高审判效率,法院应先动员原告撤回对外省销售商的起诉,如果原告不同意撤诉,法院应驳回原告对外省销售商的起诉,仅审理原告对本地销售商的起诉。

3.3　诉讼时效

侵犯注册商标专用权的诉讼时效为2年,自商标注册人或者利害关系人知道或者应当知道侵权行为之日起计算。

商标注册人或者利害关系人超过2年起诉的,如果侵权行为在起诉时仍在持续,在该注册商标专用权有效期限内,法院应当判决被告停止侵权行为,侵权损害赔偿额应当自权利人向法院起诉之日起向前推算2年计算。

第四部分　商标侵权判定

商标侵权判定主要涉及商标相同、近似以及商品相同、类似的判断。在商标侵权案件中,在保护知名度高和显著性强的商标时,可以适当放宽近似商标或者类似商品的判断标准。

4.1　商标相同或近似

4.1.1　商标相同

被控侵权的商标与注册商标相比较,两者在视觉上基本无差别。

4.1.2　商标近似

是指被控侵权的商标与原告的注册商标相比较,其文字的字形、读音、含义或者图形的构图及颜色,或者其各要素组合后的整体结构相似,或者其立体形状、颜色组合近似,易使相关公众对商品的来源产生误认或者认为其来源与原告注册商标的商品有特定的联系。

4.1.3　商标近似的判断原则

①以相关公众的一般注意力为标准。

②既要进行对商标的整体比对，又要进行对商标主要部分的比对，比对应当在比对对象隔离的状态下分别进行。

③判断商标是否近似，应当考虑请求保护注册商标的显著性和知名度。

4.1.3.1 相关公众的一般注意力

相关公众，是指商标所标识的某类商品或服务有关的消费者和与前述商品或服务的营销有密切关系的其他经营者。

相关公众的一般注意力，是指对相关商品或服务具有一般知识和经验的公众，按照通常的消费习惯对商品或服务进行判断。

需特别注意的是，商标所标示的商品性质、种类、价格等因素不同，相关公众的范围和注意程度也就不同。通常来说，日常生活用品应以一般消费者为相关公众，其在购买时可能凭第一眼的直觉就进行购买。而价值高的商品，例如汽车、房屋等，注意力标准要比购买日常生活用品时高许多。

4.1.3.2 商标近似的判断方法

①整体比对

是指将商标作为一个整体来进行观察，而不是仅仅将商标的各个构成要素单独抽出来分别进行比对。

当两个商标在各自具体的构成要素上存在区别，但只要将构成要素集合起来作为一个整体产生的整体视觉，有可能使消费者产生误认，就应当认定为近似商标。反之，如果两个商标的部分组成要素可能相同，但是它们作为一个整体并不会使消费者产生误认，就不能认定为近似商标。

②要部比对

是指将商标中发挥主要识别作用的部分抽出来进行重点比较和对照，是对整体比对的补充。商标的要部是最具商品来源的识别性、最易于使相关公众将其与使用该商标的商品或服务联系起来的商标构成要素。一般来说，如果在先的注册商标为图文组合商标，可以根据商标的特征及通常的呼叫习惯，将组合商标中的文字字形及读音作为标准进行对比。

③隔离观察

是指将注册商标与被控侵权的商标放置于不同的地点在不同的时间进行观察比对。

4.1.4 商标近似判断中的几个具体问题

4.1.4.1 商标近似的比对

①文字商标近似性的比对

根据文字商标的特征，具有呼叫功能的读音或文字的字形易给人听觉或视觉留下比较深刻的印象，故文字商标近似性的判断主要要考虑文字的读音和字形，兼顾文字的含义。

②图形商标或文字图形组合商标近似性的比对

应使用整体比对和要部比对相结合的方法，重点比对图形的构图和设计。同时，还应注意公众的呼叫习惯等重要因素。

4.1.4.2 商标的知名度和显著性对判断商标近似的影响

①如果比对的两个商标均未曾使用或者不具有太高的知名度，通常按照音、形、义等自然因素进行整体的比对，这种近似更接近于事实上的近似即商标标识近似。

②如果比对的两个商标具有旗鼓相当的较高知名度，且通常都具有深厚的使用背景，构成近似的比对就不能限于商标标识的构成要素，而应考虑其实际使用背景等深度社会

因素，其在音、形、义上的商标标识近似并不必然构成商标近似。

③如果比对商标的知名度相差悬殊，此时通常采取比较主要部分决定其近似性，而不采取整体比对。

4.1.4.3 权利人注册商标的实际使用形态与注册形态不一致

权利人注册商标的实际使用形态与注册形态不一致的，在判断被控侵权商标与权利人的注册商标是否近似时，仍应以权利人商标的注册形态与被控侵权商标进行比对，而不能用实际使用的形态与被控侵权商标进行比对。

4.2 商品或服务相同或类似

4.2.1 商品或服务相同

主张权利的注册商标核定使用的商品或服务与被控侵权商标核定使用的商品或服务为同一类别。

4.2.2 商品或服务类似

类似商品，是指在功能、用途、生产部门、销售渠道、消费对象等方面相同，或者相关公众一般认为其存在特定联系、容易造成混淆的商品。

类似服务，是指在服务的目的、内容、方式、对象等方面相同，或者相关公众一般认为存在特定联系、容易造成混淆的服务。

4.2.3 商品或服务类似的判断方法

判断商品或服务是否类似，应当结合案件具体的情况，以发生纠纷时相关公众的一般认识水平，从功能、用途、主要原料、消费对象、销售渠道以及服务的目的、内容、方式、对象等因素综合考虑消费者是否会混淆或认为诉争商品或服务之间有特定联系，同时可以参照《商标注册用商品和服务国际分类表》和《类似商品和服务区分表》的分类。

4.2.4 《商标注册用商品和服务国际分类表》与《类似商品和服务区分表》的作用

《商标注册用商品和服务国际分类表》，是于1957年6月15日在法国尼斯外交会议上正式签订，于1961年4月8日生效的国际公约，全称为《商标注册用商品和服务国际尼斯协定》。尼斯协定的宗旨是建立一个共同的商标注册用商品和服务国际分类体系，并保证其实施，我国于1994年5月5日提交了加入书，1994年8月9日生效。

《类似商品和服务区分表》是国家商标局以《商标注册用商品和服务国际分类表》为基础，总结多年的类似商品或服务划分的实践经验制定并对外公布的。需特别注意的是，《类似商品和服务区分表》的作用是在商标行政授权中划定商标专用权的范围，而商标侵权纠纷中认定类似商品或服务在于确定商标禁用权的范围。因此，在商标侵权判定中，《类似商品和服务区分表》只能作为判断商品或服务类似的参考，不能作为唯一的认定标准。首先，应当考虑《类似商品和服务区分表》的划分；其次，当事人提出与《类似商品和服务区分表》的划分不一致的主张时，应当结合双方当事人的抗辩及提供的证据，根据前述“4.2.3 商品或服务类似的判断方法”进行判断。

4.2.5 判断商品与服务类似的考虑因素

①商品与服务之间联系的密切程度

②在用途、用户、通常效用、销售渠道及销售习惯等方面的一致性

③在商品与服务中使用相同或者近似商标，是否足以造成相关公众的混淆、误认

4.2.6 商品类似的判定

下列商品一般构成类似商品:

①具有相同功能、用途的商品。

例如,钢笔与签字笔及铅笔等以书写为使用价值的商品,即可认定为具有相同功能。

②商品之间的功能、用途具有辅助性或互补性,容易被人误认为相关联产品或系列产品。

例如,毛毯(床上用品)与电热毯(电器)显然分属不同商品分类,但同属于一般认识中的"床上用品",属于类似商品。

③在使用时存在着搭配关系的商品。

例如,皮带与领带,在销售时往往搭配在礼品盒中一并出售,可认定为类似商品。

④存在着原料与成品,或零部件与成品等对应关系的商品。

⑤销售渠道、销售场所、销售对象相同或者相近的商品或者一般属于同一行业或者领域生产、销售的商品。

4.3 混淆与误认对商标侵权判定的重要影响

商标侵权判定中的近似是指足以造成相关公众混淆、误认的近似,故在商标侵权判定中不仅仅应当比较诉争商标标识的外观是否近似,还应当对是否足以造成相关公众的混淆、误认进行认定。即使诉争的商标标识客观上相近似,但如果被控侵权商标的使用不会造成相关公众的混淆、误认,则不应认定构成商标侵权。

足以造成相关公众的混淆、误认一般包括:

①商品或服务混淆

是指相关公众将两个商品或服务混为一谈。

②来源混淆

是指相关公众误认为被控侵权商标与注册商标所标示的商品或服务来自同一市场主体,对商品或服务的来源产生混淆、误认。

③关联关系混淆

是指虽然相关公众认为两者所标示的商品或服务来自不同的市场主体,但是误认为两个市场主体之间存在着商标许可、关联企业等关联关系。

衡量是否造成相关公众混淆、误认的因素包括注册商标的知名度、显著性、被诉侵权人的主观意图、相关标识使用的历史和现状等。

第五部分 侵犯注册商标专用权的行为

5.1 侵犯注册商标专用权的行为

根据商标法第五十二条、第五十七条,商标法实施条例第五十条,《最高人民法院关于审理商标民事纠纷案件适用法律若干问题的解释》第一条的规定,侵犯商标专用权的行为一般包括:

①未经商标注册人的许可,在同一种商品或者类似商品上使用与其注册商标相同或者近似的商标的。

②销售侵犯注册商标专用权的商品的。

③伪造、擅自制造他人注册商标标识或者销售伪造、擅自制造的注册商标标识的。

④未经商标注册人同意,更换其注册商标并将该更换商标的商品又投入市场的,即反向假冒。

⑤在同一种或者类似商品上,将与他人注册商标相同或者近似的标志作为商品名称

或者商品装潢使用,误导公众的。

⑥故意为侵犯他人注册商标专用权行为提供仓储、运输、邮寄、隐匿等便利条件的。

⑦将与他人注册商标相同或者相近似的文字作为企业字号在相同或者类似商品上突出使用,容易使相关公众产生误认的。

⑧将与他人注册商标相同或者相近似的文字注册为域名,并且通过该域名进行相关商品交易的电子商务,容易使相关公众产生误认的。

⑨即发侵权

即发侵权包括以销售为目的持有侵权商品的行为;以销售为目的发布侵权商品宣传广告的行为;以制造或者销售侵权商品为目的持有侵权标识或者带有侵权标识的包装物的行为等。

例如,北京天朝公司与北京运河化工厂为生产同类商品的企业,北京运河化工厂明知包装物上带有北京天朝公司的商标,仍大量购进该包装物,该行为是为进一步侵犯北京天朝公司注册商标专用权做好准备,故法院认定构成商标侵权。

⑩其他侵权行为

5.2 认定侵犯注册商标专用权行为需特别注意的问题

5.2.1 反向假冒

反向假冒一般包括:

①显性反向假冒

是指未经商标注册人同意,将商标注册人的商标"更换"成自己的商标,并将该已更换商标的商品又投入市场。

例如,新加坡鳄鱼公司授权同益公司在北京出售"卡帝乐"牌服装,同益公司的工作人员购买了北京服装一厂生产的"枫叶"牌西裤之后,将该西裤上的"枫叶"商标更换为"卡帝乐"商标进行销售,法院认为被告的行为构成商标侵权。

②隐性反向假冒

是指未经商标注册人同意,把商标注册人的商标去除后无商标投入市场。

例如,《最高人民法院公报》2004 年第 10 期刊登的南通中院审理的如皋市印刷机械厂与如皋市铁德物资有限责任公司商标侵权纠纷一案中,如皋市印刷机械厂系专业从事印刷机械生产及销售的企业,其产品注册商标为"银雉"。被告如皋市铁德物资有限责任公司专业从事印刷机械的组装、修理和销售,该公司从市场上购得旧"银雉"牌产品,去除原有的商标标识,经重新修理、喷涂后不带任何标识地再次投放市场销售,法院认为由于被告通过去除行为把原告的商标与原告的商品人为地割裂开来,使商标丧失其本来的商品识别功能,故认定被告的行为构成商标侵权。

5.2.2 反向混淆

是指原告的注册商标知名度很低或者尚未实际使用,而被告在同类商品上使用相同商标,且被告及商标的知名度很高,因此在施以一般注意力的情况下,相关公众可能会认为原告的商品来自被告。

由于反向混淆导致被告的商标可能会吞噬原告商标的声誉,降低原告商标的影响力,或者易产生被告与原告之间存在某种特殊联系即作为小公司的原告可能是作为大公司的被告的子公司的错误认识,削减了原告商标的识别力,使其商标不能正常发挥商标作用。如果不制止此类商标侵权行为,会使拥有知名品牌的企业在使用标识时无所顾忌,必然会导致弱肉强食的不公平市场竞争后果,故应当根据案件的具体情况,依照《中华人民共和国商标法》第五十二条第(一)项或者《中华人民共和国商标法实施条例》第五十条第(一)项的规定,认定反向混淆构成商标侵权。

5.2.3 使用带有商标标识的外包装销售假冒产品

例如,擅自使用带有权利人商标标识的空瓶装入其他品种的酒,其行为实质上是利用他人注册商标的声誉,以自己生产的商品冒充他人商品,使一般消费者对商品来源产生误认,故应认定构成商标侵权。

5.2.4 外观设计专利权或者著作权的保护期届满后,原权利人将外观设计、作品或者其中一部分注册为商标

外观设计专利权或者著作权的保护期届满后,外观设计或者作品即进入公有领域,他人实施该外观设计或者使用该作品,不构成对原权利人专利权或者著作权中的财产权的侵犯。但如果原权利人已将该外观设计、作品或者其中一部分注册为商标使用,而他人使用了与该注册商标相同或者近似的商标,足以造成相关公众混淆、误认的,仍应认定构成商标侵权。

5.2.5 涉外贴牌加工

涉外贴牌加工是指在来料加工、来样加工、来件装配业务中,由境外定作人提供商标,境内的承揽人将其提供的商标印在所加工的产品上,并将加工后的产品全部返还给定作人,贴牌加工的产品不在国内销售的一种经营方式。

认定涉外贴牌加工行为是否构成侵犯注册商标专用权及民事责任的承担应考虑的因素是:

①应考虑境外生产商或销售商是否享有注册商标专用权或有授权许可。

对于在境外享有注册商标专用权或已取得授权许可的,一般应认定不构成商标侵权;而对于在境外无注册商标专用权或未取得授权许可的,应认定构成侵权。

②承揽人是否已尽到必要的审查或注意义务

承揽人应当对定作人是否享有注册商标专用权或已取得授权许可进行必要的审查。如果承揽人未进行审查,或未尽到必要的注意义务,除应承担停止侵权责任外,还应当承担损害赔偿责任。

③应当合理确定承揽人的损害赔偿责任

如果贴牌加工的产品仅销往境外,则商标权人在国内的市场份额和竞争地位并未受到影响,则承揽人不应对境外销售商的获利额承担连带赔偿责任,只应在其加工获利额即加工费的范围内对商标权人承担赔偿责任,并可适当支持商标权人提出的合理费用的主张。

5.3 审理侵犯注册商标专用权案件需要注意的程序问题

根据《最高人民法院关于审理注册商标、企业名称与在先权利冲突的民事纠纷案件若干问题的规定》第一条的规定,如果原告以他人使用在核定商品上的注册商标与其在先的注册商标相同或者近似为由提起民事侵权诉讼的,人民法院应当根据民事诉讼法第一百一十一条第(三)项的规定,告知原告向有关行政主管机关申请解决。

但是如果被告没有规范使用自己的注册商标,实际使用的商标超出了核定商品或服务的范围;或者虽然使用在核定的商品或服务上,但自行改变了商标的外观特征或式样,

包括改变显著特征、拆分使用、将自己的多个注册商标不当叠加或组合使用,并通过文字处理,弱化或淡化部分文字,突出其他文字等方式使用注册商标,而与原告的注册商标相同或者近似,原告以此为由提起民事侵权诉讼的,人民法院应当受理。

第六部分　权利冲突类案件的审理

6.1　商业标识的权利冲突

商业标识的权利冲突,是指两个或者两个以上的民事主体因不同的取得行为或者法律规定,对相同或者近似的商业标识分别获取同类或者不同类知识产权,相互之间在行使权利上产生矛盾或抵触。

6.2　解决权利冲突类案件的基本原则

①保护在先合法权利原则

②诚实信用原则

③防止市场混淆原则

④利益平衡原则

需特别注意的是,审理权利冲突类案件,保护在先合法权利是基本原则,但是由于商业标识类案件有时具有十分特殊的复杂性,因此在个案审理中,还应当适用其他原则,并综合考虑以下因素:①原、被告各自使用商业标识的情况,包括消费者的认知程度,被告使用商业标识的具体范围、持续时间,以及是否系出于正常的营业需要而合法善意地使用,有无累积一定的商誉;②原、被告获得商业标识的时间、取得方式、是否具有正当性与合理性、有无攀附的主观恶意;③诉争商业标识本身的显著性强弱、知名度大小;④诉争商业标识形成和发展的历史、使用现状等。在综合考虑上述因素之后,法院应当在尊重在先权利的前提下兼顾各方利益,确定是否认定商标侵权,避免绝对地以在先商标权人的利益作为唯一衡量因素,而忽略被告利益及公共利益。但为了防止市场主体的混淆和冲突,鼓励各自诚实经营,维护市场正常的竞争秩序,在维持现有使用现状的同时,双方当事人均应当各自规范使用其商业标识,以便消费者加以区分和识别,维护各方当事人及消费者的合法权益。

例如,江苏高院审理的高建良与福记上海公司、福记苏州公司等侵犯商标专用权纠纷一案中,高建良分别于1999年、2003年投资设立了新福记公司、福记皇宫公司、福记投资公司,后其于2004年11月受让了核准注册时间为1997年的涉案“福记”商标。福记上海公司的前身成立于2001年,后于2003年更为现名,福记苏州公司的前身成立于1999年,后于2004年更为现名。本案中,高建良主张福记上海公司、福记苏州公司等注册使用“福记”字号的行为侵犯其商标专用权。法院认为,考虑到涉案“福记”商标显著性不强,高建良受让“福记”商标前,该商标不具有较高知名度,福记上海公司、福记苏州公司在申请注册“福记”字号时,没有攀附“福记”商标的主观意图,两公司使用“福记”标识具有一定的正当性与合理性,故法院在遵循诚实信用、保护在先合法权利、利益平衡原则的基础上,确认福记上海公司、福记苏州公司不构成商标侵权。但由于高建良投资设立的新福记公司、福记皇宫公司等为江苏常州地区较大的餐饮企业,福记上海公司等系在上海、苏州地区注册的较大关联企业,原、被告现有知名度、规模均较大,服务项目类似,服务区域相邻。故为了防止市场主体的混淆和冲突,鼓励各自诚实经营,福记上海公司等应当维持现有使用与“福记”相关商业标识的现状,以保护消费者权益和市场正常的竞争秩序。

6.3 注册商标专用权与企业名称权利冲突类案件的处理

6.3.1 在先注册商标专用权与在后企业名称权的冲突

将与他人注册商标相同或者相近似的文字作为企业字号在相同或者类似商品上突出使用,容易使相关公众产生误认的,构成商标侵权行为。

需特别注意的是:

①只有突出使用“与他人注册商标相同或者近似文字”的企业字号时,才构成商标侵权行为。

②尽管未突出使用企业字号的行为不构成侵犯注册商标专用权,但最高人民法院在(2004)民三他字第10号函中明确,“对违反诚实信用原则,使用与他人注册商标中的文字相同或者近似的企业字号,足以使相关公众对其商品或者服务的来源产生混淆的,根据当事人的诉讼请求,可以依照民法通则有关规定以及反不正当竞争法第二条第一、二款规定,审查是否构成不正当竞争行为,追究行为人的民事责任。”

6.3.2 在先企业名称权与在后注册商标专用权的冲突

判断在先企业名称权是否侵犯了在后注册商标专用权时,法院通常需要考虑在先企业名称的使用是否攀附了在后注册商标的商誉。

如果在先企业名称的使用系出于正常营业需要而合法善意地使用,并未攀附在后注册商标的商誉,如果一味强调保护注册商标专用权,将有违公平原则和诚实信用原则,故应当判决在先的企业名称不构成商标侵权。但为了防止市场主体的混淆和冲突,鼓励各自诚实经营,保护消费者权益与市场正常的竞争秩序,法院可以在判决中明确要求双方当事人各自规范使用其企业名称和注册商标。

例如,苏州中院一审、江苏高院二审的富士控股公司、番禺富士公司与苏州富士等侵犯商标专用权纠纷一案中,富士控股公司、番禺富士公司在电梯等核准商品范围内依法享有涉案“FUJI富士”商标的专用权与许可使用权,其主张苏州富士注册使用“富士”字号侵犯其商标专用权。法院认为,考虑到“富士”、“FUJI”常与日本富士山等地名相关联,故涉案“FUJI富士”商标的固有显著性较弱,也未通过富士控股公司、番禺富士公司事后的使用取得较强的显著性;“FUJI富士”商标尚未在相关公众中产生一定的知名度以及苏州富士的“富士”字号早于涉案商标注册使用,其使用无主观恶意,故苏州富士在先使用的与“FUJI富士”商标相同的“富士”字号不会造成相关公众的混淆与误认,不宜认定此种使用字号的行为构成商标侵权。

6.3.3 对于因历史原因造成的商业标识之间权利冲突的处理

对于一些具有复杂历史渊源的商标或老字号等商业标识,相关当事人对于商标和品牌的创立和发展都作出了自己的贡献,且均为善意使用,故法院在处理此类商标纠纷案件时,应当根据个案具体情况,在充分考虑历史、政策等因素和使用现状的基础上,公平合理地解决冲突,不宜简单地认定构成商标侵权或者不正当竞争。

例如,北京高院一审、最高院二审的拉科斯特公司与鳄鱼国际公司等侵犯商标专用权纠纷一案中,拉科斯特公司于 1980 年至 1999 年,在中国注册了"鳄鱼图形"与"鳄鱼图形 + LACOSTE"商标,鳄鱼国际公司于 1949 年始在新加坡、香港、印度等亚洲国家与地区获准注册鳄鱼图形商标等,于 1993 年、1994 年在中国申请注册"CARTELO 及鳄鱼图形"商标,拉科斯特公司主张鳄鱼国际公司注册的"CARTELO 及鳄鱼图形"商标侵犯其商标专用权。法院认为,由于鳄鱼国际公司进入中国市场后使用相关商标,主要是对其已有商标的沿用;且从相关国际市场看,双方诉争标识在亚洲部分国家和地区已经长期形成共存和使用的国际市场格局;从诉争标识在中国市场的共存和使用情况看,两者在中国市场内已经拥有各自的相关公众,在市场上均已形成客观的划分,已成为可区别的标识,故双方之间的诉争商标在相关市场中均具有特殊的形成历史和发展历程,有特殊的使用和共存状态,故考虑到两者各自形成和发展的历史、相互之间的共存过程和使用现状以及鳄鱼国际公司的主观意图等因素,认定两者不构成侵权意义上的混淆性近似,鳄鱼国际公司不构成商标侵权。

6.4　注册商标专用权与域名冲突案件的处理

将与他人注册商标相同或者相近似的文字注册为域名,并且通过该域名进行相关商品交易的电子商务,容易使相关公众产生误认的,构成商标侵权。

需特别注意的是,由于商标侵权必须与商品或服务联系在一起,故如果只是将与他人注册商标相同或者相近似的文字注册为域名,而没有通过该域名进行相关商品交易的电子商务,一般不认定构成商标侵权。同时在理解并运用该条解决注册商标专用权与域名的冲突时,要注意结合《最高人民法院关于审理涉及计算机网络域名民事纠纷案件适用法律若干问题的解释》第四条和第五条的规定精神,被告域名或其主要部分构成对原告驰名商标的复制、模仿、翻译或音译或者与原告的注册商标、域名等相同或近似,足以造成相关公众的误认;原告请求保护的民事权益合法有效;被告对该域名或其主要部分不享有权益,也无注册、使用该域名的正当理由;被告对该域名的注册、使用具有恶意,则即使被告没有通过该域名进行相关商品交易的电子商务,也应当认定被告注册、使用域名等行为构成侵权或者不正当竞争。

第七部分　侵犯注册商标专用权的抗辩事由

在侵犯注册商标专用权纠纷案件的审理中,被告往往提出各种抗辩事由以证明自己并不构成商标侵权或者不应当承担赔偿责任。法院在审理商标侵权案件时,要注意加强对被告抗辩事由的审查。

7.1　正当使用抗辩

被告提出正当使用抗辩的事由,通常包括:

①被告的使用行为不构成商标意义上的使用。

商标法实施条例第四十九条规定,"注册商标中含有的本商品的通用名称、图形、型号,或者直接表示商品的质量、主要原料、功能、用途、重量、数量及其他特点,或者含有地名,注册商标专用权人无权禁止他人正当使用。”

商标意义上的使用,是指标明商品或服务来源,使相关公众能够区分不同商品的生产者或服务提供者。而涉及正当使用时,被告基本上是将与他人注册商标相同或近似的文字用来叙述、说明商品的特点、质量、数量等或者描述某种商业活动的客观事实,而不是作为商标使用。

②被告使用与他人注册商标相同或近似的文字并非出于不正当竞争的目的,主观上不是想故意引起混淆,而是善意、正当且合理的使用。

判断是否出于善意,应当综合考虑使用意图、使用行为发生的时间、使用方式以及使用的客观效果。

7.1.1　描述商品或服务品质的叙述性使用

①注册商标中含有本商品的通用名称、图形、型号的,他人可以正当使用。

其中,通用名称是指在某一区域内为生产经营者或者消费者普遍用于称呼某一商品的名称,包括全称、简称、缩写、俗称等,不仅包括国家或者行业标准以及专业工具书、辞典中已经列入的商品名称,而且包括对于已为同行业经营者约定俗成、普遍使用的表示某类商品的名词。

对于具有地域性特点的商品通用名称来说,在判断时,应以特定区域以及该区域相关公众的接受程度为标准,而不应以是否在全国范围内广泛使用为标准。

②注册商标直接表示商品的性质、质量、主要原料、功能、用途、重量、数量、种类及其他特点,他人可以正当使用。

7.1.2　指示商品或服务特点的指示性使用

为说明经营范围、指明商品或服务的来源、用途,他人可以正当使用。

需注意的是,指示性使用主要与产品维修、零配件或耗材销售等有关。但法律限制是,不能使人误认为其经营与商标注册人存在商业上的联系。例如,国家工商行政管理局认为,“××专卖店”、“××专修店”、“××专营店”等,应当是商标注册人指定销售其商品或提供服务的营业场所。未经商标注册人许可,汽车零部件销售商店和汽车维修站点等他人不得将中外汽车企业的注册商标等作为专卖店、专营店、专修店的企业名称或营业招牌使用,其在需要说明本店经营商品及提供服务的业务范围时,应直接使用叙述性的文字,即使用“本店销售××汽车零部件”、“本店维修××汽车”、“本店修理××产品”、“本店销售××西服”等叙述性文字,且其字体应一致,不得突出其中商标部分,也不得使用他人的图形商标或者单独使用他人的文字商标。

7.1.3　作为地名使用

注册商标中含有地名的,商标权人无权禁止他人在相同或者类似商品上正当使用该地名来表示商品与产地、地理位置等之间的联系。

①判断正当使用地名,应考虑以下因素:

1)被告使用地名的目的和方式

2)商标和地名的知名度

所使用的文字,如果其作为商标的知名度高,则被混淆、误认的可能性较大;如果其作为地名的知名度高,则被混淆、误认的可能性较小。

3)相关商品或服务的分类情况

商品或服务的分类情况,往往决定了是否需要指示其地理位置。房地产销售中指示房地产的地理位置,一般应当认为是基于说明该商品的自然属性的需要。

4)相关公众在选择此类商品或服务时的注意程度

5)地名使用的具体环境

在房地产广告上为突出地理位置的优越而突出使用地名与在一般商品上或者广告上为突出产地而突出使用地名往往给予公众的注意程度不同,产生的效果也有所差别。

②正当使用地名。

注册商标含有地名的,该地名所在区域的其他经营者为表明地理来源等目的可以正当使用该地名。

例如,《最高人民法院公报》2005 年第 8 期刊登的江苏高院审理的句容市联友卤制品厂与柏代娣关于“茅山”的商标侵权纠纷一案中,句容市联友卤制品厂注册了“茅山”商标,核定使用于板鸭等商品,其主张柏代娣生产经营的“茅山老鹅”侵犯其商标专用权。法院认为,由于“茅山”系地名,而柏代娣经营的饭店位于茅山地区,故其在生产的“老鹅”等商品名称前注明“茅山”,只是用于标明商品的产地来源,而非将“茅山”作为商品的标识使用;同时,在句容市联友卤制品厂获准注册“茅山”商标之前,柏代娣就已经在自己的商品上使用“茅山”字样,其不存在侵犯他人注册商标专用权的主观恶意;此外,“茅山”作为地名的知名度远远高于作为商标的知名度,且在茅山地区,“老鹅”等食品已经成为当地的土特产,故柏代娣使用“茅山”属于正当使用,未侵犯句容市联友卤制品厂的注册商标专用权。

③非正当使用地名。

注册商标的知名度明显高于地名,商标权人虽无权禁止他人在相同或类似商品上正当使用该地名来表示商品与产地之间的联系,但如果有证据显示,他人使用该地名的方式并非出于标注产地的需要,而明显具有攀附注册商标的商誉或知名度,以使消费者产生混淆或误认的故意的,则该使用行为已经超出了正当使用的范畴,应当认定构成商标侵权及不正当竞争。

例如,《最高人民法院公报》2007 年第 2 期刊登的江苏高院审理的灌南县预算外资金管理局、江苏汤沟两相和酒业有限公司与陶芹商标侵权纠纷一案中,涉案商标涉及江苏四大名酒之一“汤沟”酒,该商标为江苏省著名商标,该酒的产地为江苏省灌南县汤沟镇。陶芹经营的灌南县汤沟曲酒厂在其生产的“珍汤”牌酒包装的合理位置已经明确标注厂址“江苏省灌南县汤沟镇”,且已足以表明产地的情况下,又在产品包装的中部以较大字体标注繁体字“汤沟”,却以较小、不显著的字体标明其自己的商标“珍汤”,其行为已超出了标明产地来源的正当目的,具有明显的攀附故意,法院认定陶芹的使用行为构成商标侵权。

7.1.4 商标的通用化

是指由于某种商标指代的商品在市场上过于成功,或是商标所有者对商标的使用不当,导致相关公众将其认定为所有商品提供者提供的同一类商品的通用名称,他人将该商标文字在已通用化的范围内使用,且不足以造成相关公众的混淆、误认的,应当认定不构成商标侵权。

例如,“阿司匹林”原为止痛药商标,现已退化为止痛药的通用名称,不再具有指示特定止痛药来源的功能。

7.2 销售商具有合法来源的抗辩

在侵犯注册商标专用权纠纷案件的审理中,作为被告的销售商往往会提出合法来源的抗辩。根据商标法第五十六条第三款的规定,如果销售商提出的合法来源抗辩成立,其不需要承担赔偿责任,但行为仍然构成商标侵权。

销售商提出合法来源抗辩时,需要证明:

①其确实不知道自己销售的是侵犯他人注册商标专用权的商品。

判断销售商是否已尽到合理注意义务,可以考虑如下因素:

1)销售商的资质

例如,大型百货商店的注意义务应该高于个体工商户。

2)涉案商标的知名度

3)销售商是否同时销售正品与侵权商品

例如,浙江康恩贝制药股份有限公司与句容市康福药店侵犯商标专用权纠纷一案中,由于句容市康福药店同时销售了浙江康恩贝制药股份有限公司生产的“前列康”牌药片与被控侵权的“乾列康”胶囊,故法院认为考虑到“前列康”的知名度,应推定句容市康福药店知道其销售的“乾列康”胶囊系侵权商品,其提出的合法来源抗辩不能成立。

4)侵权商品的进货价格是否明显低于市场上同类产品的进价

②商品是由正规、合法渠道取得,并指明商品的提供者

销售商对于其所销售的商品来源应承担举证义务,具体需要提供的证据应视个案情况而定,一般需要提供:

1)供货合同

2)相应的商业发票

如果销售商仅能提供记账凭证、收款收据,则应根据个案情况具体分析,可以要求销售商补充提供送货单、入库进货单、付款凭证等相关的财务账册和财务凭证加以印证;如果供货商认可被控侵权商品是由其实际销售给销售商,可以视个案情况降低对销售商的举证要求。

需特别注意的是,在实践中,销售商在提出合法来源抗辩的同时,往往提出追加供货商或者生产厂家作为共同被告,法院应当予以追加。

第八部分 驰名商标的保护

8.1 驰名商标

是指经过长期使用或者大量商业推广或宣传,在中国境内为相关公众广为知晓,且具有良好市场声誉的商标。

8.2 驰名注册商标的跨类保护

注册商标专用权的范围以“核准注册的商标和核定使用的商品”为限,但注册商标的禁用权扩大到了“类似商品”与“近似商标”,即注册商标专用权人有权禁止他人未经许可在同一种或者类似商品上使用与其注册商标相同或者近似商标。

法律对于驰名注册商标的保护范围则实行“跨类保护”,但“跨类保护”是否包含了所有领域,现行法律对此没有明确的界定,从立法本意来讲,对跨类保护应有所限制,应以足以引起消费者对商品的生产者和服务的提供者产生混淆、误认或产生某种联想为判断依

据,原则上不能涵盖所有的领域进行全类保护。

8.3 未注册驰名商标的非跨类保护

禁止在相同或者类似商品上申请注册、使用复制、摹仿或者翻译他人未注册的驰名商标。

对于驰名的未注册商标的保护,首先应当审查当事人申请保护的商标是否属于商标法第十条、第十一条、第十二条规定的不得作为商标注册和使用的情形。

8.4 企业名称与驰名商标冲突类案件

对涉及驰名商标与企业名称冲突的民事纠纷案件,只有在不相同或不相类似的商品上突出使用企业名称,或者使用的企业名称足以使相关公众认为使用被诉企业名称与驰名商标具有相当程度的联系,而减弱驰名商标的显著性、贬损驰名商标的市场声誉或不正当利用驰名商标的市场声誉的情形下,才有认定商标驰名的必要。

8.5 驰名商标司法认定的原则

①被动认定

商标注册人向法院提出请求,才有可能启动司法认定程序,法院不能依职权主动认定。

②个案认定

法院在审理具体案件中认定的驰名商标,仅对个案具有效力,在他案中,并不当然有效。对于在中国境内为社会公众广为知晓的商标,原告已提供其商标驰名的基本证据,或者被告不持异议的,人民法院对该商标驰名的事实予以认定。

③域内驰名

认定驰名商标必须以商标在中国境内驰名为必要,还要求商标所指示的商品或服务应在国内市场上存在和流通,或者在国内市场进行过宣传。

④因需认定

凡能够通过一般商标侵权或其他途径予以救济的,则无须进行司法认定。

8.6 驰名商标的认定标准

认定商标驰名,应考虑以下因素:

①使用该商标商品的市场份额、销售区域、利税等

②该商标的注册时间和持续使用时间,包括商标核准注册前持续使用的情形

③该商标的宣传或者促销活动的方式、持续时间、程度、资金投入和地域范围

④该商标的价值、享有的市场声誉、相关公众的知晓程度

⑤该商标被仿冒的记录等

对于上述因素通常都需要进行综合考虑,但在一些特殊情况下,对于众所周知的品牌,考虑部分因素即足以认定所涉商标驰名的,则无须机械地一一考虑全部因素。

同时,法院要依职权加强对有关证据和事实的调查核实,即主动审查商标驰名与否相关证据的原件;被告注册时间与身份,其是否是在诉讼前不久成立,与原告是否存在关联;有关被控侵权行为是否真实等。要采取有效措施防止当事人滥用驰名商标司法认定制度,通过制造诉讼等不正当手段达到认定目的。

8.7 商标驰名在裁判文书中的表述

当事人不能单独提起驰名商标认定的诉讼,法院不应将驰名商标的司法认定作为独立的诉讼请求审理。因驰名商标的司法认定属于事实认定的范畴,因此人民法院对驰名商标的认定,仅作为案件事实和判决理由。

在判决主文中,不应出现"认定××商标为驰名商标"的表述;以调解方式审结的,在调解书中对商标驰名的事实不予认定。

8.8 对于商标是否驰名不予审查的民事纠纷案件

8.8.1 被诉侵犯商标权的成立不以商标驰名为事实依据的

被告经营商品或服务的类别与原告商标核定使用的商品或服务类别相同或类似,可以直接对被告的行为是否构成一般商标侵权或不正当竞争行为进行认定,无须认定驰名商标。

8.8.2 被诉侵犯商标权行为不成立的

如果经过审理认定被告行为不构成侵权,则无须审查商标是否驰名。

但是,如果原告以被诉商标的使用侵犯其注册商标专用权为由提起民事诉讼,被告以原告的注册商标复制、摹仿或者翻译其在先未注册驰名商标为由提出抗辩或者提起反诉的,可以根据需要认定驰名商标。

8.8.3 驰名商标与域名的冲突

将与他人注册商标相同或者相近似的文字注册为域名,并且通过该域名进行相关商品交易的电子商务,容易使相关公众产生误认的,构成侵犯注册商标专用权,由于该条规定对于注册商标的知名度不作特别要求,故涉及驰名商标与域名的冲突案件无须认定驰名商标。

8.9 驰名商标认定的审核备案制度

江苏高院建立了驰名商标司法认定的审核备案制度,要求中院在案件审理过程中,经初步审查认为确需认定驰名商标的,必须形成书面报告随同卷宗移送,并以请示案件形式报请江苏高院审核认定。同时,涉及驰名商标司法认定的案件,无论最终是否认定,均应按规定将法律文书报送江苏高院备案。对于司法认定驰名商标案件的判决书,应报最高人民法院备案。

第九部分 民事责任的承担

9.1 停止侵害

在侵犯注册商标专用权纠纷案件中,法院判决的责任方式主要包括:

①停止侵犯原告注册商标专用权的行为

②规范使用或者不得突出使用企业名称

③停止或者变更使用企业名称

9.1.1 规范使用、停止使用企业名称的适用

①如果企业名称的注册使用并不违法,只是因突出使用其中的字号而侵犯注册商标专用权的,判决被告规范使用企业名称即足以制止被告的侵权行为,宜判决规范使用,即不得突出使用或者规范使用企业全称。

②如果被告不正当地将他人具有较高知名度的在先注册商标作为字号注册登记为企业名称,不论是否突出使用均难以避免产生市场混淆的,可以判决停止使用或者变更该企业名称。

9.1.2 法院判决停止侵害的例外情况

如果判决停止有关行为会造成当事人之间的重大利益失衡,或者有悖社会公共利益,或者实际上无法执行,可以根据案件具体情况进行利益衡量,即可以不判决停止侵害,而改为采取更为充分的民事赔偿责任方式。

9.2 赔偿损失

9.2.1 基本原则

侵犯注册商标专用权的赔偿额,为被告

在侵权期间因侵权所获得的利益,或者原告在被侵权期间因被侵权所受到的损失,包括原告为制止侵权行为所支付的合理开支。被告因侵权所得利益,或者原告因被侵权所受损失均难以确定的,法院可以根据当事人的请求或者依职权根据侵权行为的情节判决五十万元以下的赔偿。

法院要积极引导当事人选用侵权受损或者侵权获利方法计算赔偿,尽可能避免简单适用法定赔偿。

9.2.2 侵权人的获利

被告因侵权所获得的利益可以根据侵权商品销售量与该商品单位利润乘积计算;该商品单位利润无法查明的,按照注册商标商品的单位利润计算。

9.2.3 权利人的损失

权利人因侵权所受到的损失可以根据权利人因侵权所造成商品销售减少量或者侵权商品销售量与该注册商标商品的单位利润乘积计算。

9.2.4 法定赔偿

适用法定赔偿时,法院应当综合考虑如下因素:

①侵权行为的性质、持续时间、范围、后果

②商标的声誉,商标使用许可费的数额,商标使用许可的种类、时间、范围

③原告可能遭受的损失,被告可能获得的利益

④被告的过错程度、被告有无侵权史

⑤制止侵权行为的合理开支

⑥原告因侵权行为受到的商业信誉损失

9.2.5 合理费用

原告为制止侵权行为发生而支出的合理费用的项目及范围,一般包括:

①公证费

②调查取证费

③咨询费、档案查询费、材料印制费

④翻译费

⑤交通费、住宿费

⑥律师代理费

⑦其他合理费用

对合理费用,法院应当进行合理性、必要性和关联性的审查。

需特别注意的是:

①在关联案件中,对于原告为制止侵权行为而共同支出的合理费用,已在其他案件中确定或考虑过的不再重复计算。

②由于合理费用与侵权所造成的损失虽有关联,但是为两种不同性质的费用,而且合理费用一般都能够准确算出,因此一般情况下,在裁判文书的事实部分可以详细认定合理费用的具体项目及确定依据,并在主文中对合理费用部分与赔偿额分别进行裁判。

9.2.6 商标使用状况对确定赔偿额的影响

①请求保护的注册商标未实际投入商业使用

请求保护的注册商标未实际投入商业使用的,确定民事责任时可将责令停止侵害作为主要方式,在确定赔偿额时可以酌情考虑未实际使用的事实,除为维权而支出的合理费用外,如果确无实际损失和其他损害,一般不根据被告的获利确定赔偿。

②考虑注册人的主观状况

如果注册商标的注册人或受让人并无实际使用的意图,只是将注册商标作为索赔工具的,可以考虑不予赔偿。

③连续三年不使用的注册商标

这种商标虽尚未被撤销,但在损害赔偿上可不予支持。

9.3 销毁侵权产品

根据当事人的诉讼请求和案件的具体情况,对于当事人提出的销毁侵权产品的请求,法院应当侧重去除和销毁相关的商标标识,只有在商标标识与商品难以分离时,才判决销毁侵权产品;或者责令当事人销毁制造侵权产品的专用材料、工具等,但采取销毁措施应当以确有必要为前提,应与侵权行为的严重程度相当,且不能造成不必要的损失。

因个案具体情况不判决销毁侵权产品较为合理的,可以视情况增加赔偿的数额。

9.4 不适用赔礼道歉的责任方式

在商标侵权案件中,原告除要求赔偿损失外,一般还会要求被告公开赔礼道歉,但是赔礼道歉的民事责任仅适用于侵犯人身权的场合,而商标权是一种财产性质的权利,除被控侵权行为严重损害了商标权人的商誉,一般不适用赔礼道歉的民事责任,但可以根据个案情况判决消除影响。

第十部分 其 他

10.1 民事制裁

人民法院对于侵犯注册商标专用权的行为可以做出罚款、收缴侵权商品、伪造的商标标识和专门用于生产侵权商品的材料、工具、设备等财物的民事制裁决定。

10.2 临时禁令

临时禁令是法院为及时制止正在实施或即将实施的可能侵害注册商标专用权的行为,而在起诉前应商标注册人或利害关系人申请作出的禁止或限制被申请人从事某种行为的强制性措施。当事人申请临时禁令的,应当根据商标法第五十七条、《最高人民法院关于诉前停止侵犯注册商标专用权行为和保全证据适用法律问题的解释》进行审查,采取临时禁令既要慎重,又要合理有效。

10.3 中止诉讼

在商标侵权案件中,被告向国家商标局请求撤销原告主张权利的注册商标的,一般不中止诉讼。但被告依据商标法第四十一条的规定请求撤销该注册商标,并有充分的证据或者理由否定该注册商标的效力的,可以中止诉讼。

10.4 确认不侵权

因权利人向他人发出侵权警告函,故他人作为原告针对权利人发函指控其侵权的行为向人民法院提起诉讼,请求法院确认自己不侵权。

目前,关于确认不侵权之诉的受理条件,仅有《最高人民法院关于审理侵犯专利权纠纷案件应用法律若干问题的解释》第十八条规定了确认不侵犯专利权案件的受理条件,即"权利人向他人发出侵犯专利权的警告,被警告人或者利害关系人经书面催告权利人行使诉权,自权利人收到该书面催告之日起一个月内或者自书面催告发出之日起二个月内,权利人不撤回警告也不提起诉讼,被警告人或者利害关系人向人民法院提起请求确认其行为不侵犯专利权的诉讼的,人民法院应当受理"。确认不侵犯商标权等案件同样可以适用上述规定。

一般认为,确认不侵权之诉的受理条件应当包括:

①原告受到明确的侵权警告威胁

②权利人未在合理期限内撤回警告或提

起诉讼,使得原告的法律地位处于不稳定、不安全的危险状态

③不提起确认不侵权诉讼将使得原告的合法权益受到或可能受到损害,只有通过提起确认不侵权诉讼才能消除这种不稳定、不安全的状态

作为一种新类型的案件,确认不侵权之诉应以必要为前提,对其受理条件应加以严格限制。

例如,无锡中院一审、江苏高院二审的金陵管理公司与无锡金陵酒家公司、保利公司等确认不侵权纠纷一案中,金陵管理公司许可保利公司使用其注册商标"金陵",在无锡投资建造保利公司金陵店。后无锡金陵酒家公司起诉保利公司、保利公司金陵店,请求判令停止使用"金陵"字号等。双方当事人达成确认侵权并赔偿损失的调解协议,保利公司以此为由要求变更与金陵管理公司之间合同约定的义务,故金陵管理公司提起确认不侵权之诉。法院认为,金陵管理公司并非另案当事人,另案调解书中关于自认侵权的内容,并不能产生认定金陵管理公司的行为构成侵权的法律后果,保利公司也不能以此为依据,要求变更其与金陵管理公司之间合同约定的义务。故另案调解书对金陵管理公司不具有约束力,金陵管理公司无须提起确认不侵权之诉。

10.5　商标侵权诉讼中的反赔请求权

商标权人故意以侵害他人合法权益为目的,利用形式合法的商标权无事实根据和无正当理由地提起民事诉讼,致使他人在诉讼中遭受损失,他人可以向商标权人提出赔偿请求。反赔请求权可以作为独立的请求由他人另案提出,也可以由他人在商标权人提起的诉讼中提出,一并解决。

10.6　溯及力问题

商标法实施条例第三十六条规定,依照商标法第四十一条的规定撤销的注册商标,其商标专用权视为自始即不存在。有关撤销注册商标的决定或者裁定,对在撤销前人民法院作出并已执行的商标侵权案件的判决、裁定,工商行政管理部门作出并已执行的商标侵权案件的处理决定,以及已经履行的商标转让或者使用许可合同,不具有追溯力;但是,因商标注册人恶意给他人造成的损失,应当给予赔偿。

江苏省高级人民法院民三庭
知识产权案件证据保全审查指南

一、证据保全概述及基本审查思路

1.1　基本情况

证据保全一般可分为诉前证据保全和诉中证据保全。知识产权诉讼中,证据保全主要适用于固定被控侵权产品、技术方案、生产方法、生产工艺以及侵权利润证据等方面。

1.2　基本要求

知识产权证据保全的目的在于解决权利人取证难问题,有效维护权利人合法权益,既要依法及时固定侵权证据,有效遏制妨碍取证行为,同时也要依法维护被申请人正常的生产经营秩序,防止滥用权利。

证据保全标的金额巨大或者社会影响较大的,应当在作出保全决定前及时向庭负责人、分管院长汇报。

1.3　审查思路

第一步:审查申请人主体资格;

第二步:审查证据保全申请是否符合法律规定;

第三步:证据保全申请符合法律规定的,裁定采取证据保全措施。证据保全申请不符合法律规定的,通知驳回申请;

第四步:实施证据保全措施;

第五步:根据案件审理需要,决定是否解除证据保全措施。

1.4　主要援引的法律规定

《中华人民共和国民事诉讼法》、《中华人民共和国商标法》、《中华人民共和国著作权法》、《中华人民共和国专利法》、《最高人民法院关于民事诉讼证据的若干规定》、《最高人民法院关于适用〈中华人民共和国民事诉讼法〉若干问题的意见》等。

二、证据保全申请的受理法院

2.1　法院受理证据保全的分工

案件审理法院负责对证据保全申请的审查、决定和实施。

2.2　一、二审法院证据保全工作的衔接

对当事人不服一审判决提起上诉的案件,在第二审人民法院收到移送上诉案卷之前,当事人、利害关系人发现对案件处理有实质性影响的证据需要申请采取证据保全措施的,由第一审人民法院审查决定。第一审人民法院应当将证据保全裁定书(或者驳回证据保全的通知书),证据保全措施实施过程、结果及其他有关材料及时报送第二审法院。

三、证据保全申请的提交

3.1　申请人应当提交书面申请

申请人民法院进行证据保全的,应当提交书面申请。申请书应当载明:

1. 当事人及其基本情况;

2. 申请保全证据的具体内容、范围、地点,以及证据持有人姓名或者单位名称、住所地等基本线索;

3. 申请理由,包括证据可能灭失或者以后难以取得且当事人、利害关系人因客观原因不能自行收集的说明;

4. 申请保全证据的证明目的,包括是否涉及案件的侵权认定、损害赔偿等。

当事人申请证据保全,应当向人民法院提供被告是否构成侵权或者原告的权利是否稳定、有效等相关初步证据。

3.2　人民法院依职权保全证据

人民法院在审理案件过程中,发现涉案证据可能灭失或者以后难以取得的,可以要求当事人或者利害关系人及时申请证据保全;情况紧急的,也可以依职权采取保全措施。

四、证据保全申请的审查

4.1　基本内容

人民法院应当对证据保全申请及时进行全面审查。

对证据保全申请的审查应当由合议庭进行,并应当制作合议笔录,随案附卷。

对证据保全申请,一般应审查以下方面

内容:申请人的主体资格、申请是否符合法律规定(包括申请提交期限、证据保全的必要性和可行性等)、申请人是否根据要求提供担保等。

4.2　申请人的主体资格审查

申请人一般应当为知识产权的权利人或者利害关系人。提出申请的利害关系人,一般包括知识产权财产权利的被许可使用人、知识产权财产权利的合法继承人等。

4.3　证据保全申请提交期限的审查

申请人向人民法院申请诉中证据保全,一般不得迟于举证期限届满前七日。申请人在上述期限届满后发现对案件处理有实质性影响的证据需要保全的,可以向人民法院提出申请,人民法院认为不审查该证据可能导致裁判不公的,应当及时采取保全措施。

申请人在案件中止诉讼期间发现对案件处理有实质性影响的证据需要保全的,可以及时向人民法院提出申请,人民法院认为不审查该证据可能导致裁判不公的,应当及时采取保全措施。

4.4　证据保全申请的必要性审查

人民法院对证据保全申请,应当进行必要性审查。必要性主要包括:

(1)申请人已经提供了涉案的初步证据;

(2)申请人申请保全的证据是认定侵权成立或者确定赔偿数额的重要证据;

(3)申请人申请保全的证据可能灭失或者以后难以取得;

(4)申请人申请保全的证据属于申请人因客观原因无法自行收集的证据。

在进行必要性审查时,需要注意的问题是:

(1)证据虽然系申请人及其诉讼代理人不能自行收集,但不会灭失或以后难以取得,则应认定无需采用证据保全措施,而可以申请人民法院直接调查收集证据,如某些国家机关所掌握的文件、档案等;

(2)申请人申请证据保全未提供初步证据或者没有进行任何收集证据的努力的,一般不应当采取证据保全措施,以防止权利人完全借助公权力收集证据,从而不当扩大私权利的范围;

(3)申请保全的证据完全处于公开状态,不必花费过多的努力即可取得,如市场上公开销售的产品或者公开出版物等,应当由申请人自行收集或者由公证机关进行公证保全,人民法院一般不进行证据保全;

(4)申请保全被申请人的财务账册的,人民法院应当向申请人释明保全财务账册的法律后果,并要求其选择损害赔偿的计算方式。当事人坚持选择以被申请人的财务账册作为损害赔偿计算依据的,人民法院应当对相关财务账册采取保全措施,并将其作为损害赔偿计算依据。人民法院采取保全措施后,仍然无法有效保全被申请人的财务账册的,可以由申请人选择其他损害赔偿的计算方式或者由人民法院直接适用法定赔偿的规定。

当事人主张适用法定赔偿的,应向其说明无须保全财务账册。

4.5　证据保全申请的可行性审查

申请人申请证据保全的事项应当是人民法院在现有条件或者当事人提供相应条件下可以有效取得的。如果依据现有条件或者现有的技术手段无法实现保全,人民法院不应当采取证据保全措施,并向申请人说明理由。

4.6　证据保全与调查取证的关系理解

证据保全与调查取证存在一定的交叉关

系,但各有侧重。证据保全是在证据有可能灭失或以后难以取得的情况下,人民法院采取的固定和保护证据的措施。调查取证是人民法院为了查明案件事实的需要,根据法律规定依职权或依申请收集相关证据。

与调查取证相比,证据保全具有如下特点:

(1)时间紧迫性。证据保全的前提是证据有可能灭失或以后难以取得,因此保全措施的采取必须及时、迅速,以防止证据灭失,延长证据存在的时间。

(2)手段强制性。人民法院采取的证据保全措施一般带有一定强制性,如查封、扣押等。对于被申请人无正当理由拒不配合证据保全的,人民法院可根据具体情况作出对其不利的事实和法律认定,并可以对其予以一定处罚。(详见本指南7.2)

(3)程序严格性。人民法院决定是否采取保全措施应遵循严格的程序要求,全面审查证据保全的必要性、可行性。决定予以证据保全的,还应当制作裁定书。

五、证据保全的担保

5.1　提供担保的适用条件

申请人申请证据保全,保全证据本身财产价值较大,或者采取证据保全可能妨碍被申请人正常经营活动而造成损失,或者涉及被申请人其他财产损失的,人民法院应当要求申请人提供担保。申请人拒绝提供担保的,驳回证据保全申请。

5.2　担保额的确定

申请人提供的担保财产额,应相当于因其证据保全措施可能给被申请人造成的实际损失,具体数额由人民法院根据案件情况酌情决定。

5.3　追加担保的适用条件及法律后果

人民法院采取证据保全措施后,应当将申请人的担保情况告知被申请人。如被申请人认为因证据保全导致其所造成的损失将超过申请人提供的担保额的,人民法院应当要求其明确损失数额并提供相应证据,同时明确告知被申请人,其相关陈述及提供的证据将作为人民法院确定赔偿损失额的参考。

根据被申请人提供的证据计算出损失额明显超出申请人提供的担保额的,应当要求申请人追加担保。申请人无正当理由拒不追加担保的,人民法院应当以摄像等不影响被申请人正常经营活动的方式进行证据保全,由此可能导致不能完整有效固定证据的法律后果由申请人承担。

六、证据保全的决定

6.1　驳回证据保全申请

人民法院经审查认为申请人的证据保全申请不符合法律规定的,应当通知驳回证据保全申请。

驳回证据保全申请可以采用书面方式,也可以采用口头方式告知申请人,并记入笔录,由申请人或者其代理人签章确认。

书面驳回证据保全申请通知书可以不向被申请人送达。

6.2　决定采取证据保全

人民法院裁定采取证据保全措施的,应当立即开始执行,并向被申请人送达裁定书。证据保全裁定书的主文可以不必限定采取证据保全的具体措施,而是表述为对某类对象进行证据保全,如"对×××公司氩离子激光器的生产步骤、生产工艺进行证据保全";也可以明确证据保全所采取的具体措施,如"查封、扣押×××公司生产销售的××产品(详见查封物品清单)”。

6.3 诉前证据保全的审查期限

对于诉前证据保全申请,人民法院应当在接到申请后的48小时内做出裁定采取证据保全措施,或者书面通知申请人驳回其申请。

七、证据保全措施的实施

7.1 证据保全实施的基本要求和方法

7.1.1 人民法院采取证据保全措施,应当预先制定具体的保全方案或具体步骤,保全措施应以正确、有效为原则,并根据案件需要和保全证据的特点灵活掌握。人民法院可以根据被保全证据的具体情况,采取查封、扣押、拍照、录音、录像、复制、鉴定、勘验、制作笔录等证据保全方法。

7.1.2 采取证据保全措施应当尽量减少对被申请人正常生产经营活动的影响。保全对象是大型机械设备,能够以笔录、拍照、现场勘验等方式反映相关技术特征的,一般不予查封、扣押;只需查扣产品样本的,一般不全部查封;能够就地查封的,一般不采取扣押措施;有设计、生产图纸的,可以不查封机械设备。

申请人出于判后执行目的,或者为制止侵权行为继续发生、避免损失扩大目的,期望通过证据保全以替代财产保全的,人民法院一般不应当准许,而应当要求申请人申请财产保全或者禁令措施。

7.1.3 对于保全的证据,人民法院应当及时组织当事人进行质证。证据保全不充分且有条件补充保全的,人民法院应当采取补充保全措施。

7.2 参加证据保全的人员要求

人民法院采取证据保全措施,应当由两人以上共同进行。为确保证据保全措施正确、有效,为查明案情打下扎实基础,一般应当要求案件的主审法官亲自进行保全,必要时合议庭其他成员也应当参加。根据保全措施的需要,可以组织司法警察参加。

人民法院采取证据保全,一般应当通知申请人、被申请人或者申请人、被申请人的诉讼代理人到场。

7.3 技术专家参与证据保全

涉及化工、医药、生物技术以及计算机和互联网等高新技术、专业问题的证据保全,人民法院一般应当邀请具有专门技术知识的人民陪审员或者相关技术专家参与证据保全;也可以根据案件需要,要求当事人各自提供技术人员参与证据保全。

7.4 证据保全措施的具体要求

7.4.1 证据保全措施应当能够确保全面、准确、完整、清晰地反映证据的客观情况,并应当尽可能抽样查扣被控侵权物品样本作为证据固定,同时详细记录说明抽样查扣的具体过程。

7.4.2 对产品技术特征采用拍照方式进行证据保全的,应当确保所拍照片能够完整、清晰地反映产品的相关技术特征,同时还应当做好现场勘验笔录,以确保照片和笔录中记录的技术特征能够相互对应。对多个技术特征逐一拍照的,应当通过图文结合的方式,在照片的相关部位对涉案技术特征进行编号标注,同时在勘验笔录中进行详细记录,从而达到通过照片及有关说明能够直观读取相应信息的效果。

对商品、商业标识采用拍照方式进行证据保全的,应当完整反映附着商标标识的商品全貌,以及商标标识的具体细节。

7.4.3 在采取拍照方式完成上述保全措施后,应当制作照片附卷,并配合文本说明。在文本上应当一一清晰标注并说明被控技术特征或商标标识的具体细节,以供庭审质证及后续审判程序的审查。

7.4.4 对计算机设备、软件进行证据保全的,应当根据案件需要扣押相关计算机服务器、主机、硬盘等存储介质,并应注意通过各种存储介质(如纸质文档、光盘、硬盘、U盘等)保全源程序、目标程序、技术说明书、技术开发文档,同时应对操作系统等软件运行的环境一并进行保全。

7.4.5 对网络侵权行为进行证据保全的,应当确保相关计算机和网络环境的安全可靠,同时通过复制、复原、截屏等方式固定电子数据证据;对涉案电子文件,应保全其存储地址、上传时间等信息,以确定电子文件的真实来源和侵权时间;对涉案网站,应保全其域名以及IP地址、备案信息等,以确定该网站的真实归属。(例如,"主办单位:天星公司;备案/许可证号:苏ICP备07036412号;网站名称 :yzonline.cn;网站首页网址:www.yzonline.cn/;备案状态:已通过管局审核。")

7.4.6 根据案情需要进行技术特征对比的,人民法院应当采取拍照、摄影等现场勘验和技术对比相结合的综合保全方式进行证据保全。应当通知案件当事人、代理人及具有专门知识的人员到场,结合现场勘验组织各方当事人进行现场技术对比,并制作勘验笔录,详细记录勘验过程、勘验结果。在勘验笔录中,应当特别注意要求各方当事人明确在技术特征对比过程中已经共同确认的事实以及存在争议的事实,避免在案件的后续审理中因失去现场比对的条件而使有关问题模糊不明。

八、证据保全的法律后果

8.1 对逾期不起诉的诉前证据保全的处理

申请人在人民法院采取诉前证据保全措施后15日内不起诉的,人民法院应当解除保全措施。人民法院通过保全取得的证据如系原物,应当发还,并制作相应说明附卷;如系复制件、照片、录音录像资料及笔录等,应当随案附卷。

8.2 对无正当理由拒不配合证据保全的处理

当事人无正当理由拒不配合人民法院证据保全的,人民法院应当当场向其充分释明法律规定的内容、拒不配合的法律后果以及可能导致的败诉风险,并制作详细笔录,要求当事人签字确认。当事人拒不签字的,可以组织参与证据保全的法官及在场人员签字并进行备注说明。

当事人无正当理由拒不配合人民法院证据保全,或案外人妨碍人民法院进行证据保全的,人民法院可以依照《中华人民共和国民事诉讼法》第十章关于妨害民事诉讼的强制措施的相关规定予以处罚。

8.3 证据保全错误的法律后果

申请人申请证据保全错误,并造成被申请人或案外人较大财产损失的,人民法院可以根据个案情形及公平原则,参照《中华人民共和国民事诉讼法》第九十六条之规定,判令申请人赔偿被申请人或案外人因此所遭受的损失。

浙江省高级人民法院关于知识产权审判专业型人民陪审员管理的若干意见

浙高法〔2011〕341号

为进一步完善知识产权审判专业型人民陪审员制度，在知识产权审判中充分发挥专业型人民陪审员的优势，根据《全国人大常委会关于完善人民陪审员制度的决定》、《最高人民法院、司法部关于人民陪审员选任、培训、考核工作的实施意见》以及《最高人民法院关于进一步加强和推进人民陪审工作的若干意见》等有关规定，结合我省法院知识产权审判工作实际，制定本意见。

第一条 知识产权审判专业型人民陪审员（以下简称专业型陪审员）是指根据有关规定，由商标、专利和版权等知识产权行政执法部门推荐符合任职条件的知识产权行政执法人员，根据人民陪审员选任程序依法任命的具备知识产权法律知识和执法经验的人民陪审员。

第二条 专业型陪审员任命后，各基层人民法院应将任命名单逐级报高级人民法院备案。

第三条 专业型陪审员原则上仅参加涉及知识产权案件的审判活动。人民法院要求专业型陪审员参加其它审判活动的，应征得其同意。

第四条 人民法院应当积极为专业型陪审员履行职责提供必要的工作条件，保障专业型陪审员依法参加审判活动，认真听取专业型陪审员的意见和建议。

专业型陪审员所在单位应当保障专业型陪审员依法参加审判活动。

第五条 专业型陪审员参加案件审理，享有下列权利：

（一）查阅案卷材料，参加案件的调查、调解、庭审、评议和判决等各项审判活动；

（二）参加合议庭评议案件时，充分发表意见并独立行使表决权；

（三）参与对本案裁判文书的制作、审核，并在裁判文书上署名。

第六条 专业型陪审员应履行下列义务：

（一）按时参加审判活动，服从审判长安排，不得无故拒绝履行审判职责；确因特殊情况不能参加开庭的，应及时告知并说明理由；

（二）审判案件必须以事实为根据，以法律为准绳，秉公办案，不得徇私枉法；

（三）保守审判秘密，不得向任何公民和单位泄露案件所涉及的国家秘密、商业秘密和个人隐私；不得泄露合议庭评议、审判委员会讨论等内容及其他秘密；

(四)清正廉洁,忠于职守,遵守审判纪律,注重司法礼仪。

第七条 专业型陪审员的回避,参照有关审判人员回避的法律规定执行。

第八条 人民法院应定期征询专业型陪审员可参加审判活动的时间,保证其顺利参加审判活动。

第九条 专业型陪审员参加审判活动时,实行一案一选制。

人民法院决定由专业型陪审员和法官组成合议庭审理的案件,应当从本院辖区内备选的专业型陪审员名册中抽取。

第十条 审判长负责安排专业型陪审员参加审判活动的具体事项:

(一)提前与专业型陪审员沟通,通报案情,确定开庭时间等;

(二)在案件审理中注重发挥专业型陪审员的作用;

(三)及时安排案件合议,如不能当庭合议的,确定合议时间后,应及时通知专业型陪审员参加。

第十一条 专业型陪审员上岗前,除应当接受履行职责所必备的审判业务知识和技能培训外,还应当接受知识产权审判业务专项培训。

第十二条 基层人民法院负责对专业型陪审员履行职责的情况进行考核。专业型陪审员参与中级人民法院案件审判工作的,中级人民法院应当将专业型陪审员在本院履行职责的情况通报其所在的基层人民法院,作为对专业型陪审员的考核依据之一。

第十三条 专业型陪审员的考核实行平时考核和年终考核相结合。

专业型陪审员的考核内容包括陪审工作实绩、思想品德、工作态度、审判纪律、审判作风和参加培训情况等方面。

第十四条 考核结果分为优秀、称职、基本称职和不称职,以此作为对专业型陪审员进行奖惩的依据。

基层人民法院应及时将考核结果书面通知专业型陪审员本人。专业型陪审员对考核结果有异议,向基层人民法院申请复议的,基层人民法院应当受理。

第十五条 对于在审判工作中有显著成绩或者有其他突出事迹的专业型陪审员,基层人民法院应给予表彰和奖励。

对于违反审判纪律、无正当理由不及时参加或者拒绝参加审判活动的专业型陪审员,基层人民法院应向其提出批评、警告;造成影响审判工作正常进行或其他严重后果的,基层人民法院应依照《全国人大常委会关于完善人民陪审员制度的决定》第十七条之规定,会同同级人民政府司法行政机关查证属实后,由该基层人民法院院长提请同级人民代表大会常务委员会免除其专业型陪审员职务。

第十六条 基层人民法院应将对专业型陪审员的考核结果和奖惩决定书面通知专业型陪审员本人及其所在单位,同时逐级报送高级人民法院。

高级人民法院和中级人民法院知识产权审判庭在汇总辖区内专业型陪审员的考核结果后,可以将相关情况通报同级知识产权行政执法部门和本级法院政治部门,并建议其对相关人员进行表彰、奖励或提出批评、警告。

第十七条 专业型陪审员在执行职务期间应当享受的各项补助,人民法院应当按照规定及时支付。

第十八条 专业型陪审员参加知识产权审判活动的日常管理工作由各级法院知识产权审判庭负责。

第十九条 本意见自公布之日起施行。本意见与法律、行政法规、司法解释不一致的,按照法律、行政法规、司法解释的规定执行。

浙江省高级人民法院
关于做好涉 KTV 著作权案件审判工作的通知

本省各中级人民法院:

根据各地法院反映,近期我省法院审理的 KTV 经营者被诉侵害音乐电视(MV)著作权的案件大幅增加,且多数纠纷均是由经权利人授权的商业维权公司提起的批量系列案件,受到了有关行业协会、集体管理组织等社会各方面的高度关注。对于商业维权,权利人等诉讼抵触情绪较为强烈,也在社会上引起了广泛争议,同时,对于此类案件的审理,各地法院在诉讼主体认定、权利来源审查、被诉侵权客体性质以及赔偿数额确定等方面的认识还不统一。为解决当前此类案件审理中存在的突出问题,依法妥善处理好此类案件,统一裁判标准,我庭在调研的基础上,现就有关事项通知如下:

一、要正确对待商业维权现象。商业维权现象的发生,从背景上看,首先是侵权行为的存在和保护权利的需要,具有天然的正当性基因。从效果上看,商业维权打击了盗版等侵权行为,节省了权利人的维权成本,并在著作权领域形成了与集体管理组织的竞争,客观上有利于权利的保护。因此,对于此类商业维权现象的出现,各级法院要正确对待,客观分析,不要盲目抵制。对于商业维权导致了大量关联案件的产生,以及可能造成的裁判标准差异现象,各级法院要加强研究和信息交流与通报,同时要加强诉讼调解工作,确保案件审理的法律效果和社会效果统一。

二、要加强对原告提供的光盘是否系合法出版物的审查。针对部分被告反映的原告提供的光盘仅仅是为诉讼需要而制作的问题,受诉法院在原告仅提供录制有涉案 MV 的光盘作为权利证明,而被告对该光盘是否系合法出版物有异议的情况下,应要求原告进一步提供证据,如相关出版社的版权证明、在正规商店购买上述光盘的凭证等,证明其提供的光盘系合法出版物,但一般不要求原告提供涉案 MV 已经词曲作者授权的证据。

三、要正确确定原告的诉讼主体资格。对于涉 KTV 案件中的原告是经权利人许可或授权后以自己名义参加诉讼的,要注意审查原告取得的权利是否系实体上的著作权或邻接权。只有享有实体权利的被许可人才能以自己的名义提起诉讼,否则只能以许可人的名义提起诉讼。在许可内容不明的情况下，应当要求原告进一步提供补充证据证明其取得的是实体权利。

四、要正确认定音乐电视(MV)的性质。判断涉案MV属于“以类似摄制电影的方式创作的作品”，还是“录音录像制品”，关键在于判断该MV是否具有著作权意义上的独创性。对于以特定音乐作品为题材，根据不同的音乐和歌词配以相应画面，歌曲与画面形成有机统一的视听整体的MV，包含了导演、摄影、表演、布景、服装设计、剪辑合成等多方面的创造性劳动，应认定构成“以类似摄制电影的方式创作的作品”。但对于背景画面十分简单(如仅仅是对沙滩、丛林等自然风景或简单人物动作的记录)，或者仅仅记录歌星演唱会现场的MV，一般不认为其具有独创性，应属于录音录像制品。

五、要恰当确定MV中词曲作者参与诉讼的权利。根据著作权法的规定，对于具有独创性、以类似摄制电影的方法创作的MV，著作权由制片者享有，作词、作曲等作者享有署名权，并有权按照与制片者签订的合同获得报酬。因此，以类似摄制电影的方法创作的MV的著作权人为MV制作公司，词、曲作者一般不能作为适格原告提起诉讼，除非其能够证明MV制作公司未经其授权。对于不具有独创性的MV，MV制作公司作为录音录像制品制作者享有复制权、发行权、出租权和信息网络传播权等四项专有权利，而MV中的词、曲仍可单独使用，故词、曲作者可以作为著作权的主体单独起诉。

六、应适时追加有关集体管理组织作为共同被告参加诉讼。在被诉侵权的KTV经营者已取得有关集体管理组织就其会员单位和非会员单位MV的一揽子使用许可，且该集体管理组织承诺在KTV经营者使用非会员单位MV构成侵权时承担损害赔偿责任的情况下，如果KTV经营者使用非会员单位MV被诉侵权的，法院应追加该集体管理组织作为共同被告参加诉讼。经查证侵权成立的，由于KTV经营者已向有关集体管理组织交纳许可使用费，尽到了合理的注意义务，故一般不应判令其承担损害赔偿责任，而应由该集体管理组织承担相应的损害赔偿责任。

七、要合理确定侵权损害赔偿数额。各级法院在认定KTV侵权成立并适用法定赔偿方法确定侵权损害赔偿数额时，应在综合考虑相关集体管理组织收费标准、被告是否已向相关集体管理组织支付费用、合理使用费、作品知名度、KTV经营规模、侵权行为性质及后果、合理维权费用等因素的基础上进行合理和适度酌定，一般每首歌曲的赔偿数额不超过1000元(包括维权费用)。

二〇一一年十一月十三日

山东省高级人民法院关于审理网络著作权侵权纠纷案件的指导意见(试行)

鲁高法发〔2011〕3 号

为正确审理网络著作权纠纷案件,进一步提高全省法院著作权司法保护水平,根据有关法律法规及相关司法解释的规定,结合我省审判工作实际,制定本指导意见。

一、案件管辖确定

1. 网络著作权侵权纠纷案件管辖确定,应以《中华人民共和国民事诉讼法》和最高人民法院《关于审理涉及计算机网络著作权纠纷案件适用法律若干问题的解释》有关管辖规定为基本依据。网络著作权侵权纠纷案件由侵权行为地或被告住所地人民法院管辖。

2. 侵权行为地包括实施被诉行为的网络服务器、计算机终端等设备所在地。

实施被诉侵权行为的网络服务器所在地,是指为上传作品提供存储服务的网络服务器放置地点;实施被诉侵权行为的计算机终端等设备所在地,是指直接上传作品的用户计算机终端等设备所在地。

认定服务器的放置地点,可以网络服务提供者的住所地或经营场所为依据。被告以服务器托管等理由提出管辖权异议的,应举证证明服务器放置地点。

3. 只有在侵权行为地和被告住所地难以确定的前提下,方可以将原告发现侵权内容的计算机终端等设备所在地视为侵权行为地,由该地人民法院管辖。

二、诉讼主体认定

4. 审理网络著作权纠纷案件,人民法院应对提起诉讼的权利人主体资格进行初步审查。如经审查发现原告提供的权利主体证据尚不足以证明其是权利人或利害关系人,不能提起本案诉讼时,人民法院应行使释明权,要求原告补充证据。在人民法院释明后,原告在指定时间内不能进一步提供补充证据的,应裁定驳回原告起诉。

5. 认定权利人身份应以《中华人民共和国著作权法》第十一条的规定为基本依据。如无相反证据,在作品上署名的人为作者;当事人提供的涉及著作权的底稿、原件、合法出版物、著作权登记证书、认证机构出具的证明、取得权利的合同等都可以作为证据。

6. 原告主张其为数字化形式作品权利人的,应当提交该作品由其创作的相关证据予以佐证,如首次发表的网址、上传记录、未经修改的数码照片文件及与文件相符合的拍摄器材、视频文件的制作过程的证明及与之相对应的拍摄器材等。如登载该作品的页面中密码的修改、内容的添加和删改只能由该原告方完成,对方无相反证据的,可认定能够完成上述修改、添加、删改行为的原告为权利人。

但被告有证据证明他人也发表过上述作品,而原告不能证明自己发表作品的时间早于他人的发表时间的,也未提供其他证据的,不能认定原告为涉案作品的著作权人。

7. 认定网站经营者主体身份,一般可通过所开办的网站首页中载明的标注真实的ICP许可证号或备案号来认定网站的开办者或经营者,还可通过查询域名所有人、通过向电信、联通、移动、广电等网络通信运营部门请求协助查询该IP地址所在服务器等信息,根据相关备案信息记载确定网站开办者或经营者。

8. 通过备案信息查询不足以认定网站开办者或经营者的,还可结合下列信息,利用优势证据规则,综合认定网站的实际经营者:

(1)被控侵权网站上标示的联系方式信息。该被控侵权网站上的名称、地址、电话、传真、邮箱以及其他联系方式等信息与被告实际相关信息一致,该信息可以作为认定行为主体的初步证据,但有相反证据的除外。

(2)被控侵权网站标示的内容。如该网站内容或利益受益者具有明确指向,该内容信息可以作为认定行为主体的初步证据。

(3)“版权所有”的信息。网站版权页上显示的“版权所有”信息,可以作为认定网站经营者和行为主体的初步证据。但该版权所有者仅是设计网页主体的除外。

三、公证证据及电子证据审查

9. 网络公证证据的采纳,应以民事诉讼证据规则中的直接证据规则和优势证据规则为基本依据,考虑公证过程中程序性瑕疵大小,综合判断公证文书对待证事实的证明力,并结合其他证据全面分析。当公证文书与其他证据形成完整证据链时可认定该公证文书的待证事实。

10. 判断公证证据的证明力,人民法院应主动审查公证证明的网络信息是否来自于互联网而非本地电脑,并针对不同情况分别做出处理。

如公证文书记载未排除公证信息来源于电脑预存或其他侵权页面的,该公证文书应视为存在重大瑕疵,不能作为有效证据使用。

11. 公证行为使用的电脑为公证机构以外的他人或当事人掌握,且公证书没有记载是否对该电脑及其他外接存储设备的清洁性进行检查,则不足以证明公证获得的网络信息来源于互联网之中。

12. 公证机构违反公证法律法规有关管辖规定异地公证取证的,不能仅以该程序瑕疵,否定公证文书对待证事实的证明效力。人民法院应根据优势证据规则,对该证据及其与其他证据是否足以形成完整证据链进行判断。

13. 公证书记载的公证过程与附卷的同期录音录像等材料存在明显矛盾,或者公证书记载的公证过程不完整,或存在其他明显瑕疵,足以影响对待证事实真实性判断的,该公证书不能作为认定案件事实的依据。

14. 对于当事人提交的在国内通过互联网采集的源自境外网站的信息证据,对方当事人可以自行核实与验证的,一般无需办理涉外公证认证等证明手续。对方当事人仅以未办理公证认证等证明手续提出异议的,一般不予支持。

15. 对于电子邮件、聊天记录等电子证据效力的认定，当事人任何一方对此类证据与各方当事人的对应性及内容无异议的，应当对其证据效力加以认定。当事人任何一方对此类证据与各方当事人的对应性及内容有异议的，此类证据不可单独作为定案依据，要利用技术手段对来源、内容等进行审查，并要辅以其他证据来证明，才能作为定案的根据。法院确认此类证据的法律效力，可通过公安机关公共信息网络安全监察部门出具的意见书或者信息技术部门出具的证明结合案件事实予以综合认定。

法院在采用技术手段之前，可通过审查电子邮件等电子证据内容的取得是否经过公证、内容是否完整及内容是否经过有关部门的鉴定等情形，再结合其他相关事实来综合认定证据是否可采用，或尚需作进一步审查。

四、信息网络传播行为认定

16. 以计算机、电视机、手机等各类电子设备为接受终端的计算机互联网、与计算机互联网相联或不相联的移动通信网、与计算机互联网相联或不相联的局域网等数字信息网络，人民法院应当认定为《中华人民共和国著作权法》第十条第（十二）项、第三十八第一款第（六）项、第四十二条第一款规定的“信息网络”。

17. 将作品、表演、录音录像制品上传至或以其他方式置于向公众开放的网络服务器中，使作品、表演、录音录像制品处于公众可以在选定的时间和地点下载、浏览或以其他方式在线获得，即构成信息网络传播行为。

任何导致公众在线接触作品内容的行为，如在线阅读、收听、观看文艺作品和在线安装、运行软件等，均可构成在线获得作品。

18. 网络服务提供者通过信息网络按照事先安排的时间表向公众提供作品的在线播放的，不构成信息网络传播行为，应适用《中华人民共和国著作权法》第十条第一款第（十七）项“应当由著作权人享有的其他权利”的兜底性条款规范。

（一）直接侵权与共同侵权划分

19. 判断是否构成直接信息网络传播行为，通常以传播的作品、表演、录音录像制品是否由网络服务提供者上传或以其他方式置于向公众开放的网络服务器上为标准。

20. 未经许可，将数字化作品上传或以其他方式将其置于向公众开放的网络服务器中，构成直接侵犯信息网络传播权的行为。

21. 仅为服务对象提供自动接入、自动传输、信息存储空间、搜索、链接、P2P（点对点）等服务的，属于为服务对象在网络上传播信息提供技术、设施支持的帮助行为，不构成直接的信息网络传播行为。

22. 网络服务提供者为网络用户提供博客空间服务、虚拟主机服务、注册空间服务、电子公告板、论坛、聊天室、即时通讯、网络交易平台等空间服务的，对方当事人没有相反证据的，人民法院应当认定为信息存储空间服务。

网络服务者提供的服务符合下列条件的，人民法院应当认定属于搜索服务：（1）应网络用户的要求，按照网络用户的条件自动提供服务；（2）通过网页定位或文件定位的方式提供被查询信息在网络中的位置；（3）搜集的信息来源于其他网络服务者。

网络服务者主动设置与其他网络服务者的网络地址、名称、标识、网站首页、网页、文件的链接，正确、完整、清楚显示被链接网页、文件的原貌，未实质性代替原网络服务者提供作品、表演、录音录像制品的，人民法院应当认定为链接服务。

23. 提供信息存储空间服务的网络服务提供者对作品、表演、录音录像制品进行了涉及内容的选择、编辑、整理，其行为构成直接的信息网络传播行为。但基于法律、法规和部门规章的要求对著作权状况之外的内容进行审查的除外。

下列情形不应视为构成直接信息网络传播行为：

（1）人工审核目的是为了审查上传内容是否违反国家法律法规、公序良俗等。

（2）网络服务商对上传内容进行编辑整理，但只是引导用户上传，且帮助公众查询，未对内容是否应上传进行选择、编辑、整理的。

24. 信息虽未存储在其服务器上，但网络服务提供者对信息的上传、修改、删减等行为可以控制的，可以认定其直接实施了信息网络传播行为。

25. 网络服务提供者主张其仅提供信息存储空间、搜索、链接、P2P（点对点）等技术、设备服务，但其与提供作品、表演、录音录像制品的网络服务提供者在频道、栏目等内容方面存在合作关系或其他利益关系的，可以根据合作的具体情况认定其直接实施了信息网络传播行为。

（二）共同侵权认定的举证责任分配

26. 原告主张网络服务提供者所提供服务的形式使用户误认为系网络服务提供者传播作品、表演、录音录像制品，但网络服务提供者能够提供证据证明其提供的仅是自动接入、自动传输、信息存储空间、搜索、链接、P2P（点对点）等服务的，不应认为网络服务提供者实施了信息网络传播行为。

27. 网络服务提供者主张其行为属提供信息存储空间、搜索引擎、链接、P2P（点对点）传输等帮助行为的，应承担举证责任。网络服务提供者不能提供证据证明被诉侵权的作品、表演、录音录像制品系由他人提供并置于向公众开放的网络服务器中的，可以推定该服务提供者实施了信息网络传播行为。

28. 网络服务提供者主张其提供搜索、链接服务的，可考虑采用下列方法进行举证：一是采用客观性较强的公用软件，对信息地址来源进行解析；二是采用远程登录后台的方式对其链接历史进行回顾；三是采用对比其服务器容量与视频大小的方式进行排除。人民法院可以根据上述情况综合认定。

29. 如网页或网站上没有显示任何对应的域名或者网站名称等信息可以表明该网页属于第三方所有，不能认定该网络服务提供者系提供链接服务。但网络服务提供者提供相反证据的除外。

五、网络服务提供者侵权责任性质与构成

30. 网络服务提供者承担共同侵权民事责任的归责原则是过错原则。提供信息存储空间、搜索、链接、P2P（点对点）等服务的网络服务提供者通过网络参与、教唆、帮助他人实施侵犯著作权、表演者权、录音录像制作者权的行为，未尽到注意义务，有主观过错的，承担共同侵权责任。

31. 提供信息存储空间、搜索、链接、P2P（点对点）等服务的网络服务提供者构成侵权应当以他人实施了直接侵权行为为前提条件，即第三人利用信息存储空间、搜索、链接、P2P（点对点）等服务传播作品、表演、录音录

像制品的行为系侵犯他人的信息网络传播权的行为。

32. 判断网络服务提供者有无过错，应根据不同网络服务提供者所在行业的通常的预见水平，结合其自身的专业水平，合理确定其应负有的注意义务。

33. 网络服务提供者主观过错认定可分为“明知”与“应知”两种情况。“明知”指网络服务提供者实际知道侵权行为存在；“应知”指因存在着明显侵权行为的事实或者情况，网络服务提供者从中应当意识到侵权行为的存在。

34. 在下列情况下，可以认定提供信息存储空间或者提供搜索引擎、链接服务的网络服务提供者“明知”被诉作品、表演、录音录像制品侵权：

（1）权利人向网络服务提供者提交了书面通知后，网络服务提供者仍然对侵权内容提供服务的。通知书应当符合《信息网络传播权保护条例》第十四条所规定的条件，即通知书中应当包含权利人的姓名（名称）、联系方式和地址、要求删除或者断开链接的侵权作品、表演、录音录像制品的名称和网络地址以及构成侵权的初步证明材料。

（2）权利人有其他证据证明网络服务提供者原来就知晓侵权事实的存在。网络服务提供者曾经明确向他人表示知晓网站中存有他人上传的侵权内容，但为了提高网站的点击率而故意予以保留等，可认定其明知。

35. 认定提供BBS、个人空间、博客空间和视频共享空间等存储空间服务的网络服务提供者“应当知道”被诉作品、表演、录音录像制品侵权，主要应考虑网络服务提供者是否存在对侵权信息进行选择、编辑、修改、分类列表或推荐等行为。

36. 在下列情况下，可以认定提供存储空间服务的网络服务提供者“应当知道”被诉作品、表演、录音录像制品侵权：

（1）将标有明确的权利人、创作人员、著作权保护期限等信息的内容完整的视听作品，或者处于档期或者热播、热映期间的视听作品、流行音乐作品置于网站首要位置、BBS首页、“推荐专辑”等栏目或其他可为服务提供者明显所见位置的；

（2）将标有明确的权利人、创作人员、著作权保护期限等信息的内容完整的视听作品，或者处于档期或者热播、热映期间的视听作品置于为其专门设立的排行榜或者“影视栏目”频道等影视作品分类目录的；

（3）对标有明确的权利人、创作人员、著作权保护期限等信息的内容完整的视听作品，或者处于档期或者热播、热映期间的视听作品进行附电影海报、简介宣传及其他推荐行为的。

37. 提供链接和搜索服务的信息空间服务提供者“应当知道”被诉作品、表演、录音录像制品侵权的认定，应分别下列情况对待：

（1）纯粹通过搜索引擎自动提供链接，即提供“空白搜索框”服务，一般不应认定“应知”；

（2）对于热门电影、电视剧或类似摄制电影方法创作的作品等，通过设置“榜单”目录索引提供深层次链接服务，一般可认定其“应知”；

（3）网络服务提供者对设链作品、表演、录音录像制品进行相关编辑，或附有描述性段落、内容简介等推荐行为的，一般可认定其“应知”；

(4)所链接第三方网站具有明显侵权特征的,一般可认定其"应知"。

38. 涉及文字、摄影作品的,认定网络服务提供者主观过错应区别该作品知名度高低。知名度较高的,对服务商主观过错标准设定较高。知名度较低的,网络服务提供者对其合法性较难判断,一般不应认定其具有主观过错。

39. 提供P2P(点对点)服务的网络服务提供者通过P2P(点对点)服务帮助、教唆、引诱他人实施侵权行为从而构成侵权的,应当适用《中华人民共和国民法通则》第一百三十条规定、《信息网络传播权保护条例》第二十三条、最高人民法院2006年12月修正的《关于审理涉及计算机网络著作权纠纷案件适用法律若干问题的解释》第三条的规定。

40. 认定提供P2P(点对点)服务的网络服务提供者是否实施帮助、教唆、引诱侵权,可考量下列因素:

(1)P2P网络服务提供者是否实际知道或者应当知道P2P软件用于侵权的具体情形;

(2)P2P软件的可能用途与网络服务提供者的实际用途;

(3)网络服务提供者是否实施了帮助技术用于侵权的行为,如是否明示或暗示引诱用户使用该技术侵权;

(4)网络服务提供者是否有监督管理的义务与能力;

(5)网络服务提供者是否因此而获利等。

六、网络服务提供者的免除赔偿责任条件

41. 网络服务提供者主张其符合《信息网络传播权保护条例》规定的免除赔偿责任条件的,应对其所依据的相关事实负举证责任。

42. 信息存储空间服务提供者免除赔偿责任,应同时具备以下五项条件:

(1)信息存储空间提供者明示为服务对象提供,并公开网络服务提供者的名称、联系人、网络地址;

(2)未从服务对象提供作品、表演、录音录像制品中直接获得经济利益;

(3)信息存储空间提供者不知道或不应知用户上传内容构成侵权;

(4)未改变服务对象所提供的作品、表演、录音录像制品;

(5)在接到权利人的通知后,根据《信息网络传播权保护条例》规定删除权利人认为侵权的作品、表演、录音录像制品。

43. 网络服务提供者未明示其信息存储空间提供者的性质,可以推定其为直接的内容提供者;如有证据证明其确实是提供信息空间存储服务,不能因其未明示而认定其为直接的内容提供者。

44. 网络服务提供者依据《信息网络传播权保护条例》第二十二条抗辩的,无需举证证明上传涉案内容的服务对象的真实身份,只需证明涉案内容确系存储于其服务器中的BBS等信息存储空间以及上传涉案内容的服务对象的网络身份即可。

45. 在服务对象提供的作品等构成侵权,而信息存储空间提供者又"未公开网络服务提供者的名称、联系人、网络地址"等联系方式的情况下,仍不能免除赔偿责任。

46. 下列行为不应视为对服务对象提供的作品、表演、录音录像制品进行了"改变":

(1)仅对作品、表演、录音录像的存储格式进行了改变;

(2)对作品、表演、录音录像加注数字水印等网站标识；

(3)在作品、表演、录音录像之前或结尾处投放广告以及在作品、表演、录音录像中插播广告。

47. 是否属于《信息网络传播权保护条例》第二十二条第(四)项所称的"从服务对象提供作品、表演、录音录像制品中直接获得经济利益",应区别下列情况处理：

(1)网络服务提供者因提供信息存储空间服务,按照时间、流量等向用户收取标准费用的,不属于"直接获得经济利益"；

(2)网络服务提供者针对特定作品、表演、录音录像制品而投放的广告,应认为是"直接获得经济利益"；

(3)有其他证据可证明与所提供作品、表演、录音录像制品存在特定联系的获利,应认为是"直接获得经济利益"；

(4)网络服务提供者因提供信息存储空间服务而收取的广告费,不属于"直接获得经济利益"。

48. 权利人向提供信息存储空间、搜索、链接服务的网络服务提供者提交的"通知"应符合《信息网络传播权保护条例》第十四条的规定。

49. 根据《信息网络传播权保护条例》第二十三条的规定免除提供搜索、链接服务的网络服务提供者的损害赔偿责任的,应同时具备以下两个条件：

(1)提供搜索、链接服务的网络服务提供者对所链接的作品、表演、录音录像制品是否侵权不明知并且不应知；

(2)提供搜索、链接服务的网络服务提供者接到权利人的通知书后,根据《信息网络传播权保护条例》规定断开与侵权的作品、表演、录音录像制品的链接。

七、网吧经营者侵权责任认定

50. 未经权利人许可,网吧经营者将作品等上传至其局域网服务器供用户在终端计算机上点播的,该行为构成对权利人信息网络传播权的直接侵犯。

51. 网吧经营者将从互联网上搜索获得或电信等网络接入服务提供者附随赠送的第三方网站在终端计算机上设立快捷方式的,如果其明知或应当知道第三方网站传播的影视作品属于侵权作品而继续提供上网服务,应认定网吧经营者具有主观上的过错,属于帮助侵权行为,可根据《中华人民共和国民法通则》、《中华人民共和国侵权责任法》的相关规定,判令其承担侵权责任。

52. 判断网吧经营者是否应当知道快捷方式指向的第三方网站传播的影视作品属于侵权作品,应当根据案件的具体情况综合认定。有下列情况之一,可以认定网吧经营者应当知道：

(1)第三方网站具有明显侵权特征；

(2)网吧对第三方网站中传播的侵权影视作品有推荐、宣传等行为；

(3)快捷方式直接指向侵权影视作品的；

(4)其他能够证明网吧应当知道的情形。

53. 网吧经营者通过协议等方式获得的第三方网站中的影视作品,只能通过网吧终端计算机进行传播的,在第三方网站中的作品构成侵权的情况下,应认定网吧构成侵权,承担侵权责任。

54. 网吧经营者通过协议等方式获得的第三方网站中的影视作品,除能通过网吧终端计算机进行传播外,还能够通过注册用户登陆或充值付费等方式在开放的互联网上进行传播的，如网吧经营者在获得该第三方网站提供的作品时已尽到合理注意义务的，即使第三方网站中传播的影视作品属于侵权作品，一般不应判令网吧经营者承担赔偿责任。

八、附则

55. 本意见自下发之日起试行。

56. 本意见实行过程中遇到的问题，应及时报告省法院。

山东省高级人民法院
关于开展加强知识产权司法保护促进经济发展方式
加快转变年度主题活动的实施方案

鲁高法〔2011〕56 号

日前，最高人民法院决定 2011 年度在全国法院开展“加强知识产权司法保护 促进经济发展方式加快转变”年度主题活动。为保障我省法院年度主题活动规范有序进行，结合我省知识产权审判工作实际，制定以下实施方案。

一、活动目标

紧紧围绕科学发展这一主题和加快转变经济发展方式这条主线，结合我省经济形势对知识产权司法保护的新需求，采取切实有效的措施，加大知识产权司法保护力度，提高知识产权司法保护水平，完善知识产权司法保护制度，增强知识产权司法保护能力，充分发挥司法保护知识产权的主导作用，在知识产权司法保护领域深入推进三项重点工作，充分发挥和展示知识产权司法保护在服务科技进步、激励自主创新和促进经济发展方式转变中的重要作用，为促进经济长期平稳较快发展和社会和谐稳定提供强有力的司法保障。

二、活动重点工作

（一）*充分发挥知识产权审判职能，积极促进经济发展方式加快转变。*全省各级法院要紧紧围绕加快转变经济发展方式这条主线，充分发挥知识产权审判在激励自主创新、推动科技进步、促进经济发展方式转变过程中的职能作用，以优质的司法服务为经济发展方式的加快转变提供有力支持。认真抓好最高人民法院即将发布的《关于加强知识产权司法保护积极促进经济发展方式加快转变若干问题的意见》以及省法院《知识产权审判保障服务经济发展方式转变若干意见》（鲁高法发〔2010〕17 号文件）的贯彻落实，结合本地具体情况，积极出台相关对策措施，切实把《意见》的具体要求贯彻到各项知识产权审判工作中。

（二）加大知识产权司法保护力度，回应日益增长的知识产权司法保护新需求。全省各级法院要进一步强化保护意识，以加强保护为导向，以加大侵权处罚力度和降低维权成本为重点，加强对自主创新品牌、基础前沿领域、核心关键技术和文化创意产业知识产权的司法保护。积极参与打击侵犯知识产权和制售假冒伪劣商品专项活动，加大知识产权刑事司法保护力度，依法严厉制裁侵犯知识产权犯罪行为，充分发挥惩罚和震慑犯罪功能。

（三）贯彻依法保护原则，妥善审理好在调结构、转方式、惠民生中发生的知识产权纠纷案件。紧紧围绕推动科技进步和技术创新，切实重视和加强对专利、植物新品种、集成电路布图设计等科技类知识产权的保护，以激励创新推动创新成果转化和应用，促进产业结构性调整；紧紧围绕促进品牌经济发展、推动产业升级和经济结构调整，加强商标等商业标志性权益的保护，严厉制裁商标假冒、恶意模仿等侵权行为，支持和引导企业实施知名品牌战略，为知名品牌的创立和发展提供和谐宽松的法律环境；紧紧围绕推进文化创新和文化繁荣，加强著作权的保护，依法审理好涉及动漫、影视、广告、设计等文化创意产业的著作权案件，切实保障文化创意产业利益充分实现，推动文化创意产业成为国民经济支柱性产业。密切关注电信网、广播电视网、互联网“三网融合”等信息技术发展中出现的新情况、新问题，做好司法应对工作。重点加强涉及软件、数据库、网络传播等著作权案件的审判工作，促进文化生产和传播方式创新；紧紧围绕创造公平有序的市场环境，加强竞争案件审判工作，要统筹兼顾自由竞争与公平竞争，及时制止垄断和不正当竞争行为，营造诚实守信、公平有序的市场竞争环境，增强市场活力，完善市场结构，促进市场经济健康发展。

（四）进一步加大知识产权司法公开力度，提高知识产权司法保护的公正、公信和权威。全省各级法院要严格依照最高法院的要求，继续做好知识产权文书上网工作，落实各项上网指标，最大限度地体现知识产权审判的公开性和透明度。要拓宽司法公开的广度和深度，依法应当公开、能够公开、可以公开的内容，都要向社会公开。继续丰富知识产权司法保护内网外网建设，加强舆情分析研判，针对知识产权热点问题，及时进行信息及新闻发布，回应社会关注，正面引导舆论。

（五）多渠道、多领域开展好知识产权司法宣传工作，增进全社会对人民法院知识产权司法保护工作的了解和认同。依托“4·26”知识产权宣传周这一平台，通过选择社会关注的有影响的案例召开观摩庭、评选并发布知识产权司法保护十大案例，发布知识产权司法保护状况白皮书等形式，展示我省知识产权司法保护所取得的成绩；以纪念山东省知识产权专业化审判十周年为契机，通过评选并发布知识产权专业化审判50件典型案例、出版知识产权专业化审判十周年纪念画册等形式，全方位、多角度宣传我省知识产权司法保护在促进经济长期平稳较快发展和社会和谐稳定中的重要作用。

（六）继续完善知识产权审判体制和机制，提高司法保护知识产权的效率和水平。积极有序推进“知识产权审判综合试点”工作，优化审判资源配置，协调民事、刑事、行政三大诉讼机制,总结已试点法院的成功做法,逐步完善工作机制,提升知识产权司法的整体保护效能;进一步扩大管辖一般知识产权案件的基层法院范围,合理规划管辖知识产权案件的基层法院布局,方便当事人诉讼和法院审理,提高知识产权案件管辖布局的均衡性和合理性。

(七)建立健全适合知识产权案件特点的纠纷解决机制,推动形成知识产权保护的整体合力。严格依照"调解优先,调判结合"的原则要求,完善诉讼与非诉讼相衔接的矛盾纠纷解决机制;高度重视并充分发挥科技专家在解决知识产权纠纷中的作用,鼓励有关法院在技术类案件审理过程中积极探索开展聘请科学技术咨询专家、专家证人、技术调查的有效方式和具体做法,科学认定技术事实问题;主动加强与有关知识产权管理部门和行业组织的沟通合作,探索和建立诉调对接机制,有效预防矛盾;积极参与社会管理创新,及时向有关部门提出加强和改进管理的司法建议。

(八)加强审判管理,强化监督指导,提高全省法院知识产权审判的综合水平。要以今年全省法院开展的审判管理新机制的建立为契机,建章立制,加强知识产权审判管理信息化建设;完善案件统计、分析、评价、督促机制建设,加强对全省法院知识产权审判形势分析、调度;建立有重大影响、关联案件、涉外案件的报告、协调机制,确保敏感案件妥善解决,同类案件在全省地域内裁判规则与裁判结果相对统一;加强知识产权审判专题调研,今年将"知识产权审判服务保障经济发展"和"商业秘密保护与人才流动"作为全省法院二个重点调研课题,形成内容翔实、分析透彻的调研报告,为促进经济发展方式加快转变提供智力支持。

三、活动要求

全省各级法院要把本次年度主题活动纳入年度工作计划,高度重视,迅速做出具体部署,制定工作方案,明确目标任务,落实责任分工,抓好组织实施。要把年度主题活动作为今年人民法院的工作亮点和重点之一,把活动开展情况和知识产权司法保护工作作为明年向人大报告工作的重点内容之一。要将本次活动作为人民法院能动司法、服务大局的重要举措之一,主动向当地党委、人大汇报活动情况,积极与当地政府、政协沟通,取得工作支持。要加强与人大代表、政协委员、专家学者等代表性人士的联络,听取意见,改进工作,增进理解与认同,扩大活动影响。

全省各级法院要积极采取有效措施,切实加大宣传力度。全省各级法院新闻宣传部门和负责知识产权审判的业务庭要密切配合,充分利用各种新闻媒体广泛宣传本次年度主题活动的新举措、新成效,大力营造浓厚的舆论氛围。特别要注意利用今年全国知识产权宣传周期间的宣传活动做好结合文章。

全省各级法院要及时向省法院报送开展主题活动的落实情况和阶段性成果,做好年度主题活动的工作总结,延伸活动效果。省法院对本次年度主题活动开展的情况进行检查验收,并纳入中院年度工作考核。各中级人民法院和具有知识产权案件管辖权的基层法院应于12月10日前将本地活动总结以书面和电子形式报省法院民三庭。

山东省高级人民法院关于贯彻落实领导批示精神进一步加强知识产权审判工作的意见

鲁高法〔2011〕268 号

全省各中级人民法院、济南铁路运输中级法院、济南市历下区人民法院、青岛市市南区人民法院：

今年是山东法院知识产权专业化审判十周年。近日，省法院民三庭将山东法院十年来知识产权审判基本工作情况向有关领导作出汇报，领导们高度重视，并分别作出了重要批示。姜大明省长批示："山东法院开展知识产权专业化审判十周年，为促进全省科技进步、自主创新、对外开放、加快转方式调结构步伐作出了重要贡献。望认真总结经验，加大工作力度，拓展工作领域，提高审判水平，为建设经济文化强省提供坚强有力的司法保障。"最高人民法院奚晓明副院长批示："十年来，山东法院在知识产权审判工作中始终坚持正确的政治方向，认真践行'为大局服务，为人民司法'的工作主题，始终坚持能动司法和抓好执法办案第一要务，始终保持与时俱进和开拓创新，审理了一大批知识产权大要案，并注重调研和总结审判经验，加强队伍建设，在理念创新、实践创新、体制机制创新等方面均取得了显著成绩，在全国法院知识产权审判工作中居于前列，为落实国家知识产权战略、促进经济社会又好又快发展和经济发展方式转变提供了有力的司法保障。望珍惜成绩，再接再厉，开拓进取，进一步搞好各项知识产权审判工作，继续加大知识产权司法保护力度，不断创造新佳绩。"周玉华院长批示："衷心感谢姜大明省长、奚晓明副院长对山东法院工作的关心鼓励和鞭策。希望大家认真学习贯彻批示精神，进一步做好工作，不断创造新的业绩。"李静副院长批示："要组织法官认真学习姜省长、奚院长的批示精神，使知产审判在为经济社会服务中发挥更大的作用。"

为贯彻落实领导批示精神，充分发挥知识产权审判职能作用，为建设创新型国家、创新型山东提供更加有力的司法保障和司法服务，现就进一步加强知识产权审判工作提出如下意见：

一、进一步提高思想认识，加强组织领导，充分发挥司法保护知识产权主导作用。《国家知识产权战略纲要》对人民法院知识产权司法保护工作首次进行了全新定位，要求"加强司法保护体系建设"，"发挥司法保护知识产权主导作用。"这是从国家战略和全局的高度，对司法在知识产权保护体系中职能作用的进一步明确定位，也是对司法保护地位的重大提升。人民法院在依法调整知识产权关系、维护知识产权权利人合法权益、惩治侵犯知识产权犯罪和维护社会主义市场经济秩序等方面,负有不可替代的法律职责。全省各级人民法院要切实加强领导,把知识产权司法保护工作作为人民法院一项重要审判任务来抓,既要充分认识司法保护发挥主导作用的现实需要,又要实事求是地正视达到目标的艰巨性和长期性,增强发挥主导作用的自觉性、积极性和主动性。

二、进一步坚持能动司法,依法服务大局,保障服务于经济社会又好又快发展。加快转变经济发展方式,是当前党的中心工作和国家发展大局。加快转变经济发展方式,必须依靠科技支撑和引领。知识产权是科技创新之源,保护知识产权就是保护科技创新,知识产权审判工作与党和国家工作大局密切相关。全省各级法院知识产权审判工作,必须确保讲政治、讲政策与讲法律统一,认真贯彻落实国家和我省"十二五"规划确定的经济社会发展部署,准确把握科学发展这个主题和加快转变经济发展方式这条主线,妥善应对传统产业转型升级背景下知识产权案件大幅增长的趋势,公正高效稳妥审理好各类知识产权案件。要重视研究知识产权审判工作面临的新形势、新情况,加强对新兴产业和技术发展过程中可能出现的知识产权法律问题的前瞻性调研,做好诉讼应对准备。要围绕"山东省重点区域带动战略实施","引导、支撑战略性新兴产业发展"、"改善民生"等做好知识产权司法保护工作,服务加快转型升级和增强自主创新能力,促进经济社会又好又快发展。

三、进一步完善知识产权审判工作体制机制,保证知识产权审判工作科学发展。全省各级法院要始终遵循知识产权审判规律,不断深化审判体制和工作机制改革,在解决影响和制约知识产权审判工作的热点、难点问题上取得新的进展。各有关中院要进一步深入推进"三审合一"试点工作,在总结前期试点工作的基础上,继续就试点工作的衔接配合等问题,加强与公安、检察机关的沟通协调;要加强诉讼制度创新,针对知识产权审判的现实情况和具体问题,建立和完善有关知识产权司法鉴定、专家咨询、技术调查、诉前临时措施等诉讼制度。尤其是要创新专家咨询、技术调查等工作机制,切实解决知识产权审判中科学技术事实认定问题;要继续建立健全适合知识产权案件特点的纠纷解决机制,准确把握"调解优先、调判结合"原则,最大限度地做到"案结事了"。要完善诉与非诉相衔接的矛盾纠纷解决机制,引导当事人合理选择解决纠纷方式。要联动知识产权局、公安、工商、版权、行业协会等部门和单位,共同构建知识产权立体保护网络;要积极参与社会管理创新,通过司法建议、调研报告等形式,发挥好知识产权审判的延伸功能。

四、进一步加强知识产权审判机构队伍建设,切实提高知识产权司法保障能力。审判机构和队伍建设是提高知识产权保护水平和发挥主导作用的基础和关键。全省各级法院必须适应新形势新任务的要求,采取切实有效措施,做到机构设置和审判力量配备务必与大局要求、职能定位、责任和地位相适应,调整和充实知识产权审判力量,为知识产权审判工作提供可靠的组织保障。要根据知识产权审判业务的特点和实际,在人才政策上给予倾斜，充实审判业务骨干和专业人才，尤其要注意选拔一批法律功底好、外语水平高、具有理工专业背景的知识产权法官；要在广大知识产权法官和其他工作人员中加强反腐倡廉教育，做到常抓不懈，警钟长鸣，打造一支严格、公正、文明、廉洁的知识产权审判队伍。

五、进一步优化知识产权司法保护环境，推动全社会知识产权保护意识的提高。法院知识产权审判工作离不开党的领导、人大监督、政府支持及社会各方面力量的配合。全省各级法院知识产权审判工作要进一步深化对“三个至上”指导思想的认识，坚持在党的正确领导下，通过公正高效司法，确保宪法及法律的正确实施，加强与各方面的配合沟通协调，推动知识产权司法保护工作的不断完善和发展。要大力宣传人民法院加强知识产权司法保护的措施和成效，促进“尊重知识、崇尚创新、诚实守信”的知识产权文化的普及，增强人民群众对知识产权司法保护制度的认知和认同，推动全社会知识产权保护意识的提高。

二〇一一年十月二十五日

湖南省高级人民法院　湖南省司法厅
关于规范电子信息证据公证保全及认定工作
座谈会会议纪要

为规范我省公证机构办理知识产权案件电子信息保全证据公证行为，提高公证证据的公信力，以及规范我省人民法院在审理知识产权民事案件中对电子信息公证证据的审查和认定，统一司法裁判标准，湖南省高级人民法院、湖南省司法厅于2011年3月18日在长沙市宁乡县召开了规范电子信息证据公证保全及认定工作座谈会。座谈会纪要如下：

一、各级人民法院及公证机构要高度重视涉及知识产权产案件的电子信息证据公证保全和审查认定工作。公证机构要严格遵循依法、客观、公正的原则，进一步规范知识产权电子信息证据的公证保全行为，充分发挥公证职能作用，提高电子信息公证证据的质量和公信力。各级人民法院要依法审查电子信息公证证据，准确认定案件事实，依法保护知识产权权利人的合法权益。司法行政部门要加强对公证机构、公证员和公证协会的管理、监督和指导工作。

二、根据《公证法》和《公证程序规则》的相关规定，申请人申请办理电子信息保全证据公证，符合以下条件的，公证机构应当受理。

（一）申请人住所地、经常居住地、行为地

或者事实发生地在受理申请的公证机构执业区域内;

(二)申请人与所公证的事项有法律上的利害关系;

(三)申请人提供了《公证程序规则》和公证机构要求的证明材料;

(四)申请保全的电子信息证据无违反法律法规的禁止性规定、侵害他人合法权益、损害公共利益的内容。

三、电子信息保全证据公证可以采取下载、复制、拍照、录音、摄像、截图、打印、摘录等方式提取证据,承办公证员应告知当事人采取合适的方式提取证据,使证据能全面地反映需要证明的事实。

四、公证机构办理电子信息保全证据公证,对在取证操作过程中需要使用相关软件程序的,应要求当事人使用正版或共享的软件。申请人不能提供正版软件的,承办公证员应告知其可能产生的法律后果。

五、公证机构办理电子信息保全证据公证,应告知申请人公证机构仅证明相关现场操作的实际情况。

六、公证机构办理电子信息保全证据公证,一般不应当在申请人住所、办公场所或使用申请人的电脑进行操作。因特殊情况在申请人住所、办公场所或使用申请人的电脑连接网络的,应当检查网络连接情况,确保所打开的网站是实施侵权行为的网站。

七、公证机构办理网络保全证据公证,应对相关设备和存储介质的清洁性进行检查。应作清空或格式化等处理,存储介质应由公证机构封存。

八、公证机构派员外出办理电子信息保全证据,应由两名以上公证人员进行,承办公证员应亲自办理并签名。

九、公证机构办理电子信息保全证据公证,承办公证员应当客观、全面地记录保全过程,并制作工作记录存入公证卷宗。

十、人民法院在审理知识产权侵权案件中,对经过合法公证的法律行为、法律事实及文书,应当作为认定事实的依据,但有相反证据足以推翻该公证证明的除外。

十一、人民法院对以侵害他人合法权益或者违反法律禁止性规定的方法获取的电子信息公证证据,应不认定其证据效力。

十二、非利害关系人作为申请人申请公证机构进行电子信息证据保全公证的,法院对该公证证据的效力应不予认定。

十三、违反《公证法》第二十五条的规定,自然人、法人或者其他组织不是向其住所地、经常居住地、行为地或者事实发生地的公证机构申请办理公证,法院对该公证机构出具的公证书不认定其证据效力,但对方当事人认可公证书所记载的事实的,法院可以该公证证据作为认定事实的依据。

十四、对于公证书内容存在瑕疵的公证证据材料,应当根据瑕疵是否影响公证证据的真实性等因素,判断其是否具有证据效力。

十五、电子信息保全证据公证书个别字、句存在笔误或打印错误的,如果能辨别其真实含义的,法院可以直接根据其真实含义来理解公证书记载的内容。公证书存在笔误、漏页或表述不完整等情况导致对案件相关事实难以认定的,法院可结合公证档案内的工作记录、封存光盘、公证书的内容与待证事实的关联程度等因素综合判断,对能证明侵权结果的唯一性、排他性的,法院对其真实性应当予以认定。

十六、公证书记载的公证过程与附卷的同期录音录像等材料存在明显矛盾，或者公证书记载的公证过程不完整，或存在其他明显瑕疵，足以影响对待证事实真实性判断的，该公证书不能作为认定案件事实的依据。

十七、除存在正当理由且有相应证据予以证明外，对公证实物之间、公证书记载内容之间、公证实物与公证书记载内容之间存在矛盾的公证证据，对其真实性不予认定。

十八、法院对依法定程序作出的公证书应认可其证据效力，该公证书不能证明当事人所主张的案件事实的，法院可认定该公证书不能实现证明目的，但不能直接否定该公证书的效力。

十九、公证机构在网吧、开放性会所等公共场所内进行电子信息保全证据公证，虽未检查电脑清洁性及互联网接入情况，但如果该场所及所使用的电脑系公证人员自行选定，法院应当对该公证证据予以认定。

二十、在申请公证一方当事人及其代理人的居住或办公场所进行的网络电子信息证据公证取证，或者利用申请公证一方当事人及其代理人的计算机进行网络电子信息证据公证取证，公证书中无对网络连接情况进行检查的描述的，或者公证书中没有记载已对移动存储介质的清洁度进行检查的，可认定该公证证据不足以证明公证获得的网络信息来源于互联网。

二十一、法院对公证证据的来源和真实性确有怀疑的，可依当事人申请到公证机构调取公证档案中的工作记录等相关证据材料，公证机构应积极配合。

二十二、本纪要所涉及的内容与法律、法规、司法解释、部门规章等存在冲突的，以法律、法规、司法解释、部门规章为准。

湖南省高级人民法院关于审理涉及网络的著作权侵权案件若干问题的指导意见

湘高法发〔2011〕15 号

为正确审理涉及网络的著作权侵权纠纷案件，根据《中华人民共和国民法通则》、《中华人民共和国侵权责任法》、《中华人民共和国著作权法》、《中华人民共和国民事诉讼法》、《信息网络传播权保护条例》等法律、法规、司法解释的规定，结合我省审判工作实际，现就审理涉及网络的著作权侵权纠纷案件中遇到的有关问题提出如下指导意见。

一、权利主体资格的审查与认定

1. 在审理涉及网络的著作权侵权案件中，法院应主动对原告的权利主体资格及权属情况进行审查。经审查后发现原告提供的权利主体证据不足以证明其为权利人的,法院应当要求原告提供补充证据或作出说明。若原告不能进一步提供补充证据或对有关情况作出说明的,驳回原告起诉。

2. 当事人提供的涉及著作权的底稿、原件、合法出版物、著作权登记证书、认证机构出具的证明、取得权利的合同等,可以作为证明权利主体资格的证据,法院应根据案件的具体情况对当事人提供的证据进行综合审查。

(1)作品的底稿、原件。可以作为证明创作行为的直接证据。

(2)合法出版物。根据著作权法第十一条第三款"如无相反证明,在作品上署名的公民、法人或者其他组织为作者"的规定,合法出版物的署名可以证明权利主体资格。法院需审查出版物的合法性,即该出版物必须符合国家法律、法规等的要求。

(3)版权登记证书。根据国家版权局《作品自愿登记试行办法》的规定,作品实行自愿登记制度,版权登记证书与合法出版物的署名一样,可以证明权利主体资格,有相反证据的除外。

(4)版权认证机构出具的认证材料。经国家版权局认可的版权认证机构出具的认证材料具有较强的证明力,可以作为认定权利的直接依据。目前经国家版权局认可的境外版权认证机构主要有香港影业协会、美国电影协会、美国商业软件联盟、美国出版商协会、英国出版商协会、国际唱片业协会等,除此之外的境外版权认证机构包括其在北京设立的办事处、代表处,如韩国著作权审议调停委员会北京代表处、日本唱片业协会北京办事处等机构出具的认证材料,不具有当然的证明效力,必须结合其他证据使用。

(5)因国家对于电影等音像制品的出版发行实行内容审查制度,电影片公映许可证、电视剧发行许可证以及进口批准文件等属于行政许可文件,并不是证明版权的直接证据。但因电影片公映许可证、电视剧发行许可证上通常会对影视作品的出品人进行记载,这些许可文件可以作为印证相关权利的辅助证据。

3. 影视作品的著作权人根据影视作品上的署名确定。若作品署名中包含协助拍摄单位、联合拍摄单位、出品单位、制作单位等多个权利人信息,且未明确标注版权人的,应要求原告提交署名人之间的原始协议、广电总局颁发的许可证等其他证据来综合确定著作权人。

出版的录像制品上标注的著作权人信息与作品内容(字幕)上标注的不一致的,字幕中的署名为在作品上的署名。

4. 两个以上著作权人的影视作品,一个或部分著作权人提起诉讼的,原告须提交其他权利人明确表示不起诉或授权其起诉的证据。

5. 著作权人为外国人时,在外国自然人代表该外国著作权人签字将著作权许可或转让给原告的,原告需提供该签字人的身份和权限证明,以及相关公证认证手续。该权利许可或转让的文件系在国外签署的,该授权书应办理公证认证手续。

6. 通过转让或许可方式获得作品著作权的,其权利主体资格的审查应按照以下步骤进行:

(1)审查转让人或许可人的权属。

(2)审查权利的转让、许可事实,包括著

作权转让合同、著作权使用许可合同、赠与合同,以及受让人或被许可人的身份证明。

(3)审查转让或许可类型、权利范围和时间。

对多次转让或许可的,应审查转让或许可协议的连续性、有效性。

二、侵权行为主体的审查和认定

7. 省、自治区、直辖市电信管理机构或者国务院信息产业主管部门颁发的经营许可证上登记的信息或企业登记信息中载明的经营者是网站经营者。上述登记信息与网站主页标明的经营者信息不一致的,除有相反证据证明外,可以认定登记信息上的经营者与网站主页标明的经营者为共同经营者。

在省、自治区、直辖市电信管理机构或者国务院信息产业主管部门备案的非经营性网站的备案信息可以证明经营者身份,有相反证据的除外。

被诉侵权网站主页上标明的经营者名称、地址、电话、传真、邮箱以及其他联系方式等信息与被告相关信息一致,可作为认定网站标明的经营者为被诉侵权行为主体的证据。

被诉侵权网站主页上显示的"XXX版权所有"信息可以作为认定网站经营者和行为主体的证据,有相反证据除外。

三、诉讼主体资格的审查

8. 通过许可方式取得著作财产权的,许可期满后,被许可人对许可期内的侵权行为提起诉讼的,法院应予支持。

著作权人未将实体权利而只是将打击侵权行为的权利许可他人的,因许可行为不涉及实体权利,被许可人不能以自己的名义提起诉讼。

通过转让方式取得著作财产权的,受让人可以自己的名义提起著作财产权侵权诉讼。对于转让合同签订前发生的侵权行为,如著作权人明确表示受让人有权行使著作财产权的,受让人有权以自己的名义提起诉讼。

9. 在以网吧为被告的著作权侵权案件中,网吧经营者请求追加涉案影视作品提供者为共同被告的,一般应予追加。

提供搜索链接服务的网络服务提供者作为被告,请求追加提供存储空间服务的网络服务提供者为共同被告的,一般应予追加。

10. 著作权集体管理组织以自己名义起诉的,法院应予支持。著作权集体管理组织的会员以自己名义起诉,在审查其诉讼主体资格是否受到限制问题时,必须审查其与著作权集体管理组织订立的著作权集体管理合同是否对诉权的行使作出明确的约定。如授权合同中未对诉权作出约定,会员行使诉权不受限制。会员以自己的名义起诉的案件,著作权集体管理组织出具证明同意其会员以自己名义起诉的,应予支持。

四、侵权行为的认定

11. 以计算机、电视机、手机等各类电子设备为接收终端的计算机互联网,与计算机互联网相联或不相联的移动通信网,与计算机互联网相联或不相联的局域网等数字信息网络,法院应当认定为著作权法规定的"信息网络"。

12. 有证据证明被告直接提供了侵权作品的,依据《侵权责任法》第三十六条第一款的规定可认定其构成侵权。

13. 未经权利人许可,将影视作品等置于其局域网服务器供用户在终端计算机上观看的,可认定侵犯了信息网络传播权。

14. 下列行为可以认定被诉侵权的网络服务提供者直接提供了内容服务:

(1)网络服务提供者不能提供证据证明被诉侵权的作品、表演、录音录像制品系由他人提供并置于其向公众开放的网络服务器中的,可以推定该网络服务提供者直接实施了信息网络传播行为。

(2)如果被链接网站或网页上显示的域名、网站名称等信息未表明该网站或网页属于第三方所有,且该网络服务提供者也不能提供证据证明该被链接网站或网页为第三方经营时,应当认定该网络服务提供者为被链接网站或网页内容的提供者。

(3)网络服务提供者主张其仅提供信息存储空间、搜索、链接等技术、设备接入服务,但其与提供作品、表演、录音录像制品的服务对象在频道、栏目等内容方面存在合作关系的,可以根据合作的具体情况认定其实施了信息网络传播行为。

(4)如果提供存储空间服务的网站未明确标示该信息存储空间为服务对象提供,亦无充分证据证明侵权内容系服务对象上传,可认定该网站经营者直接提供了内容服务。

(5)提供信息存储空间服务的网络服务提供者对服务对象提供的作品、表演、录音录像制品的主题、质量、内容等进行审查或者对作品、表演、录音录像制品进行了涉及内容的选择、编辑、整理,以决定是否在网络上发布的,其行为构成直接的信息网络传播行为,但基于法律、法规和部门规章的要求对著作权状况之外的内容进行审查的除外。

15. 为服务对象提供信息存储空间,供服务对象通过信息网络向公众提供作品、表演、录音录像制品,并具备下列条件的,不承担赔偿责任:

(1)明确标示该信息存储空间是为服务对象所提供,并公开网络服务提供者的名称、联系人、网络地址。

(2)未改变服务对象所提供的作品、表演、录音录像制品。

(3)不知道也没有合理的理由应当知道服务对象提供的作品、表演、录音录像制品侵权。

(4)未从服务对象提供作品、表演、录音录像制品中直接获得经济利益。

(5)在接到权利人的通知书后,根据本条例规定删除权利人认为侵权的作品、表演、录音录像制品。

16. 第15条第(4)项的“直接获得经济利益”可从以下证据进行判断:

(1)就播放涉案影视作品向服务对象收取费用。

(2)直接在播放涉案影视作品的过程中插播广告,或者播放涉案影视作品的播放器中自带广告。

(3)其他证据。

17. 为服务对象提供搜索或者链接服务,在接到权利人的通知书后,根据《信息网络传播权保护条例》规定断开与侵权的作品、表演、录音录像制品的链接的,不承担赔偿责任;但是,明知或者应知所链接的作品、表演、录音录像制品侵权的,应当承担共同侵权责任。

18. 第15条第(3)项中的“合理的理由应当知道”和第17条中的“应知”可以从以下证据进行判断:

(1)影视作品特别是电影作品还在公映期内。

(2)侵权作品、表演、录音录像制品位于网络服务提供者网站的首页或显著位置。

(3)对其网站进行栏目设置,并对搜索结果进行分类列表,或者进行了介绍、推荐的;对存储内容进行分类列表,或者进行了介绍、推荐的。

(4)作品本身权利归属的特性(比如影视作品的著作权一般不归个人所有)。

(5)其他证据。

19. 网吧经营者主张其传播的作品系从第三人取得,应提供其取得的证据,主要包括第三人的经营资质、许可协议及其他已尽审查义务的证据。网吧经营者没有合理理由应当知道涉案影视作品侵犯他人信息网络传播权等权利的,不承担赔偿损失的民事责任。

五、赔偿数额的确定

20. 确定著作权侵权损害赔偿数额的方法有:

(1)权利人的实际损失。

(2)侵权人的违法所得。

(3)法定赔偿。

适用上述方法时,一般应将原告为制止侵权所支付的合理开支单独列入判决主文表述,如果将合理开支列入赔偿范围一并作为赔偿数额在判决主文中表述的,应当注明包含合理开支的数额。

21. 本规定20条第一款第(1)项所称"权利人的实际损失"可以依据以下方法计算:

(1)被告侵权使原告利润减少的数额。

(2)被告以在网站刊登或以类似方式在网络上传播原告作品的,可参照国家有关稿酬的规定。

(3)原告合理的许可使用费。

(4)著作权集体管理组织提起诉讼的,参照许可使用费标准。

(5)因被告侵权导致原告作品价值下降产生的损失。

(6)其他确定权利人实际损失的方法。

22. 本规定20条第一款第(2)项所称"侵权人的违法所得"可以依据以下方法计算:

(1)被告因侵权行为获得的利润。

(2)被告的广告收入。

(3)其他确定侵权人违法所得的方法。

23. 把原告直接要求适用法定赔偿视为其无法举证证明损失或侵权获利的一种主张。

适用法定赔偿方法不能免除原告的举证责任,原告应当就其法定赔偿请求的数额提供与法定赔偿考虑的因素相关的证据,作为确定赔偿数额的依据。原告不提交相关证据的,则依公平原则给予原告法定赔偿数额以内较低数额的赔偿。

24. 适用本规定20条第一款第(3)项所称"法定赔偿"通常应当考虑以下因素综合确定赔偿数额:

(1)原告可能的损失或被告可能的获利。

(2)作品的类型,合理许可使用费,作品的知名度和市场价值,权利人的知名度,作品的独创性程度,网站的性质和规模等。

(3)侵权人的主观过错、侵权方式、持续时间、规模范围、后果等。

25. 文字作品还可以参照国家相关部门规定的稿酬标准,在该标准的5倍额度以上酌情确定赔偿额。

音乐作品还可以考虑点击率、音乐作品的流行程度等因素,原则上每首歌不低于500

元,每部 MV 作品不低于 800 元(涉及 KTV 经营场所侵犯 MV 作品著作权的,参照此标准)。

美术或摄影作品还可以考虑作品的形成过程、制作成本,侵权人使用作品用途等因素,每幅作品不低于 500 元。

影视作品还可以考虑票房情况、市场影响、作品的发行时间或上映档期、点击或下载数等因素,原则上按如下标准确定赔偿额:

(1)在互联网上传播影视作品的,侵权行为发生在涉案作品公开放映之日起 3 个月内的,每部作品不低于 5 万元;发生在公开放映之日起 9 个月内的,每部作品不低于 2 万元;发生在公开放映之日起 9 个月后的,每部作品不低于 1 万元。涉及电视台播放影视作品的,参照此标准。

(2)在局域网上传播影视作品的,侵权行为发生在涉案作品公开放映之日起 3 个月内的,每部作品不低于 3000 元;发生在公开放映之日起 9 个月内的,每部作品不低于 2000 元;发生在公开放映之日起 9 个月后的,每部作品不低于 1000 元。

26. 本规定 20 条第二款所称"合理开支"包括:

(1)律师费。

(2)公证费及其他调查取证费。

(3)审计费。

(4)交通食宿费。

(5)诉讼材料印制费。

(6)权利人为制止侵权或诉讼支付的其他合理开支。

对上述开支的合理性和必要性应当进行审查。

关联案中,对于原告为制止侵权行为而共同支付的合理开支已在其他案件中获得赔偿的,不再重复赔偿。

27. 本规定 26 条第一款第(1)项所称"律师费"应当按照以下原则确定:

(1)律师费应是实际已经支付的费用,法院应将委托合同与律师费发票进行对照审查。

(2)符合国家有关部门对律师服务收费管理的规定。

(3)按照判决确定的赔偿数额及其他诉讼请求支持的情况,参照诉讼费的负担方法,考虑案件复杂程度、律师工作量等因素合理确定应由被告承担的律师费,其余部分则由原告自行承担。

(4)实行风险代理收费和计时收费的案件,参照正常律师服务收费标准确定律师费,但合同约定的收费标准低于正常律师服务收费时,则按照合同约定确定律师费。

(5)律师费一般不得高于原告获得的损害赔偿数额。

28. 当同一作品中有多项著作权及与著作权有关的权利的,根据该项权利在作品中所占的作用份额确定赔偿数额。

29. 本意见中相关内容如与法律、法规、司法解释有冲突的,以法律、法规、司法解释为准。

广东省高级人民法院关于充分发挥审判职能贯彻落实全国打击侵犯知识产权和制售假冒伪劣商品专项行动部署的通知

粤高法〔2011〕10 号

全省各中级人民法院，广州市越秀区、天河区、白云区、海珠区、萝岗区、南沙区人民法院，深圳市罗湖区、南山区、龙岗区、福田区、宝安区人民法院，佛山市禅城区、南海区、顺德区人民法院，中山市第一人民法院，中山市第二人民法院：

2010 年 11 月 5 日，国务院召开“全国知识产权保护与执法工作电视电话会议”，温家宝总理作重要讲话，部署于 2010 年 10 月至 2011 年 3 月在全国集中开展打击侵犯知识产权和制售假冒伪劣商品专项行动。当日会后，省政府召开全省知识产权保护与执法工作电视电话会议，黄华华省长对我省贯彻国务院部署开展专项行动作了重要讲话。随后，国务院办公厅下发了《关于印发打击侵犯知识产权和制售假冒伪劣商品专项行动方案的通知》（国办发〔2010〕50 号）；最高人民法院下发了《关于充分发挥刑事审判职能作用，依法严惩侵犯知识产权和制售假冒伪劣商品犯罪的通知》。国务院和省政府这次专项行动，对严厉制裁知识产权侵权行为具有重要意义，现就各级人民法院贯彻落实专项行动的具体要求通知如下：

一、要统一思想，加强领导，在专项行动中发挥好审判职能作用

实施知识产权战略，建设创新型国家，是党中央、国务院和省委、省政府的一项重大战略部署。近年来，在最高法院的有力指导和省法院党组的坚强领导下，全省法院围绕党和国家工作大局，全面落实国家知识产权战略，坚持统筹兼顾，以执法办案为工作重点，创新工作方式，加强监督指导，较好地发挥了司法保护知识产权的主导作用。我省法院以占全国 1/10 的知识产权审判法官人数，公正高效地审结了约占全国 1/5 的知识产权案件，有效地维护了当事人的合法权益和社会公共利益，促进了科技进步、品牌创新和文化繁荣，跨入了全国知识产权审判工作排头兵的行列。我们也清醒认识到，在新形势下还面临更艰巨的任务。加快发展方式转变，对加强知识产权司法保护，提出了新的更高的要求；国际金融危机影响下的诸多不确定因素还存在，我省传统产业的技术升级面临知识产权挑战的威胁；知识产权保护状况还不适应深化改革开放、建设创新型国家的要求，知识产权司法保护水平与经济社会发展以及人民群众的新期待还存在差距。我们要充分认识这次专项行动的重大意义,把思想和行动统一到这次专项行动部署上来,进一步增强责任感和使命感,坚持服务大局,能动司法,采取切实可行的应对措施,充分发挥审判职能作用,扎实有效地开展工作。要紧紧依靠当地党委领导、人大监督、政府支持、政协以及社会各界的关心,加强组织,加大投入,积极主动,开拓进取,确保专项行动的各项措施落实到位,以专项行动为抓手,深入推进三项重点工作。

要准确领会专项行动部署的工作要求,突出重点,扎实推进各项工作。总的要求是:增强发挥司法保护知识产权主导作用的自觉性和主动性,充分发挥各项知识产权审判的职能作用,切实提高知识产权司法保护的司法水平,着力构建有利于科学发展、符合知识产权案件特点的审判体制和长效机制,提升人民法院知识产权司法保护能力。工作重点是:按照专项行动部署的要求,充分发挥刑事、行政、民事审判职能对知识产权的司法保护作用,重点内容是保护著作权、商标权以及专利权和植物新品种权;重点领域是新闻出版业、文化娱乐业、高新技术产业和农业;重点地区是产品制造集中地、商业集散地、侵犯知识产权高发地;重点产品是图书、音像、软件、大宗出口商品等。全省各级法院要围绕上述重点要求加强工作,加强协作,加大对群体侵权、反复侵权、恶意侵权以及假冒专利行为的高压打击态势,加大知识产权司法保护力度,切实有效地保障权利人以及社会公众的合法权益。

二、依法严惩侵犯知识产权犯罪,充分发挥刑事审判惩治和震慑侵犯知识产权犯罪的功能

全面领会和落实关于依法严惩各类侵犯知识产权犯罪的法律规定精神,综合运用各种刑事制裁措施,发挥好刑事审判惩治和预防知识产权犯罪的功能。全省各级人民法院要将保证知识产权刑事案件质量作为落实专项行动工作的重中之重,严格从事实出发,把好事实证据关、适用法律关和审判程序关,及时、准确地依据刑法及司法解释的规定和宽严相济刑事政策,作出公正判决,努力实现法律效果、政治效果和社会效果的统一。针对侵犯知识产权犯罪的特性,在依法适用主刑的同时,充分发挥财产刑的惩罚作用,并注意通过追缴违法所得、收缴犯罪工具、销毁侵权产品等涉罪物品的处理,剥夺犯罪分子的再犯罪能力和条件。要严格落实刑事案件信息报告制度,下级法院审理刑事案件中,对重大的侵犯知识产权刑事案件要逐级向上级法院报告。上级法院要及时追踪案件进展,并集中力量指导下级法院解决审理过程中遇到的问题。

三、依法履行对知识产权行政行为的司法审查职责,充分发挥监督和支持知识产权行政执法保护的职能

要进一步提高认识,调整思路,采取措施,不断完善行政审判科学发展长效机制,使行政审判工作更好地适应新形势的要求。要及时依法办好各类知识产权行政案件,监督和支持行政机关依法行政,保护知识产权行政相对人的合法权益,维护知识产权行政管理秩序。在合法性审查中,既要保护知识产权行政相对人的合法权益,又要维护知识产权行政管理秩序，依法支持行政机关制裁侵权行为，促进知识产权行政保护。既要坚持依法独立行使审判权，又要坚持能动司法，加强与政府的互动联动，只有这样，才能更好地发挥行政审判的保护和促进功能。行政机关申请强制执行行政处理决定，经审查符合执行条件的，应及时裁定并予以强制执行。

四、充分发挥民事审判在保护知识产权和激励自主创新中的重要作用

要配合专项行动，突出办好各类重点案件。要依法审理好各类专利案件，充分发挥专利保护在激励创新、支持研发投资和推动经济发展方式转变中的独特作用。凡落入保护范围的内容，必须旗帜鲜明地依法给予严格保护，不能有任何含糊和打折扣。要从保护商业成果、净化市场环境、培育企业品牌意识、维护消费者权益的高度，加强对商业标志的司法保护。结合广东音像制品集散地、文化创意产业基地的特殊地位，努力营造有利于文化创意产业发展和新商业模式形成的良好氛围。高度重视办好网络侵权案件，加强网络著作权、涉及网吧案件的审判工作，有效应对互联网等新技术发展对著作权保护的挑战，准确认定网络服务提供者的侵权责任，妥善处理保护著作权与保障信息传播的关系。要及时制止垄断和不正当竞争行为，促进市场结构的完善、企业竞争力的提高和市场经济的健康发展。

案件审理中，要特别注意坚持全面赔偿原则，努力降低维权成本。要加大对侵犯重大及有较高经济效益的发明创造和知名品牌行为的判赔力度，加重假冒盗版和重复侵权、恶意侵权、以侵权为业的行为人的赔偿责任。要注意依法积极采取证据保全措施，切实减轻当事人的举证负担。要注重发挥诉前临时措施的及时救济功能，有效制止侵权，对于假冒和盗版等显性侵权和故意侵权案件，应当积极采取有关临时措施。

要认真贯彻“调解优先、调判结合”司法工作原则，更加注重发挥诉讼调解在有效化解知识产权纠纷中的独特作用，在调解中实现共赢，在合作中促进发展。要把调解作为处理案件的首要选择，贯穿于审判活动的各个环节，自觉主动地运用调解方式处理矛盾纠纷。要不断完善调解机制，创新调解方法，积极探索和加强庭前调解工作。继续抓好委托调解和协助调解工作，积极发挥好人民调解、行业调解等有关组织以及人大代表、政协委员、技术专家、律师等在调解工作中的作用，共同解决知识产权纠纷。要注意总结经验，摸索规律，在实践中不断提高调解工作能力和水平。

五、结合审判职能加强工作调研、法制宣传和司法建议等工作，提升司法保护的影响力

要通过多种渠道和形式加强与高新技术企业、新兴文化产业界的沟通，及时了解企业的司法需求，根据情况及时调整有关司法政策，制定指导意见。要针对审判工作中发现的新情况、新问题，有针对性地加强对法律适用中遇到的问题进行调研。各级法院要积极回应“阳光司法”的社会要求，拓展司法公开的广度和深度，采取各种形式大力宣传，提高全社会知识产权意识，营造良好的知识产权保护环境。要定期选择有影响的案例，邀请人大代表、政协委员、专家学者、行业协会和有关部门的代表、外国政府和国际组织驻华机构代表等代表性人士和社会公众等旁听庭审,增进司法公开,接受群众监督,扩大社会影响。要注重加强司法建议工作,推进社会矛盾化解和社会管理创新。要注意加强分析总结,针对在审判工作中发现的普遍性、趋向性和影响产业发展的重大知识产权保护问题,及时向党委、政府以及企业、行业协会等相关方面提出工作建议和改进意见。

六、加强沟通协调,形成知识产权保护合力

各级法院要主动加强内外沟通协调,善于调动整合各方面力量和资源,共同提高知识产权保护工作整体水平。一方面,要加强人民法院与其他司法机关和知识产权行政执法机关之间的协作配合,增强知识产权保护的整体合力。强化与公安、检察机关在知识产权刑事司法程序中的配合,依法受理和裁判知识产权刑事案件,积极配合各级打击制售假冒伪劣商品违法行为办公室的工作,并发挥打假联席会议领导小组成员的便利,主动与相关主管部门沟通协商,推动做好相关工作。要借助省政府知识产权办公会议的协调机制,加强与工商、版权、专利等行政主管部门在知识产权行政执法程序上的衔接,实现司法保护与行政保护的优势互补和良性互动。加强与知识产权、外事、商务、科技、信息产业、新闻、宣传等综合部门在知识产权保护工作中的沟通协调,扩大我国知识产权保护的影响力。另一方面,人民法院内部要加强上下级法院之间、同级法院各审判业务部门之间的沟通协调,实现执法标准统一。要充分发挥刑事、民事和行政三种审判整体效能,对各种知识产权提供全面有效的司法保护,最大限度地维护人民群众的创新权益。上级法院要切实履行对下级法院的监督指导职责,及时针对审判工作中发现的新情况、新问题加强重点指导。最高人民法院已经正式批复我省深圳、佛山、中山两级法院开展“三审合一”审判机制的改革,这三个市两级法院要借助“三审合一”审判机制的制度优势,形成知识产权司法保护的整体合力。要进一步强化审判管理,创新管理方式,尽快建立知识产权案件审判工作分析机制、上下级审判沟通机制、案件分类指导机制,规范司法行为,统一执法标准。审理关联案件的法院之间尤其要加强沟通,必要时及时报请共同上级法院协调指导。

四川省高级人民法院　四川省知识产权局
四川省工商行政管理局　四川省版权局
关于构建知识产权纠纷“大调解”工作体系的实施意见

为加强知识产权民事案件诉讼调解工作,深入推进构建大调解体系,有效解决纠纷,化解社会矛盾,构建和谐社会,根据最高人民法院《关于建立健全诉讼与非诉讼相衔接的矛盾纠纷解决机制的若干意见》、中共四川省委办公厅、四川省人民政府办公厅《关于构建"大调解"工作体系有效化解社会矛盾纠纷的意见》等法律、法规和司法解释的规定,结合我省知识产权行政争议及诉讼案件大幅上升的实际,特制定以下关于构建知识产权纠纷"大调解"工作体系的实施意见。

一、指导思想、工作目标和工作原则

1. 指导思想。全省各级人民法院、知识产权局、工商局、版权局要坚持以邓小平理论和"三个代表"重要思想为指导,深入贯彻落实科学发展观,根据省委、省政府的工作部署,切实加强人民法院、知识产权局、工商局、版权局在化解知识产权纠纷中的衔接配合,全面推进构建"大调解"工作体系,为我省经济社会和谐发展提供有力保障。

2. 工作目标。充分发挥人民法院、知识产权局、工商局、版权局等部门职能作用,构建"知识产权纠纷大调解"工作体系,依法完善知识产权纠纷调解制度,建立完善多渠道、多层次的调解组织网络,推进知识产权调解工作的健康发展,确保社会和谐稳定。

3. 工作原则。坚持党委领导下的协调配合原则,党委总揽全局,人民法院、知识产权局、工商局、版权局等部门各司其职,协调配合;坚持依据事实,遵循合法、公正、及时、着重调解的原则,依法保护当事人的合法权益。

二、构建"大调解"工作体系

4. 建立法院、知识产权局、工商局、版权局知识产权纠纷大调解工作体系,明确职责分工,形成推动调解工作的合力。通过共同的努力形成知识产权纠纷大调解的长效工作机制。

人民法院根据案件性质及实际情况,决定委托相关职能部门调解或邀请相关部门的人员参与司法调解。

知识产权局、工商局、版权局负责对法院移送的知识产权纠纷案件组织调解。

5. 诉前委托调解

法院在受理知识产权案件时,应告知并引导当事人选择将案件委托相关行政部门调解,当事人同意委托调解的,填写《知识产权案件委托调解申请书》后,法院将案件材料移送相关行政部门进行调解。通过行政调解达成协议的,由行政部门制作行政调解书,送达双方当事人,调解书经双方当事人签收后,具有法律约束力。行政部门将调解书交法院立案庭备案,调解不成或者调解书送达前,一方当事人反悔的,当事人可以继续通过诉讼解决。

6. 诉中委托调解

知识产权案件在审理过程中,承办人应在开庭前和开庭后告知并引导当事人选择将案件委托相关行政部门调解。当事人同意将案件移送相关行政部门的,在填写《知识产权案件委托调解申请书》后,法院及时将案件材料移送至相关行政部门调解。通过行政调解达成协议的,由行政部门制作行政调解书,行政调解书及时履行的,当事人向法院申请撤诉,行政调解书未及时履行的,当事人可以向法院申请确认。通过行政调解未能达成协议的,案件由法院继续审理。

7. 邀请调解

法院在知识产权案件审理过程中,可根据实际需要,邀请相关行政部门协助调解。相关行政部门应当按照法院通知指派相关行政调解员协助调解。达成调解协议的,由法院制作调解书;调解不成的应当及时裁判。

三、完善“大调解”衔接机制

8. 调解期限及诉讼时效

委托调解的期限为三十日,如遇需要延长的情况,可顺延十日。在规定期间内不能达成调解协议的,接受委托进行调解的职能部门应将案卷材料退回法院,由法院继续审理。

9. 诉前委托调解期间诉讼时效中断,诉中委托调解期间应从审限中扣除。

10. 邀请调解的期限与司法调解的期限相同。

四、规范效力确认程序

11. 行政调解效力的司法确认

当事人持行政调解书可以向法院申请确认。诉前委托调解达成协议的,当事人可以向法院申请确认之诉。

12. 诉中委托调解达成协议的,由法院以民事调解书的方式确认。

13. 邀请调解达成协议的,由法院制作民事调解书。

五、建立工作保障制度

14. 人民法院负责知识产权案件“大调解”工作的统筹协调、资料汇总、召集成员单位共同研究调解方案等工作(具体由法院知识产权审判庭负责);其他各成员单位设立相应联络点,指定联络员负责受理委托、接受邀请、组织调解和复函等。

15. 为了进一步规范司法机关与行政机关的具体操作规程,加强工作有效衔接,特制定《知识产权案件诉前委托调解函》、《知识产权案件诉中委托调解函》、《知识产权案件邀请调解函》、《知识产权案件委托调解申请书》、《知识产权案件调解情况回复函》等五种文书格式(见附表)。调解文书应装入法院卷宗档案。

16. 各基层人民法院、中级人民法院及地方知识产权局、工商局、版权局可在上述意见的基础上,根据本辖区的实际情况制定出具体实施方案,积极推进大调解工作并及时总结经验上报各自上级单位。

二〇一一年十二月七日

云南省高级人民法院关于进一步加强我省特色和优势产业知识产权司法保护的意见

为充分发挥人民法院的审判职能作用,切实服务于创新型云南建设,加大对我省特色产业、优势产业的知识产权司法保护,特制定本意见。

1. 加强重点领域的知识产权司法保护。要准确把握人民法院在“十二五”规划中担负的重要职责,正确认识建设绿色经济强省、民族文化强省和中国面向西南开放的桥头堡战略目标的重大意义,切实把思想和行动统一到省委、省政府的决策部署上来,积极采取措施，加大对云南特色、优势产业——烟草、矿产、电力、生物、旅游的自主知识产权的司法保护，并妥善审理特色、优势产业改造和提升进程中出现的各类知识产权纠纷。

2. 加强创新成果转化运用过程中的专利、技术秘密的司法保护。依法审理涉及烟草、矿产、电力、制药产业的侵犯专利、技术秘密的案件，保护创新成果，加大对经济增长有重大突破性带动作用、具有自主知识产权的关键核心技术的保护力度。依法界定发明、实用新型、外观设计专利权的归属和范围，依法界定职务发明与非职务发明，依法界定知识产权委托或合作创造、转让、许可、质押等环节形成的法律关系，合理确定利益分配及责任承担，维护权利的稳定性，促进自主创新成果的商品化、产业化、市场化。妥善审理与贸易有关的涉外知识产权案件，坚持依法公正审判和平等保护原则，在维护和提升我国知识产权司法良好国际形象的同时，支持和引导我省特色和优势产业引进国际创新资源和最新成果，扩大我省战略性新兴产业的先进技术的来源。

3. 加强驰名商标、著名商标的保护，加强司法制止不正当竞争行为的司法保护。严厉制裁假冒我省烟草、矿产、电力、生物制药商标的侵权行为，为权利人提供充分及时的司法救济；依法审理涉及旅游等服务业的侵犯服务商标标识案件，制止一切仿冒搭车行为，避免市场混淆和误导公众。依法审理涉及虚假宣传、商业诋毁、计算机网络域名以及注册商标、企业名称与在先权利冲突的民事纠纷等不正当竞争案件和其他新类型知识产权案件，准确把握反不正当竞争法的适用条件，促进社会信用体系建设，净化自主创新环境。

4. 加强现代生物产业发展过程中的知识产权司法保护。加大对畜牧、果蔬、茶叶、薯类、生物制药、蔗糖、花卉、木本油料、橡胶、林产业、咖啡、桑蚕产业的重大农业科技成果的保护力度，加大植物新品种权和育种技术、农产品地理标志、原产地名称的保护，合理调整资源提供者、育种者、生产者和经营者之间的利益关系，激励农业科技创新，推动现代农业经营方式转变，培育和壮大农业自主品牌。

5. 加强文化创意产业的知识产权司法保护。加强对新闻出版、广播影视、文学艺术、文化娱乐、广告设计、计算机软件、信息网络等领域的著作权保护，加强对民族民间文学、民族音乐、舞蹈、戏曲、工艺美术、民族服装设计的保护，尤其注重对少数民族和民间文化艺术原创群体合法权益的保护，保障和促进文化产业的健康发展。

6. 加强知识产权诉讼引导。完善知识产权诉讼指引机制，公开知识产权案件受案范围、管辖、诉前临时措施申请条件、举证要求和立案程序等内容。在诉讼过程中，公开、公平、准确、适时行使释明权，合理平衡双方当事人的诉讼能力，充分保障当事人的程序利益。在裁判作出以后，对当事人提出的疑问，要认真解答，使当事人充分理解裁判的事实和法律依据。

7. 充分发挥知识产权民事、刑事和行政审判职能作用。充分发挥知识产权民事审判在保护知识产权和激励自主创新中的主导作用，对于涉及同种客体、同种权利、同种侵权行为的案件的审理，注意执法尺度的统一，做到行为定性和责任承担的一致性。充分发挥知识产权刑事司法保护的职能作用，依法运用各种刑事制裁措施，发挥刑罚惩治和预防知识产权犯罪的功能。在依法对被告人适用主刑的同时，加大财产刑的适用与执行力度，追缴违法所得、收缴犯罪工具，从经济上制裁犯罪分子，使其不具备再犯罪的能力和条件。切实发挥行政审判对知识产权行政执法行为的司法审查职能，监督和支持行政机关依法行政，保护知识产权行政相对人的合法权益，维护知识产权行政管理秩序，促进知识产权行政保护。通过知识产权民事、刑事和行政司法保护整体效能的发挥，为自主创新提供稳定、高效、有力的司法保障。

8. 提高知识产权审判效率。坚决落实案件审理期限的规定，加强审判程序管理和流程管理，对特色、优势产业的知识产权案件尽可能地做到快立、快审、快执行。依法应用诉前禁令、财产保全、证据保全、先予执行等手段，及时制止侵犯知识产权行为，防止损失的进一步扩大，通过公正高效的审判，及时定分止争，保护知识产权权利人的合法权益。

9. 加强诉讼调解。坚持合法自愿原则，对依照法律可以调解、根据案情能够调解、调解处理效果更好的案件，选择调解方式解决纠纷。通过调解尽可能促使当事人达成技术许可或转让协议，保障权利人的创新利益得到回报。注重调判结合，对于不宜调解或久调不结的案件，及时依法作出裁判。

10. 加大知识产权司法保护宣传力度。适时发布知识产权审判中的重要信息和典型案例；坚持审判公开和透明原则，积极组织和参与各种形式的宣传活动；及时将生效知识产权裁判文书上网公开；加大对外宣传力度，加深社会各界对知识产权司法保护制度及保护状况的了解，帮助企业克服畏讼心理，树立正确的诉讼维权意识，努力营造全社会“尊重知识、崇尚创新、诚信守法”的氛围。

11. 进一步加强与其他知识产权执法机关之间的协作配合。健全外部协调机制，主动与知识产权行政执法部门和公安、检察机关就知识产权执法中的问题加强沟通、协调，统一执法标准。加强与外事、商务、科技、新闻、行业协会等部门和组织在知识产权保护工作中的沟通协调。探索建立知识产权执法机关长效合作机制，实现司法保护与行政保护的优势互补和良性互动。

12. 拓宽知识产权司法服务渠道。加强知识产权司法保护信息交流，通过走访企业、通报信息、开展法律咨询等有效形式，积极回应创新主体的知识产权司法保护需求；通过参与企业培训、开展研讨会等形式，提高企业的知识产权创造、管理、运用和保护水平以及抗风险能力；支持和引导企业实施商标战略，积极引导和规范地名商标的正当使用，促进自主品牌的形成和品牌经济的发展；对于产业发展中的重大知识产权动向，及时向有关企业和行业协会发出预警，建议企业健全制度、堵塞漏洞、消除隐患。

域 外 动 态

美国法院知识产权与反垄断领域的发展动态

2011年4月28日~5月25日,根据最高人民法院与美国国际发展署(USAID)知识产权合作项目中的派遣访问学者项目的安排,最高人民法院民三庭王艳芳、李剑、朱理、北京市第二中级人民法院张晓津法官赴美进行了为期四周的研修。访美期间,在美方项目执行单位——亚洲基金会的安排下,四名中国法官与来自美国政府部门、法院、学术界以及私营部门的知识产权专业人士进行了广泛的交流,对美国的知识产权保护有了初步的了解。在研修过程中,四名法官在各自所在的大学进行了相关的知识产权交流活动,为对中国知识产权感兴趣的教授和法官进行了中国知识产权司法保护状况的介绍并与各自领域的专业人士进行了深入的研讨。现就各自的研究领域介绍如下:

一、专利创造性要件的研究工作

自中国专利法2001年第二次修改以来,专利复审委员会和法院审理了大量专利确权案件。在实践中,围绕行政程序与司法程序的衔接,尤其是,《审查指南》在司法程序中的地位、创造性的判断等法律问题,相关各方存在很多讨论和争议,需要进一步研究,以期统一执法尺度,确保专利法的正确实施。在美期间,李剑法官通过走访CAFC、USPTO等相关部门、分析美国典型案例等方式,对美国相关法律规定及执法实践进行了梳理、总结。以下为李剑法官整理的涉及专利创造性要件的相关资料。

(一)早期判决

美国专利实务早期对专利授权条件的规定,仅有新颖性和实用性。直到1850年的Hotchkiss v. Greenwoodl判决①,联邦最高法院首次提出非显而易见性(创造性)要件。对Hotchkiss案判决有两种解释,第一种解释认为,Hotchkiss案所设立的标准是在主观上判断"发明"是否来自于"创作性"(ingenuity),而非仅是日常的想法或经验,主观标准着重在发明是如何发展出来的。为决定发明属一般技术还是独创概念,法院应参考相关领域

---

① 该案涉及一项门把的发明,以往门把均由金属或木材制造,但本案中门把材料使用制作陶瓷器用的黏土,使得门把更便宜且耐用。法院指出,在系争发明申请前,美国已广泛使用由金属或其他材质制作的门把。原告专利的门把外型功能均未改变,仅是用陶瓷黏土替换原先材料,门把的使用方式相同,且仍由原先方式组合成门把,材料之使用方式亦相同,制造方法未比本领域技术人员更具创作性,故该门把专利应为无效。法院也指出,除非专利说明书内的陶瓷门把,连结柄和球状手把所使用的方式,能展现出更多的创作性或技巧,否则缺少发明的所需具备的创作性和技术程度。最终法院判决陶瓷门把不符合"发明"的要求。

中的普通技术水平,然而主观标准缺陷在于,其评价方式和新颖性标准过于相似,因此在已证明具备新颖性的情形下,很难再使用主观标准认定发明为显而易见。另一解释则主张,Hotchkiss 标准是在客观上衡量系争发明在该技术领域中是否有足够的进步,发明用何种方式制造是无关紧要的。

在 Webster Loom Co. v. Higginsll 一案中,联邦最高法院警告,适用 Hotchkiss 案的非显而易见性判断标准,可能有"事后诸葛亮"(hindsight)的危险。法院认为,一项发明成功后,可能事后看来都是相当简单的,任何人均可办到。对已知部件的新组合,只要能达到新的、有益的、先前未曾获得过的功能效果,即使事后看来很简单,这样的成果仍可为发明。故法院认为本案系争发明符合专利要件。

在 Webster Loom 判决后的一段时间内,联邦最高法院开始对专利审查采取较严格的态度,如 Bradley 法官在 Atlantic Works v. Brady 一案中指出:"专利制度的设计,是为了鼓励真正有价值、可增进我们的知识或促使有用技术进步的发明或发现,这样的发明者值得给予奖励。而微不足道的装置,以及本领域普通技术人员会自然想到的概念,则不是专利法所赋予排他权的客体。若上述两类发明均授予专利,将会阻碍发明而非鼓励发明,如此对产业进步没有任何贡献。"到了 Washburn & Moen Mfg. Co. v. Beat ' Em All Barbed - Wire Co. 一案,联邦最高法院的态度又有转变。法院认为,将倒钩附在铁丝网栅栏上并不是发明者所独创的概念,从 Hunt 的原型到 Glidden(专利权人)完善的铁丝网,每项专利都代表着该技术的进步。Kelly 的栅栏和 Glidden 的栅栏之间的差异并非表面上看起来那样微不足道,且带刺铁丝网的栅栏明显地达到商业上的成功。法院并认为,专利应当给予完成发明最后一步,使发明从失败到成功的人。换句话说,应将专利给予最后完成以铁丝网代替的人,而不应去否认以铁丝网代替菱形刺状物的发明价值。从该案可以看出,联邦最高法院不像 Atlantic Works 案时期,转而对专利审查采取较宽松的态度,不再认为符合专利授权要件的发明,必须有重大的进步。

(二)判断法则

1. 负面排除法则

由于在 Hotchkiss 案中,联邦最高法院对于非显而易见性要件的界定不够明确,导致此后一段时期,法院对发明非显而易见性的判断标准仍视个案而定。由于难以对发明做正面定义,联邦最高法院发展出负面排除法则(Negative Rules of Invention),即从反面排除不符合专利授权条件的情形。主要包括:对一般工艺技术的优化、基于现有技术的教导可合理得出的、本领域技术人员显而易见的、对现有部件尺寸、角度或形状的改变、零件整合或增加、未产生新效果的单一部件的省略、将现有技术运用至新领域但未产生新效果的、以连续方式实行现有技术、单纯的材料替换。

负面排除法则在美国专利实务早期占有举足轻重的地位,但是该法则对于判断发明授权要件不是十全十美,联邦最高法院仍试图建立更加稳定的判断标准,由此产生了发明法则、天才灵光闪现法则。

2. 发明法则

1930 年至 1950 年间,联邦最高法院经常以欠缺“发明”(invention)为由来否定专利的授权。代表性案例是 The Great Atlantic Tea & Pacific Tea Co. v. Supermarket Equipment Corp. 案,联邦最高法院在该案中指出,判断将现有部件组合在一起的机械装置是否符合专利授权条件的关键在于,该装置是否展现出比现有部件的组合非比寻常或是意想不到的效果。同时指出,在审查组合发明时,应该仔细检验组合现有部件的困难度与可能性。专利的功能在于增加有用知识的深度,若一项发明仅是组合现有部件而未改变其功能,却仍给予该发明专利,无疑是将可利用资源从该领域中抽出,使他人受专利权的排他性而无法利用此部件,并不符合专利制度的目的。

3. 天才灵光闪现法则

在发明法则出现的同期,联邦最高法院另外发展出“天才灵光闪现”(flash of genius)法则来判断非显而易见性要件,代表性判决为 Cuno Engineering Corp. v. Automatic Devices Corp. 案。联邦最高法院在该案中指出,一件新装置虽然功效优良,仍须表现出如灵光一闪般的天才创意,不能仅是为满足需求所产生的技术。针对本案涉及的无电线打火机,联邦最高法院认为,虽然在细节的设计上和现有技术不同,但并没有展现出比本领域普通技术人员更高明的创造性技术,故不符合专利授权要件。

4. 第 103 条及 Graham 法则

1952 年专利法第 103 条规定:“可专利性不因发明完成的方式而遭否定”,旨在停止适用“天才灵光闪现法则”,法院不得以发明并非出自于天才的灵光闪现而认定其不符合专利授权要件。该条(a)项第一段规定,在审查发明专利申请是否符合非显而易见性要件时,法院应判断:(1)现有技术的范围与内容;(2)现有技术和系争专利申请范围之间的差异;(3)本领域的一般技术水平。并强调,审查是应将发明视为一个“整体”。此后,联邦最高法院通过 Graham v. John Deere 案①明确表达对第 103 条非显而易见性判断标准的看法,建立了“三阶段”的判断方法,使得非显而易见性在判断上更加具体明确。

所谓“三阶段”标准(Graham 法则),是指适用第 103 条判断专利授权性时,应当审查三个条件:(1)现有技术的范围和内容;(2)现有技术与申请专利范围的差异;(3)本领域一般技术水平。分析上述三项条件后,即可判断专利申请范围是否符合非显而易见性要件。而商业成功②、解决长期未获满足的需求等,也可作为法院辅助的判断标准。辅助判断标准最早见于 Smith v. Goodyear Dental Vulcanite 案,此后辅助判断标准逐步发展,联邦巡回上诉法院甚至在某些案例将其视为 Graham 法则的第四要素。

5. TSM 标准

根据美国专利法第 103 条,判断发明是否为显而易见时,必须是以发明完成当时,该发明所属领域或相关领域中具有普通技术水

① 联邦最高法院 Graham 案的判决可分为六部分:(1)以往巡回上诉法院运用第 103 条的不适当;(2)国会立法的范围、方向以及专利制度的目的;(3)由于法律不够精确,导致在判断发明是否符合专利要件时有一定的困难,最高法院所作成的 Hotchkiss 案判决,仍是法院判断发明非显而易见性的主要标准;(4)第 103 条的立法过程、理由,否定天才灵光闪现法则,将 Hotchkiss 案判断标准法条化;(5)提出“三阶段”的判断标准,认可以前判例中采用的辅助判断标准;(6)运用“三阶段”标准分析该案系争专利是否符合非显而易见性要件并作出最后判决。

② 商业上成功是最为常用的辅助判断标准,其与非显而易见性之间的关联是基于间接推理,即若系争发明具重大商业价值却显而易见,则早应出现于市场中。但取得商业上的成功并非符合专利授权要件的必要条件,亦即一件发明可能符合专利授权要件,却没有商业上的成功。

平的人的角度观察。因此专利审查人员或法院在审查非显而易见性要件时,必须以系争发明完成当时所存在的技术状态为判断依据。然而在知悉发明专利的技术内容的情形下,很容易依照发明技术内容找出其与现有技术的相似之处,而认定该发明为显而易见,此即为“事后诸葛亮”。为防止专利审查员或法院的“事后诸葛亮”,联邦关税与专利上诉法院(C. C. P. A,联邦巡回上诉法院的前身)发展出 TSM 判断标准,即审查专利申请是否显而易见时,法院必须指明,现有技术存在一定的教导、建议或动机存在,使本领域普通技术人员会以与发明相同的方式组合现有技术,才能判定该发明为显而易见。因为法院判断一项发明是否符合专利要件时,若仅发现系争发明的每个技术特征均已出现在现有技术中,并不足以据此判定系争发明为显而易见。故 TSM 判断标准要求审查发明合法性时,须证明有将各个现有技术特征结合成为系争发明的明确原因,而不论教导、建议或动机是明示或暗示的。

法院运用 TSM 判断标准时,必须审查相关现有技术的所有范围,如同联邦巡回上诉法院于 In re Dembiczak 案中所言,结合数项技术方案成为系争发明的建议、教导或动机的证据,可能来自于现有技术本身,也可能来自于该领域普通技术人员所拥有的知识,在某些案件中,甚至可能来自于所要解决问题的本质。虽建议、教导或动机的来源相当广泛,但并不会减少对事实证据的要求,法院认为显示有建议、教导或动机的事实证据必须清楚且特定。

对于 TSM 判断标准的意义,有观点认为,由于要求有建议、教导或动机才能认定系争发明对于该领域普通技术人员而言是显而易见的,使得法院在判断非显而易见性时,更具客观性和一致性,另外也使审查员在审查非显而易见性时,有更精准的操作标准。但也有人认为,不论是 Graham 法则还是专利法第 103 条本身,均未要求须有建议、教导或动机的存在。由于在技术上很难辨认出建议或教导,若无法举证有建议或教导的存在,将会认定系争发明有效,因而会错误地保护到一些显而易见的发明,如计算机软件发明。

(三)KSR 案判决

1. KSR 案情简介

2007 年 4 月 30 日,美国联邦最高法院对 KSR International Co. v. Teleflex Inc. 案(以下简称 KSR 案)作出判决。这是自 1966 年 Graham 案以来美国关于专利创造性判断的最重要的判决。KSR 案对美国联邦巡回上诉法院的“动机/启示/教导”检验法进行审查,最终否决了上诉法院僵化地、狭隘地适用 TSM 方法的判决,纠正了长期以来创造性标准过低的局面。

该案中,被告 KSR 公司是一家加拿大公司,为满足消费者的需求,该公司改进其设计,通过在带有电缆驱动的刹车装置的可调节的踏板系统上增加模制传感器,采用计算机控制刹车装置,使得系统与机车相匹配,由此生产并提供该油门踏板系统的汽车部件。原告 Teleflex 公司拥有一件专利号为 US6236565 的用于汽车油门踏板的专利技术(以下简称 565 号专利)。该专利的权利要求 4 涉及的踏板装置包括踏板组件、支撑踏板组件的支撑件、固定在支撑件上的电控踏板位置传感器、将踏板与支撑件相连的位置固定的枢轴。其中踏板组件是可调节的,以适应于不同身材的司机,而电控踏板位置传感器固定在支撑部件上,因此无论踏板组件如何调节,仍然保持固定。通过固定枢轴与固定传感器这两个手段,可使踏板更简单、轻巧和更小型化。Teleflex 公司认为 KSR 公司生产的电控可调油门踏板构成了侵犯其 565 号专利权的行为,向美国密歇根州的联邦地方法院提起专利侵权之诉。KSR 公司则抗辩主张,565 号专利权利要求 4 所结合的可调整式踏板元件和电子踏板位置感应器元件均是该领域中广为人知的技术,不具有非显而易见性。并提出简称 Asano、892 号、899 号、936 号、Redding、Smith、068 号等专利以及编号 503 系列由 CTS 公司生产的踏板位置感应器,作为判断 565 号专利权利要求 4 是否为显而易见的证据。

2. 地方法院判理

地方法院认为,565 号专利权利要求 4 与现有技术间的差异并不大。如 Asano 专利,除了电子踏板位置感应器外,教导了 565 号专利权利要求 4 的每项结构和机能,因此法院认为 Asano 专利披露了与 565 号专利权利要求 4 相同的机械构造。而 565 号专利权利要求 4 的电子踏板位置感应器,其根据枢轴回应油门踏板所降低的角度传送电子讯号至电子节流阀控制系统的技术特征,则早已由 068 号专利和 503 系列踏板位置感应器所披露。

但地方法院也表示,虽然所有技术内容均已为现有技术所披露,但并不代表 565 号专利权利要求 4 将可调整式踏板和电子踏板位置感应器结合是显而易见的,必须有将其结合的动机、建议或教导存在。但自 20 世纪 90 年代中期后,越来越多的汽车使用电子设备,如电子踏板位置感应器,可调整式踏板则早已存在多年,法院认为将可调整式踏板与电子设备结合以连接至电子引擎控制系统是不可避免的趋势。简称 Rixon 的专利即披露了可和电子节流阀控制系统相连接的可调整式踏板,但和系争专利不同的是,Rixon 专利的电子感应器并非装置于踏板底座托架上,而是放置于踏板壳体内,且会随着踏板调整时一起移动,但此种设计却可能会导致与车内电脑连接之电线的金属疲劳或绝缘体的磨损,且过于复杂。而 565 号专利权利要求 4 将电子踏板位置感应器底座装置于踏板支撑拖架,则可防止电子感应器随着踏板移动,原告认为这样的技术差异对于本领域技术人员而言并非显而易见。

对此法院指出,本案最重要的争议点之一,在于现有技术中是否有如下内容:“建议发明人利用 Asano 专利中,不会随踏板调整而移动的支撑轴的技术特征,和踏板位置感应器相结合,以解决 Rixon 专利所面临的问题的内容存在”。法院并认为,在该领域中具一般技术水平,且熟悉 Asano 专利以及组合式踏板位置感应器,会有足够的动机结合此两项现有技术以解决 Rixon 专利的问题。此外,Asano 专利和组合式踏板位置感应器均和汽车踏板系统有关。再者,如同 565 号专利权利要求 4,将感应器放置于踏板支撑元件的可行性,也受到现有技术的重视。至于 Smith 专利则将旋转电位计(功能如同 503 系列感应器)放置于固定的踏板支撑组件上,展现出将电子控制系统安装于固定的支撑组件上,以避免 Rixon 专利所遇到的问题的可行性。根据上述,最后法院认为有足够的证据显示现有技术存在 565 号专利权利要求 4 的建议。

最后法院审查辅助判断标准,虽然原告

主张565号专利取得商业上的成功,并举证福特汽车公司的两项新车均采用565号专利的可调整式踏板,以及该踏板销售额相当庞大,法院认为并无证据显示565号专利所取得的商业成功和其拥有的优点间具有关连性,故法院认定原告无法证明其具商业上的成功。

法院最后总结,一位具有大学机械工程学位或同等工业经验,熟悉汽车踏板控制系统的虚拟人物,将会认为将组合式踏板位置感应器放置于Asano专利的支撑组件是显而易见的,因此根据美国专利法第103条(a)项规定,565号专利不应被授权。地方法院作出有利于KSR公司的判决后,Teleflex公司上诉至联邦巡回上诉法院。

3. 联邦巡回上诉法院判理

联邦巡回上诉法院本案中表示,为避免事后"诸葛亮",结合现有技术时必须严格要求有教导或动机的存在。因此法院一贯地要求,不仅须有促使本领域普通技术人员结合现有技术的动机存在,此类动机还要使该虚拟人物会以特定方式结合现有技术。

联邦巡回上诉法院认为,地方法院适用了不完整的TSM判断标准。地方法院并没有发现一位熟练技工的知识范围内的特定理解或原则,会诱使一位并不知悉系争发明的人以该发明所使用的结合方式完成该发明。联邦巡回上诉法院表示,不论是基于所欲解决问题的本质,或现有技术所展现的教导内容,或本领域普通技术人员的知识,地方法院均必须找出究竟有无建议或动机存在,促使发明人以565号专利权利要求4所主张的特定方式,将Asano专利和电子踏板位置感应器相结合。地方法院正确地注意到所欲解决问题的本质,在适当的环境下可能会成为结合现有技术的建议或动机。依TSM判断标准,所欲解决问题的本质必须能引领在本领域普通技术人员以特定方式结合现有技术。联邦巡回上诉法院一向认为当两项现有技术均精确地指出发明人试图解决的问题时,即满足了上述要求。而在本案中,Asano专利并未如同565号专利指出相同的问题,565号专利的目标是制造出更简化、更便宜的电子踏板系统;另外,Asano的目标是解决固定比率问题[①]。同样地Rixon专利也并未指出565号专利所解决的问题,Rixon专利本身有着该问题存在,地方法院并未解释为何Rixon有这样的问题时,却会诱使在本领域普通技术人员将电子控制系统放置于Asano装置的支撑托架上。联邦巡回上诉法院也不同意地方法院依据Smith专利所展现的教导内容,因为Smith专利中所陈述的是踏板装置不可对连接电线施加任何突然的动作,这并不必然提供将电子踏板位置感应器放置于踏板装置的支撑托架的动机。换句话说,解决电线磨损的问题和减少踏板装置的复杂度及尺寸是不同的任务。而且,Smith专利和可调整式踏板并无关联性,它并没有记载可调整式踏板所碰到的电线磨损问题。

因此,联邦巡回上诉法院认为,KSR公司并没有提出565号专利权利要求4为显而易见的表面证据,也就是说,没有明确的证据显示,现有技术会诱使本领域普通技术人员将电子踏板位置感应器放置于Asano专利所披露的踏板装置的支撑托架上。联邦巡回上诉法院不认为系争发明的组合方式是明显可试

① 固定比率问题,是指不论踏板在整体装置中的位置,保持踏板持续不动所需施加于其上的力量。

的(obvious to try),即可导出系争发明显而易见的结论。故地方法院认定565号专利权利要求4为显而易见是错误的。上诉法院于2005年6月6日作出二审判决,撤销地方法院的判决,发回地方法院重审。

4. 联邦最高法院判理

当事人Teleflex公司不服联邦巡回上诉法院的判决,上诉至联邦最高法院。联邦最高法院于本案中首先指出,联邦巡回上诉法院历史上作出的Graham案判决提供了广泛且具弹性的方式处理非显而易见性问题,但这和KSR案所用的TSM判断标准并不一致。

联邦最高法院指出,一项产品出现在所欲研发的领域时,相同或不同领域的设计动机或其他市场力量均可能促使该产品改变。如何认定一项改进是否为可预测的并非易事,为了认定是否有明显的理由将现有技术方案进行组合,有必要检验多项互有关联性的专利的教导内容、市场需求的影响以及本领域普通技术人员所拥有的背景知识。虽然这样的认定标准应当明确化,但并不表示法院必须找出精确的教导内容指引专利申请人完成系争发明。

最高法院认为,TSM提供了一种有用的理解方式:由多项现有技术组成的专利不能仅因其中的各个技术特征均已为现有技术所披露而证明该专利显而易见。因为多数的发明在某种程度上均是由现有技术所组成,因此,组合发明是否为显而易见的判断重点,在于有无理由促使本领域普通技术人员以该发明权利要求的方式组合现有技术方案。TSM判断标准不应是严格且强制的公式,否则会违背联邦最高法院先前的判决。非显而易见性的分析不应局限于教导、建议、动机其字面上的意义,或过分强调现有技术文献以及在先专利的重要性。在现代许多领域中,往往是由市场需求引导技术或设计的研发,而非科学文献,若专利权保护此类仅是将现有技术结合的普通改进,会剥夺在先发明的价值。因此,在决定专利申请是否显而易见时,并非取决于专利权人的特殊动机或其宣称的用途,重要的是专利申请项所达成的客观成果。

联邦最高法院指出,TSM判断标准和Graham案所建立的三阶段判断标准并非互不相容,但联邦巡回上诉法院将此一般原则转化为僵化的规定,因而限制了对显而易见性的审查,是显然错误的,联邦巡回上诉法院对于非显而易见性要件过于狭隘。联邦最高法院认为联邦巡回上诉法院运用TSM判断标准审理本案时犯了以下错误:

联邦巡回上诉法院认为,法院或专利审查员仅需注意专利权人所欲解决的问题。但是问题并不在于系争发明对于专利权人是否显而易见,而是对于本领域普通技术人员是否显而易见。因此发明完成当时该领域中所碰到的任何问题,以及专利记载中的任何需求,均可成为理由。

联邦巡回上诉法院假设,本领域普通技术人员面临问题时,仅会利用解决相同问题的现有技术。Asano专利的主要目的是解决固定比率问题,故联邦巡回上诉法院认为,一位发明家在思考如何将感应器装置于可调整式踏板时,并无考虑将其装置于Asano专利踏板的理由。然而,相似物件可能有主要用途以外的其他明显功能,在许多案例中本领域普通技术人员往往能像“智力拼图”那样将多个专利的教导内容组合在一起。不论Asano专利原先的主要目的是什么,其提供了一个具有固定枢轴点的可调整式踏板的明显例子,而且已有许多取得专利的现有技术指出,固定枢轴点是装置感应器的理想底座。一个希望制造可调整式电子踏板的设计者,会因Asano专利是为了解决固定比率问题而忽略该专利?这是毫无道理的,因为本领域普通技术人员并非机器人,而是具有基本创造力的人。

联邦巡回上诉法院认为,不能仅因技术特征的组合是明显可试的(obvious to try),而认定该专利权利要求为显而易见。联邦最高法院则指出,当发生解决问题的设计需求或市场压力,且可预期的解决方式有限时,本领域普通技术人员有充分的理由选择解决方式。若因此导致预期内的成功,则更像是一般技术或公知常识而非创新。

联邦巡回上诉法院对于“事后诸葛亮”过于敏感而导致结论错误。虽然事实发现确实应当小心“事后诸葛亮”带来的扭曲结果,但是死板地禁止审查者运用公知常识,则是不必要的,而且和联邦最高法院以往的判决不一致,与美国专利法第103条的立法本意也不符,最终驳回联邦巡回上诉法院的判决。

5. 关于KSR案的评论

联邦最高法院做成KSR案判决后,引发许多评论。

(1)批评者

Nicholas Angelocci律师认为:①联邦最高法院批评联邦巡回上诉法院将焦点放在发明者所要解决的问题上,是不正确的。最高法院认为应当审查所有系争专利可能解决的问题,但是,本领域普通技术人员无法想象到所有可能遇到的问题,因此专利权人所记载的问题是非显而易见性调查中必要的要素,因为,该特定问题会引领专利权人利用他的发明去解决。法院在判断是否显而易见时,必须以发明者的角度衡量,并考量发明者遇到的特定问题。若要考量所有系争专利可能解决的问题即会面临“事后诸葛亮”的危险。②联邦最高法院错误地驳回联邦巡回上诉法院的假设:一个本领域普通技术人员面临问题时仅会寻找用以解决类似问题的现有技术。最高法院指出,依据公知常识,一个客观的人不会随便任意地研究调查用以解决其他种类问题的技术,而会先试着寻找用以解决与本专利类似问题的技术,但这并不意味着发明者会忽略其他现有技术,若该现有技术对于新问题是有用的,发明者自然会注意到。但是,不能因此假设本领域普通技术人员会认识到所有可能有用的现有技术,甚至是原本用以解决不同问题的技术。

印地安那大学教授Andrew B. Dzeguze则批评,联邦最高法院在KSR案中,对于何谓“本领域普通技术人员”的说明和其以往的判决并不相符。最高法院声称,在该领域中具有普通技术水平的虚拟人物,是指具有基本创造能力,且能像智力拼图一般将数个现有技术相结合的人。但无论是Graham案建立的非显而易见性判断标准,还是美国专利法第103条,均未说明上述虚拟人物须具有基本创造能力。

所谓创造能力,是指发明、想象的能力,而非只遵循已知技术或标准的能力。创造能力是个人智能上的天分,而非学习能力。因此“创造能力”和“普通技术水平”之间应当没有关联性,一个具有高技术水平的人可能并无独特的创造能力。联邦最高法院的观点模糊了“技术”与“发明”的界限,若具有普通技术水平的人也具备了创造能力，则其也必然具备了发明的才能。因此，将创造力纳入本领域普通技术人员的能力范围，并依此决定发明是否显而易见，是不恰当的。

天普大学教授 Gregory N. Mandel 则批评，联邦最高法院在 KSR 案中并未正视“事后诸葛亮”的问题，而 TSM 判断标准的主要目的正是防范“事后诸葛亮”带来的偏见。批评 TSM 判断标准的主要理论基础在于，即使现有技术中没有教导、建议或动机的内容，并不必然表示结合数项现有技术的系争发明并非显而易见。适用过于严格的 TSM 判断标准或许不是避免“事后诸葛亮”的最佳解决方式，但拒绝适用，也不能解决“事后诸葛亮”的问题。

（2）支持者

Kenyon & Kenyon 律师事务所律师 Steven J. Lee 认为，由于 TSM 判断标准严格的证据要求，使得要证明系争发明是显而易见的变得相当困难。若专利无效申请者的举证无法达到上述要求，联邦巡回上诉法院即不会认为系争专利违反非显而易见性要件而无效。TSM 判断标准的高门槛，实质上阻碍了挑战专利创造性的可能，并降低了非显而易见性要件的门槛。

Todd Klein 律师则以对抗专利流氓（patent trolls）的角度切入，认为联邦最高法院驳回联邦巡回上诉法院适用过于僵化的 TSM 判断标准是正确的。因为 TSM 判断标准对于证据的要求过于严苛，使得证明系争发明为显而易见变得困难，导致专利权取得容易，有利于专利流氓。但联邦最高法院否定僵化的 TSM 判断标准后，非显而易见性的要求相对提高。在 KSR 案后，许多专利侵权案件将会因专利违反非显而易见性要件无效而不构成专利侵权，这也有利于对抗专利流氓。

总之，专利创造性标准的客观化，是各个国家专利授权及诉讼中面对的共同问题，各国在如何实现客观化的问题上采取了不同的方法。美国根据判例积累的经验逐步实现判断的客观化，提出了以“TSM 检验法”判断非显而易见性，但是由于法院在适用中的僵化，实质上降低了创造性标准，导致专利质量的下降，出现“专利丛”现象，专利纠纷增加，加大了专利制度的社会成本。欧洲的“问题——解决方案”法，包括最接近现有技术、技术问题的确定以及用“可能——会”方法来判断非显而易见性，力求每一步都做到客观评价。我国更多借鉴了欧洲的“三步法”，但是在对三步法的实践中，结合自身的经验对三步法加以适度的改进，呈现出各自的特点。

上述判断标准客观化的方式虽然有所不同，但在很多方面都是相通的，如都采用“本领域技术人员”的概念，都重视现有技术中是否存在结合的启示等。面对美国关于创造性标准的最新改革动向，我国应给予充分重视，既要避免创造性标准的实质降低；同时，创造性标准的把握也要建立在我国国情基础之上，不能盲目提高创造性标准。

二、网络服务商的法律责任

中国法院在 1999 年受理了第一起网络环境下的著作权侵权案件。自此之后，网络著作权案件逐年上升，已逐渐成为中国法院受理的知识产权民事案件中的主要类型。随着网络技术的发展和网络服务模式的不断变化，网络著作权案件日益复杂，网络著作权案件的审理遇到了新挑战。网络技术的发展不仅促进了网络功能的增加和网络的普及，也使通过网络使用作品的行为环节和行为人更加复杂也更加隐蔽,这给判断网络传播行为,寻找侵权行为人、确定侵权责任带来了很大的困难。如何在网络环境下切实保护权利人的利益,合理平衡权利人、技术或服务提供者以及社会公众的利益,促进和引导网络技术产业的良性发展,成为中国法院面临的重要问题,同时也是国际上普遍关注的问题。为此,最高人民法院正在研究制定有关网络环境下著作权保护问题的司法解释。为使制定出的司法解释更具备实用性,了解国际上特别是美国对此类问题的相关研究及司法实践尤为重要。以下是王艳芳法官在美期间收集整理的涉及网络服务商的法律责任的相关资料。

(一)立法情况

除《著作权法》及其他法律法规外,对网络服务商关于著作权的责任承担的主要法律为《千禧年数字版权法》。该法在第2章第512条分别对网络服务商承担传输通道、系统缓存、根据用户的要求在其系统或网络中存储信息及提供信息搜索工具等四种功能的版权责任做出了限制。根据该法,所有网络服务商在享受侵权责任限制待遇时必须具备两个一般共同条件:一是它必须制定和合理实施一项政策,即如果其用户再次侵权,则必须中止其账号;二是它必须采用“标准技术措施”,这种措施是版权主体与网络服务商之间所达成的用以表明或保护其版权作品的协议。网络服务提供者只要满足了这两个前提条件,就已经尽到了一般的“注意义务”,获得了享受责任限制待遇的资格。除此之外,该法还分别对网络服务商履行上述四种功能时的责任限制及其要件做出了明确规定:(1)对履行传输通道功能的网络服务商的侵权责任的限制。网络服务商在履行这一功能时只要符合以下条件,则对他人利用其系统或网络实施的侵权行为不承担赔偿损失的责任,只承担停止侵权的责任。这些条件是:信息的传输是由他人发动的;传输、路由、连接、复制必须是通过自动化的技术过程实现的,且信息没有经过网络服务商的选择;网络服务商不能决定信息的接收者;网络服务商系统或网络中任何中间或暂时存储所形成的复制件,除能被预定的接收者获得外,通常不能被其他任何人获得,而且这些复制件保存的时间不能超过合理所需的时间;信息在传输过程中不能有任何内容上的改变。(2)履行系统缓存功能时的责任限制。网络服务商要享受该责任豁免必须符合以下条件:这种存储必须是中介和暂时性的通过自动化的技术过程实现的,其目的在于为后续访问者提供方便;网络服务商不得改变缓存信息的内容;网络服务商必须遵守业界普遍确立的信息“刷新”规则;网络服务商不得干预将用户点出信息反馈给信息提供者的技术手段;网络服务商必须根据信息提供者附加的访问条件限制不符合条件的用户访问;一旦被告知其缓存的信息已在原址被除去、阻挡,网络服务商必须立即除去或阻止访问缓存在其系统中的信息。(3)对履行存储功能的网络服务商的侵权责任限制。网络服务商根据用户要求在其系统或网络中存储侵权信息时,如果享受责任限制待遇,必须符合下列条件:网络服务商实际不知道或没有意识到侵权行为的发生;网络服务商没有直接从侵权行为中获得经济利益;在收到侵权告知后,网络服务商必须立即撤下该侵权信息或阻挡对该信息的访问;

一旦网络服务商在收到侵权告知后立即撤下侵权信息或阻挡对该信息的访问后，即可免除经济赔偿责任；网络服务商对任何因其在上述情况下撤下信息的投诉不负任何责任。(4)对提供信息搜索工具的网络服务商的侵权责任限制。网络服务商在通过诸如超级链接、网上索引、搜索引擎等信息搜索工具，将用户引向或链接到载有侵权信息的网址的行为时，享受责任限制必须符合以下条件：网络服务商实际不知道或没有意识到侵权行为的发生；网络服务商没有直接从侵权行为中得到经济利益；在收到侵权告之后，网络服务商必须立即清除该信息或阻止对该信息的访问。一旦网络服务商在收到侵权告知后清除或阻止对侵权信息的访问后，就不会因此承担任何责任。另外，该法也规定，非营利性教育机构在履行上述四种功能时同样适用责任限制的有关规定。只不过在其履行传输通道、系统缓存功能时，职员或研究生被当做“个人”而非“网络服务商”，以避免其所在机构因不符合责任限制待遇的条件而不能享受责任限制待遇；对其他情况，职员或研究生的主观过错将不会对其所在机构享受责任限制待遇造成影响，但必须符合以下条件：其一，职员或研究生的侵权行为不涉及在网上提供近三年所需的教学资料的访问接入；其二，该机构在近三年内没有收到两份以上的侵权告知书；其三，该机构为其系统或网络的所有用户提供了遵守美国版权保护的有关信息。

（二）相关判例

美国法院通过在一系列案例中判定网络服务提供者应对版权侵权承担间接责任，从普通法体系中发展出了帮助侵权责任及替代侵权责任理论，这些案例主要有：

1. A&M Record Inc. v Napster Inc. 案（以下简称 Napster 案）。被告 Napster 公司是位于美国加利福尼亚州硅谷的一家网络公司，该公司开发的 Music Share 软件运用 P2P 技术为用户提供 MP3 格式音乐文件交换服务。任何人到 Napster 网站上下载该软件并安装到自己电脑上便可以登录到该网络系统中免费注册。Napster 网络能够搜索音乐文件并提供检索，它把所有的音乐文件地址存放在一个集中的服务器中。这样使用者就能够方便地对网络地址进行过滤，找到自己需要的音乐文件，实现资源的免费共享与传输。由于用户利用被告的软件和系统上传、下载的文件大多数是有著作权的音乐作品，1999 年 12 月 6 日，包括 A&M 在内的 6 家世界知名唱片公司以 Napster 公司侵犯音乐著作权为由提起诉讼。最后，法院认定被告承担帮助侵权以及替代侵权责任。其中关于帮助侵权的认定，法院认为：如果没有被告提供的服务支持，用户就不能像被告自夸的那样，方便地发现并下载他们想要的音乐文件。因此法院认定，被告为用户直接侵权行为提供了场所和设施。同时，Napster 公司的经营管理人具有唱片行业的从业经验，在其他情形下都很注意保护知识产权；被告的经营管理人也曾从 Napster 公司免费系统中下载过版权音乐文件；被告在宣传其网站时，使用的网站屏幕图片中含有侵权的音乐作品名单。故此，法院推定被告知道存在直接侵权行为，并认定被告构成帮助侵权。关于替代侵权的认定。法院认为被告可以通过改进的技术阻止非法的用户登录系统，这就等于承认被告有权力和能力监管整个服务系统。当侵权性文件的可获得性成为刺激消费的因素时，提供侵权文件的主体就对此具有直接的经济利益。Napster公司的收入直接依赖于用户资料库的增长。因为随着被告系统上可以获得的音乐文件数量和质量的增长,就有更多的用户在被告系统上注册,法院认定被告构成替代侵权。关于免除责任的排除。法院认定被告构成帮助侵权、替代侵权,那么是否意味着被告就一定要承担相应的侵权责任?索尼案确立的"实质性非侵权用途"原则可以免除侵权责任。但是上诉法院认为Napster案不同于索尼案。在索尼案中,大多数的录像机用户没有将录下的节目到处传播,而只是供自己欣赏,属于合理使用。索尼公司在主观上不具有足够的了解,没有达到"帮助侵权"的水平。而在Napster案中,用户为了获得其他用户的音乐文件,把自己所有的MP3音乐上传,以供其他用户下载,侵犯了版权。而且,在被告提供的集中型P2P软件使其实际知道特定侵权行为的存在,并有能力移除和阻止侵权文件的进入,从而使Napster一案不能援用"实质性非侵权用途原则"。

2. 在Aimster案中,唱片产业与Napster案中所做的一样,根据帮助侵权责任和替代侵权责任理论提起诉讼。在该案中,上诉法院支持了帮助侵权责任的诉请,但没有完全接受替代侵权责任的诉请。在认定Aimster实际知晓侵权材料的存在时,法院关注了专门鼓励Aimster用户下载受版权保护的流行音乐的"教程"并且认定Aimster的行为属于"故意视而不见",从而构成"版权法上的知晓",因而应当承担帮助侵权责任。在回答Aimster援引§ 512所提出的抗辩时,法院裁定由于Aimster并未遵守受避风港保护的前提性条件,即"已经合理地实施了对作为反复侵权者的用户停止服务的政策",因而DMCA避风港条款在此并不适用。相反,Aimster邀请反复侵权人,向他们展示甚至指导他们如何侵犯原告的著作权。因此,法院否认了Aimster的避风港保护抗辩。

3. MGM Studios, Inc. v. Grokster, Ltd. 案(以下简称Grokster案),原告MGM主要是电视节目制作者,而被告Grokster公司与StreamCast Networks公司则分别是目前流行的P2P软件的提供者。2001年10月以MGM公司为代表的包括迪斯尼、时代华纳等众多娱乐和音像公司起诉两被告,指控其在明知用户将使用该软件从事版权侵权活动的情况下,仍然向用户免费提供该软件,从而实质性地帮助了用户的直接侵权行为,并从中获得了巨额的广告收入,要求法院裁判两个公司侵犯著作权,责令Grokester公司停止软件下载服务、StreamCast公司关闭其网站经营。在Grokester一案中,被告的技术不同于Napster。其"非中心化"特点使用户能够直接链接到彼此的计算机,选择共享文件,进行传输和下载。被告这些行为都不需要被告的参与。Stephen Wilson法官认为Grokester公司为用户提供相应软件的目的主要是让网络用户相互之间交流各自已经合法授权的MP3音乐文件,而且它们在提供相应的软件后,便推出了用户间相互交流、共享MP3音乐文件的过程,不再具备监督其用户行为的能力。即使法院命令被告终止其网站,用户仍然能够毫无干涉地继续共享文件。被告无法对用户的直接侵权行为提供帮助,因此无需承担"帮助侵权责任"。法院同时认定被告也无需承担"替代侵权责任",因为尽管被告通过广告获得经济上的收益,但被告如同录像机制造商销售产品之后无法控制消费者进行复制一样，一旦提供了软件便无法监督和控制用户的行为，也无法采取措施减少侵权行为，因此也不构成“替代侵权”。上诉法院认为被告可以援引索尼案所确定的“实质性非侵权用途原则”进行抗辩，强调“仅知道潜在的或实际的侵权用途，不足以使销售者承担责任”。故此，被告不构成“帮助侵权”或者“替代侵权”。

最高法院之所以不同意地区法院以及上诉法院的意见，主要是依据“引诱侵权原则”来认定被告承担侵权责任。两被告的不法意图是很明显的。首先，在庭前披露程序中，法院发现被告意识到了用户利用他们的软件最主要的用途是下载受版权保护的文件，虽然这种网络特性无法揭示被下载的文件有哪些、是在何时被下载的。但是被告的用户有时通过邮件向被告询问如何搜集特定的受版权保护的文件，而被告也给予了指导性的回答，这就说明被告确实知道侵权行为的存在，而不仅仅是消极地接收到有关侵权的信息。此外，两被告均未设法开发过滤工具或其他技术以制止用户利用其软件进行侵权行为，并通过出售广告位来获取收益。最高法院最后总结：“如果通过对被告明确的意思表示及其采取的积极行动的考察发现其有鼓励侵权的意图，那么被告的目的就是为了通过促进对其产品的使用来侵犯版权。在这种情况下，被告就应该为第三人使用其产品而导致的侵权活动承担责任，而不用考虑产品的合法用途”。

4. IO Group Inc. v. Veoh Networks Inc. 案。在该案中，被告 Veoh 是一家 Flash 视频网站，其通过提供软件与网站(Veoh. com)使得其用户可以通过互联网上传、分享用户提供的视频内容。原告 IO Group 诉称 Veoh 因为允许其用户上传、观看未经授权的 IO Group 的受版权保护的电影及剪辑，应当承担版权侵权责任。IO Group 基于直接侵权责任、帮助侵权责任及替代侵权责任请求给予简易判决。首先，法院否决了 IO Group 提出的直接侵权诉由，认为“Veoh 仅仅建立了一种系统，由软件自动处理用户递交的内容并将其转换为用户更易于观看的格式……但 Veoh 自身没有积极参与、指导文件上传行为。在上传完成前，其也并未浏览、挑选这些文件。相反，这些视频文件完全是通过根据用户的指令而发起的自动过程而上传的。”继而，法院分析 Veoh 的间接侵权责任问题。法院并未回答原告所提出的帮助侵权责任、替代侵权责任诉由，而仅仅分析了 Veoh 是否有资格享受 DMCA § 512(c)规定的避风港条款之保护。具体而言，法院进行了以下调查：(1)侵权行为是否根据用户的指令所为；(2) Veoh 对侵权行为是否有实际的知晓或者可被推定知晓；(3) Veoh 是否迅速删除侵权材料或者屏蔽对该等材料的访问；以及(4) Veoh 是否具有控制侵权行为的能力和权利，若有，其是否从侵权行为中直接获得经济利益。首先，法院认定侵权行为完全由 Veoh 的用户发起，Veoh 既未积极参与文件上传行为，也未对该行为提供指导。然后，法院对是否明知或者可推定其知晓侵权行为展开分析。法院认为由于原告在提起诉讼前并未向 Veoh 发送删除通知，因而 Veoh 对侵权行为并无实际的知晓。同时，法院明确了红旗标准应当作如下解释：“服务提供商是否在已经意识到了那些很显然的事实后，仍然故意地继续不作为。”据此，法院认为并无证据表明 Veoh 可被推定知晓侵权行为的发生。关于迅速删除或者屏蔽访问这一问题,法院表示尽管 Veoh 从未收到过来自原告的删除通知,但 Veoh 自觉地从其网站上删除了所有内容。而且,法院似乎对 Veoh 常规性作出的对删除通知的迅速反应印象深刻,指出 Veoh"必要的话,在收到通知的同一天内对通知作出回应、删除通知指出的内容。"最后,关于控制的权利和能力这一问题,法院区分了网络服务提供者控制"其系统"的权利和能力以及控制"侵权行为"的权利和能力,认定 Veoh 并不具有控制侵权行为的权利和能力。最终,法院得出结论,即 Veoh 有资格获得 § 512避风港保护,因此批准了 Veoh 提出的简易审判的动议。

5. YouTube 案件。YouTube 是当前最流行的视频分享网站,其用户可以上传视频,向其他 YouTube 访问者推荐视频、分享视频,也可使用 YouTube 搜索、索引功能找到并观看其他用户制作的视频,YouTube 则是从网友每一次欣赏影片的点击次数,向在网站上刊登广告的商家收取广告费,作为网站营运所需费用的支出。2007 年,视频传媒公司 Viacom 及其四家附属公司起诉 Youtube 侵权。原告在起诉书中指称:在 Youtube 上有 15 万部其享有版权的视频片断,已被观看了 15 亿次。这些视频片断吸引了用户,使 Youtube 从中获利了直接的广告收入。原告认为:侵权内容即使对于随意浏览该网站的普通用户而言也是非常明显的,因此 Youtube 对此是明知的。同时,网站中也充斥着足以使 Youtube 从中意识到侵权内容的"红旗",因为上传者描述视频的语句和为视频制作的"标签"中都含有原告的知名商标和其他指示作品名称的词汇。但 Youtube 却故意不采取合理措施以实质性地减少或消除大量侵权,而是主要依靠"通知与移除"程序来定位和删除侵权内容,从而将监视侵权的责任和成本完全转嫁给了版权人。因此,原告起诉 Youtube 构成直接侵权、引诱侵权、帮助侵权和承担替代责任。法院认为:本案争议的焦点在于,Youtube 作为信息存储空间服务提供者,能否根据《千禧年数字版权法》第 512 条规定的"避风港"免责。而判断其能够免责的关键,又在于对第 512 条中有关过错规定的理解。法院在回顾了 DMCA 的立法过程后认为:"明知或应知"的对象,应当是对特定作品的特定侵权行为。仅仅一般性地知道网站中普遍存在此类侵权行为是不足以认定"明知或应知"的。如果网站只要知道此类侵权行为已成常态,或者用户习惯于上传侵权内容,就可以认定其有义务查找用户上传的哪一个文件侵权,将会与 DMCA 的规定相冲突。因为 DMCA 并未将"网络服务提供者监视其服务或积极查找能够指明侵权行为的事实"作为其进入"避风港"的条件。在本案中,法院认定 Youtube 并不明知或应知那些侵犯原告版权的行为,因此驳回了原告要求的诉讼请求。该案正在上诉过程中。

综观以上案例,美国版权法上存在两种[1]类型的间接侵权责任:帮助侵权(引诱侵权[2])、替代侵权。

1. 帮助侵权责任。根据帮助侵权责任理论,如果被告明知或者有理由知晓他人的直接侵权行为,并且为他人的直接侵权行为提供了实质性帮助,则一般应当承担间接责任。这样,帮助侵权的构成要件主要有三个方面:

① 也有观点将引诱侵权单独作为一种间接侵权行为。
② 也有观点认为引诱侵权属于帮助侵权的一种。

第一,存在直接侵权行为;第二,帮助侵权人知悉直接侵权行为;第三,帮助侵权人对直接侵权行为提供了诱导、指使或其他实质性帮助。所谓"知悉",在侵权法上一般包含了三种涵义:"明知"、"有理由知道"和"应知"。所谓"明知"是指,当事人在主观上实际意识到直接侵权行为的存在。

网络服务提供商可通过以下两种方式实际知晓或意识到侵权行为及侵权材料的存在:(1)收到著作权人的删除通知。在线服务提供商实际知晓侵权材料及侵权行为存在的第一种方式是通过其指定的代收人收到著作权人书面侵权通知。如果该侵权通知实质性地遵守了§ 512(c)(3)(A)所列举的六项要求,该在线服务提供商必须迅速删除被指侵权的材料或者屏蔽对该材料的访问。(2)在线服务提供商知晓侵权存在的第二种方式被称为"红旗"标准。"红旗"标准源自 DMCA 第512条的用语,即在线服务提供商必须没有"意识到能够从中明显推出侵权行为的事实或情况"。该标准包含主观要素与客观要素。客观上来说,该在线服务提供商必须知晓侵权材料存在于其系统。主观上来说,当"侵权行为对一个在相同或者类似情况下的理性人已然明显时",应适用"合理正常人的行事思考标准"。实践中,"红旗"的认定和适用也并不明确,当然也存在一些争议。

帮助侵权的另一要件是,当事人必须对直接侵权行为提供了诱导、指使或其他实质性的帮助。该要件的所谓"实质性"要求,主要指的是当事人的帮助行为与直接侵权行为必须有直接的因果关系。"实质性帮助"的具体形式在实践中可以分成以下几种:(1)"诱导"。所谓"诱导"是指当事人通过言辞或者物质手段鼓励或引诱他人从事直接侵权。(2)"指使"。所谓"指使"是指当事人主动要求或委托他人进行直接侵权行为。"指使"他人侵权通常发生在雇佣关系和管理关系之中,即上级(管理者)指挥下级(被管理者)从事侵犯版权的活动。当然,"指使"的发生绝不仅限于管理关系,也会包括某些合作关系。(3)"协助"。所谓"协助"是指在人力和物力上为直接侵权行为的发生提供便利。人力上的"协助"主要是指当事人对侵权活动进行一定程度上的亲身参与,虽然该参与程度可能无法构成直接侵权。例如,演出的组织者明知表演者未经授权表演他人的版权作品,但仍然为表演提供组织、管理和推广等服务,就有可能构成帮助侵权。物力上的"协助"主要包括向直接侵权人提供资金、技术、场地和设备等。

2. 替代侵权责任。根据替代侵权责任理论,如果被告"从侵权行为中直接获得经济利益"且"具有控制的权利和能力",则应当承担侵权责任。然而,关于替代责任的上述标准是否也可适用于§ 512(c)(1)(B),不同的法院持不同的见解。首先,对于"直接经济利益"的解释,普通法中的帮助侵权责任标准和 DMCA 条文两者之间对其的解释便不尽相同。例如在 Napster 案中,法院认定:"Napster 系统上的侵权材料对用户产生一种'吸引力'从而带来了直接经济利益,因为 Napster 的预期利润和用户数的增加直接相关。"然而,在另外一些案例中,法院则用更为严格的标准解释 DMCA 中的经济利益,认定直接经济利益的成立需要更高的证明标准,指出"从参与侵权行为的用户处收取一次交付的建设费及单纯的、阶段性的服务费并不构成'直接从侵权行为中获取经济利益'。"其次,关于"控制的权利和能力"的解释,也不尽一致。在 Napster 一案中,法院认为 Napster 具有控制侵权行为的能力,因为其能"屏蔽"用户对该系统的访问。然而,在 eBay 一案中,法院则采用与普通法中的替代侵权责任相比较为狭窄的标准解释即 DMCA。该地方法院解释,"具有控制侵权行为的权利和能力"并不仅仅意味着一家服务提供商有能力删除上传至其网站或者储存于其系统的材料或者屏蔽对该等材料的访问。该法院论证说,DMCA 明确规定了一家在线服务提供商在收到侵权通知后应当删除或者屏蔽侵权材料并且合理执行针对重复侵权者的相关政策。因此,国会并不会意在让法院判定一家在线服务提供商由于采取了 DMCA 所明确要求的行动而失去受避风港保护资格。

三、美国反垄断法上的市场力量确定、法律原则结构与私人诉讼的原告资格

(一)市场力量的确定

市场力量的确定是反垄断法上认定滥用市场支配行为的前提。市场力量是指企业能够通过减少产出将其产品价格提高到竞争性水平以上来获取更多利润的能力。评估市场力量在诉讼中非常困难,但是由于市场力量与市场份额之间存在正相关关系,法院在反托拉斯诉讼中经常将市场份额作为市场力量的合格代理人。这就将市场力量的评估转化为市场份额的测定。市场份额的测定则需要确定相关市场。

相关市场包括产品市场与地理市场。United States v. E. I. Du Pont de Nemours & Co.(赛洛芬案)是美国最高法院关于相关市场界定的重要判例之一。关于产品市场,杜邦公司在该案提出,尽管其占有美国赛洛芬市场75%的市场份额,但是由于赛洛芬面临其他替代产品的竞争压力,相关产品市场还应包括替代产品。美国最高法院认为,应评估商品交易中需求的交叉弹性,以便确定这些产品在消费者的特定用途下是否可以合理地相互替代。法院还指出,合理的相互替代性有三个构成部分:"在考虑价格、品质和用途的情况下,从生产目的上来说可以合理互换的一组产品构成了一个产品市场。"在适用品质标准时,法院认为赛洛芬与其他可折叠包装纸在物理特性上没有本质区别,从消费者的角度看两者足够相似,因此把赛洛芬与其他可折叠包装纸归为一个产品市场是合理的。在适用用途标准时,法院考察了消费者是否会在赛洛芬与其他可折叠包装纸上之间调整购买目标。尽管赛洛芬在透光性和柔韧性上较其他产品有优势,但是也面临激烈竞争,消费者经常在不同的替代产品之间更换选择。如果稍微降低赛洛芬的价格,其他包装纸的消费者就会大量转向赛洛芬,赛洛芬与其他包装纸之间存在很大的需求交叉弹性,在同一个产品市场上相互竞争。因此,法院认定赛洛芬与其他可折叠包装纸属于同一个相关市场。该案所使用的品质标准和最终用途标准为后来的多个案件所采用。但是,赛洛芬案存在一个众所周知的谬误,那就是法院对高需求交叉价格弹性的分析是错误的。原因在于:只有当两个产品的销售价格同属竞争性价格时,需求交叉弹性才有助于证明该两个产品是否互为替代产品;如果杜邦公司已经在垄断价格上销售赛洛芬,赛洛芬的高交叉弹性也许仅仅说明,杜邦公司无法在不损失其销售额的情况下实现进一步的价格提高。

相关地理市场是指“国家中的一个区域”,在该区域中,企业无法在不吸引其他卖者进入该区域或导致消费者转向区域外卖者的情况下提高商品价格。地理市场的大小,取决于产品的性质以及购买和销售该产品的人们的特点,因此需求弹性和供给弹性都非常重要。在界定地理市场时,需要避免“过”和“不及”。

在界定相关市场后,接下来就要界定市场份额。多数情况下,市场份额根据收入或者产出单位来计算。在考虑产出时,还需要考虑竞争对手的产能。

关于市场份额与市场力量的关系,人们普遍认为,市场份额是分析市场力量的起点而不是终点。但是,它是法院判定市场力量的主导性方法。在 Alcoa 案中,汉德法官认为,90%的市场份额足以构成垄断。之后这一标准降到了 30%或者 30%以上。不过,在评估市场份额的同时,法院通常还要考虑市场进入条件、市场份额的长时间变化情况以及企业的盈利状况等因素来综合判断。市场进入的因素非常重要,如果市场进入很容易,即使被告拥有很高的市场份额,法院仍倾向于否认市场力量的存在,原因是潜在的新进入者可以把价格推向竞争性水平。在 Los Angels Land Co. v. Brunswich Corp. (9th Cir. 1993)案中,由于方便的市场进入,虽然被告拥有 100%的市场份额,仍没有认定具有市场力量。

(二)垄断协议案件中的法律原则结构

在分析竞争者之间的横向协议是否构成垄断协议时,法院曾经使用过不同的方法。一种是本身违法原则(the rule of illegal per se),另一种是合理分析原则(the rule of reason)。前者只关注某种行为是否发生,行为本身即具有违法性。后者则要求对行为的目的和效果进行评估,考虑多种合理性标准。这两个规则各有优缺点,而且一方的优点正是另一方的缺点。本身违法原则的优点在于明确性和简单性,可以避免浪费司法资源和行政成本。但是简单化有其自身的不足,适用本身违法原则时始终面对的问题是很难将划定的禁止范围和实际发生的被禁止行为完美地吻合起来。要么过度包含,要么包含不足。设计简单标准的难点是怎样把错误降低到可以容忍的地步。合理分析的优点在于灵活性,但是缺点在于过于复杂,不可避免地会造成司法资源和行政资源的浪费。而且,合理原则降低了行为合法与否的确定性,对公众缺乏明确的指引性,同时赋予法院很大的自由裁量权。

合理原则早在近百年前即已经得到确立。在 Chicago Board of Trade v. United States, 246 U. S. 231(1918)案中,法院指出,在考察一种限制的合法性时,需要考虑如下因素:(1)经营者或者市场的特别事实;(2)施加限制之前以及之后的市场条件;(3)限制的性质及其实际的或者可能的效果。在更现代的 State Oil Co. v. Khan, 522U. S. 3, 10(1997)案中,法院再一次重复了同样的规则。合理分析原则的适用步骤如下:(1)原告必须证明行为已经或者可能将损害竞争;(2)如果原告达到了证明条件,被告必须提供证据证明促进竞争的效果;(3)衡平:如果被告提供证据证明了促进竞争的效果,原告必须证明该行为在总体上是反竞争的。原告对损害的证明需要确定相关市场,说明市场势力以及该限制可能损害竞争的性质及效果。当然，“如果存在实际的损害效果，例如减少产出，可以免除对审查市场力量的需要，后者仅仅是损害后果的替代”。①

本身违法原则并非基于逻辑的必然性，而是基于长期实践观察的结果，即这些行为通常都是反竞争的。但是，随着经济分析的进步和人们对竞争的认识的深入，它注定要经历持续不断的进化过程。在长期的司法实践中，本身违法原则越来越局限于有限的情形，即横向固定价格、划分市场、操纵投标。其他横向协议以及纵向协议则要适用合理分析原则。

实际上，本身违法原则和合理原则并非相互割裂的两级，它们之间存在过渡地带。从1984年的NCAA v. University of Oklahoma案开始，美国法院即开始适用一种中间状态的审查方式，那就是所谓的“简化的合理分析原则”(the truncated rule of reason)。这种分析认为，如果一种协议是高度可疑的，就可以根据快速考察的合理规则，来确定该限制协议是否具有反竞争的效果。在该案中，美国大学体育联合会限制各会员大学的足球比赛上市率。作为补偿，两家电视网同意支付会员大学最低限度的赔偿金。法院在认定这种限制直接造成产品的不可获得性后，在没有考察市场势力的情况下即认定这种安排限制了竞争。这种分析既非本身违法，又非穷尽一切考虑因素的合理原则。自从NCAA案播下了打破本身违法和合理原则两分法的种子后，美国法院开始在多个案件中运用这种简化的合理分析原则。例如在Law v. NCAA案中，第十巡回上诉法院认为，“如果一项横向协议的目的正是固定价格，或者具有固定价格的效果，则不需要证明存在市场力量。当一项行为明显具有反竞争的效果时，则没有必要证明被告具有市场力量。法院可以根据快速审查的合理原则，考察被告提出的该限制可能具有的促进竞争的效果，看其是否大于该限制的反竞争效果。”②在另一个案件中，法院则明确指出：“如果一个有着经济学常识的人能够得出结论认为争议的安排具有反竞争效果，则不需要完整的合理原则分析。”③

由此可以看出，合理分析原则才是反垄断分析的根本原则。当然，在适用合理分析原则时，可以采取所谓框架性的(structured)或者简化的(truncated)的合理性分析。波斯纳法官对NCAA案的解释是：法官应该“迅速浏览”被诉行为在竞争上的效果，然后决定是否适用本身违法原则。具体适用何种原则，可能需要根据具体案情，结合行为的特性来确定。正如有法院指出的那样：“我们所使用的分析方法种类……要超出本身违法原则、快速浏览和合理原则……总是存在着那么一把滑尺……必须根据具体案情对市场环境、行为细节和限制原因等进行调查。”

(三)反垄断私人诉讼的原告资格

美国反垄断上的私人原告资格包括两个方面：寻求损害赔偿的原告资格和寻求衡平救济的原告资格。私人原告的诉讼资格必须满足下列条件：(1)违法反垄断法的行为给其“经营或者财产”造成了实际损害，或者在衡平案件中，有造成损害的威胁；(2)这种损害并非过于遥远，也没有对更直接受害方构成重复索赔；(3)该种损害构成反垄断损害，它

---

① FTC v. Indiana Federation of Dentists, 476 U.S. 447, 460 (1986).

② Law v. NCAA, 134 F. 3d at 2010.

③ California Dental Ass'n v. FTC, 536 U.S. 756(1999).

被定义为反垄断法试图阻止并且“使被告行为具有非法性的因素所造成的”损害;(4)在损害赔偿之诉中,所主张的或者给予的赔偿要与以合理的和可计量的方式计算的损害相当。因此,反垄断的诉讼资格的要求要比使法院具备管辖权的“案件或者冲突”这一最低制度要求更多。

1. 寻求损害赔偿救济的原告资格

克莱顿法第4条规定了三倍赔偿的救济。损害赔偿的原告必须证明:①实际上的并且是可以计量的损害;②这种损害必须针对经营或者财产;③这种损害在最接近的意义上是由被指控的反垄断违法行为造成的;④该种损害必须是反垄断损害。① 原告对上述内容承担证明责任。

关于损害,必须满足下列条件:①对经营或者财产的损害。主要用于否定那些并不值得或者并未实际造成损害的诉讼,特别是那些根本没有开始营业的新生公司。②由于反垄断违法行为造成的实际损害:不要求反垄断违法行为是原告所受损害的唯一的可能原因,但是它必须是“相当”的或者“实质性”的原因。③近因:其损害与违法行为之间的关系不能过分遥远。第一,过分遥远可能说明实际损害、因果关系,甚至反垄断违法的不可能性。第二,影响原告的介入原因越多,说明原告与损害的距离越远;第三,给予过分遥远的原告以损害赔偿超出了阻吓违法行为的必要限度,有时可能威慑过度。即使他们确实遭受损害,也可以否定其原告资格。第四,给予过分遥远的原告以损害赔偿可能造成双重赔偿效果。第五,原告因果关系的过分遥远性通常说明存在更具诉讼地位的原告,他更直接地受到垄断行为的影响,且可能具有更好的诉讼地位。②

同时,这里的损害不仅是事实上的损害,而且必须是反垄断损害,即反垄断法意图阻止并且与认定该行为违法的依据相符合的那种损害。可以识别的损害以及可以合理量化的损害的要求排除了精神损害,也排除了无理由的猜测。

在Brunswick案中,美国最高法院对反垄断损害做出了限定:“原告必须证明反垄断损害,也就是说[1]该种损害是反垄断法意图防止的,并且[2]来源于使被告行为具有违法性的那些因素”。③ 这种检验标准迫使法官把被诉损害与反垄断法的目的联系起来。对损害的赔偿必须与反垄断法的一般目的以及谴责特定被告的理由相一致。它与损害是否存在以及垄断行为是否存在是两个不同的问题。在最基础的层面上,反垄断损害要求排除因竞争所造成的损害,即使这种竞争实际上由违反反垄断法的行为所造成。该案的案情是:被告Brunswick是保龄球设备的生产商,同时拥有数个保龄球设备销售中心。被告是保龄球设备的两个最大的生产和销售商之一,它通常以长期信贷的方式将其产品出售给销售中心。在严重的经济衰退之后,它发现有超出4亿元的可收债权,并开始回收其设备。这种回收导致了其对保龄球设备销售中心的合并。这一合并在预防的基础上被指控,理由在于它可能使得合并后的公司在零售市场上采取掠夺性定价,或者破坏未来的

① Phillip E. Areeda, Roger D. Blair, Herbert Hovenkamp and Christine Piette Durrance: Antitrust Law: An Analysis of Antitrust Principles and Their Application, the third edition, Volume IIA, 2007, §325 pp. 3,20.

② IIA, p. 66.

③ Brunswick Corp. v. Pueblo Bowl - O - Mat, Inc., 429 U. S. 477, 489 (1977).

合法竞争。尽管可能足以证明收购是违法的,但是这种未来的违法行为并未发生,因此也就不可能对原告造成损害,原告是被收购的保龄球设备销售中心的竞争对手。原告认为,如果没有被告的非法收购,被收购的零售方可能就停业了,而收购后零售市场的集中度提高了,原告本来可以利用当时的市场态势获取更多利润。但是非法收购本身并没有剥夺原告本来可能获得的利润。美国最高法院认为原告的损害不合条件,理由有两点:一是因增进竞争的结果所造成的损害并非反垄断法所试图阻止的损害。原告诉请的核心在于它将被剥夺因集中度提高所带来的利益,也就是说,它被剥夺了本来可以利用其本地市场力量获利的机会,如果该合并没有将其竞争对手从破产中拯救出来的话。由于创造和维持利用市场力量获取利益的机会与反垄断法的目的不相一致,原告的损害就并非反垄断法所意图阻止的损害。第二,原告所主张的损害是其竞争对手被他人并购后其将受到的损害,这种损害并非因反垄断所禁止的原因而发生。尽管原告所主张之损害由于非法并购而发生,但并非由于使并购成为非法的那些原因。例如,如果濒临破产的保龄球提供商为某银行所收购并重获新生,这种合并既非横向,也非纵向,而且几乎当然不违反反垄断法。

在 Dexterity Surgical v. Tyco Intl. , 2001 - 2 Trade Cas. 73 ,472 (E. D. Pa. Aug. 17 , 2001) 案中,分销商指控供应商在被他方并购后即终止分销协议,法院以该损害不属于反垄断损害为由认定不具备诉讼资格。同样的情形也发生在 Cargill 案中,[①]该案中,下级法院以提高市场集中度和使未来的寡头定价更为可能为由,禁止了两个竞争者的合并。最高法院认为,作为另一竞争者的原告无权要求获得禁令救济。理由在于,原告没有证明事实损害,因为其具有降低产量和提高价格的可能性,这将给原告带来更高价格和更高销售。尽管原告可能因合并后经营者未来的掠夺性定价而受到损害,法院认为这种主张和证据仅仅针对合并后的更激烈的竞争,这种竞争并不造成反垄断损害。

反垄断损害审查可以起到三种功能:第一,它明确了源于竞争的损害不能支持原告根据反垄断法提起的损害赔偿或者衡平之诉。第二,为了验证原告提出的损害以及赔偿之诉是否符合认定违反行为的理论基础,它迫使当事人和法院审慎思考被诉违法行为的性质。在聚合了反垄断、侵权或者合同诉请的案件中尤为重要,原告经常针对反垄断违法行为提出侵权或者合同赔偿,而不是首先将这些损害与反垄断违法理论联系在一起。第三,更重要的是,反垄断损害的要求使得法院可以在诉讼的早期阶段通过简单审查原告损害的理论逻辑来处理更多诉请。

2. 如何检验反垄断损害

美国法院在司法实践中适用了不同的方法来检验反垄断损害,其中 AGC 案[②]中的“直接性”和“目标区域”检验法经常被使用。该案的案情是,两个工会起诉建筑承包商协会,要求损害赔偿。工会诉称,建筑承包商协会通过强迫其会员、非会员承包商以及地产开发商雇用未加入工会的公司,违反了反垄断法。该种强迫行为的目的在于弱化、破坏以及限制会员或者非会员承包商的贸易活动,

① Cargill, Inc. v. Monfort of Colo. , Inc. , 479 U. S. 104 (1986).

② Associated General Contractors of California, Inc. v. California State Council of Carpenters (AGC) , 459 U. S. 519.

他们本来已经与加入工会的公司达成了合同,并且意图限制原告工会自由开展商业活动。表面看来,原告的诉请似乎可以获得强有力的支持,因为原告工会主张,协会意图损害他们以及那些雇员加入工会的公司的承包商和开发商。但是,原告除了说明一些承包商被引诱违反其与工会集体协商达成的合同或者某些开发商被引诱将其业务从加入工会的分承包商处移走以更有利于未加入工会的承包商的可能性外,原告没有提出对工会自身或者其会员的任何实际损害。[①] 最高法院将这一诉请解读为指控在建筑承包以及分包市场上的限制贸易,而不是在劳工服务市场上限制贸易。原告工会距离这种限制的影响还有遥远的距离,该限制首先影响开发商和总承包商,其次是加入工会的雇主,再次是工会会员,接下来才是工会。法院特别强调了原告诉请的模糊性。法院认为只要有三点就可以否定原告的诉讼资格。一是缺乏实际损失和清晰的赔偿请求;二是缺乏直接关联性,存在双重起诉的风险、复杂的分摊计算,而且存在替代原告;三是不具备反垄断法意义上的损害。工会既不是消费者,也不是建筑承包市场上的竞争者。它似乎并没有因为限制竞争而受到损害;相反,承包商之间无限制地竞争可能会对工会不利,因为这种竞争可能迫使承包商雇用更便宜的非工会成员的次级承包商。

在AGC案之前,许多下级法院坚持使用原告的损害"直接"来源于或者落入违法行为"目标区域"的标准。这些标准的字面推理可能导致"矛盾或者不一致的结果"。尽管如此,主流学者认为,直接和目标区域标准与AGC案强调的标准并无不同。[②] 而且,第十一巡回上诉法院也认为,直接性和目标区域标准与最高法院列举的标准具有相同的关注点,是对最高法院政策的高度回应,且没有产生本质不同的结果。

3. 诉讼资格审查的性质

美国法院认为应该把诉讼资格问题与案件的实体问题区别开来。在衡量实际损害是否由反垄断违法行为引起时,使用因果关系或者事实损害的术语。当讨论可能存在的优越地位的替代原告、双重索赔、复杂分摊时,使用"直接性"或者"遥远性"的术语。讨论损害赔偿计算的困难时,使用"推测性损害"的术语。在讨论是否属于反垄断法试图避免的损害时,使用反垄断损害。这些要求确实是诉讼的门槛,但是它们又不仅仅是诉讼门槛,也可以用于驳回诉讼请求。

为了检验诉讼资格,可以假设违法行为存在。原告胜诉必须证明其有诉讼资格并且被告存在反垄断违法行为。法院在审查时应注意把这两者区分开来。特别需要注意的是,反垄断损害是源于损害竞争并因此使行为具有违法性的那些损害。法院通常首先解决诉讼资格问题,因为在审理之前它容易解决。当事人的诉请本身可能说明其缺乏诉讼资格:如原告从无辜的销售商而不是从非法固定价格的生产商那里购买物品(间接购买者),受害公司的股东提起的诉讼等。同理,当原告诉称其竞争者的合并是非法的,因为其不正当地提高了市场集中度时,可能就不具备事实损害或者反垄断损害。因此,为了测试原告是否具备诉讼资格,法院应当假定违法行为存在,然后审查诉讼资格要素是否具备。

---

① Ibid, at 522.

② IIA, p. 69.

简单而言,诉讼资格问题可以作如下总结:①当消费者或者非商业原告是被诉垄断行为的直接受害人时,其具有诉讼资格。当消费者或者其他下游购买者从无辜的中间商那里获得产品时,他们不具有损害赔偿原告的资格,除非具有间接购买者规则的例外情况。当然,他们具有禁令诉讼的原告资格。对此,另有观点认为,可以将中间商的损害赔偿建立在其利润丧失的基础上,将最终消费者的损失建立在可以合理追踪至被告违法行为的价格上涨上。②对于直接竞争对手在该市场上实施非法排他行为给竞争者在该市场上所造成的绝大多数损害,竞争者都有损害赔偿的诉讼资格。问题在于原告与被告之间的竞争在某种意义上可能是间接的。当原告与被告在同一产品层级上进行经营时,即使两者不在同一市场销售,因为使用了不同的中间商,原告仍具备诉讼资格(例如,原告生产商只向批发商销售,而作为竞争对手的生产商只向零售商销售,或者各自的零售商均不购买对方的产品)。如果原告与被告不在同一层级上经营,则通常应否定诉讼资格,除非a)原告对被告违法行为市场反应的必要性已经证明,两者之间具有直接关联性;b)作为受害方的原告利益有导致维护公共利益的可能性;c)可以避免双重索赔。③供应商有时被看做与其消费者一样受到损害,这些类比可能错误,除非他们起诉一个低价购买的卡特尔,或者他们是集体抵制的直接受害人,或者是不合法的纵向行为如捆绑或者纵向合并中被排除的竞争对手。在其他案件中,他们大多不具备诉讼资格。④对于损害雇用市场竞争的反垄断违法行为,因该行为受到损害的雇员具有损害赔偿的诉讼资格。在产品市场的反垄断行为中,他们大多被排除了原告资格。⑤纳税人、市民、债权人、股东针对被告的垄断行为侵害政府机构、债权或者公司的损害赔偿之诉中,法院否定了他们的诉讼资格。⑥当承租人被诉参与影响原告财产收入的反垄断违法行为时,作为比例租约出租人的原告不具有诉讼资格。专利、商标、版权、特许权的许可人对影响被许可人的反垄断行为也不具备诉讼资格。⑦州政府可以对其财产利益的损害寻求损害赔偿,或者代表受害的居民寻求赔偿,但是不能对州总体经济的损害要求赔偿。[①]

4. 本身违法原则与反垄断损害

对于本身违法的行为,在认定该行为的存在后,可以推定其具有损害竞争的效果。但是无论这种违法行为是何等清晰,私人原告要获得损害赔偿救济必须证明其受到了实际损害。本身违法行为的存在"本身并不赋予原告诉请赔偿的权利"。例如,一个银行指控竞争对手的银行共谋固定跨行交易的最高费用,尽管共谋固定价格属于本身违法,但是原告本身并非反垄断损害的受害人。如果一个内科医生指控其他内科医生共谋固定最高价格,这是一种本身违法行为。[②] 但是在该案中,原告的诉请是,由于被告协议设定了较低的费率使其不得不降低自己的收费并因此减少利润。显然,反垄断法的目的不是保护经营者免受竞争对手较低但非掠夺性定价的损害,尽管价格固定是本身违法。

在ARCO案中,美国最高法院也否决了对本身违法案件中对反垄断损害的推定,并

① pp. 80.

② See South Trust Corp. v. Plus Sys., Inc., 913 F. Supp. 1517(N. D. Ala. 1995).

要求私人原告在每一个案件中都要证明反垄断损害。[①] 该案被告ARCO与其销售商就ARCO汽油的销售达成最高转售价格协议,这一协议在当时属于本身违法。原告是销售竞争品牌汽油的销售商。他们主张ARCO销售商在不存在非法协议的情况下将收取更高价格,因此原告就可以收取更高价格和赚取更多利润。这种事实上的损害导源于非法协议。法院否决了下级法院关于"由该协议所造成的所有损害本身构成反垄断损害"的观点。相反,反垄断损害不仅要求是事实上的损害,而且要求"原告受到了被告行为反竞争方面的不利影响"。[②] 法院解释说,就竞争对手由于利润被打压而提出指控的价格行为而言,"只有掠夺性定价具有所要求的反竞争影响"。[③] 当纵向协议非法降低价格却维持在掠夺性定价水平之上时,因竞争对手所丧失的经营不能被看做被诉违法行为的一项反竞争后果。[④] 这种协议之所以被认为是本身违法,是因为其对销售商和消费者的损害后果而不是因为可能对竞争者造成的损害。本身违法原则是确定是否违反谢尔曼法第1条的一种方法,但是它并不意味着私人原告受到了反垄断损害,以及他是否因此应获得赔偿……本身违法原则是基于经营确定性和诉讼效率而对行为不合理性的一种推定。反垄断损害这一要求的目的则不同。它确保原告所主张的损害首先与认定该行为违反反垄断法的依据相符,并且防止利用导源于竞争的损害来支持私人原告提出的损害赔偿或者衡平之诉。根据反垄断法构成本身违法的行为可能仍然具有某些促进竞争的效果,私人当事人可能仍然遭受损害。[⑤] 反垄断损害与其说基于原告的证据,不如说更多基于其诉讼请求的逻辑和损害的理论。

5. 因果关系与事实损害

如果要求违法行为是损害的唯一原因,那么任何私人救济都将成为不可能完成的任务,因为多种原因总会存在。因此,最高法院明确要求原告只要证明违法行为是所主张的损害的重要原因"material cause"。因此,只要反垄断违法行为实质性地帮助造成了原告的损害即可,即使其他因素综合起来构成更实质性的原因。有的法院采用"实质性原因"这一标准,显然不能将这一标准解读为主导性原因,因为即使存在更重要的理由也不能妨碍其成为"重要的"或者"实质性的"原因。但是,如果反垄断违法行为只是20种同等力量的原因之一,则不能看做重要的或者实质性的。曾有法院适用上述标准时指出:"所主张的损害必须与被告所实施的反垄断违法行为具有因果联系,当然,这并不意味着反垄断行为是损害的唯一或者排他性的原因,甚至它必须是比其他任何原因都更加重要的原因。反垄断违法行为是原告损害的实质性的促成因素或者重要促成原因即已足矣……为了证明损害,[原告]只要证明被告的非法行为'实质性地促成了'原告的损害,即使还存在其他重要性的可归因的要素。"[⑥]通常,证成一个存在表面因果关系的案件,原告"只需要证明[被告]违法了反垄断法、[被告]的被诉

---

① Atlantic Richfield Co. v. USA Petroleum Co. (Arco), 495 U.S. 328 (1990).

② Atlantic Richfield Co. v. USA Petroleum Co. (Arco), 495 U.S. 328, 339(1990).

③ At 339.

④ At 337.

⑤ At 342.

⑥ Fishman v. Wirtz, 1981 - 2 Trade Cas. (CCH) 64, 378 (N.D. Ill. 1981).

违法行为具有侵害[原告]经营的倾向,以及[原告]经受了不能归责于其他原因的经营下降"。① 要否定这一因果关系,被告必须提供证据证明存在其他原因力造成了原告的损害。一旦被告证明成功,依然由原告承担说服陪审团反垄断违法行为是重要原因的证明责任。② 原告只要证明被告的反垄断违法行为实质性地促成了他的损害,其就取得了诉讼资格。当然,原告最终必须证明将违反行为的影响力从其他因素中分离出来的合理基础。尽管没有精确的要求,但是必须有证明使得陪审团能够评估损害的数额而不是不正当的推测。特殊情况下,如果有违法行为之外的其他原因能够足以造成原告的损害,原告无法充分证明损害与违法行为之间的逻辑联系,则原告不具备诉讼资格。在无论是否存在被诉限制行为,原告的境况都将保持不变的情况下,法院将否定损害的存在。当原告的损害是由自己的过错造成时,将认定不存在反垄断损害或者不存在事实上的因果关系。

损害应该具有直接性。如果因果链条上的环节过多,如农场主起诉汽车制造商非法共谋延迟汽车污染控制技术的开发,污染继续发展,恶化了空气质量、降低了农业产出,由于成本上升和产量减少损害了农场利润,法院可能就会以因果关系过于遥远和模糊而认定原告不具有诉讼资格。③

(四)寻求衡平救济的原告资格

克莱顿法第16条规定了私人可以寻求衡平救济。该条禁令救济并不依赖于实际的或者可计量的损害的存在,也不限于保护经营或者财产利益。但是法院通常对原告施加类似的诉讼资格标准,无论其寻求衡平还是损害赔偿救济。该条给予私人原告的衡平救济的条件和原则与衡平法院给予禁令救济的条件和原则相同,而且适用相同的程序规则。普通法衡平救济的条件是原告证明法律给予的救济不够充分。

在私人衡平诉讼中,反垄断损害同样重要。但是问题在于:何种受到威胁的损害?是任何一种直接威胁还是反垄断法意图防止的并且导源于使被告行为具有违法性的那些因素的损害?假设一个竞争者反对其竞争对手的合并,诉讼的唯一理由在于担心合并方将能够降低生产成本并对消费者降价,这样消费者就不会光顾原告了。这种可能的损害的确是因违反反垄断法所威胁的损害,且存在违法行为、事实损害和因果关系,但是它不属于反垄断损害。最高法院在Cargill案中认为,反垄断损害同样也是私人衡平诉讼的条件之一。该院认为,通过比较克莱顿法第4条和第16条的文字可以看出,"我们认为,将克莱顿法解读为其授予私人原告针对受到威胁却在实际发生时无权获得赔偿的损害给予禁令救济,是不协调的。"④除此之外,学者认为,支持这种分析的还有其他政策上的考量因素。一是衡平诉讼是一种潜在的策略设计。对于竞争对手具有降低成本和价格前景的合并,经营者都有予以阻止的动机。由于众所周知的查明合并效果的困难,临时禁令很容易获得,而当事人的经济协议严重依赖于当前的市场条件,当他们发现延迟、不确定性或者过分沉重的诉讼成本时,任何延迟都

---

① Amerinet, Inc. v. Xerox Corp., 972 F.2d 1483, 1495(8th Cir. 1992).

② See, e.g., Tal v. Hogan, 453 F3d. 1244 (10th Cir. 2006)

③ In re Multidistrict Vehicle Air Pollution M. D. L., 481 F2d 122 (9th Cir.), cert. denied, 414 U.S. 1045 (1973).

④ Cargill, Inc. v. Monfort of Colo., Inc., 479 U.S. 104, 122(1986).

可以在事实上扼杀交易。二是反垄断法的适用是非常困难的。案件所依据的事实及其含义都是模糊的,法律充满了各种估计和假定。如果这种不确定性是法院无法选择而只能接受的生活事实,反垄断损害的要求可以将本质上不确定的交易付诸司法审查和潜在禁止时,只能在具有反垄断法认为值得保护的利益的私人原告提起的诉讼中进行。不具备反垄断损害的原告可能并不会寻求维护公共利益。反垄断损害的要求公共执行和私人执行服务于增进竞争这一共同目标的可能性。因此,反垄断损害应是任何私人诉讼的条件,包括临时禁令和最终禁令。

四、商业秘密的法律保护相关问题

在我国司法实践中,虽然涉及商业秘密的案件相比其他类型案件来说数量并不多,但其中涉及的商业秘密的构成要件、侵犯商业秘密的行为认定、侵权赔偿数额的确定、证据交换制度与商业秘密保护之间矛盾的解决等诸多问题还存在一些争议,实践中也有一些不同的做法和尝试,有待进一步研究和统一。课题通过对中国商业秘密法律保护状况与美国商业秘密司法保护状况的比较分析,力图解决司法实践中如何应对相关程序问题和实体问题,如何实现保护商业秘密与保护公平竞争的平衡,以及如何协调好竞争法与劳动法的关系、民事诉讼法与刑事诉讼法的适用顺序等问题,以期促进中国商业秘密司法实践的统一和发展。在美期间,张晓津法官通过分析美国经典判例、走访 CAFC 等相关部门、与专业导师和执业律师沟通等方式,对美国商业秘密保护的相关法律规定及司法实践进行了梳理。以下为张晓津法官整理的涉及商业秘密法律保护的相关资料。

(一)美国商业秘密立法的概况

在激烈的竞争中,商业秘密已逐渐成为人们关注的焦点,且网络传输也给商业秘密保护带来了一些新问题,因而各国都很重视商业秘密的法律保护,商业秘密已成为整个国际社会日益关注和重视的问题。而世界贸易组织与贸易有关的知识产权(包括假冒商品贸易)的协议(TRIPs),作为国际社会对知识经济在法律层面上的回应,强调了知识产权保护对国际贸易发展的推动作用,以关贸总协定基本原则和有关知识产权保护的国际公约为基础,进一步扩大了知识产权保护的涵盖面。产生 TRIPs 的乌拉圭回合谈判,一反以往专注关税的思维,把焦点聚集于商业秘密和知识产权,而且 TRIPs 把超越传统法理的商业秘密与知识产权融为一体,反映了当代科技、经济日趋一体化和全球化的特点,也说明了知识产权已上升为各国的外贸政策的重要内容,成为经济体制和科技体制的组成部分,其在对外贸易和经济关系中的地位日趋重要。

美国法律上商业秘密的概念,约在 19 世纪中由英国传入美国。1939 年《美国侵权法重述》第 757 条和第 758 条对商业秘密法的基本原则做了规定。其中第 757 条规定,商业秘密是可以构成任何配方、模型、设计或编辑而使用于商业上的信息,并且能够给予机会与具有获取利益的优势。此外还列举了 6 项说明以规范商业秘密的定义:(1)该项信息在企业外部被知悉的程度;(2)该项信息在企业内部员工或其他人被知悉的程度;(3)企业为保护该项信息安全所采用的方法的程度;(4)对企业与其竞争者而言,该项信息的价值程度;(5)企业在研发该项信息所耗费的人力等与金钱;(6)该项信息可能被其他人正当取得或复制的难易度。

1979 年,《美国侵权法重述》中不再包含商业秘密的相关规定,而是出台了《美国统一商业秘密法》作为示范法。1985 年,《美国统一商业秘密法》又进行了修订。由于美国的商业秘密法适用州法,而不是联邦法律,因此有必要制定相关示范法予以统一。目前,美国已有 40 个州和哥伦比亚特区采纳了《美国统一商业秘密法》版本,因此虽然美国在商业秘密保护方面适用各州立法,但在保护方式等方面具有很强的一致性。1994 年,《美国反不正当竞争法重述》中也包括了商业秘密的章节,其内容基本与《美国统一商业秘密法》相同。

1996 年美国国会通过了《美国经济间谍法》(EEA)。该经济间谍法是美国联邦调查局(FBI)所强力支持,并基于侵犯每个企业的经济利益也是对美国国家安全的威胁的理念而制定。该法对商业秘密的界定范围非常广泛,包括任何有形与无形的资料。该法规定的商业秘密构成要件包括权利人对该资料有效的保护措施以及资料具有价值且不为公众所知悉。该法规定意图窃密就会被认为违法而受到刑事起诉;该法甚至规定此种刑事起诉可以对美国境外的人发生效力,如在美国境内以电话或电子邮件等将商业秘密传送到美国境外,在美国境外接受商业秘密的人也有可能受到美国依据该法的刑事起诉。最应当予以注意的是美国联邦调查局在侦破侵犯商业秘密案件中,常常采用诱捕的方式,可以通过法官授权或者当事人同意即可以在任何场合、地点等利用窃听、搜查等秘密侦查手段,甚至对嫌疑人进行诱捕。《美国经济间谍法》规定对违法者最高可以判处 15 年的有期徒刑,对个人最高可以判处 50 万元美元罚金,对公司等可以判处 1 千万美元罚金。

(二)商业秘密的构成要件——合理保密措施的认定

商业秘密的属性问题往往决定一国的商业秘密保护的基本理论,是明确商业秘密法律保护依据、保护方式和保护程度的关键性问题,同时也是确认其构成条件的核心依据,因而在立法和司法实践中都具有重要意义。对于商业秘密的属性,大陆法系持非财产说;英美法系中英国持契约关系理论,美国持财产说,视商业秘密为权利人的私有财产;还有的学者持作品说,认为商业秘密的表现形式为图纸、配方、报告、数据等,是作品,应受著作权法保护。进入 20 世纪 60 年代以来,人们开始将商业秘密当做知识产权来对待,商业秘密的知识产权属性逐渐为人们所认同,并出现在正式文件中,如 1992 年《中美知识产权谅解备忘录》即将商业秘密归入知识产权范围。笔者认为,商业秘密作为一种无形财产,具有知识的特征,应当将其纳入知识产权的范围予以保护。

多年来,知识产权理论界及司法界对于商业秘密的属性是争论不休的。商业秘密能否作为一种财产权纳入知识产权保护体系一直未能达成共识。但 TRIPs 的第一部分明确规定了商业秘密是知识产权的客体,是一种财产权,明确了商业秘密的知识产权属性,因而在某种程度上可以说结束了这场争论。我国长期以来也未意识到将商业秘密提高到知识产权保护的高度,认为其仅是一种契约关系,是一种竞争手段,这在一定程度上造成了我国商业秘密保护不力的状况。随着社会经济文化的发展,目前我国知识产权理论界和司法界也已倾向于财产权理论，将商业秘密纳入知识产权法律保护体系。

明确了商业秘密的属性之后，在司法实践中首先遇到的问题就是商业秘密的构成要件问题。通常法官不会对商业秘密的新颖性、价值性等产生争议，而主要争议会产生在是否具有秘密性、是否采取合理保密措施的问题上。保密措施可有多种表现形式，如严格限定知悉商业秘密的人员名单，缩小知密范围；制定企业保密规则，或在员工守则中规定保密条款；或是由企业与职工签订保密协议；或是严格限制非有关人员出入具有商业秘密的场所、加强门卫和监控措施等，这些都是通常情况下权利人所采取的保密措施。然而随着网络技术的发展，电子商务蓬勃地开展起来，使得通过网络传输商业秘密成为可能，同时网络开放的信息环境也给商业间谍提供了更为直接地窃取商业秘密的机会和可能。如何保护网络传输中的甚或存储于商家、科研机构电脑中的商业秘密，无疑首先应当从技术手段入手，即通过运用技术手段保守商业秘密。如运用网络安全技术和密码技术、密钥管理、数字签名、认证技术、智能卡技术、访问控制、防火墙技术等，从技术手段或措施上实现对商业秘密的保护。然而迄今为止，尚没有不能被反向工程或其他方法所解密的信息，这便使得一些商业秘密权利人在网络面前望而却步，退而求其次地固守传统的保密方式，从而丧失了许多贸易机会。可见，仅有技术手段保护商业秘密是远远不够的，除采取上述技术加密措施外，还应通过法律手段加以保护。譬如，法律应明确规定在网络上采取何种程度的加密措施即为商业秘密的权利人已采取了保密措施，已符合商业秘密的构成条件，商业秘密权利人被侵权后，可以获得何种法律救济、如何寻求救济，等等。只有将技术手段和法律手段结合起来加以运用，才能加强在新技术环境下对商业秘密的法律保护。

根据《美国统一商业秘密法》的相关规定，商业秘密受到保护的前提是所有者采取了合理的措施来保持其秘密性。如何理解合理措施，是美国司法实践中广受争议的问题。

1. Rockwell 案

在 1991 年美国第七巡回上诉法院审理的 Rockwell Graphic Systems, Inc. 诉 DEV Industries, Inc. 案中[①]，从事印刷设备制造的 Rockwell 公司于 1984 年指控同业竞争者 DEV 公司及其曾为 Rockwell 公司员工的总裁盗用 Rockwell 公司的商业秘密，指控 DEV 公司的图纸有 100 张来自 Rockwell 公司。Rockwell 公司除制造印刷设备外，还提供印刷设备的零部件，而这些零部件有的是由其他零件制造商制造的。因此零部件的图纸要提供给这些制造商，但 Rockwell 公司还是采取了相应可能的保密措施。DEV 公司认为，Rockwell 公司主张的图纸不符合商业秘密的构成要件。地区法院的法官认为，Rockwell 公司有 200 位工程师接触并复制图纸，该公司还将零部件图纸交付给大量的相关制造商，相关制造商又进行复制，这样数以万计的图纸出现在 Rockwell 公司的控制范围之外，因此 Rockwell 公司没有采取充分的措施以保持其秘密性。巡回上诉法院的法官认为，"Rockwell 公司限制图纸的接触人群越多，甚至包括该公司的工程师和相关零部件制造商，那么要他

---

① 925 F. 2d 174 (7th Cir. 1991)

们完成好各自的工作就越难。假定 Rockwell 公司禁止任何人对其图纸的复制,那工程师们就不得不使用同一幅图纸,导致他们只能相互传看图纸或者只能在同一个房间工作……因此,完美的安全措施并不是最适合的措施。”“显然,Rockwell 公司采取了一些措施以维护其零部件图纸的秘密性,既包括物理方面的措施(保险安全装置、保安),也包括签订合同方面的措施。”最终,巡回上诉法院对此案改判并发回重审。

审理该案的法官还提出,“该案是一个重要的案件,因为商业秘密保护是知识产权保护的重要组成部分,专利权保护是费用高昂的和暂时的,因此不能将专利保护看作最完美的替代。如果商业秘密只有在其所有者采取了过多的、影响生产效率的措施以保持其秘密性的情况下才得以保护,那么投资发现更有效的生产方法的动力就会减弱,进而影响发明创造的数量……”。可见,法官的观点并不认为保密措施有如此重要,不必采取过多的保密措施以维持相关商业秘密的秘密性。

2. ECC 案

此外,在明尼苏达州最高法院 1983 年作出的 Electro – Craft Corp. 诉 Controlled Motion, Inc. 案[①]判决中,法官认为原告主张的商业秘密不符合采取合理措施保持其秘密性的要求,原告至少要有努力保持相关信息的秘密性的表现。商业秘密法的这一构成要件并不要求保持绝对的秘密性,普通法仅仅要求部分或者是适当的秘密性即可。法院所需要的是原告所采取的相应措施,该措施能够让法院最终保护原告的权利。在该案中,法院认为原告没有完成采取合理保密措施的举证义务,原告仅仅采取了对含有秘密信息的手册和出版物予以保密、要求一些雇员签订保密协议等最低的防范措施。

3. DuPont 案

在知名的 1971 年美国联邦第五巡回上诉法院作出的 E. I. DuPont de Nemours & Co. 诉 Rolfe Christopher et al 案[②]中,原告 DuPont 公司发现两被告摄影师 Christophers (Rolfe and Gary Christopher)受雇于第三方乘坐飞机从空中拍摄了原告工厂生产甲醇工艺的相关设施的照片,由于该工厂尚在建设之中,因此很容易拍摄到涉及原告生产甲醇的工艺的过程,根据这些照片很容易获知该商业秘密。原告指控两被告窃取了其商业秘密,要求法院判决被告赔偿其经济损失并对被告作出临时和永久禁令,禁止其进一步传播拍摄的照片并永久禁止拍摄该工厂的照片。该案是适用得克萨斯州法和 1939 年《美国侵权法重述》的典型判例,明确了商业秘密保护的许多原则,后在美国许多商业秘密的判决中被广泛引用。1979 年《美国统一商业秘密法》和 1994 年《美国反不正当竞争法重述》,也引证了该判例。

该案也涉及原告是否采取了合理保密措施的问题。法院认为,原告的工厂正在建设中,虽然建成后会避免商业秘密被看到,但在建设过程中其商业秘密从空中是能够被看到的。如果要求原告在建设过程中加盖一个屋顶以保护其商业秘密,则大大增加了不必要的支出。因此,不能要求一个个人或者公司采取不合理的措施来保护其商业秘密。我们不能使保护其劳动成果的责任成为工业发明

---

① 322 N. W. 2d 890(Minn. 1983).

② 431 F. 2d 1012 (5th cir. 1970), Cert. denied, 400 U. S. 1024 (1971).

人的负担。

综上,美国法院关于保密措施采取的问题,强调的还是保密措施的合理性问题,其主要理念是不过分加重权利人的负担。

(三)侵犯商业秘密的判定

根据《美国统一商业秘密法》的规定,盗用商业秘密是指:(1)取得他人的商业秘密明知或者应知该商业秘密是通过不正当手段而取得的。(2)或者未经明示或默示同意而披露或使用他人的商业秘密的(A)使用不正当手段取得商业秘密,或(B)在披露或使用时知道或者有理由知道该商业秘密是(Ⅰ)源于或者通过使用了不正当手段获取该商业秘密的人而取得;(Ⅱ)产生保密或者限制其使用的义务的情况下取得;(Ⅲ)源于或者通过已经寻求司法救济以保持秘密或限制使用者负有义务的人获得的,或者(C)在其状态产生实质性变动之前,知道或者有理由知道其为商业秘密,但通过意外或失误而取得的。而不正当手段包括盗窃、贿赂、虚假陈述、违反或诱使违反保密义务,或通过电子或其他手段进行间谍活动。

在前述 Dupont 公司案中,两被告认为,盗用商业秘密的构成必须包括非法进入、其他非法行为、违反保密协议等行为,其拍摄涉案工厂照片的行为并未违反法律规定。法院认为,该案争议的主要问题是飞到空中拍摄工厂建设的照片是否属于获取他人商业秘密的不当手段。不当手段并不只包含非法进入、违反保密协议等行为,而应包括更广的含义。竞争者如果非经反向工程或自行研究,而是未经许可取得他人采取了保密措施的商业秘密的行为是不当的。两被告故意飞到空中拍摄原告已经采取了合理保密措施的涉案工艺流程的照片,并意图传送给可能使用该商业秘密的第三方,属于盗用商业秘密的行为。

在 Religious Technology Center 诉 Lerma 案中,[①]华盛顿邮报刊载了从公开的法院档案和互联网上取得的 Scientology 教堂的相关文件。地区法院认为,华盛顿邮报没有盗用 Scientology 教堂的商业秘密,因为邮报是从合法的、公开的渠道取得这些资料的。法院还提出,虽然最初在互联网上发布该商业秘密的人可能应为其盗用商业秘密的行为承担责任,但仅仅从互联网上下载相关信息的当事人不能承担盗用商业秘密的责任,因为从互联网上获取信息不存在不当行为。

不可避免泄露规则(Inevitable Disclosure Doctrine)是美国商业秘密司法实践中常常适用的一个规则。在 PepsiCo, Inc. v. Redmond 案中,Remond 曾经是 PepsiCo 公司的高级雇员,而 Quaker Oats 是 PepsiCo 的直接竞争者;1994 年 11 月 10 日,Remond 正式向公司辞职并告知其接受了 Quaker Oats 公司的职位。6 天后,PepsiCo 起诉申请对 Remond 颁发临时禁令。1994 年 12 月 15 日,地方法院颁发了禁令,禁止 Remond 在 1995 年 5 月之前接受 Quaker Oats 公司提供的职位,并且永久禁止其使用或泄露原告的商业秘密。被告以不存在现实的或潜在的侵害为由提出上诉。联邦第七巡回上诉法院维持了地方法院颁发临时禁令的裁决,禁止 Remond 向新雇主 Quaker Oats 泄露商业秘密,并暂时禁止 Remond 履行 Quaker Oats 公司的工作职责。

本案争议的焦点就是 Remond 的行为是否构成了现实或潜在的侵权。PepsiCo 公司

① 908 F. Supp. 1362 (E. D. Va. 1995).

提出了不可避免泄露的几个构成要素:首先,商业秘密已经客观存在,并且 Remond 已经掌握了这些秘密信息;其次,Remond 在 PepsiCo 公司的职位与 Quaker Oats 提供的新职位极其相似。仅靠工作职责相似的事实尚不足以成为颁发禁令的理由,但在商业秘密客观存在且有现实或潜在的商业秘密侵权之虞时,就足以支持禁令的颁发以阻止被告 Remond 到原告的竞争者 Quaker Oats 那里工作了。法院最终认定,尽管 Remond 与 PepsiCo 公司签订了保密协议,但 Remond 的行为已经表明他是不可信任的,是不会履行保密协议的,支持了地方法院的禁令。自 PepsiCo 案之后,采纳不可避免泄露规则的判例大量增加,但对不可避免泄露规则仍存在不少争议。并非所有法院都把这一原则看做合法的衡平法救济手段。即使是那些支持不可避免泄露规则的法院,对不可避免泄露规则的适用条件也持不同观点。

(四)侵权赔偿数额的确定

侵犯商业秘密的法律救济方式,通常包括禁令的采取、赔偿数额的确定、许可使用费的支付、律师费的负担等方面。在《美国统一商业秘密法》中,对禁令采取的条件等作了规定。同时,对赔偿数额确定的原则进行了规定,损失既包括因盗用商业秘密而造成的实际损失,也包括因盗用行为而产生的在计算实际损失时未考虑的不当得利,也可参考许可使用费的标准。对于故意或者恶意盗用商业秘密的行为,法院可以处以不超过前述数额两倍的惩罚性赔偿。

在 Syntron Bioresearch, Inc. 诉 Joe Fan 案[①]中, Joe Fan 等几个被告因盗用 Syntron 公司的生产工艺、客户名单等商业秘密及其他相关事由被判决,实体方面的证据支付一审法院判决被告支付惩罚性赔偿金 \$5,217,601,赔偿损失 \$3,820,317 以及每年 7% 的判前利息损失(\$508,468.49),并承担合理的律师费和诉讼支出。二审中,被告提出法院错误地运用了赔偿理论。法院认为,被告关于判前利息和惩罚性赔偿的上诉理由成立,判前利息根据其在研究开发方面的支出是不适当的,惩罚性赔偿金的数额过高。因此,法院对赔偿数额部分予以改判,发回重审,要求一审法院重新计算判前利息并降低惩罚性赔偿金至 \$2,331,812。

法院认为,判前利息应限于可确定的损失,一审法院把根据研究开发费用确定的不当得利 \$270 万作为判前利息确定的基础,滥用了自由裁量权。因为这部分损失既不是可量化的,也不是可精确计算的,而只是根据相关事实主观行使自由裁量权确定的。而且,该裁决依据的研究和开发费用不能代表属于原告的可计算资金的损失,也不应赔偿给原告。因此,一审法院要重新计算判前利息,只根据原告利润减少部分的赔偿损失数额计算。

惩罚性赔偿是为了惩罚做错的被告以使得被告和其他公众此后不出现不当行为。在确定惩罚性赔偿数额是否过高时,法院适用三个标准:(1)根据相关事实确定的被告行为的特性。(2)确定的实际损失赔偿的数额。(3)被告的财产状况。二审法院根据该案的相关情况,要求一审法院重审该部分,并提出可降低惩罚性赔偿金至 \$2,331,812。

(五)证据交换制度与商业秘密保护矛盾的解决

在侵犯商业秘密案件的审理过程中,常

① 2002 WL 660446 (Cal. App. 4 Dist.).

常遇到一方当事人向法院提交相关证据后,要求对方保密的情况发生,有时甚至出现要求法院不向对方当事人交换的请求,导致案件无法顺利审理。问题的关键是如何在商业秘密案件审理既充分保护好权利人的商业秘密,又充分执行证据交换制度使案件得以顺利审理,如何处理好这一矛盾实践中存在不同的做法和争议。福建省厦门市中级人民法院就尝试建立了知识产权审判的保密令制度,较好地解决了诉讼中商业秘密保护问题,解除当事人维权的后顾之忧。①

在《美国统一商业秘密法》中规定了"保全秘密"的相关内容,法院应当对请求保护的商业秘密采取合理的措施以对其秘密性予以保全,包括签发与证据开示程序相关的保护令、进行不公开审理、封存诉讼的记录、要求参与诉讼的人未经法院准许不得对外披露请求保护的商业秘密等。

在前述 Syntron Bioresearch, Inc. 诉 Joe Fan 案审理过程中,由于被告一再违反法院发布的保护令,而被要求返还原告的相关文件。② 法院在该案审理中考虑到盗用商业秘密的案件性质,在 1997 年 7 月 3 日发布了对原告提交的相关文件的第一个保护令;1998 年 7 月 27 日,发布了第二个保护令,对诉讼过程中证据开示阶段产生的所有文件的制作、使用和披露进行管理,并制定了对其管理的文件的制作的使用程序。法院允许当事人在证据开示阶段产生的文件上标注"保密"或者"保密——只对律师"标识以表明其受保护的状态。法院规定这些指定的文件和所有相关信息不得向任何人披露,不能用于商业、金融或其他目的,仅可用作诉讼目的。对这些文件的接触,仅限于特定的个人,包括被告的律师、速录员、独立专家、独立顾问和法院。专家、顾问以及法庭速录员只有在对方当事人提出异议并签署受到保护令约束的协议后才能接触被保护文件。保护令还规定避免被保护的文件成为公共记录的内容,包括封存被保护的文件等。保护令还包括将文件从指定的保护状态移除的程序。保护令规定,在违反保护令的情况下,受害一方当事人可以立即提出禁令救济申请。

在该案中,无论是被告还是其他当事人都没有提出要求移除任何被保护文件的申请。但被告 1999 年违反了该保护令,将一本指定受到保护的实验室记录本出示给一个潜在的证人,后来还在两帮破产程序中出示给该证人和其他人。为此,被告被判处每个行为 1000 美元罚金,并判处 5 日监禁,缓刑 1 年。2000 年 3 月,该判决生效。2001 年 1 月,被告未封存就在 No. D035925 案中其材料附录中提交了受保护的文件,7 个月之后又在 No. D036669 案中提交了包括受保护文件的附录材料。

被告不服一审裁决,提出上诉,认为一审法院滥用自由裁量权作出要求其返还相关文件、材料、无形信息的裁决。二审法院认为,一审法院要求其返还的裁决在范围上是合理的,在保护原告的秘密文件和允许被告及其代理人合理地接触到这些文件之间达成了公平的协调。裁决允许被告在律师助理的监督下阅读被保护的文件。

(报告人:李剑、王艳芳、朱理、张晓津)

---

① 《中国法院知识产权司法保护状况(2010 年)》。

② 2002 Cal. App. Unpub. LEXIS 10008. D033894.

美国反垄断法和知识产权法的基本制度与执法实践

2011年5月7~28日,最高人民法院组成代表团赴美国就反垄断法及知识产权法进行了为期三周的培训和交流活动。代表团与来自美国政府部门、法院、学术界以及私营部门的专家进行了广泛的交流,对美国反垄断法120余年的历史发展轨迹有了一定的了解,进一步了解了美国知识产权法方面的主要特色及最新进展,以下为此次培训项目报告。

一、美国反垄断法的基本法律制度和司法执法情况

(一)美国反垄断法和政策历史发展和概况

19世纪70~80年代,美国工业化迅猛发展,市场范围不断扩张,经济发展面临着前所未有的增长和变革。在经济发展过程中,为提高竞争能力,逐渐出现了企业之间的同业联盟,如牛肉托拉斯、白糖托拉斯等。随着时间的推移,美国商业巨头同业联盟愈演愈烈,滥用市场支配地位现象泛滥,为保护自由竞争,美国国会于1890年通过了《谢尔曼法》,于1914年通过了《联邦贸易委员会法》和《克莱顿法》,上述三部法律成为美国反垄断法框架性法律。

美国反垄断法的主要实体条款很少且很具有概括性。如《谢尔曼法》第1条规定:"任何合同、托拉斯或其他形式的联合或者共谋,如果限制了州际之间的商贸活动或者与国外进行的商贸往来,均为非法行为……违反以上规定者应当处以重罪(处以罚金,并处或单处监禁)。"第2条规定:"任何一个人如果垄断或意图垄断州际商贸或与国外进行商贸的任何一部分或与他人联合或共谋以达到上述垄断目的,当处以重罪(惩处方法同上)。"《谢尔曼法》的正文内容十分宽泛,其具体应用都是通过执法者经验的不断积累和案例的不断丰富而不断发展起来的,这也符合普通法系的特色。

1914年《克莱顿法》规定了四种违法行为,但是没有规定相应的刑事责任。这四种违法行为分别是:价格歧视——以不同的价格销售同样的商品给条件相同的购买者(第2条);排他性交易合同——以购买者停止与销售者的竞争对手进行交易为条件的合同(第3条);企业合并——竞争企业的合并(第7条);连锁董事会——竞争企业拥有共同董事会成员(第8条)。其中,第7条规定了重要的垄断行为之一即竞争企业的合并。

1914年《联邦贸易委员会法》第5条规定:"商业中的或影响了商业的不公平竞争手段以及商业中的或影响了商业的不公平或欺骗性行为或惯例,均为非法。"《联邦贸易委员会法》没有规定刑事责任,而且联邦贸易委员会只能给予衡平法上的救济。

美国反垄断法主要针对的行为即三种:《谢尔曼法》第1条规制的垄断协议,垄断协

议可以分为横向垄断协议和纵向垄断协议，第2条规制的滥用市场支配地位的排除竞争行为，以及《克莱顿法》第7条所针对的竞争企业之间的合并行为。

（二）美国反垄断法的基本原则和基本方法

美国反垄断法通过对竞争行为的间接调整，增进消费者福利，而不是强迫企业固定价格或者提供特殊服务。美国反垄断法的目的是引导企业在保证一定产品质量的前提下实现最低的生产成本，在能够收回成本的前提下以最低的价格出售产品。

案例：Goldfarb v. Virginia State Bar

某人需要购买一栋房屋，他需要聘请律师帮助他完成交易，而弗吉尼亚州附近的所有律师达成协议要按照房屋的售价收取1%的服务费。

——上述收费协议是否违法？为什么？该协议是否危害了公共利益？

——律师们是否违反了反垄断法？

——购房者是否可以借助于反垄法提起反垄断诉讼？或者检察官是否可以据此对律师提起反垄断诉讼？

1. 本身违法原则（Per Se Rule）和合理原则（Rule of Reason）

多年来，在美国反垄断法实施过程中，对于涉及多个企业行为的案件中一直适用本身违法原则，亦即企业行为只要违反法律即为违法，不管其是否存在故意或者存在损害公众利益的情形。如卡特尔协议，在卡特尔协议中，竞争对手通过协议来固定价格或者限制产出或者分配地域、客户，从而限制竞争。卡特尔协议是限制竞争的协议，并不是对公司业务的高效整合，因此卡特尔协议是本身违法的，是不合理的，也是非法的。适用本身违法原则的著名案例如美国诉特雷伦陶器公司案，273 US 392（1927）（该案明确了横向价格限定属于本身违法）；帕尔玛诉乔治亚BRE案，498 U.S 46（1990）（该案明确了市场分配属于本身违法）；美国诉考坡斯案，652 F.2d 290（2d Cir. 1981）（该案明确串通投标属于本身违法）；阿尔布雷克特诉先驱者公司案，390 U.S. 145（1968）（该案明确纵向最高价格限定属于本身违法）；美国诉施温案，388 U.S 365（1967）（该案明确纵向地域限制属于本身违法）；美国诉索科尼真空油公司案，310 US 150（1940）。适用本身违法原则时，如果企业固定价格、划分市场或者集体抵制（拒绝交易），其行为就是违法的而且没有任何可以供其抗辩的理由。

但是随着经济发展和社会进步，社会公众对消费者福利和效率的关注度不断增强，对品牌之间的竞争关注度不断增强，而不再仅仅关注品牌内部的竞争。与此同时，在对卡特尔进行分析时，区分横向和纵向协议限制的不同竞争效果也显得越来越重要。基于上述原因，美国在处理类似反垄断案件时已经不再简单地适用本身违法原则，目前，本身违法原则仅针对横向协议中的“价格限定”、“操纵投标”以及“竞争对手分配市场”等垄断行为适用。

目前，美国反垄断执法部门通常偏好适用合理原则进行分析，通过比较特殊协议对公众利益可能造成的损害或者收益来判断该行为是否违反反垄断法。如大陆公司诉GTE希尔瓦尼亚公司案，433 U.S. 50（1977）。该案裁决明确“对于这一地区限制是根据合理规则来断定的”、“纵向限制使得生产厂家能够实现某些效率,从而推动品牌之间的竞争”。商业电子公司诉夏普电子公司案,485 U.S.717(1988),明确按照《谢尔曼法》第1条的规定,纵向贸易限制本身并不违法,除非其中还包含有关价格和价格水平的某些协议。州石油公司诉可汗公司案,522 U.S 3(1997)。该案裁决中法院拒绝了用“本身违法”规则来处理纵向最高限价,认定对大多数商业安排都应当根据合理规则来评估。Leegin创意皮革公司诉PSK公司案,551 U.S 877(2007)。该案裁决推翻了已延续了100年之久的旧主张(迈尔斯医生案),认定有关维持最低转售价所有计划本身均属非法的裁决是“有瑕疵的反托拉斯学说,更多地是为了律师的利益……而不是为了消费者的利益”。纵向限制受到合理规则的管辖。

案例:Polk Bros v. Forest City

两个连锁商店购买了高速公路旁边的一块地,共同修建了一家带有很多停车场的商场。在两家商场不同时存在的地区,其中一家商场也销售另一家商场销售的货物,但在高速路旁的这家新商场里,这两家商店达成协议分别出售不同的商品来避免竞争。

——这个协议违法吗?

——这个协议给公众利益带来了哪些损害?

——这个协议给公众带来的收益是否大于损害?

案例:US v. Standard Oil Co(单一企业的行为)

标准石油公司在汽油冶炼和供应方面在全美一直处于领先位置,但是当其他新的厂家想进入这个领域时,标准石油公司通过与供应商和销售商签订排他合同以及设定新厂商无法承受的低价等方式限制其他厂商进入这一领域。

——上述行为是否违反了反垄断法?损害了哪些公众利益?

——上述行为是否给公众带来了福利?

——上述情形是否是滥用市场支配地位的最佳例证?

——对上述行为有什么救济方式?

在反垄断案件中适用合理原则,首先要进行合理规则测试,判断某一行为是否构成对竞争不合理的限制。进行合理规则测试时,需要考虑下列因素:(1)相关行业的具体情况;(2)限制性行为实施前后的情形对比;(3)该限制性行为的历史、性质以及效果等。

适用合理规则步骤通常被称为“三步分析法”,主要包括以下步骤:第一步,原告必须证明该行为已经或者可能会减少竞争;第二步,如果原告能够证明第一步,被告就必须出示有关促进竞争的证据;第三步,如果被告出示了上述证据,原告就必须举证证明该行为是反竞争的。

原告可以通过结构或市场分析的方法来证明损害的存在。具体方法如下:首先要确定相关市场,主要包括产品市场和地理市场;其次要证明实施垄断行为的企业具有市场支配力;最后要证明可能影响竞争的限制性行为的性质和效果。在联邦贸易委员会诉印第安纳州牙医联盟案[476 U.S.447,460(1986)]中,法院确立了“实际反竞争效果”的原则,即“如果能够证明实际的损害后果,例如产量减少等,”则没有必要再进行进行市场支配调查,因为那不过是“损害后果的一种替代物”。在美国反垄断法中存在一种证明损害的“捷径”,即“快速查证”法,这一方法主要适用于对几乎是非法的，但是其本身并不完全非法的行为的反垄断损害分析。如加州牙医协会诉联邦贸易委员会案［536 U. S. 756(1999)］中，法院明确了下列原则：如果“对于经济学仅具备初步了解的人都能够认定相关的安排会产生反竞争效果”，无需进行全面的合理规则分析。联邦贸易委员会在处理反垄断案件时还适用过“内在可疑性”标准，即如果一项约束措施具有“内在可疑性”，即有可能限制竞争并减少产量，则需要考察是否能够从效率角度证明其正当性。如果不能证明其具有提高效率的效果，则该约束措施就是非法的，如果能够证明，则要进行全面的合理规则分析。如果想要证明协议具有促进竞争的效果，就需要证明该协议能够促进产品成本降低或者能够促进创新或者能够改进服务和质量。

2. 相关市场界定

处理垄断案件，通常都应当先界定相关市场。市场包括销售者能够购买到的作为替代品的商品，如能够替代石油的任何燃料。市场同时也可以按照地域进行划分，在界定地域市场时，常常面临的问题就是消费者愿意跑多远去寻找替代品？与此同时，市场也是在不断变化的，如某些产品，互联网的出现使得原本相关的地区市场变得不相关了。但对于有些市场互联网的影响却是微乎其微的，如现在除了汽油，汽车还不能使用其他的燃料，汽车也不能通过互联网来加油。

案例：Utah Pie v. Continental Baking

犹他州的一家地方公司生产冷冻甜点派，这家公司占领了该地区大约65%的冷冻派的市场份额。后来，另外一家全国性大公司以更低的价格销售同样质量的派，导致上述的地方公司市场占有量下降到了40%。这家地方公司起诉上述大公司存在违法的垄断行为。

——这家地方公司的诉请应当得到支持吗？

——这家大公司进入派的市场是增进了公众福利还是损害了公众福利？

（三）美国反垄断法的执法模式

美国反垄断法的执法模式主要包括政府执行和私人执行。政府如果通过诉讼执行反垄断法，就不能通过发布命令的方式而只能说服法院从而获得法院的判决支持。对于刑事案件（仅适用于卡特尔案件），政府可以采用罚款或者监禁的制裁方法。而对于民事案件（如协议、垄断和兼并），政府只能通过到法院诉讼来执行。联邦贸易委员会作出的行政处罚决定，被处罚人可以向法院提起上诉。

美国反垄断法的执行部门主要包括司法部、联邦贸易委员会和州总检察长。美国司法部作为行政部门之一，主要主管反垄断刑事案件（卡特尔）、民事案件（协议、垄断、兼并）。联邦贸易委员会作为一个独立机构，主要主管民事案件（协议、垄断、兼并）、行政案件。州总检察长主管受联邦法律管辖的案件和受州反垄断法管辖的案件。在救济途径上，在刑事案件（卡特尔）中主要是监禁并处或处罚款；在政府作为一方当事人的民事（或行政）案件中，主要采取平等救济的方法，通常由法院裁决要求停止违法行为或者遵守基于不同事实作出不同的处理的原则。对于联邦贸易委员会作出的处理决定的行政案件，法院需要作出行政判决；对于兼并案件（通常是政府处理过的行政案件），法院会发出禁令，要求企业不得合并或者分立；对于私人执行的案件(或者政府作为客户的案件)中,法院可以判决作出违法行为的企业支付损害赔偿金。

一直以来,反垄断法的私人执行都是反垄断法执行的重要方式。因垄断行为受到损害的自然人或者公司可以通过私人执行的方式获得损害赔偿,赔偿金包括所受损害的3倍以及因诉讼所支付的律师费。反垄断法私人执行主要目的是保证因垄断违法行为受到侵害的自然人或公司及时得到补偿,同时增强对存在垄断违法行为的企业的震慑,鼓励受害人积极维权。在私人执行中,允许采用集体诉讼的模式(代表众多客户提起反垄断民事诉讼),也允许州检察长代表市民提起反垄断的民事诉讼。

(四)美国反垄断诉讼中损害的证明和赔偿

1. 损害赔偿的一般标准

美国反垄断法仅允许受损害人就"业务或财产"造成的损害提出索赔,禁止对无法以金钱来衡量的损害提出索赔。索赔仅能针对垄断损害,即"反垄断法防止的那类损害,并且是由于被告的非法行为所导致的"。

美国法院对下列因垄断行为所造成损害所提出的索赔诉请一般都会受理:(1)因违反反垄断法的行为而支付了更高价格的顾客就过高索价提出索赔;(2)因非法行为而被排除在外并处在不利地位的竞争者就利润损失提出索赔。对下列索赔诉请一般不会受理:(1)对于与非法行为反竞争影响非密切相关的损害而提出的索赔;(2)对于间接损害所提出的索赔;(3)对于从他人的索赔衍生出来的赔偿诉求,如一家公司的员工、供应商和股东不能因公司所受到的损害而获得损害赔偿。

2. 与转嫁相关的规则

为了防止出现高额损害赔偿诉讼,美国法院一般不受理因损害转嫁而导致的损害赔偿诉讼。直接购买者的损害赔偿不会因为其向顾客转嫁的过高索价数额而有所减少,间接购买者也不会应为被转嫁的过高索价而获得损害赔偿,除非能证明直接购买者未受到任何损害。

3. 原告对损害的证明责任

原告必须:第一,证明因垄断行为遭受的实际损害存在;第二,证明其所遭受的实际损害与非法行为之间存在因果关系,即其所遭受的损害是被诉非法行为造成的;第三,分解其损害,即需要单独列举由非法行为所造成的损害。其中,证明因果关系的存在尤为复杂,经营者往往会将经营失败的原因归咎于某个更强大的对手的非法行为。在这种情形下,法院虽然可以认定被诉的竞争对手实施了非法行为,但这并不能证明该非法行为和原告所受损害之间存在因果关系,因为原告的效率低下和管理不善可能是其经营失败的主要原因。

原告所遭受的损害一般是由其所聘请的专家来评估的,原告只需要对其所遭受的损害做出合理的估计即可。

4. 对损害的量化分析

大多数反垄断案件中,原告提出的最常见损害赔偿都是针对利润损失的。在对一家公司的利润损失进行评估时,需要预测在不发生非法行为的情形下该公司过去和将来原本会实现的业绩。对利润损失的估算通常并非由经济学家来进行,也不涉及很多的数据分析。

对于过高索价所导致的损害的量化,其

计算方法是将所购买的数量乘以估算的过高索价，过高索价的数额的估算往往涉及产品系列、地理区域以及时间段等。过高索价导致损害赔偿的案件中，损害量化的主要数据来源于被告及其顾客的业务记录。对过高索价的估算通常采用某种形式的前后比较，即将在损害期内的价格与在此之前或之后或在此前后的价格加以比较。鉴于除非法行为之外的其他因素也可能对价格产生影响，因此对损害进行量化的过程中，必须对所有会产生影响的主要因素都做出说明。如果非法行为仅对部分当地市场产生影响，则未受到影响的市场可以作为比较的基准。但难点在于可比较的未受到影响的市场往往并不存在，即使存在，也很难获得适当的证据。如假设某个城市中发现存在卡特尔，在共谋期间，受影响的产品的均价为12，而在一相邻城市中的均价仅为10。如果两个城市之间影响供需关系的因素是可比的，则估算的过高索价为2。而如果两城市之间影响供需关系的因素是不可比的，则这种比较毫无用处。在对过高索价量化的方法中有一种"双重差分"估算法，该方法将基准比较和前后比较结合起来，为说明除非法行为之外的其他因素对价格产生的影响提供了一种理想手段，但这种方法面临的难题也是适当的数据通常难以获得。如假设某一城市中存在卡特尔，受影响的产品的均价在共谋之前为10，在共谋期间为12。而在一相邻城市，均价在共谋之前为10，在共谋期间为11。估算的过高索价为1，计算方法为两个差价之间的差价：(12－10)－(11－10)。

对过高索价进行量化的另一种方法是利用经济模型来模拟在没有发生非法行为时的竞争情形。该模型应当辅以对没有非法行为的类似市场进行观察，该模型可以预测价格和成本之间的关系，然后将其与成本数据结合起来，得出在没有非法行为的情形下的估算价格。这种方法虽然很少使用，但美国法院在一起重大卡特尔案件的审理中曾使用过。

(五)美国反垄断法所面临的挑战和变革

在美国20世纪30年代的经济大萧条时期，美国的市场经济和自由竞争受到前所未有的冲击和挑战，卡特尔被合法化，反垄断法逐渐受到冷落，市场产品的产量不断下降。但随着经济形势的好转以及卡特尔合法化试验的失败，反垄断作为一种重要的公共经济和社会管理政策重新受到人们的重视。20世纪70年代以来，美国反垄断法正经历着巨大的变革。芝加哥学派对美国反垄断法在理论和实践效果上都提出了强烈的批评，某些反垄断法规定仅仅注重法律的外在形式而不注重法律的实质内容，很多法条在经济调整政策中并没有发挥应有的作用。

美国反垄断法保护对象是竞争本身，而不是竞争者。美国今后的反垄断理论研究和实践中，将会对纵向协议的合法性和效果进行重新评估，对于有利于竞争的效率给予充分肯定和认可，将注重研究横向垄断协议，特别是固定价格的卡特尔，将更加注重研究对垄断案件中排他性行为的证明责任问题。美国当前的反垄断法的理论界和实务界非常关注各种反垄断案件中抗辩责任的承担问题，尤其是在私人执行案件"合理性"的证明责任问题；在认定垄断协议时，区分横向协议和纵向协议也越来越受到重视。

现在，在美国打赢一场反垄断的官司比

过去更难,美国法律界逐渐认识到大企业之间的激烈的市场竞争往往会使社会公众受益。在处理反垄断案件时,应当对被诉垄断行为是对社会公众带来的福利还是损害进行比较。对垄断行为的规制应当能够有效防止社会公众利益受到损害,但更重要的前提是避免损害重要的社会公众价值观如鼓励创新等。

二、美国著作权法和商标法基本法律制度和司法执法情况

(一)关于版权法

主要涉及了两个方面:(1)合理使用;(2)与互联网有关的版权问题。

1. 关于合理使用。斯坦福大学法学院Anthony Falzone介绍了美国版权法中最具特色的合理使用制度。考虑是否构成合理使用主要有四个考虑因素:(1)使用的性质;(2)被使用作品的性质;(3)使用的数量;(4)对被使用作品市场的影响。

Anthony Falzone介绍了4个合理使用的案例。其中包括著名的Harper & Row Publishers. Inc. v. Nation Enterprises, 471 U. S. 539(1985),即《福特自传》案件。被告在原告的书出版之前抢先在其杂志上发表了部分其认为最精彩的新内容。美国联邦最高法院认为其不能以合理使用进行抗辩。原告的作品未经发表是一个重要因素,而被告使用的数量尽管不多,但却是原告作品中的精华和核心部分,因此该因素同样对被告不利。

另一个著名的案例是有关对歌曲Pretty Woman的滑稽模仿(parody)的案例:Campbell v. Acuff-rose Music, Inc. ,510U. S. 569(1994),同样是美国最高法院的判决。Anthony认为该案可被视为一个转折点,之前关于使用的性质中最重要的是考虑被告使用作品是否用于营利,但该案中,最高法院认为商业属性只是各种要素之一,重要的是被告的使用是否是转换性的(transformative),即通过新的表达方式、赋予了新的意义、传达了新的观点等。滑稽模仿必须使用原作的内容才能使人意识到其模仿所指的对象,且使用的是原作中的特色内容,这一点是不可避免的,不能仅凭此认定其属于复制。关于其使用是否过分,需考虑模仿作品的目的及其转换的成分,并考虑对原作市场的替代等因素。

Falzone另外提到了两个较新的案例,其一是Blanch v. Jeff Koons(2006),原告是一位摄影师,她为时尚杂志拍摄了一幅女人小腿和穿着凉鞋的脚的照片(名为"Silk Sandals"),被告是一位画家,他以从流行媒体以及广告中获取他作品中的对象而知名。他创作了一幅画(名为"Niagara"),有四双女人的小腿和脚,其中包含了原告作品中的那双。纽约南区地方法院认为属于合理使用,第二巡回上诉法院维持。

其二是涉及韩战雕塑纪念邮票的案件:Frank Gaylord v. United States(2009)。原告是一个雕塑家,韩战纪念雕塑的著作权人。案外人拍摄了一幅暴风雪过后的雕塑照片,美国邮政局以该照片制作了邮票。雕塑家起诉政府侵犯著作权,联邦索赔法院(Court of Federal Claims)认为构成合理使用,但被联邦巡回上诉法院(CAFC)推翻,认为合理使用前三个要素均对政府不利,不能以合理使用进行抗辩。

2. 与互联网有关的版权问题。

来自华纳兄弟电影公司的Dean Marks和谷歌公司的Fred von Lohmann分别介绍了与

互联网有关的著作权问题。加州大学伯克利法学院的 Jason Schultz 对有关技术措施的规定进行了介绍。

Dean Marks 以《间接责任、合理措施以及版权政策》为名介绍了版权人对网络环境下著作权问题的关切。间接责任允许版权人针对那些积极参与并/或从侵权行为中获利的更大、更有经济实力的被告(相比较于直接侵权人)处获得救济,间接侵权的存在以直接侵权行为的存在为前提,并以对直接侵权人提起诉讼为前提。美国版权法上存在三种类型的间接侵权责任:帮助侵权(知道侵权行为以及实质性帮助)、替代侵权(有权利和能力控制侵权行为并从中获利)、引诱侵权(以明确的语言或积极的行动来促进侵权行为的发生,也有认为只是帮助侵权的一种)。他介绍了 DMCA 关于避风港规定的相关案例,主要讨论了"知情"的问题。在目前法院的判例中,仅仅对侵权行为有一般性的了解是不够的,在 Viacom v. Youtube、Perfect 10 v. CCbill 以及 UMG v. Veoh 案中,法院都指出必须对特定的侵权行为明知或者应知才能使网络服务商承担责任,法院并认为,不能将判断照片是否非法这一责任加于服务商、如果服务商需要对事实进行调查才能确定所上传的材料是否侵权,这些事实就不构成"红旗"。Dean Marks 认为知情问题已经占据了太多注意力,而且通常是以结果为导向的,即如果认为被告应承担责任,其即为知情;否则,即不知情。应该把重点转移到"合理措施"上来,基于如下理念:"谁能帮,则应帮"(those who can help should help),服务商所处的位置决定其能够采取措施以阻止大规模的未经授权对版权作品的使用,不再关注传统的归责标准,而关注于谁有能力阻止侵权内容。关于服务商能采取的措施,包括通知后删除、对 UGC(用户生成内容)网站的过滤、停止资金支持(比如支付系统)、清除搜索结果、屏蔽网站等。如果"合理措施"标准可以采用的话,将不必证明服务商是否有过错,对权利人当然是十分有利的。他认为可以通过权利人与服务商的商业合作来实现,也可以通过判例、立法来实现。这是一个版权政策的问题,美国现有一个《保护知识产权法案》(PROTECT IP Act)采用了这一模式,他认为《欧盟版权指令》第 8.3 条也是如此。

Fred von Lohmann 主要介绍了 DMCA 对四种类型的服务商所规定的避风港。

关于技术措施,美国是在 DMCA 中规定了对权利人采取的控制接触和控制复制其作品的技术措施的保护,禁止如下三种行为:(1)禁止规避控制接触作品的技术措施;(2)禁止提供主要为规避控制接触的技术措施的工具;(3)禁止提供主要为规避控制复制的技术措施的工具。DMCA 并不禁止规避控制复制的技术措施,因为版权法通常可解决复制问题。DMCA 同时规定了一些技术措施保护的限制和例外,如不得影响如合理使用等抗辩事由、不得妨碍言论自由权利等,以及基于教育、执法等目的、反向工程、安全测试、对儿童或者隐私的保护等。目前在关于控制接触的技术措施方面,联邦巡回上诉法院与第九巡回上诉法院之间有不同的观点。前者认为规避技术措施只有达到了便利版权侵权的目的,才能给予保护,但后者对所有的技术措施都提供保护,即使不可能侵犯版权。对技术措施的过强保护可能有不利于竞争的效果,还有可能对言论自由和自由研发造成限制,对创新造成限制,因此需要仔细地衡量。

此外,关于版权的救济与执行方面,洛杉矶助理联邦检察官 Ronald Cheng 向代表团介绍了在美国对于知识产权犯罪的处理。对于知识产权犯罪,美国联邦和各州有重合的管辖权。但比较严重的犯罪通常会由联邦调查机构进行调查,之后就会移交联邦检察官处理。刑事案件通常在定罪方面的情节都是很清楚的,如明显的盗版和假冒案件,犯罪嫌疑人也可以与控方达成认罪协议“plea bargain”,以换取轻罚。斯坦福法学院 Paul Goldstein 教授介绍了可能获得的民事救济,包括四种:(1)强制性的救济,如诉前禁令以及永久性禁令;(2)对侵权物品及制造设备的没收;(3)金钱救济,即损害赔偿,计算方式包括许可费,原告的损失或者被告的获利,或者适用定额赔偿,即每个侵权作品 750 ~ 30000 美元,故意侵权的话可高达每个作品 15 万美元。如果作品已经进行了版权登记可以证明被告为故意。(4)律师费。原告只有进行了版权登记才有可能获得律师费。

(二)关于商标法

主要涉及两个问题:(1)淡化理论以及对知名品牌的法律保护;(2)与互联网有关的商标问题,包括关键词广告以及间接责任问题。

1. 淡化问题

旧金山大学的 David Franklyn 教授以及荷兰的 Alexander Tsoutsanis 律师(同时任教于雷登法学院)分别讲述了美国以及欧洲对于有知名度的商标的保护,即淡化问题。Franklyn 教授引用 McCarthy 教授的话称“关于淡化的法律理论尤其令人难以解释和理解”。因为美国最高法院在 Moseley 案中要求商标权人证明“实际的淡化”(actual dilution),国会认为这一标准是不合适的,因此修改反淡化法,仅要求原告证明“淡化的可能性”(likelihood of dilution)。美国法上淡化有两种形式:冲淡(blurring)或者玷污(Tarnishment)。原告需证明:(1)其商标很著名;(2)在被告使用前已经著名;(3)被告的使用引发了消费者将该标识与原告著名商标相联系;(4)这种联系可能导致冲淡著名商标的显著性及对著名商标构成玷污。

在认定“冲淡”时有如下因素应予考虑:(1)两商标的相似程度;(2)著名商标的显著性程度;(3)著名商标所有人对其商标做排他性使用的程度;(4)消费者对著名商标的认可程度;(5)被告是否有意图造成两标识之间的联系;(6)两标识之间任何真实的联系。在 Starbucks v. Charbucks Blend 案中,第二巡回上诉法院指出,反淡化法并未要求两个标识间构成“实质性近似”(substantial similarity),只要求衡量其近似程度(Levis 案中,第九巡回上诉法院同样指出不要求两标识相同或者基本相同),同时也不要求被告有恶意(bad faith)。在 Top Tobacco 案中,第七巡回上诉法院指出,对于“top”这样一个常用词语,不能由一家公司独占,而且指出反淡化法要求的知名度应该是对于一般公众而言的,从而排除了地区性的知名(niche fame)(关于常用词的问题,Visa 案中,第九巡回上诉法院认为,重要的不是标识本身是否常用词汇,而是使用该标识的特定环境是否足够独特以使其能够获得商标的保护)。在一个商标申请案件中,因为有在先的“the other white meat”,商标上诉委员会拒绝“the other red meat”的注册。而纽约南区地方法院则认为“Miss Asia USA”不构成对“MISS USA”的淡化。

关于由玷污造成的淡化，第六巡回上诉法院在 Victoria's Secret 案中指出，证明玷污的标准是有可能造成玷污而非实际的玷污，如果在后商标使用在跟性有关的商品上，法院会推定有玷污在先商标的可能性，该推定是可推翻的，此时举证责任转移至被告，由其证明没有玷污的可能性。但 Starbucks 案中，第二巡回上诉法院指出，如果只是一般性的有负面意义（negative sounding），并不能构成上述推定。

关于合理使用抗辩问题，第四巡回上诉法院在 LV 诉宠物咀嚼玩具生产商在其商品上使用"Chewy Vuitton"、"CV"案中，认为，虽然滑稽模仿是法定的合理使用抗辩，但当被告用其来指示自己商品来源时就不再适用，但在考虑相关因素时，尤其对最后两项因素：是否有意图引起两标识之间的联系以及两标识之间真实的联系，要考虑滑稽模仿的性质。

Alexander 介绍了欧洲对驰名商标保护的最新发展。不同于美国，淡化是商标侵权的一种类型，而且对于类似商品同样适用。在 Pago 案中，法院明确"共同体商标必须在共同体区域内的实质性部分（substantial part）为一个重要部分的公众所知"，有时在一个成员国内的知名度就足够了。在 Formula 1 案中，OHIM 认为商标的知名度仅限于其特定的设计，不能扩展至普通书写方式的该标识。Intel 案中，要证明对商标的显著特征的损害，必须证明"普通消费者的经济行为的改变或者将来会发生改变的严重可能性"。当然有认为对于 Intel 案不能过于严格地解读，问题的关键在于考虑到案件的整体情况，这种损害是可以预见的（foreseeable）。在另外一个著名的 L' Oreal v. Bellure（2009）案中，欧洲法院提出了"被告获取不正当利益"（take unfair advantage）的说法，不要求原告证明对其有损害。该案中，原告生产若干著名的昂贵的香水，被告生产"闻起来差不多"（smell a－like）的廉价香水，包装也与原告的相对应香水类似（但消费者能够区分），并通过比较清单说明其与原告哪款香水香味类似，比如"Pink Wonder"相对于原告的"Miracle"。欧洲法院裁决中强调：如果他人搭一个知名品牌的便车，目的是从该标识对于消费者的吸引力和声望中获利，并利用了商标所有人为创造和维持该标识形象而付出的努力，而没有付出任何经济补偿，其就是从该商标的显著特征以及声誉中获取了不正当的利益，构成欧盟商标指令第 5 条之（2）的侵权，而不要求证明混淆的可能性以及对原告商标显著特征或者对原告的损害。这一裁决显然对于商标权人十分有利，但也引发了许多争议。比如，笔者就看到有评论说这一裁决赋予了"声誉"类似财产权的绝对地位，是一个"令人感到压抑的判决"（depressing）。目前，欧洲法院还有一个在审案件 Interflora v. Marks & Spencer，大家期待该案判决能够澄清这一问题。

2. 与互联网有关的商标问题

Santa Clara 大学法学院的 Eric Goldman 教授介绍了与关键词广告及域名有关的内容。与关键词广告有关的案件中，有商标权人起诉搜索引擎的，比如 Google 为被告的有 5 个正在审理的案件，正处在上诉阶段的 Rescuecom 案 Google 基本胜诉，地区法院认为其没有构成间接侵权，没有造成商标淡化。商标权人起诉广告主的案件非常多，在 3 个陪审团审理的案子中，商标权人均败诉，简易判决(summary judgment)的案件中,关于消费者混淆的问题,广告主有输有赢。这些案件从纯经济角度对于商标权人意义不大。

Google 关键词广告在美国采取如下的商标政策:不屏蔽有商标权的关键字,对于广告中涉及商标的,如果商标权人要求屏蔽,一般进行屏蔽,但下列情况例外:描述性使用或者对于通用词语的使用;转售商;零部件、替代件以及兼容物品的销售商;提供信息的网站。

关于初始兴趣混淆方面,Brookfield 案中定义为"被告故意使用原告的商标以获取消费者的最初注意,即使这个混淆未造成实际的销售",但在 Network Automation 案中,法院认为原告还必须证明混淆的可能性,单纯的转向(diversion)是不够的。已经不像最初那样有利于原告的。

在商标间接侵权方面,Cooley 律师事务所的律师介绍了一些典型案例。如 Tiffany v. eBay 案,涉及网上交易平台对于销售假冒产品的责任问题。纽约南区地方法院认为 eBay 已经采取了合理的措施来阻止假冒产品的销售,仅仅大致知道可能有部分用户销售假冒产品并不足以使 eBay 承担责任,第二巡回上诉法院同样认为,eBay 既不构成直接侵权,亦不构成间接侵权。其他可能涉及间接责任的主体,如 Rosetta Stone v. Google,涉及搜索引擎在关键词广告中的责任问题;Gucci v. Frontline Processing 案,涉及信用卡支付服务的责任问题;Louis Vuitton v. Akanoc Solutions 案,涉及为假冒厂商提供主机服务的责任问题;Transamerica Corp v. Moniker Online Services 案,涉及域名注册商的责任;Roger Cleveland Golf v. Prince 案,涉及网页设计者的责任。

三、美国专利法基本法律制度和司法执法情况

(一)美国专利法改革的基本情况

2011 年 1 月 25 日,参议员 Leahy 以及其他九人提交了美国 2011 年专利法修改案(以下简称修改案),其内容主要包括:

1. 由先发明制(first - to - invent)改为先申请制(first - to - File)

修改案试图将美国的专利申请制度由目前的先发明制改为先申请制。在先申请制下,对每一项专利申请都将确定一个有效申请日,并基于该申请日之前的现有技术对专利以及专利申请的专利性进行审查。在引入先申请制的同时,原有的一年宽限期(grace period)仍将予以保留,但是,宽限期仅适用于发明人自己公开以及源于发明人的公开。

2. 赔偿金以及惩罚性赔偿金(Enhanced Damages)

关于赔偿金的计算,修改案试图增加有关法官在审理案件中的赔偿金问题时的程序性规定以及制约。根据法案要求,法庭应确定与赔偿金计算相关的计算方法以及因素,在当事人提出请求的情况下,法庭应当将赔偿金问题从案件审判中单独拿出来进行审查,除非有拒绝该请求的合理理由,如不存在重大的损害、不构成侵权或者专利权的效力存在问题。

尽管实践中经常讨论到针对故意侵权的惩罚性赔偿金,但是目前的专利法中并未明确限制惩罚性赔偿金仅适用于故意侵权的情形,相反,美国专利法第 284 条简单地规定:"法庭可以增加赔偿金至 3 倍"。在过去的司法实践中, CAFC 的先例将专利法的上述规定解释为仅适用于至少在客观上是不计后果

的鲁莽行为。对此问题，修改案规定如下："除非权利人以清楚并且令人信服的证据证明被诉侵权人的行为是客观上不计后果的，否则不能认定侵权行为是故意的。也就是说，侵权人的行为客观上具有侵犯一项有效专利权的高度可能性，并且被诉侵权人知道该风险，或者该风险如此明显以至于被诉侵权人应当知晓，但被诉侵权人仍然实施该行为。"

关于故意侵权的证明，修改案规定，对于故意侵权的指控必须提供充分的证据，仅仅证明对专利权的知晓，并不足以证明故意侵权；诉讼前的侵权通知本身也不足以证明故意侵权，除非该通知事实上对侵权予以了详细说明；未能听取律师的建议不可用于证明故意侵权或者故意诱导侵权。

3. 针对专利权效力的第三方异议程序(Third – Party Challenges to Patent Rights)

修改案一共规定了三项有关第三方通过美国专利商标局(USPTO)对专利权提出挑战的途径：(1)授权前的第三方递交程序。根据修改案，在一项专利申请过程中，第三方可以向专利局提交任何公开出版物以及相应的说明。(2)授权后的第三方复审程序。与已有的复审程序类似，修改案引入的单方复审程序也可以由任何当事人启动。第三方通过该程序，可针对至少一项权利要求的有效性提出任何法律上的挑战。复审请求必须在授权后的九个月内提出。(3)双方复审程序(Inter Parties Review Proceedings)：在九个月的单方复审期限届满后，第三方可提起。该项制度将取代目前的双方复审程序(inter parties reexamination)，但仅适用于以在先专利或者公开出版物为依据，对专利权的新颖性或者显而易见性提出的挑战。

4. 标记错误(False Marking)

近年来，许多有关专利标记错误的案件被诉至法院，修改案就此规定，仅有美国政府，或者能够证明损害竞争的竞争者，可以就标记错误提起诉讼。

5. 最佳实施例(Best Mode)

修改案规定，不能以未能提供最佳实施例为由主张一项专利权无效。但发明人仍然有义务提供实现发明的最佳实施例，专利局也仍然有义务就专利申请是否符合最佳实施例的要求进行审查。

在2011年专利法修改案被提交至国会之前，已有2009年专利法修改案、2010年专利法修改案先后被提交至国会，相较于在先的两份修改案，2011年专利法修改案的内容更多的是具体内容上的技术性调整，整体框架上并没有太大的实质性改变。

(二)近年来美国最高法院、CAFC以及联邦地区法院审理专利案件的基本情况

1. 美国最高法院近年来的典型专利案件及动向

自2000年以来，美国最高法院积极介入专利领域，通过多起重大案件的审理就一些专利法领域的重大问题予以澄清，这些案例主要包括：(1)2002年关于等同原则以及禁止反悔原则的FESTO CORPORATION, PETITIONER v. SHOKETSU KINZOKU KOGYO KABUSHIKI CO., LTD., ET AL案；(2)2006年关于永久禁令的eBay Inc v. MercExchange, L. L. C., 547 U. S. 388案；(3)2007年关于显而易见性的KSR Int'l Co. v. Teleflex, Inc., 550 U. S. 398案；(4)2010年关于商业方法、软件的可专利性的Bilski v. Kappos案；

(5)2011年关于专利权的有效性推定以及专利权效力的举证责任和证明标准的 MICROSOFT CORP. v. I4I LIMITED PARTNERSHIP ET AL. 案。除上述案件外,美国最高法院目前正在审理的涉及专利法的重要案件还包括:(1)关于故意侵权和间接侵权的 Global – Tech Appliances, Inc. v. SEB S. A 案;(2)关于权利要求的不确定性的 Applera Corp. v. Enzo Biochem, Inc. 案。

根据斯坦福大学法学院 Mei Gechlik 进行的研究,从 1999 年至 2008 年,CAFC 审理的全部案件中,仅有 0.058% 的案件被美国最高法院再次审查,该比例在全部的 13 个巡回上诉法院中是最低的。但是,在全部的 30 件案件中,美国最高法院撤销了(reversed)其中的 18 件,发回(vacated)了 7 件,仅维持了 5 件,其撤销以及发回的比例高达 83.3%,在全部的 13 个法院中是最高的(应当指出的是,即使是最低的第七巡回上诉法院,其撤销以及发回的比例亦高达 55.3%)。在 1999 年至 2010 年期间,美国最高法院重新审查了 14 件涉及专利的案件,撤销了其中的 12 件,撤销的比例为 85.7%。1982 年至 2010 年期间,先前的 15 年内(1982 ~ 1997 年)最高法院仅审查了 5 件专利案件,而最近的十年(2000 ~ 2010 年)间,最高法院则一共审查了 13 件专利案件。无论是从案件的数量还是从案件涉及的法律问题来看,美国最高法院近年来明显加大了对专利案件的重视程度,美国最高法院通过一系列重大案件的判决,正在对美国的专利政策进行深刻的调整,以更好地适应美国社会、经济、科技发展的需要。

2. CAFC 近年来的典型案例

近年来,CAFC 也相继作出一系列重要的判决,对专利法领域的若干重大问题予以了澄清,这些案例包括:(1)2010 年关于专利权授权实质性要件中的书面说明(Written Description)以及充分公开(Enablement)的 Ariad v. Lilly, 598 F. 3d 1336 案。CAFC 在该案中明确,美国专利法第 112 条中有关书面说明与充分公开的标准是不同的,一项专利必须同时满足这两个方面的要求。(2)2011 年 5 月 25 日判决的有关因不当行为(inequitable conduct)导致专利权不可实施(unenforceable)的 THERASENSE, INC. v. BECTON 案。(3)2010 年判决的涉及美国专利法第 271(b)条有关积极诱导侵权(active inducement)的 SEB v. Montgomery Ward & Co., 594 F. 3d 1360 案。(4)分别于 2009 年、2011 年判决的有关损害赔偿的 Lucent Techs., Inc. v. Gateway, Inc., 580 F. 3d 1301 案以及 Uniloc USA, Inc. v. Microsoft Corp., 632 F. 3d 1292 案。(5)2007 年判决的有关故意侵权的 *in re* Seagate Tech., L. L. C., 497 F. 3d 1360, 1365 案。

3. 联邦地区法院审判专利案件的基本情况

相对而言,美国专利诉讼案件的数量在联邦地区法院审理的诉讼案件中,只占非常小的比例。例如,2008 年,在美国联邦地区法院提起的专利诉讼只有 2896 件,而同一时期在美国联邦地区法院提起的诉讼案件总数为 267,257 件,专利案件所占的比重仅为 1%。从 2002 年至 2010 年,在联邦地区法院提起的专利诉讼均在 2500 件至 3000 件之间,其中 2004、2010 年的案件数量略微超过 3000 件,案件数量总体保持相对稳定。

从案件分布来看,联邦地区法院受理的

专利案件分布十分不均，主要集中在相对集中的几个区域，有些联邦地区法院只有很少数量的案件，而有些法院甚至没有案件。在受理专利案件最多的3个联邦地区法院中，有两个位于经济较为发达、技术创新程度高、高科技企业集中的加州（C. D. CA 以及 N. D. CA）地区法院，另外一个则是以亲专利权人著称、备受权利人青睐的德州东区法院（E. D. Texas）。

4. 美国专利审判目前存在的一些问题

虽然美国最高法院以及CAFC在专利法统一执法方面付出了巨大的努力，但是从美国目前的专利审判实践来看，仍然存在一系列的问题，主要表现在：

（1）审判尺度差异较大、挑选法庭（Forum shopping）现象客观存在。由于审判标准并不统一，法庭对于专利权人的态度相差较大，因此，专利权人往往会选择有利于权利人的法院提起诉讼。例如，德州东区法院审理的专利案件中，专利权人胜诉的比例明显高于其他法院（2010年为55.1%，而在胜诉率最低的ND. GA法院，专利权人的胜诉率仅为11.5%），故该院2010年受理的专利案件的数量居全美第二位，仅次于高科技产业集中的加州中区法院。再者，从赔偿额来看，25个赔偿额最高的判决，有48%出自德州东区法院。

（2）专利诉讼缺乏可预见性。由于在专利诉讼中存在权利要求解释规则不确定、专利权效力容易被推翻、专利权不可执行、赔偿金额难以确定等诸多的不确定因素，因此，当事人对专利诉讼的结果往往缺乏预见性。

（3）专利诉讼效率低下、耗时漫长，费用巨大。证据发现制度是美国民事诉讼程序中的一项重要制度，虽然该制度有利于帮助当事人收集证据，查清案件事实，但很容易被滥用，进而导致效率低下，诉讼周期漫长，耗费巨大，不仅给当事人带来巨大的经济负担和时间成本，更使得双方争议不能得到及时化解，给竞争主体的正常商业活动带来不利影响。从2000年至2010年的统计数据来看，即使是进入庭审时间最短的弗吉尼亚东区法院，进入庭审所需要的平均时间也达到了360天左右，德州东区法院（2010年受理案件数量排名全美第二）平均需要808天，而加州北区法院（2010年受理案件数量排名全美第三）则平均需要1066天。由于耗费巨大，一定程度上也使得当事人更倾向于以和解的方式结案。在2000年至2010年统计的25,000件专利诉讼中，有76%的案件以和解结案，15%的案件下达了判决，在下判的案件中，专利权人胜诉的比例约为32.5%。

（4）由缺乏技术背景的陪审团参与专利案件的审理，增加了案件的不确定性。近年来，更多的专利案件采取陪审团审理，其比例已从20世纪90年代的25%迅速增加至2009年的70%，与法官审理（40%）相比，专利权人在陪审团审理中有更大的可能赢得诉讼（80%），并且陪审团确定的赔偿金的中点（10,900,000美元），也远远高于法官审理确定的赔偿金的中点（700,000美元）。但是，由于陪审团缺乏技术背景和专业知识背景，这使得专利诉讼增加了更多的不可确定性。

（5）知识产权审判专业化有所欠缺。与我国法院采取的设立专门的知识产权庭对专利案件进行审理的模式不同，在美国具有专利案件一审管辖权的联邦地区法院中，法官既要审理专利案件，也要审理其他的民事纠纷案件以及刑事案件。由于案件数量较大,而专利案件所占的比例又很小,因此,至少在联邦地区法院,很难做到知识产权审判的专业化。

(三)美国专利审判实践中值得关注的几个问题

1. 不当行为、专利权滥用及专利权的反垄断规制

"二战"以来,美国始终占据着世界科学技术的前沿,拥有大量核心技术和知识产权,因此,美国在对华关系中,始终高调强调专利权的保护,并不关心甚至担心对知识产权的限制。但美国在专利的授权以及后续的司法保护过程中,并不是片面强调对专利权人的利益保护,而是十分强调专利授权的规范以及对专利权实施的规制,并设立了专利权滥用及其反垄断规制、不当行为原则等一系列具体的制度来防止专利权的滥用,维护正常的市场竞争秩序和创新环境,平衡专利权人与社会公众的利益。

(1)不当行为

不当行为是美国法院在专利审判实践中针对专利侵权行为设立的一项衡平抗辩制度,其理论依据在于普通法中的"不净之手"原则(the doctrine of unclean hands),美国最高法院在 Keystone Driller Co. v. General Excavator Co. 案、Hazel - Atlas Glass Co. v. Hartford - Empire Co. 案、Standard Oil Co. v. United States 案以及 Precision Instruments Manufacturing Co. v. Automotive Maintenance Machinery Co. 等案件中对其进行了阐述。如果专利权人实施了不当行为,即使该专利权是有效的并且侵权行为成立,法庭也可以根据衡平规则确定该专利权不可实施(unenforceable)。

专利申请人在向美国专利商标局(USPTO)申请专利的过程中,如未能履行其坦诚及诚实披露义务,即构成不当行为。根据 USPTO 确立的规则,由于专利权的授予影响到社会公众的利益,因此,在专利申请的审查过程中,只有在 USPTO 知晓并且评估了所有与专利性有关的实质性信息的情况下,方能确保专利审查是最有效率的并且最符合社会公众利益。因此,USPTO 在其实施细则第 56 条(Rule 56)中规定,与专利申请的提交以及审查相关的任何个人,均承担坦诚及诚实披露义务,包括向 USPTO 披露其已知晓的所有对专利性具有实质性影响的信息的义务。司法实践中,不当行为主要包括:未能提交申请人所知晓的实质性的现有技术;未能就外文参考文献提供解释或者未能提交该文献业已存在的全部或者部分译文;错误的事实陈述,包括在涉及专利性的证言中作出虚假陈述;对发明的错误描述。

主张专利权不可实施的当事人(通常是被诉侵权人)承担证明不当行为的举证责任,其必须以清楚并且令人信服的证据(clear and convincing evidence)证明专利权人故意地对信息予以隐瞒或者虚假陈述,并且该信息是实质性的。只要证明申请人就某项权利要求存在不当行为,将导致整个专利权都不可实施。由于专利申请过程中难免存在瑕疵,因此,在美国的专利诉讼中,不当行为是一项非常常见并且有效的侵权抗辩策略。

关于不当行为的最新进展,是 CAFC 在 2011 年 5 月 25 日以全体法官参加的方式判决的 THERASENSE, INC. AND ABBOTT LABORATORIES, v. BECTON, DICKINSON AND COMPANY, AND NOVA BIOMEDICAL

CORPORATION, AND BAYER HEALTHCARE LLC 案。CAFC 在该案中详细描述了不当行为的理论根源、发展历程以及存在的问题,并就不当行为的构成要件以及法律责任予以了详细阐述,其核心观点包括:①在当事人未能向 USPTO 披露现有技术的情况下,该现有技术或者信息必须满足实质性要求,才能认定存在不当行为。其具体标准为,法庭应当确定当事人未能披露的现有技术是否具有实质性影响,即如果专利局知晓该信息,会改变授予专利权的决定;②不当行为的法律责任。作为一项衡平原则,不当行为的基础在于正当公平(fairness),故被诉侵权人基于不当行为获得的救济应当与行为的性质相适应。虽然作为总的原则,在权利人由于其不当行为而获得某项权利要求并导致获得了不公平的利益时,可以使得整个专利(甚至专利族)不可实施。但在司法实践中,仍然应当根据不当行为的性质,确定基于不当行为而可以得到的救济。③实质性要求的例外情形。如果申请人积极地、有意地并有计划地实施某些欺骗专利局的特定行为,例如提交明显错误的誓言,该行为本身即构成错误行为,不再考量该行为涉及的信息是否满足实质性的要求。CAFC 在该案中还指出,USPTO 制定的细则第 56 条不可作为法院认定不当行为的依据。

(2)专利权滥用(patent misuse)

美国的专利权滥用制度可以分别在专利法以及反托拉斯法的制度框架下运行。根据美国专利法,专利权滥用是专利侵权诉讼中被诉侵权人可以主张的一项积极抗辩(affirmative defense)制度,同时,专利权滥用还适用于侵权行为成立时损害赔偿的计算,以及未能支付约定许可费的抗辩。美国专利法司法实践中确立的典型滥用行为包括:①违反反托拉斯法;②对专利权的保护范围或者术语进行不当扩张(improper expansion of the scope or term of the patent);③专利授权以及实施过程中的不当行为(有些情况下被称为“不可克服的专利权滥用”(non - purgeable misuse)。根据美国专利法的规定,专利权人享有排他性的制造、使用或者销售其发明的权利,因此,善意地实施专利并不构成专利权滥用。多数情况下,专利权滥用可以通过停止特定行为并消除其影响的方式予以克服。但是,专利授权过程中的欺诈或者不当行为是不能克服的。

专利权滥用的适用亦存在法定限制,这主要体现在美国专利法第 271(d)条的规定。美国专利法第 271(d)条规定:因专利权人实施以下一个或以上的行为,不可据此认定专利权人实施了不当行为或者非法扩张专利权,或者拒绝给予其因侵权行为或者帮助侵权行为而应当获得的救济:①基于某行为而获得利润,该行为如由第三方未经专利权人同意而实施即构成帮助侵权;②许可或者授权第三方实施某行为,该行为未经专利权人同意而实施即构成帮助侵权;③实施其专利权以对抗侵权行为或者帮助侵权行为;④拒绝许可或者使用专利的任意一项权利;⑤以获得另外一项专利权的许可或者购买另一独立产品为条件,对专利权的许可或者专利产品的销售予以限制,除非根据具体情况,专利权人在相关市场上对被限制许可的专利或者限制销售的专利产品具有市场支配力量。

(3)专利权的反垄断规制

如果专利权的滥用行为符合反托拉斯法中的相关规定,被诉侵权人还可以通过提起反托拉斯诉讼的方式获得民事救济。根据反托拉斯法的规定以及相关判例,在符合垄断行为其他构成要件(如专利权人在相关市场具有市场支配力量)的情况下,如果专利权人存在以下两类情形,可以认定为构成垄断行为:①专利掠夺(Patent Predation),即专利权人在明知专利权将被无效,或者侵权行为明显不成立的情况下,毫无根据地提起专利侵权诉讼。② Walker Process 欺诈(Walker Process Fraud)。Walker Process 欺诈是美国最高法院在 Walker Process Equip., Inc. v. Food Mach. & Chem. Corp., 382 U. S. 172 (1965)案中确立的一项有关专利权反垄断规制的原则,根据最高法院在该案中的意见,如果专利权人实施其通过欺诈 USPTO 而获得的专利权,在符合垄断行为的其他构成要求的情况下,可以以《谢尔曼法》第 2 条为依据判决专利权人承担反垄断民事责任。

2. 等同原则的适用及规制

自 1950 年美国最高法院在 Graver Tank v. Linde Air Products 案中确立等同原则以来,等同原则在美国专利侵权诉讼中的应用就始终处于争议旋涡之中。在适用等同原则的情况下,专利权的保护范围会超出权利要求文字记载的范围,虽然这一方面有利于对专利权进行有效保护,防止其他人以显而易见的方式对专利技术进行改变,轻松逃避专利侵权;但另一方面亦损害了权利要求书的公示作用,一旦使用不当,极易导致专利权的保护范围被过度扩张,损害社会公众的利益。因此,美国法院在审判实践中,始终对等同原则的适用采取十分审慎的态度。

自 1997 年以来,美国最高法院以及 CAFC 通过一系列重要案件的判决,确立了一系列针对等同原则的限制性规则,力求维护专利权人与社会公众之间的利益平衡。这些限制性规则主要包括:(1)全部技术特征原则。美国最高法院在 1997 年的 Warner Jenkison 案中明确,等同原则是指技术特征的等同,而不包括技术方案的整体等同,只有被诉侵权技术方案具有与涉案专利中全部技术特征相同或者等同的技术特征,才可以认定等同侵权成立。对此问题,CAFC 在 2007 年的 Freedman Seating, 420 F. 3d 1350, 1358 案中进一步指出,如果被诉侵权产品有效地改变或者省略了专利权利要求中的一项技术特征,则被诉侵权产品不能被认为构成等同侵权。(2)审查历史禁止反悔原则。美国最高法院在 2002 年的 FESTO 案中明确,申请人如果在审批历史中修改权利要求,应推定为是为了获得专利而进行的修改,根据禁止反悔原则,对该修改的技术特征应排除等同原则的适用。禁止反悔原则不仅适用于为了避开现有技术所做的修改,也包括任何与专利授权相关的修改。美国最高法院在 FESTO 案中纠正了 CAFC 在二审中采取的完全排除规则(completely bar),而确立了一个相对灵活,更有利于权利人的弹性排除规则(flexible bar)。根据弹性排除规则,禁止反悔的适用存在以下三种例外:(1)本领域普通技术人员在修改时无法合理地预见到该等同特征,因此无法将该特征写入权利要求的文字保护范围内;(2)修改的原因与等同特征并不相关;(3)由于其他的原因,导致权利人无法对该非实质性的变化进行描述。2007 年,CAFC 在 SciMed Life Sys., 242 F. 3d 1337, 1347 案中进一步指出,不能将申请过程中明确放弃的主题,重新纳入专利权的保护范围。不得覆盖现有技术原则。CAFC 在 1990 年的 Wilson Sporting Goods, 904 F. 2d 677, 683 - 84 案中指出,权利人不能通过等同原则的使用,将现有技术纳入专利权的保护范围。捐献原则(Public Dedication Rule)。CAFC 在 2002 年的 Johnson & Johnston v. R. E. Service, 285 F. 3d 1046 案中指出,对于权利人在说明书中披露但没有纳入权利要求的技术方案,不能适用等同原则来认定侵权。

在专利权的审查过程中,由于权利人一开始很难撰写出完全符合授权标准的申请文件,因此经常需要对权利要求和说明书进行修改完善,或者就专利权的可专利性陈述意见。虽然 FESTO 案中明确了禁止反悔的三项例外情形,但由于所述例外的适用条件都很苛刻,因此,从 FESTO 案确立的禁止反悔弹性排除规则来看,等同原则在专利侵权诉讼中的适用受到了严格的限制。再加上全部技术特征规则、捐献规则以及不得覆盖现有技术规则,等同原则的适用空间已经非常小了。因此,美国专利界甚至有人发出"等同原则已经死掉"的感叹。等同原则所受到的限制,在数据统计上也得到了印证。根据 Mark Lemley 教授和 John R. Allison 所做的研究,在对 1999 年 5 月 28 日至 2005 年 8 月 31 日之间判决的涉及等同原则的 413 件案件(CAFC 判决 196 件,地区法院判决 217 件)进行分析的基础上,得出如下结论:(1)专利权人仅赢得了其中的 99 件案件,胜诉率为 24%。其中在 CAFC 胜诉 33 件,胜诉率 16.8%;地区法院胜诉 66 件,胜诉率为 30.6%。(2)一共有 156 件案件涉及禁止反悔原则,专利权人赢得了其中的 42 件,胜诉率为 26.9%。(3)共有 151 件案件涉及全部技术特征规则,专利权人赢得了其中的 27 件,胜诉率为 17.9%。(4)共有 12 件案件涉及捐献规则,专利权人胜诉 3 件,胜诉率为 25%。(5)共有 75 件案件涉及功能性限定技术特征的等同,专利权人胜诉 4 件,胜诉率为 5.3%。

3. 美国专利授权后行政程序及存在的主要问题

根据美国现行的专利法,在专利权授权后,第三方既可以在侵权诉讼中针对专利权的效力提出挑战,也可以通过在美国专利商标局(USPTO)启动单方复审程序或者双方复审程序,对专利权的效力提出挑战。这与在我国仅能由专利复审委员会对专利权的效力进行审查并作出决定的制度设计存在很大不同。

美国的单方复审程序创立于 1980 年,现行的单方复审程序系根据美国 1999 年的美国发明人保护法(The American Inventor Protection Act of 1999)建立。从 1980 年至 2009 年 6 月 30 日,共受理单方复审案件 10,066 件(其中权利人自行提起 36%,第三方提起 62%),2008 年受理案件约 160 余件。现行的双方复审程序同样系根据美国 1999 年的美国发明人保护法建立,截至 2009 年 6 月 30 日,USPTO 共受案 583 件(年均 58 件)。

目前而言,美国的单方复审程序以及双方复审程序的运行并不顺畅,不仅受理案件数量相对较少,而且在实践中还存在很多问题,其中最为突出的就是耗时漫长。以 2010 年审结的案件为样本,在美国专利商标局进行的单方复审程序平均耗时约 25.1 个月,双方复审程序耗费的平均时间超过了 3 年(36 个月)。在申诉至美国专利商标局的 BPAI (Board of Patent Appeals and Interferences)后,单方复审程序的平均审查时间为4.7年(1.8~11.1年),双方复审程序的平均审查时间为4.7年(2.4~7.9年)[①]。从2005年3月至今,一共有56件单方复审程序案件上诉至CAFC,CAFC审理所述案件的平均时间为15个月。截至2009年10月,仅有5件双方复审案件上诉至CAFC。2009年,CAFC撤销了13%的案件。

从审理结果来看,近年来美国专利商标局的专利授权质量并不高,许多已授权专利都存在或多或少的实质性缺陷,很容易被宣告无效,专利权的效力极不稳定。根据斯坦福大学法学院Mei Gechlik进行的研究,在美国专利商标局进行的授权后单方复审程序中,约有64%的专利在修改权利要求后得以维持,11%的专利的权利要求被全部无效,仅有25%的专利权的全部权利要求得以维持。在双方复审程序中,约有60%的专利权的全部权利要求被宣告无效,35%的专利在修改权利要求后得以维持,仅有5%的专利的全部权利要求得以维持。

(四)体会和建议

1. 加强对美国专利立法、司法实践的跟踪研究

当今世界,科技发展日新月异,国际竞争愈加激烈,科技创新、知识产权对于企业、产业乃至国家的发展都更加具有决定性的作用,美国及其国内企业在国际贸易以及国际竞争中也愈加依赖于知识产权保护来维护其竞争优势。从近年来美国的专利立法和司法实践看,美国国会和最高法院对于专利法施以了前所未有的高度关注。最高法院近年来的一系列判决,均涉及美国专利法中一些非常重大的制度性问题,这些案例对美国专利法的立法基础乃至执法理念都带来了深远的影响。美国最高法院似乎正推动着美国专利制度进入一场深刻的变革之中。

近年来,我国的专利事业取得了长足的进步,专利申请以及授权数量大幅增长,社会创新意识以及专利保护水平明显提高,专利制度对经济发展的推动作用日益显著,但是,专利制度运行中存在的一些问题也逐渐暴露。建议进一步加强对美国专利立法和司法实践的跟踪和研究,不断适应我国经济发展、科学技术进步带来的变化,适时调整专利政策,营造更为公平、高效、有利于自主创新的法制环境。

2. 加强对美国专利法中有关专利权规制相关制度的学习和借鉴

对美国专利法中有关专利权规制的制度设计进行深入分析和研究,对于我国进一步完善专利申请和保护制度,遏制专利申请过程中的不诚信行为,遏制专利权滥用,防止专利权滥用对自主创新带来负面影响,具有重要意义。

应当指出的是,不当行为原则之所以在美国专利侵权诉讼中能够得到广泛应用,实质上依赖于其整个法律体系中其他法律制度,尤其是证据发现制度的配合和保障。在一起侵权诉讼中,被诉侵权人能够通过证据发现制度,要求专利权人提供专利申请过程中的相关文件,从而能够对专利申请过程进行深度分析和发掘,有机会发现专利申请过程中可能存在的问题。

3. 关于专利权的有效性推定

专利权的有效性推定是指一项专利权在

① 2010年案件情况。

未经法定程序宣告无效前，应当推定该专利权合法有效，有效性推定是对专利权予以司法保护的基础之所在。但是，从美国的经验来看，随着专利申请量的大幅度增长以及专利技术复杂程度的提高，专利局在专利审查方面显得越来越力不从心，即使是所有的专利在授权前均经过了实质性审查，但是在侵权诉讼中以及USPTO的授权后行政程序中，仍然有相当比例的专利权被宣告无效，或者必须重新修改才能被维持。

目前而言，专利权有效性推定在美国正处于巨大争议之中，美国最高法院近来在MICROSOFT CORP. v. I4I LIMITED PARTNERSHIP ET AL. 案中就专利权有效性推定阐述的意见，值得我们认真研究。此外，由于我国专利司法保护中大量涉及的是实用新型专利以及外观设计专利，因此，从我国的基本国情出发，亦有必要进一步加强对专利权有效性推定问题的研究，有效遏制专利权滥用行为对正常的市场竞争秩序带来的负面影响，确保专利制度真正起到保护创新、激励创新的作用。

（执笔人：秦元明、杜微科、董晓敏）

美国网络著作权保护领域的新发展

应美国商会（US Chamber of Commerce）的邀请，经最高人民法院批准，最高人民法院组成考察团于2011年9月18～24日在美国进行了为期六天的交流考察。现将交流考察情况报告如下：

一、交流考察的背景、目的和主要行程

最高人民法院一直关注网络环境下著作权保护的问题。2009年，最高人民法院知识产权审判庭专门成立了“网络环境下的著作权司法保护”课题组对有关问题进行调研，并于2011年年初完成了最高人民法院相关重点调研课题的报告，已经取得阶段性研究成果，有关审理网络著作权纠纷案件的司法解释也正在起草之中。

网络著作权的保护也是全球面对共同话题。为了进一步做好充分的调研，切实解决司法解释所关注的重点问题，进一步深入了解美国关于网络著作权保护案例的相关情况，在美商会的多次邀请下，最高人民法院派团赴美就网络著作权问题及其他知识产权问题进行考察。

此次考察的主要目的是了解美国网络著作权保护的最新发展和动态，理论界、权利人和产业界的新呼声，尤其是司法判例的新走向及其引起的社会评价；了解司法在推动网络著作权保护和互联网产业发展中扮演的角色、发挥的作用；了解美国法院平衡互联网产业与权利人权利之间利益关系的方式；了解互联网行业的新发展，包括技术和商业模式的新发展；了解权利人与互联网行业合作的新情况、新动向等。

鉴于本次考察时间短，为在短时间内使

考察取得较好的成效,考察团选取洛杉矶和纽约两个城市作为考察内容的工作中心。洛杉矶是美国电影、电视、音乐制作业的中心,迪斯尼、华纳、21世纪福克斯、环球音乐等相关产业的龙头企业均聚集于此;纽约则是美国网络著作权司法实践最为丰富和理论研究最为深入的地区之一,纽约南区法院、第二巡回上诉法院、福特汉姆大学均在此地。

首先,考察团在洛杉矶进行了为期两天的调研:参观了迪斯尼公司和华纳兄弟公司的片场,会见了环球音乐公司的代表,与美国电影电视产业联合会举行了圆桌会议,并会见了美国联邦检察官办公室负责知识产权相关案件的检察官,了解影视、音乐相关产业的技术状况、经营模式及网络著作权的刑事保护问题。

此后,考察团前往纽约进行了为期两天的考察:会见了第二巡回上诉法庭的陈卓光法官以及福特汉姆大学的汉森教授,就美国网络著作权保护的立法进展、最新判例、理论界和实务界的相关研究等问题进行了交流;与美国出版业联合会和美国反网络视频盗版联盟分别举行了圆桌会议,并与福特汉姆大学时尚法研究会就时尚设计的知识产权保护问题进行了探讨。

二、美国网络著作权领域发展动态

(一)美国网络著作权领域的最新发展动态概述

1. 立法新发展

通常情况下,美国国会并不会在知识产权相关问题的立法上采取主动,著作权立法也不例外。近年来,美国的网络著作权立法仍无重大的新发展。

2. 司法新发展

尽管美国著作权制定法前进的步履缓慢如故,但判例法的不断丰富却日益显著。对于层出不穷的新问题,不同的法官有着不同的思考,也作出了不同的司法探索,从而使得网络著作权的司法保护在众说纷纭的同时亦颇具生机和活力。其中,具有代表性的新判例有:

纽约南部地区法院于2011年8月22日判决的Capitol Records诉MP3tunes案。该案法官对MP3tunes的大部分行为给予了安全港保护。

纽约南部地区法院于2011年5月2日判决的Arista Records诉Lime Group案,又称"石灰线案"。该案法官裁定P2P软件经销商进行了有目的性的行为,该行为帮助了侵权。

于2011年5月判决的Global - Tech Appliances, Inc. 诉SEB S. A. 案。该案法官将刑法中的故意忽视或故意视而不见引入著作权侵权领域,认定故意忽视(Willful Blindness)构成实际知道(Actual Knowledge)。值得注意的是,尽管相关概念来源于刑法,但证明规则还是民法的证据原则(Beyond Reasonable Doubt)。

加利福尼亚南部地区法院于2010年5月18日判决的Perfect 10诉RapidShare案。该案法官认为RapidShare并未对储存在其服务器上的数据提供任何类型的索引服务,从而在事实上否认了诉前禁令成功的可能性。

纽约南部地区法院于2010年判决的Viacom诉YouTube案。该案法官认定YouTube符合DMCA避风港的相关要求。目前该案在第二巡回上诉法院上诉中。

加利福尼亚中心地区法院于2009年判

决的 UMG Recordings 诉 Veoh 案。该案法官提出了广义的安全港保护理念。目前该案在第九巡回上诉法院上诉中。

加利福尼亚中心地区法院于 2009 年 12 月 21 日判决的 Columbia Pictures Indus. 诉 Fung 案。该案法官判定 bit - torrent 因“引诱责任非常明显”而不受安全港保护。目前该案在第九巡回上诉法院上诉中。

3. 理论新发展

学界对网络著作权的关注尤盛。

20 世纪 90 年代中期以前,学界的主导性观点是对著作权予以高度保护。在这一阶段,合理使用仅作为有限的积极抗辩。

但自 20 世纪 90 年代中期至今,学者们对作者权益保护的关注越来越少,甚至仅欲对著作权进行低限度的保护,而将目光聚焦在促进科技发展和便利公众对作品的自由使用上。学者们意欲建立一种“开放式著作权”体系,在该体系下,合理使用被扩张解释为一种使用作品的权利,而不仅仅是阻却侵权的抗辩事由。虽然这一思潮的响应者颇多,但经济危机的发生从客观上阻滞了“开放式著作权”的进程。这些倾向于科技进步、产业发展的学者被称为“左派”。

各知名学者也都坦言,美国学界对立法和司法的影响都甚为微小。就目前的状况而言,学界影响力发挥的唯一途径似乎也只能有待于将来这些学者们的学生们步入立法和司法的核心岗位后,在实践中贯彻其导师的思想。

(二)美国司法在推动网络著作权保护和互联网产业发展中所扮演的角色

新的互联网技术和新的互联网商业模式带来的种种问题,不断催生着里程碑式的判例。这些判例在就个案定分止争的同时也厘清了法律关系,划定了权利边界,确立了平衡标准。总的来说,美国法院是支持有益于公众的新技术的发展的,也给予这些新技术的创造者和运营者以一定的生存空间。美国法院的这一态度主要体现在以下两个方面:

第一,直接对新技术予以著作权保护。例如,美国法院直接认定计算机程序受著作权法保护。这方面的代表性判例是第三巡回上诉法院于 1986 年判处的 Whelan Associates, Inc. 诉 Jaslow Dental Lab., Inc. 一案。

第二,对新技术本身不予著作权保护,而是通过减弱对应用于新技术产品的作品的著作权保护力度来支持新技术的发展。代表性判例有:1974 年,通过减弱对广播电视作品的著作权保护力度来促进有线电视技术发展的 Fortnight Corp. 诉 United Artists 案和 Teleprompter Corp. 诉 CBS 案,以及 1984 年,通过减弱对电视作品的著作权保护力度来为录像机产业预留生存空间的 Sony Corp. of America 诉 Universal City Studios, Inc. 案。

(三)美国司法在网络著作权领域所作的利益平衡

立法上,美国 DMCA 做出了避风港的制度设计,以便为技术和产业的发展预留空间;司法中,亦如前文所述,对有益于公众的新技术美国法院是予以支持的,在具体判例中也会给予这些新技术的创造者和运营者以一定的生存空间。

但值得注意的是,对新技术发展的司法支持亦有其度,当新技术所带来的新收入对著作权行业的收入构成威胁时,利益平衡的天平会重新偏向著作权保护。体现这一思路的典型判例就是著名的 Metro - Goldwyn - Mayer Studios Inc. 诉 Grokster 案。该案中,当在现有的著作权法体系中不能找到相应规定予以归责的时候,法院甚至借用了专利法关于“引诱侵权”的概念来让网络服务提供商承担责任。其实早在 1931 年的 Buck 诉 Jewell - LaSalle Realty Co. 案中,这一利益平衡偏向反转的思路就已初步形成了。目前,著作权行业的收入占到美国整个经济收入的比重越来越大,并逐渐成为不可或缺的主要经济支撑点,故对权利人保护的加强和对技术仅予有度保护的理念越发彰显出来。

一直以来,在美国,法院都是知识产权法的政策制定者。在案例中,很难发现法院对国会意志的服从。例如,在 1991 年第二巡回上诉法院判决的 Childress 诉 Taylor 案中,判决对合作作品的定义就遵从了相关产业的行业惯例而非国会所给出的定义。所以,对于美国在网络著作权领域利益平衡上的态度的把握,仍应着眼于司法。

值得注意的是,在司法体系内部,美国各级各类法院对互联网产业和著作权权利人的平衡也不尽一致。第二和第九巡回上诉法院、纽约南区法院和加州北区法院在很多问题上都观点迥异。

(四)网络转播技术的新发展、相关法律问题及最新判例

1. 网络转播技术的新发展

网络转播技术发展迅猛,从单播(Unicast)到点对点(P2P)再到现场直播(Lifecasting)的发展历程不过数年。

单播(Unicast)是网络转播的最初形态,通过中央服务器单向地向终端用户传送信号。这一传播形式的缺点是受带宽限制很大,只要带宽不够大就无法达到预期效果。

点对点转播(P2Pcast)是一种广泛运用的技术形式,它是将中央服务器和各终端用户的电脑进行网状连接,甚至在没有中央服务器的情况下仅对各终端电脑进行网状连接,被连接的各端互为服务器以使传输加速。点对点转播就是使用 P2P 技术进行的网络转播,它不再受带宽的限制,速度更快画面更流畅。这一技术的应用扩大了网络转播的受众范围,提高了转播质量。

现场直播(Lifecasting)是现在最新的网络转播技术,它不需要任何特殊软件,仅需在个人电脑上装配电视连接线、电视调谐卡(TV tuner card),并接入互联网即可。用户可以直接将通过网络接收到的电视信号,经网络转播网站对外转播。转播节目和直播的电视节目之间的时间差仅为 15 秒。

2. 网络转播相关法律问题及最新判例

侵权转播电视节目,尤其是体育赛事所涉及的法律问题与一般的侵权网络传播问题相比,特点鲜明:首先,这类节目,尤其是体育赛事,其价值就在于现场直播,一旦比赛结束,节目价值即刻锐减;其次,节目时间短,打击盗版难度大,无论是事后打击还是请求临时禁令都难以有效阻止侵权;最后,很难明确精准的视频流量和观众人数,从而难以确定具体损失数额。

美国各大体育组织和影视公司都投入大量资源用以打击盗版,保护转播。其所采取的基本措施包括:每天进行实时监控、移除侵权节目、切断侵权视频流、直接与盗版网站对话,以及使用指纹识别技术进行过滤等。当然,诉讼也是其重要的救济途径之一。以下是这一领域的部分最新案例:

(1)Ivi 案

总部设在西雅图的 Ivi 公司在未经授权的情况下,24 小时且全年无休地向全球转播西雅图、洛杉矶、芝加哥和纽约四个城市的 54 套广播电视台的节目,每天转播的电视节目数约为 1000 个。Ivi 公司给予每个用户 30 天的免费试看期,试看期结束后,每月向每个用户收取 4. 95 美元的使用费。

该公司并未向相关权利人支付任何费用,而是每年向美国著作权局支付 100 美元,从而以此标榜自己获得了美国 1976 年著作权法规定的强制许可项下的。

美国 25 家电视台联合控告了 Ivi 公司。2011 年 2 月 22 日,纽约南区法院一审判决支持原告的诉讼请求。但 Ivi 公司不服该判决提起了上诉,现该案正在第二巡回上诉法庭审理中。

纽约南区法院在其批准针对 Ivi 公司的临时禁令中用近 63 页的篇幅详述了其批准禁令的理由,主要包括以下几项:第一,Ivi 公司侵犯 25 家电视台著作权的可能性很大;第二,Ivi 公司的行为对这 25 家电视台造成了无可挽回的损失并有损公益;第三,Ivi 公司关于其享有 1976 年著作权法项下的强制许可之说缺乏依据。

业内普遍认为这一禁令对电视节目的有序直播和转播均有裨益。美国东西部的时差明显,同一节目在东西岸播放时间不一的情况十分普遍。很多节目的西岸播出时间晚于东岸播出时间约四个小时。这一禁令的出台能够有效避免侵权转播对相关节目在西岸广告收益的消极影响;与此同时,也有利于保护授权网络转播商的合法权益。

(2)Filmon 案

Filmon 公司与 Ivi 公司类似,不同之处是该公司原本向用户收取一定的使用费(subscription fee),但后来又转为免费使用。在这一案件中,纽约南区法院直接下达了临时禁令,但因该案法官认为侵权事实非常明显,故仅只做出决定而未陈述理由。

(五)过滤技术的新发展及其对网络著作权侵权责任认定的影响

1. 过滤技术的新发展

美国现有 4 ~ 5 种较为成熟的指纹过滤技术,分别由不同的公司开发运营,互不兼容。这些公司中与中国市场关联度最大的是 Voble 公司,该公司的中国总部设在杭州,目前中国的所有视频分享网站都与该公司合作对用户上传视频进行质问过滤。值得一提的是,Voble 公司除拥有常规的指纹过滤技术外,还能针对网络转播同步进行指纹过滤。

(1)常规指纹过滤技术

在指纹技术发展大规模应用于实践之前,视频分享网站多采用 MD5 码技术对用户上传的视频进行预先筛选。但 MD5 码过滤技术的缺点是,即便只将上传做 1 帧的微小改变,也将导致系统无法识别。

指纹技术克服了这一缺点,能够进行模糊识别,极大地提高了过滤的有效性和准确性。其具体步骤如下:

A. 从正版视频中提取指纹,存入指纹库;

B. 在用户上传视频时对上传视频进行指纹提取;

C. 将上传视频指纹与指纹库中的指纹进行对比,如果匹配,则不允许该视频发布。

(2)网络转播同步指纹过滤技术

鉴于网络转播的特质,不存在预先取样制作样本指纹的可能。故网络转播对指纹过滤技术的要求更高:既要比对精准,筛选有效;又不能耗时过长、延时过久。

现在Voble公司拥有的网络转播同步指纹过滤技术就能做到不延时的同时精准过滤。其具体做法是:

A. 以最新近播出的15秒长的直播视频为样本,提取样本指纹;

B. 于此同时对用户上传的转播视频进行指纹提取;

C. 将两组指纹进行比对,过滤掉侵权视频。

因为网络转播和直播的时间差也恰为15秒左右,所以这一比对过滤流程并不会导致转播延时。

(3)美国指纹过滤技术在中国的运用

2011年起,土豆、优酷等公司开始与Voble公司合作,对用户上传视频进行指纹过滤,反盗版成效显著,受到美国各大电影电视公司的一致好评。

Voble公司为CBS公司所做的统计显示,CBS被盗播的电影电视作品中,经优酷网播出的不到1%,经土豆网和56网播出的分别为1%。这一数据远低于YouTube的9%、Pandora的3%,以及Megavideo的86%。而在指纹过滤技术使用之前,优酷网、土豆网和56网的盗播作品占CBS全部盗播作品的百分比分别是1.1%、17.5%和9.4%。

2. 过滤技术的发展对网络著作权侵权责任认定的影响

过滤技术的迅猛发展,事实上加重了网络服务提供商的注意义务。法院不仅对于使用过滤技术事先防范网络侵权的行为予以肯定,也判决认定不使用任何过滤技术的行为会产生消极效果。

在纽约南部地区法院2010年判决的Viacom int'l Inc. 诉YouTube案中,YouTube即因使用名为Audible Magic的指纹过滤工具对用户上传视频进行过滤而被判免除间接侵权责任。而在2011年纽约南部地区法院判决的Arista Records LLC诉Lime Group LLC案中,法官也明确指出“可供被告选择的有:基于hash的过滤技术、声音指纹技术、基于其他数字元数据的过滤技术或者对共享程序使用者的大力教育。”“但证据显示被告并未实施任何意义上的技术壁垒和设计选择来减少由文件共享程序造成的侵权”。

在其他类型的互联网侵权案件中,过滤技术也受到肯定。例如2011年8月23日,加利福尼亚北部地区法院判决的Holomaxx诉Microsoft和Holomaxx诉Yahoo垃圾邮件侵权案件中,制作和使用过滤程序也被作为免除间接侵权责任的事由。

(六)互联网企业与权利人合作的新情况、新动向

互联网企业和权利人的良性合作既能使互联网企业得到充足的合法内容源,又能为权利人传播作品、获取收益提供进路,还能便利公众欣赏作品,一举多得,多方共赢。

美国的互联网企业与权利人在以下领域的合作有了进一步的发展:

1. 视频网站与权利人的合作——基本形成了指纹过滤的流程合作和成本分担机制

指纹过滤技术在盗版网络传播的事前预防上成效卓著。但在这一技术产生之初,稀少的样本指纹存量和高昂的运营成本负担,

使之难以发挥实效，究其原因乃在于：一方面，权利人对保护自身作品的考虑，都不愿向互联网企业提供正版样片，而互联网企业又苦于没有样片无法制作样本指纹而难以进行有效过滤；另一方面，指纹过滤技术本身价格高昂，与此同时，过滤的过程中所需占用的服务器空间大，配套服务器的购买和维护费用高，导致整体运营成本也异常高昂。

经过长时间的磋商和磨合，这一问题得到了基本解决。目前，业界普遍采用的做法是：

权利人将正版样片交给指纹过滤技术提供商，由其负责提取指纹并建立样本指纹库。互联网企业在购买指纹过滤技术的时候也捆绑购买指纹库，并由指纹过滤技术提供商负责样本指纹库的更新。样本指纹的制作费用由权利人承担，指纹过滤技术的购买费用和指纹过滤的运营费用由互联网企业承担。

这一分工合作和成本分摊方式的优势在于：第一，避免了互联网企业对正版样片的直接接触，激发了权利人提供样片制作样本指纹的积极性；第二，有效地分摊了成本，使这一技术有了经济上的可行性；第三，促进了指纹过滤技术产业的萌生和发展，使之成为新的经济增长点。

目前，中国的视频分享网站也多遵循这一机制与权利人和指纹过滤技术提供商进行合作，只是在使用自有服务器自行负责运营，还是租用指纹过滤技术提供商的服务器由其代为运营上有所差别。土豆网属于前者，优酷则属于后者。

2. 音乐权利人与网络服务商的合作——步履伊始

环球音乐是全球最负盛名的国际唱片公司之一，但该公司作为音乐权利人与网络服务商的合作也才刚刚开始。

环球音乐认为其较成功的合作案例有两个：

其一，音乐手机模式。该模式下，音乐与手机相捆绑，尽管这类手机的性能一般都很平平，但因为其可免费下载的音乐无论是质量还是数量都极具吸引力，所以市场反应良好，销售业绩一直走高。唱片公司也由此打开了一条获利的新途径。

其二，音频搜索排序占优模式。环球音乐与百度 MP3 达成了一项协议，当用户搜索环球音乐拥有著作权的歌曲时，在搜索结果列表中，将授权链接排在最前面，并逐步采取措施删除未授权链接。从而在培养用户使用正版音乐的习惯的同时，达到循序渐进地排挤侵权盗版的目的。百度 MP3 亦会根据用户对环球音乐拥有著作权的歌曲的使用量，以广告分成的模式向其支付费用。

（七）其他网络著作权相关问题

1. Cyber－lock 技术的发展及其带来的问题

现阶段美国的 Cyber－lock 类网站发展势头强劲。所谓 Cyber－lock 即网络硬盘，简称网盘，用户可以将本地数据上传并存储在 Cyber－lock 服务提供商的服务器上，并在需要的时候在任一联网终端下载并使用。当前美国较为热门的 Cyber－lock 类网站有 Megaupload，4shared，Filesonic 等。

单纯的个人数据存储服务并不会带来著作权问题，但用户上传数据的分享传播就很容易构成著作权侵权。因绝大多数 Cyber－lock 网站都允许用户之间的资源共享，但又都拒绝使用指纹过滤，故 Cyber－lock 逐渐成为美国网络著作权侵权案件最为频发的领域。

2. Grokster 后时代互联网企业著作权意识的进一步觉醒

在 Grokster 案件判决之后,互联网企业的著作权意识进一步增强。其主要原因在于,风险投资公司虽然从不惧怕商业风险,却对法律风险望而却步。自身运营中存在法律风险的公司得到风险投资青睐的可能微乎其微。但互联网企业很大程度上又依赖于风投,所以越来越多的互联网企业都开始不遗余力地避免网络著作权侵权的可能性——一方面使得自身运营更为稳健,另一方面也期待借此争取更多的风投资金。

3. Google Book 和解问题

Google Book 和解是美国网络著作权发展历程中一项重要事件。Google 公司一直致力于建立全球最大的数字图书馆。但以美国作家公会(AG)和出版商协会(AAP)为代表的权利人机构,对其自行将图书数字化并予商业运营的行为提出了质疑。相关诉讼在纽约南区法院打响。经过较长时间的磋商,权利人和 Google 公司达成了一项和解协议。该协议于 2008 年 11 月公布,但因未得纽约南区法院的批准,故未能依照原计划在 2009 年 6 月生效。现 Google 公司和美国作家公会以及出版商协会正在进行新一轮的谈判,以期达成一项新的、可得批准的协议。

Google Book 原有和解协议的主要内容有以下几项:第一,对在印书籍和不在印书籍适用不同的许可使用模式:对于在印书籍(in - print books),须经著作权人明示许可,方可将之数字化,纳入 Google 数字图书馆;而不在印书籍,或称绝版书籍(out - of - print books),非经明示拒绝,均视为权利人同意 Google 公司将之数字化并纳入数字图书馆。第二,设立专门的登记处进行著作权登记。第三,设立总额为 4500 万美元的和解基金,用于补偿和解协议生效前的图书使用费。该补偿不少于 60 美元/书,或者 15 美元/插页(insert)。如果以此标准进行补偿后和解基金尚有盈余,则盈余部分也应向权利人分配,但总额不得超过 300 美元/书,75 美元/整个插页,或者 25 美元/部分插页;如果和解基金不足以按照最低标准进行偿付,则由 Google 公司负责补齐差额。第四,Google Book 运营产生的网络销售和广告收益的 70% 将分配给权利人。权利人亦可单独就收益分成比例问题与 Google 公司进行谈判。

该和解协议被纽约南区法院的陈卓光(Denny Chin)法官所否决。陈法官并不否认这一协议对多方皆有裨益,但与此同时他认为该协议"显然走得太远了"。他对该协议的否决主要出于两方面的考虑:首先,对于不在印书籍/绝版书籍实行非经明示拒绝即视为许可使用的做法将使相关权利人的权利难以得到保护,有悖于著作权法的基本精神。其次,这一协议赋予 Google 公司过大的竞争优势,将使其他企业无力在数字图书馆领域与之相竞争,有悖于反垄断法的基本精神。

陈法官在与我代表团交流的过程中表示,他对该和解协议的积极作用也十分清楚,但仍然认为它过于激进。在对该协议进行否决的过程中,基于著作权保护的考虑和基于反垄断的考虑所占的比重是差不多的。陈法官仍旧十分盼望双方可以达成"一揽子"的和解协议,如果该案不能以和解的方式了结,则其作用将甚为微小——简单的就案论案进行侵权判断和损失赔偿额的酌定并非难事，但若能以此案为契机，在更大范围内、更彻底地解决问题，则功莫大焉。他甚至在法律文书中明确写道，他愿意为新的和解协议的达成做相应的协调工作，但当事人各方均已明确表示拒绝他斡旋调解。

三、其他问题

（一）网络售假问题

网络售假问题是美国各界都相当关心的问题之一。此行中，美国烟草行业巨头 Altria 公司和时尚产业界的香奈儿美国公司、高尔夫公司等，均就此问题与我方进行了交流。因该问题并非本次考察的核心议题，双方并未就此进行特别深入的探讨，但美方对这一问题的密切关注仍给代表团留下了深刻的印象。

（二）时尚法问题

Fordham 大学法学院专门成立了时尚法研究中心，意欲推动美国时尚法的立法进程。据该中心负责人介绍，美国的时尚创意产业，除珠宝设计受著作权法保护外，其他的时尚创意作品并未能落到知识产权法保护范围内，故不能得到应有的法律保护。时尚产业界和学界的部分人士正着力于推动时尚法的立法，借此设立“时尚创意权”，以保护时尚创意作品，拟定保护期为 3 年。

四、体会和启发

（一）坚持科学的、客观的考察方法

此次考察，从关注美国网络著作权保护的最新发展和动态，到关注司法在推动网络著作权保护和互联网产业发展中扮演的角色、发挥的作用；从关注互联网行业的新发展，包括技术和商业模式的新发展，到关注权利人与互联网行业合作的新情况、新动向，目的就是探寻美国法院在平衡互联网产业与权利人权利之间利益关系的方式，思考中国法院司法审判所能担负的积极作用。尽管因为时间的关系，考察团并未与网络服务提供商进行交流，但仍能秉持科学客观的考察方法，正确对待和判断考察的所见所闻，竭尽所能地以综合的视角进行多维度的考察，实现了预期的考察目的。

（二）在交流与考察中应坚持有取舍的借鉴

1. 网络著作权领域利益平衡因时因地因势而异

平衡点的选取不是一成不变的，时间、地点、时事状态的变化都会带来平衡点的偏移甚至转换。没有哪一种平衡是普适的，也没有哪一种平衡是绝对的；与其说平衡有正误之分，不如说仅有适宜不适宜之分。越是契合特定时间和区域的特定情况的平衡就越是好的平衡。

以美国为例，DMCA 中关于避风港的种种规定，体现了这一时期美国在平衡网络著作权的相关利益时，着力于给互联网技术及其产业预留足够的发展空间。这一平衡点的选择背后是当时美国互联网企业作为新的经济增长点所蕴涵的巨大利益。

据国际知识产权联盟（IIPA）统计：2007 年，美国的核心著作权产业的出口额已达 1256.4 亿美元之多，跃居美国出口产业排行榜的首位。尤其是金融危机以来，美国的经济增长对著作权产业的依赖越来越大。在这一背景下，维护著作权人的利益，促进文艺创作的繁荣，成为促进经济增长的迫切需要。从 Grokster 案中，法官不惜引用专利法概念也要使网络服务提供商承担责任，到 Google

Book 和解协议因在默示著作权许可上走得太远而被否决——重要判例一次次彰显出现阶段美国网络著作权领域平衡点已然偏向权利人了。

2. 以解决问题为核心目标,正确看待不同法律体系下对新问题的不同解决途径

信息时代,新的技术和新的商业模式层出不穷。这在给产业带来生机、给公众带来便利的同时也对权利人的利益构成了威胁,从而也萌生了许许多多新的法律问题。其实,某一特定制度的有无并非症结,关键在于:在一国特定的法律体系和制度框架下,相关问题是否也能得以解决。所以要以解决问题为核心目标,正确看待不同法律体系下对新问题的不同解决途径。

首先,不同法系在新问题的解决上往往有着不同的途径,但又往往是殊途同归的。以网络著作权的间接侵权为例,美国通过帮助侵权、替代侵权、引诱侵权等一整套网络著作权间接侵权责任体系来使侵权的网络服务提供商承担责任;而中国则沿用传统的共同侵权理论,通过对侵权四要件,尤其是主观过错的判断来确定责任。

其次,法系之间的界限越发模糊,两大法系融合的趋势越发明显。英美法系的制定法越来越丰富(如 DMCA),大陆法系的在先判决也起到越来越重要的作用。作为有着大陆法系传统的国度,如何进一步发挥司法的作用又不僭越司法应有的界限,值得深思。

(三)交流对于增进相互的了解具有积极的作用

由于美国是以判例法为主的国家,美国法院在相关案件的审判中,确立了帮助侵权、替代侵权、引诱侵权等一系列法律适用的标准。中国是大陆法系国家,现行法律是在共同侵权的法律框架下,以共同侵权、连带责任等解决网络服务商的侵权责任的认定,并通过司法实践确立了认定过错的一些客观标准,较好地保护了权利人的利益,并也解决了信息网络相关产业的发展问题。在此次考察中,每次交流机会,美方相关重要企业的代表均积极参加。美国联邦第二巡回上诉法院的知名法官、美国知识产权研究较有影响的 FORDAM 大学的教授积极参加相关研讨,也足以反映美国各界对中国知识产权司法保护的高度关注。考察团充分利用交流的平台,介绍和解释中国法院和法官在审理涉及网络著作权保护的一些成功经验和具体标准,增进了相互间的了解,并为进一步加强沟通进行了铺垫。

(执笔人:廖继博)

第五部分　典 型 案 例

最高人民法院知识产权案件年度报告(2010)

中华人民共和国最高人民法院

二〇一一年四月

目　　录

序　　言

2010年,最高人民法院在知识产权审判中始终坚持能动司法理念,狠抓执法办案第一要务,突出审判重心,创新审判方式,强化审判监督和业务指导,维护知识产权法律适用的统一,加强诉讼调解,实现案结事了人和,加大保护力度,维护权利人的合法权益,较好地完成了各项知识产权审判任务,司法保护知识产权的主导作用得到进一步发挥,民事审判在知识产权司法保护中的主渠道作用进一步凸显,为促进经济社会又好又快发展提供了有力的司法保障。

在全国法院受理的知识产权案件迅猛增长的背景下,最高人民法院受理的知识产权案件亦有较大幅度的增长。2010年,最高人民法院知识产权审判庭全年共新收各类知识产权案件313件,比2009年增长5%。在313件新收案件中,按照案件所涉权利类型划分,共有专利和其他技术类案件112件,商标案件68件,著作权案件45件,商业秘密案件7件,其他不正当竞争案件25件,知识产权合同案件40件,其他案件16件(主要涉及知识产权案件管辖权的确定问题)。另有2009年旧存案件50件,2010全年共有各类在审案件363件。全年共审结各类知识产权案件317件,其中,二审案件7件,申请再审案件263件,提审案件20件,请示案件27件。在审结的263件申请再审案件中,裁定驳回再审申请164件,裁定提审27件,裁定指令或者指定再审37件,裁定撤诉(包括和解撤诉)19件,函转原审法院复查处理5件(针对部分知识产权行政申请再审案件),终结2件,以其他方式处理9件。全年共调撤疑难案件24起,其中上海强生制药有限公司与西安强生药业有限公司之间的侵犯商标权及不正当竞争纠纷,新京报社与浙江在线网络传媒有限责任公司侵犯著作权纠纷,拜尔农科股份有限公司与安徽华星化工股份有限公司侵犯专利权纠纷等案件的成功调撤,在社会上产生了积极的影响。

2010年案件呈现出如下特点:因法律规定较为原则需要明确具体界限的疑难案件所占比重越来越大;裁判结果对当事人切身利益有重大影响的案件越来越多,其中涉及争夺市场的专利、技术秘密和商标案件显得尤为突出;专业技术事实认定困难的案件越来越多,其中涉及生物、化工、医药等高新技术领域的案件显得尤为突出;关联案件明显增多,从管辖到实体,从侵权到确权,从追究刑事责任到请求民事赔偿,从地方人民法院到最高人民法院,双方当事人均穷尽各种程序的攻防手段以维护自身权益,反映出市场主体之间竞争的激烈,增加了知识产权案件审理和协调的工作难度;网络技术的发展,方便了知识产权产品的传播,创新了商业经营模式,也影响了相关行业原有利益的分配格局,因此而引发的新类型知识产权纠纷和不正当竞争纠纷明显增多;涉外案件的裁判规则越来越受到国际社会的关注等。

知识产权案件年度报告是最高人民法院发布的关于知识产权和竞争领域重大、复杂、疑难和新类型案件的审判标准、司法政策和裁判方法的重要司法文件。年度报告的发布受到社会的普遍关注和有关方面的高度重视。最高人民法院在总结往年发布知识产权案件年度报告经验的基础上,从2010年已经有最终结论性意见的知识产权案件中,精选了36件案件的裁判中涉及的43个具有普遍性指导意义的问题,在调整撰写体例的基础上,形成本年度报告并予以发布。需要说明的是,有些案件,如最高人民法院指令或者指定高级人民法院再审的案件,或者当事人在最高人民法院主持下达成和解而申请撤诉的案件,虽然相关法律问题或者裁判方法也具有指导性,但是最高人民法院并未作出最终的结论性表态,故未将上述案件纳入本年度报告。

一、专利案件审判

(一)专利民事案件审判

1. 解释权利要求时应当遵循的若干原则

在申请再审人孙守辉与被申请人青岛肯德基有限公司(以下简称肯德基公司)、上海柏礼贸易有限公司(以下简称柏礼公司)、百胜(中国)投资有限公司(以下简称百胜公司)侵犯实用新型专利权纠纷案〔(2009)民申字第1622号〕中,最高人民法院适用2001年7月1日起施行的专利法第56条第1款的规定,遵循说明书和附图可以用于解释权利要求、权利要求中的术语在说明书未作特别解释的情况下应采用通常理解、不同权利要求中采用的相关技术术语应当解释为具有相同的含义、考虑专利权人在专利授权和无效宣告程序中为保证获得专利权或者维持专利权有效而对专利权保护范围作出的限制等原则,正确地确定了本专利的保护范围。

本案的基本案情是:孙守辉是一种名称为“简易牙膏挤出器”的实用新型专利(以下简称本专利)的专利权人,该专利的权利要求为:“1. 一种简易牙膏挤出器,其特征在于:包括一梯形端面的框架体,其中框架梯形宽度较大的底为一长方形开口状,较小的底的中央部位设置较小的长条形开口,该长条形开口的长度略大于牙膏袋的宽度,开口的宽度略大于牙膏皮的厚度。2. 根据权利要求1所述的简易牙膏挤出器,其特征在于:所述梯形端面框架的长度为……”在专利无效宣告请求审查程序中,孙守辉提交意见陈述书认为:“证据1中公开的是中间有狭长空洞的长方体,与本专利权利要求1所述的梯形端面的框架体有很明显的区别,故本专利相对于证据1具有新颖性;并且,这种梯形端面设计可以最大限度地节约材料,故本专利的权利要求1相对于证据1具有创造性。”国家知识产权局专利复审委员会(以下简称专利复审委员会)采纳上述理由维持本专利有效。孙守辉以被申请人生产或者销售“奇奇环保牙膏夹”侵犯本专利为由提起诉讼。山东省青岛市中级人民法院一审认为,本专利第1项技术特征是梯形端面的框架体,被控侵权产品对应的技术特征是卡通鱼形的框架体,应对本专利第1项技术特征做严格解释,被控侵权产品缺少本专利的第1项技术特征,未落入专利权的保护范围,遂判决驳回孙守辉的诉讼请求。孙守辉不服,提起上诉。山东省高级人民法院二审判决驳回上诉,维持一审判决。孙守辉不服二审判决,向最高人民法院申请再审,理由之一是,权利要求1中的“包括一梯形端面的框架体”,是指“框架体里面的一个端面为梯形”,其清楚地表明该框架体里面含有一个“梯形端面”,并不是指整个框架体的结构是梯形的,权利要求1对框架体的结构形状没有限定。最高人民法院审查查明,本专利说明书关于专利具体实施方式的部分载明:“如图1、图2所示,本实用新型牙膏挤出器,其由塑料一体注塑成型。其结构为一具有梯形断面的框架2……”本专利说明书附图1中的标记2指向框架体,并未指向框架体的任一端面。最高人民法院于2010年6月23日裁定驳回其再审申请。

最高人民法院审查认为:对本专利权利要求1的保护范围应依据2001年7月1日起施行的专利法第56条第1款的规定进行确定。该款规定:“发明或者实用新型专利权的保护范围以其权利要求的内容为准,说明书及附图可以用于解释权利要求。”同时,在专利侵权诉讼中,对专利保护范围的确定还应当考虑专利权人在专利授权和无效宣告程序中为保证获得专利权或者维持专利权有效而对专利保护范围作出的限制。首先,从权利要求1的字面内容来看,权利要求1中的“包括一梯形端面的框架体”,按通常理解,其中的“一”是用于修饰和限定“框架体”的,而并非修饰“梯形端面”,不是对“梯形端面”数量的限定。因此,“包括一梯形端面的框架体”的实际含义就是“一具有梯形横截面的框架体”,其端面本身为平面形状,即梯形,这也符合梯形通常是指平面图形的含义。与牙膏袋相适应的应当是框架体,即一具有梯形横截面的立体结构,而非端面。因此,二审法院认定本专利权利要求1第1项技术特征为“梯形端面的框架体”符合通常理解。其次,从专利说明书和附图对框架体的相关描述来看,说明书中称“其结构为一具有梯形断面的框架2”,按通常理解,此处的“2”即附图1标记2,因被置于“框架”一词之后,所以是指代“框架”,而不是指代“断面”或“端面”。结合说明书和附图,也应当认为本专利权利要求1保护的产品是一具有梯形横截面的框架体。再次,从本专利两项权利要求对“梯形”这一术语的使用来看,权利要求2所述“梯形端面框架”中的“梯形”显然是用于限定框架体横截面为梯形,根据不同权利要求中采用的相同技术术语应当解释为具有相同的含义的基本原则,权利要求1中的“梯形”也应当被解释为是对框架体的限定。最后,从专利权人孙守辉在其专利无效宣告程序中的意见陈述来看,孙守辉是将“这种梯形端面设计可以最大限度地节约材料”作为其专利相对于专利无效宣告程序中的证据1具有创造性的理由,专利复审委员会也正是基于上述理由认定本专利具有创造性,并决定维持本专利权有效。孙守辉在无效宣告程序中的上述意见陈述在本案中具有约束力,应当将本专利权利要求1中的“包括一梯形端面的框架体”认定为本专利保护的简易牙膏挤出器本身为一具有梯形横截面的框架体,否则本专利相对于无效宣告程序中的证据1就不具有创造性。

2. 对权利要求的内容存在不同理解时应根据说明书和附图进行解释

在申请再审人台山先驱建材有限公司(以下简称台山公司)与被申请人广州新绿环阻燃装饰材料有限公司(以下简称新绿环公司)、付志洪侵犯实用新型专利权纠纷案〔(2010)民申字第871号〕中,最高人民法院认为,如果对权利要求的表述内容产生不同理解,导致对权利要求保护范围产生争议,说明书及其附图可以用于解释权利要求。

本案的基本案情是:付志洪是名称为“玻镁、竹、木、植物纤维复合板”实用新型专利(以下简称涉案专利)的专利权人。涉案专利的权利要求1为:“一种玻镁、竹、木、植物纤维复合板,它由镁质胶凝竹、木、植物纤维复合层和玻纤网格布层或竹编网增强层组成,其特征在于:镁质胶凝竹、木、植物纤维复合层至少有两层,玻纤网格布层或竹编网增强层至少有一层,两层镁质胶凝竹、木、植物纤维层置于玻纤网格布层或竹编网增强层的下面和上面。”专利说明书称:本实用新型的目的在于提供一种采用玻纤网格布层或竹编网增强层作为增强骨架,镁质胶凝材料作为凝固剂,竹、木、植物纤维为填充材料,多层结构复合,具有防火、防潮及抗水功能的玻镁、竹、木、植物纤维复合板。说明书在将该专利与现有技术进行对比时称:采用镁质胶凝植物纤维复合层和玻纤网格布层或竹编网增强层多层结构复合,具有强度好,防火、防潮、抗水、隔热、隔音多种功能……说明书在描述具体实施例时称:镁质胶凝植物纤维层是由氯化镁、氧化镁和竹纤维或木糠或植物纤维制成的混合物。付志洪是新绿环公司的股东及法定代表人。付志洪将涉案专利许可给新绿环公司独占实施。2006年8月23日,新绿环公司、付志洪提起诉讼,请求判令台山公司承担侵权责任。广东省广州市中级人民法院一审认为,由于说明书描述的技术内容与权利要求1的记载不尽相同,且前者比后者保护范围宽,根据权利要求1的记载优先原则,本案应当以权利要求1记载的技术内容确定涉案专利权的保护范围,即复合板并列采用了竹、木、植物纤维三种材料。被诉侵权产品有镁质胶凝材料与植物纤维材料复合层,不含竹、木材料,与涉案专利权利要求1不同。遂判决驳回新绿环公司、付志洪的诉讼请求。新绿环公司、付志洪不服一审判决,提起上诉。广东省高级人民法院二审认为,如对权利要求书中记载的内容产生不同理解,可以结合说明书对权利要求进行解释。本案中,在涉案专利说明书实施例中，对竹、木、植物纤维三种材料的采用是选择关系，三者具备其中之一即可，而非竹、木及植物纤维三者必须同时具备。因此，被诉侵权产品落入权利要求1的保护范围。遂判决撤销一审判决，判令台山公司承担侵权责任。台山公司不服二审判决，向最高人民法院申请再审。最高人民法院于2010年9月7日裁定驳回台山公司的再审申请。

最高人民法院审查认为：专利法第56条第1款规定，发明或者实用新型专利权的保护范围以其权利要求的内容为准，说明书及附图可以用于解释权利要求。因此，如果对权利要求的表述内容产生不同理解，导致对权利要求保护范围产生争议，说明书及其附图可以用于解释权利要求。仅从本专利权利要求1对“竹、木、植物纤维”三者关系的文字表述看，很难判断三者是“和”的关系还是“或”的关系，应当结合说明书记载的相关内容进行解释。根据专利说明书实施例的记载：“镁质胶凝植物纤维层是由氯化镁、氧化镁和竹纤维或木糠或植物纤维制成的混合物。”由此可见，专利权利要求1对“竹、木、植物纤维”三者关系的表述，其含义应当包括选择关系，即三者具备其中之一即可，而非竹、木及植物纤维三者必须同时具备。

3. 权利要求的术语在说明书中有明确的特定含义，应根据说明书的界定解释权利要求用语

在申请再审人福建多棱钢业集团有限公司（以下简称福建多棱钢公司）与被申请人启东市八菱钢丸有限公司（以下简称启东八菱钢丸公司）侵犯发明专利权纠纷案〔（2010）民申字第979号〕中，对于当事人存在争议的专利权利要求的技术术语，最高人民法院认为，虽然该术语在相关行业领域并没有明确的定义，但涉案专利说明书中的记载指明了其具有的特定的含义，并且该界定明确了涉案专利权利要求1的保护范围，所以应当以说明书的界定理解权利要求用语的含义。

本案的基本案情是：福建多棱钢公司系名称为“一种钢砂生产方法”发明专利（以下简称涉案专利）的专利权人。涉案专利权利要求1为：一种钢砂生产方法，其特征在于将轴承厂生产轴承时冲切下来的边角废料，进行淬火，淬火后分两级破碎，筛分得到不同粒度的钢砂，制得多棱形的钢砂。涉案专利说明书记载：“本发明的创新之处在于：……4. 本发明采用两级破碎，粗碎用颚式破碎机，细碎用辐式破碎机……对于粗大的冲切料本发明采取先用颚式破碎机将其轧碎成小块，而后进行细碎，破碎成钢砂……”启东八菱钢丸公司生产与福建多棱钢公司相同的钢砂产品。被控侵权方法与涉案专利的独立权利要求保护的范围相对比，不同之处在于，启东八菱钢丸公司仅选用生产轴承时冲切下来的7～10毫米之间的冲片作为生产原料，淬火根据需要进行；破碎设备只使用双辊破碎机，即辐式破碎机。7～10毫米之间的冲片被直接投入双辊破碎机中，通过该机器两组单独传动的辊轴，相对旋转产生的挤轧和磨剪力破碎物料，一次性生产出投入料10%～30%的成品钢砂。之后，通过筛分，将未成品筛选出来，再次投入双辊破碎机中，以此循环，生产出成品钢砂。在相关行业领域，对两级破碎没有明确的定义。在《化工辞典》中，对“破碎”定义为“用机械方法使大块固体物料变成小块的操作”；并有“粗碎”和“细碎”设备之

分。其中,按被粉碎物料的大小和所得粉碎成品的尺寸分类,“粉碎设备”可以分类为:粗碎或预碎设备:处理直径是40~1500毫米范围的原料,所得成品的直径大约是5~50毫米,如颚式压碎机等;中碎和细碎设备:处理直径5~50毫米范围的原料,所得成品的直径大约是0.1~5毫米,如滚碎机等。福建多棱钢公司以启东八菱钢丸公司生产钢砂的方法落入涉案专利权的保护范围为由提起诉讼。江苏省南通市中级人民法院一审和江苏省高级人民法院二审均认为,被控侵权方法中的“一级破碎”与涉案专利方法中的“两级破碎”不构成等同,并判决驳回福建多棱钢公司的诉讼请求。福建多棱钢公司不服二审判决,向最高人民法院申请再审。最高人民法院于2010年9月8日裁定驳回其再审申请。

最高人民法院审查认为,虽然“两级破碎”在相关行业领域并没有明确的定义,但根据涉案专利说明书中的记载:“本发明采用两级破碎,粗碎用颚式破碎机,细碎用辐式破碎机。本发明不是用钢珠破碎成钢砂,而是用冲切料破碎成钢砂冲切料不像钢珠粒度小且均匀,对于粗大的冲切料本发明采取先用颚式破碎机将其轧碎成小块,而后进行细碎,破碎成钢砂。”涉案专利说明书中的记载指明了“两级破碎”具有的特定的含义,并且该界定明确了涉案专利权利要求1的保护范围,所以应当以说明书的界定理解权利要求用语的含义。“两级破碎”应当理解为是先进行粗碎和后进行细碎的“两级破碎”。根据一、二审法院查明的“粉碎设备”的分类,各个破碎级别的设备所处理的原料直径范围以及加工出的成品均不相同,并且粗碎或预碎设备的出料成品直径范围为中碎和细碎设备的进料直径范围,因此,涉案专利的“两级破碎”中,“粗碎级”破碎和“细碎级”破碎应当理解为是相互独立的两个步骤,“粗碎级”的出料为“细碎级”的进料,工序一先一后,不能理解为“粗碎级”和“细碎级”可以合并或者替代。被控侵权方法仅使用一种双辊式破碎机进行钢砂加工。由于双辊式破碎机的破碎动力产生于两个辊子之间的挤压力,其加工方法是在一个级别的破碎中多次循环,每次破碎都是加工出一定比例的钢砂,在多次积累加工出钢砂后进行筛选。而且,福建多棱钢公司也曾在本案诉讼中明确,粗碎过程不可能生产出成品钢砂,所以,被控侵权方法只存在“细碎级”破碎,不存在“粗碎级”破碎,缺少涉案专利“两级破碎”中的粗碎。被控侵权方法使用辊式破碎机进行破碎的手段、实现的功能和达到的效果与涉案专利“两级破碎”并不基本相同。

4. 专利侵权纠纷中技术特征等同的认定

在申请再审人陕西竞业玻璃钢有限公司(以下简称竞业公司)与被申请人永昌积水复合材料有限公司(以下简称永昌公司)侵犯实用新型专利权纠纷案〔(2010)民申字第181号〕中,最高人民法院认为,根据《最高人民法院关于审理专利纠纷案件适用法律问题的若干规定》第17条第2款的规定,在判断被诉侵权产品的技术特征与专利技术特征是否等同时,不仅要考虑被诉侵权产品的技术特征是否属于本领域的普通技术人员无须经过创造性劳动就能够联想到的技术特征,还要考虑被诉侵权产品的技术特征与专利技术特征相比,是否属于基本相同的技术手段,实现基本相同的功能,达到基本相同的效果,只有以上两个方面的条件同时具备,才能够认定二者属于等同的技术特征。

本案的基本案情是：竞业公司系名称为“玻璃钢夹砂顶管”的实用新型专利（以下简称涉案专利）的专利权人。涉案专利的权利要求1为：“一种玻璃钢夹砂顶管，它由管头、管身以及管尾组成，管头和管尾管径一致，管尾连接部设有密封用套环，管头、管尾通过套环连接，其特征在于：所述的管头、管身以及管尾采用树脂基体，管身设有两维以上方向绕制的纤维层以及石英夹砂层，管头和管尾设有为两维以上方向绕制的纤维层，所述的套环紧密设置在管头或管尾外壁的凹台内。”2007年5月8日，竞业公司起诉请求判令永昌公司承担侵权责任。广东省广州市中级人民法院一审认为，被诉侵权产品的技术特征“插口的管外径小于承口的管外径，有锥度”与涉案专利中的技术特征“管头和管尾管径一致”构成等同，被诉侵权产品落入涉案专利权的保护范围，遂判决永昌公司承担侵权责任。永昌公司不服一审判决，提起上诉。广东省高级人民法院二审认为，根据涉案专利的权利要求书、说明书以及附图，涉案专利“管头和管尾管径一致”是指：管头和管尾的管内径一致、管头和管尾的管外径一致。被诉侵权产品的承口、插口分别对应于涉案专利中的管头和管尾，其中插口与承口的管内径一致，但插口的管外径小于承口的管外径，与涉案专利不同。并且正是基于该不同，导致两者所实现的功能、达到的技术效果均不相同，该技术特征亦非本领域的普通技术人员无须付出创造性劳动就能联想到的特征，故两者不构成等同，被诉侵权产品未落入涉案专利权的保护范围，不构成侵权。遂判决撤销一审判决，驳回竞业公司的诉讼请求。竞业公司不服二审判决，向最高人民法院申请再审。最高人民法院于2010年7月23日裁定驳回竞业公司的再审申请。

最高人民法院审查认为：被诉侵权产品中插口、承口的管内径虽然一致，但是二者的管外径并不一致，具体表现为承口管外径上设有用于安装钢套环的水平凹台，并且承口管外径与钢套环紧密配合；而插口管外径呈不规则台阶状。虽然现有技术《顶管施工技术》中已经公开了注浆减阻的工作原理以及注浆孔、台阶状管外径等技术特征，本领域的普通技术人员在顶管施工中为了实现注浆减阻的目的，能够在《顶管施工技术》所给出的技术启示下，显而易见地想到被诉侵权产品中的注浆孔以及插口管外径呈不规则台阶状等技术特征，无须付出创造性劳动。但是，由于被诉侵权产品中的插口管外径呈不规则台阶状，一方面导致插口管外径与钢套环之间并不能紧密配合，无法实现增强管道连接密封性的功能和效果；另一方面能够在管外径与钢套环之间形成供减阻砂浆通过的环形空间，使从注浆孔中注入的减阻砂浆可以经由该环形空间均匀分布在管道周围，形成润滑套，实现减少管道外壁与土壤间的摩擦阻力，提高管道顶进效率的有益功能和效果。因此，被诉侵权产品中技术特征“插口管外径呈不规则台阶状”所实现的功能和效果，与权利要求1中“管头和管尾管径一致”所实现的功能和效果具有实质性的差异，二者不属于等同的技术特征，被诉侵权产品没有落入涉案专利权的保护范围。

5. 为克服权利要求不能得到说明书的支持的缺陷而修改权利要求可导致禁止反悔原则的适用

在申请再审人湖北午时药业股份有限公司(以下简称午时公司)与被申请人澳诺(中国)制药有限公司(以下简称澳诺公司)、原审被告王军社侵犯发明专利权纠纷案〔(2009)民提字第20号〕中,最高人民法院认为,从涉案专利审批文档中可以看出,专利申请人进行的修改是针对国家知识产权局认为涉案专利申请公开文本权利要求保护范围过宽,在实质上得不到说明书支持的审查意见而进行的;被诉侵权产品的相应技术特征属于专利权人在专利授权程序中放弃的技术方案,不应当认为其与权利要求1中的技术特征等同而将其纳入专利权的保护范围。

本案的基本案情是:澳诺公司系名称为"一种防治钙质缺损的药物及其制备方法"发明专利(以下简称涉案专利)的被许可人。涉案专利权利要求1为:"一种防治钙质缺损的药物,其特征在于:它是由下述重量配比的原料制成的药剂:活性钙4~8份,葡萄糖酸锌0.1~0.4份,谷氨酰胺或谷氨酸0.8-1.2份。"涉案专利申请公开文本中,其独立权利要求为可溶性钙剂,可溶性钙剂包括葡萄糖酸钙、氯化钙、乳酸钙、碳酸钙或活性钙。国家知识产权局第一次审查意见通知书中,审查员认为,该权利要求书中使用的上位概念"可溶性钙剂"包括各种可溶性的含钙物质,它概括了一个较宽的保护范围,而申请人仅对其中的"葡萄糖酸钙"和"活性钙"提供了配制药物的实施例,对于其他的可溶性钙剂没有提供配方和效果实施例,所属技术领域的技术人员难以预见其他的可溶性钙剂按本发明进行配方是否也能在人体中发挥相同的作用,权利要求在实质上得不到说明书的支持,应当对其进行修改。申请人根据审查员的要求,对权利要求书进行了修改,将"可溶性钙剂"修改为"活性钙"。2006年11月25日,澳诺公司提起诉讼称,午时公司生产、销售新钙特牌"葡萄糖酸钙锌口服溶液",王军社销售该产品,侵犯了涉案专利权。经鉴定,午时公司产品含有葡萄糖酸钙,而涉案专利是活性钙。河北省石家庄市中级人民法院一审认为,只有为了使专利授权机关认定其专利申请具有新颖性或创造性而进行的修改或意见陈述,才产生禁止反悔的效果,并非专利申请过程中关于权利要求的所有修改或意见陈述都会导致禁止反悔原则的适用。本案专利权人将独立权利要求中的"可溶性钙剂"修改为"活性钙",是为了使其权利要求得到说明书的支持,不产生禁止反悔的效果。被诉侵权产品与涉案专利构成等同。遂判决午时公司、王军社承担侵权责任。午时公司不服一审判决,提起上诉。河北省高级人民法院对一审判决中有关禁止反悔原则的认定予以认可,遂判决驳回上诉,维持一审判决。午时公司不服二审判决,向最高人民法院申请再审。最高人民法院提审本案后于2010年3月23日作出再审判决,撤销一、二审判决,驳回澳诺公司的诉讼请求。

最高人民法院再审认为:(1)关于权利要求1中记载的"活性钙"是否包含"葡萄糖酸钙"的问题。涉案专利申请公开文本权利要求2以及说明书第2页明确记载,可溶性钙剂是"葡萄糖酸钙、氯化钙、乳酸钙、碳酸钙或活性钙"。可见,在专利申请公开文本中,葡萄糖酸钙与活性钙是并列的两种可溶性钙剂,葡萄糖酸钙并非活性钙的一种。此外,涉案专利申请公开文本说明书实施例1记载了以葡萄糖酸钙作为原料的技术方案,实施例2

记载了以活性钙作为原料的技术方案,进一步说明了葡萄糖酸钙与活性钙是并列的特定钙原料,葡萄糖酸钙并非活性钙的一种。澳诺公司辩称,专利申请人在涉案专利的审批过程中,将“可溶性钙剂”修改为“活性钙”属于一种澄清性修改,修改后的活性钙包括了葡萄糖酸钙在内的所有组分钙。然而,从涉案专利审批文档中可以看出,专利申请人进行上述修改是针对国家知识产权局认为涉案专利申请公开文本权利要求中“可溶性钙剂”保护范围过宽,在实质上得不到说明书支持的审查意见而进行的,同时,专利申请人在修改时的意见陈述中,并未说明活性钙包括了葡萄糖酸钙,故澳诺公司认为涉案专利中的活性钙包含葡萄糖酸钙的主张不能成立。(2)关于活性钙与葡萄糖酸钙是否等同的问题。专利权人在专利授权程序中对权利要求1所进行的修改,放弃了包含“葡萄糖酸钙”技术特征的技术方案。根据禁止反悔原则,专利申请人或者专利权人在专利授权或者无效宣告程序中,通过对权利要求、说明书的修改或者意见陈述而放弃的技术方案,在专利侵权纠纷中不能将其纳入专利权的保护范围。因此,涉案专利权的保护范围不应包括“葡萄糖酸钙”技术特征的技术方案。被诉侵权产品的相应技术特征为葡萄糖酸钙,属于专利权人在专利授权程序中放弃的技术方案,不应当认为其与权利要求1中记载的“活性钙”技术特征等同。原审判决对禁止反悔原则理解有误,将二者认定为等同特征不当。

6. 专利权人在授权确权程序中的意见陈述可导致禁止反悔原则的适用

在申请再审人江苏万高药业有限公司(以下简称万高公司)与被申请人成都优他制药有限责任公司(以下简称优他公司)、原审被告四川科伦医药贸易有限公司(以下简称科伦公司)侵犯发明专利权纠纷案〔(2010)民提字第158号〕(以下简称万高公司再审案)中,最高人民法院根据专利权人在涉案专利授权和无效宣告程序中作出的意见陈述,以及涉案专利说明书中记载的有关不同工艺条件所具有的技术效果的比较分析,认定被诉侵权产品中的相关技术特征与涉案专利中的对应技术特征不构成等同,被诉侵权产品没有落入涉案专利权利要求1的保护范围。

本案的基本案情是:优他公司是名称为“藏药独一味软胶囊制剂及其制备方法”的发明专利(以下简称涉案专利)的专利权人。涉案专利权利要求1中关于独一味提取物的提取方法为:B1. 取独一味药材,粉碎成最粗粉;B2. 加水煎煮二次,第一次加10~30倍量的水,煎煮1~2小时,第二次加10~20倍量水,煎煮0.5~1.5小时;B3. 合并药液,滤过,滤液浓缩成稠膏;B4. 减压干燥,粉碎成细粉,过200目筛,备用。2007年2月7日,优他公司向四川省成都市中级人民法院提起诉讼称,万高公司使用涉案专利制造和销售、科伦公司销售“独一味软胶囊”,侵犯了涉案专利权。四川省成都市中级人民法院在一审中根据优他公司的申请向国家食品药品监督管理局(以下简称国家药监局)调取了“独一味软胶囊”生产工艺的研究资料,载明被诉侵权产品中独一味提取物的提取方法为:b1. 取独一味药材1000g,粉碎;b2. 加10倍量水煎煮3次,每次1小时;b3. 合并煎液,滤过,滤液浓缩成相对密度为1.30的清膏;b4. 在80℃以下干燥,研成细粉备用。万高公司、科伦公司主张本案应适用禁止反悔原则,一审法院未予支持并认定构成侵权。万高公司不服，向四川省高级人民法院提起上诉。万高公司认为，涉案专利的原始权利要求仅包含产品剂型、组成和配比的特征，优他公司在涉案专利审查过程中对原始权利要求进行了限缩性修改，增加了对独一味提取物提取方法的限定，并在后续的无效审查程序中主张涉案专利所述的独一味提取物的提取方法未被现有技术公开，与现有技术如《中华人民共和国药典》(2000 年版，一部)(以下简称《药典》)中的独一味提取物并不等同，而万高公司独一味提取物的提取方法依据的就是《药典》中的现有技术，故根据禁止反悔原则，万高公司独一味提取物的提取方法与涉案专利技术方案中的提取方法不构成等同。二审法院认为，应视为优他公司在专利授权和无效程序中放弃了仅包含药品剂型、组成和配比特征的技术方案。同时，通过比较可知，万高公司独一味提取物的提取方法与《药典》中记载的提取方法并不相同，区别在于万高公司的提取方法增加了对煎煮加水比例的限定，并增加了将干燥所得物研成细粉的限定。可见被诉侵权产品的技术方案并不在优他公司在专利授权和无效程序中所放弃的技术方案范围内，故对于万高公司认为一审判决违反禁止反悔原则的主张不予支持，遂判决维持一审判决。万高公司不服，向最高人民法院申请再审。最高人民法院再审查明，涉案专利说明书第 12 页"最佳提取条件的确定"一节记载："取独一味提取物三份，每份 1000g，加 20 倍水，分别煎煮 1 次、2 次、3 次，分别滤过，滤液浓缩，干燥……结果表明，煎煮 2 次和煎煮 3 次，得粉率和木樨草素含量接近，为降低生产成本，选择煎煮 2 次。"说明书第 15 页"实验例 5 浸膏粉细度的确定"一节记载："减小粒度，增加分散媒粘度都可以有效地减小沉降速度，保证混悬液的稳定性……试验结果表明过 200 目筛的细粉沉降比值最大，因此，将独一味提取物干粉碎成过 200 目筛的细粉，制成的软胶囊内容物混悬体系最稳定。"根据《药典》"凡例"记载，细粉指能全部通过五号筛即 80 目筛，但含有能通过六号筛(即 100 目筛)不少于 95% 的粉末。万高公司在申请再审时提交了三份批生产记录，其记载的工艺过程包含了粉碎过 80 目筛的内容，并无过 200 目筛的步骤。在涉案专利申请授权的程序中，优他公司作出的意见陈述书记载："根据审查意见，申请人对原权利要求 1 进行了修改，增加了对独一味提取物的限定，具体是以说明书所述独一味提取物的四种制备方法加以限定"；"本发明所述独一味提取物的四种制备方法为发明人进行了大量的工艺筛选和验证试验后最终确定的工艺步骤，现有技术中并没有公开，由此得到的本发明中所述的独一味提取物与现有技术如《中华人民共和国药典》(2000 年版，一部)中的独一味提取物并不等同。"最高人民法院于 2010 年 11 月 24 日作出再审判决，撤销一、二审判决，驳回优他公司的诉讼请求。

最高人民法院再审认为，优他公司在涉案专利授权和无效宣告程序中作出的意见陈述中强调"本发明所述独一味提取物的四种制备方法为发明人进行了大量的工艺筛选和验证试验后最终确定的工艺步骤，现有技术中并没有公开，由此得到的本发明中所述的独一味提取物与现有技术中的独一味提取物并不等同。"优他公司还在涉案专利说明书第 12 页"最佳提取条件的确定"一节强调，煎煮

2 次与煎煮 3 次相比,可以降低生产成本,所以选择煎煮 2 次;在说明书第 15 ~ 16 页“实验例 5 浸膏粉细度的确定”一节强调,将独一味提取物粉碎成过 200 目筛的细粉,制成的软胶囊内容物混悬体系最稳定。因此,根据《最高人民法院关于审理专利纠纷案件适用法律问题的若干规定》第 17 条的规定,并参照《最高人民法院关于审理侵犯专利权纠纷案件应用法律若干问题的解释》第 6 条的规定,“煎煮 2 次”与“煎煮 3 次”、“粉碎成细粉,过 200 目筛”与“研成细粉”均不构成等同特征,被控侵权产品没有落入涉案专利权利要求 1 的保护范围。

7. 方法专利权的延及保护

在申请再审人石家庄制药集团欧意药业有限公司(以下简称欧意公司)与被申请人张喜田、二审上诉人石家庄制药集团华盛制药有限公司(以下简称华盛公司)、石药集团中奇制药技术(石家庄)有限公司(以下简称中奇公司)、一审被告吉林省玉顺堂药业有限公司(以下简称玉顺堂公司)侵犯发明专利权纠纷案〔(2009)民提字第 84 号〕(以下简称欧意公司再审案)中,最高人民法院认为,根据专利法第 11 条的规定,方法专利权的保护范围只能延及依照该专利方法直接获得的产品,即使用专利方法获得的原始产品,而不能延及对原始产品作进一步处理后获得的后续产品。

本案的基本案情是:2000 年 2 月 21 日,张喜田申请了名称为“氨氯地平对映体的拆分”发明专利(以下简称涉案专利),2003 年 1 月 29 日被授予专利权。涉案专利公开了制造左旋氨氯地平的方法,由左旋氨氯地平可进一步制得马来酸左旋氨氯地平、苯磺酸左旋氨氯地平等下游产品。马来酸左旋氨氯地平和马来酸左旋氨氯地平片新药由中奇公司研发,马来酸左旋氨氯地平(原料药)由华盛公司生产,马来酸左旋氨氯地平片(终端产品,商品名“玄宁”)由欧意公司生产并销售。经查询国家食品药品监督管理局及其药品审评中心相关网页,国内生产的左旋氨氯地平产品为华盛公司、欧意公司生产的马来酸左旋氨氯地平及其片剂,以及张喜田生产的苯磺酸左旋氨氯地平及其片剂。2005 年 2 月,张喜田提起诉讼,请求判令中奇公司、华盛公司、欧意公司、玉顺堂公司承担侵犯涉案专利权责任。吉林省长春市中级人民法院一审认为,涉案专利能够延及至被告生产的马来酸左旋氨氯地平及其片剂,判决中奇公司、华盛公司、欧意公司承担侵权责任。吉林省高级人民法院认为,左旋氨氯地平作为一种化合物,本身并不能成为直接供消费者消费的产品。涉案专利为左旋氨氯地平的拆分方法,依照该方法不能直接得到产品,而左旋氨氯地平化合物与马来酸、苯磺酸等经过成盐工艺成为马来酸左旋氨氯地平、苯磺酸左旋氨氯地平后,才真正成为产品,所以上述产品应为依照左旋氨氯地平的拆分方法直接获得的产品。涉案专利能够延及中奇公司、华盛公司、欧意公司生产的马来酸左旋氨氯地平及其片剂。遂判决维持一审判决。欧意公司不服二审判决,向最高人民法院申请再审。最高人民法院再审查明,涉案专利授权公告的权利要求 1 为:“1. 一种从混合物中分离出氨氯地平的(R) - (+) - 和(S) - (-) - 异构体的方法。其特征在于:包含下述反应,即在手性助剂六氘代二甲基亚砜($DMSO-d_6$)或含 $DMSO-d_6$ 的有机溶剂中,异构体的混合物同拆分手性试剂D－或L－酒石酸反应,结合一个DMSO－d_6的(S)－(－)－氨氯地平的D－酒石酸盐,或结合一个DMSO－ d_6的(R)－(＋)－氨氯地平的L－酒石酸盐而分别沉淀,其中氨氯地平与酒石酸的摩尔比约等于0.25。”涉案专利的说明书记载:“拆分氨氯地平的过程是,在手性助剂六氘代二甲基亚砜(DMSO－d_6)或含DMSO－d_6的有机溶剂中分别溶解氨氯地平和酒石酸,然后搅拌混合,氨氯地平同D－或L－酒石酸反应,结合一个DMSO－d_6的(S)－(－)－氨氯地平的D－酒石酸盐,或结合一个DMSO－d_6的(R)－(＋)－氨氯地平的L－酒石酸盐而分别沉淀,用于沉淀物的分离方法有过滤、离心分离或移注。沉淀物的进一步处理可以得到(R)－(＋)－氨氯地平或(S)－(－)－氨氯地平。”涉案专利的说明书实施例5中还记载了由(S)－(－)－氨氯地平制造苯磺酸(S)－(－)－氨氯地平的方法。涉案专利中所称的“(S)－(－)－氨氯地平”即为左旋氨氯地平,“(R)－(＋)－氨氯地平”即为右旋氨氯地平。最高人民法院于2010年9月9日作出再审判决,撤销一、二审判决,驳回张喜田的诉讼请求。

最高人民法院再审认为:根据涉案专利的权利要求1,虽然其主题名称是“一种从混合物中分离出氨氯地平的(R)－(＋)－和(S)－(－)－异构体的方法”,但从权利要求1记载的内容看,依照涉案专利方法直接获得的产品是“结合一个DMSO－d_6的(S)－(－)－氨氯地平的D－酒石酸盐”,或“结合一个DMSO－d_6的(R)－(＋)－氨氯地平的L－酒石酸盐”,其中前者即为制造左旋氨氯地平的中间产物,而非左旋氨氯地平本身;而后者即为制造右旋氨氯地平的中间产物,亦非右旋氨氯地平本身。根据专利法第11条的规定,方法专利权的保护范围只能延及依照该专利方法直接获得的产品,即使用专利方法获得的原始产品,而不能延及对原始产品作进一步处理后获得的后续产品。华盛公司、欧意公司生产的马来酸左旋氨氯地平、马来酸左旋氨氯地平片以及左旋氨氯地平,均属于对实施涉案专利方法直接获得的产品作进一步处理后获得的后续产品,不属于依照涉案专利方法直接获得的产品。因此,涉案专利权的保护范围不能延及左旋氨氯地平、马来酸左旋氨氯地平及其片剂。

(二)专利授权确权行政案件审判

8. 对权利要求得到说明书支持的审查判断

在申请再审人(美国)伊莱利利公司(以下简称伊莱利利公司)与被申请人国家知识产权局专利复审委员会(以下简称专利复审委员会)、哈尔滨誉衡药业有限公司(以下简称誉衡公司)、宁波市天衡制药有限公司(以下简称天衡公司)、江苏豪森药业股份有限公司(以下简称豪森公司)发明专利权无效行政纠纷案〔(2009)知行字第3号〕中,最高人民法院认为,权利要求所要求保护的技术方案应当是所属技术领域的技术人员能够从说明书充分公开的内容中得到或概括得出的技术方案,并且不得超出说明书公开的范围;如果权利要求的概括使所属技术领域的技术人员有理由怀疑该上位概括或并列概括所包含的一种或多种下位概念或选择方式不能解决发明所要解决的技术问题,并达到相同的技术效果,则应当认为该权利要求没有得到说明书的支持。

本案的基本案情是：本案诉争专利是于1998年10月7日授权公告的名称为“立体选择性糖基化方法”的发明专利（以下简称本专利），专利权人为伊莱利利公司，权利要求1保护的是一种β异头物富集的二氟核苷的制备方法，其限定的技术特征是：产物为式Ⅰ的β异头物富集的二氟核苷……本专利说明书记载：短语“异头物富集”单独或结合地表示异头物混合体其中特定异头物的比例大于1∶1，并包括基本纯净的异头物。说明书给出58个实施例和3个表格例（包括46组数据），58个实施例均能够得到β异头物与α异头物之比大于1∶1的核苷，表格例中有7组数据β异头物与α异头物之比小于1∶1，4组数据β异头物与α异头物之比等于1∶1，其他数据均能得到β异头物与α异头物之比大于1∶1的核苷。专利复审委员会针对誉衡公司、天衡公司、豪森公司等请求人就本专利提出的无效宣告请求，作出第9525号无效宣告请求审查决定（以下简称第9525号决定），宣告本专利权无效。第9525号决定认定，根据说明书的描述，影响所述立体选择性方法的因素较多，按照权利要求1的条件，尤其是在核碱过量程度和原料糖α异头物富集程度比较低的情况下，存在过多无法预见产物β异头物是否富集的情形，权利要求请求保护的是一个范围，所属领域技术人员要通过实验选择所有的非β异头物富集的实施方式、确定除实施例之外的技术方案能否实现，从各种反应条件的各种排列组合中筛选出能够实现权利要求1所要保护的技术方案需要进行大量的反复实验或者过度劳动，因此权利要求1不符合专利法第26条第4款的规定。伊莱利利公司不服第9525号决定，提起行政诉讼，请求撤销第9525号决定。其主要理由为：对说明书和实施例的教导应当被当做一个整体来理解，本专利权利要求的保护范围比说明书所公开的范围窄，因此权利要求的保护范围得到了说明书公开内容的充分支持；虽然说明书中表1和表2中的七个实施例不能得到β异头物富集的产物，但是本领域技术人员会注意到说明书中大量实施例作为一个整体给出的暗示，不会仅仅注意实验中的一个或者某些数据；第9525号决定中采用的“大量的反复实验或者过度劳动”的认定理由没有在专利法和审查指南中规定，不是判断权利要求是否得到说明书支持的正确依据。北京市第一中级人民法院一审认为，首先，在评述本专利权利要求是否得到说明书支持时，专利复审委员会主要是从表格例中没有达到β异头物富集的几组数据出发进行判断，而没有全面考虑说明书中有关发明目的、技术方案的记载以及大量能够实现β异头物富集的实施例和表格例数据在评判本专利权利要求是否得到说明书支持时的作用，并将两者结合起来进行综合评判。其次，评价权利要求是否得到说明书支持应当以“权利要求书中的每一项权利要求所要求保护的技术方案应当是所属技术领域的技术人员能够从说明书充分公开的内容得到或概括得出的技术方案，并且不得超出说明书公开的范围”作为标准。而专利复审委员会在评述和决定要点中引入“如果所属技术领域的技术人员根据说明书的教导并考虑本领域普通技术知识，仍然需要进行大量的反复实验或者过度劳动才能确定权利要求概括的除实施例以外的技术方案能否实现”作为标准评判本专利权利要求是否得到说明书支持，其评判的出发点不符合专利法第26条第4款的规定,是不适当的。遂判决撤销第9525号决定、专利复审委员会就本专利重新作出无效宣告请求审查决定。专利复审委员会、誉衡公司、天衡公司、豪森公司均不服一审判决、提起上诉,北京市高级人民法院二审认为,本专利说明书中披露的11个实施例不能达到本专利制得β异头物富集的核苷的发明目的或发明效果,本专利所属技术领域的技术人员通过阅读本专利权利要求所得到的技术方案,不能得到本专利说明书的支持。遂判决撤销一审判决,维持第9525号决定。伊莱利利公司向最高人民法院申请再审,最高人民法院于2010年11月10日裁定驳回其再审申请。

最高人民法院审查认为:本专利权利要求1保护的是一种β异头物富集的二氟核苷的制备方法,其限定的技术特征是:产物为式Ⅰ的β异头物富集的二氟核苷……专利权人在说明书的表格例中,有11组数据不能制备得到β异头物富集的二氟核苷。根据说明书的描述,影响所属立体选择性方法的因素较多,除了原料糖的离去基团、原料糖构型和核碱用量外,还包括温度和溶剂的选择。权利要求1概括的制备方法的各因素,即离去基团、核碱种类、核碱当量、反应温度、反应溶剂等的范围是十分宽泛的。本领域技术人员有合理的理由认为,除了11个不能实施的情况外,该权利要求1的概括还包含众多其他不能解决发明所要解决的技术问题的技术方案,所属技术领域的技术人员不容易从各种反应条件的排列组合中通过常规实验或者合理推测得出能够解决技术问题的技术方案,而是需要大量反复实验或过度劳动才能确定权利要求1的范围。因此,第9525号决定和二审判决据此认为本专利权利要求1没有得到说明书的支持,不符合专利法第26条第4款的规定,宣告专利权无效,并无不当。

9. 判断外观设计相同或者相近似的基本方法及应关注的设计特征

在申请再审人本田技研工业株式会社(以下简称本田株式会社)与被申请人国家知识产权局专利复审委员会(以下简称专利复审委员会)、原审第三人石家庄双环汽车股份有限公司(以下简称双环公司)、河北新凯汽车制造有限公司破产清算组(以下简称新凯公司)外观设计专利权无效行政纠纷案〔(2010)行提字第3号〕中,最高人民法院分析了判断外观设计相同或者相近似的基本方法,并认为,在判断外观设计是否相同或者相近似时,因产品的共性设计特征对于一般消费者的视觉效果的影响比较有限,应关注更多地引起一般消费者注意的其他设计特征的变化。

本案的基本案情是:本田株式会社是"汽车"外观设计专利权(以下简称本专利)的专利权人。双环公司、新凯公司分别向专利复审委员会申请宣告本专利无效。专利复审委员会认为,本专利与对比文件(以下简称证据1)属于相近似的外观设计,不符合专利法第23条的规定,于2006年3月7日作出第8105号无效宣告请求审查决定(以下简称第8105号决定),宣告本专利无效。本田株式会社不服该决定,提起行政诉讼。经对比,本专利与证据1的主要差别有:(1)本专利前大灯呈不规则四边形,证据1的前大灯呈近似梯形;(2)本专利前保险杠下方的两侧配置有雾灯,证据1中没有雾灯;(3)本专利与证据1汽车前部的护板均呈倒U形,但本专利护板内设有水平隔片，其底部有小护牙，证据1护板内设有纵向空格；(4)本专利后组合灯从车顶向下延伸至车窗下部，证据1后组合灯基本与后车窗的高度相当。此外，两者在格栅、后保险杠、后部车顶轮廓等方面亦有细微不同之处。北京市第一中级人民法院一审认为，本专利与在先设计均为汽车整车的外观设计，一般消费者在购买和使用过程中，对汽车的整体进行观察是实际生活中经常出现的情形，故本专利与在先设计的比较应采用整体观察的方式。本专利与证据1的外观设计虽存在一定的差别，但属于局部的细微差别，且对于汽车整体外观而言，一般消费者更容易对汽车整体的设计风格，轮廓形状、组成部件的相互间比例关系等因素施以更多注意，二者的上述细微差别尚不足以使一般消费者对两者整体外观设计产生明显的视觉差异。因此，本专利与证据1属于相近似的外观设计，本专利应被宣告无效。遂判决维持第8105号决定。本田株式会社不服一审判决，提起上诉。北京市高级人民二审判决驳回上诉，维持一审判决。本田株式会社不服二审判决，向最高人民法院申请再审。最高人民法院提审本案后于2010年11月26日判决，撤销一、二审判决以及第8105号决定。

最高人民法院再审认为：判断外观设计是否相同或者相近似的基本方法是，基于被比设计产品的一般消费者的知识水平和认知能力，对被比设计与在先设计进行整体观察，综合判断两者的差别对于产品外观设计的视觉效果是否具有显著影响。所谓“一般消费者”，是指其对被比设计产品的同类或者相近类产品的外观设计状况具有常识性的了解，对外观设计产品之间在形状、图案以及色彩上的差别具有一定的分辨力，但不会注意到产品的形状、图案以及色彩的微小变化；所谓“常识性的了解”，是指通晓相关产品的外观设计状况而不具备设计的能力，而非局限于基础性、简单性的了解；所谓“整体”，包括产品可视部分的全部设计特征，而非其中某特定部分；所谓“综合”，是指对能够影响产品外观设计整体视觉效果的所有因素的综合。本案中，诉争类型汽车外观设计的“整体”，不仅包括汽车的基本外形轮廓以及各部分的相互比例关系，还包括汽车的前面、侧面、后面等，应当予以全面观察。在综合判断时，应当根据诉争类型汽车的特点，权衡诸部分对汽车外观设计整体视觉效果的影响。就本案诉争的汽车类型而言，因此类汽车的外形轮廓都比较接近，故该共性设计特征对于此类汽车一般消费者的视觉效果的影响比较有限。相反，汽车的前面、侧面、后面等部位的设计特征的变化，则会更多地引起此类汽车一般消费者的注意。本案中，本专利所示汽车的外观设计与证据1所示汽车的外观设计相比，在前大灯、雾灯、前护板、格栅、侧面车窗、后组合灯、后保险杠、车顶轮廓等装饰性较强部位均存在差别。特别是，本专利的汽车前大灯采用近似三角形的不规则四边形设计，配合带有小护牙的倒U形的前护板和中间带有横条的格栅；汽车侧面后车窗采用不规则四边形设计，且后窗玻璃与后组合灯之间由窗框所分离，配合车身上部与下部的平滑过渡；汽车后面采用后组合灯从车顶附近开始一直延伸至后保险杠翘起部的“上窄下宽”的柱形灯设计，配合带有护牙的U形后保险杠，都比较突出、醒目，具有较强的视觉冲击力。显然，这些差别对于本案诉争类型汽车的一般消费者而言是显而易见的,足以使其将本专利图片所示汽车外观设计与证据1汽车外观设计的整体视觉效果区别开来。因此,上述差别对于本专利与证据1汽车外观设计的整体视觉效果具有显著的影响,二者不属于相近似的外观设计。

10. 外观设计相同或者相近似判断中对设计空间的考虑

在申请再审人国家知识产权局专利复审委员会(以下简称专利复审委员会)、浙江今飞机械集团有限公司(以下简称今飞公司)与被申请人浙江万丰摩轮有限公司(以下简称万丰公司)专利无效行政纠纷案〔(2010)行提字第5号〕中,最高人民法院认为,设计空间对于确定相关设计产品的一般消费者的知识水平和认知能力具有重要意义;在外观设计相同或者相近似的判断中,应该考虑设计空间或者说设计者的创作自由度,以便准确确定该一般消费者的知识水平和认知能力;设计空间的大小是一个相对的概念,是可以变化的,在专利无效宣告程序中考量外观设计产品的设计空间,需要以专利申请日时的状态为准。

本案的基本案情是:万丰公司拥有名称为"摩托车车轮(82451)"的外观设计专利(以下简称本专利)。针对本专利,今飞公司以本专利申请日以前已有与本专利相似的外观设计在国内出版物上公开发表过为由,于2009年2月25日向专利复审委员会提出无效宣告请求,并提交了附件13"Bike"杂志2005年9月号封面和封底复印件作为证据。专利复审委员会认为,附件13公开了一款摩托车车轮的外观设计(即在先设计),将本专利与在先设计进行比较,二者的相同之处在于:均由轮辋、辐条、轮毂组成,辐条呈逆时针旋转状分布且两侧平直,轮毂表面有加强筋。二者主要不同之处在于:本专利有五根辐条,而在先设计为六根辐条;本专利辐条一面为平滑,另一面表面有凹槽,而在先设计辐条表面为平滑和凹槽交替轮换;本专利与在先设计轮毂表面的加强筋图案不同。摩托车车轮基本均由轮辋、辐条和轮毂三部分组成,圆形轮辋属于车轮的惯常设计,相对轮辋,辐条的形状设计通常对车轮的整体视觉效果更具有显著的影响。本专利与在先设计在辐条两侧的形状相同,区别仅在于在先设计比本专利多一根辐条,属于局部细微的差别,而辐条表面凹槽和平滑的差异也属于细微变化,对整体视觉效果不具有显著影响。轮毂在使用状态下通常会被支架遮挡一部分,故轮毂表面加强筋图案的差别对整体效果不具有显著影响。因此,二者属于相近似的外观设计,本专利不符合专利法(2000年修正)第23条的规定。遂作出第13657号无效宣告请求审查决定(以下简称第13657号决定),宣告本专利全部无效。万丰公司不服该决定,提起行政诉讼。北京市第一中级人民法院一审认为,摩托车车轮受其所设定功能的限制,外观变化的空间均为有限,其设计差异更易对整体视觉效果产生显著的影响。本专利与在先设计之间的差别,已经对整体视觉效果产生了显著的影响,在该产品消费者所具有的较高分辨能力下,足以排除混淆。遂判决撤销第13657号决定,判令专利复审委员会重新作出决定。专利复审委员会、今飞公司上诉后,北京市高级人民法院二审认为,一审判决基于摩托车车轮产品在设计空间方面的限制认定本专利与在先设计不属于近似的外观设计,结论正确，遂判决维持一审判决。专利复审委员会和今飞公司均不服二审判决，向最高人民法院申请再审。最高人民法院提审本案后于2010年12月23日作出再审判决，撤销一、二审判决，维持第13657号决定。

最高人民法院再审认为：设计空间是指设计者在创作特定产品外观设计时的自由度。设计者在特定产品领域中的设计自由度通常要受到现有设计、技术、法律以及观念等多种因素的制约和影响。特定产品的设计空间的大小与认定该外观设计产品的一般消费者对同类或者相近类产品外观设计的知识水平和认知能力具有密切关联。对于设计空间极大的产品领域而言，由于设计者的创作自由度较高，该产品领域内的外观设计必然形式多样、风格迥异、异彩纷呈，该外观设计产品的一般消费者就更不容易注意到比较细小的设计差别。相反，在设计空间受到很大限制的领域，由于创作自由度较小，该产品领域内的外观设计必然存在较多的相同或者相似之处，该外观设计产品的一般消费者通常会注意到不同设计之间的较小区别。可见，设计空间对于确定相关设计产品的一般消费者的知识水平和认知能力具有重要意义。在外观设计专利与在先设计相同或者相近似的判断中，应该考虑设计空间或者说设计者的创作自由度，以便准确确定该一般消费者的知识水平和认知能力。在考虑设计空间这一因素时，应该认识到，设计空间的大小是一个相对的概念。在设计空间极大的产品领域和设计空间受到极大限制的产品领域这两个极端之间，存在设计空间由大到小的过渡状态。同时，对于同一产品的设计空间而言，设计空间的大小也是可以变化的。随着现有设计增多、技术进步、法律变迁以及观念变化等，设计空间既可能由大变小，也可能由小变大。因此，在专利无效宣告程序中考量外观设计产品的设计空间，需要以专利申请日时的状态为准。本案从专利复审委员会提供的证据来看，即使摩托车车轮均由轮辋、辐条和轮毂组成，且受到设定功能限制的情况下，其辐条的设计只要符合受力平衡的要求，仍可以有各种各样的形状，存在较大的设计空间。原审判决以摩托车车轮的设计空间有限为前提得出本专利与在先设计的区别致使两者不相同也不相近似的结论，缺乏事实依据。

二、著作权案件审判

11. 戏曲音乐作品著作权权属的审查及认定

在申请再审人黄能华、许文霞、许文霆、许文露、许文雷（以下简称黄能华、许文霞等）与被申请人扬州扬子江音像有限公司（以下简称扬子江公司）、汝金山侵犯著作权纠纷案〔(2010)民申字第556号〕中，最高人民法院认为，在侵权之诉中，人民法院对相关权属状况进行审查是查清案件事实的必要环节；涉案沪剧音乐中的唱腔音乐与开幕曲、幕间曲及大合唱等场景音乐应作为一个整体作品看待，在历史上对涉案戏曲音乐曲作者署名不尽一致，且署名的案外人未参与侵权诉讼，无法查清相关事实的情况下，其中一位署名作者主张著作权归己所有不应予以支持。

本案的基本案情是：1954年至1963年，《上海新民报晚刊》等报纸上刊登的《家》、《王魁负桂英》、《两代人》、《红菱记》、《茶花女》、《为奴隶的母亲》的演出公告中，作曲署名为水辉，演出单位为勤艺沪剧团。该剧团印制的上述6部戏剧及《龙凤花烛》、《白鹭》、《妓女泪》、《星火燎原》的演出节目单与宣传单上，作曲署名亦为水辉。上海音像出版社于1990年1月出版的沪剧录音带《为奴隶的母亲》、上海音像出版社出版发行的VCD《杨飞飞沪剧专辑》中《为奴隶的母亲》片断的作曲署名均为水辉。中国唱片上海公司出版发行的《杨飞飞 赵春芳艺术集锦》VCD(其中有《卖红菱》、《妓女泪》)封面上有两处作曲记载，一处为水辉，另一处为杨飞飞。黄能华、许文霞等提供的沪剧《为奴隶的母亲》的曲谱的封面记载：水辉作曲、上海勤艺沪剧团印、1955.11.8。许如辉又名水辉，于1987年1月4日去世，黄能华、许文霞等系许如辉的妻子与儿女。2005年8月25日，许文霞公证购买了由扬子江公司发行的VCD《沪剧·杨飞飞沪剧流派演唱会》1~3辑，该VCD中包含上述10部戏剧的片断或整部戏，演唱会的节目单及该VCD署名：作曲配器：汝金山。上海沪剧院向法院出具证明，汝金山由该剧院安排参加"杨飞飞沪剧流派演唱会"的音乐创作，该演唱会由该院协助演出。对于该VCD中"归家"唱段的合唱部分，经组织各方当事人将该部分合唱音乐与录音带沪剧《为奴隶的母亲》(1962年勤艺沪剧团伴奏演出)中的合唱音乐作比对，其中有二句完全相同，其余部分的音乐因唱词改动均作改动与调整。上海文化出版社于1999年出版发行的《上海沪剧志》记载：勤艺沪剧团由杨飞飞等人创建于1949年8月，杨飞飞任团长，赵春芳、丁国斌任副团长，作曲水辉、王国顺。建团后共整理、改编、创作剧目100余个，主要剧目有《家》、《为奴隶的母亲》、《茶花女》、《妓女泪》、《龙凤花烛》、《卖红菱》等。一审中，黄能华、许文霞等主张许如辉是涉案10部沪剧的作曲，请求判令扬子江公司、汝金山停止侵犯许如辉著作权的行为，扬子江公司收回并销毁侵权制品，扬子江公司、汝金山在《新民晚报》上公开致歉，赔偿黄能华、许文霞等损失20万元及维权费用10,702.9元。上海市第一中级人民法院一审认为，涉案10部沪剧的唱腔音乐部分主要由杨飞飞等演员基于传统曲调改编、创作完成，场景音乐系由许如辉创作，伴奏音乐部分为黄海滨等主胡伴奏人员与杨飞飞等演员密切配合的创作成果。涉案VCD所涉经典唱段的音乐主要为唱腔音乐，其余为唱腔的伴奏音乐以及演唱会幕间曲、合唱等场景音乐，针对伴奏音乐部分，必须进行曲谱比对。由于黄能华、许文霞等除提供了《为奴隶的母亲》曲谱外，未能提供其他原始曲谱，故应承担举证不能的法律后果。通过对涉案VCD中《为奴隶的母亲》"归家"等唱段与黄能华、许文霞等提供的1955年曲谱进行比对，演唱会VCD中《为奴隶的母亲》"归家"唱段的合唱部分在1955年曲谱中并无记载，二者唱词音乐、场景音乐亦不相同，故黄能华、许文霞等主张汝金山抄袭了许如辉的原作曲内容，侵犯其著作权，缺乏事实依据，遂判决对其诉讼请求不予支持。黄能华、许文霞等不服一审判决，以本案系侵权之诉，一审法院认定案外人杨飞飞系涉案唱腔的设计者，违反"不告不理"诉讼程序等为由，提起上诉。上海市高级人民法院二审认为，五六十年代的沪剧音乐是由老一辈戏曲艺术家、作曲、琴师等在传统民间曲调的基础上共同创作完成的合作作品。共同参与作品创作并作出独创性贡献的人员均是合作作者，共同享有与行使整个剧目音乐的著作权。黄能华、许文霞等主张涉案的沪剧音乐均由许如辉一人享有著作权，与事实不符，不予支持。许如辉作为勤艺沪剧团的专职作曲，主要是从事开幕曲、幕间曲等场景音乐、配器等部分的音乐创作，不代表对整个剧目中所有沪剧音乐元素的创作，唱段主要体现的是演员的唱腔音乐，就整个的唱段部分音乐乃至唱腔音乐而言，局部的过门、旋律的修饰不足以构成著作权法意义上的“创作”，故许如辉不能因此而对唱腔音乐享有著作权。根据我国民事诉讼法和民事证据规则规定的举证责任原则，黄能华、许文霞等应当首先举证证明其对被诉侵权 VCD 所涉唱段的音乐享有著作权，然后再证明扬子江公司、汝金山实施了侵犯其著作权的行为。一审法院根据当事人提供的证据对 VCD 专辑中黄能华、许文霞等提出被侵权的涉案沪剧唱段音乐的权属进行审查并确定其归属是正确的。遂判决驳回上诉，维持一审判决。黄能华、许文霞等不服二审判决，向最高人民法院申请再审。最高人民法院于 2010 年 11 月 26 日裁定驳回其再审申请。

最高人民法院审查认为：根据本案系侵权之诉的具体情况，对相关权属状况进行审查是查清案件事实的必要环节，原审法院对此进行必要的审查是正确的。作为不同的地方戏曲，都有其基本的曲牌、曲调，任何一个地方戏曲剧目，都是在民间传统曲牌、曲调的基础上创作完成，且都经历了演出的剧目从没有曲谱，到定腔定谱的发展过程。许如辉五六十年代曾任上海勤艺沪剧团的专职作曲，负责戏曲音乐的谱曲整合、总体设计、定腔定谱等工作，其参与了涉案沪剧音乐作品创作的事实应该肯定。原审法院根据沪剧音乐产生、传承和发展规律，并根据五六十年代戏曲演出多以演员为主的特点，认定涉案沪剧音乐系由老一辈戏曲表演艺术家及曲作者、琴师等共同创作完成，符合客观事实。但原审法院在认定共同创作的同时，又将涉案沪剧音乐中的唱腔音乐与开幕曲、幕间曲及大合唱等场景音乐分开，否认了许如辉参与整体音乐创作的客观事实不妥。本案各方当事人对许如辉系涉案沪剧音乐中场景音乐的曲作者没有争议，争议的焦点在于许如辉是否参与了唱腔音乐的创作。对此，根据双方当事人提供的证据及相关证人证言，由于不同时期、不同出版社出版发行的音像制品或报纸、杂志，对涉案沪剧音乐作品曲作者的署名不尽一致，即涉案相关沪剧剧目曲作者除许如辉外，还包括王国顺、杨飞飞等人，在上述人员非本案当事人，且杨飞飞作为证人出庭作证，坚持自己系唱腔音乐的曲作者的情况下，黄能华、许文霞等主张涉案沪剧整体音乐（包括唱腔音乐）的著作权归许如辉一人享有，缺乏事实和法律依据。

12. 作品登记是否构成著作权意义上的发表

在申请再审人坤联（厦门）照相器材有限公司（以下简称坤联公司）与深圳市宝安区公明八航五金塑胶厂（以下简称八航厂）、八航实业（深圳）有限公司（以下简称八航公司）、他普实业有限公司（以下简称他普公司）侵犯著作权纠纷案〔（2010）民申字第 281 号〕中，最高人民法院认为，作品登记的主要作用在于证明权利的归属，一般不构成著作权法意义上的发表，在没有其他证据的情况下不宜以此推定被告接触过原告作品。

本案的基本案情是:坤联公司职员创作了"取景标贴"(keep 20cm)图案,是用于贴在摄像机产品上的标贴,该美术图案左侧为一只含有眉毛和眼睛的图案,右边是英文"keep 20cm"。坤联公司与该职员签署"职务作品确认书",确认该作品为职务作品,坤联公司享有除署名权之外之著作权。2004 年 7 月 15 日,坤联公司取得福建省版权局颁发的作品著作权登记证书,载明作品名称为"取景标贴"(keep 20cm),作品类型为美术作品,所附的"作品创作说明"中对作品进行描述并有作品图样。八航公司、八航厂三种不同型号的摄像机产品取景器下方标有"左侧为眉毛和眼睛图形,右侧为 keep 20cm"字样的图案,与坤联公司作品稍有差别。坤联公司以侵犯其著作权为由提起诉讼,广东省深圳市中级人民法院以坤联公司未证明八航公司等接触过其作品为由,判决驳回其诉讼请求。广东省高级人民法院维持一审判决。坤联公司申请再审,最高人民法院于 2010 年 6 月 23 日裁定驳回其再审申请。

最高人民法院审查认为:坤联公司主张八航厂、八航公司及他普公司侵犯其著作权,应举证证明被诉侵权标贴系抄袭、复制其作品。本案中,由于坤联公司未能提供其作品与其产品一起公开销售的证据,故主张对方接触其作品缺乏证据证明。根据国家版权局 1994 年发布的《作品自愿登记试行办法》第 1 条规定,作品登记的主要目的是维护作者或其他著作权人和作品使用者的合法权益,有助于解决因著作权归属造成的纠纷,并为解决著作权纠纷提供初步证据。可见,进行登记的主要作用在于证明权利的归属。虽然该试行办法规定有"作品登记应实行计算机数据库管理,并对公众开放"的内容,但对登记机构能否向公众提供相关登记的作品未作规定。原审法院结合本案的具体情况,认为作品登记不是著作权法意义上的发表,坤联公司主张八航厂、八航公司、他普公司侵权不能成立,驳回其诉讼请求是正确的。

13. 境外影视作品著作权人维护自己的合法权益不以获得行政审批为条件

在申请再审人广东中凯文化发展有限公司(以下简称中凯公司)与被申请人重庆市高新技术产业开发区水木年华网吧(以下简称水木年华网吧)、罗昌颖侵犯著作权纠纷案〔(2010)民提字第 39 号〕中,最高人民法院认为,境外影视作品著作权人维护自己的合法权益不以获得行政审批为条件。

本案的基本案情是:2007 年 5 月,韩国 MBC 公司将其拥有版权的电视连续剧《宫 S》在中国大陆地区的信息网络传播权独家授权给中凯公司,并授权中凯公司处理中国大陆地区的盗版行为。经 2007 年 7 月公证证明,使用水木年华网吧的电脑可在线播放《宫 S》。2008 年 6 月 20 日,中凯公司以水木年华网吧未经授权传播电视连续剧《宫 S》、侵犯了其信息网络传播权为由提起诉讼,请求判令水木年华网吧停止侵权行为,赔偿经济损失 8 万元、维权合理费用 3000 元等。一审中,中凯公司提供了在中国大陆合法出版的《宫 S》DVD,以证明涉案作品在中国大陆出版发行已经获得行政审批。重庆市第五中级人民法院一审认定水木年华网吧侵犯了中凯公司享有的信息网络传播权,判决水木年华网吧停止侵权行为、赔偿中凯公司经济损失和合理费用 2 万元等。水木年华网吧不服一审判决,提起上诉。重庆市高级人民法院二审查明，一审中，水木年华网吧辩称其使用的数据缓冲服务器是通过有偿使用协议从重庆网盟公司取得，而网盟公司提供的“网吧院线”是通过北京网尚公司授权取得，水木年华网吧一审时提交了网盟公司出具的包年使用费收据和网尚公司的网吧院线对水木年华网吧ICD授权的电子页面截屏。中凯公司提供的公证光盘中，播放影片的网站页面内容是网吧院线的内容，但是播放页面的IP地址里包含有水木年华网吧的局域网地址；在互联网上直接输入该网址无法登陆网尚公司的网站。二审法院认为，中凯公司享有涉案作品在中国大陆的独家信息网络传播权，水木年华网吧在其局域网上传播了涉案作品，侵犯了中凯公司的信息网络传播权。水木年华网吧应当承担停止侵权的法律责任。根据水木年华网吧提供的证据，可以认定其传播的涉案作品系由有正规资质的网尚公司有偿提供，有合法来源，应当由网尚公司承担主要责任。但是鉴于水木年华网吧没有提供与网尚公司的合作协议、许可使用合同等证据，审查不够充分，法律手续不够规范，存在一定过错，应当按照过错程度承担赔偿责任2000元（含中凯公司制止侵权的合理费用1000元）。中凯公司无法证明涉案作品获得了我国的行政审批，无权从事与涉案作品信息网络传播权有关的商业活动及获取报酬，因此不能获得经济损失的赔偿。水木年华网吧应当承担的赔偿金额中扣除合理费用后，还有1000元因中凯公司无权收取，应当以不当得利予以收缴，上缴国库。据此，二审法院改判水木年华网吧停止侵权行为、赔偿中凯公司制止侵权的合理费用1000元，对水木年华网吧的不当得利1000元予以收缴。中凯公司向最高人民法院申请再审，最高人民法院裁定提审本案。中凯公司称，二审判决对水木年华网吧是否尽到合理审查义务、涉案作品是否由案外人提供等事实问题的认定没有充分的依据，二审判决认定涉案作品未经行政审批错误。水木年华网吧辩称，涉案作品被批准进口的日期为2007年10月9日，晚于中凯公司公证取证的时间2007年7月26日，因此，公证取证行为是违法的。最高人民法院于2010年9月14日作出再审判决，维持二审判决中关于水木年华网吧停止侵权行为、赔偿中凯公司合理费用1000元的内容，加判水木年华网吧赔偿中凯公司经济损失1000元，驳回中凯公司的其他诉讼请求等。

最高人民法院再审认为：著作权人维护自己的合法权益并不以获得进口行政审批为条件，因此，中凯公司在2007年7月进行公证取证并不违反法律规定。中凯公司提交了已合法出版的《宫S》DVD等证据，证明涉案作品已经经过行政审批，可以在我国合法传播。二审判决认定该事实有误，予以纠正。水木年华网吧提交的证据尚不能证明涉案作品系由网尚公司有偿提供。况且，水木年华网吧提交的网尚公司关于中国网吧院线的书面宣传资料显示，网吧可以自行添加或删除其服务器中的影视剧文件。因此，不能认定水木年华网吧在传播涉案作品时尽到了必要的注意义务。对于权利人仅起诉网吧的案件，应该考虑在局域网传播作品的数量、对权利人经济利益损害的程度、网吧的侵权获利水平等因素，合理确定赔偿额。根据本案具体情形，二审判决确定的赔偿额2000元（含维权合理费用1000元）是基本适当的；但是判决没收不当得利，适用法律不当，应予纠正。

14. 买卖书号出版的图书的复制发行主体及侵权行为的认定

在申请再审人李长福与被申请人中国文史出版社(以下简称文史出版社)侵犯著作权纠纷案〔(2010)民提字第117号〕中,最高人民法院认为,出版社卖书号给书商,由书商负责编辑、印刷或发行图书,应当认定书商是复制发行图书的实质主体。

本案的基本案情是:2001年4月13日,李长福与文史出版社签订图书出版合同约定,李长福授予文史出版社在中国大陆出版发行《邓小平理论辞典》作品汉字简体字文本的专有使用权;未经双方同意,不得将前述权利许可第三方使用;出版电子版或者许可第三方出版电子版须另行取得李长福的书面授权;合同有效期为10年。李长福发现,文史出版社未经其许可,将正版图书787×960开本(以下简称960版)的未定稿交给书商姚智瑞,并卖书号给书商,由书商出版发行了787×1092开本(含电子版光盘,以下简称1092版)的侵权图书,1092版及光盘有40余处错误,遂起诉文史出版社未经许可擅自出版的1092版及其光盘侵犯其著作权。北京市第一中级人民法院一审认为,文史出版社取得了出版发行《邓小平理论辞典》汉字简体字文本的专有使用权,版本的决定权在文史出版社,其出版1092版纸质印刷图书并未超出合同约定范围;但1092版所含光盘版,超出合同约定,既属于违约又构成侵权。遂判决文史出版社停止出版发行侵权的光盘版《邓小平理论辞典》并赔偿李长福损失40,000元等。李长福不服一审判决,提起上诉。北京市高级人民法院二审以与一审判决基本相同的理由判决驳回上诉,维持一审判决。李长福向最高人民法院申请再审,最高人民法院裁定提审本案。在再审时,文史出版社承认其原社长将录有960版内容的未定稿交给书商姚智瑞,合作出版了1092版;1092版由书商自行排版、印刷、发行;文史出版社向书商收取了8万元管理费。最高人民法院于2010年11月30日作出再审判决,改判文史出版社停止出版发行1092版《邓小平理论辞典》及其配套光盘,赔偿李长福损失及维权合理费用15万元。

最高人民法院再审认为:根据查明的事实,可以认定1092版《邓小平理论辞典》是文史出版社以合作出版为名,向书商姚智瑞收取管理费,给书商办理有关手续,由书商自行排版、印刷、发行的。文史出版社放弃了编辑、校对、印刷、复制、发行等职责,致使书商以文史出版社的名义从事非法出版活动牟利,构成买卖书号行为。1092版图书是书商从事非法出版活动出版的出版物,其复制发行的主体实质上已经不是文史出版社,而是书商姚智瑞。虽然文史出版社主张1092版图书为该社的合法出版物,并愿意对该版图书出现错误、未付酬等问题承担责任,但是因其主张与事实不符,不予采信。本案中1092版所附光盘是被控侵权的1092版图书的组成部分。文史出版社卖书号给书商出版侵权图书、将960版未定稿交给书商复制发行、出版电子版的行为,均侵犯了李长福对其作品的复制发行权。

15. 行政区划地图的可版权性及其保护程度

在申请再审人刘凯与被申请人包头市达茂联合旗人民政府(以下简称达茂旗政府)、包头市达茂联合旗建设局(以下简称达茂旗建设局)、包头市达茂联合旗国土资源局(以下简称达茂旗国土资源局)、包头市达茂联合旗工商行政管理局(以下简称达茂旗工商局)侵犯著作权及不正当竞争纠纷案〔(2008)民申字第47-1号〕中,最高人民法院认为,独立创作完成的地图,如果在整体构图、客观地理要素的选择及表现形式上具有独创性,可构成著作权法意义上的作品;行政区划图中关于行政区的整体形状、位置以及各内设辖区的形状和位置等,由于系客观存在,表达方式非常有限,在认定侵权时应不予考虑。

本案的基本案情是:刘凯主张“达尔罕茂明安联合旗行政区划图”(以下简称《行政区划图》)系其绘制,该图右下角标注“达尔罕茂明安联合旗民政局(以下简称达茂旗民政局)编制,包头市民政局监制2002年8月”,右上角标有“内部用图”字样。2004年6月,达茂旗政府、达茂旗建设局共同编制发行了《达茂旗旅游交通图》(以下简称《旅游交通图》)。《行政区划图》与《旅游交通图》的对比情况如下:《行政区划图》包括各苏木/镇、行政村、自然村,《旅游交通图》基本只包括到行政村,有很少量的自然村,主要是景点图片。两幅图中关于达茂旗及各苏木/镇的整体轮廓相同,边界线的画法均为深浅两种粉色,边墙遗址(均为4处13段)和河流水库(共9处)的画法相同,18个图例中9个相同。另外,《行政区划图》上达茂旗跟固阳县的交界线画为两横一点,而根据图例,旗县界应为一横一点,《旅游交通图》存在同样的错误。两幅图背景颜色不同,比例尺不同,角度不同,标注的道路有所不同,《旅游交通图》里没有标注白云鄂博的区域。刘凯以被申请人侵犯其著作权及不正当竞争为由提起诉讼。内蒙古自治区包头市中级人民法院一审及内蒙古自治区高级人民法院二审均认为,《行政区划图》署名为达茂旗民政局,刘凯未能证明其为作者,遂判决驳回其诉讼请求。内蒙古自治区高级人民法院再审认为,刘凯不具有测绘资质,《行政区划图》不具有独创性,不受著作权法保护,遂判决维持原二审判决。刘凯不服,向最高人民法院申请再审。最高人民法院以原再审判决认定《行政区划图》不具有独创性、不受著作权法保护理由有误,但其结论正确为由,于2010年9月21日裁定驳回其再审申请。

最高人民法院审查认为:(1)关于《行政区划图》是否构成受著作权法保护的作品以及刘凯是否该图的作者和著作权人。著作权法所保护的作品,是指文学、艺术和科学领域内具有独创性并能以某种有形形式进行复制的智力成果。根据我国著作权法的规定,有独创性的地图属于著作权法保护的图形作品。本案中《行政区划图》系刘凯独立创作完成,在整体构图、客观地理要素的选择及表现形式上具有独创性,构成著作权法意义上的作品,刘凯作为该图的作者,依法享有著作权。(2)关于达茂旗政府、达茂旗建设局出版发行《旅游交通图》是否构成对《行政区划图》著作权的侵犯。根据《行政区划图》和《旅游交通图》的对比情况可知,《旅游交通图》主要利用了《行政区划图》关于达茂旗及各乡镇苏木的整体轮廓和结构,在此基础上添加景点图片而成。由于达茂旗的整体形状、位置以及各乡镇苏木的形状和位置是客观存在的,其表达方式非常有限,《旅游交通图》对于刘凯具有独创性的部分仅有少量使用,如边界线的颜色、边墙遗址的画法等,从整体上来看,不构成对《行政区划图》的复制,可不视为对刘凯著作权的侵犯。

三、商标案件审判

(一)商标民事案件审判

16. 判断商标近似时对被诉侵权人的主观意图、相关标识使用的历史和现状等因素的考虑

在上诉人(法国)拉科斯特股份有限公司(LACOSTE)(以下简称拉科斯特公司)与被上诉人(新加坡)鳄鱼国际机构私人有限公司(CROCODILE INTERNATIONAL PTE LTD)(以下简称鳄鱼国际公司)、上海东方鳄鱼服饰有限公司北京分公司侵犯商标专用权纠纷案〔(2009)民三终字第3号〕中,最高人民法院认为,侵犯注册商标专用权意义上的商标近似应当是指混淆性近似,即足以造成市场混淆的近似;由于不同案件诉争标识涉及情况的复杂性,认定商标近似除通常要考虑其构成要素的近似程度外,还可以根据案件的具体情况,综合考虑被诉侵权人的主观意图、注册商标与诉争标识使用的历史和现状等其他相关因素,在此基础上认定诉争商标是否构成混淆性近似。

本案的基本案情是:拉科斯特公司创办于1933年,同年在法国注册"鳄鱼图形"商标。1980年至1999年,拉科斯特公司在中国注册了第141103号、第879258号、第1318589号"鳄鱼图形"商标及第940231号"鳄鱼图形+LACOSTE"商标,前述注册商标分别核定使用在第25类和第18类相关商品上。拉科斯特公司产品于1984年正式进入中国,1994年在中国上海设立第一个专柜。鳄鱼国际公司前身系陈贤进于1943年在新加坡创办的利生民公司,1983年更名为现名称。利生民公司于1949年申请并于1951年在新加坡获准注册了"crocodile+鳄鱼图形"商标。1951年,利生民公司在第25类商品上分别在新加坡、香港注册了鳄鱼图形商标。1952年至1954年,利生民公司在第25类商品上分别在印度、沙捞越、沙巴(洲)、马来西亚等国家和地区注册了鳄鱼图形商标。1959年,利生民公司在日本注册了鳄鱼图形商标。1961年至2003年,鳄鱼国际公司分别在文莱、印度尼西亚、斯里兰卡、韩国、中国台湾、泰国、蒙古、尼泊尔、朝鲜、摩洛哥、沙特阿拉伯、斐济等国家和地区在第25类商品上注册了鳄鱼图形商标。鳄鱼国际公司于1994年在中国上海开设第一个专卖店,于1993年、1994年向中国大陆申请注册"CARTELO及鳄鱼图形"商标,使用商品分别为第25类和第18类,该两商标已经于2007年被生效判决核准注册。利生民公司曾于1969年在日本大阪提起民事诉讼,指控拉科斯特公司的销售商侵犯其商标权。1973年双方在大阪高等法院达成和解,利生民公司同意拉科斯特公司在日本注册"鳄鱼图形"商标。1983年6月17日,双方还签订和解协议。1995年,拉科斯特公司发现鳄鱼国际公司在中国建立了多家店面,其招牌上印有写实风格的鳄鱼图形,销售标有"鳄鱼图形"商标的服装产品。2000年5月11日,拉科斯特公司以鳄鱼国际公司侵犯其注册商标权为由提起诉讼。北京市高级人民法院一审认为,根据本案查明的事实,鳄鱼国际公司之行为不同于刻意仿冒名牌奢侈品的假冒行为,其在主观上并无利用拉科斯特公司的品牌声誉,造成消费者混淆、误认之故

意;鳄鱼国际公司的系列商标标识经过在中国大陆市场上大规模、长时间使用后,客观上也已经建立起特定的商业声誉。而且,被诉侵权产品标示的并非仅为“鳄鱼图形”,还标有“CARTELO”及“CARTELO及鳄鱼图形”,所有这些作为一个整体,使得被诉侵权产品具有了整体识别性,能够有效地与其他标有鳄鱼形象的商品相区别。有鉴于此,根据整体比对、综合判断的原则,拉科斯特公司与鳄鱼国际公司的系列商标标识作为整体,二者之间已经形成了显著性的区别特征。两者无论在实际购买商品时还是在商品售出后使用中均不会导致消费者的混淆和误认。鳄鱼国际公司在被诉侵权产品上单独使用“鳄鱼图形”的行为,亦不侵犯拉科斯特公司的注册商标专用权。遂判决驳回拉科斯特公司的诉讼请求。拉科斯特公司不服一审判决,提起上诉。最高人民法院于2010年12月29日作出二审判决,驳回上诉,维持原判。

最高人民法院二审认为:2001年修订前的商标法第38条第1项规定,“未经注册商标所有人的许可,在同一种商品或者类似商品上使用与其注册商标相同或者近似的商标的”,构成侵犯注册商标专用权行为。《最高人民法院关于审理商标民事纠纷案件适用法律若干问题的解释》第9条第2款规定:“商标法(指2001年10月27日修订的商标法——引注)第五十二条第(一)项规定的商标近似是指被控侵权的商标与原告的注册商标相比较,其文字的字形、读音、含义或者图形的构图及颜色,或者其各要素组合后的整体结构相似,或者其立体形状、颜色组合近似,易使相关公众对商品的来源产生误认或者认为其来源与原告注册商标的商品有特定的联系”。参照该司法解释规定及根据审判实际,认定被诉标识与原告请求保护的注册商标是否构成修订前的商标法第38条第1项规定的近似商标,通常要根据诉争标识文字的字形、读音、含义或者图形的构图及颜色等构成要素的近似性进行判断,且将是否造成混淆作为重要判断因素。因此,侵犯注册商标专用权意义上的商标近似应当是指混淆性近似,即足以造成市场混淆的近似。由于不同案件诉争标识涉及情况的复杂性,认定商标近似除通常要考虑其构成要素的近似程度外,还可以根据案件的具体情况,综合考虑其他相关因素,在此基础上认定诉争商标是否构成混淆性近似。诉争商标虽然在构成要素上具有近似性,但综合考量其他相关因素,仍不能认定其足以造成市场混淆的,不认定其构成侵犯注册商标专用权意义上的近似商标。本案中,鳄鱼国际公司使用的被诉标识鳄鱼图形与拉科斯特公司的系列注册商标相比,其均为鳄鱼图形,具有一定的近似性,但鳄鱼国际公司使用的被诉标识鳄鱼头部朝向、体型、鳞片、颜色均与拉科斯特公司主张权利的鳄鱼图形不同。特别是,双方之间的诉争商标在相关市场中具有特殊的形成历史和发展历程,有特殊的使用和共存状况,在本案中认定诉争商标是否构成侵犯注册商标专用权意义上的近似商标,既不能割裂各自形成和发展的历史,又不能无视相互之间的共存过程和使用状态,否则,就难以作出公平合理的裁判。就本案诉争商标具体情况而言,认定其是否近似仅仅比对标识本身的近似性是不够的,还必须综合考量鳄鱼国际公司的主观意图、双方共存和使用的历史与现状等因素,结合相关市场实际,进行公平合理的判断。首先,本案事实足以表明,鳄鱼国际公司进入中国市场后使用相关商标,主要是对其已有商标的沿用,且在实际使用中也有意区分诉争标识。其次,从相关国际市场看,双方诉争标识在亚洲部分国家和地区已经长期形成共存和使用的国际市场格局。再次,从诉争标识在中国市场的共存和使用情况看,两者在中国市场内已拥有各自的相关公众,在市场上均已形成客观的划分,已成为可区别的标识。综上,鳄鱼国际公司使用的被诉标识与拉科斯特公司请求保护的注册商标不构成侵犯注册商标专用权意义上的混淆性近似,不足以对拉科斯特公司的注册商标造成损害。

17. 判断商标近似时对注册商标的显著性和知名度等因素的考虑

在申请再审人湖南省华光机械实业有限公司(以下简称华光机械公司)、湖南省嘉禾县华光钢锄厂(以下简称华光钢锄厂)与被申请人湖南省嘉禾县锻造厂(以下简称嘉禾县锻造厂)、郴州市伊斯达实业有限责任公司(以下简称伊斯达公司)侵犯商标权纠纷案〔(2010)民提字第27号〕中,最高人民法院认为,根据《最高人民法院关于审理商标民事纠纷案件适用法律若干问题的解释》第9条和第10条的规定,在商标侵权纠纷案件中,认定被诉侵权标识与主张权利的注册商标是否近似,应当视所涉商标或其构成要素的显著程度、市场知名度等具体情况,在考虑和对比文字的字形、读音和含义,图形的构图和颜色,或者各构成要素的组合结构等基础上,对其整体或者主要部分是否具有市场混淆的可能性进行综合分析判断。

本案的基本案情是:嘉禾县锻造厂成立于1997年11月,经营范围为钢锄等。伊斯达公司成立于2000年11月,经营范围为五金工具、农具生产等产品的批发零售、自营和代理各类商品和技术的进出口。嘉禾县锻造厂于2001年以"雉鸡"中文文字和鸡图案组合作为商标向国家工商行政管理总局商标局(以下简称商标局)申请注册商标并获得核准,商标注册号为第1641855号,核定使用商品第8类锄头等。2002年1月1日,嘉禾县锻造厂与伊斯达公司签订合同,许可伊斯达公司使用第1641855号商标。嘉禾县锻造厂、伊斯达公司均生产钢锄并使用"雉鸡"中文文字和雉鸡图案组合商标,其产品出口销往非洲和东南亚等国家。华光钢锄厂成立于1997年,经营范围为钢锄等生产及销售。华光机械公司经营范围为工具等生产及销售。华光钢锄厂于1999年开始使用"银鸡"中英文和鸡图案组合商标。华光钢锄厂于2000年2月以"银鸡"中文和拼音"YINJI"组合作商标,向商标局申请注册并获得核准,商标注册号为第1364633号,核定使用商品第8类锄头等。嘉禾县锻造厂、伊斯达公司和华光机械公司、华光钢锄厂均生产农用钢锄,其外形、尺寸基本相同。嘉禾县锻造厂、伊斯达公司在其生产的钢锄上使用"雉鸡"中文文字和鸡(鸡头向右,鸡尾朝左)图案,并标有英文"JOG00BRAND"及"中国制造"中英文加棱形图案商标。华光钢锄厂、华光机械公司在其生产的钢锄上使用"银鸡"和鸡(鸡尾朝右,鸡头向左并反向向右)图案,并标有英文"SILVERCOCK"及"中国制造"中英文加棱形图案商标。嘉禾县锻造厂2002年至2006年出口钢锄价值分别为美元47万元、14万元、45万元、7万元、401万元。伊斯达公司2002年至2005年出口钢锄价值分别为美元

101万元、153万元、151万元、389万元。华光钢锄厂2002年至2005年出口钢锄价值分别为美元63万元、64万元、73万元、73万元。华光机械公司2006年出口钢锄价值为282万美元。2007年1月12日,嘉禾县锻造厂、伊斯达公司以华光钢锄厂、华光机械公司生产和出口的“银鸡”牌钢锄侵犯其“雉鸡”牌注册商标专用权为由提起诉讼。湖南省郴州市中级人民法院一审认为,华光钢锄厂、华光机械公司使用的“银鸡”中文文字加鸡图案商标,与嘉禾县锻造厂拥有的“雉鸡”中文文字加鸡图案的注册商标从文字、图案、颜色、图形相比较,二者在视觉上基本无差别,容易使相关公众对商品的来源产生误认或者认为其来源与嘉禾县锻造厂注册商标的商品有特定的联系,侵犯了嘉禾县锻造厂注册商标专用权,遂判决华光钢锄厂、华光机械公司停止侵权并赔偿人民币50万元。华光钢锄厂、华光机械公司不服一审判决,提起上诉。湖南省高级人民法院经审理,对华光钢锄厂称其早在1999年就开始使用“银鸡”中英文和鸡图案商标的事实不予认定,认为一审判决基本正确,判决驳回上诉,维持一审判决。华光钢锄厂、华光机械公司不服二审判决,向最高人民法院申请再审。最高人民法院提审后于2010年6月24日作出再审判决,撤销一、二审判决,驳回嘉禾县锻造厂、伊斯达公司诉讼请求。

最高人民法院再审认为:根据民事优势证据原则,对一审法院查明的华光钢锄厂早在1999年就开始使用“银鸡”中英文和鸡图案商标的事实予以确认。嘉禾县锻造厂的注册商标与华光钢锄厂、华光机械公司使用的银鸡标识均由鸡图形和相关鸡文字组成。经比对,两者鸡图形从视觉上看有明显不同,“雉鸡”、“银鸡”文字在视觉及呼叫上亦有明显区别,被诉侵权标识主色调为绿白两色,且有菱形边框,从整体上比较,也与嘉禾县锻造厂的注册商标有明显的区别。此外根据最高人民法院查明的事实,在生产锄头等产品的行业内,以“鸡”图形+文字的商标被较广泛的注册、使用。嘉禾锻造厂也未提交其第1641855号“雉鸡及图”注册商标在1999年以前具有较高知名度的相关证据,且在嘉禾锻造厂的第1641855号“雉鸡及图”商标注册之前,华光钢锄厂已经在其生产、销售的钢锄上使用了银鸡中英文和鸡图案商标,根据本案现有证据难以认定华光钢锄厂有借用嘉禾锻造厂的注册商标声誉的主观故意。此外,根据原审法院查明的事实,在嘉禾县锻造厂提起本案诉讼之前,华光钢锄厂、华光机械公司与嘉禾县锻造厂、伊斯达公司在其各自生产、销售的钢锄上对相关商标均进行了大规模的使用,仅本案诉讼发生之前6年的各自的出口产值均已超过数百万美元。因此,华光钢锄厂、华光机械公司和嘉禾县锻造厂、伊斯达公司虽然处于同一地区,双方的锄头等产品均多数销往国外市场,相关公众已经将两者的商标区别开来,已经形成了各自稳定的市场。综合考虑以上因素,华光钢锄厂、华光机械公司使用的银鸡中英文和鸡图案商标和嘉禾县锻造厂享有注册商标专用权的第1641855号“雉鸡及图”商标不构成近似商标。

18. 企业字号与他人在先注册商标冲突的处理规则

在申请再审人王将饺子(大连)餐饮有限公司(以下简称大连王将公司)与被申请人李惠廷侵犯注册商标专用权纠纷案〔(2010)民

提字第15号〕中,最高人民法院明确了企业字号与他人在先注册商标冲突案件的处理规则,指出停止使用企业名称与规范使用企业名称是两种不同的责任方式,并明确了适用这两种责任方式的具体情形。

本案的基本案情是:2003年李惠廷获准在第43类饭店、快餐馆等服务上注册"王将"商标,并在其在哈尔滨市经营的餐馆中使用"王将"商标。2005年1月,日本王将株式会社投资成立的大连饺子的王将餐饮有限公司获批成立。同年11月,经核准变更名称为王将饺子(大连)餐饮有限公司。大连王将公司在其经营的餐馆招牌、店内筷子套等餐具包装、菜谱、茶具上使用了"王将"字样服务标识以及在菜谱、茶具及发票印鉴上使用了"王将"字样服务标识。李惠廷起诉认为大连王将公司的行为侵犯其商标专用权,请求判令大连王将公司停止侵权行为、变更企业名称、公开赔礼道歉并赔偿经济损失。辽宁省大连市中级人民法院一审认为,大连王将公司注册包含"王将"字号的企业名称在李惠廷"王将"文字商标注册之后,且其经营范围包含在李惠廷注册商标的核定服务项目范围之内,大连王将公司在同业经营中使用与李惠廷注册商标相同的文字,足以使相关消费者对餐饮服务的来源以及不同经营者之间是否具有关联关系等产生混淆误认,属于商标法规定的给他人注册商标专用权造成其他损害的行为。同时,大连王将公司使用与注册商标相同的"王将"文字和相近似的"王将"服务标识,构成商标侵权。遂判决大连王将公司在李惠廷"王将"商标注册证核定服务项目的范围内停止使用含有"王将"字样的企业名称、立即停止使用"王将"和"王将"字样的服务标识并赔偿李惠廷经济损失。大连王将公司不服一审判决,提起上诉,辽宁省高级人民法院二审维持一审判决。大连王将公司不服,向最高人民法院申请再审。最高人民法院提审本案后于2010年6月24日作出再审判决,撤销了原审判决关于大连王将公司停止使用含有"王将"字样的企业名称与停止使用"王将"和"王将"字样的服务标识的判项,改判大连王将公司规范使用其企业名称,停止突出使用"王将"和"王将"等侵犯李惠廷注册商标专用权的行为,并赔偿李惠廷经济损失等。

最高人民法院再审认为:注册商标和企业名称均是依照相应的法律程序获得的标志权利,分属不同的标志序列,依照相应法律受到相应的保护。对于注册商标与企业名称之间的纠纷,人民法院应当区分不同的情形,按照诚实信用、维护公平竞争和保护在先权利等原则,依法处理。如果注册使用企业名称本身具有不正当性,如不正当地将他人具有较高知名度的在先注册商标作为字号注册登记为企业名称,即使规范使用仍足以产生市场混淆的,可以按照不正当竞争处理;如果是不规范使用企业名称,在相同或者类似商品上突出使用与他人注册商标相同或相近的企业的字号,容易使相关公众产生误认的,属于给他人注册商标专用权造成其他损害的行为,依法按照侵犯商标专用权行为处理。相应地,人民法院应当依据《最高人民法院关于审理注册商标、企业名称与在先权利冲突的民事纠纷案件若干问题的规定》第4条的规定,根据原告的诉讼请求和案件具体情况,确定被告应当承担的民事责任。如果不正当地将他人具有较高知名度的在先注册商标作为字号注册登记为企业名称,注册使用企业名称本身即是违法,不论是否突出使用均难以避免产生市场混淆的,可以根据当事人的请求判决停止使用或者变更该企业名称;如果企业名称的注册使用并不违法,只是因突出使用其中的字号而侵犯注册商标专用权的,判决被告规范使用企业名称、停止突出使用行为即足以制止被告的侵权行为,因此这种情况下不宜判决停止使用或者变更企业名称。规范使用企业名称与停止使用或变更企业名称是两种不同的责任承担方式,不能因突出使用企业名称中的字号从而侵犯商标专用权就一律判决停止使用或变更企业名称。本案中,虽然李惠廷的“王将”商标注册在先,但其仅在黑龙江省哈尔滨市实际使用,且在大连王将公司注册登记企业名称时并未具有较高知名度。同时,由于大连王将公司是日本王将株式会社投资成立的,大连王将公司以王将为字号注册其企业名称,具有一定合理性。如果大连王将公司在经营活动中规范使用其王将饺子(大连)餐饮有限公司的企业名称,不足以导致相关公众的混淆误认。因此,原审判决大连王将公司停止使用含有“王将”字样的企业名称,没有事实和法律依据。

(二)商标授权确权行政案件审判

19. 对含有国名的标志申请注册为商标的审查判断

在申诉人国家工商行政管理总局商标评审委员会(以下简称商标评审委员会)与被申诉人劲牌有限公司商标驳回复审行政纠纷案〔(2010)行提字第4号〕中,最高人民法院认为,商标法第10条第1款第1项所称同中华人民共和国的国家名称相同或者近似,是指该标志作为整体同我国国家名称相同或者近似;如果该标志含有与我国国家名称相同或者近似的文字,但其与其他要素相结合,作为一个整体已不再与我国国家名称构成相同或者近似的,则不宜认定为同中华人民共和国国家名称相同或者近似的标志。

本案的基本案情是:2005年,劲牌有限公司向国家工商行政管理总局商标局(以下简称商标局)申请在第33类果酒(含酒精)等商品上注册第4953206号“中国劲酒”商标(以下简称申请商标)。2008年2月26日,商标局认为申请商标内含我国国名,根据商标法第10条第1款第1项的规定,驳回申请商标的注册申请。劲牌有限公司不服该驳回决定,向商标评审委员会申请复审。2008年11月24日,商标评审委员会作出商评字〔2008〕第28028号决定,认为申请商标中的“中国”为我国国家名称,属于商标法第10条第1款第1项明确规定不得作为商标使用的标志,因此驳回申请商标的注册申请。劲牌有限公司不服第28028号决定,提起行政诉讼称,申请商标虽含有我国国名,但申请商标与我国国名并不相同也不近似,商标评审委员会适用商标法第10条第1款第1项错误,请求撤销第28028号决定。北京市第一中级人民法院一审认为:申请商标为“中国劲酒”文字及方章图形共同构成的组合商标,方章图案中的“中国酒”三字,字体明显有别于“劲”字,虽然包含有中国国名,但该国名部分更容易使消费者理解为商标申请人的所属国。第28028号决定仅以申请商标中的“中国”为我国国家名称为由,即认定申请商标属于商标法第10条第1款第1项规定的不得作为商标使用的标志,主要证据不足。遂判决撤销第28028号决定。商标评审委员会不服一审判决,提起上诉。北京市高级人民法院二审认为:商标法第 10 条第 1 款第 1 项规定表明,在一般情况下禁止将与我国国名相同或者近似的标志作为商标使用,但申请商标所含我国国名与其他具备显著特征的标志相互独立,国名仅起表示申请人所属国作用的除外。本案申请商标虽包含有中国国名,但该国名部分更容易使消费者理解为仅起商标申请人所属国的作用。因此,第 28028 号决定认定事实不清,主要证据不足,一审法院判决予以撤销正确,应予维持。遂判决维持一审判决。商标评审委员会不服,向最高人民法院申请再审。最高人民法院提审本案后认为,一、二审判决理由不当,应予纠正,但其撤销第 28028 号决定的结论正确,遂于 2010 年 12 月 24 日判决维持二审判决,并判令商标评审委员会重新作出复审决定。

最高人民法院再审认为:商标是用以区别不同生产经营者所提供的商品或者服务的标志。本案中,申请商标可清晰识别为"中国"、"劲"、"酒"三部分,虽然其中含有我国国家名称"中国",但其整体上并未与我国国家名称相同或者近似,因此申请商标并未构成同中华人民共和国国家名称相同或者近似的标志,商标评审委员会关于申请商标属于商标法第 10 条第 1 款第 1 项规定的同我国国家名称相近似的标志,据此驳回申请商标的注册申请不妥。但是,国家名称是国家的象征,如果允许随意将其作为商标的组成要素予以注册并作商业使用,将导致国家名称的滥用,损害国家尊严,也可能对社会公共利益和公共秩序产生其他消极、负面影响。因此,对于上述含有与我国国家名称相同或者近似的文字的标志,虽然对其注册申请不宜根据商标法第 10 条第 1 款第 1 项进行审查,但并不意味着属于可以注册使用的商标,而仍应当根据商标法其他相关规定予以审查。例如,此类标志若具有不良影响,仍可以按照商标法相关规定认定为不得使用和注册的商标。一、二审判决理由不当,应予纠正,但其撤销第 28028 号决定的结论正确,应予以维持。商标评审委员会仍需就申请商标是否违反商标法其他相关规定进行审查,故需判决商标评审委员会重新作出复审决定。

20. 判断复制、摹仿驰名商标时对被异议人已有近似注册商标的考虑

在申请再审人(香港)德士活有限公司与国家工商行政管理总局商标评审委员会(以下简称商标评审委员会)、广东苹果实业有限公司(以下简称广东苹果公司)商标异议复审行政纠纷案〔(2009)行提字第 2 号〕中,最高人民法院认为,在对被异议商标是否复制、摹仿驰名商标进行判断时,如果在申请注册被异议商标之前,被异议人在同类别商品上已经拥有近似的注册商标,法院应该比较被异议商标与被异议人自己的注册商标、他人的驰名商标之间的近似程度。被异议商标与被异议人已经在同类别商品上注册的商标近似程度较高,不宜认定被异议商标构成对他人驰名商标的复制、摹仿。

本案的基本案情是:德士活制衣厂有限公司 1964 年在香港注册成立,于 1973 年更名为(香港)德士活有限公司(以下简称德士活公司)。1979 年,德士活公司向国家工商行政管理总局商标局(以下简称商标局)申请了"萍果牌"商标,1981 年被核准注册,核定使用商品为第 25 类服装。1994 年 4 月,德士活公司向商标局申请了"texwood 及苹果图"商标,1996 年 2 月被核准注册,核定使用商品为

第25类服装、鞋、靴、帽等。1994年4月,德士活公司还向商标局申请了"texwood及苹果图"商标,于1996年3月被核准注册,核定使用的商品为第18类手提包、公文包、钱包等。广东苹果公司成立于1996年3月,1996年9月受让了案外人于1996年被核准注册在第18类商品上的第861645号"苹果图形"商标、第815245号"APPLES"文字商标两个商标,两商标核定使用的商品均为公文包、背包、钱包、手提包等。1998年3月14日,广东苹果公司在第18类商品上经核准注册了第1158068号"苹果"文字商标,核定使用商品为旅行袋等。1998年4月20日,广东苹果公司申请注册第1303083号"苹果男人"商标(以下简称被异议商标),指定使用商品为第18类钱包、手提包、公文包、旅行箱等。经初步审定公告后,德士活公司在异议期内提出异议。商标局于2001年2月22日裁定维持被异议商标。德士活公司申请复审,商标评审委员会作出商评字〔2004〕第5484号裁定,该裁定认为,被异议商标注册未构成商标法第13条第2款规定的不予注册并禁止使用的情形,与德士活公司在第18类皮具商品上在先注册的"texwood及苹果图"商标(以下简称引证商标)不构成同一种或类似商品上的近似商标。遂裁定被异议商标予以核准注册。德士活公司不服该裁定,提起行政诉讼。北京市第一中级人民法院一审认为,德士活公司的"萍果牌"和"texwood及苹果图"两商标在被异议商标申请注册之前已成为驰名商标。广东苹果公司自1997年以来一直将"APPLES"和"苹果图形"用于经营皮具商品,并进行广告宣传,且在1998年以来先后获得一些荣誉称号。广东苹果公司在申请注册被异议商标时,"APPLES"和"苹果图形"两个商标已经在皮具类商品上具有一定的影响和知名度。在一般情况下,消费者更容易将被异议商标与广东苹果公司在同类商品上具有一定影响的上述两商标产生联系,进而同"萍果牌"和"texwood及苹果图"两商标区别开来,而不会误认为该商品来源于德士活公司。因此,被异议商标的注册和使用不构成商标法第13条第2款规定的不予注册并禁止使用的情形。被异议商标在字形、读音、含义上与德士活公司在第18类商品上在先注册的引证商标"texwood及苹果图"存在一定差异,而被异议商标和"APPLES"商标更易产生联系,在"APPLES"商标已经具有一定知名度的情况下,一般消费者不会将被异议商标与引证商标相混淆,因此,被异议商标的注册并未违反修改前的商标法第17条之规定。遂判决维持了第5484号裁定。德士活公司不服提起上诉,北京市高级人民法院以与一审判决基本相同的理由,判决驳回上诉,维持一审判决。德士活公司向最高人民法院申请再审称,商标评审委员会及原审法院认定广东苹果公司的商标在皮具类商品上具有一定的影响和知名度,均没有以被异议商标申请时的事实为依据,违背了商标审查的原则;广东苹果公司提供的大部分使用证据晚于1998年4月20日,其获得的有关荣誉证书全部晚于该日期,认定其商标具有一定知名度缺乏事实依据;第25类服装与第18类皮具经常联系在一起,即通常所称的"服饰",存在一定的关联性,被异议商标的注册和使用可能误导公众,损害德士活公司的利益。最高人民法院裁定提审本案后于2010年9月10日作出再审判决,在纠正原审认定事实和判决理由的基础上,维持了原审判决。

最高人民法院再审认为:广东苹果公司所提交的其"苹果图形"、"APPLES"商标使用宣传、市场占有率等证据,大部分形成时间确实晚于被异议商标申请日,其获得的荣誉证书的形成时间均晚于被异议商标申请日,据此不足以认定该两商标在被异议商标申请时已具有一定影响和知名度。德士活公司提出的该项再审理由成立,原审判决认定事实不当,应当予以纠正。本案中,要判断被异议商标是否构成商标法第13条第2款规定的不予核准注册并禁止使用的情形,首先应该确定被异议商标是否构成对驰名商标的摹仿、复制;在能够认定的情况下,才需要进一步判断其注册和使用是否会误导公众。被异议商标"苹果男人"整体上无特定含义,仍以"苹果"为主要表现对象和识别部分。由于被异议商标申请注册之前,广东苹果公司在同类别商品上不仅拥有"APPLES"、"苹果图形"商标,还于1998年3月获准注册了"苹果"文字商标,被异议商标显然与广东苹果公司在同类别商品上已注册的商标比较近似,特别是与"苹果"文字商标更为接近。在此情况下,没有充分理由认定被异议商标构成对德士活公司驰名商标的复制、摹仿,因而德士活公司在服装商品上的驰名商标不能排斥被异议商标。商标评审委员会及原审法院已查明广东苹果公司1998年3月被核准注册"苹果"文字商标的事实,但均未充分阐述该事实对被异议商标是否应该准予注册的影响,对此应予纠正。虽然原审判决在部分事实的认定及裁判理由方面存在不当之处,但是根据原审法院已经查明的其他事实和所引用的法律规定,仍然应该认定被异议商标未构成商标法第13条第2款规定的不予注册并禁止使用的情形。

21. 药品商品名称能否作为在先权利受到商标法的保护

在申请再审人山西康宝生物制品股份有限公司(以下简称康宝公司)与被申请人国家工商行政管理总局商标评审委员会(以下简称商标评审委员会)、原审第三人北京九龙制药有限公司(以下简称九龙公司)商标争议行政纠纷案〔(2010)知行字第52号〕中,最高人民法院认为,经实际使用并具有一定影响的药品商品名称,可以作为商标法第三十一条规定的在先权利受到法律保护。

本案的基本案情是:1994年1月21日,原卫生部药政管理局批准九龙制药厂(九龙公司前身)生产的"磷酸苯丙哌林口服液"的商品名为"可立停"。2003年2月20日,国家食品药品监督管理局向九龙制药厂颁发了商品名为"可立停"的"磷酸苯丙哌林口服液"的《药品注册证》。2000年6月6日,康宝公司提出争议商标"可立停"注册申请,指定使用商品为第5类的医药制剂、医用药物等。2007年1月31日,商标评审委员会裁定争议商标予以核准注册。2007年8月8日,九龙公司向商标评审委员会提出撤销争议商标注册的申请,其主要理由为:九龙公司在先取得"可立停"药品的商品名称,其生产的"可立停"牌止咳糖浆在康宝公司申请注册争议商标前已生产销售多年,具有很高的知名度,康宝公司作为竞争者,应知该药品名称属于九龙公司,康宝公司注册争议商标侵犯其在先权利。2008年7月28日,商标评审委员会作出商评字〔2008〕第6757号裁定,裁定撤销争议商标。康宝公司不服上述裁定,提起行政诉讼。北京市第一中级人民法院一审认为,九龙公司所提交的现有证据无法证明争议商标的注册构成对于九龙公司享有的受法律保护的在先权益的损害,遂判决撤销第 6757 号裁定,并令商标评审委员会重新作出商标争议裁定。商标评审委员会和九龙公司均不服,提起上诉。北京市高级人民法院二审认为,九龙公司经审批获得的“可立停”药品商品名称的使用即使无法达到构成知名商品的特有名称的程度,仍能够构成一定的合法权益,此合法权益属于商标法第 31 条规定的在先权利,应当给予保护。遂判决撤销一审判决,维持第 6757 号裁定。康宝公司不服二审判决,向最高人民法院申请再审。最高人民法院于 2010 年 12 月 24 日通知驳回康宝公司的再审申请。

最高人民法院审查认为:关于商标法第 31 条规定的“在先权利”,《最高人民法院关于审理商标授权确权行政案件若干问题的通知》第 17 条规定,“要正确理解和适用商标法第三十一条关于申请商标注册不得损害他人现有的在先权利的概括性规定。商标法虽无特别规定,但根据民法通则和其他法律的规定属于应予保护的合法权益的,应该根据该概括性规定给予保护”。根据有关行政规章和行政规范性文件规定,国家对药品商品名称的使用实行相应的行政管理制度,但除依照其他法律取得民事权利外,经药品行政管理部门批准使用的药品商品名称是否产生民事权益,取决于其实际使用情况,经实际使用并具有一定影响的药品商品名称,可作为民事权益受法律保护。根据九龙公司提供的销售合同、生产记录、销售发票等证据,结合其两次获得药品行政管理部门批文的事实,可以认定九龙公司在争议商标注册之前进行了一定规模的使用。该药品商品名称经在先使用并具有一定影响,可以产生民事权益,即合法的在先权利。康宝公司与九龙公司均系药品生产企业,应知“可立停”是九龙公司经过批准使用的药品商品名称,却仍将其申请为注册商标并使用在止咳类药品上,二审法院以康宝公司违反商标法第 31 条的规定,侵犯了九龙公司的在先权利,并维持第 6757 号裁定并无不当。

22. 主张权利者使用争议标志的意图、行为和效果对其受法律保护的影响

在申请再审人索尼爱立信移动通信产品(中国)有限公司(以下简称索尼爱立信公司)与被申请人国家工商行政管理总局商标评审委员会(以下简称商标评审委员会)、原审第三人刘建佳商标争议行政纠纷案〔(2010)知行字第 48 号〕中,最高人民法院认为,本案中的争议商标“索爱”,无论是作为未注册商标的简称,还是作为企业名称或知名商品特有名称的简称,其受法律保护的前提是,对该标识主张权利的人必须有实际使用该标识的行为,且该标识已能够识别其商品来源。

本案的基本案情是:2003 年 3 月 19 日,刘建佳向国家工商行政管理总局商标局(以下简称商标局)提出“索爱”商标(以下简称争议商标)的注册申请,2004 年 8 月 7 日该商标经核准注册,核定使用商品为第 9 类影碟机、扩音器、扬声器音箱、电话机等商品。互联网上关于索尼爱立信移动通讯公司(以下简称索尼爱立信通讯公司)和索尼爱立信公司的介绍如下:索尼爱立信通讯公司由爱立信公司与索尼公司于 2001 年共同创立;2002

年3月推出首批合作产品;2002年,索尼爱立信公司销售的移动电话近2300万部。2002年8月,索尼爱立信公司成立。从2002年12月开始直至争议商标申请注册之前,曾先后在多家网站上出现了对不同型号"索爱手机"以及其他"索爱"电子产品的报道、评论,且这些产品的生产者均指向"索尼爱立信通讯公司"或"索尼爱立信公司"。在争议商标申请注册前,索尼爱立信公司的手机均未在中国大陆生产和销售。时至2007年10月左右,索尼爱立信公司并不认同"索爱"是其公司简称或者是其手机及电子产品的简称。2007年12月17日,CNET科技资讯网登载题目为"索尼爱立信卢健生:请称我们'索尼爱立信'"的文章,其中提到索尼爱立信集团副总裁兼中国区主管卢健生答:"长久以来,'索尼爱立信'被非正式简称为'索爱',这是我们不可以接受的。'索爱'并不能代表'索尼爱立信'。索尼爱立信移动通信产品(中国)有限公司是经国家工商行政管理局核准注册的,品牌称谓是'索尼爱立信'及'Sony Ericsson'。把'索尼爱立信'简称为'索爱',一方面不能充分体现两家母公司的品牌效应,另一方面也会使消费者失去理解'索尼爱立信'背后含义的机会……只有'索尼爱立信'才能最清楚地体现我们品牌的内涵……把'索尼爱立信'简称为'索爱',就不能反映我们全称的优势与Walkman和Cyber－shot的关系,这无疑会影响消费者从我们的产品中获得丰富的体验……出于对品牌的尊重,请称我们'索尼爱立信'。"2005年6月7日,索尼爱立信公司向商标评审委员会提起对争议商标撤销注册的申请,其主要理由是:"索爱"是其在中国拥有的驰名商标,刘建佳恶意注册争议商标将侵害索尼爱立信公司的合法权益,且违反商标法第10条第1款第8项和反不正当竞争法第5条第2项的规定。2007年11月28日,商标评审委员会作出第11295号裁定,维持争议商标。索尼爱立信公司不服该裁定,提起行政诉讼。北京市第一中级人民法院一审认为,"索爱"已被广大消费者和媒体认可并使用,具有了区分不同商品来源、标志产品质量的作用,这些实际使用效果、影响自然及于索尼爱立信通讯公司和索尼爱立信公司,其实质即等同于他们的使用。因此,尽管索尼爱立信公司认可其没有将"索爱"作为其未注册商标进行宣传,但消费者的认可和媒体的宣传共同作用,已经达到了索尼爱立信公司自己使用"索爱"商标的实际效果,故"索爱"实质上已经成为该公司在中国使用的商标。遂判决撤销第11295号裁定,判令商标评审委员会重新就争议申请作出裁定。刘建佳不服一审判决,提起上诉。北京市高级人民法院二审认为,被抢注的商标是指他人已经使用并有一定影响的商标。商标的使用,包括将商标用于商品、商品包装或者容器以及商品交易文书上,或者将商标用于广告宣传、展览以及其他商业活动中。因此,被抢注的商标应当由被抢注人自己在商业活动中予以了使用。由于索尼爱立信公司未将"索爱"作为商标进行商业性的使用,一审法院的认定缺乏法律依据。遂判决撤销一审判决,维持第11295号裁定。索尼爱立信公司不服二审判决,向最高人民法院申请再审。最高人民法院于2010年12月31日通知驳回其再审申请。

最高人民法院审查认为:商标法第31条规定,申请商标注册不得损害他人现有的在先权利,也不得以不正当手段抢先注册他人已经使用并有一定影响的商标。《最高人民法院关于审理商标授权确权行政案件若干问题的意见》第17条第2款规定:“人民法院审查判断诉争商标是否损害他人现有的在先权利,一般以诉争商标申请日为准。”因此争议商标申请日前,索尼爱立信公司是否对其享有在先权利成为认定争议商标的注册是否违反了商标法第31条的前提。本案中,根据索尼爱立信公司提供的证据,不能证明争议商标“索爱”已经成为其企业名称的简称及其未注册商标“索尼爱立信”简称,且根据原审法院查明的事实,在本案争议商标申请日前,索尼爱立信公司的相关手机均未在中国大陆生产和销售,其关于争议商标是其知名商品特有名称简称的主张亦不能成立。而且,无论是作为未注册商标的简称,还是作为企业名称或知名商品特有名称的简称,其受法律保护的前提是,对该标识主张权利的人必须有实际使用该标识的行为,且该标识已能够识别其商品来源。在本案争议商标申请日前,没有证据证明索尼爱立信公司将争议商标用作其产品来源的标识,亦未有证据证明其有将该争议商标用来标识其产品来源的意图。相反,根据法院查明的事实,直至2007年10月、12月,在争议商标已经被核准注册三年之后,索尼爱立信集团副总裁兼中国区主管卢健生仍多次声明“索爱”并不能代表“索尼爱立信”,认为“索尼爱立信”被非正式简称为“索爱”不可以接受。鉴此,最高人民法院认为,在争议商标申请日前,索尼爱立信公司并无将争议商标作为其商业标识的意图和行为,相关媒体对其手机产品的相关报道不能为其创设受法律保护的民事权益,因此索尼爱立信公司关于争议商标的注册损害其在先权利的再审理由不能成立。

四、竞争案件审判

23. 注册商标侵犯他人在先企业名称中的字号权益构成不正当竞争行为

在申请再审人广东伟雄集团有限公司(以下简称伟雄集团公司)、佛山市高明区正野电器实业有限公司(以下简称高明正野公司)、广东正野电器有限公司(以下简称广东正野公司)与被申请人佛山市顺德区正野电器有限公司(以下简称顺德正野公司)、佛山市顺德区光大企业集团有限公司(以下简称顺德光大集团公司)不正当竞争纠纷案〔(2008)民提字第36号〕中,最高人民法院认为,受反不正当竞争法保护的企业名称,特别是字号,本质上属于一种财产权益,字号所产生的相关权益可以承继;将在先使用而有一定市场知名度的企业字号申请注册为商标并予以使用,足以使相关公众对商品的来源产生误认的,侵犯在先的企业字号权益,构成不正当竞争,应承担停止使用该注册商标的民事责任。

本案的基本案情是:顺德市正野电器实业公司于1994年9月成立,且于1995年1月获得伟雄集团公司的授权,使用“正野GENUIN”商标。该商标于1994年由伟雄集团公司申请,并于1996年获准注册,核定使用商品第11类,即管道式排风扇、空气调节器、换气扇、消毒器。高明正野公司成立于1996年5月。1998年4月30日,顺德市正野电器实业公司因场地不能满足扩大生产的需要于1998年5月14日被批准注销,该公司所有的人员设备转到高明正野公司,未了结的债权债务全部由高明正野公司承担。顺德市正野电器实业公司、高明正野公司被许可使用上述商标后,对正野商标进行长期持续性的宣传。2000 年 12 月,“正野 GENUIN”商标被评为广东省著名商标,“正野”产品行销全国。顺德光大集团公司于 1998 年核准注册“正野 ZHENGYE”商标,核定使用商品为第 9 类电器插头、插座及其他接触器等。顺德正野公司于 1998 年 10 月登记使用“正野”字号。1999 年 2 月顺德光大集团公司将“正野 ZHENGYE”注册商标无偿许可顺德正野公司使用。从 1999 年 10 月,顺德正野公司在其开关插座的宣传资料、经销场所、价目表、包装盒等的显著位置上使用“正野 ZHENGYE”字样。伟雄集团公司、高明正野公司等于 2001 年提起诉讼称,顺德正野公司明知“正野”是原告创立的知名商标和商号,在原告属下顺德正野实业公司于 1998 年 5 月 14 日从顺德市搬迁到高明市时,成立了与原告原顺德市正野公司完全相同的公司。顺德光大集团公司申请注册“正野 ZHENGYE”商标,并许可顺德正野公司使用,引起相关公众的误认,请求法院判令顺德光大集团公司与顺德正野公司停止使用“正野”二字的不正当竞争行为;赔偿经济损失;赔礼道歉、消除影响;顺德正野公司变更企业名称。广东省佛山市中级人民法院一审认为,顺德光大集团公司与顺德正野公司有明显的搭他人“便车”的故意,其行为构成不正当竞争,判决顺德光大集团公司、顺德正野公司停止使用“正野”两字;顺德正野公司停止在其企业名称中使用“正野”字号,并申请变更企业字号;顺德光大集团公司、顺德正野公司赔偿原告经济损失、赔礼道歉、消除影响等。顺德光大集团公司、顺德正野公司不服一审判决,提起上诉。广东省高级人民法院二审认为,基于顺德光大集团公司的商标使用许可,顺德正野公司在自己的企业名称中使用“正野”字号,具有合法的权利基础和正当的理由。没有证据表明两者会产生混淆。顺德光大集团公司注册“正野”商标,顺德正野公司在其企业名称中使用“正野”二字并没有违反反不正当竞争法的规定。此外,原顺德正野电器实业公司注销后已经消亡,高明正野公司仅仅是在自己的企业名称中使用了“正野”二字作为字号,这种相同字号的使用,并非企业名称的继承和延续。遂判决撤销一审判决。伟雄集团公司、高明正野公司、广东正野公司向最高人民法院申请再审。最高人民法院提审本案后于 2010 年 1 月 6 日作出再审判决,撤销二审判决,判决顺德光大集团公司、顺德正野公司停止使用侵犯高明正野公司“正野”字号权益的“正野 ZHENGYE”商标,顺德正野公司停止在其企业名称中使用“正野”字号,顺德光大集团公司、顺德正野公司向原告赔礼道歉、消除影响,顺德正野公司赔偿损失。

最高人民法院再审认为:受反不正当竞争法保护的企业名称,特别是字号,不同于一般意义上的人身权,是区别不同市场主体的商业标识,本质上属于一种财产权益。原顺德市正野电器实业公司注销后,其债权债务均由高明正野公司承继,字号所产生的相关权益也可由高明正野公司承继。通过原顺德市正野电器实业公司和高明正野公司的广告宣传和相关商品的销售,“正野”字号及相关产品已具有一定的市场知名度,为相关公众所知悉。顺德光大集团公司、顺德正野公司使用"正野 ZHENGYE"商标的行为，足以使相关公众对商品的来源产生误认，侵犯高明正野公司在先"正野"字号权益，构成不正当竞争。

24. 商业机会获得反不正当竞争法保护的条件

在申请再审人山东省食品进出口公司（以下简称山东食品公司）、山东山孚集团有限公司（以下简称山孚集团公司）、山东山孚日水有限公司（以下简称山孚日水公司）与被申请人青岛圣克达诚贸易有限公司（以下简称圣克达诚公司）、马达庆不正当竞争纠纷案〔（2009）民申字第 1065 号〕（以下简称"海带配额"不正当竞争案）中，最高人民法院认为，在正常情况下能够合理预期获得的商业机会，可以成为法律特别是反不正当竞争法所保护的法益；但基于商业机会的开放性和不确定性，只有当竞争对手不遵循诚实信用原则和违反公认的商业道德，通过不正当手段攫取他人可以合理预期获得的商业机会时，才为反不正当竞争法所禁止。

本案的基本案情是：山东食品公司成立于 1982 年 10 月 26 日，其前身自 1979 年起即从事海带对日出口业务。我国对日出口海带受到配额的限制，该配额是日本国政府设定的我国对日出口海带产品的被动配额。获得该配额的国内企业可以就相关区域产特定数量海带对日出口，获得该配额就获得了对日出口海带的商业机会。根据中粮国际（北京）有限公司（以下简称中粮公司）与日本北海道渔联签订的协议，日方委托中粮公司对海带配额、质量、经营公司进行统一管理，日方认可该公司是其在华海带贸易的唯一窗口。对日出口海带的配额由日本北海道渔联主导，通过中粮公司作为日方在华海带贸易的唯一窗口来选择有关企业进行分配。山东食品公司长期以来从中粮公司获得威海地区产海带对日出口配额。马达庆于 1986 年进入山东食品公司工作，1988 年开始从事海带加工和出口工作，2000 年进入山孚集团公司的前身山东山孚得贸易有限公司工作。山东食品公司曾是山孚集团公司的出资人之一，山孚集团公司是山孚日水公司的出资人之一。2005 年 1 月 4 日起，马达庆与山孚日水公司两次签订劳动合同，期限自 2005 年 1 月 4 日至 2006 年 12 月 31 日。合同期限届满，马达庆未与山孚日水公司续签劳动合同，双方的劳动合同终止。2006 年 9 月 22 日，圣克达诚公司成立，其法定代表人为陈庆荣，公司监事为颜素贞。其中，陈庆荣系马达庆的外甥，颜素贞为马达庆的配偶。马达庆在圣克达诚公司任职。马达庆离开山孚日水公司后，日方对山东食品公司是否能保持对日出口海带的品质稳定和数量表示疑虑。2007 年 1 月 10 日，中粮公司要求山东食品公司和圣克达诚公司报送海带出口工作计划，后又分别拜访该两公司，就计划书的相关内容进行询问和调查。2007 年 2 月 14 日，中粮公司决定将 2007 年威海海带出口日本业务交由圣克达诚公司执行，山东食品公司因此丧失了威海海带对日出口配额。山东食品公司、山孚集团公司、山孚日水公司遂以圣克达诚公司和马达庆为被告提起诉讼，请求确认两被告构成不正当竞争，停止利用三原告的收购出口渠道经营海带业务并赔偿损失。山东省青岛市中级人民法院一审认为，本案两被告的行为应受反不正当竞争法第 2 条的规制；山东食品公司凭借其经营优势和良好信用长期稳定获得对日海带出口配额这一商业机会,应受保护;马达庆在履行单位交办工作过程中得到日本北海道渔联认可,由此形成的竞争优势应属原所在单位而非个人,马达庆滥用日本客户对自己基于履行职务行为所产生的信赖,违背了诚实信用原则和公认的商业道德,构成不正当竞争;圣克达诚公司明知马达庆违背商业道德仍允许其如此行为,亦构成不正当竞争。遂判决马达庆和圣克达诚公司承担停止侵害和连带赔偿损失的民事责任。圣克达诚公司、马达庆不服一审判决,共同提起上诉。山东省高级人民法院二审认为,马达庆在离开山东食品公司后,以正当的方式,帮助圣克达诚公司获取了贸易机会,不违反诚实信用等原则,其行为不具有不正当性;配额的分配是中粮集团、日本北海道渔联综合双方能力确定的结果,圣克达诚公司没有违反公认的商业道德和诚实信用原则,其行为不具有不正当性。遂判决撤销一审判决,驳回山东食品公司等的诉讼请求。山东食品公司等不服二审判决,向最高人民法院申请再审。最高人民法院于2010年10月18日裁定驳回其再审申请。

最高人民法院审查认为:对日出口海带配额长期以来只分配给国内有限的几个企业,具有相对的稳定性和一定的可预期性。对于长期稳定获得该配额的企业如本案中的山东食品公司而言,获得对日出口海带配额是一种在正常情况下可以合理预期获得的商业机会,可以成为法律特别是反不正当竞争法所保护的法益。在反不正当竞争法上,一种利益应受保护并不构成该利益的受损方获得民事救济的充分条件。商业机会虽然作为一种可以受到反不正当竞争法所保护的法益,但本身并非一种法定权利,而且交易的达成并非完全取决于单方意愿而需要交易双方的合意,因此他人可以自由参与竞争来争夺交易机会。竞争对手之间彼此进行商业机会的争夺是竞争的常态,也是市场竞争所鼓励和提倡的。对于同一交易机会而言,竞争对手间一方有所得另一方即有所失。利益受损方要获得民事救济,还必须证明竞争对手的行为具有不正当性。只有竞争对手在争夺商业机会时不遵循诚实信用的原则,违反公认的商业道德,通过不正当的手段攫取他人可以合理预期获得的商业机会,才为反不正当竞争法所禁止。

25. 适用反不正当竞争法一般条款认定不正当竞争行为的条件与标准

在前述“海带配额”不正当竞争案中,最高人民法院认为,凡是法律已经通过特别规定作出穷尽性保护的行为方式,不宜再适用反不正当竞争法的一般规定予以管制;对于竞争行为尤其是不属于反不正当竞争法第二章列举规定的行为的正当性,应当以该行为是否违反了诚实信用原则和公认的商业道德作为基本判断标准;在反不正当竞争法中,诚实信用原则主要体现为公认的商业道德;商业道德所体现的是一种商业伦理,是交易参与者共同和普遍认可的行为标准,应按照特定商业领域中市场交易参与者即经济人的伦理标准来加以评判。

最高人民法院审查认为:由于市场竞争的开放性和激烈性,必然导致市场竞争行为方式的多样性和可变性,反不正当竞争法作为管制市场竞争秩序的法律不可能对各种行为方式都作出具体化和预见性的规定。因此,在具体案件中,人民法院可以根据反不正当竞争法第2条的一般规定对那些不属于反不正当竞争法第2章列举规定的市场竞争行为予以调整,以保障市场公平竞争。自由竞争和公平竞争是市场经济的两个基本法则,二者各有侧重,互为平衡。虽然人民法院可以适用反不正当竞争法的一般条款来维护市场公平竞争,但同时应当注意严格把握适用条件,以避免不适当干预而阻碍市场自由竞争。凡是法律已经通过特别规定作出穷尽性保护的行为方式,不宜再适用反不正当竞争法的一般规定予以管制。因而,适用反不正当竞争法第2条的原则规定认定构成不正当竞争应当同时具备以下条件:一是法律对该种竞争行为未作出特别规定;二是其他经营者的合法权益确因该竞争行为而受到了实际损害;三是该种竞争行为因确属违反诚实信用原则和公认的商业道德而具有不正当性或者说可责性。在规范市场竞争秩序的反不正当竞争法意义上,诚实信用原则更多的是以公认的商业道德的形式体现出来的。商业道德要按照特定商业领域中市场交易参与者即经济人的伦理标准来加以评判,它既不同于个人品德,也不能等同于一般的社会公德,所体现的是一种商业伦理。经济人追名逐利符合商业道德的基本要求,但不一定合于个人品德的高尚标准;企业勤于慈善和公益合于社会公德,但怠于公益事业也并不违反商业道德。特别是,反不正当竞争法所要求的商业道德必须是公认的商业道德,是指特定商业领域普遍认知和接受的行为标准,具有公认性和一般性。即使在同一商业领域,由于是市场交易活动中的道德准则,公认的商业道德也应当是交易参与者共同和普遍认可的行为标准,不能仅从买方或者卖方、企业或者职工的单方立场来判断是否属于公认的商业道德。具体到个案中的公认的商业道德,需要根据特定商业领域和个案情形具体确定,特定行业的一般实践、行为后果、交易双方的主观状态和交易相对人的自愿选择等都可能成为考虑因素。

26. 职工在职期间筹划设立与所在单位具有竞争关系的新公司的行为正当性判断

在前述"海带配额"不正当竞争案中,最高人民法院认为,职工在职期间筹划设立与所在单位具有竞争关系的新公司,为自己离职后的生涯作适当准备,并不当然具有不正当性;只有当职工的有关行为违反了法定或者约定的竞业限制义务的情况下,才能够认定该行为本身具有不正当性。

最高人民法院审查认为:虽然可以认定马达庆本人在原单位工作期间即筹划设立了圣克达诚公司,意图与原单位开展竞争,但是,职工在职期间筹划设立新公司,为自己离职后的生涯作适当准备,并不当然具有不正当性。因此,只有当职工的有关行为违反了法定或者约定的竞业限制义务的情况下,才能够认定该行为本身具有不正当性。法定的竞业限制义务主要是指公司法上针对公司董事、高级管理人员设定的义务;约定的竞业限制义务一般是指依据合同法和劳动合同法针对交易相对人或者劳动者通过协议约定的义务。山东食品公司未以马达庆违反法定或者约定的竞业限制提出请求,马达庆也并非山东食品公司的董事或者公司法意义上的高级管理人员,并不负有公司法规定的竞业限制义务,同时本案现有证据也不能证明马达庆负有约定的竞业限制义务。因此,基于现有证据难以认定马达庆在职期间筹划设立新公司的行为具有不正当性。况且,无论是法定的还是约定的竞业限制制度,都属于法律赋予有关经营者的法律保护手段,山东食品公司在不能依据法定竞业限制约束马达庆的情况下,又未事先通过约定进行自我保护,由此产生的不利后果应自我承担。马达庆的所作所为可能并不合于个人品德的高尚标准,不应该得到鼓励和提倡,但这并不当然意味着他作为一个经济人同时违反了诚实信用原则和公认的商业道德。在不负有竞业限制义务的情况下,企业的一般劳动者在职期间筹划设立新公司为离职后的生涯做准备,属于市场常见现象,法律上对此行为本身也无禁止性规定。当然,如果劳动者在职期间即利用职务之便以新设公司名义攫取本应由原企业获得的现实经济利益,则应另当别论。

27. 离职员工运用个人技能为与原单位有竞争关系的公司工作的行为正当性判断

在前述"海带配额"不正当竞争案中,最高人民法院认为,职工在工作中掌握和积累的知识、经验和技能,除属于单位的商业秘密的情形外,构成其人格的组成部分,职工离职后有自主利用的自由;在既没有违反竞业限制义务,又没有侵犯商业秘密的情况下,劳动者运用自己在原用人单位学习的知识、经验与技能为其他与原单位存在竞争关系的单位服务的,不宜简单地以反不正当竞争法第2条的原则规定认定构成不正当竞争。

最高人民法院审查认为:作为具有学习能力的劳动者,职工在企业工作的过程中必然会掌握和积累与其所从事的工作有关的知识、经验和技能。除属于单位的商业秘密的情形外,这些知识、经验和技能构成职工人格的组成部分,是其生存能力和劳动能力的基础。职工离职后有自主利用其自身的知识、经验和技能的自由,因利用其自身的知识、经验和技能而赢得客户信赖并形成竞争优势的,除侵犯原企业的商业秘密的情况外,并不违背诚实信用的原则和公认的商业道德。一审法院有关企业职工在履行单位交办工作过程中所形成的竞争优势,如同在履行单位工作中产生的发明创造一样,其权利享有者是公司而非职工的认定,并不正确。知识、经验和技能等个人能力显然不能直接等同于职务发明创造,其中除涉及单位商业秘密的内容以外,均应属于个人人格内容,可以自由支配和使用,这与职务发明创造或者职务劳动成果可以成为独立的财产或者利益有明显不同。如果任何人在履行职务的过程中积累知识、经验和技能等竞争优势都应归属于任职单位,在将来离职变换工作时不能使用,显然不利于鼓励职工在现单位学习新知识,积累新经验,提高自身业务能力,更不利于整个社会在知识上的积累和利用,不利于社会的创新和发展。

28. 获得外观设计专利的商品外观在专利权终止后能否依据反不正当竞争法获得保护

在申请再审人宁波微亚达制笔有限公司(以下简称微亚达制笔公司)与被申请人上海中韩晨光文具制造有限公司(以下简称中韩晨光公司)、原审被告宁波微亚达文具有限公司(以下简称微亚达文具公司)、原审被告上海成硕工贸有限公司(以下简称成硕工贸公司)擅自使用知名商品特有装潢纠纷案〔(2010)民提字第16号〕(以下简称"晨光笔特有装潢"不正当竞争案)中,最高人民法院认为,外观设计专利权终止后,该设计并不当然进入公有领域，在符合条件时还可以依据反不正当竞争法关于知名商品特有包装、装潢的规定而得到制止混淆的保护。

本案的基本案情是：2002 年 7 月 19 日，中韩晨光公司向国家知识产权局申请了名称为“笔（事务笔）”的外观设计专利，该专利于 2003 年 2 月 19 日获得授权公告。因未缴纳专利年费，该专利权已于 2005 年 10 月 12 日终止。中韩晨光公司生产的 K－35 型按动式中性笔使用了该外观设计。中韩晨光公司在第 16 类笔商品上拥有“晨光”注册商标，自 2005 年起，该商标先后被评为上海市著名商标和驰名商标。中韩晨光公司对其产品也进行了广告宣传。晨光牌 K－35 型按动式中性笔的外观由揿头、笔套夹、装饰圈、笔杆、笔颈、护套、尖套组成。中韩晨光公司对其中笔套夹和装饰圈部分进行了专门设计。2007 年 6 月 4 日，中韩晨光公司在成硕工贸公司处购买了 681 型水笔一盒，该笔的结构和外观与上述 K－35 型按动式中性笔相同。681 型水笔由微亚达制笔公司和微亚达文具公司生产、销售。2008 年 4 月 21 日，中韩晨光公司以微亚达制笔公司和微亚达文具公司生产、销售的 681 型水笔仿冒 K－35 型按动式中性笔的特有装潢，构成不正当竞争为由提起诉讼，请求停止侵害和赔偿损失。上海市第二中级人民法院一审认为，K－35 型按动式中性笔外观中的笔套夹和装饰圈部分构成知名商品的特有装潢，681 型水笔与 K－35 型按动式中性笔在笔套夹和装饰圈部分的形状设计基本无差别，两个产品的其他部分也十分相似，从整体上看足以造成消费者的混淆，微亚达制笔公司和微亚达文具公司的行为构成不正当竞争，遂判决两公司停止实施仿冒 K－35 型按动式中性笔特有装潢的不正当竞争行为，共同赔偿中韩晨光公司经济损失 10 万元。微亚达制笔公司上诉后，上海市高级人民法院判决维持一审判决。微亚达制笔公司不服二审判决，向最高人民法院申请再审。最高人民法院裁定提审本案后，微亚达制笔公司因与中韩晨光公司达成和解协议，申请撤回其再审申请。最高人民法院于 2010 年 12 月 3 日裁定准许其申请。

最高人民法院审查认为：多数情况下，如果一种外观设计专利因保护期届满或者其他原因导致专利权终止，该外观设计就进入了公有领域，任何人都可以自由利用。但是，在知识产权领域内，一种客体可能同时属于多种知识产权的保护对象，其中一种权利的终止并不当然导致其他权利同时也失去效力。同时，反不正当竞争法也可以在知识产权法之外，在特定条件下对于某些民事权益提供有限的、附加的补充性保护。就获得外观设计专利权的商品外观而言，外观设计专利权终止之后，在使用该外观设计的商品成为知名商品的情况下，如果他人对该外观设计的使用足以导致相关公众对商品的来源产生混淆或者误认，这种在后使用行为就会不正当地利用该外观设计在先使用人的商誉，构成不正当竞争。因此，外观设计专利权终止后，该设计并不当然进入公有领域，在符合反不正当竞争法的保护条件时，它还可以受到该法的保护。具体而言，由于商品的外观设计可能同时构成商品的包装或者装潢，因而可以依据反不正当竞争法关于知名商品特有包装、装潢的规定而得到制止混淆的保护。此时，该外观设计应当满足以下条件：（1）使用该设计的商品必须构成知名商品;(2)该设计已经实际具有区别商品来源的作用,从而可以作为知名商品的特有包装或者装潢;(3)该设计既不属于由商品自身的性质所决定的设计,也不属于为实现某种技术效果所必需的设计或者使商品具有实质性价值的设计;(4)他人对该设计的使用会导致相关公众的混淆或者误认。不过,外观设计专利权的终止,至少使社会公众收到了该设计可能已经进入公有领域的信号,因而主张该设计受到知名商品特有包装、装潢保护的权利人应提供更加充分的证据来证明有关设计仍应受法律保护。

29. 商品外观形状构造获得知名商品特有装潢保护的条件

在前述"晨光笔特有装潢"不正当竞争案中,最高人民法院认为,凡是具有美化商品作用、外部可视的装饰,都属于装潢,通常包括文字图案类和形状构造类两种类型;与外在于商品之上的文字图案类装潢相比,内在于商品之中的形状构造类装潢构成知名商品的特有装潢需要满足更严格的条件。

最高人民法院审查认为:商品的装潢的字面含义是指商品的装饰,它起着美化商品的作用。一般而言,凡是具有美化商品作用、外部可视的装饰,都属于装潢。在外延上,商品的装潢一般可以分为如下两种类型:一类是文字图案类装潢,即外在于商品之上的文字、图案、色彩及其排列组合;另一类是形状构造类装潢,即内在于物品之中,属于物品本体但具有装饰作用的物品的整体或者局部外观构造,但仅由商品自身的性质所决定的形状、为实现某种技术效果所必需的形状以及使商品具有实质性价值的形状除外。现实生活中大多数装潢都可归为这两种类型。所谓知名商品的特有装潢,是指知名商品上具有区别商品来源的显著特征的装潢。由于文字图案类装潢和形状构造类装潢的表现形态不同,决定了它们构成特有装潢的条件也存在一定差异。对于文字图案类装潢而言,由于消费者几乎总是习惯于利用它们来区分商品来源,除因为通用性、描述性或者其他原因而缺乏显著性的情况外,它们通常都可以在一定程度上起到区别商品来源的作用。一般而言,在使用文字图案类装潢的商品构成知名商品的情况下,该文字图案类装潢除缺乏显著性的情形外,通常都可起到区别商品来源的作用,从而构成知名商品的特有装潢。形状构造类装潢则并非如此。形状构造本身与商品本体不可分割,相关公众往往更容易将其视作商品本体的组成部分,而一般不会直接将其与商品的特定生产者、提供者联系起来。即使使用该形状构造的商品已经成为知名商品,在缺乏充分证据的情况下,不能直接得出相关公众已经将该种形状构造与特定的生产者、提供者联系起来的结论。因此,对于形状构造类装潢而言,不能基于使用该种形状构造的商品已经成为知名商品就当然认为该种形状构造已经起到了区别商品来源的作用,更不能仅凭使用该种形状构造的商品已经成为知名商品就推定该种形状构造属于知名商品的特有装潢。因而,认定形状构造类装潢构成知名商品特有装潢,需要有更加充分的证据证明该种形状构造起到了区别商品来源的作用。可见,与外在于商品之上的文字图案类装潢相比,内在于商品之中的形状构造类装潢构成知名商品的特有装潢需要满足更严格的条件。这些条件一般至少包括:(1)该形状构造应该具有区别于一般常见设计的显著特征。(2)通过在市场上的使用,相关公众已经将该形状构造与特定生产者、提供者联系起来,即该形状构造通过使用获得了第二含义。也就是说,一种形状构造要成为知名商品的特有装潢,其仅仅具有新颖性和独特性并对消费者产生了吸引力是不够的,它还必须能够起到区别商品来源的作用。只要有充分证据证明该形状构造特征取得了区别商品来源的作用,就可以依据知名商品的特有装潢获得保护。

五、知识产权合同案件审判

30. 不具备"两店一年"条件的特许人所签特许经营合同的效力

在广西壮族自治区高级人民法院关于不具备"拥有至少2个直营店并且经营时间超过1年"的特许人所签订的特许经营合同是否有效的请示案〔(2010)民三他字第18号〕中,最高人民法院知识产权审判庭首次评析了该类合同的效力。

最高人民法院知识产权审判庭批复认为:2007年5月1日起施行的《商业特许经营管理条例》第7条第2款关于"特许人从事特许经营活动应当拥有至少2个直营店,并且经营时间超过1年"的规定,属于行政法规的管理性强制性规定;特许人不具备上述条件,并不当然导致其与他人签订的特许经营合同无效。

31. 企业以外的其他单位和个人作为特许人所签特许经营合同的效力及特许人的认定

在广西壮族自治区高级人民法院关于特许人不具备企业资格签订的特许经营合同是否有效的请示案〔(2010)民三他字第19号〕中,最高人民法院知识产权审判庭首次明确了该类合同的效力。

最高人民法院知识产权审判庭批复认为:2007年5月1日起施行的《商业特许经营管理条例》第3条第2款关于"企业以外的其他单位和个人不得作为特许人从事特许经营活动"的规定,可以认定为行政法规的效力性强制性规定;企业以外的其他单位和个人作为特许人与他人签订的特许经营合同,可以认定为无效。

最高人民法院知识产权审判庭同时指出:在具体案件审判中,法院要注意结合特许经营资源的拥有人或者实际控制人、在商务主管部门的备案信息、经营指导、技术支持以及业务培训等服务的实际提供者、涉案合同的签字人和签约名义及签字人与特许经营资源拥有人或者实际控制人之间的法律关系等因素,准确认定涉案合同的特许人,依法妥善审理好相关案件。

六、关于知识产权侵权责任承担

32. 数字图书馆侵犯著作权案件中重复诉讼的认定与赔偿责任的确定

在申请再审人北京世纪超星信息技术发展有限责任公司(以下简称世纪超星公司)与被申请人李昌奎及一审被告、二审被上诉人北京超星数图信息技术有限公司(以下简称超星数图公司)和贵州大学侵犯著作权纠纷案〔(2010)民提字第159号〕中,最高人民法院认为,权利人针对数字图书馆运营商及不同用户提起的侵权诉讼,因被诉侵权主体不完全相同,诉讼请求不能互相涵盖,故不构成重复诉讼,但对权利人赔偿损失的请求能否予以支持,应当进行综合考量;若权利人在以前诉讼中获得的赔偿足以补偿其因本案侵权行为所遭受的实际损失,本案被告不应再向权利人承担赔偿责任。

本案的基本案情是:《中外职业资格认证和语言考试指南:规划你的职业生涯》(以下简称《指南》)由山东人民出版社于2002年8月出版,署名为李昌奎,全书共计240千字。2005年12月,贵州大学图书馆与超星数图公司签订《数字图书馆共建协议书》,约定超星数图公司以链接或镜像方式建设数字图书馆,负责数据及书目信息的上传、修改、维护及图书馆的运行,并保证其对"超星数字图书馆"作品的使用已经过相关权利人的授权,贵州大学图书馆负责提供本项目所需的硬件设备与网络环境,不具体参与该图书馆的运营。2007年1月16日作出的公证书显示:进入贵州大学网站,点击"电子图书",进入"超星数字图书馆"主页,在"信息检索"栏输入"李昌奎"并选择"作者",查询到《指南》一书。该书记录下有"阅读"、"下载"、"发表评论"、"添加个人书签"四个选项。世纪超星公司是电子图书的制作者,超星数图公司是世纪超星公司的下属销售公司。在本案之前,李昌奎就《指南》一书已对世纪超星公司、超星数图公司及其他用户提起10余起侵权诉讼,共获得赔偿147,016.666元。该公证书的时间是在吉林省长春市中级人民法院作出(2007)长民初字第118号判决之前,在该院判令"长春理工大学及超星数图公司停止侵权"判决生效后,世纪超星公司、超星数图公司即对"超星数字图书馆"中的《指南》一书采取措施进行删除。在最高人民法院对本案进行听证时,双方均认可包括贵州大学数字图书馆网站在内的相关网站上《指南》一书已基本删除。李昌奎的诉讼请求为:判令贵州大学立即从其服务器中删除《指南》一书,停止侵权;贵州大学、世纪超星公司及超星数图公司连带赔偿其经济损失及合理支出共12,000元,并负担诉讼费用。贵州省贵阳市中级人民法院一审认为,李昌奎就同一侵权事实再次向世纪超星公司、超星数图公司提出赔偿损失的请求,系重复主张,违背民事诉讼中一事不再理的原则,故不予支持。贵州大学不能对"超星数字图书馆"内容进行控制,未直接获取利益,不具有侵权的故意,不存在主观过错,不应承担赔偿损失的责任,只应承担停止侵权的责任。遂判决贵州大学立即从其服务器中删除《指南》一书,停止侵权;驳回李昌奎的其他诉讼请求。李昌奎不服一审判决,提起上诉。贵州省高级人民法院二审认为,在本案诉讼之前,李昌奎就世纪超星公司、超星数图公司侵犯《指南》一书的信息网络传播权提起的其他诉讼所涉及的侵权事实与本案不是基于同一侵权事实,不属于重复诉讼,不影响本案中世纪超星公司、超星数图公司侵权行为的构成及承担侵权的民事责任。一审判决认定本案系李昌奎就同一侵权事实向超星公司、超星数图公司提出的重复诉讼,违背民事诉讼中一事不再理的原则不当,应当予以纠正。遂判决撤销一审判决,贵州大学、超星数图公司立即共同删除贵州大学网站中"超星数字图书馆"中的《指南》一书,世纪超星公司、超星数图公司赔偿李昌奎经济损失5000

元。世纪超星公司不服二审判决,向最高人民法院申请再审。最高人民法院提审本案后于2010年11月5日作出再审判决,撤销一、二审判决,驳回李昌奎的诉讼请求。

最高人民法院再审认为:世纪超星公司未经李昌奎许可,擅自将《指南》一书数字化,收录入其开发的"超星数字图书馆"中,由超星数图公司将该数字图书数据库系统销售给贵州大学,并通过镜像或链接方式供贵州大学在局域网上进行传播,其行为侵犯了李昌奎的信息网络传播权。原审法院认定世纪超星公司、超星数图公司共同承担侵权责任正确。原审法院同时认定贵州大学作为"超星数字图书馆"的使用者,通过其局域网传播涉案作品的行为,亦侵犯了李昌奎的信息网络传播权,应承担停止侵权的民事责任,亦无不当。关于是否重复诉讼问题,鉴于李昌奎针对世纪超星公司、超星数图公司及其用户的侵权行为,在不同的法院已提起多个侵权诉讼,每一个侵权诉讼之间虽有关联,但被诉侵权主体不完全相同,诉讼请求亦不能相互涵盖,故世纪超星公司主张本案李昌奎系重复诉讼的理由不能成立。关于是否重复赔偿问题,民事赔偿的功能在于补偿被侵权人因侵权行为所遭受的实际损失,李昌奎在本案中提出的赔偿请求应否予以支持,需要综合进行考量。鉴于《指南》一书在世纪超星公司开发的"超星数字图书馆"收录的图书数量中所占比例极小,且李昌奎在以前提起的多次诉讼中已获得14万余元赔偿,本案中因李昌奎不能提供证据证明其另有实际损失,考虑到有关诉讼在被诉侵权行为上的整体关联性,李昌奎获得的上述赔偿数额足以补偿其因世纪超星公司、超星数图公司的侵权行为所遭受的实际损失,世纪超星公司、超星数图公司在本案中不应再向李昌奎承担赔偿责任。因贵州大学对"超星数字图书馆"数据库系统的内容不能进行控制,二审法院认为贵州大学不具有侵权的故意,且未通过"超星数字图书馆"直接获取利益,可不承担赔偿责任,但负有协助超星数图公司删除《指南》一书,停止侵权行为并无明显不当。鉴于世纪超星公司、超星数图公司已经停止侵权,本案没有再判决停止侵权行为的必要。

33. 销售侵犯注册商标专用权商品销售商的赔偿责任的确定

在申请再审人鲁道夫·达斯勒体育用品波马股份公司(以下简称波马公司)与北京六里桥广客宇商贸有限责任公司(以下简称广客宇公司)侵犯注册商标专用权纠纷案〔(2009)民申字第1882号〕中,最高人民法院认为,销售商在未与制造者构成共同侵权、需要承担连带责任时,仅就其销售行为承担相应的责任,不应一并承担制造者应当承担的责任,更不能由其赔偿权利人因侵权而受到的所有损失。

本案的基本案情是:波马公司拥有在运动鞋等商品上的第76559号豹子图形的注册商标专用权。2007年,波马公司在广客宇公司购买到"足奇威"牌运动鞋一双,价格为96元。该款鞋的鞋帮外侧有一豹子图案,鞋的吊牌上有"ZUQIWEI"、"美国足奇威体育用品发展有限公司(授权)"字样以及生产厂商福建省晋江市钱鹏鞋塑有限公司的厂名、厂址、电话。经比对,该款鞋的鞋帮外侧的豹子图案与涉案商标相比,除后腿被截去小部分外,其余基本相同。2008年7月,波马公司以广客宇公司侵犯注册商标专用权为由提起诉讼,请求判令广客宇公司停止侵权、赔偿波马公司经济损失10万元及为制止侵权行为发生的费用700元。广客宇公司在诉讼中提交了晋江市钱鹏鞋塑有限公司企业法人营业执照、税务登记证、组织机构代码证、卫生许可证、中华人民共和国香港特别行政区政府“足奇威”品牌商标证明书、福建省鞋服质量检测中心出具的检验报告的复印件,用以证明销售的涉案产品均是正规合格的商品。北京市第二中级人民法院一审认为,波马公司所购买“足奇威”鞋的外侧鞋帮上有豹子图案,该图案与涉案商标相近似,因此该款鞋是侵犯涉案商标专用权的侵权商品。虽然广客宇公司提交了说明涉案商品的生产来源的证据,但其作为销售单位,应知晓涉案商标的知名度,主动审查商品的进货手续,现其未能提供证据证明所售商品的进货渠道,不属于法律上规定的主观上不知情的法定情形,因此广客宇公司还应承担赔偿波马公司经济损失的法律责任。遂判决广客宇公司立即停止销售侵犯涉案商标专用权的涉案鞋类商品,赔偿波马公司经济损失人民币1000元及合理诉讼支出人民币700元。波马公司不服一审判决,提起上诉。北京市高级人民法院二审认为,广客宇公司作为销售者,虽有一定主观过错,但其销售侵权商品的数量较小,并且提供了制造者的有关情况材料,故应在其侵权行为情节、性质、程度范围内承担相应的责任。一审法院根据本案具体情况酌情确定的赔偿数额并无不当。因此判决驳回上诉,维持一审判决。波马公司不服二审判决,认为赔偿数额太低,向最高人民法院申请再审。最高人民法院于2010年5月21日裁定驳回其再审申请。

最高人民法院审查认为:本案的争议焦点在于如何确定赔偿数额。根据查明的事实,广客宇公司是销售商,而非制造者,在未与制造者构成共同侵权、需要承担连带责任时,广客宇公司仅就其销售行为承担相应的责任,而不一并承担制造者应当承担的责任,更不能由某一销售商赔偿权利人因侵权而受到的所有损失。销售侵犯商标专用权商品,并需要承担赔偿责任的某一销售商的赔偿数额,同样需要根据商标法第56条第1、2款的规定确定,即为该销售商销售期间因销售所获得的利益,或者被侵权人在被侵权期间因该销售商的销售行为所受到的损失,包括被侵权人为制止侵权行为所支付的合理开支。如果销售商因销售侵权产品所得利益或者被侵权人的损失难以确定的,由人民法院根据销售行为的情节确定赔偿数额。在确定销售商的赔偿数额时,要综合考虑注册商标的知名度、侵权行为人的主观恶意、销售侵权商品的数量、价格以及销售持续时间等因素。本案中,波马公司虽主张广客宇公司销售规模较大,但没有提供相应的证据,相反广客宇公司提交了进货单等证明及销售情况说明,证明其销售行为规模小、数量少。同时,被控侵权产品使用了与注册商标相近似的标志,广客宇公司的此种销售行为与销售假冒注册商标商品不同,其主观过错较小。而且本案中,被控侵权产品上已经标注了产品的制造者,广客宇公司也提交了制造者的营业执照等相关证据,在该种情况下,波马公司完全可以另行向制造者主张权利,获得相应的救济。因此,原审判决广客宇公司赔偿波马公司经济损失1000元和诉讼合理支出700元并无不妥。

34. 专利权人错误申请海关扣留货物而应承担赔偿责任的确定

在申请再审人广州市兆鹰五金有限公司（以下简称兆鹰公司）与被申请人黄冈艾格尔五金制造有限公司（以下简称艾格尔公司）侵犯实用新型专利权纠纷案〔（2010）民申字第1180号〕中，最高人民法院认为，知识产权权利人错误申请海关扣留他人出口货物，他人实际交货时间因此违反合同约定，他人根据合同应支付的迟延交货违约金属于其经济损失。

本案的基本案情是：兆鹰公司为"一种水烟筒"的实用新型专利（以下简称涉案专利）的专利权人。艾格尔公司与案外人签订一份销售水烟筒的合同，合同约定若艾格尔公司延期交货或不能交货，每天需按货柜总价值的1%进行赔偿。2009年5月7日，中华人民共和国黄石海关（以下简称黄石海关）依兆鹰公司的申请，对艾格尔公司生产、报关出口的被控侵权产品予以扣押，扣留艾格尔公司申报出口的锌合金制水烟筒5800个，货物总价为580，510元。2009年5月26日，兆鹰公司以艾格尔公司侵犯涉案专利权为由提起诉讼。2009年6月5日，艾格尔公司提起反诉称，其生产的产品使用的是现有技术，没有落入涉案专利权的保护范围，兆鹰公司滥用专利权，启动海关保护程序，扣留艾格尔公司出口货物，致使其因延期交货而构成违约，造成直接经济损失203，178元，故请求判令兆鹰公司赔偿其经济损失203，178元并承担合理开支等。2009年6月3日，兆鹰公司支付集装箱超期借用费5336元。2009年6月5日，被扣留货柜装船离港。湖北省武汉市中级人民法院一审认为，艾格尔公司主张现有技术抗辩成立，兆鹰公司请求海关扣留被控侵权产品，造成艾格尔公司迟延交货，应当支付违约金203，178元。虽然没有证据证明该违约金已实际支付，但有提单和扣款通知等证明损失存在的初步证据，该损失作为艾格尔公司的预期损失应当纳入赔偿范围。遂判决兆鹰公司赔偿艾格尔公司经济损失203，178元。兆鹰公司不服一审判决，提起上诉。湖北省高级人民法院二审判决驳回上诉，维持一审判决。兆鹰公司向最高人民法院申请再审。最高人民法院于2010年10月29日裁定驳回其再审申请。

最高人民法院审查认为：根据《中华人民共和国知识产权海关保护条例》第29条第2款的规定，知识产权权利人请求海关扣留侵权嫌疑货物后，海关不能认定被扣留的侵权嫌疑货物侵犯知识产权权利人的知识产权，或者人民法院判定不侵犯知识产权权利人的知识产权的，知识产权权利人应当依法承担赔偿责任。该赔偿责任应当是因错误扣留而使对方受到的经济损失。兆鹰公司错误申请海关扣留艾格尔公司的出口货物，导致艾格尔公司实际交货时间违反合同约定。艾格尔公司与案外人的销售合同中已经协议约定了违约金，该迟延交货的损失属于艾格尔公司的经济损失。

七、关于知识产权诉讼证据与程序

35. 人民法院应否受理因商标注册申请权权属产生的争议

在湖南省土家人酒业有限公司（原湖南省土家人工贸有限公司，以下简称酒业公司）

与湖南土家人集团工贸有限公司（原湖南湘西自治州土家人事业有限责任公司，以下简称湘西公司）、湖南省正邦商标事务所（以下简称正邦事务所）确认商标申请权权属纠纷案〔（2010）民监字第407号〕中，最高人民法院认为，当事人在商标注册申请过程中因申请权权属发生的争议，属于民事纠纷，只要符合民事诉讼法第108条规定的条件，人民法院即应予以受理。

本案的基本案情是：2001年10月26日，酒业公司委托正邦事务所代理向国家工商行政管理总局商标局（以下简称商标局）申请"土家人及图"商标（以下简称诉争商标）在第33类产品上的注册，被商标局驳回。酒业公司向国家工商行政管理总局商标评审委员会（以下简称商标评审委员会）申请复审。2002年9月27日，商标评审委员会依法受理酒业公司的商标注册驳回复审申请。2004年1月6日，湘西公司工作人员罗明携带"湖南省土家人工贸有限公司"（酒业公司原名称）字样的公章和湘西公司的公章到正邦事务所办理了诉争商标的申请转让手续。2004年4月28日，商标局核准了该商标注册申请的转让，该商标的注册申请人为湘西公司。2004年6月21日，酒业公司委托长沙市公安局对商标转让申请书中"湖南省土家人工贸有限公司"的印文进行了鉴定，鉴定认定该印文不是真章所盖，而是伪造形成。2004年8月23日，商标评审委员会复审决定，对诉争商标予以初步审定并公告。2005年1月4日，酒业公司提起诉讼，请求确认诉争商标注册申请权归酒业公司所有，湘西公司赔偿其经济损失。湖南省长沙市中级人民法院一审认为，商标注册申请人或利害关系人在商标注册申请过程中因商标注册申请权权属发生纠纷而提起诉讼的，人民法院依法可以受理。本案中的商标注册申请转让行为属无效民事行为，酒业公司应为诉争商标的注册人。但湘西公司擅自办理转让的行为不属于侵害注册商标专用权的行为。遂判决诉争商标注册申请权归酒业公司所有；驳回酒业公司的其他诉讼请求。酒业公司不服一审判决，提起上诉。湖南省高级人民法院二审认为，本案中谁是商标注册在先申请人，应由有关行政机关审查，一审法院进行审理不当。遂判决撤销一审判决，驳回酒业公司的诉讼请求。酒业公司不服二审判决，向最高人民法院申请再审。最高人民法院审查查明，2002年1月5日，湘西公司与酒业公司就合作生产推广土家人系列白酒事宜签订了生产营销责任书，该责任书约定，注册的土家人品牌权属湘西公司。遂在变更裁判理由的基础上于2010年10月11日裁定驳回酒业公司的再审申请。

最高人民法院审查认为：当事人在商标注册申请过程中因申请权权属发生的争议，属于民事纠纷，只要符合民事诉讼法第108条规定的条件，人民法院即应予以受理。二审法院认为本案应由有关行政机关审查，法院不应进行审理的判决理由不当，应予纠正。根据湘西公司与酒业公司签订的"生产营销责任书"等证据，诉争商标应属于湘西公司所有，故本案即使认定商标注册申请转让无效，也不影响双方关于诉争商标应归属于湘西公司的约定的效力。二审法院从实体上驳回酒业公司诉讼请求适当，且考虑酒业公司已过申请再审法定期限和原审法院不予受理其再审申请的实际情况，本院对酒业公司申请再审的请求不予支持。

36. 涉外知识产权案件不适用《最高人民法院关于涉外民商事案件诉讼管辖若干问题的规定》

在申请再审人阿迪达斯有限公司(ADIDAS AG)(以下简称阿迪达斯公司)与被申请人阿迪王体育用品(中国)有限公司(以下简称阿迪王公司)、原审被告华珠(泉州)鞋业有限公司(以下简称华珠公司)、郭艳梅侵犯商标权及不正当竞争纠纷案〔(2010)民申字第1114号〕中,最高人民法院认为,《最高人民法院关于涉外民商事案件诉讼管辖若干问题的规定》不适用于涉外知识产权案件。

本案的基本案情是:2008年8月19日,阿迪达斯公司以阿迪王公司、华珠公司、郭艳梅侵犯商标权及不正当竞争为由向辽宁省营口市中级人民法院提起诉讼,请求判令阿迪王公司、华珠公司、郭艳梅立即停止侵犯其注册商标专用权的行为;华珠公司、阿迪王公司立即停止在产品和商业活动中使用阿迪王体育用品(中国)有限公司、德国阿迪王(国际)体育发展集团有限公司企业名称的不正当竞争行为;阿迪王公司变更其含有“阿迪王”字号的企业名称;阿迪王公司、华珠公司、郭艳梅在全国发行的报纸上消除影响;阿迪王公司、华珠公司、郭艳梅连带赔偿经济损失100万元。华珠公司在提交答辩状期间以华珠公司、阿迪王公司的住所地、涉案产品生产地均在福建省泉州市,华珠公司在辽宁省营口市并没有销售或仓储涉案产品,也没有被查封扣押事项为由提出管辖异议。辽宁省营口市中级人民法院一审认为,根据《最高人民法院关于审理商标民事纠纷案件适用法律若干问题的解释》第6条、第7条规定,对涉及不同侵权行为实施地的多个被告提起的共同诉讼,原告可以选择其中一个被告的侵权行为实施地人民法院管辖。阿迪达斯公司将阿迪王公司、华珠公司、郭艳梅作为共同被告起诉,郭艳梅销售被控侵权产品的行为实施地在辽宁省营口市,因此,营口市中级人民法院对本案依法拥有管辖权。故裁定驳回华珠公司的管辖异议。阿迪王公司不服一审裁定,提起上诉。辽宁省高级人民法院二审认为,因被告郭艳梅销售被控侵权产品的行为实施地在辽宁省营口市,营口市为侵权行为的实施地,营口市中级人民法院对本案有地域管辖权。本案系涉外民事案件,涉外民商事案件实行集中管辖,营口市等市区域内的第一审涉外民商事案件,由大连市中级人民法院管辖。故裁定移送大连市中级人民法院管辖。阿迪达斯公司不服二审裁定,向最高人民法院申请再审。最高人民法院于2010年11月8日裁定指令辽宁省高级人民法院再审。

37. 宣告专利权无效行政诉讼对侵犯专利权民事诉讼的影响

在申请再审人贵阳黔江航空电热电器厂(以下简称黔江电器厂)与被申请人张保忠、林金栋、一审被告贵阳红华家电超市有限公司(以下简称红华超市)侵犯实用新型专利权纠纷案〔(2010)民申字第1038号〕中,在二审判决被告承担侵犯专利权责任,但专利权已经于二审判决之前被宣告无效且无效宣告请求审查决定被提起行政诉讼的情况下,最高人民法院认为,国家知识产权局专利复审委员会作出的宣告专利权无效决定还处于行政诉讼程序,而本申请再审案的审查以该行政诉讼的审理结果为依据,因此,在上述行政诉讼审结之前，应中止本案诉讼，并中止原审判决的执行。

本案的基本案情是：2009 年，张保忠、林金栋以黔江电器厂和红华超市为被告提起侵犯实用新型专利权诉讼。贵州省贵阳市中级人民法院一审判决两被告承担侵权责任。黔江电器厂不服一审判决，提起上诉。贵州省高级人民法院于 2010 年 5 月 17 日作出驳回上诉、维持原判的二审判决。黔江电器厂不服二审判决，向最高人民法院申请再审。最高人民法院审查查明，国家知识产权局专利复审委员会于 2010 年 4 月 30 日作出第 14837 号无效宣告请求审查决定，宣告涉案专利权全部无效。北京市第一中级人民法院于 2010 年 8 月 11 日受理了张保忠、林金栋针对第 14837 号无效宣告请求审查决定提起的行政诉讼，目前该案尚在审理中。最高人民法院于 2010 年 11 月 5 日裁定，本案中止诉讼；中止诉讼期间，中止原审判决的执行。

38. 当事人未在行政程序中提交的证据应否采纳

在申诉人国家工商行政管理总局商标评审委员会（以下简称商标评审委员会）与被申诉人商丘市汉方堂生物科技有限公司、原审第三人广东国医堂制药股份有限公司（以下简称国医堂公司）商标撤销复审行政纠纷案〔（2010）知行字第 28 号〕中，最高人民法院认为，在行政诉讼程序中，人民法院对于原告提交的新证据一般不予采纳，并非一概不予采纳，且不予采纳的前提条件是原告依法应当提供而拒不提供。

本案的基本案情是：1995 年 10 月 16 日，河南省国医保健用品总厂申请注册“国医”商标（以下简称复审商标），于 1997 年 5 月 7 日获准注册，该商标由“国医”汉字与包括汉语拼音“GUOYI”的图形组成，核定使用的商品是第 5 类医用保健袋、口罩、药茶等。2003 年 3 月 3 日，复审商标经国家工商行政管理总局商标局（以下简称商标局）核准转让给商丘市汉方堂美容保健品有限公司（以下简称保健品公司）。2007 年 6 月 26 日，经商标局核准，该复审商标注册人变更为商丘市汉方堂生物科技有限公司（以下简称汉方堂公司）。2004 年 4 月 5 日，国医堂公司以复审商标连续三年停止使用为由向商标局提出撤销申请。商标局于 2004 年 6 月 14 日通知保健品公司提交在 2001 年 4 月 5 日至 2004 年 4 月 4 日期间复审商标的使用证据。保健品公司提交了相关证据。2005 年 3 月 21 日，商标局经审查作出“撤 200400475 号决定”，认为保健品公司提交的使用证据有效，驳回国医堂公司的撤销申请，复审商标继续有效。国医堂公司不服该决定，向商标评审委员会申请复审。2008 年 6 月 11 日，商标评审委员会作出商评字〔2008〕第 05663 号决定，认定本案中现有证据均不足以证明复审商标在 2001 年 4 月 5 日至 2004 年 4 月 4 日期间，在商业活动中公开、真实地进行了实际使用，依据商标法第 49 条的规定，将复审商标予以撤销。汉方堂公司不服该决定，提起行政诉讼并补充提交了有关使用复审商标的相关证据。北京市第一中级人民法院一审认为，对于汉方堂公司未在行政程序中提供的证据以及第三人国医堂公司提供的证据，依据《最高人民法院关于行政诉讼证据若干问题的规定》第 59 条的规定，不予采纳。汉方堂公司在商标行政程序中提交的证据均不足以证明复审商标在 2001 年 4 月 5 日至 2004 年 4 月 4 日期间进行了商标法意义上的实际使用，遂判决维持商标评审委员会作出的被诉决定。汉方堂公司不服一审判决，提起上诉。北京市高级人民法院二审认为，复审商标本身权利状况发生多次改变，证据收集本身存在一定的障碍，汉方堂公司在每一程序阶段亦均未漠视程序价值，相反积极收集、提交证据，维护自己的权益，不存在行政程序中故意不提供证据的情形；鉴于汉方堂公司在一审、二审程序中多次补充提交新证据，虽然这些新证据并非商标评审委员会作出被诉决定时所依据的证据，但部分证据属于对行政程序中提交证据的补强，依法应予考虑，一审法院对汉方堂公司在一审程序中新提交的补强证据不予采纳错误，应予纠正。遂判决撤销一审判决及被诉决定。商标评审委员会不服二审判决，向最高人民法院申请再审。最高人民法院于2010年9月6日通知驳回其再审申请。

最高人民法院审查认为：根据《最高人民法院关于行政诉讼证据若干问题的规定》第2条“原告或者第三人提出其在行政程序中没有提出的反驳理由或者证据的，经人民法院准许，被告可以在第一审程序中补充相应的证据”的规定，原告可以提出其在行政程序中没有提出的反驳理由或者证据。该司法解释第59条规定了“被告在行政程序中依照法定程序要求原告提供证据，原告依法应当提供而拒不提供，在诉讼程序中提供的证据，人民法院一般不予采纳”。根据该条的规定，人民法院对提交的新证据不予采纳的限定条件是原告依法应当提供而拒不提供，不提供的后果是人民法院一般不予采纳，并非一概不予采纳。本案中，二审法院考虑复审商标本身权利状况发生多次改变，证据收集本身存在一定的障碍等因素，认定汉方堂公司不存在行政程序中拒不提供证据的情形，并同时考虑行政诉讼救济价值，对于当事人无不当理由而未能在行政程序中提供有效证明自己主张的证据，应予以充分考虑，并无不当。

39. 互联网下载图片证据的认定和举证责任的分配

在申请再审人华盖创意（北京）图像技术有限公司（以下简称华盖公司）与被申请人中国外运重庆有限公司（以下简称重庆外运公司）侵犯著作权纠纷案〔（2010）民提字第199号〕中，最高人民法院再审采信了华盖公司提供的旨在证明涉案作品权属的互联网下载图片等证据，根据该下载图片上的署名，结合重庆外运公司未提交相反证据的事实等具体情况认定下载图片的署名人为作者；并以重庆外运公司未提交证据证明其对涉案作品的使用有合法依据为由，推定涉案作品在重庆外运公司使用之前已经公开发表，即认定了重庆外运公司已实际接触涉案作品的事实。

本案的基本案情是：华盖公司是美国Getty Images，Inc.（以下简称Getty公司）在中国的授权代表。Getty公司授权华盖公司在中国境内展示、销售和许可他人使用其拥有著作权的图像资料，并以其自身名义在中国境内就任何第三方对Getty公司的知识产权的侵犯和未经授权使用Getty公司拥有著作权的图像的行为采取任何形式的法律行为。华盖公司提起诉讼称，重庆外运公司未经授权在其2006年制作的企业宣传画册中使用了Getty公司享有著作权的一张图片（以下简称涉案图片），请求判令重庆外运公司停止使用涉案图片、赔偿其经济损失,并提交了2009年3月23日在Getty公司互联网网站公证取证的涉案图片等作为证据。重庆外运公司以该宣传画册系其委托广告公司制作,故不构成侵权为由提出抗辩。重庆市第一中级人民法院一审认为,华盖公司提交的公证书仅能证明Getty公司在公证时享有涉案图片的著作权,但未能证明Getty公司在涉案宣传画册形成之前就拥有涉案图片的著作权,遂判决驳回了华盖公司的诉讼请求。华盖公司提起上诉,并提交了涉案图片上传时间的公证书等新证据。重庆市高级人民法院二审认为,公证书所记载的图片上传时间来源于华盖公司自有的网站管理后台,该公司有能力对其进行修改,不应予以采信;现有证据不能确定涉案图片的上传时间,华盖公司未能证明Getty公司在宣传画册形成之前就拥有涉案图片的著作权,遂判决驳回上诉,维持一审判决。华盖公司不服二审判决,向最高人民法院申请再审。最高人民法院提审本案后于2010年12月16日作出再审判决,撤销一、二审判决,并判令重庆外运公司停止使用涉案图片并赔偿华盖公司经济损失。

最高人民法院再审认为:本案中,Getty公司虽未参加诉讼,但其是否享有涉案图片的著作权,直接关系其对华盖公司的授权行为是否存在瑕疵,以及对华盖公司的主张能否予以支持的问题,故应对此进行必要的审查,并结合双方当事人提供的证据综合分析判断。首先,Getty公司系美国知名的专业图片提供商,涉案图片上有"Getty ImagesR"的水印,即Getty公司的署名,并标注了"本网站所有图片均由Getty公司授权发布,侵权必究"等字样,根据著作权法的规定,如无相反证明,应认定在作品上的署名者为作者,并享有著作权。本案中,Getty公司出具的授权书已经美国公证机构公证,及我国驻美国旧金山总领事馆认证,对此证据效力应予采信。依据该授权书,华盖公司作为Getty公司在中国的授权代表,有权在中国境内展示、销售和许可他人使用Getty公司拥有著作权的图片,并有权在中国境内以华盖公司名义就任何侵权行为提起诉讼。其次,关于涉案图片何时公开发表的问题。鉴于本案中重庆外运公司使用的涉案图片与Getty公司享有著作权的图片完全相同,但重庆外运公司既未提交证据证明涉案图片的著作权不属于Getty公司,亦未能证明其对涉案作品的使用有合法依据,据此,可以推定涉案图片在重庆外运公司2006年使用之前已经公开发表,至于涉案图片发表的具体时间已不重要。一审法院将华盖公司2009年3月23日申请公证机构公证的时间,作为Getty公司享有著作权的时间,缺乏法律依据。二审法院以"现有证据不能证明Getty公司在2006年前对涉案图片享有著作权"为由,认定华盖公司不能依据Getty公司的授权,享有相关著作权及提起本案诉讼的权利,亦法律依据不足。根据华盖公司在一审、二审及申请再审过程中提供的相关证据,可以认定华盖公司已经取得Getty公司合法授权,其据此主张权利,依法应予支持。重庆外运公司未经许可,擅自使用涉案图片,并用于企业宣传推广,侵犯了华盖公司依法享有的复制权和发行权,应当承担停止侵害、赔偿损失的民事责任。重庆外运公司以其只是企业宣传册的使用者,不是制作者,没有侵权的故意,不构成侵权抗辩的理由不能成立。

对于企业宣传画册制作者的责任，重庆外运公司可以依据其与该制作者签订的合同，另案解决。

40. 新产品制造方法专利侵权纠纷中举证责任的分配及“新产品”的认定

在前述欧意公司再审案中，最高人民法院认为，专利法第57条第2款规定，“专利侵权纠纷涉及新产品制造方法的发明专利的，制造同样产品的单位或者个人应当提供其产品制造方法不同于专利方法的证明。”根据该规定，在此类专利侵权纠纷中，由被诉侵权人承担证明其产品制造方法不同于专利方法的举证责任，需满足一定的前提条件，即权利人能够证明依照专利方法制造的产品属于新产品，并且被诉侵权人制造的产品与依照专利方法制造的产品属于同样的产品；在认定一项方法专利是否属于新产品制造方法专利时，应当以依照该专利方法直接获得的产品为依据；所谓“依照专利方法直接获得的产品”，是指使用专利方法获得的原始产品，而不包括对该原始产品作进一步处理后获得的后续产品。

本案的相关案情是：吉林省长春市中级人民法院一审认为，目前国内市场上只有原告生产的苯磺酸左旋氨氯地平及其片剂，以及欧意公司生产的马来酸左旋氨氯地平及其片剂，而原告产品的上市时间早于欧意公司产品。原告的左旋氨氯地平产品于2001年5月被原国家经济贸易委员会认定为2001年度国家重点新产品，2001年6月被原国家经济贸易委员会评为“九五”国家技术创新优秀项目奖，被告虽然认为原告的产品不是新产品，但是未提供充分的证据反驳。因此，涉案专利应为新产品的制造方法专利。中奇公司、华盛公司、欧意公司未能证明其产品制造方法不同于涉案专利方法，应依法承担相应的侵权责任。吉林省高级人民法院二审对中奇公司等关于涉案专利不属于新产品制造方法专利的主张不予支持，维持了一审判决。欧意公司不服二审判决，向最高人民法院申请再审。最高人民法院在再审中明确了原告在涉及新产品制造方法专利的侵权纠纷中的举证责任和新产品的认定问题，判决驳回了张喜田的诉讼请求。

最高人民法院再审认为：依照涉案专利方法直接获得的产品是“结合一个DMSO－d_6的（S）－（－）－氨氯地平的D－酒石酸盐”，或“结合一个DMSO－d_6的（R）－（＋）－氨氯地平的L－酒石酸盐”，其中前者即为制造左旋氨氯地平的中间产物，而非左旋氨氯地平本身；而后者即为制造右旋氨氯地平的中间产物，亦非右旋氨氯地平本身。由于在涉案专利的申请日之前，上述中间产物并未为国内外公众所知悉，可以认定依照涉案专利方法直接获得的产品是新产品，涉案专利属于新产品制造方法专利。虽然涉案专利是一项新产品制造方法专利，但要由被诉侵权人中奇公司、华盛公司、欧意公司承担证明其产品制造方法不同于专利方法的举证责任，还须由权利人张喜田证明被诉侵权人制造的产品与依照专利方法直接获得的产品属于同样的产品。张喜田提供的证据虽然能够证明华盛公司、欧意公司制造了马来酸左旋氨氯地平及其片剂，并且马来酸左旋氨氯地平的制造须以左旋氨氯地平为原料，但张喜田并没有提供证据证明华盛公司、欧意公司在制造马来酸左旋氨氯地平及其片剂时，也制造了“结合一个DMSO－d_6的（S）－（－）－氨氯地平的D-酒石酸盐”中间产物,因此,张喜田提供的证据并不足以证明华盛公司、欧意公司制造的产品与依照涉案专利方法直接获得的产品属于同样的产品,本案不应由华盛公司、欧意公司承担证明其产品制造方法不同于专利方法的举证责任。

41. 药品制备方法发明专利侵权纠纷中举证责任的分配和被诉侵权技术方案的查明

在上诉人(美国)伊莱利利公司(以下简称伊莱利利公司)与被上诉人江苏豪森药业股份有限公司(以下简称豪森公司)侵犯发明专利权纠纷案〔(2009)民三终字第6号〕中,最高人民法院强调了被诉侵权人对于新产品的制造方法承担倒置举证责任的条件,并在查明相关技术事实的情况下,认定被诉侵权药品制备方法的相关技术内容应由专利权人承担举证责任。此外,最高人民法院根据化学理论基本知识、专利说明书和杂志发表论文披露的技术内容、被诉侵权人补充的确证实验的结论等证据,认定鉴定结论关于被诉侵权技术方案中相关技术内容的推定具有事实基础,原审法院采信鉴定结论并无不当。

本案的基本案情是:伊莱利利公司向江苏省高级人民法院提起本案诉讼称,其拥有抗癌药品吉西他滨及吉西他滨盐酸盐的三项中国发明专利权。豪森公司未经许可使用涉案专利方法制备了吉西他滨和吉西他滨盐酸盐并对该产品进行了促销,构成侵权。一审法院查明,伊莱利利公司的三项专利构成生产制备吉西他滨盐酸盐和吉西他滨的完整技术方案,专利一是“立体选择性糖基化方法”的方法发明专利,已经被宣告全部无效。专利二是“提纯和分离2’-脱氧-2,2’二氟核苷的方法”的方法发明专利。该专利说明书记载,“在含水酸中加入稀释的反应混合物而产生的酸性混合物,最好在适度搅拌下保持一段时间。在此保持期所发生的物理变化是过量的R"(被保护的或未被保护的胞嘧啶)溶于含水酸层中,而所需的β-核苷沉淀出来。这种沉淀是有选择性的,而不需要的α核苷则大部分留在有机层中”。专利三是“1-(2’-脱氧-2’,2’-二氟-D-呋喃核糖基)-4-氨基嘧啶-2-酮盐酸盐的制备方法”的方法发明专利。2001年5月18日,国家药品监督管理局向豪森公司核发了注射用盐酸吉西他滨新药证书及生产批件,申报的生产工艺名称为中试工艺。豪森公司涉案药品的申报材料中记载了各步反应的具体条件、装置、原料、温度以及时间和操作方法等,但对三次中试实验第八步反应产物即第九步反应起始物甲磺酸酯10α/10β的比例没有记载,第九步反应产物11α/11β记载为1.15:1,为α异头物富集的核苷。一审法院委托对豪森公司的研制方法(即中试工艺)与伊莱利利公司三项专利所记载的方法是否相同进行了鉴定。鉴定结论为:专利二所提纯和分离的混合物是富含β异头物的核苷,根据豪森公司工艺步骤,经过打浆过滤等程序,得到的α、β之比为1.15:1,为α富集,在处理前的混合物也应为α富集。因此,两方法所处理的关键混合物不同,两方案不同。一审法院关于鉴定结论的技术异议认为,虽然豪森公司的11α/11β中的α:β为1.15:1是在经过分离提纯后的核苷之比,而非SN_2反应产物的直接比例。但从分离纯化过程来看,两者方法一致,豪森公司的11α/11β中的α:β为1.15:1是在经过分离提纯后的核苷之比,结合专利二说明书的相关表述内容可知，在分离纯化过程中，α 核苷大多是被留在了溶液中而未能被提纯。在 α 核苷有更多损失的情况下，提纯所得的产物比仍然是 α 核苷富集，这说明在提纯前 α 核苷所占的比例应更大，豪森公司相关工艺步骤针对的是 α 异头物核苷富集的混合物，分离纯化不会产生相反的比例。因此，一审法院对技术鉴定报告关于被诉侵权技术与专利二不相同的技术比对结论予以了采信，并判决驳回伊莱利利公司的诉讼请求。伊莱利利公司上诉称，豪森公司应当依法记录关键步骤甲磺酸酯（10α/10β）的 α、β 比例，该比例是判断被诉侵权方法是否落入专利二、专利三保护范围的关键数据，鉴于豪森公司始终拒绝履行其举证责任，一审法院应当依法推定，一旦豪森公司披露该证据，将产生对豪森公司不利的后果。豪森公司有意拒绝提供其制备吉西他滨盐酸盐的真实方法及 10α/10β 的 α、β 比例等真实数据，一审法院以所谓“推定”取代豪森公司的举证责任，得出不构成侵权的结论是错误的。豪森公司答辩称，10α/10β 的比例不是判断被诉侵权方法侵犯专利二和专利三的关键数据，因为只有在判断专利一的保护范围时才需要该比例，专利一被全部宣告无效，不再需要审理该比例。而且，该比例应当由伊莱利利公司承担举证责任。最高人民法院二审查明，(1) 专利三说明书在背景技术中记载，1 -（2’ - 脱氧 - 2’,2’ - 二氟 - D - 呋喃核糖基）- 4 - 氨基嘧啶 - 2 - 酮盐酸盐（亦称为 2’ - 脱氧 - 2’, 2’ - 二氟胞苷盐酸盐或吉西他滨盐酸盐）是本领域中已知的一系列 2’ - 脱氧 - 2’,2’ - 二氟核苷之一，在美国专利 4526988 和 4808614 中已公开并教导了这些化合物有抗病毒活性。欧洲专利申请公开 184365 称这些相同的二氟核苷剂有溶瘤细胞活性，吉西他滨盐酸正在进行临床评价以决定它用作治疗各种癌症，例如胰腺癌的效果。吉西他滨的合成是一个多步方法。本发明提供一个更经济和效率更高的制备吉西他滨盐酸盐的方法。(2) 豪森公司在一审中提交了包括其补充的确证实验在内的三份材料，申请法院在作鉴定中予以使用。补充材料一、二记载的实验结论为，中试工艺第九步反应原料是 β 富含物（α/β 为 1∶1.05），产物是 α 富含物（α/β 为 1.12∶1）。补充材料三记载，中试工艺共三种方法，均是在研制过程中使用过的工艺，1999 年向国家 SDA 申报时选择了工艺一。(3) 二审庭审中，双方当事人确认，吉西他滨盐酸盐的制备方法不是只有本案专利方法一种，可以用 β 异头物富集的核苷以外的其他物质制备吉西他滨盐酸盐。(4) 根据中国医药工业杂志发表的《盐酸吉西他滨的合成》一文记载的内容，3α/3β、4α/4β 与豪森公司中试工艺的第八步、第九步在反应条件、技术参数上基本一致。文章中的数据显示，相当于 10α/10β 的步骤的 3α/3β 是 1∶1.01，β 富集的糖，4α/4β 比例大致为 1.2∶1，1.28∶1，1.31∶1。最高人民法院于 2010 年 12 月 3 日判决驳回上诉，维持原判。

最高人民法院二审认为：(1) 本案鉴定结论是在推定的基础上作出的，这种推定具有事实基础，原审判决采信鉴定结论并无不当。理由为：①同样的产物可以由不同的反应物通过不同的方法制得，但在反应条件和目标物及工艺路线确定时，推断另一个反应物是有可能的。②豪森公司中试工艺中的 11α/11β 的比例是 1.15∶1，是经过分离纯化后的比例。由于豪森公司和伊莱利利公司采用的分离纯化的方法是一样的,结合专利二说明书记载的当用无机酸处理反应混合物时会减少α核苷的含量而增加β核苷的相对含量的内容,在工艺步骤分离纯化过程中,α核苷大多是留在溶液中而没有被提纯出来,在α核苷存在更多的损失的情况下,豪森公司提纯出来的产物应当是α富集,纯化前的混合物中α异头物富集的程度相对更高。而且伊莱利利公司也未提交证据证明分离纯化会使α/β的构型发生变化。③《盐酸吉西他滨的合成》一文中的相关数据在容忍的误差范围内印证了鉴定报告推论的正确。此外,豪森公司在一审提交的补充材料一、二的数据也补强了其中试工艺第九步反应原料是β富含的糖,产物是α富含的核苷。(2)关于豪森公司第九步反应的起始物甲磺酸酯10α/10β的比例是否应当由豪森公司负举证责任。一审法院已经从江苏省药品监督管理局调取了豪森公司的相关申报材料,经与国家药品监督管理局的报批资料核对,两者的生产工艺名称、内容一致。豪森公司亦提供了相关的生产批件及对应的申报材料、生产工艺、补充材料等。比对的结果是不落入专利二、专利三的保护范围,故不能认为豪森公司没有提供其制备吉西他滨盐酸盐的方法。况且,根据专利法的规定,被诉侵权人对新产品的制造方法承担倒置举证责任是有条件的,即专利权人首先应当证明被诉侵权方法所生产的产品与涉案专利方法所生产的产品属于相同的产品;同时,还应当证明依据专利方法直接获得的产品是新产品。本案专利一的关键是合成反应物,β异头物富集的核苷是专利一直接获得的产品。专利二是对专利一得到的反应物进行纯化反应。专利三是对专利二所得到的纯化物进行脱保护的方法。伊莱利利公司起诉时提交了豪森公司生产的盐酸吉西他滨药品,但并没有证明豪森公司实际生产了β异头物富集的核苷,而且,在二审中双方均认可,并非只有β异头物富集的核苷可以制备得到盐酸吉西他滨,盐酸吉西他滨可以用β异头物富集的核苷以外的其他物质制备。因此,即使根据《中华人民共和国专利法》(1992年修正)第60条第2款的规定,对合成步骤的举证责任也应当由伊莱利利公司负担,而不应当倒置由豪森公司承担。伊莱利利公司上诉主张豪森公司应当举证证明甲磺酸酯10α/10β的比例的理由,不予支持。

42. 专利侵权纠纷中被诉侵权技术方案的查明

在前述万高公司再审案中,最高人民法院认为,根据现有证据,能够查明被诉侵权产品的完整生产工艺,无须根据《最高人民法院关于民事诉讼证据规则的若干规定》第75条的规定,以生产工艺不完整为由推定被诉侵权产品的生产工艺与专利等同;即使认为被诉侵权人没有按照现有证据载明的生产工艺生产被诉侵权产品,也应当依法进行证据保全,譬如现场勘验、查封扣押生产记录等,而不是简单地进行推定。

本案的相关案情是:优他公司是名称为"藏药独一味软胶囊制剂及其制备方法"的发明专利(以下简称涉案专利)的专利权人。涉案专利权利要求1中关于独一味提取物的提取方法为:B1. 取独一味药材,粉碎成最粗粉;B2. 加水煎煮二次,第一次加10~30倍量的水,煎煮1~2小时,第二次加10~20倍量水,煎煮0.5~1.5小时;B3. 合并药液,滤过,滤液浓缩成稠膏;B4. 减压干燥,粉碎成细粉,过200目筛,备用。2007年2月7日,优他公司向四川省成都市中级人民法院提起诉讼称,万高公司使用涉案专利制造和销售、科伦公司销售“独一味软胶囊”,侵犯了涉案专利权。一审法院根据优他公司的申请向国家食品药品监督管理局(以下简称国家药监局)调取了“独一味软胶囊”生产工艺的研究资料,载明被诉侵权产品中独一味提取物的提取方法为:b1. 取独一味药材1000g,粉碎;b2. 加10倍量水煎煮3次,每次1小时;b3. 合并煎液,滤过,滤液浓缩成相对密度为1.30的清膏;b4. 在80℃以下干燥,研成细粉备用。对于涉案专利B4与被诉侵权产品中b4的对比,一审法院认为,b4干燥后要求研成的细粉,应当是一个能满足软胶囊制剂要求的各种颗粒大小粉末的上位概念,并且包括了B4提出的过200目筛的细粉。由于b4仅有研成细粉的要求,其颗粒的均匀性效果上将不及B4提出的过200目筛的细粉,而B4中的过筛环节对最终细粉的粒度进行了质量控制,均一性效果更优,二者的细粉粒度不会存在本质上效果的不同。四川省成都市中级人民法院一审认定构成侵权。四川省高级人民法院二审认为,本案中涉案专利权利要求虽然是产品权利要求,但其中包含生产方法的技术特征,而对于药品生产企业而言,此类生产方法一般均处于他人难以获取的保密状态,因此,优他公司才在一审程序中申请法院从国家药监局调取了“独一味软胶囊”生产工艺的研究资料。由于上述证据中对于万高公司“独一味软胶囊”生产工艺的记载并不完整,没有明确记载其中的具体干燥和过筛方法,优他公司主张万高公司的技术方案侵犯其发明专利权,并在一、二审程序中多次要求万高公司提供其产品批生产记录及GMP申报材料等记载产品详细生产过程的资料,否则应当承担对其不利的法律责任。万高公司在举证期限内未提供上述证据以证明其在干燥和过筛程序中与涉案专利方案不同,根据《最高人民法院关于民事诉讼证据的若干规定》第75条的规定,推定被诉侵权产品b4与涉案专利B4属于等同特征。万高公司不服,向最高人民法院申请再审。最高人民法院提审本案后查明,根据《中华人民共和国药典》(2000年版,一部)(以下简称《药典》)记载,细粉指能全部通过五号筛即80目筛,但含有能通过六号筛(即100目筛)不少于95%的粉末。万高公司在申请再审时提交了三份批生产记录,其记载的工艺过程包含了粉碎过80目筛的内容,并无过200目筛的步骤。

最高人民法院再审认为:本案中,一、二审法院均认定万高公司生产被诉侵权产品所使用的技术方案即为优他公司申请向国家药监局调取的“独一味软胶囊”生产工艺的研究资料所载明的技术方案,可以以该技术方案的特征与涉案专利权利要求1记载的相应技术特征进行比较。从该技术方案的内容来看,对于独一味清膏干燥后研磨细度的要求,只有“研成细粉备用”的技术特征,没有“过200目筛”的技术特征,而根据《药典》的规定,“研成细粉”是指过80目筛的细粉,万高公司提交的批生产记录也进一步佐证该生产工艺在过80目筛后并无过200目筛的工艺步骤。可见该项工艺是完整的。虽然优他公司认为万高公司实际使用的方法是过200目筛,但并没有提供相应的证据予以证明,应认为被诉侵权产品缺少涉案专利权利要求 1 记载的“过 200 目筛”的技术特征。原审判决以调取的生产工艺不完整为由，根据《最高人民法院关于民事诉讼证据规则的若干规定》第 75 条的规定，简单推定“研成细粉”与“粉碎成细粉，过 200 目筛”等同，显然不妥。人民法院认定案件事实，应当首先根据现有证据进行。就本案来说，已经有一审法院调取的被诉侵权产品的生产工艺方法、万高公司提交的《药典》以及优他公司提交的涉案专利权利要求书和说明书等现有证据，根据这些证据记载的内容，完全可以认定调取的生产工艺中记载的“研成细粉备用”，是指过 80 目筛的细粉，而不是过 200 目筛的细粉，其工艺是完整的，根本不需要再根据《最高人民法院关于民事诉讼证据规则的若干规定》第 75 条的规定进行推定。退一步说，如果认为万高公司没有按照药品标准载明的生产工艺生产被诉侵权产品，也应当根据民事诉讼法和专利法有关证据保全的规定，依法进行证据保全，譬如现场勘验、查封扣押生产记录等，而不是简单地根据《最高人民法院关于民事诉讼证据规则的若干规定》第 75 条的规定进行推定。

43. 新产品制造方法专利侵权纠纷中被诉侵权人实施自有方法抗辩的审查

在前述欧意公司再审案中，在鉴定机构依照被诉侵权人主张的自有方法无法制得被诉侵权产品，被诉侵权人主张其实施自有方法存在一定的技巧和诀窍的情况下，最高人民法院根据各方当事人的请求，对被诉侵权人欧意公司制造相关产品的方法进行了现场试验，由被诉侵权人欧意公司进行试验验证，试验结果与其他证据相互印证，证明欧意公司依照自有方法能够制得被诉侵权产品，故最高人民法院支持了被诉侵权人实施自有方法的抗辩主张。

本案的相关案情是：中奇公司、华盛公司、欧意公司在一审中提交了专利号为 200310119335.7 的发明专利(以下简称 335 专利)申请公开说明书以及相关证据，用以证明其制造被诉侵权产品的方法与涉案专利方法不同。吉林省长春市中级人民法院一审查明，涉案专利公开了制造左旋氨氯地平的方法，由左旋氨氯地平可进一步制得马来酸左旋氨氯地平、苯磺酸左旋氨氯地平等下游产品。经委托法源司法科学证据鉴定中心(以下简称法源中心)进行鉴定，法源中心出具检验报告认为依照 335 专利方法不能达到拆分氨氯地平的目的。一、二审法院据此认为中奇公司、华盛公司、欧意公司提供的专利方法不能实现拆分氨氯地平的目的，中奇公司等应承担相应的侵权责任。为验证依照欧意公司的 335 专利能否制得左旋氨氯地平，最高人民法院根据各方当事人的请求，对欧意公司制造左旋氨氯地平的方法进行了现场勘验，由欧意公司依照 335 专利中记载的方法进行现场试验。试验结果表明，欧意公司依照 335 专利中记载的方法成功制得了左旋氨氯地平。

最高人民法院再审认为：欧意公司的现场试验结果与其他相关证据相互印证，可以证明欧意公司使用自有方法能够制得左旋氨氯地平，欧意公司关于依照自有方法制造左旋氨氯地平的抗辩理由成立。现场试验结果足以证明法源中心出具的检验报告的结论错误，因此，欧意公司关于该检验报告不能采信的再审理由成立。在进行化学试验时，操作人员的经验以及对操作技巧和诀窍的掌握程度均可能对试验结果产生实质性的影响。例如,在本案中,欧意公司在335专利说明书的实施例1中仅以“将所得固体在乙醇中重结晶”对重结晶步骤进行了相对概括的描述,但在现场试验过程中,欧意公司的工作人员实际上对重结晶步骤进行了认真、细致地观察和操作。因此,虽然法源中心组织的鉴定人员依照335专利无法制得左旋氨氯地平,但并不足以据此认定欧意公司依照该专利亦无法制得左旋氨氯地平。原审法院忽视了试验操作人员所掌握的经验、技巧以及诀窍对试验结果可能带来的实质影响,在欧意公司明确提出其在实施335专利时还拥有一定的经验、技巧和诀窍的情况下,对于欧意公司要求由其工作人员进行试验操作的请求置之不理,轻易采信法源中心的检验报告,有所不当。

结　　语

每年定期发布知识产权案件年度报告,已经成为最高人民法院的一项制度化工作。这项工作既是最高人民法院统一法律适用标准、指导全国法院知识产权审判工作的重要方式,也是推进司法公开、自觉接受监督、树立司法权威的重大举措;既是对最高人民法院当年审判经验的回顾和总结,也是为将来制定司法解释和司法政策积累资源;既能全面展示知识产权法官们的司法智慧,也能充分诠释知识产权法官们为公正司法付出的艰辛和努力。同时也需要说明,本年度报告选用的案件体现了最高人民法院在具体的知识产权案件中对法律适用和裁判方法问题的认识和探索,而裁判具有较强的个案色彩,法律适用本身亦是一个与时俱进的过程,相关司法政策也会随着社会经济科技文化发展状况而进行相应调整,对此有关方面在参考借鉴本年度报告的法律适用意见时应充分注意。在知识产权审判工作方面,最高人民法院仍将根据形势和任务的要求,深入贯彻国家知识产权战略,依法公正高效审理各类知识产权案件,积极回应社会公众的司法需求,通过对个案纠纷的裁决和化解,更加奋发有为地为经济发展方式加快转变、经济结构战略性调整和实现经济社会平稳较快发展提供有力的司法保障,从而营造有利于创新发展的社会氛围,激发社会创造活力,为建设创新型国家作出积极努力。

最高人民法院办公厅关于印发2010年中国法院知识产权司法保护10大案件和50件典型案例的通知

法办〔2011〕85号

各省、自治区、直辖市高级人民法院，解放军军事法院，新疆维吾尔自治区高级人民法院生产建设兵团分院：

在过去一年中，全国法院受理的知识产权及竞争案件数量继续增多，新类型案件以及重大复杂疑难案件增多，社会关注度提高。在此情况下，各级法院深入贯彻实施国家知识产权战略，充分发挥司法保护知识产权的主导作用，不断加强知识产权司法保护，较好地完成了各项知识产权审判任务。为集中展示人民法院知识产权司法保护工作的成就，积极开展好2011年全国知识产权宣传周的活动，充分发挥典型案例的示范引导作用，进一步加大知识产权司法保护宣传的力度，经各高级人民法院推荐，并结合去年我院审理的知识产权案件情况，我院选定了2010年中国法院知识产权司法保护10大案件和50件典型案例。现将这些案件和典型案例名单印发给你们，供各级人民法院在知识产权审判工作中参考借鉴。

特此通知。

二〇一一年四月十八日

2010年中国法院知识产权司法保护10大案件名单

一、知识产权民事案件

1. 上海世博会法国馆“高架立体建筑物”发明专利案

王群诉上海世博会法国馆、中国建筑第八工程局有限公司侵犯发明专利权纠纷上诉案〔上海市高级人民法院（2010）沪高民三（知）终字第83号民事判决书〕

2. “鳄鱼”商标案

（法国）拉科斯特股份有限公司（LACOSTE）诉（新加坡）鳄鱼国际机构私人有限

公司（CROCODILE INTERNATIONAL PTE LTD）、上海东方鳄鱼服饰有限公司北京分公司侵犯商标专用权纠纷上诉案〔最高人民法院（2009）民三终字第3号民事判决书〕

3. 伊莱利利公司吉西他滨及吉西他滨盐酸盐专利案

（美国）伊莱利利公司诉江苏豪森药业股份有限公司侵犯发明专利权纠纷上诉案〔最高人民法院（2009）民三终字第6号民事判决书〕

4.“天府可乐”配方及生产工艺商业秘密案

中国天府可乐集团公司（重庆）诉重庆百事天府饮料有限公司、百事（中国）投资有限公司侵犯技术秘密纠纷案〔重庆市第五中级人民法院（2009）渝五中法民初字第299号民事判决书〕

5. 干扰搜索引擎服务不正当竞争纠纷案

北京百度网讯科技有限公司诉中国联合网络通信有限公司青岛市分公司、青岛奥商网络技术有限公司、中国联合网络通信有限公司山东省分公司、青岛鹏飞国际航空旅游服务有限公司不正当竞争纠纷上诉案〔山东省高级人民法院（2010）鲁民三终字第5－2号民事判决书〕

6.“红肉蜜柚”植物新品种权属案

林金山诉福建省农业科学院果树所、陆修闽、卢新坤植物新品种权属纠纷上诉案〔福建省高级人民法院（2010）闽民终字第436号民事判决书〕

7. LED照明用集成电路布图设计案

华润矽威科技（上海）有限公司诉南京源之峰科技有限公司侵犯集成电路布图设计专有权纠纷案〔南京市中级人民法院（2009）宁民三初字第435号民事判决书〕

二、知识产权行政案件

8. 本田汽车外观设计专利无效案

本田技研工业株式会社诉国家知识产权局专利复审委员会、第三人石家庄双环汽车股份有限公司、河北新凯汽车制造有限公司破产清算组外观设计专利权无效行政纠纷再审案〔最高人民法院（2010）行提字第3号行政判决书〕

9.“杏花村”商标异议复审案

山西杏花村汾酒厂股份有限公司诉国家工商行政管理总局商标评审委员会、第三人安徽杏花村集团有限公司商标异议复审行政纠纷上诉案〔北京市高级人民法院（2010）高行终字第1118号行政判决书〕

三、知识产权刑事案件

10. 制售假冒洋酒案

刘兆龙假冒注册商标罪案〔北京市大兴区人民法院（2010）大刑初字第320号刑事判决书〕

2010年中国法院知识产权司法保护50件典型案例名单

一、知识产权民事案件

(一)侵犯专利权纠纷案件

1. 澳诺(中国)制药有限公司诉湖北午时药业股份有限公司、王军社侵犯发明专利权纠纷再审案〔最高人民法院(2009)民提字第20号民事判决书〕

2. 张喜田诉石家庄制药集团欧意药业有限公司、石家庄制药集团华盛制药有限公司等侵犯发明专利权纠纷再审案〔最高人民法院(2009)民提字第84号民事判决书〕

3. 成都优他制药有限责任公司诉江苏万高药业有限公司、四川科伦医药贸易有限公司侵犯发明专利权纠纷再审案〔最高人民法院(2009)民提字第158号民事判决书〕

4. 好孩子儿童用品有限公司诉广州中威日用品企业有限公司、广州市上威贸易有限公司、南京中央商场股份有限公司侵犯发明专利权纠纷申请再审案〔最高人民法院(2010)民申字第978号民事裁定书〕

5. 浙江黄岩塑料机械厂、俞晟诉深圳市恒泰达实业有限公司侵犯实用新型专利权纠纷申请再审案〔最高人民法院(2010)民申字第672号民事裁定书〕

6. 蔡少兴诉刘建金侵犯实用新型专利权纠纷申请再审案〔最高人民法院(2010)民申字第184号民事裁定书〕

7. 浙江新安化工集团股份有限公司诉浙江金帆达生化股份有限公司侵犯发明专利权纠纷上诉案〔浙江省高级人民法院(2009)浙知终字第187号民事判决书〕

8. 济南建工总承包集团有限公司与山东天齐置业集团股份有限公司侵犯发明专利权纠纷上诉案〔山东省高级人民法院(2010)鲁民三终字第52号民事判决书〕

9. 广州市兆鹰五金有限公司诉黄冈艾格尔五金制造有限公司侵犯实用新型专利权纠纷上诉案〔湖北省高级人民法院(2010)鄂民三终字第15号民事判决书〕

10. 程润昌诉龚举东、桂林合鑫实业有限责任公司侵犯实用新型专利权纠纷再审案〔广东省高级人民法院(2010)粤高法审监民再字第44号民事判决书〕

11. 北京先行新机电技术有限责任公司诉广州智光电气股份有限公司侵犯发明专利权纠纷上诉案〔广东省高级人民法院(2010)粤高法民三终字第271号民事判决书〕

(二)著作权权属、侵权纠纷案件

12. 华盖创意(北京)图像技术有限公司诉中国外运重庆有限公司侵犯著作权纠纷再审案〔最高人民法院(2010)民提字第199号民事判决书〕

13. 李长福诉中国文史出版社侵犯著作权纠纷再审案〔最高人民法院(2010)民提字第117号民事判决书〕

14. 株式会社万代诉汕头市澄海区泓利电子玩具实业有限公司、黄士成侵犯著作权纠纷上诉案〔北京市高级人民法院(2010)高民终字第1814号民事判决书〕

15. 李强诉于芬侵犯著作权纠纷案〔北京市海淀区人民法院(2010)海民初字第2197号民事判决书〕

16. 白广成诉北京稻香村食品有限责任公司著作权权属、侵权纠纷案〔北京市东城区人民法院(2010)东民初字第2764号民事判决书〕

17. 何瑞东诉李向华、天津理想慧天科技发展有限有限公司侵犯著作权纠纷上诉案〔天津市高级人民法院(2009)津高民三终字第29号民事判决书〕

18. 保定双狐软件有限公司、保定恒泰艾普双狐软件技术有限公司诉三河环波软件有限公司、赵殿君计算机软件著作权权属纠纷上诉案〔河北省高级人民法院(2010)冀民三终字第52号民事判决书〕

19. 北京世纪飞乐影视传播有限公司诉上海掌上灵通咨询有限公司、中国移动通信集团山西有限公司、第三人上海蔚蓝计算机有限公司侵犯著作权纠纷案〔山西省太原市中级人民法院(2008)并民初字第42号民事判决书〕

20. 中国音乐著作权协会诉于莹侵犯著作权纠纷案〔黑龙江省哈尔滨市中级人民法院(2010)哈知初字第49号民事判决书〕

21. 微软公司诉大众保险股份有限公司侵犯著作权纠纷案〔上海市浦东新区人民法院(2009)浦民三(知)初字第128号民事判决书〕

22. 叶兆言诉北京大学出版社、陈彤、南京先锋图书文化传播有限责任公司侵犯著作权纠纷上诉案〔江苏省南京市中级人民法院(2010)宁知民终字第8号民事判决书〕

23. 湖南快乐阳光互动娱乐传媒有限公司诉舟山市定海博缘网吧侵犯著作权纠纷上诉案〔浙江省高级人民法院(2010)浙知终字第107号民事判决书〕

24. 株式会社京滨诉福建省友力化油器有限公司、重庆凯尔摩托车制造有限公司、李艳超侵犯著作权纠纷上诉案〔山东省高级人民法院(2010)鲁民三终字第47号民事判决书〕

25. 丁运长诉常照荣侵犯著作权纠纷上诉案〔河南省高级人民法院(2010)豫法民三终字第46号民事判决书〕

26. 广州市喀什图制衣有限公司诉广州市杰晖服装有限公司、朱固民侵犯著作权纠纷上诉案〔广东省广州市中级人民法院(2010)穗中法民三终字第106号民事判决书〕

27. 北京网尚文化传播有限公司诉海口正合网吧侵犯著作权纠纷案〔海南省海口市中级人民法院(2010)海中法民三初字第32号民事判决书〕

28. 陈建诉富顺县万普印务有限公司侵犯著作权纠纷上诉案〔四川省高级人民法院(2010)川民终字第334号民事判决书〕

29. 张恒诉陕西攀峰实业有限公司、王建军侵犯著作权纠纷上诉案〔陕西省高级人民法院(2010)陕民三终字第29号民事判决书〕

(三)侵犯商标权纠纷案件

30. 李惠廷诉王将饺子(大连)餐饮有限公司侵犯商标专用权纠纷再审案〔最高人民法院(2010)民提字第15号民事判决书〕

31. 北面服饰股份有限公司诉梅朝辉、上海皓柏服饰有限公司、杭州柏尔豪工贸有限公司、安吉县白天鹅制衣有限公司侵犯商标专用权纠纷上诉案〔上海市高级人民法院(2010)沪高民三(知)终字第14号民事判决书〕

32. 雅培制药有限公司诉汕头市雅培食品有限公司、朱春兰侵犯商标专用权及不正当竞争纠纷案〔上海市第一中级人民法院(2010)沪一中民五(知)初字第9号民事判决书〕

33. 莱雅公司诉上海美莲妮化妆品有限公司、杭州欧莱雅化妆品有限公司、南通通润发超市有限公司侵犯商标专用权及不正当竞争纠纷上诉案〔江苏省高级人民法院(2009)苏民三终字第168号民事判决书〕

34. 镇江市醋业协会诉安徽腾飞食品有限公司侵犯商标专用权纠纷案〔安徽省阜阳市中级人民法院(2010)阜民三初字第22号民事判决书〕

35. 青岛红领集团有限公司诉枣庄矿业集团新安煤业有限公司、枣庄矿业(集团)有限责任公司侵犯商标专用权纠纷上诉案〔山东省高级人民法院(2010)鲁民三终字第188号民事判决书〕

36. 四川绵竹剑南春酒厂有限公司诉深圳市宝松利实业有限公司、四川省绵竹绵窖酒厂侵犯商标专用权及不正当竞争纠纷上诉案〔湖南省高级人民法院(2010)湘高法民三终字第11号民事判决书〕

37. 开平味事达调味品有限公司诉雀巢产品有限公司确认不侵权注册商标专用权纠纷上诉案〔广东省高级人民法院(2010)粤高法民三终字第418号民事判决书〕

38. 阿迪达斯国际经营管理有限公司诉京固国际通商有限公司、东莞金固复合材料有限公司侵犯商标专用权纠纷案〔广东省东莞市中级人民法院(2010)东中法民三初字第142号民事判决书〕

39. 株式会社尼康诉西安太华电动自行车批发市场有限公司、朱国平、浙江尼康电动车业有限公司侵犯商标专用权及不正当竞争案〔陕西省西安市中级人民法院(2009)西民四初字第302号民事判决书〕

(四)不正当竞争纠纷案件

40. 广东伟雄集团有限公司、佛山市高明区正野电器实业有限公司、广东正野电器有限公司诉佛山市顺德区正野电器有限公司、佛山市顺德区光大企业集团有限公司不正当竞争纠纷再审案〔最高人民法院(2008)民提字第36号民事判决书〕

41. 山东省食品进出口公司、山东山孚日水有限公司、山东山孚集团有限公司诉青岛圣克达诚贸易有限公司、马达庆不正当竞争纠纷申请再审案〔最高人民法院(2009)民申字第1065号民事裁定书〕

42. 上海中韩晨光文具制造有限公司诉宁波微亚达制笔有限公司宁波微亚达文具有限公司、上海成硕工贸有限公司擅自使用知名商品特有装潢纠纷再审案〔最高人民法院(2010)民提字第16号民事裁定书〕

43. 苏州小羚羊电动车有限公司诉天津捷安达车业有限公司、高启萍侵犯企业名称权纠纷上诉案〔江苏省高级人民法院(2010)苏知民终字第161号民事判决书〕

二、知识产权行政案件

(一)商标授权确权案件

44. 山西康宝生物制品股份有限公司诉

国家工商行政管理总局商标评审委员会、第三人北京九龙制药有限公司商标争议行政纠纷申请再审案〔最高人民法院(2010)知行字第52号驳回再审申请通知书〕

45. 劲牌有限公司诉国家工商行政管理总局商标评审委员会商标驳回复审行政纠纷再审案〔最高人民法院(2010)行提字第4号行政判决书〕

46.(香港)德士活有限公司诉国家工商行政管理总局商标评审委员会、第三人广东苹果实业有限公司商标异议复审行政纠纷再审案〔最高人民法院(2009)行提字第2号民事判决书〕

(二)商标行政处罚案件

47. 常熟市聚满仓食品有限公司诉无锡工商行政管理局北塘分局、第三人无锡市洁雷副食品商行工商行政处罚纠纷上诉案〔江苏省无锡市中级人民法院(2010)锡知行终字第1号行政判决书〕

三、知识产权刑事案件

48. 杨昌君销售假冒注册商标的商品罪案〔北京市第二中级人民法院(2010)二中刑终字第682号刑事裁定书〕

49. 仇海营、崔留芷等六被告假冒注册商标罪案〔内蒙古自治区呼和浩特市中级人民法院(2010)呼刑知初字第2号刑事判决书〕

50. 李兵侵犯著作权罪、贩卖淫秽物品牟利罪案〔江苏省南京市中级人民法院(2010)宁知刑终字第1号刑事裁定书〕

十 大 案 件

知识产权民事案件

王群诉上海世博会法国馆、中国建筑第八工程局有限公司侵犯发明专利权纠纷案

——阅读提示:发明目的在权利要求解释中有什么作用?

【裁判要旨】

当用说明书及附图解释权利要求时,说明书中描述的发明目的对权利要求的解释有重要作用。发明目的是解决的现有技术中存在的技术问题,如果说明书描述的发明目的没有被其他证据推翻,权利要求的解释应当符合说明书对发明目的的描述。

【案号】

一审:上海市第一中级人民法院(2010)沪一中民五(知)初字第40号

二审:上海市高级人民法院(2010)沪高民三(知)终字第83号

【案情与裁判】

原告(二审上诉人):王群

被告(二审被上诉人):上海世博会法国馆(以下简称法国馆)

被告(二审被上诉人):中国建筑第八工程局有限公司(以下简称中建八局)

起诉与答辩

原告王群因与被告法国馆、中建八局发生发明专利权侵权纠纷,于2010年3月1日向上海市第一中级人民法院提起诉讼。

原告诉称:原告是“高架立体建筑物”发明专利权人,专利号为ZL200410033851.2,该专利权至今合法有效。原告认为,法国馆建筑物落入了原告专利权利要求4、5、6、7的保护范围,被告中建八局系该馆建设方,故原告请求判令被告法国馆停止使用法国馆建筑物,两被告共同在上海世博局的网站上向原告赔礼道歉,共同在法国馆建筑物上标明原告姓名和专利标识,连带赔偿原告经济损失人民币4,216,694元,并共同承担本案诉讼费。

被告法国馆辩称:法国馆建筑物的技术特征与原告专利的必要技术特征既不相同,也不等同;法国馆建筑物采用的是现有技术

加公知常识，故其不构成对原告专利权的侵害。

被告中建八局同意被告法国馆的答辩意见。

一审审理查明

中华人民共和国国家知识产权局于2006年4月5日授予原告名称为“高架立体建筑物”的发明专利权，该专利申请日为2004年4月19日，专利号为ZL200410033851.2。

原告在本案中主张其要求保护的权利范围为权利要求4、5、6、7。该专利权利要求如下：“1. 一种高架立体建筑物，建设在地基上，其特征在于：每组高架立体建筑物由空间支架和支承在空间支架上的房屋单元构成；固接于地基的空间支架四周空间及表面布置有若干房屋单元；该空间支架有连接地面的交通设施，该空间支架的顶面为道路；

所述空间支架为支承于地基上的螺旋体通道，该螺旋体通道呈螺旋形盘旋上升，其下端连接地面道路构成连接地面的交通设施；

所述空间支架四周及表面布置的房屋单元为固定布置或能移动的布置。”

……

“4. 如权利要求1所述的高架立体建筑物，其特征在于：所述空间支架的连接地面的交通设施还包括垂直于地面的电梯、斜置滚梯及螺旋上升楼梯中的一种或其结合。”

“5. 如权利要求1所述的高架立体建筑物，其特征在于：所述空间支架的连接地面的交通设施还有垂直地面设置的交通设施。”

“6. 如权利要求1所述的高架立体建筑物，其特征在于：在所述空间支架与地基之间设置有支撑架，该支撑架为立柱、斜柱、金属网架、金属桁架、墙体中的一种或其结合。”

“7. 如权利要求1所述的高架立体建筑物，其特征在于：所述空间支架的顶面四周还间杂设置有停车场、商业区、娱乐设施、绿化带的一种或结合。”

……

该发明专利的说明书第1页记载：“现有的单层或多层建筑都是沿地面布置在建设用地上的，单位建设用地面积上能建设的建筑面积不多；高层虽然在单位建设用地面积上能建设的建筑面积较多，但建筑相对封闭，人与自然、人与人之间的交流性较差，舒适度较差。”

该发明专利的说明书第2页还记载：“本发明有以下积极有益的效果：

本发明将房子布置在空间支架的四周空间，能在单位建设用地面积上建设较多的建筑面积，节约用地，同时改善居住交流性和舒适度，并且交通工具可直接到达各户门口。”

法国馆建筑物在其由纵横交错的横梁支撑的坡道表面布置有若干房间，这些房间未占用坡道的四周空间。

被告中建八局系法国馆建筑物的承建单位。

一审判理和结果

上海市第一中级人民法院一审认为：本案的争议焦点是法国馆建筑物是否采用了原告的专利技术方案，从而落入了原告专利权的保护范围。为了查明这一争议焦点，上海市第一中级人民法院前往法国馆建筑物进行现场勘验，并结合双方提供的证据，对原告的专利技术方案和法国馆建筑物的技术特征进行了比对，发现法国馆建筑物内的房间均设置在坡道的表面，而未延伸至坡道的四周空间，这与原告专利权利要求1中记载的技术特征之一“空间支架四周空间及表面设置有若干房屋单元”既不相同,也不等同。专利说明书的附图中所示的两个实施例均显示房屋单元建设在空间支架的四周空间及表面。根据发明专利说明书的记载,该发明的背景技术是现有技术在单位建设用地上能建的建筑面积不多,高层建筑在单位建设用地面积上虽然能建面积较多,但又相对封闭,影响到人与自然的交流和人际交流。本发明的有益效果即在于扩张单位建设用地面积上的建筑面积,改善居住的交流性和舒适度,而实现上述发明目的和效果的技术手段就是“将房屋布置在空间支架的四周空间”。根据专利说明书的上述解释,将房屋单元建设在空间支架的四周空间,即从空间支架表面延伸至其四周,是实现本发明目的的一个重要技术手段。而法国馆建筑物恰恰仅在坡道表面设置有房间,该建造方式不足以实现原告在专利文件中所描述的拓展建筑空间的功能和效果。可见,法国馆建筑物没有全面覆盖原告专利的所有必要技术特征,因此两被告建造、使用法国馆建筑物的行为不构成对原告专利权的侵犯。

据此,上海市第一中级人民法院依照《中华人民共和国专利法》第11条第1款、第59条第1款的规定,于2010年10月25日判决驳回原告王群的诉讼请求。王群不服一审判决,向上海市高级人民法院提起上诉。

二审审理查明

二审审理另查明,二审庭审中,王群确认涉案专利权利要求1中,空间支架的“表面”与“顶面”之间的关系是上位概念与下位概念之间的关系,空间支架的“表面”包括“顶面”,侧面、下面均属于表面;空间支架的“顶面”指说明书附图101所示及向上延伸部分。涉案发明专利授权审查过程中,针对审查员的审查意见,王群陈述“本发明的螺旋形空间支架不仅可以作为车道使用,还可以作为房屋单元移动时的路径使用”。

涉案发明专利说明书记载“本发明的目的是提供一种高架立体建筑物,节约用地,能在单位建设用地面积上建设较多面积的建筑,同时改善居住交流性和舒适度”。

二审判理和结果

上海市高级人民法院二审认为:涉案从属权利要求4的保护范围由该从属权利要求引用的独立权利要求1记载的全部技术特征加上该从属权利要求附加的技术特征共同限定。同理确定涉案从属权利要求5、6、7的保护范围。

权利要求1中记载有“空间支架四周空间及表面布置有若干房屋单元……空间支架的顶面为道路”。根据王群在二审庭审中的陈述,“表面”与“顶面”之间的关系是上位概念与下位概念之间的关系,空间支架的“表面”包括“顶面”,“顶面”指专利说明书附图101所示及向上延伸部分;再结合涉案专利说明书(包括附图)以及王群在专利授权审查过程中所作陈述“空间支架不仅可以作为车道使用,还可以作为房屋单元移动时的路径使用”,权利要求1中技术特征“空间支架四周空间及表面布置有若干房屋单元”应当被解释为“空间支架顶面及向上延伸合理高度以外的四周空间及表面布置有若干房屋单元,房屋单元的主体不设置在空间支架顶面上及向上延伸的合理高度内”。这样的解释才能够与权利要求1中记载的“空间支架的顶面为道路”相协调,也才能够与“空间支架(实指空间支架顶面)不仅可以作为车道使用,还可以作为房屋单元移动时的路径使用”的陈述相符。这样的解释也符合涉案发明专利说明书对其发明目的的描述,使得依照专利技术方案建造的高架立体建筑物,能在单位建设用地面积上建设较多面积建筑的同时,改善居住交流性和舒适度。空间支架顶面(包括及向上延伸的合理高度内)作为道路与作为房屋单元移动时的路径(不管房屋单元是固定或者可移动,房屋单元的主体不设置在空间支架顶面上),如此可以改善居住交流性和舒适度;在空间支架顶面及向上延伸合理高度以外的四周空间及表面布置房屋单元,如此可以在单位建设用地面积上建设较多面积的建筑,节约用地。

法国馆建筑物内的房间均设置在坡道的表面,而未延伸至坡道的四周空间。用涉案专利发明的术语来表述就是法国馆建筑物的房屋单元均是布置在空间支架的顶面(更准确地说是布置在顶面及向上延伸的空间内),空间支架的顶面一部分用于布置房屋单元,另一部分用作道路。即使如王群所主张法国馆建筑物餐厅房屋单元有部分已经“延伸”至空间支架的外围空间,但组成法国馆建筑物的房屋单元在实质上、总体上仍是布置在空间支架顶面上的,这与权利要求1的相应技术特征“空间支架顶面及向上延伸合理高度以外的四周空间及表面布置有若干房屋单元,房屋单元的主体不设置在空间支架顶面上及向上延伸的合理高度内”存在本质区别,两者既不相同,也不等同。由于已经认定法国馆建筑物缺少权利要求1中一项技术特征,故法国馆建筑物的技术方案也就不可能落入从属于权利要求1的权利要求4、5、6、7的保护范围。

涉案专利说明书明确记载其高架立体建筑物的发明目的是节约用地,能在单位建设用地面积上建设较多面积建筑的同时,改善居住交流性和舒适度。原审判决认定在坡道表面设置房间的法国馆建筑物不足以实现涉案专利文件中所描述的拓展建筑空间的功能和效果,不能实现涉案专利的发明目的,并无不当。法国馆建筑物的建造方式有可能改善房屋交流性和舒适度,但并不能在单位建设用地面积上建设较多面积建筑(因为其并没有在空间支架顶面及向上延伸以外的四周空间及表面布置房屋单元)。涉案专利的发明目的是在单位建设用地面积上建设较多面积建筑,并同时改善居住交流性和舒适度,两者同时满足,缺一不可。这也是恰当地解释权利要求1中技术特征“空间支架四周空间及表面布置有若干房屋单元”的事实依据之一。

据此,上海市高级人民法院依照《中华人民共和国民事诉讼法》第153条第1款第1项、第158条之规定,于2010年12月3日判决驳回上诉,维持原判。

(法国)拉科斯特股份有限公司诉(新加坡)鳄鱼国际机构私人有限公司等侵犯商标专用权纠纷案

——阅读提示:如何认定具有复杂历史渊源且具有一定近似性的标识是否是商标法意义上的近似商标?

【裁判要旨】

最高人民法院在本案中认为,侵犯注册商标专用权意义上的商标近似应当是指混淆性近似,即足以造成市场混淆的近似;由于不同案件诉争标识涉及情况的复杂性,认定商标近似除通常要考虑其构成要素的近似程度外,还可以根据案件的具体情况,综合考虑被诉侵权人的主观意图、注册商标与诉争标识使用的历史和现状等其他相关因素,在此基础上认定诉争商标是否构成混淆性近似。

【案号】

一审:北京市高级人民法院(2000)高民初字第29号

二审:最高人民法院(2009)民三终字第3号

【案情与裁判】

原告(二审上诉人):(法国)拉科斯特股份有限公司(LACOSTE)(以下简称拉科斯特公司)

被告(二审被上诉人):(新加坡)鳄鱼国际机构私人有限公司(CROCODILE INTERNATIONAL PTE LTD)(以下简称鳄鱼国际公司)

被告(二审被上诉人):上海东方鳄鱼服饰有限公司北京分公司(以下简称上海东方鳄鱼公司)

起诉与答辩

2000年5月11日,拉科斯特公司向北京市高级人民法院起诉称,自1980年以来,其先后在中国注册了一系列“鳄鱼图形”商标,根据中国的法律规定,其公司对注册的“鳄鱼图形”商标享有专用权。1995年,其公司发现鳄鱼国际公司在中国建立了多家店面,其招牌上印有写实风格的鳄鱼图形,销售标有“鳄鱼图形”商标的服装产品。其公司分别于1995年和1998年向鳄鱼国际公司提出警告,鳄鱼国际公司及其在北京的代理商上海东方鳄鱼公司至今仍在北京地区销售带有“鳄鱼图形”商标的服装和其他相关产品。二被告使用的“鳄鱼图形”商标与其公司的“鳄鱼图形”注册商标构成近似,侵犯了其在第25类服装及其他相关类别商品上的注册商标专用权,违反了《中华人民共和国商标法》的有关规定。故请求:(1)判令二被告停止侵害,即停止在相同或类似商品上使用与其公司之注册商标近似的商标标识;(2)判令二被告赔偿经济损失人民币300万元;(3)判令二被告消除影响;(4)判令二被告承担本案全部诉讼费用。

鳄鱼国际公司和上海东方鳄鱼公司共同辩称:在中国境内,二被告在服装及相关商品上使用的新加坡"鳄鱼"商标标识,包括"CARTELO 鳄鱼"图文组合注册商标标识和单条"头朝内"的鳄鱼图案未注册商标标识,均未侵犯拉科斯特公司的注册商标权。第一,拉科斯特公司向中国申请"鳄鱼图形"注册商标之前和"鳄鱼"品牌服装规模化进入中国市场之前,新加坡"鳄鱼"商标和法国"鳄鱼"商标都已问世多年,为相关公众所熟知。法国"鳄鱼"商标在中国注册在先,但新加坡"鳄鱼"商标在中国规模使用在前。第二,新加坡"鳄鱼"和法国"鳄鱼"于 1983 年 6 月 17 日曾达成一致协议,包括本案系争商标标识在内的新加坡"鳄鱼"系列商标标识和法国"鳄鱼"系列商标标识不致混淆,拉科斯特公司不得反悔。第三,从图文及其组合分析看,新加坡"鳄鱼"和法国"鳄鱼"在文字及图形上均有显著的区别特征,易于公众识别,存在不致混淆之事实。第四,拉科斯特公司恶意指控二被告侵权的行为是不正当竞争行为。故请求驳回拉科斯特公司的诉讼请求。

一审审理查明

拉科斯特公司创办于 1933 年,同年在法国注册"鳄鱼图形"商标,此后其产品主要在欧洲销售。20 世纪 60 年代,拉科斯特公司开始将其产品推向亚洲。70 年代末,其产品进入香港。1980 年,拉科斯特公司在中国大陆注册了"鳄鱼图形"商标,其产品于 1984 年正式进入中国,但数量有限,1994 年正式开设专柜或专卖店。鳄鱼国际公司前身系陈贤进于 1943 年在新加坡创办的利生民公司,该公司于 1949 年申请并于 1951 年在新加坡获准注册了"crocodile + 鳄鱼图形"商标。利生民公司产品于 1953 年进入香港,主要在东南亚地区销售。1983 年,利生民公司更名为鳄鱼国际公司。1993 年,鳄鱼国际公司在中国大陆申请注册"CARTELO 及图"商标,其产品于 1994 年进入中国市场。利生民公司曾于 1969 年在日本大阪向法院提起民事诉讼,指控拉科斯特公司侵犯其商标权。1973 年双方在大阪高等法院达成和解:利生民公司同意拉科斯特公司在日本注册"鳄鱼图形"商标。1983 年 6 月 17 日,双方还签订协议,意图在于:(1)结束并最终解决双方之间未决的所有法律纠纷、法律行为、分歧、争议和请求……(6)双方同意表 A 和表 B(见附件一)所示其各自徽标,可在相关市场中共存不致混淆……双方约定的地域包括台湾、新加坡、印度尼西亚、马来西亚、文莱。

拉科斯特公司自 1980 年 10 月 30 日在中国注册了第 141103 号"鳄鱼图形"商标后,陆续注册了第 879258 号"鳄鱼图形"商标、第 940231 号"鳄鱼图形 + LACOSTE"商标,第 1318589 号"鳄鱼图形"商标等(以上商标图形见附件二)。鳄鱼国际公司于 1993 年陆续向中华人民共和国国家工商行政管理总局商标局(简称商标局)申请注册第 1331001 号"CARTELO 及图"商标及第 1343051 号"CARTELO 及图"商标,上述两商标已于 2007 年 12 月 14 日经北京市高级人民法院(2007)高行终字第 178、277 号行政判决认定,予以核准注册,现判决已经生效。北京市高级人民法院(2007)高行终字第 178 号行政判决认定,鳄鱼国际公司申请的第 1331001 号"CARTELO 及图"商标与拉科斯特公司合法拥有的第 141103 号"鳄鱼图形"商标相比较,二者图形部分近似,但主要部分及各要素组合后的整体结构并不相同或近似。以相关公众的一般注意力在隔离状态下观察,并考虑第141103号“鳄鱼图形”商标的显著性和知名度,二者之间可能会产生某种联想,但不会产生混淆和误认。北京市高级人民法院(2007)高行终字第277号行政判决认定,鳄鱼国际公司申请的第1343051号“CARTELO及图”商标与拉科斯特公司合法拥有的第213407号“鳄鱼图形+LACOSTE”商标,二者图形部分近似,但主要部分及各要素组合后的整体结构并不相同或近似。以相关公众的一般注意力在隔离状态下观察及并考虑拉科斯特公司第213407号“鳄鱼图形+LACOSTE”商标的显著性和知名度,二者之间可能会产生某种联想,但不会产生混淆和误认。

2000年4月25日,拉科斯特公司在北京购买了鳄鱼国际公司和上海东方鳄鱼公司出品的“卡帝乐鳄鱼T恤”等被诉侵权产品。被诉侵权产品在不同部位分别组合或单独使用了“CARTELO及图”商标及“鳄鱼图形”标识。

吉林省长春市中级人民法院(2005)长民三初字第94号、湖北省高级人民法院(2005)鄂民三终字第9号、北京市高级人民法院(2006)高民终字第169号民事判决认定,长春市新百信商贸有限责任公司、武汉武商集团股份有限公司世贸广场购物中心、北京西单赛特商城有限责任公司销售的单独标示“鳄鱼图形”的相关商品侵犯了拉科斯特公司第141103、879258、1318589号“鳄鱼图形”注册商标专用权。

一审判理和结果

北京市高级人民法院经审理认为,已经发生法律效力的北京市高级人民法院(2007)高行终字第178、277号行政判决确认,第1331001、1343051号“CARTELO及图”商标予以核准注册,与“鳄鱼图形”、“鳄鱼图形+LACOSTE”商标之间不会产生混淆和误认,故本案被控侵权产品1~8在实际销售时其外包装及产品吊牌上均使用的“CARTELO及图”商标,与拉科斯特公司主张权利的第141103、940231、1318589、879258号注册商标不会造成消费者的混淆和误认,也就是说,鳄鱼国际公司、上海东方鳄鱼公司出品的被控侵权产品1~8在外包装及产品吊牌上使用“CARTELO及图”商标,并未侵犯拉科斯特公司的商标专用权。同样,被控侵权产品3皮包正面、被控侵权产品7礼盒中的钱包正面及皮带扣正面使用的“CARTELO”字样与拉科斯特公司主张权利的四个注册商标也不会造成消费者的混淆和误认,未侵犯拉科斯特公司的注册商标专用权。

拉科斯特公司主张,被控侵权产品1~8均在不同部位单独使用了“鳄鱼图形”,与原告据以主张权利的四个注册商标中的鳄鱼图形相比,仅仅是“鳄鱼身体朝向相反”,但鳄鱼姿态相同,互为镜像,足以导致潜在消费者在被控侵权产品售出后使用中造成混淆和误认。对此,北京市高级人民法院认为利生民公司与拉科斯特公司1983年6月27日达成的商标共存协议,其目的在于相互区分各自的产品,系双方真实意思表示,且并不违反中国法律规定,亦未损害他人及公共利益,应当确认有效。其中约定协议附件1、2所列之系列商标在我国台湾地区、新加坡、印度尼西亚、马来西亚、文莱区域内“不致混淆”。本案中,鳄鱼国际公司之行为不同于刻意仿冒名牌奢侈品的假冒行为,其在主观上并无利用拉科斯特公司的品牌声誉,造成消费者混淆、误认之故意;鳄鱼国际公司的系列商标标识经过在中国大陆市场上大规模、长时间使用后,客观上也已经建立起特定的商业声誉。而且,被控侵权产品1～8标示的并非仅为“鳄鱼图形”,还标有“CARTELO”及“CARTELO及图”,所有这些作为一个整体,使得被控侵权产品1～8具有了整体识别性,能够有效地与其他标有鳄鱼形象的商品相区别。有鉴于此,根据整体比对、综合判断的原则,拉科斯特公司与鳄鱼国际公司的系列商标标识作为整体,二者之间已经形成了显著性的区别特征。两者无论在实际购买商品时还是在商品售出后使用中均不会导致消费者的混淆和误认。鳄鱼国际公司在被控侵权产品1～8上单独使用“鳄鱼图形”的行为,不侵犯拉科斯特公司的注册商标专用权。吉林省长春市中级人民法院(2005)长民三初字第94号、湖北省高级人民法院(2005)鄂民三终字第9号、北京市高级人民法院(2006)高民终字第169号民事判决与本案所涉及的诉讼主体不同,且商品外包装、产品吊牌及产品本身上标示的鳄鱼国际公司第1331001、1343051号“CARTELO及图”商标于上述判决生效后的2007年12月14日经北京市高级人民法院判决准予注册,所涉及的具体案情亦不相同,故上述三判决并不影响本案审理。北京市高级人民法院依照《中华人民共和国商标法》第52条第1项、《最高人民法院关于审理商标民事纠纷案件适用法律若干问题的解释》第10条之规定,于2008年12月12日判决驳回拉科斯特公司的诉讼请求。案件受理费25,010元,由拉科斯特公司负担。

上诉与答辩

拉科斯特公司不服一审判决,向最高人民法院上诉称:被控侵权商标中的“单独鳄鱼图形”与上诉人的鳄鱼商标构成相同,被上诉人擅自使用带有鳄鱼图形的组合商标与上诉人的注册商标构成近似,属于商标侵权行为,两被上诉人在同一种商品上使用与上诉人注册商标相同和近似的商标是典型的商标侵权行为,原审判决认定不侵权明显有误,请求本院依法改判并支持其原审全部诉讼请求。

被上诉人鳄鱼国际公司、上海东方鳄鱼公司答辩称:(1)已经生效的北京市高级人民法院(2007)高行终字第178号、第277号行政终局判决书中明确认定诉争标识之间可能会产生某种联想,但不会产生混淆和误认。上诉人此上诉理由不能成立。(2)关于被控侵权商标中的单独“鳄鱼图形”与上诉人的鳄鱼商标是否构成相同标识的问题。本案不同于一般的侵犯商标权案件,本案的纠纷有其特定历史背景。具体为:拉科斯特公司系列商标于20世纪三四十年代在法国启用,并逐步使用和知名于欧洲;鳄鱼国际公司系列商标于20世纪四五十年代在新加坡等地启用,逐步使用和知名于亚洲。在经贸活动全球化的历史进程中,自20世纪60年代起,拉科斯特公司系列商标率先谋求东进亚洲,随之与在亚洲地区相关国家与地区内早已注册、早已使用并且早已知名的鳄鱼国际公司系列商标之间,屡屡引发纠纷和冲突,但是最终达成了双方鳄鱼系列商标和平共处的和解。1983年6月17日鳄鱼国际公司与拉科斯特公司签署了“一揽子”和解协议。协议中双方认同拉科斯特公司系列商标和鳄鱼国际公司系列商标“可在相关市场中共存不致混淆”,不但明确“在本协议第一条所列国家开展合作”,而且明确“如有可能在世界其他地方进行合作”;和解协议开宗明义地指出“双方结束并最终解决双方之间未决的所有法律纠纷、法律行动、分歧、争议和请求”。该和解协议签订后二十多年来,不但在该协议第1条所列的我国台湾和新加坡、印度尼西亚、马来西亚、文莱这5个国家及地区实现了鳄鱼国际公司系列商标与拉科斯特公司系列商标各自注册、和平共处。而且在鳄鱼国际公司注册在先的其他国家(如韩国、印度、巴基斯坦等),也已经实现了鳄鱼国际公司系列商标与拉科斯特公司系列商标共存共荣、相辅相成的局面。双方各自的知名商标“可在相关市场中共存不致混淆”,双方各自实际拥有自己的商业信誉和商品声誉,鳄鱼国际公司不存在“利用拉科斯特公司的品牌声誉,造成消费者混淆、误认”的主观故意,因此,单独使用鳄鱼国际公司单条鳄鱼图形不会构成对拉科斯特公司单条鳄鱼图形商标的侵权,即“仅为鳄鱼图形”也不侵权;再加上与“CARTELO”文字以及“CARTELO及图”商标结合使用,则更加彰显其区别显著性。综上,在图文上,鳄鱼国际公司商标标识与拉科斯特公司商标标识之间存在“不致混淆”之事实;在历史上,鳄鱼国际公司商标标识与拉科斯特公司商标标识已有“不致混淆”之共识;在使用中,鳄鱼国际公司商标标识与拉科斯特公司商标标识之间更有“不致混淆”之现实。在中国市场上,经过大规模、长时间、对比性共同使用后,拉科斯特公司系列商标和鳄鱼国际公司系列商标之间已经形成并且仍在日益强化各自获得的区别显著性,两者越来越具有不致混淆的显著区别特征。请求最高人民法院维持原审判决,驳回上诉人上诉。

二审审理查明

最高人民法院二审查明,1994年9月,拉科斯特公司在上海徐家汇太平洋设立第一个专柜。之后,拉科斯特公司在上海、北京、青岛、大连等地陆续设立了专柜、专卖店,至1999年6月30日,共设有专卖店13个,专柜43个、零售店1个。1994年鳄鱼国际公司在上海开设第一个专卖店。之后,鳄鱼国际公司在全国若干个省市陆续设立了专柜、专卖店,至1997年,鳄鱼国际公司在全国共设有专卖店或专柜250个。

利生民公司于1969年向日本大阪法院提起民事诉讼,指控拉科斯特公司的销售商三共生兴株式会社侵犯其商标权。1973年11月28日双方在大阪高等法院达成和解,利生民公司同意拉科斯特公司在日本注册“鳄鱼图形”商标。

1982年6月1日,拉科斯特公司当时的董事会主席 Michel LACOSTE 先生在其给鳄鱼国际公司创始人陈贤进博士的信件中提到:“……基本上,我方不同意我们各自的商标在这些国家有混淆的实质风险。因为它们在这些市场中的长期使用,各自已经获得显著性。事实上,如你所知,在日本和台湾地区的法院在多年前已经持这一观点,我方相信在那些诉讼悬而未决的国家(法院)也会接纳这一观点。”1983年1月21日,拉科斯特公司的 Bernard LACOSTE 先生在其给鳄鱼国际公司创始人陈贤进博士的信件中也明确提到:“……在亚洲国家,我们不同的鳄鱼商标共存在商业上是可行的,像在日本一样……”

1983年6月17日，双方签订和解协议。和解协议签订后，1985年8月22日，鳄鱼国际公司应拉科斯特公司的要求，出具承诺书，承诺拉科斯特公司在韩国、孟加拉共和国、印度和巴基斯坦四国申请注册相关鳄鱼图形商标时，不提出商标异议、无效和撤销，并出具合适的认同信件。

1985年8月7日，拉科斯特公司总经理贝尔纳·拉科斯特为鳄鱼国际公司出具同意书同意其在韩国在第45类商品上注册鳄鱼图形商标（商标图形见附件一中1983年协议新加坡“鳄鱼”A系列标识一、标识二）。1993年1月22日，拉科斯特公司总经理贝尔纳·拉科斯特出具同意书同意鳄鱼国际公司在韩国在第25类商品上注册鳄鱼图形商标（商标图形见附件一中1983年协议新加坡“鳄鱼”A系列标识一）。1993年9月16日、1994年1月18日，拉科斯特公司总经理贝尔纳·拉科斯特分别出具同意书同意鳄鱼国际公司在巴基斯坦在第14类、第9类、第18类、第28类商品上注册鳄鱼图形商标（商标图形见附件一中1983年协议新加坡“鳄鱼”A系列标识一）。

鳄鱼国际公司1951年10月26日在我国香港、1985年8月13日在泰国、1996年6月在蒙古、1995年10月31日在尼泊尔、1995年11月27日在朝鲜、2003年6月24日在摩洛哥、2003年4月8日在沙特阿拉伯、2003年9月1日在斐济在第25类商品上注册了单条鳄鱼商标。

此外，拉科斯特公司于曾1994年在法国将1983年协议中鳄鱼国际公司的两个鳄鱼图形以及拉科斯特鳄鱼朝左的图形申请注册商标。2005年鳄鱼国际公司向法国巴黎大审法院提起诉讼。2006年3月29日，该院作出一审判决，认为“拉科斯特公司模仿1983年6月17日协议中列入的鳄鱼国际公司的商标图案”的行为“构成了非法注册行为”。拉科斯特公司向二审法院提起了上诉。

1994年10月19日，拉科斯特公司在法国申请鳄鱼头部朝向左的商标。1995年3月23日，其就该商标向中国申请领土延伸保护，指定使用在第25类服装、鞋、帽等商品。1996年6月26日，商标局以香港鳄鱼恤公司的鳄鱼图形商标 被公众熟知，香港“鳄鱼”与法国“鳄鱼”之间的不同已被消费者所接受，根据修改前的商标法第8条第1款第9项的规定，申请商标因其他不良影响，予以驳回。2009年1月12日，商标评审委员会作出评审决定，将该商标在中国的领土延伸保护申请予以驳回。2009年2月12日，拉科斯特公司向北京市第一中级人民法院提起行政诉讼，2009年12月29日，该院作出一审判决，撤销商标评审委员会前述决定。现该案及相关系列案件正在北京市高级人民法院二审审理之中。

1999年，四川省成都市工商行政管理局作出（1999）148号关于鳄鱼图形商标案结案处理结果的通知，认定四川东方鳄鱼公司单独使用鳄鱼图形商标构成对拉科斯特公司鳄鱼图形商标的侵犯。

最高人民法院（2009）知行字第10号驳回再审申请通知书，认定，“从现有证据看，证明引证商标在争议商标申请日的知名度的证据仅有1984年赞助戴维斯杯网球赛的宣传材料和商标局（89）商标异字第116号裁定，虽然后者提到鳄鱼商标有一定的知名度，但综合上述证据无法认定引证商标在争议商标申请日(1991 年 3 月 26 日)之前的中国境内为相关公众广为知晓,成为驰名商标。”最高人民法院(2009)行监字第 121 号驳回再审申请通知书、(2009)行监字第 107 号驳回再审申请通知书认定“本案现有证据无法证明各引证商标在被异议商标申请注册之时已经在中国境内为相关公众广为知晓,原审法院在比对被异议商标和各引证商标整体结构的基础上,以相关公众的一般注意力并考虑引证商标显著性和知名度,认定被异议商标与各引证商标不构成近似商标并无不当。”

二审判理和结果

最高人民法院经审理认为,侵犯注册商标专用权意义上的商标近似应当是指混淆性近似,即足以造成市场混淆的近似。由于不同案件诉争标识涉及情况的复杂性,认定商标近似除通常要考虑其构成要素的近似程度外,还可以根据案件的具体情况,综合考虑其他相关因素,在此基础上认定诉争商标是否构成混淆性近似。本案中双方之间的诉争商标在相关市场中具有特殊的形成历史和发展历程,有特殊的使用和共存状况,在本案中认定诉争商标是否构成侵犯注册商标专用权意义上的近似商标,既不能割裂各自形成和发展的历史,又不能无视相互之间的共存过程和使用状态,否则,就难以作出公平合理的裁判。因此,就本案诉争商标具体情况而言,在认定其是否近似时,仅仅比对标识本身的近似性是不够的,还必须综合考量鳄鱼国际公司的主观意图、双方共存和使用的历史与现状等因素,结合相关市场实际,进行公平合理的判断。

首先,根据本案已经查明的事实,不足以认定当时的利生民公司系抄袭模仿拉科斯特公司申请注册的相关商标而申请注册的“crocodile + 鳄鱼图形”商标。其进入中国市场后,鳄鱼国际公司继续使用与其在亚洲相关国家业已注册商标相应的有关鳄鱼标识。而且,根据原审法院查明的事实,被诉标识的使用环境和状态,足以使其双方的相关产品区别明显。上述事实足以表明,鳄鱼国际公司进入中国市场后使用相关商标,主要是对其已有商标的沿用,且在实际使用中也有意区分诉争标识。因此,原审法院认定鳄鱼国际公司之行为不同于刻意模仿名牌奢侈品的假冒行为,其主观上并无利用拉科斯特公司的品牌声誉,造成消费者混淆、误认之故意,并无不当,上诉人的相应主张无证据支持。其次,从相关国际市场看,双方诉争标识在亚洲部分国家和地区已经长期形成共存和使用的国际市场格局。从本案已经查明的事实看,鳄鱼国际公司的被诉标识一、二在本案诉讼之前,在相关国家和地区已经注册多年,且已与拉科斯特公司达成了包括被诉标识一、二在内的标识与拉科斯特公司鳄鱼图形文字系列标识(见附件一)共存不致混淆的 1983 年和解协议,且在该协议未明确列明的韩国、巴基斯坦等国家,拉科斯特公司亦就被诉标识在该两国家相关类别的注册上出具了同意注册的同意函。鉴此,最高人民法院认为,无论是从双方当事人的相关认同和共识还是从相关国际市场实际看,双方诉争标识在亚洲部分国家和地区已经不致于产生市场混淆而可以共存,这足以表明诉争商标在构成要素上的近似性并不必然构成混淆性近似,并不必然导致其不能共存。最后,从诉争标识在中国市场的共存和使用情况看,两者在中国市场内已拥有各自的相关公众,在市场上均已形成客观的划分,已成为可区别的标识。综合考虑以上因素,在鳄鱼国际公司使用被诉标识不具有恶意抄袭模仿意图的前提下,这种经市场竞争形成的客观区别,是鳄鱼国际公司在中国境内商业成功的结果,对此应给予法律上的认可和肯定。基于鳄鱼国际公司的产品已经形成自身的相关消费群体,相关公众已在客观上将两公司的相关商品区别开来的市场实际,最高人民法院认为被诉标识一、二与拉科斯特公司请求保护的注册商标不构成近似商标。但因最高人民法院是在综合考量诉争标识在构成要素上的差别,特别是相关使用历史和共存现状等因素的基础上,对于诉争商标近似性问题作出的认定,而被诉标识一、二在构成要素上毕竟与拉科斯特公司相关注册商标具有一定程度的近似性,故鳄鱼国际公司在使用被诉标识一、二时,应保持其与拉科斯特公司注册商标有明显区分的相关使用环境和状态,尽可能避让该公司的注册商标。关于被诉标识三、四与拉科斯特公司请求保护的注册商标是否近似的问题。本案中,被诉标识三、四由单条鳄鱼与CARTELO文字组合而成,与拉科斯特公司请求保护的注册商标相比,两者在文字构成、呼叫、整体外观上区别明显,不能认定为侵犯注册商标专用权意义上的近似商标。最高人民法院经审理认为,拉科斯特公司的上诉理由不能成立,原审判决认定事实基本清楚,虽然其适用修订前的《中华人民共和国商标法》裁判本案适用法律错误,部分判理有所不当,但并不影响本案的裁判结果,依据《中华人民共和国民事诉讼法》第153条第1项、第2项之规定,判决驳回拉科斯特公司上诉,维持原判。

附件一:拉科斯特公司请求保护的注册商标

141103　　1318589　　213407

213412　　　　　　　940231

879258

附件二:鳄鱼国际公司使用的被控侵权标识

被控侵权标识一　被控侵权标识二

被控侵权标识三　被控侵权标识四

附件三:1983年协议中双方商标图形

新加坡"鳄鱼"A系列商标标识	法国"鳄鱼"B系列商标标识

(美国)伊莱利利公司诉江苏豪森药业股份有限公司侵犯发明专利权纠纷案

——阅读提示：药品制备方法发明专利侵权纠纷中，在药品监督管理部门备案的被诉侵权药品生产工艺材料没有记载有关技术内容的情况下，基于何种事实才能通过推定来查明该技术内容？涉及新产品方法的侵犯发明专利权纠纷中，被诉侵权方在什么情况下承担举证责任？

【裁判要旨】

最高人民法院根据涉案专利一权利要求与说明书公开的技术方案、专利一被无效的原因、化学理论基本知识、专利说明书和杂志发表论文披露的技术内容、被诉侵权方补充的确证实验的结论等证据，认定鉴定结论关于被诉侵权技术方案中相关技术内容的推定具有事实基础，采信鉴定结论并无不当。最高人民法院认为，涉及新产品方法的侵犯发明专利权纠纷中，被诉侵权方对新产品的制造方法承担倒置举证责任是有条件的，即专利权人首先应当证明被诉侵权方法所生产的产品与涉案专利方法所生产的产品属于相同的产品；同时，还应当证明依据专利方法直接获得的产品是新产品。此时，被诉方才负有举证证明其产品的生产方法不同于专利方法的责任。

【案号】

一审：江苏省高级人民法院(2003)苏民三初字第001号

二审：最高人民法院（2009)民三终字第6号

【案情与裁判】

原告(上诉人)：(美国)伊莱利利公司(ELI LILLY AND COMPANY)(以下简称伊莱利利公司)

被告(被上诉人)：江苏豪森药业股份有限公司(以下简称豪森公司)

起诉和答辩

伊莱利利公司2001年4月13日起诉称：其拥有抗癌药品吉西他滨及吉西他滨盐酸盐的三项中国发明专利权。豪森公司未经许可，自2000年起使用涉案专利方法制备了吉西他滨和吉西他滨盐酸盐并对该产品进行了促销，构成专利侵权，应承担相应法律责任。请求判令豪森公司：(1)停止侵犯专利权的行为；(2)赔偿其因侵权而遭受的经济损失人民币550万元；(3)在《中国医药报》上公开赔礼道歉，消除不良影响；(4)承担本案的诉讼费用；(5)承担其诉讼损失，包括律师费、调查费和其他合理费用。伊莱利利公司明确其诉讼的对象是2001年3月前豪森公司生产和制备吉西他滨的方法(行为)。伊莱利利公司提交了豪森公司制造的注射用盐酸吉西他滨样品的照片及宣传资料，用以证明侵权行为的存在。

豪森公司答辩称:被诉侵权的药品制造方法与伊莱利利公司的专利方法不同。请求驳回伊莱利利公司的诉讼请求。

一审审理查明

1993年6月21日,伊莱利利公司向中华人民共和国国家专利局(以下简称国家专利局)提出“立体选择性糖基化方法”的方法发明专利(以下简称专利一)申请,于1998年6月20日获得授权,专利号为93109045.8。1995年11月1日,伊莱利利公司向国家专利局提出“提纯和分离2'-脱氧-2,2'二氟核苷的方法”的方法发明专利(以下简称专利二)申请,于1999年3月25日获得授权,专利号为95196272.8。1995年11月14日,伊莱利利公司向国家专利局提出“1-(2'-脱氧-2',2'-二氟-D-呋喃核糖基)-4-氨基嘧啶-2-酮盐酸盐的制备方法”的方法发明专利(以下简称专利三)申请,于1999年9月4日获得授权,专利号为95196792.4。上述三项专利构成生产制备吉西他滨盐酸盐和吉西他滨的完整技术方案。专利一是取得中间体β异头物富集的核苷的方法。该专利说明书中有关于“-83℃至19℃”这一温度区间内α、β随着温度变化的比例表。专利二是提纯和分离富含β异头物核苷的混合物的方法。该专利说明书记载,“在含水酸中加入稀释的反应混合物而产生的酸性混合物,最好在适度搅拌下保持一段时间。在此保持期所发生的物理变化是过量的R"(被保护的或未被保护的胞嘧啶)溶于含水酸层中,而所需的β-核苷沉淀出来。这种沉淀是有选择性的,而不需要的α核苷则大部分留在有机层中”。专利三是制备吉西他滨盐酸盐的方法。

2007年2月28日,中华人民共和国国家知识产权局专利复审委员会作出第9525号无效宣告请求审查决定,宣告专利一的专利权全部无效。伊莱利利公司不服该无效宣告请求审查决定,向北京市第一中级人民法院提起行政诉讼。2008年11月6日,北京市高级人民法院作出(2008)高行终字第451号终审行政判决,维持了上述无效宣告请求审查决定。

豪森公司于2000年3月28日向国家药品监督管理局申报注射用盐酸吉西他滨新药临床研究,2000年6月21日,国家药品监督管理局同意在北京肿瘤医院等四家单位进行临床研究。2000年11月,豪森公司申请新药生产证书。2001年5月18日,国家药品监督管理局核发了新药证书及生产批件,新药保护期至2007年5月17日,所申报的生产工艺名称为中试工艺。

豪森公司提供了2001年5月18日的新药证书、生产批件及与之相对应的向国家药品监督管理局申报材料(含生产工艺)一套,2002年3月29日的新药补充申请批件及与之相对应的补充申报资料(含生产工艺)一套。一审法院依职权向江苏省药品监督管理局调取了豪森公司在该局备案的上述申报资料。一审法院经对豪森公司在江苏省药品监督管理局备案的申报资料与其向国家药品监督管理局的报批资料进行了核对,两者的生产工艺的名称、内容一致。豪森公司涉案药品的申报材料中记载了各步反应的具体条件、装置、原料、温度以及时间和操作方法等,但对第八步反应产物即第九步反应起始物甲磺酸酯10α/10β的比例没有记载,第九步反应产物11α/11β记载为1.15:1,为α异头物富集的核苷。

一审法院经双方当事人同意,委托中华人民共和国科学技术部知识产权事务中心(以下简称知识产权事务中心)进行技术鉴定,并就鉴定资料进行了质证。鉴定过程中,双方分别向鉴定专家组作了相关技术陈述,陈述内容均未超出此次鉴定资料的范围。鉴定报告的结论为:(1)专利一的目的是选择性的制备β异头物富集的核苷,其反映物之一为α异头物富集的糖;根据豪森公司的工艺步骤,其得到的混合物中α、β之比为1.15:1,根据SN_2反应机理,其反应物应为β异头富集的糖。因此两者方法的关键反应物不同,生产效果不同,两方案不同。(2)专利二所提纯和分离的混合物是富含β异头物的核苷,根据豪森公司工艺步骤,经过打浆过滤等程序,得到的α、β之比为1.15:1,为α富集,在处理前的混合物也应为α富集。因此,两方法所处理的关键混合物不同,两方案不同。(3)专利三与豪森公司生产方法在反应物与脱保护物质均不同,两方案不相同。综上,豪森公司提交的研制方法与伊莱利利公司三项专利的独立权利要求所记载的方法不相同。针对上述鉴定结论,伊莱利利公司、豪森公司均进行了质证。2005年12月13日的庭审后,伊莱利利公司向原审法院提交书面意见认为:专利一的专利文献中关于“-83℃至19℃”间的α、β比例表所指产物是内半缩醛,而非专家推导的核糖。内半缩醛须经反应才能生成核糖,故两者不具有可比性。(1)关于被诉侵权技术与专利一的比对问题。鉴定结论是专家的推论,豪森公司的鉴定资料中未显示反应物α、β之比。并且专家的推论是不正确的。第一,豪森公司的反应物是由其第八步工艺制得,资料显示其反应温度为23℃至25℃,而据其披露在专利文献中的相关数据,在-83℃至19℃这一温度区间内,反应物α、β之比始终是α>β,且在19℃时仍是2:1,专家推断在同为室温条件下的23℃至25℃时α、β之比却是后者大于前者;专家据以推论的α:β为1.15:1是在经过分离提纯后的比例,而不是SN_2反应产物的直接比例。第二,在原(2001)苏民三初字第001号案的鉴定结论中,专家认为α、β之比是1:1,而此次的专家又认为是β>α,假设豪森公司的工艺是真实的,为什么这一比例会在两次鉴定中不一样?(2)关于被诉侵权技术与专利二的比对问题。首先,资料中的α、β之比不是SN_2反应的直接产物比例。其次,不能证明在分离纯化过程中α、β的溶解比例是一致的。出庭专家就伊莱利利公司的技术质疑答复认为:(1)通过产物推断反应物是各国化学界通用的一种方法,鉴定专家可以通过产物推断出起始物。(2)伊莱利利公司的资料中未揭示在反应温度为23℃至25℃时α、β之比。(3)豪森公司资料中的α、β之比为1.15:1虽不是SN_2反应的直接产物比例,但一般说来,分离纯化不会使比例发生大的变化。在实际操作中,这一比例也会不一样,但不会产生相反的比例。在豪森公司所使用的溶剂中这一比例基本不变。根据伊莱利利公司专利二的第6页第2段,豪森公司在处理(分离纯化)前α的比例更大一些。另外,豪森公司提供了发表于2007年第4期《中国医药工业杂志》的“盐酸吉西他滨的合成”一文。该文记载:“3α/3β”的产物比例为α:β=1:1.01,“4α/4β”的产物比例为α:β=1.20:1。豪森公司据此认为已有案外人采用与其工艺方法相同的方法所得到的结果与专家关于专利一的鉴定结论是一致的,故该鉴定结论正确。

2007 年 10 月 11 日,原审法院再次组织当事人对鉴定结论进行补充质证。伊莱利利公司承认“ -83℃至 19℃”间的 α、β 比例表所指产物是内半缩醛,内半缩醛须经反应才能生成核糖。但其同时认为根据该比例表可以得出其所主张的结论。对于豪森公司提供的“盐酸吉西他滨的合成”一文,认为已超出举证期限,不能作为证据使用。同时伊莱利利公司还提出《中国医药工业杂志》主办方之一的上海医药工业研究院与豪森公司均系其另案指控专利侵权纠纷案中的共同被告,与豪森公司存在利害关系,故对文章本身的真实性提出质疑。

对此,出庭专家的技术意见为:“ -83℃至 19℃”间的 α、β 比例表所指产物是内半缩醛,而非推导的核糖,内半缩醛须经反应才能生成核糖;核糖在“ -83℃至 19℃”的温度区间外 α、β 的比例是否按内半缩醛在同一温度区间内的比例规律进行变化无数据支持,内半缩醛在“ -83℃至 19℃”的温度区间 α、β 比例的变化规律只能作为预见和指引;“盐酸吉西他滨的合成”一文中“3α/3β”、“4α/4β”与豪森公司中试工艺的第八步、第九步在反应条件、技术参数上基本一致。

1996 年 12 月 9 日,卫生部药政管理局向法国礼来公司下发了进口药品审批结果通知单。该结果是:需进行质量标准复核;需进行临床验证 60 例/对。1997 年 6 月 23 日,卫生部药政管理局给广州中山医大附院下发临床验证通知书,要求其对法国礼来公司申请进口的药品进行 60 例临床验证。1998 年 11 月 26 日,国家药品监督管理局要求法国礼来公司对其要求药品行政保护的吉西他滨申请补充材料。1999 年 3 月 23 日,国家药品监督管理局对法国礼来公司要求药品行政保护申请下发了受理通知书。2000 年 8 月 28 日,国家药品监督管理局对法国礼来公司要求药品行政保护的申请作出不予保护的决定。1999 年 2 月 13 日,国家药品监督管理局给法国礼来公司的注射用盐酸吉西他滨颁发进口药品注册证。2000 年 6 月 21 日,国家药品监督管理局新药品种公告(第 21 号)中,将盐酸吉西他滨(原料)、注射用盐酸吉西他滨(粉针)作为第四类新药予以公告。2001 年 5 月 18 日,国家药品监督管理局批准豪森公司生产的盐酸吉西他滨为新药并同意其生产。

一审判理和结果

一审法院认为:

1. 就本案而言,目前并无证据显示在 1993 年 6 月 21 日伊莱利利公司提出涉案发明专利申请前,国内已有吉西他滨产品出现。故应当认定吉西他滨为新产品,豪森公司应承担其产品制造方法的证明责任。

2. 因专利一已被宣告无效,不存在被诉侵权技术落入专利一保护范围的问题,不再考虑双方当事人围绕被诉侵权技术与专利一的鉴定结论所发表的相关意见及所举证据。关于被诉侵权技术与专利二、专利三的鉴定结论正确,应当作为本案的定案证据加以采信。关于鉴定结论的技术异议:(1)专利二是提纯和分离 β 异头物核苷富集的混合物的方法。虽然豪森公司的 11α/11β 中的 α:β 为 1.15:1 是在经过分离提纯后的核苷之比,而非 SN2 反应产物的直接比例。但从双方的分离纯化过程来看,两者方法一致。结合专利二说明书的相关表述内容可知,在分离纯化过程中,α 核苷大多是被留在了溶液中而未能被提纯。在 α 核苷有更多损失的情况下,提纯所得的产物比仍然是 α 核苷富集,这说明在提纯前 α 核苷所占的比例应更大,豪森公司相关工艺步骤针对的是 α 异头物核苷富集的混合物。分离纯化不会产生相反的比例。因此,技术鉴定报告关于被诉侵权技术与专利二不相同的技术比对结论正确,予以采信。豪森公司的中试工艺未落入专利二的保护范围。(2)伊莱利利公司对被诉侵权技术与专利三的比对未发表技术意见,应视为其同意技术鉴定报告的相关结论。故技术鉴定报告关于被诉侵权技术与专利三不相同的技术比对结论正确,予以采信。豪森公司的中试工艺未落入专利三的保护范围。据此一审法院依照《中华人民共和国专利法》(1992年修正)第 59 条第 1 款、《中华人民共和国民事诉讼法》第 128 条之规定,判决:驳回伊莱利利公司的诉讼请求。一审案件受理费 37,510 元,鉴定费 75,000 元,由伊莱利利公司负担。

上诉与答辩

伊莱利利公司不服一审判决,提起上诉称,豪森公司应当依法记录关键步骤甲磺酸酯(10α/10β)的 α、β 比例,该比例是判断被诉侵权方法是否落入专利二、专利三保护范围的关键数据,鉴于豪森公司始终拒绝履行其举证责任,一审法院应当依法推定,一旦豪森公司披露该证据,将产生对豪森公司不利的后果。豪森公司有意拒绝提供其制备吉西他滨盐酸盐的真实方法及 10α/10β 的 α、β 比例等真实数据,一审法院以所谓"推定"取代豪森公司的举证责任,得出不构成侵权的结论是错误的。请求依法改判支持上诉人全部诉讼请求。豪森公司答辩称,10α/10β 的比例不是判断被诉侵权方法侵犯涉案专利二和专利三的关键数据,因为只有在判断专利一的保护范围时才需要该比例,专利一被全部宣告无效,不再需要审理该比例。而且,该比例应当由伊莱利利公司承担举证责任。

二审审理查明

最高人民法院二审查明,在专利三的说明书背景技术中记载,1 -(2' - 脱氧 - 2',2' - 二氟 - D - 呋喃核糖基) - 4 - 氨基嘧啶 - 2 - 酮盐酸盐是本领域中已知的一系列 2' - 脱氧 - 2',2' - 二氟核苷之一,在美国专利 4526988 和 4808614 中已公开并教导了这些化合物有抗病毒活性。欧洲专利申请公开 184365 称这些相同的二氟核苷剂有溶瘤细胞活性,吉西他滨盐酸正在进行临床评价以决定它用作治疗各种癌症,例如胰腺癌的效果。吉西他滨的合成是一个多步方法。本发明提供一个更经济和效率更高的制备吉西他滨盐酸盐的方法。豪森公司在一审中提交了包括其补充的确证实验在内的三份材料,申请法院在作鉴定中予以使用。补充材料一、二记载的实验结论为,中试工艺第九步反应原料是 β 富含物(α/β 为 1∶1.05),产物是 α 富含物(α/β 为 1.12∶1)。补充材料三记载,中试工艺共三种方法,均是在研制过程中使用过的工艺,1999 年向国家 SDA 申报时选择了工艺一。二审庭审中,双方当事人确认,吉西他滨盐酸盐的制备方法不是只有本案专利方法一种,可以用 β 异头物富集的核苷以外的其他物质制备吉西他滨盐酸盐。根据中国医药工业杂志发表的"盐酸吉西他滨的合成"一文记载的内容,3α/3β、4α/4β 与豪森公司中试工艺的第八步、第九步在反应条件、技术参数上基本一致。文章中的数据显示，相当于10α/10β的步骤的3α/3β是1∶1.01，β富集的糖，4α/4β比例大致为1.2∶1，1.28∶1，1.31∶1。

二审判理和结果

最高人民法院二审认为：

1. 本案鉴定结论是在推定的基础上作出的，这种推定具有事实基础，原审判决采信鉴定结论并无不当。理由为：(1)同样的产物可以由不同的反应物通过不同的方法制得，但在反应条件和目标物及工艺路线确定时，推断另一个反应物是有可能的。(2)豪森公司中试工艺中的11α/11β的比例是1.15∶1，是经过分离纯化后的比例。由于豪森公司和伊莱利利公司采用的分离纯化的方法是一样的，结合专利二说明书记载的当用无机酸处理反应混合物时会减少α核苷的含量而增加β核苷的相对含量的内容，在工艺步骤分离纯化过程中，α核苷大多是留在溶液中而没有被提纯出来，在α核苷存在更多损失的情况下，豪森公司提纯出来的产物应当是α富集，纯化前的混合物中α异头物富集的程度相对更高。而且伊莱利利公司也未提交证据证明分离纯化会使α/β的构型发生变化。(3)根据中国医药工业杂志发表的"盐酸吉西他滨的合成"一文记载的内容，3α/3β、4α/4β与豪森中试工艺的第八步、第九步在反应条件、技术参数上基本一致。文章中的数据显示，相当于10α/10β的步骤的3α/3β是1∶1.01，β富集的糖，4α/4β比例大致为1.2∶1，1.28∶1，1.31∶1，在容忍的误差范围内，印证了鉴定报告推论的正确。此外，豪森公司在原审提交的补充材料一、二的数据也补强了其中试工艺第九步反应原料是β富含的糖，产物是α富含的核苷。

伊莱利利公司认为专利一的表格例中-83℃至19℃的变化范围内，α/β的比例仅从4.4∶1减小到2.0∶1，变化很小。而中试工艺反应在23～25℃进行，生成甲磺酸酯10α/10β的比例为1∶1.1。专利一19℃与豪森中试工艺的23℃同属于室温条件下，仅有4℃之差，但两者所对应α/β的比例却发生了质的变化，主张鉴定结论错误。经审理，本案专利一的独立权利要求的概括除包含其说明书实施例公开的11个不能实施的情况外，还存在众多其他不能解决发明所要解决的技术问题的技术方案，因权利要求没有得到说明书的支持，专利一已经被宣告无效。由于专利一中SN_2亲核反应反转构型在某些点不是主要的反应路线，如在α核糖与β核糖比例是α>β时，得到的α核苷与β核苷的比例也是α>β，而不是预期的β核苷富集的混合物。因此，存在专利一19℃所对应α/β的比例与被诉侵权制备方法的23℃所对应的α/β的比例出现突变的可能。

2. 关于本案举证责任的问题，即豪森公司第九步反应的起始物甲磺酸酯10α/10β的比例是否应当由豪森公司负举证责任。

一审法院已经从江苏省药品监督管理局调取了豪森公司的相关申报材料，经与国家药品监督管理局的报批资料核对，两者的生产工艺名称、内容一致。豪森公司亦提供了相关的生产批件及对应的申报材料、生产工艺、补充材料等。比对的结果是不落入专利二、专利三的保护范围，故不能认为豪森公司没有提供其制备吉西他滨盐酸盐的方法。

根据专利法的规定，被诉侵权方对新产品的制造方法承担倒置举证责任是有条件的，即专利权人首先应当证明被诉侵权方法所生产的产品与涉案专利方法所生产的产品属于相同的产品;同时,还应当证明依据专利方法直接获得的产品是新产品。本案专利一的关键是合成反应物,β 异头物富集的核苷是专利一直接获得的产品。专利二是对专利一得到的反应物进行纯化反应。专利三是对专利二所得到的纯化物进行脱保护的方法。伊莱利利公司起诉时提交了豪森公司生产的盐酸吉西他滨药品,但并没有证明豪森公司实际生产了 β 异头物富集的核苷,而且,在二审中双方均认可,并非只有 β 异头物富集的核苷可以制备得到盐酸吉西他滨,盐酸吉西他滨可以用 β 异头物富集的核苷以外的其他物质制备。因此,即使根据《中华人民共和国专利法》(1992 修正)第 60 条第 2 款的规定,对合成步骤的举证责任也应当由伊莱利利公司负担,而不应当倒置由豪森公司承担。伊莱利利公司上诉主张豪森公司应当举证证明甲磺酸酯 10α/10β 的比例的理由,不予支持。

3. 被诉侵权方法与专利二均是涉及用含水的无机酸处理反应混合物,专利二是一种提纯和分离富含 β 异头物的核苷的方法,独立权利要求 1 限定了其反应物是 β 异头物富集的核苷,而伊莱利利公司没有证据证明被诉侵权制备方法要求处理的反应物是 β 异头物富集的核苷。而且,根据专利二的说明书记载的有关内容,若处理后的产物是富含 α 核苷时,处理前的反应混合物不仅富含 α 核苷,而且 α 核苷的含量应当更高。被诉侵权制备方法中试工艺中 11α/11β 的比例记载为 1.15:1,故处理前的反应物应当属于 α 核苷富集的混合物。被诉侵权制备方法进行提纯和分离的反应物并非专利二限定的 β 异头物富集的核苷,没有落入专利二的保护范围,原审判决对此认定并无不当。专利三是制备吉西他滨盐酸盐的方法,它包括在不加入任何水的条件下,在甲醇或乙醇存在下用0.1~0.5 摩尔当量的具有 1~3 个 C1-C4 烷基的有机胺将 β-1-(2'-脱氧-2',2'-二氟-3',5'-二-O-苯甲酰基-D-呋喃核糖基)-4-氨基嘧啶-2-酮脱保护;用盐酸和一种选自丙酮、乙腈、四氢呋喃、丙酮、丁酮、异丁醇、仲丁醇和异丙醇的溶剂处理得到的溶液和回收生成的固体吉西他滨盐酸盐。专利三使用的是具有 1~3 个 C1-C4 烷基的有机胺,以催化量烷基胺脱保护,即有机胺脱保护。被诉侵权制备方法采用氨气进行脱保护。根据专利三说明书记载的内容,美国专利 5223608 已经公开了使用无水氨的甲醇液进行脱保护,使用氨气作为脱保护物质是专利三优先权日之前的现有技术,不应当将现有技术通过等同原则纳入专利三的保护范围。上诉人伊莱利利公司主张是等同的技术特征,并据此认为是等同侵权,落入专利三的保护范围的上诉理由,不予支持。伊莱利利公司与豪森公司制备盐酸吉西他滨产品的前八步反应路线是相同的,区别在于伊莱利利公司在第八步反应获得 10α/10β 混合物后,先对该混合物进行纯化,以获得 α 异头物富集的核糖,纯化后进行后续制备过程。豪森公司是在第八步获得 10α/10β 的混合物后,对于其中的 10α 核糖没有进行分离纯化而是接着就进行第九步反应,以制备 β 核苷(11β),并未采用专利二及专利三的技术特征制备吉西他滨盐酸盐,伊莱利利公司以技术变劣为由主张专利侵权的上诉理由,亦不予支持。

二审依据《中华人民共和国民事诉讼法》

第153条第1款第1项之规定,判决如下:驳回上诉,维持原判。一审案件受理费人民币37,510元,鉴定费人民币75,000元,由伊莱利利公司负担。二审案件受理费人民币50,300元,由伊莱利利公司负担。

中国天府可乐集团公司(重庆)诉重庆百事天府饮料有限公司、百事(中国)投资有限公司侵犯技术秘密纠纷案

——阅读提示:如何判断一项技术是否构成商业秘密?被控侵犯商业秘密的一方已经长期占有使用该技术,权利人自始知道并同意,使用人是否还应承担民事责任?

【裁判要旨】

实践中商业秘密构成的判定难点通常集中在“不为公众所知悉”和“权利人采取保密措施”两方面,这需要根据案件具体情况细致分析,综合判定。涉案商业秘密是否作为注册资本投入合资企业,应由提出该主张的一方承担举证责任。法院应结合合资合同和验资报告等主要反映投资状况的证据加以判定,商业秘密权利人默示许可合资企业无偿使用并不当然意味着该商业秘密已作为注册资本投入该合资企业。

【案号】

一审:重庆市第五中级人民法院(2009)渝五中法民初字第299号

【案情与裁判】

原告:中国天府可乐集团公司(重庆)(以下简称天府可乐集团)。

被告:重庆百事天府饮料有限公司(以下简称百事天府公司)。

被告:百事(中国)投资有限公司(以下简称百事(中国)公司)。

起诉和答辩

原告天府可乐集团2009年10月29日起诉称:天府可乐集团对天府可乐配方及其生产工艺享有商业秘密权。1994年,天府可乐集团与百事可乐国际公司的子公司肯德基国际控股公司合资成立了百事天府公司。天府可乐集团的出资并不包括天府可乐配方及其生产工艺这部分商业秘密。后来百事(中国)公司受让肯德基国际控股公司全部股份。百事天府公司长期非法占有和使用上述商业秘密,生产天府可乐。

2006年,天府可乐集团将对百事天府公司持有的全部股权转让给百事(中国)公司,但是百事天府公司依然占有和使用前述商业秘密。百事(中国)公司实际控制百事天府公司,滥用股东权利,应当承担连带责任。

天府可乐集团请求法院判决:(1)确认天府可乐配方及其生产工艺商业秘密属于天府可乐集团所有;(2)判决百事天府公司立即停

止使用涉案商业秘密;(3)判决百事天府公司立即归还商业秘密的技术档案;(4)判决百事天府公司和百事(中国)公司共同赔偿损失100万元。

百事天府公司答辩称:(1)诉争的商业秘密纠纷属于合资合同争议,应由中国国际经济贸易仲裁委员会仲裁。(2)对天府可乐集团界定的商业秘密范围无异议,但天府可乐集团不能证明采取了保密措施。(3)涉案商业秘密已经转移给成立后的合资公司。(4)滥用股东权利与侵犯商业秘密是完全不同的法律关系。确认之诉和侵权之诉也不能在一个案件中同时处理。(5)百事天府公司和百事(中国)公司不存在侵犯商业秘密权的行为。

百事(中国)公司答辩称:(1)根据合资经营合同本案应向中国国际经济贸易仲裁委员会申请仲裁。(2)天府可乐集团如果指控百事(中国)公司"滥用股东权利",应当另案起诉。(3)天府可乐集团无权干涉百事(中国)公司和百事天府公司的正常经营管理活动。

一审审理查明

天府可乐集团的前身为重庆饮料厂。1981年至1986年,重庆饮料厂与四川省中药研究所先后签订一系列协议,"协作研制"天府可乐饮料。为保守秘密,在协议中以签订保密条款的形式订立了保密协议。

生产经营中,对于天府可乐浓缩液乙料的成分、配方及其生产工艺,天府可乐集团成立了保密小组,在记载其内容的纸质文件的显著位置标注了"绝密"字样,相关材料保管于天府可乐集团的档案室,不同的部分由专人分别负责,非相关人员不得查阅。

1994年1月,天府可乐集团与百事公司的子公司肯德基国际控股公司合资设立百事天府公司。合同约定的相关内容为:(1)天府可乐集团的投资为"全部土地、厂房、生产设备、附属设备作价相当於柒佰壹拾三万捌千美元"。(2)天府商标作价人民币350万元转让给合资公司,就此另行签订合同。(3)双方对"专有资料"和"一方认为是机密或秘密的资料"负保密义务。(4)纠纷协商不能解决的,提交中国国际经济贸易仲裁委员会仲裁。《验资报告书》验证天府可乐集团投入百事天府公司的资本为:土地使用权计价682,759美元,房屋及建筑物计价2,260,710美元,机器设备计价4,194,531美元,合计计价7,138,000美元。

鉴于成立合资公司,四川省中药研究所同意天府可乐集团提出的"一次性了结"建议,天府可乐集团向四川省中药研究所支付了25万元,双方此前就天府可乐研究项目签订的诸合同"终止作废"。

百事天府公司成立后,使用天府可乐集团的天府可乐配方及生产工艺生产天府可乐饮料及浓缩液,并将该技术视为商业秘密。天府可乐集团对此知悉,其派到合资公司的管理人员也参与了合资公司的经营。

2006年3月27日,天府可乐集团将其持有的全部股权转让给百事(中国)公司,合同约定了仲裁条款。

2008年10月15日,天府可乐集团致函百事(中国)公司,称"1994年与贵公司合作时,我公司将所有有形、无形资产投入到了合资企业中,其结果却是……"要求将"天府"商标及"天府系列产品"归还天府可乐集团。

诉讼中,天府可乐集团不愿意与百事天府公司协商商业秘密的继续使用事宜。

一审判理和结果

一、关于管辖权以及确认之诉和侵权之诉能否一并处理

重庆市第五中级人民法院受理本案后，已经裁定驳回百事天府公司的管辖权异议。该裁定已经生效，管辖权已恒定，百事(中国)公司不能再就管辖提出异议。即使按合同约定，因签订和履行合同发生的纠纷才提交仲裁。本案是商业秘密权的确认之诉和侵权之诉，可以向法院起诉。

判定权利是否被侵犯，首先必须确定主体是否享有该项权利，天府可乐集团的确认之诉和侵权之诉可以一并审理。

二、争议技术是否构成商业秘密，其权利人如何确定

(一)争议技术是否构成商业秘密

反不正当竞争法第10条第3款规定，“本条所称的商业秘密，是指不为公众所知悉、能为权利人带来经济利益、具有实用性并经权利人采取保密措施的技术信息和经营信息。”《最高人民法院关于审理不正当竞争民事案件应用法律若干问题的解释》第9条第1款规定，有关信息不为其所属领域的相关人员普遍知悉和容易获得，应当认定为反不正当竞争法第10条第3款规定的“不为公众所知悉”。第10条规定，有关信息具有现实的或者潜在的商业价值，能为权利人带来竞争优势的，应当认定为反不正当竞争法第10条第3款规定的“能为权利人带来经济利益、具有实用性”。第11条第1款规定，权利人为防止信息泄露所采取的与其商业价值等具体情况相适应的合理保护措施，应当认定为反不正当竞争法第10条第3款规定的“保密措施”。

根据上述规定，商业秘密的构成要件有三：一是该信息不为公众所知悉，即该信息不为其所属领域的相关人员普遍知悉和容易获得；二是该信息能为权利人带来经济利益，具有实用性；三是权利人对该信息采取了保密措施。

各方当事人认可争议商业秘密的内容为天府可乐浓缩液乙料的成分、配方及其生产工艺。该部分技术为天府可乐配方中的核心部分，属于“技术信息”中的“产品配方、制作工艺”。

天府可乐集团和百事天府公司都是饮料生产企业，饮料配方对饮料具有决定性影响。天府可乐配方中的核心部分及其工艺无疑对产品的质量、品质、信誉以及是否为消费者接受具有至关重要的影响。因此应当认为，天府可乐浓缩液乙料的成分、配方及其生产工艺具有现实的或者潜在的商业价值，能为权利人带来竞争优势和经济效益，符合“能为权利人带来经济利益，具有实用性”的条件。

为保守秘密，重庆饮料厂与四川省中药研究所签订相关研制协议时，都在协议中以签订保密条款的形式订立保密协议。天府可乐集团也就此成立了保密小组，在记载其内容的纸质文件的显著位置标注了“绝密”字样，相关材料保管于天府可乐集团的档案室，不同的部分由专人分别负责，非相关人员不得查阅。百事天府公司在使用该技术的过程中也将其视为商业秘密对待。因此，根据《最高人民法院关于审理不正当竞争民事案件应用法律若干问题的解释》第11条第3款的规定，应当认为权利人为防止信息泄露采取了订立保密协议、建立保密制度等与其商业价值等具体情况相适应的合理保护措施，符合

“对该信息采取了保密措施”的条件。

一方面,争议技术在从研制开始就订立保密协议,后来为保守其秘密成立了保密小组,相关材料保管于档案室,不同的部分由专人分别负责,非相关人员不得查阅。另一方面,百事天府公司在使用该技术的过程中也将其视为商业秘密对待。诉讼中双方也都没有提出或证明争议技术能够从公开渠道直接获取。符合“信息不为公众所知悉,即该信息不为其所属领域的相关人员普遍知悉和容易获得”的条件。

根据上述分析,应当认为涉案技术符合规定的商业秘密的构成要件,属于商业秘密中的技术秘密。

(二)涉案商业秘密的权利人如何确定

涉案商业秘密由四川省中药研究所和天府可乐集团的前身重庆饮料厂合作研制。后来双方同意“一次性了结”。天府可乐集团按约支付了约定款项后,应当认为其根据协议成为涉案商业秘密的权利人。

百事天府公司和百事(中国)公司认为涉案商业秘密是作为注册资本投入百事天府公司的,而天府可乐集团予以否认,因此,百事天府公司和百事(中国)公司对其主张负有举证证明的义务。

按照合资经营合同约定,天府可乐集团的投资为“全部土地、厂房、生产设备、附属设备作价相当於柒佰壹拾三万捌千美元”。验证双方出资的《验资报告书》载明,天府可乐集团投入百事天府公司的资本为:土地使用权计价 682,759 美元,房屋及建筑物计价 2,260,710 美元,机器设备计价 4,194,531 美元,合计计价 7,138,000 美元。上述合同约定和验资报告的记载没有显示天府可乐集团将涉案商业秘密作为注册资本投入百事天府公司。

成立百事天府公司的主要目的之一是生产天府可乐饮料。合资期间,天府可乐集团知悉合资公司使用涉案商业秘密生产天府可乐,其派到合资公司的管理人员也参与了合资公司的经营,表明其合资期间同意合资公司使用涉案商业秘密生产天府可乐。鉴于合资合同和验资报告没有表明涉案商业秘密作为注册资本投入合资企业,而对饮料生产来说重要性不及配方和工艺重要的商标况且约定另订合同有偿转让,结合双方合资的事实,仅依据天府可乐集团合资期间知悉和同意合资公司使用涉案商业秘密,不足以证明天府可乐集团同意将涉案商业秘密作为注册资本投入百事天府公司。

百事天府公司举示的天府可乐集团致百事(中国)公司的函记载:“1994 年与贵公司合作时,我公司将所有有形、无形资产投入到了合资企业中,其结果却是……”要求将“天府”商标及“天府系列产品”归还天府可乐集团。但是,函中对无形资产没有明确界定。考虑到函中提到的实际投入不等于作为注册资本投入,而签订合资合同时四川省中药研究所和天府可乐集团就涉案商业秘密尚未作出处理,合资合同和验资报告在确定投资范围的问题上具有正式文件的地位。因此,天府可乐集团致百事(中国)公司的前述函件也不足以证明百事天府公司和百事(中国)公司的主张。此外,百事天府公司和百事(中国)公司没有举示明确记载天府可乐集团已经将涉案商业秘密作为注册资本投入的证据,两单位举示的证据综合起来分析也不足以证明涉案商业秘密作为注册资本投入了百事天府公司。因此,应当认为涉案商业秘密的权利人至今仍为天府可乐集团。

三、百事天府公司和百事(中国)公司是否构成侵权,是否应当承担民事责任以及承担何种民事责任

百事天府公司成立的目的之一是生产天府可乐饮料,天府可乐集团知悉百事天府公司使用涉案商业秘密,至本案纠纷发生一直没有以权利人身份明确提出异议和加以制止,因此应当认为天府可乐集团许可合资公司使用涉案商业秘密。合资合同没有约定涉案商业秘密的使用费用,至本案纠纷发生天府可乐集团也没有主张过使用费,应当认为天府可乐集团许可百事天府公司免费使用。可见,在本案判定之前百事天府公司对涉案商业秘密的使用属于合法使用,不构成侵权。

现在天府可乐集团提起诉讼,以权利人身份明确表示不再同意百事天府公司使用涉案商业秘密,并表示不愿意与其协商涉案商业秘密的许可问题,百事天府公司应当在判决规定的时间停止使用涉案商业秘密。

百事天府公司停止使用涉案商业秘密后,继续持有从天府可乐集团获取的有关涉案商业秘密的材料已经不必要。为便于天府可乐集团使用涉案商业秘密和对其加以保密,百事天府公司应当将从天府可乐集团获取的涉及涉案商业秘密的材料交付天府可乐集团。

一方面,在本案判定之前百事天府公司对涉案商业秘密的使用属于合法使用,不构成侵权;另一方面,天府可乐集团就其指控百事(中国)公司滥用股东权利侵犯其商业秘密的事实,没有举证证实。因此,天府可乐集团要求百事(中国)公司与百事天府公司共同承担民事责任的诉讼请求缺乏事实依据,法院不予支持。

重庆市第五中级人民法院依照《中华人民共和国反不正当竞争法》第 10 条第 3 款、《最高人民法院关于审理不正当竞争民事案件应用法律若干问题的解释》第 9 条第 1 款、第 10 条、第 11 条、《中华人民共和国民事诉讼法》第 128 条,判决如下:(1)天府可乐集团是天府可乐浓缩液乙料的成分、配方及其生产工艺商业秘密的权利人;(2)百事天府公司于判决生效之日停止使用天府可乐浓缩液乙料的成分、配方及其生产工艺商业秘密;(3)百事天府公司于判决生效之日起 10 日内返还其从天府可乐集团取得的与天府可乐浓缩液乙料的成分、配方及其生产工艺有关的资料;(4)驳回天府可乐集团的其他诉讼请求。

宣判后,百事天府公司、百事(中国)公司认为法院的判决是公正的,要求自动履行判决,曾经的合资双方总算是“好说好散”。

北京百度网讯科技有限公司诉青岛奥商网络技术有限公司等不正当竞争纠纷案

——阅读提示:不同行业或服务类别之间是否存在竞争关系?反不正当竞争法未明确禁止的不正当竞争行为能否适用原则条款进行规范?

【裁判要旨】

确定市场主体之间竞争关系的存在,不以二者属同一行业或服务类别为限,如果二者在市场竞争中存在一定联系或者一方的行为不正当地妨碍了另一方的正当经营活动并损害其合法权益,则应肯定二者之间存在竞争关系。提供互联网接入服务与提供搜索服务,两者属于不同的网络服务,但是网络接入服务提供者利用其提供互联网接入服务的条件,单独或者与其他网络服务提供者共同对服务对象的搜索请求进行了人为干预,在搜索结果出现之前强行弹出其投放的与搜索的关键词及内容有紧密关系的广告页面,该干预行为系利用搜索服务提供者的服务行为为自己牟利,易使网络用户误认为该强制弹出的广告页面为搜索服务提供者发布,并影响了搜索服务提供者的服务质量,损害了其合法权益,违反了诚实信用原则和公认的商业道德,根据反不正当竞争法第2条的原则性规定,应当认定其构成不正当竞争。

在确定网络侵权案件的侵权主体时,查明网络技术事实是进行法律判断的前提。在此过程中,应特别注意充分发挥网络技术专家证人的作用和合理运用证明责任规则来确定侵权主体。

【案号】

一审:山东省青岛市中级人民法院(2009)青民三初字第110号

二审:山东省高级人民法院(2010)鲁民三终字第5-2号

【案情与裁判】

原告(被上诉人):北京百度网讯科技有限公司(以下简称百度公司)

被告(上诉人):青岛奥商网络技术有限公司(以下简称奥商网络公司)

被告(上诉人):中国联合网络通信有限公司青岛市分公司(以下简称联通青岛公司)

被告:中国联合网络通信有限公司山东省分公司(以下简称联通山东公司)

第三人:青岛鹏飞国际航空旅游服务有限公司(以下简称鹏飞航空公司)

起诉和答辩

百度公司于2009年3月26日向一审法院提起诉讼称,其是国内技术领先的中文搜索引擎制造商,拥有的www.baidu.com网站(以下简称百度网站)是全球最大的中文搜索引擎网站。三被告在青岛地区利用网通的互联网接入网络服务,在原告的搜索结果页面强行增加广告的行为违背了诚实信用和公平交易的市场行为准则,构成不正当竞争,损害了原告的商誉和经济效益。请求判令:(1)第一、二被告的行为构成了对原告的不正当竞争行为,应停止该不正当竞争行为;第三被告在其应负的法律责任范围内,承担连带责任;(2)三被告在《人民日报》、《法制日报》、《半岛都市报》、《青岛晚报》上刊登声明以消除影响;(3)三被告共同赔偿原告经济损失480万元;(4)三被告承担原告因本案而发生的律师费、公证费、差旅费等合理支出10万元。

被告奥商网络公司答辩称,其不存在不正当竞争行为,不应该赔礼道歉和赔偿经济损失480万元。

被告联通青岛公司答辩称,原告没有证据证明联通青岛公司实施了被指控的行为,应驳回其全部诉讼请求。

被告联通山东公司答辩称,原告没有证据证明其实施了被指控的不正当竞争或侵权行为,承担连带责任也没有法律依据。

第三人鹏飞航空公司答辩称,本案与第三人无关。

法院审理查明

百度公司成立于2001年6月5日,其经营范围为互联网信息服务业务,经营百度网站,主要向网络用户提供互联网信息搜索服务。

奥商网络公司成立于2003年9月22日,经营范围包括网络工程建设、计算机软件设计开发等。其网站为www. og. com. cn。该网站介绍其“网络直通车”业务:无须安装任何插件,广告网页强制出现。介绍“搜索通”产品:第一步在搜索引擎对话框中输入关键词;第二步优先出现网络直通车广告位(5秒钟展现);第三步同时点击上面广告位直接进入宣传网站新窗口;第四步5秒后原窗口自动展示第一步请求的搜索结果。该网站还以其他形式介绍了上述服务。

联通青岛公司于2008年10月24日成立,经营范围包括互联网接入服务和信息服务等,青岛信息港(域名为qd. sd. cn)为其所有。“电话实名”系联通青岛公司与奥商网络公司合作的一项语音搜索业务,网址为www. 0532114. org的“114电话实名语音搜索”网站表明该网站版权所有人为联通青岛公司,独家注册中心为奥商网络公司。

联通山东公司成立于2009年3月11日,经营范围包括互联网接入服务和信息服务业务。

鹏飞航空公司成立于2002年6月14日,经营范围包括航空机票销售代理等。

使用“搜索通”服务后:登录百度网站,在对话框中输入“鹏飞航空”,点击“百度一下”,弹出显示有“打折机票抢先拿就打114”的页面,迅速点击该页面,打开了显示地址为http://air. qd. sd. cn的页面。输入“青岛人才网”、“电话实名”等出现类似现象。经专家论证,所链接的网站(http://air. qd. sd. cn/)与联通山东公司的下属网站-青岛信息港(www. qd. sd. cn)具有相同域(qd. sd. cn),网站air. qd. sd. cn是联通山东公司下属网站——青岛站点所属。

一审判理和结果

一、关于被告是否实施了原告所指控的行为问题

在互联网上登录搜索引擎网站进行关键词搜索时,发生与搜索结果无关的广告页面

强行弹出的现象,这种现象并非接入互联网的计算机本身安装程序所导致,联通青岛公司既没有对此给予合理解释,也无证据说明在其他网络接入服务商网络区域内会出现同样情况,应当认为在联通青岛公司提供互联网接入服务的区域内,对于网络服务对象针对百度网站所发出的搜索请求进行了人为干预,使干预者想要发布的广告页面在正常搜索结果页面出现前强行弹出。

奥商网络公司在其主页中对其“网络直通车”业务的介绍,其中关于广告强行弹出的介绍与原告公证保全的形式完全一致,且公证保全中所出现的弹出广告页面“半岛人才网”、“114 电话语音搜索”均是其正在经营的网站或者业务,即奥商网络公司是该干预行为的受益者,在其没有提供证据证明存在其他主体为其实施上述广告行为的情况下,应当认为奥商网络公司是上述干预行为的实施主体。奥商网络公司的干预行为不是通过在客户端计算机安装插件、程序等方式实现,而是在特定网络接入服务区域内均可以实现,因此,如果没有网络接入服务商的配合无法实现。联通青岛公司并没有证据证明奥商网络公司是通过非法手段干预其互联网接入服务而实施上述行为,同时根据 air. qd. sd. cn 域名实际使用人为联通青岛公司,且联通青岛公司与奥商网络公司合作经营电话实名业务,即联通青岛公司亦是上述行为的受益人,故联通青岛公司亦是上述干预行为的实施主体。

二、关于被告的干预行为是否构成不正当竞争问题

经营者的确定并不要求原、被告属同一行业或服务类别,只要是从事商品经营或者营利性服务的市场主体即可成为经营者。联通青岛公司与奥商网络公司均属于从事互联网相关业务的市场主体,属于反不正当竞争法意义上的经营者。联通青岛公司与奥商网络公司利用技术手段在登录百度网站进行关键词搜索时优先弹出奥商公司发布的广告页面,这种干预行为利用了百度网站搜索引擎在我国互联网用户中被广为知晓并被广泛使用的实际情况,违背了使用其互联网接入服务用户的意志,违反了公认的商业道德,也影响了百度公司按照自己意志向网络用户提供服务,致使百度公司难以实现其预期商业目的,损害了百度公司的经济利益。该行为使网络用户对百度公司所提供服务的评价降低,对百度公司的商业信誉产生一定不利影响,已构成不正当竞争。

三、关于被告如何承担民事责任的问题

联通青岛公司与奥商网络公司共同实施不正当竞争行为,依照《民法通则》第 134 条、《反不正当竞争法》第 20 条的规定,应当承担停止侵权、赔偿损失、消除影响的民事责任。依照《民法通则》第 130 条的规定应当承担连带责任。

综上,一审法院依照《民法通则》第 130 条、第 134 条、《反不正当竞争法》第 20 条的规定,判决:(1)被告奥商网络公司、联通青岛公司于本判决生效之日起立即停止针对原告百度公司的不正当竞争行为。(2)被告奥商网络公司、联通青岛公司于本判决生效之日起 10 日内赔偿原告百度公司经济损失人民币 20 万元。(3)被告奥商网络公司、联通青岛公司于本判决生效之日起 10 日内在各自网站首页位置上刊登声明以消除影响,声明刊登时间应为连续的 15 天。(4)驳回原告百

度公司的其他诉讼请求。

上诉和答辩

联通青岛公司向山东省高级人民法院上诉称，一、原审判决认定联通青岛公司是air. qd. sd. cn的实际所有人错误，认定联通青岛公司是本案被控侵权行为的实施主体不符合逻辑。二、原审判决认定联通青岛公司存在不正当竞争行为错误。百度公司所提供的搜索引擎服务并非营利性服务，不属于反不正当竞争法规定的“经营者”范畴，百度公司在本案中不具备提起不正当竞争之诉的主体资格。百度公司、联通青岛公司之间不存在竞争关系，本案不成立不正当竞争之诉。请求撤销原审判决，依法改判。百度公司答辩称，原审判决认定事实清楚，适用法律正确，应予维持。

二审判理和结果

一、关于涉案http://air. qd. sd. cn网站是否属于联通青岛公司所有问题

域名是互联网络上识别和定位计算机的层次结构式的字符标识。涉案域名qd. sd. cn是属于联通青岛公司所有，并将其作为“青岛信息港”的域名实际使用。air. qd. sd. cn作为qd. sd. cn的子域，是其上级域名qd. sd. cn分配与管理的。联通青岛公司作为域名qd. sd. cn的持有人否认域名air. qd. sd. cn为其所有，但没有提供证据予以证明，原审判决认定在百度公司公证保全时该子域名的使用人为联通青岛公司，并无不当。

二、关于联通青岛公司是否涉案被控侵权行为的实施主体问题

涉案被控侵权行为发生在特定互联网接入服务区域，奥商网络公司作为本案被控侵权行为的实施主体，在没有证据证明奥商网络公司是通过非法手段干预特定互联网接入服务的情况下，没有互联网接入服务商的配合，奥商网络公司无法实现本案被控侵权行为。同时，联通青岛公司是域名air. qd. sd. cn的所有人，因持有或使用域名而侵害他人合法权益的责任，由域名持有者承担。因此，原审法院认定联通青岛公司是涉案被控侵权行为的实施主体，并无不当。

三、关于百度公司在本案中是否具备诉讼主体资格问题

百度公司一方面面向普通上网用户提供免费的网页搜索服务，另一方面也面向企业和个人提供收费的付费搜索服务与推广服务，上网用户在百度网站输入关键词进行搜索时，百度网站会通过搜索引擎找到并呈现与关键词相关的页面信息，同时在网站右侧，出现与关键词相匹配的付费企业网站链接，这是百度网站的一种商业运作模式，百度公司属于反不正当竞争法意义上的经营者，具备本案的诉讼主体资格。

四、关于联通青岛公司、百度公司之间是否存在竞争关系，联通青岛公司的行为是否构成不正当竞争问题

虽然联通青岛公司是互联网接入服务经营者，百度公司是搜索服务经营者，服务类别上不完全相同，但联通青岛公司实施的在百度搜索结果出现之前弹出广告的商业行为与百度公司的搜索模式存在竞争关系。

根据查明的事实，在百度网站搜索时弹出的广告是有针对性的，与搜索的关键词及内容有紧密关系。联通青岛公司利用百度网站搜索引擎在我国互联网用户中的市场知名度，利用技术手段，在百度搜索结果出现之前强行弹出其投放的与搜索的关键词及内容有

紧密关系的广告页面,诱使本可能通过百度公司搜索结果检索相应信息的网络用户点击该广告页面,影响了百度公司按照自己意志向网络用户提供付费搜索服务与推广服务,也会导致百度网站上付费搜索客户流失,属于利用百度公司的市场知名度来为自己牟利的行为。这种行为破坏了百度公司的商业运作模式,损害了百度公司的经济利益,还会导致上网用户误以为弹出的广告页面系百度公司所为,使上网用户对百度公司所提供服务的评价降低,对百度公司的商业信誉产生一定不利影响,同时也违背了诚实信用、公平交易的市场行为准则和公认的商业道德。因此,原审判决依照反不正当竞争法第2条认定联通青岛公司、奥商网络公司的行为构成不正当竞争,并无不当。

二审法院依照《民事诉讼法》第153条第1款第1项的规定判决:驳回上诉,维持原判。

林金山诉福建省农业科学院果树研究所等植物新品种权属纠纷案

——阅读提示:植物新品种种源发现者在何种情况下享有植物新品种权?

【裁判要旨】

林金山作为"红肉密柚"植物新品种种源发现者及早期培育者,同时是"红肉密柚"的共同育种人,在合作育种合同没有约定品种权归属的情况下,品种权属于共同完成育种的单位或者个人。因此,本案林金山享有"红肉密柚"植物新品种权。

【案号】

一审:福建省福州市中级人民法院(2009)榕民初字第1246号

二审:福建省高级人民法院(2010)闽民终字第436号

【案情与裁判】

原告(二审被上诉人):林金山

被告(二审上诉人):福建省农业科学院果树研究所(以下简称果树所)

被告(二审上诉人):陆修闽

被告:卢新坤

起诉和答辩

原告林金山诉称:1998年,原告在自己的果园发现一棵变异蜜柚,果肉红色,品尝后口感好,遂将此发现报告平和县科委和农业局。之后,被告陆修闽来到原告果园进行观察,并一直关注红肉蜜柚的生长情况。1998年年底,原告与林开祥、林海清开始对果树嫁接培育。2003年第二代开始结果,经鉴定品质与母树同样稳定,证明嫁接培育成功。同年,培育出第三代,经鉴定品质同样稳定。2005年9月25日,由被告果树所牵头,福建省非主要农作物品种认定委员会组织专家对红肉密柚进行现场鉴定,其中有原告的果园和母树,于2006年2月27日颁发品种认定书,并认定原告是红肉蜜柚的主要完成者之一。2007 年 8 月,原告从新闻媒体报道中得知被告已取得红肉蜜柚的品种权。接着原告发现在龙岩的售苗广告被撤掉、县里也不给开苗木检疫证,理由是没有品种权。原告不能卖又无法再育种,造成损失总计为 100 万余元。为此,提出如下诉讼请求:(1)确认原告为红肉蜜柚的品种权人;(2)撤销被告以红肉蜜柚为标的的转让行为,责令被告不能进行新的转让行为;(3)责令被告一赔偿原告经济损失 100 万元,被告二、三承担连带责任;(4)诉讼费由被告负担。

被告果树所辩称:(1)原告起诉的主体不适格。本案属于"宣告授予的植物新品种权无效或者维持植物新品种权"的纠纷,应以农业部植物新品种复审委员会为被告,而非以答辩人为被告。(2)被告取得红肉蜜柚植物新品种权合法有效。在红肉蜜柚植物新品种形成的研究过程中,原告林金山没有参与任何实验工作,但鉴于蜜柚母树的拥有者,被告已将其列入福建省非主要农作物红肉蜜柚品种认定主要完成者之一和红肉蜜柚新品种培育人之一。林金山已经享受到红肉蜜柚新品种权所享有的权利和利益。因此,原告诉称被告取得红肉蜜柚新品种权没有贡献,新品种权是非法骗取的与事实不符。(3)原告诉求撤销被告以红肉蜜柚为标的的转让行为及要求被告赔偿经济损失 100 万元,没有事实根据和法律依据。被告在拥有合法的红肉蜜柚新品种权的前提下,转让红肉蜜柚使用权给第三人平和县锦盛琯溪红肉蜜柚场使用,属于被告自由处分权。(4)原告请求确认其为红肉蜜柚品种权人的证据不足。发现红肉蜜柚育种材料仅是一种基础,后续严格的育种程序和专业研究才是新品种形成的关键。即使林金山发现红肉蜜柚变异新株并进行了育种,但没有向农业部申请新品种权的认定,而被告经过育种研究后向农业部申请新品种权认定,被告是当然的品种权人。因此,原告请求确认其为红肉蜜柚的新品种权人没有事实根据和法律依据。(5)原告的起诉已经超出了诉讼的时效。被告于 2005 年 8 月向农业部申请了新品种权保护;2007 年 3 月 1 日,农业部授予被告红肉蜜柚植物新品种权。在农业部授权公示的时间里,原告并没有提出异议,在原告取得新品种权证书的两年时间里,也没有主张权利,直到 2009 年 6 月 9 日才向法院起诉,超过了法律规定的两年诉讼时效,依法应驳回起诉。综上所述,请求驳回原告的诉讼请求。

被告陆修闽、卢新坤答辩意见与果树所一致。

一审审理查明

原告林金山在自己的果园里发现一棵琯溪蜜柚果实因裂果露出红色的果肉,因不知其原因,遂将情况逐级上报。时任平和县科技局农艺师的卢新坤得知这一消息后,在林海清陪同下来到现场进行观测,发现果肉变红着色均匀,无异味,形态发育正常,便断定其并非病变或人为因素造成的,而是一种自然变异,有可能是一种很好的育种材料,这给林金山等人大胆进行嫁接提供了依据。根据原告林金山的陈述他们在 1998 年开始嫁接,即从母树上剪下枝条嫁接在"土柚"树头上,2003 年嫁接成功开始挂果;1999 年开始高接换种,2005 年开始挂果,其果实与母树上的果实一样,果肉呈红色。当年进行嫁接育苗的还有果农林海清,卢新坤指导果农林海清进行嫁接培育,在同一时间开始挂果。根据原告林金山的陈述:“当年一株苗木可卖到15元左右,2005年其进行了大面积的嫁接,当时由于有关媒体报道吃蜜柚对身体不好,会导致高血压、糖尿病,所以当年大量的苗木卖不出去。”2003年7月18日省农业科学院果树研究所落叶果树研究室申请“红肉蜜柚变异新株系选育研究”项目,同年8月立项得以审批。被告便开始了对红肉蜜柚突变单株进行了子一代、子二代、子三代生物特性以及红肉蜜柚遗传稳定性研究,品质鉴定、产量测定、红肉呈色色素鉴定、核糖体DNA(RDNA)中的ITS-PCR测定、花粉形态观察研究、不同品种花粉授粉试验;对新株系进行新颖性、特异性、一致性、稳定性研究;开展合理整形修剪、科学施肥、不同区域等关键配套栽培技术试验研究。经过研究于2005年9月向福建省非主要农作物品种认定委员会申请福建省非主要农作物新品种认定,经福建省非主要农作物品种认定委员会组织果树专业组有关专家,对福建省农科院果树所选育的红肉蜜柚新品种进行现场考察鉴定。专业组实地考察了平和县小溪镇厝坵村红肉蜜柚园,并进行了现场测产,听取了申报单位关于该品种选育与生产应用的情况汇报,审阅了相关材料,经讨论形成鉴定意见,并通过了“非主要农作物品种认定”。同时被告也向农业部申报“红肉蜜柚”植物新品种权,经农业部进行实质性审查,于2007年3月1日授予三被告为“红肉蜜柚”植物新品种权人,并颁发了《植物新品种权证书》,被告福建省农业科学院果树研究所、陆修闽、卢新坤被授予“红肉蜜柚”植物新品种权人,原告林金山列为培育人之一。2006年经农科院果树所研究培育,发现红肉蜜柚不但不会导致高血压、糖尿病,而且还会降血压,防止糖尿病,还含有很多对人体有益的元素。消除吃红肉蜜柚会导致糖尿病、高血压等不良影响,为当地果农发展红肉蜜柚提供了科学依据,促进了果农种植红肉蜜柚的积极性。

另查明,2003年12月30日,被告从开发经费中支付给原告林金山1000元作为“母树”拥有者的补偿费。

根据原告林金山的陈述:被告所开展的一切研究活动和省非主要农作物品种认定、农业部对红肉蜜柚植物新品种权进行实质性审查均在林海清的果园里进行。

原审宣判后,果树所、陆修闽不服,提起上诉。

上诉与答辩

果树所、陆修闽上诉称:(1)一审法院认定林金山系“红肉蜜柚”植物新品种的种源发现者属认定事实不清。尽管红肉柚果出现在林金山果园,但事实上是卢新坤最先确定该树是变异单株,并最先进行繁育子一代、子二代、子三代和多点适应性试验,因此,卢新坤才是红肉蜜柚变异单株即“红肉蜜柚”植物新品种种源的真正发现者。(2)一审法院以林金山系红肉蜜柚母树的发现者为由判决确认其为红肉蜜柚的品种权人没有任何法律依据。林金山既不是委托育种的完成者,也不是合作育种协议中约定的品种权的归属者,更不是红肉蜜柚新品种选育研究的项目承担单位。植物新品种权采取的是申请优先原则,申请人既可以是实际完成育种的人也可以是没有任何育种行为的委托人或者合同约定的品种权的归属者。本案中,果树所经过多年的精心培育并通过申请取得了“红肉蜜柚”植物新品种权。(3)自从2003年果树所对“红肉蜜柚变异新株系选育研究”课题进行立项研究以来，果树所始终牵头主持开展了各项有关红肉蜜柚的研究工作。林金山仅是红肉蜜柚母树的拥有者，在果树所的整个研究过程中，其未参加子一代至子三代繁育以及任何辅助试验工作，但鉴于其系红肉蜜柚种质资源的载体拥有者，考虑到其对科学研究开发的贡献，果树所已将其列入物红肉蜜柚品种认定主要完成者之一和红肉蜜柚新品种培育人之一。综上，请求：(1)撤销原审判决，改判驳回林金山所有诉讼请求；(2)本案一、二审诉讼费由林金山承担。

林金山答辩称：(1)一审判决确认林金山为品种权人是正确的。本案属品种权归属纠纷，而不是申请权纠纷。林金山自始就被上诉人列入红肉蜜柚科研课题组，当然不能个人擅自申请，所以本案不适用申请原则更不适用申请优先原则。上诉人有关一审以重大贡献为由认定林金山是品种权人与法律规定的品种权申请优先原则相冲突的上诉意见，是对法律的曲解。(2)上诉人以品种权系上诉人职务成果为由，否定林金山应当拥有品种权，与事实和法律不符。上诉人不能举证证明林金山没有参加子代繁育试验工作，上诉人的所有有关红肉蜜柚的培育开发协议都有林金山，或作为课题组或作为育种人或作为提供种苗人或作为股东。上诉人有关林金山没有参加子代繁育试验工作的上诉意见，与事实不符。上诉人称“倾注了大量心血、凝聚着科研人员的辛勤汗水与智力成果，理应得到人们的尊重和法律保护”。可是，上诉人却将成果低价转让给他人，当林金山提出品种权要求后，竟决定以不缴年费的方式欲让品种权自动失效。综上所述，上诉人的上诉理由没有证据支持，与事实矛盾，不能成立。一审判决林金山拥有红肉蜜柚新品种权符合事实和法律规定，证据确实充分，请求予以维持。

二审审理查明

为加速“红肉蜜柚”的选育种过程，2003年12月28日，果树所落叶果树研究室（甲方）与平和县红柚科技示范场（乙方）签订了《科技合作协议》。该协议对科研经费的分配及使用，选育品种认定后成果归属及开发使用等事项进行约定。其中“育种人员排名”中有陆修闽、卢新坤、林金山、林海青等8人。陆修闽和卢新坤分别代表双方在协议上签字。

2005年，果树所在向福建省非主要农作物品种认定委员会提交的《福建省非主要农作物品种认定申请书》的“选育（引进）者”一栏中记载有陆修闽、卢新坤、林金山、林海青等11人。

福建省非主要农作物品种认定委员会2006年2月27日颁发的《福建省非主要农作物品种认定证书》（闽认果2006006）记载：选育单位为果树所；主要完成者为陆修闽、卢新坤、林金山、林海青等11人；作物类型为柑橘；品种名称为红肉蜜柚；品种来源为从琯溪蜜柚的变异株系选育而成。

法院判理和结果

一、二审法院认为：林金山在其生产果园发现可用于培育“红肉蜜柚”植物新品种的种源，为此后“红肉蜜柚”品种选育、新品种权申请，以及最终取得“红肉蜜柚”新品种权作出其应有的贡献。果树所申请的“红肉蜜柚变异新株系选育研究”项目得到立项审批后，在其与平和县红柚科技示范场签订的《科技合作协议》中,将林金山列为育种人之一。此后,果树所在其向福建省非主要农作物品种认定委员会提交的《福建省非主要农作物品种认定申请书》中,也将林金山列为选育者之一。福建省非主要农作物品种认定委员会颁发的《福建省非主要农作物品种认定证书》中,林金山亦在主要完成者之列。由此可见,在本案"红肉蜜柚"新品种的育种过程中,果树所始终将林金山视为共同育种人。根据《中华人民共和国植物新品种保护条例》第7条第2款"委托育种或者合作育种,品种权的归属由当事人在合同中约定;没有合同约定的,品种权属于受委托完成或者共同完成育种的单位或者个人"的规定,应认定林金山享有植物新品种"红肉蜜柚"的品种权。

一、二审判决结果:原告林金山享有"红肉密柚"植物新品种权。

华润矽威科技(上海)有限公司诉南京源之峰科技有限公司侵犯集成电路布图设计专有权纠纷案

——阅读提示:在侵犯集成电路布图设计专有权纠纷中,如何确定布图设计专有权的保护范围,如何认定布图设计相同等。

【裁判要旨】

布图设计专有权的保护范围应当以布图设计授权文件所确定的三维配置为准。权利人所提交的布图设计的复制件或者图样,或者提交的集成电路样品均可用于确定这种三维配置,且三者所确定的布图设计和保护范围相同。复制件或者图样附具的文字说明,可以用来解释布图设计。

光刻掩模板通过一定技术手段实现了布图设计图样图形的转移,可以作为侵权对比对象。

布图设计相同表现为集成电路中的元件、元件空间布局、元件连接关系、连接线路排布与走向、元件及线路的尺寸规格等均相同。

【案号】

一审:江苏省南京市中级人民法院(2009)宁民三初字第435号

【案情与裁判】

原告:华润矽威科技(上海)有限公司(以下简称矽威公司)

被告:南京源之峰科技有限公司(以下简称源之峰公司)

起诉与答辩

原告诉称,原告享有PT4115大功率LED恒流源驱动集成电路(以下简称PT4115芯片)布图设计专有权。2009年上半年,原告发现被告在市场上低价销售PE6808芯片。该芯片系被告对PT4115芯片进行反向工程分析后复制原告的布图设计进行生产的。被告的行为侵犯了原告的集成电路布图设计(以下简称布图设计)专有权。2009 年 11 月 5 日,原告诉至法院,请求判令:(1)被告停止侵害原告 PT4115 芯片布图设计专有权,销毁侵权产品;(2)被告赔偿原告经济损失 3,100,000 元;(3)被告承担本案的诉讼费。

被告在庭审中承认其复制的布图设计与原告享有专有权的布图设计相同,但主张本案的赔偿数额应当以被告因侵权而获得的利益为依据计算。

法院审理查明

原告矽威公司于 2008 年 7 月 4 日获得 PT4115 布图设计专有权。被告源之峰公司与案外人华润半导体国际有限公司(以下简称华半公司)订立协议开发 1360 集成电路。被告对原告销售的 PT4115 芯片进行了反向剖析,获取其具体电参数、元器件结构、尺寸和内部构造等数据,形成 1360 集成电路的布图设计,提供给华半公司,获得 10 万元设计费。华半公司委托第三方生产 1360 管芯,并优先销售给被告 1360 管芯 67 407 只,被告将管芯封装后,编码成 6808、6807 等系列集成电路向市场销售获利 50,915.06 元。

原告诉前委托上海市科技咨询服务中心进行的技术鉴定认定:被告的 PE6808A 芯片与原告的 PT4115 芯片产品的整体布图和尺寸及布线结构的设计基本相同;相应抽检部分局部区域除个别部位存在细节上的差异外,两芯片的布图、布线及图形结构的设计无明显差别;相关关键单元结构除在个别部位存在细节差异外,两公司芯片产品的布图、布线结构的设计和关键图形尺寸无明显差别。上述两芯片产品整体布图设计及关键技术内容基本相同,属相同的产品。

法院调取了用于生产 1360 管芯的光刻掩模板和原告备案的 PT4115 芯片样品,用于布图设计对比。后被告放弃技术鉴定,承认 1360 管芯与原告 PT4115 芯片布图设计相同。

一审判理和结果

南京市中级人民法院经审理认为:

原告涉案 PT4115 芯片具有独创性,获得了布图设计专有权,即对涉案 PT4115 布图设计享有复制权和投入商业利用的权利,该权利应当受到法律保护。

布图设计专有权的保护范围应当是确定的。布图设计专有权的保护范围应当以布图设计授权文件所确定的三维配置为准。权利人所提交的布图设计的复制件或者图样,或者提交的集成电路样品均可用于确定这种三维配置。复制件或者图样附具的文字说明,可以用来解释布图设计。原告在将涉案 PT4115 布图设计申请保护时提交了布图设计图样和集成电路样品,并以此获得授权,故该图样或样品均可用来确定涉案布图设计专有权的保护范围,且所确定的布图设计和保护范围相同。

结合被告的自认和原告诉前委托进行的鉴定报告结论,法院认为,1360 管芯与 PT4115 集成电路两者的元件、元件空间布局、元件连接关系、连接线路排布与走向、元件及线路的尺寸规格等均相同,亦即两集成电路全部元件与连线的三维配置相同,1360 管芯及其封装后的 PE6808、6807 系列集成电路与 PT4115 集成电路布图设计相同。因此,被告通过反向剖析的手段,复制了原告涉案 PT4115 布图设计的全部,并提供给华半公司进行商业利用,未经原告许可,其行为构成对原告 PT4115 布图设计专有权的侵害;同时,被告为商业目的,销售了含有其非法复制的布图设计的集成电路，也构成对原告 PT4115 布图设计专有权的侵害。

关于赔偿数额，法院认为，根据《条例》的规定，赔偿数额应为侵权人所获得的利益或者被侵权人所受到的损失，包括被侵权人为制止侵权行为所支付的合理开支。原告主张的计算方式不具有确定性和合理性。被告复制布图设计和销售侵权产品所获得的利益基本可以确定，可以作为损失计算依据。被告因侵权所获得的利益包括：复制 PT4115 布图设计获得的设计费和销售侵权产品所获得的利益。被告以反向剖析方式取得原告 PT4115 集成电路的布图设计，进行复制，侵权故意明显，故因此所获得的设计费 10 万元均应作为侵权获利；销售侵权产品所获得的利益为：销售总额（54, 106 元 + 33, 358 元）－购进成本（36, 548. 94 元）= 50, 915. 06 元。

原告以鉴定结论作为本案起诉的初步技术依据，有必要性和关联性，故该鉴定费用可以认定。此外，原告支付网络信息查询费 620 元。原告实际委托代理人代理本案诉讼，虽然没有提供实际支付的凭证，但支付一定的律师代理费应为必然发生，本院结合相关收费标准以及本案的实际情况进行综合确定。

关于销毁侵权产品的诉讼请求，一方面原告没有证明被告处仍保存相关侵权产品，另一方面被告承担停止侵权、赔偿损失的法律责任后，已经可以充分保护原告的相关权利，对此不予支持。

依照《集成电路布图设计保护条例》第 2 条、第 7 条、第 30 条之规定，判决：

（1）被告源之峰公司立即停止侵犯原告矽威公司 BS. 08500231. 3 号 PT4115 集成电路布图设计专有权的行为；

（2）被告源之峰公司于本判决生效之日起 10 日内赔偿原告矽威公司经济损失 150, 915. 06 元及为制止侵权行为所支付的合理费用 85, 620 元，共计 236, 535. 06 元；

（3）驳回原告矽威公司的其他诉讼请求。

一审宣判后，双方当事人在法定期间内未提出上诉，判决已发生法律效力。

知识产权行政案件

本田技研工业株式会社诉国家知识产权局专利复审委员会、第三人石家庄双环汽车股份有限公司、河北新凯汽车制造有限公司破产清算组外观设计专利权无效行政纠纷案

——阅读提示：本案裁判进一步明确了2000年修订的《专利法》第23条规定的“外观设计相同或者相近似”的判断方法。

【裁判要旨】

判断外观设计是否相同或者相近似的基本方法是，基于被比设计产品的一般消费者的知识水平和认知能力，对被比设计与在先设计进行整体观察、综合判断两者的差别对于产品外观设计的视觉效果是否具有显著影响。

【案号】

一审：北京市第一中级人民法院（2006）一中行初字第779号

二审：北京市高级人民法院（2007）高行终字第274号

再审：最高人民法院（2010）行提字第3号

【案情与裁判】

原告（二审上诉人、再审申请人）：本田技研工业株式会社（以下简称本田株式会社）

被告（二审被上诉人、再审被申请人）：中华人民共和国国家知识产权局专利复审委员会（以下简称专利复审委员会）

第三人：石家庄双环汽车股份有限公司（以下简称双环公司）

第三人：河北新凯汽车制造有限公司破产清算组（以下简称新凯公司）

起诉与答辩

本田株式会社不服专利复审委员会作出的第8105号无效宣告请求审查决定（以下简称第8105号决定），向北京市第一中级人民法院提起诉讼。

法院审理查明

法院经审理查明，本田株式会社是01319523.9号“汽车”外观设计专利权（以下简称本专利）的专利权人。双环公司于2003年12月24日、新凯公司于2004年12月10日分别就本专利向专利复审委员会提出无效宣告请求。专利复审委员会将上述两无效宣告请求案合案审查，于2005年3月28日进行了口头审理。2006年3月7日，专利复审委员会作出第8105号决定，宣告本专利无效。

该决定认为:将本专利与日本国外观设计公报 JP1004783(以下简称证据 1)进行比较可以看出,两者的汽车各组成部分的形状以及相互之间的比例关系基本相同,整体视觉形状和设计风格基本相同。虽然本专利与证据 1 产品在外观上存在若干细部差别,如本专利前大灯呈近似三角形的不规则四边形,而证据 1 的前大灯呈近似梯形;本专利前保险杠下方的两侧配置有辅助灯,而证据 1 中未见相应配置;本专利与证据 1 的护板都呈倒 U 形,但本专利护板内设有水平隔片,其底部有小护牙,而证据 1 护板内设有数个空格;本专利中间窗玻璃由一边呈直角,另一边线条呈折线状构成不规则梯形,证据 1 中间窗玻璃呈直角梯形;本专利后组合灯从车顶附近一直延伸到后保险杠翘起部,证据 1 后组合灯设于车体上部;从本专利与证据 1 汽车后部线条看,本专利线条略为圆滑;两者后保险杠的形状也略有不同等。但是,本专利与证据 1 的产品在外观上的上述区别均属于局部的差别,根据整体观察、综合判断的原则,上述差别对于汽车的整体视觉形状和风格来说属于较细微的差别,不足以使普通消费者产生明显不同的视觉效果而将两者认定为具有不同款式的产品,而两者的主体部分的相同之处却使普通消费者易于将两者混同。至于本田株式会社强调的"本专利车身较高、重心高,为细长的造型,而证据 1 重心低,属于车身较宽的造型",从对两者进行整体观察来看,没有产生本田株式会社所述的明显不同的视觉效果,故对本田株式会社的观点不予支持。综上,本专利与证据 1 属于相近似的外观设计,不符合专利法第 23 条的规定。

一审判理和结果

北京市第一中级人民法院认为,本专利与在先设计均为汽车整车的外观设计,一般消费者在购买和使用过程中,对汽车的整体进行观察是实际生活中经常出现的情形,故本专利与在先设计的比较应采用整体观察的方式。本专利与证据 1 的外观设计虽存在一定的差别,但对于汽车整体外观而言,一般消费者更容易对汽车整体的设计风格,轮廓形状、组成部件的相互间比例关系等因素施以更多注意,二者的差别尚不足以使一般消费者对两者整体外观设计产生明显的视觉差异。因此,本专利与证据 1 属于相近似的外观设计。专利复审委员会作出的第 8105 号决定认定事实清楚,适用法律准确,程序合法,据此作出(2006)一中行初字第 779 号行政判决,维持专利复审委员会作出的第 8105 号决定。

上诉与答辩

本田株式会社不服一审判决,向北京市高级人民法院提起上诉。

二审判理和结果

北京市高级人民法院二审认为,本案中,判断的主体应当是对"汽车"这一类产品有常识性了解的人,其对外观设计产品之间在形状、图案上的差别具有一定的分辨力,但不会注意到产品的形状、图案的微小变化。如果一般消费者在对本专利与证据 1 进行整体观察后,二者的差别对于产品外观设计的整体视觉效果不具有显著的影响,则本专利与证据 1 构成相近似的外观设计。

从整体上观察,两外观设计在汽车各个组成部分的形状、相互之间的长、宽、高比例关系、车身整体形状以及设计风格是大致相同的。汽车的整体外形轮廓对一般消费者视觉感受的影响是最为显著的。本田株式会社列举出其他品牌的同类汽车具有相近似的整体外形,用以证明该类汽车设计空间有限。对此,二审法院认为,本田株式会社所例举的同类汽车相近似的整体外形并非由于其功能所限定的唯一形状,双环公司、新凯公司同时也提供了反证证明存在同类汽车具有不同的整体外形的情况,因此,本田株式会社认为设计空间有限的主张缺乏事实依据。

本专利外观设计与证据 1 相比,主要差别在于:(1)本专利前大灯呈不规则四边形,证据 1 的前大灯呈近似梯形;(2)本专利前保险杠下方的两侧配置有雾灯,证据 1 中没有雾灯;(3)本专利与证据 1 汽车前部的护板均呈倒 U 形,但本专利护板内设有水平隔片,其底部有小护牙,证据 1 护板内设有纵向空格;(4)本专利后组合灯从车顶向下延伸至车窗下部,证据 1 后组合灯基本与后车窗的高度相当。此外,两者在格栅、后保险杠、后部车顶轮廓等方面亦有细微不同之处。

汽车车身侧面视图可以反映车身的整体形状,是一般消费者在购买和使用过程中最容易观察到的部位,不应排除在整体观察的范围之外。从车身侧面视图可以看出,本专利与证据 1 的汽车整体形状、车身高低、车门及车窗的形状等处均相近似。本田株式会社所主张的汽车车身侧面为惯常设计没有事实依据。而汽车的底部、顶部不易被一般消费者观察到,这些部位的差异对整体视觉感受的影响不明显。

本专利与证据 1 所存在的差别属于局部的差别,一般消费者需要施以特别的关注、反复比对才能区别开来,这样的差别对整体视觉效果不具有显著的影响。所以,在二者整体设计风格、轮廓形状、组成部件的相互间比例关系等相近的情况下,汽车若干个部位的细微差别结合起来也不会产生明显的视觉差异。故本专利与证据 1 构成相近似的外观设计,本专利应当被宣告无效。综上,本田株式会社的上诉理由缺乏事实和法律依据,一审判决认定事实清楚,适用法律正确。据此判决:驳回上诉,维持原判。

申请再审理由与答辩

本田株式会社申请再审称,(1)本案中,判断外观设计相同或相近似的主体应当是对本案诉争的“运动型多功能汽车”,即 SUV 汽车,有常识性了解的消费者,即有意愿购买 SUV 类型汽车的购买者、SUV 类型汽车的使用者,而二审判决却将判断主体认定为对汽车这一类产品有常识性了解的人,判断主体认定错误。(2)二审判决将汽车各个组成部分的形状、相互之间的长、宽、高比例关系、车体整体形状以及设计风格作为整体观察对象,而比例关系、车体整体形状属于 SUV 类型汽车的惯常设计,对外观设计的整体视觉效果不具有显著的影响;本专利与证据 1 在前大灯、雾灯、前护板、后组合灯、格栅、后保险杠等方面存在差别,除去惯常设计部分,这些差别具有较强装饰效果,对整体视觉效果具有显著的影响。本专利与证据 1 所公开的外观设计不相同,也不相近似。请求改判:撤销原一、二审判决及第 8105 号决定,宣告本案专利权有效。

专利复审委员会辩称,(1)本案中,一般消费者应当是对“汽车”这类产品有常识性了解的人,其对汽车的外观设计产品之间的形状、图案上的差别具有一定的分辨能力,但仍然不会注意到产品的形状、图案的细小变化。(2)本专利与在先设计相比,车身的整体形状、各个组成部分的形状以及相互之间的比例均大致相同,前大灯、格栅、前护板、后组合灯的形状的差别,相对于汽车的整体而言均属于细微差别,不会对一般消费者造成显著的视觉影响。

双环公司称,(1)SUV类型汽车是汽车专业人士对这类汽车的称谓,不是一般消费者所能理解和知晓的;国家标准对汽车的分类也只是分为乘用车和商用车两类,二审判决认定的判断主体并无不妥。(2)判断外观设计相同、相近似,应当整体观察,而不应当把整体相同的设计均认定为惯常设计,仅作局部判断。况且,本专利与在先设计局部的差别也均相似,故本专利与在先设计相近似。(3)公证人对所要公证的事实必须亲临现场当面见证,但本田株式会社提交的授权委托书不是公证人亲临现场当面见证,不符合法律规定。

新凯公司称,外观设计近似的判断应当采用整体观察、综合判断的标准,而不应割裂各个局部特征进行比对,一般不考虑细小的差别,而且一般消费者也不具备判断细小差别的能力。

再审审查与审理结果

最高人民法院再审认为,基于被比设计产品的一般消费者的知识水平和认知能力,对被比设计与在先设计进行整体观察,综合判断两者的差别对于产品外观设计的视觉效果是否具有显著影响,是《专利审查指南》规定的判断外观设计是否相同或者相近似的基本方法。根据《专利审查指南》的规定,一般消费者的特点是,对被比设计产品的同类或者相近类产品的外观设计状况具有常识性的了解,对外观设计产品之间在形状、图案以及色彩上的差别具有一定的分辨力,但不会注意到产品的形状、图案以及色彩的微小变化。所谓"常识性的了解",是指通晓相关产品的外观设计状况而不具备设计的能力,但并非局限于基础性、简单性的了解;所谓"整体",包括产品可视部分的全部设计特征,而非其中某特定部分;所谓"综合",是指对能够影响产品外观设计整体视觉效果的所有因素的综合。

本案中,诉争类型汽车外观设计的"整体",不仅包括汽车的基本外形轮廓以及各部分的相互比例关系,还包括汽车的前面、侧面、后面等,应当予以全面观察。在综合判断时,应当根据诉争类型汽车的特点,权衡诸部分对汽车外观设计整体视觉效果的影响。就本案诉争的汽车类型而言,因该类汽车的外形轮廓都比较接近,故该共性设计特征对于此类汽车一般消费者视觉效果的影响比较有限。相反,汽车的前面、侧面、后面等部位的设计特征的变化,则会更多地引起此类汽车一般消费者的注意。本案中,本专利所示汽车的外观设计与证据1所示汽车的外观设计相比,在前大灯、雾灯、前护板、格栅、侧面车窗、后组合灯、后保险杠、车顶轮廓等装饰性较强部位均存在差别。特别是,本专利的汽车前大灯采用近似三角形的不规则四边形设计,配合带有小护牙的倒U形的前护板和中间带有横条的格栅;汽车侧面后车窗采用不规则四边形设计,且后窗玻璃与后组合灯之间由窗框所分离,配合车身上部与下部的平滑过渡;汽车后面采用后组合灯从车顶附近开始一直延伸至后保险杠翘起部的“上窄下宽”的柱形灯设计，配合带有护牙的U形后保险杠，都比较突出、醒目，具有较强的视觉冲击力。显然，这些差别对于本案诉争类型汽车的一般消费者而言是显而易见的，足以使其将本专利图片所示汽车外观设计与证据1所示汽车外观设计的整体视觉效果区别开来。因此，上述差别对于本专利与证据1汽车外观设计的整体视觉效果具有显著的影响，二者不属于相近似的外观设计。

本案中，专利复审委员会的决定以及原一、二审判决虽然都认定了两外观设计之间的差别，但都以该差别属“细微差别”为由，将该部分的设计特征从汽车外观设计的“整体”中排除，实质上只着重对两外观设计的整体外形轮廓进行比较，并认为汽车的整体外形轮廓对于汽车、而非诉争类型汽车的一般消费者视觉感受的影响最为显著，以至于错误地认定本专利与证据1外观设计相近似、本案专利权无效。

综上，原一、二审判决认定本专利所示汽车的外观设计与证据1所示汽车的外观设计相近似，从而维持专利复审委员会第8105号决定，适用法律有误，应予纠正。依法判决：(1)撤销北京市高级人民法院(2007)高行终字第274号行政判决、北京市第一中级人民法院(2006)一中行初字第779号行政判决；(2)撤销专利复审委员会第8105号无效宣告请求审查决定。

山西杏花村汾酒厂股份有限公司诉国家工商行政管理总局商标评审委员会、安徽杏花村集团有限公司商标异议复审行政纠纷案

——阅读提示：对已注册驰名商标的扩大保护应当考虑哪些因素？

【裁判要旨】

对已注册驰名商标的扩大保护并非当然可以将其扩展至所有商品类别，只有足以使相关公众误认为使用诉争商标的注册、使用人与驰名商标注册人具有相当程度的联系，从而减弱驰名商标的显著性、贬损驰名商标的市场声誉，或者不当利用驰名商标的市场声誉的情形，驰名商标的注册人才能禁止他人注册和使用。商标标志的独创性虽然能够影响商标的显著性程度，但并不能因没有独创性就应认定缺乏显著性或显著性较弱。在构成驰名商标的情况下，由于其商标为中国相关公众广为知晓，因此其当然具有较强显著性，此时其商标是否为商标注册人所独创并不会对驰名商标保护范围有太大影响。

【案号】

一审：北京市第一中级人民法院(2010)一中知行初字第1241号

二审:北京市高级人民法院(2010)高行终字第1118号行政判决书

【案情与裁判】

原告(上诉人):山西杏花村汾酒厂股份有限公司(以下简称山西杏花村公司)

被告(被上诉人):国家工商行政管理总局商标评审委员会(以下简称商标评审委员会)

第三人:安徽杏花村集团有限公司(以下简称安徽杏花村公司)

起诉和答辩

2002年2月28日,安徽杏花村公司在第31类树木、谷(谷类)、酿酒麦芽等商品上提出“杏花村”商标(以下简称被异议商标),后被初步审定公告。被异议商标公告异议期内,山西杏花村公司以其在第33类酒商品上注册的“杏花村”商标(以下简称引证商标)为驰名商标为由申请对被异议商标不予核准注册。2010年1月11日,商标评审委员会作出商评字〔2010〕第186号《关于第3102476号“杏花村”商标异议复审裁定书》(以下简称第186号裁定),对被异议商标在树木、谷(谷类)等商品上予以核准注册,在酿酒麦芽商品上不予核准注册。

山西杏花村公司2010年3月24日提起诉讼称:首先,其引证商标具有显著性,且已经是驰名商标,安徽杏花村公司的被异议商标与引证商标近似,极有可能误导公众,致使原告的利益受损。其次,被异议商标在树木、谷(谷类)等商品上亦不应予核准注册。被异议商标与引证商标指定使用的商品虽然不相同或类似,但一般消费者并不具备商品分类和区分标准的专业知识,两商标并存易使消费者混淆误认商品的产源,致使山西杏花村公司的利益可能受到损害。综上,山西杏花村公司请求:撤销商标评审委员会作出的第186号裁定。

商标评审委员会辩称:引证商标在相关领域和时限内的知名度不能使其当然取得在其他领域的绝对保护。被异议商标指定使用的第31类树木、谷(谷类)等商品与引证商标核定使用的第33类白酒等商品在生产方式、销售渠道、服务对象等方面区别较大。加之,“杏花村”并非山西杏花村公司独创,其显著性因不是独创而相对较弱,“杏花村”商标虽在酒商品上具有一定的知名度,但亦难以认定被异议商标在树木、谷(谷类)等商品上的注册和使用,会误导公众,损害山西杏花村公司的合法权益。因此,被异议商标的注册未构成《商标法》第13条第2款规定的复制、摹仿他人驰名商标的情形。

安徽杏花村公司诉称:对于驰名商标的跨类保护范围,并不能仅凭主观臆断,而要强调客观判断标准,即要求“使相关公众对商品或者其经营者产生相当程度的联系”,而不能是程度不高的“联想”。因杜牧《清明》诗闻名于世的“杏花村”首先是历史文化的一部分,山西杏花村公司基于“杏花村”所获得的驰名商标权利并不是无限的。被异议商标指定使用的第31类树木、谷(谷类)商品与引证商标核定使用的第33类白酒、含酒精饮料(啤酒除外)商品根本不可能产生混同,公众绝无可能将这两类商品混淆,公众也不可能因此认为山西杏花村公司与安徽杏花村公司之间存在某种关联关系。

法院审理查明

1980年12月15日,杏花村汾酒厂提出引证商标一(见下图)注册申请,其专用期限经续展至2013年2月28日,核定使用商品为第33类的白酒。引证商标一的现注册人为山西杏花村公司。

1996年7月15日,山西杏花村公司提出引证商标二(见下图)注册申请,并于1997年8月21日被核准注册,专用权期限经续展至2017年8月20日,核定使用商品为第33类的含酒精的饮料(啤酒除外)。

2002年2月28日,安徽杏花村公司提出被异议商标(见下图)注册申请,指定使用商品为第31类的树木、谷(谷类)、植物用种苗、活动物、鲜水果、新鲜蔬菜、植物种子、饲料、酿酒麦芽、植物,2002年9月28日被初步审定公告。

引证商标一

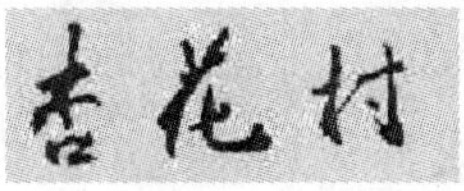

引证商标二

引证商标三

在法定异议期限内,山西杏花村公司针对被异议商标向商标局提出商标异议申请。2006年9月13日,商标局作出第2785号裁定,对被异议商标予以核准注册。

山西杏花村公司不服第2785号裁定,向商标评审委员会提出复审申请。

2010年1月11日,商标评审委员会作出第186号裁定。该裁定认为:山西杏花村公司提交了其"杏花村"商标被认定为驰名商标的证书,安徽杏花村公司对山西杏花村公司的"杏花村"商标构成驰名商标的事实亦未予否认,因此,商标评审委员会对此事实予以认可。被异议商标为文字"杏花村",与山西杏花村公司引证商标一的主要认读部分、引证商标二的文字相同,属于近似的标识。因此,本案的焦点问题在于非类似商品上提出注册申请的被异议商标是否会误导公众,致使山西杏花村公司的商标权益可能受到损害。对于混淆、误导可能性的判定,应当综合考虑引证商标的知名度、独创性以及被异议商标与引证商标各自使用的商品的关联程度。山西杏花村公司的"杏花村"商标核定使用的第33类白酒、含酒精饮料(啤酒除外)商品与被异议商标指定使用的第31类树木、谷(谷类)等商品在生产方式、销售渠道、消费对象等方面区别较大。加之"杏花村"一词并非山西杏花村公司所独创,尚难以认定被异议商标在树木、谷(谷类)等商品上的注册和使用,将造成消费者的混淆误认,以致使山西杏花村公司的利益受到损害。被异议商标指定使用的酿酒麦芽商品与各引证商标核定使用的白酒、含酒精饮料(啤酒除外)商品在生产过程中具有密切的联系,因此,被异议商标使用在酿酒麦芽上易使消费者产生混淆误认。商标评审委员会依照《商标法》第13条第2款、第33条、第34条、第41条之规定,裁定:被异议商标在树木、谷(谷类)等商品上予以核准注册,在酿酒麦芽商品上不予核准注册。

一审判理和结果

北京市第一中级人民法院认为:《商标

法》第13条第2款中混淆、误导可能性的判断,应当综合考虑引证商标的知名度、独创性以及被异议商标与引证商标各自使用的商品的关联程度。本案中,虽然山西杏花村公司的“杏花村”商标在酒类商品上已经成为驰名商标,但是,鉴于“杏花村”一词并非山西杏花村公司所独创,且山西杏花村公司的“杏花村”商标核定使用的第33类白酒、含酒精饮料(啤酒除外)商品与被异议商标指定使用的第31类树木、谷(谷类)等商品在生产方式、销售渠道、消费对象等方面区别较大,被异议商标在树木、谷(谷类)等商品上的注册和使用并不会造成消费者的混淆误认,致使山西杏花村公司的利益受到损害。因此,被异议商标在树木,谷(谷类)商品上的注册并未违反《商标法》第13条第2款之规定。北京市第一中级人民法院依照《中华人民共和国行政诉讼法》第54条第1项之规定,判决:维持商标评审委员会第186号裁定。

上诉与答辩

山西杏花村公司不服,向北京市高级人民法院提起上诉,请求:撤销原审判决并依法改判。其主要上诉理由是:(1)原审判决认定事实的标准不合法。原审判决认为《商标法》第13条中混淆、误导可能性的判断,应当综合考虑引证商标的知名度、独创性以及被异议商标与引证商标各自使用的商品的关联程度,这一认定标准不符合《最高人民法院关于审理涉及驰名商标保护的民事纠纷案件应用法律若干问题的解释》第9条、第10条和《商标法》第9条的规定。上述司法解释和《商标法》要求在判断是否损害驰名商标所有人的利益的标准是显著性、知名度和关联性,没有要求引证商标具有独创性。山西杏花村公司在原审诉讼中已经加以阐明,原审法院对此置之不理,仍采用第186号裁定中的“知名度、独创性和关联性”的标准,因此原审判决的认定标准缺乏法律依据。(2)原审判决对事实的认定只强调没有法律依据的“独创性”,而回避了“显著性、知名度和关联性”的事实。引证商标——“杏花村”为驰名商标,具有极高的知名度,对“杏花村”的使用已经产生并具有唯一对应于山西杏花村公司产源的标识性效果,一提到“杏花村”,人们便认为是山西杏花村公司,如果准许被异议商标注册,易使消费者误认为和山西杏花村公司有某种联系。虽然引证商标和被异议商标的指定使用商品分属不同类别,但都是食品类,都可以通过超市、食品店、副食店销售,都是人们生活用品,因此构成类似商品,原审判决认定上述商品在生产方式、销售渠道、消费对象等方面区别较大,显然是错误的。(3)原审判决认定事实和适用法律错误。原审判决认为被异议商标的注册、使用并不会造成消费者的混淆和误认,致使山西杏花村公司的利益受到损害。这一认定属于主观臆断,缺乏事实和法律依据,《商标法》第13条第2款规定的“致使该驰名商标注册人的利益可能受到损害”只是一种可能性,只要有可能就构成“混淆、误认”,因此原审判决的上述认定没有依据。(4)被异议商标系地名商标,不具有显著性。根据《商标法》第11条的规定,应不予注册,但原审判决对此一字不提,属于适用法律错误。

商标评审委员会和安徽杏花村集团公司服从原审判决。

二审判理和结果

北京市高级人民法院认为:“杏花村”与

酒的联系,并非始自山西杏花村公司对引证商标的使用、宣传。杜牧的著名诗句早已使人们将“杏花村”与酒商品联系在一起,山西杏花村公司利用这种早已存在的联系建立引证商标一在酒类商品尤其是汾酒商品上的知名度并使之成为驰名商标,但由此对引证商标一的保护也不应不适当地扩大,尤其是不应当禁止他人同样地从杜牧诗句这一公众资源中获取、选择并建立自己的品牌,只要不会造成对引证商标一及山西杏花村公司利益的损害即可。安徽杏花村集团公司在树木、谷(谷类)等商品上申请注册被异议商标,并不足以导致相关公众误认为该商标与引证商标一存在相当程度的联系,从而减弱引证商标一的显著性或不当利用引证商标一的市场声誉。被异议商标的申请、注册未违反《商标法》第13条第2款的规定。因此判决:驳回上诉,维持原判。

知识产权刑事案件

刘兆龙假冒注册商标罪案

——阅读提示:本案的销售金额如何认定?确定销售金额后,是否构成假冒注册商标罪?

【裁判要旨】

销售金额是判断被告人涉案行为是否构成犯罪的关键,应当将预审卷宗内相关供述及账本相结合,确认被告人的实际销售金额。对于被告人行为同时触犯了生产、销售伪劣产品罪和假冒注册商标罪两个罪名,根据相关司法解释,应择一重罪论处。假冒注册商标罪刑罚较重,因此应当认定被告人构成假冒注册商标罪。

【案号】

一审:北京市大兴区人民法院(2010)大刑初字第320号

【案情与裁判】

公诉机关:北京市大兴区人民检察院

被告人:刘兆龙(别名:刘龙)

指控与辩护

北京市大兴区人民检察院以京大检刑诉[2010]0072号起诉书指控被告人刘兆龙犯假冒注册商标罪,于2010年2月9日向本院提起公诉。本院依法组成合议庭,公开开庭审理了此案。北京市大兴区人民检察院指派代理检察员郭艳春出庭支持公诉,被告人刘兆龙到庭参加诉讼。现已审理终结。

北京市大兴区人民检察院指控,2009年3月至9月,被告人刘兆龙未经注册商标权人许可,自行购买原料酒、酒瓶、酒盖、标签、封盖机等物品后在北京市大兴区黄村镇海子角村平房一条10排其暂住地,通过灌装方式自制芝华士、红牌、黑牌、人头马、百龄坛、杰克丹尼、马爹利、轩尼诗、皇家礼炮酒,并加贴商标、进行包装后通过物流托运方式销往郑州、石家庄、西宁等地,经营数额达201,507元。2009年9月12日,公安机关在巡查过程中在上述地点将刘兆龙查获,起获酒瓶、包装箱、原料酒、封盖机、托运单、未及销售的部分酒水等物。

公诉机关就上述指控向法庭提供了被告人供述、证人证言、物证、书证等证据。

公诉机关的公诉意见:被告人刘兆龙的行为触犯了《中华人民共和国刑法》第213条之规定,应当以假冒注册商标罪追究其刑事责任。提请本院依法判处。

被告人刘兆龙对起诉书指控其犯假冒注

册商标罪的辩解意见是：经营的数额是九万多元。被告人刘兆龙的辩护人的辩护意见是：(1)现有证据无法证实刘兆龙实施了假冒注册商标的犯罪行为；(2)现有证据无法证实刘兆龙的非法经营数额。

法院审理查明

被告人刘兆龙系自原籍来京务工人员。2009 年 3 月至 9 月，被告人刘兆龙在北京市大兴区黄村镇海子角村平房一条 10 排其暂住地，未经注册商标权人许可，自行购买原料酒、酒瓶、酒盖、包装箱、封盖机等物品后，通过灌装方式自制芝华士、红牌、黑牌、人头马、百龄坛、杰克丹尼、马爹利、轩尼诗、皇家礼炮酒，通过物流托运方式销往郑州、石家庄、西宁等地，经营数额达 201,507 元。2009 年 9 月 12 日，公安机关在检查过程中将刘兆龙查获，起获酒瓶、包装箱、原料酒、封盖机、未及销售的部分酒水等物。

现场扣押被告人刘兆龙银灰色捷达车 1 辆、诺基亚 1600 型手机 1 部、诺基亚 6208C 型手机 1 部；扣押赃证物账本 2 个、托运单 25 张、运输协议单 1 张、押金收据 1 张。

一审判理和结果

被告人刘兆龙未经注册商标所有人许可，在同一种商品上使用与其注册商标相同的商标，且假冒两种以上注册商标，非法经营数额在 15 万元以上，其行为已构成假冒注册商标罪，根据《最高人民法院、最高人民检察院关于办理侵犯知识产权刑事案件具体应用法律若干问题的解释》之有关规定，系情节特别严重，应予惩处。北京市大兴区人民检察院指控被告人刘兆龙犯假冒注册商标罪的事实清楚，证据充分，罪名成立。被告人刘兆龙的辩解意见及其辩护人的辩护意见，根据被告人刘兆龙在公安机关的供述、当庭出具的账本、扣押的财物清单及银行卡的账目明细，足以证实被告人刘兆龙被指控的犯罪事实，故此辩解意见及辩护意见，本院不予采纳。据此，本院为严明国法，维护社会主义市场经济秩序，对被告人刘兆龙依照《中华人民共和国刑法》第 213 条、第 52 条、第 53 条、第 64 条之规定，判决如下：

(1)被告人刘兆龙犯假冒注册商标罪，判处有期徒刑 4 年，并处罚金人民币 15 万元。

(刑期从判决执行之日起计算，判决执行以前先行羁押的，羁押 1 日折抵刑期 1 日，即自 2009 年 9 月 12 日起至 2013 年 9 月 11 日止，罚金于判决生效后 10 日内缴纳。)

(2)扣押银灰色捷达车 1 辆、诺基亚 1600 型手机一部、诺基亚 6208C 型手机 1 部，变价后与银行卡内现金人民币 12,796.29 元抵作罚金；扣押账本 2 个、托运单 25 张、运输协议单 1 张、押金收据 1 张，随案证物保存。

五十典型案件

澳诺(中国)制药有限公司诉湖北午时药业股份有限公司、王军社侵犯发明专利权纠纷案

——阅读提示:禁止反悔原则的适用条件应如何掌握?专利权人在另一专利授权、确权程序中所作的陈述,对于涉案专利是否也具有禁止反悔的作用?

【裁判要旨】

专利申请人、专利权人在专利授权或者无效宣告程序中,通过对权利要求、说明书的修改或者意见陈述而放弃的技术方案,均构成适用禁止反悔原则,而不应将禁止反悔原则的适用条件仅拘泥于与专利的新颖性、创造性有关的狭隘的范围。

专利申请人、专利权人在另一相关专利授权、确权程序中所作的客观事实方面的意见陈述,可以作为证明涉案专利所涉及的相关事实的证据,一般不构成禁止反悔,只有在某些特定情形下才有可能构成禁止反悔。

【案号】

一审:河北省石家庄市中级人民法院(2006)石民五初字第00169号

二审:河北省高级人民法院(2007)冀民三终字第23号

再审:最高人民法院(2009)民提字第20号

【案情与裁判】

原告(二审被上诉人、再审被申请人):澳诺(中国)制药有限公司(以下简称澳诺公司)

被告(二审上诉人、再审申请再审人):湖北午时药业股份有限公司(以下简称午时药业公司)

被告(原审被告):王军社,保定市北市区鑫康大药房业主

起诉和答辩

2006年11月25日,澳诺公司起诉至河北省石家庄市中级人民法院称,澳诺公司发现午时药业公司生产并在河北等地广泛销售其产品新钙特牌“葡萄糖酸钙锌口服溶液”,并在王军社经营的保定市北市区鑫康大药房公证购买了被诉侵权产品。午时药业公司和王军社侵犯其发明专利权,请求法院判令:(1)午时药业公司和王军社停止生产、销售新钙特牌“葡萄糖酸钙锌口服溶液”;(2)午时药业公司、王军社在《中国医药报》上刊登致歉声明;(3)午时药业公司和王军社赔偿澳诺公司经济损失1,941,371.44元,并承担本案律

师代理费、诉讼费。

午时药业公司答辩称:(1)专利权人在涉案专利的审批程序中,将使用葡萄糖酸钙作为钙质组分的组合物技术方案从公开的权利要求中予以删除,该行为对涉案专利产生禁止反悔的法律后果。(2)涉案专利权利要求1所限定的“活性钙”组分与被诉侵权产品所使用的“葡萄糖酸钙”组分具有截然相反的水溶物理属性,不属于可以等同替换的技术手段。(3)被诉侵权产品所使用的“盐酸赖氨酸”组分在用作补钙药物的制备原料方面,与涉案专利权利要求1所限定的“谷氨酰胺或谷氨酸”组分相比,在技术效果上具有显著区别,两组分不等同。驳回原告的诉讼请求。

王军社答辩称,本人销售的被诉侵权产品有合法来源,依法不应承担赔偿损失的责任。

一审审理查明

1995年12月5日,孔彦平向国家专利局申请“一种防治钙质缺损的药物及其制备方法”发明专利,2000年12月15日,国家知识产权局授予其专利权,专利号为ZL95117811.3,授权公告日为2001年1月10日。该专利权利要求1为:“一种防治钙质缺损的药物,其特征在于:它是由下述重量配比的原料制成的药剂:活性钙4~8份,葡萄糖酸锌0.1~0.4份,谷氨酰胺或谷氨酸0.8~1.2份。”2006年4月3日,专利权人孔彦平与澳诺公司签订《专利实施许可合同书》,当时澳诺公司名称为澳诺制药有限公司,后在工商局变更为澳诺(中国)制药有限公司。该合同约定:孔彦平将涉案专利许可澳诺公司独占实施,授权期限同专利期限,无地域和使用方式限制,如发生第三方实施对本专利的侵权行为,由被许可方独立向侵权行为人提起诉讼,相关法律后果(利益或损失)均由被许可方承担。

2006年9月28日,经保定市第二公证处公证,澳诺公司在王军社经营的保定市北市区鑫康大药房购买了午时药业公司生产的新钙特牌“葡萄糖酸钙锌口服溶液”2盒。产品说明书载明的成分为:每10ml含葡萄糖酸钙600mg、葡萄糖酸锌30mg、盐酸赖氨酸100mg。国家食品药品监督管理局药品注册批件(批件号:2005S009711)中对该产品的规格也表明为:10ml:葡萄糖酸钙0.6g、葡萄糖酸锌0.03g和盐酸赖氨酸0.1g。

涉案专利申请公开文本中,其独立权利要求为可溶性钙剂,可溶性钙剂包括葡萄糖酸钙、氯化钙、乳酸钙、碳酸钙或活性钙。国家知识产权局第一次审查意见通知书中,审查员认为,该权利要求书中使用的上位概念“可溶性钙剂”包括各种可溶性的含钙物质,它概括了一个较宽的保护范围,而申请人仅对其中的“葡萄糖酸钙”和“活性钙”提供了配制药物的实施例,对于其他的可溶性钙剂没有提供配方和效果实施例,所属技术领域的技术人员难以预见其他的可溶性钙剂按本发明进行配方是否也能在人体中发挥相同的作用,权利要求在实质上得不到说明书的支持,应当对其进行修改。申请人根据审查员的要求,对权利要求书进行了修改,将“可溶性钙剂”修改为“活性钙”。

为判断午时药业公司生产的“葡萄糖酸钙锌口服溶液”技术特征是否落入澳诺公司所主张的专利权保护范围,一审法院委托了北京紫图知识产权鉴定中心进行了技术鉴定。该机构做出的鉴定报告认为:午时药业公司产品含有葡萄糖酸钙,而涉案专利是活性钙,活性钙与葡萄糖酸钙同样都是可食用的能被人体吸收的钙剂,作为补钙药剂的原料两者是等同的,可供任意选择的;午时药业公司产品为盐酸赖氨酸,涉案专利为谷氨酰胺或谷氨酸,盐酸赖氨酸与专利的谷氨酸是不同的氨基酸,具有不同的营养价值,但在防治钙质缺损的药物中两者是与钙剂配伍使用,且均实现促进钙吸收的功能和效果,所以二者等同;除上述特征等同外,午时药业公司产品与涉案专利两者用途相同,其余原料相同,均为葡萄糖酸锌,各种原料的用量比例相同。鉴定结论为:"湖北午时药业股份有限公司生产的'新钙特牌'葡萄糖酸钙锌口服溶液药品与涉案专利的技术方案相等同。"

澳诺制药有限公司于2003年2月19日就"一种防止或治疗钙质缺损的口服溶液及其制备方法",向国家知识产权局申请了发明专利,专利号为ZL03104587.1(以下简称587号专利)。其独立权利要求1为:一种防止或治疗钙质缺损的口服溶液,其特征在于它是由下述重量比计的配方和原料制成的制剂:可溶性钙剂4~9份,葡萄糖酸锌0.1~0.4份,盐酸赖氨酸0.8~1.2份。庭审中,午时药业公司认为,被诉侵权产品与587号专利相同,而该专利既然得到授权,说明是有创造性的,并不是涉案专利的等同替换。

一审判理和结果

一审法院认为,专利权人孔彦平享有的涉案专利权及其与澳诺公司签订的独占实施许可合同合法有效,应受法律保护。午时药业公司生产、销售的"葡萄糖酸钙锌口服溶液",经委托鉴定机构鉴定,其产品的技术特征与澳诺公司主张的涉案专利构成等同,午时药业公司未经专利权人许可生产、销售上述产品,已构成侵权。

只有为了使专利授权机关认定其申请专利具有新颖性或创造性而进行的修改或意见陈述,才产生禁止反悔的效果,并非专利申请过程中关于权利要求的所有修改或意见陈述都会导致禁止反悔原则的适用。本案专利权人在专利申请过程中根据专利审查员的意见对权利要求书进行了修改,将独立权利要求中的"可溶性钙剂"修改为"活性钙",并非是为了使其专利申请因此修改而具有新颖性或创造性,而是为了使其权利要求得到说明书的支持,故此修改不产生禁止反悔的效果。

只要被控侵权产品侵犯了他人在先专利,即构成侵权,午时药业公司辩称其产品特征与587号专利相同,不构成对涉案专利侵权的主张不能成立。

澳诺公司对其所主张的经济损失未能提供有力证据,故根据本案午时药业公司侵权情节、销售范围等具体情况,酌情确定午时药业公司赔偿澳诺公司经济损失的数额,并适当赔偿澳诺公司律师代理费。王军社系销售者,不知道销售的产品系侵权产品,且已提供了产品合法来源,澳诺公司对此并无异议,故王军社只承担停止侵权责任,不承担赔偿责任。午时药业公司侵权行为并未给澳诺公司造成商誉上的损害,故对其要求午时药业公司在报纸上致歉的请求不予支持。

一审法院于2007年3月6日作出(2006)石民五初字第00169号民事判决:(1)午时药业公司停止生产、销售"葡萄糖酸钙锌口服溶液"产品,并赔偿澳诺公司经济损失30万元,律师代理费1.5万元;(2)王军社停止销售午时药业公司生产的“葡萄糖酸钙锌口服溶液”产品;(3)驳回澳诺公司其他诉讼请求。案件受理费30,015元,由午时药业公司负担11,265元,澳诺公司负担18,750元,鉴定费30,000元,由午时药业公司负担。

上诉与答辩

午时药业公司不服一审判决,向河北省高级人民法院提起上诉称,午时药业公司申请再审称,(1)一审判决认定使用葡萄糖酸钙作为钙质组分的被诉侵权产品落入涉案专利权利要求1的保护范围,明显违反禁止反悔原则。(2)由于涉案专利权利要求1所限定的“活性钙”组分与被诉侵权产品所使用的“葡萄糖酸钙”组分具有截然相反的水溶物理属性,两者具有本质区别,完全不属于可以等同替换的技术手段。(3)由于原告已在申请587号专利的过程中,通过对比试验证明,被诉侵权产品所使用的“盐酸赖氨酸”组分在用作补钙药物的制备原料方面,与涉案专利权利要求1所限定的“谷氨酰胺或谷氨酸”组分相比,在技术效果上具有显著区别,因此,一审判决认定二者等同不当。请求撤销一审判决,驳回原告的诉讼请求,由原告承担全部诉讼费用。

澳诺公司辩称,(1)涉案专利在审批过程中并未针对新颖性和创造性进行修改,也没有明确放弃或者删除哪些内容,专利权人将“可溶性钙剂”修改为“活性钙”是一种澄清性修改,修改后的活性钙是指离子形式的钙,也称钙离子,属于具有生理活性的钙,包括了含葡萄糖酸钙在内的所有组分钙,该修改不适用禁止反悔原则。(2)并不否认“盐酸赖氨酸相对于谷氨酰胺或谷氨酸能够显著增加葡萄糖酸钙的溶解度和理化性质的稳定性”,但587号专利是在涉案专利的基础上的选择发明,二者是包容的关系,侵犯587号专利必然侵犯涉案专利。一审判决认定事实清楚,适用法律正确,应予维持。

二审审理查明

二审查明,双方当事人除对活性钙的概念提供一些学术文章和活性钙作为食品的国家标准外,均未提交其他新证据。

午时药业公司以587号专利文件为主要证据,抗辩澳诺公司的主张,故二审法院于2007年8月2日裁定中止本案审理,等待国家知识产权局专利复审委员会(以下简称专利复审委员会)对该专利的有效性作出最后决定。2006年11月13日,专利复审委员会作出《无效宣告请求受理通知书》,受理了午时药业公司此前提出的587号专利权的无效宣告请求,庭审时午时药业公司称已撤回申请。2006年8月25日,湖北福人药业公司又向专利复审委员会提出587号专利权的无效宣告请求,2007年9月25日,湖北福人药业公司向专利复审委员会提交了撤回宣告587号专利权无效请求的书面声明,专利复审委员会于2007年10月11日作出《无效宣告案件结案通知书》。但2007年9月11日,午时药业公司代理人以其个人名义对587号专利权再次提出无效宣告请求,2007年10月31日,专利复审委员会又作出《无效宣告请求受理通知书》。

二审判理和结果

二审法院认为,考虑到湖北福人药业公司对澳诺公司587号专利权提出无效申请已有一段时间,拟等待专利复审委员会对该专利的有效性作出决定后再处理本案。但湖北福人药业公司不知何故撤回申请,午时药业公司也在此前申请无效后又撤回申请,现在又第二次以其委托代理人个人名义申请无效,午时药业公司对此行为不能作出合理解释,因为587号专利有效,对其主张有利,而其如此反复地申请却又撤回申请,明显会造成时间上的拖延和国家在行政、司法资源上的浪费。且国家药品监督管理局于2001年3月29日颁布的"葡萄糖酸钙锌口服液国家标准"(WS1-XG-008-2001)对药品的配比规格与587号专利的权利要求保护的内容基本相同。国家药品监督管理局于2002年11月6日发布的国药监安(2002)404号文件《关于公布第三批非处方药目录的通知》,该文件附件《第三批非处方药药品目录(二)》中明确载明了"葡萄糖酸钙锌口服液"的药物组成配比,该内容与587号专利技术方案也基本相同。国家知识产权局在国家标准及相关文件颁布后,仍对该专利授权明显不妥。

一审法院在依职权委托专业机构进行技术鉴定时,未通知当事人的行为,存在不妥之处,但并不构成鉴定程序违法,故该鉴定报告仍可作为本案定案的依据。对午时药业公司请求重新鉴定或补充鉴定的申请予以驳回。涉案专利的申请人对权利要求书进行的修改只是为了使其权利要求得到说明书的支持,并非因此而使其申请的专利具有了新颖性或创造性,故此修改不产生禁止反悔的效果。涉案专利在其说明书中对"葡萄糖酸钙"提供了配制药物的实施例,所属技术领域的技术人员对"葡萄糖酸钙"和"活性钙"按该发明进行配方均能在人体中发挥相同的作用是显而易见的,说明活性钙与葡萄糖酸钙在用作补钙药物的制药原料方面不存在实质性差别,两者可以等同替换。根据2000年4月10日国家药品监督管理局国药管安〔2000〕131号文件,即《关于公布呼吸系统用药和维生素及矿物质类药品地方标准品种再评价结果的通知》的附件《呼吸系统用药、维生素及矿物质类药品地方标准品种再评价结果》,直接载明了"锌钙特口服液"(澳诺公司产品)可以"用盐酸赖氨酸10g代替谷氨酸10g"。且本案一审法院委托专业机构所作鉴定结论,也认为"活性钙"与"葡萄糖酸钙"、"谷氨酸或谷氨酰胺"与"盐酸赖氨酸"均构成等同。故午时药业公司生产的产品落入澳诺公司独占许可使用的专利权的保护范围,构成侵权。

二审法院于2007年12月17日作出(2007)冀民三终字第23号民事判决:驳回上诉,维持一审判决。二审案件受理费30,015元,由午时药业公司负担。

申请再审理由与答辩

午时药业公司申请再审称,(1)涉案专利权利要求1作为一项封闭式的组合物权利要求,已经用封闭式方式限定了其所包含的组分种类和范围,而被诉侵权产品则含有超出权利要求1封闭范围的其他多种组分,足以证明被诉侵权产品没有落入涉案专利权利要求1的保护范围。(2)专利权人在涉案专利的审批程序中,将使用葡萄糖酸钙作为钙质组分的组合物技术方案从公开的权利要求中予以删除,该行为对涉案专利产生禁止反悔的法律后果,一、二审判决认定使用葡萄糖酸钙作为钙质组分的被诉侵权产品落入涉案专利权利要求1的保护范围,明显违反禁止反悔原则。(3)由于涉案专利权利要求1所限定的"活性钙"组分与被诉侵权产品所使用的"葡萄糖酸钙"组分具有截然相反的水溶物理属性,所以在用作制备以水为溶解介质的口服溶液类药物的原料方面,两者具有本质区别,完全不属于可以等同替换的技术手段。(4)由于被申请人已在申请587号专利的过程中,通过对比试验证明,被诉侵权产品所使用的“盐酸赖氨酸”组分在用作补钙药物的制备原料方面,与涉案专利权利要求1所限定的“谷氨酰胺或谷氨酸”组分相比,在技术效果上具有显著区别,因此,无论从尊重客观事实的角度,还是从禁止被申请人反悔以体现公平合理原则的角度,在本案中均不应认定两组分构成等同。

澳诺公司辩称,(1)涉案专利权利要求1并非封闭式表达方式,并且无论权利要求1是否为封闭式表达方式,被诉侵权产品均落入其保护范围。(2)涉案专利在审批过程中并未针对新颖性和创造性进行修改,也没有明确放弃或者删除哪些内容,专利权人将“可溶性钙剂”修改为“活性钙”是一种澄清性修改,修改后的活性钙是指离子形式的钙,也称钙离子,属于具有生理活性的钙,包括了含葡萄糖酸钙在内的所有组分钙,该修改不适用禁止反悔原则。(3)并不否认“盐酸赖氨酸相对于谷氨酰胺或谷氨酸能够显著增加葡萄糖酸钙的溶解度和理化性质的稳定性”,但587号专利是在涉案专利的基础上的选择发明,二者是包容的关系,侵犯587号专利必然侵犯涉案专利。

再审审查与审理结果

再审查明,原一、二审法院查明的事实属实。

再审法院认为,本案争议的主要问题是:第一,权利要求1是否为封闭式结构以及对于权利要求1中记载的“活性钙”应如何解释;第二,活性钙与葡萄糖酸钙是否等同;第三,谷氨酰胺或谷氨酸与盐酸赖氨酸是否等同。

1. 关于权利要求1是否为封闭式结构以及对于权利要求1中记载的“活性钙”应如何解释问题。专利权利要求1为组合物权利要求,采用了“由下述重量配比的原料制成的药剂”的表达方式。权利要求1的这种表达方式,并不属于国家知识产权局制定的《审查指南》(2006年版)第2部分第10章第4.2.1节所列举的“由……组成”、“组成为”等封闭式表达方式的形式。此外,从权利要求1与权利要求2的限定关系看,权利要求1也不是封闭式表达方式。从属于权利要求1的权利要求2限定了药剂为散剂或口服液。一般而言,从属权利要求是对独立权利要求的进一步限定而非扩张,在从属权利要求2进一步限定了权利要求1中的药剂可以是散剂或口服液的情况下,显然权利要求2还包括除了活性钙、葡萄糖酸锌、谷氨酰胺或谷氨酸之外的其他组分,说明权利要求1可以包括除了活性钙、葡萄糖酸锌、谷氨酰胺或谷氨酸之外的其他组分。因此,权利要求1应当理解为开放式表达方式的权利要求。

关于权利要求1中记载的“活性钙”是否包含了“葡萄糖酸钙”的问题。涉案专利申请公开文本权利要求2以及说明书第2页明确记载,可溶性钙剂是“葡萄糖酸钙、氯化钙、乳酸钙、碳酸钙或活性钙”。可见,在专利申请公开文本中,葡萄糖酸钙与活性钙是并列的两种可溶性钙剂,葡萄糖酸钙并非活性钙的一种。此外,涉案专利申请公开文本说明书实施例1记载了以葡萄糖酸钙作为原料的技术方案,实施例2记载了以活性钙作为原料的技术方案,进一步说明了葡萄糖酸钙与活性钙是并列的特定钙原料,葡萄糖酸钙并非活性钙的一种。澳诺公司辩称,专利申请人在涉案专利的审批过程中,将“可溶性钙剂”修改为“活性钙”属于一种澄清性修改,修改后的活性钙包括了含葡萄糖酸钙在内的所有组分钙。然而,从涉案专利审批文档中可以看出,专利申请人进行上述修改是针对国家知识产权局认为涉案专利申请公开文本权利要求中“可溶性钙剂”保护范围过宽,在实质上得不到说明书支持的审查意见而进行的,同时,专利申请人在修改时的意见陈述中,并未说明活性钙包括了葡萄糖酸钙,故被申请人认为涉案专利中的活性钙包含葡萄糖酸钙的主张不能成立。

2. 关于活性钙与葡萄糖酸钙是否等同问题。正如上述问题1中对“活性钙”是否包含了“葡萄糖酸钙”所阐述的那样,专利权人在专利授权程序中对权利要求1所进行的修改,放弃了包含“葡萄糖酸钙”技术特征的技术方案。根据禁止反悔原则,专利申请人或者专利权人在专利授权或者无效宣告程序中,通过对权利要求、说明书的修改或者意见陈述而放弃的技术方案,在专利侵权纠纷中不能将其纳入专利权的保护范围。因此,涉案专利权的保护范围不应包括“葡萄糖酸钙”技术特征的技术方案。被诉侵权产品的相应技术特征为葡萄糖酸钙,属于专利权人在专利授权程序中放弃的技术方案,不应当认为其与权利要求1中记载的“活性钙”技术特征等同而将其纳入专利权的保护范围。原审判决对禁止反悔原则理解有误,将二者认定为等同特征不当。

3. 关于谷氨酰胺或谷氨酸与盐酸赖氨酸是否等同问题。587号专利权人在该专利审批过程中提供的《意见陈述》中称,在葡萄糖酸锌溶液中加入盐酸赖氨酸,与加入谷氨酰胺或谷氨酸的配方相比,前者使葡萄糖酸钙口服液在理化性质上有意料之外的效果,在葡萄糖酸钙的溶解度和稳定性等方面都有显著的进步,并提供了相应的实验数据证明其上述主张。国家知识产权局也据此申辩主张授予了587号专利权。由于587号专利的权利要求1与涉案专利权利要求1的主要区别,就在于将涉案专利权利要求1记载的“谷氨酸或谷氨酰胺”变更为“盐酸赖氨酸”,可见,从专利法意义上讲,“谷氨酸或谷氨酰胺”与“盐酸赖氨酸”这两个技术特征,对于制造葡萄糖酸锌溶液来说,二者存在实质性差异。被诉侵权产品的相应技术特征为盐酸赖氨酸,与涉案专利权利要求1记载的“谷氨酸或谷氨酰胺”技术特征相比,二者不应当属于等同的技术特征。国家药品监督管理局国药管安〔2000〕131号《通知》附件中,虽然公布了可以“用盐酸赖氨酸10g代替谷氨酸10g”,但这只是国家采用的一种行政管理措施,并非专利法意义上的等同替换,不能据此就认为被诉侵权产品的盐酸赖氨酸技术特征与涉案专利权利要求1记载的“谷氨酸或谷氨酰胺”技术特征等同。

鉴于被诉侵权产品的“葡萄糖酸钙”和“盐酸赖氨酸”两项技术特征,与涉案专利权利要求1记载的相应技术特征“活性钙”和“谷氨酸或谷氨酰胺”既不相同也不等同,被诉侵权产品没有落入专利权的保护范围,因此,午时药业公司、王军社生产、销售被诉侵权产品的行为不构成侵犯专利权。原审判决适用法律不当,判决结果错误,应予纠正;申请再审人申请再审的主要理由成立,应予支持。2010年3月23日，再审法院依照《中华人民共和国民事诉讼法》第186条第1款、第153条第1款第2项的规定，判决如下：(1)撤销河北省石家庄市中级人民法院(2006)石民五初字第00169号民事判决和河北省高级人民法院(2007)冀民三终字第23号民事判决；(2)驳回澳诺(中国)制药有限公司的诉讼请求。本案一、二审案件受理费共60,030元，技术鉴定费30,000元，由澳诺(中国)制药有限公司负担。

张喜田诉石家庄制药集团欧意药业有限公司、石家庄制药集团华盛制药有限公司等侵犯发明专利权纠纷案

——阅读提示：在涉及新产品制造方法专利的侵权诉讼中如何确定举证责任？

【裁判要旨】

在涉及新产品制造方法专利的侵权纠纷中，要由被诉侵权人承担证明其产品制造方法不同于专利方法的举证责任，需满足一定的前提条件，即权利人能够证明依照专利方法制造的产品属于新产品，并且被诉侵权人制造的产品与依照专利方法制造的产品属于同样的产品。

在认定一项方法专利是否属于新产品制造方法专利时，应当以依照该专利方法直接获得的产品为依据。所谓“依照专利方法直接获得的产品”，是指使用专利方法获得的原始产品，而不包括对该原始产品作进一步处理后获得的后续产品。

方法专利权的保护范围只能延及依照该专利方法直接获得的产品，即使用专利方法获得的原始产品，而不能延及对原始产品作进一步处理后获得的后续产品。

【案号】

一审：吉林省长春市中级人民法院(2005)长民三初字第36号

二审：吉林省高级人民法院(2006)吉民三终字第146号

再审：最高人民法院(2009)民提字第84号

【案情与裁判】

原告(二审被上诉人、被申请人)：张喜田

被告(二审上诉人、申请再审人)：石家庄制药集团欧意药业有限公司(以下简称欧意公司)

被告(二审上诉人)：石家庄制药集团华盛制药有限公司(以下简称华盛公司)

被告(二审上诉人)：石药集团中奇制药技术(石家庄)有限公司(以下简称中奇公司)

被告：吉林省玉顺堂药业有限公司(简称玉顺堂公司)

起诉和答辩

2005年2月,专利权人张喜田起诉至吉林省长春市中级人民法院(以下简称一审法院)称,涉案专利是制造左旋氨氯地平新产品的方法专利。中奇公司研发马来酸左旋氨氯地平和马来酸左旋氨氯地平片新药,华盛公司生产马来酸左旋氨氯地平(原料药),欧意公司生产马来酸左旋氨氯地平片,玉顺堂公司销售侵权产品,侵犯了涉案专利权,请求判令中奇公司、华盛公司、欧意公司、玉顺堂公司承担侵权责任。

法院审理查明

涉案专利系制造左旋氨氯地平的方法专利,在涉案专利申请日前,案外人辉瑞研究与发展公司(以下简称辉瑞公司)在中国被授予专利号为95192238.6、名称为"由阿罗地平的非对映体的酒石酸分离其对映体"的发明专利(以下简称238专利),[①]涉案专利以及238专利均为制造左旋氨氯地平的方法专利。为证明被诉侵权产品的制造方法与专利方法不同,欧意公司提交了专利号为200310119335.7、名称为"一种光学活性氨氯地平的拆分方法"的发明专利(以下简称335专利)的说明书及相关证据,用于证明其系使用自有方法制造左旋氨氯地平,并未使用涉案专利方法。一审法院委托法源司法科学证据鉴定中心(简称法源中心)进行鉴定,法源中心出具检验报告认为依照335专利不能达到拆分氨氯地平的目的。

一审判理和结果

一审法院认为,左旋氨氯地平作为一种化合物,并不能直接供消费者消费,其必须与马来酸、苯磺酸等经成盐工艺成为马来酸左旋氨氯地平、苯磺酸左旋氨氯地平后,才真正成为产品,因此,涉案专利能够延及被告生产的马来酸左旋氨氯地平及其片剂。目前,国内市场上只有原告生产的苯磺酸左旋氨氯地平及其片剂,以及欧意公司生产的马来酸左旋氨氯地平及其片剂,而原告产品的上市时间早于欧意公司产品。虽然辉瑞公司已在中国被授予238专利,但其产品尚未在中国上市。并且原告的左旋氨氯地平产品于2001年5月被原国家经济贸易委员会认定为2001年度国家重点新产品,2001年6月被原国家经济贸易委员会评为"九五"国家技术创新优秀项目奖,被告虽然认为原告的产品不是新产品,但是未提供充分的证据反驳。因此,涉案专利应为新产品的制造方法专利。经法源中心鉴定,依照335专利不能实现拆分氨氯地平的目的,无法制得左旋氨氯地平。中奇公司、华盛公司、欧意公司未能证明其产品制造方法不同于涉案专利方法,应承担相应的侵权责任。一审法院据此判决中奇公司、华盛公司、欧意公司承担侵权责任。中奇公司、华盛公司、欧意公司不服一审判决,向吉林省高级人民法院提起上诉,吉林省高级人民法院二审驳回上诉,维持原判。

申请再审理由与答辩

欧意公司不服二审判决,向最高人民法院申请再审称,(1)法源中心出具的检验报告错误,一、二审法院采信该检验报告不当。(2)欧意公司提交了现场勘验申请,请求二审法院对被诉侵权产品的制造方法进行现场勘验,证明其依照自有方法能够制得左旋氨氯地平,但二审法院不予理睬,认定欧意公司依照自有方法不能制得左旋氨氯地平,认定事实错误。(3)依照涉案专利权利要求1得到

① 238专利中所称的阿罗地平即为氨氯地平。

的产品与被诉侵权产品不同,涉案专利也不属于新产品制造方法专利。二审法院要求欧意公司承担证明其产品制造方法不同于涉案专利方法的举证责任,认定事实与适用法律均存在错误。(4)欧意公司的产品制造方法与涉案专利方法存在重要差异,属于不同的技术方案。二审法院将涉案专利权的保护范围延及马来酸左旋氨氯地平及其片剂,亦属错误。请求:(1)撤销一、二审判决。(2)认定中奇公司、华盛公司、欧意公司不侵犯涉案专利权。(3)判令张喜田承担鉴定费用以及本案全部诉讼费用。

张喜田辩称,(1)二审法院采信法源中心出具的检验报告并无不当。(2)依照涉案专利方法制得的左旋氨氯地平为新产品,欧意公司应当承担证明其产品制造方法不同于涉案专利方法的举证责任。经试验验证,依照欧意公司提供的专利方法无法制得左旋氨氯地平,因此,欧意公司应当承担举证不能的责任。(3)欧意公司有关其专利技术的实施需要技巧和诀窍的主张缺乏事实依据和科学根据。(4)中奇公司、华盛公司、欧意公司未经其许可,以生产经营为目的,研制、制造、销售马来酸左旋氨氯地平及其片剂,应承担侵权责任。

再审审查与审理结果

为验证依照335专利能否制得左旋氨氯地平,最高人民法院根据各方当事人的请求,对欧意公司制造左旋氨氯地平的方法进行了现场勘验,由欧意公司依照335专利中记载的方法进行现场试验。试验结果表明,欧意公司依照335专利成功制得了左旋氨氯地平。

最高人民法院再审审理认为,(1)在认定一项方法专利是否属于新产品制造方法专利时,应当以依照该专利方法直接获得的产品为依据。所谓“依照专利方法直接获得的产品”,是指使用专利方法获得的原始产品,而不包括对该原始产品作进一步处理后获得的后续产品。依照涉案专利方法直接获得的产品是“结合一个DMSO-d6的(S)-(-)-氨氯地平的D-酒石酸盐”,或“结合一个DMSO-d6的(R)-(+)-氨氯地平的L-酒石酸盐”,其中前者为制造左旋氨氯地平的中间产物(以下简称左旋氨氯地平中间产物),而非左旋氨氯地平本身;后者为制造右旋氨氯地平的中间产物(以下简称右旋氨氯地平中间产物),亦非右旋氨氯地平本身。由于在涉案专利的申请日之前,上述中间产物并未为国内外公众所知悉,可以认定依照涉案专利方法直接获得的产品是新产品,涉案专利属于新产品制造方法专利。(2)虽然涉案专利是一项新产品制造方法专利,但要由被诉侵权人中奇公司、华盛公司、欧意公司承担证明其产品制造方法不同于专利方法的举证责任,还须由权利人张喜田证明被诉侵权人制造的产品与依照专利方法直接获得的产品属于同样的产品。张喜田提供的证据虽然能够证明华盛公司、欧意公司制造了马来酸左旋氨氯地平及其片剂,并且马来酸左旋氨氯地平的制造须以左旋氨氯地平为原料,但张喜田并没有提供证据证明华盛公司、欧意公司在制造马来酸左旋氨氯地平及其片剂时,也制造了前述中间产物,因此,张喜田提供的证据并不足以证明华盛公司、欧意公司制造的产品与依照涉案专利方法直接获得的产品属于同样的产品,本案不应由华盛公司、欧意公司承担证明其产品制造方法不同于专利方法的举证责任。(3)欧意公司的现场试验结果与其他证据相互印证,可以证明欧意公司使用自有方法能够制得左旋氨氯地平,欧意公司关于依照自有方法制造左旋氨氯地平的抗辩理由成立。(4)根据《专利法》第11条的规定,方法专利权的保护范围只能延及依照该专利方法直接获得的产品,即使用专利方法获得的原始产品,而不能延及对原始产品作进一步处理后获得的后续产品。华盛公司、欧意公司生产的马来酸左旋氨氯地平、马来酸左旋氨氯地平片以及左旋氨氯地平均不属于依照涉案专利方法直接获得的产品。因此,涉案专利权的保护范围不能延及左旋氨氯地平、马来酸左旋氨氯地平及其片剂。

2010年9月9日,最高人民法院作出(2009)民提字第84号民事判决,判决撤销原一、二审判决,驳回张喜田的诉讼请求。

成都优他制药有限责任公司诉江苏万高药业有限公司、四川科伦医药贸易有限公司侵犯发明专利权纠纷案

——阅读提示:是根据现有证据认定案件事实还是根据推定认定案件事实?如何正确运用技术鉴定?在判决主文中可否直接判决停止使用药品批准文号?

【裁判要旨】

人民法院认定案件事实,应当首先根据现有证据进行,而不是简单地根据《最高人民法院关于民事诉讼证据的若干规定》第75条的规定进行推定。

在被诉侵权产品缺少专利权利要求记载的特征、专利权人在专利授权和无效宣告程序中放弃的技术方案等情形下,可以直接依据相关司法解释的规定认定不侵权,无须进行技术鉴定。

药品批准文号是国家药品监督管理部门给予药品生产企业依照药品标准生产药品的许可,药品监管部门依据该企业的药品批准文号载明的药品注册标准检验、监督该企业的产品。如果生产企业的药品批准文号对应的产品系侵犯他人专利权的产品,为了禁止继续制造、销售侵犯他人专利权的药品,作为停止侵权的一项具体手段,人民法院可以判决侵权企业停止制造、销售带有该药品批准文号的侵权产品。

【案号】

一审:四川省成都市中级人民法院(2007)成民初字第249号

二审:四川省高级人民法院(2010)川民终字第63号

再审:最高人民法院(2010)民提字第158号

【案情与裁判】

原告(二审被上诉人、再审被申请人):成都优他制药有限责任公司(以下简称优他

公司)

被告(二审上诉人、再审申请再审人):江苏万高药业有限公司(以下简称万高公司)

被告(二审原审被告、再审原审被告):四川科伦医药贸易有限公司(以下简称科伦公司)

起诉和答辩

2007年2月7日,优他公司起诉至四川省成都市中级人民法院称,优他公司是名称为"藏药独一味软胶囊制剂及其制备方法"、专利号为200410031071.4的发明专利的专利权人。万高公司使用优他公司该专利方法制造、销售凯高牌"独一味软胶囊",科伦公司销售该产品,均侵犯了优他公司的发明专利权。请求法院判令二被告:(1)停止制造、销售药品批准文号为国药准字Z20050221的"独一味软胶囊"产品;(2)赔偿损失120万元;(3)承担因调查、制止侵权行为所支付的费用等共计75,060元。

万高公司辩称,本公司生产的"独一味软胶囊"所采用的技术方案与专利权利要求保护的技术方案不相同也不等同,并没有落入专利权的保护范围,不构成侵权。优他公司请求的赔偿数额没有依据。对于专利许可合同中记载的许可费数额,不应作为本案赔偿数额的参考。优他公司诉讼请求中将"国药准字Z20050221"作为诉讼标的物不合理,该标的物并不唯一确定。

科伦公司辩称,科伦公司于2006年间分别从四川三益医药有限责任公司、成都森科有限责任公司药品经营分公司购进了万高公司生产的凯高牌"独一味软胶囊",科伦公司为合法销售行为,并未构成侵权。即使凯高牌"独一味软胶囊"是未经专利权人许可而制造并售出的产品,科伦公司不知情且经合法渠道购进该产品而进行销售,不应承担赔偿责任。

一审审理查明

四川省成都市中级人民法院一审查明,优他公司于2004年4月20日向国家知识产权局申请名称为"藏药独一味软胶囊制剂及其制备方法"的发明专利,国家知识产权局于2006年5月10日以授权公告号为CN1255100C予以公告,专利号为200410031071.4。其权利要求共有16项,其中权利要求1限定的技术方案中包含的提取方法I表征内容的保护范围可归纳为:A. 一种独一味的软胶囊制剂,原料组成为:独一味提取物20~30重量份,植物油25~36重量份,助悬剂1~5重量份;B. 其中的独一味提取物是由下述方法提取得到的:B1. 取独一味药材,粉碎成最粗粉;B2. 加水煎煮二次,第一次加10~30倍量的水,煎煮1~2小时,第二次加10~20倍量水,煎煮0.5~1.5小时;B3. 合并药液,滤过,滤液浓缩成稠膏;B4. 减压干燥,粉碎成细粉,过200目筛,备用。

本案审理期间,万高公司等作为请求人曾对涉案专利提出了无效宣告请求,经国家知识产权局专利复审委员会及北京市第一中级人民法院和北京市高级人民法院的行政诉讼审理,北京市高级人民法院作出的(2008)高行终字第697号、第698号终审判决,均维持了优他公司200410031071.4号发明专利权有效。

一审法院根据优他公司的申请向国家食品药品监督管理局(以下简称国家药监局)调取了药品批准文号"国药准字Z20050221"药品注册批件的YBZ08242005标准(试行)及江苏晨牌药业有限公司(以下简称晨牌药业公

司)报送的“独一味软胶囊”生产工艺的研究资料,载明的被诉产品的对应技术特征为:a. 独一味软胶囊制剂,由独一味提取物、玉米油和蜂蜡,按比例为独一味提取物4.03~4.06kg,玉米油5.81~5.85kg,蜂蜡242~244g组成,换算为与优他公司专利可进行对比的配比关系是:独一味提取物20.15~20.3重量份,玉米油29.05~29.25重量份,蜂蜡1.21~1.22重量份;b. 其中的独一味提取物是由下述方法提取得到的:b1. 取独一味药材1000g,粉碎;b2. 加10倍量水煎煮3次,每次1小时;b3. 合并煎液,滤过,滤液浓缩成相对密度为1.30的清膏;b4. 在80℃以下干燥,研成细粉备用。

一审审理过程中,优他公司申请对其向国家药监局调取的晨牌药业公司报送的“独一味软胶囊”生产工艺的研究资料,依照国家药监局药品批准文号“国药准字Z20050221”生产的“独一味软胶囊”产品的生产方法与优他公司200410031071.4号专利生产方法是否相同或等同进行司法鉴定。四川省成都市中级人民法院委托北京紫图知识产权司法鉴定中心(以下简称北京紫图中心)进行了司法鉴定。该中心作出的北京紫图〔2009〕知鉴字第007号鉴定报告结论是:基于被诉产品与优他公司权利要求1产品的剂型、组成及配比特征的a与A相同;在对其中独一味提取物制备方法的特征中,b1、b2与B1、B2等同,b3与B3相同,b4与B4等同,因此,二者整体技术方案等同。

科伦公司于2006年间分别从四川三益医药有限责任公司、成都森科有限责任公司药品经营分公司购进了万高公司生产的凯高牌“独一味软胶囊”进行销售。优他公司于2006年12月4日通过四川省成都市公证处公证购买了万高公司生产、科伦公司销售的“独一味软胶囊”产品。

2006年11月18日,优他公司与甘肃独一味生物制药有限责任公司(以下简称甘肃独一味公司)签订“专利实施许可合同”。约定优他公司将专利号为200410031071.4、名称为“藏药独一味软胶囊制剂及其制备方法”的发明专利许可给甘肃独一味公司实施,许可方式为普通实施许可,实施时间为5年即2006年11月20日至2011年11月19日,每年专利实施许可费为40万元。2008年9月10日,甘肃独一味公司支付给优他公司专利许可使用费40万元。

2007年1月18日,优他公司与北京太兆天元知识产权代理有限责任公司(以下简称北京天元公司)签订“协议书”约定,北京天元公司为优他公司就专利号为200410031071.4、名称为“藏药独一味软胶囊制剂及其制备方法”的发明专利进行维权诉讼(侵权人为万高公司)及其他代理事宜,一审程序代理费用72,000元,二审程序代理费用2万元,无效宣告程序代理费45,000元。优他公司已经支付北京天元公司代理费72,000元。

优他公司为本案诉讼支付购买侵权产品费用184.20元,公证费共计2400元,信息查询费120元,律师代理费10万元等,共计金额102,704.20元。

一审判理和结果

四川省成都市中级人民法院一审认为,本案争议的内容只涉及涉案专利的权利要求1。权利要求1是一项含有以制备方法表征的技术特征在内的产品权利要求。即该权利要求保护的是一种由独一味提取物、植物油和助悬剂三种组分以所限定的比例范围组成的软胶囊制剂药物产品，并且其中的独一味提取物组分应当是由所限定的四种提取方法中的任意一种制备得到的。本案中原、被告三方争议焦点仅涉及该权利要求1中所列四种提取方法中的第1种方法，即被诉产品对涉案的优他公司200410031071.4号发明专利中含有提取方法Ⅰ表征内容的权利要求1是否构成侵权。

具体分析鉴定结论中万高公司持有异议的技术特征，(1)b1与B1都是煎煮前先进行的粉碎，其差别是b1的“粉碎”实际上是一种可以包括最粗粉、粗粉、中粉等各种不同大小颗粒在内的上位概念要求。B1中的“粉碎成最粗粉”是在粉碎程度上对颗粒大小的一个具体下位要求。由于b1上位概念的“粉碎”要求中实际上必然包含了最粗粉在内，而研究资料中的“粗粉”也是专利说明书实验中已有过明确记载的一种具体形式，且二者都不会影响提取物浸膏粉的得粉率，即不会对独一味软胶囊制剂的剂型、组成及配比有实质性影响，但在生产操作中粗粉的效果则不及B1好。因此，b1应当是一种以基本相同的手段、实现基本相同的功能、达到基本相同的效果但生产操作的效果会变较差，并且无须创造性劳动就可由专利说明书直接得到的技术措施，应当属于是与B1等同的技术特征。(2)b2与B2都是对上步粉碎后的药材以水为提取溶媒加水煎煮，二者的差别是b2是煎煮3次，涉案专利的B2则是煎煮2次。通过专利说明书记载的煎煮1～3次对煎煮效果影响的实验表明，煎煮2次或3次除只影响生产成本外，二者的得粉率和木犀草素含量接近，不会对独一味软胶囊制剂的剂型、组成及配比有实质性影响。因此，b2应当属于是与涉案专利B2等同的技术特征。(3)b3与B3的差别是，b3是将滤液浓缩成相对密度为1.30的清膏，涉案专利的B3是滤液浓缩成稠膏。由水煎煮液中得到干燥的提取物成分，最后干燥前先除去煎煮液中的水进行浓缩，是中药制剂中的一种常规中间操作过程。由于目前对清膏和稠膏尚无规范的定义和标准，只是生产过程中的一种通俗叫法，通常是以密度或比重控制，密度高或比较黏稠的称稠膏，密度低或流动性好的则称清膏，但不同药材，浓缩到同一比重，会有不同的黏稠情况，根据情况常会笼统地以清膏、稠膏称呼，不会对独一味软胶囊制剂的剂型、组成及配比产生实质影响，因此，b3的清膏和专利B3的稠膏并无本质的区别，二者应属于以基本相同的手段、实现基本相同的功能、达到基本相同的效果，且无须创造性劳动即可由专利说明书直接得到的技术措施的等同特征。(4)b4与B4的差别是，b4的干燥条件是80℃以下，干燥后研成细粉备用；B4的干燥条件是减压干燥，干燥后粉碎成过200目筛的细粉。其中涉及干燥的温度条件和干燥后的粉碎程度。第一，在干燥过程中降低操作温度以防止和避免有效成分的破坏和损失，是中药制剂常识。减压干燥的目的和效果，就是为了降低操作温度和提高干燥效率，这也是制药领域中的常识。对独一味水煎煮液进行减压干燥时，其操作温度必然低于水的100℃常压沸点，且实际温度的降低程度可随减压程度的增加而加大。因此，b4的80℃以下的干燥温度范围与B4减压干燥的实际温度是基本重叠的。但是，b4中并未明确所说的80℃以下的温度是常压条件下的操作温度还是减压条件下的温度。如果是常压下的干燥温度,则其干燥效率将明显低于B4的减压干燥;如果同样也是减压干燥,则b4就与B4完全相同。第二,b4干燥后要求研成的细粉,应当是一个能满足软胶囊制剂要求的各种颗粒大小粉末的上位概念,并且包括了B4提出的过200目筛的细粉。由于b4仅有研成细粉的要求,其颗粒的均匀性效果上将不及B4提出的过200目筛的细粉,而B4中的过筛环节对最终细粉的粒度进行了质量控制,均一性效果更优,二者的细粉粒度不会存在本质上效果的不同。因此,b4与B4在干燥的温度及粉碎颗粒大小要求上的差异,同样不会对独一味软胶囊制剂的剂型、组成及配比有实质性影响,二者同样都应属于是以基本相同的手段、实现基本相同的功能、达到基本相同的效果但会使某些其他方面的效果变差,且无须创造性劳动即可由专利说明书直接得到的技术措施的等同特征。

根据北京市高级人民法院关于维持专利权有效的终审判决,优他公司专利提出的独一味软胶囊制剂是剂型、组成成分、配比均不同于现有硬胶囊制剂的一种产品,对独一味提取物成分的制备方法是在具体工艺条件上进行的优化选择,专利权人在授权和无效宣告程序中也没有对这些工艺条件的技术特征重新作出限缩性的修改或陈述。因此,对万高公司、科伦公司关于本案应适用禁止反悔原则的主张不予支持。万高公司以生产经营为目的,未经优他公司许可,制造、销售其发明专利产品;科伦公司销售了由万高公司制造、销售的产品,万高公司、科伦公司侵犯了优他公司的专利权,应承担停止侵权的民事责任。

优他公司举证证明其专利许可使用费每年为40万元,根据优他公司的专利类别、侵权人侵权的时间、侵权范围、优他公司为本案诉讼支出的费用等综合因素,万高公司应赔偿优他公司损失40万元以及为本案诉讼支出的合理费用75,060元。关于优他公司要求科伦公司赔偿损失的主张,科伦公司举证证明其销售"独一味软胶囊"具有合法来源,同时优他公司、万高公司对其无异议,故对科伦公司的主张予以支持。科伦公司应停止销售万高公司制造的"独一味软胶囊"产品,但不承担赔偿责任。对优他公司提出科伦公司应承担赔偿责任的主张不予支持。据此作出(2007)成民初字第249号判决:(1)万高公司立即停止制造、销售使用优他公司享有的200410031071.4号发明专利权的"藏药独一味软胶囊制剂及其制备方法"来制造、销售药品批准文号为国药准字Z20050221的"独一味软胶囊"产品,且在未合法取得该专利权及专利使用权前及该专利权失效前不得使用该专利;(2)科伦公司在判决生效之日起,立即停止销售由万高公司制造、许诺销售使用优他公司享有的200410031071.4号发明专利权的"藏药独一味软胶囊制剂及其制备方法"制造、许诺销售的药品批准文号为国药准字Z20050221的"独一味软胶囊"产品;(3)万高公司在判决生效之日起赔偿优他公司经济损失40万元;(4)万高公司、科伦公司在判决生效之日起分别承担优他公司为制止侵权而支付的合理费用66,720元、8340元;(5)如万高公司、科伦公司未按判决指定的期间履行上述赔偿义务,则应当按照《中华人民共和国民事诉讼法》第220条之规定,加倍支付迟延履行期间的债务利息;(6)驳回优他公司的其余诉讼请求。一审案件受理费16,385元,其他诉讼费4915.50元,鉴定费10万元,共计121,300.50元,由万高公司承担115,300.50元,科伦公司承担1000元,优他公司承担5000元。

上诉与答辩

万高公司不服二审判决,向四川省高级人民法院提起上诉称:(1)涉案专利在申请授权和无效宣告请求审查过程中,被上诉人为获得授权和维持专利权有效,对权利要求进行了限缩性修改,并在意见陈述中认为权利要求1中的方法特征是经大量工艺和验证试验后最终确定的工艺步骤,与现有技术的独一味提取物并不等同。因此,根据禁止反悔原则,被诉侵权产品不落入专利权的保护范围。被诉侵权产品的技术特征与涉案专利权利要求1第一种技术方案记载的相应技术特征既不相同,也不等同。第一,被诉侵权产品的技术特征为加水煎煮3次,而涉案专利的相应技术特征则是煎煮2次,工艺步骤明显不同。第二,被诉侵权产品技术特征是浓缩成清膏,而专利的相应技术特征则是浓缩为稠膏,两者在性状上有本质区别。第三,被诉侵权产品的技术特征选择在80℃下干燥,干燥在药典中有着明确的规定,是指常压下的干燥,其本身并不包括"减压"这一技术手段,与专利权利要求记载的"减压干燥"不构成等同。第四,"最粗粉"、"粗粉"、"中粉"、"细粉"、"极细粉"等粉末以及80目筛和200目筛等在药典中都有着明确规定,彼此之间有着明确的不同。被诉侵权产品的技术特征为"细粉",即过五号筛(80目筛)的细粉,而涉案专利权利要求记载的相应技术特征为首先达到过五号筛(80目筛)的细粉标准,然后再过九号筛(200目筛),此时过200目筛后的粉末才是涉案专利技术方案要求的备用粉末,其在粉末性状上和过筛手段上与被诉侵权产品的技术特征完全不同,被诉侵权产品的技术特征缺少涉案专利权利要求1记载的"过200目筛"必要技术特征。北京紫图中心的鉴定报告结论错误,一判决采信该鉴定结论,并判决上诉人构成侵权,显然不当。(2)药品的国药准字号与药品的工艺配方不具有唯一对应性,不因药品工艺配方的改变而改变,生产厂家对工艺配方调整后经过国家药监局批准,仍可用原来的国药准字号进行生产、销售。因此,一审判决将上诉人的药品国药准字号纳入禁止使用的范畴,没有事实依据和法律依据。请求二审法院依法撤销一审判决,改判驳回优他公司的诉讼请求。

被上诉人优他公司辩称,(1)本案不应当适用禁止反悔原则,虽然优他公司在申请专利过程中对权利要求1进行过修改,增加了"独一味提取物制备方法"特征,但在本案中优他公司对此并未反悔,在主张侵权时仍考虑了上述特征。并且上述方法特征原本就记载在原权利要求5中,优他公司并未对该方法特征作过限缩性修改和意见陈述。上述新增加的"独一味提取物制备方法"特征本身对于涉案专利的授权和无效宣告请求审查程序中被维持有效并没有产生实质性的作用,因此,该部分特征不应当成为适用禁止反悔原则的基础。(2)被诉侵权产品构成对涉案专利的等同侵权。第一,将独一味药材煎煮2次和3次,得粉率和木犀草素含量接近,构成等同。第二,本领域技术人员对于"清膏"、"稠膏"没有严格区分,可以替代使用,没有本质区别。第三,b4中"80℃以下干燥"并未排除减压干燥的手段,即使认为被诉侵权产品是在常压下干燥,由于常压干燥和减压干燥都是本领域的已有技术手段,应当认定两者构成等同。第四,被诉侵权产品并不缺少“过200目筛”技术特征,b4中的“研成细粉”与技术特征B4中的“粉碎成细粉,过200目筛”构成等同。被诉侵权产品的制备方法必然具备过筛的步骤,否则无从知道是否符合药典对“细粉”的规定。由于独一味提取物的颗粒越细,软胶囊的质量越稳定,本领域技术人员通常会将研成细粉的独一味提取物“过200目筛”。而且,“细粉”本身也含有大量能够通过200目筛的粉末,与过200目筛的粉末在效果上没有本质不同。(3)万高公司认为一审法院作出了要求上诉人立即停止制造、销售带有国药准字Z20050221的独一味软胶囊产品的判决,明显是对一审判决内容的故意曲解,该项判决主文只是禁止侵权产品使用该文号,并没有禁止不侵权产品使用该文号。

原审被告科伦公司称,科伦公司于2006年间分别从四川三益医药有限责任公司、成都森科有限公司药品经营分公司购进了由万高公司生产的凯高牌独一味软胶囊。根据当时的法规,两公司均提供了其合法有效的营业执照及企业药品经营质量管理规范认证证书等资料,也提供了万高公司有效的药品生产许可证以及新药证书等证明资料,科伦公司为合法销售行为,并未构成侵权。根据专利法第63条第2款的规定,科伦公司并不承担赔偿责任。

二审审理查明

四川省高级人民法院二审查明,国家药监局药品批准号国药准字Z20050221药品注册批件的YBZ08242005标准(试行)及晨牌药业公司报送的“独一味软胶囊”生产工艺的研究资料载明的被诉产品的对应技术特征为:a. 独一味软胶囊制剂,由独一味提取物、玉米油和蜂蜡,按比例为独一味提取物4.03、4.05或4.06kg,玉米油5.81~5.85kg,蜂蜡242、243或244g组成,而一审法院在认定本案事实时,表述为“按比例为独一味提取物4.03~4.06kg,玉米油5.81~5.85kg,蜂蜡242~244g组成”,应予纠正,除此之外,二审法院对一审判决查明的其他事实予以确认。

二审判理和结果

四川省高级人民法院二审认为,二审诉讼涉及的争议焦点为:

1. 万高公司的被诉侵权产品是否落入涉案专利权的保护范围而构成侵权。(1)被诉侵权产品的特征a与优他公司主张的涉案专利技术方案的特征A(剂型、组成、配比特征)相同,对此万高公司在庭审中表示并无异议。(2)涉案专利技术方案的特征B(包含B1、B2、B3、B4特征)为独一味提取方法特征。万高公司认为该专利的原始权利要求保护的是仅包含产品剂型、组成和配比的特征,没有对独一味提取物的提取方法进行任何限定,在该专利审查过程中,优他公司根据审查意见通知书对原权利要求进行了限缩性修改,增加了对独一味提取物提取方法的限定,并在后续的无效审查程序中主张该专利所述的独一味提取物的提取方法未被现有技术公开,由此得到的本发明中所述独一味提取物与现有技术如《中华人民共和国药典》(2000年版,一部)中的独一味提取物并不等同,这说明优他公司已将《中华人民共和国药典》(2000年版,一部)中的公知技术排除在涉案专利的保护范围之外,而万高公司独一味提取物的提取方法依据的就是2000年版药典一部中的公知技术,故根据禁止反悔原则,万高公司对独一味提取物的提取方法与涉案专利技术方案中的提取方法不构成等同。对此二审法院认为,应视为优他公司在专利授权和无效程序中放弃了仅包含药品剂型、组成和配比特征的技术方案。同时,通过比较可知,万高公司独一味提取物的提取方法与《中华人民共和国药典》(2000年版,一部)中记载的提取方法并不相同,区别在于万高公司的提取方法增加了对煎煮加水比例的限定,并增加了将干燥所得物研成细粉的限定。可见,被诉侵权产品的技术方案并不在优他公司在专利授权和无效程序中所放弃的技术方案范围内,故一审判决将被诉侵权产品的提取方法特征与涉案专利相应特征进行等同对比与禁止反悔原则并无冲突。对于万高公司认为一审判决违反禁止反悔原则的主张不予支持。(3)被诉侵权产品的特征b1与优他公司主张的涉案专利技术方案的特征B1都是煎煮前对药材进行粉碎,其差别为b1表述为"粉碎",B1中为"粉碎成最粗粉"。"粉碎"实际上是一种可以包括最粗粉、粗粉、中粉等各种不同大小颗粒在内的上位概念要求。B1中的"粉碎成最粗粉"是在粉碎程度上对颗粒大小的一个最低要求。粉碎成"最粗粉"和"粗粉"都不会影响提取物浸膏粉的得粉率,即不会对独一味软胶囊制剂的剂型、组成及配比有实质性影响。因此,b1与B1相比,属于一种以基本相同的手段、实现基本相同的功能、达到基本相同的效果,并且本领域普通技术人员无须创造性劳动就可联想到的技术措施,与B1为等同的技术特征。(4)被诉侵权产品的特征b2与优他公司主张的涉案专利技术方案的特征B2都是对上步粉碎后的药材以水为提取溶媒进行煎煮,二者的差别为b2中煎煮3次,B2中煎煮2次。在涉案专利技术方案中,煎煮过程中的加水量、煎煮次数及煎煮时间等各技术参数间并不是孤立存在互不影响的,而是有相互关联并可以协同互补调整的,不应将其完全隔离开来分别一一对比。而且,上述技术特征的组合并不构成完整的技术方案,而仍然属于表明提取方法中煎煮工艺的技术特征,因此,对于万高公司认为一审没有进行技术特征的一一对比,而是对整体技术方案进行对比的主张不予支持。除煎煮次数不同外,b2中的总加水量和总煎煮时间等其他相关联技术参数则都在专利特征B2的对应参数范围内。根据涉案专利说明书记载的煎煮1~3次对煎煮效果影响的实验表明,煎煮2次或3次除只影响生产成本外,二者的得粉率和木犀草素含量接近,不会对独一味软胶囊制剂的剂型、组成及配比有实质性影响。因此,b2与B2相比,属于以基本相同的手段、实现基本相同的功能、达到基本相同的效果,并且本领域普通技术人员无须创造性劳动就可联想到的技术手段,与B2为等同的技术特征。(5)被诉侵权产品的特征b3与优他公司主张的涉案专利技术方案的特征B3都是对滤液进行浓缩的步骤,区别在于b3中表述为"将滤液浓缩成相对密度为1.30的清膏",而B3中表述为"滤液浓缩成稠膏"。由水煎煮液中得到干燥的提取物成分,最后干燥前先除去煎煮液中的水进行浓缩,是中药制剂中的一种常规中间操作过程。由于目前对"清膏"和"稠膏"尚无规范的定义和标准,只是生产过程中的一种通俗叫法,通常是以密度或比重控制,密度高或比较黏稠的称稠膏,密度低或流动性好的则称清膏,但两种概念并无明确的区分界限。万高公司主张稠膏密度一般在1.4左右,与密度1.3的清膏不同。但在万高公司于二审提交的证据2第279页中却明确记载"稠膏的比重一般热测(80~90℃)为1.30~1.35",可见稠膏的密度也可以为1.3, b3的清膏和涉案专利特征B3的稠膏并无本质的区别,不会对独一味软胶囊制剂的剂型、组成及配比产生实质影响,二者属于以基本相同的手段、实现基本相同的功能、达到基本相同的效果,且无须创造性劳动即可联想到的技术措施,为等同特征。(6)被诉侵权产品的特征b4与优他公司主张的涉案专利技术方案的特征B4区别在于,b4的干燥条件是80℃以下,干燥后研成细粉;B4的干燥条件是减压干燥,干燥后粉碎成细粉,过200目筛。其中涉及干燥的温度条件和干燥后粉碎程度要求。首先,在干燥过程中降低操作温度以防止和避免有效成分的破坏和损失,是中药制剂常识。减压干燥就是为了降低操作温度和提高干燥效率,这也是制药领域中的常识,药液的常压沸点一般为100℃左右,减压后沸点必然低于100℃,因此,减压干燥对温度的实质性要求就是干燥温度低于100℃,b4中80℃以下的干燥温度范围实际落入了B4中减压干燥的干燥温度范围。另外,b4中并未明确所说的80℃以下干燥是常压条件下的操作还是减压条件下的操作。如果是常压下的干燥,则两者的操作设备会有所不同,但优他公司要求保护的涉案专利权利要求为产品权利要求,上述的设备区别并不会对产品的剂型、组成和配比造成实质性影响;如果同样也是减压干燥,则b4中的干燥方法就与B4完全相同。其次,b4干燥后要求研成细粉,并未明确表述有过筛步骤,但万高公司在二审庭审中表示,其在该生产过程中实际上确实存在过筛环节,但并非是过200目筛。二审法院认为,本案中涉案专利权利要求虽然是产品权利要求,但其中包含生产方法的技术特征,而对于药品生产企业而言,此类生产方法一般均处于他人难以获取的保密状态,因此,优他公司才在一审程序中申请法院从国家药监局调取了药品批准文号"国药准字Z20050221"药品注册批件的YBZ08242005标准(试行)及晨牌药业公司报送的"独一味软胶囊"生产工艺的研究资料,上述证据表明万高公司的相关技术方案与涉案专利技术方案确有相同和等同之处,但由于上述证据中对于万高公司"独一味软胶囊"生产工艺的记载并不完整,没有明确记载其中的具体干燥和过筛方法,优他公司主张万高公司的技术方案侵犯其发明专利权,并在一审及二审程序中多次要求万高公司提供其产品批生产记录及GMP申报材料等记载涉案药品详细生产过程的资料,否则应当承担对其不利的法律责任。万高公司在举证期限内未提供上述证据以证明其在干燥和过筛程序中与涉案专利方案不同。根据《最高人民法院关于民事诉讼证据的若干规定》第75条的规定,有证据证明一方当事人持有证据无正当理由拒不提供,如果对方当事人主张该证据的内容不利于证据持有人,可以推定该主张成立。因此,二审法院推定b4与B4属于等同特征。万高公司主张被诉侵权产品的技术方案中缺少涉案专利技术方案中的"减压"和"过200目筛"的特征。二审法院对此认为,"减压"是对"干燥"步骤的具体描述,经审查,被诉侵权产品的技术方案同样存在“干燥”和“过筛”两技术特征,故对万高公司的上述主张不予支持。

综上,一审判决对于被诉侵权产品的技术方案特征a与涉案专利技术方案的特征A为相同技术特征,被诉侵权产品的技术方案特征b1、b2、b3、b4与涉案专利的技术方案特征B1、B2、B3、B4分别构成等同特征,被诉侵权产品的技术方案落入了涉案专利的保护范围内并构成侵权的认定正确。

2. 万高公司是否应当承担相应的民事责任。(1)由于万高公司侵犯优他公司涉案专利权事实成立,因此,应当立即停止侵权行为,而其具体侵权行为是制造、销售使用优他公司享有的发明名称为“藏药独一味软胶囊制剂及其制备方法”200410031071.4号发明专利制造的药品批准文号为国药准字Z20050221的“独一味软胶囊”产品的行为,因此,一审判决万高公司立即停止使用该专利的具体产品的制造、销售行为并无不当,故对万高公司提出一审判决主文第一项要求万高公司立即停止制造、销售带有国药准字Z20050221的独一味软胶囊产品的判决有误的主张不予支持。但一审判决主文第1项在表述上略有不妥,应修正为“江苏万高药业有限公司在本判决书生效之日起,立即停止对使用成都优他制药有限责任公司享有的专利号为ZL200410031071.4发明专利制造的药品批准文号为国药准字Z20050221的‘独一味软胶囊’产品的制造、销售行为”。(2)一审判决根据涉案专利权的类别、侵权人侵权的性质和情节、专利许可使用费数额、该专利许可的性质、范围、时间等因素,判决万高公司赔偿优他公司经济损失40万元是合理、合法的。对于万高公司提出的一审判决判赔金额过高的主张不予支持。一审判决认定事实清楚,适用法律正确,判决驳回上诉,维持原判。二审案件受理费16,385元,由万高公司负担。

申请再审理由与答辩

万高公司申请再审称,(1)涉案专利在申请授权和无效宣告请求审查过程中,被申请人为获得授权和维持专利权有效,对权利要求进行了限缩性修改,并在意见陈述中认为权利要求1中的方法特征是经大量工艺和验证试验后最终确定的工艺步骤,与现有技术的独一味提取物并不等同。因此,根据禁止反悔原则,被诉侵权产品不落入专利权的保护范围。被诉侵权产品的技术特征与涉案专利权利要求1第一种技术方案记载的相应技术特征既不相同,也不等同。第一,被诉侵权产品的技术特征为加水煎煮3次,而涉案专利的相应技术特征则是煎煮2次,工艺步骤明显不同。第二,被诉侵权产品技术特征是浓缩成清膏,而专利的相应技术特征则是浓缩为稠膏,两者在性状上有本质区别。第三,被诉侵权产品的技术特征选择在80℃下干燥,干燥在药典中有着明确的规定,是指常压下的干燥,其本身并不包括“减压”这一技术手段,与专利权利要求记载的“减压干燥”不构成等同。第四,“最粗粉”、“粗粉”、“中粉”、“细粉”、“极细粉”等粉末以及80目筛和200目筛等在药典中都有着明确规定,彼此之间有着明确的不同。被诉侵权产品的技术特征为“细粉”,即过五号筛(80目筛)的细粉,而涉案专利权利要求记载的相应技术特征为首先达到过五号筛(80目筛)的细粉标准,然后再过九号筛(200目筛),此时过200

目筛后的粉末才是涉案专利技术方案要求的备用粉末，其在粉末性状上和过筛手段上与被诉侵权产品的技术特征完全不同，被诉侵权产品的技术特征缺少涉案专利权利要求1记载的“过200目筛”必要技术特征。北京紫图中心的鉴定报告结论错误，原一、二审判决采信该鉴定结论，并判决申请再审人构成侵权，显然不当。（2）药品的国药准字号与药品的工艺配方不具有唯一对应性，不因药品工艺配方的改变而改变，生产厂家对工艺配方调整后经过国家药监局批准，仍可用原来的国药准字号进行生产、销售。因此，原一、二审判决将申请再审人的药品国药准字号纳入禁止使用的范畴，没有事实依据和法律依据。请求本院依法撤销原一、二审判决，改判驳回优他公司的诉讼请求。

被申请人优他公司辩称，（1）本案不应当适用禁止反悔原则，虽然优他公司在申请专利过程中对权利要求1进行过修改，增加了“独一味提取物制备方法”特征，但在本案中优他公司对此并未反悔，在主张侵权时仍考虑了上述特征。并且上述方法特征原本就记载在原权利要求5中，优他公司并未对该方法特征作过限缩性修改和意见陈述。上述新增加的“独一味提取物制备方法”特征本身对于涉案专利的授权和无效宣告请求审查程序中被维持有效并没有产生实质性的作用，因此，该部分特征不应当成为适用禁止反悔原则的基础。（2）被诉侵权产品构成对涉案专利的等同侵权。第一，将独一味药材煎煮2次和3次，得粉率和木犀草素含量接近，构成等同。第二，本领域技术人员对于“清膏”、“稠膏”没有严格区分，可以替代使用，没有本质区别。第三，b4中“80℃以下干燥”并未排除减压干燥的手段，即使认为被诉侵权产品是在常压下干燥，由于常压干燥和减压干燥都是本领域的已有技术手段，应当认定两者构成等同。第四，被诉侵权产品并不缺少“过200目筛”技术特征，b4中的“研成细粉”与技术特征B4中的“粉碎成细粉，过200目筛”构成等同。被诉侵权产品的制备方法必然具备过筛的步骤，否则无从知道是否符合药典对“细粉”的规定。由于独一味提取物的颗粒越细，软胶囊的质量越稳定，本领域技术人员通常会将研成细粉的独一味提取物“过200目筛”。而且，“细粉”本身也含有大量能够通过200目筛的粉末，与过200目筛的粉末在效果上没有本质不同。由于万高公司没有尽到举证责任，导致一、二审法院只能根据本领域普通常识进行合理推断，应由万高公司承担不利的法律后果。（3）万高公司认为“一、二审法院作出了要求申请再审人立即停止制造、销售带有国药准字Z20050221的独一味软胶囊产品的判决”明显是对一、二审判决内容的故意曲解，该项判决主文只是禁止侵权产品使用该文号，并没有禁止不侵权产品使用该文号。

原审被告科伦公司称，科伦公司于2006年间分别从四川三益医药有限责任公司、成都森科有限公司药品经营分公司购进了由万高公司生产的凯高牌独一味软胶囊。根据当时的法规，两公司均提供了其合法有效的营业执照及企业药品经营质量管理规范认证证书等资料，也提供了万高公司有效的药品生产许可证以及新药证书等证明资料，科伦公司为合法销售行为，并未构成侵权。根据专利法第63条第2款的规定，科伦公司并不承担赔偿责任。

再审审查与审理结果

本院查明,原二审判决认定的事实基本属实。另查明以下事实:

1. 涉案专利授权公告文本说明书第12页“最佳提取条件的确定”一节记载:“取独一味提取物三份,每份1000g,加20倍水,分别煎煮1次、2次、3次,分别滤过,滤液浓缩,干燥……结果表明,煎煮2次和煎煮3次,得粉率和木犀草素含量接近,为降低生产成本,选择煎煮2次。”说明书第15页“实验例5 浸膏粉细度的确定”一节记载:“减小粒度,增加分散媒粘度都可以有效地减小沉降速度,保证混悬液的稳定性……试验结果表明过200目筛的细粉沉降比值最大,因此,将独一味提取物干粉碎成过200目筛的细粉,制成的软胶囊内容物混悬体系最稳定。”

在涉案专利申请授权的程序中,优他公司答复国家知识产权局专利局发出的《第一次审查意见通知书》所作的“意见陈述书”记载:“根据审查意见,申请人对原权利要求1进行了修改,增加了对独一味提取物的限定,具体是以说明书所述独一味提取物的四种制备方法加以限定”;“本发明所述独一味提取物的四种制备方法为发明人进行了大量的工艺筛选和验证试验后最终确定的工艺步骤,现有技术中并没有公开,由此得到的本发明中所述的独一味提取物与现有技术如《中华人民共和国药典》(2000年版,一部)中的独一味提取物并不等同。”

在万高公司等作为无效宣告请求人对涉案专利提出专利权无效宣告请求的审查过程中,优他公司在口头审理答辩词中称:“涉案专利对独一味提取物的粉碎度研究表明过200目筛的细粉沉降比值最大,制成的软胶囊内容物混悬体系最稳定”;“独一味软胶囊与独一味胶囊相比较有如下优点:……而在独一味软胶囊制备过程中,独一味提取物是最终粉碎成细粉,通过200目筛。”国家知识产权局专利复审委员会针对该专利权无效宣告请求作出的第11005号无效宣告请求审查决定(以下简称第11005号无效决定)认为:“制备方法I表征的权利要求1还包含了证据1和证据2没有公开的区别技术特征如将独一味药材‘粉碎成最粗粉’,加水‘煎煮二次’,第一次加‘10~30倍量水’,第二次加‘10~20倍量水’,将稠膏‘粉碎成细粉,过200目筛’,即在独一味提取物的制备过程中对具体工艺条件进行了优化选择,煎煮次数及加水量的选择提高了得粉率及有效成分木犀草素的含量,将稠膏粉碎成过200目筛的细粉更大大优化了沉降比,经过工艺优化使得专利产品产生了与现有剂型相比,服用剂量小、在肠胃道中崩解快、吸收快、显效快、生物利用度高、制剂稳定性强等有益效果。”据此,第11005号无效决定维持专利权有效。

2.《中华人民共和国药典》(2000年版,一部)“凡例”记载,药筛分等如下,五号筛为80目筛,六号筛为100目筛,九号筛为200目筛;粉末分等如下,细粉指能全部通过五号筛,但含有能通过六号筛不少于95%的粉末。该药典记载的“独一味胶囊”的制法为,取独一味1000g,粉碎,加水煎煮三次,每次1小时,合并煎液,滤过,滤液浓缩成相对密度为1.30的清膏,在80℃以下干燥,加入适量的淀粉,制成颗粒,干燥,装入胶囊,制成1000粒,即得。

3. 万高公司在提出再审申请时提交了晨牌药业公司批生产记录,批号分别为021216、

021220、021222。三份批生产记录记载的工艺过程包含:“……将浸膏平铺于烘盘中,于80℃干燥,粉碎过80目筛,取样化验,合格后制剂或入库……”;“装入80目筛,开动粉碎机,待运转正常后,在料斗中加入干浸膏进行粉碎”;“装上80目筛,开启旋转振动筛,待运转正常后,慢慢加入浸膏粉。过筛结束后,将浸膏粉装入内衬清洁干燥防静电布袋的容器内,附标签,标明品名、重量、批号、操作者等并记录。转入制胶囊工序。”

最高人民法院认为,本案争议的主要问题是:(1)被诉侵权产品是否落入涉案专利权利要求1的保护范围;(2)经二审法院修改的一审判决主文第一项是否具有法律依据。

关于争议问题一。人民法院在判断被诉侵权产品是否落入专利权保护范围时,应当将被诉侵权产品的技术特征与专利权利要求记载的全部技术特征进行对比。如果被诉侵权产品缺少权利要求记载的一个或者一个以上的技术特征,或者被诉侵权产品有一个或者一个以上的技术特征与权利要求记载的相应技术特征不相同也不等同,人民法院应当认定被诉侵权产品没有落入专利权的保护范围。

本案中,原一、二审法院均认定万高公司生产被诉侵权产品所使用的技术方案即为优他公司申请调取的国家药监局药品批准文号“国药准字Z20050221”药品注册批件的YBZ08242005标准(试行)及晨牌药业公司报送的“独一味软胶囊”生产工艺的研究资料所载明的技术方案,可以以该技术方案的特征与涉案专利权利要求1记载的相应技术特征进行比较。从该技术方案的内容看,对于独一味清膏干燥后研磨细度的要求,只有“研成细粉备用”的技术特征,没有“过200目筛”的技术特征,而根据《中华人民共和国药典》(2000年版,一部)的规定,“研成细粉”是指过80目筛的细粉,万高公司提交的批生产记录也进一步佐证该生产工艺在过80目筛后并无过200目筛的工艺步骤。可见该项工艺是完整的。虽然优他公司认为万高公司实际使用的方法是过200目筛,但并没有提供相应的证据予以证明,应认为被诉侵权产品缺少涉案专利权利要求1记载的“过200目筛”的技术特征。原审判决以调取的生产工艺不完整为由,根据《最高人民法院关于民事诉讼证据的若干规定》第75条的规定,简单推定“研成细粉”与“粉碎成细粉,过200目筛”等同,显然不妥。人民法院认定案件事实,应当首先根据现有证据进行。就本案来说,已经有一审法院调取的被诉侵权产品的生产工艺方法、万高公司提交的《中华人民共和国药典》(2000年版,一部)以及优他公司提交的涉案专利权利要求书和说明书等现有证据,根据这些证据记载的内容,完全可以认定调取的生产工艺中记载的“研成细粉备用”,是指过80目筛的细粉,而不是过200目筛的细粉,其工艺是完整的,根本不需要再根据《最高人民法院关于民事诉讼证据规则的若干规定》第75条的规定进行推定。退一步说,如果认为万高公司没有按照药品标准载明的生产工艺生产被诉侵权产品,也应当根据民事诉讼法和专利法有关证据保全的规定,依法进行证据保全,譬如现场勘验、查封扣押生产记录等,而不是简单地根据《最高人民法院关于民事诉讼证据的若干规定》第75条的规定进行推定。原审判决一方面把从国家药监局调取的生产工艺认定为被诉侵权产品所使用的技术方案,但另一方面又对该技术方案中记载的与涉案专利权利要求1不同的技术特征不予认定,进行所谓的推定,似存在双重标准,难以令人信服。

此外,优他公司在涉案专利授权和无效宣告程序中作出的意见陈述强调"本发明所述独一味提取物的四种制备方法为发明人进行了大量的工艺筛选和验证试验后最终确定的工艺步骤,现有技术中并没有公开,由此得到的本发明中所述的独一味提取物与现有技术如《中华人民共和国药典》(2000年版,一部)中的独一味提取物并不等同。"优他公司还在涉案专利说明书第12页"最佳提取条件的确定"一节强调,煎煮2次与煎煮3次相比,可以降低生产成本,所以选择煎煮2次;在说明书第15~16页"实验例5 浸膏粉细度的确定"一节强调,将独一味提取物粉碎成过200目筛的细粉,制成的软胶囊内容物混悬体系最稳定。因此,根据《最高人民法院关于审理专利纠纷案件适用法律问题的若干规定》第17条的规定,并参照《最高人民法院关于审理侵犯专利权纠纷案件应用法律若干问题的解释》第6条的规定,"煎煮2次"与"煎煮3次"、"粉碎成细粉,过200目筛"与"研成细粉"均不构成等同特征,后者均没有落入涉案专利权利要求1的保护范围。

至于"清膏"和"稠膏",目前尚无规范的定义和检验标准,两种概念并无明确的区分界限;而减压干燥与80℃常压干燥均为中药领域常规技术手段,效果没有实质不同,因此,原审判决认为被诉侵权产品特征b3"浓缩成相对密度为1.30的清膏"与专利特征B3"浓缩成稠膏"、被诉侵权产品特征b4"80℃以下干燥"与专利特征B4"减压干燥"构成等同特征,并无不当。

北京紫图中心作出的北京紫图〔2009〕知鉴字第007号鉴定报告将"煎煮3次"、"研成细粉"的技术特征分别认定为"煎煮2次"、"粉碎成细粉,过200目筛"的等同特征,结论错误。原审判决采信该鉴定报告,并据此判决万高公司侵犯优他公司专利权,显然不当。另外,对于缺少专利权利要求记载特征的被诉侵权产品、专利权人在专利授权和无效宣告程序中放弃的技术方案等情形,在人民法院司法实践中都已被排除在侵犯专利权之外,2009年12月28日公布的《最高人民法院关于审理侵犯专利权纠纷案件应用法律若干问题的解释》也对此作了明确规定,因此,人民法院只需参照该解释第6条、第7条的规定,直接认定即可,完全属于法律适用问题,无须进行技术鉴定。由于被诉侵权产品缺少涉案专利"过200目筛"技术特征,且被诉侵权产品中"煎煮3次"不构成专利"煎煮2次"的等同特征,因此,被诉侵权产品没有落入涉案专利权的保护范围。二审判决对此认定错误,应予纠正。

关于争议问题二。药品批准文号是国家药品监督管理部门给予药品生产企业依照药品标准生产药品的许可,药品监管部门依据该企业的药品批准文号载明的药品注册标准检验、监督该企业的产品。如果生产企业的药品批准文号对应的产品系侵犯他人专利权的产品,为了禁止继续制造、销售侵犯他人专利权的药品,作为停止侵权的一项具体手段,人民法院可以判决侵权企业停止制造、销售带有该药品批准文号的侵权产品。本案中,二审判决修正的判决主文"江苏万高药业有限公司在本判决书生效之日起,立即停止对使用成都优他制药有限责任公司享有的专利号为ZL200410031071.4号发明专利制造的药品批准文号为国药准字Z20050221的'独一味软胶囊'产品的制造、销售行为”,其含义正如优他公司所述,系指停止该药品批准文号对应的侵犯专利权药品的制造、销售行为,而不是指单纯停止该药品批准文号的使用行为,故该项修改的判决主文并无错误。万高公司将其理解为停止药品文号的使用,并据此认为该项判决主文没有法律依据的再审理由不能成立,本院不予支持。

鉴于万高公司被诉侵权产品没有落入涉案专利权的保护范围,故原一、二审判决认定万高公司生产、销售、科伦公司销售被诉侵权产品的行为构成侵犯优他公司专利权,并判令其承担侵权的民事责任,显属认定事实错误,适用法律不当,应予纠正。万高公司的主要再审理由成立,该院予以支持。2010年11月24日,该院依照《中华人民共和国专利法》(2000年修改)第11条第1款、第56条,《中华人民共和国民事诉讼法》第186条第1款、第153条第1款第2、3项之规定,判决如下:(1)撤销四川省成都市中级人民法院(2007)成民初字第249号民事判决和四川省高级人民法院(2010)川民终字第63号民事判决;(2)驳回成都优他制药有限责任公司的诉讼请求。一审案件受理费16,385元,其他诉讼费4915.50元,鉴定费10万元,二审案件受理费16,385元,共计137,685.50元,由成都优他制药有限责任公司负担。

好孩子儿童用品有限公司诉广州中威日用品企业有限公司、广州市上威贸易有限公司等侵犯发明专利权纠纷案

——阅读提示:诉讼过程中,专利权人变更其据以主张的权利要求,人民法院是否应根据案件具体情况考虑给予对方当事人新的答辩期和举证期?

【裁判要旨】

专利权人在法庭辩论终结前变更其选择的权利要求的,属于诉的理由的变更。与诉讼请求的变更相比,诉的理由变更通常更可能涉及新的事实或者新的证据,更容易打乱对方当事人的诉讼防御安排,影响诉讼程序的稳定。因此,在诉的理由变更的情况下,人民法院可以参照诉讼请求变更的处理原则,根据案件具体情况考虑给予对方当事人以适当的答辩期并重新指定举证期限。

【案号】

一审:江苏省南京市中级人民法院(2008)宁民三初字第241号

二审:江苏省高级人民法院(2010)苏知民终字第32号

申请再审:最高人民法院(2010)民申字

第978号

【案情与裁判】

原告(二审被上诉人、再审被申请人):好孩子儿童用品有限公司(以下简称好孩子公司)

被告(二审上诉人、申请再审人):广州中威日用品企业有限公司(以下简称中威公司)

被告(二审上诉人、申请再审人):广州市上威贸易有限公司(以下简称上威公司)

被告:上海成硕工贸有限公司(以下简称成硕工贸公司)

被告:南京中央商场股份有限公司(以下简称中央商场)

起诉与答辩

2008年9月16日,一审原告好孩子公司起诉至江苏省南京市中级人民法院称,其于1999年12月29日获得"摇马三轮车"发明专利权。好孩子公司发现中央商场销售了与好孩子公司的涉案发明专利相同的"Fisher_Price"费雪牌73528型三合一脚踏车,该脚踏车系由上威公司、中威公司共同进口并售出。上述行为未获专利权人许可,侵犯了好孩子公司的涉案发明专利权。故请求判令:中央商场立即停止销售被控侵权产品的行为;上威公司、中威公司停止进口、销售被控侵权产品、销毁库存侵权产品、共同赔偿经济损失50万元并承担连带赔偿责任。

一审被告上威公司、中威公司辩称:公证处封存的产品有可能被替换;涉案产品属于现有技术,不构成侵权;好孩子公司的赔偿请求没有依据,其实施许可协议不具有真实性,故赔偿数额最高不得超过50万元。上威公司还辩称,其"Fisher_Price" 牌的分销权限已于2005年终止,而涉案产品系好孩子公司于2007年购买,故上威公司不应成为被控侵权方。一审被告中央商场辩称,其销售的涉案产品有合法来源,且在2008年前已实际停止销售,不应承担侵权责任。

一审审理查明

好孩子集团公司(后更名为好孩子集团有限公司)是涉案"摇马三轮车"发明专利专利权人。

2008年10月13日、2009年4月7日,上威公司、中威公司先后以涉案专利权利要求1~13不具备新颖性和创造性为由,向国家知识产权局专利复审委员会(以下简称专利复审委员会)提出无效宣告请求,请求宣告该专利的权利要求全部无效。2009年10月23日,专利复审委员会作出第14045号无效宣告请求审查决定,宣告该专利的权利要求1、4、8~11无效,在权利要求2、3、5~7、12、13的基础上维持该专利有效。在一审庭审中,好孩子公司选择以涉案专利权利要求7确定该专利权保护范围。

2007年3月13日,在公证员的监督下,好孩子公司的代理人胡居亚在中央商场购买了1辆"Fisher_Price"(费雪)牌三合一脚踏车,型号为73528,单价为799元,并取得中央商场开具的编号为00287672的发票。该脚踏车包装箱上注明经销商为上威公司、中威公司。一审庭审中当庭拆封公证封存的包装箱,封条、封装胶带、箱体完好。包装箱六面均标示有"Fisher_Price"字样。正面(彩色面)与公证书中第一张照片一致,顶面与公证书第二张照片一致,左侧面与公证书第三张照片一致。正面正中部略偏左上部位贴附椭圆标签上载有"三合一脚踏车,73528" 字样;正面左下角位置贴附的中文标贴上载有"产品编号73528,原产国墨西哥,名称费雪牌三合一脚踏车,经销商:广州市上威贸易有限公司,广州中威日用品企业有限公司,地址:广东省广州市经济技术开发区东区宏明路271号一层。电话:020-82233099,材质塑料,日期2006年6月”等字样,其上还有6912396073442的条形码和“中国检验检疫”的圆形标志。

“Fisher_Price”费雪牌产品宣传手册描述,“已有76年历史的世界第一的婴幼儿玩具品牌‘Fisher_Price’费雪牌,自2004年登陆中国……”。其2006/2007年度宣传手册重点宣传了73528三合一脚踏车,建议零售价为RMB799元。其2007/2008年度的宣传资料中,有涉案产品的图片,该宣传资料表明,“Fisher_Price”费雪牌儿童玩具产品的销售商铺从2006/2007年度的46个城市270多家发展到70个城市370多家。

2002年3月2日,好孩子集团有限公司以普通实施许可的方式许可昆山小小恐龙儿童用品有限公司(以下简称小小恐龙公司)实施专利ZL97106399.0,许可期限为2002年3月1日至2004年2月28日,使用费为每年50万元人民币。双方签订的普通实施许可合同于2002年6月18日在国家知识产权局备案,备案号为200220050。该两年的许可费用100万元已实际支付完毕。

上威公司系中威公司出资设立的全资子公司。中央商场销售的涉案产品系逸天公司于2007年向中央商场供货,逸天公司向中央商场提供了中威公司的授权证明等产品来源合法等证明材料。

一审判理和结果

江苏省南京市中级人民法院一审认为:(1)涉案产品系由上威公司、中威公司进口并销售。本案已查清的事实表明涉案产品在中国境内的进口、经销商是上威公司和中威公司。在正常的商业经营活动中,进口、销售的产品上标注的进口者、经销者应当对产品承担相应责任和义务。(2)上威公司、中威公司行为构成侵权应当承担相应民事责任。被控侵权产品具备涉案发明专利权利要求7的全部技术特征,落入了该发明专利权的保护范围。未经权利人许可,中央商场销售,上威公司和中威公司进口、销售涉案专利产品的行为,侵犯了好孩子公司的专利权,应当承担停止侵权行为、赔偿损失等法律责任。对于损失赔偿,好孩子公司与小小恐龙公司之间的《专利实施许可合同》签订于诉讼发生前,且在国家知识产权局办理了备案并已实际履行,其许可费用可以作为确定赔偿数额的依据。根据本案的实际情况,参考涉案发明专利的性质,专利许可的性质、时间,上威公司、中威公司的经营方式、规模、现状、侵权性质、情节、范围、时间以及涉案产品销售价格为799元等,综合确定赔偿数额为该专利每年度许可使用费50万元的3倍。中央商场销售不知道是未经专利权人许可而进口并销售的侵权产品,已经证明其有合法来源,不承担赔偿责任。被控侵权产品包装上,明确标示涉案产品系上威公司、中威公司共同进口、经销,故上威公司、中威公司应共同承担相应法律责任。依据《中华人民共和国专利法》(2000年修正)第11条第1款、第56条第1款、第57条、第63条第2款,《最高人民法院关于审理专利纠纷案件适用法律问题的若干规定》第21条,《中华人民共和国民事诉讼法》第130条之规定,江苏省南京市中级人民法院于

2009年12月10日作出(2008)宁民三初字第241号民事判决:(1)中央商场立即停止销售侵犯好孩子公司"摇马三轮车"发明专利权(ZL97106399.0)的产品;(2)上威公司、中威公司立即停止进口、销售侵犯好孩子公司"摇马三轮车"发明专利权(ZL97106399.0)的产品;(3)上威公司、中威公司共同赔偿好孩子公司经济损失150万元,并负连带责任;(4)驳回好孩子公司的其他诉讼请求。

中威公司、上威公司不服一审判决,向江苏省高级人民法院提起上诉。

二审审理查明

江苏省高级人民法院二审查明,一审查明的事实属实。二审另查明:一审诉讼过程中,好孩子公司将其诉讼请求的标的额变更为150万元。

二审判理和结果

江苏省高级人民法院二审认为:(1)关于好孩子公司一审变更诉讼请求问题。在专利复审委员会就上威公司、中威公司针对涉案发明专利提出的无效宣告请求作出第14045号无效宣告请求审查决定,宣告该专利的权利要求1、4、8~11无效,在权利要求2、3、5~7、12、13的基础上维持有效的情形下,一审法院定于2009年11月19日再次开庭审理,以便就本案诉讼所涉及的问题进一步听取双方当事人的意见。在该次庭审中,好孩子公司将主张保护的权利要求由权利要求1变更为权利要求7,上述变更符合法律规定。但《最高人民法院关于审理侵犯专利权纠纷案件应用法律若干问题的解释》仅规定权利人变更诉求保护的权利要求的,参照有关诉讼请求变更提出时间的规定,即应在一审法庭辩论终结前提出变更,并未规定权利人变更诉求保护的权利要求即视为诉讼请求的变更。在民事诉讼中,诉讼请求主要是指权利人请求判令负担的民事责任的具体方式,而不包括据以主张上述具体民事责任方式的事实及理由。专利权人在专利侵权诉讼中,变更其主张保护的权利要求范围属其据以主张的承担具体民事责任方式的事实和理由的变化。因此,好孩子公司一审当庭变更其权利要求的保护范围,并不导致本案产生新的答辩期及举证期。况且,上威公司在收到一审法院开庭传票的情况下,无正当理由不出庭,应视为其放弃针对2009年11月19日庭审中好孩子公司的相应主张所享有的相关抗辩权利。中威公司参加了2009年11月19日的庭审,知晓好孩子公司要求保护的权利要求发生了变更,但其在当日庭审直至同年12月10日一审法院作出判决期间,均拒绝针对好孩子公司变更后的权利要求的保护范围本身进行实质性答辩及举出反证予以抗辩。故上威公司、中威公司关于一审程序违法的上诉理由不能成立,其上诉主张不予支持。(2)上威公司、中威公司关于一审、二审应予中止审理的理由不能成立,不予支持。(3)被控侵权产品系上威公司、中威公司进口、销售。(4)被控侵权产品落入涉案专利权利要求7的保护范围。(5)一审法院参考涉案发明专利的性质,好孩子公司与小小恐龙公司间专利许可的性质、时间,上威公司、中威公司的经营方式、规模、现状、侵权性质、情节、范围、时间以及涉案产品单价等因素,综合确定本案的赔偿数额为好孩子公司与小小恐龙公司间就涉案发明专利约定的年度许可使用费(50万元)的3倍,即150万元,并无不当。综上,依据《中华人民共和国民事诉讼法》第153条第1款第1

项之规定,江苏省高级人民法院于 2010 年 4 月 22 日作出(2010)苏知民终字第 32 号民事判决:驳回上诉,维持原判。

申请再审理由与答辩

中威公司、上威公司申请再审称,原审判决违反法律规定,剥夺了当事人的辩论权。被申请人在一审庭审中突然变更诉讼请求,将其原请求保护的专利权利要求 1 改为权利要求 7,一审法院没有给予申请再审人法律规定的诉讼权利,包括没有给予再审申请人答辩期和举证期,并对诉讼当事人的举证和答辩予以庭审质证、法庭调查以及辩论等,未就权利要求 7 的三项附加技术特征进行任何形式的审理。被申请人在本案专利无效宣告程序中对权利要求 7 作了限定解释,一审法院在申请再审人取得专利复审委员会有关本案专利无效宣告程序的口审笔录并能够作出实质性抗辩前就迳行判决,故意剥夺了申请再审人的抗辩权利,直接影响了案件的公正审理和正确判决。

再审审查与审理结果

最高人民法院审查查明,原审法院查明的事实属实。另查明:在本案一审期间,江苏省南京市中级人民法院共开庭四次。第一次开庭时间为 2008 年 10 月 31 日,主要就程序问题进行了听证。第二次开庭时间为 2009 年 6 月 3 日,本次开庭由于上威公司、中威公司委托代理人的授权手续不合格,其委托代理人处于不确定状态而中止。第三次开庭时间为 2009 年 7 月 16 日,本次开庭就被控侵权产品是否落入本专利权利要求 1 的保护范围及现有技术抗辩进行了法庭调查和辩论。第四次开庭时间为 2009 年 11 月 19 日,上威公司未到庭参加本次诉讼,好孩子公司当庭提出将请求保护的权利要求由权利要求 1 变更为权利要求 7。一审法院就被控侵权产品是否落入本专利权利要求 7 的保护范围进行了调查,中威公司代理人拒绝就该问题发表意见。根据本次开庭笔录第 9 页的记载,一审法院在本次开庭结束前,向出庭的被告中威公司作了如下说明:“被告认为原告是当庭变更,给被告一周时间准备针对原告诉讼理由变更方面,作出实质的书面对比意见,如果被告在法庭限定的期限内不能提供,将根据几次质证、开庭情况,将对于本案作出处理。”针对中威公司和上威公司提交的延期开庭申请和调查取证的申请,上述庭审笔录还记载了合议庭的如下说明:“中威公司、上威公司提前向法院提供了延期申请以及调查取证申请书,本院没有准许延期申请……”;“专利复审委的决定是清楚明确的,法庭可以依据此作出审查……”;“今天要进行技术比对,如果发现可能要适用禁止反言或禁止反悔原则,法庭会要求提供相应的证据或依据职权调取相关的证据”。2009 年 12 月 10 日,江苏省南京市中级人民法院作出了一审判决。

最高人民法院经审查认为,专利权利要求书所记载的每一个权利要求都系一种相对独立的、完整的技术方案,具有各自独立的保护范围,应当分别受到保护。在专利侵权之诉中,当事人可以选择其认为适当的权利要求主张权利,其选择的每一个权利要求都构成独立的诉讼理由。当事人在一审法庭辩论终结前变更其选择的权利要求的,应属诉的理由的变更。与诉讼请求的变更相比,诉的理由变更通常更可能涉及新的事实或者新的证据,更容易打乱对方当事人的诉讼防御安排,影响诉讼程序的稳定。因此,在诉的理由变更的情况下，一审法院可以参照诉讼请求变更的处理原则，根据案件具体情况考虑给予对方当事人以适当的答辩期并重新指定举证期限。本案中，好孩子公司在一审法院第四次庭审中当庭将其据以主张权利的专利权利要求1变更为权利要求7，构成诉的理由变更。一审法院没有考虑重新指定举证期限而继续开庭审理，有失妥当；二审法院关于专利权人变更其主张保护的权利要求范围属于据以主张的承担具体民事责任方式的事实和理由的变化，不导致新的答辩期和举证期的认定，适用法律亦有不当，在此予以纠正。但是本案中，一审法院针对好孩子公司变更后的诉讼理由即本案专利权利要求7进行了审理，已经给予了出庭被告以答辩机会。在本次庭审结束前，一审法院也再次告知出庭被告给予其7天的提供书面意见的答辩时间。出庭被告中威公司不仅在该次庭审中拒绝对权利要求7发表答辩意见，在一审法院指定的期间内亦未提交书面答辩意见，甚至在该次庭审结束直至一审判决作出长达一个月的时间里亦未向一审法院提交任何证据或者书面答辩意见，实际上放弃了答辩机会。一审法院在好孩子公司变更诉的理由后没有考虑重新指定举证期限而继续开庭审理虽有不当，但其已经给予了出庭被告较为充分的答辩机会，当事人的基本程序利益已经能够得到保障。申请再审人关于一审法院没有给予其法律规定的诉讼权利的申请再审理由不能成立。尽管一审法院在上述部分程序问题的处理上有失当或者不规范之处，二审法院关于上述程序问题的认定也有部分失当之处，但是实际并未剥夺申请再审人的辩论权，也未影响本案的公正审理。申请再审人关于一审判决违反法律规定剥夺其辩论权的主张不能成立，不予支持。基于上述理由，最高人民法院裁定驳回中威公司和上威公司的再审申请。

浙江黄岩塑料机械厂、俞晟诉深圳市恒泰达实业有限公司侵犯实用新型专利权纠纷案（略）

蔡少兴诉刘建金侵犯实用新型专利权纠纷申请再审案（略）

浙江新安化工集团股份有限公司诉浙江金帆达生化股份有限公司侵犯发明专利权纠纷案

——阅读提示:当权利人申请法院证据保全遭受阻挠或不能正常进行时,应当如何确定被控侵权产品的技术方案或工艺方法?

【裁判要旨】

要确定被控侵权人所使用的方法是否落入了专利保护范围,首先需要确定被控侵权方法的内容。在被控侵权人提供的技术方案与法院证据保全的生产现场不相一致,且被控侵权人目前的生产现场存在较大变动的情况下,法院可以根据被控侵权人项目立项之初向有关部门提供的工艺流程图、安评报告、环评报告中的工艺图纸、流程作为被控侵权方法的内容进行技术比对。

【案号】

一审:浙江省杭州市中级人民法院(2008)杭民三初字第14号

二审:浙江省高级人民法院(2009)浙知终字第187号

【案情与裁判】

原告(二审上诉人):浙江新安化工集团股份有限公司(以下简称新安公司)

被告(二审上诉人):浙江金帆达生化股份有限公司(以下简称金帆达公司)

起诉与答辩

新安公司于2008年1月4日向浙江省杭州市中级人民法院起诉称:其为一项“草甘膦酸合成中水解辅续工序”方法发明专利权人,金帆达公司在其草甘膦尾气回收氯甲烷的生产中使用了涉案方法发明专利,请求判令金帆达公司:赔偿新安公司经济损失5480万元(算至2007年年底止);在全国性公开媒体上公开向新安公司赔礼道歉;承担全部诉讼费用。

金帆达公司答辩称:金帆达公司没有实际使用和全部使用涉案专利的技术方案,所使用的工艺方法与涉案专利不相同也不等同;且金帆达公司使用的是自己享有知识产权的生产工艺技术,故不构成侵权。

一审审理查明

浙江省杭州市中级人民法院经审理查明:新安公司的“草甘膦酸合成中水解辅续工序”方法发明专利于2001年11月28日授予专利权。2008年1月30日,该院前往金帆达公司进行证据保全,确认在该公司草甘膦尾气回收氯甲烷的生产现场中包含了“水洗泵”、“碱洗塔”及“硫酸塔”、除沫器,鼓风机,气柜、气柜后冷凝器,除沫器、氯甲烷成品槽等相关设备装置,并以拍照、拍摄等形式进行证据保全。但金帆达公司拒绝提供相应图纸等资料并进行阻拦,致使证据保全无法继续进行。同年2月4日,该院第二次前往金帆达公司进行证据保全,金帆达公司向原审法院提供了一套“尾气处理生产工艺流程图”，但该院发现涉案生产现场明显发生了改变。该院在杭州市安全生产监督管理局、建德市公安局调取了两套金帆达公司“氯甲烷回收生产工艺流程图”，图纸所反映的“氯甲烷回收生产工艺流程图”与浙江省环境保护科学设计研究院所提供的金帆达年产6000吨草甘膦(制剂)技改项目环评报告显示的氯甲烷回收车间流程显示工艺流程相同。上述图纸的形成时间显示为2004年。庭审比对中，金帆达公司确认其“草甘膦尾气回收氯甲烷”中的合成也是以多聚甲醛、甘氨酸、三乙胺、亚膦酸二甲酯为原料，以低级醇为溶剂的烷剂酯法合成。该院还从审计部门调取了金帆达公司2004年至2007年生产、销售的氯甲烷利润情况。

一审判理和结果

浙江省杭州市中级人民法院认为：新安公司专利权应受法律保护。根据新安公司的申请，在该院对金帆达公司的生产现场进行第一次证据保全过程中，遭到金帆达公司的阻拦，致使证据保全无法继续进行。在之后的第二次证据保全时发现涉案生产现场明显发生了改变，致使被控现场无法复原，从而导致对现在的生产现场进行技术比对失去了实际意义，因此，金帆达公司提出将现在的生产现场与涉案专利进行技术比对的司法鉴定申请，不予准许，金帆达公司应当承担由此带来的法律后果。该院根据金帆达公司之前提供给浙江省环境保护科学设计研究院、杭州市安全生产监督管理局的图纸，结合第一次保全时相关的录像、照片与涉案专利进行技术比对，认定金帆达公司在其草甘膦尾气回收氯甲烷生产中使用的工艺包含了涉案发明专利权独立权利要求的全部必要技术特征，已落入了涉案专利的保护范围，金帆达公司的行为构成专利侵权。根据金帆达公司2004年至2007年的审计报告，其2004年至2007年生产、销售的氯甲烷毛利合计为人民币23,308,100.43元；而按照金帆达公司自己确定的0.4的折算比例，其三年可获毛利为16,636,590元，五年累计应当超过2000万元。该院依照《专利法》第11条第1款、第56条第1款、第60条，《关于审理专利纠纷案件适用法律问题的若干规定》第17条、第20条、第22条，《民事诉讼法》第64条、《关于民事诉讼证据的若干规定》第2条、第75条之规定，于2009年8月10日判决：一、金帆达公司赔偿新安公司经济损失人民币20,000,000元，于判决生效之日起十日内履行完毕。二、驳回新安公司的其他诉讼请求。如果未按判决指定的期间履行给付金钱义务，应当依照《中华人民共和国民事诉讼法》第229条之规定，加倍支付迟延履行期间的债务利息。案件受理费人民币315,800元，由金帆达公司负担215,228元，新安公司负担100,572元；财产保全申请费人民币5000元，由金帆达公司负担。宣判后，新安公司和金帆达公司均不服，向本院提起上诉。

上诉与答辩

金帆达公司上诉称：(1)原判认定金帆达公司涉案行为构成专利侵权错误：第一，金帆达公司不存在拒绝原审法院证据保全的行为，原审法院就此推定金帆达公司构成侵权显属不公；第二，金帆达公司所使用的工艺方法与涉案专利不相同也不等同；第三，原审法院仅凭新安公司的证据和自行取证证据认定金帆达公司构成专利侵权证据不足；第四，金帆达公司使用的是自己享有知识产权的生产工艺技术。(2)原判确定的赔偿数额不当:第一,原判认定金帆达公司自2003年开始生产氯甲烷没有证据;第二,原判认定的金帆达公司生产的氯甲烷数量没有事实依据;第三,原判认定金帆达公司生产的氯甲烷利润均为侵权所得没有依据。请求法院撤销原判,依法改判。

上诉人新安公司上诉称:金帆达公司侵权时间长、侵权技术使用范围广,所获得的利益远不止2000万元,且新安公司所受到的经济损失也不止5480万元,原判确定的侵权赔偿数额偏低,请求改判支持其一审诉讼请求。

二审判理和结果

浙江省高级人民法院审理后认为:要确认金帆达公司在其草甘膦尾气回收氯甲烷生产中所使用的方法是否落入了新安公司专利保护范围,首先需要确定的是金帆达公司在其草甘膦尾气回收氯甲烷生产中所使用的方法内容。杭州市中级人民法院向杭州市安全生产监督管理局、建德市公安局调取的金帆达公司"氯甲烷回收生产工艺流程图"上的设备设置和步骤与该院从杭州市安全生产监督管理局调取的金帆达公司备案的安全预评价报告以及从浙江省环境保护科学设计研究院调取的金帆达公司年产6000吨草甘膦技改项目环评报告中的"氯甲烷回收车间流程"相对应,且上述图纸的形成时间为2004年。上述有关金帆达公司涉案的工艺流程图、安评报告、环评报告均系原审法院前往有关部门依法调取,该些证据材料有的是金帆达公司自行提供,有的是有关部门根据金帆达公司提供的材料编制,还有的是金帆达公司委托的设计单位提供,且与原审法院第一次证据保全时发现的部分设备名称标注相吻合,具有较强的证明效力,完全可以作为本案金帆达公司的被控侵权方法予以认定。关于金帆达公司自行提供的"尾气处理工艺流程图"与原审法院调取的证据以及第一次证据保全的生产现场不相一致,不予采信。故在本案已经无法将金帆达公司目前的生产现场作为被控侵权方法作为比对对象的情况下,可以依据第一次证据保全时拍摄的部分照片和录像,同时结合法院调查取证的工艺图纸、流程作为被控侵权方法的内容进行技术比对。将前述金帆达公司的"氯甲烷回收生产工艺流程图"和"氯甲烷回收车间流程"中显示的草甘膦尾气回收氯甲烷生产工艺与新安公司的涉案专利方法相比对,两者无论是设备配置、操作步骤,还是三级处理的工艺流程均相同,落入了涉案专利的保护范围。从审计资料看,金帆达公司从2004年至2007年生产销售的氯甲烷产品毛利共计23,308,100.43元。同时根据金帆达公司向浙江省农药工业协会申报的2005年至2007年的草甘膦产量共计38,475吨;根据二审浙江省禁化武办出具的证明,其申报的2005年至2007年的草甘膦产量为24,237.28吨。依据上述两组数据,按照金帆达公司确定的草甘膦与氯甲烷成品的比例1:0.4以及审计报告中的平均氯甲烷单位毛利计算,该三年的累计获利大约在1500万元以上。同时,还注意到以下因素:(1)新安公司的涉案专利为发明专利,曾获得中国专利优秀奖、国家科学技术进步二等奖、浙江省科学技术进步一等奖等荣誉,并被工业和信息化部列入国家草甘膦行业的推广技术,具有较高的创新程度和市场价值,同时该专利技术主要解决了排空尾气中存在的氯甲烷所带来的浪费和环境污染问题,也具有较高的社会价值和经济价值;(2)金帆达公司的注册资本为9000万元,侵权的持续时间较长,情节较为恶劣。故综合上述因素,杭州市中级人民法院确定的2000万元赔偿数额合理。依照《中华人民共和国民事诉讼法》第153条第1款第1项之规定,判决:驳回上诉,维持原判。二审案件受理费357,600元,由新安公司负担215,800元,金帆达公司负担141,800元。

济南建工总承包集团有限公司诉山东天齐置业集团股份有限公司侵犯发明专利权纠纷案

——阅读提示:如何合理掌握"产品合法来源"的证明标准及证据认定原则?停止侵害责任能否适用替代性措施解决?

【裁判要旨】

专利法中"产品合法来源"非指产品来源于专利权人或专利被许可人,而是指经合法渠道购买被控侵权产品。在专利侵权纠纷案件中,销售者、使用者对被控侵权产品是否有"合法来源"的认定问题直接决定案件的判决结果,而认定这一问题的关键是对当事人提供的证据进行分析与认定,统一证据认定的尺度非常必要。

在专利侵权案件中,为避免社会财富浪费,在充分考虑权利人利益与社会公众利益的前提下,在"停止侵权"责任承担上,可不判令拆除已安装的侵权产品,而采取支付"专利使用费"的替代性经济补偿措施。这样既保护了专利权人的合法权益,又兼顾了社会公共利益不受侵害,实现了法律效果与社会效果的有效统一。

【案号】

一审:山东省济南市中级人民法院(2009)济民三初字第193号

二审:山东省高级人民法院(2010)鲁民三终字第52号

【案情与裁判】

原告(被上诉人):济南建工总承包集团有限公司(以下简称济南建工集团)

被告(上诉人):山东天齐置业集团股份有限公司(以下简称天齐公司)

起诉和答辩

济南建工集团诉称,2009年4月发现天齐公司在其承建的建筑工程中大量使用济南建工集团在济南地区享有独占性使用权的变压式排风道专利技术及产品构成侵权,造成权利人损失,于2009年7月29日向山东省济南市中级人民法院起诉,请求判令天齐公司:(1)停止侵权行为,并立即拆除、销毁已安装的侵权产品;(2)赔偿损失20万元;(3)承担诉讼费用。天齐公司辩称,天齐公司是建筑施工类企业,未生产、制造、销售产品,而是经合法买卖获得,是否侵权并不知情,请求驳回原告的诉讼请求。

一审审理查明

林润泉是专利号为 ZL00128214.X 的“变压式排风道结构”发明专利的权利人。该专利权利要求书记载其独立权利要求为:一种变压式排风道结构,由设置有进气口[4]的气体排放管道[1]、排气导向管[2]和气流变压部件[3]组成,所述排气导向管[2]和气流变压部件[3]均设置在所述气体排放管道[1]的内壁上,所述排气导向管[2]设置在所述气流变压部件[3]对面或侧面处的上述气体排放管道[1]的内壁上,所述排气导向管[2]与所述气流变压部件[3]之间保留有排气空间,所述排气导向管[2]的导流通道与所述气体排放管道[1]上的进气口[4]相连通,其特征在于,所述气流变压部件[3]两侧中的至少一侧,与所述气体排放管道[1]相应一侧的内壁保持有间隙,所述间隙是手能伸进去的间隙。

2007 年4 月1 日,林润泉授权济南建工集团在济南地区独占实施涉案专利至 2009 年12 月31 日,济南建工集团支付使用费 20 万元。

2009 年5 月22 日,济南建工集团申请山东省济南市槐荫公证处进行证据保全,对天齐公司安装完毕的建筑排气管道进行了拍照。公证照片显示,排气管道产品有如下特征:该排放管道内壁相对设有排气导向管和气流变压部件,且二者之间留有间隙,排气导向管与气体排放管道上预留的进气口相通,气流变压部件两侧与气体排放管道的内壁保持有间隙,该间隙是手能伸进去的间隙。

山东省标准设计办公室 2009 年 10 月 26 日出具说明称,《住宅防火型烟气集中排放系统》图集(L05J104、L05J105)仅供设计人员在工程设计中选用。林润泉于 2009 年6 月 8 日做出说明称,涉案专利并没有列入上述图集。

一审判理和结果

山东省济南市中级人民法院认为:《专利法》(2000 年修正,下同)第 11 条规定,发明和实用新型专利权被授予后,除法律另有规定的以外,任何单位或者个人未经专利权人许可,都不得实施其专利。济南建工集团通过专利实施许可合同取得了涉案专利在济南地区的独占实施权,成为上述专利权的利害关系人,其有权向法院提起诉讼。经对比,天齐公司在经营中使用的排气管道,亦设有进气口、排气导向管和气流变压部件,且各部件之间的组合特点也同于专利技术,天齐公司使用的产品完全落入了专利权的保护范围。天齐公司未经专利权人许可,以生产经营为目的,在上述工地使用与涉案专利相同的产品,构成侵权,应承担相应的民事责任。

关于天齐公司的产品是否具有合法来源问题。(1)由于济南建工集团为涉案专利济南地区的独占实施权人,其他个人或组织非经许可,不得在济南地区实施涉案专利,天齐公司在济南地区所使用的产品并非来源于济南建工集团或经权利人许可,所以其来源合法的抗辩不能成立;(2)天齐公司在济南地区可以获得正规产品,但其并没有从正规渠道获得专利产品;(3)天齐公司仅提交了发票,未能提交证明天齐公司与案外人法律关系的合同,发票所涉的案外人未能到庭证明天齐公司所述内容；(4)本案中，使用专利产品的系天齐公司，该行为构成侵权，至于天齐公司与案外人的关系，相对于济南建工集团与天齐公司的法律关系来说，属内部关系，不能直接对抗济南建工集团对天齐公司相关侵权行为的起诉，天齐公司在本案中所承担的责任与案外人的关系，属另一种法律关系，天齐公司可以另行法律救济，不在本案审理范围之内。

鉴于天齐公司未能提交充分证据证明其产品具有合法来源，依法不能免除其赔偿责任。济南建工集团请求判令天齐公司销毁已安装的侵权产品，从建筑安全以及避免社会财富浪费的角度，该诉请一审法院不予支持，在判决赔偿数额方面酌情考虑。天齐公司今后应停止尚未安装完毕的侵权产品的使用，并停止其他侵权行为。济南建工集团要求天齐公司赔偿其经济损失，但并未提交其所受损失的证据以及对方获利的证据，一审法院综合考虑涉案专利性质、天齐公司的经营规模、天齐公司的侵权情节和主观过错程度，以及未判令天齐公司销毁已安装完毕侵权产品的情况等酌定赔偿数额。

综上，一审法院依照《民事诉讼法》第64条第1款、《专利法》第11条第1款、第56条第1款、第57条第1款，《关于审理专利纠纷案件适用法律问题的若干规定》第21条、第22条之规定，判决：(1)天齐公司立即停止侵犯"变压式排风道结构（专利号为ZL00128214. X)"发明专利权的行为；(2)天齐公司于本判决生效之日起15日内赔偿济南建工集团经济损失5万元；(3)驳回济南建工集团的其他诉讼请求。案件受理费5300元，济南建工集团负担1300元，天齐公司负担4000元。

上诉与答辩

天齐公司不服上述判决，向山东省高级人民法院提起上诉，请求撤销一审判决，驳回济南建工集团的诉讼请求，案件受理费由济南建工集团承担。主要理由：(1)被控侵权产品是依公知技术制造的。(2)一审判决认定天齐公司侵犯了涉案专利权证据不足。第一，被控侵权产品未落入涉案专利保护范围，照片不能反映全部技术特征，不能与专利进行对比。第二，天齐公司使用涉案被控侵权产品不产生利润，不是专利法意义的使用人。第三，天齐公司已经尽到了充分的注意义务，不可能知道涉案被控侵权产品是否存在侵权，而且是通过合法渠道购买，不应承担赔偿责任。(3)涉案专利没有列入山东省建筑标准设计图集《住宅防火型烟气集中排放系统》（图集号：L05J104、L05J105）内，而在该图集的设计说明中，其设计及参考依据也没有提及涉案专利，使用该图集设计的产品，不构成侵权。(4)判决天齐公司赔偿5万元经济损失没有事实和法律依据。济南建工集团辩称，一审判决认定事实清楚，适用法律正确，应予维持。

二审审理查明

1. 2007年4月1日，林润泉授权济南建工集团在济南地区独占实施变压式排风道结构发明专利（专利号ZL00128214. X），实施期限至2009年3月31日，2009年1月1日再次授权至2010年12月31日。

2. 天齐公司2009年3月2日~4月11日，分5次从临淄区朱台镇荣聚水泥制品厂购买涉案被控侵权产品921米，价值24,891.3元。

3. 临淄区朱台镇荣聚水泥制品厂成立于2008年9月23日，经营者朱同军，个体工商户。

二审判理和结果

山东省高级人民法院认为:本案双方当事人争议的焦点为,一、天齐公司是否侵犯了济南建工集团的涉案专利权;二、天齐公司应如何承担民事责任。

1. 关于第一个焦点问题。

经比对,涉案被控侵权产品技术特征为:(1)一种变压式排风道结构,由设置有进气口的气体排放管道、排气导向管和气流变压部件组成;(2)排气导向管和气流变压部件均设置在气体排放管道的内壁上;(3)排气导向管设置在气流变压部件对面的气体排放管道的内壁上;(4)排气导向管与气流变压部件之间保留有排气空间;(5)排气导向管的导流通道与气体排放管道上的进气口相连通,气流变压部件两侧与气体排放管道的内壁保持有手能伸进去的间隙。关于天齐公司主张照片不能清晰看出气体排放管道上的进气口问题,二审法院认为,变压式排风道的使用功能必然要求存在进气口并与排气导向管的导流通道相连通,天齐公司的该主张不成立。因此,涉案被控侵权产品技术特征与涉案专利必要技术特征完全相同,落入专利权利要求保护范围。天齐公司上诉主张涉案被控侵权产品是依公知技术生产的,但没有提供证据证明,天齐公司该上诉理由亦不成立。天齐公司上诉还主张被控侵权产品是依据山东省建筑标准设计图集《住宅防火型烟气集中排放系统》(图集号:L05J104)的设计购买使用,不构成侵权。二审法院认为,涉案专利并没有列入上述标准,专利权人也未同意将涉案专利纳入该标准,天齐公司该上诉理由不成立。综上,济南建工集团在济南地区享有涉案专利的独占实施许可权,天齐公司未经许可在济南地区以生产经营为目的使用涉案专利产品,侵犯了济南建工集团的权利。

2. 关于第二个焦点问题。

(1)《专利法》第63条第2款规定"为生产经营目的使用或者销售不知道是未经专利权人许可而制造并售出的专利产品或者依照专利方法直接获得的产品,能证明其产品合法来源的,不承担赔偿责任"。该规定中的"产品合法来源"非指产品来源于专利权人或专利被许可人,而是指经合法渠道购买被控侵权产品。天齐公司在一审中提交了购买涉案被控侵权产品的正规发票、生产企业的营业执照、税务登记证及产品合格检验报告,发票上标注了客户名称、产品名称、规格、价格、数量等,并加盖了财务专用章,足以证明涉案被控侵权产品来源合法。济南建工集团没有证据证明天齐公司知道或应当知道其购买的产品是未经专利权人许可而制造并售出的专利产品。因此,根据上述法律规定,天齐公司不应当承担赔偿责任。(2)鉴于对楼房安全、避免资源浪费和社会公众利益的考虑,本案不宜判决天齐公司拆除、销毁已安装的被控侵权产品,但天齐公司今后不得为生产经营目的使用未经专利权人许可而制造并售出的专利产品。综上,因考虑公共利益的需要,天齐公司不必拆除、销毁已安装的被控侵权产品,但应对此使用行为支付一定的专利使用费。参照济南建工集团为获得许可实施涉案专利而支付的使用费、天齐公司侵权性质及专利的类型和价值,天齐公司应当支付济南建工集团专利使用费2万元。

综上,原审判决认定事实基本清楚,但适用法律不当,判决结果部分错误,应予纠正。

天齐公司的部分上诉理由成立,应予支持。依照《专利法》第63条第2款,《民事诉讼法》第153条第1款第2项的规定,判决:(1)维持山东省济南市中级人民法院(2009)济民三初字第193号民事判决第3项;(2)变更山东省济南市中级人民法院(2009)济民三初字第193号民事判决第1项为:天齐公司立即停止侵犯济南建工集团在济南地区独占实施ZL00128214.X号专利权的行为(已安装的涉案被控侵权产品不再予以拆除、销毁);(3)变更山东省济南市中级人民法院(2009)济民三初字第193号民事判决第2项为:天齐公司于本判决生效之日起15日内支付济南建工集团专利使用费2万元。一、二审案件受理费各5300元,由天齐公司负担6000元,济南建工集团负担4600元。

广州市兆鹰五金有限公司诉黄冈艾格尔五金制造有限公司侵犯实用新型专利权纠纷案

——阅读提示:在专利侵权诉讼中,如何运用说明书及附图、权利要求书中的相关权利要求等对专利权利要求中的技术术语作合理解释?专利权人错误申请保全给被告造成损失应如何承担赔偿责任?

【裁判要旨】

人民法院对于权利要求,可以运用说明书及附图、权利要求书中的相关权利要求、专利审查档案进行解释。专利权人错误申请保全给被告造成损失的,应对被告有证据证实的预期损失承担赔偿责任。

【案号】

一审:湖北省武汉市中级人民法院(2009)武知初字第305号

二审:湖北省高级人民法院(2010)鄂民三终字第15号

【案情与裁判】

本诉原告、反诉被告(上诉人):广州市兆鹰五金有限公司(以下简称兆鹰公司)

本诉被告、反诉原告(被上诉人):黄冈艾格尔五金制造有限公司(以下简称艾格尔公司)

本诉和反诉

兆鹰公司是名称为“一种水烟筒”的实用新型专利(以下简称涉案专利)的专利权人。2009年4月29日,黄石海关应兆鹰公司要求对艾格尔公司生产、报关出口的被控侵权产品予以扣押。兆鹰公司认为艾格尔公司侵犯专利权的行为给其合法权益造成损害,遂提起诉讼,请求判令:(1)艾格尔公司销毁生产、销售侵犯兆鹰公司专利权的水烟筒;(2)艾格尔公司销毁涉嫌侵权的成品、半成品及生产模具;(3)艾格尔公司赔偿兆鹰公司经济损失人民币1,000,000元(以下如无特别说明均为人民币)。

艾格尔公司反诉称,被控侵权产品使用

的是涉案专利申请日之前的现有技术,艾格尔公司未侵犯兆鹰公司专利权。兆鹰公司滥用专利权,贸然启动海关保护程序,扣留艾格尔公司价值580,510元的水烟斗货柜长达35日,致使艾格尔公司因延期交货而对购货方构成违约,造成直接经济损失203,178元,特提起反诉,请求判令:1. 兆鹰公司赔偿艾格尔公司经济损失203,178元;2. 兆鹰公司承担艾格尔公司因本案所支出的合理开支,包括调查费、差旅费、代理费共计35,000元;3. 兆鹰公司承担本案本诉和反诉的诉讼费。

一审审理查明

湖北省武汉市中级人民法院审理查明,“一种水烟筒”专利的权利要求如下:(1)一种水烟筒,包括烟筒和烟嘴,烟筒内设有一条烟管,其特征在于:所述的烟筒的上端连接有一个烟锅座,烟锅座上连接有一个烟锅,烟锅的底部设有多个小通孔,该小通孔与烟筒内的烟管相通;烟筒的下端连接有一个盛水容器,烟筒内的烟管伸入盛水容器中,烟筒的下端与盛水容器的连接处设有一个空腔;烟筒的下端还设有一个烟孔接头,该烟孔接头与空腔连通,烟嘴通过一条长软管与烟孔接头连接。(2)如权利要求1所述的水烟筒,其特征在于:所述的烟筒的下端还设有一个排烟阀,排烟阀与烟筒下端的空腔连通。(3)如权利要求1或2所述的水烟筒,其特征在于:所述的盛水容器为玻璃瓶。(4)如权利要求3所述的水烟筒,其特征在于:所述的烟筒的上端与烟锅座的连接处设有一个托盘。一审庭审中,兆鹰公司要求以权利要求1确定涉案专利权利保护范围。

2009年3月4日,艾格尔公司与MOHAMAD - AL - NATSHEH签订一份销售合同,合同编号为AGER09A0212。合同约定,艾格尔公司向买方MOHAMAD - AL - NATSHEH出售两个40尺高柜装水烟斗,第一个40尺高柜于2009年4月30日之前装运,第二个40尺高柜于2009年5月30日之前装运,装运港为黄石;若艾格尔公司延期交货或不能交货,每天需按货柜总价值的1%进行赔偿。2009年4月29日,黄石海关向兆鹰公司下达黄关知确通〔2009〕01号《确认进出境货物知识产权状况通知书》。2009年5月7日,黄石海关下达关知留字〔2009〕01号《扣留凭单》,扣留艾格尔公司申报出口的锌合金制水烟斗5800个,货物总价为580,510元,货柜号为CBHU9818026。2009年6月3日,兆鹰公司支付集装箱超期借用费5336元。2009年6月5日,被扣留货柜装船离港。

一审庭审中,双方均认可被控侵权产品由烟锅、烟锅座、烟筒、烟管、烟嘴和盛水容器等部分组成,各部分的连接方式与涉案专利相同,但对烟筒下端是否设有一个空腔存在争议。现场切割开被控侵权产品的烟筒,其技术特征为:烟筒下端设有一接嘴和一进气调节阀,接嘴和进气调节阀分别设有一贯通至烟筒底端的吸烟孔和进气孔。艾格尔公司提供的现有技术是一份名称为“一种可调节吸烟浓度之水烟壶”的新型专利(以下简称洪淑美专利),该专利由发明人洪淑美于2000年8月25日向中国台湾申请。艾格尔公司认为,被控侵权产品烟筒下端与盛水容器的连接处没有形成空腔,而是一个吸烟孔,与洪淑美专利公开的技术方案相同。

一审判理和结果

湖北省武汉市中级人民法院认为,艾格尔公司提供的洪淑美专利构成涉案专利的现有技术。关于空腔，涉案专利权利要求1未作明确界定，而依据涉案专利权利要求2和专利说明书及附图，在烟筒下端还设有一个排烟阀，也与空腔连通，设置排烟阀的作用在于当盛水容器内的烟气浓度过大时，吸烟人可以拧松排烟阀，从烟嘴吹气将浓烟从排烟阀中排出。因此，为了调节烟气浓度的大小，涉案专利所设置的空腔必须起到连通烟孔接头与排烟阀的作用，从而达到吹烟的技术效果，空腔内部应为一中空结构。而被控侵权产品设置的是两条相互独立的吸烟孔和进气孔，烟气在两孔之间不可能流动。被控侵权产品没有设置空腔，且洪淑美专利对孔的直径大小未作任何限定，被控侵权产品使用的技术方案与现有技术相同，艾格尔公司主张现有技术抗辩成立，艾格尔公司未侵犯兆鹰公司专利权。据此判决：兆鹰公司赔偿艾格尔公司经济损失203,178元。

上诉与答辩

兆鹰公司不服一审判决，向湖北省高级人民法院提起上诉。其理由为：(1)一审法院错误界定涉案专利权的保护范围。涉案专利权利要求1只限定“烟筒的下端与盛水容器的连接处设有一个空腔，该烟孔接头与空腔连通”，并未涉及该空腔是否与排烟阀连通这一技术特征。权利要求2所限定的“空腔与排烟阀连通”只是权利要求1中的一种特例。一审法院以权利要求2附加的技术特征来限定权利要求1的保护范围，损害了专利权人的合法权利；(2)艾格尔公司生产的产品落入涉案专利权的保护范围。涉案专利限定了在烟孔接头和盛水容器之间独立设置区别于烟道的中空结构，即空腔。艾格尔公司提交的在先技术未设置区别于烟道的中空结构。被控侵权产品在烟道上设置有区别于烟道的“深孔”，“深孔”的结构构成了涉案专利的空腔技术特征；(3)一审法院判决兆鹰公司赔偿艾格尔公司的预期损失，不符合相关法律规定。

艾格尔公司辩称，被控侵权产品使用的是涉案专利申请日前的现有技术，未落入涉案专利权的保护范围。兆鹰公司滥用专利权，给艾格尔公司造成经济损失，理应赔偿。

二审判理和结果

湖北省高级人民法院认为，兆鹰公司在本案中选择以涉案专利权利要求1确定其专利权保护范围，故专利权利要求1记载的必要技术特征构成本案专利权的保护范围。设置排烟阀、将排烟阀与空腔连通以及达到可以吹烟的效果，仅是专利权利要求2所要求的技术特征和将达到的技术效果。一审判决根据专利权利要求2的记载，认定权利要求1中的空腔必须起到连通烟孔接头与排烟阀的作用，达到吹烟的技术效果，限制了涉案专利权的保护范围。涉案专利中空腔的作用在于容纳烟气，空腔的体积越大，防止将水吸入嘴中的效果越好。被控侵权产品在烟孔接头和盛水容器之间贯通一条“上窄下宽”的吸烟孔，吸烟孔的截面积在接近盛水容器时逐渐变大。吸烟孔的主要作用是一个烟气的通道，而非兆鹰公司所称的独立设置且区别于烟道的中空结构。不能将主要起烟气通道作用的吸烟孔等同于容纳烟气的空腔，被控侵权产品不具备涉案专利具有的空腔技术特征。兆鹰公司请求海关扣留被控侵权产品，造成艾格尔公司迟延交货达35天。根据销售合同的约定，艾格尔公司迟延交货应每天按照货物总价值的1%支付违约金，即应当支付违约金203,178元。虽然艾格尔公司提交的证据尚不能证明该违约金已实际支付,但有销售合同和提单等证明损失存在的初步证据,该损失作为艾格尔公司的预期损失应当纳入赔偿范围,由兆鹰公司承担赔偿责任。依照《专利法》(2001年7月1日)第11条第1款、第56条第1款、《知识产权海关保护条例》第29条第2款、《民事诉讼法》第153条第1款第1项之规定,判决:驳回上诉,维持原判。

程润昌诉桂林合鑫实业有限责任公司、龚举东侵犯实用新型专利权纠纷案

——阅读提示:如何把握以说明书及附图解释权利要求而不是限定权利要求的界限?实施在后专利是否会构成对在先专利权的侵犯?确定赔偿数额应考虑哪些因素?

【裁判要旨】

发明或者实用新型专利权的保护范围以其权利要求的内容为准,说明书及附图可以用于解释权利要求的内容,但不能将仅在说明书或者附图中描述而在权利要求中未记载的技术方案纳入专利权的保护范围。在后的专利技术是对在先的专利技术的改进或者改良,但实施该技术有赖于实施前一项专利技术,因而它属于从属专利,实施从属专利而未经在先专利权人的许可,实施了在先的专利技术,则构成对在先专利权的侵犯。

【案号】

一审:广西壮族自治区南宁市中级人民法院(1997)南市经初字第57号

二审:广西壮族自治区高级人民法院(2000)桂经终字第99号

再审:广西壮族自治区高级人民法院(2007)桂民再字第30号

再审:广东省高级人民法院(2010)粤高法审监民再字第44号

【案情与裁判】

原告(二审上诉人、申请再审人):程润昌

被告(二审被上诉人、被申请人):桂林合鑫实业有限责任公司(简称合鑫公司)

被告(二审被上诉人、被申请人):龚举东

起诉与答辩:

程润昌于1997年2月24日向南宁市中级人民法院起诉称:程润昌是"装有翻卷式密封套的不泄漏阀门"实用新型专利权人。在该专利有效期间,龚举东、合鑫公司未经程润昌许可同意,擅自生产销售与程润昌专利技术相同的产品,侵犯了程润昌的专利权,故请求判令合鑫公司、龚举东停止侵权,公开赔礼道歉,赔偿经济损失316万元,并承担本案诉讼费用。

龚举东及合鑫公司辩称:程润昌所诉的所谓侵权产品系合鑫公司生产销售,并非龚举东生产销售,程润昌向龚举东主张权利无事实和法律依据,应予驳回。合鑫公司生产销售的产品是根据自己已获专利权的"阀芯直开启无泄漏水龙头"专利技术而生产销售

的，与程润昌的专利既不相同也不等同，合鑫公司没有侵权，请求驳回程润昌的诉讼请求。

法院审理查明

1990年4月10日，程润昌就其发明的“装有翻卷式密封套的不泄漏阀门”技术向国家专利局申请专利，并获得授权，专利号为90204724.8。龚举东于1994年5月19日就“阀芯直开启无泄漏水龙头”技术向国家专利局申请专利，并获得授权，专利号为ZL94212278.X。

合鑫公司于1994年6月登记成立，法定代表人原为龚举东。合鑫公司称其从1994年6月开始生产销售“隔膜式龙头（阀门）”产品，至1998年年底已生产了大概300万套，每套生产成本2.5元，售价3.8元。

程润昌就龚举东的专利向国家知识产权局专利复审委员会（以下简称专利复审委）申请宣告无效，专利复审委于1999年1月13日作出了第1243号无效宣告请求审查决定书，决定维持该专利权有效。合鑫公司就程润昌的专利也向专利复审委申请宣告无效，专利复审委于1999年3月22日作出了第1297号无效宣告请求审查决定书，决定维持专利权有效。

本案在审理过程中，一审法院就合鑫公司生产销售的被控侵权产品与程润昌专利技术方案是否相同或等同问题，委托鉴定机构进行技术鉴定，结论为两者不相同亦不等同。

一、二审和原再审判决及结果

一审法院认为合鑫公司制造销售的“隔膜式龙头（阀门）”产品与程润昌专利技术方案不相同亦不等同，不构成侵权，程润昌的诉讼请求无事实和法律依据，遂判决驳回程润昌的诉讼请求。程润昌不服，提起上诉。二审法院认为，专利复审委在第1243号无效宣告请求审查决定中认定，程润昌专利与龚举东的实用新型专利技术相比，两者在结构特征上有明显区别，后者在结构上具有四项特征，前者只有一项结构与后者存在关联相对应，缺少了后者另三项结构特征，后者比前者具有新颖性和创造性。因此龚举东的专利并不重复也不从属于程润昌的专利，两者有本质的区别，合鑫公司使用龚举东专利技术所制造、销售的水龙头的技术方案与程润昌的专利技术方案不相同亦不等同，合鑫公司、龚举东不构成侵权。二审法院遂判决驳回程润昌上诉，维持原审判决。程润昌不服二审判决，向原终审法院反复申诉，该院裁定对本案进行再审。该院再审后，以与原二审判决基本相同的理由驳回了程润昌的再审请求。

再审审查和审理结果

程润昌不服，向最高人民法院申请再审，最高人民法院经审查认为程润昌的再审申请符合《民事诉讼法》第179条第1款第2项和第6项规定的情形，遂裁定本案指定由广东省高级人民法院再审。

广东省高级人民法院再审认为，鉴定机构在解释程润昌专利权利要求时，将仅在说明书以及附图中描述而未在权利要求中记载的具体实施方式纳入了权利要求1的技术方案，对阀体、阀盖、封头、盖帽式操作环等技术特征作了进一步的限定，错误地缩小了专利权利要求1的保护范围，导致其鉴定结论缺乏客观性和公正性，而且法院没有通知鉴定人员出庭接受当事人质询，也没有就当事人提出的质询要求鉴定人员出具书面答复意见，在程序上也存在问题，故该鉴定意见不能作为认定本案事实的依据。程润昌、合鑫公司均确认被控侵权产品使用的是龚举东的专利技术,因此,可以用该专利的技术特征作为被控侵权产品的技术特征。将程润昌专利权利要求1所公开的结构特征与龚举东专利权利要求1所公开的结构特征进行对比,合鑫公司除了认为被控侵权产品中密封膜的结构特征与程润昌权利要求1中翻卷式密封套的结构特征既不相同也不等同外,对两者的其余技术特征相同没有异议。对于"翻卷式密封套"这一技术特征,应结合程润昌专利说明书及附图进行界定,将被控侵权产品的密封套与程润昌专利权利要求1中的翻卷式密封套相比较,二者的翻卷方式、功能以及技术效果均相同,属于相同的技术特征,被控侵权产品具有程润昌涉案专利权利要求1的全部技术特征,已落入程润昌涉案专利权利要求1的保护范围。根据专利复审委作出的第1243号《无效宣告请求审查决定》,龚举东专利是在程润昌专利的基础上引入《阀门设计手册》中的设计思路重新构思而形成的一种新型的具有较长使用寿命、操作灵便、成本不高的改进的水龙头,因此,龚举东专利技术是对在先的程润昌专利技术的改进或者改良,但实施龚举东专利技术有赖于实施程润昌专利技术,因而龚举东专利从属于程润昌专利,合鑫公司实施龚举东专利必然会侵犯程润昌专利。合鑫公司未经程润昌许可,擅自制造、销售落入程润昌专利权保护范围的被控侵权产品,侵犯了程润昌的专利权,应承担相应的侵权责任。龚举东是合鑫公司的法定代表人,无须承担相应的侵权责任。程润昌专利已经超过十年保护期,其申诉要求判令合鑫公司停止侵权的诉讼请求已失去了权利基础和法律依据,不予支持。程润昌要求合鑫公司赔偿经济损失316万元的计算依据缺乏合理性和科学性,不能支持,综合考虑本案各种因素,合鑫公司以赔偿程润昌经济损失50万元为宜。综上,广东省高级人民法院作出再审判决:撤销原一、二审及再审判决,合鑫公司赔偿程润昌经济损失50万元,驳回程润昌的其他诉讼请求。

北京先行新机电技术有限责任公司诉广州智光电气股份有限公司侵犯发明专利权纠纷案

——阅读提示:专利权人在专利无效宣告程序中对其专利权进行了解释并得以维持有效,在之后的侵权诉讼中又意图反悔,是否允许?

【裁判要旨】

禁止反悔原则是限制专利保护范围不合理扩张的一种重要手段。在无效宣告程序中,专利权人对其专利权作了解释并因此得以维持专利权的效力,即涉案专利所保护的技术方案是能够处理两种输入并有可能分别得到三种输出。专利权人在民事诉讼中不得对此作出反悔,将涉案专利权利要求又解释为可以保护其中一种单输入、单输出的单一功能技术方案,从而扩大其保护范围。

【案号】

一审:广东省广州市中级人民法院(2009)穗中法民三初字第175号民事判决

二审:广东省高级人民法院(2010)粤高法民三终字第271号民事判决

【案情与裁判】

原告(二审上诉人):北京先行新机电技术有限责任公司(以下简称先行公司)

被告(二审被上诉人):广州智光电气股份有限公司(以下简称智光公司)

起诉和答辩

2009年7月9日,先行公司认为智光公司未经授权,使用涉案专利技术生产并销售与涉案专利产品相同(或等同)技术特征的高压变频器,遂向广东省广州市中级人民法院提起诉讼,请求判令:(1)智光公司立即停止制造、使用、销售及宣传先行公司拥有专利权的高压变频调速器;(2)智光公司立即销毁所有侵权产品;(3)在全国和行业级别的报刊等媒体上公开赔礼道歉,消除影响;(4)智光公司向先行公司支付侵权所得1500万元作为赔偿,并支付先行公司的合理支出约16万元;(5)由智光公司承担本案的诉讼费用。

智光公司答辩称:被诉侵权产品所使用的技术既不相同也不等同于涉案专利的技术方案,被诉侵权产品使用的是现有技术,没有落入涉案专利保护范围。

法院审理查明

1995年12月1日,马志刚等人向国家专利局申请名称为"一种高电压电力变换方法及其变换装置"的发明专利(以下简称涉案专利),并于1998年3月26日获得发明专利证书,专利号为ZL95119585.9,专利权人为马志刚等人。1999年1月22日,该专利的专利权人变更为先行公司。该权利要求书上记载的权利要求1为:一种高电压电力变换方法,其特征是采用以下步骤:(1)将输入的交流电或直流电变换成M×N路、彼此间电位独立的中间交流电;(2)对各路中间交流电进行整流滤波形成相同路数的中间直流电;(3)对各路中间直流电进行逆变,并串连各逆变电桥,将中间直流电同极性叠加,输出高压直流电、脉动直流电或交流电。2006年12月30日,专利复审委作出第9402号无效宣告请求审查决定。该审查决定宣告ZL95119585.9发明专利的权利要求3以及引用权利要求3的从属权利要求4~12无效,维持其权利要求1和2有效。该决定书载明:"权利要求1所述的六种情况是指本专利的高电压电力变换方法所能处理的输入、输出而不是该方法本身的六种技术方案,该方法应被理解为一个整体技术方案能够处理两种输入并有可能分别得到三种输出。""本专利权利要求1的技术方案是一种将输入的交流电或直流电变换成直流电、脉动直流电或交流电的高电压电力变换方法。从功能上看,该专利权利要求1的技术方案具备如请求人所述的六种可能的功能,即从交流电变直流电、交流电变脉动直流电、交流电变交流电以及直流电变直流电、直流电变脉动直流电、直流电变交流电。"

先行公司指控智光公司制造的ZINVERT型智能高压变频调速系统使用了先行公司的专利方法,并制造、销售及许诺销售了该侵权产品,智光公司确认其制造、销售了被诉侵权产品。

先行公司确认被控侵权的ZINVERT型智能高压变频调速系统只输入交流电并仅得

到交流电。

一审判理和结果

一审法院认为,先行公司专利权利要求 1 的技术方案是将一种输入的交流或直流电变换成直流电、脉动直流电或交流电的高压电力变换方法。虽然先行公司发明专利说明书中分别提到了几种不同的切分单元可以接收不同的输入,但根据涉案专利权利要求书中所描述的独立权利要求 1 的内容来看,不应作出该权利要求保护实现六种功能中任何一种单一的技术方案的解释。被控侵权的 ZINVERT 型高压变频调速系统实际上是将交流电变换成交流电的变频系统,庭审中先行公司亦确认被诉侵权产品仅输出并仅得到交流电,因此,被控侵权的 ZINVERT 系列高压变频调速系统缺少了涉案专利权利要求 1 中的必要技术特征,没有落入涉案专利的保护范围。遂判决:驳回北京先行新机电技术有限责任公司的全部诉讼请求。

上诉与答辩

先行公司不服原审判决,向广东省高级人民法院提起上诉,请求判令:(1)撤销一审判决;(2)智光公司侵犯 ZL95119585.9 发明专利权;(3)支持先行公司在一审中的其他诉讼请求;(4)智光公司承担本案在一、二审的诉讼费用及其他合理支出。事实和理由:(1)一审法院认定事实不清。本案权利要求 1 所要求保护的技术方案在具体的使用过程中,不可能同时体现所谓的“六种功能”,本发明是根据使用者的具体需求,在应用中只采用某一种具体的使用方案。本案专利权利要求 1 中所要求保护的必要技术特征包括一种输入,然后经过高电压电力变换后,得到一种输出;输入可以由使用者根据现场条件确定输入直流电还是交流电,输出也可以为高压直流电、脉动直流电或高压交流电(包括单相交流电和多相交流电)中的某一种。智光公司所采用的方案即包括了确定输入交流电并确定输出交流电,其包含的技术特征亦为确定一种具体输入,然后经过高电压电力变换后,得到一种具体输出。因此,智光公司的技术方案落入了先行公司的专利保护范围。(2)原审判决法律适用不当。一审法院已经阐明先行公司“发明专利说明书中分别提到了几种不同的切分单元可以接收不同的输入”,本领域技术人员能够了解,在本发明中不可能并且不需要同时具有两种输入,进而同时具有三种电流输出。本领域技术人员能够理解,本发明是根据现场条件确定一种输入,创造性地变换,得到一种可根据需求选择的输出。因此,原审判决中得出的“不应作出该权利要求保护实现六种功能中任何一种单一的技术方案的解释”明显不当。

智光公司答辩称:(1)一审法院对涉案专利保护范围的解释,即“作为一个整体的技术方案,该方法应该被理解为能够处理两种输入并有可能分别得到三种输出,即实现六种功能的多功能技术方案”,不但符合权利要求记载的内容,而且也符合说明书的教导,同时也与涉案专利的无效审查档案的记载相一致。被控侵权产品技术方案只能处理一种输入并得到一种输出,一审判决根据全面覆盖原则判定被控侵权产品不会落入涉案专利的保护范围有充分的法律依据。(2)被控侵权产品的技术方案中的整流步骤、输出交流电的步骤与涉案专利所限定的整流步骤、输出交流电的步骤既不相同也不等同。被控侵权产品的技术方案中缺少涉案专利所限定的输出高压直流电、脉动直流电的步骤。

二审判理和结果

二审法院认为：涉案专利方法所保护的是多功能的技术方案，即能够输入交流电或直流电，经过高电压电力变换后，可以输出高压直流电、脉动直流电或交流电。上述解释亦得到专利复审委第9402号无效宣告请求审查决定的支持。第9402号无效宣告请求审查决定中，专利复审委认为涉案专利方法应被理解为一个整体技术方案，即能够处理两种输入并有可能分别得到三种输出，而非概括了六种技术方案，从而与对比文件1（美国专利US4674024）的单一功能技术方案存在本质区别。涉案专利权利要求1、2在第9402号无效决定中亦因此得到维持。故在民事侵权诉讼中，专利权人先行公司不能对此作出反悔，将涉案专利权利要求解释为可以保护其中一种单输入、单输出的单一功能技术方案，从而扩大其保护范围。被诉侵权的ZINVERT型智能高压变频调速系统实施的只输入交流电并仅得到交流电的技术方案，是处理一种输入并得到一种输出的单功能的技术方案。该技术方案与涉案专利能够处理两种输入并有可能分别得到三种输出的多功能技术方案相比，发明目的以及实现发明目的的手段不同，技术效果也不同。因此，原审法院认定被诉侵权的ZINVERT型智能高压变频调速系统缺少涉案专利的必要技术特征，没有落入涉案专利的保护范围正确。判决：驳回上诉，维持原判。

华盖创意（北京）图像技术有限公司诉中国外运重庆有限公司侵犯著作权纠纷案

——阅读提示：本案涉及审理侵犯著作权纠纷案件中应如何适用证据规则，如何分配当事人举证责任问题。

【裁判要旨】

原告提起侵犯著作权之诉，其不仅应提交其享有涉案作品著作权的事实证据，同时还要提交被告构成侵权的事实证据。被告对原告提交的上述证据予以否认的，同样应就其否认的事实提交证据予以证明，以保证诉讼中当事人诉讼权利义务平等。被告没有提交证据的，应承担对己不利的法律后果。

【案号】

一审：重庆市第一中级人民法院（2009）渝一中法民初字第209号

二审：重庆市高级人民法院（2010）渝高法民终字第71号

再审：最高人民法院(2010)民提字第199号

【案情与裁判】

原告（二审上诉人、申请再审人）华盖创意（北京）图像技术有限公司（以下简称华盖公司）

被告（二审被上诉人、被申请人）中国外

运重庆有限公司(以下简称重庆外运公司)

起诉与答辩

2009年3月,华盖公司起诉称,其作为Getty公司在中国的授权代表,有权在中国境内展示、销售和许可他人使用Getty公司拥有著作权的图片,并有权在中国境内以华盖公司名义就任何侵权行为提起诉讼。重庆外运公司未经授权,在其企业宣传画册中使用了Getty公司授权其在中国有权展示、销售和许可他人使用的一张图片,图片编号为:aa030148,内容为:仓库。请求判令重庆外运公司立即停止侵权行为并销毁全部相关制品;在重庆电视台卫视频道公开赔礼道歉;赔偿华盖公司经济损失10,000元;支付华盖公司为维权所支出的成本费用1100元;本案诉讼费用由重庆外运公司负担。

重庆外运公司辩称,重庆外运公司只是企业宣传画册的使用者,而非制作者,没有侵权的故意,且早已停止使用该宣传画册,不应承担民事侵权责任。请求驳回华盖公司的诉讼请求。

一审审理查明

华盖公司为美国Getty Images,Inc.(以下简称Getty公司)在中国的授权代表,Getty公司授权华盖公司在中国境内展示、销售和许可他人使用拥有著作权的图像资料,并有权在中国境内以华盖公司的名义就任何第三方对Getty公司的知识产权(版权,包括精神权利)的侵犯和未经授权使用Getty公司拥有著作权的图像的行为采取任何形式的法律行为。Getty公司出具的授权书已经美国公证机构公证及中国驻美国旧金山总领事馆认证。依据该授权书,华盖公司作为Getty公司在中国的授权代表,有权在中国境内展示、销售和许可他人使用Getty公司拥有著作权的图片,并有权在中国境内以华盖公司名义就任何侵权行为提起诉讼。华盖公司认为重庆外运公司未经授权,在其企业宣传画册中使用了Getty公司授权其在中国有权展示、销售和许可他人使用的一张图片,图片编号为:aa030148,内容为:仓库。一审庭审中,重庆外运公司提交证据证明涉案宣传画册形成时间在2006年。

一审判理和结果

一审法院认为,根据我国著作权法的相关规定,当事人提供的涉及著作权的底稿、原件、合法出版物、著作权登记证书、认证机构出具的证明、取得权利的合同等,可以作为享有著作权的证据。按照Getty公司的确认授权书,Getty公司有权展示、销售和许可他人使用附件A所列出之品牌的所有图像,其中包括有"Photodisc"品牌,这些图像展示在该公司互联网网站上;华盖公司为Getty公司在中国的授权代表,2009年3月23日,华盖公司在Getty公司的互联网网站www.gettyimages.com上公证取证,查询并打印了相关网页的情况,网页上登载了涉案图片并载明图片编号为:aa030148,内容:仓库,品牌:"Photodisc"等。然而华盖公司通过上述公证取证,仅能证明在2009年3月23日即公证之日Getty公司的网站上载有涉案图片,且根据Getty公司的声明,该公司对其网站上的图片享有著作权。因此,在没有相反证据的情况下,可以推定Getty公司从2009年3月23日起对涉案图片享有著作权。但是,Getty公司是一家专业图片经营公司,该公司享有著作权的图片或为该公司摄影师拍摄的职务作品,或为该公司通过其他途径继受取得,而该公司以其网站作为其图片库,网站上的图片库不同于其他公开出版物,不具有内容明确、固定的特点。Getty公司的网站上具有海量图片信息并根据该公司随时新取得图片的情况而处于适时更新的变动状态,且每张图片均未显示上传时间。因此,在涉案宣传画册制作形成的时间即2006年,Getty公司是否享有涉案图片著作权,华盖公司未能加以证明。重庆外运公司质疑在2006年委托广告公司制作涉案宣传画册时,广告公司应对其所选择的图片享有著作权或相关授权。重庆外运公司的质疑使涉案图片在2006年的权属问题处于不明确的状态。由于华盖公司未能就Getty公司在涉案宣传画册形成时间之前是否拥有涉案图片著作权的事实提供充分的证据予以证明,从而华盖公司亦不能根据该公司授权而享有涉案图片相关权属及提起本案诉讼的权利,对于本案其他事实,已无进行评述认定的必要。综上,华盖公司证明其权属的证据不足,其诉请重庆外运公司承担侵权责任缺乏相应依据。根据《中华人民共和国著作权法》第3条第5项、第11条,《最高人民法院关于审理著作权民事纠纷案件适用法律若干问题的解释》第7条,《中华人民共和国民事诉讼法》第128条之规定,判决驳回华盖公司的诉讼请求。

上诉与答辩

华盖公司不服一审判决,向重庆市高级人民法院提起上诉。

在二审举证期限内,华盖公司提交了七组证据:第一组证据为中国国家版权局著作权登记证书,证明华盖公司经Getty公司授权,拥有但不限于展示、销售和许可他人使用案图片的权利,期限为2005年8月1日至2010年6月30日;第二组证据为CN域名注册证书,证明华盖公司自2005年8月4日开始合法注册登记拥有www.gettyimages.cn的网站域名;第三、四组证据为北京市方圆公证处(2010)京方圆内经证字第02221号《公证书》和辽宁省大连市中山区公证处(2010)大中证民字第206号《公证书》,证明本案编号为aa030148的图片上传时间为2005年8月25日;第五组证据为Getty公司与深圳超景图片公司签署的《图像协议》,证明涉案图片通过各种形式在大陆范围内推广、宣传和销售;第六组证据为图片素材宣传册,证明涉案图片通过各种形式在大陆宣传推广;第七组证据为与瑞源国际安全技术公司使用许可合同,证明涉案图片在2007年8月授权其他公司合法使用。

重庆外运公司答辩称,一审法院判决结果正确,请求予以维持。

二审审理查明

华盖公司提交的证据:(1)第一组证据是国家版权局出具的著作权登记证书,其真实性可以确定,但其证明力要结合其他证据予以综合评判。(2)第二组证据,重庆外运公司对其真实性没有异议,可作为二审新的证据。(3)第三、四组证据是通过公证取得的证据,在没有相反证据的情况下,真实性应予以确认,但其证明力需结合其他证据予以综合评判。(4)第五组证据是中文版本,而协议约定了有不同时以英文版本为准,而华盖公司未提交英文版本,无法核实内容的真实性。另外,协议封面有"香港"字样,表明该协议形成于香港,而根据规定,在香港形成的证据需要履行公证认证手续,而华盖公司并未履行该手续。综上,第五组证据的真实性不能确认,不能作为二审新的证据。(5)第六组证据由于只有英文而没有经过翻译,而且证据形成的时间和地点均不能确定,无法核实证据来源的合法性及内容的真实性,故对第六组证据的真实性不予确认,不作为二审新的证据。(6)第七组证据中的合同是格式合同,仅有合同无法确认瑞源国际安全技术公司的主体真实性、合法性以及合同内容的真实性;合同中约定的使用费用为6600元,但汇兑凭证上的金额是11,450元,数额上不吻合,从金额上看二者没有关联性;合同的主体为瑞源国际安全技术公司,而汇兑凭证则是臧力的个人汇款,从主体上看二者也没有关联性。综上,第七组证据中的合同的真实性无法确认,不能作为二审新的证据;汇兑凭证与合同以及本案均没有关联性,不能作为二审新的证据。

另查明:(1)华盖公司自2005年8月4日至2014年6月4日,注册登记并拥有www.gettyimages.cn的网站域名;(2)2009年11月24日,华盖公司自愿在国家版权局进行作品著作权登记(登记号为2009-G-022300),登记证书的内容为:经Getty公司(美国)授权,申请者华盖公司(中国)取得摄影作品《图片73718861等24张图片》在中国大陆内展示、销售和许可他人使用的权利,授权期限:自2005年8月1日起至2010年6月30日止;(3)2010年2月3日,按照华盖公司的申请,北京市方圆公证处和辽宁省大连市中山区公证处分别作出(2010)京方圆内经证字第02221号《公证书》和(2010)大中证民字第206号《公证书》,证明公证人员打开admin.gettyimages.cn网站,通过输入用户名和密码打开新网页,在“图片编号”处输入aa030148,并实施打印,打印页面显示涉案图片的上传时间为2005年8月25日。二审查明的其他事实与一审查明的相同。

二审判理和结果

二审法院认为,根据一审判决认定,Getty公司从2009年3月23日起才对涉案图片享有著作权,而颁发给华盖公司的著作权登记中记载,Getty公司许可华盖公司使用涉案图片的期限自2005年8月1日起至2010年6月30日止。从上面两个事实可以看出,它们在逻辑上是相互矛盾的,因为如果Getty公司从2009年3月23日才对涉案图片享有著作权,那么就没有权利许可华盖公司从2005年开始使用涉案图片。因此,能否认定Getty公司在2005年8月1日或者是2006年之前对涉案图片享有著作权就成为本案的关键问题,而解决这一问题的核心是对华盖公司二审提供的两份公证书上所记载的图片上传时间的认定。

虽然华盖公司二审提供的两份公证书显示涉案图片的上传时间是2005年8月25日,但并不能因此确认涉案图片的上传时间就是公证书中所记载时间,理由是:第一,华盖公司在一审、二审提供的公证书中均有涉案图片,经过对比,两幅图片只有一个地方不同,一审涉案图片左上角有“Getty Images ®”字样,但二审涉案图片却没有。而根据一审、二审公证书涉案图片打印页面显示,一审图片刊载于华盖公司注册并拥有的www.gettyimages.cn网站,二审图片来自admin.gettyimages.cn网站,admin.gettyimages.cn网站是www.gettyimages.cn网站的后台编辑管理平台。上述事实说明,华盖公司至少在一审之后二审之前对涉案图片的“Getty Images ®”字样进行了修改,同时也证明华盖公司有能力对网站中的相关信息进行修改。第二,华盖公司一审公证书中并没有涉案图片的上传时间,二审公证书中虽然有图片的上传时间,但该时间是显示在其后台管理网站上,后台管理信息具有不公开性,结合华盖公司曾对涉案图片"Getty Images ®"字样进行过修改的行为,有合理的理由怀疑华盖公司对图片的上传时间进行修改,使涉案图片的准确上传时间无法得到确认。第三,华盖公司辩解其网站是委托第三方进行管理,无法对上传时间进行修改,但是华盖公司并未提供其与第三方签订的委托管理合同以及第三方身份证明等相关证据,无法确认华盖公司是否委托了第三方对网站进行管理、第三方是否有资格和能力进行管理以及第三方是否能够遵守网络管理规定,保持相关信息原始性和准确性。综合以上理由,现有证据不能确定涉案图片的上传时间,故无法确定 Getty 公司在 2005 年 8 月 1 日前或者是在 2006 年前,对涉案图片享有著作权。

关于著作权登记证书记载的许可使用期限的问题。著作权等级证书记载涉案图片的许可使用权限自 2005 年 8 月 1 日起至 2010 年 6 月 30 日止。按照华盖公司在二审中的陈述,登记证书是根据华盖公司一审提供的确认授权书的内容制作的。确认授权书只能证明 Getty 公司许可华盖公司在 2005 年 8 月 1 日以前及以后,对附件 A 所列品牌,如"Photodisc",但涉案图片何时形成、Getty 公司对图片何时享有著作权,确认授权书都没有记载,还需由华盖公司提供证据加以证明,而华盖公司并未提供相关证据。因此,仅凭著作权登记证书的记载而没有其他证据佐证,不能认定 Getty 公司在 2005 年 8 月 1 日前对涉案图片享有著作权。

综上,现有证据不能证明 Getty 公司在 2005 年 8 月 1 日以前或者是在 2006 年前对涉案图片享有著作权,故华盖公司不能依据 Getty 公司的授权,享有相关著作权及提起本案诉讼的权利。一审法院认定事实清楚,适用法律正确,审判程序合法。华盖公司的上诉理由不能成立。依照《中华人民共和国民事诉讼法》第 153 条第 1 款第 1 项的规定,判决驳回上诉,维持原判。

申请再审理由与答辩

华盖公司申请再审称,华盖公司在本案中提供的证据,已经形成一个完整的证据链,即依据华盖公司与美国 Getty 公司的约定和授权,华盖公司在中国地域范围内拥有"Photodisc"图片品牌的著作权。原审法院认定事实和适用法律错误。(1)重庆外运公司使用的图片与华盖公司的图片完全相同,证明重庆外运公司已经完成了"全部拿来,占为己有"的行为;(2)华盖公司提交了在侵权行为发生之前,对涉案图片进行销售的合同,但二审法院漏列该重要证据;(3)二审法院以华盖公司仅提交了授权合同中文文本,而未提交英文文本为由,认定"无法核实该协议的真实性",并对作为物证的素材库,以英文未经翻译为由,认定"无法核实证据来源的合法性和内容的真实性",缺乏依据;(4)一审法院将公证时间作为华盖公司取得著作权的时间是错误的。在没有相反证据证明著作权登记事项错误的前提下,应当对华盖公司二审提交的登记证书所记载的著作权取得时间予以认可;(5)二审法院认定华盖公司对图片进行了修改,并以华盖公司没有提供与第三方签订的委托合同以及第三方的管理资质为由,对涉案图片上传时间不予认可,缺乏依据;

(6)华盖公司现提供新证据,即(2010)大中证经字第79号公证书,证明华盖公司二审提交的经公证的图片之所以没有水印标志,是因为这些图片只是小规格图片,点击放大后,自然会有水印标志。请求撤销一审、二审判决,支持华盖公司一审提出的诉讼请求。

重庆外运公司答辩称,华盖公司提交的证据不能形成证据链条,不能证明其对涉案图片享有著作权等相关权利;即使华盖公司对涉案图片享有著作权等相关权利,重庆外运公司只是企业宣传画册的使用者,没有侵权的故意,不应承担侵权责任。请求维持原判,驳回华盖公司的再审请求。

再审审理查明

最高人民法院于2010年11月5日裁定提审本案,依法组成合议庭,公开开庭审理了本案。

最高人民法院经审理查明,华盖公司在申请再审期间提交了(2010)大中证经字第79号公证书,该公证书显示,因华盖公司二审提交的图片过小,水印不易识别,但该图片上确有水印,点击放大后便可清晰看见。本院听证过程中,华盖公司对此进行了现场演示,重庆外运公司当庭认可小图上亦有水印。华盖公司申请再审期间提交2007年10月10日华盖公司与上海诺亚方舟企业形象策划有限公司签订的"图片订购确认单",载明编号为aa030148图片的授权使用费为3000元。华盖公司诉重庆外运公司侵犯其6张图片的著作权,共计支付公证费800元,律师代理费6000元,华盖公司主张1张图片的维权成本费用为1100元。2007年7月10日,重庆外运公司(甲方)与重庆嘉恒广告有限公司(乙方)签订合同,甲方委托乙方策划、设计及制作"中国外运重庆公司企业画册",并支付设计制作费9000元。其他事实与一审、二审法院查明的事实基本相同。

再审判理和结果

最高人民法院再审认为,根据华盖公司再审请求和理由及重庆外运公司的答辩意见,并结合本案相关证据及一审、二审法院的判理,本案争议的焦点问题包括:一、华盖公司是否取得了Getty公司的合法授权,是否有权提起诉讼并主张权利;二、重庆外运公司是否构成侵权。

1. 关于华盖公司是否取得了Getty公司的合法授权,是否有权提起诉讼并主张权利的问题

本案中,Getty公司未参加诉讼,但Getty公司是否享有涉案图片的著作权,直接关系其对华盖公司的授权行为是否存在瑕疵,以及对华盖公司主张能否予以支持的问题,故应对此进行必要的审查,并结合双方当事人提供的证据综合分析判断。

首先,Getty公司系美国知名的专业摄影图片提供商,涉案图片上有"Getty Images ®"的水印,即Getty公司的署名,并标注了"本网站所有图片均由Getty公司授权发布,侵权必究"等字样,根据著作权法的规定,如无相反证明,应认定在作品上的署名者为作者,并享有著作权。本案中,Getty公司出具的授权书已经美国公证机构公证,及我国驻美国旧金山总领事馆认证,对此证据效力应予采信。依据该授权书,华盖公司作为Getty公司在中国的授权代表,有权在中国境内展示、销售和许可他人使用Getty公司拥有著作权的图片,并有权在中国境内以华盖公司名义就任何侵权行为提起诉讼。

其次,关于涉案图片何时公开发表的问题。鉴于本案重庆外运公司使用的涉案图片与Getty公司享有著作权的图片完全相同,但重庆外运公司既未提交证据证明涉案图片的著作权不属于Getty公司,亦未能证明其对涉案作品的使用有合法依据。据此,可以推定涉案图片在重庆外运公司2006年使用之前已经公开发表,至于涉案图片发表的具体时间已不重要。一审法院将华盖公司2009年3月23日申请公证机构公证的时间,作为Getty公司享有著作权的时间没有法律依据。二审法院以"现有证据不能证明Getty公司在2005年8月1日以前或者是在2006年前对涉案图片享有著作权"为由,认定华盖公司不能依据Getty公司的授权,享有相关著作权及提起本案诉讼的权利,亦法律依据不足。据此,本院认为,根据华盖公司在一审、二审及申请再审过程中提供的相关证据,可以认定华盖公司已经取得Getty公司合法授权,其据此主张权利,依法应予支持。

2. 关于重庆外运公司是否构成侵权问题

如前所述,华盖公司对涉案图片依法享有著作权,并受著作权法保护。重庆外运公司未经许可,擅自使用涉案图片,并用于企业宣传推广,侵犯了华盖公司依法享有的复制权和发行权,应当承担停止侵害、赔偿损失的民事责任。重庆外运公司以其只是企业宣传册的使用者,不是制作者,没有侵权的故意,不构成侵权抗辩的理由不能成立。对于企业宣传画册制作者的责任,重庆外运公司可以依据其与该制作者签订的合同,另案解决。关于赔偿数额,根据华盖公司相同图片的许可使用费价格及重庆外运公司侵权行为的性质、主观过错等因素,由本院予以酌定。对于华盖公司请求判令重庆外运公司赔礼道歉的问题,因赔礼道歉属于侵犯著作权人人格权利所应承担的民事责任,而华盖公司不是涉案图片的作者,其不享有涉案图片著作权中的人格权利,故对其该项主张不予支持。

最高人民法院作出再审判决:撤销原一审、二审判决,改判重庆外运公司停止使用编号为aa030148的摄影图片,并赔偿华盖公司经济损失3000元及合理支出费用1100元,驳回华盖创意(北京)图像技术有限公司其他诉讼请求。一审、二审案件受理费共计150元,由重庆外运公司负担。

李长福诉中国文史出版社侵犯著作权纠纷案

——阅读提示:书商买书号以出版社的名义出版的图书,复制发行的主体应该如何认定?出版社的专有出版权应该如何理解?出版社卖书号的行为与侵犯著作权有何关系?

【裁判要旨】

出版社买卖书号,书商以出版社的名义从事非法出版活动出版的非法出版物,其复制发行的主体实质上已经不是出版社,而是书商。即使出版社主张此种图书为其出版,并愿意对有关问题承担责任,因其主张与事实不符,不应采信。出版社卖书号给书商出版侵权图书,出版社未经许可将其有专有出版权的书稿交给书商复制发行,均构成侵权行为。

【案号】

一审:北京市第一中级人民法院(2005)一中民初字第12079号

二审:北京市高级人民法院(2006)高民终字第522号

再审:最高人民法院(2010)民提字第117号

【案情与裁判】

原告(二审上诉人、申请再审人):李长福

被告(二审被上诉人、被申请人):中国文史出版社(以下简称文史出版社)

起诉和答辩

2005年10月25日,李长福向北京市第一中级人民法院起诉称,文史出版社违反图书出版合同约定,在出版787×960开本的《邓小平理论辞典》原版书(以下简称960版)之外,未经许可擅自出版含电子版光盘的787×1092开本(以下简称1092版),且存在多处错误,质量很差;1092版未在扉页、封面和书脊上署名(光盘封面上未署名)。文史出版社未支付960版印数稿酬,亦未在960版封面和书脊上为其署名。文史出版社侵犯了其发表权、署名权、财产权等权利,请求判令文史出版社赔偿擅自出版1092版及其光盘给李长福造成的损失833,800元;支付精神抚慰金48,000元;支付拖欠的960版印数稿酬8120元;赔偿合理支出12,180元,停止发行1092版及其光盘,销毁库存,并在报纸上公开赔礼道歉;请求判决解除图书出版合同。

文史出版社答辩称,两个版本均由其出版,均履行了出版审批手续,均属于原版;李长福已经将专有出版权许可给文史出版社,出版何种版本的决定权在文史出版社,无须经著作权人同意,1092版出版并不侵权;同意解除图书出版合同。

一审审理查明

一审法院查明,2001年4月,李长福与文史出版社签订图书出版合同,授予文史出版社在中国大陆出版发行《邓小平理论辞典》汉字简体字文本的专有使用权;约定未经双方同意,任何一方不得将约定的权利许可第三方使用,如有违反,另一方有权要求经济赔偿并终止合同;文史出版社尊重李长福确定的署名方式;稿酬计算方式为基本稿酬65元/千字加印数稿酬;出版电子版或者许可第三方出版电子版,须另行取得李长福的书面授权;合同有效期为10年。

在市场上有以文史出版社名义出版的960版、1092版两种版本的《邓小平理论辞典》,均署名主编李长福。960版扉页在作品标题下署名“李长福主编”,1092版扉页没有署名;印数均为5000册,字数均为1180千字,均为2004年8月第1版。960版定价130元,1092版定价298元,1092版配套光盘的内容与图书内容一致。李长福指出1092版有40余处文字、排版、印刷错误;文史出版社承认该事实及出版光盘未经许可的事实。李长福已获得960版基本稿酬74,100元。文史出版社为证明1092版为合法出版物,提交了该书出版的审批手续,包括《书稿审读报告》、《发稿单》、向国家新闻出版署报送的《图书在版编目(ICP)数据工作单》、《图书期刊印刷委托书》等。

一审判理和结果

一审法院认为,文史出版社同意支付960版印数稿酬,法院予以支持。由于双方合同未就署名方式加以特别约定,出版社只要在署名页为作者署名即可视为署名恰当。李长福主张文史出版社未在封面和书脊等处为其署名侵犯其署名权缺乏依据,对其相关诉讼请求不予支持。文史出版社取得了出版发行《邓小平理论辞典》简体字图书的专有使用权,版本的决定权在文史出版社,因此其出版1092版并未超出合同约定范围。文史出版社出版1092版应支付印数稿酬,但由于李长福在本案中未主张该版本印数稿酬,李长福可另行解决。

文史出版社在出版1092版的同时出版光盘版,超出合同约定,其行为既属于违约又构成侵权,李长福有权选择提起侵权之诉。文史出版社应承担停止侵权、赔偿损失的民事责任。文史出版社侵犯了李长福的著作权中的财产权利而非人身权,李长福要求支付精神抚慰金及公开道歉的诉讼请求不予支持。因发表权属于一次性权利,李长福已将书稿的专有使用权授予文史出版社,文史出版社出版光盘版不侵犯发表权。双方均同意解除图书出版合同,法院予以准许。

2005年12月20日,一审法院作出民事判决如下:(1)解除李长福与文史出版社关于《邓小平理论辞典》的图书出版合同;(2)文史出版社支付李长福960版图书印数稿酬7410元;(3)文史出版社停止出版发行光盘版《邓小平理论辞典》;(4)文史出版社赔偿李长福因光盘版侵权所造成的损失40,000元;(5)文史出版社支付李长福合理支出4108元;(6)驳回李长福其他诉讼请求。案件受理费14,032元,李长福、文史出版社各负担7016元。

上诉与答辩

李长福不服一审判决,向北京市高级人民法院提起上诉。

二审审理情况

二审法院查明的事实与一审基本相同。二审法院以与一审判决基本相同的理由判决驳回上诉,维持原判。

申请再审理由与答辩

李长福向最高人民法院申请再审称,文史出版社未经李长福许可,私自将960版的未定稿交给书商姚智瑞,并卖书号给书商,由书商出版发行了含电子版光盘的1092版侵权图书。1092版是既违反国家出版法规,又侵犯作者著作权的非法出版物。1092版及光盘有40余处严重错误,给作者带来了负面影响。原审判决认定1092版未超出合同许可出版范围,与事实不符。原审法院没有接受李长福调查收集证据的申请,没有调查收集本案的重要证据,认定事实不清,适用法律错误。李长福提交的新证据能够证明1092版的版权页及封面上注明的责任编辑、装帧设计、新华书店北京发行所、北京通州振华装订厂等内容都是盗用他人名义,原判决认定1092版为合法出版物的《书稿审读报告》、《发稿单》等内部审批证据均是伪造的,新证据足以推翻原判决。1092版中所含的光盘不是一个独立出版物,而是1092版的组成部分,原审法院仅判决停止出版发行光盘版,没有法律依据,也无法执行。请求撤销原审判决,支持李长福的诉讼请求。

李长福申请再审时提交了以下新证据:(1)中国文联出版社美术编辑王堃出具的证

明,证明1092版装帧设计盗用了王堃的名义。(2)李长福原审代理律师调查的记录,证明1092版盗用了新华书店北京发行所的名义发行。(3)李长福及其原审代理律师同北京通州振华装订厂业务人员的谈话记录,证明1092版盗用了该装订厂的名义。(4)李长福与北京广缘文化有限公司法人代表王一凡的电话录音,证明文史出版社当时的社长马威2004年7月电话通知王一凡将960版的未定稿光盘给了书商姚智瑞。(5)李长福与北京业和印务有限责任公司经理宋胜利的电话录音及该公司出具的证明,证明书商姚智瑞持文史出版社的委印单及未定稿光盘到该公司印刷1092版的页子。(6)李长福到北京市工商行政管理局昌平分局的调查笔录,证明书商姚智瑞花了8万元向文史出版社买了1092版的书号。(7)李长福与文史出版社原总编辑胡太春、原副总编辑汪新、出版部主任于波等人的电话录音及李长福整理的电话主要内容书面记录,证明当时文史出版社参与960版图书编审工作的负责人均没有参与、不了解1092版编审出版的事实。李长福称其将上述证据作为新证据提交给二审法院,二审法院以这些证据与本案无关及超过举证期限为由,剥夺了其出示证据权。故将这些证据作为申请再审的新证据提交。

文史出版社再审答辩称,文史出版社出版1092版没有超出合同约定,没有侵犯李长福的著作权;李长福在1092版校样稿扉页上签字"同意"付印,其对出版1092版是知道的。

对文史出版社的再审答辩意见,李长福认为,1092版是文史出版社原社长与书商"暗箱操作"的,连文史出版社的其他负责人及编辑、出版、校对部门的负责人都不知情,李长福更不可能知道。有李长福签字的校样稿扉页,是为印制960版样书的发稿单,而且1092版根本没有这个扉页。在该校样稿扉页上有文史出版社当时的副总编辑汪新的签字,在一审时李长福提交了汪新的书面证言,证明该校样上的签字是为了印制960版的样书。

再审审查与审理结果

最高人民法院于2010年6月3日以(2008)民申字第427号民事裁定书裁定提审本案。最高人民法院根据李长福的申请,从北京市工商行政管理局昌平分局调取了姚智瑞无照经营行政处罚案的卷宗,其中有文史出版社开具给姚智瑞的两张发票,开票时间分别为2004年6月22日、7月19日,金额合计为8万元。

最高人民法院查明,1092版图书配有光盘一张,在光盘的正面印有"邓小平理论辞典"和"赠品"等字样,没有标明出版单位、电子出版物书号、主编姓名等内容;在光盘内的电子文档内容与纸质印刷图书的内容相同,编撰人员名单中署名"主编:李长福"。文史出版社在再审时认可1092版是其当时的社长马威找书商姚智瑞合作出版,是将960版未定稿交给书商,由书商自行排版、印刷、发行了1092版;文史出版社向书商收取了8万元管理费。另查明,李长福在一审时向法院提交了文史出版社原副总编辑汪新的书面证言、印刷厂的证明材料等证据,用以证明1092版完全由书商操作,并书面申请法院调查关于1092版出版审批材料、印刷、发行真实情况的证据。

再审庭审时,最高人民法院要求文史出版社提交1092版和960版的校对稿进行比较。文史出版社称因其内部管理原因,当时刊印《邓小平理论辞典》的发稿样稿遗失,不能提供。

最高人民法院认为,李长福作为涉案的《邓小平理论辞典》这一汇编作品的主编,其对该作品享有的著作权应受到法律的保护。按照双方签订的图书出版合同的规定,文史出版社并无许可他人复制发行涉案作品的权利。《出版管理条例》第22条规定,出版单位不得向任何单位或者个人出售或者以其他形式转让本单位的名称、书号。1997年1月新闻出版署《关于严格禁止买卖书号、刊号、版号等问题的若干规定》(新出图〔1997〕53号)第1条规定,“严禁出版单位买卖书号、刊号、版号。凡是以管理费、书号费、刊号费、版号费或其他名义收取费用,出让国家出版行政部门赋予的权力,给外单位或个人提供书号、刊号、版号和办理有关手续,放弃编辑、校对、印刷、复制、发行等任何一个环节的职责,使其以出版单位的名义牟利,均按买卖书号、刊号、版号查处。”;第2条规定,“严禁任何单位和个人以任何名义直接或间接地购买书号、刊号、版号,并参与出版、印刷、复制、发行等活动。凡购买书号、刊号、版号从事的出版活动均属非法出版活动,坚决予以取缔。”根据查明的事实,可以认定1092版《邓小平理论辞典》是文史出版社以合作出版为名,向书商姚智瑞收取管理费,给书商办理有关手续,由书商自行排版、印刷、发行的。文史出版社放弃了编辑、校对、印刷、复制、发行等职责,致使书商以文史出版社的名义从事非法出版活动牟利,构成买卖书号行为。1092版图书是书商姚智瑞从事非法出版活动出版的非法出版物,其复制发行的主体实质上已经不是文史出版社,而是书商姚智瑞。虽然文史出版社主张1092版图书为该社的合法出版物,并愿意对该版图书出现错误、未付酬等问题承担责任,但是因其主张与事实不符,不予采信。文史出版社未经许可将李长福的书稿交给书商复制发行的行为,构成侵权行为。1092版所附光盘为赠品,光盘没有电子出版物书号,也没有单独定价发行,因此应该认定该光盘是被控侵权的1092版图书的组成部分,而李长福与文史出版社签订的出版合同明确约定出版电子版应该经过作者书面授权。据此,也应该认定1092版的出版发行侵犯了李长福的著作权。文史出版社提交的证据不能证明李长福授权其将《邓小平理论辞典》书稿许可他人复制发行,因此,应当认定文史出版社将960版未定稿交给书商复制发行1092版的行为,既是违反出版合同的违约行为,也是违反著作权法规定的侵权行为。李长福有权选择提起侵犯著作权的诉讼。综上所述,文史出版社卖书号给书商出版侵权图书、将960版未定稿交给书商复制发行、出版电子版的行为,均侵犯了李长福对其作品的复制发行权。文史出版社应当依法承担停止侵权、赔偿损失的民事责任。原审判决认定1092版图书出版未超出合同约定、未侵犯李长福的著作权,认定事实和适用法律均有错误。李长福关于文史出版社侵犯其复制权、发行权的再审理由成立。

李长福签订合同将书稿的专有出版权授权给文史出版社,已经行使了发表权。由于发表权是一次用尽的权利,故李长福关于1092版侵犯其发表权的主张不能成立。在1092版图书及所附光盘电子文档中已经给李长福署名的情况下,李长福以未在扉页、书脊、封面等处署名为由,认为侵犯其署名权的主张,没有法律依据。即使李长福能够证明960版的署名与约定的具体署名方式不符,也只是违约的问题,并非著作权法意义上的侵犯作者署名权问题,因此李长福关于文史出版社出版的960版图书侵犯其署名权的主张,也没有法律依据。1092版存在的错误均属于没有充分校对的问题及排版印刷方面的问题,并非有意修改或者歪曲篡改作者的作品,不属于侵犯作者修改权和保护作品完整权的情形,因此李长福关于侵犯其修改权、保护作品完整权主张不能成立。因为李长福主张的几项侵犯精神权利的主张均不能成立,故对其请求判令文史出版社公开赔礼道歉及支付精神抚慰金的诉讼请求,不予支持。

由于1092版纸质印刷部分与光盘均为侵权出版物,而且其中的光盘是附赠的,并未单独定价发行,在本案中应认定两者是一体的,在确定赔偿额时一并处理。李长福是涉案图书的主编,作为汇编作品的权利人提起本案诉讼,由于该汇编作品中包括作者撰写的辞条作品,故在本判决中对该汇编作品中使用其他作者的作品的利益亦予以一并考虑。由于李长福请求的侵权赔偿额过高,不予全额支持。综合考虑李长福主张权利的涉案作品的性质、李长福正常许可文史出版社出版960版图书的稿酬标准,以及文史出版社卖书号并许可书商复制发行涉案作品收取的费用、文史出版社侵权情节、李长福维权支出的合理费用等因素,酌定文史出版社赔偿李长福15万元(含1092版中侵权光盘及维权合理支出的赔偿额)。

最高人民法院判决撤销北京市高级人民法院(2006)高民终字第522号民事判决;维持北京市第一中级人民法院(2005)一中民初字第12079号判决的第1项、第2项、第6项,撤销该判决的第3项、第4项、第5项;改判文史出版社停止出版发行1092版《邓小平理论辞典》及其配套光盘,赔偿李长福损失及维权合理费用15万元。一、二审案件受理费共计28,064元,由文史出版社负担20,000元,由李长福负担8064元。

株式会社万代诉汕头市澄海区泓利电子玩具实业有限公司、黄士成侵犯著作权纠纷案

——阅读提示:著作权法如何保护拼装模型玩具?如何确定著作权侵权赔偿数额?以及能否就民事制裁措施提起上诉?

【裁判要旨】

拼装模型玩具可以通过美术作品与汇编作品的方式进行保护。具有主观过错的侵权人应当承担赔偿责任,本案对此类著作权侵权案件的赔偿数额进行了有益尝试,并明确了民事制裁措施由法院依职权决定,不属于当事人提出上诉的范畴。

【案号】

一审:北京市第一中级人民法院(2010)一中民初字第437号

二审:北京市高级人民法院(2010)高民终字第1814号

【案情与裁判】

原告(上诉人):株式会社万代(株式会社ハンダィ)

被告(上诉人):汕头市澄海区泓利电子玩具实业有限公司(以下简称泓利公司)

被告(被上诉人):黄士成

起诉和答辩

2009年12月28日,株式会社万代将泓利公司、黄士成诉至北京市第一中级人民法院。

原告株式会社万代诉称:株式会社万代对美术作品"HG_Seed49_Civilian Astray DSSD Custom外包装"和汇编作品"HG_Seed49_Civilian Astray DSSD Custom使用手册"(统称涉案作品)享有著作权。泓利公司生产、黄士成销售的"HG 1/144 49# 民用型岐途 DSSD 改良型 CIVILIAN ASTRAY DSSD Custom UT－1D"产品(以下简称被控侵权产品)与涉案作品构成实质性相似,侵犯了株式会社万代对涉案作品享有的著作权。为此,株式会社万代请求法院判令:(1)泓利公司和黄士成立即停止侵权行为;(2)没收泓利公司和黄士成的违法所得,收回并销毁全部侵权拼装玩具模型产品、外包装及使用手册等;(3)泓利公司和黄士成刊登致歉声明,消除影响;(4)泓利公司支付赔偿金6万元,黄士成承担与其侵权行为相应的连带赔偿责任;(5)泓利公司和黄士成支付株式会社万代诉讼合理支出3万元。

被告泓利公司辩称:泓利公司生产期间,株式会社万代尚未享有涉案作品著作权,故不知晓其所生产的产品侵犯株式会社万代著作权。泓利公司根据与韩国客户的委托加工协议只负责生产模块并收取材料费,印制泓利公司名称,不负责产品销售。韩国客户提供外包装及使用手册。韩国客户已收回委托加工的模板,目前无法取得联系。泓利公司生产的所有产品已被汕头市公安局澄海分局查扣且已被全部销毁,产品从未进入市场。综上,泓利公司不应承担侵权责任,请求法院驳回株式会社万代的诉讼请求。

被告黄士成辩称:涉案作品未在中国大陆地区大量销售,黄士成不知晓株式会社万代享有著作权,且黄士成不是被控侵权产品的生产者,只是代销,不存在侵权故意。黄士成通过正常的市场渠道、商业惯例获得被控侵权产品,应推定有合法来源,已尽到相应的审查义务,不应承担侵权责任。

一审审理查明

2008年10月27日,中华人民共和国国家版权局出具《著作权登记证书》,载明:申请者株式会社万代(日本)提交的文件符合规定要求,对由其于2007年1月29日创作完成,并于2007年2月8日在日本首次发表的美术作品《HG_Seed49_Civilian Astray DSSD Custom外包装》及汇编作品《HG_Seed49_Civilian Astray DSSD Custom使用手册》,申请者以法人作品著作权人身份依法享有著作权。经中国版权保护中心审核,对该作品的著作权予以登记。

2008年8月11日,广州鼎御知识产权顾问有限公司的何进辉在广州一德国际玩具文具精品广场3楼3029铺宏利玩具店内购买包括被控侵权产品在内的玩具34盒,并取得金额为924.60元的出货单一张。中华人民共和国广东省广州市公证处对上述过程予以公证,并出具(2008)粤穗广证内经字第85852号公证书。

2008年8月19日,广州鼎御知识产权顾问有限公司何进辉在位于中华人民共和国北京市西城区阜外大街259号的北京天意新商城4楼玩具厅1道57/59/61号店铺内购买包括被控侵权产品在内的玩具35盒,并取得金额为499元的购货单一张。中华人民共和国北京市长安公证处(以下简称长安公证处)对上述过程予以公证,并出具(2008)京长安内经证字第8224号公证书。

2009年11月9日,上海市方达律师事务所北京分所朱翠娥使用长安公证处的电脑登录互联网进入"www.kugitoys.com",打印了相关网页,表明该网站销售泓利TT的通天高达、通天三国传等系列产品。长安公证处对上述过程予以公证,并出具了(2009)京长安内经证字第20235号公证书。

将株式会社万代的涉案作品与上述公证购买的被控侵权产品相比较,二者的外包装图片即动漫人物形象完全相同,外包装中的文字位置基本相同,但外包装中的文字不同,前者为日文,后者为英文和中文,动漫人物的英文名称相同,但后者还标注有中文名称"民用型岐途DSSD改良型";二者中的使用手册均由拼装说明书及拼装模块组成,拼装说明书的图片及文字位置完全相同,但拼装说明书的文字不同,前者为日文,后者为中文和英文,拼装模块完全相同。另,被控侵权产品的外包装、说明书上均标注有泓利公司名称及其厂址以及"TT"、"通天"商标。

一审判理和结果

株式会社万代系涉案作品的著作权人,其著作权应受到我国法律保护。现有证据表明泓利公司未经株式会社万代许可,制造、销售被控侵权产品,侵犯了株式会社万代对涉案作品享有的署名权、复制权、发行权、获得报酬权等著作权,理应承担停止侵权、赔礼道歉、消除影响、赔偿损失等民事责任。黄士成作为被控侵权产品的销售者,未能提供产品合法来源的证据,应依法承担相应的民事责任。株式会社万代未提供证据证明泓利公司与黄士成系共同实施侵权行为,且泓利公司与黄士成实施侵权行为的方式不同,故泓利公司与黄士成应当各自独立承担相应的民事责任。就黄士成而言,应当就其在没有合法来源的情况下销售侵权产品的行为承担民事责任。没收违法所得、侵权复制品以及进行违法活动的财物是人民法院对侵犯著作权的民事主体采取的民事制裁方式,故株式会社万代关于没收违法所得,收回并销毁侵权产品及模具等主张,不属于泓利公司向株式会社万代承担侵犯著作权民事责任的方式,不予支持。

综上,北京市第一中级人民法院依据《中华人民共和国著作权法》第2条第2款、第10条第1款第2项、第5项、第6项、第12项、第47条第1项、第48条之规定,判决:(1)自本判决生效之日起,泓利公司立即停止生产、销售侵犯株式会社万代对美术作品《HG_Seed49_Civilian Astray DSSD Custom外包装》和汇编作品《HG_Seed49_Civilian Astray DSSD Custom使用手册》享有著作权的产品;黄士成立即停止销售侵犯株式会社万代对美术作品《HG_Seed49_Civilian Astray DSSD Custom外包装》和汇编作品《HG_Seed49_Civilian Astray

DSSD Custom 使用手册》享有著作权的产品；(2)本判决生效之日起 30 日内，泓利公司在《21 世纪经济报道》上刊登致歉声明，向株式会社万代赔礼道歉、消除影响；(3)本判决生效之日起 15 日内泓利公司赔偿株式会社万代经济损失人民币 1.6 万元和诉讼合理支出人民币 3000 元；(4)本判决生效之日起 15 日内，黄士成赔偿株式会社万代经济损失人民币 400 元；(5)驳回株式会社万代的其他诉讼请求。

上诉与答辩

株式会社万代不服原审判决，于 2010 年 9 月 2 日，向北京市高级人民法院提出上诉，主张：(1)一审判决确定的赔偿数额明显偏低；(2)泓利公司的行为已经侵害公共利益，人民法院有必要对其给予民事制裁，有效消除侵权人今后再侵权的能力。故请求在维持原审判决第一项、第二项的基础上依法改判泓利公司和黄士成赔偿其经济损失人民币 6 万元及为制止侵权行为支出的合理费用人民币 3 万元，并依法对泓利公司给予没收其违法所得等民事制裁。

泓利公司不服一审判决，向北京市高级人民法院提起上诉，主张：泓利公司从未认可生产过本案公证购买的被控侵权产品，一审法院认定泓利公司认可生产过涉案产品的事实是错误的；泓利公司提供的加工费及加工材料费收款收据、成本加工费明细表已能证明泓利公司生产侵权产品的可能获利情况，一审法院判定的赔偿数额过高；故请求撤销一审判决第 1 项、第 2 项、第 3 项。黄士成服从原审判决。

二审审理查明

泓利公司曾是第 3020903 号“通天 TT”商标的注册人，后该商标转让至泓利公司法定代表人陈泓名下。在本案二审诉讼中，株式会社万代补充提交了 2010 年 9 月 24 日出版发行的《机动战士塑料模型大全 GUNPLA 大全集 2010》(株式会社 ASCII 媒体工作室发行、ISBN978－4－04－868844－4)，其中显示涉案作品的首次发表时间为 2007 年 2 月。泓利公司和黄士成以该证据系域外证据未经公证认证为由对其提出异议。

二审判理和结果

《最高人民法院关于审理著作权民事纠纷案件适用法律若干问题的解释》第 7 条规定，当事人提供的涉及著作权的底稿、原件、合法出版物、著作权登记证书、认证机构出具的证明、取得权利的合同等，可以作为证据。本案中，国家版权局出具的《著作权登记证书》明确载明了涉案作品的著作权人系株式会社万代，并载明了涉案作品的创作完成时间和首次发表时间。同时，株式会社万代补充提交了能够证明涉案作品首次发表时间的出版物。虽然该证据系域外证据，但属能够从公共渠道获得的公开出版物，因此该证据无须办理公证认证等证明手续。该出版物能够佐证《著作权登记证书》中记载的涉案作品的首次发表时间，且泓利公司不能提交反证推翻《著作权登记证书》，故法院对《著作权登记证书》上登记的作品首次发表时间予以确认。综上，株式会社万代作为涉案作品的著作权人，其著作权应当受到我国法律保护。

本案被控侵权产品上标注有泓利公司的名称、地址和商标，泓利公司欲证明该产品系假冒其名义制造，应当就此承担举证责任。在泓利公司未能提供证据证明涉案被控侵权产品系假冒其名义制造的情况下，一审法院认定被控侵权产品的制造商为泓利公司亦无不当。泓利公司有关一审法院举证责任分配、未作鉴定及认定泓利公司系被控侵权产品制造商错误的上诉理由,依据不足,不予支持。鉴于根据现有证据能够认定泓利公司系被控侵权产品的制造商,故泓利公司关于其并非被控侵权产品制造者,故不应承担赔偿责任的上诉理由,同样缺乏依据,亦不予支持。

就本案的赔偿数额,因株式会社万代未提供证据证明其实际损失,泓利公司也未提供有效证据证明其侵权获利。因此,一审法院综合考虑涉案作品的创作水平、涉案作品的性质、泓利公司和黄士成的主观过错程度、侵权行为的性质、被控侵权产品的销售范围和市场价格等因素酌定的赔偿数额尚属合理,应予维持。

虽然一审法院在判决中对株式会社万代有关民事制裁的申请作出了处理,但民事制裁是人民法院依职权对侵犯他人民事权益的民事主体采取的制裁措施,并非基于当事人的诉讼请求而采取。一审法院未采取民事制裁措施,不属当事人提出上诉的范畴,株式会社万代关于对泓利公司应采取民事制裁措施的上诉主张,不予支持。

综上,北京市高级人民法院依据 2001 年 10 月 27 日修订的《中华人民共和国著作权法》第 2 条第 2 款、第 10 条第 1 款第 2 项、第 5 项、第 6 项、第 47 条第 1 项、第 48 条,《中华人民共和国民事诉讼法》第 153 条第 1 款第 1 项之规定,判决:驳回上诉,维持原判。

李强诉于芬侵犯著作权纠纷案

——阅读提示:博客上发表的文章的著作权人应如何认定?博客上引用他人博客的文章实质内容,未经授权,亦未指明作者和出处是否构成侵权?

【裁判要旨】

我国著作权法第 11 条规定了作品作者的认定标准,即如无相反证明,在作品上署名的公民即为作者,但当互联网博客空间上发表的文章未署作者的真实姓名的情况下,应当结合所发表文章的博客空间的归属情况确定作品的著作权人。

我国著作权法第 22 条规定了 12 种作品合理使用的情况,鉴于博客上发表的文章对他人作品的使用不属于法定合理使用事由,故博客上发表的文章未经作品权利人许可、未指明作者姓名、作品名称而对他人作品核心内容进行使用,构成侵权。

【案号】

一审:北京市海淀区人民法院(2010)海民初字第 2197 号

【案情与裁判】

原告:李强

被告:于芬

起诉和答辩

原告诉称:原告著有《西方理念是科学,东方思想是宗教》(以下简称《西》文)一文,于 2009 年 6 月 17 日发表在原告的博客“西北风的空间 - 搜狐博客”（http://zhendaoli.blog.sohu.com）和“搜狐网梦幻主场——体育大看台”上。被告曾多次访问原告的博客，并对原告的文章进行评论。2009 年 8 月 2 日，被告在其博客“于芬的博客 - 搜狐博客”（http:// yufenblog.blog.sohu.com）上发表了文章《如何突破难度与稳定的瓶颈，继续领跑世界跳坛》（以下简称《如》文），该文的第六段整段引用了《西》文第五段内容，却未注明作者和出处，原告认为被告的行为侵犯了其对《西》文享有的著作权，故于 2010 年 1 月 6 日向法院提起诉讼，要求法院判令被告：（1）停止侵权，在《如》文中注明引用《西》文部分的作者和出处；（2）在其“搜狐博客”、“搜狐圈子——体育大看台”、“搜狐圈子——走进于芬的天空”三个论坛的栏目上公开向原告赔礼道歉并消除影响；（3）赔偿经济损失 1000 元、公证费 540 元、差旅费 3000 元和律师费 2500 元。

被告辩称：原告不能证明其就是涉案博客“西北风的空间 - 搜狐博客”的所有人西北风，也不能证明其就是《西》文的作者，被告对原告的主体资格提出异议；被告认可《如》文中有引用《西》文的内容，但引用部分字数只占《如》文全文字数的 10%，而且原告《西》文和被告的《如》文只是发表在博客上，被告对《西》文内容的使用属于合理使用，不构成侵权；原告主张的诉讼支出属于间接支出，不应当由被告负担。故不同意原告的诉讼请求。

法院审理查明

2009 年 6 月 17 日，李强在其博客“西北风的空间 - 搜狐博客”（http://zhendaoli.blog.sohu.com）和“搜狐网梦幻主场——体育大看台”上发表了《西》，文章第五段内容为：“此先简单介绍一下《刘翔事件思考》里总结出的成败规律：小我、大我、忘我和超我的连续性转化和实现。小我是意识，大我是品质，忘我是状态，超我则是境界和结果。用之于训练和比赛，小我出意念动作，特征是速度慢、失误多、抗干扰能力差；大我出意念动作和下意识动作，特征为速度较快、准确度较高、抗干扰能力强；忘我则完全是下意识动作，速度如闪电、准确度直入毫厘、没有失误。训练的真谛是，通过千万次意念动作的重复训练，把千万次实践经验总结出来的最正确的意念动作，转化成一种下意识的本能动作。训练的核心任务是运动员大我品质的建立、培养和成就。”《西》文页面顶部署名为“西北风”。

2009 年 7 月 30 日，“于芬的博客”在“西北风的空间 - 搜狐博客”上发表评论，内容为“拜读，受益匪浅。谢谢！”同日，“西北风”（旁边附有李强照片）回复“谢谢！ 不甚荣幸，蓬荜生辉！”点击页面左侧“留言”栏目，进入“留言”页面，显示 2009 年 7 月 30 日发布者：于芬的博客，留言内容为“认真阅读了您的文章‘西方理念是科学，东方思想是宗教’很受启发。您总结出的成败规律：小我、大我、忘我和超我的连续性转化和实现。小我是意识，大我是品质，忘我是状态，超我则是境界和结果，非常经典。这个规律不仅仅对竞技体育提高和超越提供了难以估量的价值，同时也将触类旁通地影响我们每个人行事做人的大方向……我已经将文章收藏，并会在将来的相关研究课题中使用您的观点进行深入探讨总结，发掘出更多规律，形成一套促进竞技体育发展的科学理念……”。

庭审过程中，李强为证明其可以输入用

户名和密码登录“西北风的空间－搜狐博客”，其通过在百度搜索栏中输入 www. zhendaoli. blog. sohu. com，打开博客名为“西北风的空间－搜狐博客”的网页，李强通过输入 zhendaoli111 的用户名和密码，可以成功登录“西北风的空间－搜狐博客”。

2009 年 7 月 30 日，“西北风”(http://zhendaoli. blog. sohu. com)在“于芬的博客－搜狐博客”上发表留言，内容为：“非常感谢于教授的回复，看得出教授是费了心血的。教授对我提炼的成败规律的肯定和高度评价，令我倍感荣幸、也非常欣慰。您专业知识渊博、实践经验丰富、成就贡献斐然以及名声震于四海，却没有一点点骄傲自满、自以为是的‘惯常’，真令人吃惊……”。

2009 年 8 月 2 日，“于芬的博客－搜狐博客”(http://yufenblog. blog. sohu. com)上发表了《如》文，《如》文第六段内容为：“我们将技术水平从初级至高级选手的心理能力分为四个层次，即小我、大我、忘我和超我，我们总结出来的成败规律：小我、大我、忘我和超我的连续性转化和实现。小我是意识，大我是品质，忘我是状态，超我则是境界和结果。用之于训练和比赛，小我出意念动作，特征是速度慢、失误多、抗干扰能力差；大我出意念动作和下意识动作，特征为速度较快、准确度较高、抗干扰能力强；忘我则完全是下意识动作，(我们称为技术动作达到自动化程度)速度如闪电、准确度直入毫厘、没有失误。训练的真谛是，通过千万次意念动作的重复训练，把千万次实践经验总结出来的最正确的意念动作，转化成一种下意识的本能动作。训练的核心任务是运动员大我品质的建立、培养和成就上。”李强称其系“西北风的空间－搜狐博客”的所有人，其将《西》文发表在“西北风的空间－搜狐博客”上，其对《西》文享有著作权，于芬系“于芬的博客－搜狐博客”的所有人，其对《如》文享有著作权。

2009 年 8 月 3 日，“搜狐圈子 > 体育看台 > 走近于芬的天空”(http://yufen. q. sohu. com)栏目登载有《如》文。2009 年 8 月 5 日，“搜狐圈子 > 体育看台 > 梦幻主场”(http://menghuan. q. sohu. com)栏目亦登载有《如》文。

李强称《如》文第六段内容与《西》文第五段内容相同，相同部分的字数为 261 个字。

一审判理和结果

本案的争议焦点在于：(1)李强是否为涉案博客“西北风的空间－搜狐博客”的所有人，李强是否为《西》文作者；(2)于芬的《如》文使用《西》文内容是否构成侵权；(3)如果于芬的行为构成侵权，则侵权责任如何确定。

争议焦点一，法院认为，如无相反证明，在作品上署名的公民即为作者，作者可以选择在作品上署以真名、笔名或者不予署名。博客通常为个人持续性的日记或评论，因这些日记或评论已通过互联网向不特定的人公开，故个人将自己持续性的日记或评论发布于博客上的行为构成著作权法意义上的发表。依常理，博客上发表的文章应为博客空间所有人所创作，即博客上发表的文章著作权应由博客空间所有人享有。本案中，李强通过输入用户名和密码可以登录“西北风的空间－搜狐博客”；博客首页“西北风的空间－搜狐博客”旁边显示李强本人照片；《西》文评论中“西北风”旁边亦有李强照片；法院据此判断李强系“西北风的空间－搜狐博客”的所有人“西北风”。“西北风的空间－搜狐博客”上发表了《西》文，《西》文署名为“西北风”，且于芬未提出相反证据，故法院确认李强系《西》文作者，其依法对《西》文享有著作权。于芬认为李强不是《西》文作者，无事实和法律依据，法院不予采信。

争议焦点二，法院认为，著作权法保护作品的表达形式，作品所体现的思想内容不受著作权法的保护。对于被控侵权作品而言，只有在该作品与权利人的作品在表达形式上存在相同或实质性相似的情况下，才构成对权利人所享有著作权的侵犯。李强主张《如》文的第六段整段引用了《西》文第五段内容，相同文字字数为 261 个字，于芬对此不持异议，法院认定《如》文第六段内容与《西》文第五段内容一致，二者内容的相同构成作品表达形式的相同。

博客是一种新兴的网络传播形式，注册用户能够自由确定发表内容，但这种自由并非不受限制，注册用户在网络上享有的法定权利和承担的法定义务与现实生活中并无区别。著作权人对其创作的作品享有的著作权应受到他人的尊重，而不论该作品系以纸质抑或数字化形式发表或传播。李强以博客的形式发表了《西》文，其对《西》文享有的著作权应当得到法律的保护。

著作权包括署名权等著作人身权和信息网络传播权等著作财产权。署名权即表明作者身份，在作品上署名的权利。使用他人作品的，除当事人另有约定或者由于作品使用方式的特性无法指明的以外，应当指明作者姓名、作品名称。本案中，于芬在使用《西》文时，未指明《西》文的作者姓名和作品名称，侵犯了李强对《西》文享有的署名权。

信息网络传播权即以有线或无线方式向公众提供作品，使公众可以在其个人选定的时间和地点获得作品的权利。行使著作权人的信息网络传播权等著作财产权，应取得著作权人的许可，并向其支付报酬。于芬未经李强许可，亦未向其支付报酬，即在互联网博客空间上发表了使用《西》文内容的《如》文，使相关公众可以在其个人选定的时间和地点获得《西》文内容，侵犯了李强对《西》文享有的信息网络传播权。

于芬辩称《如》文引用《西》文的字数很少，只占《如》文全文字数的 10%，且该文只是发表在博客上，对《西》文内容的使用属于合理使用，不构成侵权。法院认为，从《西》文和《如》文的研讨主旨及于芬在博客上的回复中可知，《如》文对《西》文的使用已构成对《西》文核心内容的使用，于芬的行为违反了著作权法的有关规定，构成侵权。关于于芬辩称的《如》文发表在博客上，对《西》文内容的使用属于合理使用一节。法院认为，构成对他人作品合理使用的仅指著作权法第 22 条规定的 12 种情况，博客上发表的文章对他人作品的使用不属于法定合理使用事由，故对于于芬的该项辩称，法院不予采信。

争议焦点三，法院认为于芬未经李强许可，即在其发表的《如》文中使用了《西》文内容，且未指明引文的作者姓名和作品名称，于芬此举侵犯了李强对《西》文享有的著作权，应依法承担停止侵权、赔礼道歉、赔偿损失等法律责任。李强要求于芬停止侵权，应予以支持。

侵犯著作权的，侵权人应当按照权利人的实际损失给予赔偿；实际损失难以计算的，可以按照侵权人的违法所得给予赔偿。权利人的实际损失或者侵权人的违法所得不能确定的，由人民法院根据侵权行为的情节，判决给予50万元以下的赔偿。本案李强和于芬均未提交证据证明李强的实际损失和于芬的直接获利,故法院将依据涉案作品的字数、侵权情节等情况对赔偿损失的数额进行酌定,不再全额支持李强的诉讼请求。侵犯著作权的,还应赔偿著作权人为维护权利而支出的合理开支,包括著作权人对侵权行为进行调查、取证的合理费用,李强支出的公证费属于对侵权行为取证的合理费用,法院予以支持。李强主张的差旅费和律师费中的合理部分,法院亦予以支持。

法院依照《中华人民共和国著作权法》第11条第4款、第22条、第47条第5项、第48条第1项、第49条之规定,作出如下判决:(1)本判决生效之日,被告于芬立即停止在《如何突破难度与稳定的瓶颈,继续领跑世界跳坛》中使用《西方理念是科学,东方思想是宗教》文章内容;(2)本判决生效之日起十日内,被告于芬在"于芬的博客－搜狐博客"(http://yufenblog.blog.sohu.com/)、"搜狐圈子——体育看台——走进于芬的天空"(http://yufen.q.sohu.com)、"搜狐圈子>体育看台>梦幻主场"(http://menghuan.q.sohu.com)上连续二十四小时登载致歉声明,公开向原告李强赔礼道歉(声明内容须经法院审核,逾期不履行,法院将在相关媒体刊登判决书有关内容,费用由被告于芬负担);(3)本判决生效之日起10日内,被告于芬赔偿原告李强经济损失和诉讼合理支出共计1800元;(4)驳回原告李强的其他诉讼请求。

白广成诉北京稻香村食品有限责任公司著作权权属、侵权纠纷案

——阅读提示:作为非物质文化遗产的民间文学艺术作品是否可以受著作权法的保护?受到何种程度著作权法的保护?

【裁判要旨】

具有著作权法意义上的独创性的民间文学艺术作品可适用著作权法进行保护,人民法院在审理此类案件时,应注意把握依法保护和鼓励民间文学艺术作品的弘扬和传承之间的关系。

【案号】

一审:北京市东城区人民法院(2010)东民初字第2764号

【案情与裁判】

原告:白广成

被告:北京稻香村食品有限责任公司(以下简称北京稻香村公司)

起诉和答辩

原告诉称:北京鬃人是北京特色的民间传统手工艺品,已经获得北京市级非物质文化遗产认证保护,原告是北京鬃人仅有的两位传承人之一。自2006年10月至2007年5月,原告独立创作完成了民俗鬃人系列作品,

包括原创作品“跑驴”（以下简称涉案作品），该作品全国仅此一件。原告依法对其独自创作的“跑驴”作品享有著作权。2009年9月29日，原告发现被告销售的北京稻香村“老北京”月饼外包装盒和每个月饼小包装上都印有涉案作品“跑驴”，每盒月饼共使用26处。被告未经原告许可，未支付使用费，以营利为目的，擅自将原告独自创作的涉案作品“跑驴”作为其月饼包装的一部分，并进行了颜色的修改，获利巨大，侵犯了原告的署名权、修改权、使用权和获得报酬的权利。为维护原告合法权益，于2010年3月10日诉至法院，请求判令被告：（1）立即停止侵权行为。（2）在《北京晚报》上公开赔礼道歉。（3）赔偿原告经济损失53万元。（4）承担诉讼费用。

被告辩称：第一，被告不认可原告系涉案作品“跑驴”的作者，也不能确认该“跑驴”作品是否对北京鬃人的传统作品“跑驴”进行了改进，形成了著作权法上的新作品。第二，被告使用的是“跑驴”的图片，而不是鬃人作品。第三，原告并未因为被告使用图片的行为产生实际损失。被告销售的是月饼，与鬃人作品不具有竞争关系，不会造成原告鬃人作品销售数量的减少。第四，原告主张的赔偿数额过高，无法律依据。第五，被告设计使用“跑驴”图片的行为是对老北京文化的宣传和保护，没有侵犯著作权的故意，也没有获得商业利益的目的，不应承担侵权责任。综上，不同意原告的诉讼请求。

一审审理查明

北京鬃人是北京传统民间工艺。2007年6月，北京鬃人被北京市人民政府评为“市级非物质文化遗产”。原告白广成与其兄白大成是北京鬃人的传承人。“跑驴”是北京鬃人的传统制作项目。2007年5月，原告白广成制作完成了涉案作品“跑驴”，该作品底座刻有“北京鬃人白”的字样。涉案作品曾多次在公开场合展出。2009年9月，原告购得被告北京稻香村公司生产的“老北京”广式月饼一盒，单价146元。月饼的包装盒和手提袋上使用了涉案作品“跑驴”，具体使用情况为：（1）手提袋一面的左上部使用1次，该面还有“老北京皮影”、“老北京冬虫儿”、“老北京京剧”3幅图画。（2）月饼大包装盒盒顶左侧中部使用1次，该面还有“老北京皮影”、“老北京冬虫儿”、“老北京京剧”、“老北京兔儿爷”、“老北京沙燕风筝”、“老北京四合院”6幅图画。（3）大包装盒内装有6例独立小包装盒，每个小包装盒在盒面上使用4次，小包装盒上也有上述6幅图画。经比对，月饼包装盒上使用的“跑驴”作品与原告创作的“跑驴”作品具有一致性。

一审判理和结果

一审法院经审理认为，北京鬃人是源于清末、流传于北京地区的特色民间工艺艺术，已被评为北京市非物质文化遗产。北京鬃人艺术作为代代相传的手工技艺，本身具有非物质的特性。原告白广成是北京鬃人艺术的传承人，在吸纳传统工艺和艺术风格的基础上制作完成的“跑驴”作品，是以有形载体形式表现的民间艺术作品。民间艺术作品可以成为知识产权保护的对象。目前，我国著作权法中规定民间文学艺术作品的著作权保护办法由国务院另行规定，但相关保护办法至今并未出台。在此种情况下，如民间艺术作品符合著作权法上作品的条件，可适用著作权法进行保护。本案中，原告持有“跑驴”作品原件,且其兄白大成出庭证明该作品系原告所做,在无相反证据的情况下,可认定原告为该作品的作者。虽“跑驴”属于北京鬃人的传统制作项目,但并无证据证明原告创作的“跑驴”作品与之前的鬃人作品相同,故本院确认涉案作品“跑驴”具有独创性,是著作权法所保护的作品。被告在其生产月饼的包装盒上使用了涉案作品“跑驴”,且包装盒上的“跑驴”作品与原告创作的涉案作品“跑驴”具有一致性,不构成对修改权的侵犯,但确系自立体三维作品到平面二维作品的使用,属于复制行为之一。关于被告辩称月饼包装上使用的是“跑驴”图片,但未举证证明月饼包装上使用图片的合法来源,故对被告的该项辩称意见,本院不予采信。综上,被告未经许可使用原告创作的“跑驴”作品,未署姓名,亦未支付报酬,应承担停止侵害、赔礼道歉、赔偿损失的责任。综上,依据《中华人民共和国著作权法》第10条第1款第2、5、6项、第2款,第47条第11项,第48条第1项,第49条,《最高人民法院关于审理著作权民事纠纷案件适用法律若干问题的解释》第7条第1款、第25条第1、2款之规定,判决如下:(1)自本判决生效之日起,被告北京稻香村食品有限责任公司停止在其生产、销售的“老北京”广式月饼包装盒上使用原告白广成创作的“跑驴”作品。(2)自本判决生效之日起30日内,被告北京稻香村食品有限责任公司在《北京晚报》上就其生产、销售的“老北京”广式月饼包装盒上,未经许可使用原告白广成创作的“跑驴”作品,未署原告姓名的行为,刊登致歉声明。(3)自本判决生效之日起10日内,被告北京稻香村食品有限责任公司赔偿原告白广成经济损失人民币二万元。(4)驳回原告白广成的其他诉讼请求。

一审判决后,双方服判。

何瑞东诉李向华、天津理想慧天科技发展有限公司侵犯著作权纠纷案

——阅读提示:网络存储空间服务提供商对于其空间的内容是否侵犯他人著作权应否承担审查义务?网络服务商如何能受到“避风港”的保护?

【裁判要旨】

提供信息网络存储空间的网络服务提供者不知道也没有合理的理由应当知道网络用户利用其提供的信息存储空间实施侵权行为,且采取了必要的措施,具备《信息网络传播权保护条例》第22条免责条件的,可不承担赔偿责任。

【案号】

一审:天津市第一中级人民法院(2009)一中民五初字第46号

二审:天津市高级人民法院(2009)津高民三终字第29号

【案情与裁判】

原告(上诉人):何瑞东

被告(被上诉人):李向华

被告(被上诉人):天津理想慧天科技发展有限公司(以下简称理想慧天科技公司)

起诉和答辩

2010年5月4日,何瑞东向天津市第一中级人民法院提起诉讼,称其是《股道登峰——股市全胜兵法》一书的作者,笔名为“狙击手”,该书2007年9月1日经中国科学技术出版社出版发行。2009年3月底,何瑞东发现由李向华注册,并与理想慧天科技公司共同经营的英文域名为 http://www.55188.com 的网站,在未经许可的情况下,通过该网站的子栏目“理想论坛图书馆”,将何瑞东享有著作权的《股道登峰——股市全胜兵法》全书内容,向公众传播,供公众下载,侵犯了何瑞东对该书依法享有的信息网络传播权以及许可使用权和获得报酬权等权利。故请求判令二被告即停止侵权行为,移除侵权内容,公开赔礼道歉,赔偿经济损失100,000元,承担本案公证费、诉讼费、律师费等合理费用。

李向华、理想慧天科技公司辩称,理想论坛(www.55188.com)是李向华所创建的个人网站,于2005年7月17日在工业和信息化部进行了备案,并于2006年第一批获得天津市通信管理局电子公告服务(BBS论坛)审批。理想论坛为大家提供免费的存储空间,并不断对安全、规则等进行完善,会员从注册到发言都会受到严格的监测,一经发现违法内容,管理人员将会马上进行处理。对于何瑞东所诉侵权行为,理想论坛包括李向华所在的理想慧天科技公司,没有任何责任。因何瑞东所诉《股道登峰——股市全胜兵法》是由一名叫“跃马江湖道”的会员于2009年2月1日发表至论坛上。2009年4月28日15点20分左右,论坛管理员李向华接到一名自称是北京晨报记者的电话,询问是否知道“跃马江湖道”并不是《股道登峰——股市全胜兵法》的作者或所有者。从保护著作权的角度出发,李向华于当日15点23分对该帖进行了移除屏蔽处理,而李向华至今未接到著作权人任何关于《股道登峰——股市全胜兵法》的证明材料和正式通知。故请求法院依法驳回何瑞东的诉讼请求。

一审审理查明

何瑞东是《股道登峰——股市全胜兵法》一书的作者,笔名为“狙击手”,该书2007年9月1日经中国科学技术出版社出版发行。理想论坛(www.55188.com)是李向华所创建的网站,于2005年7月17日在工业和信息化部进行了备案,并获得天津市通信管理局电子公告服务(BBS论坛)审批。2009年2月1日,注册名为“跃马江湖道”的网民在理想论坛(www.55188.com)上载了何瑞东著作《股道登峰——股市全胜兵法》的电子文档。李向华在得知后将该上载内容移除,移除时间为2009年4月28日15点23分。李向华向法院提供了上传者“跃马江湖道”的个人信息,包括注册IP及访问IP等。

一审判理和结果

天津市第一中级人民法院一审认为,向网络公众提供互联网电子公告服务的网络服务提供者应该严格遵守国家相关的法律法规和规章,按照《互联网信息服务管理办法》、《互联网电子公告服务管理规定》、《互联网著作权行政保护办法》、《信息网络传播权保护条例》等规范性法律文件的要求,不得侵犯他人的合法权益。李向华创建的理想论坛是提供互联网电子公告服务的网络服务提供者,其在得知网民“跃马江湖道”上传的内容系侵犯他人著作权的作品时,及时进行了移除,并在诉讼中提交了“跃马江湖道”的相关信息,因此其已经履行了自己的义务。同时何瑞东对于李向华、理想慧天科技公司直接参与侵权并鼓励用户侵犯著作权的主张没有足够的证据证明,故对于何瑞东认为李向华、理想慧天科技公司直接参与侵权并鼓励用户侵犯著作权的主张,不予支持。何瑞东要求李向华、理想慧天科技公司移除侵权内容的主张合法合理,但由于李向华、理想慧天科技公司已经移除该内容,对此不再作出判决。本案中,因李向华、理想慧天科技公司已经履行了相应的移除义务,故关于何瑞东提出的由李向华、理想慧天科技公司承担赔礼道歉、损失赔偿、公证费、诉讼费、律师费等费用的诉请,不予支持。

综上,天津市第一中级人民法院根据《最高人民法院关于审理涉及计算机网络著作权纠纷案件适用法律若干问题的解释》第5条、《信息网络传播权保护条例》第14条、第22条之规定,判决驳回何瑞东的诉讼请求。

上诉与答辩

何瑞东不服,上诉于天津市高级人民法院,请求撤销一审判决,改判支持其诉讼请求。主要理由:(1)一审判决认定事实不清,涉及本案的主要事实未依法予以认定。第一,被上诉人作为“理想论坛图书馆”管理人员,在发布人“跃马江湖道”与涉诉《股道登峰——股市全胜兵法》一书的作者“狙击手”或“何瑞东”名称明显不一致的情况下,未经核实是否存在侵权行为,直接对该书PDF文档进行“置顶”。第二,在上诉人于2009年4月27日提起本案诉讼后,2009年5月15日,网名为“羽翼之神”的用户又在被上诉人的网站全书发布上诉人享有著作权的涉诉图书PDF文档并进行“置顶”,至上诉人2009年6月16日发现时,该书已被点击下载4700多次。第三,在被上诉人“理想论坛图书馆”发布并被置顶的《股道登峰——股市全胜兵法》一书PDF文档中,每个页面均有“www.55188.com理想在线证券网图书馆”的水印及“www.55188.com最好的股票论坛理想在线证券网欢迎您!”的广告词。第四,被上诉人鼓励并参与实施侵犯他人著作权的行为一审判决也未依法予以认定。(2)被上诉人作为网络服务提供商,对侵权作品多次置顶,其行为已是积极参与,构成共同侵权,不能适用“避风港”原则进行免责,一审判决忽视了被上诉人积极参与的行为,判决被上诉人不承担责任,属适用法律错误。(3)本案二被上诉人的行为构成共同侵权,应承担相关赔偿责任。

李向华、理想慧天科技公司答辩认为,一审判决事实清楚,适用法律正确,上诉人的上诉没有事实和法律依据,请求驳回上诉,维持原判。主要理由:(1)理想论坛经天津市通信管理局电子公告服务(BBS论坛)审批,会员须先行免费注册才可在论坛发表内容,但注册前必须事先同意理想论坛的注册条款,该条款中特别注明,会员如在论坛上传软件、书籍、资料、报告、图文等内容,必须要确保其享有著作权或发布权。所以,会员在论坛所发表的任何内容,我们都视其享有相关权利,论坛只是起到存放的作用,如果内容不错又不涉及违禁或侵权内容,版主进行置顶没有问题。(2)涉诉《股道登峰——股市全胜兵法》一书由网名为“跃马江湖道”的会员发表,论坛管理员即视“跃马江湖道”为该书作者或所有者将资料与其他网友共享,无权干涉或者删除。后论坛管理员接到有关电话并及时对该帖进行了移除屏蔽处理,但一直未接到相关权利人的侵权通知。(3)关于网名为“羽翼之神”的用户于2009年5月15日又在论坛上传涉诉图书的问题,被上诉人是在2009年6月17日一审开庭时才首次知道该书的作者,之前并未接到权利人要求删除的通知,不知“羽翼之神”是否侵权,无法进行处理。且此帖在庭审结束后即进行了移除处理,为防止再有其他非权利人上传,被上诉人在后台从技术上对“股道登峰”四个字进行了屏蔽。(4)会员在上传书籍时打上水印,是会员的个人行为,以表示对理想论坛的热爱。上诉人所述利用侵权作品提高点击率、扩大自身知名度的主张不成立,综上,被上诉人作为网络服务提供商,已在会员注册条款上刊登了著作权声明且并不知晓侵权事实的存在,故没有侵权,也不应承担任何责任。

二审审理查明

2009年5月15日,注册名为“羽翼之神”的网民在理想论坛再次上载了何瑞东著作《股道登峰——股市全胜兵法》的电子文档,被上诉人对此事实无异议。被上诉人于2009年6月17日一审庭审中知道何瑞东为该书作者后,即对该贴进行了移除,并对“股道登峰”四个字进行了屏蔽以防止涉案图书再被上传。

二审判理和结果

天津市高级人民法院二审认为,我国著作权法及相关法律、法规的立法目的是,既保护著作权及与著作权有关的权益,又鼓励作品的依法传播与共享。

本案中,何瑞东作为《股道登峰——股市全胜兵法》一书的作者,其对该作品享有的信息网络传播权应予保护,他人未经许可不得擅自通过互联网传播其作品。

李向华创建、经营的理想论坛(www.55188.com)是经有关部门审批,向网络用户提供电子公告服务的网络服务提供者,该网站为注册成为其会员的用户提供信息存储空间,供会员上传软件、书籍、资料、图文等内容交流和讨论。作为网络服务提供者,李向华是否应就网络用户未经许可上传涉案图书的行为承担侵权责任,应综合考量以下几方面的因素:

1. 其对用户是否履行了适当的提示和告知义务。理想论坛的注册条款中明确“欢迎您加入本站点参加讨论,本站点为公共论坛”,申请成为其会员者需接受包括“确保对上传的内容享有著作权或发布权”等内容的服务条款,方可注册成为会员并在论坛发表内容。

2. 其是否直接参与了侵权行为。理想论坛上登载的涉案图书电子文档是由注册名为“跃马江湖道”的会员上传,现有证据不能证明李向华直接参与了侵权行为,将用户上传的内容置顶并未改变作品。

3. 其是否知道或应当知道侵权事实的存在。作为信息网络存储服务提供者,李向华对会员上传于理想论坛的大量图书资料是否存在权利上的瑕疵,在客观上难以发现和判断,现实中亦不排除权利人将作品传播到网上以提升知名度的可能性。为方便权利人及时、快捷地向网站举报侵权事实,发出通知,理想论坛网站上公开了相关备案信息和联系方式。

4. 其是否履行了移除义务。李向华在得知用户上传的涉案图书可能侵犯他人著作权时即已进行了及时移除,并在本案成讼后向一审法院提供了上传者的个人信息。同时,李向华对诉讼后“羽翼之神”再次上传涉讼作品的行为,亦采取了必要合理的措施积极抑制侵权行为。

5. 其是否从用户上传作品直接获得经济利益。李向华经营的理想论坛主要是为股票证券等投资者提供信息交流平台,网络用户注册会员并不收费,亦未依托上传内容投放广告以获取经济利益。

基于上述原因,李向华作为信息网络存储服务提供者,不知道也没有合理的理由应当知道用户上传的涉案图书存在侵权事实,且已履行了合理的移除义务,具备《信息网络传播权保护条例》第22条规定的免责条件。另外,理想论坛是李向华所创建、经营的个人网站,理想慧天科技公司不是本案适格被告。故一审判决驳回何瑞东提出的由李向华、理想慧天科技公司承担赔礼道歉、损失赔偿及相关费用的诉请,并无不当。

综上,天津市高级人民法院依照《中华人民共和国民事诉讼法》第153条第1款第1项的规定,判决驳回上诉,维持原判。

双狐软件有限公司等诉赵殿君、三河环波软件有限公司计算机软件著作权权属纠纷案

——阅读提示:一方将其享有著作权的软件作品登记在他人名下后,双方在此基础上共同研发、销售、升级的计算机软件应如何确定权属?双方签订的涉及著作权的协议对于上述定性有何作用?

【判决要旨】

根据《著作权法》第13条的规定,本案中双方合作期间共同研发、销售、升级的相关软件产品,其著作权应归属于双方共有。可以分割使用的,作者对各自创作的部分可以单独享有著作权。

【案号】

一审:河北省保定市中级人民法院(2009)保民三初字第46号

二审:河北省高级人民法院(2010)冀民三终字第52号

【案情与裁判】

原告(二审上诉人):双狐软件有限公司

原告(二审上诉人):恒泰艾普双狐软件技术有限公司

被告(二审上诉人):赵殿君,男,1965年4月3日出生,汉族

原审被告(二审上诉人):三河环波软件有限公司

起诉与答辩

2009年8月20日,双狐软件公司和恒泰艾普公司以对赵殿君和环波公司登记的软件拥有著作权,赵殿君和环波公司构成对双狐软件公司和恒泰艾普公司的不正当竞争为由将其诉至法院,请求法院:(1)确认原告对被告登记的软件拥有著作权,判令两被告立即停止侵犯原告著作权的行为,判令两被告停止一切针对原告的不正当竞争行为;(2)判令两被告共同赔偿原告经济损失人民币1000万元及因制止被告侵权行为和不正当竞争行为而支出的合理费用;(3)判令两被告在行业报纸上赔礼道歉,并公开声明以消除其涉案侵权行为及不正当行为给原告带来的不利影响;(4)判令本案的诉讼费用由被告承担。

一审审理查明

原审查明,1999年11月1日,赵殿君、彭海勇、周国强三人成立了保定市环波数据软件有限公司,注册资金50万元。同日,双狐软件公司也注册成立,法定代表人为陈现路,注册资本50万元。12月15日,陈现路替代赵殿君成为保定市环波数据软件有限公司的股东并任法定代表人。2000年1月30日,保定市环波数据软件有限公司与双狐软件公司合并,名称仍为双狐软件公司。后经过股东内部出让股权,王朝旭、舒永兵也成为公司股东。2000年9月7日,陈现路向国家版权局就"坐标工具及多数据库集成应用系统"、"石油地球物理辅助解释系统"(在此后双狐软件公司向相关行政部门申报科技成果时又叫"石油地球物理微机解释系统V2000")(以下简称为两款V2000)进行著作权登记,著作权人是双狐软件公司、赵殿君,开发时间分别是1999年4月5日、1999年11月1日。2000年12月23日,双狐软件公司董事会决定注册资本增至200万元。2002年12月12日,该公司股东会议将公司章程作了修改,赵殿君、王大雪、靳雄、保定国家高新技术产业开发区发展有限公司成为该公司的新股东,其中赵殿君持有50.37%的股份。2006年3月22日,该公司通过了《第三届股东会决议》(以下简称3.22决议)。第1条约定赵殿君、靳雄、彭海勇向其他股东转股,退出双狐软件公司;第5条约定"老双狐(即双狐软件公司,下同)和赵殿君共有的知识产权双方共享,对原知识产权技术的改进、发展分别归各自所有。今后发生的双狐知识产权专利维护费用由双狐软件公司交纳。维护原知识产权需要赵殿君签署的文件,由双狐软件公司新一届大股东保定国家高新技术产业开发区发展有限公司代理签署"。3月24日,双狐软件公司再次召开股东会议,形成《股东会决议》(以下简称3.24决议),主要内容是对双狐软件公司的净资产按照原股东持股比例进行分配;第5条约定:"完成上述分配方案后,双狐软件公司全部资产应为人民币200万元(实物或货币)"。2006年4月7日,赵殿君与其他股东出资在河北省三河市设立环波公司,并任法定代表人。2006年12月31日,双狐软件公司再次召开股东大会,形成第五届股东大会决议,保定国家高新技术产业开发区发展有限公司将其持有的双狐软件公司59%的股份转让给其他四位股东王大雪、周国强、王朝旭、舒永兵,该公司退出双狐软件公司,四大新股东王大雪、周国强、王朝旭、舒永兵各持双狐软件公司25%的股份。2008年6月10

日,双狐软件公司股东王大雪、周国强、王朝旭、舒永兵四人,加上恒泰爱普石油天然气技术服务股份有限公司,以1800万元注册资本注册成立恒泰艾普公司。8月1日,王大雪、周国强、王朝旭、舒永兵召开双狐软件公司股东大会形成《股东会决议》,其中第1条约定双狐软件公司解散;第3条约定现有股东会的全体成员已经新设成立恒泰艾普公司;第4条约定恒泰艾普公司将承继公司全部资产,包括知识产权,其中知识产权包括但不限于公司现在独立拥有的和/或共有的商标、专利和著作权。8月2日,原双狐软件公司股东王大雪、周国强、王朝旭、舒永兵以双狐软件公司的名义与恒泰艾普公司签订《协议书》,宣布两公司合并等事宜。2009年3月18日,环波公司就"环波变速空校成图系统"、"环波石油地球物理微机深度域解释系统"、"环波数据集成应用系统"、"环波坐标工具软件"四款软件(以下简称环波公司的四款软件)进行了版权登记。4月9日,赵殿君以其个人名义在国家版权局就"双狐等值线及曲面生成软件"、"双狐逆掩断层图件勾绘软件"、"双狐多维空间数据网络化软件"三款计算机软件(以下简称赵殿君的三款软件)进行了版权登记。

双狐软件公司在起诉状中称"赵殿君将双狐软件公司拥有权利的软件(指V2000),通过变更名称、抽取部分模块和伪造开发完成时间和首次发表时间等方式,进行软件登记(指赵殿君的三款软件),试图据为已有"。赵殿君认可其三款软件是在抽取V2000中的三个模块基础上形成的;环波公司称,其四款软件是在赵殿君拥有著作权的软件基础上研发的,赵殿君也认可该事实。对于该事实,本院予以确认。

一审判理和结果

原审法院审理后认为,(1)关于涉案七款软件的著作权归属。根据国家版权局软著登字第0005780号和第0005781号《计算机软件著作权登记证书》,"坐标工具及多数据库集成应用系统V2000"和"石油地球物理辅助解释系统V2000"两款软件的著作权归属于赵殿君和双狐软件公司共有。故赵殿君对上述两款软件的著作权归属应系明知,其主张两款软件著作权归其所有理据不足,法院对此不予支持。涉案的以赵殿君名义登记的"双狐等值线及曲面生成软件"、"双狐逆掩断层图件勾绘软件"、"双狐多维空间数据网格化软件"三款软件及以环波公司名义登记的"环波变速空校成图系统"、"环波石油地球物理微机深度域解释系统"、"环波数据集成应用系统"、"环波坐标工具软件"四款软件均是在上述两款共有软件基础上升级开发完成,依据双狐软件公司2006年3月22日第三届股东会决议中"保定双狐软件有限公司和赵殿君共有的知识产权双方共享,对原知识产权技术的改进、发展分别归各自所有"的决议,"双狐等值线及曲面生成软件"、"双狐逆掩断层图件勾绘软件"、"双狐多维空间数据网格化软件"三款软件的著作权应归赵殿君所有。双狐软件公司主张三款软件为双狐软件公司的法人作品,应由其享有著作权的理据不足,法院不予支持。

(2)关于被告是否实施了侵犯原告著作权的行为。双狐软件公司未经共有人赵殿君同意,擅自转让"坐标工具及多数据库集成应用系统V2000"和"石油地球物理辅助解释系统V2000"两款软件著作权的行为无效,上述两款软件的著作权仍应由原著作权人双狐软件公司和赵殿君共有，恒泰艾普公司无权就上述两款软件主张权利。环波公司在未取得共有著作权人双狐软件公司许可及有法律规定的情形下，使用了“坐标工具及多数据库集成应用系统 V2000”和“石油地球物理辅助解释系统 V2000”两款软件的核心模块，登记了四款软件，侵犯了双狐软件公司享有的软件著作权，应当承担停止侵权、赔偿损失的民事责任。

(3)关于环波公司应当承担的赔偿数额问题。双狐软件公司要求赔偿经济损失人民币 1000 万元，鉴于其未提供确切证据证明其因侵权受到的损失或侵权人的侵权所得，根据《最高人民法院关于审理著作权民事纠纷案件适用法律若干问题的解释》第 25 条的规定，人民法院在确定赔偿数额时，应当考虑作品类型、合理使用费、侵权行为性质、后果等情节综合确定。综合考虑涉案软件作品的类型、侵权行为的性质、情节、期间和后果，酌定赔偿数额为 10 万元人民币为宜。

综上，依照《中华人民共和国著作权法》第 48 条、《最高人民法院关于审理著作权民事纠纷案件适用法律若干问题的解释》第 25 条第 2 款、《中华人民共和国民事诉讼法》第 64 条的规定，判决如下：(1)被告三河环波软件有限公司应于本判决生效之日起立即停止侵害原告保定双狐软件有限公司计算机软件著作权的行为；(2)被告三河环波软件有限公司应于本判决生效之日十日内赔偿原告保定双狐软件有限公司经济损失共计人民币 10 万元；(3)驳回原告保定双狐软件有限公司的其他诉讼请求；(4)驳回原告保定恒泰艾普双狐软件技术有限公司的全部诉讼请求。如未按本判决指定的期间履行给付金钱义务，应当依照《中华人民共和国民事诉讼法》第 229 条之规定，加倍支付迟延履行期间的债务利息。案件受理费 81,800 元，由原告保定双狐软件有限公司和保定恒泰艾普双狐软件技术有限公司负担 61,800 元，被告三河环波软件有限公司负担 20,000 元。

上诉与答辩

赵殿君、环波公司，双狐软件公司、恒泰艾普公司均不服上述民事判决，向本院提出上诉。

赵殿君、环波公司的上诉理由是：(1)一审判决关于 V2000 的著作权人归属的认定是错误的，这两个软件的著作权应该属于赵殿君所有，而不是由赵殿君和双狐软件公司共同享有著作权。(2)一审判决认定环波公司名下登记的软件是在 V2000 两个软件的基础上开发升级而成，从而构成侵权是错误的。(3)一审判决关于环波公司名下登记的软件构成侵权的认定是错误的。(4)根据 3.24 决议，恒泰艾普公司不具有主体资格。

双狐软件公司、恒泰艾普公司答辩称：(1)我方要求对赵殿君确认其依法享有 V2000 软件著作权的上诉请求予以驳回。(2)赵殿君要求撤销原判第一、二项的主张不能成立。(3)被答辩人认为双狐软件公司与恒泰艾普公司不具有诉讼主体资格属于对基本事实的错误认识。依据 2008 年 8 月 2 日双狐软件公司与恒泰艾普公司签订的《协议书》分析，恒泰艾普公司、双狐软件公司之间属于公司之间的吸收合并，双狐软件公司的所有资产及债务均由恒泰艾普公司承受。

双狐软件公司、恒泰艾普公司的上诉理由是：(1)上诉人对被上诉人登记的七项软件拥有著作权。(2)上诉人拥有七项软件著作权,所以赵殿君及环波公司应当立即停止侵害上诉人计算机软件著作权的行为,而一审法院只认定侵犯两项著作权属于认定事实错误。(3)应当判决由被上诉人连带赔偿上诉人因制止侵权行为而发生的合理费用、在《中国石油报》上赔礼道歉。

赵殿君、环波公司答辩称:(1)恒泰艾普公司主张赵殿君名下的三款软件为双狐软件公司所有没有事实和法律依据。该三款软件是赵殿君开发的作为核心的三款软件,开发完成时间在双狐软件公司之前,赵殿君拥有三款软件的源代码。(2)环波公司使用的是赵殿君自己开发完成并享有著作权的软件作品。因此,恒泰艾普公司将侵犯赵殿君著作权的软件进行著作权登记及进行软件产品登记的行为构成侵权,应当承担法律责任。

二审判理和结果

本院认为,本案的焦点问题在于,(1)涉案七款软件的著作权应当归谁所有。(2)恒泰艾普公司是否具有本案的诉讼主体资格。(3)赵殿君、环波公司在本案中是否应当承担法律责任,应当承担何种责任。

(1)关于涉案七款软件著作权应当归谁所有的问题。这七款软件包括赵殿君登记的三款软件,环波公司登记的四款软件。

第一,赵殿君登记的三款软件著作权的归属问题。由于双方对于该三款软件源于双方共有的两款V2000软件中心模块的事实无异议,因此,可以认定赵殿军登记的三款软件为两款V2000软件的改编作品。

从涉案的两款V2000软件登记的开发时间来看,分别是1999年4月5日、11月1日,不排除两款V2000软件由赵殿军独自开发的可能性。《最高人民法院关于审理著作权民事纠纷案件适用法律若干问题的解释》第22条规定,著作权的转让合同未采取书面形式的,可依据合同法第36条、第37条的规定审查合同是否成立。合同法第36条、第37条规定,法律规定采用书面形式订立合同,当事人未采用书面形式但一方已经履行主要义务,对方接受的,该合同成立。赵殿军将两款V2000软件自2000年9月7日交予双狐软件公司登记至3.22决议赵殿军退出双狐软件公司之时,经历了长达5年半的时间。期间,双方不但对两款V2000登记共有的事实无争议,而且还不断以双狐软件公司的名义大量研发、出售、服务与该软件相关的软件产品,甚至于还以双狐软件公司的名义向国家行政部门及河北省相关部门申报、领取科技奖项,双方并无合同约定赵殿君对该著作权保留。上述事实足以说明,V2000软件著作权在事实上归属双方共有,且截至3.22决议双方无异议。

再从另一个角度看两款V2000软件权利的归属问题,即使两款V2000在3.22决议签订前属于赵殿君个人作品,在3.22决议之后也因"双狐软件公司和赵殿君共有的知识产权双方共享"而使该两款V2000作品的著作权归双方共有。原审将两款V2000的著作权认定为双狐软件公司、赵殿君共有并无不当。赵殿君上诉状第1条所称该两款V2000著作权由其研发,属于其个人所有的主张,本院不予支持。

赵殿君在其上诉状中称,3.24决议中第五条内容"完成上述分配方案后,双狐软件公司全部资产应为人民币200万元(实物或货币)",说明双狐软件公司除了注册的200万元外，不应再有其他财产权利。3.24 决议第5条是对3.22 决议第5条约定的修改，对该主张本院不予支持。从形式上看，就知识产权问题，3.22 决议已作出了明确、特别的约定。而3.24 决议并未提及知识产权问题，也未发生赵殿军主张的相关知识产权转让或者修改3.22 决议的情形已实际履行的后果。两份决议是一种互补的关系，而不是后者取代前者或修改前者的关系。庭审中赵殿君也主张知识产权的分割问题双方尚存在争议未解决，也说明两者并非修改替代关系。

双狐软件公司、恒泰艾普公司主张，赵殿君所登记的三款软件登记证书上，明确记载的研发时间为2004年，当时赵殿君是双狐软件公司的法人代表和研发人员，所涉三款软件应属于双狐软件公司的经营范围，应当属于双狐软件公司的法人作品，其主张本院不予支持。依据《著作权法》第11条的规定，法人作品由法人主持创作、体现法人的意志。本案中双狐软件公司除主张研发时间是在赵殿军任法定代表人时外，并无该三款软件在3.22 决议前已完成独立创作，且已成为完整作品的证据。那么在3.22 决议后，赵殿君登记的三款软件应当视为“对原知识产权技术的改进、发展”的范畴，应归属于赵殿君所有。因此，双狐软件公司主张赵殿君所登记的三款软件是其法人作品，应由其独享权利的理由没有法律依据。

第二，环波公司登记的四款软件著作权归属问题。环波公司自认其四款软件中含有赵殿军三款软件的内容，据此应当认定环波公司登记的四款软件，属于赵殿军三款软件的改编作品。由于环波公司登记的四款软件的登记时间是2006年3月18日，而此时环波公司尚未成立（其成立时间为2006年4月7日），所以应当认定该四款软件也属于赵殿军所有。环波公司登记或者使用该四款软件的行为，应当被认定为是赵殿军向环波公司转让其享有权利的著作权。因此，环波公司未成立而登记著作权的行为，并不影响环波公司享有涉案四款著作权的效力。

（2）恒泰艾普公司是否具有本案的诉讼主体资格问题。3.22 决议第5条约定，对原知识产权技术的改进、发展分别归各自所有。说明双狐软件公司、赵殿军对原属于双方共有的知识产权均以合同的形式在此后做了让渡，双狐软件公司或赵殿军分别对原共有的知识产权享有独立的权利，而不再受原共有的限制。基于此，双狐软件公司或者赵殿军均有权对各自所有的知识产权做出处理。2006年8月1日，双狐软件公司股东《股东会决议》第4条约定，恒泰艾普公司将承继公司全部资产，包括知识产权。8月2日，双狐软件公司与恒泰艾普公司签订《协议书》，宣布两公司合并等事宜。上述两个法律文件在法律上应当被认定为是双狐软件公司将其所有的知识产权以合同的形式转让给恒泰艾普公司，恒泰艾普公司也接受这种转让的行为。该行为发生在3.22 决议之后，并不违反3.22 决议第5条的约定，为合法有效的转让。原审以此认定恒泰艾普公司不具有诉讼主体资格的理由，应予纠正。

综上所述，原审认定事实及适用法律有误，应当予以纠正。根据《中华人民共和国民事诉讼法》第153条第1款第3项之规定，判决如下：（1）撤销保定市中级人民法院（2009）保民三初字第46号民事判决；（2）驳回保定双狐软件有限公司、保定恒泰艾普双狐软件技术有限公司的诉讼请求。二审案件受理费各81,800元,均由保定双狐软件有限公司、保定恒泰艾普双狐软件技术有限公司负担。

北京世纪飞乐影视传播有限公司诉上海掌上灵通咨询有限公司等侵犯著作权纠纷案(略)

中国音乐著作权协会诉于莹侵犯著作权纠纷案

——阅读提示:卡拉OK经营者侵权使用权利人音乐作品提供卡拉OK播放经营服务,如何具体量化卡拉OK经营者的侵权赔偿数额?

【裁判要旨】

卡拉OK经营者侵权使用权利人音乐作品纠纷案在全国范围内具有广泛影响。本案确定了此类案件侵权赔偿数额计算公式,即使用费数额/天/终端×天数/年×终端(包房)数,为具体量化判定卡拉OK经营者的侵权赔偿数额提出了解决办法。

【案号】

一审:黑龙江省哈尔滨市中级人民法院(2010)哈知初字第49号

【案情与裁判】

原告:中国音乐著作权协会(以下简称音著协)

被告:于莹

起诉与答辩

原告音著协诉称:于莹在其经营场所使用卡拉OK点歌播放系统,未经许可,擅自营业性公开播放音著协管理的音乐作品《渴望》等,构成侵权。于莹侵权使用的音乐作品达3万多首,音著协所属会员的音乐作品均被侵权,公证的20余首歌曲仅是代表,无法全部取证。于莹拒绝与权利人达成使用协议,明知侵权仍非法使用,主观恶性严重。音著协于2010年1月起诉,诉请:(1)被告停止侵权,立即从曲库中删除侵权作品;(2)被告赔偿原告经济损失3万元;(3)被告赔偿原告为制止侵权的合理支出1000元;(4)被告负担诉讼费用。

被告于莹没有答辩。

一审审理查明

法院经审理查明:音著协作为乙方,与甲方王立平、雷蕾、李南冈(笔名易茗)、石祥、崔健、李春波、郑钧、石顺义等音乐作品著作权人分别签订《音乐著作权合同》，主要内容为：一、甲方同意将其音乐作品授权给乙方管理……；四、乙方对甲方权利以乙方名义进行管理，向使用者收取使用费，向甲方分配使用费；五、本合同所称的音乐作品，指甲方现有和今后将有的音乐作品……；十、乙方有权以自己的名义向侵权者提起诉讼。

国家版权局于2006年11月9日发布2006年第1号公告，主要内容为：将音著协与中国音像集体管理协会（筹）上报的《卡拉OK经营行业版权使用费标准》予以公告。卡拉OK经营行业版权使用费标准：卡拉OK经营行业以经营场所的包房为单位，支付音乐作品、音乐电视作品版权使用费，基本标准为12元/包房/天（含音乐和音乐电视两类作品的使用费）。根据全国不同区域以及同一地区卡拉OK经营的不同规模和水平，可以按照上述标准在一定范围内适当下调。在中国音像集体管理协会（筹）没有完成社团登记程序之前，权利人已经委托其管理的权利，暂由中国音像协会代为行使。

中国音像协会发布2008年第1号《公告》，主要内容为：从2007年1月1日起在全国范围内开展卡拉OK行业的版权收费工作，将对未依法支付2007年度版权使用费的卡拉OK经营者追缴版权使用费，追缴标准为12元/包房/天。

2008年8月1日，中国音像著作权集体管理协会（简称音集协）发布2008年第1号《关于2008年卡拉OK版权使用费收费标准的公告》，主要内容为：音集协是经国家版权局批准成立的中国大陆地区唯一的音像著作权集体管理组织，有权代表权利人对使用音乐电视（录影）作品的卡拉OK经营者收取著作权使用费。2008年全国各地区版权使用费收费标准：黑龙江8.4元/天/终端。对拒不支付著作权使用费的卡拉OK经营者，将一律按照12元/包/天的标准收取版权使用费。同日，音集协还分别致函黑龙江省版权局和黑龙江省文化厅，主要内容为：音集协于2008年6月24日正式成立。之前以中国音像协会名义开展的收费工作过渡到音集协，由音集协全面接手并推进。黑龙江省卡拉OK版权使用费由黑龙江天合世纪文化有限公司代为收取。音集协2009年第1号《关于2009年卡拉OK著作权使用费收取标准的公告》确定，黑龙江8.3元/天/终端。

音著协与音集协商定：卡拉OK版权使用费统一由音集协收取；音著协根据著作权人的授权，以自己的名义对侵权人提起诉讼。

黑龙江天合世纪文化有限公司于2009年6月10日作出《黑龙江省文化市场经营者协会价格方案》，主要内容为：一、收费期限：目前，黑龙江省文化市场经营者协会的会员只缴纳2009年全年版权使用费，并且缴纳天数从365天/年调整到300天/年。二、收费价格：音集协2009第1号公告规定黑龙江地区缴纳版权使用费的价格为8.3元/天/终端，黑龙江省文化市场经营者协会会员调整价为6元/天/终端。

个体工商户哈尔滨市南岗区乐天虫量贩式成立于2004年6月14日，经营范围为娱乐业，经营业主为于莹。哈尔滨市文化市场稽查大队证明，其包房数为25间。

2009年9月22日，音著协委托代理人与公证处公证人员一起到于莹经营的哈尔滨市南岗区乐天虫量贩式进行证据保全，以消费者的身份点播的歌曲包括《渴望》、《好人一生平安》、《少年壮志不言愁》、《小芳》、《一封家书》、《走四方》、《弯弯的月亮》、《大海啊故乡》、《牧羊曲》、《青藏高原》、《思念》、《女人是老虎》、《十五的月亮》、《回到拉萨》、《赤裸裸》、《灰姑娘》、《难得糊涂》、《在雨中》、《爱是一颗幸福的子弹》、《一无所有》、《假行僧》、《从头再来》、《出走》、《花房姑娘》、《新长征路上的摇滚》等 26 首。公证员制作了《现场记录》和现场取证光盘。该光盘内容为播放涉案歌曲情况,播放的歌曲注有词曲作者,如《回到拉萨》、《灰姑娘》、《赤裸裸》的词曲作者为郑钧;《渴望》、《好人一生平安》的曲作者为雷蕾、词作者为易茗等。音著协消费 100 元,支付公证费 500 元。

一审判理和结果

黑龙江省哈尔滨市中级人民法院一审判决认为:涉案被诉侵权行为发生在 2010 年 4 月 1 日第二次修正的《著作权法》施行之前,故本案应适用第一次修正的《著作权法》。雷蕾、李南冈(笔名易茗)、林汝为、李春波、李海鹰、王立平、张千一、谷建芬、乔羽、石顺义、铁源、徐锡宜、石祥、郑钧、汪峰、崔健等是公认的相关歌曲作者。

第一次修正的《著作权法》第 8 条第 1 款规定:"著作权人和与著作权有关的权利人可以授权著作权集体管理组织行使著作权或者与著作权有关的权利。著作权集体管理组织被授权后,可以以自己的名义为著作权人和与著作权有关的权利人主张权利,并可以作为当事人进行涉及著作权或者与著作权有关的权利的诉讼、仲裁活动。"音著协是依法成立的著作权集体管理组织,包括上述涉案歌曲作者在内的众多音乐作品作者与音著协签订《音乐著作权合同》,将其音乐作品的许可使用权等权利授权音著协管理,该合同属于著作权集体管理合同。音著协依照法律和合同约定,有权作为原告对侵权行为人起诉。

于莹于 2004 年 6 月 14 日注册成立哈尔滨市南岗区乐天虫量贩式,以营利为目的使用音著协会员的音乐作品提供卡拉 OK 播放经营服务。本案没有证据证明于莹取得了音著协等有关权利人的许可或支付了许可使用费。第一次修正的《著作权法》第 46 条和第 47 条规定,未经著作权人许可,复制、放映其作品的;未经表演者许可,复制录有其表演的录音录像制品的;未经录音录像制作者许可,复制其制作的录音录像制品的,是侵犯著作权的侵权行为,应当承担停止侵害、赔偿损失等民事责任。于莹未经许可擅自使用音著协管理的音乐作品,不支付许可使用费,构成侵权,应自行独立承担相应的民事责任。音著协请求于莹停止侵权,从曲库中删除侵权作品和赔偿经济损失合法。

第一次修正的《著作权法》第 48 条规定:"侵犯著作权或者与著作权有关的权利的,侵权人应当按照权利人的实际损失给予赔偿。"音集协 2008 年第 1 号公告确定:2008 年全国各地区版权使用费收费标准,黑龙江 8.4 元/天/终端;对于拒不支付著作权使用费的卡拉 OK 经营者起诉的,一律按照 12 元/包/天收取版权使用费。故黑龙江省的卡拉 OK 经营者至迟应当自 2008 年起支付使用费。音集协 2009 年第 1 号公告确定:黑龙江 8.3 元/天/终端。《黑龙江省文化市场经营者协会价格方案》确定:黑龙江省文化市场经营者协会的会员只缴纳 2009 年全年版权使用费,并且缴纳天数从 365 天/年调整到 300 天/年,会员调整价为 6 元/天/终端。上述黑龙江地区的使用费均低于国家版权局2006年第1号公告规定的12元/包房/天。本案没有证据表明于莹是黑龙江省文化市场经营者协会会员，并且于莹是侵权使用音著协管理的音乐作品，没有按调整价缴纳使用费，故不应以调整价作为确定赔偿数额的标准。但即使按照300天/年、6元/天/终端计算，于莹每年应支付的使用费为45,000元。于莹以侵权使用音著协管理的音乐作品为业、侵权使用音乐作品众多、实施侵权行为时间较长、侵权行为性质和后果严重、故意侵权主观过错大，应判定于莹承担较高的赔偿责任。音著协请求于莹赔偿经济损失3万元，低于于莹每年应支付的使用费，不违反法律规定，可予支持。依照《关于审理著作权民事纠纷案件适用法律若干问题的解释》第26条第1款关于"著作权法第48条第1款规定的制止侵权行为所支付的合理开支，包括权利人或者委托代理人对侵权行为进行调查、取证的合理费用"的规定，于莹还应赔偿音著协调查、取证等为制止侵权行为所支付的合理开支。音著协为本案调查、取证消费100元，支付公证费500元，属于为制止侵权行为所支付的合理开支，于莹应予赔偿。音著协对超出此部分的诉讼请求没有举证证明，不能得到支持。依据第一次修正的《中华人民共和国著作权法》第46条、第47条、第48条和《关于审理著作权民事纠纷案件适用法律若干问题的解释》第26条第1款的规定，缺席判决如下：

(1)被告于莹于本判决生效之日起停止侵犯原告中国音乐著作权协会管理的音乐作品著作权的行为，并删除曲库中的侵权作品；

(2)被告于莹赔偿原告中国音乐著作权协会经济损失3万元，于本判决生效之日起10日内付清；

(3)被告于莹赔偿原告中国音乐著作权协会为制止侵权行为所支付的合理开支600元，于本判决生效之日起10日内付清。

案件受理费575元，被告于莹负担565元，原告中国音乐著作权协会负担10元。

微软公司诉大众保险股份有限公司侵犯计算机软件著作权纠纷案

——阅读提示：如何把握电子证据保全的审查标准以及如何具体实施保全措施？有证据证明权利人损失或侵权人获利超过法定赔偿最高限额时如何确定赔偿数额？

【裁判要旨】

由于计算机软件易被卸载、删除，权利人对于最终用户使用盗版软件的取证在现实中存在较大的难度，向法院申请证据保全成为权利人取得证据的重要方式。一方面，法院应当严格审查证据保全的条件，避免成为当事人获取证据的工具；另一方面，法院应当依法积极实施证据保全行为，及时使被告侵权的证据得以固定。虽然著作权法规定了在原告的损失及被告的获利均无法确定时适用法定赔偿的最高限额,但是如果有证据证明权利人的损失或侵权人的非法获利已经超过法定赔偿最高限额的,应当综合案件的证据情况,在法定赔偿最高限额以上合理确定赔偿数额。

【案号】

一审:上海市浦东新区人民法院(2009)浦民三(知)初字第128号

【案情与裁判】

原告:微软公司

被告:大众保险股份有限公司

起诉和答辩

原告于2009年5月4日起诉称,原告享有Microsoft Server系列软件的版权,并受中国法律保护。被告是1995年年初在上海成立的股份制商业保险公司,在全国有8家分公司(下设51家营业部、营销服务部或支公司)和1个省级代表处。被告未经授权,安装、使用了微软Server系列软件,双方于2008年9月至2009年3月期间就此进行了多次交涉,并于2009年2月16日达成一些共识,签署了一份《会议纪要》。该纪要约定被告通过向原告正版化采购的方式解决部分微软软件的合法使用问题,且被告承诺在2009年2月20日前签署完毕相关的采购合同,但届时被告却未履约。之后原告又与被告交涉,但被告仅愿意采购30万元人民币的微软软件,并要求原告承诺在被告采购完毕后不再追究其之前的侵权责任,并认可被告采购30万元的软件后即视为已经全部实现正版化,双方对此未达成一致。原告认为被告未经授权使用原告软件的行为,侵犯了原告享有的著作权,且侵权时间久、数量多,属情节严重,故起诉要求:(1)被告立即停止侵权行为,删除非法复制、安装的原告享有著作权的Microsoft Server系列软件;(2)被告赔偿原告包括直接经济损失、翻译及公证费、律师费等合理费用在内的经济损失人民币10万元;(3)被告在《新民晚报》非中缝的版面向原告公开赔礼道歉。审理中,原告撤回上述第一项诉讼请求。原告提起诉讼后,向法院申请证据保全,根据保全的情况,原告变更上述第2项诉讼请求,要求被告赔偿包括直接经济损失、翻译及公证费、律师费等合理费用在内的经济损失人民币1,169,792元(其中直接经济损失1,121,053元,合理费用48,739元)。

被告辩称,原告的诉请没有合法、有效、充分的证据支撑,且原告提出变更诉请超出了法定期限,依法应不予认可。

一审审理查明

原告于2000年至2008年期间先后向美国版权局申请登记微软SQL Server 2000、微软SQL Server 2005 、微软Windows Server 2003、微软Windows Server 2008 Enterprise软件的版权。Windows Server2003标准版软件上的署名为"© 2005 Microsoft Corporation版权所有"。上述软件销售单价分别为213,600元、225,548元、20,756元、22,237元和4600元。

被告成立于1995年,注册资金75,600万元,下属8家不具备法人资格的分公司。被告网站显示还有1家代表处、30家支公司和21家营业部。

原告因发现在用户登记的数据库中,被告的软件购买记录与其使用软件的实际情况有一定差距,遂于2008年9月22日和12月

29日两次委托律师发函,要求被告对微软软件的使用情况进行核查,并回复核查结果和处理意见。2009年2月16日,原、被告经协商形成《会议纪要》约定:由被告采购SQL Svr Standard Edtn 2008 ChnSimp OLP NL 1 Proc 1套、Windows server standard 4套等微软软件;双方都有诚意继续通过商务谈判的形式来解决大众使用微软软件的正版化问题,大众同意尽量在2009年2月20日前签署完毕上述提及的产品采购合同。此后双方又进行了一次协商,但被告提出在30万元以内采购软件,原告未同意。后被告也未按《会议纪要》的约定履行采购方案。根据微软(中国)有限公司出具的《核查证明》,截至2009年4月16日,被告未批量采购涉案软件。庭审中,被告确认其未批量采购涉案软件,其总公司内部有27台服务器使用了涉案软件。

原告主张其为调查和制止被告的侵权行为支出的费用包括翻译费700元、律师费45,000元、公证费2966元、工商查档费73元,共计48,739元。

在起诉的同时,原告提出证据保全的申请,要求保全被告经营场所的电脑使用微软Server系列软件的证据,具体包括被告使用微软Server系列软件的数量、版本号、注册号(或序列号)及软件上署名的版权人信息。2009年6月8日,法院至被告经营场所对被告使用涉案软件的情况进行证据保全,抽查了被告机房内的11台服务器,全部使用微软Server系列软件,分别为涉案的5个版本。

一审判理和结果

法院经审理认为:(1)原告提供的美国版权局出具的注册证书及软件证明原告是涉案软件的著作权人。根据伯尔尼公约第五条之1、著作权法第2条第2款及计算机软件保护条例第5条第3款的规定,涉案软件的著作权受我国法律保护。(2)原告根据证据保全的情况,在法院组织证据交换时提出变更诉讼请求,并未超过举证期限。(3)根据原被告双方的几次协商、《会议纪要》的内容、证据保全的情况、被告信息技术部负责人的自认,可以确认被告未经原告许可安装和商业使用了涉案软件。被告在庭审中否认侵权事实,但经法院多次释明,被告始终未能提供其合法使用涉案软件的证据。因此被告的行为侵犯了原告对涉案软件依法享有的著作权。(4)由于原告的损失和被告的获利均不能确定,故根据被告的经营规模、涉案软件的价格、被告确认的使用涉案软件的数量、法院证据保全的情况及原告的主张,结合涉案作品的类型、被告的侵权手段和情节、侵权时间和范围、侵权人的主观过错程度等酌定赔偿金额。原告主张的工商调查费、翻译费、律师费、公证费根据实际情况酌情予以支持。因被告侵犯的是原告的财产权利,未对原告的人身权利造成侵害,故对赔礼道歉的请求不予支持。

上海市浦东新区人民法院依照《中华人民共和国著作权法》第2条第2款、第10条第1款第5项、第48条第1项、第49条,《计算机软件保护条例》第5条第3款、第24条第1款第1项、第25条,《最高人民法院关于审理著作权民事纠纷案件适用法律若干问题的解释》第21条、第25条第1款和第2款、第26条之规定,作出如下判决:

(1)被告大众保险股份有限公司应于本判决生效之日起10日内赔偿原告微软公司经济损失人民币1,100,000元,合理费用人民币47,673元;

(2)驳回原告微软公司的其余诉讼请求。

案件受理费人民币15,328元,由原告微软公司承担458元,被告大众保险股份有限公司承担14,870元。证据保全费30元由被告大众保险股份有限公司承担。

叶兆言诉北京大学出版社、陈彤、南京先锋图书文化传播有限责任公司侵犯著作权纠纷案

——阅读提示:陈彤改编并许可出版的陈彤版《马文的战争》是文学剧本还是电视小说?叶兆言在《著作权使用许可合同》中对电视改编权的限制条款能否约束陈彤?陈彤行使改编作品版权是否须经叶兆言的许可?陈彤和北大出版应当如何承担侵权赔偿责任?

【裁判要旨】

《著作权法》第10条规定,……(十四)改编权,即改编作品,创作出具有独创性的新作品的权利……著作权人可以许可他人行使前款第(五)项至第(十七)项规定的权利,并依照约定或本法有关规定获得报酬。著作权人可以对著作权许可使用的范围和行使方式等内容附设条件,只要不违反法律法规禁止性规定,损害他人或公共利益。改编作者应当审查许可使用合同授权的具体范围和行使方式,任何超出合同明示授权范围和方式的使用行为,都构成著作权侵权。

《著作权法》第35条规定,出版改编、翻译、注释、整理、汇编已有作品而产生的作品,应当取得改编、翻译、注释、整理、汇编作品的著作权人和原作品的著作权人许可,并支付报酬。[①] 出版机构出版改编作品,应当征得改编作品著作权人和原作品著作权人的双重许可并支付报酬,以免发生版权纠纷。

【案号】

一审:南京市鼓楼区人民法院(2008)鼓知民初字第69号

二审:江苏省南京市中级人民法院(2010)宁知民终字第8号

【案情与裁判】

原告(二审被上诉人):叶兆言

被告(二审上诉人):陈彤

被告(二审上诉人):北京大学出版社(以下简称北大出版社)

被告:南京先锋图书文化传播有限责任公司(以下简称先锋书店)

起诉与答辩

叶兆言一审诉称:2006年,我将中篇小说《马文的战争》的电视剧版权转让给玫瑰影视公司,但并未许可玫瑰影视公司或其聘请的编剧出版根据该小说改编的文字作品。2008年10月,陈彤未经许可,将我的同名小说改编并许可北大出版社出版陈彤版《马文的战争》,先锋书店销售了陈彤版《马文的战争》,

① 第二次修正前《著作权法》第34条。

三被告的行为侵犯了我的著作权。为此，叶兆言于2008年12月2日诉至法院，请求判令三被告立即停止侵权行为，消除影响，赔礼道歉，并赔偿经济损失970,200元以及为制止侵权行为所支付的合理开支30,611.60元。

陈彤一审辩称：叶兆言已将其作品的电视拍摄权许可给了玫瑰影视公司，我受玫瑰影视公司的委托改编创作了《马文的战争》电视剧本，我改编并许可北大出版社出版陈彤版《马文的战争》，已经叶兆言合法授权许可，并不构成著作权侵权。

北大出版社一审辩称：我社以为陈彤已获得出版陈彤版《马文的战争》的必要授权，不存在侵权的故意；我社收到叶兆言的律师函后，立即停止陈彤版《马文的战争》的发行和媒体连载，并在我社网站上向叶兆言赔礼道歉、消除影响；叶兆言并未举证证明其遭受的损失，我社以4折至6折批售陈彤版《马文的战争》，扣除成本后，并无获利。

被告先锋书店一审辩称：我店销售陈彤版《马文的战争》有合法来源，并未侵犯叶兆言的著作权。

一审审理查明

叶兆言创作的中篇小说《马文的战争》获得《小说月报》第10届百花奖。2006年7月，叶兆言与玫瑰影视公司签订《著作权使用许可合同》约定，将该中篇小说的电视改编拍摄权许可给玫瑰影视公司，但“不承诺乙方（玫瑰影视公司）或乙方聘请的编剧以含电视小说和电视剧本在内的任何文字形式出版根据小说《马文的战争》改编的文字作品”。2006年9月，陈彤与玫瑰影视公司签订的编剧合同约定，玫瑰影视公司享有《马文的战争》的电视剧版权以及与电视有关的一切音像制品版权，陈彤享有电视剧本版权及文字版权。2007年10月，深广传媒公司受让了玫瑰影视公司的《马文的战争》电视改编拍摄权等相关权益。2008年5月，陈彤许可北大出版社出版陈彤版《马文的战争》，北大出版社按照“图书定价×12%版税率×销售数”的标准支付版税。2008年9月，北大出版社将陈彤版《马文的战争》的封面设计通过电子邮件发给陈彤，该封面设计上有“由叶兆言获奖作品改编”字样。2008年10月，陈彤版《马文的战争》、与电视剧《马文的战争》同步面市，该书版权页上载明：“马文的战争/陈彤（春日迟迟）著 文学剧本—中国—当代”，而无“由叶兆言获奖作品改编”字样，该书封底有“上架建议 畅销小说（或电视小说）”字样。该书定价29.80元，两次印刷共计43,000册，第2次印刷时增加了一篇陈彤的《后记》，说明改编自叶兆言同名小说等情况。

2008年10月25日，叶兆言在先锋书店购得陈彤版《马文的战争》一本，遂致函北大出版社要求停止侵权行为。北大出版社收到该函后，要求相关书店停止销售被控侵权小说，并在其网站上刊登《致叶兆言先生的道歉声明》。

北大出版社销售给江苏省新华书店、先锋书店的折扣分别为6折和6.5折，各方当事人确认一审期间北大出版社库存2854册。

叶兆言为制止被控侵权行为支付律师费等合理费用30,611.6元。

一审判理和结果

叶兆言对其获奖中篇小说《马文的战争》享有著作权，该权利受法律保护，陈彤版《马文的战争》属于叶兆言同名小说的改编作品。陈彤据编剧合同有权将叶兆言同名小说改编成《马文的战争》电视剧本,但根据叶兆言在《著作权使用许可合同书》的限制条款,陈彤不具有许可出版陈彤版《马文的战争》的权利;北大出版社出版改编作品,未自征得原作品著作权人和改编作品著作权人的双重许可。二被告的行为共同造成了对叶兆言著作权的侵害。

2009年12月28日,根据《著作权法》第10条第1款第2项、第5项、第6项、第12项、第14项,第46条第6项,第47条第1项、第48条,《关于审理著作权民事纠纷案件适用法律若干问题的解释》第20条、第24条、第25条、第26条之规定,一审法院判决:(1)自本判决生效之日起,陈彤、北大出版社以及先锋书店立即停止对叶兆言就其小说《马文的战争》享有的著作权的侵权行为;(2)陈彤和北大出版社于本判决生效之日起10日内在国家级报刊上刊登声明,向叶兆言赔礼道歉、消除影响;(3)陈彤于本判决生效之日起10日内赔偿叶兆言经济损失143,562元,北大出版社于本判决生效之日起10日内赔偿叶兆言经济损失400,000元,陈彤和北大出版社共同支付叶兆言为制止侵权行为所支付的合理费用30,611.60元;(4)驳回叶兆言的其他诉讼请求。本案诉讼费13,805元,由叶兆言承担3805元,由陈彤和北大出版社共同承担10,000元。

上诉与答辩

陈彤的主要上诉理由:

(1)陈彤创作及授权出版的陈彤版《马文的战争》为文学剧本,而非电视小说;(2)叶兆言对玫瑰影视公司电视改编权附设的限制条款不能约束陈彤;(3)陈彤作为改编作品著作权人享有独立完整的著作权,陈彤行使改编作品许可使用权并未侵害叶兆言的著作权;(4)陈彤的单方许可行为并不当然导致陈彤版《马文的战争》出版;北大出版社遗漏叶兆言署名信息,陈彤并无过错,也无须承担共同侵害署名权的责任。

北大出版社的主要上诉理由:

(1)我社未获得叶兆言的许可出版了陈彤版《马文的战争》,并遗漏叶兆言的署名,存在审查不严的过失,但并非故意侵权,不应"从重酌定"赔偿数额;(2)一审法院认定被控图书的销售价格和退货数量错误,判决我社承担四十多万元的赔偿责任过重。

叶兆言答辩称,一审认定事实清楚,适用法律正确,请求驳回二上诉人的上诉请求。

先锋书店陈述称,我店同意停止销售陈彤版《马文的战争》。

二审审理查明

北大出版社向时代光华公司销售陈彤版《马文的战争》22,671册,销售折扣为4折,本案侵权诉讼发生后,时代光华公司向北大出版社退回陈彤版《马文的战争》5549册,吉林省新华书店等5家书店分别以5.5折、5.8折、6.5折向北大出版社退回陈彤版《马文的战争》260册。本院经现场清点确认陈彤版《马文的战争》的库存和退货数量为7823册。

二审期间,叶兆言的委托代理人因参加清点陈彤版《马文的战争》库存和退货数量,支付合理费用2627元。

二审判理和结果

陈彤创作及授权出版的作品为文学剧本而非电视小说的上诉理由,与本院查明事实明显不符;陈彤对叶兆言同名小说的改编权及其行使方式源自于编剧合同,叶兆言对玫瑰影视公司改编权及其行使方式的限制当然及于陈彤;陈彤和北大出版社二者行为的结合,造成同一损害结果,陈彤应当对遗漏叶兆言署名信息承担侵权责任。因此,陈彤的上述上诉理由不能成立。

北大出版社出版陈彤版《马文的战争》未标注原作品著作权人的署名,未获得原作品著作权人的许可,违反法定义务,存在明显过错;北大出版社在民营渠道以4折,在主渠道以5.5折、5.8折、6折、6.5折不等的折扣销售陈彤版《马文的战争》;经本院清点,被控侵权图书的库存数和退货数为7823册。故北大出版社关于一审法院认定被控图书的销售价格和退货数量错误的上诉理由成立,本院在确定赔偿数额时予以考虑。

根据《中华人民共和国民事诉讼法》第153条第1款第3项之规定,二审法院于2010年10月10日判决:(1)维持南京市鼓楼区人民法院(2008)鼓知民初字第69号民事判决第1、2、4项;(2)撤销南京市鼓楼区人民法院(2008)鼓知民初字第69号民事判决第三项;(3)自本判决生效之日起15日内,陈彤向叶兆言赔偿经济损失100,000元和合理费用13,238.6元,北大出版社向叶兆言赔偿经济损失200,000元和合理费用20,000元。一审案件受理费13,805元,由叶兆言负担3805元,由陈彤和北大出版社各负担5000元;二审案件受理费13,805元,由叶兆言负担3805元,由陈彤和北大出版社各负担5000元。

湖南快乐阳光互动娱乐传媒有限公司诉舟山市定海博缘网吧侵犯著作权纠纷案

——阅读提示:如何依凭网吧经营者之法律地位和行为特征构建网吧经营者的过错判定规则?

【裁判要旨】

正确界定网吧经营者对涉案影视作品著作权属的合理注意义务是审理涉及网吧著作权纠纷案件的关键。在具有合法经营资质的网吧经营者能够证明其在提供互联网上网服务过程中所涉及的影视作品来源于具有合法经营资质的第三方网站,且网吧经营者既不具备对该网站的内容进行编辑、修改、控制等能力和技术手段,也未对涉案影视作品进行推荐或宣传等情形下,网吧经营者不知道也没有合理理由应当知道涉案影视作品侵犯他人信息网络传播权等权利,应认定网吧经营者业已尽到合理的注意义务而无须承担损害赔偿的民事责任。在尚未认定涉案第三方网站侵犯涉案影视作品信息网络传播权的法律事实的前提下,不应以网吧与该第三方网站存有注册用户关系径行认定网吧经营者构成侵权。

【案号】

一审:浙江省舟山市中级人民法院(2010)浙舟知初字第103号

二审:浙江省高级人民法院(2010)浙知终字第107号

【案情与裁判】

原告(二审上诉人):湖南快乐阳光互动娱乐传媒有限公司(以下简称湖南快乐阳光公司)

被告(二审被上诉人):舟山市定海博缘网吧(以下简称定海博缘网吧)

起诉和答辩

湖南快乐阳光公司于2010年4月2日向浙江省舟山市中级人民法院起诉称:经过合法授权,湖南快乐阳光公司享有电视连续剧《丑女无敌》的信息网络传播权;定海博缘网吧未经授权,通过网吧计算机设立的影视点播业务,向用户提供涉案电视连续剧的在线播放服务,侵犯了湖南快乐阳光公司的信息网络传播权。故请求判令定海博缘网吧:(1)立即停止涉案电视连续剧的在线播放服务;(2)赔偿湖南快乐阳光公司经济损失人民币1万元。

法院审理查明

湖南快乐阳光公司经著作权人授权,享有电视连续剧《丑女无敌》的独家信息网络传播权;定海博缘网吧的涉案行为是向电信公司支付宽带费(其中包含"海天影院"注册使用费)、从电信公司获得"海天影院"的注册账号和密码、将相关网站的快捷方式置于网吧计算机桌面之上(通过点击"网吧影院"图标进入打开的页面,选择"舟山影院",进而点击进入有被控侵权作品的"海天影院"),供网站用户点击、浏览网站的网页及点播相关影视作品;涉案网站页面用户信息显示为"网吧用户绿色通道"、"欢迎您来到舟山－舟山博缘网吧"、"服务状态已登录"。

另查明,定海博缘网吧合法持有《个人独资企业营业执照》和《网络文化经营许可证》,其《个人独资企业营业执照》核准的许可经营项目为互联网上网服务(凭有效的《网络文化经营许可证》经营),其《网络文化经营许可证》核准的经营范围为互联网上网服务;"海天影院"的开办者浙江讯唯网络发展有限公司合法持有《企业法人营业执照》、《信息网络传播视听节目许可证》,其所开办的"海天影院"系具有合法经营资质的网站。

一审判理和结果

本案争议焦点为是定海博缘网吧将涉嫌侵权的网站快捷链接方式放置于其计算机桌面的行为是否构成侵权。首先,定海博缘网吧是经国家管理部门核准开办、可以依法提供互联网上网服务的合法网吧。其对"海天影院"网站具体影视信息是否合法并不具备审查能力,更不具备对该网站的网络信息的编辑控制能力,故其对该网站的网络信息合法性不负积极的监控义务。其次,"海天影院"网站经营者浙江讯唯网络发展有限公司具有经营网络视听节目业务资质,该网站也已取得管理部门许可,系从事互联网信息服务的合法网站。定海博缘网吧在其网吧计算机桌面上放置的快捷链接方式指向的是合法网站,其已尽到了合理注意义务,并无过错。原审法院于2010年5月20日判决:驳回湖南快乐阳光公司的诉讼请求。

上诉与答辩

宣判后,湖南快乐阳光公司不服,向浙江省高级人民法院提起上诉称:定海博缘网吧出于商业目的而实施本案涉案行为,结合涉案网站网页上显示的注册信息,足以表明该网吧与涉案网站的开办单位存有合作关系,且未尽到合理的著作权属注意义务，构成侵权。请求二审法院撤销原判，支持其一审诉讼请求。

二审判理和结果

首先，定海博缘网吧在合法许可的经营范围内，通过电信舟山分公司取得具有合法经营资质的“海天影院”的账号和密码，从而获得该网站的浏览使用权，并无不当。

其次，定海博缘网吧通过合法注册、付费成为“海天影院”的网吧用户。网吧上网者在实现点播功能时涉案网站页面上所显示的信息也明确表明为“用户信息”。网吧所获得的商业利益系其向上网者提供上网的服务费用，其既不直接分享涉案网站的经营收益，也不承担涉案网站的经营风险，故湖南快乐阳光公司提出的二者之间存有合作关系的上诉理由显然不能成立。

再次，定海博缘网吧虽有将涉案网站设置快捷方式放置于计算机桌面的行为，但该行为仅是向网吧上网者提供一种应用程序的快速连接，行为本身并不直接指向涉案影视作品，亦不存在对涉案影视作品的任何推荐或宣传。从现有证据看，定海博缘网吧的被控侵权行为发生在2010年1月20日，远滞后于被控侵权作品的首播时间2008年9月28日，且据涉案公证书记载：“在该页面（设链网站‘海天影院’的首页）的影片搜索栏输入‘丑女无敌’，点击‘搜索’，进入搜索页面，显示四条搜索记录，选择第四条搜索记录‘丑女无敌第一季’”。由此可见，被控侵权作品在涉案网站上并非位于显著位置，且不易被发现。定海博缘网吧作为互联网上网服务提供者和涉案网站付费注册用户，显然没有能力也难以对涉案网站上的所有影视作品是否具有相应著作权属进行一一审查，也没有对涉案网站的内容进行编辑、修改、控制等能力和技术手段。据此，可以认定定海博缘网吧在本案中业已尽到合理的注意义务。

最后，湖南快乐阳光公司起诉定海博缘网吧的前提是涉案网站上的被控侵权作品已经确实侵犯了其信息网络传播权。本案中，在尚无涉案网站侵犯湖南快乐阳光公司涉案影视作品信息网络传播权等法律事实的前提下，径行认定定海博缘网吧的涉案行为是否侵权明显缺乏事实和法律依据。湖南快乐阳光公司完全可以通过直接起诉涉案网站的方式从根本上达到制止侵权的目的，也可避免因侵权所致损失的进一步扩大。

综上，二审法院认为，湖南快乐阳光公司对被控侵权作品享有信息网络传播权，应受法律保护；定海博缘网吧作为涉案网站“海天影院”的付费注册用户，在其已尽到合理注意义务的前提下所提供互联网上网服务的行为并无不当；湖南快乐阳光公司的上诉请求不能成立，本院不予支持；原判认定事实清楚，适用法律正确，实体处理恰当。依照《中华人民共和国民事诉讼法》第153条第1款第1项的规定，判决：驳回上诉，维持原判。

株式会社京滨诉福建省友力化油器有限公司、重庆凯尔摩托车制造有限公司、李艳超侵犯著作权纠纷案

——阅读提示:对于商业标识图案,当事人以美术作品主张著作权保护时如何认定作品发表时间?如何处理注册商标行政争议程序与著作权保护的关系?

【裁判要旨】

本案是一起原告借著作权之名求商标权益之实的涉外知识产权案件,原告因滥用知识产权导致败诉。本案起诉之前,原告曾申请撤销本案被告的注册商标,其向商评委陈述称:其"K星"商标自1957年使用于摩托车化油器上,标有该标识的化油器行销世界各国。据此,应认定原告在1957年将本案"K星"美术作品公之于众,该行为构成著作权意义上的发表。根据《伯尔尼公约》和我国著作权法,本案"K星"美术作品著作权保护期限计为50年,截止于作品首次发表后第50年的12月31日,即应计算至2007年12月31日。因此,原告无权就本案中发生在2008年的被诉侵权行为主张著作权保护。

此外,本案被告虽持有合法有效的注册商标,但其在标注商品商标时改变了注册商标图案并超出核定使用的商品范围使用改变的商标,该使用行为并无合法依据,注册商标行政争议案并不妨碍人民法院审理本案著作权侵权纠纷。

【案号】

一审:山东省济南市中级人民法院(2009)济民三初字第91号

二审:山东省高级人民法院(2010)鲁民三终字第47号

【案情与裁判】

原告(二审被上诉人):株式会社京滨

被告(二审上诉人):福建省友力化油器有限公司(以下简称福建友力公司)

被告(二审上诉人):重庆凯尔摩托车制造有限公司(以下简称重庆凯尔公司)

被告:李艳超

起诉与答辩

原告株式会社京滨诉称,原告成立于1956年12月19日。1961年1月1日,株式会社京滨创作并首次发表了美术作品(以下称作"K星"图案),将英文字号"KEIHIN"的首字母"K"设计创作为在夜空中闪耀的星星,并将"K星"图案作为公司标志和产品的商标在世界各地使用至今。株式会社京滨已于2005年11月25日和2008年9月1日在日本国文化厅和中国国家版权局进行了著作权登记。被告福建友力公司在其生产的摩托车化油器、通用汽油机化油器等化油器设备上使用"K星"图案,还将"K星"图案作为

其产品商标的组成部分在其自制网站上进行展示,并将侵权产品提供给包括被告重庆凯尔公司在内的全国各地的摩托车生产厂家,生产、销售侵权产品的数量十分巨大。被告李艳超销售由被告重庆凯尔公司生产的装配有侵权产品的佳劲牌摩托车。被告的上述行为侵犯了原告的著作权,请求判令三被告立即停止侵权行为,即:停止生产、销售带有图案化油器产品,停止在网站上展示"K星"图案及侵权产品,赔偿原告经济损失50万元和为制止侵权所支付的合理开支12,855.80元。

被告福建友力公司辩称,福建友力公司在产品上使用涉案标识是合法使用商标权行为,不侵犯原告的著作权。原被告双方有关商标权的争议还在另案诉讼中,请求中止本案的审理。同时,被告使用在化油器上的图案与原告的美术作品不同,两者各个夹角度数不同。

一审审理查明

济南市中级人民法院一审查明,原告株式会社京滨为日本本田技研工业株式会社集团所属汽车摩托车综合系统配件生产厂家,成立于1956年12月19日,主要从事发动机电喷装置和化油器的研发生产,同时也从事汽车传感器和其他的发动机电子控制装置的研发生产。原告于1961年1月1日创作并首次发表了美术作品"K星"图案,将该公司英文字号"KEIHIN"的首字母"K"设计创作为在夜空中闪耀的星星,将"K星"图案作为公司标志和产品的商标使用。原告株式会社京滨于2005年11月25日和2008年9月1日分别在日本国文化厅和中国国家版权局将"K星"图案进行了著作权登记,登记文件编号分别为31033和2008-F-012092。

1995年3月21日,福建省晋江市安海雪铁马摩托车配件商行向国家工商行政管理局商标局申请注册商标,1996年12月7日其申请被核准,取得第910400号注册商标,该商标标识为"KEI HIN",核定使用商品第12类摩托车及其配件(不包括轮胎),其类似群1203。福建省福鼎市友力化油器厂成立于1996年,1998年8月28日该厂受让取得上述注册商标。2004年5月11日,福建省福鼎市友力化油器厂改制并变更名称为被告福建友力公司。2004年9月28日,上述注册商标核准转让给被告福建友力公司。2006年12月11日,上述注册商标经核准续展至2016年12月6日有效。

被告福建友力公司主要生产摩托车化油器、通用汽油机化油器设备,在其生产的摩托车化油器、通用汽油机化油器等产品使用"K星"图案,还将"K星"图案作为其产品商标的组成部分在其自制网站上进行展示,并将标有"K星"图案的化油器销售给被告重庆凯尔公司。2008年12月11日,原告从被告李艳超经营的济南市天桥区启元摩托车经营部购得一辆佳劲牌摩托车,该车由被告重庆凯尔公司生产,其化油器由被告福建友力公司生产,上面标有"K星"图案,销售价格为2403.85元。原告为取得证据和提起诉讼而支付公证费、交通费、购买产品共支付12,855.80元。

被告福建友力公司使用在化油器上的"K星"图案的各个夹角度数略有不同。

1999年3月19日,原告株式会社京滨就被告福建友力公司第910400号注册商标向国家工商行政管理总局商标评审委员会(以下简称商评委)提出撤销注册申请,本案一审中该申请未形成最终生效结果。

一审判理和结果

济南市中级人民法院一审认为,本案争议焦点在以下两个方面:

1. 本案是否需要中止审理。诉讼中,被告福建友力公司主张其注册商标被原告申请撤销尚未形成最终生效结果,其被诉侵权行为是使用注册商标的行为,要求中止审理本案。一审法院认为,被告福建友力公司的商标是在商品分类第 12 类 1203 群组上被核准注册的。根据现行有效的商标商品分类表的规定,不仅是 1203 群组(摩托车及其零部件),就连整个第 12 类中都不包括"化油器"产品。而"化油器"产品作为独立的商品(不是零部件)被包含在商品分类表第 7 类 0738 群组的"内燃动力设备"中。所以,被告福建友力公司的注册商标专用权的范围仅限定在其被核定的第 12 类 1203 群组内,涉及不到商品分类表第 7 类 0738 群组中的"化油器"产品。被告福建友力公司有关在化油器上使用"K 星" 图案是使用其注册商标的主张,一审法院不予采信。被告福建友力公司在化油器上使用"K 星图案"不受法律保护,原告申请撤销被告福建友力公司注册商标程序的最终结果,与本案认定被告福建友力公司在"化油器"上使用"K 星"图案的行为是否侵犯了原告著作权,没有法律上的关联性。本案无须中止审理。

2. 被告福建友力公司在"化油器"上使用"K 星"图案是否侵犯了原告的著作权。

依照《中华人民共和国著作权法》第 2 条第 2 款的规定,外国人的作品根据其作者所属国或者经常居住地国同中国签订的协议或者共同参加的国际条约享有的著作权,受《中华人民共和国著作权法》保护。原告株式会社京滨是涉案美术作品的作者,其所属国为日本,日本是《伯尔尼公约》和《世界版权公约》成员国,中国于 1992 年加入了这两个公约。基于上述国际公约和中国法律规定,原告株式会社京滨的涉案美术作品受中国法律的保护。

依照《中华人民共和国著作权法实施条例》第 4 条第 7 项的规定,美术作品是指绘画、书法、雕塑等以线条、色彩或者其他方式构成的有审美意义的平面或者立体的造型艺术作品。原告株式会社京滨将其英文字号"KEIHIN"的首字母"K"设计创作为在夜空中闪耀的星星,该"K 星"图案是具有独创性的美术作品,应依法予以保护。被告福建友力公司使用在化油器上的"K 星"图案中的夹角度数虽与原告的美术作品不同,但其作为美术作品的构图方式相同,其表达的审美效果相同,构成对原告在先美术作品的篡改,被告将原告的美术作品篡改后大量使用在其化油器上,侵犯了原告的著作权,应停止侵权行为并赔偿经济损失。被告重庆凯尔公司使用侵权产品组装生产摩托车,被告李艳超销售以侵权产品为组成部件的摩托车,均构成侵权,应停止侵权行为。原告无证据证明被告重庆凯尔公司和李艳超明知为侵权产品仍然使用和销售,故对原告要求该两被告承担赔偿责任的请求不予支持。原告主张赔偿数额为 50 万元,但未提供证据证明。一审法院根据涉案美术作品的独创性高度、被告使用侵权作品的方式及原告因维权所支付的合理费用综合酌定。

综上,依照《中华人民共和国民事诉讼法》第 130 条、第 237 条、《中华人民共和国著作权法实施条例》第4条第7项、《中华人民共和国著作权法》第2条第2款、第46条第4项、第48条的规定,一审法院判决:(1)被告福建省友力化油器有限公司、重庆凯尔摩托车制造有限公司、李艳超立即停止侵犯原告株式会社京滨"K星"图案美术作品著作权行为,即被告福建省友力化油器有限公司立即停止在化油器上使用"K星"图案,不得使用"K星"图案对其化油器进行宣传;被告重庆凯尔摩托车制造有限公司立即停止使用带有"K星"图案的化油器;被告李艳超立即停止销售装配有侵权化油器的摩托车;(2)被告福建省友力化油器有限公司于本判决生效之日起十日内赔偿原告株式会社京滨经济损失5万元;(3)驳回原告株式会社京滨的其他诉讼请求。案件受理费9929元,由原告株式会社京滨负担2929元,由被告福建省友力化油器有限公司负担7000元。

上诉与答辩

上诉人福建友力公司不服一审判决,向山东省高级人民法院提起上诉,请求撤销一审判决,发回重审,本案一、二审诉讼费用由被上诉人株式会社京滨承担。主要理由为:(1)福建友力公司第910400号注册商标核定注册的商品应包含摩托车化油器,该公司在核准范围内使用注册商标,对株式会社京滨不构成著作权侵权。(2)本案一审期间,第910400号注册商标争议程序尚未审结。福建友力公司是否对该商标享有注册商标专用权影响本案处理结果,本案一审应中止审理。(3)株式会社京滨依据著作权要求福建友力公司停止使用注册商标的诉请已过法定5年的异议期限,不应获得支持。

被上诉人株式会社京滨辩称,一审判决认定事实清楚,适用法律正确,上诉人的诉讼请求缺乏事实和法律依据,请求依法驳回,并判令上诉人承担全部诉讼费用。理由为:(1)福建友力公司在摩托车化油器产品上不享有注册商标权。根据我国现行注册商标商品分类表,不管是摩托车化油器、汽车化油器还是其他用途化油器均作为"化油器"商品分类于第7类的0738群组(内燃动力设备),福建友力公司在1203群组上的注册商标专用权范围并不涉及包括摩托车化油器在内的任何化油器产品。并且,福建友力公司在化油器上使用的图案并非第910400号注册商标中篡改过的"K星"图案,而是与株式会社京滨"K星"图案几乎一样,系恶意抄袭行为。(2)本案无须中止审理。由于福建友力公司在化油器上使用"K星"图案的行为并非使用其注册商标的行为,关于第910400号注册商标权的确权行政诉讼与本案著作权侵权认定并无法律上的关联。(3)本案并非行政争议,商标法规定的5年异议期限是指异议人向商标行政机关提起行政争议的期限,而非向司法机关提起诉讼的期限。

上诉人重庆凯尔公司不服一审判决,向山东省高级人民法院提起上诉,请求撤销一审判决,发回重审,本案一、二审诉讼费用由被上诉人株式会社京滨承担。主要理由为:一审法院违反法定程序,对重庆凯尔公司提出的管辖权异议未予裁定即开庭审理;未合法传唤重庆凯尔公司出庭即作出一审判决。

被上诉人株式会社京滨辩称,重庆凯尔公司在一审中进行了答辩并提交了证据,行使了实体诉权,其要求发回重审的理由不成立。

二审审理查明

二审法院在一审法院查明事实的基础

上,另查明:

1. 北京高院于2010年3月26日作出(2009)高行终字第1051号终审行政判决书,认定商评委关于撤销福建友力公司第910400号注册商标的第5490号裁定程序违法,撤销该裁定。该案中,株式会社京滨向商评委提出撤销商标注册申请时,主要理由之一为:第993731号"K状星图形"商标是其原总经理官崎本茂先生设计的,自1957年9月使用于摩托车用化油器上,并在世界各地广泛注册,标有该商标的化油器行销世界各国。据此,福建友力公司在本案二审中主张,1957年9月应视为株式会社京滨"K星"图案首次公开发表时间,其保护期限至2007年12月31日。

2. 福建友力公司在被控侵权产品摩托车化油器上使用的商标组成图案与株式会社京滨的"K星"图案在视觉上没有区别。根据第910400号商标申请注册时(1995年)适用的1993年《类似商品区分表》,"化油器"商品包含在第7类0738群组(内燃动力设备)。1996年,福建友力公司申请注册"You - All"商标并于1997年获准,核定使用商品为第12类"汽车化油器、摩托车化油器",该商标现在有效期内。

上述事实有福建友力公司提交的行政判决书、商标查询信息、株式会社京滨提交的《商标法律论证意见书》以及二审庭审笔录在案佐证。

此外,株式会社京滨为佐证其"K星"作品发表时间,提交了其于1964年1月9日在日本获准注册的"K星"商标及相关材料,二审法院认为株式会社京滨既已主张"K星"作品首次发表于1961年,那么之后其如何使用"K星"作品与本案待证事实并无直接关联关系,故对其该宗证据不予采纳。重庆凯尔公司提交了EMS特快专递邮件详情单及发票,证明其于2009年5月22日向一审法院邮寄了管辖权异议申请书等文件。经审查,该详情单注明内件品名为"文件"。

二审判理和结果

山东省高级人民法院认为,根据株式会社京滨的诉讼请求和福建友力公司的上诉理由,本案福建友力公司被控侵权事实是否成立,首先需要明确株式会社京滨"K星"图案著作权是否已过保护期限。

关于保护期限的确定,本案著作权人株式会社京滨所属国日本与中国加入的《伯尔尼保护文学和艺术作品公约》第7条第1项规定:"本公约给予保护的期限为作者有生之年及其死后五十年内。"该条第8项同时规定:"无论如何,期限将由被要求给予保护的国家的法律加以规定;但是,除该国家的法律另有规定者外,这种期限不得超过作品起源国规定的期限。"对此,《中华人民共和国著作权法》第21条第2款规定:"法人或者其他组织的作品、著作权(署名权除外)由法人或者其他组织享有的职务作品,其发表权、本法第十条第一款第(五)项至第(十七)项规定的权利的保护期为五十年,截止于作品首次发表后第五十年的12月31日,但作品自创作完成后五十年内未发表的,本法不再保护"。基于上述国际公约和中国法律规定,株式会社京滨"K星"作品在中国享有的著作权保护期限为50年,截止于首次发表后第50年的12月31日。

关于首次发表时间,我国《著作权法实施条例》第20条规定:"著作权法所称已经发表的作品,是指著作权人自行或者许可他人公之于众的作品”。株式会社京滨虽主张根据其提交的2005年日本国和2008年中国版权登记证书，“K星”作品首次发表时间为1961年1月1日，但其在1999年申请撤销第910400号注册商标时，已明确提出了“K星”图案的最早使用时间，并作为申请撤销注册商标的主要理由。根据株式会社京滨对商评委的陈述，“K星”图案自1957年9月使用于摩托车化油器上，并在世界各地广泛注册，标有该商标的化油器行销世界各国。对于上述陈述，二审法院认为所述“K星”图案的使用行为是确切并且有所指向的，商评委及法院是否采纳株式会社京滨的陈述，并不影响株式会社京滨对该陈述内容的自认事实。据此，应认定株式会社京滨在1957年9月对“K星”图案的使用行为构成发表。关于株式会社京滨提交的2005年日本国版权登记和2008年中国版权登记证书，系其在第910400号商标争议期间获取的，并作为证据在商标争议案中提交。因此，该官方认证证据作为株式会社京滨在商标争议案中对其自认事实的补正，与其最早使用“K星”图案的相关陈述并不冲突。即，不能根据株式会社京滨取得在后的官方认证推翻株式会社京滨有关“K星”图案在1957年作为商标公之于众的自认事实。根据《最高人民法院关于民事诉讼证据的若干规定》第74条的规定，如无相反证据，当事人应对其自认的对己不利的事实承担不利后果。因此，本案中，株式会社京滨不能对之前已作出的对己不利陈述做出合理解释，本案“K星”图案保护期限应从1957年9月首次公之于众时起算，向后计算五十年，保护期至2007年12月31日。

综上，本案经二审法院审判委员会讨论认为，株式会社京滨“K星”作品首次发表时间为1957年9月，该作品在中国享有的著作权保护期应计算至2007年12月31日，而本案被控侵权行为发生在2008年12月11日，此时，株式会社京滨已无权向他人主张“K星”作品著作权。因此，株式会社京滨在本案中已丧失了向他人主张著作权保护的权利基础，福建友力公司的上诉请求应予支持。此外，重庆凯尔公司对其上诉主张未提交有效证据加以证明，不能证明其向一审法院提出过管辖权异议以及一审法院通知其变更过开庭时间，其有关一审法院程序不当的上述主张，不能成立，二审法院不予支持。依照《中华人民共和国著作权法》第21条第2款、《中华人民共和国民事诉讼法》第130条、第153条第1款第3项之规定，二审法院判决如下：(1)撤销济南市中级人民法院(2009)济民三初字第91号民事判决；(2)驳回株式会社京滨的诉讼请求。一审案件受理费9929元，由福建省友力化油器有限公司承担7000元，余款2929元由株式会社京滨承担；二审案件受理费9929元，由株式会社京滨承担。

丁运长诉常照荣侵犯著作权纠纷案

——阅读提示:作者发表自己的作品时擅自将他人的名字一并或单独署上,侵犯的是他人的署名权还是姓名权?

【裁判要旨】

姓名是各人的代号,它将作者本人与其作品联系起来。擅自将原告名字署在非其作品上,一方面会使公众对这篇文章产生一个错误的心理预期和感知,另一方面也会因为这篇作品水平影响原告整体作品在社会公众中的印象。该行为应当受著作权法的调整,一般情况下构成了对原告署名权的侵犯,但在原告存在默许等特殊情况下则另当别论。

【案号】

一审:河南省新乡市中级人民法院(2009)新民三初字第180号民事判决

二审:河南省高级人民法院(2010)豫法民三终字第46号民事判决

【案情与裁判】

原告(二审上诉人):丁运长

被告(二审被上诉人):常照荣

起诉与答辩

丁运长于2009年8月31日向河南省新乡市中级人民法院(以下简称原审法院)提起诉讼,称其本人并非《球形亚镍的制备条件对其电能性的影响》(以下简称《球》文)、《高电化性能球形亚镍的研制》(以下简称《高》文)两个作品的作者,常照荣未经许可,擅自将丁运长名字一并署上发表,构成对丁运长署名权的侵犯。请求判令:(1)确认常照荣侵权;(2)要求常照荣停止侵权;没收并公开销毁常照荣所有侵权作品;(3)常照荣在《法制日报》或《河南日报》上公开道歉;(4)常照荣承担侵权责任3万元。

常照荣辩称:针对发表《球》文和《高》文一事,丁运长另案曾在原审法院起诉并上诉到省高院,省高院终审判决已驳回其诉讼请求。应当驳回丁运长的本次诉讼请求。

法院审理查明

法院审理查明:丁运长与常照荣均为河南师范大学化学系教师,丁运长现已退休。2003年10月21日,丁运长为与常照荣著作权侵权纠纷一案,曾向原审法院提起诉讼,起诉内容含有"常照荣私自将实验记录和丁运长平时的书面及口述指导整理成《球》文和《高》文,在未就著作权问题与丁运长协商的情况下,常照荣将其分别发表于《电源》和《上海化工》,署名常照荣、丁运长等。常照荣的行为严重侵犯了丁运长的著作发表权、署名权、修改权、财产权。"对此,省法院综合案件的具体情况以(2005)豫法民三终字第3号判决驳回了丁运长诉讼请求。

一、二审判理和结果

对于本案,原审法院以一事不再理为由驳回了丁运长诉讼请求。丁运长不服,提出上诉。河南省高级人民法院判决驳回上诉,维持原判。

广州市喀什图制衣有限公司诉广州市杰晖服装有限公司、朱固民侵犯著作权纠纷案

——阅读提示：在原、被告双方均进行了著作权登记的情况下如何认定著作权权属？如何认定是否构成侵犯著作权？

【裁判要旨】

我国对于著作权实行的是自动保护和自愿登记原则，在作品登记程序中缺乏对于独创性的实质审查。在侵犯著作权纠纷中，被告以著作权登记证书作为其享有原告作品著作权的依据或者是提出原告与被告各自享有著作权的抗辩时，法院不能据此直接认定，必须结合其他证据对双方作品的独创性以及其他记载事项予以严格审查。同时，在认定侵犯著作权时应当适用“接触”加“实质相似”的原则，被告是否有接触原告作品的可能，应由原告举证证明。

【案号】

一审：广东省广州市南沙区人民法院(2009)南法民二知初字第121号

二审：广东省广州市中级人民法院(2010)穗中法民三终字第106号

【案情与裁判】

原告(被上诉人)：广州市喀什图制衣有限公司(以下简称喀什图公司)

被告(上诉人)：广州市杰晖服装有限公司(以下简称杰晖公司)

被告(上诉人)：朱固民

起诉与答辩：

喀什图公司于2009年5月14日在一审法院立案起诉认为，喀什图公司于2008年9月16日依法取得了“09少女印花图案系列T恤(一)——(三)”装饰图案的作品登记证，该作品的完成日期为2008年8月1日。杰晖公司和朱固民未经原告许可，擅自生产销售印制有“09少女印花图案系列T恤(一)”中的SS090139158S印花图案的T恤产品，侵犯了喀什图公司的著作权。喀什图公司提出的诉讼请求是：(1)杰晖公司和朱固民立即停止生产和销售印有喀什图公司享有著作权的图案作品的T恤衫等产品，销毁库存侵权产品以及印花模具；(2)杰晖公司和朱固民在《广州日报》上登文赔礼道歉，消除影响；(3)杰晖公司和朱固民赔偿喀什图公司经济损失50,000元以及为制止侵权支付的合理开支5000元，共计55,000元；(4)杰晖公司和朱固民共同承担本案诉讼费。一审法院于2009年5月25日将本案的应诉通知书、举证通知书等诉讼文书材料以及喀什图公司提交的起诉状副本、证据材料等向朱固民送达。

杰晖公司答辩称，杰晖公司生产销售的被控T恤产品上的被控图案是由朱固民和聘请设计人员于2008年5月共同设计开发完成的，朱固民是著作权人，但直至2009年6月才

进行了著作权登记。喀什图公司登记的作品是剽窃于朱固民上述作品并恶意抢先登记的。应当驳回喀什图公司的全部诉讼请求。

朱固民答辩称,被控图案是朱固民及其设计人员共同创作完成的,其后授权给杰晖公司在生产销售的T恤产品上使用,并且朱固民已于2008年6月通过委托制作公司进行画册生产公开发表了被控图案。但是,原始手画的纸质底稿给原设计师离职时带走了,现在朱固民只有留存电脑上的底稿,而且原始扫描的电脑也不在了。

一审审理查明

2008年9月16日,广东省版权保护联合会向喀什图公司颁发"作登字:19-2008-F-1230号"著作权登记证书,作品名称为"09少女印花图案系列T恤(一)——(三)",作品类型为美术作品,作者为余健超、余健屏,著作权人为喀什图公司,该证书记载的作品完成日期为2008年8月1日,作品登记日期为2008年9月16日。该证书所附"09少女印花图案系列T恤(一)目录"第39页为涉案图案,编号为SS090139158S。该图案与喀什图公司提交的作品底稿上的图案区别在头部的倾斜度不同,但两者人物的整体神态、动作及外观基本相同。底稿上的图案可辨认出有铅笔勾勒修改的痕迹,并有手写的"余健屏"和"2008.5.15"字样,庭审中余健屏确认该底稿是其所创作完成,在完成当天由其亲手在底稿上签具姓名及日期。将余健屏在庭审当场所画图案与喀什图公司提交的底稿图案相比对,两图案中的人物形象、姿态、饰物位置、形状等基本相同,虽然在某些细节方面有细微差别,但并不影响两幅图案的整体相似性。

本案被控侵权服装为一件灰色女T恤,由喀什图公司分别于2009年3月10日、13日、16日通过公证方式购买,杰晖公司和朱固民确认公证购买的服装是他们销售的。该T恤正面印有一少女上半身漫画图案,经比对,该图案与原告第SS090139158S号图案,从整体形态上观察无差别,两图案上的人物神态、动作及外观均相同。

2009年6月3日,广东省版权保护联合会向朱固民颁发"作登字:19-2009-F-0475号"著作权登记证书,作品名称为"名娅丽系列91329#-92132#",作品类型为美术作品,作者为朱固民,著作权人为朱固民,该证书记载的作品完成日期为2008年5月7日,作品登记日期为2009年6月3日。该证书所附"名娅丽91372#"图案为涉案图案。该图案与喀什图公司公证购买的被控侵权服装上所印的图案一致。朱固民将"名娅丽"系列图案的著作权自2008年6月初起许可给杰晖公司使用。

一审法院于2009年11月17日向广东省版权保护联合会发出《关于著作权登记证书上的"作品完成日期"如何审核确定的函》,广东省版权保护联合会于2009年11月20日向一审法院发出《关于著作权登记证书上的"作品完成日期"审核问题的复函》(以下简称复函),内容有:"……作品自愿登记时,一般只核查作者或其他权利人的身份证、表明作品权利归属的证明如封面或版权页的复印件、部分手稿的复印件及照片、样本,委托创作或职务创作合同等,对其他事项,一般不作实质性审查。"

喀什图公司针对杰晖公司和朱固民侵犯"09美少女印花图案系列"作品著作权的行为共提起10案(含本案)诉讼,共支出公证费

1000元、律师费40,000元、购买侵权商品费用10,380元。

一审判理和结果

一审法院认为,喀什图公司主张著作权的"09年美少女印花图案系列"第SS090139158S号图案,属于美术作品。根据广东省版权保护联合会给一审法院的复函,该联合会对作品完成日期并不作实质性审查。故虽然喀什图公司提交的著作权登记证书上标注有作品完成日期,但并非是在作品完成当日进行登记的,喀什图公司有义务对其作品的实际完成日期作进一步的举证。

喀什图公司提交的涉案底稿上的图案可辨认出有铅笔勾勒修改的痕迹,并有手写的"余健屏"和"2008.5.15"字样,由于本案所涉喀什图公司主张权利的底稿图案与余健屏当庭现场作画所对应的底稿图案是一个系列的美术作品,创作者亦相同,经比对余健屏于2009年7月2日当庭所画图案,与喀什图公司提交的底稿图案除有一些细节方面有所不同外,整体形态、外观、笔划等均基本相同,余健屏在事隔一年多之后,仅凭记忆当场作画完成的图案与底稿图案基本相同,该行为已足以证明余健屏是喀什图公司主张权利的系列美术作品的作者。余健超将余健屏创作的图案经过电脑后期加工后用于著作权登记附件,而涉案底稿上的图案与喀什图公司用于进行著作权登记的图案基本相同,进一步印证了喀什图公司提交的著作权登记证书上记载的作者系余健超与余健屏的事实。喀什图公司已经完成对作品著作权方面的举证,证明的内容为喀什图公司的员工余健屏于2008年5月15日创作了涉案图案,属于职务作品,余健屏享有署名权,喀什图公司享有著作权的其他权利。杰晖公司和朱固民对上述事实予以否认,应由其承担提交相反证据予以证明的责任,但杰晖公司和朱固民并未提交相应的证据,对其抗辩意见不予采纳。由于喀什图公司享有的涉案作品的著作权尚处于有效期内,喀什图公司有权依照其享有的著作权提起诉讼。

杰晖公司和朱固民认为其所生产、销售的被控侵权产品上的图案是朱固民享有著作权的"名娅丽"系列美术图案,并提交于2009年6月3日取得的著作权登记证书予以证明,该证书显示的作品完成日期为2008年5月7日,作者及著作权人均为朱固民,同样根据广东省版权保护联合会给一审法院的复函,杰晖公司和朱固民应对其登记的涉案作品的实际完成日期进一步予以举证。

由于杰晖公司和朱固民所提交的证据均无法证明其在本案被控侵权服装上使用的"名娅丽"系列图案的作品完成与发表日期早于喀什图公司,应由杰晖公司和朱固民承担举证不能的法律后果。且朱固民直到本案诉讼过程中的2009年6月3日才向著作权登记机关进行"名娅丽"系列图案的著作权登记,而喀什图公司的著作权登记日期为2008年9月16日。即使喀什图公司无法证明其作品实际完成日期,在喀什图公司、杰晖公司和朱固民双方均无法对其主张的作品的实际完成日期予以证明的情况下,喀什图公司进行著作权登记备案的日期亦早于杰晖公司和朱固民登记备案的日期。由于经过比对,被控侵权服装上的图案与喀什图公司享有著作权的"09少女印花图案系列T恤(一)"美术作品中编号为SS090139158S的图案基本相同,而该被控侵权图案与朱固民进行著作权登记的图案相同。一审法院认定杰晖公司生产销售的涉案T恤使用的图案,复制喀什图公司涉案作品图案用于涉案T恤装潢,并销售这些侵权产品,由于杰晖公司作为专门从事服装生产、销售的公司,朱固民作为杰晖公司的法定代表人,均具有专业的商品经营管理经验,对其生产、销售的同类商品上使用图案的著作权情况更加了解,杰晖公司未在生产、销售过程中对相关著作权情况尽到审慎义务,侵犯了喀什图公司对该作品的复制权、发行权,应承担停止侵权、赔偿损失的民事责任。朱固民抄袭喀什图公司涉案作品,并将抄袭作品提供给杰晖公司用于所生产销售的商品,与杰晖公司构成共同侵权,应与杰晖公司承担连带赔偿责任。

由于杰晖公司和朱固民因侵权所获得的利益或者喀什图公司因被侵权所受到的损失均难以确定,一审法院根据喀什图公司的申请,综合考虑作品类型、侵权行为性质、后果、杰晖公司和朱固民的经营期间、规模等因素,酌情确定杰晖公司和朱固民应当赔偿的数额。

关于喀什图公司要求杰晖公司和朱固民在《广州日报》上赔礼道歉并消除影响的诉请。一审法院认为,杰晖公司和朱固民侵犯喀什图公司作品的复制权、发行权属于著作财产权范畴,而赔礼道歉、消除影响均是适用于人身权范畴的责任方式。故对于喀什图公司的该项诉讼请求一审法院不予支持。

综上所述,一审法院判决:(1)广州市杰晖服装有限公司自本判决书生效之日起立即停止生产和销售侵犯广州市喀什图制衣有限公司“09少女印花图案系列T恤(一)”美术作品中编号为SS090139158S图案著作权的产品的行为。(2)广州市杰晖服装有限公司自本判决书生效之日起十日内赔偿广州市喀什图制衣有限公司经济损失10,000元。(3)朱固民对第二项判决所确定的赔偿责任承担连带清偿责任。(4)驳回广州市喀什图制衣有限公司的其他诉讼请求。本案受理费1175元,财产保全费570元,共计1745元,由广州市杰晖服装有限公司、朱固民共同负担。

上诉和答辩

杰晖公司及朱固民不服一审判决,上诉称,一审法院认定事实不清,适用法律错误,杰晖公司及朱固民不存在侵犯喀什图公司著作权的事实基础。(1)作品登记机关无法核查、核实喀什图公司登记的“作登字:19－2008－F－1230”印花图案的具体完成时间及作者,其初步证据的作用仅在于表明本案登记的作品至迟完成于2008年9月16日。(2)杰晖公司及朱固民没有机会在生产销售涉案服装产品前接触喀什图公司的涉案印花图案作品。(3)双方当事人均是参考电脑上公布的图案并结合自己的产品特点来设计的,各自享有著作权;朱固民和杰晖公司的设计师主要是搜索和参考相关网站公布的图案完成创作的。(4)喀什图公司员工现场作画并不能证明喀什图公司的涉案作品由其完成,更无法证明其完成时间。(5)被控侵权产品上的图案与喀什图公司办理的著作权登记的图案并不相同,不存在复制。现请求二审法院依法撤销原审判决第一、二、三项,改判驳回喀什图公司的全部诉讼请求;一、二审的诉讼费用由喀什图公司承担。

喀什图公司答辩称:杰晖公司及朱固民通过不正当手段接触原告委托的印花加工单位,从而获得涉案作品。被控侵权产品与喀什图公司涉案作品的图案是极其相似的，二者只存在非常细的差别，只能得出存在复制的结论。喀什图公司在原审时提交了余健屏的作品底稿，且余健屏亦当场仅凭记忆作画，其结果足以证明余健屏系作品的作者，若杰晖公司及朱固民持相反意见则应提出相反证据证明。综上，喀什图公司认为一审法院认定事实清楚，适用法律正确，请求维持原判。

二审审理查明

一审法院经查明的基本事实有相应证据证实，二审法院予以确认。喀什图公司与杰晖公司、朱固民在二审期间各自提交的裁床单等是其内部流程的单据，没有对外的销售单据予以对应，二审法院均不予采信。

另查明，喀什图公司与广州市波希米亚专业摄影公司于2008年11月27日签订了平面制作合同，委托该公司为其制作宣传图册，图册中的服装产品上包括了涉案的SS090139158S号图案，喀什图公司在收到制作的图册后于2009年1月6日支付了制作的余款。

喀什图公司于2009年5月14日在一审法院立案起诉，一审法院于2009年5月25日将本案的应诉通知书、举证通知书等诉讼文书材料以及喀什图公司提交的起诉状副本、证据材料等向朱固民送达。

二审判理和结果

二审法院认为，将杰晖公司制造销售之服装产品上的被控图案与喀什图公司主张权利之美术作品对比，二者的人物形象从整体形态上基本无差别，人物轮廓及其动作、神态相同，因此一审法院认定二者图案基本相同，是正确的，二审法院予以维持。

诉讼中，喀什图公司为证明其享有著作权提交了相应证据，包括由作品的创作者当庭作画，这些证据均可证明其享有著作权，一审法院据此认定喀什图公司享有涉案美术作品的著作权，合法有据，应予维持。虽然喀什图公司提交的证据不能证明其在著作权登记证上记载的作品完成日期2008年8月1日是其涉案作品完成的真实日期，但由于喀什图公司在2008年9月16日进行了著作权登记，喀什图公司在登记时必须提交美术作品，可以认定喀什图公司最迟在2008年9月16日已经完成了涉案作品。

由于杰晖公司和朱固民在上诉中认为喀什图公司的证据只能证明其登记的作品最迟完成于2008年9月16日，并且认为双方当事人均是参考电脑上公布的图案并结合自己的产品特点来各自设计图案，因此杰晖公司和朱固民的上诉理由并不是否定喀什图公司享有涉案作品的著作权，而是认为朱固民享有被控图案的著作权，即认为被控图案与涉案作品是双方当事人各自享有著作权的作品，所以不存在侵权事由。故本案的争议焦点集中在被控图案是否是由朱固民自行创作并享有著作权的作品，以及被控图案是否是剽窃于涉案美术作品这两方面。

关于被控图案是否是由朱固民自行创作并享有著作权的作品，杰晖公司和朱固民提交了相应证据，拟证明与喀什图公司涉案作品基本相同的被控图案由其自行创作完成。对此，二审法院认为，首先，杰晖公司和朱固民不能提交原始手画的纸质底稿、原始扫描的电脑、数码照片的原始数据资料。其次，杰晖公司和朱固民在诉讼中辩称底稿给原设计师离职时带走了，表明被控图案并非由朱固民本人所创作，也没有原设计师出庭作证，这与朱固民将被控图案作者登记为朱固民相矛盾。另外,杰晖公司和朱固民二审中提交的网页证据也无法证明其真实性和关联性。因此,杰晖公司和朱固民不能证明朱固民自行创作了被控图案。最后,喀什图公司诉至一审法院后,一审法院于2009年5月25日向杰晖公司和朱固民送达了起诉状副本、证据等诉讼文书和证据材料,此时朱固民已经知晓喀什图公司主张权利的涉案作品,其于2009年6月3日才将被控图案进行著作权登记,如此形成的著作权登记证书在本案中不能单独作为朱固民证明其享有被控图案著作权的依据。综上,杰晖公司和朱固民在一审和二审诉讼中提交的证据不足以支持其主张,不应认定朱固民享有被控图案的著作权。

以下将分析被控图案是否剽窃于喀什图公司的涉案美术作品。如前所述,经比对,被控图案与涉案作品基本相同,若被控图案完成于涉案作品之后,又有证据足以证实或者推定朱固民实际接触或者有可能接触在先完成的涉案作品,那么应认定被控图案构成剽窃。因此,完成涉案美术作品与被控图案孰先孰后、以及是否实际接触或者有可能接触,是判定本案争议的重要环节。

关于被控图案的完成时间,杰晖公司和朱固民在上诉中以名雅时装厂裁床单为依据主张其于2008年8月至9月前就已完成被控图案并用于生产和销售,二审法院在认证中不予采信,因此杰晖公司和朱固民的上述主张没有证据予以支持。同时,杰晖公司和朱固民提交的著作权登记证书上记载的"作品完成日期"2008年5月7日,也没有其他证据辅佐证明,故不应认定2008年5月7日为被控图案的实际完成日期。而公证保全被控产品的时间是2009年3月,因此从现有证据只能认定杰晖公司在2009年3月完成了被控图案并生产、销售了使用被控图案的服装产品,但没有证据证明杰晖公司和朱固民在此之前已经完成并使用了被控图案。

关于涉案作品的完成时间,根据前述内容,可以认定喀什图公司最迟在2008年9月16日已经完成了涉案作品。另根据喀什图公司在二审中提交的证据证明,喀什图公司在2009年1月委托他人制作了包含涉案作品的宣传图册,涉案作品在杰晖公司和朱固民2009年3月完成并使用被控图案前已经公开,杰晖公司与喀什图公司为同地域(广州市)的同业经营者,双方存在竞争关系,按经济活动中的生产经营常理,经营者会较密切地关注同行业竞争者的相关产品设计,尤其在有较多时尚因素的服装行业,同业竞争者的互相关注度较强,因此推定,朱固民和杰晖公司有接触在先完成的涉案美术作品的可能。

综上所述,朱固民没有证据证明其享有被控图案的著作权;喀什图公司最迟完成涉案作品的时间是2008年9月16日,公开涉案作品的时间最迟是2009年1月,均早于杰晖公司和朱固民在生产、销售的服装产品中完成并使用被控图案的时间2009年3月,即使扣除制作服装并流入市场的合理时间,仍可认定朱固民和杰晖公司有接触涉案美术作品的可能;而且被控图案与涉案美术作品对比基本相同。因此,朱固民剽窃了喀什图公司的涉案作品,并提供给杰晖公司在生产销售的服装中使用,有事实和法律依据,二审法院予以认定。

杰晖公司和朱固民用于杰晖公司的服装

产品上的被控图案剽窃了喀什图公司的涉案美术作品,侵犯喀什图公司的著作权,应承担相应的法律责任。原审认定事实清楚,适用法律及处理得当,应予维持。上诉人的上诉请求和理由没有事实和法律依据,应予驳回。依据民事诉讼法第 153 条第 1 款第 1 项的规定,判决如下:

驳回上诉,维持原判。

本案二审案件受理费 1175 元,由上诉人广州市杰晖服装有限公司、朱固民共同负担。

北京网尚文化传播有限公司与海口正合网吧侵犯著作权纠纷案

——阅读提示:网吧未取得权利人许可,利用其系统平台的局域网服务器向不特定的公众提供影视剧等节目的在线播放服务应如何承担民事责任?在确定赔偿数额时,应综合考虑哪些因素?

【裁判要旨】

网吧未经权利人许可,提供影视剧的在线播放服务等侵犯权利人信息网络传播权的侵权行为在现今具有一定的普遍性,对此类案件的处理应注意平衡和把握有效保护与有力打击的尺度,在依法的前提下力求公平合理。

【案号】

一审:海南省海口市中级人民法院(2010)海中法民三初字第 32 号

【案情与裁判】

原告:北京网尚文化传播有限公司(以下简称网尚公司)

被告:海口正合网吧

起诉与答辩

原告诉称:我公司获得授权,享有《江山美人》在中国大陆地区的信息网络传播权(包括在互联网和局域网环境下传播的权利)以及以自己的名义对上述环境下的侵权行为行使法律追究的权利。我公司经调查发现,被告未获得我公司授权,即在其经营的网吧内,向在其网吧内上网的不特定公众提供上述《江山美人》的播放服务。我公司认为,被告未经权利人许可向公众提供上述影片的播放行为违反了《中华人民共和国著作权法》的相关规定,严重侵犯了我公司的合法权益,给我公司造成了巨大的经济损失。我公司为维护自己的正当权益,特于 2010 年 8 月 5 日提起诉讼,恳请判令被告立即从其服务器中移除《江山美人》的播放内容,立即停止提供《江山美人》播放服务;判令被告赔偿原告经济损失人民币 5 万元。

被告未答辩。

一审审理查明

海南省海口市中级人民法院经公开审理查明:电影《江山美人》于 2008 年 3 月在香港完成,片长 95 分钟,出品人:曾志伟、李国兴、于冬,导演:程小东,主要演员:黎明、甄子丹、陈慧琳、郭晓冬、寇振海。案外人电影人制作有限公司(以下简称电影人公司)、北京保利博纳电影发行有限公司(以下简称保利博纳公司)和天下影画有限公司(以下简称天下影画公司)为电影《江山美人》的出品方,电影人公司为该片全球永久的版权及一切知识产权的持有人。2008年2月22日,电影人公司书面授权保利博纳公司在中国大陆地区独占性即独家拥有《江山美人》国语普通话及简体中文字幕的信息网络传播权,包括不限于发行权益及转授权益,期限为15年;除保利博纳公司及其书面确认的公司拥有该片在专属地区授权期限内的相关权利外,其他公司发行、出版或播映该片的行为皆为盗版,属非法行为;保利博纳公司自行或授权他人对上述该片的盗版行为追究一切相关法律责任并提起诉讼及享有赔偿权益。《江山美人》于2008年3月首次在中国大陆公映。同年3月12日,保利博纳公司书面授权原告独家使用电影《江山美人》在中国大陆地区的信息网络传播权,许可权利包括:(1)独家使用权,即信息网络传播权专有使用权,原告有权排除包括著作权人(包括授权方)在内的任何人以同样的方式使用该电影基于互联网(包括但不限于广域网、局域网、有线、无线通讯网络)的影视节目传播和公开播映销售的权利,适用基于互联网传输的IPTV、数字电视、NVOD、MPEG4播放器、手机终端所对应的节目播映形式的业务、无线增值业务(不包括音乐下载和游戏),终端消费方式包括直播、点播、广播和下载;(2)制止侵权的权利,独家在授权范围内以网尚公司名义对非法使用授权节目的第三方(包括但不限于网站、网吧)追究法律责任的权利,包括但不限于申请证据保全、行政投诉、提起民事诉讼、上诉、申请执行等;(3)转授权的权利,在授权范围内的转授权、复制权、销售权、发行权。授权期限:独家播映业务时间为3年(2008年4月7日~2011年4月6日);IPTV、数字电视播映业务时间为3年(2008年6月7日起至2011年6月6日);制止侵权时间自本片于2008年3月7日电影公司公映起至2011年6月6日。同年5月28日,天下影画公司出具《证明书》,证明其不拥有影片《江山美人》在中国大陆地区(不含香港、澳门特别行政区及台湾地区,"专属地区")的版权或发行权。

2009年2月27日,原告的委托代理人刘晋卿前往北京市方正公证处(以下简称方正公证处),称被告未经其授权擅自播放由其享有信息网络传播权的电影《江山美人》等,为日后诉讼收集证据需要,特向该公证处申请对其在被告处在线观看相关电影、电视剧作品的情况进行证据保全,方正公证处受理了原告的申请,并于同年3月4日指派公证员张蕊、工作人员刘丽君随同原告的委托代理人刘晋卿前往位于海口市二东路与人民大道交叉口附近的正合网吧,刘晋卿以普通消费者的身份在该网吧取得上网卡,张蕊随机选择了一台电脑,并监督刘晋卿在该计算机上进行操作,具体操作步骤如下:(1)启动计算机并登录该计算机;(2)在该计算机的"USB"插口上插入公证员事先准备的U盘;(3)在U盘中新建名为"正合网吧"的文件夹并打开该文件夹;(4)在该文件夹中新建Word文档并命名为"正合网吧"(以下简称该文档),打开该文档,关闭名为"正合网吧"的文件夹;(5)按下键盘上的"Print Screen SysRq"键,对桌面内容进行截屏并将截屏内容保存于该文档中;(6)选中桌面上"网吧影院",按下键盘上的"Print Screen SysRq"键,对桌面内容进行截屏并将截屏内容保存于该文档中;(7)打开"网吧影院",显示新的链接,选中"最新影片网吧影院",按下键盘上的"Print Screen SysRq"键,对该页面进行截屏并将截屏内容保存于该文档中;(8)打开"最新影片网吧影院",显示新的链接,按下键盘上的"Print Screen SysRq"键,对该页面进行截屏并将截屏内容保存于该文档中;(9)点击该页面上的"电影系列",显示新的链接,选中"A 大陆",按下键盘上的"Print Screen SysRq"键,对该页面进行截屏并将截屏内容保存于该文档中;(10)打开该页面上的"A 大陆",显示新的链接,选中"婚礼 2008",按下键盘上的"Print Screen SysRq"键,对该页面进行截屏并将截屏内容保存于该文档中;(11)点击该页面上的"婚礼2008DVD. rmvb",显示新的链接并开始播放,拖动"播放控制钮",随机选取播放画面,按下键盘上的"Print Screen SysRq"键,对播放画面进行截屏并将截屏内容均保存于该文档中,后关闭该播放器;(12)点击"向上",显示新的链接,选中"江山美人",按下键盘上的"Print Screen SysRq"键,对该页面进行截屏并将截屏内容保存于该文档中;(13)打开该页面上的"江山美人",显示新的链接,选中"江山美人 cd1. rmvb",按下键盘上的"Print Screen SysRq"键,对该页面进行截屏并将截屏内容保存于该文档中;(14)点击该页面上的"江山美人 cd1. rmvb",显示新的链接并开始播放,拖动"播放控制钮",随机选取播放画面,按下键盘上的"Print Screen SysRq"键,对播放画面进行截屏并将截屏内容保存于该文档中,后关闭该播放器;(15)点击该页面上的"江山美人 cd2. rmvb",显示新的链接并开始播放,拖动"播放控制钮",随机选取播放画面,按下键盘上的"Print Screen SysRq"键,对播放画面进行截屏并将截屏内容均保存于该文档中,后关闭该播放器;之后关闭已打开的所有页面。原告的委托代理人刘晋卿将上述 U 盘交给公证员张蕊保管,返回公证处后,公证员张蕊将保存于上述 U 盘中名为"正合网吧"的文件刻录成光盘,共取得光盘一式四张,并将光盘封存于与公证书相粘连的证物袋中。方正公证处对上述操作过程进行了公证,并于同年 3 月 18 日制作了(2009)京方正内经证字第 03455 号《公证书》。庭审过程中,本院当庭拆封方正公证处封存的证物袋,当庭播放了证物袋里的光盘,光盘中所记录的《江山美人》画面截屏,与原告主张的电影《江山美人》内容一致。

一审判理和结果

海南省海口市中级人民法院经审理认为:信息网络传播权属于我国著作权法规定的著作财产权的范围,指以有线或者无线方式向公众提供作品,使公众可以在其个人选定的时间和地点获得作品的权利。根据我国著作权法的相关规定,著作权人可以许可他人行使信息网络传播权,并依照约定或著作权法的有关规定获得报酬。我国著作权法第 47 条第 1 项规定:未经著作权人许可,复制、发行、表演、放映、广播、汇编、通过信息网络向公众传播其作品的,应当根据情况承担停止侵害、赔偿损失等民事责任。本案中,案外人电影人公司为电影《江山美人》的著作权人,其通过书面授权将电影《江山美人》在中国大陆地区(不含香港、澳门特别行政区及台湾地区),期限为15年的独占性拥有国语普通话及简体中文字幕的信息网络传播权授予案外人保利博纳公司,并在授权书中确认保利博纳公司享有转授权的权利;保利博纳公司取得上述权利后又通过书面授权将该权利授予原告,原告经保利博纳公司的授权,即独家取得电影《江山美人》在中国大陆地区的信息网络传播权,包括基于互联网(包括但不限于广域网、局域网、有线、无线通讯网络)的影视节目传播和公开播映销售等独家使用权、制止侵权和转授权的权利。其中,独家播映业务时间为3年(2008年4月7日~2011年4月6日);IPTV、数字电视播映业务时间为3年(2008年6月7日起至2011年6月6日);制止侵权时间自该片于2008年3月7日电影公司公映起至2011年6月6日。由此,在上述期间内,原告对侵害其网络信息传播权等著作财产权的侵权人享有提出要求其承担相应民事责任主张的权利。被告在其经营的网吧内,利用其系统平台的局域网服务器向不特定的公众提供电影《江山美人》的在线播放服务,未取得原告的许可,亦未向其支付报酬,故被告的行为侵犯了原告的信息网络传播权,依法应承担相应的民事责任,原告诉请被告停止侵害、赔偿损失合理合法,予以支持。对于赔偿数额,因原告未举证证明被告在侵权期间因侵权所获得的利益或其在被侵权期间因侵权所受到的损失,故依法根据被告侵权的具体情节,参考本案涉案电影首次公映的时间、作品及主要演员的知名度和影响力、原告获得授权的期限、被告侵权的主观过错、侵权方式传播的途径和范围等因素,酌定被告应向原告赔偿经济损失人民币10,000元。判令:(1)被告海口正合网吧立即从其服务器中移除电影《江山美人》的播放内容,停止提供《江山美人》的播放服务;(2)被告海口正合网吧须于本判决发生法律效力之日起十日内赔偿原告北京网尚文化传播有限公司经济损失人民币10,000元;(3)驳回原告北京网尚文化传播有限公司的其他诉讼请求。

陈建诉富顺县万普印务有限公司侵犯著作权纠纷案

——阅读提示:涉案的三个主观分答题卡是否属于作品从而应当受著作权法的保护?

【裁判要旨】

我国高考改革前普遍适用的答题卡是由若干题号和代表选项的字母A、B、C、D或数字0~9,以及少量与考试信息相关的文字,如姓名、准考证号、科目、考生注意事项等组成。之后,因考试题型变化需要增加非考生填写的“主观分判读分数框”的内容,但该答题卡上增加的“主观分判读分数框”主要是针对考题的选项和统计需要而设置,并与其他信息框之间的排列受制于光标阅读机软件所识别的行列间距等参数,故自身不能表达某种思想和设计,且表达方式有限,不属于著作权法保护的客体。

【案号】

一审：四川省自贡市中级人民法院(2010)自民三初字第1号

二审：四川省高级人民法院(2010)川民终字第334号

【案情与裁判】

原告(被上诉人)：陈建

被告(上诉人)：富顺县万普印务有限公司(以下简称万普公司)

起诉与答辩

陈建于2009年11月10日向四川省自贡市中级人民法院提起诉讼称：其长期从事机读卡阅卷和研究工作，完成了三个主观分答题卡的设计，并于2008年4月9日在四川省版权局对该三个主观分答题卡进行了版权登记。万普公司生产、复制、销售该三个主观分答题卡的行为侵犯了其对三个主观分答题卡享有的著作权，遂请求判决：(1)万普公司停止对陈建享有著作权的三个主观分答题卡的侵权，不得再复制、销售陈建享有著作权的答题卡；(2)万普公司向陈建公开赔礼道歉；(3)支付陈建诉讼费、律师费、调查费等费用。

一审审理查明

法院审理查明：陈建长期从事机读卡阅卷和研究工作，逐渐形成了三个主观分答题卡的雏形，最终完成了具有三个主观分答题卡的设计。陈建于2008年4月9日在四川省版权局对设计的三个主观分答题卡进行了版权登记，登记号为：21－2008－K－(3062)－117，取得三个主观答题卡著作权登记。万普公司于2008年8月11日成立，经营范围为：其他印刷品印刷；广告制作；销售；文化办公用品、体育器材。万普公司自成立起均在生产销售三个主观分答题卡。

一审判理和结果

一审法院经审理认为，陈建完成了三个主观分答题卡的设计，于2008年4月9日在四川省版权局对其设计的三个主观分答题卡进行了版权登记，取得三个主观分答题卡的著作权登记。万普公司复制、销售三个主观分答题卡，其行为明显侵犯了陈建的合法权益，构成对陈建三个主观分答题卡著作权的侵权，应当承担侵权责任。关于赔偿经济损失的数额问题，陈建所提出的赔偿请求为判令万普公司承担本案诉讼费、调查取证、律师费等合理费用，但陈建仅能证明律师费的金额，至于诉讼费不属于经济损失，故仅对律师费予以支持。综上，一审法院依照《著作权法》第46条之规定，判决：(1)万普公司于判决生效之日起立即停止对陈建享有著作权的三个主观分答题卡的侵权，不得再复制、销售陈建享有著作权的答题卡；(2)万普公司于判决生效之日起十日内支付陈建律师费3000元；(3)驳回陈建的其他诉讼请求。

上诉与答辩

宣判后，万普公司不服一审判决，向四川省高级人民法院提起上诉，要求撤销一审判决。其认为：(1)一审判决认定事实不清，适用法律错误。我国目前认定著作权侵权的标准是“接触加实质性相似”，一审判决未提及双方当事人制作的答题卡是否相同或实质性相似，被上诉人也未尽到证明上诉人接触过其产品的举证责任，一审判决中采用的“版权登记——上诉人产品与之相似——构成侵权”的三段论推理不符合著作权侵权构成要件的判断标准和举证责任分配的基本规定，适用法律错误；此外，上诉人提供了充分的反证证明自己另有合法接触三个主观分答题卡的渠道,一审法院却认为这些证据与本案没有关联性而未予采信,导致案件主要事实认定不清。(2)本案程序存在瑕疵,由于上诉人是按照客户样品进行生产,被上诉人也声称保留对样品提供者的诉讼权利,那么本案判决就取决于被上诉人与这些样品提供者之间侵权诉讼的审理结果,应当中止审理。再者,如果认定上诉人侵权,则本案也属于上诉人与样品提供者之间具有意思联络的共同侵权,为必要共同诉讼,需要在原审中追加样品提供者为被告才能查清事实。(3)本案诉争的"三个主观分答题卡"不受著作权法保护,理由如下:首先,答题卡本身不单独表达思想,只是符合光标阅读机要求的统计工具,因此不属于著作权法意义上的图形作品,而是属于不受著作权法保护的通用数表。其次,"三个主观分答题卡"是在原有一卡一科式机读卡的基础上增加了主观分的机读卡形式,但这种增加是随着考试方式的改变而出现的几乎具有唯一性的表达方式。著作权保护制度的一个基本原则是,思想及智力方法不受著作权保护,人们可以对其表述某种思想的特定方式拥有著作权,但当一种思想只有一种或有限的几种表达方式时,此种表达连同思想一道不受保护,否则会损害公共利益。机读卡行业通行的技术标准中最关键的是信息卡的列距与边距,所有的机读卡均按照此标准生产,如果在机读卡中加入三个主观分内容,那么这种思想表达方式几乎就是唯一的——主观分1、2、3(因为文综理综都是三门),下面是0~9的阿拉伯数字,而其间距、边距都是确定的,上诉人提供的证据展示了历年不同厂家生产的这类产品,均可证明这种唯一性,一审法院却认为其与本案无关联性而未予采信。再者,一审判决回避了被上诉人是否对本案诉争的"三个主观分答题卡"享有著作权的争议焦点,仅依据被上诉人在四川省版权局进行的登记认定其取得了"三个主观分答题卡"的著作权登记,然而版权登记与专利权登记是不同的,著作权自作品创作完成之日产生,根据《作品自愿登记试行办法》,登记的作品只是取得与著作权有关的初步证据,如登记时间等,并不能证明作品是其独立完成、是否属于著作权法保护的客体,也就是说,并不是自愿登记的作品就当然拥有著作权。

被上诉人陈建答辩认为,其对涉案三个主观分答题卡享有著作权,其作品属于著作权法保护的范围,三个主观分答题卡,不具有通用性和唯一性。上诉人侵权事实成立。一审法院认定事实清楚、适用法律正确,为此,请求二审法院予以维持。

二审判理和结果

四川省高级人民法院经审理认为,二审诉讼涉及的主要争议问题是:涉案的三个主观分答题卡是否属于作品从而应当受著作权法的保护;如果属于作品,陈建是否为其著作权人,万普公司的行为是否构成侵权;如果构成侵权,万普公司应当承担何种民事责任。

《著作权法实施条例》第2条规定:"著作权法所称作品,是指文学、艺术和科学领域内具有独创性并能以某种有形形式复制的智力成果。"在本案中,陈建认为其三个主观分答题卡属于图形作品,而上诉人万普公司则认为该三个主观分答题卡属于不受著作权法保护的通用数表。《著作权法实施条例》第4条第12项规定:"图形作品,是指为施工、生产绘制的工程设计图、产品设计图,以及反映地理现象、说明事物原理或者结构的地图、示意图等作品”。由此可见,在我国,受著作权法保护的图形作品是特指以工程或产品的设计图或者地图、示意图等图形形式承载作者思想或设计意图的表达形式,而单纯的通用数表、通用表格等由于只是某种公知公用思想的唯一表达,并不受著作权法的保护。在本案中,三个主观分答题卡是为适应目前考试分数统计形式而在原先的答题卡基础上增加三个主观分分数框的答题卡形式,其上图形主要包括若干题号和代表选项的字母A、B、C、D或数字0~9,以及少量考试信息相关的文字,如姓名、准考证号、科目等。显然,这种图形和文字是针对考题的选项设置和统计信息需要而设的,且图形排布受制于光标阅读机所识别的行列间距等参数,因而答题卡自身并不能表达某种思想和设计,能够表达思想和设计的载体实质上来自于光标阅读机的软件,该软件表达的是一种如何统计答案和分数的设计理念,为具体实现上述设计理念,软件设计者通过编程使得光标阅读机软件能够光学识别一定格式(纸厚度、大小行距、间距等)的信息卡(即答题卡)并转换成计算机可处理的电信号,以此实现分数和答案的自动统计。配合上述软件使用的答题卡必须按照软件要求配置,但在符合一定配置标准的前提下,每次运行时用户也可以自定义一些信息卡格式文件,例如不同的题量、选项内容、横竖排列、文字内容、子方框内容(例如考号选项、主观分选项)等等,自定义完成之后,就对应形成该光标阅读机此次运行所识别的答题卡样式。因此,对光标阅读机软件进行不同的参数设置可以得到不同的答题卡样式,但并不能说每个用户进行自定义生成的答题卡样式的过程就是一种图形作品的创作过程,因为用户自定义的动作是软件设计的一部分,在软件给定的框架下,自定义动作实质上只是为考试统计需要进行的机械选择过程,而不像产品设计过程那样表达某种思想或设计。同时,从保护著作权与公众利益平衡的角度来看,各种样式的答题卡在我国各大中小学和社会考试中广泛使用,尽管样式各异,但由于自定义内容的限制,在软件给定的框架下,答题卡的样式仍然是有限的,通常是子方框的设置位置、选项或文字内容、横竖排列等在二维平面上的有限排布效果,如果将这种自定义答题卡样式的过程视为对图形作品的创作过程,则由于著作权的限制会使答题卡样式为有限的主体所垄断,从而损害公众利益,因此给予答题卡样式著作权法保护不符合我国著作权保护制度的立法目的。据此,本案的三个主观分答题卡属于通用数表,依照《著作权法》第5条第3项之规定,不受保护。由于本案三个主观分答题卡不属于著作权法保护的客体,故陈建对其不享有著作权,由此万普公司的行为也不构成侵犯著作权,不应承担侵权责任。综上所述,二审法院认为原审判决的部分事实认定不清,适用法律有误。依照著作权法第5条第3项,民事诉讼法第153条第1款第2项、第3项的规定判决:(1)撤销四川省自贡市中级人民法院(2010)自民三初字第1号民事判决;(2)驳回陈建在原审诉讼中的全部诉讼请求。

张恒诉陕西攀峰实业有限公司、王建军侵犯著作权纠纷案

——阅读提示:同一题材但表达形式不同的文字作品应如何认定侵权?

【裁判要旨】

剽窃即抄袭,属于侵犯著作权行为的一种形式,是指将他人作品全部或部分作为自己的作品予以发表,包括原封不动地照抄和改头换面的抄袭。根据《中华人民共和国著作权法》第47条"剽窃他人作品属侵权行为"之规定,攀峰公司员工王建军承认《心愿》剧本源自张恒剧本《父辈的脊梁》,攀峰公司的涉案行为构成对张恒著作权的侵犯。

【案号】

一审:陕西省西安市中级人民法院(2010)西民四初字第13号

二审:陕西省高级人民法院(2010)陕民三终字第00029号

【案情与裁判】

原告(二审被上诉人):张恒

被告(二审上诉人):陕西攀峰实业有限公司(以下简称攀峰公司)

被告(二审被上诉人):王建军

起诉与答辩

张恒诉称:2009年元月18日,张恒完成剧本《父辈的脊梁》创作,次日通过QQ传送此作品给攀峰公司经理刘晓婉,由于双方对稿酬未达成一致意见,张恒即要求刘晓婉立即退回剧本,明确表示该剧本不卖给攀峰公司。2009年元月29日,张恒将《父辈的脊梁》等十个剧本通过QQ邮箱发给西安盛唐影视文化传播有限公司(以下简称盛唐公司),双方就《父辈的脊梁》签订了《剧本购买合同》。后盛唐公司完成《父辈的脊梁》的摄制工作,报送陕西电视台《百家碎戏》栏目审批,却被该栏目以"选材与故事与以前所收购的片子有重"为由退带。为此,张恒向盛唐公司赔偿损失2.13万元。以上"百家碎戏"栏目所指"与以前所购的片子有重"即为攀峰公司制作的电视片《心愿》,该片已在"百家碎戏"栏目播放,该片的署名编剧是王建军,与《父辈的脊梁》极其相似,对张恒享有《父辈的脊梁》的著作权严重构成侵权。综上,张恒依法享有《父辈的脊梁》的著作权,攀峰公司及王建军严重侵犯了张恒的著作权,现请求依法判令攀峰公司、王建军停止抄袭,终止侵权电视片《心愿》在陕西电视台《百家碎戏》栏目的播放权;责令两被告就抄袭侵权行为在陕西电视台或相关报刊媒体向张恒赔礼道歉,两被告向张恒赔偿经济损失2.68万元(其中包括稿酬500元、名誉伤害费和误工费5000元、张恒向盛唐公司赔偿电视片《父辈的脊梁》的摄制费和播放收入费2.13万元),及本案诉讼费由两被告承担。

被告攀峰公司答辩称，其不认可《父辈的脊梁》剧本系张恒所写，张恒请求赔偿损失2.68万元没有依据，制作成本费和播放收入更与攀峰公司无关，刘晓婉不是攀峰公司经理，而是工作负责人，请求驳回张恒的诉讼请求。

被告王建军答辩称，其是攀峰公司员工，其修改剧本的权利是攀峰公司部门负责人刘晓婉授予的，攀峰公司向王建军支付了100元辛苦费，王建军的行为是职务行为，请求驳回张恒对王建军的诉讼请求。

一审审理查明

一审经审理查明：2009年元月18日，原告张恒在其电脑上创作完成剧本《父辈的脊梁》，次日，张恒通过互联网QQ传送文件，发送给攀峰公司影视部负责人刘晓婉。由于张恒与刘晓婉未就修改该剧本及剧本报酬问题达成一致意见，张恒即告知刘晓婉该剧本不卖给攀峰公司，并要求攀峰公司立即退回该剧本。2009年2月5日，张恒与盛唐公司签订《剧本购买合同》，张恒依约将《父辈的脊梁》剧本转让给盛唐公司，盛唐公司向张恒支付稿酬500元。2009年3月7日，盛唐公司完成了该剧本的摄制工作，经报送陕西电视台《百家碎戏》栏目审批，被该栏目以“选题和故事与以前收购的片子有重”为由退回。2009年10月13日晚，陕西电视台《百家碎戏》栏目播放了由攀峰公司摄制，署名编剧为王建军的电视片《心愿》，庭审中，经过对比，该电视片在题材、人物、结构、情节、语言等方面，与张恒创作的涉案剧本《父辈的脊梁》有明显雷同。

另查，王建军当时系攀峰公司员工，任剧本统筹，负责改编剧本，王建军称涉案《父辈的脊梁》剧本不是他创作的，是刘晓婉交给他的，《心愿》剧本是其根据《父辈的脊梁》改编的，将王建军署名编剧其并不知情。

审理期间，张恒自愿放弃下列诉讼请求：(1)攀峰公司、王建军停止抄袭，终止侵权电视片《心愿》在陕西电视台《百家碎戏》栏目的播放权；(2)责令两被告就抄袭侵权行为在陕西电视台或相关报刊媒体向张恒赔礼道歉及本案诉讼费由两被告承担。

一审判理和结果

一审法院认为，本案争议焦点为：(1)张恒的诉讼主体是否适格；(2)攀峰公司的行为是否侵犯著作权问题；(3)关于民事责任的承担问题。

关于张恒的诉讼主体问题。根据《中华人民共和国著作权法》第11条“著作权属于作者，本法另有规定的除外。创作作品的公民是作者。如无相反证明，在作品上署名的公民、法人或者其他组织为作者”。本案涉案剧本《父辈的脊梁》系由张恒在电脑上创作完成，从张恒通过QQ发送剧本给攀峰公司的行为，结合攀峰公司工作人员王建军称其不是编剧的声明，在攀峰公司未提供相反证据证明张恒不是争讼的作品著作权人的情形下，应认定涉案作品《父辈的脊梁》的著作权属张恒所有，张恒作为本案原告起诉，其诉讼主体显属适格，攀峰公司辩称张恒主体不适格，无事实依据，依法不予支持。

关于攀峰公司的行为是否侵犯著作权问题。侵犯著作权行为是指未经著作权人同意，又无法律上的依据，擅自对享有著作权作品的使用以及以其他非法手段行使著作权的行为。剽窃即抄袭，属于侵犯著作权行为的一种形式，是指将他人作品全部或部分作为自己的作品予以发表,包括原封不动地照抄和改头换面的抄袭。本案中,攀峰公司员工王建军承认《心愿》剧本源自《父辈的脊梁》,而攀峰公司的《心愿》剧本与张恒创作的《父辈的脊梁》剧本在主题、题材、人物、结构、情节、语言等方面基本雷同,加之攀峰公司也未能提供证据证明其使用的《父辈的脊梁》剧本的合法来源,据此能够认定,攀峰公司的《心愿》剧本与张恒的《父辈的脊梁》剧本构成实质性相似,符合剽窃行为的构成要件。根据《中华人民共和国著作权法》第47条"剽窃他人作品属侵权行为"之规定,攀峰公司未经张恒许可,也未向张恒支付报酬,以营利为目的,擅自剽窃争讼作品,并更名为《心愿》拍摄成电视片以取得经济利益,已构成对争讼作品著作权的侵犯。

关于对本案民事责任的承担问题。本案中,攀峰公司侵权事实清楚,理应向张恒承担相应的民事责任,因张恒未能提供充分证据佐证其损失数额,攀峰公司的违法所得亦难以确定,故依法不予全额支持。最高人民法院《关于审理著作权民事纠纷案件适用法律若干问题的解释》第25条"权利人的实际损失或者侵权人的违法所得无法确定的,人民法院根据当事人的请求或者依职权适用《中华人民共和国著作权法》第49条第2款的规定确定赔偿数额。人民法院在确定赔偿数额时,应当考虑作品类型、合理使用费、侵权行为性质、后果等情节综合确定"之规定,攀峰公司辩称张恒请求赔偿损失无依据且与其无关之理由不能成立,依法不予支持。考虑到争讼作品类型、攀峰公司的过错程度,侵权情节,造成的后果等因素,酌情确定攀峰公司向张恒的赔偿数额为1.1万元。另外,张恒在审理期间除要求被告赔偿经济损失外,对其余诉讼请求予以放弃,该行为不违反法律规定,依法予以准许。关于张恒主张王建军承担共同赔偿责任一节,由于王建军的行为系代表攀峰公司的职务行为,张恒该请求无事实及法律依据,故依法不予支持。

综上,判决如下:(1)攀峰公司于判决生效后15日内向张恒赔偿经济损失1.1万元;(2)驳回张恒其他诉讼请求。

上诉与答辩

宣判后,攀峰公司不服,提起上诉称:(1)《心愿》剧本不能确定是张恒所作。(2)王建军提供的多个证据不能充分说明张恒是原作者。(3)至于张恒与其他公司合作并造成损失是否属实更无法考证。综上,请求撤销一审判决,依法驳回原告的诉讼请求。

被上诉人王建军答辩称:(1)一审中,本人就如何得到《父辈的脊梁》这个剧本的问题做了说明。(2)本案中,本人是攀峰公司的剧本统筹,本人修改剧本的权利是攀峰公司负责人刘晓婉授予的。(3)本人和张恒在本案发生之前根本就不认识。攀峰公司猜测本人与张恒合谋欺诈没有任何事实根据。请求二审法院驳回上诉,维持原判。

被上诉人张恒答辩称:(1)根据一审法院调查,对照攀峰公司的《心愿》剧本和张恒的《父辈的脊梁》剧本,两个剧本构成实质性相似。根据张恒和刘晓婉的电话录音可证实刘晓婉确实曾收到过张恒的《父辈的脊梁》稿件。(2)王建军是攀峰公司剧本统筹,片尾字幕可以证实。刘晓婉私下将剧本交给王建军修改,致使剽窃发生。本人与王建军并不认识,更谈不上合伙欺诈。(3)关于赔偿数额,希望维持。综上,请求维持一审判决。

二审审理查明

二审法院经审理查明,原审查明的事实属实,二审法院予以确认。另查明,二审审理中,攀峰公司申请证人冯小林出庭,以证明剧本署名为博洋,即王建军本人。该证人原系攀峰公司员工,其当庭证实与王建军曾是同事,王建军当时是剧本统筹。对此事实,王建军依然坚持一审观点,声明本人是攀峰公司剧本统筹。攀峰公司称修改剧本支付了王建军500元,用以证明修改剧本是王建军的个人行为,王建军对此不予认可,攀峰公司无证据证明该主张。

二审判理和结果

二审法院认为:关于张恒诉讼主体问题,根据《中华人民共和国著作权法》第11条"著作权属于作者,本法另有规定的除外。创作作品的公民是作者。如无相反证明,在作品上署名的公民、法人或者其他组织为作者"。本案所涉剧本《父辈的脊梁》系由张恒在电脑上创作完成,张恒通过QQ发送剧本给攀峰公司的行为,及攀峰公司工作人员王建军称其不是编剧的声明,在攀峰公司未提供相反证据证明张恒不是争讼的作品著作权人的情形下,可说明涉案作品《父辈的脊梁》的著作权属张恒所有,张恒作为本案原告起诉,其诉讼主体适格。攀峰公司上诉理由不能成立,原审认为张恒是适格的原告正确。

关于攀峰公司是否构成侵权。本案中,攀峰公司员工王建军承认《心愿》剧本源自《父辈的脊梁》,而攀峰公司的《心愿》剧本与张恒创作的《父辈的脊梁》剧本在主题、题材、人物、结构、情节、语言等方面基本雷同,加之攀峰公司也未能提供证据证明其使用的《父辈的脊梁》剧本的合法来源,据此能够认定,攀峰公司的《心愿》剧本与张恒的《父辈的脊梁》剧本其主要特征构成实质性相似。剽窃即抄袭,属于侵犯著作权行为的一种形式,是指将他人作品全部或部分作为自己的作品予以发表。根据《中华人民共和国著作权法》第47条"剽窃他人作品属侵权行为"之规定,攀峰公司未经张恒许可,也未向张恒支付报酬,以营利为目的,擅自剽窃争讼作品,并更名为《心愿》拍摄成电视片以取得经济利益,已构成对争讼作品著作权的侵犯。原审判决对侵权认定正确,应予维持。攀峰公司此项上诉理由不能成立。

关于本案赔偿是否合理的问题。原审法院根据《中华人民共和国著作权法》第47条第1款第5项、第49条,以及最高人民法院《关于审理著作权民事纠纷案件适用法律若干问题的解释》第25条之规定,判决攀峰公司侵权事实清楚,酌情确定攀峰公司向张恒赔偿1.1万元妥当。攀峰公司上诉理由不能成立,依法不予支持。关于攀峰公司主张本案应由王建军个人承担赔偿责任一节,由于攀峰公司的证人原系攀峰公司员工,其出庭作证证明王建军系剧本统筹,加之攀峰公司无证据证明修改剧本是王建军的个人行为,因此王建军的行为系代表攀峰公司的职务行为,攀峰公司该请求无事实及法律依据,本院依法不予支持。

综上,原判决认定事实清楚,适用法律正确,应予维持。依据《中华人民共和国民事诉讼法》第153条第1款第1项之规定,判决如下:

驳回上诉,维持原判。

李惠廷诉王将饺子(大连)餐饮有限公司侵犯注册商标专用权纠纷案

——阅读提示:企业名称与他人注册商标发生冲突时是否均需判决停止使用企业名称?

【裁判要旨】

注册商标和企业名称均是依照相应的法律程序获得的标志权利,对于注册商标与企业名称之间的纠纷,人民法院应当区分不同的情形,按照诚实信用、维护公平竞争和保护在先权利等原则,依法处理。

【案号】

一审:辽宁省大连市中级人民法院(2007)大民知初字第20号

二审:辽宁省高级人民法院(2009)辽民三终字第49号

再审:最高人民法院(2010)民提字第15号

【案情与裁判】

原告(二审被上诉人、被申请人):李惠廷

被告(二审上诉人、申请再审人):王将饺子(大连)餐饮有限公司(以下简称大连王将公司)

起诉与答辩

2007年3月22日,李惠廷向辽宁省大连市中级人民法院起诉称,2003年李惠廷获准在第43类上注册第3192768号"王将"商标,大连王将公司于2005年将"王将"作为字号注册为企业名称,并在经营活动中使用"王将"等标识,大连王将公司的上述行为侵犯了李惠廷的商标专用权,请求判令大连王将公司停止侵犯"王将"商标专用权的行为,变更企业名称,公开赔礼道歉并赔偿李惠廷经济损失50万元及诉讼支出5000元等。大连王将公司辩称,本案应当中止审理,而且大连王将公司的企业名称是依法获得的,其正当使用企业名称、字号、招牌等行为不构成侵权。

一审审理查明

辽宁省大连市中级人民法院一审查明,2002年5月29日,李惠廷申请注册第3192768号"王将"商标,并于2003年12月获准注册,注册有效期限自2003年12月7日至2013年12月6日,核定服务项目为第43类饭店、快餐馆等。1999年9月9日,哈尔滨王将食品有限公司(以下简称哈尔滨王将公司)成立并领取营业执照,法定代表人系李惠廷;2001年11月28日、2003年6月17日,哈尔滨王将公司先后成立嵩山分店和大安分店,并领取了营业执照,其负责人均为李惠廷。前述哈尔滨王将公司及其分店使用了"王将"和"王将"字样的招牌。2005年1月6日,日本王将株式会社投资成立大连饺子的王将餐饮有限公司获得外商投资企业批准证书。2005年11月18日,大连饺子的王将餐饮有限公司经工商核准变更名称为现名称王将饺子(大连)餐饮有限公司。2005年11月15日,哈尔滨市第二公证处分别在大连王将公司位于大连商场新玛特一楼的总店和位于大连经济技术开发区辽宁街52－7号的分店内,对大连王将公司的店外招牌、店内筷子套等餐具包装、菜谱、茶具上使用了“王将”字样服务标识以及在菜谱、茶具及发票印鉴上使用了“王将”字样服务标识的事实进行了公证拍照,并做出(2005)哈二证内民字第692号公证书。在一审诉讼期间,大连王将公司又新设了人民路、金州、二七广场等三家分店。

一审判理和结果

辽宁省大连市中级人民法院一审认为:企业字号是企业名称中用以区分不同市场主体的主要标志,大连王将公司注册包含“王将”字号的企业名称在李惠廷“王将”文字商标注册之后,大连王将公司的经营范围包含在李惠廷注册商标的核定服务项目范围之内,大连王将公司在同业经营中使用与李惠廷注册商标相同的文字,足以使相关消费者对餐饮服务的来源以及不同经营者之间是否具有关联关系等产生混淆误认,大连王将公司在企业名称中突出使用李惠廷文字注册商标的行为,属于商标法规定的给他人注册商标专用权造成其他损害的行为,构成侵犯商标权,应当承担相应的法律责任。大连王将公司虽经国外商标权人(其母公司)的许可使用,但一国取得的商标权具有地域性,在《巴黎公约》的成员国内享有国民待遇的人就同一商标所享有的商标权在不同成员国内互相独立,其效力限于该国范围;大连王将公司企业名称虽系有关行政部门核准登记后使用,但企业名称权利的形式合法性在与在先权利冲突的情况下,不能以其形式合法而认定其具备实质合法性,法院仍应依照有关的法律规则裁判其是否构成侵犯在先合法权利。大连王将公司未经李惠廷许可,在与李惠廷注册商标核准服务项目相同的范围内使用与注册商标相同的“王将”文字和近似的“王将”服务标识,侵犯了李惠廷的“王将”注册商标专用权。因此辽宁省大连市中级人民法院判决:(1)大连王将公司于判决生效后15日内在李惠廷“王将”商标注册证核定服务项目的范围内停止使用含有“王将”字样的企业名称;(2)大连王将公司于判决生效后立即停止使用“王将”和“王将”字样的服务标识;(3)大连王将公司于判决生效后15日内赔偿李惠廷经济损失人民币25万元;(4)大连王将公司于判决生效后15日内赔偿李惠廷为制止侵权行为而支付的合理开支人民币5000元;(5)驳回李惠廷其他诉讼请求。

二审判理和结果

大连王将公司不服一审判决,向辽宁省高级人民法院提起上诉。辽宁省高级人民法院二审认为,大连王将公司注册包含“王将”字样的企业名称在李惠廷“王将”文字商标注册之后。大连王将公司的经营范围包含在李惠廷注册商标的核定服务项目范围之内。根据《最高人民法院关于审理商标民事纠纷案件适用法律若干问题的解释》第1条第1项“将与他人注册商标相同或相近的文字作为企业的字号在相同或者类似商品上突出使用,容易使相关公众产生误认的”规定,大连王将公司企业名称虽经行政部门核准登记后使用,但与在先权利相冲突,属于给他人注册商标专用权造成损害的行为,侵犯了李惠廷的商标权。此外,在大连王将公司使用含有

"王将"字样的服务标识中,"将"字是"将"字的另类写法,此点被中国大众所认同。二者字音、字义均相同,字形亦相近。大连王将公司在招牌、餐具包装、菜谱、茶具上使用了"王将"字样服务标识,极易使公众直接产生相似感,造成与李惠廷"王将"商标混淆和误认,构成对李惠廷商标权的侵犯。辽宁省高级人民法院于2009年4月8日作出(2009)辽民三终字第49号民事判决:驳回上诉,维持原判。

申请再审理由与答辩

大连王将公司申请再审称,原审判决认定事实和适用法律均存在错误。(1)大连王将公司是日本王将株式会社在中国设立的全资子公司,根据相关规定,外商投资企业名称可以使用出资的外国企业的字号,大连王将公司通过合法的程序依法设立并取得企业名称权,该企业名称应受到法律保护。原审判决禁止使用含有"王将"字号的企业名称将使得日本"王将"这个拥有近50年发展历史的日本知名企业难以在中国市场继续发展。(2)大连王将公司使用经核准的企业名称和字号并没有侵害李惠廷"王将"注册商标的主观故意和过错,而且大连王将公司所使用的企业名称和字号与李惠廷的注册商标从文字、发音、形式、经营范围以及特色等方面均存在明显差异,何况日本"王将"已经具有近半世纪历史,有本质区别,不构成对李惠廷注册商标的侵犯。(3)李惠廷恶意抢注"王将"商标的行为违反诚实信用原则,侵犯了大连王将公司以及母公司的企业名称权,根据《中华人民共和国反不正当竞争法》和《保护工业产权巴黎公约》的规定,应禁止李惠廷继续使用"王将"商标。(4)李惠廷许可哈尔滨王将公司使用涉案商标的许可合同并未备案,该许可行为无效,涉案商标3年未使用,应予以撤销。综上,大连王将公司请求撤销原审判决,并依法作出判决。

李惠廷答辩称,李惠廷注册商标取得在先,大连王将公司企业名称中的字号不能与注册商标相同或近似,依据维护公平竞争及保护在先合法权利人利益原则,大连王将公司不得使用含有"王将"文字的企业名称。大连王将公司的投资人在日本对"王将"拥有的各项权利并不当然延续到中国,在中国,"王将"的注册商标专用权属于李惠廷,根据《中华人民共和国商标法》的规定,侵犯他人注册商标专用权并无须考虑主观意图,而且大连王将公司是知晓涉案商标的存在,大连王将公司的行为侵犯了涉案商标。涉案商标一直在经营中使用,从未间断,而且是否备案并不影响许可合同的效力。综上,李惠廷请求驳回大连王将公司的再审申请。

再审审查与审理结果

最高人民法院经过审查后于2009年11月18日作出(2009)民申字第423号民事裁定,决定提审本案。最高人民法院再审认为,《中华人民共和国商标法》对商标注册是否符合法律规定、应否撤销规定了相应的争议程序,如果商标所有人或者利害关系人认为已经注册的商标违反法律规定,可以请求商标评审委员会裁定撤销该注册商标。本案是侵犯商标专用权纠纷案件,审查的是被控行为是否侵犯了注册商标专用权。因此,关于涉案商标的注册是否符合法律规定,是否违反诚实信用原则抢注等,不属于本案审理范围,而且商标评审委员会已经就相关问题作出生效裁定,维持李惠廷"王将"商标的注册。至于涉案商标是否违反使用规定,连续3年未使用,同样不属于本案审理范围。故大连王将公司关于涉案商标不应予以保护,应予以撤销的主张不能成立。

注册商标和企业名称均是依照相应的法律程序获得的标志权利,分属不同的标志序列,依照相应法律受到相应的保护。对于注册商标与企业名称之间的纠纷,人民法院应当区分不同的情形,按照诚实信用、维护公平竞争和保护在先权利等原则,依法处理。如果注册使用企业名称本身具有不正当性,比如不正当地将他人具有较高知名度的在先注册商标作为字号注册登记为企业名称,即使规范使用仍足以产生市场混淆的,可以按照不正当竞争处理;如果是不规范使用企业名称,在相同或者类似商品上突出使用与他人注册商标相同或相近的企业的字号,容易使相关公众产生误认的,属于给他人注册商标专用权造成其他损害的行为,依法按照侵犯商标专用权行为处理。相应地,人民法院应当依据《最高人民法院关于审理注册商标、企业名称与在先权利冲突的民事纠纷案件若干问题的规定》第4条的规定,根据原告的诉讼请求和案件具体情况,确定被告应当承担的民事责任。如果不正当地将他人具有较高知名度的在先注册商标作为字号注册登记为企业名称,注册使用企业名称本身即是违法,不论是否突出使用均难以避免产生市场混淆的,可以根据当事人的请求判决停止使用或者变更该企业名称;如果企业名称的注册使用并不违法,只是因突出使用其中的字号而侵犯注册商标专用权的,判决被告规范使用企业名称、停止突出使用行为即足以制止被告的侵权行为,因此这种情况下不宜判决停止使用或者变更企业名称。规范使用企业名称与停止使用或变更企业名称是两种不同的责任承担方式,不能因突出使用企业名称中的字号从而侵犯商标专用权就一律判决停止使用或变更企业名称。

本案中,虽然李惠廷的"王将"商标注册在先,但其仅在黑龙江省哈尔滨市实际使用,且在大连王将公司注册登记企业名称时并未具有较高知名度。同时,由于大连王将公司是日本王将株式会社投资成立的,大连王将公司以王将为字号注册其企业名称,具有一定合理性。如果大连王将公司在经营活动中规范使用其王将饺子(大连)餐饮有限公司的企业名称,不足以导致相关公众的混淆误认。因此大连王将公司注册使用企业名称本身并不违法。原审判决以李惠廷的"王将"商标注册在先,认定大连王将公司的企业名称与李惠廷的注册商标相冲突、侵犯了注册商标专用权,并据此判决大连王将公司在李惠廷"王将"商标注册证核定服务项目的范围内停止使用含有"王将"字样的企业名称,没有事实和法律依据,予以纠正。

虽然大连王将公司注册使用企业名称本身并无不当,但是,大连王将公司没有规范使用其企业名称,而在其招牌、招贴和餐具等突出使用其字号,其所使用的标志"王将"、"王将"与李惠廷在先核准注册的商标标志虽存在一些差异,但这种差异是细微的,以相关公众的一般注意力难以区分,使用在相同服务上,容易使相关公众产生误认,根据《最高人民法院关于审理商标民事纠纷案件适用法律若干问题的解释》第1条的规定,大连王将公司的上述行为侵犯了李惠廷的注册商标专用权,其应当停止相应侵权行为并赔偿李惠廷的经济损失。原审判决大连王将公司赔偿李惠廷经济损失25万元和诉讼合理开支5000元并无不妥,但原审判决大连王将公司停止使用"王将"和"王将"字样的服务标识的表述不尽准确,本院予以进一步明确。大连王将公司在以后的经营活动中应当规范使用其企业名称,停止突出使用"王将"和"王将"等侵犯李惠廷注册商标专用权的行为,采取必要的措施,避免混淆误认的发生。

综上,最高人民法院依照《中华人民共和国民法通则》第118条,《中华人民共和国商标法》第52条第5项、第56条,《最高人民法院关于审理商标民事纠纷案件适用法律若干问题的解释》第1条第1项,《最高人民法院关于审理注册商标、企业名称与在先权利冲突的民事纠纷案件若干问题的规定》第4条,以及《中华人民共和国民事诉讼法》第186条第1款、第153条第1款第2项之规定,判决:(1)撤销辽宁省高级人民法院(2009)辽民三终字第49号民事判决。(2)维持辽宁省大连市中级人民法院(2007)大民知初字第20号民事判决第3、4、5项。(3)撤销辽宁省大连市中级人民法院(2007)大民知初字第20号民事判决第1、2项。(4)王将饺子(大连)餐饮有限公司于判决生效后立即规范使用其企业名称,停止突出使用"王将"和"王将"等侵犯李惠廷注册商标专用权的行为。

北面服饰股份有限公司诉梅朝辉、上海皓柏服饰有限公司等侵犯商标专用权纠纷案

——阅读提示:商标侵权案件中,涉外定牌加工中的承揽人、定作人应否承担法律责任?涉外定牌加工中应如何确定承揽人与定作人的民事责任?全面赔偿责任在涉及涉外定牌加工的商标侵权案件中应当如何适用?

【裁判要旨】

涉外定牌加工中,承揽人未尽合理审查义务,没有合理理由,也未得到权利人许可,根据定作人指令在商品上贴附权利人商标的,与定作人共同构成商标侵权。以过错归责原则为依据,根据承揽人和定作人实施的具体侵权行为,确定承揽人和定作人的民事责任。以全面赔偿原则为依据,按照侵权人侵权行为的获利情况酌情确定赔偿数额。

【案号】

一审:上海市第二中级人民法院(2008)沪二中民五(知)初字第185号

二审:上海市高级人民法院(2010)沪高民三(知)终字第14号

【案情与裁判】

原告(二审被上诉人):北面服饰股份有限公司(The North Face Apparel Corp)(以下简称北面公司)。

被告(原审被告):上海皓柏服饰有限公司(以下简称皓柏公司)。

被告(原审被告):杭州柏尔豪工贸有限

公司(以下简称柏尔豪公司)。

被告(原审被告):安吉县白天鹅制衣有限公司(以下简称白天鹅公司)。

被告(二审上诉人):梅朝辉(MEI JOHN CHAO)。

起诉与答辩

原告北面公司诉称:原告系“THE NORTH FACE”、“”、“”注册商标(以下简称涉案注册商标)的专用权人。原告发现,四被告未经原告许可,在其共同生产、销售的涉案羽绒服上,使用了原告的上述注册商标,侵犯了原告对涉案注册商标所享有的专用权。且被告梅朝辉系美籍华人,其将涉案侵权商标出口至美国销售。原告遂于2008年6月27日诉至法院,请求判令四被告:(1)立即停止侵害原告涉案注册商标专用权的行为;(2)共同赔偿原告经济损失人民币100万元;(3)共同支付原告为制止侵权所支出的本案合理费用567716.84元。

被告皓柏公司辩称:其系根据被告梅朝辉的委托,才委托被告柏尔豪公司生产涉案羽绒服,故应由被告梅朝辉承担商标侵权责任。

被告柏尔豪公司辩称:其系根据被告皓柏公司的委托,才委托被告白天鹅公司根据生产涉案羽绒服。其对涉案商标的使用已经尽到了合理的审查义务,故不应承担侵权责任。

被告白天鹅公司辩称:其系根据被告柏尔豪公司的委托,生产了涉案羽绒服,故其不应承担侵权责任。

被告梅朝辉辩称:其从未委托被告皓柏公司生产涉案羽绒服,也未参与过涉案羽绒服的销售,故请求法院驳回原告的诉讼请求。

法院审理查明

从2003年12月至2004年7月,原告先后在中国取得了“THE NORTH FACE”英文文字注册商标、“”英文文字和图形组合注册商标、“”图形注册商标(以下简称涉案商标)的专用权。

被告梅朝辉系美籍华人。自2005年8月起,被告梅朝辉以(The)North Face公司的下属单位WJ公司的名义,伪造授权书委托被告皓柏公司生产使用涉案商标的羽绒服。此后,被告皓柏公司分别于2005年8月25日、10月31日委托被告柏尔豪公司生产涉案羽绒服11,000件和6600件。嗣后,被告柏尔豪公司委托被告白天鹅公司生产涉案羽绒服。被告白天鹅公司则接受委托,生产了使用涉案商标的羽绒服。自2005年9月17日至2006年9月25日期间,被告皓柏公司至少从被告白天鹅公司处提取涉案羽绒服8094件,被告皓柏公司并根据被告梅朝辉的指示将上述涉案羽绒服出运至美国,由被告梅朝辉对外销售。此外,上海市工商行政管理局卢湾分局、浙江省湖州市工商行政管理局分别查获涉案羽绒服1080件和5300件。2006年2月9日,被告梅朝辉与被告皓柏公司的法定代表人吴蕾签订了一份《确认书》。双方确认,被告梅朝辉及其公司为扩展中国市场业务,委托被告皓柏公司作为其驻上海办事处,吴蕾为办事处代表等。

一审判理和结果

法院认为:

原告系涉案商标的专用权人,其合法权益受《中华人民共和国商标法》的保护。本案中,首先,涉案羽绒服的最终完成与被告梅朝辉的伪造授权书后授权生产行为、被告皓柏公司的次授权行为、被告柏尔豪公司的再授权行为和被告白天鹅公司的生产行为密不可分,故应该确认四被告共同生产了涉案羽绒服。

其次,被告梅朝辉与被告皓柏公司之间的《确认书》表明,被告皓柏公司应当知道涉案授权书系被告梅朝辉伪造,因此,被告皓柏公司与被告梅朝辉具有侵权的合意。本案中,系被告梅朝辉、被告皓柏公司共同委托被告柏尔豪公司生产涉案羽绒服,被告柏尔豪公司委托被告白天鹅公司生产涉案羽绒服。被告梅朝辉、被告皓柏公司与被告柏尔豪公司之间、被告柏尔豪公司与被告白天鹅公司之间均属承揽关系。故被告白天鹅公司、被告柏尔豪公司向被告梅朝辉、被告皓柏公司交付涉案羽绒服的行为并非销售行为。而被告皓柏公司根据被告梅朝辉的指示将涉案羽绒服出运至美国的事实表明,系被告梅朝辉、被告皓柏公司共同对外销售了涉案羽绒服。

再次,鉴于被告梅朝辉未经原告许可擅自制作涉案授权书在主观上具有明显的恶意,被告皓柏公司与被告梅朝辉有侵权的合意,被告柏尔豪公司、被告白天鹅公司在收到涉案授权书后,未尽到合理审慎的审查义务,在主观上也具有过错。据此,根据法律的规定,四被告应当就其共同生产涉案羽绒服的侵权行为,被告梅朝辉、被告皓柏公司应当就其共同销售涉案羽绒服的侵权行为,承担停止侵权、赔偿损失的民事责任。

最后,鉴于,四被告共同生产并已实现销售的涉案羽绒服的数量至少为8094件,故对于四被告共同生产涉案羽绒服所应承担的赔偿数额,法院根据四被告共同生产并实现销售的涉案羽绒服的数量、加工涉案羽绒服所获得的一般单位利润,及原告为制止四被告侵权行为所支付的合理开支,酌情予以确定。此外,因仅根据销售涉案羽绒服的一般单位利润及已销售的数量乘积计算,被告梅朝辉、被告皓柏公司共同销售涉案羽绒服的获利也已超过了法定赔偿的最高限额。故对于被告梅朝辉、被告皓柏公司共同销售涉案羽绒服所应承担的赔偿数额,法院根据被告梅朝辉、被告皓柏公司在本案中的主观过错、原告涉案注册商标的声誉、两被告的侵权性质、情节以及原告为制止两被告共同销售涉案羽绒服的侵权行为所支付的本案合理费用等综合因素,在法定赔偿最高限额50万元以上予以酌情确定。

综上,依据《中华人民共和国商标法》第52条第1和第2项、第56条、《最高人民法院关于审理商标民事纠纷案件适用法律若干问题的解释》第13条、第14条之规定,判决:(1)被告梅朝辉、被告上海皓柏服饰有限公司、被告杭州柏尔豪工贸有限公司、被告安吉县白天鹅制衣有限公司停止对原告北面服饰股份有限公司享有的“ ”英文文字和图形组合注册商标(商标注册证号为第2018929号)、“THE NORTH FACE”英文文字注册商标(商标注册证号为第1113227号)、“ ”图形注册商标(商标注册证号为第2018931号)专用权的侵害;(2)被告梅朝辉、被告上海皓柏服饰有限公司应于本判决生效之日起10日内,共同赔偿原告北面服饰股份有限公司包括合理费用在内的经济损失人民币60万元;(3)被告杭州柏尔豪工贸有限公司、被告安吉县白天鹅制衣有限公司应于本判决生效之日起10日内,共同赔偿原告北面服饰股份有限公司包括合理费用在内的经济损失人民币20

万元;(4)被告梅朝辉、被告上海皓柏服饰有限公司还应对被告杭州柏尔豪工贸有限公司、被告安吉县白天鹅制衣有限公司的上述第3项给付义务承担连带赔偿责任;(5)对原告北面服饰股份有限公司的其余诉讼请求不予支持。

上诉与答辩

上诉人梅朝辉上诉称:其未实施涉案商标侵权行为,且原审法院未曾查明8094件服装的销售事实。梅朝辉请求二审法院依法改判。

被上诉人北面公司辩称认为原审判决认定事实清楚、适用法律正确,请求二审法院驳回上诉,维持原判。

原审被告皓柏公司辩称,除原审判决其承担的赔偿责任略重外,原审判决所基于的事实是客观的。

二审判理和结果

二审法院认为,本案证据互相印证,充分证明梅朝辉未经北面公司许可擅自制作涉案授权书以及涉案羽绒服至少已实现8094件销售的事实。梅朝辉的上诉理由不成立。依照《民事诉讼法》第130条、第153条第1款第1项、第157条、第158条之规定,判决驳回上诉,维持原判。

雅培制药有限公司诉汕头市雅培食品有限公司、朱春兰侵犯商标专用权及不正当竞争纠纷案

——阅读提示:近似商标侵权如何认定?

【裁判要旨】

近似商标侵权的认定是法律规定较为原则和模糊的地带,“雅培”商标案尝试参考被控侵权标识与注册商标的近似度、注册商标的显著性、知名度等商标的强度指标、商标核定使用商品的相同或类似程度、被控侵权人的不正当意图以及相关公众混淆商品来源的可能性等因素综合考虑,从而对此作出多维认定。

【案号】

一审:上海市第一中级人民法院(2010)沪一中民五(知)初字第9号

【案情与裁判】

原告:雅培制药有限公司(Abbott Laboratories)

被告:汕头市雅培食品有限公司(以下简称汕头雅培公司)

被告:朱春兰

起诉与答辩

原告于2010年1月6日起诉称:原告的“雅培”商标先后在1999年和2004年注册于第29类牛奶、奶制品等商品上和第5类婴儿食品、医用营养品等商品上。2007年,“雅培”商标被认定为驰名商标。原告是世界财富500强公司之一,多年来一直是美国儿科

医师推荐的第一品牌。“雅培”既是原告的字号,也是驰名商标,在中国具有极高的知名度和商业价值。被告汕头雅培公司是一家从事糖果和米面制品制造的企业,将“雅培”文字恶意注册为字号,其股东还在香港恶意注册中美雅培(国际)剂药股份有限公司(以下简称中美雅培公司)。被告汕头雅培公司不仅将上述两家公司名称恶意使用在婴幼儿乳制品上,将“中美 · 雅培 ZM · YAPEI”标识()作为商标使用,而且还在网站上对该系列婴幼儿食品进行宣传,严重侵犯了原告的注册商标专用权,其恶意注册“雅培”字号的行为亦构成不正当竞争。被告朱春兰销售侵权婴幼儿食品,亦构成商标侵权。据此,原告请求判令:(1)两被告立即停止生产、销售含有“雅培”字样的侵权产品;(2)被告汕头雅培公司立即停止使用带有“雅培”字号的企业名称;(3)被告汕头雅培公司立即停止在网站上宣传含有“雅培”、字样或字号的侵权产品;(4)被告汕头雅培公司赔偿原告经济损失人民币50万元及合理费用。

被告汕头雅培公司未作答辩。

被告朱春兰同意原告第1项诉讼请求。

一审审理查明

1999年,原告(注册人名义为阿波特试验所 Abbott Laboratories)经核准注册了第1324114号“雅培”商标,核定使用商品类别为第29类的牛奶、牛奶制品、食用油、食用油脂。2004年,原告注册了第3907887号“雅培”商标,核定使用商品类别为第5类的医用营养品、婴儿食品等。

2001年至2007年期间,《中外食品》、《国际广告》、《中国经济周刊》等杂志对原告均作了正面报道,其中《中外食品》介绍原告被评为世界500强、美国100强企业。2007年9月,国家工商行政管理局商标局(以下简称商标局)在(2007)商标异字第04747号“雅培”商标异议裁定书中认定原告注册并使用在“人用药品”、“牛奶制品”等商品上的“雅培”商标为驰名商标。

2008年,被告汕头雅培公司经工商核准注册,经营范围为生产、销售食糖(葡萄糖)、米面制品(非婴幼儿米粉),法定代表人为吴胜武,注册资本8万元。2009年5月,吴胜武在香港特别行政区注册成立了中美雅培(国际)剂药股份有限公司(简称中美雅培公司)。

2009年11月,原告在公证处接入互联网,输入网址 http://zmyapei. com,网页左上角显示标识,点击“走进中美雅培”,“关于我们”网页介绍:“中美 · 雅培乳业有限公司是长期专业从事婴幼儿应用食品研究、开发、生产和销售的跨国集团公司”。“作为领先的婴幼儿食品制造专家,中美 · 雅培始终致力于制造安全、健康、高质的婴幼儿食品,直至今日,仍与全球医药专家紧密合作,在不同营养领域为婴幼儿研发生产最适合宝宝的食品。”“产品展示”页面展示了金装宝贝奶伴——开胃宝等十余种婴幼儿食品的图片,图片所示产品包装物显著位置亦均有标识。

2009年12月,原告到被告朱春兰经营的上海市闵行区金集百货经营部(以下简称金集经营部)购得牛初乳营养素等14种婴幼儿食品。上述婴幼儿食品的包装盒正面印标识,背面记载中美雅培公司授权,营销商汕头雅培公司,部分婴幼儿食品的包装物背面还记载了前述网址。大部分婴幼儿食品包装物上均记载食品卫生许可证号为第0501A00554号，但奶伴、益生元牛初素（配方）奶米粉等食品上记载了其他食品卫生许可证号。金集经营部销售的上述婴幼儿食品购自被告汕头雅培公司，其向金集经营部出具的产品销售清单同样标有标识，其向金集经营部提供的营业执照复印件上变造的注册资本为80万元，变造的经营范围为生产、销售食糖（葡萄糖）、米面制品（营养米粉）、乳制品（营养素），食品卫生许可证号为粤卫食证字（2008）第0501A00554号。

一审判理和结果

法院经审理认为，原告的“雅培”商标经商标局核准注册，至今有效，其商标专用权依法应受保护。被告汕头雅培公司未经许可，使用与“雅培”注册商标相近似的标识而构成商标侵权，其将“雅培”注册为字号亦构成不正当竞争。据此，法院依照《民法通则》第134条第1款第1项和第7项、《商标法》第52条第1项、第2项、第56条、《反不正当竞争法》第2条第1款和第2款、《关于审理商标民事纠纷案件适用法律若干问题的解释》（简称《解释》）第16条第1款、第2款之规定判决：被告汕头雅培公司立即停止使用带有“雅培”字样的标识，被告朱春兰立即停止销售带有前述标识的商品；被告汕头雅培公司立即停止使用带有“雅培”字号的企业名称；被告汕头雅培公司于判决生效之日起10日内赔偿原告经济损失及合理费用50万元。一审判决后，双方当事人均未上诉，判决生效。

莱雅公司与上海美莲妮化妆品有限公司、杭州欧莱雅化妆品有限公司、南通通润发超市有限公司侵犯注册商标专用权及不正当竞争纠纷案

——阅读提示：如何判断外文商标间构成近似？企业经登记取得的字号与他人注册商标中的文字相同，如何认定企业使用该字号是否构成不正当竞争？

【裁判要旨】

如果两个外文商标的组成字母虽有区别，但其发音相同或近似，且普通消费者对两者的视觉印象也相同或近似，则应认定该两个商标属相同或近似。将他人知名度较高的商标作为企业名称中的字号予以注册，企业的字号导致消费者误认其与商标权人具有特定联系，应认定其构成不正当竞争。

【案号】

一审：江苏省南通市中级人民法院（2008）通中知民初字第0122号

二审：江苏省高级人民法院（2009）苏民

三终字第0168号

【案情与裁判】

原告(二审被上诉人):莱雅公司(L'OREAL)

被告(二审上诉人):上海美莲妮化妆品有限公司(以下简称美莲妮公司)

被告(二审上诉人):杭州欧莱雅化妆品有限公司(以下简称杭州欧莱雅公司)

被告(二审原审被告):南通通润发超市有限公司(以下简称通润发超市)

起诉与答辩

莱雅公司于2008年5月28日向一审法院起诉,称:其在国际分类第3类化妆品上注册了"L'OREAL"、"莱雅"、"L'OREAL 欧莱雅"、"L'ORÉAL 欧莱雅"、"欧莱雅"等系列商标。美莲妮公司、杭州欧莱雅公司在其生产的日化产品上突出使用"L'OIYIR"、"OIYIR"、"莱雅"标识,与上述注册商标相同或相近似。通润发超市销售侵权产品。三被告的行为已构成对莱雅公司注册商标权的侵害。杭州欧莱雅公司使用"欧莱雅"为其企业字号,其行为构成不正当竞争。请求判令:(1)三被告立即停止商标侵权行为;(2)杭州欧莱雅公司停止在企业名称中使用"欧莱雅"文字;(3)三被告赔偿经济损失人民币50万元。

美莲妮公司、杭州欧莱雅公司辩称:莱雅公司的"欧莱雅/ L'OREAL"商标是中文和法文字母的组合商标;我们在产品上使用的"LOIYIR"由英文字母组成,与"L'OREAL"有一半以上字母不同,故不构成近似。杭州欧莱雅公司企业名称中的"欧莱雅"经合法登记取得。请求驳回莱雅公司的诉请。

通润发超市辩称:涉案产品由南京韩旭商贸有限公司(以下简称韩旭公司)向在我公司设立的专柜供货。我公司不知道涉案产品侵权,不应承担赔偿责任。

法院审理查明

莱雅公司是1963年3月1日在法国登记的股份有限公司,自成立时起即以"L'OREAL"为企业字号,中文译名为莱雅公司或欧莱雅公司。主要从事化妆品和卫生用品的生产等。

1981年7月~2001年7月间,莱雅公司陆续经国家商标局核准注册了第148647号"L'ORÉAL"商标、第569738号"莱雅"文字商标、第1152301号"L'OREAL 欧莱雅"组合商标、第1252128号"L'ORÉAL 欧莱雅"组合商标、第1600291号"欧莱雅"文字商标。上述商标核定使用商品为化妆品、花露水、香皂、洗发剂、香波等。

自1993年起,莱雅公司开始在中国上海、广州、北京等地设立化妆品专柜,2000年9月,莱雅公司在中国上海投资设立了欧莱雅(中国)有限公司。2000年6月,"欧莱雅 L'OREAL"被中国商标局列入《全国重点商标保护名录》。2006年国家商标局认定"欧莱雅 L'OREAL"为驰名商标。

美莲妮公司成立于2003年2月24日,经营范围为美容类化妆品生产等。杭州欧莱雅公司于2004年6月15日成立,美莲妮公司的法定代表人申聿忠系其控股股东。

2008年3月7日,莱雅公司的委托代理人在通润发超市购买了34件系列化妆品。该系列化妆品包装底部均标注"杭州欧莱雅化妆品有限公司、上海美莲妮化妆品有限公司",包装上分别标注"LOIYIR"、"LOIYIR"、"莱雅 丽晶 TM"、"L'OIYIRTM"。美莲妮公司承认涉案产品系由杭州欧莱雅公司委托其生产。

通润发超市销售的"LOIYIR"系列化妆品,系由韩旭公司在该超市内设立的专柜售出。

杭州欧莱雅公司在其网站上宣传的产品有莱雅丽晶、莱雅极致、莱雅丹顿等。其中"莱雅丽晶"系列又称为"LOIYIR 丽晶"。

一审判理和结果

一、美莲妮公司、杭州欧莱雅公司侵犯了莱雅公司涉案注册商标专用权

被控侵权产品系化妆品,与莱雅公司注册商标核准使用的商品系同类商品。被控侵权产品上使用"L'OIYIR"、"LOIYIR"及"莱雅丽晶"标识,有的在右上角还标注"TM",可见这些标识系作商标使用。

(一)"L'OIYIR"、"LOIYIR"商标与注册商标"L'ORÉAL"、"L'OREAL 欧莱雅"、"L'ORÉAL欧莱雅"构成近似。

将"L'OIYIR"、"LOIYIR"英文文字与莱雅公司的"L'OREAL"比较,首先,从整体来讲,两者都是臆造的外文字母组合,字母数量相同。其次,"L'OIYIR"、"LOIYIR"和"L'ORÉAL"使用的第一个和第二个字母相同、排列顺序也相同,即"L"和"O","L'ORÉAL"在"L"和"O"中以"'"相隔,而"L'OIYIR"在"L"和"O"中也同样加了"'",显然系刻意模仿。最后,"L'ORÉAL"中文音译为莱雅,而按该字母顺序直译,"LOIYIR"读音与"莱雅"近似,而且杭州欧莱雅公司的网站上将"莱雅丽晶"又写为"LOIYIR 丽晶",可见"LOIYIR"读音就是"莱雅"。虽然"L'OIYIR"、"LOIYIR"商标与"L'ORÉAL"之间后几位字母不相同不近似,但普通消费者难以注意到并区分这些差异。综上可以认定"L'OIYIR"、"LOIYIR"与注册商标"L'ORÉAL"构成近似。

注册商标"L'OREAL 欧莱雅"、"L'ORÉAL 欧莱雅"系字母组合与中文音译的组合,字母组合与中文译音在商标中的作用不分彼此,因此,"L'OIYIR"、"LOIYIR"与注册商标"L'OREAL 欧莱雅"、"L'ORÉAL 欧莱雅"亦可认定为近似。

(二)被控侵权产品上使用的"莱雅"商标与莱雅公司的"莱雅"注册商标相同。

首先,注册商标"莱雅"读音系音译,不是固有的中文词汇,也无具体的中文含义,被控产品上使用"莱雅",显然并非巧合。其次,"莱雅 丽晶"中的"莱雅"与"丽晶"之间的距离大于"莱"和"雅"、"丽"和"晶"之间的距离,容易使普通消费者误认为该产品系"莱雅"之"丽晶"系列。据此,可以认定被控侵权产品上使用的"莱雅"商标与莱雅公司的注册商标"莱雅"相同。

(三)美莲妮公司和杭州欧莱雅公司共同侵犯了莱雅公司商标专用权。

被控侵权产品系美莲妮公司、杭州欧莱雅公司共同生产销售。美莲妮公司、杭州欧莱雅公司在同类商品上使用与莱雅公司涉案注册商标相同或相近似的商标,构成共同侵权。杭州欧莱雅公司在其网页上使用的标识与被控侵权产品中"L'OIYIR"、"LOIYIR"、"莱雅"商标标识相同,亦构成侵权。

二、杭州欧莱雅公司的企业名称构成不正当竞争

(一)"欧莱雅"商标注册在先,企业名称在后。莱雅公司自 1998 年 2 月起即已取得"欧莱雅"的商标专用权。而杭州欧莱雅公司成立于 2004 年 6 月 15 日。

(二)杭州欧莱雅公司以"欧莱雅"为字号,具有攀附名牌的主观故意。莱雅公司的"L'ORÉAL"、"欧莱雅"系列商标在我国享有很高知名度和良好声誉。杭州欧莱雅公司对此应当知晓,而其仍然使用"欧莱雅"文字作为其字号,具有攀附莱雅公司商标知名度、搭便车的主观恶意。

(三)杭州欧莱雅公司使用其企业名称易使消费者产生混淆。字号和商标都具有区别产品来源的作用。杭州欧莱雅公司将"欧莱雅"文字作为字号登记并使用,势必会造成消费者误认为莱雅公司与杭州欧莱雅公司存在某种特定联系,进而对其提供的产品产生混淆。

综上,杭州欧莱雅公司将"欧莱雅"文字作为企业名称中的字号进行登记并使用,违反诚实信用原则,易造成相关公众的误认,构成对莱雅公司的不正当竞争。

三、通润发超市不承担赔偿责任

通润发超市不知道也不应知道涉案产品侵权,且涉案产品具有合法来源,故只应承担停止销售侵权产品的责任。

综上,一审法院依照《中华人民共和国民事诉讼法》、《中华人民共和国商标法》、《中华人民共和国反不正当竞争法》的相关规定,判决:(1)美莲妮公司、杭州欧莱雅公司立即停止侵犯莱雅公司涉案注册商标专用权的行为;(2)通润发超市立即停止销售侵犯莱雅公司涉案注册商标专用权的商品;(3)杭州欧莱雅公司立即停止使用含有"欧莱雅"字号的企业名称;(4)美莲妮公司、杭州欧莱雅公司共同赔偿因商标侵权给莱雅公司造成的经济损失人民币 40 万元;(5)杭州欧莱雅公司赔偿因不正当竞争行为给莱雅公司造成的经济损失人民币 10 万元;(6)驳回莱雅公司的其他诉讼请求。

上诉与答辩

美莲妮公司提起上诉,请求改判驳回被上诉人诉讼请求。主要理由是:其使用的中外文商标与被上诉人的注册商标均不相同,也不近似。

杭州欧莱雅公司提起上诉,请求驳回被上诉人诉讼请求。主要理由是:(1)其使用的中外文商标与被上诉人的注册商标均不相同,也不近似;(2)使用"欧莱雅"为企业字号不构成不正当竞争,该字号系合法取得。

莱雅公司答辩称:一审判决正确,请求予以维持。

二审判理和结果

一、美莲妮公司和杭州欧莱雅公司侵犯了莱雅公司注册商标专用权

(一)"L' OIYIR"、"LOIYIR"与"L'ORÉAL"系列商标构成近似。美莲妮公司和杭州欧莱雅公司均上诉称,其所使用的"L'OIYIR"、"LOIYIR"与莱雅公司的注册商标"L'ORÉAL"既不相同,也不近似,理由是:(1)两者含义不同。(2)两者读音不同。一种应按法文发音,另一种应按英文发音。(3)两者字母组成不同,且前者使用的是英文,后者使用的是法文。二审法院认为,该上诉理由不能成立:第一,上述商标的主体均系由外文字母臆造而成,中国消费者不会关注其含义,故即使两者含义确实不同,消费者也不可能据此将两者加以区别。第二,在普通消费者看来,上述商标均系由英文字母组成,故在客观上只能按照英文发音进行称呼,而不会分别按英文和法文发音。且杭州欧莱雅公司在其网站产品宣传中,将"莱雅丽晶"又称为

"LOIYIR 丽晶",证明其自己也将"LOIYIR"呼作"莱雅",正与"L'ORÉAL"发音相同。第三,虽然两者字母组成确实存在差异,但是,鉴于两者均由六个字母组成、开头两个字母均为"LO",在隔离状态下,普通消费者施以一般注意力,其视觉印象应该相同或近似,故难以将两者区别开来。第四,由于被控侵权产品在使用"L'OIYIR"或"LOIYIR"商标的同时,均在包装上标注有"杭州欧莱雅化妆品有限公司"字样,消费者必然将"L'OIYIR"、"LOIYIR"与该企业名称中的字号"欧莱雅"联系起来,因而与莱雅公司的注册商标相混淆。

(二)被控侵权产品上使用"莱雅 丽晶"商标侵犯了莱雅公司"莱雅"注册商标专用权。被控侵权产品上"莱雅"与"丽晶"之间存在间隔,可以视为"莱雅"与"丽晶"系并列、单独使用,一审判决据此认定"莱雅"系单独作商标使用,并无不当。美莲妮公司辩称"莱雅"与"丽晶"之间存在间隔是因印刷不当产生,但即使"莱雅"与"丽晶"之间并无间隔,因为"莱雅"品牌享有很高的知名度,消费者仍然会认为"丽晶"是"莱雅"品牌下的一种产品名称,故该使用方式仍然足以导致消费者误认,构成对莱雅公司"莱雅"注册商标专用权的侵犯。

(三)美莲妮公司和杭州欧莱雅公司共同实施了被控侵权行为,故应承担连带赔偿责任。

二、杭州欧莱雅公司将"欧莱雅"字样作为其企业字号,对莱雅公司构成不正当竞争

杭州欧莱雅公司使用"欧莱雅"字号系出于攀附莱雅公司商誉的目的:(1)根据现有证据,可以认定"欧莱雅"至迟在2000年就已成为我国市场上的一个知名品牌,在消费者中享有很高的声誉。(2)杭州欧莱雅公司于2004年6月15日成立,经营日用化妆品的批发、零售,对莱雅公司及其"欧莱雅"品牌理应知晓。(3)杭州欧莱雅公司未能就其为何选用"欧莱雅"字号作出合理解释。二审中,杭州欧莱雅公司称其字号来自香港欧莱雅公司。但香港欧莱雅公司于2004年4月在香港设立,与莱雅公司毫无关系。同年5月10日香港欧莱雅公司即作出书面授权,内容为将技术授权于杭州欧莱雅公司,而当时杭州欧莱雅公司尚未设立。对此矛盾之处,杭州欧莱雅公司未能给出合理解释,故对其关于使用香港欧莱雅公司字号的辩称,也不能采信。即使香港欧莱雅公司授权杭州欧莱雅公司使用字号,该字号的使用也不能与权利人在先享有的知名商业标识权利相冲突。(4)莱雅公司的中文译名也称欧莱雅公司。杭州欧莱雅公司将"欧莱雅"字样作为其企业字号,客观上必然导致消费者误认为其与莱雅公司存在某种特定联系,从而不当占有本应属于莱雅公司的市场份额,损害了莱雅公司的合法权益,构成不正当竞争。

综上,美莲妮公司和杭州欧莱雅公司的上诉理由均不能成立。二审法院判决:驳回上诉,维持原判决。

镇江市醋业协会诉安徽腾飞食品有限公司侵犯商标专用权纠纷案

——阅读提示:地理标志已申请集体商标的,如何进行保护?知识产权案件审理中涉及的工商行政管理机关认定事实的证据效力如何判定?如何确定侵权损害赔偿和公开赔礼道歉的民事责任?

【裁判要旨】工商行政机关认定的侵权数额能否作为法院判定侵权赔偿数额的依据,应结合个案的情况进行认定;公开赔礼道歉的民事责任应根据权利人的商标知名程度、被诉侵权人的主观故意及侵权影响范围等谨慎采用。

【案号】

一审:安徽省阜阳市中级人民法院(2010)阜民三初字第00022号

【案情与裁判】

原告:镇江市醋业协会

被告:安徽腾飞食品有限公司

起诉与答辩

2010年4月19日,镇江市醋业协会提起诉讼,要求安徽腾飞食品有限公司立即停止侵权,在媒体公开道歉,保证今后不再实施商标侵权行为,并赔偿镇江市醋业协会经济损失60,000元。

安徽腾飞食品有限公司答辩称:安徽腾飞食品有限公司使用镇江陈醋商标在先,对镇江市醋业协会注册商标不知情,没有侵犯其商标专用权的故意,在知悉侵权后没有再进行侵权生产,镇江市醋业协会主张赔偿损失60,000元没有依据。请求驳回镇江市醋业协会的诉讼请求。

一审审理查明

镇江陈醋在社会上具有较高声誉。2004年镇江市民政局批准设立社会团体法人镇江市醋业协会,该协会于2007年取得"镇江陈醋"集体商标注册证,核定使用商品为第30类醋类商品,注册有效期自2007年5月14日至2017年5月13日止。后镇江市醋业协会许可其会员单位在醋类商品上使用镇江陈醋集体商标。

2009年年初,镇江市醋业协会发现安徽腾飞食品有限公司生产的醋类商品上使用了"镇江陈醋"字样,于2009年9月向安徽省阜南县工商行政管理机关进行了举报。安徽省阜南县工商行政管理局查明2004年3月1日镇江市润州区恒运酱醋厂与安徽腾飞食品有限公司订立"恒运"商标使用许可合同,许可安徽腾飞食品有限公司从事"恒运"牌酱醋生产经营活动。依据安徽腾飞食品有限公司委托人的口头陈述,安徽省阜南县工商行政管理局认定安徽腾飞食品有限公司从2004年3月1日起开始生产"恒运"草菇老抽、镇江陈醋产品,至2007年5月14日,共生产"恒运"

镇江陈醋2400件;从2007年5月14日至2009年9月22日,安徽腾飞食品有限公司共生产"恒运"镇江陈醋2000件,其中规格为500ml×12瓶/件的1000件,成本价为9元/件,规格为500ml×20瓶/件的1000件,成本价15元/件;自2007年5月14日至2009年9月工商机关立案查处时,安徽腾飞食品有限公司以18元/件的价格销售500ml×20瓶/件的"恒运"镇江陈醋996件,以12元/件的价格销售500ml×12瓶/件的"恒运"镇江陈醋1000件,非法经营额30,000元,非法所得5988元。安徽省阜南县工商行政管理局认为镇江市润州区恒运酱醋厂未取得镇江市醋业协会授权使用"镇江陈醋"商标,镇江市润州区恒运酱醋厂及依商标使用许可合同生产"恒运"醋类产品的安徽腾飞食品有限公司均不得在产品外包装上使用"镇江陈醋"标志。2009年11月,安徽省阜南县工商行政管理局依据《中华人民共和国商标法》第53条和《中华人民共和国商标法实施条例》第52条的规定,作出南工商火处字(2009)第286号行政处罚决定书,责令安徽腾飞食品有限公司立即停止侵权,并予以没收封存侵权商品4件、包装箱2800个和罚款30,000元的行政处罚。本案双方当事人对安徽省阜南县工商行政管理局查明的上述事实均无异议,但镇江醋业协会认为行政处罚决定书认定的销售数额仅是该次行政处罚查明的数额,安徽腾飞食品有限公司没有提出其销售数量的有效证据,也未提供财务资料账册,其销售侵权商品的具体数量难以统计,请求法院适用法定赔偿。上述行政处罚决定书现已经生效。

一审判理和结果

安徽省阜阳市中级人民法院经审理认为:安徽省阜南县工商行政管理局虽然查明镇江市润州区恒运酱醋厂许可安徽腾飞食品有限公司在酱醋产品上使用"恒运"商标,但安徽腾飞食品有限公司未能举证证明其有权在醋类产品上使用"镇江陈醋"的合法理由,其未经允许在同种类商品上的使用行为损害了"镇江陈醋"注册商标权人镇江市醋业协会的利益,依法应予赔偿。因镇江市醋业协会未能举证其因侵权所受损失,安徽腾飞食品有限公司亦未能举证证明其因侵权所获利益,且安徽省阜南县工商行政管理局是依据安徽腾飞食品有限公司委托人的口头陈述认定的该公司侵权生产数额,该单方陈述在没有其他证据佐证的情况下不能作为认定安徽腾飞食品有限公司生产销售侵权商品数额的依据。综合"镇江陈醋"的商誉、安徽腾飞食品有限公司的侵权性质、期间、后果等,依法酌定安徽腾飞食品有限公司侵权赔偿数额为40,000元。由于镇江市醋业协会未能举证证明安徽腾飞食品有限公司的侵权行为给其商标商誉造成了显著的不良影响,结合安徽腾飞食品有限公司的侵权性质,对镇江醋业协会要求安徽腾飞食品有限公司在媒体公开赔礼道歉的请求不予支持。案经多次调解无果,依照《中华人民共和国商标法》第52条第1项、第56条第2款、《最高人民法院关于审理商标民事纠纷案件适用法律若干问题的解释》第16条的规定,判决:(1)安徽腾飞食品有限公司于判决生效后立即停止对"镇江陈醋"注册商标的侵权行为;(2)安徽腾飞食品有限公司于判决生效后10日内支付镇江市醋业协会赔偿金40,000元;(3)驳回镇江市醋业协会的其他诉讼请求。

宣判后,双方当事人均未提起上诉,现一

审判决已发生法律效力。

青岛红领集团有限公司诉枣庄矿业集团新安煤业有限公司等侵犯商标专用权纠纷案

——阅读提示:大量发放侵犯他人注册商标专用权的侵权产品的行为应当如何认定?能否构成《商标法》上的商标侵权行为?

【裁判要旨】

我国《商标法》规定,生产、销售侵犯他人商标专用权的产品的行为都应当承担相应的民事法律责任。本案中,被告抗辩其是煤炭生产企业,发放衬衣的行为属于消费使用行为而非生产行为,不应承担商标侵权责任。法院认为,被告向其职工大量发放假冒原告注册商标的衬衣,并拒不说明所发放衬衣的来源,主观恶意明显,应推定其是侵权衬衣的生产者,构成商标侵权。

【案号】

一审:山东省枣庄市中级人民法院(2009)枣商知初字第18号

二审:山东省高级人民法院(2010)鲁民三终字第188号

【案情与裁判】

原告(二审被上诉人):青岛红领集团有限公司(以下简称红领集团)

被告(二审上诉人):枣庄矿业集团新安煤业有限公司(原枣庄矿业(集团)有限责任公司新安煤矿,以下简称新安煤业公司)

被告(原审被告):枣庄矿业(集团)有限责任公司(以下简称枣庄矿业集团)

起诉与答辩

2009年8月16日,红领集团因新安煤业公司侵犯其商标专用权,起诉至山东省枣庄市中级人民法院称:红领集团系"红领"、"RCOLLAR"、"rcollar"文字及图形商标的注册人,享有上述商标的专用权。新安煤业公司在2007年5月份左右,向全体员工发放假冒"红领"商标的劣质衬衣,鉴于新安煤业公司员工人数众多,地域辐射面广,在社会上造成恶劣的影响,侵害了"红领"商标及红领集团的声誉,给红领集团造成经济损失。故诉至法院,请求:(1)依法判令枣庄矿业集团及新安煤业公司赔偿红领集团损失200万元。(2)诉讼费用由枣庄矿业集团及新安煤业公司承担。

被告新安煤业公司辩称:红领集团没有任何证据证明新安煤业公司曾经发放过红领衬衣。

被告枣庄矿业集团辩称:新安煤业公司是我公司分支机构,但2009年成为独立法人单位。枣庄矿业集团不是服装生产企业,无侵权行为,不应承担赔偿责任。

一审法院查明

一审法院经审理查明,红领集团系"红

领”、“RCOLLAR”、“rcollar”文字及图形商标的注册人，享有上述注册商标的专用权。2005年“红领”商标被认定为“中国驰名商标”，还曾被评为山东省著名商标。侵权行为发生时，新安煤业公司系枣庄矿业集团的分支机构，有职工4000余人。其在2007年五六月份，向其全体员工每人发放了三件带有“红领”商标的衬衣。2007年7月，红领集团收到新安煤业公司部分职工投诉，称新安煤业公司发放的红领品牌衬衣质量低劣。经红领集团鉴定，该批衬衣系假冒其注册商标的产品。事件发生后，红领集团派员到新安煤业公司进行了调查了解。2007年7月25日，红领集团依法向即墨市公安机关报案，公安机关对新安煤业公司工作人员韩飞、巩兵，红领服饰薛城专卖店人员颜培玉、集团公司派驻新安煤业公司会计牛玉泉，新安煤业公司职工祝四蛟、办公厅室主任谢学勇等就新安煤业公司向全体职工发放涉案被控侵权产品的事实进行了调查。同时，本案审理中，新安煤业公司已承认其企业设有职工名册，法庭要求提供其2007年的相关职工名册，新安煤业公司未提供。红领集团对其产品与职工投诉的产品提供了对比鉴别，经对比，被控侵权衬衣与红领集团生产的衬衣有明显区别。新安煤业公司对此虽有异议，但认为不需现场比对，庭后也未申请进行鉴定。侵权行为发生时，新安煤业公司仍是枣庄矿业集团的分支机构，审理中双方认可该分支机构目前仍存在。

一审判理和结果

山东省枣庄市中级人民法院经审理认为，红领集团系“红领”、“RCOLLAR”、“rcollar”文字及图形商标的注册人，享有上述商标的专用权。

红领集团提供的证据中有关人员的陈述、相关照片、实物等可以互相印证。公安机关的调查材料中已对有关人员的身份进行了核实，新安煤业公司的工作人员也对发放被控产品的事实进行了证实。新安煤业公司虽然否认提供证言人员的身份，未提供相反证据证实，同时，在承认有职工名册的情况下又拒绝向法庭提供其职工名册，应当推定该证据内容对其不利。因此，足以认定新安煤业公司发放了涉案被控侵权产品。根据对比，其发放的产品与红领集团的产品明显不同，属侵犯他人商标权的产品，新安煤业公司对此虽有异议，但认为不需现场比对，庭后又不申请进行新的鉴定。因而应当认定其发放的产品侵犯了红领集团注册商标权。虽然新安煤业公司是生产煤炭的企业，但是由于其在本案中属侵权产品的提供者，又拒不提供产品的合法来源，因此应认定其未经许可，在同一种产品上使用他人的注册商标，是侵权行为人并应由其承担赔偿责任。红领集团主张的赔偿损失数额为200万元证据不充分，红领集团因对方侵权造成的损失或新安煤业公司因此而获利的数额难以确定，一审法院根据侵权行为的情节，红领集团损失的程度并考虑制止侵权的合理费用，酌定赔偿30万元。枣庄矿业集团辩称新安煤业公司已成为独立法人，但在侵权行为发生时，新安煤业公司仍是其分支机构，并且双方认可该分支机构目前仍存在，因此枣庄矿业集团应负连带责任。综上，枣庄市中级人民法院依照《中华人民共和国商标法》第52条第1项、第56条，《中华人民共和国公司法》第14条的规定，于2009年12月18日作出(2009)枣商知初字第18号民事判决：(1)新安煤业公司赔偿红领集团经济损失30万元,于判决生效后10日内一次性付清;(2)枣庄矿业集团对新安煤业公司上述债务负连带清偿责任。

上诉与答辩

上诉人新安煤业公司不服原审判决,向山东省高级人民法院提起上诉,请求撤销原审判决,改判其不承担责任,一、二审案件诉讼费全部由红领集团承担。

二审审理查明

山东省高级人民法院二审另查明,红领集团于2005年2月21日经国家工商行政管理总局商标局核准注册第3475061号“ ”图形商标,核定在第25类服装等商品上使用。自注册之后,红领集团即将该商标及“红领”、“RCOLLAR”、“rcollar”商标用于服装生产,当事人对此事实均无异议。

二审庭审中,当庭对比了涉案被控侵权产品与红领集团提供的样品。涉案被控侵权产品的左侧口袋上有与红领集团“ ”注册商标相同的标识,领标上有“红领”两个汉字及字母组合“rcollar”,产品的塑料包装及纸质手提袋包装上均有与“ ”商标相同的标识及字母组合“RCOLLAR”。红领集团当庭指出涉案被控侵权产品与其产品共有六处不同:(1)衬衣包装袋、手提袋的商标标志不同;(2)手提袋的商标底色不同;(3)吊牌标签、安全技术标签不同;(4)领标、号标、洗涤标、扣子不同;(5)包装物的材质不同;(6)缝制工艺不同。

山东省高级人民法院二审查明的其他事实与一审法院查明的一致。

二审判理和结果

山东省高级人民法院二审认为,(1)关于新安煤业公司是否发放涉案被控侵权衬衣的问题。本案中,红领集团为证明新安煤业公司发放了涉案被控侵权衬衣,在原审中提供了证人证言、公安机关的询问笔录、相关照片及实物等证据。在新安煤业公司没有提供任何反证的情况下,即墨市公安局向牛玉泉、祝四蛟所作的询问笔录载明牛玉泉为新安煤业公司的财务科长,祝四蛟为新安煤业公司的职工,该二人在笔录中均陈述新安煤业公司给全体职工发放涉案侵权衬衣;祝四蛟提供的证人证言也表明新安煤业公司向全体职工每人发放了三件涉案被控侵权衬衣;即墨市公安局对新安煤业公司职工祝四蛟、红领集团职工韩飞、颜培玉所作的询问笔录,红领集团提交的新安煤业公司职工所投诉衬衣及山东中邮物流详情单等则可以证实涉案侵权衬衣来源于新安煤业公司;红领集团提供的在新安煤业公司拍摄的照片可以看出新安煤业公司职工身着涉案被控侵权衬衣。总之,红领集团提供的证据能够相互印证,形成了完整、有效的证据链,可以有效证实新安煤业公司存在发放涉案侵权衬衣的行为。新安煤业公司虽辩称没有相关发票和财务记录可以证实其发放了涉案被控侵权产品,但相关财务记录只属于其内部管理问题,并不能有效支持其主张。故原审法院认定新安煤业公司发放了涉案侵权衬衣并无不当,应予支持。

(2)关于新安煤业公司发放的涉案衬衣是否为假冒产品的问题。本案中,红领集团系“红领”、“RCOLLAR”、“ ”等文字及图形商标的商标权利人,为“红领”牌衬衣的生产商。新安煤业公司发放的涉案衬衣上使用了与红领集团“ ”、“RCOLLAR”、“rcollar”注册商标相同标识的衬衣。经过当庭比对，新安煤业公司发放的衬衣与红领集团生产的衬衣在材质、工艺等方面存在较多差异，并非红领集团所生产，故可以认定为假冒红领集团的产品，侵犯了红领集团的商标专用权。

(3)本案中，红领集团已提交证据证实其为涉案注册商标的权利人，也提交证据证明新安煤业公司发放了涉案侵权产品。在此情况下，新安煤业公司作为煤炭生产企业，应就其发放的涉案侵权产品是否有合法来源承担举证责任，但新安煤业公司拒不说明、提供被控侵权产品的来源及生产者，考虑到新安煤业公司有职工4000多人，其给每位职工发放三件侵权衬衣，数量大，影响广，侵权故意明显，故新安煤业公司不是真正意义上的消费者，应推定其为涉案侵权产品的生产者。因此，原审法院认定"新安煤业公司未经许可在同一种产品上使用他人的注册商标，是侵权行为人应承担赔偿责任"并无不当。另，侵权行为发生时，新安煤业公司是枣庄矿业集团的分支机构，枣庄矿业集团应对新安煤业公司的侵权行为承担连带责任。

综上，山东省高级人民法院依据《中华人民共和国民事诉讼法》第153条第1款第1项之规定，于2010年12月30日作出判决：驳回上诉，维持原判。

四川绵竹剑南春酒厂有限公司诉深圳市宝松利实业有限公司、四川省绵竹绵窖酒厂侵犯商标专用权及不正当竞争纠纷案

——阅读提示："地名加通用名称"可否起到识别商品来源的功能？同一标志作为知名商品的特有名称和注册商标能否同时受保护？如何确定被控侵权产品的生产主体？

【裁判要旨】

"绵竹大曲"标识因使用而产生显著性。知名商品的特有名称在获得商标注册后，可同时受反不正当竞争法和商标法的保护。根据被控侵权产品上使用的企业厂商识别码和注册商标，可以确定被诉侵权产品的生产者。

【案号】

一审：湖南省长沙市中级人民法院(2008)长中民三初字第0516号

二审：湖南省高级人民法院(2010)湘高法民三终字第11号

【案情与裁判】

原告(二审被上诉人)：四川绵竹剑南春酒厂有限公司(以下简称剑南春公司)

被告(二审上诉人)：深圳市宝松利实业有限公司(以下简称宝松利公司)

被告：四川省绵竹绵窖酒厂(以下简称绵窖酒厂)

起诉与答辩

原告剑南春公司诉称：原告依法享有第

112495号、第3195068号“绵竹牌及图”,以及第4934605号“绵竹大曲”和第5030641号“绵竹大曲及图”注册商标专用权。被告绵窖酒厂在生产销售的白酒商品上突出使用“锦竹大曲”文字与原告注册商标“绵竹牌及图”、“绵竹大曲及图”极为近似,与原告“绵竹大曲”知名商品的特有名称极为近似;其“锦竹大曲”白酒的圆形和方形酒瓶容器包装和商品包装上的装潢与原告的极为近似,造成相关公众混淆误认。被告宝松利公司系被控侵权商品标注“锦竹及图”商标持有人,与被告绵窖酒厂构成共同侵权。两被告在长沙市举办的“2008年秋季糖酒商品交易会”上展览销售了被控侵权商品,侵犯了原告的商标专用权并构成不正当竞争。请求法院判令:(1)判令两被告立即停止在其生产销售白酒商品上使用“锦竹大曲”商品名称的商标侵权行为;(2)判令两被告立即停止在其生产销售白酒商品上使用“锦竹大曲”商品名称的不正当竞争行为;(3)判令两被告共同赔偿原告经济损失50万元。

被告绵窑酒厂辩称:原告的商品不是知名商品,没有构成知名商品特有名称;被告绵窖酒厂没有侵犯原告的注册商标权,也没有生产和经营锦竹大曲,请求法院驳回原告的诉讼请求。

被告宝松利公司辩称:(1)宝松利公司合法持有锦竹商标,并将该商标使用在其生产的锦竹大曲白酒上,以标注商品来源,系对该商标的合法使用。(2)宝松利公司使用锦竹大曲并不构成商标侵权,两者读音含义等各要素均不同,相关公众不会对商品来源产生误认;且锦竹大曲自1984年开始使用锦竹商标,市场上也出现了不少锦竹大曲的侵权产品。(3)原告的绵竹大曲不构成知名商品特有名称;锦竹大曲与该类商品的通用名称有显著区别,“锦竹及图”商标有原创性,而绵竹只是地名,大曲是中国传统酒类通用的商品名称,并非特定权利主体专有的商品名称,绵竹大曲从字面上理解为绵竹市生产的大曲,原告在商标上使用绵竹地名,本身就违反了商标法的规定。因此,宝松利公司没有没有仿冒“绵竹大曲”的主观动机,客观上“锦竹”与“绵竹”二者字形并不类似,含义读音均不同,宝松利公司使用锦竹大曲不构成不正当竞争。综上,请求法院依法驳回原告的全部诉讼请求。

一审审理查明

一审法院查明,原告依法享有第112495号、第3195068号“绵竹牌及图”,以及第4934605号“绵竹大曲”和第5030641号“绵竹大曲及图”注册商标专用权。

2008年2月至7月,被告绵窖酒厂委托佛山市南海建铧玻璃有限公司加工“锦竹大曲”白酒的圆形酒瓶。

2008年9月,被告宝松利公司委托深圳市阔步美术设计有限公司设计并印制“锦竹大曲”圆形酒瓶的瓶贴。

2008年10月,被告绵窖酒厂在湖南省长沙市举办的“2008年秋季(长沙)全国糖酒商品交易会”上有“锦竹大曲”白酒展示并销售。

中山市方圆香食品贸易行于2008年9月要求从宝松利公司购进“锦竹大曲”10 000箱,并要求获得促销支持;宝松利公司复函同意其申请。

2009年1月,四川省工商行政机关对被告绵窖酒厂进行查处,提取到由该厂生产的“锦竹大曲”方形瓶白酒。被告绵窖酒厂法定代表人李兴华向工商行政机关执法人员陈述其厂于2008年10月期间还生产了方形瓶“锦竹大曲”白酒220箱。

绵窖酒厂法定代表人李兴华证实由惠州市康明酒类包装有限公司生产的“锦竹大曲”,系由宝松利公司提供瓶贴、支付加工费用。

一审判理和结果

一审法院认为,原告成立之初,即使用“绵竹大曲”作为商品名称,期间曾获得多项荣誉,在中国境内具有极高的市场知名度,“绵竹大曲”已构成了原告知名商品的特有名称。原告生产销售的“绵竹大曲”白酒商品酒瓶的圆形和方形容器包装,形状独特并配有特殊纹饰,在相关公众中具有较高知名度,已经构成了知名商品的特有包装。原告“绵竹大曲”瓶贴和包装盒使用的文字、色彩、图案及其排列,设计独特,具有显著性,已经构成知名商品的特有装潢。根据《反不正当竞争法》对知名商品保护的规定,两被告已经构成了不正当竞争,应当承担侵权责任。原告拥有第4934605号、第5030641号两枚商标的商标权,根据《商标法》的规定,对于原告的商标权,法院应该予以保护。四川省工商行政机关曾对被告绵窖酒厂进行查处,提取到由该厂生产的“锦竹大曲”方形瓶白酒,且被告绵窖酒厂在湖南省长沙市举办的“2008年秋季(长沙)全国糖酒商品交易会”上有“锦竹大曲”白酒展示并销售。两被告共同实施了成产和经营的侵权行为,被告绵窖酒厂还单独实施了对原告知名商品特有名称和第4934605号、第5030641号商标的侵权,均应承担停止侵权、赔偿损失的民事责任,其中两被告应对其共同实施的侵权行为负连带赔偿责任。依照《中华人民共和国民事诉讼法》第130条,《中华人民共和国民法通则》第130条、第134条第1款第1项,《中华人民共和国商标法》第52条第1项、第56条,《中华人民共和国反不正当竞争法》第5条第2项、第20条,最高人民法院《关于审理商标民事纠纷案件适用法律若干问题的解释》第16条、第17条、第21条,最高人民法院《关于审理不正当竞争民事案件应用法律若干问题的解释》第1条、第4条、第17条第1款之规定,判决:(1)被告绵窖酒厂和被告宝松利公司立即停止在其生产、销售的产品上使用“锦竹大曲”标识的侵犯原告剑南春公司第4934605号、第5030641号注册商标专用权的行为。(2)被告绵窖酒厂因其上述侵权行为赔偿原告剑南春公司经济损失人民币30万元。(3)被告宝松利公司在人民币25万元范围内对上述第2项赔偿义务承担连带责任。(4)驳回原告剑南春公司的其他诉讼请求。

上诉人宝松利公司不服上述判决,向湖南省高级人民法院提起上诉。

二审判理和结果

二审法院认为,被上诉人剑南春公司在其第4934605号“绵竹大曲”、第5030641号“绵竹大曲及图”商标取得注册之前,绵竹牌“绵竹大曲”所获得的一系列奖项、销量证明、大量的广告宣传投入及有关的历史文献记载和“绵竹大曲”的维权记录等方面证据,已证明其“绵竹大曲”使用时间长,其产品销量大、知名度高且一直被仿冒,符合知名商品特有名称的条件。尽管“绵竹大曲”系“地名+通用名称”,但基于被上诉人剑南春公司对“绵竹大曲”商品名称的持续使用,“绵竹大曲”文字已具有了实际的识别作用,能成为相关公众区别商品来源的标识,已构成知名商品特有的名称,对于在相同或类似商品上使用与“绵竹大曲”相同或近似的商业标识、混淆商品来源的行为,被上诉人剑南春公司有权依法予以制止。

上诉人宝松利公司自2008年10月28日之后系第212759号“锦竹及图”商标的商标注册人,且在商标受让完成之前,宝松利公司就在被控侵权产品上使用自己的企业厂商识别码,直接委托设计、制作包含“锦竹大曲”文字的瓶贴并支付了设计费用和“锦竹大曲”白酒的加工费用,还直接处理和决定了“锦竹大曲”相关的销售政策,其法定代表人还帮助本案原审被告绵竹绵窖酒厂寻找加工生产厂商,故本案现有证据足以认定宝松利公司系“锦竹大曲”的生产者、经营者之一。比较“锦竹大曲”与“绵竹大曲”二者字形、整体结构、颜色等,以及“绵竹大曲”商标的显著性,以一般消费者或经营者的认知水平,容易忽视此二种商品的差别而造成误认,可以认定“锦竹大曲”标识与剑南春公司的两枚商标构成近似。宝松利公司作为“锦竹及图”商标注册人,应当按照法律规定使用其注册商标,但宝松利公司却将“锦竹牌及图”注册商标拆分后与商品的通用名称合成“锦竹大曲”,该种使用方式不符合法律规定,其关于“锦竹大曲”是其“锦竹牌及图”注册商标的合理使用的上诉理由没有法律依据。根据法律规定,上诉人宝松利公司在相同商品上使用与被上诉人剑南春公司“绵竹大曲”近似的“锦竹大曲”文字的行为,在2008年8月7日第4934605号“绵竹大曲”商标获准注册之前,构成对剑南春公司知名商品特有的名称“绵竹大曲”的不正当竞争;在2008年8月7日之后构成对剑南春公司第4934605号“绵竹大曲”商标的侵权;在2008年9月28日之后构成对被上诉人剑南春公司第4934605号、第5030641号两注册商标的侵权。根据《中华人民共和国民事诉讼法》第153条第1款第1项之规定,判决:驳回上诉,维持原判。

开平味事达调味品有限公司诉雀巢产品有限公司确认不侵犯注册商标专用权纠纷案

——阅读提示:如何确定立体商标的保护范围?其范围的大小需考量哪些因素?立体商标与被诉侵权产品构成相近似的具体要件是什么?

【裁判要旨】

立体商标的显著性和知名度是确定其保护范围的重要参考因素。判定被诉侵权产品与商标权人的注册商标是否相近似,应当综合考虑两者是否属于同一种或类似商品,三维标志的形状、外观等构成要素是否近似,以及注册商标的显著性及知名度如何,还应当考虑两者与各自使用商品的关联程度,并以是否造成一般消费者混淆误认作为构成近似之要件。

【案号】

一审：广东省江门市中级人民法院(2008)江中法知初字第123号民事判决

二审：广东省高级人民法院(2010)粤高法民三终字第418号民事判决

【案情与裁判】

原告(二审被上诉人)：开平味事达调味品有限公司(以下简称味事达公司)

被告(二审上诉人)：雀巢产品有限公司(以下简称雀巢公司)

起诉与答辩

2008年11月24日，味事达公司向广东省江门市中级人民法院提起诉讼，称其早在1983年就已经使用"棕色方形瓶"作为中高端味极鲜酱油的包装，并一直使用至今，味事达公司系合理使用"棕色方形瓶"，没有侵犯雀巢公司的商标专用权。请求判令：(1)确认味事达公司在其生产销售的酱油等商品上使用棕色方形瓶、透明方形瓶包装的行为，不构成对雀巢公司第G640537号注册商标专用权的侵犯；(2)雀巢公司承担本案全部诉讼费用。

雀巢公司辩称：(1)雀巢公司第G640537号立体商标依法获准注册，核定使用在第30类"食用调味品"商品上，其商标专用权应受法律保护。(2)味事达公司的起诉不符合法律规定的要件，依法应予以驳回起诉。(3)味事达公司产品所用瓶形与雀巢公司涉案立体商标构成在相同商品上使用的近似商标。(4)雀巢公司涉案立体商标依法多次受到保护并得到行业内的认可。(5)雀巢公司涉案立体商标系由雀巢公司独创，本身具有强烈的显著性，并且在使用中已经强化了显著特征，具有区别商品来源的作用。(6)雀巢公司涉案立体商标并非行业内通用包装，是由雀巢公司独特设计的具有艺术美感的立体商标。

法院审理查明

味事达公司成立于1996年，其前身开平县酱料厂至迟于1983年开始使用一款"棕色(或透明，以下略)方形瓶"作为其味极鲜酱油产品的外包装(图1)，该产品自1984年起多次获得调味品奖项。2008年3月5日，国家工商行政管理总局商标局(以下简称国家商标局)认定味事达公司注册于第30类酱油商品上的"味事达 Master"商标为驰名商标。

图1 味事达公司产销被诉侵权商品图片

雀巢公司为瑞士联邦企业法人，注册成立于1936年。1995年7月27日，雀巢公司将"棕色方形瓶黄色尖顶瓶盖"作为立体商标申请国际注册并获得核准。2002年3月14日，雀巢公司就该商标向我国提出国际领土延伸申请；同年11月27日，国家商标局驳回该商标申请；2005年7月27日，该商标经复审后获得注册，注册号为G640537号，核定使用商品为国际商品分类第30类"食用调味品"，有效期自2005年7月27日至2015年7月27日(图2)。

图 2　雀巢公司 G640537 号“棕色方形瓶黄色尖顶瓶盖”立体商标

图 3　雀巢公司生产的产品

2008 年 10 月 23 日,北京正理商标事务所有限公司(简称正理公司)受雀巢公司委托向味事达公司发出《关于要求你公司立即停止商标侵权行为的函》,称味事达公司在其调味品(酱油)上使用了雀巢公司已经注册的商标,已侵犯雀巢公司的注册商标专用权,应立即停止一切侵权行为,并向雀巢公司作出书面道歉和承诺。10 月 30 日,味事达公司函复雀巢公司,表明味事达公司的行为不构成侵权。11 月 5 日,正理公司再次向味事达公司发出《再次要求你公司立即停止侵权行为的函》。味事达公司于 2008 年 11 月 24 日诉至广东省江门市中级人民法院。

一审判理和结果

一审法院认为:味事达公司在其生产销售的“味事达 Master”牌味极鲜酱油产品上所使用的棕色方形包装瓶虽然与雀巢公司涉案立体商标构成近似,但消费者在购买该产品时并不会与雀巢公司的商标相混淆,亦不会认为该产品与雀巢公司存在特定联系进而产生误认,因此味事达公司使用该款棕色方形包装瓶的行为并不构成对雀巢公司商标专用权的侵犯。判决确认味事达公司在其生产销售的酱油等商品上使用棕色(或透明)方形包装瓶的行为,不构成对雀巢公司第 G640537 号注册商标专用权的侵犯。

上诉与答辩

雀巢公司不服一审判决,向广东省高级人民法院提起上诉,请求判令:(1)撤销原审判决,依法驳回味事达公司的诉讼请求。(2)判令味事达公司承担本案全部诉讼费用。事实与理由:(1)原审判决认定事实不清,雀巢公司注册的第 G640537 号商标具有显著的识别性,与雀巢公司生产和销售的特定商品存在为相关公众广泛认知的关联。(2)原审判决未严格适用法律,在认定味事达公司使用瓶型与雀巢公司注册商标近似的前提下,主观臆断味事达公司使用瓶型不会导致混淆和误认,并就侵权与否作出错误认定。

味事达公司答辩称:(1)味事达公司提供的证据可以证明雀巢公司的注册商标没有显著性,雀巢公司第一项上诉理由不成立。(2)一审法院适用法律正确,雀巢公司其主张适用商标法第 52 条的前提是味事达公司是否将棕色方形瓶作为商标使用,本案由于味事达公司从主观与客观上是将棕色方形瓶作为包装使用,对于公众而言也是作为包装来识别。无论是雀巢公司还是味事达公司在使用棕色方形瓶作为包装时均与其有较高知名度的商标、企业名称等一起使用,味事达公司的行为不会引起相关公众的混淆。一审判决认定事实清楚、适用法律正确，请二审法院维持。

二审判理和结果

二审法院认为，雀巢公司第 G640537 号注册商标是三维标志，为“棕色方形瓶黄色尖顶瓶盖”，该三维标志属于商品的容器，该标识被注册为商标之前，已在中国大陆地区被众多酱油生产企业作为包装物使用，故雀巢公司在核定使用商品“食用调味品”上使用该注册商标，商标本身所具有的显著性较弱。现有证据尚不足以证明雀巢公司涉案注册商标在中国境内具有较高知名度，也不足以证明消费者已将该商标与雀巢公司建立直接的、较强的对应关系。味事达公司在其所使用的棕色方形瓶瓶身上以立体凸刻的方式标明了“味事达 Master”商标，其瓶贴上也包含了“味事达 Master”文字商标、产品名称“味极鲜酱油”以及企业名称、地址、产品简介等信息。由于味事达公司的“味事达 Master”商标已认定为驰名商标，具有显著的识别性，在中国境内也为相关公众广为知晓，消费者将“味事达 Master”商标与味事达公司紧密联系在一起，故消费者不会对味事达公司被诉侵权商品的来源产生误认或者认为其来源与雀巢公司涉案注册商标的商品有特定联系。味事达公司使用该棕色方形瓶作为包装，主观上不具有非正当的搭便车意图，客观上也未造成消费者的混淆误认，故味事达公司不构成侵权。法院判决驳回上诉，维持原判。

阿迪达斯国际经营管理有限公司诉京固国际通商有限公司等侵犯商标专有权纠纷案

——阅读提示：商品类别的判定及注册在不同类别商品上的相近似商标的侵权判断？

【裁判要旨】

本案的原告和被告的商标均进行了注册，原告的商标“Y－3”核定注册在第 18 类的“箱子和旅行包”上使用，被告的商标“Y3”注册在第 28 类的“球及球拍专用袋”的使用，现被告将“Y3”商标使用在其生产销售的“多功能旅行包”上是否构成侵权？判断标准应当有两个：一是被告是否超出其核定注册的商品范围使用了其商标；二是被告的行为是否会造成一般消费者的混淆。

【案号】

一审：广东省东莞市中级人民法院(2010)东中法民三初字第 142 号

【案情与裁判】

原告：阿迪达斯国际经营管理有限公司(以下简称阿迪达斯公司)

被告：京固国际通商有限公司(以下简称京固公司)

被告：东莞金固复合材料有限公司(以下

简称金固公司)

起诉与答辩

原告于2010年3月4日向法院提起诉讼称:原告于2002年12月16日在第18类商品上以注册号G794599对"Y-3"标识进行马德里商标国际注册,效力延伸保护至中国,商标专用权有效期自2002年12月16日至2012年12月16日,核准使用商品涵盖皮革制品、箱子等。2009年4月,原告在北京市东城区王府井大街201号发现带有"Y3"标识的旅行包,该商品标签显示被告京固公司为该款产品的全球经销商,被告金固公司为其生产商和国内经销商。两被告生产、销售并在网页上展示的包上使用的"Y3"标识,与原告"Y-3"商标读音相同、视觉差别不大,相关公众施以一般注意力难以区分,两商标构成近似,被告有恶意混淆的故意,其行为构成对其商标专用权的侵犯,应依法承担法律责任。请求判令被告:(1)立即停止侵犯原告G794599号"Y-3"注册商标行为;(2)共同赔偿原告经济损失50万元并支付原告为制止被告行为所支出的合理费用;(3)就其侵权行为在《知识产权报》上刊登声明以消除影响;(4)承担本案诉讼费用。

两被告答辩称:被控侵权产品与原告涉案注册商标核定使用的商品既不构成相同商品,亦不构成类似商品。原因有三:一是原告涉案商标为国际注册商标,自2002年12月16日起受到中国商标法保护,核定使用商品项目包括《类似商品和服务区分表》第18类上的"箱子和旅行包",根据分类表意图,这些"包袋"类商品主要为皮革、人造皮革制品、日用革制品及旅行用包袋等非体育运动用包袋,而第28类商品,主要为包涵"球拍包袋产品"的体育运动用包袋。原告涉案商标核定使用商品应为非体育运动用包袋,不包括或涵盖被控侵权的球拍包袋产品。原告证据也指出被控侵权产品购买于专业体育用品商场,非一般服饰或包袋销售场所,证明二者在功能、用途、销售渠道等方面的区别。二是原被告在2006年以前申请商标适用的2002年版《类似商品和服务区分表》只有体育运动用包袋与非体育运动用包袋的类别区分,没有现行2007年版《类似商品和服务区分表》第18类商品上新增的"运动包"类别,而前者体育专用与非体育专用的区别随人们消费观念更新已日渐模糊。即使被控侵权产品与原告涉案商标核定使用商品类似,也是由商品分类表的变化造成,不应认定是被告的侵权行为。三是原被告双方的涉案商品均为包袋类商品,只是在功能或用途或销售渠道等方面存在区别,但实际使用中消费者的个人喜好和使用习惯不同,可以将原告包袋作为球拍袋使用,也可以将球拍袋作为一般包袋使用,并不改变包袋的所属类别及功能定位。综上,请求驳回原告的商标侵权指控。

一审审理查明

法院经审理查明,原告阿迪达斯公司的"Y-3"商标马德里国际注册号为G794599,核定在第18类"皮革及人造皮革、及其这些材料的制品(属此类的);箱子和旅行包;雨伞、太阳伞"商品上使用,在中国商标专用权有效期为2002年12月16日至2012年12月16日。被告京固公司的"Y3"商标于2006年8月21日通过中国国家商标局核准注册,注册号为3752692,核定在第28类"运动用球;高尔夫球棍;球拍线;网球拍;羽毛球拍;球及球拍专用袋;锻炼用固定自行车;锻炼身体器械;高尔夫球手套;护腕"商品上使用,专用权有效期自2006年8月21日至2016年8月20日。

原告2008年发现被告京固公司注册的www.exxel.com.tw网站上展示了包括"Y3"在内的运动品牌,并可以由上述网站直接链接到其注册的www.y3-sport.com网站上,在后者网站页面的"2008年度产品目录"左侧,有显著的"Y-3"标识,该产品目录内有描述具有"MP3、手机袋;鞋子存放空间;球拍独立袋;眼镜存放袋;电脑存储空间;球筒、水瓶存放袋"功能的"多功能背包",以及具有"薄衣服、毛巾存放空间;鞋子存放空间;附件前侧袋"功能的"多功能旅行包",两款包的显著位置印有"Y3"商标。2009年4月,原告在北京市天元利生体育商厦公证购买了上述款式的涉案包袋。京固公司是"Y3"产品的全球总代理,金固公司是京固公司在中国设立的生产工厂,两者共同生产、销售了涉案包袋。被告京固公司的"Y3"标识除了在核定使用的第28类"球及球拍专用袋"上使用外,还使用在网站宣传中和被告实体店购买到的"多功能背包"、"多功能旅行袋"上。

一审判理和结果

法院认为,阿迪达斯公司起诉被告京固公司、金固公司侵权其商标专用权,因此本案为商标专用权纠纷。本案争议焦点是被告将《类似商品和服务区分表》中核定使用在第28类上的"Y3"商标使用在"多功能背包"、"多功能旅行包"产品上,是否与原告"Y-3"商标核定使用在第18类上的商品构成相同或近似。

首先,被告京固公司的"Y3"商标与原告的"Y-3"商标文字构成要素基本相同,读音相同,整体外观近似,相关公众施以一般注意力容易造成混淆。根据《最高人民法院关于审理商标民事纠纷案件适用法律若干问题的解释》第10条第2项的规定:人民法院依据商标法第52条第1项的规定,认定商标相同或者近似,既要进行对商标的整体比对,又要进行对商标主要部分的比对,比对应当在比对对象隔离的状态下分别进行。两者属于近似商标。

其次,根据原被告双方商标注册时依据的2002年版《类似商品和服务区分表》,"Y-3"商标核定使用在第18类商品上,"Y3"商标核定使用在第28类商品上。2002年版《类似商品和服务区分表》与2007年版《类似商品和服务区分表》中有关背包与旅行包的分类,从区分表的划分原则与种类归属来看,应当一直属于第18类"箱子和旅行包"类别,不会因为具有容纳"球及球拍"的非专用功能而成为第28类商品的"球及球拍专用"包袋,是可以具有多功能用途的人造包箱容器,不可简单归纳为非体育用品包袋;而第28类商品"球及球拍专用袋",为"球类及器材"的体育专用配套包袋,功能应当相对单一,为不属别类的体育及运动用品。被告涉案产品在功能上并不限定、突出"球及球拍专用"功能,为一般的功能性用包袋,与原告在18类上注册的"Y-3"商品功能类似,用途无明显差别,消费对象没有明显区别,这种一般性功能的商品也可以在专门出售体育用品的商场购买到,因而销售渠道部分一致。根据《最高人民法院关于审理商标民事纠纷案件适用法律若干问题的解释》第11条第1项规定,商标法第52条第1项规定的类似商品,是指在功能、用途、生产部门、销售渠道、消费对象等方面相同,或者相关公众一般认为其存在特定联系、容易造成混淆的商品。

2007年版《类似商品和服务区分表》中"运动包"商品类别不是为"球及球拍专用"增加的,与2002年版《类似商品和服务区分表》中的"箱子和旅行包"一样属于多功能用途的人造包箱容器,这种分类表的变动没有对背包和旅行袋属于第18类商品,不属于第28类"球及球拍专用包袋"的事实造成影响。即使人们的消费观念逐渐演进,也不会因为个别消费者使用习惯的不同而故意模糊产品的设计目的与功能。消费者对于在非"球及球拍专用"的包、袋上同时存在"Y-3"与"Y3"商标的产品,容易产生双方生产者有某种特定联系的联想,造成混淆。

因此,被告将核准注册在第28类商品上的"Y3"商标专用权不正当扩张使用在第18类商品类别上,其涉案产品与原告使用在第18类上的"Y-3"商标商品构成类似商品。根据《中华人民共和国商标法》第51条规定,注册商标的专用权,以核准注册的商标和核定使用的商品为限。被告将自己"Y3"商标使用在"多功能背包"、"多功能旅行包"的行为构成对原告"Y-3"注册商标专用权的侵犯。

法院最后判决:

(1)限被告京固公司、金固公司于本判决生效之日立即停止生产、销售侵犯原告G794599号"Y-3"注册商标专用权产品的行为,删除包括www.exxel.com.tw和www.y3-sport.com网站上的侵权产品的宣传资料,并销毁所有侵权产品;

(2)限被告京固公司、金固公司于本判决生效之日起15日内共同赔偿原告阿迪达斯公司包括制止侵权行为而支付的合理开支在内的经济损失人民币20万元;

(3)驳回原告阿迪达斯公司的其他诉讼请求。

株式会社尼康诉西安太华电动自行车批发市场有限公司、朱国平、浙江尼康电动车业有限公司侵犯注册商标专用权及不正当竞争纠纷案

——阅读提示:认定部分商标驰名后是否需对涉案的其他商标驰名度再作出判定?认定驰名商标应以何时为判定标准?给予驰名商标跨类保护有无条件限定?如何计算驰名商标跨类保护的侵权损害赔偿额?

【裁判要旨】

认定部分商标为驰名商标后已足以保护注册商标人的合法权益,无须再对其余商标是否驰名作出认定。认定驰名商标应以被诉侵犯商标权或者不正当竞争行为发生时,其商标是否驰名为判断标准。驰名商标跨类保护是在构成"误导"和"损害"的限度内给予的相对保护。计算驰名商标跨类保护的侵权损害赔偿额时,应根据个案情况具体处理,参

照被控侵权商品或服务与驰名商标的混淆、误认及联系程度,适度合理的确定。

【案号】

一审:陕西省西安市中级人民法院(2009)西民四初字第302号

【案情与裁判】

原告:株式会社尼康(以下简称日本尼康)

被告:西安太华电动自行车批发市场有限公司(以下简称太华市场)

被告:朱国平

被告:浙江尼康电动车业有限公司(以下简称浙江尼康)

起诉与答辩

原告日本尼康诉称,原告拥有“尼康”、“Nikon”注册商标,并在北京设立办事处。1992年起原告在上海等地设立多家以“尼康”命名的公司。原告投入大量资金用于中国大陆的品牌推广与产品宣传,“尼康”照相机在中国市场上享有极高的占有率。“尼康”、“Nikon”被国家工商总局认定为驰名商标。太华市场、朱国平销售的尼康电动车系由浙江尼康生产,该产品使用了“尼康”、“NICOM”商标。浙江尼康在店招、宣传海报上突出使用了“尼康”、“NICOM”。原告认为,被告的行为构成了对“尼康”、“Nikon”商标权的侵害;浙江尼康使用“尼康”作为企业字号,构成不正当竞争。2009年4月29日原告诉至法院,请求判令:太华市场、朱国平停止销售侵犯原告“尼康”、“Nikon”注册商标专用权的电动车产品;浙江尼康停止侵犯原告“尼康”、“Nikon”注册商标专用权的行为;浙江尼康停止在企业名称中使用“尼康”文字的不正当竞争行为;浙江尼康赔偿原告损失人民币200万元。

被告太华市场辩称,尼康电动车进入其公司开办的市场时已经取得相关许可证明,属于合法商品;太华市场经营范围是市场建设开发和房屋租赁,并非电动自行车销售,原告提供的售后凭证是误导太华市场的行为,行政专用章不能作为销售证据;太华公司没有侵权行为,不存在停止侵权,请求驳回原告的诉讼请求。

被告朱国平未予答辩。

被告浙江尼康辩称,浙江尼康使用的商标是合法取得,原告的“尼康”、“Nikon”并非驰名商标;浙江尼康拥有合法的商号,不构成不正当竞争;浙江尼康在商标使用过程中,既不存在误导和混淆,也不存在搭便车的行为,请求驳回原告的诉讼请求。

一审审理查明

1979年8月15日、1986年2月15日、2004年9月7日日本尼康经国家工商行政管理总局商标局(简称商标局)核准,获得第97095号“Nikon”、第243268号“尼康”、第3427916号“Nikon”注册商标专用权,核定使用商品为摄影机、照相机(摄影)等。经多次续展后,上述注册商标均在有效期内。1985年12月18日日本尼康注册成立了驻北京代表处。1996年3月起日本尼康先后在广州、上海等地注册成立以“尼康”命名的关联公司,并与上述公司签订了“尼康”、“Nikon”注册商标及企业字号的商标许可使用合同。1980年至2009年间日本尼康先后在中国各地对其产品做了霓虹灯户外广告宣传,在中央电视台及20余个省市地方电视台投放电视广告,在新浪、搜狐、百度、腾讯等网站投放网络广告,在《大众摄影》等报刊上刊登平面广告,在中国设立产品展厅参加多种大型展会、举办促销活动,宣传“尼康”、“Nikon”产品,在中国赞助各种大型国际体育赛事,推介“尼康”、“Nikon”品牌;其产品销售范围覆盖中国各地;日本尼康生产的“尼康”相机在历年中国市场最受用户关注数码相机品牌中排名始终在前列,并在中国获得了读者最信赖数码相机品牌奖等多种奖项,在同行业以及消费群体中享有极高的声誉。

金华市五星电梯公司于2000年3月28日成立,2001年5月28日更名为金华市五星电动车辆公司,2004年7月30日更名为浙江金华市五星电动车辆公司,2006年6月27日更名为浙江尼康,经营范围为电动自行车制造、销售。浙江尼康在其网站www.jhwuxing.com的页面、店堂装饰图稿等处分别使用了“尼康”、“NICOM”文字,其中网站的“产品介绍”栏目介绍了浙江尼康生产的包括“尼康天王二代”、“尼康金牛”等以“尼康”命名的产品,产品图像显示浙江尼康生产的电动自行车和电动三轮车车体上使用了“尼康”、“NICOM”文字。浙江尼康在其经营公司门口、大楼外部、公司车辆的车身、广告资料、尼康报使用了“尼康车业”、“尼康电动自行车”、“尼康”字样。

太华市场成立于2006年9月18日,太华电动自行车批发市场门头广告牌载明:中国尼康电动车诚招各地经销商,其中“尼康”、“NICOM”用显著字体突出表明。朱国平系西安市新城区金尼康电动自行车行的业主。太华市场、朱国平销售了尼康电动车。

2001年8月27日金华市五星电动车辆公司提出申请注册“尼康及图”商标,2002年12月7日经商标局核准,获得“尼康及图”注册商标专用权,核定使用商品为《类似商品和服务区分表》第12类的“电动车辆、电动摩托车等。”商标注册证第1977805号。2006年11月29日经商标局核准,金华市五星电动车辆公司将上述商标注册人变更为浙江尼康。2007年12月5日日本尼康对第1977805号商标提出撤销申请。2009年5月18日国家工商行政管理总局商标评审委员会就第1977805号“尼康及图”商标争议案件做出裁定,依法撤销第1977805号“尼康及图”商标。浙江尼康不服,向北京一中院提起行政诉讼,2009年12月29日北京一中院行政判决:维持国家工商行政管理总局商标评审委员会于2009年5月18日作出的商评字(2009)第12668号关于第1977805号“尼康及图”商标争议裁定。宣判后,浙江尼康不服上述判决,向北京高院提起上诉。2010年12月14日北京高院作出(2010)高行终字第1136号行政判决:驳回上诉,维持一审判决。

因浙江尼康对“Nikon”、“尼康”注册商标为驰名商标不予认可,日本尼康请求法院依法认定第97095号“Nikon”、第3427916号“Nikon”和第243268号“尼康”商标为驰名商标。

一审判理和结果

西安中院审理认为:“Nikon”、“尼康”注册商标在照相机上使用时间历史悠久,相关公众对“Nikon”、“尼康”照相机的知晓程度是众所周知的事实,“Nikon”、“尼康”注册商标已达到驰名状态。照相机与电动车非相同的商品,二者在功能、用途、生产部门、销售渠道、消费对象等方面存在明显差异,任何消费者都不会将电动车和照相机商品的用途和功能相互替代。正因为如此《类似商品和服务区分表》将照相机划分在国际分类第 9 类，电动车划分在国际分类第 12 类，二者也不属于类似商品。日本尼康经过长期使用“尼康”、“Nikon”商标和企业名称，消费者已将“尼康”、“Nikon”与日本尼康生产的照相机联系在一起。浙江尼康自 2000 年 3 月起连续 6 年都沿用“五星”字号，2006 年 6 月开始使用“尼康”企业字号，并以“NICOM”和“尼康”命名产品，主观上具有明显搭便车的故意，客观上借用了日本尼康的声誉，可能使消费者对市场主体及其商品来源产生联系，致日本尼康的利益受到损害。因本案争讼之第 97095 号“Nikon”、第 243268 号“尼康”注册商标已在消费者中产生了较高的知名度，依法认定第 97095 号“Nikon”和第 243268 号“尼康”注册商标在照相机产品上已构成驰名商标。至于第 3427916 号“Nikon”注册商标因认定上述两个商标为驰名商标后已足以保护日本尼康的合法权益，因而无须再对该商标是否驰名进行认定。浙江尼康使用的“尼康”文字与日本尼康注册商标“尼康”相同，使用的“NICOM”英文字母与日本尼康注册商标“Nikon”英文字母的组合虽不完全相同，但读音、含义及各构成要素的字母组合结构相近似，该使用行为足以使相关公众对其产品的来源产生误认，侵犯了日本尼康的注册商标专用权。太华市场、朱国平销售了带有日本尼康“尼康”、“Nikon”注册商标的商品，构成对“尼康”、“Nikon”注册商标专用权的侵害。2006 年 6 月 27 日浙江尼康将其企业字号变更为“尼康”时，日本尼康在消费者中已经具有一定的市场知名度、为相关公众所知悉，浙江尼康具有明显攀附日本尼康商业声誉的主观意图，其在经营中使用“尼康”作为企业字号，足以误导相关公众将浙江尼康及其产品与日本尼康发生混淆、误认或建立联系，因此，浙江尼康构成对日本尼康的不正当竞争。依照《民法通则》第 118 条，《商标法》第 3、52、56 条，最高人民法院《关于审理商标民事纠纷案件适用法律若干问题的解释》第 1、16、17、18、21 条，《反不正当竞争法》第 5 条，最高人民法院《关于审理注册商标、企业名称与在先权利冲突的民事纠纷案件若干问题的规定》第 4 条之规定，判决：(1) 太华市场、朱国平立即停止销售侵犯日本尼康“尼康”、“Nikon”注册商标专用权的电动车产品；(2) 浙江尼康立即停止侵犯原告日本尼康“尼康”、“Nikon”注册商标专用权的行为；(3) 浙江尼康立即停止使用“尼康”作为其企业名称中的字号；(4) 浙江尼康赔偿日本尼康（含为制止侵权行为所支出的合理开支）损失人民币 20 万元；(5) 驳回日本尼康其余诉讼请求。

本案宣判后，当事人均未提出上诉，该判决已经生效。

广东伟雄集团有限公司、佛山市高明区正野电器实业有限公司、广东正野电器有限公司诉佛山市顺德区正野电器有限公司、佛山市顺德区光大企业集团有限公司不正当竞争纠纷案

——阅读提示:涉及两个注册商标之间的纠纷法院应否受理?未突出使用与他人注册商标文字部分相同的字号,是否构成不正当竞争行为?字号所产生的相关权益能否承继?在后注册商标如构成对他人在先字号的侵犯,如何承担民事责任?

【裁判要旨】

涉及两个注册商标之间的纠纷,商标法已规定了相关的注册商标争议行政处理程序,法院不予受理。使用与他人注册商标文字部分相同的"正野"字号,虽未突出使用,仍构成不正当竞争行为。受反不正当竞争法保护的企业名称,特别是字号,不同于一般意义上的人身权,是区别不同市场主体的商业标识,本质上属于一种财产权益。字号所产生的相关权益可以承继。在后注册商标如构成对他人在先字号的侵犯,应承担停止使用的民事责任

【案号】

一审:广东省佛山市中级人民法院(2001)佛中法知初字第84号

二审:广东省高级人民法院(2003)粤高法民三终字第17号

再审:最高人民法院(2008)民提字第36号

【案情与裁判】

原告(二审被上诉人、申请再审人):广东伟雄集团有限公司(以下简称伟雄集团公司)

原告(二审被上诉人、申请再审人):佛山市高明区正野电器实业有限公司(以下简称高明正野公司)

原告(二审被上诉人、申请再审人):广东正野电器有限公司(以下简称广东正野公司)

被告(二审上诉人、被申请人):佛山市顺德区正野电器有限公司(以下简称顺德正野公司)

被告(二审上诉人、被申请人):佛山市顺德区光大企业集团有限公司(以下简称顺德光大集团公司)

起诉与答辩

伟雄集团公司、高明正野公司、广东正野公司向一审法院起诉称,第一原告广东伟雄集团的前身顺德市伟雄集团公司于1996年获准注册"正野 GENUIN"商标,在第6、7、9、11、28、32、39、42类商品上使用,且许可高明正野公司、广东正野公司作商标和企业名称中的字号使用。第一原告于1994年6月25日成立顺德市正野电器实业公司,并将"正野"二字许可其作商标、企业名称、外观设计

使用。“正野”二字通过多种方式被广大消费者知悉，成为原告产品与其他产品区别的标志。三原告通过长期、大量的宣传，“正野”商标及其产品在市场上具有较高的知名度、信誉度、美誉度。第一被告顺德正野公司明知“正野”是三原告创立的知名商标和商号，在原告属下顺德正野实业公司于1998年5月14日在顺德市搬迁到高明市时，成立了与原告原顺德市正野公司完全相同的公司。第二被告顺德光大集团公司于1997年6月在开关插座等商品上申请注册“正野 ZHENGYE”商标，并许可第一被告使用。第一被告自1999年起一直在其产品、包装、宣传资料、广告等方面使用(中日合资)正野电器有限公司，引起相关公众的误认。两被告的行为违反了诚实信用原则，给原告带来严重损害。请求法院判令：(1)两被告停止使用“正野”二字进行不正当竞争；(2)赔偿原告经济损失200万元；(3)两被告向三原告赔礼道歉、消除影响；(4)第一被告顺德正野公司变更企业名称，不得使用“正野”字样；(5)两被告承担本案的诉讼费、代理费支出53,500元。

两被告共同答辩称，顺德正野公司的“正野”字号源于股东企业勒流正野公司的许可，该公司经自身努力，已成为知名企业，正野商标在开关、插座行业中成为知名商标。顺德光大集团公司经合法注册“正野 ZHENGYE”商标，核定使用在第3、7、9、11类商品上，在第9类上注册了“正野电工”商标。伟雄集团公司就商标权对顺德光大集团公司和顺德正野公司起诉无事实和法律依据。二者商标不同、指定商品分属不同的类似群。顺德正野公司使用“正野 ZHENGYE”商标是经顺德光大集团公司合法许可。广东正野公司和高明正野公司对“正野”字号无在先使用权。顺德正野公司名称经顺德工商局依法核准登记。相互之间企业名称权不冲突。

一审审理查明

伟雄集团公司的前身顺德市伟雄集团公司于1994年申请注册“正野 GENUIN”商标，并于1996年获准注册，核定使用商品第11类，即管道式排风扇、空气调节器、换气扇、消毒器。1995年1月，顺德市伟雄集团公司将“正野 GENUIN”商标授权顺德市正野电器实业公司在其生产的换气扇、空气调压器上使用。顺德市正野电器实业公司于1994年9月由顺德市富家达公司更名而来。顺德市伟雄集团公司后经改制变更为伟雄集团公司。1999年3月，上述商标权人核准为伟雄集团公司。

高明正野公司成立于1996年5月。1997年1月获得伟雄集团公司许可使用上述商标。

1998年4月30日，顺德市正野电器实业公司因场地不能满足扩大生产的需要而申请注销，该公司所有的人员设备转到高明正野公司，未了结的债权债务全部由高明正野公司承担。

顺德市正野电器实业公司、高明正野公司等被许可使用上述商标后，对正野商标进行长期持续性的宣传。2000年12月，“正野 GENUIN”商标被评为广东省著名商标。

顺德光大集团公司于1995年9月7日成立，生产销售家用电器、照明器具等。1997年5月，顺德光大集团申请注册“正野 ZHENGYE”商标，并于1998年9月核准注册，核定使用在第9类，即电器插头、插座及其他接触器等商品。1998年10月顺德正野公司登记使用"正野"字号。从 1999 年 10 月起，顺德正野公司在其开关插座的宣传资料、宣传报刊、经销场所、价目表、包装盒、包装袋等的显著位置上使用"正野 ZHENGYE"字样。

一审判理和结果

三原告及其前身 1995 年以来不间断地使用和宣传"正野 GENUIN"商标，其产品在同类商品和服务中具有较高的知名度，其商标已通过各种途径为相关公众所熟知，应认定为知名商标。顺德市正野电器实业公司注销后，其"正野"字号产生的相关权益转由高明正野实业公司行使，且该字号应从 1994 年 9 月开始，属于原告连续使用，已成为知名字号。被告顺德光大集团公司与顺德正野公司、伟雄集团公司同在顺德市，却在 1997 年申请注册与原告的"正野 GENUIN"商标相近似的"正野 ZHENGYE"商标，具有明显的攀附原告知名商标，引起消费者将二者混淆的故意。被告顺德光大集团公司违反诚实信用原则和基本的商业伦理，将他人知名商标进行仿冒性的注册，其行为构成不正当竞争。被告顺德正野公司登记使用"正野"字号有明显地搭他人便车的故意，且在其产品、包装、广告等宣传资料上突出使用"正野"及"正野电工"字样，将其作为商品标识和商品名称来使用，引起消费者的误认和混淆，其行为构成不正当竞争，根据《中华人民共和国反不正当竞争法》第 1 条、第 2 条、第 20 条，《中华人民共和国民法通则》第 134 条第 1 项、第 2 项、第 10 项的规定，判决：(1)顺德光大集团公司、顺德正野公司停止使用"正野"两字；(2)顺德正野公司停止在其企业名称中使用"正野"字号，并向顺德市工商行政管理局申请变更企业字号。逾期不变更可由法院强制变更；(3)顺德光大集团公司、顺德正野公司刊登致歉声明，向三原告赔礼道歉，消除影响；(4)顺德光大集团公司、顺德正野公司赔偿原告经济损失 500,000 元，并支付原告为本案支出的合理费用 52,533 元，合计 552,533 元。案件受理费、审计费由两被告共同负担。

上诉与答辩

顺德光大集团公司、顺德正野公司不服一审判决，向广东省高级人民法院提起上诉称：(1)其合法拥有"正野 ZNENGYE"商标和合法登记的企业字号，一审判决上诉人停止使用"正野"二字，违反商标法和《企业名称登记管理规定》；(2)一审判决非法扩大了被上诉人"正野"商标和字号的保护范围。只有驰名商标才可以获得跨类保护；(3)被上诉人对"正野"商标和字号不享有在先权利；(4)上诉人注册使用"正野 ZHENGYE"商标及"正野"字号没有主观恶意；未突出使用"正野"名称；(5)上诉人与被上诉人使用的商品不同，不会造成混淆。请求撤销原一审判决，驳回被上诉人诉讼请求。

伟雄集团公司、高明正野公司、广东正野公司答辩认为原一审法院认定事实清楚，适用法律正确。

二审判理和结果

由于顺德正野公司的企业名称注册登记时间先于伟雄集团公司的"正野 GENUIN"商标被评为"广东省著名商标"的时间，其登记注册企业名称的行为，没有侵犯伟雄集团公司的商标权。顺德正野公司因顺德光大集团公司的授权而合法拥有"正野 ZHENGYE"商标的使用权，未突出使用其企业名称，不侵犯伟雄集团公司的商标专用权。企业名称的法定保护范围是禁止他人在同一级辖区内同行业登记相同或者近似的企业名称。顺德正野公司和高明正野公司的企业名称的字号虽然相同,但行政区划不相同。高明正野公司以其拥有企业名称为由认为顺德正野公司企业名称的登记行为侵犯了该公司的企业名称权缺乏法律依据。基于顺德光大集团公司的商标使用许可,顺德正野公司在自己的企业名称中使用“正野”字号,具有合法的权利基础和正当的理由。没有证据表明两者会产生混淆。顺德伟雄集团公司注册“正野”商标,顺德正野公司在其企业名称中使用“正野”二字并没有违反反不正当竞争法的规定。此外,原顺德正野电器实业公司注销后已经消亡,高明正野公司仅仅是在自己的企业名称中使用了“正野”二字作为字号,这种相同字号的使用,并非企业名称的继承和延续,一审法院认为高明正野公司延续了原顺德正野电器实业公司的企业名称不当。依照《中华人民共和国民事诉讼法》第153条第1款第2项、《中华人民共和国商标法》第3条,《企业名称登记管理规定》第3条、第4条、第6条的规定,判决撤销一审判决,驳回伟雄集团公司、高明正野公司、广东正野公司的诉讼请求。一、二审诉讼费共计50,020元,由伟雄集团公司、高明正野公司、广东正野公司负担。

申请再审理由与答辩

伟雄集团公司、高明正野公司、广东正野公司申请再审称:(1)本案是商标与企业名称冲突纠纷,顺德光大集团公司、顺德正野公司违反诚实信用原则,其行为构成不正当竞争,应当适用民法通则、反不正当竞争法进行调整。二审判决适用商标法、企业名称登记管理条例,属适用法律不当。(2)字号是区别不同主体的主要根据,作为财产权可以转让、继承。二审判决认定高明正野公司不能承继顺德市正野电器实业公司的字号没有法律依据。(3)顺德光大集团公司在后取得的“正野ZHENGYE”注册商标与“换气扇、照明”类商品无关,但顺德正野公司却在其生产的相关产品中使用“正野”字号,公司名称也使用“正野电器有限公司”,具有使相关公众对经营主体及产品来源产生混淆的故意。(4)根据反不正当竞争法的规定,解决在先商标与企业名称、字号权相冲突时,应当保护在先取得的合法权利。判断伟雄集团公司、高明正野公司的行为是否构成不正当竞争,与其字号是否驰名或著名有关,但不是必要条件。二审判决以顺德正野公司成立的时间早于2000年12月伟雄集团公司的商标被认定为广东省著名商标的时间,因此不构成侵权的认定错误。请求撤销二审判决。

顺德正野公司答辩称,顺德光大集团公司“正野ZHENGYE”商标经国家工商行政管理局商标局合法注册,依法使用。顺德正野公司使用含有“正野”字号的企业名称,也是经依法登记注册,且经顺德光大集团公司依法授权许可使用“正野ZHENGYE”注册商标,不存在不正当竞争行为,二审法院认定事实清楚,适用法律正确。

再审审查与审理结果

最高人民法院再审认为,(1)伟雄集团公司主张顺德光大集团公司注册与其商标相近似的商标构成不正当竞争行为,其实质是对顺德光大集团公司的“正野ZHENGYE”商标的授权存在争议。根据原审法院查明的事实,均未发现该两公司超越授权范围使用注册商标的行为。对于涉及两个注册商标之间的纠纷,商标法已规定了相关的注册商标争议行政处理程序。对此不予审理。(2)使用与他人注册商标文字部分相同的“正野”字号,虽未突出使用,仍构成不正当竞争行为。(3)受反不正当竞争法保护的企业名称,特别是字号,不同于一般意义上的人身权,是区别不同市场主体的商业标识,本质上属于一种财产权益。字号所产生的相关权益可以承继。(4)在后注册商标如构成侵犯对他人在先字号的侵犯,应承担停止使用的民事责任。依照《中华人民共和国民法通则》第134条第1款,《中华人民共和国反不正当竞争法》第2条、第5条第3项,第20条以及《中华人民共和国民事诉讼法》第186条第1款、第153条第1款第2项的规定,判决:(1)撤销二审判决;(2)变更一审判决第1项为:顺德市光大企业集团有限公司、顺德正野电器有限公司于判决生效之日起立即停止使用侵犯高明正野公司“正野”字号权益的“正野ZHENGYE”商标;(3)变更一审判决第2项为:顺德正野电器有限公司在本判决生效之日起立即停止在其企业名称中使用“正野”字号;(4)变一审第3项为:顺德光大集团公司、顺德正野公司在判决生效之日起30日内在《羊城晚报》第一版刊登致歉声明,向广东伟雄集团有限公司、高明市正野电器实业有限公司赔礼道歉,消除影响;(5)变更一审民事判决第4项为:顺德市正野电器有限公司于本判决生效之日起10日内赔偿广东伟雄集团有限公司、高明市正野电器实业有限公司经济损失500,000元,并支付本案支出的合理费用52,533元,合计552,533元。如果未按本判决指定的期间履行给付金钱义务,应当依照《中华人民共和国民事诉讼法》第229条之规定,加倍支付迟延履行期间的债务利息。一、二审案件受理费50,020元,审计费5500元,共计55,520元,由顺德正野电器有限公司负担。

山东省食品进出口公司等诉青岛圣克达诚贸易有限公司、马达庆不正当竞争纠纷案

——阅读提示:商业机会符合何种条件才能获得法律保护?适用反不正当竞争法一般条款认定不正当竞争行为应满足何种条件,适用何种标准?职工在职期间筹划设立与所在单位具有竞争关系的新公司是否构成不正当竞争?离职员工运用个人技能为与原单位有竞争关系的公司工作是否构成不正当竞争?

【裁判要旨】

在正常情况下能够合理预期获得的商业机会,可以成为法律特别是反不正当竞争法所保护的法益;但基于商业机会的开放性和不确定性,只有当竞争对手不遵循诚实信用原则和违反公认的商业道德,通过不正当手段攫取他人可以合理预期获得的商业机会时,才为反不正当竞争法所禁止。凡是法律

已经通过特别规定作出穷尽性保护的行为方式,不宜再适用反不正当竞争法的一般规定予以管制;对于竞争行为尤其是不属于反不正当竞争法第二章列举规定的行为的正当性,应当以该行为是否违反了诚实信用原则和公认的商业道德作为基本判断标准;在反不正当竞争法中,诚实信用原则主要体现为公认的商业道德;商业道德所体现的是一种商业伦理,是交易参与者共同和普遍认可的行为标准,应按照特定商业领域中市场交易参与者即经济人的伦理标准来加以评判。职工在职期间筹划设立与所在单位具有竞争关系的新公司,为自己离职后的生涯做适当准备,并不当然具有不正当性;只有当职工的有关行为违反了法定或者约定的竞业限制义务的情况下,才能够认定该行为本身具有不正当性。职工在工作中掌握和积累的知识、经验和技能,除属于单位的商业秘密的情形外,构成其人格的组成部分,职工离职后有自主利用的自由;在既没有违反竞业限制义务,又没有侵犯商业秘密的情况下,劳动者运用自己在原用人单位学习的知识、经验与技能为其他与原单位存在竞争关系的单位服务的,不宜简单地以反不正当竞争法第二条的原则规定认定构成不正当竞争。

【案号】

一审:山东省青岛市中级人民法院(2007)青民三初字第136号

二审:山东省高级人民法院(2008)鲁民三终字第83号

申请再审:最高人民法院(2009)民申字第1065号

【案情与裁判】

原告(二审被上诉人、申请再审人):山东省食品进出口公司(以下简称山东食品公司)

原告(二审被上诉人、申请再审人):山东山孚日水有限公司(以下简称山孚日水公司)

原告(二审被上诉人、申请再审人):山东山孚集团有限公司(以下简称山孚集团公司)

被告(二审上诉人、被申请人):青岛圣克达诚贸易有限公司(以下简称圣克达诚公司)

被告(二审上诉人、被申请人):马达庆

起诉与答辩

2007年7月30日,山东食品公司、山孚集团公司、山孚日水公司向山东省青岛市中级人民法院起诉,请求确认圣克达诚公司和马达庆构成不正当竞争,并请求判令圣克达诚公司和马达庆返还与海带业务有关的所有文件、资料,停止利用三原告的收购出口渠道经营海带业务,赔偿三原告经营利润损失600万元以及为处理本案所花费的交通费、律师费及其他实际支出10万元。

一审审理查明

山东食品公司成立于1982年10月26日,其前身自1979年起即从事海带对日出口业务。我国对日出口海带受到配额的限制,该配额是日本国政府设定的我国对日出口海带产品的被动配额。获得该配额的国内企业可以就相关区域产特定数量海带对日出口,获得该配额就获得了对日出口海带的商业机会。根据中粮国际(北京)有限公司(简称中粮公司)与日本北海道渔联签订的协议,日方委托中粮公司对海带配额、质量、经营公司进行统一管理,日方认可该公司是其在华海带贸易的唯一窗口。对日出口海带的配额由日本北海道渔联主导,通过中粮公司作为日方在华海带贸易的唯一窗口来选择有关企业进行分配。山东食品公司长期以来从中粮公司获得威海地区产海带对日出口配额。

马达庆于 1986 年进入山东食品公司工作,1988 年开始从事海带加工和出口工作,2000 年进入山孚集团公司的前身山东山孚得贸易有限公司工作。山东食品公司曾是山孚集团公司的出资人之一,山孚集团公司是山孚日水公司的出资人之一。2005 年 1 月 4 日起,马达庆与山孚日水公司两次签订劳动合同,期限自 2005 年 1 月 4 日至 2006 年 12 月 31 日。合同期限届满,马达庆未与山孚日水公司续签劳动合同,双方的劳动合同终止。

2006 年 9 月 22 日,圣克达诚公司成立,其法定代表人为陈庆荣,公司监事为颜素贞。其中,陈庆荣系马达庆的外甥,颜素贞为马达庆的配偶。马达庆在圣克达诚公司任职。

马达庆离开山孚日水公司后,日本北海道渔联副会长宫村正夫在致山东省国际经济贸易联合会的回函中对山东食品公司是否能保持对日出口海带的品质稳定和数量表示疑虑。2007 年 1 月 10 日,中粮公司要求山东食品公司和圣克达诚公司报送海带出口工作计划,后又分别拜访该两公司,就计划书的相关内容进行询问和调查。2007 年 2 月 14 日,中粮公司决定将 2007 年威海海带出口日本业务交由圣克达诚公司执行,山东食品公司因此丧失了威海海带对日出口配额。

一审判理和结果

一审法院审理认为:原告援引反不正当竞争法第二条的规定要求法院对其予以救济,需要对下列问题进行分析和认定。(1)反不正当竞争法第 2 条能否对未明确规定的不正当竞争行为进行规范。对于未在反不正当竞争法第二章所列举的行为,在符合下列条件下应当予以规范:首先,正当经营者通过自身的努力获得了某种竞争优势;其次,其他经营者通过不正当手段获取了该竞争优势并给正当经营者造成了损失。当不正当经营者实施了这种行为时,人民法院可以依据反不正当竞争法第 2 条的规定对这种不正当竞争行为进行规范,并给予正当竞争者以民事司法救济。(2)对日出口海带贸易机会的性质分析。对日出口海带贸易采取下列运作模式:日本国政府对来自我国的海带实行进口配额管理,该进口配额的分配由日本北海道渔联负责;北海道渔联委托中粮集团对海带配额、质量、数量统一进行管理;中粮集团采取每年下达通知的方式告知被选定的企业对日出口海带数量,获得了海带数量配额的企业按照被分配的配额数量向日本企业出口海带,未获海带数量配额分配的企业不能向日本企业出口海带。在确定获得对日出口海带配额企业的过程中,日本北海道渔联起着主导作用,中粮集团属于确定国内企业对日出口海带配额的直接执行单位。简言之,所谓对日出口海带贸易机会系指:国内出口企业通过中粮集团分配而获得的可以就相关区域产特定数量海带对日出口的资格。“对日出口海带贸易机会”是一种商业机会,一种在市场竞争中获得的优势地位。在对日海带出口贸易中,价格、数量、质量并非决定取得交易机会的关键,取得交易机会的关键在于能否获得这种对日出口海带的资格。从 2001 年开始,这种对日出口海带贸易的机会便由包括山东食品公司在内的四家单位稳定享有,这四家单位分别为:中国食品(北京)食品贸易部〔2002 年后变更为中粮国际(北京)有限公司、2007 年变更为中粮工业食品进出口有限公司〕、山东食品公司、烟台市食品进出口公司(2002 年后变更为烟台凯迪食品进出口有限公司)、大连同盛实业总公司(2005 年后变更为大连观宇食品有限公司)。四家单位获得对日出口海带贸易机会的方式是,中粮集团以《关于下达某某年份海带出口数量配额的通知》的方式分配四家单位在相关区域内收购出口海带,数量历年来基本稳定。2006 年之前,没有证据表明上述单位是采取申报出口海带计划书的方式获得海带出口数量配额,也没有证据表明上述单位以外的其他企业可以通过申报海带出口计划的方式获得海带出口数量配额。2007 年,没有证据表明除该四家单位、圣克达诚公司以外的其他单位可以通过申报海带出口计划的方式获得海带出口数量配额。因此,这种对日出口海带贸易的机会不是任何一个具有进出口业务资格的企业可以自主地通过申报计划书等方式从公开的途径获得。该四家单位能够长期稳定地享有特定区域产海带的对日出口贸易机会,既取决于其在所属区域内经营海带出口业务的优势,也体现了其在对日出口海带贸易中的良好企业信用。山东食品公司获得的这种竞争优势是通过公平方式获取的,这种竞争优势并非其他市场经营者不能获得,但是如果其他经营者采取了不正当的手段来获得这种竞争优势,则为反不正当竞争法所制止。(3)三原告谁拥有对日出口海带贸易的机会。三原告共同主张享有该对日出口海带的贸易机会,但是在山孚集团公司成立之前,威海地区产海带对日出口贸易由山东食品公司享有配额并实际操作。山孚集团公司、山孚日水公司先后成立后,威海地区产海带对日出口贸易由山东食品公司享有配额但实际由该两公司来先后执行。由此可见,山东食品公司是威海地区产海带对日出口贸易机会的享有人,而山孚集团公司、山孚日水公司对日出口海带的贸易机会均来源于山东食品公司。(4)圣克达诚公司、马达庆是否实施了不正当竞争行为。马达庆在三原告处工作期间,始终负责对日出口海带的收购和出口工作,熟悉该工作的全部流程。而在其任职的圣克达诚公司,陈庆荣与马达庆具有亲属关系并且系在校大学生,公司监事为马达庆的妻子,圣克达诚公司、马达庆均未证明圣克达诚公司的法定代表人、监事从事过对日出口海带贸易甚至是任何对外贸易的经历,就对日海带出口贸易这项业务而言,马达庆为圣克达诚公司的实际操作人。在马达庆离开山孚日水公司后很短的时间内,圣克达诚公司获取了对日出口海带的贸易机会。该行为是否具有正当性是判断圣克达诚公司、马达庆的行为是否构成不正当竞争的关键:首先,圣克达诚公司直接获取了对日出口海带贸易的机会,显然与山东食品公司形成了直接的竞争。其次,对日出口海带的贸易机会并非从市场上通过公开、自由竞争而获得,多年来山东食品公司等四家公司始终稳定获得该出口贸易机会。马达庆之所以得到日本北海道渔联认可,是马达庆在为三原告办理对日出口海带贸易过程中逐渐形成的,并非是日本客商基于对马达庆能力的了解而选择与山东食品公司从事对日海带出口贸易。即便如日本北海道渔联相关人员所讲,日本客户充分认可并只信赖马达庆的业务能力,但是,马达庆应当认识到,在对日海带贸易机会中,马达庆的行为只是代表山东食品公司、山孚集团公司及山孚日水公司的职务行为,与三原告的实力、资金支持密不可分,作为一名企业职工,在履行单位交办工作过程中所形成的竞争优势,如同在履行单位工作中产生的发明创造一样,其权利享有者是公司而非职工。马达庆将本属于山东食品公司的竞争优势获为圣克达诚公司所有,属于将日本客户对自己基于履行职务行为所产生信赖的滥用,严重违背了诚实信用的原则,也违背了公认的商业道德。圣克达诚公司明知马达庆违背商业道德但仍允许其这样行为,主观上构成明知,该公司亦违背了公认的商业道德。本案不符合"客户基于对职工个人的信赖而与职工所在单位进行市场交易"的情况,圣克达诚公司、马达庆没有提供证据证明日本客户是基于对马达庆个人的信赖而选择与山东食品公司进行交易。尽管从形式上看,圣克达诚公司获得对日出口海带贸易机会是通过申报出口海带计划并接受相关单位考察后获得的,但是这种获取方式不能被认为是正当的:首先,日方或者中粮集团没有采取面向所有经营者招标等公开竞争方式来选择贸易对象,包括山东食品公司在内的四家单位在较长时间内稳定获得了在各自区域内对日出口海带贸易的机会,圣克达诚公司、马达庆没有提供证据证明除圣克达诚公司以外的其他企业可以通过提交"海带经营计划书"的方式来获得,因此,不能认为圣克达诚公司是通过公平竞争的方式来获取该贸易机会。关于圣克达诚公司、马达庆的不正当竞争行为是否给三原告造成了经济损失问题。2007 年圣克达诚公司享有 310 吨威海地区产海带出口数量配额,而此前威海地区海带出口配额均由山东食品公司享有,故山东食品公司因该贸易机会部分丧失而有所损失是必然的,故圣克达诚公司、马达庆的行为给山东食品公司造成了经济损失。综上,马达庆、圣克达诚公司的行为构成不正当竞争。(5)关于圣克达诚公司、马达庆应承担的民事责任。马达庆、圣克达诚公司的行为构成不正当竞争并给山东食品公司造成了损失,应当共同承担停止侵权和连带赔偿损失的民事责任。关于停止侵权的具体形式。为保护山东食品公司通过正当交易获得的竞争优势,马达庆和圣克达诚公司不得利用与山东食品公司相同的方式来从事对日海带贸易。但是,为了保护自由竞争,当马达庆通过履行职务行为而获得的对日本客商的影响逐渐消失后,再行要求圣克达诚公司、马达庆永远不得从事上述贸易也违背了公平竞争的基本原则,因此应当确定一个期限来消除这种影响,综合本案的考虑,确定自判决生效后三年内圣克达诚公司、马达庆不得利用与山东食品公司相同的方式来从事对日海带贸易。关于损害赔偿数额的计算,应以圣克达诚公司、马达庆主张的海带价值与出口结汇价款之间的差价 2,111,669.27 元利润作为山东食品公司的损失予以赔偿。对于山东食品公司超出该数额部分的损失赔偿要求,不予支持。(6)关于山东食品公司、山孚集团公司、山孚日水公司提出的其他诉讼请求。山东食品公司、山孚集团公司及山孚日水公司还要求:马达庆返还与海带业务相关的所有文件、资料;圣克达诚公司、马达庆停止利用山东食品公司、山孚集团公司及山孚日水公司的收购渠道经营海带业务。前者涉及的劳动争议案件正在其他法院进行审理,根据一事不再理的原则,对于该诉讼请求不予支持。山东食品公司、山孚集团公司、山孚日水公司没有提供有效证据证明圣克达诚公司、马达庆实施了利用山东食品公司的渠道收购海带的行为,对该诉讼请求不予支持。2008 年 4 月 10 日，一审法院依照《中华人民共和国民法通则》第 106 条、第 130 条、第 134 条,《中华人民共和国反不正当竞争法》第 2 条的规定,判决如下:(1)马达庆、圣克达诚公司于判决生效之日起立即停止采取与山东食品公司相同的方式经营对日出口海带贸易,其不得经营的时间为判决生效之日起 3 年。(2)圣克达诚公司赔偿山东食品公司经济损失人民币 2,111,669.27 元。(3)马达庆对上列第二项的给付义务承担连带赔偿责任。(4)驳回山东食品公司的其他诉讼请求。(5)驳回山孚集团公司的诉讼请求。(6)驳回山孚日水公司的诉讼请求。

上诉与答辩

圣克达诚公司、马达庆不服上述判决,共同向山东省高级人民法院提起上诉,请求撤销一审判决第一、二、三项,依法驳回山东食品公司的全部诉讼请求。其理由如下:(1)一审法院认定的部分事实错误。山东食品公司现在并不是山孚集团公司的股东,山孚集团公司的与山东食品公司没有法律上的关联关系。大连观宇食品有限公司并不是大连同盛实业公司变更而来的,两个公司是完全独立的、没有关联关系的公司。(2)一审判决适用反不正当竞争法第二条认定圣克达诚公司和马达庆构成不正当竞争,适用法律错误。圣克达诚公司和马达庆根本就不构成任何具体条款规定的不正当竞争。(3)圣克达诚公司、马达庆的行为不构成不正当竞争。对日出口海带的贸易机会可以自由竞争获得,法律没有特别限制该行业自由竞争。从 2005 年开始,中粮集团取消了大连同盛实业总公司的配额,转由大连观宇食品有限公司经营,充分证明了涉案贸易机会由中粮集团根据实际情况自由决定发放,可以自由竞争取得。中粮集团发放 2007 年度配额的过程本身也证明了其有权根据企业竞争的实际情况决定海带配额的具体发放。出口日本海带的贸易机会不会因为历史的原因就被某些企业完全垄断独占,其他企业完全可以通过自由竞争手段而取得该商业机会。劳动者在用人单位学到的知识和技能属于劳动者本人,除非法律明确限制,否则劳动者可以自由使用该知识和技能。一审法院将马达庆在对日海带业务中形成的所有竞争优势都归于山东食品公司,没有任何法律依据。即使没有公开招标,也是正当的自由竞争。一审法院人为地设立了"正当的自由竞争"就必须有"公开招标"的形式,这一前提错误,直接导致结论错误。马达庆 2007 年度履行职务行为是在为圣克达诚公司履行职务,日本客户对此是明知的,整个过程,马达庆没有欺骗日本客户,没有滥用日本客户的信赖,没有违背诚实信用原则。马达庆争取海带配额的行为没有违反公认的商业道德。一审法院并没有阐述马达庆的行为违背了何种公认的商业道德。"劳动者不能从事与原来用人单位相同的业务"不能成为"公认的商业道德"。(4)一审法院错误地判决圣克达诚公司、马达庆赔偿 2,111,669.27 元。一审法院没有审查圣克达诚公司的成本,没有扣除有关防晒网费用、包装费用、运输费用等各种成本费用,圣克达诚公司的实际利润远远低于一审法院判定的数额。

山东食品公司答辩称:一审判决认定事实清楚,适用法律正确,应当予以维持;圣克达诚公司、马达庆的上诉理由无任何事实和法律依据,应予驳回。理由是:(1)一审判决认定事实清楚。一审判决认定山东食品公司占山孚集团公司注册资本的40%,是指2000年8月1日山东山孚得贸易有限公司(后更名为"山孚集团公司")设立时的情况。山东食品公司、山孚集团公司及山孚日水公司共同享有对日海带出口贸易机会的利益格局的形成原因在于山东食品公司、山孚集团公司及山孚日水公司之间在人员、业务方面承继与流转的历史渊源,不是由山东食品公司、山孚集团公司及山孚日水公司之间的股权关系决定的,股权关系对于一审判决没有实质影响。大连观宇食品有限公司继大连同盛实业总公司之后取得海带配额是客观事实。一审判决此处所指"变更"系指享有出口海带贸易机会的单位的变更,而非大连观宇食品有限公司与大连同盛实业总公司之间的法人主体资格的变更。(2)一审判决适用法律正确。山东食品公司、山孚集团公司及山孚日水公司要求保护的是以其在三十余年经营中形成的对日出口海带的贸易机会为载体的可保护利益。对法律未作明确规定的非类型化不正当竞争行为进行规制,是反不正当竞争法第2条最大的法律价值。本案争议的"对日出口海带的贸易机会"属于"知识产权专门法未作穷尽性保护的"的情况。劳动者在用人单位处学到的知识与技能与"企业职工在履行单位交办工作过程中所形成的竞争优势"不是一个含义。本案不涉及劳动者的个人"知识与技能"的问题,"企业职工在履行单位交办工作过程中所形成的竞争优势",是相关企业的实力、资金,同时取决于相关企业在所属区域内经营海带出口业务的优势,也体现了其在对日出口海带贸易中的良好企业信用,而不是哪一个个体的知识与技能。(3)圣克达诚公司、马达庆恶意攫取涉案商业机会,违背诚实信用原则和公认的商业道德,给山东食品公司造成了巨大的损失,构成了不正当竞争行为。

二审审理查明

山孚集团公司成立时名称为山东山孚得贸易有限公司,山东食品公司持有该公司40%的股份。但自2005年5月至今,山东食品公司不再是山孚集团公司的股东。大连观宇食品有限公司和大连同盛实业有限公司是各自独立的法人企业,二者之间没有主体变更关系。一审判决认定从2001年开始,对日出口海带贸易机会由包括大连同盛实业有限公司在内的四家单位稳定享有,同时认定大连同盛实业有限公司2005年后变更为大连观宇食品有限公司,即一审判决实际认为大连观宇食品有限公司是由大连同盛实业有限公司变更而来的法律主体,一审判决对此事实认定错误。此外,一审判决虽然认定涉案对日出口海带的贸易机会自2001年起由四家单位稳定享有,但实际列明了八家单位名义上享有该贸易机会,又没有查明该八家名义单位之间的关系。因此,一审判决对此事实的认定自相矛盾。

二审判理和结果

二审法院审理认为,本案涉及的对日出口海带贸易机会是国内企业获得的可以就相关区域产特定数量海带对日出口的资格,是一种交易机会。2007年,圣克达诚公司获得该交易机会,山东食品公司获得的海带出口配额因此随之减少,圣克达诚公司获得该交易机会的行为由此给山东食品公司造成了损害,但竞争本身是经营者之间互相争夺交易机会的行为,在交易机会的得失之间,往往会给竞争对手造成损害。这种损害虽然是构成不正当竞争行为的必要条件,但不是充分条件,仅仅造成损害并不必然构成不正当竞争,是否构成不正当竞争还必须认定相关竞争行为是否具有不正当性。不正当性的判断则主要依据反不正当竞争法第二条规定的原则。为此,需从以下两个方面进行认定:(1)马达庆、圣克达诚公司获取贸易机会的行为是否具有不正当性。山东食品公司向一审法院提起诉讼,请求依据该条款对其对日出口海带贸易机会予以救济。首先要分析马达庆的行为是否具有不正当性。1986年起,马达庆先后在山东食品公司、山东山孚食品进出口有限公司、山东山孚得贸易有限公司、山孚日水公司工作。代表圣克达诚公司向中粮集团争取贸易机会时,马达庆已经离开山东食品公司,其与山孚日水公司的合同也已经到期终止。马达庆在为圣克达诚公司争取经营出口海带贸易时,明确表示其代表圣克达诚公司,没有利用山东食品公司的名义,中粮集团、日本北海道渔联明知马达庆已经离开山东食品公司,并基于对马达庆个人的信赖而给予圣克达诚公司涉案贸易机会。因此,在离开山东食品公司后,马达庆以正当的方式,帮助圣克达诚公司获取了贸易机会,不违反诚实信用等原则,其行为不具有不正当性,属于正当竞争。关于圣克达诚公司行为是否具有不正当性问题。圣克达诚公司争取贸易机会的行为仅仅是向中粮集团提出经营出口日本海带贸易的请求,上述配额的分配是中粮集团、日本北海道渔联综合双方能力确定的结果,在竞争过程中,圣克达诚公司没有违反公认的商业道德,没有违反诚实信用原则,其行为不具有不正当性。因此,马达庆在合法离开山东食品公司等企业后帮助圣克达诚公司争取对日出口海带贸易机会的行为不具有不正当性,山东食品公司不能依据反不正当竞争法第2条的规定获得救济。(2)认定圣克达诚公司和马达庆的行为不构成不正当竞争是否符合反不正当竞争法的立法目的。在市场经济中,经营者享有竞争的自由,只是在例外的情况下才需要对不正当竞争行为予以制止。自由、公平竞争是社会主义市场经济健康发展的必要条件,保障市场经济健康发展,鼓励和保护公平竞争是反不正当竞争法的立法目的之一,因此,适用该法要平衡鼓励和保护公平竞争与防止和限制不正当竞争之间的关系。对于法律未作特别规定的竞争行为,只有按照市场经济环境下公认的商业标准和普遍认识能够认定违反法律原则性条款时,才可以依据反不正当竞争法第2条的规定认定为不正当竞争行为。在认定具体行为是否构成不正当竞争时,不能违反或偏离反不正当竞争法的立法目的,防止因不适当扩大不正当竞争范围而妨碍自由、公平竞争。山东食品公司、山孚日水公司与马达庆没有关于限制马达庆离职后从事具有竞争关系的业务的竞业限制约定,马达庆离职后有从业的自由,即使在其离职后使用其在职期间积累的对日出口海带贸易经验从事竞争性业务,山东食品公司、山孚日水公司也无权予以制止。山东食品公司、山孚日水公司没有把对日出口海带贸易机会视为其商业秘密,没有与马达庆约定应遵守对日出口海带贸易机会商业秘密,马达庆获取该贸易机会也不涉及对其商业秘密的侵害,何况,本案中山东食品公司没有请求依据竞业限制或侵犯商业秘密的特别规定对其进行司法保护。在没有法定的和约定的竞业限制以及不侵害商业秘密等特定民事权益的情况下,这既是经营者的合法权益,又符合公共政策。因此,一审判决认定马达庆的行为严重违背了诚实信用的原则,也违背了公认的商业道德,构成不正当竞争不当。一审判决依据反不正当竞争法第2条对涉案行为进行保护属于适用法律错误。一审判决圣克达诚公司、马达庆于判决生效之日起立即停止采取与山东食品公司相同的方式经营对日出口海带贸易,不得经营的时间为判决生效之日起3年,这无异于为马达庆设定了法定竞业限制义务,没有法律依据。山东食品公司对圣克达诚公司主张权利是基于马达庆的上述行为是否具有不正当性,在马达庆的行为不构成不正当竞争的情况下,也无法认定圣克达诚公司的不正当性。况且,圣克达诚公司无法定和约定竞业限制义务,未侵害特定合法权益,不构成不正当竞争。山东食品公司主张的其他不正当竞争行为均没有有效证据支持或者已经另案审理,对其请求,不予支持。一审判决认定事实部分有误,适用法律不当,判决结果错误,应予撤销。经山东省高级人民法院审判委员会讨论决定,判决如下:(1)撤销山东省青岛市中级人民法院(2007)青民三初字第136号民事判决;(2)驳回山东食品公司、山孚集团公司、山孚日水公司的诉讼请求。

申请再审理由与答辩

山东食品公司、山孚集团公司、山孚日水公司共同向最高人民法院申请再审称,二审判决曲解本案事实,认定事实主观、片面,适用法律错误。其理由为:(1)二审判决完全割裂了本案事实之间的内在联系,孤立、片面地认定案件事实。马达庆主观上具有通过不正当手段攫取山东食品公司的商业机会以获得巨额利润的恶意,客观上实施了一系列有计划、有步骤、有预谋地攫取山东食品公司商业机会的不正当竞争行为。二审判决在认定事实时,忽视了本案证据材料足以证实的事实,割断了事实之间的联系。①二审判决片面审查案件事实,忽略案件的主要事实。综合案件事实,马达庆以及圣克达诚公司的不正当竞争行为是在其自2006年年中甚至更早至2007年之后的一系列行为,包括马达庆还在申请再审人任职期间即蓄谋筹划设立新公司(即圣克达诚公司)、要求山东食品公司放弃海带专利、赴日本以圣克达诚公司名义游说日本客户、拉拢公司海带业务人员离职为自己工作、向海带养殖户散布其本人已经获得海带配额的消息,以及擅自离职并带走公司绝大部分海带业务资料等行为。马达庆于在职期间就已经完成了攫取海带配额的工作,其擅自离职之后通过所谓的考察形式获得配额不过是障眼法而已。②二审判决割裂了马达庆与圣克达诚公司的关系,导致认定事实不清。圣克达诚公司是马达庆自己为了攫取山东食品公司的海带出口业务而设立的个人公司,马达庆是圣克达诚公司的实际控制人。2006年9月,马达庆以其外甥陈庆荣(时为青岛大学在校学生)的名义成立了一人有限公司——圣克达诚公司,马达庆的妻子颜素贞系该公司的监事,马达庆认可该公司的50万元注册资本由自己提供,向日本方面介绍圣克达诚公司系其“新公司”。圣克达诚公司设立后,对日海带出口贸易是其唯一的业务,而马达庆完全操作圣克达诚公司的对日海带出口业务。对于这样一个马达庆自己出资、自己操纵并且自己向日本客户介绍的“马氏新公司”,圣克达诚公司的意志完全体现了马达庆的意志,马达庆与圣克达诚公司之间存在共同的不正当竞争的故意,并共同实施不正当竞争行为。在马达庆离开山孚日水公司前,其就与圣克达诚公司共同实施了不正当竞争行为。③二审判决故意隐瞒了山东食品公司重新获得2007年的海带配额的时间和背景情况。马达庆与圣克达诚公司攫取了山东食品公司、山孚集团公司和山孚日水公司的海带贸易机会,夺取了山东食品公司千名离退休、退养、在岗职工的“养命钱”,激起了强烈的社会反响,职工代表多次赴省进京上访。山东省省委、省政府、省总工会、省国资委、省外经贸厅以及国家商务部、中国财贸工会等政府部门多次斡旋,国家商务部与中粮集团多次开会协调。直到2007年7月,山东食品公司才又获得了320吨的2007年海带配额,但此时海带的收获季节已过。二审判决却隐瞒了该背景。(2)二审判决的部分认定超出当事人的诉讼请求。申请再审人在诉讼中从未提出请求法院认定马达庆违反竞业限制约定或者圣克达诚公司和马达庆侵犯商业秘密的诉讼请求。二审法院却对马达庆是否违反竞业限制约定、是否侵犯商业秘密作出了认定。上述认定实质上剥夺了申请再审人以侵犯商业秘密为由起诉被申请人的诉讼权利,导致申请再审人在本案无法获得救济的情况下,也丧失了依据其他法律规定请求保护的权利。(3)二审判决适用法律错误。①二审判决关于马达庆的行为是经营者的合法权益,又符合公共政策的认定违背反不正当竞争法的立法本意。根据二审判决,则只要在没有法定的和约定的竞业限制以及不侵害商业秘密等特定民事权益的情况下,员工就可以为所欲为、任意地获取原企业的商业机会,这显然与反不正当竞争法第2条的基本原则相悖。市场竞争需要公平的条件,反不正当竞争法不是只禁止列举的部分不正当竞争行为,而是凡属违反诚实信用的不公平竞争行为都在禁止之列。根据反不正当竞争法第2条的规定,即使在没有法定的和约定的竞业限制以及不侵害商业秘密等特定民事权益的情况下,不论在离职前还是在离职后,市场主体在参与市场交易时,也都应当遵循自愿、平等、公平、诚实信用的原则,并遵守公认的商业道德,而不能以违反诚实信用原则及公认商业道德的方式,与原企业进行不正当竞争。马达庆不仅在离职前就利用其职务便利,与原企业展开了不正当竞争,攫夺了原属于申请再审人的商业机会,在离职后,仍以不交还公司业务资料等方式与申请再审人展开不正当竞争,对申请再审人造成了巨额损失。二审判决认定马达庆不构成不正当竞争,适用法律明显不当。②二审判决在片面审查当事人的诉讼事由、忽略案件的主要事实的基础上适用法律必然是错误的。本案中,马达庆以及圣克达诚公司的不正当竞争行为是在其自2006年年中至2007年之后的一系列有准备、有步骤的行为。这个整体中的每一个具体的行为可能难以构成具体的法律规范明文禁止的行为,但马达庆、圣克达诚公司在整个行为过程中的恶意却昭然若揭。对马达庆、圣克达诚公司行为正当性的判断必须考察行为整体。该行为整体因为目的的不正当性而构成不正当竞争。③二审判决对反不正当竞争法第二条作了明显的限缩性解释,甚至将该条直接等同于违反竞业限制约定和反不正当竞争法第二章明文列举的规定,没有依据公认的商业标准和普遍认识对反不正当竞争法作出解释,适用法律错误。④二审判决混淆了劳动者的个人技能与海带业务的竞争优势的关系。二审判决将海带业务的竞争单纯地表述为一种可以完全凭借劳动者的个人知识与技能的专业贸易机会,将个人因素界定为海带业务的唯一竞争因素,显然与海带出口业务的性质严重不符。⑤二审判决混淆了交易相对人的选择和不正当竞争行为的认定标准。对于商业机会保护领域的不正当竞争行为,其判断标准应当是经营者是否具有恶意、是否实施了不正当竞争行为,并非以交易相对人的选择作为判断依据。在市场竞争中,交易相对人可能因为种种原因,明知经营者行为具有不正当性但还是执意与其进行交易,此时,因为交易相对人具有选择交易对象的自由,法律不能禁止交易相对人作出上述选择,但法律可以禁止经营者从事上述交易,以维护正当的竞争秩序。二审判决关于只要交易相对人认可就不构成不正当竞争的结论是错误的。(4)二审判决错误分配了举证责任,其确定的民事责任违背法律规定。圣克达诚公司为一人独资公司,其向中粮集团请求经营对日海带出口贸易时,刚刚成立不足三个月,从未经营过海带业务,注册资金只有50万元,仅有马达庆一人从事海带业务。与马达庆、圣克达诚公司相比,申请再审人在过往业绩、资金以及规模、从业人员数量、技术等方面均有明显的竞争优势,在正常竞争的情况下,显然是申请再审人应该继续保持对日出口海带的贸易机会,而非发生本案的巨变。在发生与正常竞争不符的结果的情况下,法院应当推定马达庆与圣克达诚公司存在不正当竞争,要求马达庆与圣克达诚公司举证证明其获得海带出口的商业机会的手段是正当的。申请再审人要求马达庆与圣克达诚公司公开其报送文件,并申请法院向中粮集团进行调查,二审法院置之不理是错误的。(5)二审判决无视申请再审人在对日出口海带业务方面的巨额投入,判决显失公正,危害巨大,已经造成不良影响。

再审审查与审理结果

最高人民法院审查查明:中粮集团自2001年起,每年采取下发《关于下达××年海带出口数量配额的通知》的方式,分别向有关单位分配特定区域产海带出口日本的数量配额。其中2001年由山东食品公司、烟台市食品进出口公司、大连同盛实业总公司和中国食品(北京)食品贸易部等四家单位获得配额;2002年和2003年均由山东食品公司、烟台凯迪食品进出口有限公司、大连同盛实业总公司和中粮国际(北京)有限公司等四家单位获得配额;2005年和2006年均由山东食品公司、烟台凯迪食品进出口有限公司、大连观宇食品有限公司和中粮国际(北京)有限公司等四家单位获得配额。2005年大连观宇食品有限公司获得大连地区对日出口海带配额后,大连同盛实业总公司此后未再获得该配额。

2006年9月5日,马达庆曾签署过落款为"水产二部"的有关海带专利的文件,该文件中提到"海带专利没必要花钱再续"。山东食品公司在本院听证时明确表示,该专利即一种名为"海带加工方法及设备"的专利,专利权至今有效。

在一审过程中,为证明马达庆和圣克达诚公司实施了不正当竞争行为,山东食品公司、山孚集团公司及山孚日水公司提交了青岛市工商行政管理局私营企业登记信息查询结果、圣克达诚公司监事、董事、经理任职文件、公司设立登记审核表、公司设立登记申请书、公司股东(发起人)名录、中国农业银行现金缴款单(两份)、马达庆《职工履历表》、《青岛市人口查询系统常口现实库信息资料》、青岛大学出具的证明、《山东省食品进出口公司董事长滕海波拜访北海道渔联宫村会长等的会谈纪要》、经公证的证人韩吉峰、于思进、张永礼、邓忠恩、邵从、张宗成、孙秉伟等七人的证言等证据,并申请了证人刘兵和刘鸿出庭作证。圣克达诚公司提交了经公证的韩吉峰、于思进、张永礼、邵从、孙秉伟等五人的证言以及其他证据作为反驳证据。青岛市工商行政管理局私营企业登记信息查询结果、圣克达诚公司监事、董事、经理任职文件、公司设立登记审核表、公司设立登记申请书、公司股东(发起人)名录等表明,圣克达诚公司的负责人为陈庆荣,监事为颜素贞。中国农业银行现金缴款单则表明,圣克达诚公司的出资人为陈庆荣。马达庆《职工履历表》、青岛大学出具的证明等表明,陈庆荣为马达庆的外甥、颜素贞为马达庆的妻子。根据一审庭审笔录的记载,证人刘兵在一审庭审中自称其工作单位为日本水产株式会社代表处,日本水产株式会社与山孚日水公司之间是投资关系。

最高人民法院认为,本案当事人在申请再审过程中主要涉及如下问题:

(一)关于涉案对日出口海带配额的交易性质以及是否属于反不正当竞争法所保护的法益

涉案对日出口海带配额是日本国政府设定的我国对日出口海带产品的被动配额。获得该配额的国内企业可以就相关区域产特定数量海带对日出口,获得该配额就获得了对日出口海带的商业机会或交易机会。本案中,对日出口海带的配额由日本北海道渔联主导,通过中粮集团作为日方在华海带贸易的唯一窗口来选择有关企业进行分配。一方面,对日出口海带配额长期以来只分配给国内有限的几个企业,具有相对的稳定性和一定的可预期性。对于长期稳定获得该配额的企业如本案中的山东食品公司而言,获得对日出口海带配额是一种在一般情况下可以合理预期获得的商业机会,可以成为法律特别是反不正当竞争法所保护的法益。另一方面,尽管总体来讲对日出口海带配额的发放长期保持相对稳定,但仍然是一种可以争夺的商业机会,因而也具有竞争性和开放性。涉案事实也表明获得配额的企业发生过一定变化,例如大连观宇食品有限公司于2005年取代大连同盛实业总公司获得了对日出口海带配额。一、二审法院有关涉案对日出口海带配额的交易性质属于一种商业交易机会的认定和一审法院有关该交易机会并非知识产权保护客体但可以受到反不正当竞争保护的认定均正确。但是,一审法院有关对日出口海带配额不是任何一个具有进出口业务资格的企业可以自主通过申报计划书等方式从公开途径获得,因此并非从市场上通过公开、自由竞争而获得的认定,并不正确。市场经济条件下,交易方式和竞争方式均具有多样性,不能以历史上未曾采用过申报计划书这种交易对象选择方式来当然推定新的交易对象选择方式的不正常或者不正当,交易对象选择方式的变化以及其公开竞争的程度都属于交易选择者的行为自由范畴，本身无可厚非；当然更不能以是否采用公开竞标方式来衡量是否属于自由竞争或公平竞争。同时，本案也没有任何证据表明对日出口海带配额及其发放属于一种秘密的交易机会而不为市场上其他企业所知悉，本案中申请再审人从未提出商业秘密侵权的主张也可以反衬出对日出口海带配额作为一种交易机会是他人可以争夺的。

在反不正当竞争法上，一种利益应受保护并不构成该利益的受损方获得民事救济的充分条件。商业机会虽然作为一种可以受到反不正当竞争法所保护的法益，但本身并非一种法定权利，而且交易的达成并非完全取决于单方意愿而需要交易双方的合意，因此他人可以自由参与竞争来争夺交易机会。竞争对手之间彼此进行商业机会的争夺是竞争的常态，也是市场竞争所鼓励和提倡的。对于同一交易机会而言，竞争对手间一方有所得另一方即有所失。利益受损方要获得民事救济，还必须证明竞争对手的行为具有不正当性。只有竞争对手在争夺商业机会时不遵循诚实信用的原则，违反公认的商业道德，通过不正当的手段攫取他人可以合理预期获得的商业机会，才为反不正当竞争法所禁止。正如涉案事实所表明，大连观宇食品有限公司于2005年取代大连同盛实业总公司获得了对日出口海带配额，这并不当然意味着前者因此就构成对后者的不正当竞争。因此，本案的关键在于被申请人圣克达诚公司和马达庆是否采取了违背诚实信用原则和公认的商业道德的不正当竞争手段，从而使圣克达诚公司获得了本案曾由申请再审人山东食品公司长期拥有的威海地区对日出口海带配额这一交易机会。

需说明的是，一审法院多次使用了“竞争优势”这一内涵和外延并不确定的概念，而且泛泛地将所谓山东食品公司的竞争优势作为反不正当竞争法所保护的法益，缺乏法律依据和法理基础。

(二)关于涉案被控不正当竞争行为能否证实以及是否具有不正当性，即二审判决是否孤立、片面地认定了案件事实

申请再审人主张马达庆实施了一系列有计划、有步骤、有预谋地攫取申请再审人商业机会的不正当竞争行为，包括马达庆还在申请再审人任职期间即(1)蓄谋筹划设立新公司(即圣克达诚公司)；(2)要求山东食品公司放弃海带专利；(3)赴日本以圣克达诚公司名义游说日本客户；(4)拉拢山东食品公司海带业务人员离职为自己工作；(5)向海带养殖户散布其本人已经获得海带配额的消息；以及(6)擅自离职并带走公司绝大部分海带业务资料，这些离职前后的行为整体构成不正当竞争。马达庆对上述被指控的行为均不予认可。

对于申请再审人所指控的上述行为，具体分析如下：对于申请再审人主张的行为(1)，本案证据表明，圣克达诚公司的出资人和法定代表人系马达庆的外甥、时为青岛大学在校学生的陈庆荣，监事为马达庆的妻子颜素贞，马达庆办理过圣克达诚公司登记成立的有关手续，本案没有证据证明陈庆荣和颜素贞具有从事对日出口海带贸易甚至其他对外贸易的经历。根据圣克达诚公司登记成立和之后的有关经营活动，可以合理推定，在对日出口海带业务上，马达庆是圣克达诚公司的实际操作人。因此，可以认定马达庆本

人在申请再审人处工作期间即筹划设立了圣克达诚公司。一审法院对有关事实的认定基本正确。但是,职工在职期间筹划设立新公司,为自己离职后的生涯做适当准备,并不当然具有不正当性,因此,只有当职工的有关行为违反了法定或者约定的竞业限制义务的情况下,才能够认定该行为本身具有不正当性。法定的竞业限制义务主要是指公司法上针对公司董事、高级管理人员设定的义务,约定的竞业限制义务一般是指依据合同法和劳动合同法针对交易相对人或者劳动者通过协议约定的义务。本案中,申请再审人未以马达庆违反法定或者约定的竞业限制提出请求,马达庆也并非山东食品公司的董事或者公司法意义上的高级管理人员,并不负有公司法规定的竞业限制义务,同时本案现有证据也不能证明马达庆负有约定的竞业限制义务。因此,基于现有证据难以认定马达庆在职期间筹划设立新公司的行为具有不正当性。况且,无论是法定的还是约定的竞业限制制度,都属于法律赋予有关经营者的法律保护手段,本案申请再审人在不能依据法定竞业限制约束马达庆的情况下,又未事先通过约定进行自我保护,由此产生的不利后果应自我承担,不能责任旁贷和怨天尤人。对于申请再审人主张的行为(2),申请再审人提交了有马达庆署名的含有"海带专利没必要花钱再续"表述的文件,但是该文件除署名外的内容均为打印件,没有主送抬头,而落款又为马达庆所任职的"水产二部",仅此难以确定马达庆签署该文件的目的和意图。事实上,山东食品公司也并未因为马达庆签署该文件的行为而未缴专利年费并导致其专利权终止,并未因此而给山东食品公司造成认定构成不正当竞争所应具备的损害后果。对于申请再审人主张的行为(3),由于《山东省食品进出口公司董事长滕海波拜访北海道渔联宫村会长等的会谈纪要》系山东食品公司的单方记录,且系打印件,无任何参与人员的亲笔签名,也未经参与会谈的日方人员的确认,原审中尽管有证人刘兵出庭作证,但刘兵是日本水产株式会社代表处的员工,日本水产株式会社又是本案申请再审人之一山孚日水公司的投资方,刘兵与本案有一定的利害关系,其证言无法单独采信,在没有其他证据佐证的情况下,难以认定该会谈纪要记载内容的真实性。申请再审人据此主张马达庆赴日本以圣克达诚公司名义游说日本客户,证据不足。对于申请再审人主张的行为(4),由于一审庭审中出庭作证的证人刘鸿系申请再审人之一山东食品公司的退休职工,且已返聘回山东食品公司工作,与申请再审人具有明显利害关系,又没有其他证据予以佐证,其证言亦难以单独采信,不足以证明马达庆拉拢山东食品公司海带业务人员离职为自己工作。退一步讲,假使马达庆有此行为,只要没有采用不正当手段,游说他人或者网罗人才本身也并不违反法律规定。对于申请再审人主张的行为(5),申请再审人和被申请人在原审中均提交了经公证的证人证言,由于相关的证人证言相互矛盾,特别是在后为被申请人作证的五个人的证言均推翻了之前他们为申请再审人所作的证言,且这些证人均未出庭作证,难以据此认定马达庆在职期间向海带养殖户散布其本人或者圣克达诚公司已经获得海带配额消息的事实。对于上述第(2)至(5)种被控行为,一审法院也均未作出肯定性认定。对于申请再审人主张的行为(6),申请再审人在本案中提供的证据不能证明马达庆在与山孚日水公司的劳动合同到期之前即离开该公司，因此不能认定马达庆构成擅自离职，况且擅自离职一般属于劳动争议所要解决的问题，并不当然因此构成不正当竞争；而在本案发生之前已经提起的马达庆与山孚日水公司的劳动争议仲裁案中，本案申请再审人之一山孚日水公司已提出要求马达庆返还相关文件和资料的请求，一、二审法院对此均以有另案审理为由而未予进一步审查处理，并无明显不当。综上，在申请再审人所指控的第(1)和(2)两种行为本身不能认定构成不正当竞争，第(3)至(5)种行为均缺乏充分有效的证据证明有关行为的存在，且第(6)种行为已经另案处理的情况下，申请再审人关于马达庆实施了一系列有计划、有步骤、有预谋地攫取申请再审人商业机会的不正当竞争行为的主张，难以得到支持。

(三)关于本案的法律适用问题，主要是反不正当竞争法第2条作为一般条款的适用条件及其在本案中的具体适用

第一，关于反不正当竞争法第2条能否作为一般条款予以适用。反不正当竞争法第二章列举规定了法律制定时市场上常见的和可以明确预见的一些不正当竞争行为类型。同时，反不正当竞争法第2条第1款确立了市场交易的基本原则，即经营者应当遵循自愿、平等、公平、诚实信用的原则，遵守公认的商业道德；并在第2款中对不正当竞争作出了定义性规定，即经营者违反反不正当竞争法的规定，损害其他经营者的合法权益，扰乱社会经济秩序的行为。由于市场竞争的开放性和激烈性，必然导致市场竞争行为方式的多样性和可变性，反不正当竞争法作为管制市场竞争秩序的法律不可能对各种行为方式都作出具体化和预见性的规定。因此，在具体案件中，人民法院可以根据反不正当竞争法第2条第1款和第2款的一般规定对那些不属于反不正当竞争法第二章列举规定的市场竞争行为予以调整，以保障市场公平竞争。本案被控不正当竞争行为不属于反不正当竞争法第二章列举的不正当竞争行为，原告也并未依据该列举式规定主张权利，而是依据该法第2条的原则性规定主张权利，被告亦据此进行答辩，一、二审法院也均据此对本案作出裁判。应当说，本案当事人和原审法院均将反不正当竞争法第2条作为本案法律适用的依据，并无不当。

第二，关于反不正当竞争法第2条作为一般条款予以适用的基本条件。自由竞争和公平竞争是市场经济的两个基本法则，二者各有侧重，互为平衡。自由竞争将有效地优化市场资源配置、降低价格、提高质量和促进物质进步，从而使全社会受益。但是，自由竞争并非没有限度，过度的自由竞争不仅会造成竞争秩序混乱，还会损害社会公共利益，需要用公平竞争的规则来限制和校正自由竞争，引导经营者通过公平、适当、合法的竞争手段来争夺商业机会，而不得采用违法手段包括不正当竞争手段。因此，虽然人民法院可以适用反不正当竞争法的一般条款来维护市场公平竞争，但同时应当注意严格把握适用条件，以避免不适当干预而阻碍市场自由竞争。凡是法律已经通过特别规定作出穷尽性保护的行为方式，不宜再适用反不正当竞争法的一般规定予以管制。总体而言，适用反不正当竞争法第2条第1款和第2款认定构成不正当竞争应当同时具备以下条件：一

是法律对该种竞争行为未作出特别规定;二是其他经营者的合法权益确因该竞争行为而受到了实际损害;三是该种竞争行为因确属违反诚实信用原则和公认的商业道德而具有不正当性或者说可责性,这也是问题的关键和判断的重点。

第三,关于适用反不正当竞争法一般条款时认定竞争行为正当性的具体考虑。对于竞争行为尤其是不属于反不正当竞争法第二章列举规定的行为的正当性,应该以该行为是否违反了诚实信用原则和公认的商业道德作为基本判断标准。诚实信用原则是民法的基本原则,是民事活动最为基本的行为准则,它要求人们在从事民事活动时,讲究信用,恪守诺言,诚实不欺,用善意的方式取得权利和履行义务,在不损害他人利益和社会公共利益的前提下追求自身的利益。在规范市场竞争秩序的反不正当竞争法意义上,诚实信用原则更多的是以公认的商业道德的形式体现出来的。商业道德要按照特定商业领域中市场交易参与者即经济人的伦理标准来加以评判,它既不同于个人品德,也不能等同于一般的社会公德,所体现的是一种商业伦理。经济人追名逐利符合商业道德的基本要求,但不一定合于个人品德的高尚标准;企业勤于慈善和公益合于社会公德,但怠于公益事业也并不违反商业道德。特别是,反不正当竞争法所要求的商业道德必须是公认的商业道德,是指特定商业领域普遍认知和接受的行为标准,具有公认性和一般性。即使在同一商业领域,由于是市场交易活动中的道德准则,公认的商业道德也应当是交易参与者共同和普遍认可的行为标准,不能仅从买方或者卖方、企业或者职工的单方立场来判断是否属于公认的商业道德。具体到个案中的公认的商业道德,应当结合案件具体情形来分析判定。

第四,关于职工在职期间筹划设立新公司和在离职之后与原公司开展竞争的行为是否违反诚实信用原则和公认的商业道德。根据前述适用反不正当竞争法一般条款的条件,企业职工在离职前后,即使没有法定的或者约定的竞业限制义务,也未从事侵害企业商业秘密等特定民事权益的行为,也仍然应当遵循自愿、平等、公平、诚实信用的原则,遵守公认的商业道德,不得采取不正当手段从事损害企业合法权益的行为。马达庆本人作为山东食品公司长期负责对日海带出口业务的部门经理,其在职期间即筹划设立了新公司并在离职之后利用该新公司与山东食品公司开展对日海带出口业务竞争,但并无证据表明马达庆负有法定或者约定的竞业限制义务。就本案而言,关键在于马达庆在职期间筹划设立圣克达诚公司和离职之后利用圣克达诚公司与山东食品公司开展竞争是否违反了诚实信用的原则和公认的商业道德。用一般的社会观念衡量,作为一个被企业长期培养和信任的职工,马达庆的所作所为可能并不合于个人品德的高尚标准,不应该得到鼓励和提倡,但这并不当然意味着他作为一个经济人同时违反了诚实信用原则和公认的商业道德。在不负有竞业限制义务的情况下,企业的一般劳动者在职期间筹划设立新公司为离职后的生涯做准备,属于市场常见现象,法律上对此行为本身也无禁止性规定。当然,如果劳动者在职期间即利用职务之便以新设公司名义攫取本应由原企业获得的现实经济利益,则应另当别论。本案中马达庆在职期间筹划设立的新公司于2006年9月22日成立,其与原企业劳动合同于2006年12月31日届满,间隔仅3个多月,时间相对较短,申请再审人也无充分证据证明马达庆在职期间即利用职务之便为新设立的圣克达诚公司牟取利益。在市场经济环境下,任何人只要不违反法律都可以和其他任何人开展竞争,劳动力或者说人才的流动也是市场竞争的必然要求和重要方面,人才流动或者说"职工跳槽"后与原企业争夺商业机会,可以有效地形成和促进竞争。因此,马达庆在职期间筹划设立新公司为离职后的生涯做准备的行为,并非不合常理,其在离职后以圣克达诚公司的名义与山东食品公司开展竞争,也无可厚非,不能因其与原公司争夺商业机会就推定其具有主观恶意,本案有证据证明的马达庆和圣克达诚公司的有关行为并不违反诚实信用的原则和公认的商业道德。二审法院有关在没有法定的和约定的竞业限制以及不侵害商业秘密等特定民事权益的情况下,职工有权自由与企业开展竞争的判理表述,表面上看文字表述似不尽周延,但这里所讲的职工有权自由竞争的本意当然是指开展合法竞争,并不包括采取违反诚实信用的原则和公认的商业道德的手段开展非法竞争。

第五,关于劳动者的个人能力与竞争优势的关系及权益归属等问题。申请再审人主张,二审判决混淆了劳动者的个人技能与海带业务的竞争优势的关系,将个人因素界定为海带业务的唯一竞争因素,与海带出口业务的性质严重不符。尽管对日出口海带业务属于普通的海产品加工、出口贸易,企业的业务传统、资金实力、经营规模、过往业绩、技术水平等因素对于形成竞争优势比较重要,但是从事海带对日出口业务的员工的个人知识、经验和技能同样不可忽视。这在日本北海道渔联代表理事副会长宫村正夫2007年4月3日的回函中即可得到证明。在该回函中,日方就对马达庆辞职后山东食品公司是否还能保证威海海带的品质稳定和数量表示了不安和疑虑,同时明确指出,因马达庆长期从事威海海带的业务,拥有丰富的经验和知识,已被日本海带业界承认和信赖。该回函还明确指出,日方将2007年威海海带业务交由圣克达诚公司是依据中粮公司在当地听取、比较了圣克达诚公司和山东食品公司业务计划后提供的资料所作出的决定。二审判决在认定马达庆的行为是否具有不正当性时虽然考虑了马达庆个人在对日出口海带方面的经验和知识因素,但并未将其作为从事海带出口业务的唯一竞争因素。因此,申请再审人的上述主张不能成立。应予指出的是,作为具有学习能力的劳动者,职工在企业工作的过程中必然会掌握和积累与其所从事的工作有关的知识、经验和技能。除属于单位的商业秘密的情形外,这些知识、经验和技能构成职工人格的组成部分,是其生存能力和劳动能力的基础。职工离职后有自主利用其自身的知识、经验和技能的自由,因利用其自身的知识、经验和技能而赢得客户信赖并形成竞争优势的,除侵犯原企业的商业秘密的情况外,并不违背诚实信用的原则和公认的商业道德。一审法院有关企业职工在履行单位交办工作过程中所形成的竞争优势,如同在履行单位工作中产生的发明创造一样,其权利享有者是公司而非职工,因此,马达庆将本属于山东食品公司的竞争优势获为圣克达诚公司所有,属于将日本客户对自己基于履行职务行为所产生信赖的滥用,严重违背了诚实信用的原则,也违背了公认的商业道德的认定,并不正确。应当说,一审法院此处所谓企业职工在履行单位交办工作过程中所形成的竞争优势,实质上是指马达庆所获得的知识、经验和技能等个人能力和客户对其个人能力的信赖。首先,个人能力显然不能直接等同于职务发明创造,知识、经验和技能等个人能力的积累既与其工作岗位和业务经历有关,也与个人天赋和后天努力有关,如前所述,其中除涉及单位商业秘密的内容以外,均应属于个人人格内容,可以自由支配和使用,这与职务发明创造或者职务劳动成果可以成为独立的财产或者利益有明显不同。如果任何人在履行职务的过程中积累知识、经验和技能等竞争优势都应归属于任职单位,在将来离职变换工作时将不能使用,那么显然不利于鼓励职工在现单位学习新知识,积累新经验,提高自身业务能力,更不利于整个社会在知识上的积累和利用,不利于社会的创新和发展。一审法院要求圣克达诚公司、马达庆证明日本客户是基于对马达庆个人的信赖才选择与山东食品公司进行交易,实质上也是将马达庆的个人能力完全限于其进入山东食品公司之前的个人能力和业务水平,而将马达庆在申请再审人工作期间积累的知识、经验和技能等个人能力均视为属于山东食品公司所有,这显然是错误的。其次,一审法院所谓马达庆滥用日本客户对其基于履行职务行为所产生的信赖的认定,并无事实依据。一方面,根据日本北海道渔联 2007 年 4 月 3 日回函,充分表明日本客户恰恰是基于对马达庆个人能力的信赖,只不过马达庆的这种个人能力在很大程度上确实是基于其在申请再审人处长期任职所形成的,但如前所述,这种能力并不属于申请再审人的财产或者利益。另一方面,本案也不存在被申请人利用申请再审人山东食品公司商誉的问题。申请再审人既没有明确主张马达庆和圣克达诚公司利用了山东食品公司的商誉,也没有证据证明马达庆在此过程中借用了山东食品公司的名义或者导致日本客户对交易对象选择的混淆、误认。日本北海道渔联 2007 年 4 月 3 日回函同样表明,日本客户明知其交易对象并非山东食品公司。所谓的商誉必须是某种能够归属于特定商业主体的权利和利益,不能仅以交易相对人知道或考虑了交易对象及其交易代表曾经的身份和经历,或者因交易对象及其交易代表表明了自己曾经的身份和经历,即认定交易对象利用了原所在单位的商誉。

第六,关于争夺商业机会过程中交易相对人的自愿选择对竞争行为正当性判断的影响。申请再审人主张,二审判决混淆了交易相对人的选择和对不正当竞争行为的认定标准,对于商业机会保护领域的不正当竞争行为,其判断标准应当是经营者是否具有恶意、是否实施了不正当竞争行为,并非以交易相对人的选择作为判断依据。如前所述,对于不属于反不正当竞争法第二章列举规定的行为的正当性,主要应该以该行为是否违反了公认的商业道德进行判断,公认的商业道德需要根据特定商业领域和个案情形具体确定,特定行业的一般实践、行为后果、交易双方的主观状态和交易相对人的自愿选择等都可能成为考虑因素。本案中,二审法院在认定马达庆离职后通过圣克达诚公司争取对日出口海带业务行为的正当性时,确实考虑了日方的主观状态及其自愿选择,本院在判断有关行为的正当性时也充分考虑了这一因素,但这种考量并非意味着交易相对人的自愿选择是判断行为正当性的唯一标准或者决定性因素,申请再审人的有关主张不能成立。

(四)关于二审判决有关竞业限制和商业秘密问题的认定是否超出原告的诉讼请求

本案中,申请再审人在一审过程中没有提出马达庆违反竞业限制约定或者圣克达诚公司和马达庆侵犯其商业秘密的诉讼请求,二审判决对此亦予以确认。对于二审判决关于"山东食品公司、山孚日水公司与马达庆没有关于限制马达庆离职后从事具有竞争关系的业务的竞业限制约定","山东食品公司或山孚日水公司没有把对日出口海带贸易机会视为其商业秘密,没有与马达庆约定应遵守对日出口海带贸易机会商业秘密,马达庆获取该贸易机会也不涉及对其商业秘密的侵害"等表述,综合二审判决归纳的争议焦点及其主要内容来看,上述表述实质是要指出,在申请再审人在一审过程中没有提出马达庆违反竞业限制约定和圣克达诚公司、马达庆侵犯其商业秘密的诉讼请求的情况下,马达庆在本案中即不负有相应的法定或者约定的竞业限制义务。况且,二审判决是在判理部分作出上述表述的,并非对本案事实的确认,也未写入判决主文,并不影响申请再审人另行以违反竞业限制或者侵犯商业秘密为由主张权利。因此,申请再审人关于二审判决超出其诉讼请求的主张,不能成立。

(五)关于对被申请人获得涉案交易机会的手段的正当性的举证责任分配

当事人对自己的诉讼请求所依据的事实有责任提供证据加以证明,这是我国民事诉讼法有关举证责任分配的一般规则,只有在法律有明文规定的特殊情况下才存在例外。如果当事人对其诉讼请求的举证达到了一定的证明程度,能够证明相关诉讼主张的成立,接下来应由对方当事人承担否定该主张的举证责任。我国相关法律或者司法解释对有关不正当竞争行为的民事诉讼并未规定特殊的举证责任规则,因此应适用上述一般规则。本案中,申请再审人的诉讼请求之一是确认圣克达诚公司和马达庆的行为构成不正当竞争。对于被控不正当竞争行为的存在及其手段的不正当性,原告负有基本的证明责任,既不能因一种长期维持的商业交易机会被他人突然夺走即推定他人采取了不正当手段,也不能因竞争对手是一个市场的新进入者而否定其具有竞争能力。尽管申请再审人能够证明,与圣克达诚公司相比,申请再审人在过往业绩、资金以及规模、从业人员数量、技术等方面均有明显的竞争优势,但是圣克达诚公司并非毫无优势,马达庆在对日出口海带方面就拥有丰富经验。况且,在交易机会领域,由于竞争的开放性、复杂性和多变性,影响获得交易机会的因素是极其复杂和难以准确预期的。竞争者在某些方面的竞争优势只是影响其获得交易机会的可能因素之一,竞争优势本身并不能预定其必然就应当获得特定的交易机会。申请再审人认为其失去全部对日出口海带配额是一种"巨变",实际上商业机会的得失却是市场竞争的常态。因此,仅凭山东食品公司具有某种竞争优势和失去对日出口海带的商业机会并不足以证明马达庆与圣克达诚公司存在不正当竞争行为,更不应因此推定马达庆与圣克达诚公司存在不正当竞争行为。至于申请再审人曾申请二审法院调查马达庆与圣克达诚公司向中粮集团报送文件而未获准的问题,因其在一审阶段并未提出此申请,且其并非在一审举证期限届满后才知道有此证据,二审法院不予准许并无明显不妥。

(六)本案的处理结果与山东食品公司争取对日出口海带配额的关系,即本案认定构成或者不构成不正当竞争对山东食品公司开展对日出口海带业务的影响

申请再审人称,二审判决无视其在对日出口海带业务方面的巨额投入,判决显失公正,危害巨大,已经造成不良影响;马达庆非法攫取了山东食品公司的对日出口海带配额,导致国有企业经营困难和国有资产流失,威胁到两千多名职工的生计,影响社会稳定,应制止其与山东食品公司争夺对日出口海带配额。

首先,关于前期巨额投入与反不正当竞争保护的关系问题。申请再审人并未在原审中提供充分证据证明其在对日出口海带业务方面进行了巨额投入;即使可以证明其为此进行了巨额投入,在没有充分证据证明马达庆实施了不正当竞争行为的情况下,因他人正常争夺商业机会而导致的投资损失或者竞争失败属于正常的商业风险,不能仅因有历史积淀和前期投入即推定商业机会应归属于己。

其次,本案处理结果与山东食品公司能否获得对日海带出口配额的关系问题。山东食品公司自称本案发生后,经多方努力和协调,涉案对日出口海带配额从 2008 年起至今一直由山东食品公司享有,圣克达诚公司至今未再获得对日出口海带配额。这一方面说明,涉案海带出口配额的分配,并没有受到二审判决结果的影响;另一方面也反映出,涉案海带出口配额作为一种可以竞争的商业机会,控制权和决定权始终在日方和中粮集团手中,山东食品公司完全可以通过正常渠道的竞争而获得。因此,山东食品公司将来能否继续获得该配额以及配额的多少,均属市场竞争的结果,事实上是山东食品公司自身的市场经营能力问题,也主要取决于其与日方和中粮集团的商业关系,与人民法院对被申请人涉案行为的定性及判决结果并无必然联系,本案裁决并不涉及该配额的归属问题,即使日方和中粮集团可能因为本案裁决改变海带出口配额的分配,那也是日方和中粮集团的自由和权利,不能将未来可能丧失该商业机会乃至可能影响企业生存和社会稳定的原因归咎于本案的裁判。至于国有资产流失问题,涉案海带出口配额只是一种商业机会,并不构成一种财产,因而也不涉及国有资产的流失问题,而且在市场经济条件下,不论是国有资产还是非国有资产,均应一体平等地受到法律保护。

最后,假设本案认定被申请人构成不正当竞争,一审判决结果也不完全正确。如前所一再论及,限制劳动者的择业自由或者竞业自由需要以存在法定的或者约定的竞业限制义务为前提。一审判决马达庆和圣克达诚公司于判决生效之日起三年内不得采取与山东食品公司相同的方式经营对日出口海带贸易,这实际上是给被申请人施加了一种竞业

限制的义务,明显缺乏法律依据。再假设认定马达庆离职前的行为构成不正当竞争,则本案充其量也只能是判决被申请人承担因马达庆离职前的行为给山东食品公司在2007年造成的损失问题,也不能判令其在离职后承担竞业限制义务。至于本案中马达庆离职以后的行为,显然没有任何可以施加竞业限制的余地。在申请再审人没有主张商业秘密保护,本案也没有证据表明存在法定或者约定的竞业限制的情况下,一审法院的这一判项明显错误。

综上,二审判决以本案证据所能证明的事实为基础,正确适用法律作出裁判,判决结果并无不当。2010年10月18日,最高人民法院裁定驳回了申请再审人的再审申请。

上海中韩晨光文具制造有限公司诉宁波微亚达制笔有限公司等擅自使用知名商品特有装潢纠纷案

——阅读提示:获得外观设计专利的商品外观在专利权终止后能否再依据反不正当竞争法获得保护?形状构造类装潢获得知名商品特有装潢保护需要满足何种条件?

【裁判要旨】

外观设计专利权终止后,该设计并不当然进入公有领域,在符合反不正当竞争法的保护条件时,它还可以受到该法的保护。商品的装潢不仅包含外在于商品之上的文字、图案、色彩及其排列组合,还包含内在于物品之中,属于物品本体但具有装饰作用的物品的整体或者局部外观构造。认定形状构造类装潢构成知名商品特有装潢,需要有更加充分的证据证明该种形状构造起到了区别商品来源的作用。这些条件一般至少包括:(1)该形状构造应该具有区别于一般常见设计的显著特征。(2)通过在市场上的使用,相关公众已经将该形状构造与特定生产者、提供者联系起来,即该形状构造通过使用获得了第二含义。

【案号】

一审:上海市第二中级人民法院(2008)沪二中民五(知)初字第112号

二审:上海市高级人民法院(2008)沪高民三(知)终字第100号

再审:最高人民法院(2010)民提字第16号

【案情与裁判】

原告(二审被上诉人、被申请人):上海中韩晨光文具制造有限公司(以下简称中韩晨光公司)

被告(二审上诉人、申请再审人):宁波微亚达制笔有限公司(以下简称微亚达制笔公司)

被告:宁波微亚达文具有限公司(以下简称微亚达文具公司)

被告:上海成硕工贸有限公司(以下简称成硕工贸公司)

起诉与答辩

2008年4月21日,一审原告中韩晨光公司向上海市第二中级人民法院起诉称,其晨光牌K-35型按动式中性笔是知名商品,成硕工贸公司销售的、由微亚达制笔公司和微亚达文具公司生产、销售的681型水笔仿冒了K-35型按动式中性笔的特有装潢,构成不正当竞争行为,给中韩晨光公司造成较大的经济损失,请求法院判令微亚达制笔公司、微亚达文具公司和成硕工贸公司立即停止生产和销售侵权产品,赔偿其经济损失50万元和律师费用3万元。一审被告微亚达制笔公司和微亚达文具公司共同辩称:(1)中韩晨光公司的晨光牌K-35型按动式中性笔的各个部件属于笔的组成部分,不属于笔的装潢,该笔的外观不构成知名商品的特有装潢。(2)微亚达制笔公司和微亚达文具公司生产、销售681型水笔早于中韩晨光公司生产、销售K-35型按动式中性笔,享有先用权。一审被告成硕工贸公司辩称,其对系争681型水笔是否构成仿冒知名商品特有装潢并不知情,不应承担民事责任。

法院审理查明

2002年7月19日,中韩晨光公司向国家知识产权局申请了名称为"笔(事务笔)"的外观设计专利,该专利于2003年2月19日获得授权公告,专利号为ZL02316156.6,该专利当前的状态为终止。经对比,中韩晨光公司的K-35型按动式中性笔的外观与前述外观设计专利相同。

2004年9月21日,中韩晨光公司经受让取得注册商标"晨光",商标注册证号为第1815587号,注册有效期自2002年7月28日至2012年7月27日,核定使用商品为第16类的笔、笔记本等。2005年1月,"晨光"商标被上海市工商行政管理局认定为上海市著名商标,有效期自2005年起至2007年止。2005年12月30日,国家工商行政管理总局商标局认定在第16类笔商品上的"晨光"注册商标为驰名商标。此外,"晨光"牌中性笔于2003年和2007年还多次获得"名牌"产品称号,中韩晨光公司对其产品也进行了广告宣传。

中韩晨光公司生产的晨光牌K-35型按动式中性笔的外观由揿头、笔套夹、装饰圈、笔杆、笔颈、护套、尖套组成。揿头是直径为6毫米、顶部为圆球状的圆柱体空心零件,采用透明塑料制造,可以看到内部按动结构零件的颜色。笔套夹为圆柱体与半圆梯形组合成的三维立体形状,半圆梯形的最高处连接有一个7毫米宽的笔夹,笔夹面呈弧形曲面向内收敛,笔套夹上部有两条半环形镂空,套身上有大圆弧缺口,笔夹与半圆梯形结合处有一个6.5毫米长的腰形孔,笔套夹的颜色与笔芯颜色相同,笔夹面上印有"M&G"及产品型号"K-35"等字样。装饰圈位于笔套夹下方,其弧度与笔套夹和笔杆的曲线相吻合,材质为经过电镀处理的工程塑料。笔杆是直径为11.6毫米的空心圆柱体,由透明塑料制造,在其与笔颈连接处贴有环形不干胶,上面印有注册商标"晨光"、产品型号"K-35"等字样。笔颈是一个上端与笔杆连接,下端与尖套连接的空心圆柱体状零件。笔颈外套有护套,该护套外形呈中间小两头略大的哑铃型,护套颜色与笔芯墨水颜色相同。尖套为弧形圆锥体状零件,其表面经过电镀,颜色与装饰圈的色泽相同。

被控侵权的681型水笔由微亚达制笔公司和微亚达文具公司生产、销售,该笔的结构与上述K-35型按动式中性笔相同,笔夹上印有"WEIYADA"、"681"等字样,环形不干胶上印有"WEIYADA"、"E681"等字样,从整体上看,两者外观基本相同。2007年6月4日,中韩晨光公司在成硕工贸公司处购买了681型水笔一盒,并委托上海市黄浦区第一公证处对上述购买行为进行了公证。在本案中,微亚达制笔公司主要从事681型水笔的生产活动,微亚达文具公司主要从事681型水笔的销售活动。

一审判理和结果

上海市第二中级人民法院一审认为:(1)中韩晨光公司的K-35型按动式中性笔外观中的笔套夹和装饰圈部分构成知名商品的特有装潢。K-35型按动式中性笔的外观由揿头、笔套夹、装饰圈、笔杆、笔颈、护套和尖套组成,中韩晨光公司对其中笔套夹和装饰圈部分进行了专门的设计,使其除具有功能性以外,还具有较强的装饰性,起到了美化商品的作用。可以认定,K-35型按动式中性笔外观中的笔套夹和装饰圈部分构成知名商品的特有装潢。(2)微亚达制笔公司和微亚达文具公司的行为构成不正当竞争。经比对,被控侵权的681型水笔与K-35型按动式中性笔在笔套夹和装饰圈部分的形状设计基本无差别,构成了相近似的产品装潢,此外两个产品的其他部分也十分相似,从整体上看足以造成消费者的混淆。微亚达制笔公司和微亚达文具公司未经中韩晨光公司许可,擅自生产、销售使用知名商品特有装潢的681型水笔,构成了不正当竞争行为,应当承担停止侵害、赔偿损失的民事责任。(3)关于赔偿责任。鉴于中韩晨光公司的实际损失以及微亚达制笔公司和微亚达文具公司的获利皆无法确定,参照商标法的有关规定,综合考虑中韩晨光公司产品的知名度、涉案侵权行为的范围、主观过错程度,侵权行为持续的时间及获利状况等因素,酌情确定赔偿数额,包括合理费用的支出。上海市第二中级人民法院于2008年6月19日作出(2008)沪二中民五(知)初字第112号民事判决:(1)微亚达文具公司、微亚达制笔公司于判决生效之日起立即停止实施仿冒中韩晨光公司知名商品K-35型按动式中性笔特有装潢的不正当竞争行为;(2)成硕工贸公司于判决生效之日起立即停止销售681型水笔;(3)微亚达公司、微亚达制笔公司于判决生效之日起十日内共同赔偿中韩晨光公司包括合理费用在内的经济损失人民币10万元;(4)驳回中韩晨光公司的其他诉讼请求。

微亚达制笔公司不服一审判决,向上海市高级人民法院提起上诉。

二审判理和结果

上海市高级人民法院二审认为:(1)中韩晨光公司的K-35型按动式中性笔属于知名商品。(2)K-35型按动式中性笔笔套夹和装饰圈构成知名商品的特有装潢。中韩晨光公司的K-35型按动式中性笔的笔套夹上部有两条半环形镂空,套身上有大圆形缺口,笔套夹下方又配以"S"形装饰圈,上述两部件的设计不仅体现防滑、节省材料、提高加工工艺性等功能性考虑,也体现了独特的装饰性效果,增加了K-35型按动式中性笔外形的美观,故笔套夹和装饰圈亦属于K-35型按动式中性笔的装潢设计。根据本案证据显示,随着近年来中韩晨光公司对K-35型按动式中性笔的广泛宣传和大量销售,已经使得K－35型按动式中性笔笔套夹和装饰圈部件的独有设计与商品的来源即生产者中韩晨光公司之间建立了明确和稳固的联系,使其具备了识别商品来源的显著特征,故应认定为知名商品的特有装潢。(3)一审法院认定中韩晨光公司对K－35型按动式中性笔的最早销售时间为2002年3月并无不当。上海市高级人民法院于2008年10月20日作出(2008)沪高民三(知)终字第100号民事判决:驳回上诉,维持原判。

申请再审理由与答辩

微亚达制笔公司不服上述判决,向最高人民法院申请再审称:(1)原审判决将中韩晨光公司K－35型按动式中性笔的零部件本体、外观设计直接认定为特有装潢,认定事实不清。(2)原审判决回避了微亚达制笔公司销售被控侵权产品681型水笔的日期早于中韩晨光公司销售K－35型按动式中性笔的日期这一事实。(3)原审判决认定中韩晨光公司于2002年3月26日即开始销售K－35型按动式中性笔这一事实所依据的证据属于伪证。(4)原审判决判令微亚达制笔公司和微亚达文具公司共同赔偿中韩晨光公司经济损失(含合理费用)10万元没有事实依据。故,请求撤销原一、二审判决,由被申请人承担本案诉讼费。

再审审查与审理结果

再审过程中,微亚达制笔公司、微亚达文具公司与中韩晨光公司于2010年11月22日达成和解协议,微亚达制笔公司根据该和解协议向申请撤回其再审申请。

最高人民法院审查认为,当事人在申请再审中争议的主要法律问题在于:

(一)关于获得外观设计专利的商品外观在专利权终止后能否再依据反不正当竞争法获得保护的问题

多数情况下,如果一种外观设计专利因保护期届满或者其他原因导致专利权终止,该外观设计就进入了公有领域,任何人都可以自由利用。但是,在知识产权领域内,一种客体可能同时属于多种知识产权的保护对象,其中一种权利的终止并不当然导致其他权利同时也失去效力。同时,反不正当竞争法也可以在知识产权法之外,在特定条件下对于某些民事权益提供有限的、附加的补充性保护。就获得外观设计专利权的商品外观而言,外观设计专利权终止之后,在使用该外观设计的商品成为知名商品的情况下,如果他人对该外观设计的使用足以导致相关公众对商品的来源产生混淆或者误认,这种在后使用行为就会不正当地利用该外观设计在先使用人的商誉,构成不正当竞争。因此,外观设计专利权终止后,该设计并不当然进入公有领域,在符合反不正当竞争法的保护条件时,它还可以受到该法的保护。具体而言,由于商品的外观设计可能同时构成商品的包装或者装潢,因而可以依据反不正当竞争法关于知名商品特有包装、装潢的规定而得到制止混淆的保护。此时,该外观设计应当满足以下条件:(1)使用该设计的商品必须构成知名商品;(2)该设计已经实际具有区别商品来源的作用,从而可以作为知名商品的特有包装或者装潢;(3)这种设计既不属于由商品自身的性质所决定的设计,也不属于为实现某种技术效果所必需的设计或者使商品具有实质性价值的设计;(4)他人对该设计的使用会导致相关公众的混淆或者误认。不过,外观设计专利权的终止,至少使社会公众收到了该设计可能已经进入公有领域的信号,因而主张该设计受到知名商品特有包装、装潢保护的权利人应提供更加充分的证据来证明有关设计仍应受法律保护。

(二)关于形状构造类装潢获得知名商品特有装潢保护的条件

商品的装潢的字面含义是指商品的装饰,它起着美化商品的作用。一般而言,凡是具有美化商品作用、外部可视的装饰,都属于装潢。在外延上,商品的装潢一般可以分为如下两种类型:一类是文字图案类装潢,即外在于商品之上的文字、图案、色彩及其排列组合;另一类是形状构造类装潢,即内在于物品之中,属于物品本体但具有装饰作用的物品的整体或者局部外观构造,但仅由商品自身的性质所决定的形状、为实现某种技术效果所必需的形状以及使商品具有实质性价值的形状除外。现实生活中大多数装潢都可归为这两种类型。尽管该两种类型的装潢在表现形态上存在差异,但都因其装饰美化作用而构成商品的装潢。如果把装潢仅仅理解为附加、附着在商品本体上的文字、图案、色彩及其排列组合,就会把商品自身的外观构造排除在外,从而不恰当地限缩了装潢的范围。

所谓知名商品的特有装潢,是指知名商品上具有区别商品来源的显著特征的装潢。由于文字图案类装潢和形状构造类装潢的表现形态不同,决定了它们构成特有装潢的条件也存在一定差异。对于文字图案类装潢而言,由于消费者几乎总是习惯于利用它们来区分商品来源,除因为通用性、描述性或者其他原因而缺乏显著性的情况外,它们通常都可以在一定程度上起到区别商品来源的作用。一般而言,在使用文字图案类装潢的商品构成知名商品的情况下,该文字图案类装潢除缺乏显著性的情形外,通常都可起到区别商品来源的作用,从而构成知名商品的特有装潢。形状构造类装潢则并非如此。形状构造本身与商品本体不可分割,相关公众往往更容易将其视作商品本体的组成部分,而一般不会直接将其与商品的特定生产者、提供者联系起来。即使使用该形状构造的商品已经成为知名商品,在缺乏充分证据的情况下,不能直接得出相关公众已经将该种形状构造与特定的生产者、提供者联系起来的结论。因此,对于形状构造类装潢而言,不能基于使用该种形状构造的商品已经成为知名商品就当然认为该种形状构造已经起到了区别商品来源的作用,更不能仅凭使用该种形状构造的商品已经成为知名商品就推定该种形状构造属于知名商品的特有装潢。因而,认定形状构造类装潢构成知名商品特有装潢,需要有更加充分的证据证明该种形状构造起到了区别商品来源的作用。可见,与外在于商品之上的文字图案类装潢相比,内在于商品之中的形状构造类装潢构成知名商品的特有装潢需要满足更严格的条件。这些条件一般至少包括:(1)该形状构造应该具有区别于一般常见设计的显著特征。(2)通过在市场上的使用,相关公众已经将该形状构造与特定生产者、提供者联系起来,即该形状构造通过使用获得了第二含义。也就是说,一种形状构造要成为知名商品的特有装潢,其仅仅具有新颖性和独特性并对消费者产生了吸引力是不够的,它还必须能够起到区别商品来源的作用。只要有充分证据证明该形状构造特征取得了区别商品来源的作用,就可以依据知名商品的特有装潢获得保护。

最高人民法院于2010年12月3日作出(2010)民提字第16号民事裁定书,准许宁波微亚达制笔有限公司撤回再审申请,本案终结再审程序。

苏州小羚羊电动车有限公司诉天津捷安达车业有限公司、高启萍侵犯企业名称权纠纷案

——在相同产品上使用他人企业字号是否构成不正当竞争?

【裁判要旨】

字号是企业名称中最核心、最具有区别性的部分,在很大程度上具有独立地将此企业与其他企业区别开来的作用。《最高人民法院关于审理不正当竞争民事案件应用法律若干问题的解释》将其拟制为企业名称进行保护,但并不是所有的字号都能受到保护,企业名称中的字号要受到法律保护,必须具有一定的市场知名度并为相关公众所知悉。擅自使用他人具有一定的市场知名度并为相关公众所知悉的企业字号,引人误认为是他人的商品,构成不正当竞争。

【案号】

一审:江苏省苏州市中级人民法院(2009)苏中知民初字第0317号

二审:江苏省高级人民法院(2010)苏知民终字第0161号

【案情与裁判】

原告(二审被上诉人):苏州小羚羊电动车有限公司(以下简称小羚羊公司)

被告(二审上诉人):天津捷安达车业有限公司(以下简称捷安达公司)

被告(二审上诉人):高启萍

起诉与答辩

2009年11月2日,小羚羊公司向苏州市中级人民法院起诉称:小羚羊公司成立于1998年,主要生产各类电动自行车及相关产品。小羚羊公司企业名称中特有的“小羚羊”字号通过公司大量的广告投入及媒体宣传成为小羚羊公司产品品牌的代名词,为全国消费者所熟知。目前小羚羊公司生产的电动自行车凭借良好的质量和信誉已畅销国内外,深受消费者的青睐,不但在国内电动车行业中销量多年名列前茅,同时国内各大权威部门也多次授予小羚羊公司各项荣誉称号。而捷安达公司作为一家大型电动车生产企业,未经小羚羊公司允许,擅自在其商品、商品包装、装潢及广告宣传、市场推广中使用“小羚羊”字样,在市场上已经造成消费者的误认,其行为已经构成不正当竞争。高启萍作为具有一定经验的经销商,在进货、销售渠道上未严格审核,以致侵权产品在其场所内进行销售,也构成不正当竞争。请求判令:(1)捷安达公司与高启萍在其生产、销售的商品、商品

包装、装潢及广告宣传中停止使用“小羚羊”字号;(2)捷安达公司与高启萍共同赔偿小羚羊公司经济损失30万元;(3)捷安达公司与高启萍共同赔偿小羚羊公司因制止侵权行为所支付的合理开支2万元;(4)捷安达公司与高启萍承担本案全部诉讼费用。

捷安达公司一审辩称:小羚羊公司的“小羚羊”字号与枣庄金马自行车车业有限公司(以下简称金马公司)持有的在先“羚羊LINGYANG”注册商标相近似,按照法律规定,小羚羊公司不能将“小羚羊”标识作为企业名称突出使用,且捷安达公司与金马公司就“羚羊LINGYANG”商标签订商标使用许可合同,已取得在电动自行车商品上“羚羊LINGYANG”商标的排他性权利。捷安达公司早在2005年即已开始使用并申请注册了各种文字和图案的“小羚羊”商标,小羚羊公司以“小羚羊”是其企业字号为由提出异议,但该理由未能成立,国家商标局(2010)商标异字第05296号裁定驳回其异议,并核准捷安达公司在自行车等商品上的“小羚羊”文字商标。小羚羊公司以“小羚羊”为字号是利用与电动自行车相类似商品摩托车产品上已具有相当知名度和广泛市场的“羚羊LINGYANG”商标品牌的良好声誉,本身是一种借名牌、“搭便车”之举。小羚羊公司在其产品上突出使用“小羚羊”和“苏州小羚羊”等文字的行为本身侵犯他人商标权,小羚羊公司将其侵犯他人商标权的行为辩解为使用企业字号并反诬他人侵犯其企业名称权的行为属恶意诉讼,请求法院驳回小羚羊公司的诉请。

高启萍一审辩称:其销售的“小羚羊”牌电动自行车是经过捷安达公司的授权,有合法来源,其已尽了合理的审查义务。高启萍和捷安达公司是对“羚羊”商标的合理使用,不存在侵权行为,故请求驳回小羚羊公司的诉讼请求。

法院审理查明

小羚羊公司于1997年成立,注册资金800万元人民币,经营范围为电动车及部件产品的制造、销售、维修及相关的技术服务。小羚羊公司自成立起,在公司宣传及媒体报道中均以公司企业名称中特有的“小羚羊”字样作为其企业的字号进行使用和宣传。小羚羊公司自1999年至2009年先后投入1474.7386万元广告费用,在全国范围内进行多种形式的宣传,包括在中央电视台幸运52节目、中央电视台六套、上海东方卫视、山东电视台、江苏电视台、昆明电视台、中央电视台转播的“2004年亚洲青年女子足球锦标赛苏州赛区”等电视媒体发布广告。《消费日报》、《中国仪电报》、《中国企业报》、《中国汽车报》、《中国老年报》、《南方周末》、《济南晚报》、《徐州日报》、《苏州日报》等报刊媒体还以《小羚羊登陆北京》、《我的全家要做小羚羊的义务宣传员》、《小羚羊成为国家级重点新产品》、《小羚羊是怎样成为行业领头羊的》、《小羚羊西北行》、《苏州小羚羊启动洛杉矶》等为题对小羚羊公司进行了报道。另外,小羚羊公司在2006年间还在上海公交车内以“苏州小羚羊 腾羚牌电动车提醒您……”为内容提供乘客提示用语冠名广告。山东省高级人民法院作出的(2009)鲁民三终字第7号生效民事判决查明:2002年中国市场研究中心授予小羚羊公司“中国质量服务信誉AAA级企业”称号;2004年江苏省消费者协会授予小羚羊公司“2003~2004年度诚信单位”称号;2006年中国自行车协会出具证明一份,证实小羚羊公司系中国自行车协会的理事单位,是最早专业从事电动车产品研制、生产与销售的专业电动车制造商和服务商之一,在国内外有较高的知名度和影响力,该公司2005年的电动车产量、销售量、市场占有率在其协会统计到的企业中名列前茅,居第一军团位置;2006年小羚羊公司被国家质量监督检验检疫总局授予产品免检证书。同时,小羚羊公司生产的"腾羚"牌电动车也获得"2000年度国家级新产品"、"中国市场畅销品牌"、"中国知名品牌"等荣誉称号。

捷安达公司于2008年5月15日成立,注册资本50万元,经营范围为电动自行车及零部件、电动三轮车及零部件、脚踏自行车、健身器材及零部件制造、加工、销售等。捷安达公司在其生产销售的电动自行车车后座、车身、车篮等位置均显著标注"小羚羊"字样和"小羚羊"文字加羚羊图形标识,外包装箱较大字体标注有"小羚羊电动车"文字及"小羚羊"文字加羚羊图形标识,同时还标注有带®标记的"羚羊"加羊头组合商标。捷安达公司在其网站宣传的产品展示中均称其电动车产品为"小羚羊"系列产品。其网站中"关于我们"一栏称"公司在全国有800多家自行车电动车加盟连锁店,实行三级透明经营网络,ERP网络管理,零件厂商定点采购,是目前国内设备能力、生产管理、品牌信誉最先进的企业之一,是完全具备一流生产基地的优质企业。"

高启萍系江苏省张家港市杨舍小羚羊电动车专卖店业主。2009年7月8日,捷安达公司向高启萍出具授权书,授权高启萍为张家港地区独家销售"小羚羊"牌系列电动自行车产品的专卖店。2009年9月3日,江苏省张家港市公证处公证员吴斌见证小羚羊公司委托代理人陈晓辉及购买人游湧至张家港市杨舍小羚羊电动车专卖店公证购买了车后座、车身、车篮等处均显著标注"小羚羊"字样和"小羚羊"加羚羊图形标识的价值1620元的电动自行车一辆,捷安达公司认为该电动自行车系高启萍自行组装生产,但未有证据提供。

2010年5月,国家商标局作出(2010)商标异字第05296号裁定书,裁定捷安达公司第4682736号核定使用商品为自行车;自行车、三轮车等方向指示器;自行车、三轮车或摩托车鞍座上的"小羚羊"文字商标获准注册。国家工商行政管理总局商标局(2007)《类似商品和服务区分表》载明自行车属第12类第44号商品,电动自行车属国内第12类第16号商品。

一审判理和结果

苏州市中级人民法院认为:

一、关于小羚羊公司的"小羚羊"是否属于具有一定市场知名度并为相关公众所知悉的企业字号

《最高人民法院关于审理不正当竞争民事纠纷案件适用法律若干问题的解释》第6条规定:具有一定市场知名度、为相关公众所知悉的企业名称中的字号,可以认定为反不正当竞争法第5条第3项规定的企业名称。本案中,根据查明的事实可以看出,小羚羊公司自1997成立时起即以企业名称中特有的"小羚羊"作为企业字号进行使用和宣传,小羚羊公司为宣传公司及其生产的电动自行车产品投入了大量广告费用,通过电视、报纸杂志等多种形式在全国进行了广泛宣传。中国市场研究中心在2002年即授予小羚羊公司

"中国质量服务信誉AAA级企业"称号，江苏省消费者协会于2004年授予小羚羊公司"2003～2004年度诚信单位"称号，中国自行车协会在2006年出具的证明证实小羚羊公司系中国自行车协会的理事单位，是最早专业从事电动车产品研制、生产与销售的专业电动车制造商和服务商之一，在国内外有较高的知名度和影响力，该公司2005年的电动车产量、销售量、市场占有率在其协会统计到的企业中名列前茅，居第一军团位置。小羚羊公司生产的电动自行车也获得"2000年度国家级新产品"、"中国市场畅销品牌"、"中国知名品牌"等荣誉称号。该些事实足以证明小羚羊公司自成立以来生产稳定，产品产量、质量、销售量、市场占有率均居同行业前列，是电动自行车行业的知名企业。"小羚羊"作为小羚羊公司企业名称中的字号，在市场上具有较高知名度，已为相关公众识别为小羚羊公司并与其建立特定联系，属于具有一定市场知名度、为相关公众所知悉的企业名称中的字号，可以认定为反不正当竞争法第5条第3项规定的企业名称。捷安达公司认为"小羚羊"非小羚羊公司企业知名字号的抗辩理由不能成立，不予采信。捷安达公司同时认为，小羚羊公司的"小羚羊"字号与金马公司持有的在先"羚羊LINGYANG"注册商标相近似且是利用该商标品牌的良好声誉，本身是一种借名牌、"搭便车"之举。一审法院认为，小羚羊公司的"小羚羊"字号在1997年即已注册并使用，捷安达公司并未提供该期间注册于摩托车商品上的"羚羊LINGYANG"商标具有较高知名度且足以使相关公众对其商品来源产生混淆的证据，故捷安达公司的该抗辩理由无事实和法律依据，不予采信。

二、关于捷安达公司与高启萍的行为是否构成不正当竞争及承担的责任

《反不正当竞争法》第5条规定经营者不得采用下列不正当手段从事市场交易，损害竞争对手，包括擅自使用他人的企业名称或者姓名，引人误认为是他人的商品的行为。本案中，捷安达公司在其生产销售的电动自行车车身及包装等显著位置标注"小羚羊"字样及"小羚羊"加图形标识，在其网站宣传中称其产品均系"小羚羊"系列电动车产品。捷安达公司与小羚羊公司同为生产电动自行车的企业，小羚羊公司在行业内具有较高知名度，在先使用的"小羚羊"已形成企业的特有标识，使相关公众在"小羚羊"与小羚羊公司之间建立起稳定的联系，捷安达公司的上述行为主观上具有攀附小羚羊公司商誉的故意。客观上，从普通消费者角度看，捷安达公司的使用方法足以造成其产品是小羚羊公司系列产品或关联产品的误认。捷安达公司的行为违反了《反不正当竞争法》第5条第3项的规定，已构成不正当竞争。捷安达公司主张其申请注册有"羚羊"文字加羊头图形组合商标和"小羚羊"文字商标，但该两项商标核定使用的商品并不包括电动自行车。根据商标法规定，商标专用权以核准注册的商标和核定使用的商品为限，注册商标需要在同一类的其他商品上使用的，应当另行提出注册申请，也即商标注册人只能对其核定使用的商品享有专用权，而不能对与其使用的商品"类似"的商品享有专用权。注册商标权利人应当严格依法行使注册商标专用权。捷安达公司将其核准于自行车上的"羚羊"文字加羊头图形商标和"小羚羊"文字商标直接使用在

电动自行车商品上,属不规范行为。结合前述"小羚羊"字号的使用历史及行业知名度,更证明捷安达公司具有攀附电动车行业知名企业小羚羊公司具有较高知名度的"小羚羊"字号的恶意。故捷安达公司认为其系合法使用"小羚羊"商标的抗辩理由不能成立。捷安达公司应承担停止侵权、赔偿损失的民事责任。

本案中,高启萍销售了捷安达公司生产的涉案电动自行车,高启萍作为苏州地区专门从事电动自行车销售的经营者,应当知道小羚羊公司在行业内的知名度,并具有识别其销售的涉案电动自行车是否为小羚羊公司产品的基本的市场辨别力。但其明知涉案被控侵权产品非小羚羊公司生产而恶意攀附小羚羊公司良好的市场商业信誉,客观上也足以造成相关消费者对两者产品产生混淆。高启萍的行为亦侵犯了小羚羊公司的企业名称权,其应承担停止侵权、赔偿损失的民事责任。

三、关于本案的赔偿数额

由于小羚羊公司因侵权行为所遭受的损失以及捷安达公司及高启萍因侵权所获利润均未提供证据支持,一审法院依法适用法定赔偿确定赔偿数额。本案中,捷安达公司系被控侵权产品的生产商,高启萍系销售商,小羚羊公司依据其不同的主观恶意分别主张赔偿的请求不违反法律规定,予以准许。考虑到捷安达公司在其网站宣传中称公司在全国有800多家自行车电动车加盟店,经营规模巨大,以及捷安达公司的侵权期间、侵权情节、主观恶意及小羚羊公司在国内的知名度、历年来广告投入及在同行业排名情况等因素,一审法院依法酌定捷安达公司赔偿经济损失27万元,高启萍赔偿经济损失3万元。同时,依照《反不正当竞争法》第20条的规定,小羚羊公司为制止本案不正当竞争行为所支出的合理费用亦应由捷安达公司和高启萍承担,小羚羊公司要求捷安达公司和高启萍共同赔偿其因制止本案不正当竞争行为所支付的合理开支2万元的诉请亦予以支持。

据此,苏州市中级人民法院依据《反不正当竞争法》第2条、第5条第3项、第20条,《关于审理不正当竞争民事纠纷案件适用法律若干问题的解释》第6条第1款、第7条、第17条第1款之规定,判决:(1)捷安达公司立即停止在其生产、销售的电动自行车包装、装潢及广告宣传中使用"小羚羊"字样。(2)高启萍立即停止销售带有"小羚羊"字样的电动自行车。(3)捷安达公司于判决生效后10日内赔偿小羚羊公司经济损失27万元。(4)高启萍于判决生效后10日内赔偿小羚羊公司经济损失3万元。(5)捷安达公司与高启萍于判决生效后10日内共同赔偿小羚羊公司因制止本案不正当竞争行为支出的合理开支2万元。

上诉与答辩

捷安达公司上诉称:(1)一审判决认定"小羚羊"为小羚羊公司的企业知名字号错误;(2)捷安达公司主观上不具有攀附小羚羊公司商誉的故意;(3)捷安达公司已向国家商标局提出在电动自行车上核准使用"小羚羊"商标的申请。因此,捷安达公司在其生产、销售的电动自行车包装、装潢及广告宣传中使用"小羚羊"字样不构成不正当竞争,请求二审法院判令:(1)撤销一审判决,依法改判驳回小羚羊公司的诉讼请求;(2)本案一、二审诉讼费由小羚羊公司负担。

小羚羊公司答辩称:一审判决认定事实清楚,适用法律正确,请求驳回上诉,维持原判。

高启萍经合法传唤无正当理由拒不到庭,按自动撤回上诉处理。

二审判理和结果

江苏省高级人民法院认为:

捷安达公司的行为构成对小羚羊公司企业名称权的侵犯。理由如下:

一、"小羚羊"字号可以认定为反不正当竞争法第5条第3项规定的企业名称。

小羚羊公司自成立时起就投入大量广告费用使用"小羚羊"字号通过电视、报纸杂志等多种媒体形式在全国进行广泛宣传;多年来,小羚羊公司及其生产的电动自行车获得多项荣誉称号;小羚羊电动自行车产品产量、质量、销售量、市场占有率均居同行业前列。尽管金马公司在1995年就在摩托车上注册了"羚羊 LINGYANG"文字商标,但金马公司从未生产过标注"羚羊 LINGYANG"商标的摩托车,亦无证据证明其对该商标进行过任何广告宣传,故小羚羊公司不存在搭金马公司"便车"的问题。一审法院据此认定,"小羚羊"字号属于具有一定市场知名度、为相关公众所知悉的企业字号,进而认定为反不正当竞争法第5条第3项规定的企业名称,证据确实充分,应予支持。捷安达公司关于一审法院认定"小羚羊"为小羚羊公司的企业知名字号错误的上诉主张,没有依据,不予支持。

二、捷安达公司的行为侵犯了小羚羊公司的企业名称权,构成不正当竞争。

2010年5月,捷安达公司获准注册的"小羚羊"文字商标核定使用商品仅限于自行车;自行车、三轮车等方向指示器;自行车、三轮车或摩托车鞍座,并不包括电动自行车。因此,捷安达公司无权据此在电动自行车上使用"小羚羊"文字商标。即使如捷安达公司所主张,其已向国家商标局提出在电动自行车上核准使用"小羚羊"图文商标的申请,也不足以证明其有权在电动自行车上使用"小羚羊"商标。鉴于"小羚羊"字号的行业知名度,一审法院认定捷安达公司在电动自行车上使用"小羚羊"文字标识,具有攀附小羚羊公司"小羚羊"字号的恶意,并无不当。捷安达公司将该标识用于电动自行车上,足以使相关公众误认为该商品来源于小羚羊公司。一审法院据此认定捷安达公司将该标识用于电动自行车上属擅自使用小羚羊公司的企业名称,构成对小羚羊公司企业名称权的侵犯,符合法律规定,应予维持。捷安达公司关于其未侵犯小羚羊公司的企业名称权,不构成不正当竞争的上诉理由,没有依据,不予支持。

据此,江苏省高级人民法院依照《中华人民共和国民事诉讼法》第153条第1款第1项的规定,判决:驳回上诉,维持原判决。

山西康宝生物制品股份有限公司诉国家工商行政管理总局商标评审委员会、北京九龙制药有限公司商标争议行政纠纷案

——阅读提示：经药品行政机关批准使用的药品商品名称是否可以作为商标法第31条规定的在先权利受到法律保护？

【裁判要旨】

最高人民法院在本案中认为，经实际使用并具有一定影响的药品商品名称，可以作为商标法第31条规定的在先权利受到法律保护。

【案号】

一审：北京市第一中级人民法院（2008）一中行初字第1289号

二审：北京市高级人民法院（2009）高行终字第1455号

再审审查：最高人民法院（2010）知行字第52号

【案情与裁判】

原告（二审被上诉人、再审申请人）：山西康宝生物制品股份有限公司（以下简称康宝公司）

被告（二审上诉人、被申请人）：国家工商行政管理总局商标评审委员会（以下简称商标评审委员会）

第三人（二审上诉人、被申请人）：北京九龙制药有限公司（以下简称九龙公司）

起诉和答辩

2000年6月6日，康定公司提出争议商标的注册申请，指定使用商品为第5类的医药制剂等。争议商标被核准注册后，2007年8月8日，九龙公司对争议商标提出撤销注册申请。2008年7月28日，商标评审委员会作出商评字[2008]第6757号《关于第1592518号"可立停"商标争议裁定书》（以下简称第6757号裁定），裁定将争议商标撤销。康宝公司不服第6757号裁定，于法定期限内提起诉讼称：（1）药品的商品名称并非《商标法》第31条所规定的在先权利。被告认为获得批准的企业对药品名称享有独占使用权和将其申请商标的权利，该认定并无法律依据。我国知识产权的确定采取法定主义，药品的商品名称并非法定的知识产权，该名称的所有人对其并不享有独占权。此外，北京市高级人民法院（2006）高民终字第523号民事判决书（以下简称第523号判决）亦明确认定，"可立停"口服液并非九龙公司知名商品的特有名称，据此，争议商标的注册并未损害九龙公司享有的在先权利，未违反《商标法》第31条有关在先权利的规定。（2）争议商标的注册未采用《商标法》第41条第1款所规定的"不正当手段"。原告在申请注册商标前，第三人并无使用行为。被告推测原告知晓第三人在类似商品已经使用"可立停"的说法，缺少事实

依据。即使是第三人持有商品名批复,作为公众,在第三人不公开的情况下,原告对此亦不知晓,而原告的"可立停"药品名称亦已经过山西省卫生厅的批准,因此,原告将其申请注册为商标的行为并未违反诚实信用原则,未采用"不正当手段"。综上,第6757号裁定认定事实及适用法律错误,请求法院依法予以撤销。

被告商标评审委员会认为该裁定认定事实清楚,适用法律正确,请求法院予以维持。

第三人九龙公司同意第6757号裁定中的意见,请求法院予以维持。

一审审理查明

九龙公司原名北京九龙制药厂(以下简称九龙制药厂)。1994年1月21日,原卫生部药政管理局批准九龙制药厂生产的"磷酸苯丙哌林口服液"的商品名为"可立停"。2003年2月20日,国家食品药品监督管理局向九龙制药厂颁布发了商品名为"可立停"的"磷酸苯丙哌林口服液"《药品注册证》。1999年3月17日,山西省卫生厅批准康宝公司生产的止咳糖浆增加商品名称为"可立停"。1999年至2005年期间,康宝公司就其"可立停"糖浆广告的画面及其文字内容多次向山西省药品监督管理局报批,并获得该局的广告投放批准。康宝公司自1999年11月起,投入大量资金在中央电视台CCTV－5《体育频道》和全国26家地方电视台对其"可立停"糖浆进行广告宣传。2001年9月12日,山西省政府办公厅发布晋政办发(2001)95号文件,对2001年山西省标志性名牌产品和山西省名牌产品及创名牌先进企业进行了公开的通报,康宝公司生产的晋康牌"可立停"糖浆(复方美沙芬糖浆)系其中之一。2003年9月2日,山西省名牌产品推荐委员会向康宝公司颁布发山西省名牌产品证书,载明"可立停"糖浆(复方美沙芬糖浆)被该委员会认定为2001年山西省名牌产品。

2000年6月6日,康定公司提出争议商标(见下图)注册申请,指定使用商品为第5类的医药制剂等。

争议商标

争议商标被核准注册后,九龙公司于2007年8月8日向商标评审委员会提出撤销争议商标注册的申请。2008年7月28日,商标评审委员会作出第6757号裁定。该裁定认定:本案争议焦点问题主要为:(1)康宝公司注册争议商标是否属于《商标法》第31条规定的损害他人现有在先权利的行为;(2)争议商标是否违反《商标法》第41条第1款的规定,以不正当手段取得注册。针对焦点问题一,《商标法》第31条规定,"申请商标注册不得损害他人现有的在先权利",旨在基于诚实信用原则,保护他人合法的在先权利。按照1990年8月29日卫生部发布的《进一步加强药品标准及名称管理的通知》、2000年3月17日国家药品监督管理局通过的《药口包装、标签和说明书管理规定》(暂行)、2001年11月7日国家药品监督管理局《药品包装、标签规范细则》(暂行)、2006年3月15日国家食品药品监督管理局发布的《药品说明书和标签管理规定》、《进一步规范药品商品名称的管理通知》中的规定,药品生产企业对本企业生产的药品,可以根据实际需要,在法定的通用名称之外，另行拟定商品名，报卫生部药政管理局批准后，方可向工商行政管理部门申请该商品名作为商标注册；药品商品名称须经国家药品监督管理局批准后方可在药品包装、标签及说明书上标注；药品说明书和标签中标注的药品名称必须符合国家药品监督管理局公布的药品通用名称和商品名称的命名原则，不得使用与他人使用的商品名称相同或近似的文字。根据上述药品名称管理规定，药品商品名称经主管部门批准后，获批企业对这一药品名称享有独占使用权和将其申请商标注册的权利，此项权利应属于《商标法》第31条保护的在先权利之一。据本案查明事实，九龙公司获准"可立停"口服液药品商品名符合国家医药行政管理部门相关规定，应认定为九龙公司自其核准之日起享有"可立停"药品商品名称权和注册商标申请权。药品生产制造行业较为专业化，其行业主体资格的要求相对严格，因此其行业主体的范围也相应较为狭窄。本案康宝公司与九龙公司同属于药品生产行业，两企业生产的"可立停"药品也均为止咳类药品；但是考虑到药品商品名称需获药品行业行政主管部门批准才能使用的特殊情况，康宝公司应该知晓九龙公司已在先获准"可立停"为其药品的商品名称。且九龙公司提交的证据可以证明在争议商标申请注册前，九龙公司对"可立停"口服液进行了一定的生产、销售，"可立停"实际上起着指示商品来源的作用。在此情况下，康宝公司将与九龙公司药品名称完全相同的文字作为商标注册在同类商品（药品）上，损害了九龙公司对"可立停"商品名称的独占使用权和注册商标申请权，已构成《商标法》第31条规定的损害他人现有在先权利的行为，故争议商标应予以撤销。针对焦点问题二，从九龙公司使用"可立停"药品名称的方式看，其在实际使用中起到区分商品来源的识别作用，可视为九龙公司未注册的商标。根据前述理由，康宝公司在注册争议商标时，应知晓九龙公司在类似商品上已在先使用"可立停"文字。康宝公司在明知他人已在先使用的情况下，其注册争议商标的行为违反了诚实信用原则，损害了九龙公司合法权益，属于《商标法》第41条第1款规定的以不正当手段取得注册的情形。至于康宝公司以其使用"可立停"得到过山西省卫生厅的批准为其辩护的理由，由于缺乏法律依据，商标评审委员会不予支持。而康宝公司关于争议商标对应的药名与九龙公司获准的药名不同，两者毫不相关的主张，由于不影响本案类似商品的认定，也不能成立。依据《商标法》第31条、第41条第1款、第2款和第43条的规定，商标评审委员会裁定争议商标予以撤销。

一审判理和结果

北京市第一中级人民法院认为，法定权利是指法律明确规定，并对其取得要件、保护内容等均作出相应明确规定的权利，法律未明确规定的权利均不被认定为法定权利。鉴于现有的法律中并未将药品的商品名称设定为一种法定权利，故九龙公司的药品商品名"可立停"并不属于《中华人民共和国商标法》（以下简称《商标法》）第31条中所规定的在先权利中的法定权利。商标评审委员会在第6757号裁定中认定，药品的商品名称经主管部门批准后，获批企业对这一药品名称享有独占使用权和将其申请商标注册的权利，此项权利应属于《商标法》第31条保护的在先权利之一。但其所引用的相关规范性文件均为行政规章,并不具有设定法定权利的法定资格,且上述规章亦均未对药品的商品名称的法律属性作出明确规定,因此,商标评审委员会所引用的相关行政规章不能证明药品的商品名称为法定权利。虽然1990年8月29日卫生部发布的《进一步加强药品标准及名称管理的通知》规定:“药品生产企业对企业生产的药品,可以根据实际需要,在法定的通用名称之外,另行拟定商品名,报卫生部药政管理局批准后,方可向工商行政管理部门申请该商品名作为商标注册”,但鉴于该通知并非法律,其作用主要在于行政管理,既无权设定任何权利,亦无权对药品商标的注册设定法定条件。据此,在《商标法》中无相应规定的情况下,该通知不能在《商标法》的规定之外另行设定商标的注册条件。《中华人民共和国反不正当竞争法》(以下简称《反不正当竞争法》)中所规定的知名商品特有的名称属于受法律保护的民事权益之一。药品的商品名称的注册者如果可以证明其对该名称通过使用已获得一定的知名度,则该药品名称可以作为法定权益获得保护,他人将与该名称相同或近似的标志申请注册为商标的行为属于《商标法》第31条规定的损害他人在先权利的情形。对于九龙公司在本案中所提交的前三份销售合同,北京市高级人民法院(2006)高民终字第523号判决中已认定,在九龙公司无相应的销售发票予以佐证的情况下,这三份合同不能证明其早在1995年就已经公开销售了“可立停”口服液产品,更不能证明其“可立停”口服液系知名商品的特有名称。鉴于该判决已发生法律效力,故其所认定的事实可以作为本案定案的依据。对于九龙公司与安徽省医药卫生科技开发中心药品部签订的销售合同,在无相应的销售发票予以佐证的情况下,亦无法认定九龙公司具有在先销售的行为。对于九龙公司所提交的销售发票,鉴于九龙公司是产品的销售方,因此其所应留存的发票不应是付款方联,在九龙公司未对其进行合理解释且亦无证据佐证的情况下,对于该发票的真实性不予认可。对于九龙公司提交的生产记录,因其仅是九龙公司内部的记录,故亦无法证明九龙公司具有在先销售的行为。综上,九龙公司所提交的现有证据无法证明其在康宝公司申请注册争议商标之前即已使用“可立停”这一商品名称,亦无法证明该名称系其知名商品的特有名称。据此,在九龙公司未主张对“可立停”商品名称享有其他民事权益的情况下,争议商标的注册不构成对于九龙公司享有的受法律保护的在先权益的损害。

《商标法》第41条第1款规定的以“不正当手段”注册的商标,主要适用于侵犯商标管理秩序或公共利益的行为,对于违反诚实信用原则申请商标注册的行为不属于“不正当手段”的调整范围。有鉴于此,第6757号裁定中认定争议商标的注册违反诚实信用原则,属于《商标法》第41条第1款所规定的“不正当手段”的情形,为适用法律错误。

鉴于九龙公司对于“可立停”名称既不享有法定权利,亦不享有受法律保护的权益,同时本案亦无证据证明康宝公司对于争议商标的注册不符合《商标法》其他条款的规定,故争议商标的注册亦未违反诚实信用原则,商标评审委员会认定争议商标的注册违反诚实信用原则,该认定错误,对其不予维持。北京市第一中级人民法院依据《中华人民共和国行政诉讼法》第54条第2项之规定,判决:

(1)撤销商标评审委员会第 6757 号裁定;(2)商标评审委员会就九龙公司针对争议商标所提撤销申请重新作出商标争议裁定。

上诉与答辩

一审判决后,商标评审委员会和九龙公司均不服原审判决,向北京市高级人民法院提起上诉,请求撤销原审判决,维持商标评审委员会第 6757 号裁定。

商标评审委员会的主要上诉理由是:(1)九龙公司经原卫生部药政管理局批准于 1994 年获得使用"可立停"药品商品名称的权利。九龙公司提交的销售发票上有其印章且有原件,因此应认定发票的真实性。药品生产具有专业化的特点,从事该行业的主体范围较窄,九龙公司和康宝公司均生产止咳类药品,且药品名称经部门批准才能使用,因此康宝公司应当知晓在先"可立停"药品商品名称的存在。国家药品监督管理局的相关通知肯定了药品经批准的商品名所享有的专有权,我国也没有规定只有法律才能设定权利,部门规章无法设定权利的规定。(2)《商标法》第 41 条第 1 款可以用于违反诚实信用原则的相对撤销事由的商标争议案件中。

九龙公司的主要上诉理由是:(1)九龙公司经国家药品行政部门审批获得的"可立停"药品商品名称属于独占在先权利。(2)九龙公司在先在药品上使用了"可立停"商品名称和商标,康宝公司申请争议商标的时间晚于九龙公司获得药品商品名称和实际使用的时间,因此争议商标应予撤销。

二审审理查明

北京市高级人民法院另查明,药品商品名称的审批管理原由卫生部负责。药品生产管理归口国家食品药品监督管理局后,药品商品名称的审批管理由国家食品药品监督管理局负责,相应的法律及行政规章有:(1)1990年 8 月 29 日颁布的卫生部《关于进一步加强药品标准及名称管理的通知》。该通知要求,药品名称是药品标准的首要内容。药品生产企业对本企业生产的药品,可以根据实际需要,在法定的通用名称之外,另行拟定商品名,报卫生部药政管理局批准后,方可向工商行政管理部门申请将该商品名作为商标注册。(2)2000 年 3 月 17 日,国家药品监督管理局发布的《药品包装、标签和说明书管理规定》。该规定第 6 条规定:药品的商品名须经国家药监局批准后方可在包装、标签上使用。(3)2001 年 1 月 1 日执行的《药品包装、标签和说明书管理规定》(暂行)。该规定的第 2 条规定:药品包装、标签及说明书必须按照国家药品监督管理局规定的要求印制,其文字及图案不得加入任何未经审批同意的内容。第 6 条规定:药品商品名称必须经国家药品监督管理局批准后方可在药品包装、标签及说明书上标注。(4)2001 年 11 月 7 日施行的国家食品药品监督管理局《药品包装、标签规范细则》(暂行)。该细则第 3 条规定:药品的名称必须经国家食品药品监督管理局批准后方可在包装上使用。(5)2001 年 12 月 1 日施行的《中华人民共和国药品管理法》。该法第 54 条规定:药品包装必须按照规定印有或者贴有标签并附有说明书。(6)2002 年 9 月 15 日施行的《中华人民共和国药品管理法实施条例》。该条例 46 条第 2 款规定,药品商品名称应当符合国务院药品监督管理部门的规定。(7)2006 年 3 月 15 日,国家食品药品监督管理局颁发国食药监注(2006)99 号《关于进一步规范药品名称的通知》及所附

《药品商品名称命名规则》。其中规定:药品商品名称应当符合《药品商品名称命名原则》的规定,并得到国家食品药品监督管理局批准后方可使用;药品广告宣传中不得使用未经批准作为商品名称使用的文字型商标;药品商品名称不得使用与他人使用的商品名称相同或者相近似的文字。

二审判理和结果

北京市高级人民法院认为,《商标法》第31条规定,申请商标注册不得损害人他人现有的在先权利,也不得以不正当手段抢先注册他人已经使用并有一定影响的商标。本条所规定的"在先权利"应包括《中华人民共和国民法通则》、《商标法》及其他法律规定的民事权利和民事权益。《商标法》或者其他法律虽无特别规定,但根据《中华人民共和国民法通则》的一般规定属于应予保护的合法权益的,应当作为本条规定的"在先权利"予以保护。本案中,九龙公司主张其经过国家药品行政管理部门审批获得的"可立停"药品商品名称为其合法享有的在先权利。《中华人民共和国民法通则》、《商标法》及其他法律虽然并未对经过国家药品行政管理部门审批获得的药品的商品名称属于一种民事权利作出明确规定。但是,药品商品名称的取得须经国家药品行政管理部门审批,国家药品行政管理部门还要审查该名称是否与他人已经使用的药品商品名称相同或相近似;而且药品商品名称经审批获得后才能在药品上使用,并能够排斥他人在同一种药品上使用相同或近似的名称。因此,对经过审批获得的药品商品名称,药品名称申请人享有一定的合法利益。根据本院(2006)高行终字第523号判决的认定,虽然九龙公司(包括其前身九龙制药厂)的"可立停"口服液尚未通过使用在2000年之前成为知名商品,但是九龙公司在获得原卫生部药政管理局对其"可立停"药品商品名称的审批后在其口服液商品上已实际使用了"可立停"文字,而这种对其审批获得的"可立停"药品商品名称的使用即使无法达到构成知名商品的特有名称的程度,仍能够构成一定的合法权益。此合法权益属于《商标法》第31条规定的在先权利,应当给予保护。上诉人商标评审委员会和九龙公司关于其审批获得的药品商品名称构成在先权利的上诉主张成立,予以支持。原审判决关于药品商品名称不构成知名商品的特有名称的情况下属于在先权利的认定不当,对此予以纠正。鉴于九龙公司经过审批获得的"可立停"药品商品名称属于在先权利,而康宝公司与九龙公司同属于药品生产行业,两企业生产的"可立停"药品也均为止咳类药品,且北京市高级人民法院(2006)高行终字第523号判决已经认定,在争议商标申请注册前九龙公司对"可立停"口服液进行了一定的使用。虽然其尚未构成知名商品,但是据此可以认定,"可立停"实际上能够起到指示商品来源的作用。在此情况下,康宝公司将与九龙公司药品名称完全相同的文字作为商标注册在同类商品(药品)上,损害了九龙公司对"可立停"商品名称所享有的在先权利,已构成《商标法》第31条规定的损害他人现有在先权利的行为,故争议商标应予以撤销。商标评审委员会和九龙公司的此项上诉理由成立,予以支持。原审判决关于九龙公司的"可立停"药品商品名称不属于《商标法》第31条规定的在先权利的认定,缺乏依据,予以纠正。依照《中华人民共和国行政诉讼法》第61条第2项和第3项之规定,判决:(1)撤销北京市第一中级人民法院(2008)一中行初字第1289号行政判决书;(2)维持国家工商行政管理总局商标评审委员会商评字[2008]第6757号《关于第1532518号"可立停"商标争议裁定书》。

申请再审理由与答辩

康宝公司申请再审称,(1)药品商品名称并不属于法定的"在先权利"范畴,商标评审委员会和二审法院错误地曲解商标法意义上的"在先权利"概念,错误认定九龙公司拥有"在先权利"。(2)没有任何证据证明九龙公司有在先使用"可立停"的行为,九龙公司对该商标不享有在先权利。(3)二审法院不该适用在申请人申请商标注册日之后的法律法规,申请人对"可立停"商标的使用为正当且合法的在先使用,二审法院的(2009)高民终字第1455号判决书严重违反法定程序。请求本院依法撤销二审法院(2009)高行终字第1455号判决书及商评字(2008)第06757号关于第1592518号"可立停"商标争议裁定书,判令维持第1592518号"可立停"商标有效。

九龙公司答辩称,(1)商标法意义上的在先权利不限于著作权、专利权和企业名称权的范围,也包括民事主体根据民法通则和其他法律规定应当获得保护的合法权益。(2)对于制药企业而言,使用商品名称需要得到国家食品药品监督管理局的批准,否则就是违法行为。其经原卫生部药政管理局和国家食品药品监督管理局批准使用"可立停"药品商品名称,其对该名称具有法定的独占使用权。(3)其先于康宝公司使用"可立停"商品名称,其在先权利应当受到保护。(4)山西省卫生厅违法批准康宝公司使用"可立停"商品名称,不能产生合法权利。请求本院驳回康宝公司的再审申请。

商标评审委员会陈述意见称,根据《中华人民共和国药品管理法实施条例》等法律法规的规定,药品商品名称的取得须经国家药品行政管理部门审批,国家药品行政管理部门还要审查该名称是否与他人已经使用的药品商品名称相同或近似;药品商品名称经审批获得后才能在药品上使用,并能够排斥他人在同一种药品上使用相同或近似的名称,药品名称申请人对经过审批获得的药品商品名称享有一定的合法利益。本案的证据能够证明九龙公司对其药品商品名称享有在先权利,药品生产制造行业较为专业化,本案中康宝公司和九龙公司同属于药品生产行业,其生产的"可立停"均为止咳类药品,药品商品名称须获药品行业行政主管部门批准才能使用,康宝公司在注册争议商标前应该知晓九龙公司"可立停"商品名称的存在,仍将与九龙公司药品商品名称完全相同的文字作为商标注册在同类商品上,损害了九龙公司的在先权利,应当被撤销。

再审审查与审理结果

最高人民法院经审查认为,根据原审法院查明的事实,九龙公司早在1994年已经卫生部药政管理局批准使用"可立停"商品名称,此外根据九龙公司提供的销售合同、生产记录、销售发票等证据,结合其两次获得药品行政部门批文的事实,可以认定九龙公司在争议商标注册之前进行了一定规模的使用。该药品商品名称经在先使用并具有一定影响,可以产生民事权益,即合法的在先权利。康宝公司与九龙公司均系药品生产企业,应知"可立停"是九龙公司经过批准使用的药品商品名称,却仍将其申请为注册商标并使用在止咳类药品上,二审法院以康宝公司违反商标法第 31 条的规定,侵犯了九龙公司的在先权利,并维持商标评审委员会第 6757 号裁定并无不当,驳回了康宝公司的再审申请。

劲牌有限公司诉国家工商行政管理总局商标评审委员会商标驳回复审行政纠纷案

——阅读提示:含有国名的标志可否注册为商标,是否适用《商标法》第 10 条第 1 款第 1 项进行审查判断?

【裁判要旨】

《商标法》第 10 条第 1 款第 1 项所称同中华人民共和国的国家名称相同或者近似,是指该标志作为整体同我国国家名称相同或者近似。如果某标志含有与我国国家名称相同或者近似的文字,且其与其他要素相结合,作为一个整体已不再与我国国家名称构成相同或者近似的,则不宜认定为同中华人民共和国国家名称相同或者近似的标志,不宜根据《商标法》第 10 条第 1 款第 1 项进行审查,但应当根据《商标法》其他相关规定予以审查。

【案号】

一审:北京市第一中级人民法院(2009)一中行初字第 441 号

二审:北京市高级人民法院(2009)高行终字第 829 号

再审:最高人民法院(2010)行提字第 4 号

【案情与裁判】

原告(二审被上诉人、再审被申请人):劲牌有限公司

被告(二审上诉人、再审申请人):国家工商行政管理总局商标评审委员会(以下简称商标评审委员会)

2005 年 10 月 20 日,劲牌有限公司向国家工商行政管理总局商标局(以下简称商标局)申请在第 33 类果酒(含酒精)、开胃酒、蒸馏饮料、葡萄酒、酒(饮料)、米酒、含酒精液体、酒精饮料(啤酒除外)、黄酒、食用酒精等商品上注册第 4953206 号“中国劲酒”商标(以下简称申请商标)。2008 年 2 月 26 日,商标局作出商标驳回通知书,认为申请商标内含我国国名,不得作为商标使用,不宜注册,根据《中华人民共和国商标法》(以下简称《商标法》)第 10 条第 1 款第 1 项、第 28 条的规定,驳回申请商标的注册申请。劲牌有限公司不服该驳回决定,向商标评审委员会申请复审称:申请商标中的主体“劲”是劲牌有限公司已经注册的商标,具有很高的知名度,已经被认定为驰名商标。申请商标中的“中国”与“劲”字的字体、表现形式均不相同,“中国”在申请商标中仅仅起到表示申请人所属国的作用。根据《商标审查及审理标准》,申请商标不在禁止注册的范围之列,应予初步审定公告。2008 年 11 月 24 日,商标评审

委员会作出商评字[2008]第28028号《关于第4953206号“中国劲酒”商标驳回复审决定书》(以下简称第28028号决定),认为申请商标中的“中国”为我国国家名称,属于《商标法》第10条第1款第1项明确规定不得作为商标使用的标志,依法应予驳回。劲牌有限公司关于在其较有知名度的商标中加入“中国”就可当然获准注册的主张缺乏法律依据。因此,商标评审委员会决定驳回申请商标的注册申请。

劲牌有限公司不服第28028号决定,向北京市第一中级人民法院提起行政诉讼称:申请商标虽含有我国国名,但申请商标与我国国名并不相同也不近似,商标评审委员会适用《商标法》第10条第1款第1项错误,请求撤销第28028号决定。

北京市第一中级人民法院一审认为:申请商标为“中国劲酒”文字及方章图形共同构成的组合商标,其中文字“劲”字体为行书体,与其他三字字体不同,字型苍劲有力,明显突出于方章左侧,且明显大于其他三字,是申请商标的显著识别部分。方章图案中的“中国酒”三字,字体明显有别于“劲”字,虽然包含有中国国名,但该国名部分更容易使消费者理解为商标申请人的所属国。商标评审委员会作出的第28028号决定仅以申请商标中的“中国”为我国国家名称为由,即认定申请商标属于《商标法》第10条第1款第1项规定的不得作为商标使用的标志,主要证据不足。北京市第一中级人民法院于2009年4月7日作出(2009)一中行初字第441号行政判决,依据《中华人民共和国行政诉讼法》第54条第2项第1目之规定,判决撤销第28028号决定。案件受理费100元,由商标评审委员会负担。

商标评审委员会不服一审判决,向北京市高级人民法院提起上诉。北京市高级人民法院二审认为:《商标法》第10条第1款第1项规定,同中华人民共和国的国家名称相同或者近似的标志不得作为商标使用。上述法律规定表明,在一般情况下禁止将与我国国名相同或者近似的标志作为商标使用,但申请商标所含我国国名与其他具备显著特征的标志相互独立,国名仅起表示申请人所属国作用的除外。本案申请商标为“中国劲酒”文字及方章图形共同构成的组合商标。其中文字“劲”字字体为行书体,与其他三字字体不同,字型苍劲有力,明显突出于方章左侧,且明显大于其他三个字,是申请商标的显著识别部分。方章图案中的“中国酒”三字,字体明显有别于“劲”字,虽然包含有中国国名,但该国名部分更容易使消费者理解为仅起商标申请人所属国的作用。因此,商标评审委员会作出的第28028号决定认定事实不清,主要证据不足,一审法院判决予以撤销正确,应予维持。北京市高级人民法院于2009年8月19日作出(2009)高行终字第829号行政判决,维持一审判决。

商标评审委员会申请再审称:《商标法》第10条第1款第1项规定“同中华人民共和国的国家名称相同或者近似的标志不得作为商标使用”。《商标审查及审理标准》规定商标含有与我国国家名称相同或者近似的文字的,应判定为与我国国家名称相同或者近似的情况。《商标审查及审理标准》规定了三种例外情形,除此之外,包含我国国家名称的商标一律不予注册并禁止使用。之所以对包含中国国名的商标可注册性作出严格规定,是由于:首先,《商标法》关于商标注册管理的规定,不仅要保护商标注册人的利益,还要承担维护国家尊严、保护消费者权益、维护社会公共利益以及社会主义市场经济秩序的责任。中华人民共和国的国家名称(包括简称)与国旗、国徽等同为国家标志,与国家尊严紧密相连,为保证市场主体合理、正当地使用国家名称,避免可能出现的在商业使用中滥用国家标志的情况,历来对含有国名的商标进行严格审查,原则上禁止带有国名的商标注册已成为审查惯例。其次,"中国"和具有显著特征的其他标志的组合易被作为企业名称简称识别,而我国企业名称登记管理规定对企业名称中带有"中国"字样有严格的条件限制。在商标可注册性的审查中,亦应考虑企业名称法律法规中的限制性规定,避免不符合登记条件的企业名称以商标形式出现。本案中,申请商标含有"中国"二字,且在视觉效果上已形成一个整体,"中国"二字成为商标中密不可分的组成部分,不属于《商标审查及审理标准》中所指的与其他显著特征相对独立,仅起表示申请人所属国作用的情况,而本案申请商标注册申请人企业名称为"劲牌有限公司",并不属于能够使用"中国"字样的公司,在商标标志中将"中国"与企业字号合用,已构成对我国国家名称的不当使用。原审法院未慎重考虑带有我国国家名称商标的特殊性,所作出的判决结果可能导致不同类别的市场主体对我国国家名称不加限制的注册和使用。为避免可能出现的大量带有"中国"字样的商标注册造成对我国国家名称的滥用,维护良好的商标注册管理秩序,请求撤销一、二审判决,维持商标评审委员会作出的第28028号决定。

劲牌有限公司答辩称:《商标法》并未将企业名称登记管理规定作为规范商标注册的法律依据,也未对注册商标的申请主体给予不同类别的划分,商标评审委员会允许部分主体注册含有"中国"字样的商标,限制其他主体注册,这种区别对待的做法违反了平等、法制统一的原则。申请商标虽含有国名,但商标整体与我国国名并不相同也不近似,不能因为申请商标包含国名即认定其与国名近似,实践中也有许多含有"中国"的商标获准注册。《商标审查及审理标准》中明确规定"我国申请人申请商标所含我国国名与其他具备显著特征的标志相互独立,国名仅起表示申请人所属国作用的",允许注册。申请商标中,具备显著特征的是草体"劲"字,"中国"与"酒"字为普遍表现形式,国名与具备显著特征的标志相互独立,国名仅起表示申请人所属国作用。因此,申请商标符合《商标审查与及审理标准》的规定,应予注册。申请商标经过多年使用,获得多项荣誉,得到消费者认可,没有证据证明其有损于国家主权和尊严。综上,请求维持(2009)高行终字第829号行政判决。

最高人民法院经过审查后于2010年8月6日作出(2010)知行字第29号行政裁定,决定提审本案。最高人民法院再审认为,商标是用以区别不同生产经营者所提供的商品或者服务的标志。《商标法》第10条第1款第1项规定,同中华人民共和国的国家名称相同或者近似的标志不得作为商标使用。此处所称同中华人民共和国的国家名称相同或者近似,是指该标志作为整体同我国国家名称相同或者近似。如果该标志含有与我国国家名称相同或者近似的文字,且其与其他要素相结合,作为一个整体已不再与我国国家名称构成相同或者近似的，则不宜认定为同中华人民共和国国家名称相同或者近似的标志。本案中，申请商标可清晰识别为“中国”、“劲”、“酒”三部分，虽然其中含有我国国家名称“中国”，但其整体上并未与我国国家名称相同或者近似，因此申请商标并未构成同中华人民共和国国家名称相同或者近似的标志，商标评审委员会关于申请商标属于《商标法》第10条第1款第1项规定的同我国国家名称相近似的标志，据此驳回申请商标的注册申请不妥，予以纠正，其相关申诉理由亦不予支持。

但是，国家名称是国家的象征，如果允许随意将其作为商标的组成要素予以注册并作商业使用，将导致国家名称的滥用，损害国家尊严，也可能对社会公共利益和公共秩序产生其他消极、负面影响。因此，对于上述含有与我国国家名称相同或者近似的文字的标志，虽然对其注册申请不宜根据《商标法》第10条第1款第1项进行审查，但并不意味着属于可以注册使用的商标，而仍应当根据《商标法》其他相关规定予以审查。例如，此类标志若具有不良影响，仍可以按照《商标法》相关规定认定为不得使用和注册的商标。据此，就本案而言，原审判决理由不当，应予纠正，但其撤销第28028号决定的结论正确，应予以维持。本案中，商标评审委员会仍需就申请商标是否违反《商标法》其他相关规定进行审查，故需判决商标评审委员会重新作出复审决定。

综上，依照《中华人民共和国行政诉讼法》第54条第2项第2目、第63条第2款、《最高人民法院关于执行〈中华人民共和国行政诉讼法〉若干问题的解释》第75条第1款之规定，判决：(1)维持北京市高级人民法院(2009)高行终字第829号行政判决；(2)国家工商行政管理总局商标评审委员会重新作出复审决定。

(香港)德士活有限公司诉国家工商行政管理总局商标评审委员会、第三人广东苹果实业有限公司商标异议复审行政纠纷案

——阅读提示：在商标异议案件中，如果商标申请人在申请被异议商标之前自己在同类商品上已经有近似的注册商标，对驰名商标跨类保护会产生何种影响？

【裁判要旨】

在皮具类商品上的被异议商标“苹果男人”，与广东苹果公司在同类别商品上已注册的“苹果”文字商标更为接近。在此情况下，没有充分理由认定被异议商标构成对德士活公司驰名商标的复制、摹仿。

【案号】

一审：北京市第一中级人民法院(2005)

一中行初字第347号

二审:北京市高级人民法院(2005)高行终字第396号

再审:最高人民法院(2009)行提字第2号

【案情与裁判】

原告(二审上诉人、申请再审人):(香港)德士活有限公司(以下简称德士活公司)

被告(二审被上诉人、被申请人):国家工商行政管理总局商标评审委员会(以下简称商标评审委员会)

第三人(二审被上诉人、被申请人):广东苹果实业有限公司(以下简称广东苹果公司)

起诉和答辩

商标评审委员会于2004年10月10日作出商评字[2004]第5484号《关于第1303083号"苹果男人"商标异议复审裁定书》(以下简称第5484号裁定),裁定被异议商标予以核准注册。德士活公司不服该裁定,向北京市第一中级人民法院提起行政诉讼,请求撤销商标评审委员会的裁定并判令其重新作出裁定。

法院审理查明

德士活公司的"萍果牌"商标1981年7月5日被核准注册,核定使用商品为第25类服装,"texwood及苹果图"商标1996年2月7日被核准注册,核定使用商品为第25类服装、鞋、靴、帽等。1994年4月20日,德士活公司还向商标局申请了第823341号"texwood及苹果图"商标,于1996年3月14日被核准注册,核定使用的商品为第18类手提包、公文包、公事包、钱包等。

增城市苹果皮具有限公司(简称增城苹果公司)成立于1996年3月19日,该公司1996年9月受让了案外人雄威皮具厂在第18类商品上注册的两个商标:1996年8月7日被核准注册的第861645号"苹果图形"商标,1996年2月14日被核准注册的第815245号"APPLES"商标,核定使用商品均为公文包、背包、公事包、钱包、手提包、手袋等。1998年3月14日,增城苹果公司经商标局核准注册了第18类商品上的第1158068号"苹果"文字商标,核定使用商品为旅行袋等。1998年4月20日,增城苹果公司申请注册第1303083号"苹果男人"商标(简称被异议商标),指定商品为第18类牛皮、钱包、手提包、公文包、旅行箱、牛皮、兽皮、伞、手杖、马毯、香肠肠衣等;该商标经初步审定公告后,德士活公司提出异议。2000年9月15日,增城苹果公司更名为"广东苹果实业有限公司"。

2001年2月22日,商标局裁定维持被异议商标。德士活公司向商标评审委员会申请复审,商标评审委员会作出第5484号裁定,认为德士活公司的牛仔服装商品早于20世纪90年代初就进入中国大陆市场,"萍果牌"和"texwood及苹果图"是其在该产品上长期宣传、使用的商标,该两商标已成为驰名商标。广东苹果公司受让"APPLES"和"苹果图形"商标后一直在皮具商品上使用,使用该两个商标的箱包等皮具商品自1998年后在国内多个大中城市广泛销售,经多年经营,广东苹果公司的"苹果 APPLES"牌皮具产品在该类商品上产生了一定的影响。德士活公司和广东苹果公司在市场上分别对使用于服装和箱包皮具商品上的商标进行了较大规模的宣传和销售,并已持续了较长时间,客观上在不同的经营领域形成了各自品牌的知名度。在皮具商品上,被异议商标更多地会与广东苹果公司在该类商品上具有一定影响的"苹果APPLES"商标产生联系,而不致误导消费者。有鉴于此,被异议商标注册使用在手提包、钱包、旅行箱、公文包等商品上未构成商标法第13条第2款规定的不予注册并禁止使用的情形。被异议商标指定使用的牛皮、兽皮等商品,与服装商品在产品性质上相差较远,生产销售渠道和消费群体亦有明显区别,被异议商标在上述商品上使用,不易与德士活公司在服装商品上驰名的"萍果牌"商标产生混淆并对德士活公司的利益造成损害,亦未构成商标法第13条第2款规定的不予注册并禁止使用的情形。德士活公司在第18类皮具商品上在先注册的"texwood及苹果图"商标(以下简称引证商标)是其独特的图形标识,虽然在服装及相关商品上该商标经常使消费者联想到德士活公司的另一驰名商标"萍果牌",但鉴于在皮具商品上广东苹果公司的"苹果APPLES"商标已长期使用并具有了一定知名度,消费者已经能够区分,在市场上已不致产生混淆误认的情况下,被异议商标与引证商标不构成同一种或类似商品上的近似商标。据此,商标评审委员会裁定被异议商标予以核准注册。

一审判理和结果

一审法院认为,德士活公司在国内使用"萍果牌"和"texwood及苹果图"商标多年,两商标在被异议商标申请注册之前已成为驰名商标。广东苹果公司在申请注册被异议商标时,其受让获得的"APPLES"和"苹果图形"商标已经在皮具类商品上具有一定的影响和知名度。在皮具商品上,被异议商标与"APPLES"商标更易产生联系,故在一般情况下,消费者更容易将其与广东苹果公司在该类商品上具有一定影响的"APPLES"商标和"苹果图形"商标产生联系,进而同"萍果牌"商标和"texwood及苹果图"商标区别开来,而不会误导消费者认为该商品来源于德士活公司。被异议商标指定使用的牛皮、兽皮等商品在性质上与服装相差较远,生产销售渠道以及消费群体存在明显不同,故被异议商标在上述商品上使用也不会与德士活公司在服装商品上驰名的"萍果牌"商标产生混淆。因此,被异议商标的注册和使用不构成商标法第13条第2款规定的不予注册并禁止使用的情形。尽管德士活公司在第18类商品上注册的引证商标标识与其在服装类商品上的驰名商标"texwood及图"的标识基本一致,但是鉴于德士活公司并未在皮具类商品上注册"萍果牌"商标,德士活公司不能以"萍果牌"商标依据修改前的商标法第17条主张权利;德士活公司未提交其在皮具类商品上对引证商标进行宣传的证据;被异议商标在字形、读音、含义上与引证商标存在一定差异,而被异议商标与"APPLES"商标更易产生联系,在"APPLES"商标已经具有一定知名度的情况下,一般消费者不会将被异议商标与引证商标相混淆,因此,被异议商标的注册并未违反修改前的商标法第17条之规定。一审判决维持了商标评审委员会第5484号裁定。

上诉与答辩

德士活公司不服一审判决,向北京市高级人民法院提起上诉称,一审判决认定被异议商标申请注册时皮具类商品上的"APPLES"和"苹果图形"商标已具有一定影响和知名度,缺乏事实依据;被异议商标与德士活公司在第18类上在先注册的引证商标构成类似商品上的近似商标,会使相关公众产生混淆误认;被异议商标是对德士活公司在服装商品上注册的两个驰名商标的摹仿和复制,其注册和使用足以误导公众,使德士活公司的利益受到损害。

二审判理和结果

二审法院认为,被异议商标确系对第25类商品上的"萍果牌"商标的摹仿,但鉴于广东苹果公司在被异议商标申请注册之前,已经在第18类上成功注册并享有了"苹果图形"商标、"APPLES"商标和"苹果"文字商标,并且上述商标自1996年即开始在皮具商品上实际使用,特别是1998年以后,以"苹果图形"和"APPLES"为商标的箱包等皮具商品在全国许多大中城市广泛销售,其商品在同类商品中占有较高市场份额,两商标在同类商品中已经产生了较大影响,并被消费者所了解认知,故被异议商标的注册不会误导公众,也不会使德士活公司的利益受到损害,并未违反商标法第13条第2款之规定。德士活公司在第18类商品上在先注册的"texwood及图"商标与被异议商标在外观、呼叫上均不相同或相似,虽二者均有可能使消费者联想到"苹果",但由于广东苹果公司已在第18类商品上广泛使用"苹果图形"和"APPLES"商标并产生了一定影响和知名度,不致造成消费者混淆误认,故被异议商标与德士活公司在第18类商品上在先注册的"texwood及苹果图"不构成近似商标,被异议商标应当予以核准注册。二审法院判决驳回上诉,维持原判。

申请再审理由与答辩

德士活公司向最高人民法院申请再审称:(1)商标评审委员会及原审法院认定事实错误,没有以被异议商标申请时的事实为依据,违背了商标审查的原则。广东苹果公司提供的大部分证据晚于1998年4月20日,其获得的有关荣誉证书全部晚于该日期,认定其商标具有一定知名度缺乏事实依据。原审判决认定被异议商标与德士活公司在第18类商品上注册的引证商标不近似,也属于认定事实错误。尽管"texwood及苹果图"为图形商标,但是消费者在日常生活中也呼叫为苹果牌。鉴于在服装类商品上注册的驰名商标"texwood及苹果图"的知名度,消费者在看到被异议商标时很可能将其与德士活公司相联系。(2)二审判决适用法律错误。第25类服装与第18类皮具经常联系在一起,即通常所称的"服饰",存在一定的关联性;即使被异议商标用于牛皮、兽皮、手杖、香肠肠衣等商品上时,其误导公众、损害德士活公司利益的可能性仍然存在。请求撤销原审判决及商标评审委员会第5484号裁定,判令商标评审委员会重新作出裁定。

商标评审委员会答辩称,被异议商标与广东苹果公司已注册并长期使用的苹果图形和"APPLES"商标具有密切联系,虽然德士活公司服装商品上的两个商标已经构成驰名商标,但基于"苹果"本身独创性和显著性的局限性以及广东苹果公司在皮具商品上的商标注册及使用情况,认定被异议商标易被误认为与德士活公司存在特定联系缺乏足够的事实依据。另外,被异议商标指定使用商品与服装在性能和用途上相差较远,销售渠道和消费群体亦有明显区别,未构成商标法第13条第2款规定的不予注册并禁止使用的情形。

再审审查与审理结果

最高人民法院于2008年12月23日以(2007)行监字第125-1号行政裁定书裁定

提审本案。

最高人民法院再审认为，由于德士活公司并没有提交充分证据证明其在第18类商品上在先注册的“texwood及苹果图”商标的宣传使用情况、知名度及影响力，对该引证商标与被异议商标近似性的比较应该主要考虑商标标识本身的近似性，因此商标评审委员会及原审法院认定被异议商标与该商标不构成近似，并无不当。

广东苹果公司在商标异议复审程序中，所提交的其苹果图形商标、“APPLES”等商标使用宣传、生产销售情况、市场占有率、获表彰或奖励的证据，大部分证据的形成时间确实晚于被异议商标申请日，其获得的有关荣誉证书的形成时间均晚于被异议商标申请日，据此只能得出在商标评审委员会进行异议复审时广东苹果公司在皮具类商品上的苹果图形、“APPLES”等商标有一定影响和知名度，但不足以认定该两商标在被异议商标申请时已具有一定影响和知名度；广东苹果公司的第1158068号“苹果”文字商标注册日期为1998年3月14日，原二审判决认定该商标自1996年即开始在皮具商品上实际使用，没有证据支持。商标评审委员会的裁定及原审判决认定广东苹果公司在皮具类商品上的苹果图形、“APPLES”等商标有一定影响和知名度，并以该事实为主要依据，认定被异议商标未构成商标法第13条第2款规定的不予注册并禁止使用的情形，该部分的事实认定证据不足。德士活公司提出的该项再审理由成立，对原审判决存在的认定事实不当问题，本院予以纠正。

本案中，要判断被异议商标是否构成商标法第13条第2款规定的不予核准注册并禁止使用的情形，首先应该确定被异议商标是否构成对驰名商标的摹仿、复制；在能够认定的情况下，才需要进一步判断其注册和使用是否会误导公众。本案被异议商标“苹果男人”整体上无特定含义，仍以“苹果”为主要表现对象和识别部分，对此，德士活公司也是认可的。由于被异议商标申请注册的商品类别为第18类，该商标申请注册之前，广东苹果公司在第18类商品上不仅拥有“APPLES”、苹果图形商标，而且还于1998年3月14日获准注册了“苹果”文字商标，被异议商标显然与广东苹果公司在同类别商品上已注册的商标比较近似，特别是与“苹果”文字商标更为接近。在此情况下，没有充分理由认定被异议商标构成对德士活公司驰名商标的复制、摹仿，因而德士活公司在服装商品上的驰名商标不能排斥广东苹果公司在皮具类商品上申请的被异议商标。商标评审委员会及原审法院审理本案时，均已查明广东苹果公司1998年3月14日被核准注册“苹果”文字商标的事实，只是没有充分阐述该事实对被异议商标是否应该准予注册的影响，本院对此予以纠正。

综上所述，虽然德士活公司提出的部分再审理由成立，原审判决在部分事实的认定及裁判理由方面存在不当之处，但是根据原审法院已经查明的其他事实和所引用的法律规定，仍然应该认定被异议商标未构成商标法第13条第2款规定的不予注册并禁止使用的情形，因此，商标评审委员会第5484号裁定及原审判决的结果应予维持。最高人民法院再审判决维持了原审判决。

常熟市聚满仓食品有限公司诉无锡市工商行政管理局北塘分局、第三人无锡市洁雷副食品商行工商行政处罚纠纷案

——阅读提示:判断仿冒知名商品包装、装潢行为,人民法院应当遵循什么样的判断规则?在近似仿冒的认定中,应基于哪些因素作出判断?在被控仿冒商品包装、装潢获得外观设计专利权时,对其是否构成不正当竞争应如何作出认定?

【裁判要旨】

被控商品包装、装潢是否仿冒知名商品的特有包装、装潢,一般应遵循要求保护的商品的知名性,该商品包装、装潢的特有性,双方包装、装潢是否相同或近似,近似情形是否使相关公众产生混淆的逻辑顺序进行审理。

在近似仿冒的认定中,应在双方商品包装、装潢存在相同部分的客观基础上,综合考虑要求保护的商品包装、装潢的显著性程度,被控商品包装、装潢是否为正当使用,产生混淆的可能性等因素。

知名商品特有的包装及装潢是识别商品来源的重要标识。知名商品的特有包装、装潢在先使用,被控侵权商品包装、装潢构成近似仿冒的,根据保护在先权利原则,即使其取得如外观设计专利等知识产权,亦不影响对其不正当竞争行为的认定。

【案号】

一审:江苏省江阴市人民法院(2009)澄知行初字第0001号

二审:江苏省无锡市中级人民法院(2009)锡知行终字第0001号

【案情与裁判】

原告(上诉人):常熟市聚满仓食品有限公司(以下简称聚满仓公司)。

被告(被上诉人):无锡市工商行政管理局北塘分局(以下简称北塘工商局)

第三人:无锡市洁雷副食品商行(以下简称洁雷商行)

起诉与答辩

原告聚满仓公司诉称:原告"聚满仓"商标的系列产品由第三人洁雷商行经销,被告于2009年1月7日认定聚满仓香脆米牛奶巧克力(以下简称"香脆米")的商品包装、装潢与美国马斯公司、玛氏食品(中国)有限公司(以下简称玛氏公司)生产、销售的知名商品德芙脆香米牛奶巧克力(以下简称"脆香米")的商品包装、装潢构成近似,涉嫌违反《中华人民共和国反不正当竞争法》第5条为由,对洁雷商行销售的原告的"香脆米"商品实施查扣,并于2009年3月23日作出行政处罚决定书,原告在无锡工商行政管理局维持行政处罚决定后诉至法院,认为:(1)"脆香米"三字是直接表示其商品的质量、主要原

料,原告的“香脆米”是常用名称或通俗名称,原告是客观叙述而正当使用,依照相关司法解释,不构成不正当竞争行为。(2)原告“香脆米”包装是自行研究开发设计的,并被授予外观设计专利,与“脆香米”在图案、商标、字体、产品形状以及结合上完全不同,不会导致消费者误认。综上,请求法院依法撤销被告所作的锡工商北分案字(2009)第00411号行政处罚决定书并承担本案全部的诉讼费用。

被告北塘工商局辩称:(1)“脆香米”使用在巧克力产品上具有独创性和显著性。“脆香米”三字用在巧克力产品上为马斯公司独创,是其特有名称而非通用名称,处罚决定所述的不正当竞争涉及知名商品特有包装、装潢的整体而非仅仅局限于包装上的文字。(2)“香脆米”整体包装、装潢与“脆香米”特有包装、装潢极为近似,足以引起消费者误认,构成不正当竞争。原告的外观设计不能对抗在先的包装、装潢权。综上,被告所作的行政处罚决定事实清楚,证据确凿,适用法律依据正确,程序合法,处罚适当,请求驳回原告的诉讼请求。

第三人洁雷商行未作出答辩意见。

一审审理查明

2009年1月7日,被告接美国马斯公司和玛氏公司举报后,对第三人洁雷商行进行了检查,发现洁雷商行经销的“香脆米”与玛氏公司“脆香米”的包装装潢相似。2009年3月23日被告根据《江苏省实施〈反不正当竞争法〉办法》第5条第2款、第22条的规定,对第三人作出如下处罚:1. 责令停止销售;2. 没收违法所得400.8元,罚款599.2元;3. 责令并监督消除现存侵权商品外包装塑料袋。2009年3月27日被告向第三人送达了处罚决定书。原告为“香脆米”的生产商,得悉该行政处罚后不服该决定,于2009年5月6日向无锡市工商行政管理局提起行政复议,同年7月31日该局作出了维持行政处罚决定的锡工商复字(2009)第003号复议决定书,原告仍不服诉至法院。

另查明:美国马斯公司是“脆香米”商标和“脆香米”花体文字商标权人。玛氏公司是美国马斯公司在中国的独资子公司,美国马斯公司许可其使用“脆香米”商标,玛氏公司自1996年开始生产“脆香米”产品,产品在中国市场具有较高的知名度,其外包装具有较显著的区别性特征。原告成立于2007年1月17日,2007年12月开始生产“香脆米”产品。同年12月20日,原告为“香脆米”食品包装袋申请外观设计专利并于2009年2月25日被授予了外观设计专利。2008年9月,洁雷商行开始经销原告生产的“香脆米”。

一审判理和结果

一审法院认为:(1)根据《反不正当竞争法》第3条第2款、《江苏省实施〈反不正当竞争法〉办法》第4条之规定,北塘工商分局具有监督检查不正当竞争行为的法定职权,执法主体合法。(2)“脆香米”在中国市场为社会公众普遍知悉,属于知名商品,其包装、装潢特征与“脆香米”这一知名商品形成密切联系,在指示商品来源方面具有特有性,应为知名商品特有包装、装潢。而且,“脆香米”并非某类商品的通用名称,有较强的显著性,原告在其包装上使用与上述文字相近的“香脆米”文字并非正当使用行为。两者包装底色均为红色,其中文字均为白色蓝边,在文字、颜色及其组合上构成近似,足以造成混淆。(3)“香脆米”包装、装潢虽然获得外观设计专利授权,但“脆香米”包装、装潢的使用明显早于“香脆米”外观设计专利,依专利法的规定,应当保护在先的“脆香米”特有的包装、装潢。

据此,根据《中华人民共和国行政诉讼法》第54条第1项之规定,一审法院于2009年12月11日判决维持无锡工商行政管理局北塘分局锡工商北分案字(2009)第00411号行政处罚决定。案件受理费50元,由原告聚满仓公司负担。

上诉与答辩

宣判后,聚满仓公司不服提出上诉,上诉理由:(1)“脆香米”或“香脆米”是直接表示商品的质量、主要原料,“香脆米”的使用是正当使用。(2)香脆米的包装是上诉人自行开发设计,使用的红色、蓝色、白色等色彩均有合理意义,包装袋上的“聚满仓”商标醒目,不会引起消费者误认。而且,香脆米的外观设计已被授予专利权,该包装、装潢属合法正当使用。

二审判理和结果

二审法院认为:(1)美国马斯公司和玛氏公司的“脆香米”巧克力食品具有一定的知名度,该商品所使用的包装、装潢,由中国红底色、白色“脆香米”文字、蓝色封边三个主要元素构成的整体形象,具有显著特征,与“脆香米”巧克力食品形成密切联系,可认定为《反不正当竞争法》第5条第2项规定的知名商品特有的包装、装潢。(2)“香脆米”或“脆香米”并非巧克力商品的通用名称,亦非对商品原料、质量的表述,正是由于“脆香米”巧克力的市场知名度,才引来了对“脆香米”文字重新排列组合的不正当使用。上诉人为巧克力食品的生产经营商,其不可能不知道美国马斯公司的“脆香米”巧克力商品,其将与“脆香米”文字相近似的“香脆米”文字用于巧克力商品,且“香脆米”文字远大于其“聚满仓”商标,为商标性使用,该行为具有攀附“脆香米”商品声誉的故意,并非上诉人所称的正当使用行为。(3)“脆香米”巧克力包装、装潢的使用时间早于“香脆米”的外观设计专利权的取得时间,上诉人外观设计专利权的取得并不影响对其不正当竞争行为的认定。(4)“脆香米”巧克力的包装为红底、“脆香米”三字均为白字蓝边且是包装上最大字体、长方形包装袋的短边为蓝色;“香脆米”的包装选择了相同的颜色、文字、构图组合,在整体对比上构成近似,足以造成消费者对该类巧克力商品的混淆或误认。因此,被上诉人认定原审第三人经销的“香脆米”因与“脆香米”巧克力的包装、装潢近似,构成了不正当竞争行为,这一认定结论正确。

综上,被上诉人的具体行政行为认定事实正确,程序合法。据此,二审法院依照《中华人民共和国行政诉讼法》第61条第1项的规定,判决驳回上诉,维持原判。二审案件受理费50元,由聚满仓公司负担。

杨昌君销售假冒注册商标的商品罪案

——阅读提示：销售假冒注册商标的商品能否认定为销售伪劣产品罪？假冒注册商标的商品尚未销售的，如何确定犯罪金额和犯罪形态，如何发挥典型案例对社会的影响力？

【裁判要旨】

销售的假冒注册商标的商品同时属于伪劣产品的，则一行为触犯二罪名，分别构成销售假冒注册商标的商品罪和销售伪劣产品罪，应按照销售伪劣产品罪论处；如果销售的假冒注册商标的商品不能认定为伪劣产品，则只能以销售假冒注册商标的商品罪论处。假冒注册商标的商品尚未销售的，应以货值金额作为定案依据，认定为犯罪未遂。货值金额应根据假冒注册商标的商品作为计算依据，而不能以被假冒的注册商标的商品作为计算依据。

【案号】

一审：北京市朝阳区人民法院（2010）朝刑初字第258号

二审：北京市第二中级人民法院（2010）二中刑终字第682号

【案情与裁判】

公诉机关：北京市朝阳区人民检察院。

被告人（二审上诉人）：杨昌君。

指控与辩护

北京市朝阳区人民检察院以京朝检刑诉（2009）3266号起诉书指控被告人杨昌君犯销售假冒注册商标的商品罪，于2009年12月28日向北京市朝阳区人民法院提起公诉。

被告人杨昌君对公诉机关的指控未提出异议。其辩护人的辩护意见为，被告人杨昌君系犯罪未遂，有认罪悔罪表现，建议法庭对其从轻处罚。

法院审理查明

被告人杨昌君于2007年5月起，在北京市朝阳区秀水市场地下三层一仓库内等地，存放带有LOUIS VUITTON、GUCCI、CHANEL注册商标标识的男女式包，用于销售牟利。2009年8月9日，公安人员从其仓库内起获各种型号带有LOUIS VUITTON、GUCCI、CHANEL注册商标标识的男女式包共计8425个，货值金额为人民币766,990元，被告人杨昌君被查获归案。经鉴定，上述物品均为假冒注册商标的商品，现扣押在案。

一审判理和结果

被告人杨昌君法制观念淡薄，为牟私利，销售明知是假冒注册商标的商品，货值金额数额巨大，其行为已构成销售假冒注册商标的商品罪，依法应予惩处。在案之物品，应予没收。本案涉案物品尚未售出即被查获，系犯罪未遂,被告人杨昌君案发后具有认罪悔罪表现,故对其所犯罪行依法从轻处罚。被告人杨昌君的辩护人建议对其从轻处罚的辩护意见,予以采纳。综上,根据被告人杨昌君的犯罪事实、犯罪性质、情节以及对于社会的危害程度,依照《中华人民共和国刑法》第214条、第23条、第52条、第53条、第61条、第64条之规定,判决如下:

(1)被告人杨昌君犯销售假冒注册商标的商品罪,判处有期徒刑3年6个月,罚金人民币1万元。

(2)在案之包8425个,予以没收。

上诉和答辩

杨昌君的上诉理由是:其主动坦白其在其他库房存放的货物,原判对其量刑过重。

二审判理和结果

杨昌君所提其主动交代其他存放假冒注册商标的商品的库房,有坦白行为,原判量刑过重的上诉理由,经查,一审法院对上述情节已予以考虑,在量刑时已对其从轻处罚,杨昌君的上诉理由,不予采纳。一审法院根据杨昌君犯罪的事实、犯罪的性质、情节及对于社会的危害程度作出的判决,定罪及适用法律正确,考虑其系犯罪未遂、有认罪悔罪表现,对其从轻处罚的量刑适当,对在案物品的处理亦无不当,审判程序合法,应予维持。依照《中华人民共和国刑事诉讼法》第189条第1项之规定,裁定如下:

驳回杨昌君的上诉,维持原判。

仇海营、崔留芷等六被告假冒注册商标罪案

——阅读提示:假冒注册商标罪、假冒专利罪的构成要件?被告人既触犯假冒专利罪又触犯假冒注册商标罪的,应如何定罪处罚?知识产权共同犯罪案件中,如何确定各被告人的量刑和罚金数额?

【裁判要旨】

假冒注册商标罪在客观方面表现为未经注册商标所有人的许可,在同一种商品上使用与其注册商标相同的商标,且情节严重的行为。假冒专利罪在客观方面表现为假冒专利,且情节严重的行为。

如果被告人实施的同一犯罪行为既构成假冒专利罪,又构成假冒注册商标罪的,属于想象竞合犯,应从一重罪定罪处罚。而若被告人实施了数个犯罪行为,该行为分别构成假冒注册商标罪和假冒专利罪,应数罪并罚。在知识产权犯罪案件中,对共同犯罪被告人的量刑应根据各被告人的违法所得或非法经营数额的不同以及给权利人造成的损失、社会危害性等情节来确定;对罚金的判处应在违法所得的一倍以上五倍以下,或者按照非法经营数额的50%以上一倍以下,确定罚金

数额。

【案号】

一审:内蒙古自治区呼和浩特市中级人民法院(2010)呼刑知初字第2号

【案情与裁判】

公诉机关:呼和浩特市人民检察院

被告人:仇海营、崔留芷、闫双全、闫庆文、闫中波、黄学礼

指控与辩护

2010年7月20日,呼和浩特市人民检察院向本院提起公诉,指控:2008年4月至7月间,被告人仇海营与崔留芷、闫双全、闫庆文在河南省南乐县千口乡千口村内合作生产假冒内蒙古伊利实业集团股份有限公司(以下简称伊利公司)产品。仇海营负责提供原料及销售,崔留芷、闫双全、闫庆文负责投资建厂及日常管理,仇海营指派黄学礼监督生产、发运货物并记账。经查,上述四被告人共生产假冒伊利"巧乐兹"注册商品的雪糕120271件(箱),假冒伊利"大布丁"注册商标的雪糕3947件(箱),非法经营数额达3,190,158元。

2008年4月至7月间,被告人仇海营与闫中波合作,利用闫中波在河南省濮阳市南乐县千口乡千口村内没有任何证照的加工厂生产假冒内蒙古蒙牛乳业(集团)股份有限公司(以下简称蒙牛公司)的产品。仇海营负责提供原料及销售,闫中波负责提供厂房及日常生产管理。经查,上述二被告人共生产假冒蒙牛"绿色心情"注册商标的雪糕119,635件(箱),非法经营数额达1,914,160元。

呼和浩特市人民检察院向本院移送了认定上述事实的报案材料、证人证言、书证、物证、鉴定结论、身份证明及被告人的供述等证据。

被告人仇海营辩称,闫中波所开的冷饮厂与其没有任何关系,而对崔留芷、闫双全、闫庆文合伙开办冷饮厂生产的产品,其只负责联系销售渠道,并未参与合伙,并对鉴定报告中认定的涉案产品生产数量提出异议,认为有重复计算的数额,应予核减。

被告人崔留芷辩称,其生产过假冒产品,但没有直接销售过,仅起到从犯作用。

被告人闫双全辩称,其只是出资办厂并不参与生产管理和产品销售,生产假冒注册商标产品的行为也与其无关。

被告人闫庆文辩称,其发现厂里生产的产品是假冒伊利雪糕后曾提出撤股,并由闫双全和崔留芷在撤股欠条上签字。其后也没有参与工厂经营活动和分得利润。其辩护人提出的辩护意见是:(1)被告人闫庆文仅是入股者,不参与工厂经营,在发现工厂生产的是假冒雪糕后,要求撤出入股,并有欠条证明,闫庆文不应该对2008年4月20日以后生产的假雪糕承担法律责任。(2)被告人闫庆文的行为符合法律关于犯罪中止的规定。(3)被告人闫庆文能主动中止自己的犯罪行为并当庭如实供述,确有悔罪表现,其行为没有造成严重后果。故请求对被告人闫庆文从轻或减轻处罚。

被告人闫中波辩称,其冷饮厂生产过假冒蒙牛注册商标的产品,但生产的数量没有起诉书指控的那么多。

被告人黄学礼辩称,(1)其为下岗职工,生活困难,并且患有脑溢血后遗症。(2)其在厂里从事的工作是替仇海营监督工厂的资金支出情况,并负责产品售后记账,至于产品的生产、销售等都不由其负责。(3)其没有参与厂里投资,也没有分得利润,仅是一个被雇用

者,对工厂生产假冒注册商标的产品也不知情,不构成共同犯罪。

一审审理查明

呼和浩特市中级人民法院

经审理查明:2002年1月28日,伊利公司向国家工商行政管理局商标局申请注册"伊利+双月(图形)"商标,并获得核准,核定使用商品为第29类"黄油、奶油、牛奶制品、奶茶、酸奶、牛奶、牛奶饮品",注册号为1706561,注册有效期自2002年1月28日起至2012年1月27日止;2004年5月7日,伊利公司申请注册"巧乐滋"商标,并获得核准,核定使用商品为第30类"咖啡饮料、冰淇淋等",注册号为3395776,注册有效期自2004年5月7日起至2014年5月6日止;2008年3月21日,伊利公司申请注册"卡通人"商标,并获得核准,核定使用商品为第30类"含牛奶的巧克力饮料、冰淇淋等",注册号为4754194,注册有效期自2008年3月21日起至2018年3月20日止。2006年9月6日,伊利公司向国家知识产权局申请了名称为"包装袋(大布丁奶油口味)"的外观设计专利,该专利授权公告日为2007年7月4日,专利号为ZL200630146519.7;2002年12月16日,伊利公司向国家知识产权局申请了名称为"包装袋(巧乐兹巧脆棒)"的外观设计专利,该专利的授权公告日为2003年7月30日,专利号为ZL02375827.9。2006年3月28日,蒙牛公司向国家工商行政管理局商标局申请注册"蒙牛+图形"商标,并获得核准,核定使用商品为第30类"含牛奶的巧克力饮料、冰淇淋等",注册号为4013960,注册有效期自2006年3月28日起至2016年3月27日止;2004年12月7日,蒙牛公司申请注册"绿色心情"商标,并获得核准,注册号为3568582,注册有效期自2004年12月7日起至2014年12月6日止。2004年5月25日,蒙牛公司向国家知识产权局申请了名称为"雪糕包装袋(2)(绿色心情绿莎莎)"的外观设计专利,该专利的授权公告日为2004年12月29日,专利号为ZL200430060115.7。

2008年4月至7月间,被告人仇海营、崔留芷、闫双全、闫庆文未经注册商标所有人伊利公司许可,在河南省南乐县千口乡千口村内共同投资,合作生产"巧乐兹"和"卡通人"(大布丁)雪糕产品,且上述产品使用了与伊利公司的"巧乐兹"和"卡通人"(大布丁)雪糕产品相同的包装袋,也使用了"伊利+(双月)图形"商标。被告人仇海营负责提供原料及销售上述产品,被告人崔留芷、闫双全、闫庆文负责投资建厂及日常管理,仇海营还雇用并指派被告人黄学礼监督生产、发运货物、记账。经呼和浩特市泓证司法会计鉴定所对案发后被扣押在案的被告人仇海营、黄学礼记账笔记本中所记载的生产数量进行鉴定,核明上述五被告人共组织生产假冒伊利公司"巧乐兹"注册商标雪糕计117,571件(箱),假冒伊利"卡通人(大布丁)"注册商标的雪糕计3947件(箱),非法经营数额合计3,119,998元。

2008年4月至7月间,被告人仇海营与闫中波合作,未经注册商标所有人蒙牛公司许可,利用被告人闫中波在河南省濮阳市南乐县千口乡千口村内没有取得任何证照的加工厂生产"绿色心情"雪糕产品,且上述产品使用了与蒙牛公司的"绿色心情"雪糕产品相同的包装袋,也使用了"蒙牛+图形"商标。期间,被告人仇海营负责提供原料及销售上述产品，闫中波负责提供厂房及日常生产管理。经呼和浩特市泓证司法会计鉴定所对案发后被扣押在案的被告人仇海营用于记账的笔记本中所记载的生产数量进行鉴定，核明二被告人共生产"绿色心情"注册商标的雪糕共计110,855件（箱），非法经营数额合计1,773,680元。

一审判理和结果

呼和浩特市中级人民法院经审理认为，被告人仇海营明知伊利公司和蒙牛公司的涉案商标均为注册商标，并享有涉案产品的外观专利权，而且两公司生产的雪糕产品在市场中较高知名度，但为牟取非法利益，未经注册商标所有人和专利权人许可，伙同被告人崔留芷、闫双全、闫庆文、黄学礼在同一种商品上使用与伊利公司注册商标相同的商标及外观设计专利生产、销售假冒雪糕产品，非法经营数额为3,119,998元；还伙同被告人闫中波在同一种商品上使用与蒙牛公司注册商标相同的商标及外观设计专利生产、销售假冒雪糕产品，非法经营数额为1,773,680元，被告人仇海营非法经营数额合计为4,893,678元。上述六被告人生产、销售的假冒产品的注册商标和包装足以使一般消费者将其制售的雪糕产品同伊利公司、蒙牛公司的相关雪糕产品相混淆，并将其误认为是伊利公司和蒙牛公司相同商标的产品而进行消费，其行为均分别构成假冒注册商标罪及假冒专利罪，依法应从一重罪以假冒注册商标罪定罪处罚。呼和浩特市人民检察院起诉书指控上述六被告人的主要犯罪事实清楚，证据确实、充分，罪名成立，本院予以支持。被告人仇海营、崔留芷、闫双全、闫中波关于其没有参与生产、销售假冒产品，被告人仇海营认为生产假冒产品的数量鉴定报告有重复计算的问题，被告人闫庆文及其辩护人关于闫庆文知道生产的是假冒产品后即提出撤股属犯罪中止的辩解及辩护意见，经查，认定被告人仇海营、崔留芷、闫双全、闫庆文、闫中波、黄学礼生产、销售假冒注册商标产品的事实，有在案各被告人的供述予以印证并有仇海营和黄学礼用于记载生产、销售记账笔记本为证，故六被告人的行为均构成假冒注册商标罪，且系共同犯罪；庭审后经对鉴定报告中涉及的生产假冒产品数量作进一步核实，对原重复计算的数量已进行了核减；被告人闫庆文提出撤股属犯罪中止无事实和法律依据，故上述被告人辨解意见及辩护人的辩护意见均不能成立，本院不予采纳。被告人黄学礼在共同犯罪中起次要作用，是从犯，依法应当从轻或者减轻处罚。

根据各被告人的犯罪事实，犯罪性质、情节，非法经营数额和对社会的危害程度，依照《中华人民共和国刑法》第213条、第25条第1款、第27条及《最高人民法院 最高人民检察院关于办理侵犯知识产权刑事案件具体应用法律若干问题的解释》第1条第2款第1项、《最高人民法院 最高人民检察院关于办理侵犯知识产权刑事案件具体应用法律若干问题的解释（二）》第4条之规定，作出如下判决：（1）被告人仇海营犯假冒注册商标罪，判处有期徒刑5年，并处罚金人民币2,446,839元。（2）被告人崔留芷犯假冒注册商标罪，判处有期徒刑4年，并处罚金人民币1,559,999元。（3）被告人闫双全犯假冒注册商标罪，判处有期徒刑4年，并处罚金人民币1,559,999元。（4）被告人闫庆文犯假冒注册商标罪，判处有期徒刑4年，并处罚金人民币1,559,999

元。(5)被告人闫中波犯假冒注册商标罪,判处有期徒刑3年6个月,并处罚金人民币886,840元。(6)被告人黄学礼犯假冒注册商标罪,判处有期徒刑2年6个月,并处罚金人民币311,999.80元。

李兵侵犯著作权罪、贩卖淫秽物品牟利罪案(略)

图书在版编目(CIP)数据

中国知识产权司法保护年鉴.2011/中国知识产权司法保护年鉴编辑委员会编.—北京:法律出版社,2012.10
ISBN 978-7-5118-4078-3

Ⅰ.①中… Ⅱ.①最… Ⅲ.①知识产权保护—中国—2011—年鉴 Ⅳ.①D923.4-54

中国版本图书馆CIP数据核字(2012)第232277号

责任编辑/薛 晗 **装帧设计**/马 帅

出版/法律出版社 **编辑统筹**/法律应用出版分社
总发行/中国法律图书有限公司 **经销**/新华书店
印刷/北京北苑印刷有限责任公司 **责任印制**/陶 松

开本/787毫米×1092毫米 1/16 **印张**/51.25 **字数**/1036千
版本/2012年11月第1版 **印次**/2012年11月第1次印刷

法律出版社/北京市丰台区莲花池西里7号(100073)
电子邮件/info@lawpress.com.cn **销售热线**/010-63939792/9779
网址/www.lawpress.com.cn **咨询电话**/010-63939796

中国法律图书有限公司/北京市丰台区莲花池西里7号(100073)
全国各地中法图分、子公司电话:
第一法律书店/010-63939781/9782 **西安分公司**/029-85388843 **重庆公司**/023-65382816/2908
上海公司/021-62071010/1636 **北京分公司**/010-62534456 **深圳公司**/0755-83072995

书号:ISBN 978-7-5118-4078-3 **定价**:260.00元

(如有缺页或倒装,中国法律图书有限公司负责退换)